April 1945

Rainer Ehm – Roman Smolorz

unter Mitarbeit von Konrad Zrenner

# April 1945

Das Kriegsende im Raum Regensburg

Verlag Friedrich Pustet
Regensburg

Bibliografische Information der Deutschen Nationalbibliothek
Die Deutsche Nationalbibliothek verzeichnet diese Publikation
in der Deutschen Nationalbibliografie; detaillierte bibliografische
Daten sind im Internet über http://dnb.dnb.de abrufbar.

ISBN 978-3-7917-3041-7
© 2019 by Verlag Friedrich Pustet, Regensburg
Einbandgestaltung: Martin Veicht, Regensburg
Einbandmotiv: Die gesprengte Adolf Hitler-Brücke (heute: Nibelungenbrücke)
(Foto: C. Lang, Bilddokumentation der Stadt Regensburg)
Satz: Vollnhals Fotosatz, Neustadt a. d. Donau
Druck und Bindung: Friedrich Pustet, Regensburg
Printed in Germany 2019

Weitere Publikationen aus unserem Programm
finden Sie auf www.verlag-pustet.de
Kontakt und Bestellungen unter verlag@pustet.de

# Inhalt

Geleitwort ............................................. 11

Vorwort ............................................... 12

## I. REZEPTIONSGESCHICHTE DES KRIEGSENDES IN REGENSBURG ............................................... 13

1. Darstellungen aus der unmittelbaren Nachkriegszeit ......... 14
2. Beginn einer Gedenkkultur ............................. 16
3. Weitere Wortmeldungen aus der Erlebnisgeneration und Historisierung .................................... 18
4. Perspektivenwechsel – Darstellungen mit erweitertem geographischem und thematischem Fokus ................ 26
5. Neue Kontroversen zum Kriegsende .................... 29
6. Erweiterte Frageperspektiven und Quellenbasis dieser Studie ...... 35

## II. KONZEPTUALISIERUNG RÄUMLICHER GRENZEN UND ZEITLICHER ZÄSUREN ............................................... 39

1. Stadt- und Landkreis Regensburg im Krieg .............. 40
   1.1. Der 27. April 1945 – ein Datum von Bedeutung ........ 40
   1.2. Zivile Verwaltungsgrenzen – zu eng für die Betrachtung der Ereignisse von 1945 ............................ 41
   1.3. Die Stadt Regensburg .............................. 41
   1.4. Der Landkreis Regensburg ......................... 42

2. Religiöse Glaubensgemeinschaften in Regensburg ......... 43
   2.1. Die Katholische Kirche ............................ 43
   2.2. Die Evangelisch-lutherische Kirche ................. 43
   2.3. Die Reichsvereinigung der Juden in Deutschland ...... 44

3. Die NSDAP in Regensburg ............................. 45
   3.1. Die NSDAP-Kreisleitung 1945 ...................... 45
   3.2. Die Regensburger Hitlerjugend ..................... 46

Inhalt

**4. Regensburg in der Struktur staatlicher Mittelbehörden** ........... 47
   4.1. Der Regierungsbezirk Niederbayern und Oberpfalz vor
   und nach dem Münchner Abkommen ........................ 47
   4.2. Auf dem Weg zu einem „Reichsgau": der NSDAP-Gau
   Bayerische Ostmark bzw. Bayreuth ........................ 47
      4.2.1. Die „Bayerische Ostmark", ein Begriff der ersten Hälfte
      des 20. Jahrhunderts ................................ 48
      4.2.2. Die Parteigaue als „Reichsgaue" ..................... 48

**5. Regensburg im Netzwerk der Reichsbehörden für Verkehrs-
und Kommunikationswesen** ................................ 50

**6. Regensburgs Stellung in militärischen, halbmilitärischen
und polizeilichen Strukturen** ................................ 51
   6.1. Wehrkreis und Luftgau sowie Truppenteile vor Ort .............. 51
      6.1.1. Einrichtungen und Organisation in Friedenszeiten ......... 51
         6.1.1.1. Das Heer ................................. 51
         6.1.1.2. Die Luftwaffe ............................. 56
      6.1.2. Veränderungen seit der Mobilmachung 1939 ............. 59
         6.1.2.1. Stellvertretende Generalkommandos ........... 59
         6.1.2.2. Wehrkreis-Befehlshaber ..................... 63
         6.1.2.3. Exkurs: Das XIII. Armeekorps und die
         Regensburger 10. Division im Kriegseinsatz ....... 66
         6.1.2.4. Die Luftgaue im Krieg ...................... 67
         6.1.2.5. Die Garnison im Krieg: Der Wehrmachtstandort
         Regensburg, der Stadtkommandant und die
         Truppen am Ort ........................... 69
         6.1.2.6. Neue Strukturen: Unterkünfte, Lazarette,
         Rüstungskommando, Bautruppen ................ 72
   6.2. Paramilitärische Strukturen ............................. 75
      6.2.1. Der Reichsarbeitsdienst ............................. 75
      6.2.2. Der Reichsverteidigungskommissar .................... 78
      6.2.3. Der Volkssturm 1944/45 ............................ 80
      6.2.4. Die HJ im Volkssturm: HJ-Panzervernichtungseinheiten .... 87
   6.3. Polizei- und SS-Strukturen .............................. 89
      6.3.1. Der SS-Oberabschnitt und der Höhere SS- u.
      Polizeiführer (HSSPF) ............................. 89
      6.3.2. Das Reichssicherheitshauptamt mit nachgeordneten
      Polizeistrukturen ................................. 91
   6.4. Regensburg im Frontraum ............................... 93

Inhalt

      6.4.1. Struktur des deutschen Feldheeres . . . . . . . . . . . . . . . . . . 94
            6.4.1.1. Die Gliederung der Fronttruppe . . . . . . . . . . . . . . . . 94
            6.4.1.2. Die Luftwaffe . . . . . . . . . . . . . . . . . . . . . . . . . . . . . 98
      6.4.2. Feldstruktur der US-Streitkräfte . . . . . . . . . . . . . . . . . . . . . 101
            6.4.2.1. Die Gliederung der US-Feldtruppen . . . . . . . . . . . . 101
            6.4.2.2. Ein Kapitel für sich: Die „Ritchie-Boys" . . . . . . . . . 102

## III. ASPEKTE DER MILITÄRISCHEN ENTWICKLUNG 1944/45 MIT AUSWIRKUNGEN AUF DEN RAUM REGENSBURG . . . . . . . . . . . . 107

**1. Vorbereitungen für ein neues Führer- bzw. Führungs-Hauptquartier bei Deggendorf im März/April 1945** . . . . . . . . . . . . . . . . . 108

**2. Zusammenführung von – hauptsächlich – Osteuropäern in Ostbayern und Regensburg** . . . . . . . . . . . . . . . . . . . . . . . . . . . . . . 112

**3. Verlagerungen deutscher Kampfstoffe nach Ostbayern** . . . . . . . . . 119
      3.1. Giftgas: die erste Massenvernichtungswaffe . . . . . . . . . . . . . . . 119
      3.2. Die Luftwaffenmunitionsanstalt 2/VII Eichbühl-Schierling, 1937–1944 . . . . . . . . . . . . . . . . . . . . . . . . . . . . . . . . . . . . . . . . 124
      3.3. 1944: Die Muna Schierling wird Kampfstofflager . . . . . . . . . . . 126
      3.4. April 1945: Auslagerung von Kampfstoffen auf Donauschiffe . . . . 130

**4. Massenrückführung ausländischer Kriegsgefangener nach Ostbayern** . . . . . . . . . . . . . . . . . . . . . . . . . . . . . . . . . . . . . . . 136
      4.1. Die Quellenproblematik . . . . . . . . . . . . . . . . . . . . . . . . . . . . . 136
      4.2. Die „Engländer" . . . . . . . . . . . . . . . . . . . . . . . . . . . . . . . . . . . 140
      4.3. Rückführung von Kriegsgefangenen aus östlichen Lagern . . . . . . 141
      4.4. Arbeiten der Gefangenen aus Oberschlesien für die Reichsbahn . . . 144
      4.5. Räumung von Kriegsgefangenenlagern nördlich der Donau . . . . . 152
      4.6. 16. April 1945: „Friendly Fire" – das Drama von Mariaort . . . . . 155
      4.7. Abzug nach Süden ab 23. April . . . . . . . . . . . . . . . . . . . . . . . . 159

**5. Aktivitäten alliierter Geheimdienste im Raum Regensburg** . . . . . . 163
      5.1. Der Auftrag . . . . . . . . . . . . . . . . . . . . . . . . . . . . . . . . . . . . . . 163
      5.2. Die Quellenproblematik . . . . . . . . . . . . . . . . . . . . . . . . . . . . . 167
      5.3. Die OSS-Rekruten . . . . . . . . . . . . . . . . . . . . . . . . . . . . . . . . . 168
      5.4. Einsätze im März/April 1945 . . . . . . . . . . . . . . . . . . . . . . . . . 171
            5.4.1. Operation BALTO . . . . . . . . . . . . . . . . . . . . . . . . . . . . 172

5.4.2. Operation ZOMBIE .................................. 174
5.4.3. Operation CHAUFFEUR ............................. 175
5.4.4. Operation PICKAXE ................................ 179
5.4.5. Operation FARMER ................................ 182

## IV. REGENSBURG IN DEN LETZTEN KRIEGSMONATEN, JANUAR BIS APRIL 1945 ... 187

1. **Nahendes Ende der Diktatur** .............................. 188

2. **Wirtschaftliche Situation und Versorgungslage** ............. 193
   2.1. Die Wirtschaftslage .................................. 193
   2.2. Die Versorgungslage von Stadtbevölkerung und Militär ..... 198

3. **Evakuierte und Flüchtlinge** .............................. 202

4. **Potenzieller Unruheherd: Kriegsgefangene und zivile ausländische Arbeiter** ... 205

5. **Kriegsmüdigkeit und resistentes Verhalten in der „Volksgemeinschaft"** ... 210
   5.1. Das offizielle Bild des Kriegs in Regensburg 1945 ........ 210
   5.2. Resistenz und Widerstand angesichts der nahenden Kriegsniederlage ... 212
      5.2.1 Politische Illoyalität der Deutschen ................ 214
      5.2.2 Widerständige Gruppen in Regensburg ................. 216
         5.2.2.1. Die Organisation Bauernhaus .................. 217
         5.2.2.2. Das Neue Deutschland ......................... 221
         5.2.2.3. Die Gruppe Elsen ............................. 222
         5.2.2.4. Die Gruppe Held .............................. 224
         5.2.2.5. Die Demonstration der Regensburger Bürgerschaft am 23. April 1945 ... 226
   5.3. Gab es Widerstand in Regensburg? ...................... 230

## V. ÜBERGABE DER STADT REGENSBURG AN DIE AMERIKANER ... 233

1. **Regensburg wird Frontstadt, aber keine „Festung"** ......... 234
   1.1. Rückzug der Deutschen hinter die Donau ................ 242

1.2. Vorstoß der Amerikaner zur Donau . . . . . . . . . . . . . . . . . . . . . . . 247
1.3. Sprengung der Brücken in und um Regensburg . . . . . . . . . . . . . . 253
1.4. Bildung amerikanischer Brückenköpfe . . . . . . . . . . . . . . . . . . . . 259
1.5. Abzug der Wehrmacht aus Regensburg in der Nacht zum 27. April . . 271

**2. Die Kampfstoffproblematik** . . . . . . . . . . . . . . . . . . . . . . . . . . . . . 280
2.1. 25. April: Vorbereitungen zur offiziellen Übergabe der Kampfstoffe 280
2.2. 26. April: Übergabe der Gaslager-Schiffe bei Straubing . . . . . . . . 286
2.3. 27. April: Angebote zur Übergabe der Muna Schierling durch zwei
     deutsche Parlamentärgruppen . . . . . . . . . . . . . . . . . . . . . . . . . . 289
2.4. Was geschah mit dem Schierlinger Giftgas in amerikanischen
     Händen? . . . . . . . . . . . . . . . . . . . . . . . . . . . . . . . . . . . . . . . . . . 295

**3. Übergabe Regensburgs und Kapitulation der Restgarnison** . . . . . . 303
3.1. Robert Brownings „Ratisbon" . . . . . . . . . . . . . . . . . . . . . . . . . . . 304
3.2. Die Übergabe Regensburgs: nicht nur eine Art Waffenstillstand . . . 305
3.3. Rückführung deutschen Sanitätspersonals in die Stadt . . . . . . . . . . 316
3.4. Die Kapitulation der Restgarnison . . . . . . . . . . . . . . . . . . . . . . . 318

## VI. DIE LAGE IN REGENSBURG NACH DER ÜBERGABE AN DIE AMERIKANER . . . . . . . . . . . . . . . . . . . . . . . . . . . . . . . . . . . 329

**1. Der Alltag** . . . . . . . . . . . . . . . . . . . . . . . . . . . . . . . . . . . . . . . . . . 330
1.1. Die Wohnungslage . . . . . . . . . . . . . . . . . . . . . . . . . . . . . . . . . 331
1.2. Die Verkehrsprobleme . . . . . . . . . . . . . . . . . . . . . . . . . . . . . . . 335
1.3. Die Lebensmittelversorgung . . . . . . . . . . . . . . . . . . . . . . . . . . . 340
1.4. Die Sicherheitslage . . . . . . . . . . . . . . . . . . . . . . . . . . . . . . . . . 342
1.5. Die Kriegsgefangenenlager . . . . . . . . . . . . . . . . . . . . . . . . . . . 346
1.6. Die Entnazifizierung . . . . . . . . . . . . . . . . . . . . . . . . . . . . . . . . 348

**2. Etablierung des amerikanischen Besatzungsregimes** . . . . . . . . . . . 350

**3. Weckruf für die politischen Parteien und die Presse** . . . . . . . . . . . 356

**4. Akteure und Schaltstellen des öffentlichen Lebens** . . . . . . . . . . . . 360
4.1. Die Kommunalverwaltung . . . . . . . . . . . . . . . . . . . . . . . . . . . . 360
4.2. Religiöse Gemeinschaften . . . . . . . . . . . . . . . . . . . . . . . . . . . . 368
4.3. Die Wirtschaft . . . . . . . . . . . . . . . . . . . . . . . . . . . . . . . . . . . . 370

Inhalt

**5. Vorzeichen des beginnenden Kalten Kriegs in Regensburg
und Ostbayern** ......................................... 373
    5.1. Auf dem Weg in die Ost-West Konfrontation ................ 373
    5.2. Regensburg als Kristallisationspunkt geheimdienstlicher
        Aktivitäten ......................................... 387

## VII. ZUSAMMENFASSUNG ............................ 391

Zu guter Letzt – ein Wort des Dankes ............................ 402

## ANHANG ................................................ 404

    Chronologie der Ereignisse im April 1945 im Raum Regensburg ......... 404
    Glossar ................................................ 409
    Dienstgrade ............................................ 418
    Abkürzungsverzeichnis ................................... 420
    Archivbestände, unveröffentlichte Quellen ..................... 424
    Veröffentlichte Quellen und Literatur ......................... 430
    Orts- und Personenregister ................................ 478

## *Geleitwort*

74 Jahre liegt das Ende des Zweiten Weltkrieges nun schon zurück. Wohl kaum eine andere Phase der jüngeren Stadtgeschichte wurde über Jahrzehnte hinweg von derart intensiven Diskussionen und Kontroversen begleitet. Neben den Ereignissen um die Hinrichtungen von Domprediger Dr. Johann Maier, Josef Zirkl und Inspektor Michael Lottner im April 1945 standen vor allem die Umstände der kampflosen Übergabe der Stadt an die Amerikaner wenige Tage später im Fokus des öffentlichen Interesses.

Vor dem Hintergrund möglicher neuer Erkenntnisse entschloss sich die Stadt Regensburg im Herbst 2014 auf Initiative des Stadtarchivs, das Kriegsende in und um Regensburg gründlich aufarbeiten zu lassen.

Kooperationspartner wurde die Universität Regensburg, vertreten durch Professor Dr. Mark Spoerer (Lehrstuhl für Wirtschafts- und Sozialgeschichte) und Professor Dr. Bernhard Löffler (Lehrstuhl für Bayerische Landesgeschichte). Die Bearbeitung der Thematik übernahmen die beiden Historiker, Dr. Roman Smolorz und Rainer Ehm. Angesichts der nun vorliegenden Studie hat sich die erhebliche finanzielle Investition gelohnt. Die Autoren haben auf der Basis intensiver Literatur- und Archivrecherchen im In- und Ausland neue Erkenntnisse gewonnen, die uns einen detaillierten Blick auf die damaligen Ereignisse ermöglichen, neue Perspektiven eröffnen und so manche bisherige Annahme widerlegen. Allerdings bleiben – wie die Autoren selbst betonen – auch weiterhin einige Aspekte ungeklärt.

Die Studie leistet einen wichtigen Beitrag zur Erinnerungs- und Gedenkkultur in unserer Stadt. Nur noch wenige Regensburgerinnen und Regensburger können aus eigenem Erleben berichten, was sich damals ereignete. Bald wird es keine Zeitzeugen mehr geben. Wir Nachgeborenen haben daher die Aufgabe, im Gedächtnis unserer Stadt die Ereignisse von damals wach zu halten und an die kommenden Generationen weiter zu geben. Dazu gehört auch, „weiße Flecken" in der Stadtgeschichte zu erkennen und diese mit einer entsprechend wissenschaftlichen Aufarbeitung zu füllen. Die vorliegende Darstellung des Kriegsendes im Raum Regensburg ist hierzu zweifellos ein wichtiger Baustein.

Neben den Autoren danke ich den Projektleitern, Professor Löffler und Professor Spoerer, für die geleistete Arbeit. Dem Verlag Friedrich Pustet gebührt das Verdienst, die Studie unmittelbar nach ihrer Fertigstellung zu veröffentlichen. Damit kann sich nun jeder selbst ein Bild von den neuesten Forschungserkenntnissen machen. In diesem Sinn wünsche ich dem Buch viele interessierte Leser!

Gertrud Maltz-Schwarzfischer
Bürgermeisterin der Stadt Regensburg

## *Vorwort*

Das vorliegende Buch zum Kriegsende in Regensburg 1945 ist das Ergebnis eines mehr als dreijährigen Forschungsprojekts. Im Herbst 2014 hat der Regensburger Stadtrat Mittel für die Unterstützung entsprechender Recherchen und Studien im Rahmen einer unabhängigen Forschungsarbeit an der Universität Regensburg bewilligt. Uns, als Vertretern der Lehrstühle für Bayerische Landesgeschichte sowie für Wirtschafts- und Sozialgeschichte, wurde die Durchführung des Vorhabens anvertraut. Bei der Suche nach geeigneten Bearbeitern unterstützte uns der damalige Stadtarchivar Dr. Heinrich Wanderwitz, der auch großes Engagement bei der organisatorischen Anbahnung der Untersuchung zeigte. Letztlich konnten so mit Rainer Ehm und Dr. Roman Smolorz zwei überaus kompetente Autoren für diese Studie gewonnen werden. Beide beschäftigen sich schon seit Jahrzehnten wissenschaftlich und publizistisch mit der Geschichte Regensburgs insbesondere der Zeit des Dritten Reichs.

Im Rahmen ihrer Forschungen konnten die beiden Verfasser Quellenmaterial in Archiven unter anderem in Washington D.C., Moskau, Warschau und Prag sowie in vielen deutschen Archiven einsehen. Bei diesen Recherchen ergaben sich zahlreiche neue Hinweise und aufschlussreiche Einsichten.

Das Buch ist ein Gemeinschaftswerk in Co-Autorenschaft, wobei Rainer Ehm vornehmlich die Arbeit an den Kapiteln I, II, III und V verantwortete, Roman Smolorz diejenige an den Kapiteln IV und VI. Das Schlusskapitel VII wurde gemeinsam verfasst. Hinzu trat im letzten Jahr der Arbeit mit Konrad Zrenner ein junger Nachwuchshistoriker, der im Schreib- und Abstimmungsprozess den Überblick behielt und die Manuskriptteile der beiden Autoren formal vereinheitlichte. Überdies trug er den ergänzenden Anhang bei. Wir haben das Projekt koordiniert und standen dem Team beratend zur Verfügung.

Die Historie des Kriegsendes in Regensburg hat selbst schon eine eigenständige Geschichte, um die zuweilen auch kontrovers gerungen wurde und wird. Wir sind überzeugt, dass mit dieser gründlichen Darstellung manche wesentlichen Lücken geschlossen werden und substantielle, weiterführende Erkenntnisse gewonnen wurden, die die Diskussionen erheblich befruchten dürften, allerdings auch wiederum neue Fragen aufwerfen. Dieses Buch ist daher sicherlich ein sehr gewichtiger Markstein zur Erforschung des Kriegsendes in Regensburg, der definitive Schlussstein wird es angesichts der Offenheit wissenschaftlicher Erkenntnis und der Eigendynamik öffentlicher Debatten wohl nicht sein können. Des ungeachtet oder gerade deshalb wünschen wir ihm viele Leser; die Lektüre lohnt sich.

Regensburg, im Frühjahr 2019
                                                                             Bernhard Löffler
                                                                                    Mark Spoerer

# I. REZEPTIONSGESCHICHTE DES KRIEGSENDES IN REGENSBURG

# 1. Darstellungen aus der unmittelbaren Nachkriegszeit

Im Erinnerungsbild der Regensburger Bevölkerung ist das Kriegsende vor Ort bis heute fest verbunden mit dem Tod des Dompredigers Dr. Johann Maier. Er hatte während der Demonstration am 23. April 1945 am damaligen Moltkeplatz (heutiger Dachauplatz) die kampflose Übergabe der Stadt an die Amerikaner gefordert, was er, Josef Zirkl und Michael Lottner mit ihren Leben bezahlten. Die eigentliche Übergabe der Stadt an die US-Streitkräfte am 27. April war im Vergleich zu diesem Ereignis in der Erinnerung längere Zeit eher nachrangig, zumal in Regensburg sehr schnell die Vorstellung viele Anhänger fand, die Amerikaner hätten vom Tod Dr. Maiers erfahren gehabt und deshalb die Stadt verschont.[1]

Zum gewaltsamen Tod und zur Person von Dr. Maier ist viel geforscht und publiziert worden.[2] Die Frage, ob er, allein oder im Zusammenwirken mit anderen, die Demonstration am 23. April auch organisiert hatte, ist bis heute unbeantwortet. Noch 1946 nahm eine vorher unbekannte örtliche Widerstandsgruppe, die „Organisation Bauernhaus", in einem Zeitungsbericht für sich in Anspruch, die Demonstration am 23. April initiiert zu haben.[3] Diese Gruppe geriet sehr schnell in Vergessenheit und wurde erst 1983 von Wilhelm Kick „wiederentdeckt".[4] Auch Hilmer forschte 1995 hierzu.[5] Bereits 1946 reklamierten auch Einzelpersonen die Urheberschaft der Kundgebung am 23. April 1945 für sich, so etwa der fürstlich Thurn- und Taxis'sche Rentamtmann Hans Kohl.[6]

Hinsichtlich der kampflosen Übergabe der Stadt am 27. April 1945 beansprucht die Lorbeeren hierfür sehr bald der ehemalige NS-Oberbürgermeister Dr. med. Otto Schottenheim, der dies 1947 in seinem Spruchkammerverfahren[7] und auch in den

---

[1] Laut den Darstellungen bei Rathsam, Irrtum (1980), S. 27f. bzw. dies., Irrtum (1981), S. 27, hätte es am 24. April 1945 entsprechende amerikanische Bekanntmachungen im Radio gegeben.

[2] Bunz, Domprediger (1995); Chrobak, Domprediger (1985); ders., Gedächtnisausstellung (1985); ders., Maier (1985); ders., Maier (1989); ders., Domprediger (1995); ders., Maier (1995); ders., Blutzeuge (1995); ders., Übergabe (1995); ders., Ehrenrechte (1999); ders., Krieg (2005); ders., Lebensopfer (2015); ders., Zerstörung (2015); Hausberger, Domprediger (2005); Kormann, Domprediger (1995); ders., Domprediger (1999); ders., Domprediger (2006); Mai, Domprediger (2014); Weikl, Sterne (1963), S. 153–230; hieraus als Sonderveröffentlichung: ders., Domprediger (1963); weiterer Abdruck als: ders., Domprediger (1981).

[3] Vgl. O[rganisation] B[auernhaus], Todesnot (1946).

[4] Vgl. Kick, Kindern (1985), S. 345f.

[5] Vgl. Hilmer, Verwaltung (1995), S. 74–76. – Eine Reihe von entsprechenden Unterlagen, die Hilmer hatte ausfindig machen können, blieben jedoch, da es sein Thema nur am Rande berührte, unverarbeitet. Vgl. StARbg, Sammlung Hilmer, Organisation Bauernhaus.

[6] Vgl. Chrobak, Blutzeuge (1995), S. 26f.; Bunz, Domprediger (1995), S. 208.

[7] Vgl. StAAm, Lagerspruchkammer Regensburg/2694: Protokoll der öffentlichen Sitzung vom 19. Mai 1947.

## 1. Darstellungen aus der unmittelbaren Nachkriegszeit

1950er Jahren wiederholt gegenüber der Ortspresse entsprechend darstellte.[8] Das dabei von ihm gezeichnete Bild der Ereignisabläufe prägt sich schnell ins allgemeine Erinnerungsbild in Regensburg ein und wird teilweise bis heute gepflegt, nicht zuletzt von manchen nach wie vor erkennbaren Anhängern des als „sozial eingestellt" geltenden NS-Oberbürgermeisters.[9] Auch Schottenheims Stellvertreter, Hans Herrmann, Bürgermeister bereits vor 1933, auch 1933 bis 1945 und seit 1952 Oberbürgermeister der Stadt, wollte nach eigenem Bekunden an der Kontaktaufnahme mit den US-Streitkräften und der Übergabe der Stadt aktiv beteiligt gewesen sein.[10] Die im Laufe der Jahrzehnte durchaus variierenden Darstellungen Schottenheims, auch Herrmanns werden im Kapitel V.3.2. im Detail dargestellt.

Insgesamt drängten jedoch in der unmittelbaren Nachkriegszeit die Sicherung der eigenen Existenz und das Verhältnis zwischen Besatzern und Besiegten die Frage nach dem Ablauf der Übergabe der Stadt und der damit zusammenhängenden Ereignisse in den Hintergrund. Die Mehrheit der Bevölkerung interessierte sich vorrangig für Alltagsprobleme, wie die Versorgung mit Lebensmitteln, und die Beschaffung von Brennmaterial und Wohnraum.

---

[8] Vgl. insbesondere: Qu, Nacht (1955).
[9] Im Entnazifizierungsakt Schottenheims befindet sich ein Dankschreiben von 26 Regensburgern vom 8. Januar 1947, in dem dessen Eintreten für mittellose Kranke und das Verdienst der kampflosen Übergabe der Stadt Regensburg gewürdigt wird. Vgl. StAAm, Lagerspruchkammer Regensburg/2694. – Nach wie vor sehr viele „Freunde" hat Schottenheim in den Reihen der Siedlervereinigung „seiner" Siedlung, der heutigen Konradsiedlung, bei der man ihn bis heute als „Vater der Siedlung" und auch als „Retter der Stadt" in höchsten Ehren hält. Vgl. Siedlervereinigung, Konradsiedlung (1993), S. 60.
[10] Vgl. den ohne Autorenangabe veröffentlichten Artikel S.N., Apriltage (1950), der passagenweise einer Eigendarstellung Herrmanns vor der Berufungskammer im Rahmen seines Entnazifizierungsverfahrens entspricht. Vgl. StAAm, Spruchkammer Regensburg/II 1342.

## 2. Beginn einer Gedenkkultur

Eine der ersten Maßnahmen des von den Amerikanern eingesetzten kommissarischen Oberbürgermeisters Gerhard Titze war im Juni die Umbenennung der bisherigen „General-Ritter-von-Epp-Straße" in „Dr.-Johann-Maier-Straße" sowie die Erklärung des 23. April zu einem städtischen Gedenktag.[11] Auch die Umbenennung des Hinrichtungsortes, des Moltkeplatzes, in Dachauplatz – nicht Dachauer Platz – zur Erinnerung an die Toten des KZs Dachau, muss in diesem Zusammenhang gesehen werden. Zu Ostern 1946 wurde im Innern des Doms an der Südmauer eine erste Gedenktafel für Dr. Maier feierlich geweiht. Am 27. April 1950 folgten zwei weitere Gedenktafeln an der Westseite des Dachauplatzes (Dr.-Wunderle-Straße) für ihn und Josef Zirkl sowie für Michael Lottner am Gebäude der ehemaligen Kreisleitung (nach Umbau im Komplex der heutigen Industrie- und Handelskammer aufgegangen).[12]

Prägend für die Betrachtung der NS-Zeit und der Kriegsjahre war vor Ort eine elfteilige Artikelserie, hauptsächlich gestützt auf die Tagebuchaufzeichnungen von Franz Hiltl[13], die 1955 im „Regensburger Anzeiger" erschienen.[14] Insbesondere die Teile acht bis zehn beschäftigten sich mit den Ereignissen bei Kriegsende und sind bis 1970 teils mehrfach erneut publiziert worden.[15] In diesen Artikeln wurde gleichsam die Rahmenhandlung der kampflosen Übergabe der Stadt vorgegeben, die für die folgenden Jahrzehnte als unbestritten galt und auch nie hinterfragt wurde: Ein nächtlicher Abzug der Wehrmacht habe dem Oberbürgermeister die Übergabe der Stadt, durch seinen Schwager als Parlamentär, an die US-Streikräfte ermöglicht.

Es gab offenbar nur sehr bescheidene Bemühungen, weitere Fakten zusammenzutragen. So soll der Historische Verein für Oberpfalz und Regensburg 1962 seine Mitglieder aufgefordert haben, ihre Erinnerungen vor allem aus dem Jahr 1945 niederzuschreiben.[16]

---

[11] Vgl. Hilmer, Verwaltung (1995), S. 8.
[12] Einen Überblick über die Entstehung dieser und weiterer Regensburger Gedenkorte findet sich bei Ehm, Regensburg (1995), S. 184f.; siehe auch Werder, Regensburg (2016), S. 23–29.
[13] Monsignore Franz Hiltl (1902–1979), Priester und Religionslehrer, der auch als Autor für den Tages-Anzeiger und das Regensburger Bistumsblatt tätig war.
[14] Vgl. S.N., Fahnen (2./3.1955); S.N., Fahnen (19./20.2.1955); S.N., Fahnen (26./27.2.1955); S.N., Fahnen (5./6.3.1955); Scheuerer, Fahnen (12./13.3.1955); ders., Fahnen (19./20.3.1955); S.N., Fahnen (26./27.3.1955); S.N., Fahnen (16./17.4.1955); S.N., Fahnen (23./24.4.1955); S.N., Fahnen (27.4.1955); S.N., Fahnen (30.4./1.5.1955).
[15] Vgl. Hiltl, Akt (1960); ders., Ende (22.4.1965); ders., Ende (26.4.1965); ders., Ende (27.4.1965); ders., April (1970). Siehe S. 14, Anm. 64.
[16] Vgl. Weilner, Bericht (1965), S. 5.

2. Beginn einer Gedenkkultur

Der Bericht von Ignaz Weilner, im April 1945 wegen einer Verwundung als dienstunfähig aus der Wehrmacht-Sanitätstruppe entlassen und zur Genesung als Kaplan an den Hof des Fürsten von Thurn und Taxis berufen[17], scheint das einzige Ergebnis dieses Aufrufs gewesen zu sein.[18] Trotz vieler, durchaus interessanter Details, erbrachte sein Bericht keine über das zuvor bereits Bekannte hinausgehenden neuen Erkenntnisse.

---

[17] Vgl. ebd., S. 7. – Weilners Bericht erschien vorab als Artikelserie in loser Folge zwischen dem 20.5. und 11.6.1965 im „Tages-Anzeiger", vgl. ebd., S. 5f.
[18] Eine Anfrage beim Archiv des Historischen Vereins hinsichtlich eventuell weiterer Ergebnisse des Aufrufes von 1962 erbrachte leider, dass derlei nicht überliefert sei.

## 3. Weitere Wortmeldungen aus der Erlebnisgeneration und Historisierung

Es dauerte eine Weile, bis man in Regensburg bereit war, die Ereignisse um die Demonstration am Moltkeplatz und die Übergabe der Stadt an die US-Army als voneinander unabhängige Handlungsstränge zu sehen. Auch in Regensburg wurden als Folge der „68er-Bewegung" in den späten 1960er und insbesondere in den frühen 1970er Jahren zunehmend Fragen nach den historischen Fakten gestellt.

Dies fand erstmals breiteren öffentlichen Ausdruck in einem 1975 anlässlich des 30. Jahrestags des Kriegsendes in Regensburg in einer lokalen Wochenzeitung erschienenen längeren Artikel des Regensburger Journalisten Harald Raab.[19] Man kann diesen Artikel durchaus als den Beginn einer neuen Betrachtungsweise sehen. Der Autor versuchte dabei, nicht nur die Ereignisse, soweit möglich, nachzuzeichnen, sondern scheute auch nicht vor kritischen Anmerkungen zurück:

> „In Regensburg ist es eine Kleinigkeit, sich über das Wirken der alten Römer im Castra Regina zu informieren. Wer etwas über die Zeit des ‚Heils', das Wirken der Nazis unter den Domtürmen, in Erfahrung bringen will, tut sich da ungleich schwerer. [...] Statt des Versuchs, wenigstens diesen Abschnitt Regensburger Geschichte der Nachwelt historisch unverfälscht zu hinterlassen, existieren nur reichlich subjektive Zeitungsberichte und Broschüren. [...] Im günstigsten Fall wußten es die Verfasser nicht besser, weil sie selbst nur einen zu kleinen Überblick hatten. In vielen Fällen ist aber allzu deutlich, daß sich einige nur mit der sehr verständlichen Blickrichtung auf ihr oder ihrer Freunde Spruchkammerverfahren erinnert haben, oder damals zu Protokoll gegebene Versionen aufrechthalten wollen."[20]

Solche Fragen hatte vor allem Berta Rathsam bereits seit 1970 mit einzelnen Zeitungsartikeln aufgeworfen.[21] Kriminalkommissarin a.D. Rathsam war eine im Regensburger gesellschaftlichen Leben tief verwurzelte, nicht unumstrittene Person und sowohl vor 1945 als auch danach bei der Regensburger KriPo tätig.[22]

Das weitgehend festgefügte Regensburger Erinnerungsbild bekam allmählich Risse, nicht etwa durch weitere Anstöße vor Ort, sondern durch den generellen Wandel der Sichtweise auf die Zeit des Nationalsozialismus seit Mitte der 1970er Jahre. Von nachhaltiger Wirkung zeigte sich die 1977 begonnene Publikation der Reihe

---

[19] Vgl. Raab, Versuch (1975).
[20] Ebd., S. 25.
[21] Rathsam, Kapitulation (1970); sowie: dies., Fall (1971). – Zuvor war Rathsam nur als Zeitzeugin für die Vorgänge am Moltkeplatz an die Öffentlichkeit getreten. Vgl. dies., Berichte (1965).
[22] Berta Rathsam war eine der ersten weiblichen Kriminalbeamtinnen in Bayern gewesen und tat bereits seit 1926 in Regensburg bei der „Sitte" Dienst. Zu ihren Thesen und Artikeln s. im weiteren Text.

## 3. Weitere Wortmeldungen aus der Erlebnisgeneration und Historisierung

„Bayern in der NS-Zeit" des Münchner Instituts für Zeitgeschichte, die entstanden war im Rahmen des 1973 begonnenen Forschungsprojekts „Widerstand und Verfolgung in Bayern" im Auftrag des Bayerischen Staatsministeriums für Unterricht und Kultus sowie in Zusammenarbeit mit den Staatlichen Archiven Bayerns.[23] Neu an dieser bis 1983 auf sechs Bände angewachsenen Reihe war, dass sie auch profunde Untersuchungen auf regionalen und lokalen Ebenen enthielt. Dies forderte geradezu dazu auf, ähnliche Projekte auch für weitere Regionen und Räume anzustreben. Die Stadt Regensburg nutzte 1979 die Gelegenheit ihres 1800-Jahr-Jubiläums, Wissenschaftler der noch jungen Universität Regensburg zu ersten fundierten Darstellungen von Teilaspekten der Ära des Nationalsozialismus im Rahmen der Vortragsreihe „Zwei Jahrtausende Regensburg" zu beauftragen.[24] Dieter Albrecht, damaliger Inhaber des Lehrstuhls für Neuere und Neueste Geschichte, stellte dabei fest:

> „Zur Geschichte Regensburgs zwischen 1933 und 1945 liegen bisher nur wenige Teiluntersuchungen vor, geschweige eine Gesamtdarstellung. [...Daher] können im folgenden [...] mehr oder weniger nur einige Grundlinien des Themas abgesteckt werden, punktuell und faktenbezogen. Auffüllung und Vertiefung bleiben weiterer Forschung offen."[25]

Hinsichtlich der konkreten Ereignisse bei der Übergabe der Stadt folgte Albrecht mit nur wenigen Zeilen weitgehend den bisherigen Darstellungen Schottenheims.[26] In der Folge wurden an seinem Lehrstuhl tatsächlich die geforderten weitergehenden Forschungen gefördert, mit dem Ergebnis zweier Dissertationen in den 1980/90er Jahren.[27]

Allerdings war 1979 die mediale Reaktion auch von Enttäuschung gezeichnet. Albrecht hatte vorab der Veröffentlichung einen entsprechenden Vortrag am 14. Februar gehalten. Auf diesen reagierte die Zeitung „Die Woche" bereits am 15. Februar mit dem heftigen Vorwurf der Legendenbildung.[28] Dieser Artikel war offenbar ursächlich, dass sich der ehemalige Oberbürgermeister Dr. Otto Schottenheim am 7. März 1979 veranlasst sah, einen Brief nebst umfangreichen Anlagen an den amtierenden Oberbürgermeister Friedrich Viehbacher zu senden:

---

[23] Vgl. Broszat, Bayern (1977–1983), speziell: ders., Bayern (1981); des Weiteren: Troll, Aktionen (1981).
[24] Vgl. Albrecht, Jahrtausende (1979). – Neben seinem eigenen, auch im Folgenden zitierten Beitrag von Albrecht ist hier ausdrücklich auch jener des Wirtschaftsgeographen Karl Hermes zu nennen, dem es gelungen war, hierfür auch Alt-Oberbürgermeister Schottenheim in Gesprächen befragen zu können. Vgl. Hermes, Stadtgeographie (1979), Danksagungen S. 229, Anm. 2.
[25] Albrecht, Regensburg (1979), S. 179. – In überarbeiteter Fassung als eigenständiges Kapitel erschienen in: ders., Regensburg (1984), S. 215–240.
[26] Vgl. ders., Regensburg (1979), S. 201. – Man muss hier ergänzen, dass das KZ-Außenkommando 1945 in Regensburg bei Albrecht nicht erwähnt wurde. Dieses schien erst im Zweitabdruck des Aufsatzes im Rahmen einer längeren Anmerkung auf. Vgl. ders., Regensburg (1984), S. 238, Anm. 113.
[27] Siehe S. 24, Anm. 69.
[28] Vgl. Raab, NS-Zeit (1979).

I. Rezeptionsgeschichte des Kriegsendes in Regensburg

> „Veröffentlichungen des letzten Monats haben mir einige Sorge bereitet, ob wohl die Geschichte Regensburg's einmal frei von Emotionen und den wahren Tatsachen entsprechend geschrieben werden wird. [...] Soweit meine Zeit noch reicht, bin ich gerne bereit, weitere Aufschlüsse zu geben".[29]

Er bat, die beigefügten Unterlagen dem Stadtarchiv zuzuführen, was Viehbacher ihm auch in seinem Antwortschreiben zusagte.[30] Im Konvolut der Anlagen fand sich auch ein vierseitiger, offenbar aus verschiedenen Vorlagenfassungen zusammengeklebter Eigenbericht Schottenheims zum Kriegsende 1945, der inhaltlich graduell von früheren entsprechenden Äußerungen abwich.[31] Der Schriftwechsel nebst Anlagen gelangte ins Stadtarchiv und blieb dort lange unbeachtet.[32]

Auf Initiative und unter aktiver Mitwirkung des damaligen Kulturdezernenten der Stadt Regensburg, Dr. Bernd Meyer, realisierte 1983 eine kleine Arbeitsgruppe zeithistorisch Interessierter mit sehr bescheidenen Mitteln eine Ausstellung in der Stadtbücherei zum Thema „Regensburg unter dem Hakenkreuz".[33] Die Ausstellung verstand sich, so die Einleitung, als

> „eine erste Annäherung an ein Thema. [...] Die genaue Erforschung und Darstellung der jüngsten dunklen Vergangenheit Regensburgs steht noch aus. Sie muß geleistet werden, bevor es zu spät ist."[34]

Nicht nur die kulturellen Institutionen auf staatlicher und kommunaler Ebene, sondern auch breite Kreise der Bevölkerung, insbesondere in der Jugend, begannen sich nun freiwillig und nachhaltig für das Thema Nationalsozialismus zu interessieren. Die Ausstrahlung der in ihrer Machart eher trivial und plakativen US-Fernsehserie „Holocaust.

---

[29] Vgl. StAR, OB/4: Schreiben Dr. O. Schottenheims an den Oberbürgermeister der Stadt Regensburg vom 7. März 1979.
[30] Vgl. StAR, OB/4: Schreiben des Oberbürgermeisters F. Viehbacher an Dr. O. Schottenheim vom 12. März 1979, Abdruck.
[31] Darüberhinaus enthielt dieser Bericht u. a. auch wörtliche Zitate aus dem Gespräch zwischen Leythäuser und den Amerikanern. Vgl. StAR, OB/4: Bericht Dr. O. Schottenheim (1979), 4 S. – Des Weiteren bestand das Konvolut u. a. aus beglaubigten Abschriften eidesstattlicher Erklärungen von 1946/47 für das Spruchkammerverfahren Schottenheims, darunter vom ehem. Bürgermeister Herrmann und von Schottenheims Schwager, Generalmajor a.D. Leythäuser, wobei letztere überraschend knapp war. Des Weiteren vom ehem. Volkssturmführer Apotheker Fritz Sonntag, vom ehem. Bayreuther OB Dr. Friedrich Kempfler und vom ehem. Standortarzt, Oberfeldarzt a.D. Dr. Rudolf Boeckh. Ebenfalls finden sich dort Zeitungsartikel, erschienen zu Jahrestagen des Kriegsendes bzw. anläßlich runder Geburtstage Schottenheims. Ebenso enthalten sind entsprechende Gratulationsschreiben u. a. der Oberbürgermeister Hans Herrmann und Rudolf Schlichtinger.
[32] Aus heutiger Sicht muss man einräumen, dass hier eine Gelegenheit verpasst wurde. Das Gesprächsangebot Schottenheims hätte, unabhängig vom Ergebnis, wahrgenommen werden sollen. Allerdings ist hier anzufügen, dass das Stadtarchiv zu jenem Zeitpunkt über keine wissenschaftlich ausgebildete Leitung verfügte. Dr. Schottenheim verstarb im September 1980.
[33] Vgl. Stadt Regensburg, Regensburg (1983).
[34] Ebd., Bl. 1.

## 3. Weitere Wortmeldungen aus der Erlebnisgeneration und Historisierung

Die Geschichte der Familie Weiss" in den deutschen Dritten Programmen im Januar 1979 hatte vielfach katalytische Wirkungen. 10 bis 15 Millionen Zuschauer, darunter viele Jugendliche, sollen jeden der vier Teile am Bildschirm verfolgt haben.[35]

Die Körber-Stiftung lobte seit 1973 alle zwei Jahre einen Schülerwettbewerb „Deutsche Geschichte um den Preis des Bundespräsidenten"[36] aus.[37] Auch hierbei wurde nun die Zeit des Nationalsozialismus zum Thema. Speziell die 1980/81 bzw. 1982/83 ausgeschriebenen Themen „Alltag im Nationalsozialismus: Vom Ende der Weimarer Republik bis zum Zweiten Weltkrieg" bzw. „Die Kriegsjahre in Deutschland"[38] brachten vielerorts verschwiegene Aspekte an die Öffentlichkeit. Dies geschah teils gegen den Widerstand der Stadtspitzen: In Passau versuchten 1980/81 Stadtverwaltung und Stadtrat einfallsreich eine solche Schülerarbeit zu verhindern, was bald bundesweit Schlagzeilen machte.[39] In Regensburg beschäftigte sich 1982/83 eine Schulklasse mit den zuvor von der Regionalgeschichtsschreibung nicht beachteten Flossenbürger KZ-Außenkommandos 1945 im Regensburger Stadtteil Stadtamhof, im heutigen Neutraubling sowie in Saal a. d. Donau und berichtete dabei auch über die teils großen Schwierigkeiten, denen sie bei ihren Forschungen begegnet war.[40] Erstmals wurde dabei auch eine Gedenktafel am Stadtamhofer „Colosseum" gefordert, wofür die Klasse auch ihr Preisgeld der Stadt spendete.[41] Eine Parallelklasse der gleichen Schule versuchte, die Ereignisse bei Kriegsende in Regensburg auf der Basis des bis dahin Veröffentlichten nachzuzeichnen.[42] Schülerinnen und Schüler dieser Klassen beteiligten sich auch am folgenden Wettbewerb 1984/85 zur Nachkriegszeit[43] mit einem Beitrag zur frühen Gedenkkultur in Regensburg.[44] Auch am Wettbewerb 1990/91 „Tempo, Tempo – Mensch und Verkehr in der Geschichte" nahmen Regensburger Schüler mit dem Beitrag „Räder rollen für den Mord. Die Reichsbahn in Regensburg" teil, der ebenfalls Bezüge zur Kriegsendephase enthielt.[45]

Seit 1987 veranstalteten das damalige Kultur- sowie das Schul- und Sportdezernat der Stadt Regensburg mit Unterstützung des Ministerialbeauftragten für die Gymna-

---

[35] Vgl. Wilke, Fernsehserie (2004); Brandt, Anschauung (2003); Weiß, Erinnerung (2001); Borries, Geschichte (1990), S. 54.
[36] Für die ersten drei Wettbewerbe lautete der Titel „Wettbewerb um den Gustav-Heinemann-Preis".
[37] Zu diesem Wettbewerb allg. vgl. Borries, Geschichte (1990).
[38] Vgl. Blanck, Materialien (1982); Galinski, Kriegsjahre (1985).
[39] Vgl. Körber-Stiftung, Schülerwettbewerb (1983), S. 29; Auf ihrem Wettbewerbsbeitrag beruhte auch das erste Buch der Autorin: Rosmus, Widerstand (1983). Zur Verhinderungsstrategie vgl. dort das Einleitungskapitel „Berührungen eines Tabus", S. 11–18, sowie ihre spätere Autobiographie: dies., Passau (1999), S. 108–113 sowie S. 134f.
[40] Vgl. Stadt Regensburg, Außenkommandos (1983); Körber-Stiftung, Schülerwettbewerb (1985), S. 41. – Die Arbeit wurde in verkürzter Form auch veröffentlicht, vgl. Brendel, Lager (1985).
[41] Vgl. Stadt Regensburg, Außenkommandos (1983), S. 51; Simon-Pelanda, Herzen (1995), S. 160.
[42] Vgl. Stadt Regensburg, Kriegstage (1983); Körber-Stiftung, Schülerwettbewerb (1985), S. 42.
[43] Vgl. Galinski, Jugendliche (1984).
[44] Vgl. Stadt Regensburg, Denkmal (1985); Körber-Stiftung, Schülerwettbewerb (1987), S. 28.
[45] Vgl. Schimmel, Räder (1991).

I. Rezeptionsgeschichte des Kriegsendes in Regensburg

sien in der Oberpfalz einen Kollegstufenwettbewerb in den Fächern des gesellschaftswissenschaftlichen Bereichs für die Gymnasien in Regensburg und Neutraubling. Schwerpunktthemen waren 1987/88 und 1989/90 Regensburg in der Weimarer Republik und im Nationalsozialismus. Mit finanzieller Unterstützung durch die Siemens AG konnten einige der eingereichten und prämierten Beiträge veröffentlicht werden.[46] Auch ohne Wettbewerbshintergrund entstanden in diesen Jahren zahlreiche Facharbeiten mit NS-Bezug an den Kollegstufen von Gymnasien in Regensburg und im Umland.[47]

Neben zahlreichen Schülern beschäftigten sich seit den frühen 1980er Jahren auch etliche Einzelpersonen mit den Jahren des Nationalsozialismus in Regensburg. In einer ganzen Reihe von Veröffentlichungen wurde die Zeit aus verschiedenen Blickwinkeln thematisiert:

Berta Rathsam veröffentlichte 1980 als erweiterte Fassung ihres bereits erwähnten Artikels von 1971 eine kleine Broschüre, die eine völlig neue Sichtweise der Demonstration am Moltkeplatz am 23. April beinhaltete.[48] Rathsam war selbst vor Ort gewesen. Sie versuchte nun, zu belegen, dass es sich um zwei verschiedene Demonstrationen, um 14 und um 18 Uhr, gehandelt habe.[49] Zudem sei die erste Aktion „von amerikanischen Agenten inszeniert worden".[50] Vor allem für diese zweite These blieb Rathsam jedoch den eigentlichen Beleg für ihre Mutmaßung schuldig.[51] Der Stadtübergabe an die Amerikaner widmete Rathsam nur wenige Zeilen, in denen sie kaum von den bis dahin üblichen Darstellungen abwich.[52]

Am 2. September 1980 verstarb der ehemalige Regensburger Oberbürgermeister der NS-Ära, Dr. med. Otto Schottenheim. Die Stadt, vertreten durch den amtierenden Oberbürgermeister Friedrich Viehbacher, würdigte ihn mit einem ehrenden Nachruf [53] und einer offiziellen Todesanzeige.[54] Sätze wie „Unbeschadet seiner politischen Einstellung hat er mit großem Einsatz für die Stadt und ihre Bürger gearbeitet und sich bleibende Verdienste erworben"[55], riefen heftigen Widerspruch hervor und brachten hinsichtlich neuer Veröffentlichungen einen Stein ins Rollen.

Als erste reagierte abermals Berta Rathsam 1981 mit einer weiteren kleinen Schrift, in der sie ihren Widerspruch gegen diese Würdigungen Schottenheims von

---

[46] Vgl. Stadt Regensburg, Kollegstufenwettbewerb (1989); dies., Kollegstufenwettbewerb (1990).
[47] Bibliographische Nachweise sind hierzu schwierig, da kaum eine solche Arbeit Eingang in Archiv- oder Bibliotheksbestände gefunden hat.
[48] Vgl. Rathsam, Irrtum (1980).
[49] Vgl. ebd., S. 11f. u. S. 17.
[50] Vgl. ebd., S. 5 u. S. 28–30.
[51] Albrecht bezeichnete diesen Gedanken als „abwegig". Vgl. Albrecht, Regensburg (1984), S. 239, Anm. 121.
[52] Vgl. Rathsam, Irrtum (1980), S. 31.
[53] Veröffentlicht in der Mittelbayerischen Zeitung, vgl. Mzn, Oberbürgermeister (1980), sowie in redaktionell erweiterter Form in „Die Woche", vgl. Jwh, Schottenheim (1980).
[54] Vgl. Viehbacher, Gedenken (1980); Wortlaut auch abgedruckt bei: Rathsam, Irrtum (1981), S. 7.
[55] Ebd.

## 3. Weitere Wortmeldungen aus der Erlebnisgeneration und Historisierung

Seiten der Stadt dokumentierte und sich neuerlich kritisch mit dem Wirken Schottenheims auseinandersetzte, hierbei auch dessen Darstellung, er habe 1945 maßgeblich zur friedlichen Übergabe der Stadt Regensburg beigetragen, in Frage stellte.[56]

1983 erschien eine „andere Stadtführung" zu den Jahren von 1933 bis 1945 in Regensburg.[57] Diese Schrift war bundesweit eine der ersten ihrer Art und erreichte bis 1994 sechs, stetig überarbeitete Auflagen mit wechselnden Koautoren und Mitarbeitern.[58] 1985 veröffentlichte überdies Wilhelm Kick sein höchst detailliertes Werk über Regensburger Opfer des Nationalsozialismus.[59] Beide Publikationen erbrachten jedoch hinsichtlich der Kriegsendeereignisse keine neuen Erkenntnisse.

Ebenfalls 1983 trat dann der pensionierte Oberst der Bundeswehr, Robert Bürger[60], der im April 1945 als Major der Wehrmacht in der Regensburger Kommandantur eingesetzt war, an die Öffentlichkeit. In Vorträgen vermittelte er seine Sicht der Ereignisse. Der Historische Verein für Oberpfalz und Regensburg veröffentlichte 1983 einen Aufsatz Bürgers in seinen „Verhandlungen"[61], versehen mit einer Vorbemerkung von Werner Chrobak.[62] Bürgers Darstellungen stießen auf großes öffentli-

---

[56] Vgl. ebd., S. 30f. – Leider verlor sich die Autorin in der zweiten Hälfte dieser 62 Seiten-Schrift in einem Versuch einer gesamthistorischen Betrachtungsweise.
[57] Vgl. Heigl, Stadtführung (1983).
[58] Vgl. Simon-Pelanda, Regensburg (1984); ders., Regensburg (1991); Heigl, Regensburg (1994).
[59] Vgl. Kick, Kindern (1985).
[60] (1914–1992). Bürger stammte aus Duisburg und trat 1935 als Berufssoldat in das Regensburger Infanterie Regiment 20 ein, dem er auch als Offizier lange angehörte, zuletzt als Kommandeur des III. Bataillons. 1940 wurde ihm das Eiserne Kreuz I. Klasse verliehen. 1942 Hauptmann und ab Nov. 1943 Major. Nach einer Verwundung im Sept. 1943 Lazarettaufenthalte bis Feb. 1944. Danach Lehrgruppenkommandeur an der Feld-Unteroffiziersschule der Panzertruppen, zuletzt in Wildflecken. Im März 1945 kommandiert zu einem Regimentskommandeurslehrgang nach Bergen. Bürger befand sich (wohl) seit 11. April auf Sonderurlaub in Regensburg zur Beisetzung seines gefallenen jüngsten Schwagers. Er hatte 1942 in die Regensburger Familie Brodmerkel eingeheiratet. In Regensburg (oder noch zuvor) soll ihn ein Befehl des Heerespersonalamtes vom 10. April erreicht haben, der ihn mit der Führung des Panzergrenadier-Regiments 59 der 20. Panzerdivision beauftragte. Nach Bürgers eigenen Angaben konnte er dem nicht nachkommen, da dieses Regiment in Bautzen eingeschlossen war. Allerdings hat er später auch eingeräumt, dass er dieses Kommando an der Ostfront auch auf Wunsch seiner schwangeren Frau nicht antreten wollte. Am 24. April will er sich dem Kampfkommandanten Major Hüsson zur Verfügung gestellt haben und sei, aufgrund seiner Ortskenntnis, zum Stellvertretenden Kampfkommandanten ernannt worden. 1955 trat Bürger als Major in die Bundeswehr ein, wurde 1964 Oberst, ein Rang mit dem er auch pensioniert wurde. Angaben zur Person vgl. DD-WAST, Auskunft zur Person Robert Bürger vom 18.02.2016; auch Eiser, Kriegsende (2012), S. 26–39 u. 65–69. – Eiser und Schießl weisen durchaus mit Recht auf einige Widersprüche und Ungereimtheiten in Bürgers Angaben zum April 1945 hin. Vgl. ebd. S. 32–38. Dennoch erscheint es „gewagt", ohne jeglichen Beleg oder zumindest Indizien zu mutmaßen, er habe diese Kommandierung in Regensburg 1945 guten Beziehungen der Familie Brodmerkel zur örtlichen NSDAP-Spitze zu verdanken gehabt. Bürgers Schwiegervater, Hauptmann d.R. Wilhelm Brodmerkel, gefallen 1939, war langjähriges und aktives NSDAP-Mitglied gewesen. Vgl. ebd. S. 26 (Anm. 9), S. 34f u. 38f.
[61] Vgl. Bürger, Regensburg (1983), S. 379–394.
[62] Vgl. Bürger, Regensburg (1983), S. 379–381 (= Vorbemerkung Chrobak).

ches, speziell mediales Interesse, glaubte man doch, nun der historischen Wahrheit näher gekommen zu sein.[63] Allerdings bot Bürger für all jene (wenigen), die mit den bisherigen historischen Darstellungen vertraut waren, kaum Neues. Bürgers Schilderung hatte bereits den entsprechenden Teilen der Artikelserie von Hiltl 1955 zugrunde gelegen und wurde dort in längeren Passagen zitiert als „Gefechtstagebuch des letzten stellvertretenden Regensburger Kampfkommandanten, Major B.".[64] Neu daran war eigentlich nur die Hervorhebung von Bürgers angeblich eigener Rolle beim nächtlichen Abzug der Kampfgruppe aus der Stadt, der einzig wegen seiner, Bürgers, Ortskenntnisse möglich gewesen sei.[65] Seither galt Bürger für manche Regensburger und darüber hinaus als der eigentliche „Retter" der Stadt.[66] Zum 40. Jahrestag 1985 druckte die Mittelbayerische Zeitung Bürgers Aufsatz als Artikelserie mit einigen größeren Auslassungen und einigen Textumstellungen erneut ab.[67] Auch merkte die Redaktion vorab an, „Einige neuere Erkenntnisse Bürgers wurden von der MZ in den Teilabdruck eingearbeitet".[68]

In den späten 1980er Jahren entstanden durch zeitweilige Mitarbeiter des Regensburger Stadtarchivs zwei Doktorarbeiten über die Stadtverwaltung Regensburgs im Nationalsozialismus (Helmut Halter) sowie über Regensburg unter der amerikanischen Militärregierung (Ludwig Hilmer).[69] Beide Autoren trugen, neben anderen Mitarbeitern, auch zum Gelingen einer von der Volkshochschule Regensburg und dem Stadtarchiv 1987 realisierten Ausstellung über Regensburg in den Jahren von 1945 bis 1949 bei.[70] Hinsichtlich der Ereignisse bei Kriegsende erbrach-

---

[63] Vgl. hierzu insbesondere Raab, Rettung (1985), S. 27–29; ders., Regenburg (1984).
[64] S.N., Fahnen (23./24.4.1955).
[65] Vgl. Bürger, Regensburg (1983), S. 388. – Bürgers Hauptquelle war weniger seine eigene Erinnerung als Zeitzeuge, sondern „die Kopie einer abgeschriebenen Abschrift" des offiziellen Kriegstagebuches der „Kampfgruppe Regensburg", dessen Original 1945 angeblich von ihm selbst geführt und befehlsgemäß bei Ende der Kampfhandlungen im Mai abgegeben und vernichtet worden war. Zuvor will Bürger Anfang Mai 1945 noch eine Abschrift erstellt haben. Die „Abschriftkopie" nebst einer kleinen Materialiensammlung, darunter auch sein Vortragsmanuskript, hatte Bürger in einem Büroordner zusammengefasst und in drei Ausfertigungen der Staatlichen Bibliothek, dem Bischöflichen Zentralbibliothek und dem Stadtarchiv, jeweils Regensburg, zur Verfügung gestellt. (Vgl. Bürger, Regensburg (1983), S. 379 (Vorbemerkung Chrobak, Anm.*); BZB Regensburg: Ordner Bürger; StAR, OB/7).
[66] Die Darstellung von Bürger hat darüber hinaus auch etliche „Fortschreibung" erfahren, hier zu nennen sind: Weishaupt, Schlacht (1991); Sturm, Jahre (2005); Schneider, Spuren (1999); Chrobak, Krieg (2005); ders., Zerstörung (2015).
[67] Vgl. Bürger, April (1985).
[68] Vgl. Bürger, April (1985), T. 1. – Bei den neueren Erkenntnissen handelte es sich um einen amerikanischen Geheimdienstbericht hinsichtlich der mutmaßlichen Stärke der Regensburger Garnison. Vgl. Bürger, April (1985), T. 2.
[69] Vgl. Halter, Stadt (1994); Hilmer, Verwaltung (1995). – Beide Arbeiten entstanden am Lehrstuhl für Neuere und Neueste Geschichte (Prof. Dr. Dieter Albrecht) der Universität Regensburg.
[70] Vgl. Stadt Regensburg, Regensburg (1987). – Dieselbe Arbeitsgruppe erstellte 1989 auch eine zweite Ausstellung zur jüdischen Geschichte der Stadt, wobei dieser Katalog bis 1996 vier Auflagen erreichte. Vgl. Stadt Regensburg, Stadt, Regensburg 1996.

## 3. Weitere Wortmeldungen aus der Erlebnisgeneration und Historisierung

ten diese Forschungen jedoch keine neuen Erkenntnisse: Halter streifte die Thematik nur kurz.[71] Hilmer zeigte in seiner Darstellung, dass sich viele der Erinnerungen von Regensburger BürgerInnen an die Ereignisse des 27. April auf den Vormittag konzentrierten. Und auch die Stadtverwaltung habe zwei Jahre nach den Ereignissen den amtlichen Beginn der amerikanischen Besatzungszeit auf „10.00 Uhr Vormittag" festgelegt.[72]

Haupthemmnis einer grundlegenden Erforschung der Ereignisse bei Kriegsende war für längere Zeit das Fehlen entsprechender Quellen. Militärische Akten von deutscher Seite waren durch die Kriegseinwirkungen weitgehend zerstört oder befehlsgemäß zum Zeitpunkt der Kapitulation vernichtet worden. Lediglich die von kriegsgefangenen deutschen Offizieren für die US-Streitkräfte erstellten historischen Studien waren seit den 1970er Jahren zugänglich.[73] Die Akten der US-Streitkräfte des Zweiten Weltkriegs wurden erst im Laufe der 1980er Jahre vom US-Verteidigungsministerium an das US-Nationalarchiv abgegeben, waren jedoch im Prinzip bereits seit den späten 1960er Jahren zugänglich. Jürgen Mulert hatte 1987 für einen Aufsatz in den „Verhandlungen" des Historischen Vereins die Gelegenheit, in Washington Armee-Akten, die Regensburg im April 1945 betrafen, einzusehen.[74] Bereits diese kleine Veröffentlichung erbrachte etliche neue Erkenntnisse. Jedoch hatte Mulert sich vor allem auf die Auswertung der Akten der östlich von Regensburg eingesetzten 71st Infantry Division beschränkt. Akten der von Südwesten auf Regensburg vordringenden 65th Infantry Division hingegen hatte er offenbar nur in geringem Umfang eingesehen.

---

[71] Vgl. Halter, Stadt (1994). S. 548f.
[72] Vgl. Hilmer, Verwaltung (1995), S. 1f u. S. 7. – Eine Festlegung, der dann wohl auch der ehem. Oberbürgermeister Dr. Schottenheim und der ehem. Bürgermeister Herrmann ihre eigenen Erinnerungen inhaltlich/zeitlich „angepasst" hatten. Es wird in dieser Studie im Detail gezeigt werden, dass es schlicht nicht sein konnte, dass die beiden bereits gegen 10:00 Uhr von amerikanischen Soldaten aus dem Rathaus geholt wurden.
[73] Hiervon waren Durchschriften bzw. Kopien zunächst dem Militärgeschichtlichen Forschungsamt der Bundeswehr zur Verfügung gestellt worden und waren dort auch einsehbar. Zwischenzeitlich befinden sich diese Titel auch im Bestand des Bundesarchivs, Abt. Militärarchiv, Freiburg i. Br.. Zu den Historical Studies und ihren Entstehungshindergründen jüngst umfassend, siehe Howell, Besiegten (2016). – Diese Studien sind fast durchwegs aus der Erinnerung verfasst worden und dadurch im Detail manchmal nicht sehr genau.
[74] Vgl. Mulert, Quellen (1987). – Da diese Akten im Nationalarchiv noch nicht bearbeitet und noch unsigniert waren, war im Nachhinein das Wiederauffinden einiger zitierter Blätter nicht ganz einfach. Allerdings hatte Mulert die jeweils zitierten Seiten korrekt und ausführlich beschrieben.

## 4. Perspektivenwechsel – Darstellungen mit erweitertem geographischem und thematischem Fokus

Als erste Versuche, die Ereignisse im größeren geographischen Rahmen der Oberpfalz und Ostbayerns zu sehen, dürfen die 1970 bzw. 1971 erschienen Publikationen von Helga Klitta[75] und Karl B. Krämer[76] gelten. Letzterer hatte mit viel Fleiß alle regionalen Erkenntnisse und Veröffentlichungen zusammengetragen, die Niederbayern und speziell den Bayerischen Wald im April 1945 betrafen. Klitta tat dies für die Oberpfalz und nutzte dabei als Erste in der Region sehr intensiv die sogenannten „After Actions Reports"[77] einer ganzen Reihe von US-Einheiten, die ihr auszugsweise als Microfilmaufnahmen zugänglich waren.[78] Ein sehr akribischer Chronist fand sich auch sehr früh für die benachbarte Region Kelheim: 1975 veröffentlichte der nebenamtliche Stadtarchivar Ettelt im Rahmen seiner zweibändigen Stadtgeschichte Kelheims im 20. Jahrhundert einen Band über den Zweiten Weltkrieg, der auch die Ereignisse in und um Regensburg ansprach.[79]

1987 entstand sodann am Militärgeschichtlichen Forschungsamt der Bundeswehr, damals in Freiburg i.Br., eine umfassende militärhistorische Studie über das Kriegsende in Südbayern aus der Feder von Joachim Brückner.[80] Brückner, selbst ehemaliger Offizier, hatte alle Quellen zusammengetragen, die zu diesem Zeitpunkt zugänglich waren. Jedoch hatte er noch keinen (generellen) Zugriff auf die Akten der US-Army.[81] Es muss hier hervorgehoben werden, dass bereits vor Brückner und Mu-

---

[75] Vgl. Klitta, Ende (1970).
[76] Vgl. Krämer, Kriegsende (1971).
[77] Die vor allem bei Regionalforschern sehr beliebten After-Action-Reports sind im Grenzbereich zur „Grauen Literatur" angesiedelt. Es handelte sich dabei um periodische – täglich, wöchentlich oder monatlich – von den einzelnen Truppenteilen und Verbänden in hektographierter Form herausgegebene Rundschreiben an die Offiziere der eigenen Einheit sowie an die vorgesetzten Verbände bzw. die nachgeordneten Truppen. Die After-Action-Reports enthielten eine Zusammenfassung der Ereignisse der letzten Berichtsperiode nebst Auszügen aus den entsprechenden Unterlagen sowie als Anhänge z. B. regelmäßig eine Zusammenfassung der Erkenntnisse des jeweiligen IPW-Teams. Auch Nachrichten seitens des OSS konnten dabei Abdruck finden oder rein informative Angaben wie Ende April 1945 die mit Zeichnungen dargestellten Rangabzeichen der Roten Armee; rechnete man doch täglich mit einem Zusammentreffen.
[78] Vgl. Klitta, Ende (1970), S. 67 (Quellenverzeichnis).
[79] Vgl. Ettelt, Kelheim 2 (1975); 30 Jahre später erschien dieser Band 2005 posthum in stark erweiterter Neuauflage, vgl. Ettelt, Geschichte 2 (2005).
[80] Vgl. Brückner, Kriegsende (1987).
[81] Brückner hätte in Einzelfällen mutmaßlich NATO-Dienstwege nutzen können. Er zitierte einige Dokumente als „Sammlung des Verfassers". Sowohl ein (im Wortlaut wiedergegebener) US-Bericht über die öffentliche Meinung in der Regensburger Bevölkerung als auch die von ihm zitierten Gefangenenlisten stammten eigentlich aus den Berichten der 65th Infantry Division. Vgl. Brückner, Kriegsende (1987), S. 84 (dort Anm. 26), S. 149 (dort Anm. 35), sowie S. 287f.

## 4. Perspektivenwechsel

lert nicht nur, wie oben erwähnt, Klitta, sondern auch Bürger und offenbar auch Chrobak begrenzten Zugang zu einzelnen US-Akten gefunden hatten.[82]

Hinsichtlich der Ereignisse in Regensburg folgte Brückner weitgehend der Darstellung Bürgers. Ein kleiner Mangel an Brückners Arbeit könnte darin gesehen werden, dass er sich auf operative Abläufe beschränkte und entsprechend auch nur die Strukturen des Feldheeres im Auge hatte. Die territoriale Wehrmachtstruktur der Wehrkreise interessierte Brückner nur insoweit, als die Wehrkreise Ersatztruppen und Führungsstäbe für das Feldheer bereitzustellen hatten. Aus regionaler Sicht waren jedoch die – wenngleich sehr klein gewordenen – Wehrkreis-Restverwaltungen nach wie vor von Bedeutung, oblag ihnen doch die Verwaltung aller Wehrmachtlagerstätten vor Ort. Dazu gehörten zum einen Proviantlager, zum anderen aber auch Munitionsdepots, speziell Kampfstofflagerstätten, von denen außerordentliche Gefahren für die Regionen ausgingen.

Von dieser Überlegung ausgehend, begann einer der Verfasser dieser Studie Mitte der 1980er Jahre damit, sich näher mit Ereignissen des April 1945 in der näheren und weiteren Umgebung Regensburgs zu beschäftigen. Schnell zeigte sich, dass auch die Ereignisse um die Übergabe der Kampfstoff-Munitionsanstalt Schierling an die US-Streitkräfte sowie weiterer solcher Bestände nahe der Stadt Straubing im Zusammenhang mit den Abläufen in Regensburg gesehen werden müssen. Einige Erkenntnisse und Thesen sind dabei in mehrere Veröffentlichungen eingeflossen.[83]

Eine Vielzahl an neuen Publikationen erschien anlässlich des 50. Jahrestags des Kriegsendes 1995. Zu nennen sind Sonderveröffentlichungen regionaler historischer Vereine, herausragend die Arbeit von Toni Siegert, der auch in größerem Umfang amerikanische Unterlagen einbezog und komplette Übersetzungen einiger „After-Action-Reports" im Anhang veröffentlichte.[84] Regionale Tageszeitungen in Ostbayern publizierten Sonderbeilagen[85] sowie meist reich bebilderte Erinnerungsbände. Diese Veröffentlichungen enthielten inhaltlich jedoch kaum Neues.[86]

---

[82] Bürger erwähnte die Beschaffung von US-Dokumenten in seinem Aufsatz, nicht jedoch, wie er daran gelangte, vgl. Bürger, Kriegsende (1983), S. 383, dort Anm. 23, und fügte Kopien seiner Materialsammlung bei. Chrobak nannte in einem Interview mit Matzke 1985 den Namen eines US-Vernehmungsoffiziers, der Matzke befragt hatte. Auch diese Angabe kann eigentlich nur aus Unterlagen der 65th Infantry Division stammen. Vgl. StAR, Gespräch am 27. Februar 1985 in Krems/Niederösterreich zwischen Herrn Matzke, ehem. Major der deutschen Wehrmacht, Dr. Heinrich Wanderwitz vom Stadtarchiv Regensburg und Dr. Chrobak von der Bischöflichen Zentralbibliothek Regensburg, Bandabschrift, (im Folgenden „Gespräch 27. Feb. 1985 mit Herrn O. Matzke"), Bl. 39.

[83] Vgl. Böken, Wunder (1988); auch Ehm, Wunder (2010), S. 2f.

[84] Vgl. Siegert, Kriegsende (1995); Darin: After Actionreport (Kriegstagebuch) der 11th U.S. Armored Division für den 9.–23. April 1945 im Wortlaut (Übers. aus dem Amerikan. von Christine Schubert mit Unterstützung durch Bernd Thieser), in: ebd., S. 95–119; sowie: After Actionreport (Kriegstagebuch) der 90th U.S. Infantry Division für den 18.–26. April 1945 im Wortlaut (Übers. aus dem Amerikan. von Christine Schubert mit Unterstützung durch Bernd Thieser), in: ebd., S. 126–143.

[85] Vgl. Voit, Scherben (1995).

[86] Vgl. Ostermann, Kriegsende (2005); zwischenzeitlich in verändertem Verlagsrahmen und Format neu erschienen als ders., Kriegsende (2015); aus anderem Verlagshaus vgl. Vogelsang, Kriegstage (2005), zwischenzeitlich in überarb. u. erw. Ausg. ders., Kriegstage (2015).

I. Rezeptionsgeschichte des Kriegsendes in Regensburg

Hinsichtlich der Versuche, einen anderen Blickwinkel auf die Ereignisse in Ostbayern 1945 aufzuzeigen, muss Anna Rosmus genannt werden, jene ehemalige Schülerin aus Passau, der, wie bereits angesprochen, 1983 die dortige Stadtverwaltung einen Beitrag zu einem Geschichtswettbewerb über Passau in der NS-Zeit unmöglich machen wollte. Rosmus, zwischenzeitlich in die USA ausgewandert, kam dort in sehr engen Kontakt mit den Veteranenverbänden jener US-Einheiten, die im April 1945 Ostbayern befreit hatten.[87] Für diese organisierte sie Erinnerungstouren zu den damaligen Schauplätzen, wobei die Gruppen teils auch in Regensburg Station machten.[88] Darüber hinaus veröffentlichte sie 2010 zwei große Bildbände zum April 1945 in Ostbayern[89] mit zahlreichen Fotos, zumeist aus dem Privatbesitz dieser Veteranen, nebst detaillierten Erläuterungen in Deutsch und Englisch.[90]

Auch die Veteranenverbände selbst traten mit Veröffentlichungen, seit jüngerer Zeit auch mit Internetauftritten hervor. Auf solchen Websites finden sich zunehmend auch Scans von Dokumenten der jeweiligen Einheit aus dem US-Nationalarchiv. Unter den jüngeren klassischen Publikationen solcher Verbände ragt die „65th Division Association" weit heraus. Deren „Historian" der frühen 2000er Jahre, Robert H. Cardinell, 1945 selbst Leutnant im 260th Infantry Regiment, stellte binnen nur weniger Jahre zehn voluminöse Bände zusammen, die neben der Wiedergabe von Dokumenten auch zahlreiche Erinnerungen[91] ehemaliger Divisionsangehöriger beinhalten.[92] Im Kopierverfahren hergestellt und lediglich spiralgebunden, waren diese in erster Linie für die Veteranen selbst gedacht. Diese Bände offenbaren ganz andere Pespektiven auf die Ereignisse 1945 als jene regionaler deutscher Autoren. In Bibliotheken haben diese Veröffentlichungen zumeist nur in den USA Einzug gehalten und sind deshalb in Deutschland kaum bekannt.[93]

---

[87] Vgl. Rosmus, Passau (1999), S. 236–248.
[88] Vgl. Henning, US-Veteranen (2006).
[89] Dies war umso erfreulicher, als der offizielle Fotobestand der NARA hierzu eher bescheiden ist.
[90] Vgl. Rosmus, Ragnarök (2010) sowie dies, Walhalla (2010).
[91] Neben speziell für diese Bände als Briefe oder Texte verfasste Erinnerungen, übernahm Cardinell auch Texte, die bereits in früheren Ausgaben des Verbandsrundschreibens („The 65th Halbart") erstveröffentlicht worden waren.
[92] Vgl. Cardinell, 65th Division (2003); ders., 65th Infantry (2002); ders., 65th Infantry (2004); ders., 65th Infantry (2006); ders., Stories 1–3 (2004–2005).
[93] Es ist Herrn Karl Hoibl zu danken, dass die Universitätsbibliothek Regensburg als offenbar einzige Bibliothek in Deutschland hiervon einen umfangreichen Bestand besitzt. Hoibl, damals selbst als Dipl.-Bibliothekar an der Universitätsbibliothek tätig, war als ehrenamtlicher Archivpfleger der Gemeinde Sinzing mit Rosmus und den Veteranenverbänden im Zuge deren Reisen zu den Schauplätzen des Jahres 1945 vor Ort in Kontakt gekommen – und hatte „berufsbedingt" für eine Beschaffung der Veröffentlichungen gesorgt. Dies war ein Glücksfall für die Bearbeiter dieser Studie, denn Cardinells Veröffentlichungen, die erstaunlicherweise zuvor kaum genutzt worden waren, erwiesen sich als eine wahre „Schatzkammer" an Detailinformationen.

## 5. Neue Kontroversen zum Kriegsende

Eine neue Version des Kriegsendes in Regensburg publizierte der Journalist Günter Schießl 1993 in einer Regensburger Wochenzeitung.[94] Er stützte sich dabei auf die Erinnerungen von Major a.D. Othmar Matzke, den er 1995 zu einem ersten öffentlichen Auftritt in Regensburg bewegen konnte.[95] Matzke war im April 1945 in Regensburg taktischer Führungsoffizier (der sogenannte „I a") im Stab des Kampfkommandanten gewesen.[96] Beim nächtlichen Abzug der Kampfgruppe war er in der Stadt verblieben. Nun gab er an, dass er es gewesen sei, der die Stadt am 27. April formell übergeben habe. Er hatte dies auch bereits 1985 in einem Interview gegenüber Heinrich Wanderwitz vom Stadtarchiv Regensburg und Werner Chrobak von der Bischöflichen Zentralbibliothek Regensburg so ausgedrückt.[97] Bis dahin war das vermeintliche Verdienst der kampflosen Übergabe über viele Jahrzehnte die Legende des NS-Oberbürgermeisters Schottenheim gewesen. Robert Bürger hat dies nie für sich in Anspruch genommen. Auf einen ersten Blick bestanden also zwischen den Darstellungen von Bürger bzw. Matzke keine direkten sachlichen Widersprüche.[98]

Hier muss ergänzt werden, dass Matzkes Übergabeversion bereits zuvor und sehr früh eine publizistische Bestätigung von dritter Seite erfahren hatte, die aber in Regensburg kaum Beachtung fand: Marzell Oberneder, späterer Kulturreferent in Straubing[99], veröffentlichte bereits 1954 seine Erinnerungen an das Kriegsende.[100] Im April 1945 war er als Stabsintendant Leiter des Heeresverpflegungsamtes Regensburg gewesen und hatte dienstlich mit Major Matzke zu tun gehabt.[101] Beide hatten sich im US-Gefangenenlager Bad Kreuznach wiedergefunden.[102] Oberneder würdigte 1954 Matzke ausdrücklich in einem auf niederbayerisch verfasstem Textabschnitt:

---

[94] Vgl. Schießl, Major (1993).
[95] Vgl. Sammlung Ehm: Schießl, Einladung (1995).
[96] Matzke, Jahrgang 1914, war seit 1933 österreichischer Berufssoldat gewesen und 1938 als Leutnant in die Wehrmacht übernommen worden. Vgl. StAR, Gespräch 27. Feb. 1985 mit Herrn O. Matzke, Bl. 1f. – Er war im Zweiten Weltkrieg als Pionieroffizier eingesetzt und hatte am 1.12.1944 das Ritterkreuz erhalten. Vgl. DD-WAST: Auskunft zur Person Othmar Matzke vom 04.09.2015; Zum 1.1.1945 war er zum „Ia" der Pionierschule 3 ernannt worden, die 1944 nach Regensburg verlegt worden war. Vgl. StAR, Gespräch 27. Feb. 1985 mit Herrn O. Matzke, Bl. 24; lt. ebd. S. 8f wäre er jedoch Stellv. Kommandeur der Pionierschule gewesen.
[97] Vgl. StAR, Gespräch 27. Feb. 1985 mit Herrn O. Matzke , Bl. 80 u. 84.
[98] Hingegen bestand ein persönlicher Disput zwischen den beiden ehemaligen Offizieren: Matzke will später Bürger gar nicht gekannt haben. Vgl. StAR, Gespräch 27. Feb. 1985 mit Herrn O. Matzke , Bl. 30; Bürger hingegen ließ nichts unversucht, die Rolle Matzkes zu schmälern (vgl. Bürger, Regensburg (1983), S. 388) und schwärzte sogar dessen Gesicht auf einem in seiner Materialiensammlung enthaltenem US-Foto.
[99] 1891–1985, gebürtig aus Kelheim. Lehrer, seit 1961 auch Ehrenbürger Straubings.
[100] Vgl. Oberneder, Kreuznach (1954). Hiervon erschien posthum auch ein Neudruck, vgl. ders., Kreuznach ($^2$1998).
[101] Vgl. Oberneder, Kreuznach (1954), S. 9; posthum: Ders., Kreuznach ($^2$1998), S. 9.
[102] Vgl. Oberneder, Kreuznach (1954), S. 35; Ders., Kreuznach ($^2$1998), S. 35.

## I. Rezeptionsgeschichte des Kriegsendes in Regensburg

> „Matzke: [...] A guata Soldat, Major sogoar. Von Wean z'Haus. Nur a weng grob, moant ma. [...] Rengschburg, ja daß dös no steht, dös dankt's eahm ganz alloa. Hätten's glatt zsammaschiaßn lassen, wenn er net gwen waar, er der Adjutant vom Kampfkommandantn. Hat's an Ami grad no gebm im letztn Moment. Sunst stand't der Spitalkeller nimma, oder an Taxis sei Gschloß [...]".[103]

Allerdings rückte Oberneder später in einer weiteren Veröffentlichung von dieser Würdigung Matzkes völlig ab, da er diesen dort mit keinem Wort mehr erwähnte und konkrete Handlungen nun anderen Personen zuschrieb.[104]

Die Gegenüberstellung der beiden Narrative der ehemaligen Wehrmachtsoffiziere Matzke und Bürger bildete die Grundlage für den von Peter Eiser und Günther Schießl 2012 veröffentlichten Band „Kriegsende in Regensburg".[105] Bürger gleichsam vom Schild stoßend, bezeichneten Eiser und Schießl nunmehr Major Matzke als Retter der Stadt, dem das alleinige Verdienst der kampflosen Übergabe zukomme. Die Autoren versuchten Bürgers Schilderungen aus den 1980er Jahren zu widerlegen, die ihrer Meinung nach in erster Linie dazu gedient hätten, bei seinem Eintritt in die Bundeswehr höherrangig eingestellt zu werden.[106] Schießl meinte zudem, eine bis dato einseitige Betrachtung der Quellen konstatieren zu können:

> „Schnell wurde mir [d.i. Günter Schießl] klar: Während Major Matzke von den Historikern in Regensburg als Zeuge weitgehend ignoriert zu werden schien, wurde und wird ein anderer Major a.D. [Robert Bürger] in zahlreichen Artikeln, Vorträgen und Beiträgen für den ,Regensburger Almanach' immer wieder als derjenige dargestellt, dem die Stadt ihre Rettung zu verdanken hat".[107]

Schießl folgerte daraus die Notwendigkeit einer eingehenden Überprüfung der Darstellung der Ereignisse nach Robert Bürger: „Es wurde Zeit, sich mit dessen Darlegungen gründlich auseinanderzusetzen und gegebenenfalls der historischen Wahrheit zu ihrem Recht zu verhelfen".[108] Die Beschreibung des Abmarsches der in

---

[103] Oberneder, Kreuznach (1954), S. 51; Ders., Kreuznach (²1998), S. 51. – Mit vollständigem Wortlaut auch zu finden bei Eiser, Kriegsende (2012), S. 114.
[104] Oberneder dankte 1954 Matzke auch dafür, dass dieser ihm und seinen Mitarbeitern frühzeitig einen Marschbefehl zum Verlassen der Stadt ausgestellt hatte (Vgl. ebd.). Als Oberneder 1982 im Rahmen seiner Autobiographie auch eine Kurzfassung seiner Regensburger Erlebnisse veröffentlichte, war dort von Matzke an keiner Stelle mehr die Rede und auch der Marschbefehl war nun vom Kampfkommandanten, Oberst Bieringer (d.i. Babinger), ausgehändigt worden. Vgl. Oberneder, Sonnenschein (²1991), S. 101. Die Ursache für diesen Darstellungswandel ist unbekannt. – Allerdings zeigt sich auch die Problematik des Quellenwertes von Oberneder, da sich ähnlich inhaltlich voneinander abweichende Darstellungen bei ihm 1954 bzw. 1982 auch finden hinsichtlich der Plünderung des Wehrmacht-Verpflegungslagers Nord 1945 in Schwabelweis, s. hierzu im Detail Kap. IV.2.2..
[105] Eiser, Kriegsende (2012).
[106] Ebd., S. 79f.
[107] Ebd., S. 7.
[108] Ebd., S. 7.

## 5. Neue Kontroversen zum Kriegsende

Regensburg stationierten Truppen in der Nacht vor der Kapitulation bezeichnete Eiser sogar als „Bürgers Schleichweg-Legende".[109] Der Version der Ereignisse nach Matzke räumte er hingegen eine deutlich größere Plausibilität ein:

> „Als ich [d.i. Peter Eiser] Matzke – Jahrgang 1914 – mit seinem beeindruckenden Auftreten in den Videos sah und dazu hörte, wie er in jedem Interview, auch nach so langer Zeit, völlig klar über seine damalige Aufgabe als Ia (Taktischer Führungsoffizier) sprach, kam mir eine in dem Aufsatz von Bürger geschilderte Szene unglaubwürdig vor".[110]

Tatsächlich lässt sich vieles in der Darstellung von Bürger nicht bestätigen – teils jedoch nur mit anderen Belegen und Argumenten, als den von Eiser und Schießl angeführten. Zudem ist die Beweisführung der beiden Autoren mitunter nicht schlüssig und partiell schnell zu widerlegen.[111] Auffallend ist in den Ausführungen Eisers und Schießls die sehr offensichtliche Tendenz, nicht nur Bürgers Argumentation in Frage zu stellen, sondern ihn auch als Person insgesamt fragwürdig erscheinen zu lassen. Hingegen wurden die Angaben Matzkes kaum hinterfragt.[112] Bürgers Angaben und Quellen gleichsam einer harten „Nagelprobe" zu unterziehen, war legitim und durchaus zweckdienlich. Hinsichtlich der Offenlegung ihrer eigenen Quellen nahmen es Eiser und Schießl jedoch teils selbst nicht so genau: Beispielsweise zitierten sie seitenweise aus einer Art militärischem Gutachten über Bürgers Darstellungen, das sie 2009 über den damaligen Leiter der G 3-Abteilung der zu jener Zeit in Regensburg beheimateten Division Spezielle Operationen (DSO) der Bundeswehr bekommen haben wollen.[113] Jedoch erwähnten sie nicht, von wem diese Ausführungen stammten (genannt werden lediglich „zwei Oberstleutnante"), auch nicht, ob die Stellungnahme dienstlich oder privat verfasst wurde. Wo diese als Original einzusehen wäre, wurde gleichfalls verschwiegen, wobei hier nicht einmal die ansonsten in ihrem Buch zahlreich zu findende, aus der Presse bekannte Floskel „Name ist dem Verfasser bekannt"[114] angeführt war. Offenbar wurde hier mit zweierlei Maß gemessen.

Stefan Aigner und Robert Werner berichteten für den Internetblog „regensburg-digital" in zahlreichen Beiträgen über diese Veröffentlichung.[115] Sie bezogen dabei

---

[109] Vgl. ebd., S. 11.
[110] Ebd., S. 11.
[111] Die Verfasser dieser Studie sahen es nicht als ihre Aufgabe an, auf jedes von Eiser und Schießl ins Feld geführte Argument einzugehen – dies hätte zudem einen vertretbaren Rahmen dieser Arbeit weit überschritten. Dies geschah jedoch stets dann, wenn es für die Darstellung der Ereignisse zwingend erforderlich schien.
[112] Dies blieb entsprechend den Verfassern dieser Studie vorbehalten – mit teils sehr überraschenden Ergebnissen.
[113] Vgl. Eiser, Kriegsende (2012), S. 129–131.
[114] Vgl. ebd. S. 86; „Name ist uns bekannt": S. 96, Anm. 97, S. 99, Anm. 103, S. 124, S. 126, S. 129 u. S. 157.
[115] Vgl. Aigner, Recherchen (2012); Werner, Widerlegte Geschichtsklitterung (2012); ders., Legendenbildung (2012); ders., Geschichtsklitterung im wissenschaftlichen Gewand (2012); ders., Debatte (2012); ders., SS-Brigadeführer (2012); ders., Vergangenheitspolitik (2012); ders., Regensburger (2013); ders., Kriegsende (2013); Aigner, Reservisten (2014); Werner, Kriegsende (2015).

I. Rezeptionsgeschichte des Kriegsendes in Regensburg

nicht nur eindeutig Stellung für die „Version Matzke", sondern entwickelten auch Ansätze von „Verschwörungstheorien", wer, warum, was nicht erforscht haben wollte. Allerdings wurde dabei offenkundig, dass die Schärfe der Debatte ihre Ursache auch darin hatte, dass sich, aufbauend auf den Darstellungen Bürgers, zwischenzeitlich weitere „Legenden" gebildet hatten, die teils nicht nur sachbezogen, sondern auch politisch zu bewerten waren. Eine der Kernthesen Bürgers war, dass Regensburg am 26. April US-seitig nicht sofort hatte eingekreist werden können, aufgrund heftiger Gegenwehr jugendlicher SS-Soldaten an einem amerikanischen Flankenbrückenkopf bei Kapfelberg/Lengfeld.[116] Dieser These waren viele weitere Autoren gefolgt, ohne sich näher mit den Hintergründen zu beschäftigen[117] – auch damit befasst sich diese Studie im Folgenden.[118] Einzelne regionale Autoren, aber insbesondere solche aus dem Umfeld der SS-Veteranen, stilisierten die jugendlichen Soldaten der 38. SS-Waffengrenadierdivision zu den eigentlichen Rettern Regensburgs:

> „Die Stadt Regensburg hat ihre Rettung vor der totalen Zerstörung nicht einer Person zu verdanken. Eine der Voraussetzungen war, dass die jungen Soldaten der 38. SS-Division Nibelungen durch ihren erbitterten Widerstand das Regiment der 65. Amerikanischen Infanteriedivision fast 32 Stunden an der Donau aufhielten. Dadurch blieb der etwa vier Kilometer breite Korridor im Süden der Stadt offen."[119]

Man scheute sich auch nicht, Domprediger Dr. Johann Maier zu instrumentalisieren:

> „So haben die jungen Soldaten der ‚Nibelungen' durch ihren tapferen Einsatz – ohne es zu wissen oder zu wollen – das erreicht, wofür der Regensburger Domprediger Dr. Johann Maier kurz vorher sein Leben lassen mußte: die Rettung Regensburgs."[120]

Und als Erklärung, weshalb man den SS-Soldaten für ihr Handeln nicht gedankt habe, fand sich in jüngerer Zeit das gleiche uralte stereotype Feindbildmuster, auf dem auch die NS-Rassenideologie beruht hatte:

> „Einige der [SS-]Offiziere blieben mehrere Jahre in Gefangenschaft, u. a. in den amerikanisch-jüdisch [sic!] geleiteten Konzentrationslagern [sic!] Dachau und Langwasser."[121]

Zur Verdeutlichung: Gemeint sind die amerikanischen und bald darauf deutschen Internierungslager für ehemalige SS-Angehörige nach 1945.[122] Veröffentlicht wurden

---

[116] Vgl. Bürger, Regensburg (1983), S. 387 u. 392.
[117] Erwähnt werden sollten hier auch die jährlich vom Reservistenverband durchgeführten Feldmessen, in denen stets auch das damalige Wirken Robert Bürgers gewürdigt wird.
[118] S. Kapitel V.1.4.
[119] Sturm, Jahre (2005), S. 4.
[120] Schneider, Spuren (1999), S. 62.
[121] Sturm, Jahre (2005), S. 39.
[122] Dieser Autor (Jg. 1941) war beamteter Rektor einer bayerischen Schule und Reserveoffizier der Bundeswehr im Rang eines Oberstleutnants. Man kann (zumindest) nur staunen! Angaben zu Werner Sturm laut Personenverzeichnis bei Schneider, Spuren (1999), S. 116.

## 5. Neue Kontroversen zum Kriegsende

diese Sätze nicht in einem publizistischen Randblättchen, sondern in der Schriftenreihe eines öffentlich geförderten Heimatvereins. Entsprechend erscheint es nicht verwunderlich, dass der ehemalige Gefechtsbereich bei Bad Abbach zwischenzeitlich zu einer Art „Wallfahrtsort" von politischen Gruppierungen des äußersten rechten Randes geworden ist – Aufmärsche und nächtliche Fackelzüge inbegriffen.[123]

Derlei Auswüchse blieben natürlich in Regensburg nicht unbekannt – und verschärften bald die Diskussion (nicht in der breiten Öffentlichkeit, aber in kleinen am Thema interessierten Zirkeln) um die Ereignisse bei Kriegsende. Falls das Narrativ Robert Bürgers widerlegt würde, wären auch alle sich auf ihn berufenden Legenden in Zweifel zu ziehen. Dies ist wohl der eigentliche Hintergrund von Veröffentlichungen wie jener von Eiser und Schießl, daneben auch mancher der genannten Internetbeiträge. Mit einem Versuch, Matzkes und Bürgers Aussagen gleichsam „unter einen Hut zu bringen", wäre es nicht (mehr) getan.

Schließlich griff die Mittelbayerische Zeitung das Thema auf, nachdem die städtische Politik gleichfalls auf die Internetbeiträge aufmerksam geworden war.[124] Daraufhin beteiligte sich ein weiterer Akteur an der Debatte. Der Historische Verein für Oberpfalz und Regensburg, der 1983 Robert Bürgers Aufsatz veröffentlicht hatte, bat nun den Historiker Sven Keller vom Münchner Institut für Zeitgeschichte um eine Stellungnahme.[125] Dieser stellte fest, dass bei der Kontroverse um das Kriegsende in den Jahren 2012 und 2013 kaum inhaltlich diskutiert worden sei, welche Geschichtsdarstellung, die von Bürger oder die von Matzke, stimmig sei. Spekuliert wurde vielmehr darüber,

> „wer aus welchen Gründen ein Interesse gehabt haben könnte, dieser oder jener Version der Ereignisse Glauben zu schenken, sie zu verbreiten oder an ihr festzuhalten. Aus diesem Politikum, das nicht ohne indizienbasierte Argumentationen ad personam auskommt, speist sich die Schärfe der gegenwärtigen Debatte".[126]

Überdies hielt er fest: „Die engagierten Lokalhistoriker haben zur Erhellung der Ereignisse von 1945 bereits vieles beigetragen, sind im aktuellen Geschichtsstreit jedoch erkennbar Partei".[127] Der Band „Kriegsende in Regensburg" sei demnach eine „Streitschrift"[128], die auf keine historische, sondern lediglich auf eine politische Debatte mit historischen Argumenten ziele. Keller konstatierte abschließend, dass nach wie vor nicht geklärt sei, was sich in den letzten Apriltagen 1945 in Regensburg tatsächlich ereignet habe.

---

[123] Vgl. Admin, Jahrestag (2014).
[124] Vgl. Kohl, Legende (2014); Lösch, Kriegsende (2014).
[125] Keller, Streitsache (2013), S. 158–167, hier S. 159; Keller hatte sich in einem Forschungsprojekt des Instituts für Zeitgeschichte mit der Endphase des Zweiten Weltkriegs befasst, vgl. ders., Volksgemeinschaft (2013).
[126] Ders., Streitsache (2013), S. 159.
[127] Ebd., S. 166.
[128] Ebd.

I. Rezeptionsgeschichte des Kriegsendes in Regensburg

Es verwundert daher nicht, dass die Regensburger Stadträtin Irmgard Freihoffer 2014 zutreffend feststellte:

„Zwar hat vor allem Robert Werner aus Regensburg digital das Thema mehrfach aufgegriffen, eine weitergehende öffentliche Debatte fand bisher aber noch nicht statt bzw. wurden keine Konsequenzen aus den neueren Erkenntnissen gezogen"[129].

Dies unterstreicht, dass die von Eiser und Schießl publizierte Version der Ereignisse in der Tat keine inhaltliche Kontroverse hervorgerufen hat. Eigentlich hätte spätestens nach dem Vortrag und der Veröffentlichung Sven Kellers eine Neubewertung vorgenommen werden müssen. Dass eine echte Debatte ausblieb, liegt möglicherweise daran, dass zur historischen Aufarbeitung mehr gehört, als nur „Gegen den Strom zu schwimmen" und daraufhin ein normativ-wertendes Urteil abzugeben. Viel mehr kommt es auf eine mühselige (und mit Kosten verbundene) empirisch-analytische Rekonstruktion der historischen Gegebenheiten an, die kaum eindeutig „schwarz-weiß" – einmal mit Bürger als „Helden", ein andermal mit Matzke – ausfallen, sondern in aller Regel „grau in unendlichen Schattierungen"[130] erscheinen wird.

---

[129] Freihoffer, Regensburg (2014).
[130] Vgl. Nipperdey, Geschichte (1995), S. 905.

# 6. Erweiterte Frageperspektiven und Quellenbasis dieser Studie

Aus diesem Zusammenhang heraus hat der Regensburger Stadtrat im Herbst 2014 Mittel zur Unterstützung der Recherchen einer unabhängigen Forschungsarbeit an der Universität Regensburg bewilligt und damit fraktionsübergreifend den Wunsch verbunden, die Ereignisse in ihren „lokalen Besonderheiten [...] neu zu beleuchten", ungeklärte Fragen zu Verantwortlichkeiten für die kampflose Übergabe der Stadt möglichst aufzulösen und dabei die Ergebnisse der bisherigen Forschungen samt ihrer Legendenbildungen kritisch zu hinterfragen, zu verifizieren oder zu modifizieren.[131] Das versuchen hier die Autoren möglichst akribisch, gewissenhaft und in jede Richtung.

Für die vorliegenden Forschungen zum Kriegsende wurde eine breit gefächerte Quellenrecherche durchgeführt. Diese umfasste nationale und internationale Zentralarchive, allen voran das Bundesarchiv mit den Dienststellen in Berlin, Freiburg im Breisgau und Ludwigsburg sowie insbesondere die National Archives and Records Administration in College Park, MD, und Washington, D.C.. Daneben wurden Bestände aus dem Nationalarchiv des Vereinigten Königreichs, London, dem Staatsarchiv der Russischen Föderation, Moskau, sowie aus den Militärarchiven in Prag und Moskau ausgewertet. Unerlässlich war es ferner, die administrativen, regionalen und lokalen Zuständigkeiten relevanter Behörden und Einrichtungen berücksichtigend, die Aktenüberlieferungen der staatlichen Archive Bayerns in Amberg, München und Nürnberg sowie insbesondere die Unterlagen des Stadtarchivs Regensburg einzubeziehen, des Weiteren die Bestände diverser kirchlicher und privater Archive, wie dem Bischöflichen Zentralarchiv Regensburg und dem Fürst Thurn und Taxis Zentralarchiv Regensburg.

Überdies erwiesen sich die Bestände und Datenbanken weiterer Institutionen zum einen als wertvolle Ergänzung, zum anderen als wichtige Hilfsmittel für die Überprüfung und Kontextualisierung bestimmter Sachverhalte, die in anderen Archiven überliefert sind. Genannt seien hier die „Deutsche Dienststelle WASt für die Benachrichtigung der nächsten Angehörigen von Gefallenen der ehemaligen deutschen Wehrmacht" in Berlin, der „International Tracing Service (ITS), Digital Archives" in Bad Arolsen und die „Commonwealth War Graves Commission (CWGC)" in Maidenhead, Berkshire.

Auch eine sehr breite Literaturrecherche erbrachte als Ergebnis zahlreiche bisher vor Ort nicht bekannte Publikationen. Dies vor allem im Bereich der englischsprachi-

---

[131] Stadt Regensburg, Vorlage (2014); in diesem Kontext ist auch ein von der Stadt Regensburg in Auftrag gegebenes Rahmenkonzept hinsichtlich des Umgangs mit der NS-Vergangenheit zu nennen, das 2018 veröffentlicht wurde. Vgl. Skriebeleit, Konzept (2017).

I. Rezeptionsgeschichte des Kriegsendes in Regensburg

gen Erinnerungsliteratur, wodurch es möglich wurde, einige Teilaspekte, wovon sich kaum archivalische Belege überliefert haben, dennoch detailreich darzustellen.

Entsprechend dieser wesentlich erweiterten und ergänzten Quellengrundlage sowie basierend auf einem Fundament neuer oder genauerer Informationen lässt sich die Studie auch von weiterreichenden analytischen Frageperspektiven leiten. Vier Bereiche erscheinen hier besonders wichtig:

Ein erstes zentrales Anliegen ist die stärkere Kontextualisierung und Einbettung der lokalen Ereignisse. Diese werden von vorneherein in viel weitere räumliche und inhaltliche Zusammenhänge gestellt. Die Untersuchung behandelt die Vorgänge in der Stadt in ihren Bedingtheiten mit und Abhängigkeiten von größeren regionalen Bezügen Ostbayerns und Süddeutschlands, ordnet sie durchgehend ein in die umfassenderen institutionellen wie politischen Handlungsbedingungen. Zu nennen sind hier die Vorgaben und Rahmensetzungen seitens der diversen lokalen, regionalen und überregionalen administrativen und militärischen Gliederungen und Instanzen des NS-Regimes wie der Alliierten, daneben aber auch übergreifende inhaltliche Aktionszusammenhänge, etwa die Rückwirkungen der Giftgaslagerungen in der Region auf die politischen Handlungsspielräume und die taktische Kriegsführung vor und während der letzten Kriegstage.

Ein zweites Augenmerk liegt auf den militärischen Vorgängen und der möglichst exakten Rekonstruktion der Abläufe und Zuständigkeiten im Zuge der Verlagerung der Fronten sowie der Übergabe und Besetzung der Stadt. Für das Verständnis der Ereignisse und ihre Bewertung ist das ganz entscheidend und bislang oft vernachlässigt oder nicht genau und differenziert genug beachtet worden. Auf diesem Feld kommt es aber nicht selten auf scheinbare Kleinigkeiten an, auf die Zuordnung militärischer Ränge und Kompetenzen etwa oder die exakte räumliche Verortung und Verschiebung von militärischen Einheiten oder die – angesichts von unterschiedlichen Zeitrechnungen (Sommer-/Winterzeit)[132] – oft gar nicht so selbstverständliche stundengenaue Datierung von Gefechten, Gesprächen und Übergabeformalia.

Ein weiteres wichtiges Themenfeld sind natürlich die konkrete städtische Situation und die unmittelbaren Probleme in der Übergangsphase von der Kriegs- zur Nachkriegszeit vor und nach dem April 1945. Das betrifft nicht zuletzt die Geschichte und Bewertung der Kundgebung vom 23. April, ihrer Grundlage und ihrer Folgen für die Übergabe der Stadt. In einem grundsätzlichen Zugriff sind damit Fragen nach dem Verhältnis der letzten rücksichtslosen Aktionen und Durchhalteparolen der NS-Machthaber einerseits und den verschiedenen Formen, Ausprägungen und Protagonisten von Resistenz, Widerständigkeit und Widerstand andererseits verbunden. In

---

[132] Seit dem Sommer 1942 waren deutsche und britische Zeitangaben, an denen sich auch die US-Amerikaner auf dem europäischen Kriegsschauplatz orientierten, Sommers wie Winters identisch. Da sowohl in Deutschland, als auch in Großbritannien ab 2. April 1945 die Sommerzeit bzw. die doppelte Sommerzeit galt, bestand auch im April 1945 Zeitgleichheit. Vgl. Hölig, Macht (2016), S. 59–69, hier S. 60.

## 6. Erweiterte Frageperspektiven und Quellenbasis dieser Studie

diesem Zusammenhang wird auch zu thematisieren sein, dass die Übergänge in vielem gleitender und fließender waren, als man das angesichts der tiefen politisch-militärischen Zäsur vermuten würde. Das betrifft nicht nur die oftmals gleichbleibenden alltags- und gesellschaftspraktischen Lebensbedingungen der Bevölkerung mit Flüchtlingen, knappem Wohnraum und unsicherer Lebensmittelversorgung, sondern auch die Tatsache, dass manche geheimdienstliche Aktionen von Amerikanern wie Deutschen oder die Präsenz zahlreicher ostmitteleuropäischer Politiker und Flüchtlinge vor und nach dem Mai 1945 unter veränderten Frontstellungen mehr oder weniger direkt vom endenden Krieg zum aufkommenden Kalten Krieg führten.

Schließlich verfährt die Untersuchung dezidert quellen- und historiographiekritisch. Zahlreiche Quellenangaben und ganze Quellengruppen – wie die berühmt-berüchtigten Spruchkammerakten oder auch Aussagen aus dem Bereich der Oral History (Zeitzeugenerinnerungen) – sind problematisch und nur mit kritischem Gespür und der Korrelation mit Vergleichsquellen auszuwerten und zutreffend einzuordnen. Mitunter sind nicht einmal Ortsangaben eindeutig oder leicht nachzuvollziehen (z. B. unterschiedliche Bezeichnungen für Nieder-/Hohengebraching oder Nieder-/Obertraubling im amerikanischen Kartenmaterial). Dass die bisherigen historischen Erzählungen, Erinnerungskulturen wie geschichtswissenschaftlichen oder -publizistischen Darstellungen vom Ende des Kriegs in Regensburg selbst zum Thema (ideologie-)kritischer, auch selbstkritischer Analyse werden müssen, sollte in vorhergehenden Bemerkungen dieses Kapitels deutlich geworden sein. Umso mehr, als das vorliegende Buch unmittelbar aus diesem Diskurs gewachsen ist, der innerstädtischen kritischen Auseinandersetzung um die historischen Vorgänge, vor allem aber um die verschiedenen *Erzählungen* dieser Vorgänge.

# II.
# KONZEPTUALISIERUNG RÄUMLICHER GRENZEN UND ZEITLICHER ZÄSUREN

# 1. Stadt- und Landkreis Regensburg im Krieg

## 1.1. Der 27. April 1945 – ein Datum von Bedeutung

Am 27. April 1945 besetzten US-Truppen die Stadt Regensburg, nachdem deutsche Vertreter den Amerikanern am Morgen des 27. April signalisiert hatten, dass die Stadt bereit sei, ohne Widerstand zu kapitulieren – so die bisherigen Darstellungen.[133] Fiel die Entscheidung tatsächlich in der Nacht vom 26. auf den 27. April oder wurde nur etwas vollzogen, was sich früher abgespielt hatte? Bedeutet also der 27. April vor allem ein symbolisches Kriegsende für Regensburg?

Das Ende des Zweiten Weltkriegs in Regensburg allein unter dem zeitlichen Paradigma der Ereignisse um den 27. April 1945 zu betrachten, schränkt die Möglichkeiten historischer Analyse unnötig ein. Historische Zäsuren stellen keine Tatsachen dar, sondern beruhen auf Deutungen, weshalb sie selten global gelten, stattdessen nur in räumlich begrenztem, nationalem oder regionalem Rahmen.[134] Daneben gibt es eine Vielzahl thematischer Konstrukte wie politische, militärische oder ökonomische Zäsuren.

Daher stellt sich die Frage, inwiefern die Einheimischen und Fremden in Regensburg den 27. April als Kriegsende oder zunächst nur als Kriegsniederlage empfanden. Als Regensburg kurz davor stand, hielten sich in der Stadt und Umgebung zahlreiche Flüchtlinge aus dem Westen und dem Osten des Deutschen Reichs auf. Ihrem Selbstverständnis nach war das Kriegsende – in ihrer Heimat – bereits eingetreten. Für Ausländer war der Tag sicher eine Befreiung, was aber stellte für sie das Kriegsende dar?

Hatte sich die lokale Wirtschaft auf das absehbare Kriegsende konkret vorbereitet oder reagierte sie nur verhalten auf das Geschehen, um Ressourcen und Finanzmittel für die Zeit danach zu schonen? Daraus ergibt sich ferner die Frage: Wann endete der Zweite Weltkrieg für die Wirtschaftseliten in Regensburg? Bewertete man das Kriegsende als Befreiung von den Nationalsozialisten oder befürchtete man, dass eine Zeit der Besatzung und Vergeltung ansteht?

Bereits während des Zweiten Weltkriegs, um einen weiteren Zweifel am konstruierten Kriegsende am 27. April 1945 in Regensburg zu nennen, entwickelte sich die spätere scharfe Auseinandersetzung zwischen den Westalliierten und der Sowjetunion, bei welcher der Zweite Weltkrieg mit seinen Folgen nach innen[135] und nach außen eine Rolle spielte.[136]

---

[133] Vgl. StAR, Sammlung OB/4: Bericht von Otto Schottenheim(1979); Bürger, Regensburg (1983), S. 390–392; Eiser, Kriegsende (2012), S. 23–25, 87–89 u. 112–133.

[134] Vgl. S.N., Zäsuren (2012), S. 317f.

[135] Mehr dazu Greven, Krieg (2000); Wehler, Gesellschaftsgeschichte (2009), S. 928–965; Judt, Geschichte (2006), S. 27–272.

[136] Vgl. Duignan, World (1996); Stöver, Krieg (2017), S. 33–88; ders., S. 121–160 u. 217–370; Howell, Besiegten (2016), S. 28–45 u. 96–122.

1. Stadt- und Landkreis Regensburg im Krieg

Es ist daher sinnvoll, zu fragen, ob der sogenannte Kalte Krieg in der Nachkriegszeit in Regensburg vor oder nach dem 27. April 1945 begann.

Alle oben gestellten Fragen zielen auf die Geschichte der Stadt Regensburg am Ende des Zweiten Weltkrieges ab. Dennoch haben sie auch die weitere Umgebung und größere Kontexte zu berücksichtigen. Zudem bietet diese Herangehensweise eine Erweiterung der Perspektiven und der Deutungsmöglichkeiten, um so den Realitäten von damals möglichst nahe zu kommen.

## 1.2. Zivile Verwaltungsgrenzen – zu eng für die Betrachtung der Ereignisse von 1945

Bei Forschungen zum Nationalsozialismus im kleinen Raum lohnt es, den Blick auf den Begriff „Region" zu lenken und den „Ort" als deren Teil zu denken. Region wird gleichwohl nicht als eine objektiv vorgegebene politisch-administrativ oder militärisch-strukturelle Einheit verstanden. Region muss als sogenannter weicher Begriff zu allererst konstruiert werden.[137]

Bei der Untersuchung des Kriegsendes in Regensburg erweist sich eine Beschränkung auf das Geschehen innerhalb der Stadtgrenzen als räumlich und sachlich zu verkürzt. Denn die Ereignisse des Aprils 1945, als die „Front" über den Raum Regensburg hinweg zog, nahmen in keinerlei Weise Rücksicht auf die gegebenen Gebietskörperschaftsgrenzen. Damit hat die vorliegende Studie auch anders zu verfahren als die Darstellung Helmut Halters von 1992, die auf die engere Geschichte der Stadtverwaltung im Krieg fokussiert war. Daher ist es nötig, möglichst differenziert und umfassend die staatlich-politischen, administrativen, sozialen, kirchlichen und militärischen Ordnungsgrößen und Raumstrukturen in und um Regensburg zu erfassen und darzustellen, wie sie seit den 1930er bis in die 1940er Jahre wirksam wurden. Ferner müssen die Grundgegebenheiten der „Frontsituation" im April 1945, insbesondere die Zusammensetzung und die Zuständigkeiten des deutschen Feldheeres im Großraum der Stadt sowie die Struktur des amerikanischen „Gegenübers" berücksichtigt werden.

## 1.3. Die Stadt Regensburg

Die Bezirkshauptstadt Regensburg überschritt 1940 die Zahl von 100.000 Einwohnern.[138] Sie war damit die mit Abstand größte Stadt im Regierungsbezirk Niederbayern und Oberpfalz und zugleich des NSDAP-Gaus Bayerische Ostmark (ab 1942 Gau Bayreuth). Der seit 1933 nach dem Führerprinzip strukturierten Stadtverwaltung

---

[137] Vgl. Wirsching, Nationalsozialismus (1996), S. 38 u. 43.
[138] Vgl. Landratsamt Regensburg, Entwicklung (2017).

II. Konzeptualisierung räumlicher Grenzen und zeitlicher Zäsuren

stand als Oberbürgermeister Dr. med. Otto Schottenheim vor. Sein Stellvertreter war Bürgermeister Hans Herrmann, der dieses Amt bereits seit 1925, also auch schon in der Ära von Oberbürgermeister Dr. Otto Hipp, bekleidet hatte.

1924 hatte Regensburg endgültig die engen Grenzen des reichsstädtischen Burgfriedens überschritten und die nördlichen Vororte (Stadtamhof, Steinweg, Winzer, Reinhausen und Schwabelweis) eingemeindet. 1938 folgte in Zusammenhang mit dem Bau der Messerschmittwerke die Eingemeindung von Großprüfening, Dechbetten und Ziegetsdorf.[139] In der Folge war die Stadt um eine noch weitergehende Ausdehnung bemüht, weshalb man noch vor Kriegsbeginn versuchte, im Norden Kareth und Lappersdorf, im Osten und Südosten Tegernheim, (Teile von) Barbing, Burgweinting und sogar Obertraubling einzugliedern.[140]

## 1.4. Der Landkreis Regensburg

Noch in den 1920er Jahren bestand das Gebiet um die Stadt aus zwei selbstständigen Gebietskörperschaften, dem „Bezirksamt Regensburg" und dem „Bezirksamt Stadtamhof". Ersteres grenzte nur im Südosten in einem schmalen Gebietsstreifen an die Stadt und umfasste den südöstlichen Teil des späteren Landkreises. Das Bezirksamt Stadtamhof umschloss hingegen den Großteil der Umgebung Regensburgs und erstreckte sich über den Südwesten, Westen, Norden und Nordosten vor der Stadt. Zum Oktober 1929 war das Bezirksamt Stadtamhof jedoch aufgelöst worden und im Bezirksamt Regensburg aufgegangen. Dieses erhielt zu Jahresbeginn 1939 mit der Abschaffung der alten bayerischen Bezirksamtsbezeichnung und der reichsweit einheitlichen Einführung „preußischer" Benennungen den neuen Namen Landkreis Regensburg.[141] Als Landrat fungierte von 1939 bis 1945 Dr. Otto Jehle.[142]

Eine besondere Rolle kam Dr. Ernst Falkner zu. Er war vom 1. Juni 1945 bis zum 10. Oktober 1945 nicht nur Landrat von Regensburg, sondern zugleich kommissarischer Regierungsvizepräsident der Regierung von Oberpfalz und Niederbayern.[143] Falkner war in die antinationalsozialistische Konspiration während des Krieges involviert und mutmaßlich auch im Herbst 1944 an der Entstehung der „Partei der christlich-sozialen Einigung" in Regensburg beteiligt.[144]

---

[139] Vgl. Halter, Stadt (1994), S. 21f.
[140] Vgl. ebd., S. 23f.
[141] Vgl. Volkert, *Handbuch* (1983), S. 97.
[142] Vgl. Mirbeth, Landkreis (2014), S. 19; Penzholz, Landräte (2016), S. 420 u. 505.
[143] Vgl. Liebler, Geschichte (2008), S. 146.
[144] Siehe Kapitel VI.4.1.

# 2. Religiöse Glaubensgemeinschaften in Regensburg

Neben den staatlichen Verwaltungen und den Organisationen der NSDAP – beide werden als der nationalsozialistische Staat bezeichnet – existierten weitere Gruppierungen und Institutionen, die gleichfalls räumliche Strukturen ausbildeten, in das soziale Leben hineinwirkten und den Alltag mitgestalteten, wie beispielsweise die Glaubensgemeinschaften.

## 2.1. Die Katholische Kirche

Das Bistum Regensburg erstreckt sich von Wunsiedel im Norden bis Eggenfelden und Geisenfeld im Süden, von Deggendorf, Kötzting und Viechtach im Osten bis Kemnath und Riedenburg im Westen.[145] Da die Grenze zur benachbarten Diözese Passau bereits knapp östlich von Straubing verläuft und beide Bistümer im Raum Deggendorf gleichsam ineinander übergehen, spielt die Diözese Passau für den Großraum Regensburg eine wichtige Rolle.[146] Weitere angrenzende Diözesen sind Bamberg, Eichstätt und München-Freising.

Dem Bistum in Regensburg stand Bischof Michael Buchberger[147] seit März 1928, dem Bistum Passau Bischof Simon Konrad Landersdorfer seit Oktober 1936 vor.[148] Beiden Bistümern wurden unmittelbar nach dem Anschluss des Sudentenlandes an das „Dritte Reich" im Oktober 1939 die Apostolischen Administraturen für jeweils drei sudetendeutsche Dekanate anvertraut, dem Regensburger Bistum die Zuständigkeiten für die Dekanate Bischofteinitz, Deschenitz und Hostau, dem Passauer Bistum diejenigen für die Dekanate Bergreichenstein, Prachatitz und Winterberg.[149]

## 2.2. Die Evangelisch-lutherische Kirche

Das Evangelisch-Lutherische Dekanat Regensburg war seit 1934 Teil des Donaudekanats der evangelisch-lutherischen Kirche Bayerns als Kirchenkreis Regensburg-Ostmark.[150] Dieser umfasste die Kirchengemeinden Deggendorf, Kelheim, Landau a. d. Isar, Ortenburg, Pfarrkirchen, Plattling, Landshut, Straubing, Vilshofen und

---

[145] Vgl. Hausberger, Geschichte (1989), S. 264.
[146] Vgl. Wurster, Bistum (2010), S. 32; Hausberger, Geschichte (1989), S. 264.
[147] Vgl. Mai, Buchberger (2011); ders., Buchberger (1989).
[148] Vgl. S.N., Landersdorfer (2005), S. 1128.
[149] Vgl. Pustejovsky, Widerstand (2009), S. 201; Wurster, Bistum (2010), S. 32.
[150] Vgl. Goßler, Widerstand (2008), S. 30.

Zwiesel.[151] Der Regensburger Dekan und Pfarrer der Neupfarrkirche war bis 1943 Hermann Giese, sein Nachfolger bis 1945 Gerhard Schmidt.[152] Im Jahr 1945 standen letzterem als zweiter Pfarrer Ernst Morenz und als Pfarrer der Dreieinigkeitskirche Friedrich Kaeppel zur Seite.[153]

## 2.3. Die Reichsvereinigung der Juden in Deutschland

Die „Reichsvertretung der Deutschen Juden" war als Reaktion auf die nationalsozialistischen Repressionen im September 1933 als freiwilliger Interessenverband gegründet worden. Auf Druck des Regimes musste der Verband in „Reichsvertretung der Juden in Deutschland" und 1939 in „Reichsvereinigung der Juden in Deutschland" umbenannt werden. Zu diesem Zeitpunkt war sie keine freiwillige Vereinigung mehr, sondern ein gleichgeschalteter Zweckverband, den der nationalsozialistische Staat allen 1.600 deutschen jüdischen Kultusgemeinden sowie allen jüdischen Organisationen und Stiftungen oktroyierte.[154] Die jüdische Glaubensgemeinschaft wurde zunächst sukzessive und gezielt aus dem öffentlichen Raum verdrängt. So tauchte sie zwar noch 1936/37 im Adressbuch der Stadt Regensburg auf, in dem von 1939/1940 jedoch nicht mehr.[155] Im September 1942 wurde Ernst Herrmann Vertrauensmann der Regensburger „Reichsvereinigung der Juden in Deutschland", nachdem der einstige Vorstand der Regensburger Israelitischen Kultusgemeinde, Dr. Fritz Oettinger, nach Großbritannien ausgewandert und sein Nachfolger, Josef Grünhut, nach Theresienstadt deportiert worden war.[156] Da die Regensburger Juden seit 1933 systematisch entrechtet und verfolgt, aus dem öffentlichen und wirtschaftlichen Leben verdrängt und schließlich ab 1942 in den Osten deportiert und dort umgebracht worden waren,[157] kam ihnen 1945 in der Stadt faktisch keine Bedeutung mehr zu. Die „Reichsvereinigung" der Juden hatte allerdings noch bis zum 12. Februar 1945 bestanden, obwohl deren Vertrauensmann, Ernst Herrmann, mit 13 weiteren Personen nach Theresienstadt deportiert worden war.[158] Offiziell erfolgte die Auflösung der „Reichsvereinigung der Juden in Deutschland" erst nach Kriegsende durch die Besatzungsmacht.[159]

---

[151] Vgl. Evangelisches Gemeindeblatt (1939), S. 6f.
[152] Vgl. Konvent, Regensburg (1958), S. 60; Evang.-Luth. Dekanatsbezirk, Liste (2017).
[153] Vgl. Konvent, Regensburg (1958), S. 61.
[154] Vgl. Benz, Juden (2011), S. 67f.
[155] Vgl. Einwohnerbuch (1936/37), T. III, S. 21; Einwohnerbuch (1939/40), T. III, S. 15.
[156] Vgl. Smolorz, Juden (2010), S. 28.
[157] Vgl. Wittmer, Juden (1996), S. 270–336 u. 399–420.
[158] Vgl. BayHStA, SKrrpV/38f: Schreiben des Staatskommissariats für rassisch, religiös und politisch Verfolgte in München an Herrmann vom 8.10.1946.
[159] Vgl. Smolorz, Juden (2010), S. 31f.

## 3. Die NSDAP in Regensburg

### 3.1. Die NSDAP-Kreisleitung 1945

Im Herbst 1944 wurde die Regensburger Ortsgruppe der NSDAP 22 Jahre alt.[160] An der Spitze der Stadtverwaltung stand seit März 1933 der Arzt Dr. Otto Schottenheim, seit 1929 Mitglied der NSDAP und der SS. Zu seinen Beigeordneten gehörte unter anderem der Stadtschulrat Wolfgang Weigert.[161] Der war bis zum Ende des Zweiten Weltkriegs Kreisleiter der NSDAP in Regensburg. Seine Karriere in der nationalsozialistischen Partei begann 1929 als Redner, 1930 wurde er Ortsgruppenleiter, 1931 stellvertretender Bezirksleiter und schließlich 1932 Kreisleiter.[162] 1944 wurde er vom Gruppenführer der SA „Bayernwald"[163] zum Standartenführer der SA in Regensburg befördert.[164] Weigert soll es gewesen sein, der Schottenheim 1933 zum Oberbürgermeister vorgeschlagen hatte.[165] Der Sitz der Kreisleitung befand sich seit 1935 in der Dr.-Martin-Luther-Straße 12.[166]

Von Bedeutung für die Stellung der NSDAP in der Donaustadt war die seit 1933 hier ansässige Gauinspektion Abschnitt Süd der NSDAP im Gau Bayerische Ostmark (später Bayreuth), am Bismarckplatz 6. Diese leitete Gauinspekteur Franz Ganninger.[167]

Kreisleiter Weigert zeigte unmittelbar vor der Übergabe der Stadt ein ambivalentes Verhalten. Als hochrangigster Vertreter der NSDAP vor Ort agierte er am 23. April durch die Einberufung eines Standgerichts zur Aburteilung der vermeintlich Verantwortlichen für die Demonstration am Moltkeplatz noch im Interesse des NS-Staats. Am 25. April war er bereit, Befehle der Stadtkommandantur auszuführen.[168] Angesichts der anrückenden Amerikaner bat Weigert in Zivil gerade diejenigen um

---

[160] Vgl. Zweck, Arbeiterpartei (1984), S. 153.
[161] Vgl. Wolf, Aktivitäten (1982), S. 13.
[162] Vgl. BA, BDC-PK/Weigert Wolfgang: SA Personalakte vom 16.2.1943; Halter, Stadt (1994), S. 99f.
[163] Die SA-Gruppe „Bayernwald" hieß bis 1942 Gruppe „Bayerische Ostmark". Sie umfasste in Regensburg 81 Brigaden. Vgl. Boberach, Verwaltungsgliederung (2012), S. 141.
[164] Vgl. BA, BDC-SA-P/Weigert Wolfgang: Beförderung vom 21.2.1944.
[165] Vgl. Halter, Stadt (1994), S. 50.
[166] Im Auftrag der Kreisleitung hatte die Stadt hierfür die Villa des jüdischen Großhändlers Salomon Schwarzhaupt angekauft. Vgl. ebd., S. 148.
[167] Vgl. Weinmann, Aktivitäten (1974), S. 49. Franz Ganninger, geb. 2.9.1900 in Nürnberg, vgl. StAR, StKr/28. Ganninger war 1933 Leiter der Abteilung Arbeitsdienst und Gauschulungsleiter in der Bayreuther Gauleitung; als ein enger Vertrauter des Gauleiters Schemm wurde er 1933 zum Leiter der Gauinspektion Regensburg ernannt. Vgl. Kühnel, Schemm (1985), S. 353f. u. 357.
[168] Vgl. Bürger, Regensburg (1983), S. 389. Matzke bestätigte 1985, dass Weigert in den Kommandostand kam, vgl. StAR, Gespräch 27. Feb. 1985 mit Herrn O. Matzke, Bl. 52.

II. Konzeptualisierung räumlicher Grenzen und zeitlicher Zäsuren

Hilfe, die er kurz zuvor bereit war, einem Todesurteil auszuliefern.[169] Schließlich wurde er in Regensburg am 30. April von den Amerikanern verhaftet.[170]

### 3.2. Die Regensburger Hitlerjugend

Die Hitlerjugend (HJ) hatte sich seit 1933 von einer Parteijugendorganisation zu einer Staatsjugend gewandelt – die Reichsjugendführung hatte den Status eines Ministeriums inne. Organisatorisch gliederte sich die HJ 1943 in 42 „Gebiete"[171], die jeweils etwa 20 „Banne" umfassten. Ein Bann bestand aus vier bis sechs „Stämmen", ein Stamm aus drei bis fünf „Gefolgschaften", diese jeweils aus vier „Scharen", diese ihrerseits aus vier „Kameradschaften". Etwa zehn Jungen bildeten eine Kameradschaft. Seit 1935 entsprach das HJ-Gebiet „22 Bayerische Ostmark" dem gleichnamigen NSDAP-Gau.[172] Die Regensburger HJ trug seit 1936 die Bezeichnung „Bann 311 Regensburg", zu dem bis 1941 auch der Landkreis Kelheim gehörte, der dann jedoch als Bann 694 abgetrennt wurde.[173]

Bereits 1940/41 war das „Amt für körperliche Ertüchtigung" der Reichsjugendführung umbenannt worden in „Amt für Wehrertüchtigung".[174] Seit 1942 hatte die HJ in ihren „Wehrertüchtigungslagern" die unmittelbar wehrmachtsbezogene Kriegsausbildung der 18-Jährigen, bald darauf auch der 17-jährigen Rekruten übernommen. Seit Herbst 1944 wurden sogar 16-Jährige für das HJ-Aufgebot des Volkssturms vormilitärisch ausgebildet, eine Ausbildung der 15-Jährigen war ab 1945 geplant.[175]

Letzter Regensburger HJ-Bannführer war Rupert Müller, ausgebildeter Lehrer, der seit einer schweren Kriegsverwundung 1943 hauptamtlich den Bann 311 Regensburg leitete.[176]

---

[169] Sammlung Ehm: Gespräch mit Frau Annemarie Filzmann-Kerschensteiner vom 27.12.2017.
[170] Vgl. Hilmer, Verwaltung (1995), S. 36.
[171] Beim weiblichen Pendant, dem „Bund deutscher Mädel" (BDM) hießen die entsprechenden Strukturen „Obergaue", vgl. Boberach, Verwaltungsgliederung (2012), S. 147f. – Auf die Strukturen des BDM sowie des „Deutschen Jungvolks" und der „Jungmädel" wird hier nicht weiter eingegangen, zu Regensburg vgl. Hauer, Hitlerjugend (2016), S. 26–31.
[172] Vgl. Hauer, Hitlerjugend (2016), S. 21f.
[173] Vgl. ebd., S. 25f.
[174] Vgl. Buddrus, Erziehung (2003), S. 202.
[175] Vgl. ebd., S. 223.
[176] Zur Person Müllers vgl. Hauer, Hitlerjugend (2016), S. 82.

# 4. Regensburg in der Struktur staatlicher Mittelbehörden

## 4.1. Der Regierungsbezirk Niederbayern und Oberpfalz vor und nach dem Münchner Abkommen

Der Regierungsbezirk Niederbayern und Oberpfalz mit der Hauptstadt Regensburg bestand zwischen 1931 und 1947. Nach der Angliederung des Sudetenlandes 1938 wurde er im Osten um die neu geschaffenen Landkreise Bergreichenstein, Markt Eisenstein und Prachatitz vergrößert. Regierungspräsident des Bezirks war bis 1939 Wilhelm Freiherr von Holzschuher. Ihm folgte bis 1943 Dr. Friedrich Wimmer, zuletzt hatte Gerhard Bommel das Amt bis 1945 inne.[177]

## 4.2. Auf dem Weg zu einem „Reichsgau": der NSDAP-Gau Bayerische Ostmark bzw. Bayreuth

Bis Februar 1933 war der NS-Parteigau Niederbayern-Oberpfalz mit der Gauhauptstadt Regensburg mit dem Regierungsbezirk Niederbayern und Oberpfalz weitgehend deckungsgleich. Der dann geschaffene Großgau der NSDAP „Bayerische Ostmark", der flächenmäßig einer der größten Gaue im „Dritten Reich" war, umfasste noch den vormaligen NS-Gau Oberfranken und damit große Teile des Regierungsbezirks Oberfranken[178], in dem sich auch die neue Gauhauptstadt Bayreuth befand. Ab 1942 trug der Gau die Bezeichnung „Gau Bayreuth".

Hans Schemm (1891–1935) war von 1933 bis zu seinem Unfalltod im März 1935 Gauleiter der Bayerischen Ostmark und zugleich bayerischer Kultusminister. Ihm folgte 1935 der Thüringer Fritz Wächtler (1891–1945), der am 19. April 1945 auf Betreiben seines Stellvertreters Ludwig Ruckdeschel (1907–1986) wegen „Feigheit vor dem Feind" in Herzogau bei Waldmünchen standrechtlich erschossen wurde. Ruckdeschel, der sich bereits 1935 Hoffnungen auf den Posten des Gauleiters gemacht hatte, wurde dadurch für wenige Tage zum letzten, fanatisch agierenden Gauleiter.

---

[177] Vgl. Weinmann, Aktivitäten (1974), S. 27, 29, 125f., 175 u. 200; Liebler, Geschichte (2008), S. 125–134. Zu nennen ist ferner Dr. Kurt Sierp, der ab 1943 bis 1945 Regierungsvizepräsident war, vgl. Lilla: Sierp (2012).
[178] Vgl. Bald, Grenze (2014). Allg. zu den NS-Parteigauen, siehe Finger, Gau (2006); Rumschöttel, Staat (2004).

II. Konzeptualisierung räumlicher Grenzen und zeitlicher Zäsuren

### 4.2.1. Die „Bayerische Ostmark", ein Begriff der ersten Hälfte des 20. Jahrhunderts

„Bayerische Ostmark"[179] war in der Zwischenkriegszeit als Sammelbezeichnung für Oberfranken, die Oberpfalz und Niederbayern entstanden. Die neu gegründete Tschechoslowakei wurde als Bedrohung für die ohnehin wirtschaftlich schwache Grenzregion Ostbayern erachtet. 1933 wurde Bayerische Ostmark zunehmend ein feststehender Begriff, nachdem Hans Schemm einen gleichnamigen Gau der NSDAP ins Leben gerufen hatte.[180] Gauleiter Schemm ging es darum, das „Ostmarkbewusstsein" zu fördern, dessen Ziel die Stärkung des Deutschtums und die Abwehr der „Slawengefahr" darstellen sollte.[181] Zu den propagandistischen Maßnahmen zählten beispielsweise das Ostmarkmuseum in Passau sowie das wegen des Kriegs nicht fertiggestellte Ostmarkmuseum in Regensburg, Vorläufer des heutigen Historischen Museums. Die inhaltliche Ausrichtung auf die nationalsozialistische Ideologie sicherte eine Vielzahl an gleichgeschalteten Tageszeitungen, darunter auch der Regensburger Kurier, die alle durch den von Gauleiter Schemm gegründeten Gauverlag Bayerische Ostmark herausgegeben wurden.

Zwar gab es vonseiten sogar nationalsozialistisch orientierter universitärer Wissenschaft Bedenken gegen den Begriff Bayerische Ostmark[182], Schemm setzte sich gleichwohl durch und der Terminus existiert bis heute fort. Beispielsweise trägt die Bundesstraße 22 bei Weiden, Leuchtenberg, Oberviechtach und Rötz noch heute den Namen Ostmarkstraße, nach der 1938 fertiggestellten „Bayerischen Ostmarkstraße", die dem Ausbau der Infrastruktur diente.[183]

### 4.2.2. Die Parteigaue als „Reichsgaue"

Reichsgaue waren unmittelbare Verwaltungs- und zugleich Partei-Bezirke in Gebieten, die seit 1938 an das „Dritte Reich" angeschlossen worden waren – konkret das vormalige Österreich und das Sudetenland (ohne einige, bayerischen bzw. preußisch-schlesischen Bezirken angegliederte Kreise), des Weiteren das Wartheland und Danzig-Westpreußen (unter Einbeziehung des ehemaligen preußischen Regierungsbezirks Westpreußen). Das Gebiet eines Reichsgaues entsprach dem eines Gaues der NSDAP. An dessen Spitze stand der Reichsstatthalter, der zugleich Gauleiter war.

---

[179] Siehe hierzu Haller, Ostmark (2000); Jaworski, Grenzlage (1978); Schaller, Ostmark (2007).
[180] Vgl. Liebler, Geschichte (2008), S. 122.
[181] Vgl. Schaller, Reichsuniversität (2010), S. 15f.
[182] Vgl. Fahlbusch, Deutschtumspolitik (2003), S. 602.
[183] Die Ostmark-Kaserne der Bundeswehr in Weiden wurde erst 1964 so benannt.

## 4. Regensburg in der Struktur staatlicher Mittelbehörden

Diese Bündelung beider Funktionen in einer Hand sicherte der NSDAP den Zugriff auf die staatliche Verwaltung.[184]

Es gab im sogenannten Altreich – im Gegensatz zum sogenannten Großdeutschen Reich – gleichfalls Reichsstatthalter. Diese elf Repräsentanten der Reichsregierung bei den Landesregierungen hatten die Funktion, die Durchsetzung der Reichspolitik in den Ländern zu beaufsichtigen. Die Reichsstatthalter gehörten also der Ebene der staatlichen Administration an, nicht derjenigen der Partei. Mit zwei Ausnahmen waren alle Reichsstatthalter zugleich Gauleiter in ihrem Amtsbereich. Die Ausnahmen waren die Länder Preußen und Bayern, wo Hitler selbst bzw. Franz Ritter von Epp als Reichsstatthalter fungierten. Da die Gauleiter Hitler als Parteiführer unmittelbar unterstellt waren, hingegen die Reichsstatthalter offiziell der Dienstaufsicht des Reichsministeriums des Innern unterlagen, führte dies oftmals zu Interessenskonflikten in der Verwaltung. Die mit den ausgeübten Funktionen durch ein und dieselbe Person einhergehenden Kompetenzen – die des Reichsstatthalters und die des Gauleiters – bedeuteten eine Störung des regulären staatlichen Verwaltungsablaufs, meist zu Ungunsten der staatlichen Verwaltung und zum Vorteil der Partei.[185]

---

[184] Vgl. Dörner, Reichsgau (2007), S. 733.
[185] Vgl. Pätzold, Reichsstatthalter (2007), S. 758f.

## 5. Regensburg im Netzwerk der Reichsbehörden für Verkehrs- und Kommunikationswesen

Während der Kriegsjahre und insbesondere in der letzten Kriegsphase erlangten jene Reichsbehörden, welche die Einrichtungen des Verkehrs und des Nachrichtenwesens verwalteten, einen immer größeren Stellenwert. Um den Krieg überhaupt fortsetzen zu können, mussten die Transportverbindungen für Truppen und Nachschub sowie die Fernmeldeverbindungen unter allen Umständen aufrechterhalten werden.

Das Gebiet der Reichsbahndirektion (RBD) Regensburg erstreckte sich von Ingolstadt bis Passau und von Landshut bis Hof a.d. Saale . Es umfasste Niederbayern und die Oberpfalz, Teile des nördlichen Oberbayern und den östlichen Teil von Oberfranken. Bayreuth und alle dort verlaufenden Bahnlinien gehörten zur RBD Nürnberg. Bereits vor dem Anschluss des Sudetenlandes hatte die RBD Regensburg privatrechtlich auch die ehemals königlich-bayerischen Bahnstrecken und Bahnhöfe auf vormals österreich-böhmischem, nunmehr tschechoslowakischem Gebiet verwaltet (Strecken nach Eger bzw. Asch).[186] Als Präsidenten der RBD Regensburg amtierten Valentin Koch (1929–30.09.1933), Dr. Emil Wehrmann (01.10.1933–1942) und Dr. Karl Guggenberger (1942–1945).[187]

Vom 1. April 1934 an führten die Oberpostdirektionen die Bezeichnung Reichspostdirektionen. Im Zug der Vereinfachung der Verwaltung während des Zweiten Weltkriegs wurde 1943 neben zwölf weiteren Reichspostdirektionen auch jene in Regensburg aufgehoben und ihre zentralen Aufgaben der Direktion in Nürnberg übertragen. Als Präsidenten sind zu nennen Eusebius Walberer (1931–1941), Dr. Leopold Kühnelt (beauftragt Mitte 1941) und Josef Bauer (01.11.1941–30.03.1943).[188]

---

[186] Vgl. Zimmermann, Sudetendeutschen (1998), S. 158.
[187] Vgl. Lilla, Behörden (2012).
[188] Vgl. ebd.

# 6. Regensburgs Stellung in militärischen, halbmilitärischen und polizeilichen Strukturen

Regensburg und das nähere und weitere Umland waren in militärische und polizeiliche Strukturen eingebunden. Gerade in diesen Bereichen waren Zuständigkeiten, Aufgaben- und Geltungsbereiche klar definiert, ist also die jeweilige Terminologie strikt zu beachten. Sehr viele, zumal regionalgeschichtliche Darstellungen zur Kriegsendphase leiden darunter, dass vor allem militärische Begriffe und Bezeichnungen nicht präzise verwendet werden. Militärstrukturen aus der Friedenszeit waren zwar den Gegebenheiten angepasst worden, hatten jedoch im Wesentlichen auch während der Kriegsjahre vor Ort fortbestanden. Dies ist zu beachten und darf nicht verwechselt werden mit Strukturen und Begriffen des Feldheeres in jener Phase, als Regensburg im April 1945 gleichsam zur Frontstadt wurde.

## 6.1. Wehrkreis und Luftgau sowie Truppenteile vor Ort

### 6.1.1. Einrichtungen und Organisation in Friedenszeiten

#### 6.1.1.1. Das Heer

Die Reichswehr der Weimarer Republik gliederte sich gemäß den Bestimmungen des Versailler Vertrags anfangs in sieben Wehrkreise (WK), deren Befehlshaber zugleich Kommandeure der jeweils gleich nummerierten und im jeweiligen Wehrkreisgebiet dislozierten sieben Infanterie-Divisionen waren. Eine achte (Kavallerie-)Division war verteilt auf mehrere Wehrkreise. In jedem Wehrkreis gab es Dienststellen, die für die Rekrutierung und die Versorgung der Truppen zuständig waren.[189]

Im Zuge der Heereserweiterung wurde die Zahl der Infanterie-Divisionen 1934 insgeheim verdreifacht. Die Wehrkreisbefehlshaber übernahmen jeweils die Funktion eines Kommandierenden Generals eines Armeekorps mit je drei Divisionen. Die Enttarnung der neu aufgestellten Verbände erfolgte mit der Verkündung der Wehrhoheit im März 1935. Die Zahl der Wehrkreise wurde im Zuge der weiteren Aufstellung von Verbänden bis 1937 auf dreizehn vermehrt. Nach dem Anschluss Österreichs 1938 und der Bildung der Reichsgaue Danzig-Westpreußen bzw. Wartheland entstanden auch dort weitere Wehrkreise, desgleichen im Reichsprotektorat Böhmen und Mähren sowie im Generalgouvernement. Aus der ursprünglich auf verschiedene Wehrkreise verteilten 8. (Kavallerie-)Division hatten sich inzwischen die motorisierten bzw. Panzer-Divisionen der Armeekorps XIV, XV, XVI und XIX entwickelt, die

---

[189] Vgl. Tessin, Verbände 1919–1939 (1974).

## II. Konzeptualisierung räumlicher Grenzen und zeitlicher Zäsuren

weiterhin keinen bestimmten Wehrkreisen zugeordnet, sondern auf verschiedene Wehrkreise verteilt stationiert waren.[190]

In die Zuständigkeit der Wehrkreise fiel auch die territoriale Verantwortung für alle sonstigen Wehrmachtsdienststellen in den jeweiligen Regionen: das gesamte Wehrersatzwesen (für alle Wehrmachtsteile), die Heeres-Versorgungsämter, -Zeugämter bzw. -Munitionsanstalten, die Verwaltung von Truppenübungsplätzen etc., um nur die wichtigsten zu nennen. In den jeweiligen Garnisonen waren die Wehrkreiskommandeure vertreten durch sogenannte „Standortälteste", die auch als Wehrmacht-Kommandant oder Stadtkommandant bezeichnet wurden.

Von dem bis 1937 das gesamte rechtsrheinische Bayern umfassenden Wehrkreis VII (München) war Nordbayern abgetrennt worden und bildete nun den Wehrkreis XIII (Nürnberg), dem nach 1938 auch der westliche Teil des Reichsgaus Sudetenland zugeschlagen wurde.[191] Die Grenze zwischen diesen beiden Wehrkreisen in Bayern entsprach dabei nicht jener zwischen den nordbayerischen und den südbayerischen Regierungsbezirken. Die niederbayerischen Kreise Kelheim und Straubing zählten vielmehr zum Wehrkreis XIII. Auch waren 1938 der Stadtkreis und die Bezirksämter Passau und Wegscheid dem Wehrkreis XIII angegliedert worden.[192] Jedoch gehörten große Teile Niederbayerns weiterhin zum Wehrkreis VII, der im Raum Vilshofen sogar über die Donau hinaus reichte. Hier muss angefügt werden, dass einige erst mit der Gebietsreform der 1970er Jahre zur Oberpfalz gelangte Gebiete (etwa Schierling) zuvor zu Niederbayern und damals wehrverwaltungsmäßig zum Wehrkreis VII zählten.

Darüber hinaus existierte eine Art Ex- bzw. Enklave des WK VII bzw. im WK XIII: Seit der Abtrennung Nordbayerns verfügte der Wehrkreis VII über keinen eigenen großen Truppenübungsplatz. Da ein entsprechendes Gelände in Südbayern nicht zu finden war, wurde in Nordbayern ein neuer, neben Grafenwöhr nun zweiter, Großübungsplatz in der schwach besiedelten Gegend nördlich von Parsberg (Hohenfels) eingerichtet, der, obwohl vollständig im Wehrkreis XIII gelegen und von diesem auch verwaltet, jedoch vom südbayerischen Wehrkreis VII genutzt wurde.[193]

Befehlshaber des Wehrkreises XIII war vor Kriegsbeginn General der Kavallerie Maximilian Freiherr von Weichs, genauer vom 1. Oktober 1937 bis zur Mobilmachung am 26. August 1939, als von Weichs als Kommandierender General des XIII. Armeekorps mit seinen Divisionen ins Feld ausrückte. Als Befehlshaber im Wehrkreis (nun als „Kommandierender General des stellvertretenden Generalkomman-

---

[190] Vgl. Tessin, Verbände (1979), S. 14f.
[191] Vgl. Volkert, Handbuch (1983), S. 283.
[192] Vgl. StAAm, BZA Regensburg/2541: Schreiben des Staatsministeriums des Innern an IdO Süd und Nord vom 12.12.1938.
[193] Vgl. Griesbach, Truppenüberungsplatz (1989), S. 22.

## 6. Regensburgs Stellung in militärischen ... Strukturen

*Territoriale Ausdehnung des Wehrkreises XIII nach 1938; aus Tessin, Verbände (1996), S. 318.*

dos") folgte ihm bereits am 26. August 1939 (der reaktivierte) General der Artillerie Dr. phil. Friedrich von Cochenhausen.[194]

Während der Jahre der Weimarer Republik war Regensburg lediglich Standort des Regimentsstabs und des I. Bataillons des Infanterie-Regiments 20 der „bayerischen" 7. Division (München).[195] Die übrigen Bataillone dieses Regiments waren in Ingolstadt, Passau und Amberg stationiert. Im Oktober 1934 wurde Regensburg zum Sitz des Kommandeurs einer neuen 10. Infanterie-Division, die bis zur Enttarnung am 15. Oktober 1935 den Tarnnamen „Kommandant von Regensburg" trug. Die Truppen dieser Division wurden an den nordostbayerischen Standorten Amberg, Weiden, Regensburg und Passau formiert.[196] Regensburg war seit 1935 Friedens-Standort für den Divisionsstab sowie zweier Bataillone des Infanterie-Regiments 20.[197] Des Weiteren beherbergten die entlang der Landshuter Straße neu errichteten Kasernen den Stab

---

[194] Nicht zu verwechseln mit Gen.-Lt. Conrad von Cochenhausen, zwischen März 1938 und Okt. 1940 Kommandeur der Regensburger 10. Infanterie-Division.
[195] Ein Teil der alten kgl.-bayer. Kasernen in Regensburg war in den Weimarer Jahren durch die kasernierte Landespolizei genutzt worden.
[196] Vgl. Tessin, Verbände (1974), S. 165f.
[197] Vgl. Tessin, Verbände (1976), S. 135f; ders., Verbände (1974), S. 165f.

II. Konzeptualisierung räumlicher Grenzen und zeitlicher Zäsuren

und drei Abteilungen des Artillerie-Regiments 10 sowie das Pionier-Bataillon 10, die Nachrichten-Abteilung 10 und eine ganze Reihe kleinerer Einheiten.[198] Die Division war bereits unter mobilmachungsmäßigen Bedingungen am Einmarsch in Österreich im März 1938 und an der Annexion der „Rest-Tschechei" im März 1939 beteiligt. Kommandeur der 10. Division war seit ihrer Gründung General Alfred Wäger, dem am 1. März 1938 Generalleutnant Conrad von Cochenhausen[199] nachfolgte, der seinerseits ab Oktober 1940 die 134. Infanterie Division übernehmen sollte.[200]

Welche Kasernen und Liegenschaften des Heeres bestanden in Regensburg? Am Ende des Ersten Weltkriegs gab es hier drei Kasernen: Die Kaserne im ehemaligen Minoritenkloster[201] (heute Historisches Museum der Stadt), die 1861 um einen Neubau[202] (heute Arbeitsgericht) erweitert worden war. Die militärische Nutzung dieser Anlage wurde bereits 1919 aufgegeben.[203] Ende des 19. Jahrhunderts war längs der Nordseite der Landshuter Straße das sogenannte „Infanterie-Kasernement" (seit 1938 „Von der Tann-Kaserne"[204]) entstanden[205], in den ersten Jahren des 20. Jahrhunderts dann gegenüber das „Kavallerie-Kasernement", kurz die Reiter-Kaserne[206] (seit 1938 „Camp de Romains-Kaserne"[207]). Weitere größere Militäreinrichtungen noch aus kgl.-bayer. Zeit waren das bis 1889 erbaute Garnisonslazarett im Dreieck zwischen Stobäusplatz, Landshuter Straße und Weißenburgstraße[208], die Lagerhäuser und Gebäude des Proviantamts im Anschluss an die Infanteriekaserne[209] und der Garnisons-Schießplatz weit im Süden der Stadt, in der Staatswaldung Frauenholz zwischen den damaligen Gemeinden Weihlohe, Wolkering, Neudorf und Poign gelegen.[210]

Zur Unterbringung der in der Weimarer Republik in Regensburg stationierten Reichswehr-Truppen waren die beiden Kasernenkomplexe längs der Landshuter Straße mehr als ausreichend gewesen, so dass sogar Teile der kasernierten Bayeri-

---

[198] Vgl. Tessin, Verbände (1974), S. 166, 174, 176 u. S. 179.
[199] Nicht zu verwechseln mit dem oben bereits genannten Wehrkreiskommandeur seit der Mobilmachung 1939, General der Artillerie Dr. phil. Friedrich von Cochenhausen.
[200] Zur Geschichte der 10. Division vgl. die teils apologetischen Erinnerungen des langjährigen Divisionskommandeurs: Schmidt, Geschichte (1984), passim.
[201] Vgl. Schmidt, Stadt (1993), S. 73–79.
[202] Vgl. ebd., S. 82–84.
[203] Vgl. ebd., S. 79 u. 84.
[204] Zur Erinnerung an die frühere Nutzung durch das 11. Bayer. Infanterieregiment „Von der Tann". Vgl. ebd., S. 91.
[205] Vgl. ebd., S. 85–95.
[206] Vgl. ebd., S. 96–105.
[207] Diese ehemalige bayerische Kavalleriekaserne trug seit dem 14. Februar 1938 diesen Namen zur Erinnerung an die Erstürmung des gleichnamigen Forts bei Saint-Mihiel im September 1914 durch das Regensburger 11. Bayer. Infanterieregiment „Von der Tann", das diese Kaserne jedoch nie genutzt hat. Vgl. ebd., S. 104, Anm. 373.
[208] Vgl. ebd., S. 107–111.
[209] Vgl. ebd., S. 126–128.
[210] Vgl. ebd., S. 116–119.

schen Landespolizei überlassen werden konnten.[211] Die Aufrüstungspläne des NS-Staates erforderten jedoch den Bau etlicher weiterer Heereskasernen.[212] So wurde die Von der Tann-Kaserne 1936 um mehrere Blöcke erweitert.[213] Das Proviantamt, nun Heeresverpflegungsamt, erhielt im Stadtnorden, im Stadtteil Schwabelweis zwei zusätzliche Verpflegungs-Großlagerhäuser.[214] Im weiteren Verlauf der Landshuter Straße entstanden eine Pionierkaserne (seit 1938 „Ritter von Dostler-Kaserne"[215]), eine Artilleriekaserne („Ritter von Speck-Kaserne"[216]) und eine Nachrichtenkaserne (1938 „Ritter von Raffler-Kaserne"[217]), in deren Umgriff auch eine weitere Kaserne mit der schlichten Bezeichnung „Artilleriekaserne II"[218] integriert war.[219]

Zum Bau einer repräsentativen Standortkommandantur kam es nicht mehr. Noch als Reichswehr hatten sich die Militärs 1933 im fürstlichen Schloss eingemietet.[220] Von der Wehrmacht wurden immer mehr Räume beansprucht.[221] Zuletzt nutzte diese insgesamt 51 Räume, darunter das gesamte erste Stockwerk im Ostflügel.[222] 1945 befand sich dort, am Petersweg 8 (heute Petersweg 2)[223], auch der Sitz des Stadtkommandanten bzw. des Kampfkommandanten.

Sonstige Heeres-Einrichtungen vor Kriegsbeginn in Regensburg seien kurz, keineswegs vollständig aufgelistet: Heeres-Standort-Verwaltung, Heeres-Bauamt, Hee-

---

[211] Vgl. ebd., S. 91 bzw. 104
[212] Ausführlich zur Entstehung vgl. Halter, Stadt (1994), S. 237–245. – Zu weiteren geplanten, aber nicht mehr verwirklichten Kasernen für Pioniere bzw. die Waffen-SS vgl. ebd., S. 245–247.
[213] Heute genutzt vom Wasserwirtschaftsamt Regensburg bzw. drei dieser jüngeren Kasernenblöcke sind baulich in dem mehrfach umgebauten Komplex des Caritas-Krankenhauses St. Josef aufgegangen. Vgl. Prem, Krankenhaus (1961), S. 2, 13f u. 25f.
[214] Dies auf dem Gelände des damals einer jüdischen Erbengemeinschaft in den USA gehörenden „Kalkwerk David Funk", dessen „Arisierung" durch diese Teilenteignung aufgrund des „Gesetzes zur Landbeschaffung für die Wehrmacht" befördert wurde.
[215] Eduard Ritter von Dostler (1892–1917) war in Amberg aufgewachsen. Ursprünglich Pionier wurde er im Ersten Weltkrieg Jagdflieger. Mit 26 Abschüssen galt er als „Flieger-As". M.M.J.O. 18. Aug. 1917. Abgeschossen am 28. Aug. 1917. Vgl. Kramer, Militär-Max-Joseph-Orden (1966), S. 279, auch S. 192; Wiegand, Standort (2000), S. 52.
[216] Hermann Ritter von Speck (1888–1940), Berufssoldat, M.M.J.O. 7. Sept. 1914. Als Oberst 1935 erster Kommandeur des Regensburger Artillerie Regiments 10. Er fiel 1940 als erster deutscher General im Zweiten Weltkrieg. Vgl. Kramer, Militär-Max-Joseph-Orden (1966), S. 413f, auch S. 72; Bei der Bundeswehr erhielt die Kaserne den Namen „Prinz-Leopold-Kaserne" (1846–1930), Generalfeldmarschall, Bruder von König Ludwig III.. Vgl. Kramer, Militär-Max-Joseph-Orden (1966), S. 352–355, auch S. 111; Wiegand, Standort (2000), S. 52.
[217] Friedrich Ritter von Raffler (1883–1980), Ingenieur, Leutnant d.R. in der Telegrafentruppe, M.M.J.O. 28. Nov. 1915. Vgl. Kramer, Militär-Max-Joseph-Orden (1966), S. 381f., auch S. 113.
[218] Diese wurde erst durch den Bau der Bajuwarenstraße 1965 abgetrennt und seither als „Bajuwaren Kaserne" bezeichnet. Vgl. Wiegand, Standort (2000), S. 52.
[219] Vgl. ebd., S. 52.
[220] Vgl. Fiederer, Traditionen (2017), S. 151.
[221] Vgl. ebd.; Halter, Stadt (1994), S. 237.
[222] Vgl. Fiederer, Traditionen (2017), S. 158; Halter, Stadt (1994), S. 237, dort Anm. 210.
[223] Es ist dies die heute bei Veranstaltungen im Schlosshof genutzte Einfahrt östlich des Glockenturms von St. Emmeram.

res-Nebenzeugamt[224], Wehrmachtfürsorge- und Versorgungsamt. Als weitere Dienststellen vor Ort sind außerdem jene des Wehrersatzwesens (zuständig für alle Wehrmachtteilstreitkräfte) zu nennen. Regensburg war auch Sitz einer Wehrersatz-Inspektion, der die Wehrbezirkskommandos Regensburg, Passau, Straubing, Weiden und Amberg nachgeordnet waren. Der Wehrersatzbezirk Regensburg seinerseits umfasste die Wehrmeldeämter Regensburg, Neumarkt und Kelheim. Das Wehrmeldeamt Regensburg wiederum war zuständig für den Stadt- und den Landkreis Regensburg.[225]

In den von den Wehrkreisen verwalteten Wehrmachtseinrichtungen gab es zahlreiche sogenannte Wehrmachtbeamte.[226] Die Wehrmacht hatte die Trennung zwischen Militärbeamten und Zivilbeamten der Heeresverwaltung aus der Weimarer Republik seit 1934 aufgehoben. Seither trugen alle Wehrmachtbeamten Uniform und hatten neben ihrer Amtsbezeichnung auch einen vergleichbaren militärischen Rang, den auch die Uniform ausdrückte. Anzusprechen waren sie mit ihrer Amtsbezeichnung. Beispielsweise hatte ein Stabszahlmeister den Rang eines Hauptmanns, ein Oberfeldintendant den eines Oberstleutnants. Die Amtsbezeichnungen waren dabei vielfältig, da sie sich je nach Einsatzbereich auch unterscheiden konnten. Wehrmachtbeamte hatten keinen Kampfauftrag, waren also nicht Teil der kämpfenden Truppe. Zumindest jenen, die im rückwärtigen Gebiet des Feldheeres Dienst taten, hatte man schon 1939 ein Waffenrecht zugebilligt. Aber erst durch Erlass des Chefs des OKW vom 10. Mai 1941 wurde allen Wehrmachtbeamten der Status von Kombattanten im Sinn des Art. 3 der Haager Landkriegsordnung zugesprochen. Ausgenommen waren davon nur Feldgeistliche und im Sanitätsdienst eingesetzte Personen.[227]

### 6.1.1.2. Die Luftwaffe

Den Wehrkreisen des Heeres bedingt vergleichbar waren die Luftgaue der Luftwaffe. Diese waren 1936/37 geschaffen worden. Erst im Zug einer Umgliederung 1937 entsprachen die Gebiete denen der Wehrkreise, deren römische Nummern nun ebenfalls übernommen wurden.[228] Im rechtsrheinischen Bayern waren dies der Luftgau XIII, zuvor 13 (Sitz Nürnberg), und der Luftgau VII, zuvor 14 (München). Mit Umwandlung der Luftkreiskommandos in Luftwaffengruppenkommandos am 4. Februar 1938 änderten sich die Unterstellungsverhältnisse der Luftgaue, auch wurde 1938 die Deckungsgleichheit mit den Wehrkreisen teilweise eingeschränkt. Die Luftgaue VII und XIII zählten nun zum Luftkreis 5, dem späteren Luftwaffengruppenkommando 3.

---

[224] Die beiden, nach wie vor vorhandenen Lagerhallen wurden ab 1947 zur Keimzelle des Siemens-Werks an der Irler Höhe.
[225] Vgl. Tessin, Verbände (1996).
[226] Vgl. auch im Folgenden Absolon, Wehrmacht (1975), S. 251–268.
[227] Vgl. Absolon, Wehrmacht (1988), S. 206–219.
[228] Zur Geschichte der Luftgaustruktur bis Kriegsbeginn auch im Folgenden, vgl. Tessin, Verbände (1979), S. 349.

## 6. Regensburgs Stellung in militärischen ... Strukturen

Zum 30. Juni 1938 wurde der Luftgau VII um das Gebiet des aufgelösten Luftgaues V (bisher Stuttgart) erweitert.

Am 1. Juli 1938 erfolgte eine völlige Umgestaltung der Aufgaben der Luftgaue. Die Befehlshaber im Luftgau erhielten nun die Befugnisse eines Kommandierenden Generals. Ihnen waren nun unterstellt: die jeweiligen gesamten Flieger-Boden-Organisationen, die leichten Jagdfliegerverbände, die gesamte Flugabwehrartillerie (Flak-Art), der Flugmeldedienst, der Luftschutz und der Nachschub sowie die Flieger-Ersatz-Abteilungen und die Flieger-Schulen. Als letzte Veränderung vor dem Krieg wurden am 1. April 1939 die Bereiche mehrerer Luftgaue geändert. Tirol und Vorarlberg wurden nun ebenfalls dem Luftgau VII angegliedert. Gleichzeitig war reichsweit die territoriale Anpassung an die Wehrkreise des Heeres endgültig aufgegeben worden.

Mehrere Luftgaue bildeten seit April 1939 zusammen mit den dort beheimateten und in „Fliegerdivisionen" zusammengefassten Geschwadern eine „Luftflotte". In Süddeutschland war dies die Luftflotte 3 (München) mit der 5. und 6. Fliegerdivision und den Luftgaukommandos VII (München), XIII (Nürnberg) und XII (Wiesbaden).

Kommandierender General und Befehlshaber im Luftgau VII war seit 1. Juli 1938 (bis 1. September 1944) General der Flakartillerie Emil Zenetti, im Luftgau XIII war dies seit 1. Februar 1939 (bis 23. Juni 1940) General der Flakartillerie Dr. phil. Eugen Weissmann.

Die Stadt Regensburg war seitens der Luftwaffe als Friedensstandort sowohl der Fliegertruppe als auch der Flugabwehrartillerie[229] sowie der Luftraumüberwachung vorgesehen. Bereits 1935 war erwogen worden, den kleinen Regensburger Verkehrslandeplatz im Stadtwesten zu einem Fliegerhorst für eine Kampfgruppe (Bombergruppe) auszubauen – ein Plan, der dann jedoch zugunsten des Baues eines größeren Horstes im Osten vor der Stadt aufgegeben wurde.[230] Der zwischen Barbing und Obertraubling entstandene neue Militärflugplatz Regensburg-Obertraubling (heute Neutraubling) ging seinerseits zurück auf einen dort zunächst eingerichteten, getarnten „E-Hafen". Solche „Einsatz-Häfen" hatten den Zweck, im Kriegsfall eine Dezentralisierung der Luftstreitkräfte möglich zu machen. Für den neuen Fliegerhorst war die Stationierung einer Bombergruppe geplant, was jedoch im Zuge der Verlegung von Teilen der Luftwaffe 1938 ins angeschlossene Österreich nicht mehr realisiert wurde.[231] Die zunächst für Regensburg vorgesehene Einheit übernahm stattdessen den frei gewordenen Horst Ansbach-Katterbach.[232] In der letzten Friedensphase wa-

---

[229] Es war auf Görings besonderen Einfluss zurückzuführen, dass „alles, was mit Luft zu tun" hatte, ihm als Oberbefehlshaber der Luftwaffe zu unterstellen war. In jeder anderen Armee der Welt war die Flugabwehrartillerie Teil der Artillerie gewesen, ebenso zählten dort die Fallschirmtruppen zum Heer und bordgestützte Flieger zu den Marinestreitkräften.
[230] Vgl. Halter, Stadt (1994), S. 313f.
[231] Zur Frühgeschichte dieses Fliegerhorstes allg. vgl. Ehm, Flugplatz (1989), S. 244f.
[232] Vgl. Tessin, Verbände (1974), Tab. S. 428f., Anm. 10.

ren in Regensburg-Obertraubling keine Flieger, sondern eine Flak-Scheinwerfer-Abteilung (Flak-Rgt. 9/III) stationiert.[233]

Im Stadtsüden, in unmittelbarer Nachbarschaft des dort geplanten Autobahnkreuzes (heutige Ausfahrt Regensburg-Universität der A3), wurde eine Kaserne für eine weitere Abteilung der Fliegerabwehrartillerie neu erbaut, die erst 1941 fertiggestellt wurde.[234] Die unmittelbare Nähe zur Autobahn, deren Bau gerade begonnen hatte, war kein Zufall, wenn man bedenkt, dass die Flak-Artillerie zu den bei Kriegsbeginn noch wenigen vollständig motorisierten Verbänden der Wehrmacht zählte und nicht für den Einsatz an ihren Friedensstandorten gedacht war, sondern als Fliegerabwehr der Heeresfeldtruppen. Lediglich die Ausbildungsbatterien waren als Teil des Flak-Schutzes am Ort vorgesehen.[235]

Auf dem Dreifaltigkeitsberg wurde Regensburgs kleinste Kaserne erbaut – das regionale „Flugwach-Kommando" (FluKo).[236] In dieser Einrichtung der militärischen Luftraumüberwachung[237] liefen aus der ganzen Region die Meldungen der „Flugwachen" ein. Solche Flugwachen waren reichsweit über das gesamte Staatsgebiet verteilt, eingerichtet u. a. in Kirchtürmen, auf Bergen oder anderen höher gelegenen Orten. Sie waren in Friedenszeiten nur bei Übungen personell besetzt. Zunächst waren die Meldungen allein optisch-akustisch wahrgenommene Zeichen der Flugwachbesatzungen – vielfach Zivilisten des „Reichsluftschutzes". Funktechnische Messverfahren befanden sich bei Kriegsbeginn noch in der Entwicklung.[238]

Als weitere Einrichtung der Luftwaffe im Umland Regensburgs ist die Luftwaffen-Munitionsanstalt 2/VII Schierling/Eichbühl zu nennen, die Ende April 1945 für die Ereignisse in der Region eine große Rolle spielte. Munitionsanstalten der Luftwaffe (wie auch solche des Heeres) waren Lager, die aus naheliegenden Gründen oft weit ab von großen Siedlungen errichtet waren und in denen die von den Herstellern angelieferten Munitionsteile frontverwendungsfähig zusammengebaut, bevorratet, verpackt und versandt wurden.[239]

Abschließend zu nennen ist die kleine Wehrmacht- bzw. Luftwaffen-Funkstelle Aumbach[240] (heute Tagungsstätte „Kastell Windsor"[241]), die u. a. für den Fliegerhorst Obertraubling arbeitete, über die auch eine der ersten Richtfunkverbindungen in Deutschland von Berlin/Potsdam nach München bzw. über eine Funkweiche ab

---

[233] Vgl. ebd., S. 302 u. Tab. S. 436.
[234] Das spätere „Fort Skelly" der US-Army und ab 1965 „Nibelungen-Kaserne" der Bundeswehr. Vgl. Wiegnd, Standort (2000), S. 53.
[235] Vgl. Koch, Flak (1965).
[236] Später für viele Jahre Unterkunft eines Heeresmusikkorps der Bundeswehr.
[237] Allg. zur Entwicklung der Luftraumüberwachung vgl. Hoffmann, Luftnachrichtentruppe (1965), S. 131–142 u. ders., Luftnachrichtentruppe (1968), S. 4–18, 33–45 u. 92–102.
[238] Vgl. ebd., S. 92–102; ders., Luftnachrichtentruppe (1973).
[239] Vgl. Lambrecht, Berufung (2007), S. 191–193.
[240] Vgl. Ehm, Kastell (1992).
[241] Vgl. http://www.kastellwindsor.de/

## 6. Regensburgs Stellung in militärischen ... Strukturen

Aumbach auch nach Berchtesgaden verlief.[242] Zu deren Einrichtung und erstem Betrieb waren 1938/39 Teile des Luftnachrichten-Regiments „ObdL" („Oberbefehlshaber der Luftwaffe") in Regensburg stationiert.[243]

### 6.1.2. Veränderungen seit der Mobilmachung 1939
#### *6.1.2.1. Stellvertretende Generalkommandos*

Mit Kriegsbeginn wurden im Reichsgebiet sogenannte „Stellvertretende Generalkommandos" eingerichtet, die im rechtsrheinischen Bayern mit den Wehrkreisen deckungsgleich waren. Der „Stellvertretende Kommandierende General" übernahm die Aufgaben des Befehlshabers im Wehrkreis. Seine Befugnisse, die auf Militärisches beschränkt waren, wurden jedoch durch rivalisierende Stellen (Reichsverteidigungskommissar, Höherer SS- und Polizeiführer) vielfach infrage gestellt.[244] Mit dem Ausrücken aller Armeekorps Ende August 1939 in ihre Bereitstellungsräume bildeten diese das „Feldheer". In den Wehrkreisen verbliebene Wehrmachtseinrichtungen und Truppen wurden summarisch als „Ersatzheer" bezeichnet. Beide Strukturen sind völlig getrennt voneinander zu betrachten. Etwas vereinfacht dargestellt, kann man auch sagen: Das Feldherr führte Krieg, das Ersatzheer verwaltete.

Dem entsprach auch die personelle Struktur der Führungskader in den Wehrkreisen seit der Mobilmachung. Für die Posten der Befehlshaber und – um im Bild einer Verwaltung zu bleiben – deren „Abteilungsleitern" sowie die höheren Posten in der Fläche, die Stadtkommandanten, Chefs der Wehrinspektionen, Kommandeure von Kriegsgefangenenlagern etc., fanden seit der Mobilmachung ältere, sehr häufig bereits pensionierte, nun reaktivierte Generäle und Oberste Verwendung. In vielen Fällen wurden letztere nach einigen Jahren bereits erneut in den (nun endgültigen) Ruhestand verabschiedet und ersetzt durch Offiziere des Feldheeres, die alters- oder kriegsverletzungsbedingt nicht mehr für ein Frontkommando verwendbar waren. Auch für die Besetzung der mittleren und nachgeordneten Offiziersposten in den Wehrkreisen hatte man bereits in den Friedensjahren Vorsorge getroffen, vornehmlich durch Übungen für ehemalige Offiziere aus dem Ersten Weltkrieg, die seither keine Uniform mehr getragen hatten, nun aber als schon etwas bejahrte Leutnante, Oberleutnante, Hauptmänner oder Majore erneut Militärdienst leisteten.[245]

---

[242] Vgl. Ehm, Kastell (1992), S. 233–236; Hoffmann, Luftnachrichtentruppe (1973), Karte S. 331.
[243] Vgl. Tessin, Verbände (1974), S. 306; Ehm, Kastell (1992), S. 236f.
[244] Vgl. Fuchs, Generalkommando (2006).
[245] Hier sei noch ergänzt, dass auch die einfachen „Schreibstubensoldaten" zunehmend nur noch aus „a.v." (arbeitsverwendungsfähigen) Invaliden bestanden. Zudem seien 1945, beispielsweise beim WK XIII, 80% der Schreiberstellen mit Frauen besetzt gewesen – keine uniformierten Stabshelferinnen, sondern rein zivile Angestellte. Vgl. BA-MA, ZA 1/577: Weisenberger, Karl: Sonderbericht: Umgliederung des Wehrkreiskommandos (WK) XIII in einen taktischen und territorialen Führungsstab (US-Army, Historical Division: MS B–227), S. 4 / fol. 7 u. S. 10 / fol. 13.

II. Konzeptualisierung räumlicher Grenzen und zeitlicher Zäsuren

Es sei in diesem Zusammenhang angemerkt, dass allein schon aus dem Grund der unterschiedlichen Altersstrukturen bei Ersatz- und Feldheeroffizierskorps die Darstellung, dass ein „Stadtkommandant" des Ersatzheeres im Jahr 1945 durch das Feldheer als „Kampfkommandant" übernommen worden sei (wie im Fall von Regensburg bisher behauptet[246]), einer detaillierten Erklärung bedürfte und nicht nur mit der Floskel „auch im Kriege bestätigt die Ausnahme die Regel"[247] begründet werden kann.

Der Vollständigkeit halber muss ergänzt werden, dass das Feldherr rückwärtig des Frontbereichs in besetzten Gebieten (bzw. in besetzten Ländern, die unter deutscher Militärverwaltung standen[248]), ebenfalls über Strukturen verfügte, die aufgabenmäßig und auch personell jenen der Wehrkreise im Reichsgebiet ähnelten. Dies galt auch für die besetzten Weiten der Sowjetunion, wo Gebiete hinter dem eigentlichen Frontbereich in sogenannten „KoRück" (Kommandant rückwärtiges Armeegebiet) oder Stadtkommandanturen etc. organisiert waren.[249]

Militärisch unterstand ein Wehrkreis, im Bereich des Wehrersatzwesens, dem Oberkommando der Wehrmacht (OKW), in sonstigen militärischen Angelegenheiten dem Oberbefehlshaber des Ersatzheeres (ObdE). Als dritte vorgesetzte Dienststelle kam noch das Oberkommando des Heeres (OKH) dazu, in dessen Zuständigkeit die Versorgung mit Waffen, Munition und Gerät sowie u. a. das Sanitäts- und Veterinärwesen lagen.[250] Der Wehrkreisbefehlshaber konnte nicht über alle in seinem Bereich befindlichen Verbände befinden: Beispielsweise verfügte über die Panzer- und motorisierten Infanterieverbände der Kommandant der Panzertruppen im Wehrkreis, der direkt dem Inspekteur der Panzertruppen im OKH unterstand.[251] Diese ehedem schon kaum durchschaubaren Befehlsverhältnisse komplizierten sich mit dem Rückfall der Fronten Ende 1944 auf das Reichsgebiet.[252] Nun übernahmen die Wehrkreise die Aufgaben „rückwärtiger Gebiete" und wurden dazu von Fall zu Fall dem Feldheer tak-

---

[246] Vgl. Eiser, Kriegsende (2012), S. 40.
[247] So wörtlich ebd.
[248] In erster Linie sind Belgien, Nord- u. Westfrankreich zu nennen.
[249] Beispielsweise amtierte der in Regensburg wohnende und zum 24. Juli 1941 reaktivierte Generalleutnant Walter von Unruh (Jg. 1877) im Herbst des Jahres als „KoRück Smolensk", zuvor als Stadtkommandant von Brest. Im Frühjahr 1942 war er „Kommandant des rückwärtigen Armeegebietes 559" der 4. Armee der Heeresgruppe Mitte. Unruh war 1919 im Range eines Majors als erster preußischer Offizier zur zuvor bayerischen Armee versetzt worden und kommandierte dort zeitweise das Regensburger Bataillon des Infanterie-Regiments 20. Ende Februar 1927 war er als Generalmajor in den Ruhestand getreten und hatte seinen Wohnsitz in Regensburg genommen. Unruh, der (auch nach 1945) als überzeugter Anhänger des Regimes galt, erlangte größere Bekanntheit durch die in den Jahren 1942–1944 aktive sog. „Unruh-Kommission"; militäramtlich „Sonderbeauftragter für die Überprüfung des zweckmäßigen Kriegseinsatzes", deren Aufgabe es war, in Wehrmacht, Partei und Staatsverwaltung Personal für die Fronttruppen freizusetzen, was ihm in der Truppe den Namen „General Heldenklau" einbrachte. Vgl. Kroener, General (1995).
[250] Vgl. Kunze, Kriegsende (1995), S. 69.
[251] Vgl. Kunze, Kriegsende (1995), S. 70.
[252] Vgl. Kunze, Kriegsende (1995), S. 71.

tisch unterstellt. Noch im März 1945 erfolgte die Unterstellung der süddeutschen Wehrkreise V (Stuttgart), VII (München) und XIII (Nürnberg) unter den Oberbefehlshaber West, Generalfeldmarschall Albert Kesselring (1885–1960).[253] Der Wehrkreis VII wurde noch am 7. April 1945 der nachgeordneten Heeresgruppe G unter General der Infanterie Friedrich Schulz zugeordnet.[254] Die Funktion der Wehrkreiskommandos war damit in die von Führungsstäben im rückwärtigen Gebiet umgewandelt worden. Dem wurde Rechnung getragen durch die (meist völlig improvisierte) Aufstellung mobiler Korps-Führungsstäbe mit den Wehrkreisbefehlshabern an der Spitze, die nun Korpsbefehle an die jeweiligen, ebenfalls soweit möglich mobilgemachten Truppenteile in den Wehrkreisen erließen.[255]

Den Wehrkreisbefehlshabern verblieben formal auch die territorialen Aufgaben (nebst den entsprechenden Unterstellungen unter ObdE und OKH), welche, personell getrennt von den taktischen Führungsstäben, meist von einem „General z. b. V.", wahrgenommen wurden. Auch nach dieser quasi Teilung der Wehrkreiskommandos führten beide Teile, die taktischen Führungsstäbe und die Territorialverwaltungen, im Regelfall weiterhin die gleichen Bezeichnungen, was bereits damals (und oft auch in späteren historischen Darstellungen) zu Verwirrungen und Verwechslungen führte, insbesondere wenn beide räumlich getrennt waren.[256] Zu den von den Wehrkreisen auch nach ihrer eigenen Mobilmachung zu verwaltenden Einrichtungen gehörten auch alle Arten von Wehrmachtlagerstätten. Verpflegungs- und Materiallager wurden, soweit ihre Bestände nicht noch an die Truppe ausgegeben werden konnten, bei Kriegsende vielerorts den Zivilverwaltungen zur Verteilung überlassen oder schlicht von der ortsansässigen Bevölkerung geplündert – so teils auch in Regensburg.[257] Eine ganze Reihe Verpflegungslager gelangten auch in die Hände der Amerikaner, die daraus sofort Bestände u. a. für die Versorgung ihrer Kriegsgefangenen abzweigten.[258]

---

[253] Vgl. Brückner, Kriegsende (1987), S. 13.
[254] Vgl. Brückner, Kriegsende (1987), S. 79.
[255] Vgl. Brückner, Kriegsende (1987), S. 79.
[256] Dies ist in der Literatur leider des Öfteren nicht exakt genug dargestellt: So etwa bei Fuchs, Generalkommando (2006), der die Aufspaltung des Wehrkreiskommandos unerwähnt lässt und auch hinsichtlich der zeitlichen Terminierung etwas ungenau bleibt, denn General Weisenberger blieb trotz der Aufspaltung formal auch über den 26. März 1945 hinaus Befehlshaber im Wehrkreis XIII.
[257] Am 25. April 1945, übergab das Regensburger Heeresverpflegungshauptamt seine Lager an der Landshuter Straße sowie in Schwabelweis an die Stadtverwaltung. Vgl. StAR, ZR III/734: Protokoll zu den Übergabeverhandlung vom 25.4.1945. – Leiter dieses Amtes war damals Stabsintendant Marzell Oberneder, der später hierüber, aber auch über die Plünderung des Lagers Nord berichtete, vgl. Oberneder, Kreuznach (1954), S. 7f. bzw. ders., Sonnenschein (1982), S. 98f.
[258] Vgl. Brückner, Kriegsende (1987), S. 66, Anm. 12. – Zudem beauftragten die Amerikaner bereits zum 15. Mai 1945 in Bayern ehemalige Wehrmachtverpflegungsexperten mit der Verwaltung und Verteilung dieser Bestände. Der kriegsgefangene Oberstabsintendant z. b. V. Kurt Steffen, vormals Sachbearbeiter für Verpflegung beim Oberbefehlshaber West bzw. Süd, Jurist, wurde mit der Schaffung einer entsprechenden Verwaltung beauftragt. Aus dieser sog. Organisation Steffen ging bald die „Bayerische Lagerversorgung" hervor, die u. a. zur Versorgung der Flüchtlinge gegründet worden war. Vgl. Fuhrmann, Lagerversorgung (1951), S. 9–13; Fuhrmann, Geschichte (1974), S. 17–20.

II. Konzeptualisierung räumlicher Grenzen und zeitlicher Zäsuren

Waffen- und Munitionslager waren befehlsgemäß zu sprengen, bevor sie in Feindeshand fallen würden. Höchst problematisch waren jedoch für die Wehrkreis-Restverwaltungen jene Munitionsanstalten, in denen Kampfstoffe (Giftgase und auch Nervengifte) gelagert waren. Hinzu kam, dass das Feldheer in den Regionen oft gar nicht über die Existenz solch brisanter Lagerstätten informiert war.[259]

Den stellvertretenden Generalkommandos standen seit der Mobilmachung 1939 als reguläre Heerestruppen in den Wehrkreisen nur die dort verbliebenen Ausbildungs- und Ersatzeinheiten zur Verfügung, des Weiteren alle in den Wehrkreisen vorhandenen Heeresdienststellen, Schulen, Truppenübungsplätze etc. Mit Kriegsbeginn wurden in den Wehrkreisen auch Lagerstrukturen für die zu erwartenden Kriegsgefangenen aufgebaut, die ebenfalls den Wehrkreisbefehlshabern unterstanden. Im Wehrkreis XIII waren dies die Oflag (Offizierslager) XIII A Nürnberg-Langwasser und XIII B Hammelburg, ferner die Stalag (Mannschafts-Stammlager) XIII A Hohenfels (das jedoch wegen der oben bereits genannten Mitsprache des Wehrkreises VII bei der Nutzung dieses Truppenübungsplatzes bereits 1940 nach Sulzbach-Rosenberg verlegt wurde), Stalag XIII B Weiden und XIII C Nürnberg-Langwasser. Speziell zur Bewachung dieser Lager und für die den Stalags zugeordneten zahlreichen Arbeitskommandos sowie für weitere Wachaufgaben stellten die Wehrkreise eigene Truppen auf – die Landesschützen, ältere Jahrgänge, die meist bereits im Ersten Weltkrieg gedient hatten. Diese Einheiten waren zunächst nur kompanieweise innerhalb der Wehrkreise organisiert, wurden dann aber doch zu Bataillonen und Regimentern formiert. Ein Teil dieser Landesschützeneinheiten wurde jedoch bald aus den Wehrkreisen abgezogen und als sogenannte Sicherungseinheiten in besetzte Gebiete verlegt.[260]

Auch aus administrativen Gründen wurden die 1939 in den Wehrkreisen verbliebenen bzw. vorhandenen Ersatz- und Ausbildungstruppen zu Divisionen zusammengefasst, die zur Unterscheidung von den Ordnungsziffern tragenden Felddivisionen nachgestellte Nummern führten.[261] Im Wehrkreis XIII waren dies die „Division Nr. 173" und die „Division Nr. 193".[262] Solche Wehrkreis-Divisionen waren in bestehender Form kaum feldverwendungsfähig – sie verfügten über keine vollständigen Führungsstäbe, keinerlei Unterstützungs- und kaum Tross-, Nachschub- oder Sanitätseinheiten. Zudem waren sie nur im Bahntransport verlegbar. Nach zeitgenössischem Urteil ähnelten sie „in ihrer Beweglichkeit einer Division zu Anfang des Ersten Weltkrieges".[263] Die Division Nr. 193 wurde bereits 1941 ins Protektorat, zu-

---

[259] Siehe hierzu Kapitel III. .
[260] Vgl. Tessin, Verbände (1979), S. 298–301.
[261] Vgl. Tessin, Verbände (1979), S. 129. – Leider werden diese unterschiedlichen Benennungen insbesondere in regionalgeschichtlichen Darstellungen sehr oft fälschlich wie Synonyme verwendet. Beispielsweise schrieb Kunze an einer Stelle seiner ansonsten sehr profunden Studie von „413. Division", meinte aber die „Division Nr. 413". Vgl. Kunze, Kriegsende (1995), S. 72.
[262] Vgl. Tessin, Verbände (1973), S. 178, bzw. S. 193f.
[263] Vgl. Kunze, Kriegsende (1995), S. 73

6. Regensburgs Stellung in militärischen ... Strukturen

nächst in den Bereich Pilsen, 1942 nach Prag verlegt.[264] Im Oktober 1942 wurden viele Ersatz- und Ausbildungseinheiten geteilt. Die Ersatzeinheiten verblieben in den Heimatgarnisonen, die Ausbildungseinheiten wurden zu „Reserve-Divisionen" zusammengefasst und in besetzte Gebiete verlegt, wo sie zusätzlich zu ihrem Ausbildungsauftrag auch Sicherungsaufgaben übernahmen.[265] Die Division Nr. 173 wurde erst im Juli 1943 in die „173. Reserve-Division" umgegliedert und nach Kroatien verlegt.[266] Als neue Wehrkreis-Division entstand im Wehrkreis XIII die „Division Nr. 413".[267] Sie wurde im Rahmen der „Aktion Leuthen"[268] noch im März 1945 dem Feldheer zugeführt und ging bei den Kämpfen in Unterfranken weitgehend verloren.[269] Diese Verluste konnten nicht mehr ersetzt werden. Als die Front sich im April Ostbayern näherte, befanden sich in den dortigen Garnisonen, darunter Regensburg, nur noch wenige, großteils kaum feldverwendungsfähige Ersatz- und Ausbildungseinheiten.

### 6.1.2.2. Wehrkreis-Befehlshaber

Bereits mit der Mobilmachung am 26. August 1939 und dem Ausrücken des XIII. Armeekorps wurde (der reaktivierte) General der Artillerie Dr. phil. Friedrich von Cochenhausen als „Kommandierender General des stellvertretenden Generalkommandos" neuer Befehlshaber im Wehrkreis XIII. Ihm folgten vom 30. April 1942 bis 15. August 1944 General der Infanterie Mauritz von Wiktorin (1883–1956)[270], zuletzt seit dem 15. August 1944 General der Infanterie Karl Weisenberger (1890–1952).[271]

Die oben bereits erwähnte taktische Unterstellung des Wehrkreises XIII unter den Oberbefehlshaber West begann für Weisenberger mit einem Paukenschlag: Er wollte im März 1945 von Generalfeldmarschall Kesselring den Befehl erhalten haben, umgehend die Führung der 7. Armee bei Marktheidenfeld zu übernehmen,

---

[264] Vgl. Tessin, Verbände (1973), S. 193f. – wobei auch zwei Regensburger Ersatzeinheiten, das Infanterie Ersatz- und Ausbildungs Regiment 10 und das Artllerie Ersatz- und Ausbildungs Regiment 10, vollständig aus ihrer bisherigen Garnison abzogen.
[265] Vgl. Tessin, Verbände (1979), S. 131.
[266] Vgl. Tessin, Verbände (1973), S. 178.
[267] Vgl. Tessin, Verbände (1973), S. 193f; ders, Verbände 10 (1975), S. 120f. – Im Wehrkreis VII wurde die Division Nr. 157 als 157. Reserve Division 1942 nach Frankreich verlegt. Vgl. Tessin, Verbände (1973), S. 103. – Eine zweite dortige Wehrkreisdivision, die Division Nr. 147 als 147. Reserve Division in die Ukraine. Vgl. Ebd., S. 61. – An beider Stelle trat 1942 die Division Nr. 467. Vgl. Tessin, Verbände 10 (1975), S. 239. Über letzgenannte wird im April 1945 an der Donau noch zu berichten sein.
[268] Allg. vgl. Kunz, Aktion (2000).
[269] Vgl. Kunze, Kriegsende (1995), S. 72–74.
[270] Ehem. österr. Offizier, vgl. BA-MA, PERS 6/301343.
[271] Gebürtig in Würzburg – Weisenberger galt als kompromissloser Parteigänger des NS-Regimes, von dem keinerlei Mitwirkungen an Aktionen zur Beendigung des Krieges zu erwarten waren. Vgl. Diem, Freiheitsaktion (2013), S. 126; Kunze, Kriegsende (1995), S. 71.

II. Konzeptualisierung räumlicher Grenzen und zeitlicher Zäsuren

da deren Oberbefehlshaber, General der Infanterie Hans Gustav Felber, mit seinem ganzen Stab vermisst war.[272] Weisenberger mobilisierte in aller Eile einen taktischen Führungsstab, den man nur als vollständig improvisiert bezeichnen kann, nicht nur nachrichten- und transporttechnisch, sondern auch personell, da er sogar weibliches Zivil-Personal umfasste.[273] Die territorialen Aufgaben übernahm als „General z. b.V." der bisherige Chef des Stabes des Wehrkreises, Generalmajor Johann Meyerhöfer (1895–1952). Der ursprünglich befohlene Einsatz Weisenbergers bei Marktheidenfeld hatte sich binnen eines Tages erübrigt, da zu General Felber wieder Verbindung bestand, so dass Weisenberger mit seinem Stab nach Nürnberg zurückkehren konnte.[274] Die Zweiteilung in einen taktischen und einen territorialen Führungsstab blieb jedoch in der Folge erhalten. Und in der Tat befahl Feldmarschall Kesselring am 26. März, dass Weisenbergers mobilisierter Stab im Rahmen der 1. Armee eine neue Sicherungs-Frontlinie an der Tauber zwischen Wertheim und Bad Mergentheim aufbauen solle.[275] Da zur 1. Armee u. a. das „XIII. Armeekorps" sowie das „XIII. SS-Korps" zählten, waren Verwechslungen bereits in der Zeit selbst an der Tagesordnung; Weisenbergers „Stellv. Gen. Kdo. XIII. Armeekorps" firmierte daher beim Feldheer als „(Korps-) Gruppe Weisenberger".[276] Abermals kehrte dieser Stab nach Nürnberg zurück.[277]

Als die „Stadt der Reichsparteitage" zur Frontstadt wurde, verlegte Weisenberger Mitte April seinen Führungsstab und die Territorialverwaltung nach Ensdorf südlich von Amberg.[278] Dort erreichte ihn am 20. April der Befehl der Heeresgruppe G, mit seinem taktischen Führungsstab und unter Einsatz der allerletzten Reserven des Wehrkreises XIII eine Abwehrlinie hinter der Naab zwischen Burglengenfeld und Neustadt a. d. Waldnaab zu organisieren. Weisenberger und sein Stab nahmen Quartier in Pleystein.[279] Für die weiteren Kriegsereignisse im Raum Regensburg 1945 sollte die „Gruppe Weisenberger" freilich keine Rolle spielen – sie hat sich, abgedrängt ins Böhmische, am 7. Mai in Pernharz den US-Truppen ergeben.[280]

---

[272] BA-MA, ZA 1/578: Weisenberger, Karl: Der Wehrkreis XIII im Einsatz gegen die amerikanischen Streikräfte, T. A: März 1945 (US-Army, Historical Division: MS B–228a), S. 5 / fol. 9.
[273] Vgl. BA-MA, ZA 1/577: Weisenberger, Karl: Sonderbericht, S. 10 / fol. 13.
[274] BA-MA, ZA 1/578: Weisenberger, Karl: Wehrkreis XIII, Teil A, S. 6 / fol. 10; auch BA-MA, ZA 1/577: Weisenberger, Karl: Sonderbericht, S. 6f. / fol. 9f.
[275] BA-MA, ZA 1/578: Weisenberger, Karl: Wehrkreis XIII, Teil A, S. 8 / fol. 12.
[276] BA-MA, ZA 1/578: Weisenberger, Karl: Wehrkreis XIII, Teil A, S. 10 / fol. 14.
[277] BA-MA, ZA 1/579: Weisenberger, Karl: Der Wehrkreis XIII im Einsatz gegen die amerikanischen Streikräfte, Teil B & C: Anfang und Mitte April 1945 bzw. Mitte April bis Anfang Mai 1945 (US-Army, Historical Division: MS B–228b), S. 1 / fol. 5.
[278] BA-MA, ZA 1/579: Weisenberger, Karl: Wehrkreis XIII, Teil B, S. 2 f. / fol. 6f.
[279] BA-MA, ZA 1/579: Weisenberger, Karl: Wehrkreis XIII, Teil C, S. 4 / fol. 8.
[280] BA-MA, ZA 1/580: Weisenberger, Karl: Der Wehrkreis XIII im Einsatz gegen die amerikanischen Streikräfte, Teil D: Anfang Mai 1945 bis zur Kapitulation (US-Army, Historical Division: MS B–228c) S. 17 / fol. 21.

## 6. Regensburgs Stellung in militärischen ... Strukturen

Der territoriale Reststab des Wehrkreises XIII unter dem „General z. b. V.", Generalmajor Johann Meyerhöfer, wechselte von Ensdorf nach Reichenbach bei Roding[281] und schließlich nach Sünching südlich der Donau, wobei Johann Meyerhöfer dort wortwörtlich zum „Johann ohne Land"[282] wurde, da das Oberkommando der Wehrmacht (OKW) bereits am 18. April 1945 entschieden hatte, die Gebiete des Wehrkreises XIII südlich der Donau (mit Brückenköpfen auf dem Nordufer) dem Wehrkreis VII (München) zu übertragen.[283] Auch die Stadt Regensburg mitsamt ihrem nördlich der Donau gelegenen Vorland gehörte seit dem 18. April 1945 zum Münchner Wehrkreis. Generalmajor Meyerhöfer wurde umgehend im Wehrkreis VII in die gleiche Funktion eingesetzt, die er bisher im Wehrkreis XIII inne hatte, und nach München beordert, wo er den seit dem 23. April mit dem mobilgemachten Führungsstab im Fronteinsatz stehenden Befehlshaber im Wehrkreis VII auch vertrat.[284] Meyerhöfer blieb also territorial im Rahmen des Wehrkreises VII für den Raum Regensburg verantwortlich, für eine Stadt, in der er selbst mit seiner Frau seit den frühen 1920er Jahren (mit einer kurzen Unterbrechung 1938/39) wohnte.[285]

Die Führung des mit der Mobilmachung 1939 im Wehrkreis VII aufgestellten „Stellvertretenden Generalkommandos" hatte der reaktivierte General der Artillerie Edmund Wachenfeld (1878–1958) übernommen, womit dieser auch Wehrkreisbefehlshaber geworden war. Zum 1. März 1943 hatte ihn General der Infanterie Karl Kriebel (1888–1961) abgelöst.[286] Offenbar auf Betreiben des Münchner Gauleiters Giesler wurde Kriebel jedoch überraschend am 12. April 1945 abberufen. Befehlshaber im Wehrkreis VII, der seit dem 18. April auch den Raum Regensburg einschloss, wurde nun Generalleutnant Heinrich Greiner (1895–1977).[287] Aber auch Greiner, ein Oberpfälzer aus Amberg, war kein willfähriger Parteigänger des Regimes. Am 21. April trat er gegenüber Generalfeldmarschall Kesselring offen für eine sofortige Einstellung aller Kampfhandlungen der Wehrmacht in Bayern ein.[288]

---

[281] Vgl. BA-MA, ZA 1/579: Weisenberger, Karl: Wehrkreis XIII, Teil C, S. 4 / fol. 8.
[282] Johann Ohneland = John Lackland = Jean Sans-Terre, engl. König 1199–1216, Bruder von Richard Löwenherz.
[283] Vgl. Brückner, Kriegsende (1987), S. 75f.; vgl. BA-MA, ZA 1/578: Weisenberger, Karl: Wehrkreis, Teil A., S. 8 / fol. 12. – Laut den Erinnerungen des Befehlshabers im WK VII (bis zum 12. April), General Karl Kriebel, habe der WK XIII bereits zuvor von sich aus seine Gebiete längs der Donau an den WK VII abtreten wollen. Kriebel habe dies jedoch zunächst abgelehnt, da der WK XIII die Verfügung über die in den dortigen Garnisonen befindlichen Truppen behalten wollte. Vgl. BA-MA, ZA 1/497: Kriebel, Karl: Vorbereitung der Verteidigung des Wehrkreises [VII], S. 14 / fol. 18.
[284] Vgl. Brückner, Kriegsende (1987), S. 184, dort auch Anm. 20.
[285] Vgl. Freundliche Mitteilung des StAR, Meldekartei.
[286] Vgl. Brückner, Kriegsende (1987), S. 28.
[287] Vgl. ebd., S. 81.
[288] Siehe hierzu im Detail in Kapitel V.2.1.

II. Konzeptualisierung räumlicher Grenzen und zeitlicher Zäsuren

Generalleutnant Heinrich Greiner hatte als Befehlshaber im Wehrkreis VII einen mobilen Führungsstab für den Fronteinsatz zu bilden. Mit diesem war er seit dem 23. April kurzzeitig bei Augsburg und dann vom 26. bis 29. April bei Pfarrkirchen im Einsatz.[289] Der Korpsstab Greiner hatte sich gerade in Pfarrkirchen eingerichtet, als in der Nacht zum 28. April der Befehl der Heeresgruppe G eintraf, General Greiner und sein Stab sollten sich aus der Donauverteidigung herauslösen und nach Kempfenhausen begeben, um dort eine neue Aufgabe zu übernehmen. Der Korpsabschnitt an der Donau und damit der Oberbefehl über die Truppen der Wehrkreis-Division Nr. 467 war an Generalleutnant Max Hermann Bork (1899–1973) zu übergeben, der bis zum 24. April im Schwäbischen das XIII. Armeekorps befehligt hatte.[290] Generalleutnant Bork übernahm am 29. April das Kommando über die nun als „Korpsgruppe Bork" bezeichneten Wehrkreistruppen an der Donau zwischen der Isarmündung und Passau.[291]

### 6.1.2.3. Exkurs: Das XIII. Armeekorps und die Regensburger 10. Division im Kriegseinsatz

Die Verbundenheit zwischen den Armeekorps aus den Vorkriegsjahren und ihren namensgebenden Heimatwehrkreisen ging bald verloren. Operativ-taktische Erwägungen führten früh dazu, dass diese Korps auch andere als ihre „eigenen", ursprünglichen Truppen umfassten. Im Gegenzug unterstanden Truppen der ersten und zweiten Aufstellungswelle des Wehrkreises XIII bald auch anderen Korps. Der weitere Kriegsverlauf ließ auch neue Korps als Führungskader entstehen mit Nummern weit oberhalb der Wehrkreisanzahl. So spielte beispielsweise im April 1945 für den Raum Regensburg das LXXXII. oder nur „82."[292] Armeekorps eine wichtige Rolle. Die Generalkommandos XIII und VII waren 1944 zerschlagen und aufgelöst worden; beide wurden 1944 bzw. im Januar 1945 neu aufgestellt. Die Reste des XIII. Korps ergaben sich Ende April 1945 (relativ „heimatnah") auf dem Lechfeld. Das VII. Korps kapitulierte in Schlesien.[293]

Nach der Mobilmachung im August 1939 war die Regensburger 10. Division in den Feldzügen gegen Polen (1939) und Frankreich (1940) eingesetzt.[294] Im Winter-

---

[289] Vgl. Brückner, Kriegsende (1987), S. 184, dort auch Anm. 20.
[290] Vgl. ebd., S. 215.
[291] Vgl. ebd.; Bettinger, Geschichte (2010), S. 702.
[292] Es war deutsch-preußische Heerestradition von den Kompanien aufwärts bis zu den Armeen auf jeder Ebene, zwischen arabischen und römischen Ziffern zu wechseln. Bis „XX" war dies problemlos möglich, höhere römische Ziffern waren oft nicht für jedermann sofort lesbar („LXXXVIII" od. „IL"). Zudem war bei Funksprüchen und Telegrammen eine Sprech- und Schreibweise z. B. „röm. 13" zwingend. Vgl. Tessin, Verbände (1979), S. 14.
[293] Vgl. Fuchs, Generalkommando (2006).
[294] Vgl. Halter, Stadt (1994), S. 235. – Zur „Kriegsgeschichte" der 10. Division vgl. die teils apologetischen Erinnerungen des langjährigen Divisionskommandeurs: Schmidt, Geschichte (1984).

halbjahr 1940/41 wurde sie in den Heimatstandorten zu einer motorisierten Infanterie-Division umgerüstet und war ab Juni 1941 am Angriff auf die Sowjetunion beteiligt. Für den gesamten weiteren Verlauf des Kriegs blieb die Division an der Ostfront eingesetzt.[295] Im Juni 1943 wurde sie in 10. Panzergrenadier-Division umbenannt und -gegliedert. Im August 1944 wurde die Division in Bessarabien nahezu vollständig aufgerieben. Neu aufgestellt, widerfuhr ihr das gleiche Schicksal noch einmal im Weichselbogen im Januar 1945. Als Kampfgruppe im Februar 1945 im Raum Görlitz teils neu formiert, endete ihr Weg in Böhmen im Mai 1945, als ihre Reste sich der Roten Armee ergaben. Die Führung der Division hatte zum 5. Oktober 1940 Generalleutnant Friedrich Wilhelm von Loeper übernommen. Ihm folgte zum 26. April 1942 Generalmajor August Schmidt, der zuvor seit Januar 1939 das Regensburger Infanterie-Regiment 20 geführt hatte und nun, mit einigen kurzen Unterbrechungen, den Divisionsverband bis Anfang Februar 1945 führte (seit 1943 als Generalleutnant). Letzter Kommandeur des Restverbandes war Generalmajor Karl-Richard Kossmann.[296]

Keine der vor Kriegsbeginn in Regensburg stationierten Einheiten hat als kompletter Truppenkörper den Heimatstandort nach 1941 wiedergesehen. Allerdings gab es durchaus einen regen Personalaustausch zwischen den im Wehrkreis verbliebenen Ausbildungs- und Ersatzeinheiten und den Fronttruppen. Nicht nur neue Rekruten wurden zur Feldtruppe kommandiert, von dort kamen auch regelmäßig Fronturlauber und aus Lazaretten entlassene Genesende in die Heimatgarnisonen. Zudem wurde es seit den mittleren Kriegsjahren üblich, dass die Kommandeure von Fronteinheiten ihre erfahrensten Unteroffiziere als Ausbilder in die Garnisonen zurückschickten. Es ging dabei nicht darum, sie vor weiterem Fronteinsatz zu bewahren. Vielmehr boten deren Erfahrungen einzig und alleine die Garantie, dass neue Rekruten eine einigermaßen kriegsreale Ausbildung erlangten und nicht unmittelbar nach Ankunft bereits als „Kanonenfutter" fielen. Diesen Unteroffizieren, vielfach altgediente Berufssoldaten, war zumeist längst klar, dass der Krieg nicht mehr zu gewinnen war. Die Frage ist, ob sich in diesen Kreisen auch in Regensburg seit dem Jahreswechsel 1944/1945 eine rasch zunehmende Distanz zum Regime bis hin zu offenem Widerstand entwickelte.

### 6.1.2.4. Die Luftgaue im Krieg

In den Luftgauen ähnelte die personelle Struktur seit der Mobilmachung jener, bereits oben dargestellten, in den Wehrkreisen. Der bereits erwähnte, seit 1. Juli 1938 amtierende Kommandierende General und Befehlshaber im Luftgau VII (München), General der Flakartillerie Emil Zenetti, behielt diese Position bis zum 1. September 1944. Ihm folgte zum 12. September 1944 Generalleutnant der Luftwaffe Wolfgang

---

[295] Zum Ostfronteinsatz der 10. Division vgl. Sigg, Unterführer (2014), S. 329–395 (= „Fallbeispiel 2").
[296] Vgl. Schmidt, Geschichte (1984).

## II. Konzeptualisierung räumlicher Grenzen und zeitlicher Zäsuren

Vorwald (1898–1977), der bis zur Auflösung des Luftgaukommandos VII am 29. April 1945 amtierte. Für Vorwald ist belegt, dass er gegen Kriegsende seine Stellung als Gerichtsherr des Münchner Luftwaffengerichts zum Vorteil wegen Fahnenflucht Angeklagter zu nutzen wusste.[297]

Auch im Luftgau XIII agierte der Kommandierende General und Befehlshaber, General der Flakartillerie, Dr. phil. Eugen Weissmann (seit dem 1. Februar 1939), über die Mobilmachung hinaus bis zum 23. Juni 1940. Zum 14. August 1940 übernahm General der Flakartillerie Fritz Heilingbrunner diesen Posten, den er bis 30. Januar 1941 innehatte. Der Luftgau XIII (Nürnberg) wurde zum 1. Januar 1941 mit dem Luftgau XII (Wiesbaden) zusammengelegt.[298] Zum Zeitpunkt der Übernahme kommandierte in Wiesbaden bereits seit 14. August 1940 Oberst Dr. Max Ziervogel, dem zum 1. November 1942 Oberst Herbert Giese folgte. Der vereinigte Luftgau XII/XIII wurde seinerseits jedoch zum 1. April 1944 aufgelöst und sein Gebiet dem Luftgau VII (München) übertragen, der sich nun zeitweise über den ganzen Süden des Reichsgebiets erstreckte. Nach der Räumung Frankreichs wurden im Westen die Luftgaue V (Stuttgart) und XIV (Eltville) neu geschaffen, wodurch sich der Luftgau VII entsprechend verkleinerte. Aufgrund der großen Bombenschäden in München war der Sitz des Luftgaukommandos VII bereits zum 1. November 1944 ins Kloster Scheyern (Landkreis Pfaffenhofen an der Ilm) verlegt worden. Unmittelbar vor der befohlenen Auflösung des Luftgaues zum 29. April 1945 wurde der noch vorhandene Reststab am 24. April 1945 nach Markt Schwaben verlegt.[299] Letzter Kommandierender General und Befehlshaber im Luftgau VII war seit 12. September 1944 der genannte Generalleutnant der Luftwaffe Wolfgang Vorwald. Nach der Auflösung des Luftgaues gingen die Restaufgaben über auf den Kommandeur des Flughafenbereichs Aibling.[300]

Auch für die Luftgaue galt 1945 das bereits hinsichtlich der Wehrkreise Gesagte: Geräte- und Munitionslager waren befehlsgemäß zu sprengen, bevor sie in Feindeshand fallen würden. Tatsächlich sind in Bayern einige große Luft-Munitionsanstalten gesprengt worden.[301] Wie in den Wehrkreisen standen auch die Verantwortlichen in den

---

[297] Vgl. Reichelt, Krieg (1995), S. 37.
[298] Zur Geschichte der Luftgaustruktur bis Kriegsbeginn auch im Folgenden vgl. Tessin, Verbände (1979), S. 350.
[299] Vgl. IfZ-A, ZS/387/1: Schreiben von Oberst a.D. Otto Petzolt, 1945 Chef des Stabes des Luftgaues VII, an Bayer. Innenministerium vom 12.3.46, Bl. 2.
[300] Vgl. ebd.
[301] Da die Lagerbunker der Munitionsanstalten so konstruiert waren, dass sie Explosionen im Inneren standhalten sollten, entstanden in benachbarten Ortschaften bei solchen Sprengungen teils große Schäden nicht nur durch Druckwellen in der Luft, sondern durch heftige Erschütterungen im Boden, die öfters als „erdbebenartig" beschrieben wurden, so beispielsweise im Fall der am 16. April 1945 gesprengten Luft-Hauptmuna 2/XIII Langlau, vgl. Hetzner, Land (2002), S. 143. Ähnliches berichtete auch der spätere bayerische Innenminister Bruno Merk über die Sprengung der Luft-Muna 1/VII Kleinkötz in seiner Heimat am 25. April, vgl. Merk, Geschichte (1997), S. 256.

Luftgauen 1945 dem Problem gegenüber, wie mit jenen Munitionsanstalten zu verfahren sei, in denen Kampfstoffe gelagert waren.[302]

### 6.1.2.5. Die Garnison im Krieg: Der Wehrmachtstandort Regensburg, der Stadtkommandant und die Truppen am Ort

Analog zur Stellung des „Stellvertretenden Generalkommandos" auf Wehrkreisebene änderten sich mit der Mobilmachung und dem Ausrücken der Einheiten des Feldheeres die Befehlsstrukturen in den Garnisonsstädten. Als disziplinarische Vorgesetzte aller am Ort befindlichen Truppen (aller Teilstreitkräfte) wurden sogenannte Wehrmacht-Kommandanturen eingerichtet, denen ein Ortskommandant, in größeren Orten ein Stadtkommandant vorstand. Diese Kommandanten waren die Ansprechpartner für Städte und Gemeinden sowie für Behörden und andere Institutionen in allen die Wehrmacht betreffenden Angelegenheiten. Die Standortgrenzen mussten dabei nicht mit den Gemeindegrenzen identisch sein. So umfasste der Standort Regensburg auch das Umland des Fliegerhorstes Regensburg-Obertraubling und des Standortübungsplatzes im Süden der Stadt. In diesen Bereichen konnten sich dienstfreie Mannschaften und Unteroffiziere frei bewegen. Im Frühjahr 1944 hatte der Standort folgende Begrenzungen: Mariaort, Kager, Lappersdorf, Wutzlhofen, Grünthal, Donaustauf (einschließlich Walhalla), Sarching, Rosenhof, Gengkofen, Siffkofen, Scheuer, Köfering, Wolkering, Seedorf, Pentling und Großprüfening.[303] Offiziere konnten sich in einem deutlich größeren Bereich bewegen, der mit den Grenzen des Wehrbezirkskommando Regensburg deckungsgleich war.[304]

Diese Struktur hatte auch zur Folge, dass Sterbe-/Todesfälle unter Soldaten, auch unter dort eingesetzten Kriegsgefangenen, stets beim zivilen Standesamt am Sitz des Stadtkommandanten, also bei der Stadtverwaltung Regensburg, dokumentiert wurden. Als es beispielsweise im Winter 1941/42 aufgrund sehr mangelhafter Versorgung bei den auf dem Fliegerhorst Obertraubling eingesetzten sowjetischen Kriegsgefangenen zu zahlreichen Todesfällen kam (in den Totenscheinen reihenweise als Todesursache genannt: „Allgemeine Schwäche"/„Hungerödem"), wurden diese nicht bei den Gemeindeverwaltungen, auf deren Gebiet der Fliegerhorst lag, dokumentiert, sondern bei der Stadt Regensburg.[305]

---

[302] Siehe hierzu Kapitel III. u. V.2.
[303] Vgl. BA-MA, RW 17/75: Wehrmacht-Kommandantur Regensburg, Grenzen des Standortbezirks Regensburg, Standortgrenzen (April 1944), mit Karte. – Des Weiteren war auch ein „erweiterter Standortbereich" definiert, der im August 1940 folgende Orte umfasste: Sulzbach/Donau, Wolfskofen, Mintraching, Köfering, Kelheim, Bergmatting, Eilsbrunn, Etterzhausen, Oppersdorf, Zeitlarn, Irlbach. Vgl. BA-MA, RH 34/90: Standort Regensburg, Kommandantur-Befehle 1940, Nr. 83 vom 7.8.1940, Bl. 2, Zif. 7.
[304] Vgl. BA-MA, RW 17/75: Wehrmacht-Kommandantur Regensburg, Grenzen des Standortbereichs Regensburg, zugleich Grenzen des Wehrbezirkskommandos Regensburg (April 1944).
[305] Vgl. StAR, Bestattungsamt/500: Auflistung der Todesfälle unter sowjetischen Kriegsgefangenen.

II. Konzeptualisierung räumlicher Grenzen und zeitlicher Zäsuren

Als Stadtkommandant amtierte 1940 Oberstleutnant Roschmann. Zuletzt hatte diesen Posten seit dem 1. Mai 1944 Generalmajor Otto Amann (1892–1958) inne.[306] Er stammte aus dem rund 10 km von Regensburg entfernten Gut Osten in der ehem. Gemeinde Mangolding.[307] Amann war Berufssoldat und diente seit 1913 ununterbrochen zunächst in der bayerischen Armee, dann in der Reichswehr und zuletzt in der Wehrmacht.[308] Als sein Adjutant wirkte ein ebenfalls schon älterer Reserveoffizier, Major d.R. Franz Kerschensteiner (1898–1968).[309] Die bereits in Kapitel II.6.1.2.1. erläuterte taktische Unterstellung der süddeutschen Wehrkreise noch im März 1945 unter den Oberbefehlshaber West, Generalfeldmarschall Albert Kesselring, bedeutete, dass die Wehrkreise die Funktion sogenannter „rückwärtiger Gebiete" des Feldheeres übernahmen. Entsprechend kamen auf die nachgeordneten Stadtkommandanturen nun zusätzliche Tätigkeiten zu, wie beispielsweise die Erkundung und bald auch die Vorbereitung von Verteidigungsstellungen. Zur Bewältigung dieser Aufgaben suchte Generalmajor Amann einen taktischen Führungsgehilfen, einen sogenannten „Ia". Hierfür meldete sich Major Othmar Matzke, bisher Ia der Heerespionierschule 3[310], die im Herbst 1944 aus Thorn nach Regensburg verlegt worden war.[311] Matzke war also bereits der „Ia" unter dem Stadtkommandanten Generalmajor Amann.[312] Als der Raum Regensburg im April 1945 in den Frontbereich geriet, ging die militärische Kommandogewalt am 18. April mit der Erklärung der Stadt zu einem „Ortsstützpunkt" auf einen aktiven Offizier über, der nun als „Kampfkommandant" firmierte.[313]

Mit der Mobilmachung im August 1939 waren alle in Regensburg beheimateten Truppenteile ausgerückt. Am Ort verblieben waren nur die jeweiligen Ersatz- und Ausbildungseinheiten. Diese Einheiten stellten nicht nur den Ersatz für ihre Stammeinheiten, sondern bald auch für neu aufgestellte Divisionen und andere Verbände, die über keine eigenen Ersatz- und Ausbildungseinheiten verfügten. Dorthin wurden nicht nur neue Rekruten einberufen, sondern auch Soldaten von der Front

---

[306] Vgl. BA-MA, RH 34/94: Standort Regensburg, Kommandantur-Befehle 1944, Nr. 27 vom 4.5.44, S. 1, Zif.1.
[307] Vgl. Sammlung Ehm: Gespräch mit Frau Annemarie Filzmann-Kerschensteiner vom 27.12.2017.
[308] Vgl. DD-WAST: Auskunft zur Person Otto Amann vom 04.09.2015. – Überraschenderweise ist ebd. in seinem militärischen Werdegang seine letzte Verwendung als Stadtkommandant in Regensburg nicht angeführt, lediglich, dass er am 28.4.1945 in Regensburg in US-Gefangenschaft geriet.
[309] Vgl. SBR, NL Kerschensteiner: Kriegstagebuch 1945.
[310] Vgl. StAR, Gespräch 27. Feb. 1985 mit Herrn O. Matzke , Bl. 9; lt. ebd., Bl. 24, war er zuvor der „Ia" der Pionierschule gewesen, lt. ebd., Bl. 8f, hingegen wäre er zuvor Stellv. Kommandeur der Pionierschule gewesen.
[311] Vgl. Brückner, Kriegsende (1987), S. 149, Anm. 35.
[312] Matzke täuschte sich dahingehend in seinen späteren Erinnerungen, dass er in Regensburg der „Ia" unter drei (!) „Kampfkommandanten" gewesen sei (Amann, Babinger und Hüsson), da Amann bis 18. April nur als Stadtkommandant firmierte. Vgl. StAR, Gespräch 27. Feb. 1985 mit Herrn O. Matzke , Bl. 9 u. 19.
[313] Zur konkreten Entwicklung der Situation in Regensburg s. Kapitel V.1.

## 6. Regensburgs Stellung in militärischen ... Strukturen

u. a. als Ausbilder zurückversetzt. Auch genesene Verwundete erwarteten dort ihren weiteren Einsatz oder verblieben als nur noch „a.v." („arbeitsverwendungsfähig") vor Ort. Im März 1945 waren auch aus der Garnison Regensburg im Rahmen der bereits genannten „Aktion Leuthen" feldverwendungsfähige Teile der Ersatz- und Ausbildungseinheiten dem Feldheer zugeführt worden und bei den Kämpfen in Unterfranken weitgehend verloren gegangen. Mitte April 1945 befanden sich in Regensburg noch folgende Einheiten: Das Panzergrenadier-Ersatz- und Ausbildungs-Bataillon 20, das Pionier-Ersatz- und Ausbildungs-Bataillon 46, die Veterinär[314]-Ersatz- und Ausbildungs-Abteilung 13 und die (aus Deggendorf verlegte) Kraftfahr-Ersatz- und Ausbildungs-Abteilung 13.[315] In den letzten Apriltagen 1945 bestanden diese Einheiten fast nur noch aus nicht mehr feldverwendungsfähigen Soldaten sowie aus eben erst einberufenen Rekruten, die ihre militärische Grundausbildung beim RAD erhalten hatten. Noch bis zum 24. April wurden neue Rekruten auch zu diesen Regensburger Einheiten einberufen.[316] Ähnlich strukturierte Einheiten aus nordbayerischen Garnisonen waren nicht dem Feldheer zugeführt, sondern weiter zurückgezogen worden. So wurden am 20. April etwa 120 verbliebene Soldaten des Coburger Panzergrenadier-Ersatz- und Ausbildungs-Bataillons 12 (meistens „a.v." gestellt) dem Regensburger Ersatz- und Ausbildungs-Bataillon 20 unterstellt.[317] Diese Einheit hatte auf ihrem Weg von Coburg über Bayreuth und Weiden nach Regensburg mehrere Luftangriffe erlebt und am 17. April durch den schweren Luftangriff auf Schwandorf 18 Mann verloren, weitere 25 Soldaten der Einheit gelten seither als vermisst.[318] Einquartiert wurde der Rest südlich der Stadt Regensburg in Neudorf nahe Pentling.[319]

---

[314] Angesichts der großen Zahl von der Wehrmacht genutzter Pferde gab es zahlreiche für die Pflege verantwortliche Einheiten, die zu den Versorgungstruppen auch jeder Division zählten. Vgl. Tessin, Verbände (1979), S. 96 u. speziell S. 276; ders., Verbände (1974), S. 276. – Die Angehörigen solcher Einheiten führten auch eigene Dienstränge, wie „Reiter" oder „Beschlagschmiedreiter"; „Hufbeschlagmeister" (Unteroffizier) oder „Oberstabsveterinär" (Major).

[315] Vgl. BA-MA, RW 15/298: Organisation des Ersatzes für die Front, Umdruckschreiben des Stellv. Gen. Kdos. XIII AK vom 16.04.1945, pos. 3; auch Brückner, Kriegsende (1987), S. 148f.

[316] Zu diesem Datum stelltte das Wehrbezirkskommando Passau fest, dass Regensburg hierfür nicht mehr in Frage käme und deshalb alle Wehrpflichtigen nun nach Straubing zu beordern wären. Vgl. BA-MA, RW 15/298: Brief Wehrbezirkskommando Passau an nachgeordnete Wehrmeldeämter vom 24.04.1945.

[317] Vgl. NARA, 407/427/9666: 71st Infantry Division, G–2 Periodic Report No. 46, Pfatter, 28 April 1945, S. 3f.

[318] Vgl. Klitta, Finale (1970), S. 77.

[319] Vgl. NARA, 407/427/9666: 71st Infantry Division, G–2 Periodic Report No. 46, Pfatter, 28 April 1945, S. 3f. – Dies könnten jene Wehrmachtsoldaten gewesen sein, die das brit. Kriegsgefangenenkommando E 707 aus seinen bisherigen Quartieren verdrängt und am 20. April zum Umzug mutmaßlich nach Wolkering gezwungen hatten. Vgl. Kestell-Cornish, Diary (2006), S. 67; s. auch Kap. III.4.4.

II. Konzeptualisierung räumlicher Grenzen und zeitlicher Zäsuren

Kommandeur des Regensburger Panzergrenadiers-Ersatz- und Ausbildungs-Bataillon 20 war im April 1945 Major Freiherr von Ledebur.[320] Die Veterinär-Ersatz- und Ausbildungs-Abteilung 13 wurde kommandiert von Oberstabsveterinär[321] Dr. (vet.) Roehler.[322] Des Weiteren befand sich seit Herbst 1944 in Regensburg die bereits erwähnte Heerespionierschule 3. Kommandeur dieser Schule war noch Anfang 1945 Oberstleutnant Franz Zejdlik, der jedoch abgelöst wurde. Im April 1945 war dies Oberstleutnant Mackl.[323] Nach Angaben von in Kriegsgefangenschaft geratenen Angehörigen habe die zuvor etwa 1.000 Mann zählende Schule Ende April noch 200 bis 500 Mann umfasst.[324]

### *6.1.2.6. Neue Strukturen: Unterkünfte, Lazarette, Rüstungskommando, Bautruppen*

Bereits unmittelbar mit Kriegsbeginn beanspruchte die Wehrmacht vielerorts zivile Gebäude zur Unterbringung kriegsbedingt entstehender militärischer Strukturen. So waren in Regensburg rasch alle größeren Hotels und weitere Beherbergungsbetriebe von der Wehrmacht beschlagnahmt, u. a. zur zeitweisen Einquartierung von auf dem Marsch befindlichen Soldaten. Da der Personenverkehr der Bahn bald stark ausgedünnt wurde, waren Übernachtungen auf den Reisen von und zur Front häufig die Regel. Zugewiesen wurden solche Quartiere von den Wehrmacht-Bahnhofswachen, welche die Papiere aller ankommenden und abreisenden Soldaten streng kontrollierten.

Büroraum beanspruchte außerdem eine neue Wehrmacht-Behörde, das Rüstungskommando Regensburg. Obwohl von der Wehrmacht gestellt, waren diese Kommandos eigentlich dem zivilen Reichsministerium für Bewaffnung und Munition nachgeordnete Dienststellen, in der Fläche eingerichtet zur Koordinierung und Überwachung der Rüstungsfertigung vor Ort. Sie entschieden über Verlagerungen und Beschlagnahmungen von für diese Produktion benötigten Räumlichkeiten. Das Rüstungskommando Regensburg war bis zum 20. März 1945 in der Von-Stauss-Straße 33 (heutige

---

[320] Vgl. StAR, Materialien Hilmer: Pitz, Johann: Bericht über den Einsatz der Kampfgruppe Regensburg (Ledebur) vom Juni 1945, S. 1; NARA, 407/427/9553: Funkspruch-Notiz (Message) des 259th Regiment an 65th Infantry, 24.4., p. 1.
[321] Entspricht im Rang einem Major.
[322] Vgl. NARA, 407/427/9550: 65th Infantry Division, G–2 Periodic Report No. 47, 25 April 1945, Annex 2: IPW-Report 25 April, Bl. 2.
[323] Vgl. Brückner, Kriegsende (1987), S. 149, dort Anm. 35; NARA, 338/XX/7945: Headquarter XX Corps, G–2 Periodic Report No. 265, 1 May 1945, S. 5f: Detailed Interrogations, speziell S. 6: Pionierschule 3, wo neben Mackl als „CO", auch Maj. Matzke als „Executive O" und ein Oberleutnant Mueller als „Political O" genannt wurden. – Dieser Kommandeurswechsel wurde von Eiser und Schießl bezweifelt. Vgl. Eiser, Kriegsende (2012), S. 42f u. speziell S. 82.
[324] Vgl. NARA, 338/XX/7945: Headquarter XX Corps, G–2 Periodic Report No. 265, 1 May 1945, S. 5f: Detailed Interrogations, speziell S. 6: dort waren 200 Mann erwähnt. – 500 Mann nannte hingegen der IPW-Report der 65th Infantry vom 26. April. Vgl. NARA, 407/427/9550: 65th Infantry Division, G–2 Periodic Report No. 48, 26 April 1945, Annex 1: IPW-Report 26 April, Bl. 2.

## 6. Regensburgs Stellung in militärischen ... Strukturen

Adolf-Schmetzer-Straße) untergebracht, anschließend im Schulhaus Sallern in der Amberger Straße 70.[325]

Nach den beiden für die Produktion der Messerschmitt-Werke in Regensburg und Obertraubling sehr gravierenden Luftangriffen am 22. bzw. 25. Februar 1944 sollte umgehend die bereits 1943 begonnene Dezentralisierung der Fertigung ausgeweitet werden. Für Wiederaufbau- und Verlagerungsarbeiten wurde das „Arbeitsbataillon (L) 6", wobei „L" für „Luftschutz" stand, aus dem Ruhrgebiet nach Regensburg befohlen.[326] Solche seit 1942 bestehenden Arbeitseinheiten zählten zu den Bautruppen der Wehrmacht. Sie setzten sich zusammen aus von den deutschen Arbeitsverwaltungen rekrutierten Zivilisten in Tschechien und Polen, bzw. aus ehemaligen Kriegsgefangenen aus den Niederlanden, aus Belgien, Frankreich und bald auch aus Italien.[327] „Arb. Batl. (L) 6" umfasste viele Niederländer.[328] Diese sollten in Regensburg in einer Schule einquartiert werden, womit sie jedoch nicht einverstanden waren.[329] Die aus Offizieren und Wehrbeamten bestehende Bataillonsführung war im März 1945 in Privatquartieren in Regensburg-Reinhausen bzw. in Donaustauf untergebracht.[330] Zu dieser Zeit waren einige Kompanien dieses Arbeitsbataillons sogar in Norddeutschland eingesetzt.[331] Andere befanden sich bei Bodenwöhr bzw. in Murnau am Staffelsee und in Eschenlohe bei Garmisch-Partenkirchen.[332] Dort bestanden seit Herbst 1944 jeweils wichtige Teilfertigungen der Regensburger Messerschmittwerke.[333]

Hingegen gaben Wehrmachtstellen in Regensburg auch Räume frei. So befand sich 1945 die für die Rekrutierungen in ganz Ostbayern zuständige und den Wehrbezirkskommandos Passau, Straubing, Regensburg, Amberg und Weiden vorgesetzte Wehrersatzinspektion Regensburg in Schloss Schönach (heute Gemeinde Mötzing).[334] Die

---

[325] Vgl. BA-MA, RH 34/95: Standort Regensburg, Kommandantur-Befehle 1945, Nr. 14 vom 20.3.45.
[326] Vgl. Schmoll, Messerschmitt-Werke (2004), S. 144.
[327] Vgl. Tessin, Verbände (1979), S. 237.
[328] Vgl. BA-MA, RW 17/75: Wehrmachtkommandantur Regensburg, Schreiben des Arb. Batl. (L) 6 vom 09.03.1945; Tessin, Verbände (1974), S. 28. – Anders als bei Kriegsgefangenen oder Zwangsarbeitern wurde der Dienst in solchen Arbeitseinheiten später in den Heimatländern, speziell in den Niederlanden, oft bereits als Kollaboration gesehen.
[329] Vgl. Schmoll, Messerschmitt-Werke (2004), S. 144. – Dies soll umgehend zu einem Kriegsgerichtsverfahren gegen einen Hauptmann des Bataillons geführt haben. Vgl. ebd. – Leider ist nicht überliefert, um welche Schule es sich gehandelt hat und auch nicht, wo das Bataillon schließlich in Regensburg einquartiert war.
[330] Vgl. BA-MA, RW 17/75: Wehrmachtkommandantur Regensburg, Schreiben des Arb. Batl. (L) 6 vom 09.03.1945.
[331] Vgl. BA-MA, RH 49/106–108: Korrespondenzen des Bataillons.
[332] Vgl. BA-MA, RW 17/75: Wehrmachtkommandantur Regensburg, Schreiben des Arb. Batl. (L) 6 vom 09.03.1945.
[333] Zu Bodenwöhr vgl. Schmoll, Messerschmitt-Werke (2004), S. 156, zum sog. „Olympiatunnel" bei Eschenlohe vgl. ebd., S. 147 u. 150.
[334] Vgl. BA-MA, RW 15/298: Schreiben des Wehrbezirkskommandos Passau an Wehrersatz-Inspektion Regensburg vom 25.04.1945.

II. Konzeptualisierung räumlicher Grenzen und zeitlicher Zäsuren

bereits in Friedenszeiten entstandenen militärischen Strukturen benötigten im Kriegsverlauf zusätzliche Räumlichkeiten. Ein zentraler Befehlsstand für die während der Kriegsjahre in und um Regensburg entstandenen Stellungen der Flugabwehr (Flak) wurde beispielsweise im alten Mädchen-Schulhaus in Steinweg eingerichtet.[335]

Viele Räumlichkeiten erforderten die in Regensburg entstandenen Lazarette. So musste bereits zum 26. August 1939 das Männerhaus des Krankenhauses der Barmherzigen Brüder an die Wehrmacht übergeben werden.[336] Im Mai 1944 erhielt dieses Lazarett eine 120-Betten Außenstelle im Schloss Prüfening.[337] Bereits seit 1934 wieder als Militärlazarett genutzt wurde das ehemalige Kgl.-bayer. Garnisonslazarett an der Greflingerstraße, nachdem es zuvor zeitweise der SA und dann dem Reichsarbeitsdienst als Unterkunft gedient hatte.[338] Auch die Lungenheilstätte Donaustauf bekam sehr früh Lazarettcharakter.[339] Die Altbauten des heutigen Bezirksklinikums wurden ebenfalls teilweise Lazarett, speziell für Kriegsgefangene. Etliche Behelfslazarette entstanden in Schulgebäuden, deren Unterrichtsbetrieb mitunter komplett in anderen Schulen durchgeführt werden musste. Solche Lazarette waren 1945 die „Horst-Wessel-Schule" (heutige St. Wolfgangschule), die „Hans-Schemm-Schule" (heutige Konradschule), Teile der Oberrealschule für Knaben (heutiges Goethe-Gymnasium) bzw. jene für Mädchen (heutige St. Marien-Schulen). Im März 1945 befanden sich in Regensburg sechs Reserve-Hauptlazarette mit insgesamt 17 Außenstellen.[340] Zuletzt wurden Mitte April 1945 das zweite Stockwerk im Ostflügel des fürstlichen Schlosses und einige Prunkräume im Südflügel in ein Lazarett umgewandelt.[341] Noch am 20. April wurden im Kloster Pielenhofen Räume für eine weitere Außenstelle des Hauptlazaretts III (Barmherzige Brüder) beschlagnahmt und sofort mit Verwundeten belegt.[342] Mithin beherbergte die Stadt Regensburg (und ihre Umgebung) im April 1945 vergleichsweise viele Lazarette. Die in der Bevölkerung daher entstandene Hoffnung, dass die Stadt deshalb von Kampfhandlungen und Zerstörungen verschont bleiben würde, kam nicht von ungefähr, gab es doch in der näheren Umgebung Bemühungen auch in Kleinstädten mit weniger Lazaretten, wie etwa Abensberg, zu vom Kriegsvölkerrecht geschützten Lazarettorten erklärt zu werden.[343]

---

[335] Vgl. Halter, Stadt (1994), S. 533.
[336] Vgl. Oberneder, Chronik (1970), S. 667.
[337] Vgl. Oberneder, Chronik (1970), S. 671; FTTZA, Hofmarschallamt/3679.
[338] Vgl, Halter, Stadt (1994), S. 161; Schmidt, Stadt (1993), S. 111;
[339] Vgl. Dietz, Landesversicherungsanstalt (1983), S. 661; vgl. auch: Bassermann, Heilstätte (1986), S. 272; auch: Kumpfmüller, Krankenhaus (1994), S. 177.
[340] Vgl. NARA, 407/427/9573: Abschrift einer übersetzten Aufstellung der Lazarette in Regensburg nebst Auflistung des Sanitätspersonals der Wehrmacht am Ort, verfasst vom Chef der Garnisonssanitätstruppe, Oberfeldarzt Dr. Dr. Boeckh, o.D. [1945], 3 Bl.
[341] Vgl. FTTZA, Hofmarschallamt/3674; Weilner, Gericht (1965), S. 12, benennt als Tag der Umwandlung den 14. April 1945.
[342] Vgl. Keßel, Kloster (1987), S. 178.
[343] Hierzu vgl. Angrüner, Kriegsende (1994), S. 38–45. – S. hierzu auch im Kap. IV.5.2.2.4. u. V.1.

6. Regensburgs Stellung in militärischen ... Strukturen

Wie überall im Reichsgebiet entstanden nach Kriegsbeginn auch im Umland von Regensburg sogenannte „Beutemunitionsdepots". Man errichtete sie ganz bewusst räumlich getrennt von den Wehrmacht-Munas, da die Unfallgefahr mit solcher Fremdmunition wegen mangelnder Unterlagen und teils noch unzureichenden Erfahrungen der Wehrmacht-Feuerwerker ungleich größer war. Im Umland von Regensburg entstand ein verzweigtes Lager im Schwaighauser bzw. Spitaler Forst zwischen Hainsacker und Eitlbrunn. Dort kam es im Herbst 1941 zu einem schweren Explosionsunfall, bei dem mehrere dort eingesetzte sowjetische Kriegsgefangene getötet wurden.[344] Ein weiteres derartiges Munitionslager befand sich südlich von Regensburg bei Großberg.[345]

Viele Räume und Unterkünfte benötigten speziell in den ersten Monaten des Jahres 1945 die zur Aufrechterhaltung der Verkehrs- und Nachrichtenstrukturen eingesetzten Kräfte. Reichsbahn und Fernmeldedienst der Reichspost waren bereits im Herbst 1944 nicht mehr in der Lage, mit eigenen Kräften die durch ständige Luftangriffe entstandenen Schäden auch nur behelfsmäßig zu beheben. Das Oberkommando der Wehrmacht ordnete daher an, verfügbare Truppenteile entsprechend einzusetzen und schuf zudem eine Führungsstruktur zur Koordinierung aller Kräfte. Die Verantwortung hierfür wurde den sogenannten Technischen Truppen des Heeres unter Generalmajor Erich Hampe übertragen.[346] Zugleich wurden seitens der Reichsbahn in großem Umfang zusätzliche Arbeitskräfte angefordert. Die ihr zur Verfügung gestellten Arbeitseinheiten setzten sich aus Kriegsgefangenen und aus KZ-Häftlingen zusammen. Über diese Gruppen wird an späterer Stelle ausführlicher berichtet werden.[347]

## 6.2. Paramilitärische Strukturen

### 6.2.1. Der Reichsarbeitsdienst

Die Einrichtung eines „Arbeitsdienstes" auf freiwilliger Basis oder als Dienstpflicht war keine Erfindung des Nationalsozialismus. Derlei war in den Jahren zwischen den Weltkriegen in vielen Staaten praktiziert worden.[348] Die Nationalsozialisten formten daraus im Rahmen der allgemeinen Militarisierung der Gesellschaft seit 1933 jedoch eine paramilitärische Einrichtung.[349] Der 1935 als Pflichtdienst geschaffene RAD

---

[344] Vgl. Ehm, Landkreis (1991); LraR, Kreisarchivpflege: Dechant, Kriegsende (2006), S. 41.
[345] Nach Kriegsende wurden, nebst ehem. Munas, auch solche Beutemunitionsdepots oft zu sogenannten Entschärfungsstellen (E.-Stellen) auch für deutsche Munition, so auch Hainsacker und Großberg, vgl. Lambrecht, Berufung (2007), S. 503; LraR, Kreisarchivpflege: Dechant, Kriegsende (2006), S. 41; siehe hierzu im Detail auch in Kapitel V.2.4.
[346] Vgl. Hampe, Armee (1979), S. 88f. u. 175f.; ders., Erinnerungen (1979), S. 117f.
[347] Konkretes s. hierzu im folgenden Kapitel III. .
[348] Vgl. Patel, Soldaten (2003).
[349] Zu erwähnen ist hier auch, dass der Begründer des Reichsarbeitsdiensts, „Reichsarbeitsführer" Konstantin Hierl (1875–1955) aus dem oberpfälzischen Parsberg stammte. Der ehemalige Berufs-

wurde mit Beginn des Zweiten Weltkriegs zunehmend zu einer Hilfstruppe der Wehrmacht, die in deren Gefolge auch außerhalb der Reichsgrenzen eingesetzt wurde.[350] Seit August 1943 bemannte der Arbeitsdienst auch sogenannte Heimatflakbatterien. 1944 waren es reichsweit fast 400 Batterien.[351]

Organisatorisch bestand der RAD im Altreich und den bis 1939/1940 eingegliederten Gebieten aus 38 sogenannten Arbeitsgauen. Diese waren regional meist mit den NS-Parteigauen im Wesentlichen deckungsgleich. Im rechtsrheinischen Bayern, das in fünf Parteigaue eingeteilt war, gab es jedoch nur drei Arbeitsgaue: Den Arbeitsgau XXVIII „Franken" (Würzburg), der das Gebiet der Gaue Franken und Mainfranken einschloss sowie den nördlichen Teil des Gaus Bayerische Ostmark/Bayreuth, den Arbeitsgau XXIX „Bayern-Ostmark" (Regensburg), der den größten Teil des Gaus Bayerische Ostmark/Bayreuth umfasste sowie Teile des Gaus München-Oberbayern, und den Arbeitsgau XXX „Bayern-Hochland" (München), zu dem der südliche Teil des Gaues München-Oberbayern und der Gau Schwaben gehörten.[352]

Der Arbeitsdienst für die weibliche Jugend war in „Bezirke" gegliedert. Hiervon gab es im rechtsrheinischen Bayern nur zwei: Den Bezirk XIII „Alt-Bayern" (München), der die Gebiete der Gaue München-Oberbayern, Schwaben und den südlichen Teil der Bayerischen Ostmark/Bayreuth umfasste, und den Bezirk XIX „Franken" (Würzburg), zu dem die Gebiete der Gaue Franken und Mainfranken sowie der nördliche Teil des Gaus Bayerische Ostmark/Bayreuth zählten.[353]

Ein erstes Lager des Reichsarbeitsdienstes in Regensburg befand sich bereits 1933 beim Herzogspark.[354] Für einige Monate wurde es 1934 ins ehemalige kgl.-bayer. Garnisonslazarett an der Greflingerstraße verlegt, wo zuvor die SA-Hilfspolizei untergebracht war.[355] Noch im gleichen Jahr entstand ein Barackenlager im Osten der Stadt an der Straubinger Straße, nahe der „Gewehrfabrik".[356] Mit Baubeginn der „Siedlung Schottenheim" (heutige Konradsiedlung) im Herbst 1933 war der RAD dort zum Wegebau eingesetzt.[357] Als 1936 als weitere Aufgaben die Regulierung des Wenzenbachs und die Entwässerung von Zeitlarn hinzukamen, entschied die Arbeitsgauleitung den Bau eines neuen Barackenlagers der Abteilung 4/292 am Nordrand des Regensburger Stadtgebiets auf dem hinteren Brandlberg.[358] Das Lager war be-

---

offizier war bereits von 1931 bis 1935 Leiter des Freiwilligen Arbeitsdienstes der NSDAP gewesen. 1933 war er zunächst Staatssekretär im Reichsarbeitsministerium, 1934 Reichskommissar für den Freiwilligen Arbeitsdienst geworden. Mit der Einführung der Arbeitsdienstpflicht am 26. Juni 1935 übernahm er die Leitung des Reichsarbeitsdienstes (RAD). Vgl. Meyer, Hierl (1972), S. 110.

[350] Vgl. Patel, Soldaten (2003), S. 371–376.
[351] Vgl. ebd., S. 374.
[352] Vgl. Boberach, Verwaltungsgliederung (2012), S. 149f.
[353] Vgl. ebd., S. 150f.
[354] Vgl, Halter, Stadt (1994), S. 160f.
[355] Vgl, Halter, Stadt (1994), S. 160f; Schmidt, Stadt (1993), S. 111.
[356] Vgl, Halter, Stadt (1994), S. 161.
[357] Vgl. ebd., S. 160f; Abbildungen in: Siedlervereinigung, Konradsiedlung (1993), S. 20, 61 u. 73.
[358] Vgl. Halter, Stadt (1994), S. 162.

zeichnet als „Wutzlhofen", benannt nach dem 1924 nach Regensburg eingemeindeten Dorf und der gleichnamigen nahen Bahnstation. Es war über die kleine Siedlung Brandlberg zu erreichen, aber auch über einen zweiten Weg, der vom Lager aus direkt den Berg hinab zur „Siedlung Schottenheim" führte.[359]

Aus Erinnerungen von zum 2. September 1944 nach Regensburg Einberufenen ist zu erfahren, dass auch in diesem Lager „der Spaten durch die Panzerfaust abgelöst" wurde.[360] Im Herbst 1944 wurde dem RAD die militärische Grundausbildung künftiger Rekruten offiziell übertragen.[361] Noch 1944 waren die Lager des Arbeitsgaues XXXII (Saar-Pfalz) in den Raum Regensburg zurückgeführt worden.[362] Aufgrund des Vormarsches der US-Truppen in Mainfranken wurde im März/April 1945 eine RAD-Abteilung aus der Rhön zusätzlich ins Lager Wutzlhofen verlegt.[363] Kurz darauf wurden viele der Arbeitsmänner aus diesem Lager in den Raum Berlin kommandiert.[364] Auf den dortigen Truppenübungsplätzen Jüterbog und Döberitz wurden seit dem 31. März zwei sogenannte „RAD-Divisionen" (die Infanteriedivisionen „Friedrich Ludwig Jahn" und „Theodor Körner") aufgestellt, für die der RAD nicht nur (wie bei anderen Neuaufstellungen) neue Rekruten stellte, sondern aus eigenem Personal auch die Masse der Ausbilder, Unteroffiziere und einzelne Offiziere. Diese beiden RAD-Divisionen wurden nach dem 10. April Teil der neu aufgestellten 12. Armee unter dem General der Panzertruppe Walther Wenck.[365] Der Arbeitsgau XXIX Bayern-Ostmark hatte der Wehrmacht für diese beiden Divisionen 600 (von insgesamt 3.500) Rekruten des Jahrgangs 1928 zu stellen,[366] sowie 390 (von 2.500) Hilfsausbilder.[367]

Noch Mitte April 1945 wies Reichsarbeitsführer Hierl, der sich selbst schon in Sillian/Tirol aufhielt, den Führer des Arbeitsgaues XXX München, Generalarbeitsführer Laasch, an, mit eigenen und anderen RAD-Einheiten aus den Arbeitsgauen XXXI Karlsruhe und XXVIII Würzburg (also auch aus dem nördlichen Teil des Parteigaus Bayreuth) ohne jegliche Wehrmachtunterstützung für den Kampfeinsatz je eine RAD-Brigade zu je zwei Regimentern zu bilden. Jedoch wurden nur sechs oberbayerische RAD-Gruppen solchermaßen mobilisiert und auch eingesetzt.[368]

---

[359] Zwischenzeitlich hat sich die Natur das ehemalige Lagergelände wieder zurückerobert. Von den nach 1945 abgetragenen Baracken sind heute mitten im Gehölz noch einzelne Fundamentreste, Wegebegrenzungssteine und Treppenstufen zu finden. Das ehemalige Lagergelände liegt heute in einem Naturschutzgebiet.
[360] Schätzlein, Reichsarbeitsdienst (2013), S. 421: Bericht von Alfred Mültner aus Mellrichstadt.
[361] Vgl. Patel, Soldaten (2003), S. 380.
[362] Vgl. Pechmann, RAD-Infanterie-Division (1993), S. 10; Schulze, Tage (2011), S. 26.
[363] Vgl. Schätzlein, Reichsarbeitsdienst (2013), S. 421: Bericht von Alfred Mültner aus Mellrichstadt.
[364] Vgl. ebd.
[365] Vgl. Gellermann, Armee (2007), S. 33–39. – Für die insgesamt drei „RAD-Divisionen" stellte der Arbeitsdienst in Summe etwa 15–16.000 Mann, wobei die Wehrmacht das gesamte Führungspersonal stellte. Vgl. Patel, Soldaten (2003), S. 375.
[366] Vgl. Pechmann, RAD-Infanterie-Division (1993), S. 106.
[367] Vgl. ebd., S. 105; Schulze, Tage (2011), S. 26;
[368] Vgl. Brückner, Kriegsende (1987). S. 35f.

Die in Regensburg noch verbliebenen RAD-Männer wurden im April in eine Radfahrerabteilung der Wehrmacht umgewandelt, wobei sie ihre Arbeitsdienstuniformen behielten, jedoch die RAD-üblichen Hakenkreuzarmbinden abnehmen mussten. Diese Abteilung radelte nach Süden und ergab sich am 9. Mai 1945 bei Bad Aibling den Amerikanern.[369]

Auch in Regensburg waren 1944/45 einige der am Ort vorhandenen Batterien schwerer Flakgeschütze zeitweise vom Reichsarbeitsdienst bemannt.[370] Die eingesetzten Männer waren direkt bei ihren Stellungen in Behelfsquartieren untergebracht.[371] In der Flak-Batterie Tegernheim wurden RAD-Männer aus dem Lager am Brandlberg für den Einsatz bei der Flak ausgebildet.[372]

### 6.2.2. Der Reichsverteidigungskommissar

Das Amt eines Reichsverteidigungskommissars (RVK) wurde mit Kriegsbeginn auf Weisung von Hitler per Verordnung zum 1. September 1939 geschaffen.[373] Ausschließlich NS-Gauleiter wurden mit einem solchen Amt betraut. Den Kommissaren wurde die gesamte zivile Reichsverteidigung übertragen. Jeder RVK war für einen Wehrkreis zuständig. In enger Abstimmung mit den Wehrkreisbefehlshabern sollte der Reichsverteidigungskommissar eine einheitliche Leitung aller zivilen Verwaltungszweige gewährleisten. So besaßen die Kommissare die Kompetenz, allen Zivilbehörden in ihrem Wehrkreis Weisungen in Sachen der Reichsverteidigung zu erteilen. Sie trugen die Verantwortung für den zivilen Luftschutz oder waren für die Evakuierung gefährdeter Gebiete zuständig. Die Reichsverteidigungskommissare unterstanden der Dienstaufsicht des Reichsministers des Innern und waren gleichzeitig Organe des Ministerrats für die Reichsverteidigung. Weisungsbefugt waren der Generalbevollmächtigte für die Reichsverwaltung und die Wirtschaft sowie die Obersten Reichsbehörden.

Da die Wehrkreise sich des Öfteren mit verschiedenen Gauen, Ländern und Provinzen überschnitten, kam es bald zu Kompetenzkonflikten, insbesondere mit jenen Gauleitern, die selbst nicht zu Reichsverteidigungskommissaren ernannt worden waren. Um diese im Lauf des Kriegs immer intensiver werdenden Konflikte zu entschärfen, wurden in der „Verordnung über die Reichsverteidigungskommissare und die Vereinheitlichung der Wirtschaftsverwaltung" vom 16. November 1942 alle Parteigaue zu Reichsverteidigungsbezirken bestimmt. Jeder Gauleiter war nun automa-

---

[369] Vgl. Schätzlein, Reichsarbeitsdienst (2013), S. 421: Bericht von Alfred Mültner aus Mellrichstadt.
[370] So die Batterien bei Graß, Königswiesen und in Reinhausen, vgl. Schmoll, Sperrfeuer (2017), S. 43, 48 u. 72.
[371] Vgl. ebd., S. 43 u. 48.
[372] Vgl. Hechenrieder, Flak (2007), S. 100 u. Abb. S. 102.
[373] Vgl. Verordnung (1939).

tisch Reichsverteidigungskommissar; statt bisher 18 gab es nun 43 Reichsverteidigungsbezirke. Speziell in Bayern hatte es zuvor den reichsweit einmaligen Fall gegeben, dass der bayerische Innenminister, Kultusminister und stellvertretende Ministerpräsident sowie NS-Gauleiter von Oberbayern, Adolf Wagner, als Reichsverteidigungskommissar sowohl für den Wehrkreis VII (München) als auch für den WK XIII (Nürnberg) ernannt worden war. Wagner konnte nach einem Schlaganfall 1942 diese Ämter nicht mehr ausüben und wurde bis zu seinem Tod am 12. April 1944 durch Paul Giesler vertreten, der ihm auch als neuer oberbayerischer Gauleiter und RVK im WK VII nachfolgte. Neuer RVK im Wehrkreis XIII wurde (wohl erst durch die genannte Verordnung vom November 1942) der Gauleiter des NS-Gaues Bayreuth, Fritz Wächtler.

Gerade in der Endphase des Kriegs trug das Amt des Reichsverteidigungskommissars erheblich zur Machtausweitung der Gauleiter und der NSDAP gegenüber den staatlichen Stellen bei. Eine Abgrenzung der Befugnisse des RVK gegenüber dem jeweiligen Wehrkreiskommandeur bzw. den nachgeordneten Stadtkommandanten war schwierig und konfliktträchtig, da zivile und militärische Verteidigungsvorbereitungen oft miteinander verzahnt waren. Gegenüber dem Feldheer, auch gegenüber den hierzu zählenden mobilgemachten Wehrkreisstrukturen bzw. gegenüber den örtlichen Kampfkommandanten hatte ein RVK jedoch keinerlei Weisungs- oder Befehlsbefugnisse.

Als das Reichsgebiet zum Kriegsgebiet wurde, zeigte sich, dass die Vergrößerung der Zahl der RVKs unzweckmäßig war. Damit die Befehlshaber der Heeresgruppen jeweils nur einen solchen Ansprechpartner hatten, wurde noch 1944 durch Führererlass die Funktion eines gleichsam federführenden „RVK für das Operationsgebiet" geschaffen.[374] Belegt ist eine solche Ernennung ab März 1945 für den Bereich der Heeresgruppe B am Niederrhein.[375] Über eine entsprechende Rangerhöhung eines süddeutschen Gauleiters als ziviles Pendant der Herresgruppe G ist nichts überliefert. Jedoch sollte der Münchner Gauleiter Giesler auch für weitere Teile Bayerns (und Österreichs) zusätzliche Befehlskompetenz erlangen. Im Zug der Aufspaltung des Reiches in einen Nord- und einen Südraum wurde er noch im April 1945 zum „Obersten Reichsverteidigungskommissar" im Südraum ernannt und war damit Vorgesetzter für die RVKs in den Nachbargauen Schwaben, Salzburg, Oberdonau (Oberösterreich) und Tirol (mit Vorarlberg).[376] Inwieweit dies formal auch für den Gau Bayreuth zutraf, ist unklar, da das genaue Datum der Ernennung Gieslers im Dunkeln liegt und, sollte diese im späten April erfolgt sein, der Gau Bayreuth praktisch bereits aufgehört

---

[374] Vgl. Hubatsch, Weisungen (1962), S. 292–297; Keller, Volksgemeinschaft (2013), S. 78.
[375] Gauleiter Albert Hoffmann (Gau Westfalen-Süd). Vgl. Keller, Volksgemeinschaft (2013), S. 79f.
[376] Vgl. Lilla, Paul (2015); vgl. Führerbefehl vom 15.4.1945 im Wortlaut bei: Hubatsch, Weisungen (1962), Dok. 74., hier S. 310. – Entsprechend gab es ab dem 23. April 1945 auch einen „Obersten RVK im Nordraum", Paul Wegener (Gau Weser-Ems). Vgl. Keller, Volksgemeinschaft (2013), S. 80.

II. Konzeptualisierung räumlicher Grenzen und zeitlicher Zäsuren

hatte zu existieren.[377] Es finden sich keinerlei sachliche Hinweise, dass der letzte Bayreuther Gauleiter und Reichsverteidigungskommissar, Ludwig Ruckdeschel, der am 19. April 1945 seinen Vorgänger Fritz Wächtler in Herzogau hat hinrichten lassen, mit „besonderen Vollmachten"[378] ausgestattet war.

### 6.2.3. Der Volkssturm 1944/45

In der allgemeinen Erinnerung an die Zeit kurz vor dem Kriegsende 1945 spielt allerorten der Volkssturm eine große Rolle. Ein Führererlass vom 25. September 1944 schuf die Voraussetzung für die Aufstellung des „Deutschen Volkssturms". Mitte Oktober 1944 wurde die Errichtung dieser behelfsmäßigen Militärformationen mit großem propagandistischem Aufwand verkündet.[379] Volkssturmpflichtig waren theoretisch etwa 6 Millionen deutsche Männer zwischen 16 und 60 Jahren, die nicht bereits Waffendienst leisteten. Das Aufgabengebiet des Volkssturms umfasste in erster Linie Bau- und Schanzarbeiten, Sicherungsaufgaben und die Verteidigung von Ortschaften, im Regelfall in unmittelbarer Heimatgegend.[380]

Der Volkssturm wurde nur notdürftig ausgebildet und ausgerüstet, weshalb der militärische Wert eher gering war. Meist standen nur Beutegewehre u. a. tschechischer, französischer oder italienischer Herkunft zur Verfügung, oft ohne hinreichende Munitionsvorräte. Von einer Uniformierung konnte keine Rede sein. Eine Armbinde mit dem Aufdruck „Deutscher Volkssturm – Wehrmacht" sollte den Volkssturmangehörigen den kriegsvölkerrechtlichen Kombattantenstatus sichern, ohne den sie von gegnerischen Streitkräften im Fall einer Gefangennahme nicht als Kriegsgefangene hätten behandelt werden müssen. Die militärische Ausbildung, Bewaffnung und Ausrüstung des Volkssturms sollten von der Wehrmacht geleistet werden. Die Aufstellung und Führung der Kompanien und Bataillone hingegen war der NSDAP übertragen worden, die die Einheiten entsprechend den Parteiortsgruppen und Kreisgruppen formierte. Im Kampfeinsatz unterstanden die Volkssturm-Einheiten dann den jeweiligen militärischen Formationen, denen sie zugeteilt waren.

Der Volkssturm war in vier sogenannte Aufgebote strukturiert: Das Aufgebot I umfasste alle tauglichen und waffenfähigen Männer der Jahrgänge 1884 bis 1924.

---

[377] Für den Gauleiter in Bayreuth wird Giesler in der Literatur jedenfalls nicht als Vorgesetzter genannt, vgl. Höffkes, Generale (1997), S. 94f.
[378] So bereits 1946 Ludwig Graf von Ingelheim. Vgl. BA-MA, ZA 1/532: Ingelheim, Ludwig Graf von: Kampfhandlungen des LXXXII.A.K.in der Zeit vom 27.3.–6.5.45 (US-Army, Historical Division: MS B–183) Bl. 40.
[379] Zum Volkssturm allg. vgl.: Kissel, Volkssturm (1962); Mammach, Volkssturm (1981); Seidler, Volkssturm (1989).
[380] Zu den Aufgaben des Volkssturms siehe: Seidler, Volkssturm (1989), S. 139ff.; Siebenborn, Volkssturm (1988), S. 90ff.; Kissel, Volkssturm (1962), S. 50ff.; zum Verhältnis zur Wehrmacht vgl. Brückner, Kriegsende (1987), S. 22–26.

## 6. Regensburgs Stellung in militärischen … Strukturen

Die meisten waren bereits über 50 Jahre alt. Sie konnten innerhalb von sechs Wochen einberufen werden. Die daraus gebildeten (und behelfsmäßig uniformierten[381]) Volkssturmbataillone „z. b. V." (zur besonderen Verwendung) konnten auch außerhalb ihrer Heimatgaue eingesetzt werden.[382] Der Gau Bayreuth hatte fünf solcher Bataillone z. b. V. aufzustellen: 2/1 (Bayreuth), 2/2 (Regensburg), 2/3 (Hof), 2/4 (Amberg) und 2/5 (Deggendorf).[383] Die Nummerierung ergab sich, da der Gau Bayreuth in der alphabetischen Namensabfolge der NSDAP-Gaue an zweiter Stelle stand, „z. b. V. 2/1" bedeutet also: 1. Bataillon z. b. V. aus dem Gau Nr. 2. Hinsichtlich des Bataillons z. b. V. 2/1 ist belegt, dass es Ende Januar 1945 an der Ostfront eingesetzt wurde – und unterging.[384] Das Aufgebot II des Volkssturms bildeten Männer von 25 bis 50 Jahren, die einen kriegswichtigen Zivilberuf ausübten und deswegen „uk" (unabkömmlich) gestellt waren. Diese Einheiten sollten nur kurzzeitig und in unmittelbarer Heimatnähe eingesetzt werden, um die Rüstungsproduktionen möglichst wenig zu stören. Das Aufgebot III umfasste Angehörige der Jahrgänge 1925 bis 1928, soweit sie nicht schon Waffendienst leisteten. Der Jahrgang 1928, also 16-Jährige, sollte bis zum 31. März 1945 durch die HJ und den RAD militärisch ausgebildet werden. Am 27. Februar 1945 wurde auch der Jahrgang 1929 in den Volkssturm eingegliedert. Die HJ sah dieses „Aufgebot III" des Volkssturms als ihren Bereich an und fasste diese Jahrgänge auch in speziellen Formationen für den überörtlichen Einsatz zusammen.[385] Das Aufgebot IV schließlich umfasste alle nicht kriegsdienstverwendungsfähigen, also eigentlich wehruntauglichen Männer. Diese sollten lediglich für Wach- und Sicherungsaufgaben eingesetzt werden.

Bereits bestehende hilfspolizeiliche und paramilitärische Strukturen wurden in das Volkssturm-Aufgebot II integriert, wobei die jeweils Betroffenen ihre bisherigen Aufgaben weiterhin zu erfüllen hatten. Hier sind zu nennen: der luftschutzpolizeiliche

---

[381] Beispielsweise war das Bayreuther Bataillon z. b. V. 2/1 uniformiert aus SA- und NSKK-Beständen sowie aus Beutegut, Vgl. Steffel, Tragödie (1989), S. 311.
[382] Zum Fronteinsatz solcher „z. b. V.-Bataillone" allg. vgl. Kissel, Volkssturm (1962), S. 64–72 u. S. 168–172.
[383] Vgl. Steffel, Tragödie (1989), S. 304.
[384] Das Volkssturm Bataillon z. b. V. 2/1, bestehend aus den Kompanien 2/1/1 (Bayreuth), 2/1/2 (Bamberg), 2/1/3 (Coburg) und einer Geschützkompanie (Hof), wurde am 24. und 25. Januar 1945 per Zug nach Frankfurt/Oder gebracht und ab 31. Januar im Raum Zielenzig (Sulęcin) eingesetzt, wo die Bataillonsangehörigen offenbar binnen weniger Tage großteils fielen oder in Gefangenschaft gerieten. Vgl. Steffel, Tragödie (1989), S. 306–317 u. S. 323; Mistele, Geschichte (1979/80), S. 118–122. – Bemerkenswert ist hier die Geschichte des Bat. z. b. V. 30/25 aus dem nahen Neuburg a. d. Donau im NSDAP-Gau Schwaben. Es war am 25. Januar 1945 ausbildungs- und bewaffnungsmäßig in einem derart schlechtem Zustand nach Frankfurt/Oder in Marsch gesetzt worden, dass es von der Wehrmacht als nicht einsatzfähig zurückgeschickt wurde – was sehr ungewöhnlich war, da die Wehrmacht in diesen Tagen auch bei ihrem eigenen Ersatz nicht mehr sehr wählerisch war. Vgl. Weißmann, Volkssturm (1995), S. 65–67.
[385] Vgl. Hauer, Hitlerjugend (2016), S. 86–88, der einen geplanten derartigen Einsatz von Regensburger Hitlerjugend eher bezweifelt. Siehe hierzu auch Pkt. 6.2.4.

Sicherheits- und Hilfsdienst der Ordnungspolizei[386], die „Stadtwacht" bzw. „Luftwacht", entstanden als eine Art Hilfspolizei aufgrund der personellen Ausdünnung von Polizei- bzw. Gendarmerieposten während der Kriegsjahre, für Sicherungs-, Absperr- und Suchaufgaben. Ebenfalls in das Aufgebot II eingegliedert wurden der sogenannte Post-[387] bzw. Bahnschutz[388] und paramilitärische Schutzformationen größerer Betriebe sowie auch die Einheiten der Technischen Nothilfe[389].

Der oberste Führungsstab des Volkssturms richtete auf dem Truppenübungsplatz Grafenwöhr zehntägige „Reichslehrgänge" für künftige Bataillons- (und wohl auch Kompanie-) Führer des Volkssturms ein.[390] Der erste Lehrgang fand in der ersten Dezemberhälfte 1944 statt. Ende Januar 1945 musste diese Ausbildung wegen der sich rapide verschlechternden Verkehrslage abgebrochen werden.[391] Eine Ausbildung der künftigen Gruppen- und Zugführer erfolgte in der Regel vor Ort in nahegelegenen Kasernen.[392]

Neben den Volkssturm Bataillonen „z. b. V." und den HJ-Einheiten wurden für den überörtlichen Einsatz ab Ende März 1945 auch besondere Formationen des Volkssturms aufgestellt, die sich speziell aus „Aktivisten der Bewegung" (einschließlich Frauen) sowie Freiwilligen (aus den Volkssturm-Aufgeboten I und II) zusammensetzten und offiziell als „Freikorps Adolf Hitler" bezeichnet wurden.[393] Jeder NSDAP-Gau sollte einen „Gauschwarm" von 1.000 Mann stellen, der in Kreis- und Einzel-Schwärme eingeteilt war, wobei ein Schwarm aus neun Männern und einer Frau bestehen sollte. Aufgestellt werden sollten diese Einheiten auf Truppenübungsplätzen im jeweiligen Gaubereich.[394] Teilweise trugen die Angehörigen statt der Volkssturm-Armbinde eine solche mit der Aufschrift „Freikorps Adolf Hitler".[395] Die Schwärme waren mit Fahrrädern ausgestattet. Im Einsatz waren diese Einheiten der Wehrmacht unterstellt, die sie als Panzerjagdkommandos bezeichnete. Es dürften etwa 3.000 Mann ausgebildet worden sein, von denen die meisten im Raum Berlin zum Einsatz gelangten.[396]

---

[386] Vgl. Rieß, Volkssturm (2007), S. 857.
[387] Vgl. Schweizer, Postschutz (2014), S. 17-68; auch Lotz, Reichspost (1999), S. 143-147; sowie Ueberschär, Reichspost (1999), S. 202-212.
[388] Nicht zu verwechseln mit der Bahn(schutz)polizei, sondern analog zum Post- und Funkschutz eine paramilitärische Betriebstruppe. Vgl. Schweizer, Postschutz (2014), S. 11.
[389] Vgl. Linhardt, Nothilfe (2006), S. 590-595.
[390] Vgl. Kissel, Volkssturm (1962), S. 43; auch Seidler, Volkssturm (1989), S. 180–182, dort auch der Bericht eines Teilnehmers.
[391] Vgl. Kissel, Volkssturm (1962), S. 43.
[392] Vgl. Seidler, Volkssturm (1989), S. 182.
[393] Vgl. hierzu grundlegend Gellermann, Armee (2007), S. 49f.; auch Keller, Volksgemeinschaft (2013), S. 184; Absolon, Wehrmacht (1995), S. 593f.
[394] Vgl. Gellermann, Armee (2007), S. 50.
[395] Vgl. ebd.; Keller, Volksgemeinschaft (2013), S. 186f.
[396] Vgl. Keller, Volksgemeinschaft (2013), S. 185.

## 6. Regensburgs Stellung in militärischen ... Strukturen

Aber auch in Süddeutschland gab es solche Formationen, beispielsweise wurde Anfang April eine 600 bis 800 Mann starke Gruppe aus dem Gau München-Oberbayern auf dem Truppenübungsplatz Heuberg ausgebildet und anschließend im Schwarzwald eingesetzt.[397] Ebenso wird von der Ausbildung einer Einheit des „Freikorps Adolf Hitler" auf dem Truppenübungsplatz Hohenfels berichtet, die von dort in der Nacht des 21./22. April in Richtung Regensburg abrückte.[398] Diese Einheit hätte eigentlich bereits Anfang April 1945 der „Armee Wenck" (AOK 12) im Raum Torgau-Eilenburg zugeführt werden sollen.[399] Bei den Angehörigen dieser Einheit dürfte es sich um „Parteiaktivisten" aus den fränkischen und wohl auch ostbayerischen NSDAP-Gauen gehandelt haben.[400] Auch vom fanatischen mainfränkischen NS-Gauleiter Dr. Otto Hellmuth, der sich mit einem etwa 100 Personen umfassenden Gefolge seit 9. April in Weigelshofen (Markt Eggolsheim) im südwestlichen Oberfranken aufhielt, ist überliefert, dass er als vorgebliches Ziel Hohenfels und ein dort entstehendes Freikorps gehabt hätte.[401]

Der Volkssturm des Stadt- und Landkreises Regensburg soll etwa 3.000 Mann umfasst haben.[402] Er war dem Kreisleiter der NSDAP, Wolfgang Weigert, unterstellt. Kreisstabsführer war der SA-Sturmbannführer Anton Kraus. Letzterem unmittelbar unterstellt waren eine Kreis-Stabskompanie unter SA-Obersturmführer Walter Barth sowie vier motorisierte Einheiten, die das örtliche NSKK stellte.[403] Das für den überörtlichen Einsatz vorgesehene Regensburger Volkssturm-Bataillon „z.b.V." 2/2 führte Major d. R. Max Scheidler. Dieses Bataillon umfasste eine Stabskompanie und drei Kompanien, zumindest waren hierfür die Kompanieführer ernannt worden. Ebenfalls zum Volkssturm-Aufgebot I gerechnet wurde das Bataillon 2/250 unter Major d. R. und SA-Obertruppführer Max Hofmann. Auch für diese Einheit waren eine Stabskompanie und drei Kompanien vorgesehen.[404]

---

[397] Vgl. ebd., S. 186f.; Diem, Freiheitsaktion (2013), S. 291, dort Anm. 1172.
[398] Vgl. Griesbach, Truppenübungsplatz (1989), S. 28; möglicherweise ist diese Truppe oder zumindest Teile davon gemeint, wenn auch aus Bad Abbach in den späten Apriltagen vom Durchzug eines „Freikorps Franken" berichtet wird, vgl. Angrüner, Heimatbuch (1973), S. 89.
[399] Vgl. Gellermann, Armee (2007), S. 50, speziell dort Anm. 215.
[400] Hierfür spricht auch die Erwähnung des Durchzuges eines „Freikorps Franken" in Bad Abbach in den späten Apriltagen. Vgl. Angrüner, Heimatbuch (1973), S. 89.
[401] Vgl. Broszat, Alltag (1987), S. 306; Broszat, Bayern (1977), S. 191.
[402] Vgl. den nicht namentlich gezeichneten Bericht eines ehem. Kompanieführers aus dem Stadtwesten, der im Rahmen der Artikelserie „Weiße Fahnen über Regensburg" im Regensburger Tages-Anzeiger erschien: S.N., Volkssturm (1955).
[403] Vgl. StAAm, NSDAP Kreisleitung Regensburg/72: Verzeichnis über die Einteilung des Deutschen Volkssturms im Kreisgebiet Regensburg [ohne Datum], Bl. 1.
[404] Vgl. ebd., Bl. 2.

II. Konzeptualisierung räumlicher Grenzen und zeitlicher Zäsuren

Ansonsten umfasste der Volkssturm des NSDAP-Kreises Regensburg (zumindest auf dem Papier) 21 weitere Bataillone:[405]

Batl. 2/251 unter Major d. R. u. SA-Haupttruppführer Georg Meiser
mit  1. Komp., gestellt von der NSDAP-Ortsgruppe Rbg.-Kasernen
      2. Komp., gestellt von der NSDAP Ortsgruppe Rbg.-Pürkelgut
      3. Komp., gestellt von der NSDAP-Ortsgruppe Rbg.-Stobäusplatz
      4. Komp., gestellt von der NSDAP-Ortsgruppe Rbg.-Donaubrücke
      5. Komp., gestellt von der betriebsgebundenen Einheit Flakkaserne[406]

Batl. 2/252 unter Generalmajor a. D. Hermann Leythäuser
mit  1. Komp., gestellt von der NSDAP-Ortsgruppe Rbg.-Schlachthof
      2. Komp., gestellt von der NSDAP-Ortsgruppe Rbg.-Ostentor u. v.d. Tann
      3. Komp., gestellt von der NSDAP-Ortsgruppe Rbg.-Donauinsel (hierbei auch betriebsgebundener Zug Gaswerk)

Batl. 2/253 unter Major d. R. Fritz Sonntag
mit  1. Komp., gestellt von der NSDAP-Ortsgruppe Rbg.-Domplatz
      2. Komp., gestellt von der NSDAP-Ortsgruppe Rbg.-Gutenbergplatz
      3. Komp., gestellt von der NSDAP-Ortsgruppe Rbg.-Haidplatz
      4. Komp., gestellt von der NSDAP-Ortsgruppe Rbg.-Obermünster
      5. Komp., gestellt von den betriebsgebundenen Einheiten Technische Nothilfe und Postschutz

Batl. 2/254 unter Oberleutnant u. SA-Hauptsturmführer Thomas Giessübl
mit  1. Komp., gestellt von der NSDAP-Ortsgruppe Rbg.-Arnulfsplatz
      2. Komp., gestellt von der NSDAP-Ortsgruppe Rbg.-Fischmarkt
      3. Komp., gestellt von der NSDAP-Ortsgruppe Rbg.-Hans-Schemm-Platz[407]
      4. Komp., gestellt von der NSDAP-Ortsgruppe Rbg.-Herrenplatz
      5. Komp., gestellt von der NSDAP-Ortsgruppe Rbg.-Hindenburgpark[408]

Batl. 2/255 unter Feldwebel u. SA-Obersturmführer Josef Huber
mit  1. Komp., gestellt von der NSDAP-Ortsgruppe Rbg.-Eisbuckel
      2. Komp., gestellt von der NSDAP-Ortsgruppe Rbg.-Galgenberg
      3. Komp., gestellt von der NSDAP-Ortsgruppe Rbg.-Kumpfmühl
      4. Komp., gestellt von der betriebsgebundenen Einheit Leichtbau[409]

---

[405] Vgl. ebd., Bl. 2–12; hier wiedergegeben ohne die Namen der Kompanieführer bzw. der für die Aufstellung verantwortlichen NSDAP-Ortsgruppenleiter.
[406] Damit dürften Zivilbeschäftigte der Kaserne sowie zivile „Flakhelfer" gemeint sein.
[407] Heute Platz der Einheit.
[408] Heute Stadtpark.
[409] Ein ehem. Zulieferbetrieb des Messerschmittwerks.

Batl. 2/256 unter SA-Sturmführer Max Keller
mit   1. Komp., gestellt von der NSDAP-Ortsgruppe Rbg.-Stadtamhof
      2. Komp., gestellt von der NSDAP-Ortsgruppe Rbg.-Steinweg
      3. Komp., gestellt von der NSDAP-Ortsgruppe Rbg.-Reinhausen
      4. Komp., gestellt von den NSDAP-Ortsgruppen Rbg.-Sallern u. -Weichs

Batl. 2/257 unter SS-Sturmbannführer Hans Gallwitzer
mit   1. Komp., gestellt von den NSDAP-Ortsgruppen Rbg.-Dechbetten u. -Prüfening
      2. Komp., gestellt von der NSDAP-Ortsgruppe Rbg.-Göringheim[410]
      3. Komp., gestellt von der NSDAP-Ortsgruppe Rbg.-Margaretenau
      4. Komp., gestellt von der NSDAP-Ortsgruppe Hohengebraching
      5. Komp., gestellt von der NSDAP-Ortsgruppe Sinzing

Batl. 2/258 unter SA-Obersturmbannführer Josef Huber
mit   1. Komp., gestellt von der NSDAP-Ortsgruppe Rbg.-Schottenheim[411]
      2. Komp., gestellt von der NSDAP-Ortsgruppe Rbg.-Flachlberg[412]
      3. Komp., gestellt von der NSDAP-Ortsgruppe Rbg.-Schwabelweis
      4. Komp., gestellt von der NSDAP-Ortsgruppe Rbg.-Keilberg

Batl. 2/259 unter Leutnant d. R. Heinrich Kienast
mit   drei Kompanien für polizeiliche Zwecke (ehem. Stadtwacht)

Batl. 2/260 unter SA-Oberführer Friedrich Breitenbach
mit   drei Kompanien, betriebsgebundene Einheit Binnenschiffahrt

Batl. 2/261 unter Feldwebel u. SA-Hauptsturmführer Hans Holzbecher
mit   drei Kompanien, betriebsgebundene Einheit Reichsbahn

Batl. 2/262a unter Oberleutnant d. R. u. NSDAP-Zellenleiter Leonhard Trampler
mit   drei Kompanien, betriebsgebundene Einheit Reichsbahn

Batl. 2/262b unter Oberleutnant Hans Schwarz
mit   drei Kompanien, betriebsgebundene Einheit Reichsbahn

Batl. 2/263 Viehhausen, unter Hauptmann d. R. Karl Hamm
mit   1. Komp., gestellt von der NSDAP-Ortsgruppe Viehhausen
      2. Komp., gestellt von der NSDAP-Ortsgruppe Schönhofen
      3. Komp., gestellt von der NSDAP-Ortsgruppe Nittendorf
      4. Komp., gestellt von der NSDAP-Ortsgruppe Etterzhausen
      5. Komp., gestellt von der NSDAP-Ortsgruppe Pielenhofen

---

[410] Heute Ganghofer-Siedlung.
[411] Heute Konrad-Siedlung.
[412] Südöstlicher Teil der Schottenheim/ Konrad-Siedlung, auch Name einer ehem. Gaststätte dort.

II. Konzeptualisierung räumlicher Grenzen und zeitlicher Zäsuren

Batl. 2/264 Lappersdorf, unter Major d. R. Fritz Ohland
mit 1. Komp., gestellt von der NSDAP-Ortsgruppe Lappersdorf
2. Komp., gestellt von der NSDAP-Ortsgruppe Hainsacker
3. Komp., gestellt von der NSDAP-Ortsgruppe Eitlbrunn
4. Komp., gestellt von der NSDAP-Ortsgruppe Zeitlarn
5. Komp., gestellt von der NSDAP-Ortsgruppe Regenstauf

Batl. 2/265 Hauzenstein, unter Major d. R. Valentin Bock
mit 1. Komp., gestellt von der NSDAP-Ortsgruppe Wenzenbach
2. Komp., gestellt von der NSDAP-Ortsgruppe Pettenreuth
3. Komp., gestellt von der NSDAP-Ortsgruppe Bernhardswald
4. Komp., gestellt von der NSDAP-Ortsgruppe Kürn
5. Komp., gestellt von der NSDAP-Ortsgruppe Karlstein

Batl. 2/266 Donaustauf, unter Oberleutnant u. SA-Sturmführer Johann Bauer
mit 1. Komp., gestellt von der NSDAP-Ortsgruppe Tegernheim
2. Komp., gestellt von der NSDAP-Ortsgruppe Donaustauf
3. Komp., gestellt von der NSDAP-Ortsgruppe Bach
4. Komp., gestellt von der NSDAP-Ortsgruppe Barbing

Batl. 2/267 Wörth a. d. D., unter Major d. R. u. SA-Oberscharführer Dr. W. Gamringer
mit 1. Komp., gestellt von der NSDAP-Ortsgruppe Wörth a. d. Donau
2. Komp., gestellt von der NSDAP-Ortsgruppe Wiesent
3. Komp., gestellt von der NSDAP-Ortsgruppe Ponhof
4. Komp., gestellt von der NSDAP-Ortsgruppe Brennberg

Batl. 2/268 Obertraubling, unter SS-Sturmbannführer Franz Flesch
mit 1. Komp., gestellt von der NSDAP-Ortsgruppe Niedertraubling
2. Komp., gestellt von der NSDAP-Ortsgruppe Obertraubling
3. Komp., gestellt von der NSDAP-Ortsgruppe Köfering
4. Komp., gestellt von der NSDAP-Ortsgruppe Wolkering

Batl. 2/269 Aufhausen, unter SS-Untersturmführer Friedrich Blossfeld
mit 1. Komp., gestellt von der NSDAP-Ortsgruppe Thalmassing
2. Komp., gestellt von der NSDAP-Ortsgruppe Hagelstadt
3. Komp., gestellt von der NSDAP-Ortsgruppe Pfakofen
4. Komp., gestellt von der NSDAP-Ortsgruppe Taimering
5. Komp., gestellt von der NSDAP-Ortsgruppe Aufhausen

Batl. 2/270 Sünching, unter Rittmeister d. R. Franz Stücker
mit 1. Komp., gestellt von der NSDAP-Ortsgruppe Sünching
2. Komp., gestellt von der NSDAP-Ortsgruppe Schönach
3. Komp., gestellt von der NSDAP-Ortsgruppe Pfatter
4. Komp., gestellt von der NSDAP-Ortsgruppe Moosham
5. Komp., gestellt von der NSDAP-Ortsgruppe Mintraching

6. Regensburgs Stellung in militärischen ... Strukturen

## 6.2.4. Die HJ im Volkssturm: HJ-Panzervernichtungseinheiten

Die Reichsjugendführung sah das „Aufgebot III" des Volkssturms, also die Jahrgänge 1925–1929, als ausschließlich ihren Bereich an und fasste diese Jahrgänge in speziellen Formationen auch für den überörtlichen Einsatz zusammen. Diese wurden als HJ-Panzervernichtungseinheiten bezeichnet. Belegt ist ein geballter Einsatz solcher Einheiten als „1. Panzervernichtungsbrigade Hitlerjugend" unter Reichsjugendführer Artur Axmann als Kommandeur im April 1945 im Großraum Berlin.[413] Auch im Donauraum waren derlei Einsätze in Vorbereitung: Im April 1945 war die Ortsbevölkerung in Wörth an der Donau etwas verwundert – und war dies auch noch in der Erinnerung in der Ortschronik von 1979 – über die große Zahl an fremden NS-Parteifunktionären vor Ort und speziell deren üppige Verpflegung.[414] Was taten diese „Goldfasane", wie sie ob ihrer mit Orden und Abzeichen prächtig geschmückten braunen Uniformen im Volksmund auch genannt wurden, damals auf Schloss Wörth? Am 22. April 1945 schrieb HJ-Hauptbannführer Ernst Ferdinand Overbeck[415] an das für Nordbayern zuständige (und seit dem 18. April schon nicht mehr existierende) Wehrkreiskommando XIII:

> „Der Reichsjugendführer hat mich als seinen Beauftragten für die Aufstellung der Panzervernichtungseinheiten der Hitler-Jugend beim Oberbefehlshaber West eingesetzt. Irgendwelche Nachfragen bitte ich nicht mehr an die Gebietsführung, sondern an meine Dienststelle zu richten. Die Dienststelle befindet sich in Schloß Wörth a. Donau, Tel. 74.
>
> Folgende Panzervernichtungseinheiten befinden sich im Augenblick in der Aufstellung bzw. in der Ausbildung:
>
> 1) Panzervernichtungsbrigade südl. Bayr. Ostmark mit 5 Batl. Stärke 2750 Mann. Unterkunftsraum: Cham, Reichenbach, Roding. Die Panzervernichtungsbrigade besteht aus Angehörigen der Gebiete Bayreuth und Mainfranken."[416]

Es folgte eine Auflistung von teils mehrere tausend Köpfe zählenden weiteren HJ-Einheiten aus Hessen-Nassau, Westmark, Moselland, Düsseldorf und Mittelland, die im Anmarsch seien und in Ostbayern in den Räumen Waldmünchen, Cham und Dingolfing unterzubringen seien. Zu 1.200 Hitlerjungen des HJ-Gebietes Franken, die in der Gegend von Nürnberg „bereits im Einsatz stehen", wurde lapidar vermerkt: „Mit ihrem totalen Ausfall ist zu rechnen".[417]

---

[413] Vgl. Gellermann, Armee (2007), S. 45–49.
[414] Vgl. Schoeppe, Geschichte (1979), S. 224f.; auch Jr, Wörth (1985); Ehm, Ende (1997), S. 38–40.
[415] Ernst Ferdinand Overbeck war zuvor zeitweise HJ-Gebietsführer des Gaues Bayreuth gewesen, vgl. Buddrus, Erziehung (2003), S. 57 u. 1092.
[416] Hier zitiert nach Wortlaut bei Jahnke, Jugend (1989) S. 409f.; vgl. auch Buddrus, Erziehung (2003), S. 57f.; Ehm, Ende (1997), S. 39f.
[417] Vgl. Brief Overbeck an Wehrkreis XIII, 22.04.1945, im Wortlaut bei Jahnke, Jugend (1989) S. 410.

II. Konzeptualisierung räumlicher Grenzen und zeitlicher Zäsuren

„Einsatzbereit sind bis Anfang Mai 3000 Mann [...] Der Einsatz der Panzervernichtungseinheiten wird mit dem Oberbefehlshaber West bzw. der Heeresgruppe G abgesprochen, da die Einheiten laut Befehl des Oberbefehlshabers West [...] direkt den Armeen unterstellt sind".[418]

Einigen Hitler-Jungen aus Berlin, die nach einer Odyssee um den 20. April 1945 in Wörth a. d. Donau eintrafen und im Schloss eine weitere HJ-Gruppe sowie eine SS-Einheit antrafen, war weder damals, noch Jahrzehnte später bewusst, zu welchem Zweck sie dorthin geschickt worden waren.[419]

Formal hätte auch der HJ-Bann Regensburg zu den Panzervernichtungseinheiten des HJ-Gebiets Bayreuth beitragen müssen. Ob solche Vorbereitungen getroffen worden sind, wird mangels konkreter Quellen eher bezweifelt.[420] Belegt ist jedoch, dass der letzte Regensburger HJ-Bannführer Rupert Müller Ende April 1945 ein solches Bataillon hatte aufstellen sollen und hierfür den bereits vorgesehenen Kommandeur nach Wörth entsenden wollte. Es handelte sich um einen (nicht mehr kriegsverwendungsfähigen) Hauptmann der Wehrmacht, der zuvor ein HJ-Wehrertüchtigungslager bei Neumarkt geleitet hatte.[421] Belegt ist auch, dass das Neue Gymnasium (damals Oberschule für Jungen, heute Albrecht-Altdorfer-Gymnasium) am Minoritenweg seit Ende 1944 nicht nur von einer SS-Nachrichten-Ersatz Abteilung aus Eichstätt[422], sondern auch mit dem Reichsführerlehrgang 3 der Nachrichten-HJ belegt war.[423] Das 14th Infantry Regiment, das am 26. April bei Donaustauf über die Donau gesetzt hatte, traf bei Barbing auf dort verschanzte und mit automatischen Waffen ausgerüstete Angehörige der Hitlerjugend, von denen es 100 Jugendliche gefangen nahm.[424]

---

[418] Ebd.
[419] Vgl. Soller, Jeeps (2005).
[420] Vgl. Hauer, Hitlerjugend (2016), S. 86–88, der jedoch übersieht, dass das eventuelle Regensburger HJ-Bataillon nicht in Regensburg, sondern am gleichen Ort hätte formiert werden sollen, an dem auch das Schreiben des HJ-Gebietsführers Overbeck geschrieben worden war – im nahen Wörth a. d. Donau.
[421] Vgl. die Aussage im Prozess 1948 gegen den ehem. NSV-Kreisamtsleiter Hans Hoffmann wegen Erschießung des Hauptwachtmeister a.D. Michael Lottner am 23. April 1945 in der Regensburger Kreisleitung, Bauer, Justiz (1969), S. 767–784: Fall 072 (Regensburg, Hptm. Hans Hoffmann, u. a.), hier S. 770; Zweiter Schütze war HJ-Bannführer Rupert Müller gewesen, der jedoch erst 1954 angeklagt wurde, vgl. Hauer, Hitlerjugend (2016), S. 82–86.
[422] Vgl. StAR, ZR III/692: RVK an OB vom 25.10.1944 betr. Beschlagnahme der Schule; Halter, Stadt (1994), S. 533; Diese Nutzung ist wohl auch gemeint, wenn in den verschiedenen Nachkriegschroniken dieses Gymnasiums stets von einer Überlassung des Gebäudes an eine „SS-Abteilung" die Rede ist. Vgl. Trapp, Geschichte (1950), S. 40; Hiltl, Gymnasium (1960), S. 64; Nowak, Albrecht-Altdorfer-Gymnasium (1980), S. 56f.; ders., Albrecht-Altdorfer-Gymnasium (2005), S. 41f.
[423] Vgl. Halter, Stadt (1994), S. 532;
[424] Vgl. NARA, 407/427/9666: 71st Infantry Division, G–2 Journal, 262400B, S. 2: Eingehende Meldung von S–2, 14th Infantry Rgt., 7:30 Uhr, sowie Meldungsweitergabe im Rahmen „Intelligence Summary to XX Corps, 10:00 Uhr. – s. auch Kap. V.1.4.

6. Regensburgs Stellung in militärischen ... Strukturen

Hier ist anzumerken, dass der Gauleiter von Oberbayern, Paul Giesler, von sich aus den Kampfeinsatz oberbayerischer HJ an der Donau angeordnet hatte, und ein solcher bisher aus dem Raum Ingolstadt belegt ist.[425]

Nach Kriegsende, im Winterhalbjahr 1945/1946, ermittelten die US-Sicherheitsbehörden, dass der Aufmarsch von höheren HJ-Funktionären in Ostbayern im Frühjahr 1945 noch einem ganz anderen Zweck gedient hatte: Reichsjugendführer Artur Axmann hatte alle höheren HJ-Führer und BDM-Führerinnen nach Niederbayern beordert, um dort eine künftige Untergrundarbeit („Werwolf") in einem besetzten Deutschland systematisch vorzubereiten. So hatte Wilhelm Heidemann, vormals HJ-Oberbannführer und Leiter des Amtes für Jugendwohlfahrt beim Reichsjugendführer, noch im weiteren Verlauf des Jahres 1945 mit RM 30.000 aus einem vormaligen HJ-Sonderfonds in Süddeutschland unauffällige Transportfirmen gegründet, für die dann auch der bereits erwähnte Ernst Ferdinand Overbeck arbeitete. Zwischen Dezember 1945 und März 1946 verhafteten die Alliierten in diesem Zusammenhang mehr als 200 Personen, darunter auch Axmann und Heidemann.[426]

## 6.3. Polizei- und SS-Strukturen

### 6.3.1. Der SS-Oberabschnitt und der Höhere SS- u. Polizeiführer (HSSPF)

Die Allgemeine SS bestand im November 1944 aus 23 sogenannten Oberabschnitten, die in 45 Abschnitte eingeteilt waren, denen 149 Standarten sowie 17 Nachrichtenstürme, 15 Pionierstürme und 18 Kraftfahrstürme nachgeordnet waren. Die SS-Oberabschnitte XIII „Main", mit Sitz in Nürnberg, und VII „Süd", mit Sitz in München waren der Struktur der Wehrkreise, obwohl nicht vollständig deckungsgleich, doch sehr ähnlich. Den Oberabschnitt XIII der SS leitete SS-Obergruppenführer und General der Polizei, Ernst Heinrich Schmauser bis Mai 1941, ihm folgte als Befehlshaber SS-Obergruppenführer und General der Polizei, Dr. Benno Martin[427]. Den Oberabschnitt VII der SS befehligte seit 1936 bis zum Kriegsende SS-Obergruppenführer und General der Polizei, Friedrich Karl Freiherr von Eberstein[428].

Am 17. Juni 1936 wurde Heinrich Himmler[429] die gesamte Polizei des Reichs unterstellt. Seine offizielle Bezeichnung lautete seither „Reichsführer SS und Chef der Deutschen Polizei im Reichsministerium des Innern". Höhere Polizeiführer mussten

---

[425] Vgl. Saalfeld, Zusammenbruch (1979), S. 162 u. speziell S. 165.
[426] Vgl. Koop, Aufgebot (2008), S. 252f.
[427] Benno Martin war vom 1.10.1934 bis 31.12.1942 Polizeipräsident im Präsidium Nürnberg-Fürth, vgl. Wild, Polizeiorganisation (2011), S. 7 u. 42; Grieser, Mann (1974), S. 72–95, bes. S. 83–87.
[428] Vgl. Hoser, Schutzstaffel (2007).
[429] Zu Heinrich Himmler siehe Longerich, Himmler (2008).

II. Konzeptualisierung räumlicher Grenzen und zeitlicher Zäsuren

seither Mitglied der SS sein. Durch Erlass des Reichs- und Preußischen Ministeriums des Innern wurde am 13. November 1937 das Amt der Höheren SS- und Polizeiführer (HSSPF) geschaffen. In Süddeutschland hatte es zunächst nur einen HSSPF gegeben, der die offizielle Bezeichnung „Der Höhere SS- und Polizeiführer beim Bayerischen Staatsminister des Innern und bei den Reichsstatthaltern in Baden, im Sudetenland, in Thüringen und in Württemberg in den Wehrkreisen VII und XIII" führte[430] – kurz HSSPF Süd. Dieses Amt hatte vom 12. März 1938 bis Kriegsende Freiherr von Eberstein inne. Zum 17. Dezember 1942 wurde der nördliche Bereich als HSSPF Main abgetrennt. Stelleninhaber dort wurde Dr. Benno Martin. Zum 1. April 1944 wurden die räumlichen Zuständigkeiten beider HSSPF den NS-Gauen angeglichen: Süd umfasste nun die Gaue Schwaben und München-Oberbayern, Main die Gaue Mainfranken, Franken und Bayreuth.[431]

Aus den Landespolizeiverwaltungen, den Polizeidirektionen, wurden 1937 zentralisierte Verwaltungseinheiten der Polizeipräsidien, die in Bayern ab 1942 diesen Höheren SS- u. Polizeiführern (HSSPF) Main und Süd unterstellt waren. Ihnen nachgeordnet waren die Befehlshaber der Ordnungspolizei, im Wehrkreis XIII in Nürnberg war das zuletzt (ab Sept. 1943) Generalmajor der Polizei Walter Griphian, im Wehrkreis VII in München Generalmajor der Polizei Ludwig Mühe.[432]

Der HSSPF Main, Dr. jur. Benno Martin, ist eine sehr schwer zu beurteilende Person.[433] Einerseits war er als Karrierejurist im Polizeidienst Teil des SS-Regimes geworden, andererseits will sein Handeln, speziell 1944/45, so gar nicht zum zu erwartenden Verhalten eines SS-Führers in seiner Position passen: Im Bamberger Raum spricht man bis heute von der sogenannten „Hollfelder Verschwörung", mit der Martin im Verein mit dem Bayreuther NS-Oberbürgermeister Dr. Friedrich Kempfler und dem Bamberger Weihbischof Dr. Artur Michael Landgraf die Region vor größeren Kämpfen bewahrt haben soll.[434] Auch rechnete die im fränkischem Raum beheimatete gräfliche Familie von Stauffenberg es Martin hoch an, dass er die nach dem „20. Juli" angeordnete Sippenhaft teils erfolgreich unterlief.[435] Es sei vorausgreifend angefügt, dass Martin sich Ende April 1945 im Raum Regensburg aufhielt.

---

[430] Vgl. Boberach, Verwaltungsgliederung (2012), S. 95.
[431] Vgl. Birn, SS- u. Polizeiführer (1986), S. 64f. u.69f.; vgl. auch Neufeldt, Entstehung (1957), S. 22f.
[432] Vgl. Lilla, Polizei (2012); StAAm, BZA Regensburg/2544: Mitteilung des HSSPF über den neunen IdO des Wks XIII vom 9.12.1943.
[433] Vgl. Grieser, Mann (1974); Wild, Polizeiorganisation (2011), S. 110–115; Birn, SS- u. Polizeiführer (1986), S. 64f., 69f. u. 93–105.
[434] Vgl. Stößel, Geheimverhandlungen (2003); Albart, Tage (1953), S. 50f.
[435] Vgl. Albart, Tage (1953), S. 31–33.

## 6. Regensburgs Stellung in militärischen ... Strukturen

### 6.3.2. Das Reichssicherheitshauptamt mit nachgeordneten Polizeistrukturen

Die Polizei im „Dritten Reich" wurde 1936 zentralisiert und 1939 im sog. Reichssicherheitshauptamt (RSHA) mit den Verwaltungen von Ordnungspolizei (OrPo) und Sicherheitspolizei (SiPo) sowie dem Sicherheitsdienst (SD) der NSDAP vereinigt.[436] In der 1936 geschaffenen Polizeistruktur gab es innerhalb der OrPo als uniformierte Mannschaften die Schutzpolizei (SchuPo), die Gendarmerie, die kleinen Gemeindepolizeien und die Wasser-, Feuerschutz–[437] und Luftschutzpolizei[438]. Die OrPo befehligte Kurt Daluege bis 1943, gefolgt von Alfred Wünnenberg. Die Kriminalpolizei und die Geheime Staatspolizei (Gestapo) bildeten einen eigenen Sicherheitspolizeiapparat, die nichtuniformierte Polizei, eben die SiPo. Deren Befehlshaber war Reinhard Heydrich bis 1943, später Ernst Kaltenbrunner[439]. Die SiPo schied landesweit aus den Polizeidirektionen als selbständige Behörde aus.[440]

Die Kriminalpolizeistelle Nürnberg war Teil des Reichskriminalpolizeiamts in Berlin – Leiter war bis 1944 Arthur Nebe, gefolgt von Friedrich Panzinger. 1939 gliederte man das Reichskriminalpolizeiamt in das RSHA ein. Als Kriminalpolizeileitstelle war Nürnberg seit 1943 neben Regensburg und Würzburg auch für Karlsbad zuständig. Im Oktober dieses Jahres wurde die Kriminalpolizei ähnlich der politischen Polizei vollständig aus dem Polizeipräsidium herausgelöst und empfing von da an ihre Befehle und Weisungen unmittelbar von der Leitung der SiPo.[441]

In Regensburg war die Polizeidirektion beim Regierungspräsidenten als Teil des Höheren SS- und Polizeiführers im Wehrkreis XIII angesiedelt. Dieser hatte den Befehl über die SiPo in seinem Wirkungskreis und durfte außerdem die OrPo beaufsichtigen, ohne jedoch hier zu befehligen.[442] Die Geheime Staatspolizei in Regensburg – 1933 bis 1936 offiziell unter dem Namen Bayerische Politische Polizei tätig – wurde 1943 der Staatspolizeileitstelle Nürnberg unterstellt.[443] Dem für Regensburg

---

[436] Polizeipräsidium, Königreich (2017); Wild, Polizeiorganisation (2011), S. 40.
[437] Im November 1938 wurden die Berufsfeuerwehren bzw. Freiwilligen Feuerwehren als „Feuerschutzpolizei" in den Polizeiapparat integriert, schließlich sogar in die SS. Vgl. Polnik, Feuerwehren (2011), S. 125 u. 311–328.
[438] Der seit 1935 organisierte (zunächst zivile) „Sicherheits- und Hilfsdienst" des Reichsluftfahrtministeriums für die Luftschutzorte I. Ordnung (94 Städte, darunter auch Regensburg) unterstand seit 1942 der Ordnungspolizei als „Luftschutzpolizei". Vgl. Linhardt, Feuerwehr (2002), S. 65–76; Polnik, Feuerwehren (2011), S. 56f.
[439] Vgl. Schulte, Polizei (2011), S. 14–16; Roth, Kriminalpolizei (2011); Boberach, Reichssicherheits-Hauptamt (2007), S. 756f.; Rieß, Polizei (2007), S. 708f.
[440] Vgl. Auburger, Staatspolizeistelle (2012), S. 114.
[441] Vgl. Wild, Polizeiorganisation (2011), S. 54; Teufel, Kriminalpolizei (1996), S. 93; Volkert, Handbuch (1983), S. 53.
[442] Vgl. Dierl, Ordnung (2011), S. 146f., Abb. 103.
[443] Vgl. Paul, Kontinuität (1995), S. 162.

II. Konzeptualisierung räumlicher Grenzen und zeitlicher Zäsuren

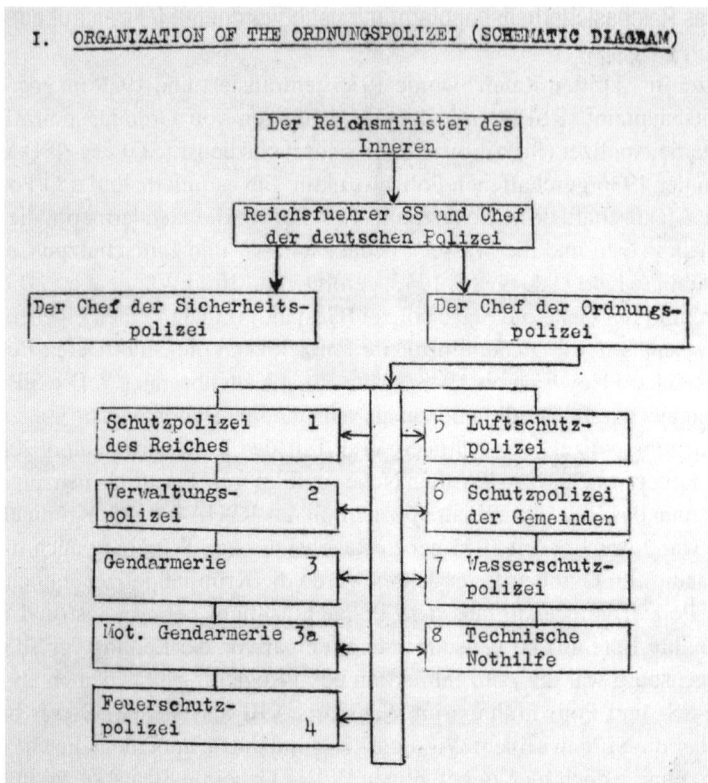

*Die deutsche Polizei im Nationalsozialismus; (amerik. Ausgabe), aus: NARA, 457/19035/3.*

zuständigen Polizeipräsidium Nürnberg-Fürth oblagen ferner die Regierungsbezirke Unterfranken und Aschaffenburg sowie Ober- und Mittelfranken.[444]

Die SiPo leitete in Regensburg bis März 1945 Fritz Popp[445], der zugleich Polizeidirektor war. Damit konterkarierte er die Vorgaben aus Berlin, wonach die SiPo als selbständige Behörde neben der Polizeidirektion arbeiten sollte. Popp folgte im März 1945 der SS-Standartenführer Friedrich Sowa, der als letzter Kriminaldirektor in Prag nach Regensburg als Kommandeur der SiPo abkommandiert worden war.[446] Erst jetzt erfolgte auch bei der Regensburger Polizei die reichsweit geltende Trennung

---

[444] Vgl. Wild, Polizeiorganisation (2011), S. 30 u. 33.
[445] Vgl. RGVA, 1372/5/79: Dienstaltersliste der Schutzstaffel der NSDAP, Stand 1.10.1942; Paul, Akademiker (1995), S. 239.
[446] Vgl. BA, R 58/9340: Personalakt des Reichssicherheitshauptamts 1941–1945; DD-WASt, Auskunft vom 18.8.2017.

von SiPo und Polizeidirektion. Der Leiter der KriPo in Regensburg, Dr. Ernst Teichmann, war Sowa unterstellt. Popp hingegen behielt den Posten des Polizeipräsidenten und war weiterhin Kommandeur der OrPo beim Regierungspräsidenten. Popp waren der Oberst der Gendarmerie Werner Bardua[447] und der Kommandeur der SchuPo, Oberstleutnant Walter Meyer-Spelbrink[448], unterstellt.[449] Dies galt auch für weitere polizeiliche Formationen in der Stadt, wie den Kommandeur der Feuerschutzpolizei Regensburg, Julius Gräfe[450] (seit 1938 Major und seit 1941 SS-Sturmbannführer). Popp war als Polizeipräsident auch Kommandeur der Gendarmerie[451].

## 6.4. Regensburg im Frontraum

Im Frühjahr des Jahres 1945 war sich die Bevölkerung im Raum Regensburg bewusst, dass die Front, sollte der Krieg weiter andauern, auch ihre Heimat erreichen würde. Die regionalen Verantwortlichen der Wehrmacht sahen dies ebenso. Fraglich war lediglich, welche alliierte Armee als erste Ostbayern erreichen würde: Der Wehrkreis VII (Südbayern) erwartete einen Angriff der Amerikaner aus Nordwesten und plädierte für Befestigungen am Südufer der Donau mit Brückenköpfen am Nordufer. Hingegen sah der Befehlshaber im Wehrkreis XIII (Nordbayern) eher die Wahrscheinlichkeit eines Durchbruchs der Roten Armee durch Österreich bis in die Gäubodenebene und befürwortete daher einen Stellungsbau am Nordufer der Donau mit Brückenköpfen auf dem Südufer zwischen Passau und Kelheim.[452]

Auf alliierter Seite war man sich darüber einig, dass der restliche deutsche Machtbereich an mehreren Stellen abgeschnürt werden solle. In einem Telegrammwechsel zwischen den alliierten Oberbefehlshabern, General Eisenhower und Marschall Stalin, antwortete Stalin am 1. April, dass er nicht nur ein Zusammentreffen ihrer Armeen im Raum Erfurt-Leipzig-Dresden erwarte, sondern gleichfalls im Raum

---

[447] Vgl. StArchAm, BZA Regensburg/2544: Brief des Kommandeur der OrPo Regensburg an Stabsoffiziere der SchuPo und der Gendarmerie vom 8.1.1944; StAAm, Landpolizeidirektion Regensburg 2119: Schreiben der Gestapo Regensburg an die Landräte und KriPo-Stellen Regensburg vom 2.1.1945. Werner Bardua war von Aug. 1944 bis er nach Regensburg kam Kommandeur des SS-Polizei-Regiments 22 gewesen. Vgl. Hoppe, Verfolgung (2016), S. 349.
[448] StAR, PA-p/5970: Personalakt W. Meyer-Spelbrink; StAR, PA-p/4091: Personalakt Fritz Jaggo; Schimmel, Reorganisation (1999), S. 145; AdsD, NL Simm: Bericht Karl Sichter vom 4.7.1949. Halter nennt als Leiter der SchuPo in Regensburg seit 1933 Oberstleutnant Georg Becher. Vgl. Halter, Stadt (1994), S. 47. Bis 1942 übte diese Funktion allerdings Major der SchuPo Fritz Graf aus. Vgl. StAR, NL Rathsam/9: Eidesstattliche Erklärung für Fritz Popp vom 12.6.1948.
[449] Vgl. StAR, ZR III/NL Dolhofer/9: Geschichte der Polizei, S. 11.
[450] Vgl. BA, SS-Führungspersonal/26A.
[451] Vgl. StArchAm, LPD Regensburg/2097: Schreiben des Kommandanten der Gendarmerie von 1942. Kreml, ein Österreicher, war zwischen Juli 1943 und Januar 1944 Kommandeur der Gendarmerie in Radom/Ostpolen. Vgl. Curilla, Judenmord (2011), S. 488.
[452] Vgl. Brückner, Kriegsende (1987), S. 74f.

II. Konzeptualisierung räumlicher Grenzen und zeitlicher Zäsuren

Wien-Linz-Regensburg.[453] Am 6. April hatte die Rote Armee Wien angegriffen und die Stadt bis zum 13. April erobert. Am 20. April verlief die Front westlich von St. Pölten. Wenige Tage zuvor, am 17. April, hatte die US-Armee ihren Angriff auf Nürnberg begonnen und bis zum 20. April die Stadt erobert. Da der weitere Vormarsch der Roten Armee in Österreich stockte – offenbar wurde die Masse des verfügbaren Nachschubs zu den zum Sturm auf Berlin angetretenen Armeen geleitet – war es erst jetzt absehbar, dass amerikanische Streitkräfte den Raum Regensburg als erste erreichen würden. Regensburg wurde zur Frontstadt der „Westfront".

### 6.4.1. Struktur des deutschen Feldheeres

#### 6.4.1.1. Die Gliederung der Fronttruppe

Die gesamte deutsche Westfront befehligte der Oberbefehlshaber West, seit dem 11. März war dies Generalfeldmarschall Albert Kesselring (1885–1960).[454] Dem OB West unterstanden die Heeresgruppen H (später: Nordwest) und G. Die den süddeutschen Raum abdeckende Heeresgruppe G führte seit dem 4. April General der Infanterie Friedrich Schulz (1897–1976). Sie umfasste im April 1945 u. a. die 1. Armee. Diese unterstand seit dem 28. Februar General der Infanterie Hermann Foertsch (1895–1961).[455] Zur 1. Armee zählten im April 1945 das XIII. SS-Korps und rechts anschließend das LXXXII. (82.) Heeres-Korps. Trotz ihrer Bezeichnungen bestanden beide Korps sowohl aus Heeresverbänden wie aus Verbänden der Waffen-SS.[456] Durch den Raum Regensburg verlief in den späten Apriltagen die Grenze zwischen beiden Korps, so dass hier beide näher betrachtet werden müssen.

Zu beiden Korps zählten, in wechselnder Zuordnung, jeweils mehrere Divisionen und andere Verbände.

Das 82. Heeres-Korps[457] stand unter dem Befehl von Generalleutnant Theo Tolsdorff (1909–1978), der dieses Kommando erst am 20. April in Dietldorf an der Vils (am

---

[453] Wortlaut des Stalin-Telegramms vgl. Ellis, Victory (1968), S. 300f.; siehe auch Ehrman, Strategy (1956), S. 139 u. 142.

[454] Zur Person des Franken Albert Kesselring vgl. Klee, Personenlexikon (2003), S. 305; Krautkrämer, Generalfeldmarschall (1998). – Kesselring war in den Nachkriegsjahren einer der umstrittensten ehemaligen Heerführer, speziell im Hinblick auf seine Zeit als Oberbefehlshaber in Italien und den von ihm zu verantwortenden Geiselerschießungen, weswegen er mehrfach angeklagt wurde. Vgl. hierzu allg. Lingen, Schlacht (2004). In bestimmten Kreisen wird er heute noch in großen Ehren gehalten. Vgl. hierzu die sehr apologetische jüngere Biographie, Kurowski, Generalfeldmarschall (2014).

[455] Zur Person des Preußen Foertsch vgl. Bradley, Generale (1996), S. 26–28, speziell S. 28.

[456] Nicht nur die Zusammensetzung der Truppen war gemischt, sondern speziell im Fall der Aufstellung der Stäbe der sechs nach dem 20. Juli 1944 gebildeten neuen SS-Korps (XII. bis XV. sowie XVIII.) verfügte die Waffen-SS selbst nicht über ausreichend Führerpersonal, so dass auch in großem Stil Heeresoffiziere hierzu abkommandiert bzw. versetzt werden mussten, vgl. Keller, Elite (2014), S. 359.

[457] Vgl. Tessin, Verbände 6 (1972), S. 62

## 6. Regensburgs Stellung in militärischen ... Strukturen

Ostrand des Truppenübungsplatzes Hohenfels) übernommen hatte.[458] Tolsdorff hatte eine rasante Karriere hinter sich. Er war im September 1939 als Oberleutnant in den Krieg gezogen, 1943 ohne jegliche Generalstabsausbildung erst Major, dann Oberstleutnant, 1944 Oberst, im Januar 1945 Generalmajor, schließlich im März, noch nicht mal 36-jährig, Generalleutnant geworden. Als Träger der nur selten verliehenen „Brillanten zu den Schwertern zum Eichenlaub zum Ritterkreuz des Eisernen Kreuzes" war er zudem der höchstdekorierte Infanterist der Wehrmacht.[459] Er stellte den Typ des Soldaten dar, wie ihn sich Hitler vorgestellt haben dürfte: ein Draufgänger, der seine Truppe, aber auch sich selbst nicht schonte (vierzehnmal verwundet).[460] Offenbar kannte er keine Skrupel, denn noch am 3. Mai 1945 ließ er in Eisenärzt südlich von Traunstein einen Hauptmann standrechtlich erschießen, weil dieser eigenmächtig versucht hatte, Rot-Kreuz-Kennzeichen am Rand seines Heimatorts aufzustellen.[461]

Das 82. Heeres-Korps setzte sich im April 1945 zusammen aus der 416. Infanterie-Division[462] unter Generalleutnant Kurt Pflieger, der 36. Volksgrenadierdivision[463] unter Generalmajor Helmut Kleikamp[464] sowie (bis zum 23. April, dann beim XIII. SS-Korps) der 17. Waffen-SS Panzergrenadier-Division „Götz von Berlichingen" unter SS-Oberführer Georg Bochmann.[465] Auch die mobilen Teile der Flak-Division 21, die noch zu Jahresbeginn den Flakschutz für die Städte im Rhein-Main-Gebiet gestellt hatte, waren dem Korps zugeordnet.[466] Sowohl die 416. Infanteriedivision,

---

[458] Vgl. BA-MA, ZA 1/532: Ingelheim, Ludwig Graf von: Kampfhandlungen des LXXXII. A.K.in der Zeit vom 27.3.–6.5.45 (US-Army, Historical Division: MS B–183) Bl. 37.

[459] Zur Person des Ostpreußen Tolsdorff, vgl. Bauer, Justiz (1976), S. 387–430: Fall 492 (Eisenärzt, Theodor Tolsdorff).

[460] Sein Ruf in der Truppe war entsprechend. Dies wußten auch die „psychologischen Krieger" der US-Army zu nutzen. Als die deutsche 340. VGD unter Tolsdorffs Kommando zu Jahresbeginn 1945 unterging, war es Sergeant Stefan Heym, der darüber ein Sendungsmanuskript für den von den Amerikanern genutzten Sender Luxemburg verfasste. Vgl. Heym, Reden (1986), S. 275–281: Der tolle Tolsdorf [sic!] („Story of the day", 4. Feb. 1945).

[461] Wegen dieser Erschießung wurde Tolsdorff in den 50er Jahren auch angeklagt – jedoch freigesprochen. Vgl. das im Wortlaut wiedergegebene Urteil (Freispruch) zu diesem Vorfall in: Bauer, Justiz (1976), S. 387–430: Fall 492 (Eisenärzt, Theodor Tolsdorff); BA, B 162/14329; Obermayer, Befreiung (2007); zu den Verfahren vgl. Searle, Tolsdorff (2005); Keller, Volksgemeinschaft (2013), S. 378; Bemerkenswert hierzu auch, wie sich sein Enkel, Tim Tolsdorff, promovierter Medienwissenschaftler, mit dieser Tat seines Großvaters auseinandersetzte. Vgl. Tolsdorff, Eichenlaub (2010); ders., Fichtenstamm (2010).

[462] Aufgestellt 1941 in Dänemark als Besatzungstruppe aus Landesschützen. Später an der Ostfront mit teils auch russischen Bataillonen, schließlich im Westen. 1945 bestand die Division im Kern aus den Infanterie-Regimentern 712, 713 und 774. Vgl. Tessin, Verbände 10 (1975), S. 127f.

[463] Entstanden im Okt. 1944 aus der ehemaligen 36. Infanterie Division. Vgl. Tessin, Verbände 5 (1972), S. 53f.

[464] (1901–1985), Sachse. Vgl. Bradley, Generale (2002), S. 502–503. – Kleikamp war in den frühen 1950er Jahren Leiter der Berliner Dienststelle des Bundesnachrichtendienstes. Vgl. Heidenreich, Geheimdienstkrieg (2016), S. 108 u. 169.

[465] Vgl. Tessin, Verbände (1976), S. 17f.

[466] Vgl. Klitta, Ende (1970), S. 44; Tessin, Verbände (1970), S. 170; Tessin, Verbände (1974), S. 52 (AOK 7).

## II. Konzeptualisierung räumlicher Grenzen und zeitlicher Zäsuren

als auch die 36. Volksgrenadierdivision (VGD), hatten zwei Wochen zuvor sehr viel ihrer Stärke im Raum Bamberg verloren und hatten durch Ersatzverbände sowie Alarmeinheiten nur notdürftig wieder aufgefüllt werden können.[467]

Das links an das 82. Heeres-Korps anschließende XIII. SS-Korps wurde seit dem 24. Oktober 1944 geführt von SS-Gruppenführer und Generalleutnant der Waffen-SS Max Simon (1899–1961).[468] Simon war 1934 Führer der SS-Wachtruppen des KZ Sachsenhausen gewesen. Speziell im Frühjahr 1945 führte er eine Art „Zweifrontenkrieg" nicht nur gegen die Amerikaner, sondern auch gegen die deutsche Bevölkerung. Im Bereich seines XIII. SS-Korps gehörten im April 1945 Hinrichtungen von Deserteuren, aber auch von Zivilisten zum Alltag.[469] Die letzten Todesurteile fällte das Standgericht des SS-Korps noch am Tag der Kapitulation der Heeresgruppe G, am 6. Mai 1945, und ließ sie auch vollstrecken.[470] Insbesondere wegen der Exekutionen, die am 10. April 1945 in Brettheim stattgefunden hatten, wurde Simon in den Nachkriegsjahren mehrfach angeklagt.[471] Auch im Raum Regensburg zählten zwei kaum bekannte Vorfälle zur „Blutspur" des XIII. SS-Korps. In beiden Fällen hatte man sich nicht einmal „die Mühe eines Scheinverfahrens" gemacht, sondern die Opfer einfach in nahe gelegenen Wäldern erschossen. Am 25. April wurden der in Dietfurt an der Altmühl verheiratete und seit 1944 versteckt lebende, evangelische Konvertit jüdisch-litauischer Herkunft Arthur Aronowsky[472] sowie am 28. April der katholische Ortsgeistliche von Ebrantshausen (heute Stadt Mainburg) Augustin Wagner ermordet.[473]

---

[467] Vgl. Kesselring, Soldat (1953), S. 397.
[468] Zur Person und Lebenslauf des Schlesiers Simon vgl. umfassend Merkl, General (2010).
[469] Eine Darstellung zahlreicher Fälle s. ebd., S. 316–369.
[470] Vgl. ebd., S. 358–360 u. S. 458–460. – Eine sehr düstere Rolle im Standgericht des XIII. SS-Korps spielte als Beisitzer und im Mai 1945 auch als Anklagevertreter der (Heeres-)Leutnant d. R. Dr. jur. Karl Seither, im Zivilberuf seit 1934 Erster Staatsanwalt in Regensburg. Nach Kriegsende war er rasch wieder in den Justizdienst aufgenommen und in Regensburg tätig geworden, da er darauf verweisen konnte Nachteile durch das NS-Regime erlitten zu haben, weil seine Ehefrau gemäß der NS-Rassenideologie als „Vierteljüdin" gegolten hatte. Deswegen sei er 1935 aus der SA ausgeschlossen worden und habe 1940 nur per Ausnahmegenehmigung Hitlers Reserveoffizier werden können. Als 1953 gegen Seither ermittelt wurde – jedoch ohne weitere Folgen – , war er zwischenzeitlich zum Oberstaatsanwalt in München avanciert. Vgl. Merkl, General (2010), S. 346, speziell dort Anm. 2, S. 358f., u. S. 458–460; Raim, Justiz (2013), S. 317f.
[471] Wobei die Verfahren regelmäßig mit Freispruch endeten: Vgl. Bauer, Justiz (1976), S. 491–590: Fall 494 (Brettheim, SS-Gruppenführer und Generalleutnant der Waffen-SS Max Simon); Schultheiß, Männer (1993); ders., Tragödie (1993); ders., Nachkriegsprozesse (1993); Bertram, Drama (2005), S. 103–109; Merkl, General (2010), S. 470–503.
[472] Vgl. Keller, Volksgemeinschaft (2013), S. 310; vgl. ders., Elite (2014), S. 367; Ostermann, Kriegsende (1995), S. 141f. – Ein der Tat verdächtigter SS-Hauptsturmführer der 17. SS-Panzergrenadier-Division wurde 1952 in Regensburg angeklagt und, mangels Tatnachweis, freigesprochen, vgl. Bauer, Justiz (1973), S. 593–602: Fall 315 (Regensburg, Walter H.). – Aronowsky durfte seinen Beruf als Dentist seit 1935 faktisch nicht mehr ausüben. Der damalige Landesbischof der Evang.-luth. Kirche in Bayern, Hans Meiser, bemühte sich 1936 die in Not geratene Familie aus Kirchenmitteln finanziell zu unterstützen. Vgl. Meiser, Verantwortung (1993), S. 306, Anm. 68.
[473] Wagner war denunziert worden, er habe eine weiße Flagge vorbereitet. Er wurde abgeholt und in einem nahen Wald erschossen. Später wurden zwei Angehörige der 17. SS-Division verurteilt. Vgl.

## 6. Regensburgs Stellung in militärischen ... Strukturen

Auch die 212. Heeres-Division zählte zu diesem SS-Korps, sowie die 79. Volksgrenadier-Division.[474] Dem XIII. SS-Korps unterstellt waren auch Divisionen der Waffen-SS. Bis zu ihrem Rückzug hinter die Donau bei Kelheim hatte die 17. SS-Panzergrenadierdivision „Götz von Berlichingen" den linken Flügel des 82. Heeres-Korps gebildet. Noch nördlich der Donau wurde diese SS-Division am 23. April dem links des 82. Korps benachbarten XIII. SS-Korps unterstellt.[475] Südlich der Donau lagen im Abschnitt von Ingolstadt bis Abbach Teile der in Aufstellung befindlichen neuen 38. SS-Panzergrenadier-Division „Nibelungen"[476] in Bereitschaft.[477] Diese nie zur Gänze aufgestellte und deshalb im Landserspott als „Nie gelungen"[478] bezeichnete Division sollte zunächst dem 82. Korps unterstellt werden, wurde am 24. April jedoch dem XIII. SS-Korps zugeordnet, das sie am rechten Flügel als Nachbar zum 82. Heeres-Korps einsetzte. Die Grenze zwischen den Korps verlief nun bei Bad Abbach.[479] Kommandiert wurde die 38. SS-Division im April 1945 zeitweilig von SS-Gruppenführer und Generalleutnant der Waffen-SS Heinz Lammerding.[480] Alles, was die SS in den Apriltagen 1945 noch an bewaffneten Kräften aufbieten konnte, hatte sich (zumindest auf dem Papier) bei der „Nibelungen" einzufinden – darunter auch die vormaligen KZ-Lagerwachmannschaften aus Flossenbürg[481] und das Perso-

---

Nappenbach, Heimatbuch (1954), S. 77f.; Detter, Geschichte (1968), S. 101f.; Ehm, Mainburg (1995), S. 162.

[474] Vgl. Spiwoks, Endkampf (1999), S. 368.

[475] Vgl. BA-MA, ZA 1/532: Ingelheim, Ludwig Graf von: Kampfhandlungen des LXXXII. A.K. in der Zeit vom 27.3.–6.5.45 (US-Army, Historical Division: MS B–183) Bl. 38.

[476] Diese neue SS-Division hätte ursprünglich „Junkerschule" heißen sollen, in der Tradition anderer SS-Divisionen, die nach Einrichtungen des NS-Staates benannt waren („Leibstandarte", „Hitlerjugend", „Reichsführer SS" etc.). Der letzte Kommandeur der SS-Junkerschule, Obersturmbannführer Richard Schulze-Kossens, berichtete später, dass die Benennung „Nibelungen" auf sein Bestreben hin erfolgt sei. Vgl. Schulze-Kossens, Führernachwuchs (1982), S. 158. – Der gewählte Name hätte eigentlich eine Art Panik auslösen müssen: Das Schicksal der sagenhaften Nibelungen vor Augen eröffnet sich die Frage: Wollten es zumindest einige Nazis jenen gleichtun und gleichsam mit wagnerianischen Pauken und Trompeten untergehen? Hatte nicht auch Hitler verkündet, sollte das deutsche Volk in diesem Krieg unterliegen, hätte es vor der Geschichte keinerlei Recht mehr weiter zu existieren? Vgl. Internationaler Militär-Gerichtshof, Prozess (1948), S. 541.

[477] Vgl. Tessin, Verbände 5 (1972), S. 77; ders., Verbände 6 (1972), S. 141, 146 u. S. 151. – Knapp drei Wochen zuvor war noch geplant gewesen, diese neue SS-Division im Rahmen der seit 8. April im Raum südwestlich von Berlin aufgestellten 12. Armee unter dem General der Panzertruppe Walther Wenck („Armee Wenck") zu bilden. Vgl. Gellermann, Armee (1997), Dokument-Anhang 1, S. 164. – Die „Nibelungen" blieb im Süden, ihre Position bei der „Armee Wenck" übernahm offenbar die ähnlich zusammengesetzte „1. Panzervernichtungsbrigade Hitlerjugend" unter Reichsjugendführer Artur Axmann. Vgl. ebd., S. 41f.

[478] Vgl. Ettelt, Kelheim 2 (1975), S. 147.

[479] Vgl. BA-MA, ZA 1/532: Ingelheim, Ludwig Graf von: Kampfhandlungen des LXXXII. A.K. in der Zeit vom 27.3.–6.5.45 (US-Army, Historical Division: MS B–183) Bl. 38f.

[480] Lammerding (1905–1971), Westfale, hatte zuvor u. a. die SS-Division „Das Reich" geführt, zu deren „Heldentaten" auch die Massaker unter der Zivilbevölkerung der französischen Ortschaften Oradour-sur-Glane und Tulle im Juni 1944 zählen. Vgl. Pike, Forces (1988), S. 12f. Zur Person vgl. IfZ-A, FA/74 (SS-Personalakte Lammerding).

[481] Vgl. Siegert, Konzentrationslager (1979), S. 482.

II. Konzeptualisierung räumlicher Grenzen und zeitlicher Zäsuren

nal des aufgelösten SD-Abschnitts Weimar.[482] Reste bereits angeschlagener SS-Verbände wurden ebenfalls eingegliedert, wie die 6. SS-Gebirgs-Division Nord.[483] Am 14. April waren in Regensburg mit der Bahn 600 Franzosen der 33. Waffengrenadier-Division der SS „Charlemagne" angekommen und hatten sich nach Lindkirchen bei Mainburg begeben.[484] Ihre Hauptkampfkraft erhielt die Division „Nibelungen" jedoch durch HJ-Rekruten, Schüler der sogenannten „Adolf-Hitler-Schulen", sowie durch Personal und Lehrgangsteilnehmer der SS-Junkerschule Bad Tölz. Dort bildete die SS ihren Führernachwuchs heran – und entsprechend fanatisiert warfen sich diese 15- bis 18-Jährigen auch den Amerikanern im Raum Lengfeld / Bad Abbach entgegen, als die 65th US-Division dort am 26. April über die Donau hinweg angriff.[485]

### 6.4.1.2. Die Luftwaffe

Die in den Luftgauen VII und XIII friedensmäßig stationierten Einheiten der Luftflotte 3 wurden mit der Mobilmachung häufig auf frontnähere Flugplätze verlegt. Die in der (noch im Bau befindlichen) Regensburger Flakkaserne und auf dem Fliegerhorst Obertraubling beheimateten Flak-Einheiten waren ins Feld abgerückt – lediglich die Ausbildungsbatterien standen dem Flakschutz vor Ort zur Verfügung. Das FluKo auf dem Dreifaltigkeitsberg blieb hinsichtlich seiner Funktion unverändert, nun jedoch im Dauerbetrieb. Bereits ab 1942/43 wurden die bisherigen Flugwachen im Reichsgebiet zunehmend durch Flugmessstellungen ersetzt – Einrichtungen, die man heute als Radar[486]-Anlagen bezeichnet. Die erste für den Raum Regensburg zuständige Stellung dieser Art befand sich bei Dürn in der Nähe von Breitenbrunn.[487] Diese wurde 1944 technisch aufgerüstet und in die Nähe von Hemau verlegt, wobei 1945 das FluKo Regensburg bereits organisatorisch dieser Stellung nachgeordnet war.[488]

Den Flakschutz für Regensburg bildeten nicht nur die genannten Ausbildungsbatterien der Flakkaserne, sondern um die Stadt herum zog sich zeitweise ein Kreis an Stellungen schwerer Flak-Geschütze. Zunächst befanden sich diese am Westrand des

---

[482] Vgl. Bauer, Justiz (1975), S. 775.
[483] Vgl. Schreiber, Kampf (1969), S. 375–377 u. S. 422.
[484] Vgl. Mabire, Berlin (1977), S. 394–396; Merglen, Soldats (1977), S. 83; Brückner, Kriegsende (1987), S. 198.
[485] Einer dieser Jugendlichen, der Jahre später als „blonder Deutscher" einer der wenigen deutschen Schauspieler von Weltrang werden sollte, Hardy Krüger, schrieb sich u. a. seine traumatischen HJ-Erlebnisse an der Donau in einem erstmals 1983 erschienenen autobiografischen Roman („Junge Unrast") gleichsam von der Seele. Vgl. Krüger, Unrast (1983), S. 271–305.
[486] Abkürzung für „Radio Detection and Ranging".
[487] Vgl. Golücke, Schweinfurt (1980), S. 124; vgl. auch Hoffmann, Luftnachrichtentruppe (1968), S. 350.
[488] Vgl. ebd., S. 499 u. Karte S. 329. – Der Zufall wollte es, dass der Chronist der ehem. Luftnachrichtentruppe, Karl Otto Hoffmann, 1945 selbst als Hauptmann die für den Raum Regensburg zuständige Abteilung eines Ln-Regiments kommandiert hatte und sich in den späten Apriltagen in Regensburg aufhielt. Seinen Angaben kommt ein großer Aussagewert zu, insbesondere zur Thematik der aus militärischer Sicht mutmaßlich verfrühten Brückensprengungen. Siehe hierzu im folgenden Kapitel V.1.3.

## 6. Regensburgs Stellung in militärischen ... Strukturen

Messerschmitt-Flugplatzes, später auch bei Kneiting, auf den Winzerer Höhen, in Regensburg-Reinhausen[489], in Tegernheim, am Fliegerhorst Regensburg-Obertraubling, bei Rosenhof, Piesenkofen sowie bei Graß,[490] mit teils wechselnden Besatzungen. Dazu gehörten bald sogenannte Heimatflakbatterien, bei denen die Luftwaffe nur das Führungs- und Rahmenpersonal stellte und sich die übrigen Mannschaften aus Zivilisten, konkret aus RAD-Männern, aus Industriearbeitern und „Flakhelfern" zusammensetzten.[491] Unter letzteren befanden sich nicht nur Schüler der Oberstufen höherer Lehranstalten, sondern auch Lehrlinge und Jungarbeiter – zuletzt auch sogenannte „Flakwaffenhelferinnen", sogar an den Geschützen.[492] Nach den Luftangriffen am 22. und 25. Februar 1944 war der Flakschutz für Regensburg auf drei Batterien reduziert worden.[493] Im März/April 1945 gab es nur noch die Flak-Stellungen Reinhausen im Norden und Napoleonstein im Stadtsüden, beide zeitweise bemannt durch den Reichsarbeitsdienst.[494] In der Stellung Napoleonstein taten Anfang März 1945 auch ungarische Kanoniere Dienst. Von diesen starben 20 Mann beim Luftangriff am 13. März offensichtlich durch Volltreffer in ihre Stellung.[495]

Es sei hier noch angefügt, dass in Regensburg, wie andernorts auch, Zivilisten nicht nur an den Flak-Geschützen standen, sondern, und dies war ungewöhnlich, auch Jagdflugzeuge im Einsatz flogen. Im Regensburger Messerschmittwerk standen in den mittleren Kriegsjahren stets einige vollgetankte und aufmunitionierte Me 109 startbereit, um bei akuter Luftgefahr aufzusteigen. Geflogen wurden die Maschinen dieser „Industriestaffel Messerschmitt" auch von zivilen Werkspiloten.[496]

Im Winterhalbjahr 1940/41 war der Fliegerhorst Regensburg-Obertraubling in großen Teilen an die Messerschmitt AG, Augsburg, als neue Produktionsstätte übergeben worden. Zum Mai 1941 wurde die dort seit 1940 dislozierte Sturzkampfflieger-Schule 1 nach Wertheim-Reinhardshof verlegt.[497] Seitdem war kein fliegender Verband der Luftwaffe mehr auf dem Fliegerhorst stationiert. Die Endmontage der Messerschmitt Produktion erfolgte im weiteren Kriegsverlauf zunehmend dezentral an verschiedenen Orten. Neu fertiggestellte und eingeflogene Jagdflugzeuge wurden auf den Flugplätzen Obertraubling, Prüfening, Puchhof (Gde. Aholfing nahe Straubing), Amberg-

---

[489] Etwas östlich vom heutigen Standort des Landratsamtes gelegen.
[490] Eine ausführliche Beschreibung aller Falkstellungen in und um Regensburg findet sich bei Schmoll, Sperrfeuer (2017), S. 43–96.
[491] Vgl. grundlegend Absolon, Wehrmacht (1995), S. 310f.
[492] Vgl. Absolon, Wehrmacht (1995), S. 466f; Schmoll, Sperrfeuer (2017), S. 133–135 u. S. 139.
[493] Vgl. Schmoll, Sperrfeuer (2017), S. 12.
[494] Vgl. Schmoll, Sperrfeuer (2017), S. 43 u. S. 72.
[495] Vgl. StAAm, Amtsgericht Rbg. 3528: Todesanzeigen 1945, 13.03.1945, wobei als Sterbeorte jeweils die Flakkaserne genannt wurde. – Laut Schmoll, Luftangriffe (2015), S. 195, wurden am 13. März fünf deutsche und 20 ungarische Soldaten in Oberisling getötet, wobei der Verfasser die Flakstellung nicht erwähnte. – Aus nicht nachvollziehbaren Gründen wurden 1945 in Regensburg getötete Ungarn späer als hier verstorbene Kriegsgefangene registriert. Vgl. StAR, BES 500: Sterbefälle von Kriegsgefangenen, Nationalität Ungarn.
[496] Vgl. Schmoll, Luftangriffe (2015), S. 71f; Schmoll, Messerschmitt-Werke (2004), S. 106–108.
[497] Vgl. Schmoll, Messerschmitt-Werke (2004), S. 72.

Schafhof und Cham-Michelsdorf an die Luftwaffe übergeben. Um die Maschinen von diesen Industrieplätzen zu den Einsatzverbänden zu überführen, wurde im September 1944 die 3. Staffel/Gruppe Süd des Flugzeugüberführungsgeschwaders 1 von Landau-Ganacker auf den Messerschmitt Werksflugplatz Regensburg-Prüfening verlegt. Diese Einheit bestand aus 60–80 Piloten, darunter 20–25 russischen Freiwilligen, die der Russischen Befreiungsarmee (ROA) von General Wlassow angehörten.[498]

Erwähnt sei noch das Kampfgeschwader 55, dessen Personal in den späten Apriltagen 1945 im Raum Regensburg auf teils sehr unrühmliche Art in Erscheinung trat. Dieser Bomberverband, einst mit Maschinen des Typs He 111 ausgerüstet, konnte sich aufgrund der alliierten Luftüberlegenheit längst nicht mehr in die Lüfte erheben. Er war im September 1944 aus dem Einsatz gezogen worden und das Personal der drei Gruppen des Geschwaders auf die Flugplätze Straubing-Mitterharthausen, Plattling-Michaelsbuch und Landau-Ganacker verlegt worden. Das fliegende Personal sollte dort zu Jagdfliegern und auch das Bodenpersonal entsprechend umgeschult werden, weshalb die Einheit nun als „KG 55 (J)" firmierte.[499] Noch Ende März wurde eine weitere Umschulung, nun auf den „Düsenjäger" Me 262 befohlen.[500] Dieser neue Flugzeugtyp wurde im gut getarnten Messerschmitt „Waldwerk Stauffen" bei Mooshof nahe Roith endmontiert, auf der bereits planierten Trasse der künftigen Autobahn zum Flugfeld des Fliegerhorstes Obertraubling transportiert[501] und von dort zu den Einsatzverbänden ausgeflogen.[502] Da dieser neue Flugzeugtyp eine befestigte Start- und Landebahn benötigte, mussten die Flugplätze entsprechend nachgerüstet werden. Auf dem Fliegerhorst Obertraubling wurde eine betonierte Straße entsprechend verlängert[503], auf den übrigen drei Plätzen mit dem Bau von befestigten Pisten begonnen. In Straubing-Mitterharthausen wurden hierfür sowjetische Kriegsgefangene eingesetzt.[504] Auch Außenkommandos des KZ Flossenbürg wurden im Februar 1945 für diesen Zweck eingerichtet, so in Obertraubling[505], Michaelsbuch[506] und Ganacker[507].

---

[498] Vgl. Schmoll, Messerschmitt-Werke (2004), S. 156–158.
[499] Vgl. Haberl, Anfang (2009), S. 264–266; Dierich, Kampfgeschwader (1975), S. 380f; Tessin, Verbände (1980), S. 418;.
[500] Vgl. Haberl, Anfang (2009), S. 266; Dierich, Kampfgeschwader (1975), S. 389.
[501] Dieser Transportweg ist sehr gut zu erkennen auf einigen Luftaufnahmen bei Zapf, Flugplätze 8 (2013), S. 310.
[502] Vgl. Schmoll, Messerschmitt-Werke (2004), S. 172–174.
[503] Vgl. Schmoll, Messerschmitt-Werke (2004), S. 176 sowie Foto S. 181.
[504] Vgl. Haberl, Anfang (2009), S. 269.
[505] Zu diesem am 20. Februar 1945 eingerichteten Kommando allg. vgl. Fritz, Außenlager (2012), S. 77–84; Wolter, Krieg (2011), S. 26–32; Fritz, Obertraubling (2006); Fendl, Aufbaugeschichten (2006), S. 24–26 u. speziell zur Gedenkstätte S. 59f; Ehm, Neutraubling (1995), S. 178; ders., Schicksalsort (1989), S. 113–116.
[506] Vgl. Fritz, Plattling (2006), S. 223; Schmid, Fabriken (1996), S. 283–296; Westerholz, Kranke (1995), S. 52; Artmeier, Außenkommandos (1991);
[507] Vgl. Fritz, Ganacker (2006), S. 117; Schmid, Fabriken (1996), S. 279–282; Artmeier, Außenkommandos (1991);

## 6.4.2. Feldstruktur der US-Streitkräfte
### 6.4.2.1. Die Gliederung der US-Feldtruppen

Den deutschen Streitkräften im süddeutschen Raum gegenüber standen zwei US-Armeegruppen. Ganz im Süden war dies die 6th Army Group, die lediglich über zwei Armeen verfügte, die 7. amerikanische und die 1. französische. An diese schloss nördlich die 12th Army Group unter General Omar Nelson Bradley an. Bradleys Armeegruppe umfasste nicht weniger als vier Armeen (1st, 3rd, 9th und 15th Army) mit zusammen über einer Million Mann. Für den ostbayerischen Raum von Interesse ist die 3rd Army[508] unter dem legendären, aber auch umstrittenen General George S. Patton (1885–1945).[509] Auch seine Armee war vergleichsweise stark und umfasste vier Korps sowie einige ihr direkt zugeordnete Divisionen. Durch die nördliche Oberpfalz drang von Nordwest nach Südost das XII US-Corps unter (seit 20. April) Major General S. LeRoy Irwin), vor.[510] Der Raum Regensburg lag im Kampfabschnitt des XX Corps unter Lieutenant General Walton H. Walker.[511] Zu diesem Corps zählten die 13th Armored Division (Major General John Milikin)[512], die 65th Infantry Division (Major General Stanley Eric Reinhart)[513], die 71st Infantry Division (Major General Willard Gordon Wyman)[514] und die 80th Infantry Division (Major General Horace L. McBride)[515]. Jede der drei Infanterie Divisionen bestand im Kern aus drei Infanterie Regimentern zu je drei Bataillonen, drei oder mehr Artillerie Bataillonen sowie je einem zugeordneten Panzer-, Jagdpanzer- und Flak-Bataillon.[516] Zu den Verbänden des XX Corps gehörte auch die 3rd Cavalry Reconnaissance Group[517], eine

---

[508] Vgl. US-Army, Action (1945).
[509] Vgl. Pattons Kriegserinnerungen: Patton, War (1946) bzw. in dt. Übers.: ders., Krieg (1950); hierzu auch die sog. Patton Papers aus seinem Nachlass, vgl. Blumenson, Patton (1974); zur Person vgl. u. a. Morningstar, Patton's Way (2017); Smith, Patton (2003); Hirshson, General (2002); Wallace, Patton (1979).
[510] Vgl. Dyer, Corps (1947); zu einigen der zu diesem Corps zugehörigen Divisionen vgl. United States Army: After Action Report 11th Armored Division [Auszug: 9.–23. April 1945 im Wortlaut (Übers. aus dem Amerikan. von Christine Schubert mit Unterstützung durch Bernd Thieser)], in: Siegert, Kriegsende (1995), S. 95–119; bzw. United States Army: After Action Report 90th U.S. Infantry Division [Auszug: 18.–26. April 1945 im Wortlaut (Übers. aus dem Amerikan. von Christine Schubert mit Unterstützung durch Bernd Thieser)], in: Siegert, Kriegsende (1995), S. 126–143.
[511] Vgl. US-Army, Corps (1945); US-Army, Ghost (1945).
[512] Vgl. US-Army, Armored Division (1945).
[513] Vgl. Jordy, Right (1945); US-Army, Infantry (1945); Die Veteranenvereinigung der 65th Infantry Division hatte in den frühen 2000-Jahren einen sehr aktiven Redakteur, Robert H. Cardinell, der etliche teils sehr voluminöse Publikationen herausgab, die jedoch nur in sehr kleinen Auflagen erschienen sind. Vgl. Cardinell, 65th Division (2003); ders., 65th Infantry (2002); ders., 65th Infantry (2004); ders., 65th Infantry (2006); ders., Stories 1–3 (2004–2005).
[514] Vgl. McMahon, East (1986); ders., Point (1987); ders., Siegfried (1993).
[515] Vgl. Pearson, Redoubt 1–5 (1957–1959).
[516] Vgl. Stanton, World (2006), S. 136f., 140f. u. S. 149f.
[517] Grundlegend zur Bedeutung dieser Truppengattung vgl. Nance, Cavalry (2011), S. 12f. sowie zur Ausrüstung ebd. S. 26; Stanton, World (2006), S. 308.

## II. Konzeptualisierung räumlicher Grenzen und zeitlicher Zäsuren

motorisierte, auch mit Panzerspähwagen (Radpanzern) ausgerüstete Aufklärungsabteilung, bestehend aus zwei Schwadronen, der 3rd und der 43rd Cavalry Reconnaissance Squadron[518], die beide bei den Ereignissen um Regensburg zwischen dem 24. und 27. April wichtige Rollen spielten.

Während des Zweiten Weltkriegs gab es bei den US-Streitkräften keine Luftwaffe als eigenständige Teilstreitkraft. Zwar war aus dem kleinen US Army Air Corps (USAAC) seit 1941 binnen sehr kurzer Zeit die mit Abstand mächtigste Luftstreitkraft der Welt, die US Army Air Force (USAAF), hervorgegangen, aber diese war weiterhin ein Teil der Army.[519] Neben deren strategischen Bomberflotten, die auch noch im April 1945 tagtäglich über deutschen Zielen erschienen, gab es auch sogenannte „Tactical Air Commands (TAC)", die mit Jagdbombern und taktischen Fotoaufklärern die Bodentruppen direkt unterstützten. Jeder US-Armee war ein TAC zugeordnet. Für Pattons 3rd Army war dies das XIX TAC unter Brigadier General Otto Paul Weyland.[520] Den Kampfabschnitt von Major General Walkers XX Corps deckte die 367th Fighter Group, die aus mehreren Staffeln bestand.[521] Weylands Flieger nahmen für sich in Anspruch, im April 1945, bei 59 Eigenverlusten, 214 deutsche Flugzeuge abgeschossen sowie weitere 1.489 am Boden zerstört oder beschädigt zu haben. Zwischen dem 18. und dem 30. April zerstörte das XIX TAC 3.308 Fahrzeuge, 633 Lokomotiven und 3.730 Eisenbahnwaggons.[522]

### 6.4.2.2. Ein Kapitel für sich: Die „Ritchie-Boys"

Unter „Ritchie-Boys" verstand man US-Soldaten, die für jeweils besondere Aufgaben die deutsche Sprache beherrschen mussten und für diesen Einsatz in „Camp Ritchie", Maryland, ausgebildet worden waren. Da mehrere solcher GIs im April und Mai 1945 im Raum Regensburg in wichtigen Funktionen eingesetzt waren und zudem ihre diesbezüglichen Erinnerungen im Rahmen dieser Studie erstmals Beachtung finden, sollen die Ritchie-Boys hier etwas ausführlicher vorgestellt werden.

Jeder Ebene einer Armee, also jedem Regiment, jeder Division und jedem Korps waren ein oder mehrere sogenannte IPW-Teams zugeordnet – „Interrogators of Prisoners of War", Verhörexperten für die Befragung von Kriegsgefangenen, die auch den Kommandeuren als Dolmetscher zur Verfügung standen. Jedes dieser Teams umfasste sechs Mann (zwei Offiziere und vier Unteroffiziere oder Mannschaftsdienstgrade) und bestand aus deutsch sprechenden, speziell ausgebildeten Solda-

---

[518] Vgl. Stanton, World (2006), S. 308 u. 320f.; speziell zur 3rd Cavalry Squadron vgl. US-Army, Cavalry (1949).
[519] Und blieb dies bis zu ihrer Verselbstständigung als „US Air Force" 1947.
[520] Hierzu allg. vgl. Spires, Air (2002); zum Donauraum speziell edb., S. 283–290.
[521] Vgl. Spires, Air (2002), S. 285. – Die Angaben bei Bürger, Kriegsende (1987), S. 391, sind diesbezüglich nicht zutreffend, da er vier Flieger-Gruppen des XIX TAC zur Unterstützung des XX Corps auflistete.
[522] Vgl. Spires, Air (2002), S. 286.

ten.⁵²³ Diese arbeiteten den jeweiligen „G–2" bzw. „S–2" zu, den in amerikanischen Stäben für Feindaufklärung und Abwehr zuständigen Offizieren (vergleichbar dem „1 c" in deutschen Stäben). Des Weiteren war jeder US-Armee eine spezielle „Mobile Broadcasting Company" zugeteilt, die ebenfalls aus deutschsprechenden Soldaten bestand und mit Flugblättern, Frontzeitungen, Lautsprecherdurchsagen und bald auch Rundfunksendungen psychologische Kriegsführung betrieb.⁵²⁴

Die Ausbildung all dieser (und weiterer) Spezialisten war im „Military Intelligence Training Center" des Armeegeheimdienstes in Camp Ritchie erfolgt, im Nordosten von Maryland gelegen.⁵²⁵ Dort erhielten alle US-Soldaten, die für ihren künftigen Einsatz die Sprache eines Feindes beherrschen mussten, ihre Ausbildung.⁵²⁶ Insgesamt sind dort zwischen Juli 1942 und 1945 in jeweils zweimonatigen Kursen etwa 20.000 Mann geschult worden, hiervon 2.641 „Interrogators".⁵²⁷ Die Endausbildung der Experten für psychologische Kriegsführung wurde im Frühjahr 1944 vom Camp Ritchie abgetrennt und in eine Zweigstelle, das nahe „Camp Sharp" in Pennsylvania, verlegt.⁵²⁸

Voraussetzung für die Aufnahme in Camp Ritchie war die Kenntnis mindestens einer europäischen Sprache (nebst Englisch), vorzugsweise Deutsch.⁵²⁹ Damit ist bereits erklärt, weshalb die Masse der Ritchie Boys deutschsprachige Emigranten stellten, unter denen wiederum jüdische Flüchtlinge in der großen Mehrheit waren.⁵³⁰ Es gab auch einen Deutschen mit schwarzer Hautfarbe, „der unverfälschten Kölner Dialekt sprach", ein Besatzungskind aus der Zeit nach dem Ersten Weltkrieg.⁵³¹ Bei

---

⁵²³ Vgl. Kennedy, Interrogator (2005), S. 35; vgl. auch Frucht, Verlustanzeige (1992), S. 183; auch Smith, Goldschmidt (2009), S. 110; Karl Smith, geb. Karl Goldschmidt, aus Eschwege, war im April 1945 als erster US-Soldat nach Landshut gelangt, vgl. Smith, Goldschmidt (2009), S. 112f.

⁵²⁴ Vgl. Habe, Lebensgeschichte (1986), S. 453–455; Heym, Nachruf (1986), S. 261–266; Burger, Frühling (1977), S. 168–231; Eine Auswahl solcher ab Herbst 1944 vom Sender Luxemburg ausgestrahlter Programme s. bei Heym, Reden (1986); zwei Angehörige dieser Truppe haben später diese Erfahrungen auch in Romanen verarbeitet: Heym, Crusaders (1948), dt. Ausg. BRD: ders., Lorbeer (1950), DDR: ders., Kreuzfahrer (1950), auch Burger, 1212 (1965).

⁵²⁵ Vgl. Bauer, Ritchie (2005), S. 43f. u. S. 57.

⁵²⁶ Zumindest in der Anfangsphase von Camp Ritchie wurden dort auch des Japanischen kundige Soldaten ausgebildet. Vgl. Bauer, Ritchie (2005), S. 53, Habe, Lebensgeschichte (1986), S. 431. Hierfür wurde jedoch in Minnesota ein weiteres Ausbildungslager für den Pazifikraum eingerichtet, vgl. Bauer, Ritchie (2005), S. 53. Offiziere der künftigen Besatzungstruppen erhielten ihre Ausbildung am Ausbildungszentrum der Militärpolizeiverwaltung in Fort Custer, Michigan, sowie in speziellen Universitätskursen. Vgl. Zink, States (1957), S. 11; Hilmer, Regensburg (1995), S. 13; Smith, Goldschmidt (2009), S. 109f.

⁵²⁷ Vgl. Bauer, Ritchie (2005), S. 68.

⁵²⁸ Vgl. Habe, Lebensgeschichte (1986), S. 454; Heym, Nachruf (1988), S. 261–267; Burger, Frühling (1977), S. 140–144.

⁵²⁹ Vgl. Bauer, Ritchie (2005), S. 48.

⁵³⁰ Karl Frucht, promovierter Jurist aus Wien, berichtete, dass sein IPW-Team aus drei ehem. Deutschen, einem ehem. Tschechen, einem ehem. Österreicher (er selbst) und einem ehem. Schweizer bestand. Letztgenannter hatte bereits seit mehr als zehn Jahren in den USA gelebt und war der einzige Nichtjude im Team. Vgl. Frucht, Verlustanzeige (1992), S. 183.

⁵³¹ Vgl. Elbe, Preußenadler (1996), S. 219.

II. Konzeptualisierung räumlicher Grenzen und zeitlicher Zäsuren

den nach Camp Ritchie kommandierten Soldaten befand sich auch eine ganze Reihe schon damals prominenter Exilanten: Sowohl Hans Habe (1911–1977)[532], Klaus Mann (1906–1949)[533] als auch Stefan Heym (1913–2001)[534], um nur einige von vielen zu nennen, hatten noch in Europa mit ihrem journalistischen und schriftstellerischen Schaffen Erfolge gefeiert. Alle drei – von denen zwei im April 1945 auch für Regensburg von Bedeutung wurden – hatten aber auch bereits mit Veröffentlichungen in englischer Sprache die amerikanische Öffentlichkeit auf sich aufmerksam gemacht.[535] Neben solchen Prominenten gab es in Camp Ritchie auch ein Heer „Namenloser". Von diesen haben später nur wenige von sich aus auch zur Feder gegriffen.[536] Seit die Geschichtsschreibung (und die Medien) Camp Ritchie zunehmend als Thema entdeckt haben, sind mehr und mehr Biographien solch unbekannter Ritchie Boys im Rahmen von Veröffentlichungen bekannt geworden.[537]

Unter den Kursteilnehmern in Camp Ritchie gab es neben den zahlreichen Emigranten aus Europa (die häufig erst noch eingebürgert werden mussten) aber auch bereits als US-Bürger geborene Soldaten. Sie waren entweder deutscher Abstammung

---

[532] Hans Habe hieß eigentlich János (Hans) Békessy. Sein Künstlername war eine lautmalerische Zusammenfassung der beiden ersten Buchstaben seines deutsch ausgesprochenen Geburtsnamens. Habe war jüdisch-ungarischer Abstammung, war jedoch zum Protestantismus konvertiert. Seit 1941 US-Bürger. Vgl. seine Lebenserinnerungen: Habe, Lebensgeschichte (1986). Mehr zur Person siehe bei: Falk, Habe (2008).

[533] Klaus Mann, Sohn des Literaturnobelpreisträgers Thomas Mann, war bereits sehr früh, zusammen mit Hans Habe, zum dritten Kurs nach Camp Ritchie gelangt. Vgl. Mann, Wendepunkt (1952), S. 479; vgl. auch Habe, Lebensgeschichte (1986), S.432. – Im gleichen Kurs befanden sich auch die Gebrüder Klein aus Walldorf bei Heidelberg, vgl. Klein, Walldorf (2009), S. 274f.

[534] Geboren worden war Stefan Heym als Helmut Flieg, „Stefan Heym" war zunächst sein Pseudonym als Schriftsteller im Exil gewesen, unter dem er sich 1943 in den USA auch hatte einbürgern lassen und deshalb später in Deutschland offiziell diesen Namen führte. Heym war 1933 als Jude und politischer Gegner der Nationalsozialisten aus Chemnitz zunächst in die Tschechoslowakei, dann in die USA emigriert. Zu seinem Leben vgl. seine Autobiographie: Heym, Nachruf (1988). Heym erlangte vor allem seit den 1970er Jahren eine große Bekanntheit in der Bundesrepublik als einer der medienwirksamsten Vertreter einer „linken" Opposition in der damaligen DDR, deren Kulturbürokratie sich in der Tat mit einer ganzen Reihe seiner Werke (so „Der Tag X", in der Bundesrepublik erschienen u.d.T. „Fünf Tage im Juni"; auch „Lassalle" sowie „Collin") sehr schwer tat und zumeist gar nicht zuließ. Als Abgeordneter der PDS/Linke hatte Heym 1994 als Alterspräsident den 13. Deutschen Bundestag mit einer umstrittenen Rede eröffnet. Zur Person vgl. insbesondere Zachau, Heym (1978) sowie ders., Heym (1982).

[535] Hans Habes politische Romane „Sixteen Days" (1940) und „A Thousand Shall Fall" (1941) fanden große Beachtung in den USA. Auch Klaus Manns in den USA geschriebene Bücher „Escape to Life" (1939) sowie „The Other Germany" (1940) waren große publizistische Erfolge. Ebenso Stefan Heyms Debütroman „Hostages" (1942), der bereits 1943 verfilmt wurde – und auch in Camp Ritchie in seiner Gegenwart vorgeführt wurde. Vgl. Bailey, Suche (1972), S. 24.

[536] Hier sei etwa verwiesen auf die Berichte von Frucht, Verlustanzeige (1992) sowie Elbe, Preußenadler (1996), auch Wechsberg, Heimkehr (2015).

[537] Zu nennen sind hier in jüngerer Zeit u. a. Bauer, Ritchie (2005), ein Buch das als Nachbetrachtung zu den Dreharbeiten von 2003 für einen auf Interviews mit ehem. Ritchie Boys basierenden Film von Christian Bauer entstand. Des Weiteren: Karras, Enemy (2009) und jüngst speziell zu österreichischen Emigranten: Traussnig, Widerstand (2016); Traussnig, Widerstand (2017).

und mit der Sprache ihrer Vorfahren noch mehr oder minder vertraut, oder aus anderen Gründen mit dem Deutschen in Kontakt gekommen. George Bailey (1919–2001) beispielsweise war Amerikaner rein angelsächsischer Herkunft. Mit seinem Universitätsabschluss in Altgriechisch hatte die Armee sicherlich wenig im Sinn, aber Bailey hatte als Student im stark deutschgeprägten New Yorker Stadtteil Yorkville an der Upper East Side gelebt und gearbeitet.[538] Und dort hatte er im Alltag, nach eigenen Angaben, durchaus passabel Deutsch, Russisch, Ungarisch und Neugriechisch gelernt.[539] Auch ein Afroamerikaner fand sich in Camp Ritchie ein. Der Sänger (Bassbariton) und Absolvent der Musikhochschule von Rochester, New York, William Warfield (1920–2002)[540], der auch Grundkurse in Deutsch, Französisch und Italienisch abgeschlossen hatte, um die während seiner Gesangsausbildung einzuübenden klassischen Lieder in diesen Sprachen korrekt aussprechen zu können.[541]

Zwei der weniger bekannten Ritchie-Boys, ein jüdisch-deutscher Emigrant und ein Deutsch-Amerikaner, spielten im April und Mai 1945 in Regensburg wichtige Rollen: Joseph W. Eaton und Robert M. Kennedy:

Joseph W. Eaton (1919–2012) war als Josef Wechsler (Wexler) in Nürnberg geboren worden und jüdischen Glaubens. 1934 war er mit seinem jüngeren Bruder in einem Kindertransport in die USA gelangt, wo er den Namen seiner dortigen Pflegeeltern annahm und Agrarsoziologie studierte. 1943 wurde er in die US-Army eingezogen und aufgrund seiner Muttersprache nach Camp Ritchie entsandt. Er diente zusammen mit Stefan Heym unter 1st Lieutenant, später Captain Hans Habe, der ihn in seinen Erinnerungen ausführlich würdigte.[542] Nach dem Krieg promovierte Eaton 1948 an der Columbia University. 1959 wurde er an der University of Pittsburgh Professor für Sozialarbeitsforschung. Er wurde 1989 emeritiert.[543]

---

[538] Vgl. Bailey, Suche (1972), S. 14–19.
[539] Vgl. ebd., S. 21. – Nach dem Krieg war Bailey in CIA-Diensten und als Journalist tätig. Von 1982–1985 war er Direktor von Radio Liberty in München. Vgl. S.N., Obituary (2001). Verheiratet war er mit der Enkelin des Verlegers Rudolf Ullstein.
[540] Warfield erlangte internationale Bekanntheit durch seine Interpretation des bekannten Liedes „Old Man River" in der Verfilmung des Musicals „Show Boat" 1951. Vgl. seine Lebenserinnerungen: Warfield, Music (1991).
[541] Vgl. ebd., S. 49f. u. S. 60–75; Bauer, Ritchie (2005), S. 58; Burger, Frühling (1977), S. 133f.
[542] Vgl. Habe, Lebensgeschichte (1986), S. 462–464, während Heym von Habe nur mit einem, zudem nicht sehr freundlichen Halbsatz erwähnt wird, ebd., S. 454: „der Bestseller Autor Stefan Heym, der gleiche, der nach dem Krieg zu den Sowjets desertierte".
[543] Einige Dokumente und zahlreiche Fotografien aus seiner Armeezeit befinden sich heute als Joseph W. Eaton Papers in der Joseph Eaton Collection des US Holocaust Memorial Museums in Washington, D.C.. Vgl. USHMM, Eaton (2017). Dort findet sich auch ein spätes Interview mit ihm über seine Armeejahre. Vgl. USHMM, Interview (2010); Eaton und Heym standen offenbar auch in allen Jahrzehnten nach dem Krieg in Kontakt. Darauf deutet nicht nur ein in seinem Nachlass vorhandenes Exemplar der Rede Heyms vor dem Deutschen Bundestag nebst einem entsprechenden Briefwechsel hin. Bemerkenswert ist hierbei auch die deutschsprachige Doktorarbeit über Stefan Heyms Entwicklung im amerikanischen Exil, die Reinhard K. Zachau 1978 bei der Fakultät für Kunst und Wissenschaften der University of Pittsburgh einreichte. Im Vorwort dankte Zachau

II. Konzeptualisierung räumlicher Grenzen und zeitlicher Zäsuren

Robert M. Kennedy (1921–2009) war in Troy, einem nordöstlichen Nachbarort von Albany, der Hauptstadt des US-Bundesstaats New York, geboren worden, Katholik und mütter- wie väterlicherseits deutscher Herkunft.[544] Einen Master in Geschichte erwarb Kennedy 1942 am katholischen Siena College in Loudonville, N.Y., im Nordwesten von Albany gelegen.[545] Noch im gleichen Jahr trat er als Berufssoldat in die Armee ein und absolvierte 1943 in Camp Ritchie die Ausbildung zum Armeedolmetscher und Experten für Kriegsgefangenenbefragung. Im April 1945 war er als 1st Lieutenant bei der 65th Infantry Division im Einsatz. Im Herbst dieses Jahres wurde er US-Verbindungsoffizier zur Deutschen Polizei.[546] Nach dem Krieg war er zeitweilig auch in Washington, D.C., bei der Auswertung erbeuteter Wehrmachtakten eingesetzt.[547] Seinen Abschied von der Armee nahm er nach 20 Dienstjahren 1962 im Rang eines Majors. Danach unterrichtete Kennedy für 24 Jahre Geschichte und Deutsch an „seinem" Siena College, bis er 1986 mit dem Ehrentitel Professor emeritus pensioniert wurde.[548] Robert M. Kennedy verstarb 2009 in seinem Wohnort Wynantskill, N.Y., nordöstlich von Albany.[549]

---

nicht nur Heym für die Erlaubnis zur Benutzung dessen Privatarchivs in Berlin (DDR), sondern auch Eaton für weitere Anregungen. Professor Eaton gehörte zudem auch dem Prüfungsgremium für diese Doktorarbeit an, sicherlich nicht als Inhaber des dortigen Lehrstuhls für Sozialarbeitsforschung, sondern als persönlicher Kenner Heyms. Vgl. Zachau, Heym (1978), S. II u. III.

[544] Väterlicherseits wohl mindestens in zweiter Generation, denn wie sonst wäre der zutiefst irische Familienname zu erklären. Kennedys eigene Angaben sind hierzu etwas undeutlich, vgl. Kennedy, Interrogator (2005), S. 35. – In der Todesanzeige in der „Albany Times Union", vgl. S.N., Kennedy (2009), bat die Familie anstelle von Blumen um Spenden u. a. zugunsten der „Germania Hall" in Troy, New York, einem traditionsreichen regionalen Kulturverein von Deutschamerikanern. Vgl. S.N., Years (2012).

[545] Vgl. Siena College, Class (2015).

[546] Vgl. Kennedy, Interrogator (2005), S. 35. – Danach Verwendung bei verschiedenen Ausbildungseinrichtungen der Armee, so an der US-Army Intelligence School, Fort Riley, Kansas, später als Chef der Sprachenabteilung an der USAREUR-Army Intelligence School, Oberammergau, des Weiteren bei der US-Army Advisory Group to the Korean Army (KMAG). Vgl. ebd.

[547] Vgl. Kennedy, Interrogator (2005), S. 35. – Gemeint sind hier die „Captured German Records", die lange Zeit in Alexandria, Virginia, nahe Washington, D.C., verwahrt waren, bevor sie, nach einer kompletten Verfilmung, nach Deutschland zurückgegeben wurden.

[548] Vgl. Kennedy, Interrogator (2005), S. 35.

[549] Vgl. Todesanzeige in der „Albany Times Union": S.N., Kennedy (2009).

# III.
# ASPEKTE DER MILITÄRISCHEN ENTWICKLUNG 1944/45 MIT AUSWIRKUNGEN AUF DEN RAUM REGENSBURG

## 1. Vorbereitungen für ein neues Führer- bzw. Führungs-Hauptquartier bei Deggendorf im März/April 1945

In den ersten Wochen des Jahres 1945 zeigte sich, dass Berlin bald in den Frontbereich geraten wird. Es bedurfte daher der Vorbereitung von Ausweichquartieren für die obersten Führungsgremien von Staat und Wehrmacht. Wichtig war vor allem die nachrichtentechnische Infrastruktur, die herzustellen Angelegenheit der Nachrichtentruppe der Wehrmacht und des Fernmeldedienstes der Reichspost war. Bereits im März 1945 waren Teile der Führungs-Nachrichteneinrichtungen nach Gotha (Thüringen) verlagert worden, von wo aus sie dann am 1. April nach Bad Reichenhall verlegt wurden.[550] Zum Monatswechsel März/April 1945 war es nicht nur ein Plan, sondern es wurden auch erste Vorbereitungen getroffen, ein neues Führungs-/Führer-Hauptquartier in Ostbayern einzurichten. Regensburg als regionaler Fernsprech- und Verkehrsknoten hätte dadurch einen Zuwachs seiner strategischen Bedeutung (und auch seiner Gefährdung) im Geschehen der letzten Kriegsmonate erfahren.

Nach den Erinnerungen des letzten Chefs des Heeresnachrichtenwesens, General der Nachrichtentruppe Albert Praun (1894–1975),[551] entsprach Anfang 1945 keines der noch verbliebenen Führerhauptquartiere[552] außerhalb Berlins den strategischen Anforderungen. Lediglich der Raum Berchtesgaden mit dem Obersalzberg war nachrichtentechnisch entsprechend ausgebaut,[553] jedoch waren die vorhandenen Telefondrahtverbindungen über Reichenhall und Salzburg sehr luftkriegsgefährdet.[554] Man

---

[550] Vgl. Kampe, Heeres-Nachrichtentruppe (1994), S. 186; Praun, Soldat (1965), S. 245; Praun, Soldatenleben (2004), S. 267.

[551] Vgl. Praun, Soldat (1965). Diese Memoiren wurden später in ergänzter und erweiterter Form von seiner Enkelin neu herausgegeben, vgl. Praun, Soldatenleben (2004). – Albert Praun hatte auch eine sehr persönliche Beziehung zu Regensburg, da hier bereits seit den 1930er Jahren seine Eltern lebten, die er während der Kriegsjahre des Öfteren besuchte. Vgl. Praun, Soldat (1965), S. 105, 130 u. 159. Auch bei der Beisetzung seiner am 26.10.1944 verstorbenen Mutter war er anwesend. Vgl. ebd., S. 239; vgl. auch StAR, Sterbebuch 1944/4/1893, zum Tode des Vaters Theodor am 8. Mai 1945 siehe S. 86, Anm. 571 – General Praun war nach dem 20. Juli 1944 zum Nachfolger von General der Nachrichtentruppe Erich Fellgiebel ernannt worden, der als einer der zentralen Personen im Staatsstreichversuch verhaftet worden war und noch 1944 hingerichtet wurde. Von 1956 bis 1965 war Praun Leiter der Fernmeldeaufklärung des BND. Vgl. Müller, Wellenkrieg (2017), S. 34, speziell Anm. 31. – Die Ermordung seines Vetters Otto Praun 1960 war einer der spektakulärsten Kriminalfälle der bundesdeutschen Geschichte („Fall Vera Brühne"), wobei die Presse später auch eine Verstrickung des BND vermutete, da Otto Praun auch Beziehungen ins Waffenhändlermilieu gehabt haben soll. Eine Zusammenfassung all dieser Spekulationen findet sich bei: Festenberg, Geheimnis (2001).

[552] Allg. zu den Führerhauptquartieren vgl. Seidler, Führerhauptquartiere (2004),

[553] Ausführliche Angaben zum Ausbau des Bunkersystems am Obersalzberg seit 1943 sowie zu den weiteren Planungen 1945 vgl. Seidler, Führerhauptquartiere (2004), S. 265–270 bzw. S. 333–337.

[554] Vgl. Praun, Soldat (1965), S. 249; Praun, Soldatenleben (2004), S. 273; Seidler, Führerhauptquartiere (2004), S. 270.

## 1. Vorbereitungen für ein neues Führer- bzw. Führungs-Hauptquartier

erwog daher eine sogenannte „Zuglösung", d. h. den zusammengefassten Einsatz der Sonderzüge Hitlers, Keitels sowie des Chefs des Generalstabs in oder in der Nähe von Eisenbahntunneln. Diese Züge hatten vorbereitete Fernsprech- und Fernschreibanschlüsse, welche sich über das feste Drahtnetz überallhin verbinden ließen.[555]

Welche Züge sollten hierbei zum Einsatz kommen?[556] Im Januar 1942 hatte die Deutsche Reichsbahn insgesamt 25 Regierungs- und Befehlszüge mit zusammen 352 Waggons im Bestand.[557] Die Machthaber des Dritten Reichs waren auch in dieser Hinsicht bald nach 1933 völlig ohne Maß: Zunächst hatte man sich 1934/36 mit vier neuen Salonwagen für die Reichsregierung begnügt. Noch 1937 wurde ein kompletter neuer „Dienstwagenzug des Führers und Reichskanzlers" mit (zunächst) 13 Waggons beschafft. Dieser umfasste auch drei „persönliche" Salonwagen für Hitler, Göring und Goebbels. Hitler nutzte diesen durchaus beeindruckenden Zug erstmals im September 1937 beim Staatsbesuch Mussolinis in Deutschland.[558] Doch dieser „Führerzug" war nur der Anfang. Neben Heinrich Himmler und NS-Außenminister Joachim von Ribbentrop „benötigte" vor allem Hermann Göring umgehend einen eigenen Sonderzug[559].

Die Reichsbahn hatte ab 1937 über 50 spezielle Sonderwaggons für Regierungszüge neu beschafft.[560] Für die als militärische Hauptquartiere eingesetzten Sonderzüge, wurden während der Kriegsjahre zahlreiche Reisezugwagen, reichsbahneigene ebenso wie ausländische, zu (Salon-)Bürowagen umgebaut.[561] Bei den als militärische Hauptquartiere genutzten Befehlszügen waren die Nachrichtenwagen als Kommunikationszentralen unverzichtbar. Die ab 1939 gebauten Salon-Nachrichtenwägen verfügten über leistungsstarke Dieselgeneratoren, die nicht nur den enormen Strombedarf des Nachrichtenwagens selbst, sondern im Bedarfsfall auch den des ganzen Zuges decken konnten.[562]

---

[555] Vgl. Praun, Soldat (1965), S. 249; Praun, Soldatenleben (2004), S. 273. – Bereits der Balkanfeldzug 1941 war von einem solchen Hauptquartier aus geführt worden.
[556] Zu diesen Zügen vgl. insgesamt Nestvogel, Salonwagen (2005–2016).
[557] Vgl. Nestvogel, Sonderzüge (2015).
[558] Vgl. Gottwaldt, Salonwagen (1995), S. 7f. u. 14f.
[559] Jedoch entsprach der hierfür aus dem Führerzug übernommene persönliche Salonwagen Görings zwischenzeitlich nicht mehr seinen rasch gewachsenen Ansprüchen. Für Göring wurde deshalb ein weiterer Salonwagen beschafft, der aufgrund des Gewichtes der Ausstattung als Sechsachser gebaut werden musste. Bis 1941 wuchs Görings Dienstzug an auf erst 29, später sogar auf 37 Waggons, so dass er aufgrund Gesamtlänge und -gewichts nur in zwei Teilen gefahren werden konnte. Jener 1937 für Göring gebaute „bescheidenere" Salonwagen hat den Zweiten Weltkrieg überdauert und diente zwischen 1949 und 1974 allen Bundeskanzlern von Adenauer bis Brandt als Reisewagen. Heute kann er in Bonn im Tiefgeschoss des „Hauses der Geschichte der Bundesrepublik Deutschland" besichtigt werden. Vgl. hierzu die diesbezügliche Veröffentlichung des Museums: Gottwaldt, Salonwagen (1995).
[560] Vgl. Nestvogel, Exkurs (2005–2016).
[561] Vgl. Nestvogel, Sonderzüge (2015).
[562] Entsprechend hatten solche Wagen ein hohes Gewicht. Mit je 78,4 t Gesamtgewicht galten die beiden 1939/40 als Sechsachser für die Sonderzüge Himmlers bzw. von Ribbentrops gebauten

III. Aspekte der militärischen Entwicklung 1944/45

Über die Planungen bzw. die konkreten Vorbereitungen dieser „Zuglösung" für ein neues „Führer"-/Führungs-Hauptquartier im April 1945 gibt es keine Aktenüberlieferung,[563] weshalb dieses Thema in der einschlägigen Literatur zu den Führerhauptquartieren kaum erwähnt wird.[564] Lediglich General Praun berichtete in seinen Erinnerungen davon, dass mit der Vorbereitung im Februar/März 1945 begonnen worden war.[565] Man hatte hierfür zwei geeignete Tunnels zwischen Deggendorf und Gotteszell an der „Bayerischen Waldbahn" von Plattling nach Bayerisch Eisenstein ausfindig gemacht. Diese 1877 in Betrieb genommene Bahnlinie war ursprünglich für einen zweigleisigen Ausbau trassiert worden – auch die beiden Tunnels. Da jedoch nur ein Gleis verlegt war, boten beide Tunnels genug Raum für Einrichtungen und Bewegungen neben einem abgestellten Zug.[566] Bei Luftgefahr hätte die Möglichkeit bestanden, die Führungs-Züge in die Tunnels zu schieben – den „Hochbühltunnel" (Länge 569 m) zwischen den Stationen Gotteszell und Grafling sowie den anschließenden, im Berg kehrenden (und damit besonders luftschutzsicheren) „Kühbergtunnel" (Länge 475 m) oberhalb Ulrichsberg. Sowohl der Bahnhof Gotteszell als auch die damalige Zugkreuzungsstation Ulrichsberg waren mehrgleisig ausgebaut (seit 1938 auch die Station Grafling) und verfügten jeweils über mindestens zwei 400 Meter lange Parallelgleise.[567]

General Praun berichtete auch, dass er in den ersten Tagen des April 1945 selbst die Vorbereitungen für die „Zuglösung" in den Tunnels bei Gotteszell besichtigte:[568]

„In Deggendorf arbeitete Oberst Ahrens mit mehreren Abteilungen der Führungsnachrichtenregimenter daran, die Anschlüsse der Sonderzüge an die postalischen Fernkabel vorzubereiten".[569]

---

Salon-Nachrichtenwagen als die schwersten Personenwagen der Deutschen Reichsbahn überhaupt. Vgl. Nestvogel, Salonnachrichtenwagen Sal N 6ü–39 (2007) sowie Nestvogel, Salonnachrichtenwagen Sal N 6ü–39a (2007).

[563] Es ist für diese Phase des Krieges der Normalfall, dass Wehrmachtschriftgut nur sehr lückenhaft erhalten ist. Jedoch sollte dieser Vorgang auch in den Registraturen des Post-Fernmeldebereichs Regensburg und auch der RBD Regensburg (bedeutete die Planung doch eine vollständige Sperrung der Bahnstrecke) einen Niederschlag gefunden haben. Bis zur Privatisierung von Post und Bahn hatten beide ihre Altakten nicht abgegeben, sondern einem, dem DB-eigenen Verkehrsmuseum Nürnberg angeschlossenen „Post- und Bahn-Verkehrsarchiv" übertragen gehabt. Im Zuge der Umwandlung der beiden ehemaligen Staatsbehörden hatte man sich aus Kostengründen auch von diesem Archiv getrennt, dessen Bestände an die Landesarchive und dort an die jeweiligen Regionalarchive abgegeben wurden. Leider sind die bisher davon an das StAAm gelangten Akten im Umfang sehr gering. Große Teile sollen nach wie vor im BayHStA lagern, unbearbeitet und daher vorläufig für die Forschung unzugänglich.

[564] Bei Seidler, Führerhauptquartiere (2004), S. 336, wird der „Eisenbahntunnel Gotteszell" lediglich als Eintrag in einer Karte erwähnt.

[565] Vgl. Praun, Soldat (1965), S. 249; Praun, Soldatenleben (2004), S. 273.

[566] Fotos der Tunnelportale und die dabei ersichtliche Breite des Tunnelraumes, vgl. Brill, Tunnelportale (2017).

[567] Zu den technischen Daten der Bahn vgl. Rückschloß, Bahnhöfe (1996), S. 244–269.

[568] Vgl. Praun, Soldat (1965), S. 248f.; Praun, Soldatenleben (2004), S. 272f.

[569] Praun, Soldat (1965), S. 249; Praun, Soldatenleben (2004), S. 273.

1. Vorbereitungen für ein neues Führer- bzw. Führungs-Hauptquartier

Anschließend fuhr Praun nach Regensburg, um bei der Reichspostdirektion[570] und der Transportkommandantur jeweils erforderliche Vorbereitungen zu besprechen.[571] Beide Stellen in Regensburg waren für den Raum Gotteszell zuständig.[572] Man darf in diesem Zusammenhang auch die, um diese Zeit erfolgte Schaffung von Ausweichquartieren für verschiedene höhere deutsche wie ausländische Dienststellen in Ostbayern sehen, so etwa die Einquartierung des ungarischen Kriegsministeriums im Kloster Metten bei Deggendorf.[573] Vor Ort wird auch berichtet, dass in Deggendorf „in den letzten Kriegswochen Teile des Oberkommandos des Heeres in der Alten und Neuen Kaserne vorübergehend Ausweichquartiere bezogen".[574] Auch die Verlagerung von Teilen der NSDAP-Parteikanzlei als „Dienststelle Übersee" nach Schloss Steinach bei Straubing kann eventuell in diesem Zusammenhang gesehen werden.[575]

---

[570] Praun dürfte damit die Regensburger Außenstelle der RPD Nürnberg meinen, da, wie bereits in Kapitel I .5. ausgeführt, im Zuge der Vereinfachung der Verwaltung während des Krieges 1943 die RPD Regensburg (neben zwölf weiteren RPDen) aufgehoben und ihre zentralen Aufgaben der RPD Nürnberg übertragen worden waren.

[571] Vgl. Praun, Soldat (1965), S. 249; Praun, Soldatenleben (2004), S. 273. – Bei dieser Gelegenheit besuchte er auch seinen in Regensburg lebenden Vater, Notar Dr. jur. Theodor Praun, den er damit zum letzten Mal sah, da dieser am 8.5. verstarb, an jenem Tag, so berichtete der Sohn, als die Amerikaner ihn aus seiner Wohnung verwiesen. Vgl. ebd.; StAR, Sterbebuch 1945/3/292.

[572] Wann die Vorbereitungen der „Zuglösung" eingestellt wurden, ist nicht konkret überliefert, es dürfte jedoch spätestens zum 12. April gewesen sein, als Hitler die eventuelle Einsetzung von Oberbefehlshabern in einem „Nord"- bzw. „Süd-Raum" anordnete. Vgl. Praun, Soldat (1965), S. 250–252; Praun, Soldatenleben (2004), S. 275–277; s. hierzu Näheres in Kapitel V.1.

[573] Vgl. Smolorz, Displaced Persons (2005), S. 364. Siehe auch Kapitel III. .

[574] Vgl. Kandler, Deggendorf (1976), S. 95.

[575] Vgl. Nöth, Schloß (1988), S. 259; Agsteiner, Steinach (1996), S. 61. In Wallmühle bei Straubing kam 1945 die Münchner Außenstelle des Rechnungshofs des Deutschen Reichs unter. Die vorbereitete Verlegung des Reichsrechnungshofs aus Potsdam dorthin gelang den Verantwortlichen jedoch nicht mehr.Vgl. Heydenreuther, Finanzkontrolle (2012), S. 75f.

## 2. Zusammenführung von – hauptsächlich – Osteuropäern in Ostbayern und Regensburg

Erste Verlagerungen staatlicher Dienststellen nach Ostbayern lassen sich bereits für 1943 belegen. Im August des Jahres fand der Umzug des Schulungsreferates des Reichsfinanzministeriums nach Cham statt.[576] Als gegen Ende des Zweiten Weltkriegs der Oberbefehl der deutschen Wehrmacht auf zwei große Räume, den nördlichen und den südlichen, aufgeteilt worden und der Partei- und Staatsapparat bemüht war, sich nach Süden in die vermeintliche Alpenfestung zu verlagern, folgten dieser Verschiebung zahlreiche Ausländer, die sich im Reichsgebiet aufhielten: Diplomaten verbündeter Staaten sowie kollaborierende Politiker und Militärs.[577]

Die Verlagerungen von Behörden nach Süddeutschland hatte für zahlreiche Funktionsträger des Regimes auch eine private Dimension. An zwei Beispielen wird dies deutlich: Generaloberst Reinhard Gehlen, Chef der Abteilung Fremde Heere Ost (FHO) im Generalstab des Heeres, ließ Ehefrau und Kinder über ein Lager der Wlassow-Armee in der Lausitz nach Cham bringen, wo sie fern vom Zugriff der Roten Armee waren und auf die Besetzung durch die Amerikaner warteten.[578] SS-Standartenführer Friedrich Sowa, seit März 1945 Chef der Regensburger Sicherheitspolizei, sorgte dafür, dass seine Ehefrau und seine Tochter nach Schönberg bei Grafenau gebracht wurden, wo auch sogenannte Sonderhäftlinge der SS untergebracht waren, u. a. Dietrich Bonhoeffer, der auf seinem Weg dorthin im Regensburger Gefängnis übernachten musste.[579] Sonderhäftlinge des Konzentrationslagers Flossenbürg, darunter Angehörige der Familie Thyssen, der ehemalige französische Außenminister Léon Blum sowie Wassilij Kokorin, der Neffe des sowjetischen Außenministers Wjačeslav Molotow, kamen am 16. April 1945 in Regensburg an und mussten hier eine Nacht im Gefängnis verbringen, nachdem sie im Außenlager Colosseum abgewiesen worden waren. Sie wurden schon am nächsten Tag weiter in Richtung Süden transportiert.[580]

Der Rückzug nach Westen war für alle, die Deutschen und die mit ihnen kollaborierenden Gruppen aus Osteuropa, die einzige Option. Auffällig ist, dass einflussrei-

---

[576] Vgl. BA, R 2/301/30/a: Schreiben des Staatssekretärs im Reichsfinanzministerium an die Oberfinanzpräsidenten vom 18.08.1943. Die Mitteilung enthielt die Anweisung zur Geheimhaltung. Unter keinen Umständen sei in der brieflichen Anschrift ein Hinweis auf das Finanzministerium anzugeben.

[577] Vgl. PAAA, R/119147: Rückzug diplomatischer Vertretungen aus Krummhübel 1945.

[578] Vgl. Müller, Gehlen (2017), S. 390.

[579] Vgl. DD-WASt, Auskunft zu Friedrich Sowa vom 18.8.2017; BA, R58/9340: Brief F. Sowas an das Arbeitsamt Prag vom 9.3.1945 und das Schreiben des Arbeitsamts Prag vom 15.3.1945; Richardi, SS-Geiseln (2015), S. 105–107; Dünninger, Regensburg (1999), S. 59f.

[580] Vgl. Koop, Hand (2010), S. 219; Richardi, SS-Geiseln (2015), S. 59f. u. 245.

che NS-Funktionsträger die ausländischen Verbündeten für die Transporte ihrer Familienangehörigen in den süddeutschen Raum beanspruchten, statt sich auf die eigenen SS-Truppen zu verlassen.

Neben ausländischen Soldaten, wie den Angehörigen der Wlassow-Armee, die Ende des Zweiten Weltkrieges östlich von Cham zusammengezogen worden war,[581] setzten sich zahlreiche mit dem „Dritten Reich" kollaborierende ausländische Politiker in Richtung der vermeintlichen Alpenfestung ab. Ihnen kam in der Folgezeit große Bedeutung zu, da sie eher als manche Offiziere, die eine deutsche Uniform getragen hatten und so in den Augen der Amerikaner kompromittiert waren, in der Lage waren, die eigene nationale Diaspora in Regensburg und in Ostbayern zu einem antisowjetischen politischen Exil nach 1945 zu formieren.

**Ungarn**
Ungarische Politiker, die für einen Frieden mit der Sowjetunion und auf einen Bruch mit dem „Dritten Reich" hingearbeitet hatten, und auch diejenigen, die bis zum Schluss an der Kollaboration mit den Deutschen festhielten, wurden im Herbst 1944 in Bayern interniert bzw. im April 1945 nach Bayern evakuiert. Zur ersten Gruppe gehörte u. a. Miklós Horthy, der Reichsverweser (Vertreter eines Monarchen während der Thronvakanz) und langjähriges Staatsoberhaupt des Königreichs Ungarn (1920–1944). Während Horthy selbst seit Oktober 1944 als Sonderhäftling der SS auf Schloss Hirschberg bei Weilheim festgehalten wurde, befanden sich Ende 1944 einige seiner Anhänger auf Horthys Staatsyacht (ein frühes Geschenk Hitlers), die im Deggendorfer Hafen lag.[582] Horthy und seine Leute waren in Deutschland, weil die sogenannten Pfeilkreuzler, die faschistische Bewegung in Ungarn, unter Führung von Ferenc Szálasi[583] mit Hilfe des „Dritten Reichs" die Macht ergriffen hatten. Führende Vertreter des ungarischen Honvedministeriums (Verteidigungsministerium) kamen erst in der Karwoche 1945 im niederbayerischen Metten an,[584] während sich Szálasi vor der Roten Armee nach Mattsee bei Salzburg absetzte, wo er schließlich von den Amerikanern verhaftet wurde.[585]

Zeitgenossen in Deggendorf berichteten 1945 über die Ungarn: „Der Studentenhof (Klosterhof) ist heute Tummelplatz ungarischer Jugend. Lastauto auf Lastauto mit Ungarn rollen heran"[586]. Von dort aus befahl das ungarische Verteidigungsministerium am 8. April, alle ungarischen Einheiten und Militärschulen im Wehrkreis VII

---

[581] Die Wlassow-Bewegung umfasste ca. eine halbe Million Menschen. Am Ende waren diese Truppen (nicht selten in Begleitung von Familien) auf einem Nord- und Südraum im sog. Sudentenland verteilt; nur Teile der Südgruppe gerieten in amerikanische Gefangenschaft. Vgl. Hoffmann, Tragödie (2003), S. 210–225.
[582] Vgl. Westerholz, Land (1983), S. 219.
[583] Siehe Hauszmann, Ungarn (2004), S. 296f.; Molnár, Geschichte (1999), S. 398f. u. 400–403.
[584] Vgl. KAM, Rundbrief Nr. 46: Chronik Jan. 1945 bis Dez. 1945.
[585] Vgl. Durucz, Ungarn (2006), S. 251.
[586] KAM, Rundbrief Nr. 46: Chronik Jan.1945 bis Dez. 1945.

(Südbayern) zusammenzuziehen.[587] Man versuchte, kaum im Einklang mit der deutschen militärischen Führung, aber umso mehr bei den eigenen Landsleuten den Eindruck zu erwecken, man sei selbstständig und nach wie vor in der Lage, politisch zu agieren. Gleichzeitig wurde das Personal der ungarischen diplomatischen Vertretung in Deutschland auf Betreiben des Auswärtigen Amts aus Krummhübel über das niederschlesische Bad Flinsberg nach Bad Gastein in Österreich in Bewegung gesetzt.[588]

Nicht alle Vertreter der politisch-militärischen Eliten der Ungarn in Bayern fanden politisch zueinander. Eine Gruppe ragt hervor, die mehr Einfluss in der späteren Bundesrepublik als andere Ungarn, die das Exil weiter im Westen suchten, haben sollte: Der „Antibolschewistische Block" war in Bayern, u. a. in Regensburg aktiv. Die anderen Ungarn neigten eher dazu, mit den USA unmittelbar, jedenfalls ohne Beteiligung der Deutschen, zu kooperieren.[589]

**Balten**
Ein prominenter litauischer Vertreter des späteren politischen Exils in Westdeutschland befand sich bereits seit Juli 1944 in Regensburg, Bischof Vincentas Brizgys. In die Donaustadt gelangte er angeblich auf Befehl der Gestapo;[590] wahrscheinlicher ist jedoch, dass hinter seiner Entsendung nach Regensburg das RSHA stand. Ferner wurden zahlreiche römisch-katholische Geistliche aus dem Baltikum nach Eichstätt evakuiert,[591] die als Seelsorger durchweg eine Funktionselite unter den Litauern darstellten.[592] Mutmaßlich wirkte dabei auf deutscher Seite der in Eichstätt arbeitende Rudolf Graber[593] mit, der Domprediger und Professor an der Katholischen Hochschule Eichstätt war. Eine Erklärung dafür liefert die Tatsache, dass sein Bruder Siegfried zur

---

[587] Vgl. Brückner, Kriegsende (1987), S. 231f.; BZAR, OA/3730: Schreiben Prior Marianus Dietls an das Bischöfl. Ordinariat Regensburg vom 3.4.45; Molitor, Ende (1996), S. 387.
[588] Vgl. PAAA, R/119147: Mitteilung Nr. Prot 590 XIV Ung. vom 9.1.1945.
[589] Vgl. Stöver, Befreiung (2002), S. 298f.
[590] Vgl. NARA, 640446/17/2: Notiz der CIA vom 23.11.1965; NARA, 640446/17/2: Case of V. Brizgys vom 23.11.1965.
[591] Vgl. Bauch, Collegium (1964), S. 102f.; StAR, DPs: Mitteilung des Diözesanarchivs Eichstätt vom 05.08.2005.
[592] Vgl. BZAR,: Schematismus der Geistlichkeit des Bistums Regensburg für das Jahr 1946; BZAR, Generalia/551.50: Bericht über die Lage der kathol. Litauer in Deutschland, 1950.
[593] Der spätere Bischof von Regensburg, Rudolf Graber, war für Reinhard Gehlen über den o.g. Hermann Baun, als Verbindung in den Vatikan tätig. Der Bruder Rudolfs, Siegfried Graber, fungierte zugleich als Adjutant Hermann Bauns, der zweiten Hauptfigur der Organisation Gehlen nach 1945. Rudolf Graber selbst galt als Vertrauter des Fürsten von Thurn und Taxis in Regensburg und hielt sich 1945 in Eichstätt auf, wohin zahlreiche Geistliche aus dem Baltikum als Opfer und Gegner der Sowjetunion evakuiert worden waren. In der Organisation Gehlen war überdies ein böhmischer Verwandter der Regensburger Familie von Thurn und Taxis, Hugo von Thurn und Taxis, tätig und stellte der Organisation Gehlen zusammen mit Artur Faber wirtschaftliche Ressourcen zur Verfügung. Das Konglomerat von vertrauten Personen aus der Oberpfalz knüpfte im Geheimen Kontakte zu den Amerikanern, und stellte das deutsche Netzwerk dar, das Gehlen und Baun den Amerikanern übergaben. Vgl. Pahl, Baun (2016), S. 48; Franceschini, Spione (2017), S. 72.

gleichen Zeit als Angehöriger der Frontaufklärung „Walli I" diente, also in der Spionage unter Gehlens späterem Vertrauten ab 1944, Hermann Baun.[594] Diese Verbindungen sollten nach 1945 weiterhin eine gewichtige Rolle spielen.

**Polen**
Auf Burg Falkenberg im Norden der Oberpfalz, dem Besitz des am 10. November 1944 hingerichteten Widerstandskämpfers und einstigen deutschen Botschafters in Moskau, Friedrich-Werner Graf von der Schulenburg, richtete die SS ein weiteres Lager für Sonderhäftlinge ein.[595] Dort wurde im Januar 1945 Cecila Mikołajczyk[596], die Ehefrau des polnischen Premierministers Stanisław Mikołajczyk, zusammen mit weiteren Prominenten, wie dem Grafen Adam Ronikier, untergebracht.[597] Ronikier war von 1940 bis 1943 Präsident des Polnischen Hauptfürsorgerates (Rada Główna Opiekuńcza) in Krakau gewesen.[598] Man sprach daher auch von polnischen Schutzhäftlingen (wahrscheinlich Sonderhäftlingen) aus Krakau. Mitte April 1945 wurde Mikołajczyk in Falkenberg befreit und zu einer polnischen Partisaneneinheit, der Heilig-Kreuz-Brigade der Nationalen Streitkräfte (Narodowe Siły Zbrojne = NSZ), nach Böhmen gebracht, die kurzfristig mit dem deutschen militärischen Geheimdienst[599] zusammenarbeitete, um sich auf diese Weise vor der Roten Armee zu retten. Ronikiers Schicksal bleibt im Dunklen, er starb 1952 in den USA, was bedeutet, dass die Amerikaner ihn nicht als Kollaborateur der Deutschen ansahen.

Die Deutschen waren ihrerseits bemüht, diese Polen[600] in eine antibolschewistische Front einzureihen, für die ferner die Russische Befreiungsarmee des Generals Wlassow, die rumänische Eiserne Garde und die ungarischen Pfeilkreuzler eingeplant waren.[601] Einer der Ausbilder dieser Gruppen, insbesondere der Polen, wurde

---

[594] Vgl. Hechelhammer, NS-Siedlung (2014), S. 169f.
[595] Besondere Aufmerksamkeit galt in der Forschung bisher den Sonderhäftlingen der SS, die aus den Konzentrationslagern in Süddeutschland zusammengeführt wurden. Vgl. Richardi, SS-Geiseln (2015).
[596] Vgl. Bereits im Januar 1944 hatte sich der vatikanische Nuntius in Deutschland, Bischof Cesare Orsenigo, um die Freilassung Frau Mikołajczyks aus dem Konzentrationslager Auschwitz bemüht, wo sie seit 1942 inhaftiert war. Vgl. PAAA, R/101202: Schreiben an Gruppenleiter Inland II vom 24.8.1944 (Inland II/1762g); PAAA, R/995551: Schreiben Dietrich von Mirbachs vom 21.1.1944 (Bl. 000057).
[597] Adam Ronikier galt vielen Polen als Freund der Deutschen und Kollaborateur. Vgl. Bömelburg, Kollaborationsvorwurf (2006), S. 276.
[598] Vgl. Helm, Burg (2014), S. 109; Luckau, Prominente (1995).
[599] Im Herbst 1944 bemühte sich Wilfried Krallert in Prag, einen einheitlichen, deutschen Geheimdienst aufzubauen. Eine wichtige Rolle spielten dabei Vertreter der ostmitteleuropäischen Nationen, die der UdSSR feindlich oder zumindest distanziert gegenüberstanden. Vgl. Fahlbusch, Krallert (2017), S. 377. Bereits im Frühjahr 1944 hatte das RSHA die Abwehrabteilung des OKW gleichgeschaltet und daraus ein eigenes „Militärisches Amt" gebildet. Vgl. Müller, Gehlen (2017), S. 380.
[600] Das Lager der Polen leitete im Februar 1945 Hauptmann Heilmann, vgl. NARA, 0319/A1134/7.
[601] Vgl. Smolorz, Displaced Persons (2009) S. 69 u. 95f.

III. Aspekte der militärischen Entwicklung 1944/45

Ludwig Wolf, der nach 1945 bei der Organisation Gehlen tätig war.[602] Die deutsche Initiative kam aus militärischer Sicht zu spät[603], hatte aber gerade für die Ausländer Auswirkungen in der unmittelbaren Nachkriegszeit. Die politische Opposition gegen den Kommunismus, besonders der Wlassow-Bewegung und der Polen, musste aus Sicht der sowjetischen Machthaber kompromisslos bekämpft werden. Ihr Vorgehen rechtfertigte die Sowjetunion mit dem pauschalen Vorwurf der Kollaboration mit den Deutschen.

Neben dem deutschen Geheimdienst war auch das deutsche Militär an den Vorgängen im oberpfälzischen Falkenberg beteiligt. Dies lässt sich am Beispiel des inhaftierten polnischen Majors der NSZ, Stefan W. Kozłowski, zeigen. Die Deutschen überstellten ihn nach Gesprächen von (bisher nicht identifizierten) polnischen Politikern mit Generaloberst Heinz Guderian[604] in Berlin vom Konzentrationslager Neuengamme nach Falkenberg zu den Sonderhäftlingen. Schließlich wurde er gemeinsam mit Cecilia Mikołajczyk der Heilig-Kreuz-Brigade bei Kolin in Böhmen zugewiesen.[605] Kozłowski übernahm daraufhin die Aufgabe, im Kriegsgefangenenlager für polnische Offiziere im oberbayerischen Murnau[606] weitere Freiwillige für den Kampf gegen die Rote Armee an der Seite der Deutschen anzuwerben.[607]

**Weißrussen**

Als sich am 30. April 1945 weißrussische Soldaten in Wehrmachtuniform im ostbayerischen Raum deutschen Befehlen verweigerten und als Teil der Russischen Befreiungsarmee Verband „Belarus" aus Böhmen in Richtung Zwiesel vorstießen,[608] war das für die deutsche Seite ein weiteres Zeichen der bevorstehenden Kriegsniederlage. Für die Weißrussen war es jedoch der nächste Schritt in einer Folge militärisch-politischer Manöver, die zu einer Auseinandersetzung zählten, die bereits vor 1939 begonnen und noch weiter über das Jahr 1945 hinaus andauern sollte. Denn viele von ihnen sahen in der Roten Armee den Hauptfeind. Deshalb waren sie auch bereit gewesen, mit dem „Dritten Reich" zu kollaborieren und gegen die Sowjetunion unter Stalins Führung zu kämpfen. Daher waren weißrussische Antikommunisten, seit 1939 vereint in der Weißruthenischen Unabhängigkeitspartei, bereits seit 1944 bemüht, die alten Emigranten aus der Zeit nach der Oktoberrevolution von 1917 und die damals neuen, mit dem „Dritten Reich" kollaborierenden Kräfte zusammenzuschlie-

---

[602] Vgl. Żaryn, Taniec (2011), S. 99.
[603] Vgl. Müller, Gehlen (2017), S. 377.
[604] Generaloberst Guderian war Chef des Generalstabs des Heeres und damit Vorgesetzter Reinhard Gehlens. Dieser agierte gegenüber den polnischen, von deutscher Seite sogenannten „grünen Partisanen" mit einer Genehmigung Walter Schellenbergs, des Geheimdienstchefs im RSHA. Vgl. Müller, Gehlen (2017), S. 383.
[605] Vgl. Żaryn, Taniec (2011), S. 54, 65, 191; Marcinkowski, Wspomnienia (1998), S. 127.
[606] Zum Oflag Murnau siehe mehr bei Rawski, Wspomnienia (1998).
[607] Vgl. Żaryn, Taniec (2011), S. 54f.
[608] Vgl. NARA, 263/ZZ 16/76/1: Bericht Kuszals [nicht datiert, ca. 1948].

ßen. Ein Teil dieser Aktivisten schloss sich der Russischen Befreiungsarmee des Generals Wlassow an. Es waren insbesondere Soldaten der 30. Weißrussischen Freiwilligen Division der SS. Bei Cham gerieten sie in amerikanische Gefangenschaft. In die Geschichte gingen diese Weißrussen als Verband „Belarus" ein, der noch am 28. April 1945 bei Waldmünchen militärisch gegen die vermeintlichen Feinde vorgegangen war.[609] Weißrussische Zivilisten, welche die Einheit begleitet hatten, verblieben zunächst vor Ort, Uniformierte wurden hingegen von den Amerikanern in Regensburg inhaftiert.[610]

**Ukrainer**
Bei der Regensburger Feuerwehrpolizei, also innerhalb des Polizeiapparats von Heinrich Himmler, gab es Ukrainer, die in deutschen militärischen Diensten standen und die „Tapferkeits- und Verdienst-Auszeichnung für Angehörige der Ostvölker" trugen.[611] Die osteuropäischen Feuerwehrmänner dienten bei der Regensburger Feuerwehr bis zum Einmarsch der Amerikaner.[612] Bekanntlich gab es auch reguläre ukrainische Verbände innerhalb der Waffen-SS, u. a. die 14. Waffen-Grenadier-Division der SS.

Neben kollaborierenden Ukrainern existierten auf deutscher Seite seit April 1945 vermehrt Kontakte zu den Partisanen der Ukrainischen Aufstandsarmee (Ukrajinska Powstanska Armija = UPA) in der Ukraine.[613] Die UPA entstand 1942, sie kämpfte gegen die Rote Armee, gegen andere sowjetische paramilitärische Einheiten sowie gegen Polen im Sinn der ukrainischen nationalen Befreiung. Ziel des deutschen Rückgriffs auf die UPA war, die Verbindungen zu den Partisanen als Trumpf in deutscher Hand bei Verhandlungen mit den Amerikanern einzusetzen. Ein direkter kausaler Zusammenhang kann nicht nachgewiesen werden, alle bisher recherchierten Indizien sprechen jedoch dafür.

**Westeuropäer**
Neben den geschilderten Evakuierungen aus Osteuropa sind auch diejenigen westeuropäischer Politiker und Soldaten zu nennen, die kurz vor dem Ende des Zweiten Weltkriegs ebenfalls in Ostbayern Zuflucht fanden.

Seit dem 3. September 1939 hatten sich Deutschland und Frankreich im Kriegszustand befunden. Am 16. Juni 1940 war in Frankreich ein neuer Regierungschef ein-

---

[609] Vgl. Sammlung Ehm: Brief von Dr. Joachim Hoffmann vom 6.5.1985.
[610] Vgl. BA, B206/1076: Handbuch der Emigration. Weißruthenische Emigration, S. 12f.; Smolorz, Displaced Persons (2009), S. 51.
[611] Verordnung (1942), S. 463.
[612] Vgl. StAR, Polizeiunterlagen-Feuerwehr: Kasimir Murawski, Dimitri Kieselew, Michael Rosolowski, etc.; DD-WASt, Auskunft zu Angehörigen der Regensburger Feuerschutzpolizei vom 3.5.2006.
[613] Vgl. Müller, Gehlen (2017), S. 400.

### III. Aspekte der militärischen Entwicklung 1944/45

gesetzt worden, der „Sieger von Verdun", Marschall Philippe Pétain. Sein Ziel war, Frankreich als souveränen Staat zu erhalten. Dafür mussten die seit dem 10. Mai 1940 begonnenen Kampfhandlungen mit Deutschland eingestellt werden, ohne dass Frankreich kapituliere. Am 22. Juni 1940 war es zu einem Waffenstillstands-Vertrag gekommen, der bei Rethondes, in der Nähe von Compiègne, von Wilhelm Keitel und von Charles Huntziger unterzeichnet worden war.

Die noch im Juni 1940 in diesem Zusammenhang ins Leben gerufene Deutsche Waffenstillstand-Kommission hatte ihren Sitz in Wiesbaden.[614] Ihr war eine französische Delegation zugewiesen worden, die Délégation Française auprès de la Commission Allemande d'Armistice. Die relativ große Behörde wurde 1944 auf 15 Mann reduziert und kam auf ihrem Weg über Marienbad im September 1944 nach Vilsbiburg bei Landshut.[615] Darüber, ob 1945 die französischen Mitglieder der Kommission unter amerikanische Aufsicht kamen oder an die französischen Verbände in Oberbayern übergeben wurden, schweigen sich die Quellen aus.

Neben den Franzosen fanden sich in Ostbayern auch italienische Diplomaten wieder. Sie waren, wie zahlreiche andere Diplomaten, bis kurz vor dem Einrücken der Roten Armee im niederschlesischen Krummhübel untergebracht. Ihr Rückzug erfolgte gleichfalls im Januar 1945 auf Betreiben des Auswärtigen Amts in Richtung Alpen.[616] Regensburg war nicht das ursprüngliche Ziel. Da aber im Mai 1945 gerade hier eine Sammelstelle für Angehörige früherer Feindstaaten – aus der Sicht der US-Verwaltung – auf dem Gelände des Messerschmitt-Werkes errichtet wurde, ist anzunehmen, dass die italienischen Diplomaten über Regensburg repatriiert wurden. Immerhin gab es in der Stadt eine starke Gruppe zuvor internierter italienischer Militärangehöriger sowie von Zivilarbeitern; am 31. Mai waren es 2.155 Personen, davon allein 700 im ehemaligen Zwangsarbeiterlager des Messerschmittwerks.[617]

Der Konzentration von Kollaborateuren des „Dritten Reiches" im östlichen Bayern kurz vor dem Ende des Zweiten Weltkriegs lagen einerseits praktische Erwägungen zugrunde: die Flucht vor den Alliierten sowohl im Westen, als vor allem auch im Osten vor der Roten Armee. Auf der anderen Seite hatte die Involvierung der deutschen Geheimdienste in diese Verlagerung, mit dem Ziel „Voralpenraum", den Charakter einer politischen Maßnahme mit Blick auf die Zeit nach der Kapitulation des nationalsozialistischen Regimes; es ging um eine geplante Indienstnahme mancher deutschen Stellen samt deren Kollaborateuren durch die Amerikaner.

---

[614] Vgl. Löw, Verfolgung (2012), S. 299, Anm. 6.
[615] Vgl. Zibell, Waffenstillstandskommission; Lieb, Krieg (2007), S. 74; Beaujouan, France (2002), S. 440f.
[616] Vgl. PAAA, R/119147: Liste der Angehörigen der italienischen Botschaft in Berlin vom Sept. 1945.
[617] Vgl. Smolorz, Displaced Persons (2009), S. 47f., Anm. 396.

## 3. Verlagerungen deutscher Kampfstoffe nach Ostbayern

### 3.1. Giftgas: die erste Massenvernichtungswaffe

Der Einsatz von Giftgas war der Schrecken des Ersten Weltkriegs gewesen, was beiderseits der Fronten die Soldaten traumatisiert hatte – man konnte sich nichts Schlimmeres vorstellen.[618] Daher gipfelten Adolf Hitlers rassistische Ausführungen in seinem 1924 verfassten „Mein Kampf" in dem Wunsch, man solle „Juden unter Gas halten"[619] – ab 1941 sollten tatsächlich Millionen mit Gas ermordet werden.[620]

Der Gaskrieg war im Ersten Weltkrieg zunächst der Versuch gewesen, mit dieser neuen Waffe einen strategischen Durchbruch durch die erstarrten Fronten zu erzielen. Trotz massiven Einsatzes gelang dies kein einziges Mal – in der Kriegspraxis hatten Kampfstoffe, so die militärische Bezeichnung, als entscheidende Angriffswaffe versagt. Hingegen zeigte sich die Möglichkeit der Anwendung als Verteidigungswaffe, da große Geländebereiche für längere Zeiträume für den Gegner unpassierbar gemacht werden konnten.

Es hatte im Ersten Weltkrieg mit dem Abblasen von einfachem Chlorgas begonnen – in großer Konzentration eingeatmet, war es durchaus lebensbedrohend. Mit der Einführung von Gasmasken begann ein technischer Wettlauf um die Entwicklung immer neuer Giftgase, gegen welche die Maskenfilter der jeweils anderen Seite keinen Schutz boten, und die auf andere Weise die Opfer schädigten. Die deutschen Sammelbezeichnungen „Grünkreuz", „Blaukreuz" und „Gelbkreuz", abgeleitet von den farbigen Markierungen auf den Granaten, standen dabei jeweils für eine ganze Gruppe von Giftgasen. Als „Königin der Kampfstoffe" galt im Ersten Weltkrieg das Gelbkreuzgas „Lost". Die deutschen Chemiker Lommel und Steinkopf, von deren

---

[618] Grundsätzlich zu dieser Thematik vgl. Tucker, War (2007); Gellermann, Krieg (1986); Groehler, Tod (1980); Clarke, Waffen (1969), S. 55–90.

[619] Vgl. Hartmann, Hitler (2016), S. 1179 mit der dort wiedergegebenen S. 344 der Erstausgabe von Hitlers „Mein Kampf" von 1925/27. Im Original hat die einschlägige Textstelle folgenden Wortlaut: „Hätte man zu Kriegsbeginn [1914] und während des Krieges einmal zwölf- oder fünfzehntausend dieser hebräischen Volksverderber so unter Giftgas gehalten wie Hunderttausende unserer allerbesten deutschen Arbeiter aus allen Schichten und Berufen es im Felde erdulden mußten, dann wäre das Millionenopfer der Front nicht vergeblich gewesen. Im Gegenteil: Zwölftausend Schurken zur rechten Zeit beseitigt, hätte vielleicht einer Million ordentlicher, für die Zukunft wertvoller Deutschen das Leben gerettet."

[620] In den Gaskammern der Vernichtungslager wurden keine „Kampfstoffe" eingesetzt, sondern ein damals handelsübliches „Gebäudeentlausungsmittel" auf Blausäurebasis („Zyklon B"), dessen Wirkung für Menschen innerhalb geschlossener Räume nach mehrminütigem Todeskampf letal ist. – Werbeschriften für dieses Mittel s. bei Ehm, Antisemitismus (1996), S. 124.

III. Aspekte der militärischen Entwicklung 1944/45

Anfangsbuchstaben sich auch die Bezeichnung (Lo-St) ableitete, hatten die Verwendbarkeit der bereits länger bekannten Substanz Dichlordiethylsulfid als Kampfstoff entdeckt. Bei den deutschen und auch den britischen Soldaten hieß dieses Gas „Senfgas" bzw. „mustard gas" – wegen des Geruchs, der Senf ähnelte. Die Franzosen bezeichneten es als „Ypérite", benannt nach dem Ort Ypern in Flandern, wo es deutsche Truppen im Juli 1917 erstmals eingesetzt hatten. Das Einatmen von 0,07 mg pro Liter Luft (entspricht 70 mg/m³) war bereits tödlich. Lost war ein heimtückischer Stoff, der, vom Opfer zunächst unbemerkt, auch über die Haut in den Körper eindrang. Erst nach Stunden zeigten sich erste Symptome: große, vereiternde Brandblasen. Als Langzeitfolgen konnten Hirnschädigungen auftreten. Wirkten 600 mg pro kg Körpergewicht des Opfers nur eine Stunde lang auf die Körperoberfläche, trat der Tod bereits nach wenigen Stunden ein, bei 60 mg/kg nach drei Tagen.[621]

Gebäude und Kleidung boten keinen Schutz vor der verheerenden Wirkung von Lost. Es durchdrang Holz und sogar Ziegelsteine, ebenso wie Textilien, ohne etwas von seiner giftigen Wirkung zu verlieren. Weder im Ersten, noch im Zweiten Weltkrieg verfügten deutsche Soldaten über lostsichere Uniformen – Masken und Überwurftücher allein waren nur eine Art Notbehelf.[622] Für die Zivilbevölkerung hätten nur betonierte, hermetisch von der Umwelt abgeschlossene Bunker Schutz bieten können – Bunker, die es sogar in Großstädten kaum gab.[623] Es konnte, je nach Witterung, nur Tage, aber auch Wochen dauern, bis ein Lost-verseuchtes Gelände wieder ohne Schutzbekleidung betreten werden konnte. Entgiftungsmaßnahmen waren sehr aufwendig.[624]

Die Chemiker ersannen noch schrecklichere Stoffe: Nervengifte, die beim Opfer vor dem Tod Muskelkrämpfe, Bewusstlosigkeit und Sinnesverwirrung bewirkten. 1934 entwickelte ein Chemiker der I.G. Farben eine Substanz mit der (fast unaussprechlichen) Bezeichnung „Dimethylaminozyanphosphorsäureäthylester". Seit 1937 experimentierte die Wehrmacht mit diesem nun „Tabun" genannten Nervengift. Beim Einatmen von bereits 0,03 mg pro Liter Luft (30 mg/m³) traten binnen weniger Minuten Vergiftungserscheinungen auf. Tierversuche hatten ergeben, dass mehr als 0,1 mg/l (100 mg/m³) binnen 5–10 Minuten tödlich wirkten. Auch Tabun drang über die Haut ein. Das Nervengift Tabun war im Vergleich zu Lost wenig beständig. Nur 10 bis 20 Stunden blieb es im freien Gelände wirksam[625] – und eignete sich daher umso mehr als taktische Waffe im Bewegungskrieg. Wirklichen Schutz gegen Tabun boten lediglich Vollgummibekleidungen, die jedoch nur für kurze Zeit tragbar sind, da sie zu einem gefährlichen Wärmestau im Körper führen.[626]

---

[621] Alle Angaben zu Lost vgl. Gellermann, Krieg (1986), S. 25f.
[622] Vgl. Gellermann, Krieg (1986), S. 52f u 192f
[623] Vgl. Gellermann, Krieg (1986), S. 56.
[624] Vgl. Gellermann, Krieg (1986), S. 25
[625] Alle Angaben zu Tabun vgl. Gellermann, Krieg (1986), S. 61f.
[626] Vgl. Gellermann, Krieg (1986), S. 192.

## 3. Verlagerungen deutscher Kampfstoffe nach Ostbayern

Eigentlich waren Geschosse, deren einziger Zweck die Verbreitung von erstickenden oder giftigen Gasen war, bereits durch die Haager Landkriegsordnungen von 1899 und 1909 verboten worden. Nach dem Ersten Weltkrieg hatte man versucht, Giftgase erneut zu ächten – vergeblich. In einigen Kriegen wurden Kampfstoffe eingesetzt, beispielsweise von der italienischen Luftwaffe bei der Eroberung Äthiopiens 1935/36. Auch die Japaner machten im Krieg gegen China davon regelmäßig Gebrauch. Nahezu alle am Zweiten Weltkrieg beteiligten Armeen hatten Giftkampfstoffe in ihren Arsenalen, um mit gleicher Waffe antworten zu können, sollte der Gegner derlei einsetzen.[627] Während des Zweiten Weltkriegs hat es mehrere Fälle gegeben, in denen durch Kampfhandlungen unbeabsichtigt Giftgasbestände freigesetzt wurden.[628]

Der Einsatz einzelner Gasgranaten bzw. -Bomben machte militärisch keinerlei Sinn – Kampfstoffe bedurften eines flächigen und massierten Einsatzes um militärisch nutzbare Vorteile erzielen zu können. Es gäbe gute Gründe anzunehmen, merkte Rolf-Dieter Müller 1999 an, dass, wenn Hitler von „Wunderwaffen" sprach, er auch Nervengift-Kampfstoffe meinte.[629] Warum wurden diese nicht eingesetzt?

Die auf deutscher Seite neuentwickelten Nervengift-Kampfstoffe Tabun (sowie Sarin und Soman) waren aufgrund von Rohstoffmangel und Fabrikationsschwierigkeiten nicht in genügender Einsatzmenge herstellbar.[630] Es fehlte der Wehrmacht während der gesamten Kriegs die nötige Zahl von Einsatzmitteln, um die Kampfstoffe in der erforderlichen Großmenge an den Gegner heranzubringen.[631] Auch eine Art Verzweiflungsakt Hitlers oder von NS-Fanatikern 1945 wäre an waffentechnischen Gründen gescheitert, da zu diesem Zeitpunkt das Heer nicht mehr in der Lage war, eine Massierung von Artillerie aufzubieten, noch die Luftwaffe fähig war, Bomber in erforderlicher Zahl in die Luft zu bringen.

Auch wenn die alliierte Seite bei einem deutschen Einsatz des Nervengiftes Tabun nicht mit gleicher Waffe hätte antworten können, hätte auch ein massierter Einsatz von Lost und ähnlichen Gasen sehr rasch zu gravierenden und dramatischen Folgen

---

[627] Zur Thematik Giftgas im Zweiten Weltkrieg, insbesondere zu Nervengiften, vgl. Brauch, Kriegführung (1985); Gellermann, Krieg (1986), speziell S. 208–212; des Weiteren Müller, Rüstungspolitik (1999), speziell S. 437f. u. S. 705–716; Tucker, War (2007), S. 42–102; Schmaltz, Kampfstoff-Forschung (2005).

[628] Vgl. Gellermann, Krieg (1986), S. 135–137 u. 160–165. – Der folgenreichste Zwischenfall dieser Art ereignete sich am 2. Dezember 1943, als bei einem schweren deutscher Luftangriff auf den alliierten Nachschubhafen Bari in Süditalien 25 Schiffe zerstört bzw. schwerst beschädigt wurden, darunter auch ein Frachter, der amerikanische Senfgas-Bomben geladen hatte. Austretendes Gas verursachte die Masse der Opfer dieses Luftangriffes. Man geht von etwa 100 getöteten Soldaten und über 1.000 Toten unter der italienischen Zivilbevölkerung aus, von denen viele deshalb starben, da man zunächst ihre Verletzungen nicht als Gasfolgen erkannte und falsch behandelte. Als klar wurde, dass Giftgas die Ursache war, glaubte man alliiertenseits für kurze Zeit an einen deutschen Gaseinsatz, bis festgestellt wurde, dass hier eigene Bestände die Ursache waren. Vgl. ausführlich zu diesem Vorfall: Reminick, Nightmare (2001).

[629] Vgl. Müller, Rüstungspolitik (1999), S. 705, auch S. 710 u. 714.

[630] Vgl. Gellermann, Krieg (1986), S. 211.

[631] Vgl. Gellermann, Krieg (1986), S. 211.

III. Aspekte der militärischen Entwicklung 1944/45

auf deutscher Seite geführt. Dies, da weder die Wehrmacht, geschweige die Zivilbevölkerung über wirklich wirksame Schutzmittel selbst gegen dieses „herkömmliche" Giftgas verfügte.[632] Im Wissen um die völlig unzureichenden Schutzmaßnahmen ist wohl ein Hauptgrund zu sehen, dass während des Zweiten Weltkrieges von deutscher Seite, trotz mehrmaliger Erwägung, kein Giftgaskrieg begonnen wurde.[633] Alliierte Gegenschläge mit Kampfstoffen hätten die Wehrmachtführung, so Gellermann, innerhalb kürzester Frist zur Kapitulation gezwungen.[634]

Die Wehrmacht hatte die schon von der Reichswehr benutzte Tarnbezeichnung „Nebeltruppen" für mit Kampfstoffen befasste Truppenteile beibehalten. Im Oberkommando des Heeres war hierfür die Abteilung „Inspektion der Nebeltruppen und Gasabwehr (In 9)" zuständig.[635] 1945 war Chef des Stabes der 1940 gegründeten Dienststelle „General der Nebeltruppen" beim OKH Generalleutnant Hermann Ochsner (1892–1951), ein gebürtiger Regensburger.[636]

Wichtiger Lieferant für Kampfstoffe der Wehrmacht war die Anorgana GmbH, eine Tochtergesellschaft der I.G. Farben. Das Nervengift Tabun wurde fast ausschließlich in deren Werk in Dyhernfurth, Niederschlesien, hergestellt,[637] bis 1945 insgesamt 12.000 Tonen, von denen 10.000 Tonnen in Bomben verfüllt wurden.[638] Lost (Senfgas) lieferten auch andere Hersteller.[639] Seit 1937 plante die I.G. Farben im

---

[632] Zum mangelnden Gasschutz bei der Wehrmacht und im Zivilbereich allg. s. Gellermann, Krieg (1986), S. 185–199.
[633] Vgl. Müller, Rüstungspolitik (1999), S. 712f.
[634] Vgl. Gellermann, Krieg (1986), S. 211. – Hitler selbst wusste sehr genau um diese Mängel und war in Sorge, dass die Alliierten Kenntnis von dieser Situation erlangen könnten. Zum 1. März 1944 hatte er seinen Begleitarzt, Prof. Dr. med. Karl Brandt (1904–1948), SS-Gruppenführer und Generalleutnant der Waffen-SS sowie Generalkommissar für das Sanitäts- und Gesundheitswesen, zum „Sonderbeauftragten des Führers in Gasschutz- und Gaskampffragen" ernannte. Als solcher sollte dieser alle erforderlichen Maßnahmen zu einer Verbesserung der Lage ergreifen. Brandt wusste damit besser als jeder andere Deutsche um die Defizite. Vgl. Gellermann, Krieg (1986), S. 197f. Als er im April 1945 seine Familie zu den Amerikanern geschickt hatte, ließ Hitler ihn verhaften und vor ein Kriegsgericht stellen. Hitler ließ sofort erkunden, ob Brandt eventuell auch die Geheimakten zum Gaskrieg beiseite geschafft haben könnte, jedoch waren diese noch vorhanden. Vgl. O'Donnell, Katakombe (1977), S. 103. – Brandt entging der Vollstreckung des gegen ihn 1945 verhängten Todesurteils. Im Rahmen des Nürnberger Ärzteprozesses 1946/47 wurde er zum Tode durch den Strang verurteilt und 1948 in Landsberg am Lech gehängt. Allg. zur Person vgl. Eckart, SS-Gruppenführer (1998).
[635] Vgl. Gellermann, Krieg (1986), S. 42. –
[636] Vgl. Klee, Personenlexikon (2003), S. 442. – Die sich daraus sicherlich spontan ergebende Frage, ob dieser vielleicht hinsichtlich der Ereignisse 1945 Einfluss auf die Abläufe in seiner Heimat genommen haben könnte, muss als unwahrscheinlich angesehen werden. Durch die Versetzung seines Vaters, eines kgl. bayer. Garnisonsbaurats, war Hermann Ochsner bereits als knapp Vierjähriger mit der Familie von Regensburg nach München verzogen. (Vgl. Meldedaten, freundl. Mitteilung des StAR).
[637] Vgl. Kamp, Verantwortung (2014), S. 11.
[638] Vgl. Gellermann, Krieg (1986), S. 61f.
[639] Eine Aufstellung der Hersteller und der Produktionsorte deutscher Kampfstoffe s. Gellermann, Krieg (1986), S. 207.

### 3. Verlagerungen deutscher Kampfstoffe nach Ostbayern

Zusammenwirken mit dem OKH, im östlichen Bayern eine abseits und versteckt gelegene „Bereitschaftsanlage für Heeresbedarf", die im Kriegsfall auch Kampfstoffe herstellen sollte. Im April 1939 begann man in Gendorf, damals Gemeinde Emmerting bei Altötting (im heutigen sogenannten „Bayerischen Chemiedreieck") mit dem Bau, dessen erster Abschnitt erst nach zwei Jahren fertig wurde.[640] Allerdings kam die Lost-Fertigung in dieser von der Anorgana gepachteten Anlage bis Kriegsende nicht über das Versuchsstadium hinaus.[641]

Zur Produktion des Nervengiftes Sarin sowie des sowohl als Kampfstoff wie als Brandsatz mit panzerbrechender Wirkung einsetzbaren Chlortrifluorids („N-Stoff") wurde ab 1939 in Falkenhagen, nordwestlich von Frankfurt an der Oder, eine unterirdische Fabrik gebaut (das „Seewerk"), die 1945 noch nicht zur Gänze fertiggestellt war.[642] Im Februar 1945 wurde von dort die N-Stoff-Anlage in das Flussspat-Bergwerk und die Flusssäurefabrik im oberpfälzischen Stulln, Landkreis Schwandorf, verlagert.[643] In den meisten Produktionsstandorten waren auch KZ Häftlinge aus verschiedenen Lagern eingesetzt.[644] Man ließ sogar in den Konzentrationslagern forschen: In Flossenbürg experimentierte im dortigen Nebenlager Altenhammer seit Februar bis zum 16. April 1945 ein Gruppe von 23 „wissenschaftlichen Häftlingen" an einem „Gerät EC 2" (offenbar ein neuer Gasschutzfilter).[645] Diese arbeiteten für das 1940 in Krakau gegründete „Institut für deutsche Ostarbeit (IDO)", das seit 1943 eng mit dem OKW Allgemeines Wehrmachtamt Wissenschaft (AWA Wiss.), kooperierte.[646] Bereits im August 1944 waren die Mitarbeiter mehrerer naturwissenschaftlichen Sektionen des IDO (keine Häftlinge) und die Institutsleitung aus dem Generalgouvernement in die Schlösser von Zandt und Miltach südöstlich von Cham verlagert worden.[647] Dorthin gelangten noch Mitte April 1945 Teile der für das Heereswaffenamt (u. a. in der Atomforschung) arbeitenden „Forschungsstelle Lebus", die Wochen zuvor aus dem Oderstädtchen evakuiert worden war.[648]

Unmittelbar nach Ende der Kampfhandlungen zeigten die Experten der US-Streitkräfte 1945 allergrößtes Interesse an den Anlagen in Gendorf, da sich der Ort und die weitere Umgebung seit Ende 1944 zu einem Rückzugsbereich von I.G.-Laboren, Fach- und Führungskräften sowohl aus dem Westen wie dem Osten des Reichs ent-

---

[640] Vgl. Kamp, Verantwortung (2014), S. 9f.
[641] Vgl. Kamp, Verantwortung (2014), S. 11.
[642] Vgl. Hofmann, Geheimobjekt (2008), S. 17–57.
[643] Vgl. Hofmann, Geheimobjekt (2008), S. 52 u. 57; Weigelt, Briesen/Falkenhagen (2006), S. 140.; Belli, Lautawerk (2012), S. 190.
[644] Zu Gensdorf vgl. Kamp, Verantwortung (2014), S. 16–18; zu Falkenhagen vgl. Weigelt, Briesen/Falkenhagen (2006).
[645] Vgl. Fritz, Altenhammer (2006), S. 69f; Nagel, Wissenschaft (2012), S. 98.
[646] Vgl. Nagel, Wissenschaft (2012), S. 91f.
[647] Vgl. Nagel, Wissenschaft (2012), S. 95. – Es war geplant, auch die im KZ Płaszów bei Krakau zusammengefassten „wissenschaftlichen Häflinge" bereits im September 1944 nach Flossenbürg zu schaffen, diese verblieben jedoch über den Winter in Płaszów. Vgl. ebd., S. 96f.
[648] Vgl. Nagel, Wissenschaft (2012), S. 352f u. 362f.

wickelt hatte. Auch der als Giftgasexperte geltende, aus dem oberpfälzischen Weiden stammende Dr. Otto Ambros (1901–1990), Geschäftsführer der Anorgana und I.G.-Vorstandsmitglied, hatte sich dorthin zurückgezogen.[649] Er wurde ausgiebig befragt und schließlich auch verhaftet.[650] Die ALSOS-Mission[651], eine interdisziplinäre angloamerikanische Expertengruppe, die den Auftrag hatte, Informationen über die deutschen militärwissenschaftlichen und waffentechnischen Aktivitäten zu sammeln, wurde hinsichtlich der deutschen Forschungen zu biologischen Waffen im Keller eines Klosters in Niederviehbach bei Landshut fündig, wo zahlreiche Dokumente eingelagert waren.[652]

## 3.2. Die Luftwaffenmunitionsanstalt 2/VII Eichbühl-Schierling, 1937–1944

Munition wurde bei der Wehrmacht in sogenannten Munitionsanstalten, militäramtlich kurz Muna genannt, bevorratet, gelagert sowie frontverwendungsfähig verpackt und auf den Weg zu den Einsatzorten gebracht. Darüber hinaus wurden in den Munas viele Munitionsarten erst aus von der Industrie angelieferten Vorprodukten, Sprengstoffen sowie Patronen- und Granatenkartuschen bzw. Bombenhüllen, zusammengebaut. Für diese Arbeiten verfügten die durchwegs großflächigen Munitionsanstalten über eine umfangreiche Gebäude-, Verkehrs- und Versorgungs-Infrastruktur, neben Arbeitshallen u. a. auch Verwaltungs- und Versorgungsbauten, Wohnhäuser sowie zahlreiche Lagerbunker, die mit größerem Abstand voneinander errichtet wurden. Im Regelfall verfügten die Munas auch über Gleisanschluss mit eigener Lokomotive.[653] Während der Kriegsjahre wurden die Munas zunehmend zu Produktionsstätten, da immer mehr Herstellungsstufen aus den Industriebetrieben nach dort verlagert wurden. Entsprechend entstanden bei den Munas in solchen Fällen auch Unterkunftsbaracken für die erforderlichen Arbeitskräfte, darunter auch Fremdarbeiter sowie (insbesondere sowjetische) Kriegsgefangene.[654]

Die Heeres- bzw. Luft-Munas lagen im Regelfall abseits größerer Orte. Dies war weniger aus Tarnungsgründen der Fall, sondern zum Schutz, denn beim Hantieren mit Sprengstoff waren, trotz aller Vorsorge, schwere und schwerste Unfälle nicht zur

---

[649] Vgl. Kamp, Verantwortung (2014), S. 21;
[650] Zu seiner Verhaftung und Befragungen, vgl. Jacobsen, Operation (2014), S. 150–159. – Ambros wurde im Nürnberger I.G.-Farben-Prozeß zu acht Jahren Haft verurteilt, von denen er jedoch nur einen Teil verbüßte.
[651] In erster Linie war die ALSOS-Mission an deutscher Atomforschungen interessiert, vgl. Goudsmit, ALSOS, New York 1947.
[652] Vgl. Geißler, Waffen (1999), S. 2f. – Die ALSOS-Mission entsandte auch eine Delegation nach Flossenbürg, um dort nach Unterlagen zu sehen. Vgl. Fritz, Altenhammer (2006), S. 70.
[653] Einen hervorragenden Überblick über die infrastrukturelle Ausgestaltung einer Muna bietet: Preuß, Heeres-Munitionsanstalt (2003).
[654] Als Beispiel für die Arbeitswelten in den Munas vgl. Kleinmann, Stillschweigen (2011).

## 3. Verlagerungen deutscher Kampfstoffe nach Ostbayern

Gänze auszuschließen. Das ganze Deutsche Reich war am Vorabend des Zweiten Weltkriegs überzogen mit Munitionsanstalten. Allein die im Vergleich zum Heer kleine Luftwaffe verfügte am 1. Juni 1939 bereits über 49 solcher Einrichtungen, darunter acht große Hauptmunitionsanstalten.[655] Wenn im folgenden Text viel von Luftwaffen-Munitionsanstalten die Rede sein wird, so werden doch auch verschiedene Heeres-Munitionsanstalten angesprochen. Daher sei vorab auf einen etwas verwirrenden Unterschied in den Bezeichnungen hingewiesen. Es war typisch für die seit 1935 entstehende Luftwaffe (entsprechend dem Charakter ihres Chefs Hermann Göring), dass bei ihr alles etwas „aufgeblasener" war als beim Heer – von der Kasernenarchitektur bis hin zum Sprachgebrauch: Eine Luftwaffen-Hauptmunitionsanstalt entsprach nach Größe und Aufgabe einer Heeres-Munitionsanstalt; eine Einrichtung in der Größe einer nachgeordneten Luftwaffen-Munitionsanstalt hieß bei den Feldgrauen etwas bescheidener Heeres-Nebenmunitionsanstalt.[656]

Die Muna Schierling führte offiziell die Bezeichnung „Luftwaffen-Munitionsanstalt 2/VII Eichbühl-Schierling". Die Ziffernfolge bedeutete, dass es sich um die Luft-Muna Nr. 2 im Luftgau VII handelte.[657] Ihr Bau war am 25. Januar 1937 angelaufen, erste fertige Teile wurden bereits am 1. November 1937 von der Truppe übernommen.[658] Ursprünglich waren für den Bau RM 4.770.000 veranschlagt gewesen, bis März 1940 waren jedoch bereits knapp RM 5,5 Millionen verbaut worden.[659] Die Einrichtung der Luft-Muna Schierling in den Jahren 1937/38 muss auch im Zusammenhang mit weiteren Baumaßnahmen der Luftwaffe im ostbayerischen Raum gesehen werden. Für den Fall eines von Seiten des nationalsozialistischen Regimes vorbereiteten Kriegs mit der Tschechoslowakischen Republik, dem sogenannten „Fall Grün", waren zur gleichen Zeit die grenz-, also frontnahen Flugplätze des „Flughafenbereichs Regensburg" aus dem Boden gestampft worden. Der „Leithorst"

---

[655] Vgl. Völker, Luftwaffe (1967), S. 182.
[656] Vgl. ebd.
[657] Im Luftgau VII (Südbayern mit Teilen von Württemberg) befanden sich Luftwaffen-Munitionsanstalten an folgenden Orten: fünf „einfache" Luft-Munas: 1/VII Kleinkötz südlich von Günzburg (heute befindet sich dort u. a. „LEGO-Land Deutschland"), 2/VII Eichbühl bei Schierling, 3/VII Schwabstadl beim Fliegerhorst Lechfeld, 4/VII Weichering zwischen Neuburg an der Donau und Ingolstadt gelegen sowie 5/VII Haid bei Engstingen auf der mittleren Schwäbischen Alb. Im Luftgau XIII (Nordbayern mit Teilen der 1938 angegliederten sudetendeutschen Gebiete der ČSR) die beiden Luft-Hauptmunas 1/XIII Oberdachstetten nördlich von Ansbach und 2/XIII Langlau beim (heutigen) Kleinen Brombachsee. Des Weiteren sind zu nennen die „einfachen" Luft-Munas: 1/XIII Breitengüßbach nördlich von Bamberg (später wie Schierling für längere Zeit Munitionsdepot der Bundeswehr), 2/XIII Neuendettelsau östlich von Ansbach (das Gelände beherbergt seit den 1950er Jahren u. a. die theologische Hochschule Augustana der Evang.-Luth. Landeskirche Bayern), 3/XIII Rottershausen am Rande der Rhön bei Bad Kissingen sowie 4/XIII nach 1938 in Nyrschan westlich von Pilsen mit einem Teilbetrieb im unterfränkischen Gelchsheim bei Würzburg.
[658] BA-MA, RL 19–7/148: Baubericht der Bauleitung Muna Schierling für Monat März 1940, Bl. 1.
[659] Ebd., Bl. 8.

III. Aspekte der militärischen Entwicklung 1944/45

Regensburg-Obertraubling (heute Neutraubling) mit seinen nachgeordneten Horsten Straubing-Mitterharthausen und Roth-Kiliansdorf (bei Nürnberg) sowie dem getarnt vorbereiteten „Einsatzhafen" Cham-Michelsdorf war für die Aufnahme aller drei Bomber-Gruppen eines kompletten Kampfgeschwaders ausgelegt.[660]

1938/39 war es zu keinem Krieg gegen die ČSR gekommen, seit dem 1. September 1939 spielte sich der Luftkrieg in anderen Regionen Mitteleuropas ab. Dennoch blieben die Luft-Munas der Luftgaue XII, XIII und VII weiterhin zuständig für den Bombennachschub an die nun teils weit entfernt stationierten Geschwader der Luftflotte 3. Munitionszüge aus der Muna Schierling rollten entsprechend teils Hunderte von Kilometern durch Europa, um die Munition anzuliefern.[661]

## 3.3. 1944: Die Muna Schierling wird Kampfstofflager

Mit dem Zurückweichen der Fronten hatte die Wehrmacht zunächst jegliche im Hinterland gelagerte Kampfstoffmunition, darunter auch erbeutete Feindbestände sowie Vorräte verbündeter Staaten, zurückgeführt und auf in Deutschland bereits vorhandene Giftgas-Lagerstätten verteilt. Deren Kapazitäten waren jedoch bald erschöpft, so dass auch herkömmliche Munitionsanstalten Kampfstoffe aufnehmen mussten.[662] Doch auch deren Lagerraum reichte bald nicht mehr, so dass kurz vor Kriegsende

---

[660] Vgl. Tessin, Verbände (1974), S. 290 u. Tabelle S. 428f., Anm. 10.

[661] Es seien hier einige Daten eingefügt, um zu verdeutlichen, welche Mengen und Massen an Munition in den Luft-Munas verarbeitet und auf den Weg gebracht wurden: Ein Kampfgeschwader der Luftwaffe hatte 1939 eine Sollstärke von 162 Bombern. Der damalige Standardbomber der Luftwaffe, die zweimotorige Heinkel He 111, konnte maximal eine Tonne Bomben mitführen, also z.B. vier schwere 250-kg-Bomben oder 20 Stück 50-kg-Bomben. Pro Geschwader-Einsatzflug waren entsprechend von den zuständigen Munas 162 Tonnen Bomben bereitzustellen, konkret 648 Stück im Falle von 250-kg-Bomben oder gar 3.240 Stück 50-kg-Bomben. Und es gab weit mehr als nur ein Kampfgeschwader, die alle nicht nur einmal flogen. Während der „Luftschlacht um England" im Herbst 1940 beispielsweise flogen mehrere Geschwader in voller Stärke gleichzeitig bis zu drei Einsätze am Tag.

[662] Die Quellenüberlieferung zu dieser Thematik ist im Grundsatz recht gut, da sich zahlreiche Dokumente des zuständigen Sachgebietes des OKW-Wehrmachtführungsstabes aus dem Zeitraum Februar bis Mitte April 1945 erhalten haben. Vgl. BA-MA, Bestand RW 4/v.720. – Eine ganze Reihe dieser Dokumente sind bereits 1985 im Wortlaut publiziert worden. Vgl. Brauch, Kriegführung (1985). – Auch in den seit 2015 vom Deutschen Historischen Institut Moskau in Zusammenarbeit mit der Max-Weber-Stiftung und der Russischen Historischen Gesellschaft online veröffentlichten „Beuteakten" aus dem Zentralarchiv des Verteidigungsministeriums der Russischen Föderation (CAMO) findet sich eine entsprechende umfangreiche Akte (Bestand 500, Findbuch 12450, Akte 231). Bei einem Blattvergleich der Freiburger und der Potolsker Akten offenbart sich jedoch überraschenderweise, dass es sich nicht etwa um Parallelakten, sondern um ein und dieselbe Akte handelt. Grundlage des sowjetischen/russischen Bestandes ist eine Fotokopie, die mutmaßlich 1945 oder später von den Westalliierten der Roten Armee überlassen worden war. Sie enthält (heute) nicht alle Blätter des Freiburger Bestandes.

## 3. Verlagerungen deutscher Kampfstoffe nach Ostbayern

Kampfstoffmunition auch auf Truppenübungsplätzen (wie Grafenwöhr), und schließlich sogar in großflächigen Waldverstecken gestapelt wurde.[663]

Die Luft-Muna Schierling hatte bereits seit Juli 1944 entsprechende Bestände aus Lagern im besetzten Polen und aus Ostpreußen unterzubringen. Sie zählte zu jenen wenigen Munas, die zu diesem Zeitpunkt noch ganz offiziell zu einer „Kampfstoff-Munitionsanstalt" umgewidmet wurden.[664] Seither führte sie in ihrer militäramtlichen Bezeichnung als kleinen Zusatz ein „(K)" – dieses K bedeutete „Kampfstoff".[665] Die Muna Schierling ließ sich lediglich provisorisch und nur für die Lagerung von bereits in Abwurf- bzw. Absprüh-Behälter abgefüllten Kampfstoffen umrüsten, denn originäre Kampfstoff-Munas verfügten über sogenannte Zisternen-Bunker, in denen noch nicht abgefüllte Kampfstoffe in speziellen Tanks gelagert werden konnten.[666]

Um die Gasbomben in Schierling sicher im Bunkerraum verstauen zu können, mussten 1945 herkömmliche Bomben im Freien, bald auch außerhalb der Muna-Begrenzungen provisorisch in Wäldern der näheren und weiteren Umgebung gelagert werden. So sollen in einem Wald bei Herrnwahlthann (Landkreis Kelheim) 200 Fliegerbomben gelegen haben, die angeblich erst einige Jahre nach 1945 abtranspor-

---

[663] Leider ist die Aktenüberlieferung hinsichtlich der genauen Verlagerung von Kampfstoffbeständen weniger zufriedenstellend. Im Frühjahr 1945 hektisch erstellte Aufstellungen und geographische Unkenntnisse trugen auch dazu bei, dass im nachhinein mancher Lagerort fehlinterpretiert werden konnte: So findet sich im Freiburger Bestand eine großformatige Deutschlandkarte, in die mit Stand März 1945 alle Kampfstofflagerstätten des Heeres, der Luftwaffe und der Marine eingezeichnet sind. Diese war ursprünglich gefaltet der Akte beigefügt, wurde jedoch aus konservatorischen Gründen entnommen und in die Kartensammlung überführt (Vgl. BA-MA, RW 4/v.720-K; im Potolsker Bestand entsprechend nur in kleinformatigen Ausschnittteilen überliefert). Der Kartenzeichner hatte sich dabei große Mühe gegeben und die verschiedenen Bestände in unterschiedlichen Farben und mit genauen Mengenangaben dargestellt. Jedoch scheint dieser Schreibstubensoldat keine vollständige Kenntnis über die Lage der jeweiligen Munas gehabt zu haben und hatte sich lediglich an den Ortsnamen orientiert: So fehlt die große oberbayerische reguläre Kampfstoff-Muna St. Georgen-Hörpolding, hingegen ist ein Kampfstofflager im steirischen St. Georgen ob Judenburg eingezeichnet, wo sich als militärische Einrichtung lediglich ein Hochgebirgsübungsplatz befand. – Auch die mit europäischen Grenzkleinräumigkeiten wenig Vertrauten der US-Amerikaner verursachten ähnliche Falschzuordnungen: So hatte die US-Army in der Lufthauptmunitionsanstalt Lambach (1/XVII) in Oberösterreich (sp. teils HeeresMunAnstalt Stadl-Paura des österreichischen Bundesheeres) einen Eisenbahnzug mit 35 Waggons Kampfstoffmunition vorgefunden. Im entsprechenden Bericht heißt es aber zum Fundort: „Lambach, Germany" (Vgl. TNA, WO/188/2656: Headquarters European Theater of Operations, United States Army, Chemical Warfare Service, Intelligence Division Report No. 3947: Report […] Gas Ammunition on Freight Cars at Lambach, Germany, CWS-EEIST No. 1, Third U.S. Army, 19 June 1945, Bl. 1). Ein solcher Zug in der Muna Lambach wurde auch durch Zeitzeugen bestätigt. (Vgl. Höfner, Gedächtnis-Niederschrift (2010), S.3). Die US-Lokalisierung als „Lambach, Deutschland" führte nun aber offenbar dazu, dass im Rahmen der Altlastensuche in einer Kartenskizze „Lagerorte von K-Munition in Bayern nach Kriegsende" Lambach bei Lam im Lamer Winkel im Bayerischen Wald eingezeichnet ist (Vgl. Schwendner, Erkundung (2007), S. 4; auch ders., Erkundung (2016), S. 14).

[664] Vgl. Keller, Übergabe (1995), S. 10.
[665] Vgl. Lambrecht, Berufung (2007), S. 193.
[666] Vgl. ebd., S. 262, Anm. 788.

III. Aspekte der militärischen Entwicklung 1944/45

tiert wurden.[667] Trotz solcher Auslagerungen reichte der Raum in den 90 erdummantelten Bunkern der Muna Schierling nicht für die Kampfstoffmunition – knapp die Hälfte der Bestände, so die Aussage des letzten Kommandanten, lagerte im Freien, zwar gegen Feindsicht durch Bäume geschützt, aber nicht gegen Beschuss und Splitter. Auf Befehl des vorgesetzten Münchner Luftgaukommandos begann man ab Februar 1945 mit dem Vergraben (beschädigter?) Kampfstoffmunition in zwei Metern Tiefe, stellte diese Maßnahme jedoch bald wieder ein.[668]

In der Umgebung der Muna Schierling befürchtete die Bevölkerung seit Längerem, dass dies alles ein großes Unglück werden könne. Seit die Muna im Sommer 1944 zur Kampfstofflagerstätte geworden war, hatten Offiziere und Mitarbeiter in Veranstaltungen Verhaltensmaßregeln für den Notfall zu vermitteln versucht und auch erklärt, wie man, mangels anderer Mittel, mit „Mehlpapp und Zeitungspapier" Fenster „gassicher" machen könne. Letztendlich führten aber alle diese Empfehlungen nur dazu, dass die Menschen noch nervöser und beunruhigter wurden, zumal auch die Front täglich näher rückte.[669] In dieser Atmosphäre der Angst und Sorge entstand im März 1945 im Kreis der katholischen Pfarrgemeinde Schierling der Gedanke zu einem Gelübde. Pfarrer Franz Xaver Laubmeier machte diesen Gedanken erstmals in einer Predigt am 2. April 1945 öffentlich. Zunächst noch inoffiziell, wurde das Gelübde im April 1946 durch einen Dankgottesdienst bekräftigt: Es lautete, „Wir werden 50 Jahre beten". Im April 1946 hielt Laubmeier auch jene, heute historische Predigt, die seither zum Gedenken stets verlesen wird.[670] 1995 wurde das Gelübde feierlich verlängert.[671]

In den letzten Monaten des Kriegs fiel es der Wehrmacht täglich schwerer, ihre Gasbestände einem Zugriff durch die Alliierten zu entziehen – es mangelte nicht nur an geeigneten Lagerstätten, sondern bald auch an Transportraum, obwohl die Rückführungen höchste Priorität besaßen. Am 4. Februar 1945 hatte der Chef des Oberkommandos der Wehrmacht, Generalfeldmarschall Keitel, auf Weisung Hitlers einen Befehl verfasst, der vorsah, dass (weiterhin) sämtliche Kampfstoffvorräte bei Feindbedrohung abgefahren werden sollten.[672] Zudem soll befohlen worden sein, dass mit Stichtag 30. März in Süddeutschland der (Weiter-)Transport von mindestens 15.000 Tonnen Kampfstoffmunition aus Breitengüßbach, Nürnberg-Feucht, Grafenwöhr, Straß (bei Neu-Ulm), Schierling und auch aus der regulären Heeres-Kampfstoff-Muna St. Georgen (heute Traunreut) zur am weitest südlich gelegenen Muna Urlau bei Leutkirch im Allgäu vorzubereiten sei.[673] Derlei

---

[667] Vgl. Ettl, Herrnwahlthann (1967), S. 28.
[668] Vgl. Keller, Übergabe (1995), S. 10.
[669] Vgl. Böken, Wunder (1988), S. 12f.
[670] Laubmeier, Gottlosigkeit (1995); im Wortlaut auch bei Ehm, Wunder (2010), S. 10f.
[671] Vgl. Seitz, Wunder (1995), S. 12f.
[672] Vgl. BA-MA, RW 4/v.720, fol. 3 u. 3'; im Wortlaut auch bei Brauch, Kriegsführung (1985), Dok. 55; s. hierzu auch Gellermann, Krieg (1986), S. 174f.
[673] Vgl. Bastian, Ferienlandschaft (1990). – Ein solcher Befehl scheint nicht im Original überliefert zu sein. Auch scheint etwas zweifelhaft, wie 15.000 t Kampfstoffe in der Muna Urlau hätten untergebracht werden sollen, selbst bei Auslagerung aller herkömmlicher Munition.

## 3. Verlagerungen deutscher Kampfstoffe nach Ostbayern

war nicht mehr zu realisieren. Daraufhin befahl Keitel am 29. März 1945, dass alle sogenannten Spitzenkampfstoffe (also Nervengase und andere deutsche Neuentwicklungen) auf jeden Fall abzutransportieren seien, dagegen ältere, dem Gegner bekannte Stoffe zurückgelassen werden dürften.[674] Bereits an diesem Tag scheiterte der Versuch der Luftwaffe, ihre Kampfstoffmunitionsanstalt 2/XII Frankenberg/Eder zu räumen. Erstmals fielen der US-Army dort mit dem Nervengas „Tabun" gefüllte Bomben in die Hände.[675] Es sollte bis Mitte April dauern, bis man auf Seiten der West-Alliierten entsprechende Warnungen vor deutscher „Grünring–3-Munition" an die Truppe herausgab.[676]

Am 30. März erließ Keitel einen weiteren, diesmal sehr ausführlichen Befehl, der festlegte, wie bei Feindannäherung mit der Kampfstoffmunition zu verfahren sei. Noch einmal wurde ausdrücklich die Zerstörung von Kampfstoffmunition untersagt, um zu vermeiden, dass die Alliierten einen Grund zur Eröffnung eines Gaskriegs erlangen könnten.[677] Wenige Tage später hatte sich die Frontlage dergestalt entwickelt, dass auch die sogenannten Spitzenkampfstoffe nicht mehr abgefahren werden konnten. Keitel befahl daher am 2. April, dass solche Kampfstoffe für den Fall des weiteren Vordringens der Gegner unbezeichnet auf Flussschiffe ausgelagert werden sollten, wofür nur noch die Elbe, die Weser und die Donau in Frage kamen.[678] Sehr rasch hatte sich die Befehlssituation allerdings noch weiter kompliziert: Generalfeldmarschall Keitel hatte um den 16. April Hitler persönlich die Kampfstoff-Problematik ausführlich vorgetragen. Die Vorschläge einer ihm dabei vorliegenden ausführlichen Stellungnahme des Wehrmachtführungsstabs vom 15. April, die Lagerstätten von Kampfstoffen entweder auf diplomatischen Kanälen den Westmächten zu übermitteln oder im Einzelfall Lager im Frontbereich dem Gegner mitzuteilen, waren von Hitler rundweg abgelehnt worden. Hingegen

---

[674] Vgl. BA-MA, RW 4/v.720, fol. 10f; im Wortlaut auch bei Brauch, Kriegsführung (1985), Dok. 56; s. hierzu auch Gellermann, Krieg (1986), S. 180.

[675] Vgl. Gellermann, Krieg (1986), S. 180. – Britischerseits wurden erste mit Tabun gefüllte Granaten am 6. April in der Heeres-Muna Lübbecke erbeutet. Vgl. Schmaltz, Kampfstoff-Forschung (2005), S. 570.

[676] Bereits seit 1943 war vorallem die oberste Stabsebene des US Chemical Warfare Service über den Stand der deutschen Nervengasentwicklung informiert. Jedoch hatte man darauf verzichtet, um Verunsicherungen zu vermeiden, entsprechende Instruktionen an die Chemietruppen auf dem europäischen Kriegsschauplatz (und auch nicht an das OSS) herauszugeben. Nach dem Fund erster Tabun-Munition und entsprechenden Analysen wurde diese in ihrer Gefährlichkeit zudem zunächst völlig unterschätzt. Erst Mitte April 1945 verständigten sich Briten und Amerikaner darauf, entsprechende Warnungen vor Tabun an die Streitkräfte zu geben. Vgl. Schmaltz, Kampfstoff-Forschung (2005), S. 563–566, speziell S. 566.

[677] Vgl. BA-MA, RW 4/v.720, fol. 12; im Wortlaut auch bei Brauch, Kriegsführung (1985), Dok. 57; s. hierzu auch Gellermann, Krieg (1986), S. 180.

[678] Vgl. BA-MA, RW 4/v.720, fol. 13f; im Wortlaut auch bei Brauch, Kriegsführung (1985), Dok. 57; s. hierzu auch Gellermann, Krieg (1986), S. 180. – Obgleich im Befehl nicht angeführt, wären hierfür unter Umständen auch einige Binnenseen (Bodensee, Chiemsee) in Frage gekommen.

III. Aspekte der militärischen Entwicklung 1944/45

wurde der Befehl vom 2. April hinsichtlich des Abtransports und der unbezeichneten Einlagerung von Spitzenkampfstoffen in Binnenkähnen ausdrücklich bestätigt.[679] Konkret hieß es:

> „die mit Spitzenkampfstoffmunition beladenen Kähne sind ausserhalb der Häfen und Städte und abseits von Zielen der feindlichen Luftwaffe (Brücken usw.) abzustellen."

sowie

> „Wenn ein Abzug der beladenen Kähne nicht mehr möglich ist, ist eine Versenkung in die Flüsse auch bei unmittelbarer Feindbedrohung in jedem Fall verboten. Die Kähne verbleiben in solchen Fällen ohne besondere Kennzeichnung auf ihren Liegeplätzen".[680]

### 3.4. April 1945: Auslagerung von Kampfstoffen auf Donauschiffe

Eine Lagerung von Kampfstoffen auf Gewässern erschien in jenen Tagen als eine relativ sichere Sache, gerade wenn die Schiffe sinken sollten. Denn Giftgase verbreiten sich nur in der Luft und können sich unter Wasser kaum entwickeln. Nach Kriegsende versenkten die Alliierten aus dem gleichen Grund Unmengen deutschen Giftgases in der Nord- und Ostsee – noch heute ticken dort Umwelt-Zeitbomben unter Wasser.[681]

An der Elbe verursachte die Bereitstellung von Schiffsraum für die Gasmunition Probleme. Viele Binnenschiffe waren bereits zerstört. Im Elbstromgebiet lebte die Bevölkerung in den größeren Städten nach dem weitgehenden Zusammenbruch des landgebundenen Verkehrs „aus dem Kahn". Verpflegung, Heizmaterial und vieles andere musste mit Binnenschiffen herbeigeschafft werden, doch es gab davon bald viel zu wenige. Anders verhielt es sich an der bayerischen Donau: Unzählige Schiffe lagen beschäftigungslos – es gab nichts mehr zu befördern. Beim deutschen Rückzug vom Balkan seit Herbst 1944 waren Hunderte Donauschiffe stromaufwärts gefahren. Zuletzt hatten sich viele ungarische Frachtschiffe, aber auch Flusskriegsschiffe diesen Konvois angeschlossen. Die Donau oberhalb von Linz und ganz besonders in Bayern bis hinauf nach Regensburg glich 1945 abschnittsweise einem Abstellplatz für Schiffe. Aus Luftschutzgründen ankerten zahllose Schlepper und Lastkähne außerhalb der Städte, teils noch mit Ladung oder Flüchtlingsgut gefüllt, im Strom oder waren an den Ufern verheftet.[682] Teils hatte man auch versucht die Schiffe zu tarnen,

---

[679] Vgl. BA-MA, RW 4/v.720, fol. 27–29; im Wortlaut auch bei Brauch, Kriegsführung (1985), Dok. 66, S. 204; s. hierzu auch Gellermann, Krieg (1986), S. 183f.

[680] BA-MA, RW 4/v.720, fol. 27; auch Brauch, Kriegsführung (1985), Dok. 66, S. 204;

[681] Vgl. Thamm, Kampfmittelbeseitigung (2002), S. 15; zur Versenkung von Tabun-Granaten z. B. vor Helgoland vgl. Antwort der Bundesregierung vom 25.05.2010 auf eine Kleine Anfrage der Fraktion von Bündnis 90/Die Grünen vom 10.05.2010 (BT-Drucksachen 17/1865 bzw. 17/1674).

[682] Vgl. DSMR-Archiv: GH/109: Aufstellung über die am 20., 21., u. 22.5.45 festgestellten, im Raum Vilshofen, Donaukilometer 2249 bis Raum Wischlburg, Donaukilometer 2293 liegenden Donau-

## 3. Verlagerungen deutscher Kampfstoffe nach Ostbayern

denn für die im April 1945 allgegenwärtigen amerikanischen Tiefflieger waren sie begehrte Ziele. An Deck mancher dieser Donauschiffe, auch auf Zivilfahrzeugen, waren daher leichte Fliegerabwehrgeschütze montiert.[683]

Es hieß, dass 30 Lastkähne auf der Donau für die Verladung der Nervengiftkampfstoffe bereit gestanden hätten.[684] Um der Chronologie etwas vorweg zu greifen: Die US-Armee fand am 26. April tatsächlich fünf mit Nervengift-Bomben beladene Lastkähne im Bereich westlich und östlich von Straubing vor, weitere kurz darauf bei Niederalteich.[685] Jeder dieser Lastkähne war mit ca. 1.000 Stück des mit Tabun gefüllten Luftwaffen-Bombentyps „KC 250 III Gr" beladen.[686] Wie waren diese

---

fahrzeuge / For and on behalf of Mil. Govt. I.E. 3, For and on behalf of Josef Wallner, Bayer. Schiffahrts- u. Hafenbetriebs G.m.b.H. Deggendorf, Tabellarische Aufstellung, 8 Bl. – Leider ließen sich vergleichbare Auflistungen für weitere Donauabschnitte bisher nicht auffinden.

[683] Beispielsweise verfügte das heutige Regensburger Museumsschiff FREUDENAU seit November 1944, obwohl stets ein ziviler Schlepper, über ein Vierling-Flakgeschütz auf einem Aufbau oberhalb der Schleppwinde. Auch vier Flak-Soldaten waren an Bord untergebracht. Bei Kriegsende war der Schlepper mit weiteren Schiffen im Bereich Obermühl-Grafenau, O.Ö., abgestellt. Vgl. Hinum, Lehrjahre (2008), S. 145.

[684] Vgl. Keller, Übergabe (1995), S. 10.

[685] Es besteht in den US-Quellen keine Einigkeit über die Gesamtzahl dieser mit Gasmunition beladenen Kähne auf der bayerischen Donau: Entsprechend einem Bericht der für Chemiewaffen zuständigen Abteilung der US-Army waren es sechs solcher Kähne gewesen, zwei bei „Untöbbing" (d.i. Öbling, östlich von Straubing, Donau-km 2314–2312, hier im Bereich der Aiterach-Mündung), drei bei Kösnach (westlich von Straubing in der heute abgetrennten Oberauer Donauschleife nahe der damaligen Laber-Mündung, ca. alter Donau-km 2329) sowie ein Kahn bei Deggendorf Vgl. TNA, WO/188/2656: Headquarters European Theater of Operations, United States Army, Chemical Warfare Service, Third U.S. Army: Intelligence Division Report No. 3833, Report No. 2 of CWS-EEIST No. 15, Investigation of Three Green Ring Gas Bombs on Barges near Straubing, Germany, 26 May 1945, Bl. 1. – Einer für die US-Militärregierung in Deggendorf ebenfalls im Mai 1945 erstellten Aufstellung der im Deggendorfer Bereich liegenden Donauschiffe ist hingegen zu entnehmen, dass sich zwei mit Gasmunition beladene Kähne bei Niederalteich (am sog. Ochsenwörth, Donaukm 2275) befanden, so dass die Gesamtzahl sieben ergab. Vgl. DSMR-Archiv: GH/109: „Aufstellung über die am 20., 21., u. 22.5.45 festgestellten, im Raum Vilshofen, Donaukilometer 2249 bis Raum Wischlburg, Donaukilometer 2293 liegenden Donaufahrzeuge / For and on behalf of Mil. Govt. I.E. 3, For and on behalf of Josef Wallner, Bayer. Schiffahrts- u. Hafenbetriebs G.m.b.H. Deggendorf", Tabelle, Bl. 8. – Es sei hier noch angefügt, dass noch am Nachmittag des 26. April der „B Troop" der 3rd Cavalry Squadron, die am Donaunordufer als Flankensicherung der 71st Infantry Division vorstieß, nahe Pondorf an der Donau, aber noch vor Kiefenholz, dort drei mit Rot-Kreuz-Flaggen gekennzeichnete Lastkähne voller Gasbomben angetroffen haben will. Vgl. US-Army, Cavalry (1949), S. 80. Man kann nur vermuten (und hoffen), dass dies eine Verwechslung mit den drei weiter östlich in der Oberauer Schleife liegenden Gaskähnen war. Wobei der „B Troop" allerdings dorthin nie gelangte, sondern zum Donauübergang nach Sulzbach a. d. Donau zurückkehrte. Vgl. ebd. S. 81. Der Bereich Bach an der Donau und Kiefenholz gehörte noch zum Frontbereich der „Kampfkommandanten Regensburg", der bis Geisling reichte. Es ist (bisher) nichts bekannt über Gasschiffe in diesem Bereich, allerdings sind östlich von Regensburg mehrere Schiffe nach Beschuss ausgebrannt, teils tagelang heftig und dunkel qualmend.

[686] Vgl. TNA, WO/188/2656: Headquarters European Theater of Operations, United States Army, Chemical Warfare Service, Third U.S. Army: Intelligence Division Report No. 3833, Report No. 2 of CWS-EEIST No. 15, Investigation of Three Green Ring Gas Bombs on Barges near Straubing, Germany, 26 May 1945, Bl. 1.

III. Aspekte der militärischen Entwicklung 1944/45

Bomben zur Donau gelangt und wo wurden sie umgeladen? Schon der Bedarf an Bahn-Transportraum war gewaltig: Allein um beispielsweise die 20.000 Tonnen Kampfstoffbomben aus der Luftmuna 2/IV Lossa (Sachsen-Anhalt) Anfang April 1945 nach Torgau an der Elbe zu bringen, waren elf Eisenbahnzüge erforderlich, wobei maximal drei Züge pro Tag beladen werden konnten.[687] Von der bayerischen Luftmuna Neuendettelsau ist überliefert, dass dort noch vor dem 17. April in einer nächtlichen Großaktion mit LKWs große Mengen Munition Richtung Regensburg abtransportiert wurden.[688] Man kann wohl davon ausgehen, dass dabei keine herkömmliche Munition abgefahren wurde. Auch aus der Muna Schierling wurden in diesen Tagen zumindest zwei Güterzüge mit Kampfstoff-Munition abgefahren.[689] Die US-Armee stellte noch im April 1945 fest, dass ein großer Teil der Gasbomben an Bord der bei Straubing liegenden Schleppkähne aus der Muna Feucht bei Nürnberg stammte und von dort mit zwei Güterzügen zu je 45 Waggons abtransportiert worden war.[690] Da die Munitionsanstalt Feucht eine Heeres-Muna war, müssen die Fliegerbomben zuvor aus einer (bislang) nicht ermittelten Luft-Muna dorthin gebracht worden sein.[691] Um den 20. April war das Schienennetz in Ostbayern soweit zerstört, dass keine Züge mehr fahren konnten. Nach dem 23. April wurden in der Muna Schierling die Arbeiten für die Verlagerung der Gasbestände eingestellt und bald die zivilen Beschäftigten nach Hause geschickt.[692]

Es bleibt die Frage nach dem Umladeort. Für längere Zeit war nicht gesichert, wo an der bayerischen Donau die Kampfstoff-Bomben auf die Schiffe verladen worden sind.[693] Die Regensburger Hafenanlagen waren Anfang April 1945 bereits durch mehrfache Luftangriffe seit Herbst 1944 sehr stark in Mitleidenschaft gezogen. Ein neuerlicher Angriff auf den Hafen am 11. April setzte die Zerstörung fort – und es sollte auch dieser noch nicht der letzte gewesen sein.[694] Die Hafenanlagen in Passau und Deggendorf waren dagegen noch unbeschädigt. Erst am 20. April war der Hafen Deggendorf Ziel eines schweren Luftangriffs.[695] Allein schon wegen der ständigen Gefahr weiterer Luftangriffe sollte Regensburg eigentlich als Umschlagsort der

---

[687] Vgl. Gellermann, Krieg (1986), S. 181.
[688] Vgl. Rößler, Muna (2003), S. 17.
[689] Vgl. Keller, Übergabe (1995), S. 10.
[690] Vgl. NARA, 338/XX/7945: Headquarter XX Corps, G–2 Periodic Report. No. 261, 27 April 1945, Annex No. 4, prepared by Chemical Warfare Officer XX Corps, „Three Green Rings on Blue Danube"; TNA, WO/188/2656: Headquarters European Theater of Operations, United States Army, Chemical Warfare Service, Intelligence Division Report No. 3822: Investigation of Toxic Gas Bomb Depot Schierling, Germany, XX Corps, 23 May 1945, Bl. 1.
[691] Zur Geschichte (und Gegenwart des Geländes) der Muna Feucht vgl. Museum für historische Wehrtechnik e.V., Heeres-Munitionsanstalt (2006).
[692] Vgl. Keller, Übergabe (1995), S. 10.
[693] Der Verfasser dieses Abschnittes hielt noch 2010 den Hafen Deggendorf für den wahrscheinlichsten Umschlagsort, vgl. Ehm, Wunder (2010), S. 9.
[694] Vgl. Schmoll, Luftangriffe (2015) S. 160f., 199 u. 210.
[695] Vgl. Petschek-Sommer, Reederei (2015), S. 70f.

## 3. Verlagerungen deutscher Kampfstoffe nach Ostbayern

Kampfstoffbomben nicht in Frage kommen. Aus demselben, wenngleich dort noch offensichtlicherem Grund hatte die Wehrmacht von ihrem ursprünglichen Vorhaben Abstand genommen, im Hamburger Hafen Giftgasgranaten aus den Heeres-Munas Walsrode und Lübbecke (der späteren Flüchtlingssiedlung Espelkamp) auf Elbe-Kähne umzuschlagen. Der Hamburger NS-Gauleiter Karl Kaufmann hatte am 11. April dagegen heftig (und erfolgreich) opponiert.[696] Und doch waren es Regensburg und anschließend wohl auch Passau, wo die Nervengift-Munition aus Bahnwaggons auf Lastkähne umgeladen und an Abstellorte außerhalb der Städte verteilt wurden. Befragungen der deutschen Begleitmannschaften (Feuerwerker) an Bord der bei Straubing abgestellten Gasschiffe durch die US-Army Ende April hatten ergeben, dass die zuvor aus der Muna Feucht abgefahrenen Nervengasbomben Mitte April in Regensburg umgeladen wurden.[697]

Dem britischen Nachrichtendienst war es gelungen, zeit- und teilweise deutsche Funksprüche, die mit der „Enigma" verschlüsselt waren, zu entziffern.[698] Im Frühjahr 1945 war unter solchen in London decodierten Nachrichten und Befehlen auch eine ganze Reihe, welche die Verladung von Giftgasmunition auf Binnenschiffe, speziell auf der Donau, betrafen.[699] So hatte am 11. April 1945 das Luftwaffenkommando West mit Funkspruch einen verstärkten Flakschutz für Regensburg befohlen und als Grund ausdrücklich die Umladung von Gasmunition aus einem Lager südlich von Regensburg von der Bahn auf Schiffe angegeben. Ebenso konnte in London ein weiterer Funkspruch entschlüsselt werden, der die Umladung solcher Munition am 18. April in Passau-Schalding betraf.[700] Es muss hier auch erwähnt werden, dass dieses Luftwaffenkommando West, dem alle fliegenden Verbände und Flak-Einheiten im Süden Deutschlands unterstanden, – sozusagen das Pendant zur Heeresgruppe G – im April 1945 sein Hauptquartier im nahen Schloss Tunzenberg (heute Gemeinde Mengkofen) hatte, knapp 20 Kilometer südwestlich von Straubing.[701]

Um jeglichen Spekulationen hinsichtlich eines eventuellen Einflusses dieser alliierten Kenntnis deutscher Kampfstoffbestände im Raum Regensburg auf den Bombenkrieg und die Bodenkämpfe im April 1945 Einhalt zu gebieten, sei nachdrücklich darauf verwiesen, dass die Decodierung von Funksprüchen so gut wie nie zeitnah

---

[696] Vgl. BA-MA, RW 4/v.720, fol. 19–21; s.a. Gellermann, Krieg (1986), S. 181.
[697] Vgl. NARA, 338/XX/7945: Headquarter XX Corps. G–2 Periodic Report. No. 261, 27 April 1945, Annex No. 4, prepared by Chemical Warfare Officer XX Corps, „Three Green Rings on Blue Danube".
[698] Vgl. allgemein zur ENIGMA-Entschlüsselung: Pröse, Chiffriermaschinen (2006), speziell S. 123–188; sowie jüngst: Hamburger, Codes (2018).
[699] Vgl. Hinsley, Intelligence (1988), S. 929.
[700] Zu beiden Funksprüchen vgl. TNA, HW 1/3710: 1945 Apr 20": Western Europe: [...] GAF Western Command orders increased anti-aircraft defences at Regensburg for re-loading from rail to ship of war gas ammunition being cleared from a depot 12 miles south of Regensburg, Apr 11; re-loading of war gas ammunition at Schalding near Passau on Apr 18.
[701] Vgl. Brückner, Kriegsende (1987), S. 106.

III. Aspekte der militärischen Entwicklung 1944/45

möglich war und im Regelfall mehrere Tage in Anspruch nahm. Die Arbeitsgeschwindigkeit der hierfür eingesetzten ersten automatischen Rechenmaschinen war groß, aber dennoch um ein Vielfaches langsamer als jene ihrer Nachfolger, die man bald Computer nannte. Der Inhalt der erwähnten deutschen Funksprüche konnte erst am 20. April an das Amt des Premiers weitergegeben werden.[702] Entsprechend können sie keinen Einfluss auf die Planungen der letzten großen Luftangriffe auf Regensburg, insbesondere auf jenen ersten Tagesangriff der britischen Luftwaffe an genau diesem Tag, genommen haben. Auch eine Unterrichtung der amerikanischen Bodentruppen auf den üblichen Dienstwegen und ihre Umsetzung in operative Maßnahmen, bevor sie am 23. April bei Regensburg die Donau erreichten, scheint mehr als unwahrscheinlich.

In welchem Gebiet des Regensburger Hafens wurden Mitte April 1945 die Nervengiftbomben umgeladen? Nach dem Luftangriff am 11. April kam hierfür nur noch der einzige nicht zerstörte Kai an der Donaulände unter der späteren Nibelungen-Brücke[703] in Betracht. Es ist eine heute erschreckende Vorstellung, dass dort, wo jetzt die Donaukreuzfahrtschiffe anlegen und nur noch ein kleiner Rest der einstigen langen Kranbahn als technisches Denkmal an die Umschlagszeiten in diesem Bereich erinnert, im April 1945 Nervengift-Kampfstoffe umgeladen worden sind – nahe der Regensburger Innenstadt. Wie schnell bei diesen Verlagerungen 1945 ein Unglück geschehen konnte, zeigt das Beispiel der bereits erwähnten Räumungsaktion der Tabun-Bestände aus der Muna Lossa. Am 8. April griffen Jagdbomber den Bahnhof Lossa und einen dort stehenden Transportzug an. Etliche Kampfstoffmunition wurde beschädigt, so dass Tabun austrat. Man zählte vier Tote. Im Umkreis von 20 Kilometern musste die Zivilbevölkerung für 24 Stunden evakuiert werden. Für die Fortsetzung der Räumungsarbeiten musste auf einen anderen Verladebahnhof, nach Billroda, ausgewichen werden.[704]

Die im bereits erwähnten, in London decodierten deutschen Funkspruch befohlene Verstärkung des Flakschutzes für den Hafen Regensburg war offenbar teils realisiert worden. Aus einem späteren Bericht des letzten Kommandanten der Muna Schierling, Major der Luftwaffe Richter, geht hervor, dass sich zwischen dem 20. und 26. April der Kommandeur eines Luftwaffen-Flakregiments mit zehn Offizieren seines Stabs in der Muna einquartiert hatte, auf dem Weg zur Übernahme des Kommandos über Flakeinheiten an der Donau.[705] Ein OSS-Agent meldete, dass er am 19./20. April an der Bahnstrecke von Abensberg, nahe Regensburg, vier bereitgestellte 12,8 cm Flakgeschütze auf Bahnwaggonlafetten gesehen habe.[706] Des Weiteren war bereits Mitte

---

[702] Vgl. TNA, HW 1/3710: 1945 Apr 20.
[703] Damals noch für einige Tage „Adolf-Hitler-Brücke".
[704] Vgl. BA-MA, RW 4/v.720, fol. 17f.; s. hierzu auch Gellermann, Krieg (1986), S. 181.
[705] Vgl. Kath. Pfarramt Schierling, Archiv: Bericht des Herrn Major Richter, der die Muna übergab (1976), Abschrift, S. 5.
[706] Vgl. NARA, 338/XX/7945: „OSS Saga", Annex No. 2 to G–2 Periodic Report No. 258, XX Corps, 25 April 1945, Bl. 2; NARA, 407/427/9550: „OSS Report", Annex No. 1 to G–2 Periodic Report No. 46, 65th Infantry Division, 24 April (242400), Bl. 1.

## 3. Verlagerungen deutscher Kampfstoffe nach Ostbayern

April bei den im Raum Straubing abgestellten und mit Kampfstoff beladenen Kähnen Flak-Artillerie in Stellung gegangen.[707] Bei den östlich von Straubing liegenden Kähnen war dies eine Batterie leichter Flak (mit mindestens neun Drillings-Geschützen), kommandiert von einem jungen Flakleutnant aus Berlin. Noch während des dortigen Stellungsaufbaus griffen um den 15. April zwei amerikanische Tiefflieger diese Lastkähne an. Die Flakbatterie hatte noch keine Feuererlaubnis und schwieg. Obwohl etliche Geschosse die Schiffe getroffen hatten, war der Schaden nur gering, vor allem waren keine Kampfstoffbomben beschädigt worden.[708]

Die Luft-Muna Schierling verfügte 1945 ebenfalls über Flak-Waffen: Neben Maschinenwaffen waren auch Drillings- und Vierlings-Geschütze vorhanden.[709] Und tatsächlich geriet auch die Muna Schierling ins Visier amerikanischer Jagdbomber. Am 25. April wurde das Gelände im Laufe des Tages gleich viermal von je sechs bis neun Maschinen mit Bomben und Bordwaffen angegriffen. Einige Bunker waren getroffen worden, hatten aber widerstanden. Aus einem Schadensbericht des Kommandeurs ergibt sich auch, dass der Bordwaffenbeschuss die Stapel der im Freien gelagerten Kampfstoffmunition getroffen und beschädigt hatte. Es trat Gas aus! „Gasalarm" für die nahen, insbesondere in Windrichtung gelegenen Orte wurde jedoch nicht ausgelöst, da man glaubte, den Schaden begrenzen zu können. Etliche undicht gewordene Bomben wurden im Laufe der folgenden Tage (teils bereits mit amerikanischer Hilfe) nach Entgiftung im Boden vergraben. Am 26. April musste die Gaslage als „sehr ernst" eingestuft werden.[710] Schierling und die weitere Umgebung waren nur knapp einer Katastrophe entkommen. Zu diesem Zeitpunkt befanden sich die US-Streitkräfte bereits am Nordufer der Donau. Was wird geschehen, wenn in den nächsten Tagen die Front über den Raum Regensburg hinwegrollt?

---

[707] Vgl. NARA, 338/XX/7945: Headquarter XX Corps. G–2 Periodic Report. No. 261, 27 April 1945, Annex No. 4, prepared by Chemical Warfare Officer XX Corps, „Three Green Rings on Blue Danube".
[708] Vgl. Oestreicher, Straubing (1991), S. 84.
[709] Vgl. Kath. Pfarramt Schierling, Archiv: Bericht des Herrn Major Richter, der die Muna übergab (1976). Abschrift, S. 5.
[710] Vgl. ebd., S. 6; Keller, Übergabe (1995), S. 10.

## 4. Massenrückführung ausländischer Kriegsgefangener nach Ostbayern

Dieses Kapitel behandelt ein Stück Regionalgeschichte, das in historischen Darstellungen bisher so gut wie überhaupt nicht aufscheint, obwohl es sich um weit über 10.000 Kriegsgefangene handelte, die im März und April 1945 durch den Großraum Regensburg marschierten. An vielen Orten, auch in Regensburg und Umgebung, befanden sich teils über Wochen hinweg solche Gefangene in vierstelligen Zahlen. Das Thema scheint verdrängt worden zu sein, denn es ist kaum vorstellbar, dass etwa in kleinen Dörfern die Übernachtungen von 1.000 oder mehr Kriegsgefangenen in den Scheunen nicht in Erinnerung geblieben sind. Dies gilt umso mehr, als diese Kriegsgefangenenkolonnen (soweit es sich um „Engländer" handelte) kein vergleichbares und häufig bald „verdrängtes" Elendsbild boten wie die zeitgleich durch die Region getriebenen Todesmärsche aus den Konzentrationslagern. Es ist auch schwer vorstellbar, dass niemand gesehen haben will, dass in den durch Bombenangriffe zerstörten Gleisfeldern der Regensburger Bahnanlagen neben KZ-Häftlingen auch in großer Zahl britische Kriegsgefangene mit Aufräum- und Reparaturarbeiten beschäftigt waren. Auch war in Regensburg rasch in Vergessenheit geraten, dass am 16. April eine Kriegsgefangenenkolonne in einen amerikanischen Luftangriff geraten war. Das Massengrab für 20 dabei getötete „Engländer" bestand noch bis Herbst 1947 im Friedhof bei der Mariaorter[711] Kirche.

### 4.1. Die Quellenproblematik

Zu keinem der deutschen Kriegsgefangenenlager gibt es größere Aktenüberlieferungen im Bundesarchiv-Militärarchiv Freiburg und dementsprechend bisher nur wenige profunde Darstellungen zur Gesamtgeschichte einzelner Lager.[712] Für die Lager in Österreich[713] und im ehemals preußischen Schlesien[714] liegen teils ausführliche Dar-

---

[711] Die kleine Siedlung Mariaort an beiden Seiten der Naab bei deren Mündung in die Donau ist bereits seit langem ein politisch geteilter Ort: Die eigentliche Siedlung am linken Ufer gehörte 1945 zur Gde. Kneiting, heute Gde. Pettendorf. Der fast nur aus dem Pfarrhof und den beiden Kirchen bestehende Ortsteil am rechten Ufer zur Gde. Kleinprüfening, heute Gde. Sinzing. Dies hat auch zur Folge, dass Anfragen aus dem englischen Sprachraum zu diesem Massengrab heute bei der Gde. Pettendorf eingehen (freundl. Mitteilung des Pettendorfer Archivpflegers, Herrn Dr. Thomas Feuerer, Jan. 2017).

[712] Vgl. hierzu beispielsweise Drieschner, Stalag (2006); Otto, Stalag (2000); Mai, Brandenburg (1999). – Zudem gibt es teils vorzügliche Darstellungen zu speziellen Thematiken, etwa zu bestimmten Gefangenengruppen. Vgl. Hüser, Stammlager (1992); Beckmann, Behandlung (2010); Albrecht, Stalag (2012).

[713] Vgl. Speckner, Gewalt (2003).

[714] Insbesondere zu den mehreren Stalags in Lamsdorf gibt es sehr ausführliche Darstellungen, vgl. Sawczuk, Obozy (2006); hiervon erschien auch eine deutschsprachige Ausgabe, vgl. ders., Gefan-

## 4. Massenrückführung ausländischer Kriegsgefangener nach Ostbayern

stellungen vor. Erst in jüngster Zeit gab es auch Ansätze von grundlegenden Forschungen zu den beiden (am Umfang der Hauptlager gemessenen) großen Stalags (bzw. Oflags) in Bayern: Nürnberg-Langwasser[715] und Moosburg[716]. Während der Kriegsjahre waren die (wiederum gemessen an der Größe des Hauptlagers) „kleinen" Stalags Weiden bzw. Sulzbach-Rosenberg für die Bereitstellung von Kriegsgefangenen als Arbeitskräfte (u. a. Polen, Franzosen, Belgier) an die Städte und Dörfer Ostbayerns zuständig. Zu diesen existieren bisher so gut wie keine Forschungen.[717] Die auf Truppenübungsplätzen untergebrachten Lager Hammelburg und Hohenfels wurden meist im Rahmen von Darstellungen der Geschichte dieser Plätze mitbehandelt.[718]

Das Stalag im schlesischen Lamsdorf[719] südwestlich von Oppeln sowie das Stalag Teschen[720] in Böhmisch/Tschechisch-Schlesien[721] waren reichsweit zwei der größten (gemessen am Umfang der Hauptlager und der Gesamtzahl der Gefangenen) Kriegsgefangenenlager mit zahllosen Arbeitskommandos im schlesischen, kleinpolnischen und ostsudetendeutschen Raum – häufig im Bergbau.[722] Das Stalag VIII B (später

---

genenlager (2009). Zu den ebenfalls in Schlesien gelegenen Stalag Luft III Sagan und Stalag VIII A Görlitz (am rechten, heute polnischen Neiße-Ufer) stehen vergleichbare umfassende Darstellungen noch aus. Zum Stalag Görlitz bisher vgl. Lauerwald, Land (1997); Dies., vivere (2008).

[715] Vgl. Sanden, Kriegsgefangenenlager (1986); dies.: Kriegsgefangenenlager (1993); Jochem, Feind (2006).

[716] Vgl. Reither, Stalag (2015); Hingegen waren zuvor von der Stadt Moosburg herausgegebene Broschüren nicht sehr hilfreich, vgl. Neumaier, Kriegsgefangenen-Lager (1995).

[717] Zum Stalag Weiden sind bisher, neben Zeitungsartikeln, lediglich Schülerarbeiten publiziert worden, vgl. Würf, Heimat (1985); Körber-Stiftung, Schülerwettbewerb (1987), S. 33. – zum Stalag Sulzbach-Rosenberg, vgl. Ehm, Stalag (1995).

[718] Zu Hohenfels vgl. Griesbach, Truppenübungsplatz (1989), S. 27f; zu Hammelburg vgl. Kirchner, Garnisonstadt (1995), S. 90–93.

[719] Allg. zu Stalag Lamsdorf und zur „Lagergeschichte" dieser Gegend vgl. Sawczuk, Obozy (2006); ders., Gefangenenlager (2009). – Heute befindet sich dort das „Centralne Muzeum Jeńców Wojennych w Łambinowice-Opolu [Zentrale Kriegsgefangenenmuseum Łambinowice-Opolu]", das auch über ein größeres Archiv mit Dokumentkopien verfügt. – Zum Stalag Lamsdorf finden sich auch einzelne „Beuteakten" in Moskau, erstaunlicherweise nicht im CAMO, sondern bei GARF 1.

[720] Allg. zu Stalag Teschen vgl. Mainus, Stalagu (1979). – Da das Stalag auf der bis 1938 und seit 1945 wieder tschechischen Seite Teschens (Český Těšín) lag, befinden sich erhaltene, durchaus umfängliche Aktenbestände heute im Prager Militärarchiv. Vgl. VUA, Stalag VIII-B/VIa/312/1/58; VUA, Stalag VIII-B/VIa/320/1/59; VUA, Stalag VIII-B/VIa/322/1/59; VUA, Stalag VIII-B/VIa/323/1/59.

[721] Die heute geteilte Stadt Teschen (polnisch Cieszyn, tschechisch Český Těšín) liegt in einem Gebiet, das im 20. Jahrhundert mehrfach und in Teilen mehr als jedes andere die Staatszugehörigkeit gewechselt hat. Bis 1918 war das Herzogtum Teschen österreichisch gewesen. 1919 wurde es zwischen der Tschechoslowakei und Polen geteilt, wobei diese beiden Staaten den sog. „Sieben-Tage-Krieg" um diese Region führten. 1938 annektierte Polen im Zuge des Münchner Abkommens den tschechischen Teil. Noch 1939 wurde das gesamte Gebiet der preußischen Provinz Schlesien angeschlossen. 1945 kehrte man zur Situation vor 1938 zurück. Erst 1958 wurden die gegenseitigen Ansprüche durch einen Grenzvertrag zwischen Tschechien und Polen beigelegt. Dennoch ist das Gebiet teils nach wie vor durchaus nicht unumstritten. Vgl. Luft, Teschener Schlesien (2009).

[722] Zum Bergbaueinsatz allgemein vgl. Sikora, Waffenschmiede (2014), S. 183; Tenfelde, Zwangsarbeit (2005); Stefanski, Arbeitseinsatz (2005), S. 386 u. 397; Schmidthals, Zwangsarbeit (2005), S. 294–298; Spoerer, Differenzierung (2005), S. 502–509, 524 u. 547; ders., Zwangsarbeit (2001).

III. Aspekte der militärischen Entwicklung 1944/45

344) Lamsdorf auf dem gleichnamigen Truppenübungsplatz war bereits im August 1939 vorbereitet worden. 1941 war es um das „Russenlager" Stalag 318 (VIII F) ergänzt worden, das 1943 Bestandteil des bisherigen „Engländerlagers" Stalag VIII B wurde. Ebenfalls noch 1941 war das Stalag VIII D Teschen entstanden, das jedoch dem Stalag VIII B Lamsdorf territorial unterstand und diesem im September 1942 als Zweiglager wieder integriert wurde. Da im Herbst 1943 das Stalag Lamsdorf bereits über 121.000 Kriegsgefangene zählte (davon 98.000 in Arbeitskommandos) mussten die Verwaltungsstrukturen geändert werden: Das Lager in Lamsdorf firmierte nun als Stalag 344 und war mit etwa 50.000 Gefangenen für die Arbeitskommandos in den schlesischen Regierungsbezirken Oppeln und Troppau zuständig. Das bisherige Zweiglager Teschen wurde nun unter Übernahme der Lamsdorfer Nummer und aller im östlichen Bereich Oberschlesiens und in Kleinpolen eingesetzten Arbeitskommandos als Stalag VIII B Teschen mit etwa 72.000 Kriegsgefangenen verselbstständigt.[723]

Schwierig ist die Quellenlage hinsichtlich der Gefangenenmärsche seit Januar 1945 von Schlesien nach Ostbayern. Diese sind als solche bisher kein Thema der Forschung gewesen.[724] Deutsche Aufzeichnungen seitens der Wehrmacht sind hierzu nicht überliefert. Splitterüberlieferungen in bayerischen Regionalarchiven ergeben kein geschlossenes Bild.[725] Besonders schwierig ist die Quellenlage für die von Schlesien nach Bayern getriebenen sowjetischen Kriegsgefangenen – bisher sind nur wenige entsprechende Quellen in Russland zugänglich.[726] Erinnerungen einzelner Veteranen werden erst allmählich und vor allem im Internet veröffentlicht.[727] Nach der Befreiung sind viele der „englischen" Gefangenen von ihren Armeen auch über diese Märsche befragt worden. Sehr viele dieser Angaben sind bereits in die offiziellen oder halbamtlichen Kriegsgeschichten Australiens[728] und Neuseelands[729] eingeflossen, die teils schon in den 1950/60er Jahren erschienen sind. In diesen Ländern sowie in Südafrika und Kanada erschienen diesbezüglich auch detailreiche Veröffentlichungen.[730] Offizielle

---

[723] Vgl. Sawczuk, Gefangenenlager (2009), S. 129 u. S. 136–138. – Die Angaben bei Tessin, Verbände (1974), S. 113, sind sehr unvollständig und im Fall von Teschen auch teils nicht korrekt.

[724] Dies gilt anscheinend auch für alle anderen Gefangenenrückführungen 1944/45 in andere Regionen. Als erster Versuch eines Überblicks vgl. Nichol, Escape (2003), worin auch die Märsche nach Ostbayern angesprochen sind.

[725] Inwieweit sich auch Quellen in den Durchmarschräumen in Schlesien und dem damaligen Sudetengau bis heute vor Ort erhalten haben, liegt anscheinend völlig im Dunkeln.

[726] Allg. zu dieser Thematik vgl. Stratievski, Kriegsgefangene (2008) sowie speziell S. 199f. zu sowjetischen Kriegsgefangenen aus Lamsdorf, die im April 1945 bei Roding befreit wurden.

[727] So veröffentlicht der Verein „KONTAKTE-KOHTAKTbI e.V. Verein für Kontakte zu Ländern der ehemaligen Sowjetunion" allwöchentlich einen sog. „Freitagsbrief" mit den Erinnerungen eines Veteranen. Unter diesen finden sich etliche, die Bezüge zu Ostbayern enthalten, z. B. der Brief von Iwan Wassiljewitsch Schtscherbakow, vgl. Kontakte, 493. Freiheitsbrief (2016). Allg. zu den „Freitagsbriefen vgl. Radczuweit, Freitagsbriefe (2013).

[728] Vgl. Field, Prisoners (1966), S. 811–818.

[729] Vgl. Mason, Prisoners (1954), S. 449–472; Hall, Prisoners (1949); sowie in jüngerer Zeit das in Zusammenarbeit mit dem Ministry for Culture and Heritage, History Group, veröffentlichte, voluminöse und gewichtige Werk: Hutching, Stories (2002).

## 4. Massenrückführung ausländischer Kriegsgefangener nach Ostbayern

personenbezogene Akten zu Kriegsgefangenen im britischen Nationalarchiv sind für 75 Jahre gesperrt und werden daher erst ab 2020 allgemein zugänglich sein.[731]

Im englischen Sprachraum bilden Erinnerungsbücher über die Zeit als Kriegsgefangene in deutschen Lagern beinahe eine eigene Literaturgattung. Zunächst waren es die Geschichten erfolgreicher Fluchten, die verlegt wurden.[732] Fast analog zu den Erinnerungen von Häftlingen der Konzentrationslager begannen auch viele ehemalige britische Kriegsgefangene erst mit dem Schreiben (bzw. Erzählen), als sie selbst aus dem Berufsleben ausgeschieden waren und die Enkel begannen, Fragen zu stellen. Es gibt inzwischen eine große Zahl an gedruckten Erinnerungen, in denen auch die Märsche durch Ostbayern teils sehr detailliert erwähnt werden. Auch die modernen Medien machen nun Vieles möglich. Als die BBC 2003 in Großbritannien dazu aufforderte, persönliche Erinnerungen an den Zweiten Weltkrieg auf einer Website zu veröffentlichen, kamen bis 2006 nicht weniger als 47.000 Beiträge zusammen, die nun als elektronische Quellen im Netz stehen[733] – darunter auch Tagebücher von britischen Kriegsgefangenen in Ostbayern 1945. Auch einige andere elektronische Quellen bieten teils „wahre Schätze" an Dokumenten zu diesem Thema.[734]

Sehr hilfreich erwies sich die Datenbank der „Commonwealth War Graves Commission" (CWGC), die, im Gegensatz zu jener ihres deutschen Pendants, des „Volksbundes Deutscher Kriegsgräberfürsorge", auch nichtnamensbezogene sowie auf bestimmte Zeiträume in konkreten Regionen eingegrenzte Anfragen erlaubt. Ebenfalls als sehr ergiebige Datenbank zeigte sich jene des „International Tracing Service

---

[730] Vgl. zu Australien: Montheath, P.O.W. (2011); zu Neuseeland: Wright, Escape (2006); zu Südafrika: Greef, Prisoners (1991); zu Kanada: Dancocks, Enemy (1983).
[731] Lediglich die Betroffenen selbst bzw. ihre direkten Nachkommen haben bereits jetzt Zugriffsmöglichkeiten. – Allerdings beginnt das britische Nationalarchiv seit Kurzem bereits mit der Zugänglichmachung, konkret der Akten jener ehemaligen Kriegsgefangenen, die zwischenzeitlich ein Lebensalter von 100 Jahren und mehr erreicht hätten.
[732] Vgl. Doyle, Prisoner (2012), Abb. S. 53 mit Erl. S. 54. – Es sei hier nur beispielhaft verwiesen auf die Bücher von Richard Pape, dessen Zivilberuf Journalist sicherlich viel zum Erfolg beigetragen hat. Pape war lange ebenfalls Gefangener im Stalag Lamsdorf und dessen Arbeitskommandos gewesen. Seine 1953 verlegten Erinnerungen – Pape, Boldness (1953) – wurden zum Bestseller und sind in viele, auch weniger verbreitete Sprachen übersetzt worden – nicht jedoch ins Deutsche. Einige Jahre später veröffentlichte Pape einen Ergänzungsband, vgl. ders., Sequel (1959). Eine 1985 schließlich unter dem alten Titel seines Erfolgsbuches verlegte Neuauflage war eigentlich ein völlig neu geschriebenes Buch, zudem ergänzt um einige zuvor nicht enthaltene Kapitel, vgl. ders., Boldness (1985).
[733] Vgl. BBC, WW2 (2014).
[734] Besonders erwähnenswert ist hier eine privat betriebene britische Website: „Stalag VIII B 344 Lamsdorf. The On-Line Museum of Prisoners of War". Diese besteht im Kern aus einer fortgeschriebenen Namensliste ehem. Kriegsgefangener des Stalag Lamsdorf (inkl. Teschen) aus Großbritannien und dem Commonwealth. Diese Liste wächst seit Jahren kontinuierlich und in schnellem Tempo. Nicht selten sind dort aus aller Welt eingehende Mitteilungen (häufig einfach nur: „Please add the name of my grandfather") verbunden mit Begleitbriefen, Fotos, Dokumenten, gelegentlich Scans oder Transkriptionen von Tagebüchern. Auch zum Raum Regensburg 1945 finden sich dort einige interessante Quellen. Vgl. Baker, Names (2018).

(ITS), Digital Archives". Eigentlich würde man dort keine Angaben bzw. Dokumente zu Kriegsgefangenen, insbesondere nicht zu britischen, erwarten. Die entsprechenden Dokumente waren nicht nur „Zufallsfunde" für die Bearbeiter, sondern sind zudem auch gleichsam „Zufallsprodukte": Der UNRRA-Suchdienst hatte 1947 über die Landratsämter an alle Gemeinden und Polizeiposten Fragebögen über den „Todesmarsch Regensburg-Laufen" des KZ-Außenkommandos Regensburg-Colosseum verschickt. Damals dürften die wenigsten Bürgermeister bzw. Dorfgendarmen mit diesem Begriff etwas haben anfangen können und meldeten, wohl um nichts falsch zu machen, alles, was sich in den ersten Monaten 1945 an Gefangenengruppen durch ihre Gemeinde bewegt hatte – darunter bei etlichen Gemeinden auch die Kolonnen der britischen bzw. sowjetischen Kriegsgefangenen.

### 4.2. Die „Engländer"

Die Mehrheit der Kriegsgefangenen in den Lagern Stalag Lamsdorf 344 sowie Stalag Teschen VIII B bildeten zwei Gruppen: Sowjetische Kriegsgefangene und „Engländer". Insgesamt befanden sich zum 1. Dezember 1944 im Wehrkreis VIII Schlesien 229.903 Kriegsgefangene, davon 109.106 Sowjetsoldaten und 49.739 „Briten".[735] Von den zu diesem Datum in Lamsdorf registrierten 59.229 Kriegsgefangenen waren 30.376 Rotarmisten und 21.940 „Engländer" – das mit Abstand größte „Engländerlager" reichsweit. Teschen umfasste zu diesem Zeitpunkt 65.008 Gefangene, 47.800 Sowjetsoldaten und 13.603 „Briten", reichsweit das zweitgrößte „Britenlager".

Als „Engländer" bzw. „Briten" bezeichnete die Wehrmacht pauschal alle, die eine Uniform nach britischem Muster trugen. Damit waren Soldaten gemeint, die aus den britischen Kolonien und Überseegebieten stammten. Hierzu gehörten auch in Britisch-Palästina rekrutierte jüdische Einheiten, von denen ca. 1.500 Mann alleine 1941 in Griechenland in deutsche Gefangenschaft geraten waren. Nicht zuletzt zu deren eigener Überraschung wurden diese jüdischen Kriegsgefangenen im Regelfall nicht anders wie die übrigen „Engländer" behandelt.[736] Auch andere britische Kriegsgefangene jüdischen Glaubens blieben in Gewahrsam der Wehrmacht und wurden nicht an Organe des RSHA ausgeliefert, was einen Bruch mit der Genfer Konvention bedeutet hätte. Als „Engländer" bzw. „Briten" firmierten überdies Soldaten der formal bereits unabhängigen Dominions des Commonwealth, die nur noch durch das gemeinsame Staatsoberhaupt, den König, mit Großbritannien vereint waren:

---

[735] Insgesamt befanden sich zu diesem Datum auf Reichsgebiet 2.441.858 Kriegsgefangene, darunter 931.807 Sowjetsoldaten und 168.029 „Briten". Alle Zahlenangaben, auch im Folgenden, nach einer „Zusammenstellung der Kriegsgefangenen im Reich" des Chefs des Kriegsgefangenenwesens beim Befehlshaber des Ersatzheeres, mit Stand vom 1.12.1944, zitiert nach dem Faksimile-Abdruck bei Streim, Behandlung (1981), S. 401 bzw. S. 396.

[736] Zu dieser Thematik grundlegend vgl. Gelber, POWs (1981).

## 4. Massenrückführung ausländischer Kriegsgefangener nach Ostbayern

Kanada[737], Australien und Neuseeland. Sogar Soldaten der Republik Südafrika galten der Wehrmacht als „Engländer", auch dann, wenn sie burischer Abstammung waren und manchmal kaum Englisch, sondern nur Afrikaans sprachen. Die Wehrmacht betrachtete im Regelfall auch kriegsgefangene Soldaten europäischer Exilarmeen (so etwa Polen, Franzosen, Belgier), die aus deutscher Sicht nun in der britischen Armee kämpften, als „Engländer".[738] Insgesamt standen die Engländer weit oben in der rassenideologisch geprägten deutschen Gefangenen-Hierarchie – am unteren Ende rangierten die sowjetischen Kriegsgefangenen.

### 4.3. Rückführung von Kriegsgefangenen aus östlichen Lagern

Der Rückfall der Fronten auf die Reichsgrenzen veranlasste die Wehrmacht Anfang 1945, etliche große Kriegsgefangenenlager im Osten und Westen zu räumen. Man kann darüber streiten, ob dies als eine Art „Geiselnahme" zu sehen ist oder konform der Genfer Konvention geschah: Diese schreibt vor, dass Kriegsgefangene aus dem Bereich von Kampfhandlungen zu bringen sind, was ebenso gilt, wenn ein Kriegsgefangenenlager in einen rückfallenden Frontbereich gerät.[739] Viele der Kriegsgefangenen aus den ersten im Osten geräumten Lagern wurden noch per Bahn nach Westen bzw. Süden transportiert. Es begannen jedoch auch sehr früh Wochen und Monate dauernde Fußmärsche.

Als erste wurden seit Januar 1945 amerikanische Gefangene (darunter viele Angehörige der Luftstreitkräfte) aus den Lagern im Osten zumeist per Bahn vielfach nach Süden, nach Bayern, insbesondere nach Nürnberg-Langwasser oder Moosburg transportiert. Die Züge nach Moosburg passierten dabei Regensburg. In Erinnerungsbüchern mehrerer sehr unterschiedlicher Soldaten der USAAF fand Regensburg dabei Erwähnung: Sowohl Lieutenant Colonel Albert P. Clark[740] als auch 2nd Lieutenant Alexander Jefferson[741] und Lieutenant David Westheimer[742] mussten zunächst vom

---

[737] Zu dieser Zeit noch ohne Neufundland, das noch bzw. wieder Kolonie war.
[738] Allgemein zu dieser Thematik vgl. Overmans, Kriegsgefangenenpolitik (2005), S. 750–754, 768–770.
[739] Vgl. Hinz, Kriegsgefangenenrecht (1955), S. 77 u. 79.
[740] Lt. Col. Albert P. Clark (29), Berufssoldat, der bereits Offizier im US Army Air Corps gewesen war und 1941 im Rahmen des raschen personellen und materiellen Ausbaues zur USAAF die Karriereleiter „hochgefallen" war. Jagdflieger, abgeschossen am 26. Juli 1942 bei Abbéville, französische Kanalküste. Einer der ersten Amerikaner überhaupt, der in US-Uniform in deutsche Kriegsgefangenschaft geraten war. Vgl. Clark, Months (2005).
[741] 2nd Lt. Alexander Jefferson, ebenfalls Jagdflieger, gehörte zu den ersten 1943/44 zu Fliegeroffizieren ausgebildeten Afroamerikanern ("Tuskegee Airmen"). Im Juni 1944 wurde er der nur aus afroamerikanischem Personal bestehenden 332nd Fighter Group in Süditalien zugeteilt, die mit P–51 Mustang B/C ausgerüstet war. Bei einem Einsatz über Südfrankreich am 12. August 1944 abgeschossen. Vgl. Jefferson, Tail (2005).
[742] Lieutenant David Westheimer, Texaner, Jude. Navigator an Bord einer B-24 der 344th Bombardment Squadron. Am 11. Dezember 1942 wurde sein Flugzeug als erster US-Bomber über dem

III. Aspekte der militärischen Entwicklung 1944/45

Stalag Luft III Sagan zu Fuß nach Spremberg laufen, wo Güterwaggons für den Weitertransport nach Süden bereit standen, in denen sie dann in den ersten Tagen des Februar 1945 Regensburg erreichten. Dort bot sich für die Gefangenen eine der seltenen Gelegenheiten, die Waggons kurzzeitig zu verlassen. Vor allem Frischwasser gab es während der Fahrt nur selten und deshalb drängte alles zum Wasserkran, an dem die Dampflok gerade Kesselspeisewasser nachfasste.[743]

Die beiden großen schlesischen Kriegsgefangenenlager in Lamsdorf und Teschen sollten nach ursprünglichen Plänen in das relativ nahe Stalag VIII A Görlitz[744] „evakuiert" werden – so der amtliche Ausdruck. Für diese Route waren alle Vorbereitungen getroffen, u. a. Verpflegungslager angelegt und Übernachtungsmöglichkeiten erkundet; die Marschbefehle bedurften nur noch der Unterschrift der Lagerkommandanten.[745] Eine überraschende Offensive der Roten Armee machte diese Planungen zunichte.[746] Ein Teil der Lamsdorfer[747] und die Masse der Teschener Gefangenen mussten deshalb Ende Januar 1945 durch das verschneite Sudetengebirge und den Sudetengau Richtung Nordbayern marschieren.[748] Der Deutsche Staatsminister für Böhmen und Mähren, Leiter der Verwaltung und eigentliche Machthaber im Reichsprotektorat, Karl Hermann Frank, hatte einen Marsch durch das Protektoratsgebiet unter Androhung von Waffengewalt strikt untersagt.[749] Zunächst sollte allein der

---

italienischen Mutterland abgeschossen und Westheimer geriet zunächst in italienische, ab 1943 in deutsche Gefangenschaft. Später war er Schriftsteller, der seine Erfahrungen in (ital.) Kriegsgefangenschaft in dem Bestseller „Von Ryan's Express" (dt. „Der späte Sieg des Commodore", 1965) verarbeitete, der unter dem Titel „Colonel von Ryans Express" mit Frank Sinatra auch verfilmt wurde. Vgl. Westheimer, Sitting (1992).

[743] Vgl. Clark, Months (2005), S. 154; Jefferson, Tail (2005), S. 101; Westheimer, Sitting (1992). S. 281.

[744] Gelegen im heute polnischen Stadtteil Moys am rechten Neißeufer.

[745] Vgl. VUA, Stalag VIII-B/VIa/312/1/58; VUA, Stalag VIII-B/VIa/320/1/59; VUA, Stalag VIII-B/VIa/322/1/59; VUA, Stalag VIII-B/VIa/323/1/59; Diese Akten enthalten alle Vorbereitungen und Planungen für den „R-Fall", die Räumung des Stalag Teschen. Da dies aufgrund der Frontlage nicht wie geplant umgesetzt werden konnte, blieben die Akten liegen.

[746] Vgl. IfZ-A, ZS/871: Vernehmung von Rolf Detmering, Generalleutnant a.D. u. ehem. Kommandeur des Kriegsgefangenenwesens im Wehrkreis VIII, vom 14.7.47, fol. 2; IfZ-A, ZS/871: Eidesstattliche Erklärung vom 16.7.47, fol. 9.

[747] Die in Niederschlesien gelegenen Lamsdorfer Arbeitskommandos sowie große Teile des dortigen Hauptlagers gelangten hingegen in Fußmärschen über Görlitz bis nach Thüringen und Hessen. Zur Auflösung des Stalag Lamsdorf allg. vgl. Sawczuk, Gefangenenlager (2009), S. 252–256.

[748] Ein in Lamsdorf zurückgebliebener Teil der Gefangenen, insbesondere die nichtmarschfähigen Briten, wurde sogar noch Ende Februar und in den ersten Märztagen in mehreren Bahntransporten zu den bayerischen Stalags in Hammelburg, Nürnberg-Langwasser, Hohenfels, Moosburg und Memmingen sowie u. a. ins oberösterreichische Pupping befördert. Zu Hammelburg vgl. Rosmarin, Story (1990), S. 85–88; Garioch, Men (1975), S. 163f; zu Nürnberg vgl. Elworty, Greece (2014), S. 176f; zu Hohenfels vgl. Evans, Sojourn (2000), S. 73f; zu Memmingen vgl. Looker, Memoes (1986), S. 30; Moreton, Doctor (1970), S. 206–212; zu Pupping vgl. Collins, Aussie (1992), S. 273 u. 294.

[749] Frank befürchtete Massenfluchten der Gefangenen und in Folge sogar regionale Aufstände der tschechischen Bevölkerung. Vgl. IfZ-A, ZS/871: Vernehmung Rolf Detmering, fol. 3; IfZ-A,

## 4. Massenrückführung ausländischer Kriegsgefangener nach Ostbayern

Wehrkreis XIII (Nordbayern) 100.000 bis 120.000 Mann aufnehmen – zusätzlich zu den dort bereits vorhandenen über 120.000 Gefangenen.[750] Der zuständige Kommandeur der Kriegsgefangenen im Wehrkreis XIII, Generalmajor Kurt Anger, hielt dies, wie er nach dem Krieg aussagte, für nicht möglich. Schließlich sollten es 60.000 bis 70.000 Mann sein, die sein Wehrkreis aufnehmen musste, zumeist sowjetische und britische Kriegsgefangene.[751] Und in dieser Größenordnung trafen nach acht bis neun Wochen des Marschierens – im englischsprachigen Raum werden diese Märsche deshalb als „The Long March" bezeichnet[752] – ab März unzählige Kolonnen von Kriegsgefangenen im Nordosten des Wehrkreises XIII im Raum Karlsbad ein.[753] Die Aktion stand unter der persönlichen Leitung des Kommandeurs der Kriegsgefangenen im WK VIII (Breslau), Generalleutnant Rolf Detmering. Die Kolonnen aus Lamsdorf (20.000 Mann) und Teschen (40.000–50.000) wurden geführt von den jeweiligen Stalag-Kommandanten, Oberst Georg Braxator bzw. Oberst Thielebein.[754] Nunmehr in der Verantwortung des Wehrkreises XIII wurden die Kolonnen in die Regionen um Bayreuth/Bad Berneck und Weiden weitergeleitet, wo man provisorische Auffangräume eingerichtet hatte.[755] Bis zur weiteren Verteilung wurden die Gefangenen in Dörfern und Kleinstädten der jeweiligen Umgebung untergebracht.

---

ZS/871: Eidesstattliche Erklärung, fol. 9. – Frank hatte sich auch in den frühen Kriegsjahren „aus rassepolitischen Gründen" gegen jeglichen Arbeitseinsatz von Kriegsgefangenen auf Protektoratsgebiet ausgesprochen gehabt. Vgl. Adam, Arbeiterfrage (2013), S. 50, 64 u. 77f.

[750] Am 01.12.1944 befanden sich im Wehrkreis XIII 120.426 Kriegsgefangene. Vgl. Streim, Behandlung (1981), S. 401.

[751] Vgl. StAN, KV-Anklage/Interrogations A 31/Interrogation Nr. 1551: Vernehmung Kurt Anger 15.7.47, Bl. 11f; BA-MA, ZA 1/576: Anger, Kurt: Bericht fuer die kriegsgeschichtliche Sektion der Historischen Abteilung (WK XII) 1946 (US-Army, Historical Division: MS B–226) Bl. 1f.

[752] Wobei anzumerken ist, dass hierfür britischerseits nur sehr selten der Ausdruck „Todesmarsch" benutzt wurde – dies geschieht erst in jüngerer Zeit häufiger in Darstellungen der Enkelgeneration. Die damals zu diesem Marsch Gezwungenen hatten hingegen konkret vor Augen, was ein „Todesmarsch" war. Vor allem auf den ersten Wegstrecken in Schlesien marschierten auf den gleichen Wegen auch Kolonnen von KZ-Häftlingen, die ebenfalls nach Westen gebracht werden sollten. Am Ende jener Kolonnen agierten Tötungskommandos und ermordeten alle nicht mehr Gehfähigen. Den Abschluss der britischen Kriegsgefangenen-Kolonnen bildeten hingegen Fuhrwerke, die alle nicht mehr Gehfähigen aufsammelten und bis in die nächste Ortschaft mitnahmen, wo sie den lokalen Behörden zur Weiterleitung an das nächste Wehrmachtlazarett übergeben wurden.

[753] Vgl. StAN, KV-Anklage/Interrogations A 31/Interrogation Nr. 1551: Vernehmung Kurt Anger 15.7.47, Bl. 13f.; BA-MA, ZA 1/576: Anger, Kurt: Bericht fuer die kriegsgeschichtliche Sektion der Historischen Abteilung (WK XII) 1946 (US-Army, Historical Division: MS B–226) Bl. 2.

[754] Vgl. BA-MA, ZA 1/576: Anger, Kurt: Bericht fuer die kriegsgeschichtliche Sektion der Historischen Abteilung (WK XII) 1946 (US-Army, Historical Division: MS B–226) Bl. 2; StAN, KV-Anklage/Interrogations A 31/Interrogation Nr. 1551: Vernehmung Kurt Anger 15.7.47, Bl. 12.

[755] In den Dörfern und Kleinstädten der Nordoberpfalz (ebenso im anschließenden Oberfranken) haben die tagelangen Durchmärsche und Nächtigungen von endlosen Kolonnen britischer und sowjetischer Kriegsgefangener in der Regionalgeschichtsschreibung einen starken Widerhall gefunden. Hier nur als Auswahl zur Oberpfalz: Poblotzki, Waidhaus (1979), S. 407; Waetzmann, Vohenstrauß (1995), S. 7; Hermann, Erinnerungen (1995), S. 58f.; Wittmann, Leben (2002), S. 360–363.

III. Aspekte der militärischen Entwicklung 1944/45

## 4.4. Arbeiten der Gefangenen aus Oberschlesien für die Reichsbahn

Noch während in Nordbayern Tag für Tag weitere Kolonnen von Kriegsgefangenen eintrafen, hatte man für deren Unterbringung eine Lösung gefunden, indem sie als Arbeitskommandos für die Reichsbahn verwendet werden sollten.

In den frühen Kriegsjahren hatte es die Reichsbahn stets sehr rasch und mit eigenen Kräften bewerkstelligt, nach Bombenangriffen auf Bahnanlagen zumindest ein Durchfahrtsgleis wieder herzustellen und damit größere Rückstauungen von Zügen zu vermeiden.[756] Angesichts der seit 1944 massierten Luftangriffe auf deutsche Verkehrswege stand die Selbsthilfe der Reichsbahn Anfang 1945 vor dem Zusammenbruch. Schließlich wurde die Verantwortung für die Aufrechterhaltung des Schienenverkehrs den Technischen Truppen des Heeres unter Generalmajor Erich Hampe[757] übertragen.[758] Diese kleine, hochspezialisierte Waffengattung war teils aus der zivilen Technischen Nothilfe[759] hervorgegangen.[760] Bei jeder Reichsbahndirektion wurde ein Stabsoffizier der Technischen Truppen mit einem kleinen Stab eingesetzt.[761] In Gündlkofen bei Landshut befand sich im März/April 1945 drei Wochen lang ein technisches Bataillon, das für den Wiederaufbau der Bahnhöfe Regensburg, Landshut und Freising zuständig war.[762] Sogar Generalmajor Hampe selbst, hielt sich zeitweise im Raum Regensburg und Straubing auf.[763] Auch die Heeres-Eisenbahnpioniere, bisher eine eigenständige Waffengattung, waren nun Hampe unterstellt.[764] Von diesen befanden sich im April/Mai 1945 ebenfalls mehrere Kompanien im Raum Regensburg.[765]

Die Quellenlage lässt nicht zu, eindeutig zu klären, von wem die Initiative für den Großeinsatz der Kriegsgefangenen bei der Reichsbahn ausging. Allerdings schalteten

---

[756] Zu den entsprechenden Vorbereitungen und den Maßnahmen der Reichsbahn allg. vgl. Hampe, Luftschutz (1963); ebd. speziell das Kapitel Eisenbahnluftschutz S. 488–505.

[757] Generalmajor Erich Hampe (1889–1978), 1945 Generalinspekteur der Technischen Truppen. Hampe war nach dem Ersten Weltkrieg bereits als stellvertretender Chef und Einsatzleiter bei der „Technischen Nothilfe" tätig gewesen. In der Bundesrepublik war er ab 1951 als Referent Grenzschutz, Luft- und Katastrophenschutz im Bundesinnenministerium tätig. 1954 wurde er erster Präsident der Bundesanstalt für zivilen Luftschutz.

[758] Vgl. Hampe, Armee (1979), S. 88f. u. 175f.; ders., Luftschutz (1963), S. 503; ders., Erinnerungen (1979), S. 117f.

[759] Zur Technischen Nothilfe vgl. allg. Linhardt, Nothilfe (2006).

[760] Vgl. Tessin, Verbände (1979), S. 242f; Hampe, Armee (1979), S. 35f.; ders., Erinnerungen (1979), S. 93f.

[761] Vgl. Hampe, Armee (1979), S. 90; ders., Erinnerungen (1979), S. 118.

[762] Vgl. Pfister, Ende (2005), S. 831: Bericht des Pfarrers Joseph Hort, Pfarrei Gündlkofen, Dekanat Moosburg.

[763] Vgl. Hampe, Armee (1979), S. 98; ders., Erinnerungen (1979), S. 127 („Gegend von Regensburg").

[764] Vgl. Hampe, Armee (1979), S. 98.

[765] Vgl. BA-MA, RW 44/II/13: fol. 13: Eine Aufstellung „Eisenbahn Pionierkräfte mit letztmalig bekanntgewordenem Standort" vom Mai 1945 nennt u. a.: 5. Kompanie/Eisenbahn Pionier Regiment 4 westlich von Plattling, 8. Kompanie/Eisenbahn Pionier Regiment 4 nordwestlich von Landshut und Eisenbahn Pfeilergründungs-Kompanie 131 südöstlich von Regensburg.

## 4. Massenrückführung ausländischer Kriegsgefangener nach Ostbayern

sich sowohl das Rüstungsministerium und die Arbeitsverwaltung, nebst der DAF, als auch die Reichsbahn sehr früh in die weitere Verteilung der aus Oberschlesien anrückenden Kriegsgefangenen ein. Generalmajor Anger sagte später aus, dass 1945 „die Masse der Kriegsgefangenen nun zur Wiederherstellung der Eisenbahnen eingesetzt werden sollte".[766] Unklar ist ferner, wer veranlasste, dass z. B. auf den Bahnanlagen in Regensburg zeitgleich neben Kriegsgefangenen auch KZ Häftlinge aus Flossenbürg eingesetzt wurden – das Arbeitskommando Regensburg-„Colosseum" war am 19. März ausschließlich für diesen Zweck entstanden.[767] Ebenso bleibt weiterer Forschung vorbehalten, wer dafür sorgte, dass sich im Raum Regensburg/Ostbayern mehrere der „mobilen KZs" der dem KZ Sachsenhausen unterstehenden „SS-Eisenbahnbaubrigaden"[768] einfanden: So war die „2. SS-Baubrigade (E)" Mitte März 1945 über Regensburg nach Ahrain bei Ohu gelangt, von wo aus sie tagsüber in Landshut eingesetzt wurde.[769] Der KZ-Zug der 10. SS-Eisenbahnbaubrigade stand seit dem 16. April in Undorf und konnte wegen der Zerstörung der Mariaorter Brücke nicht weiter fahren.[770] Die Häftlinge wurden deshalb am 19. April zu Fuß Richtung Dachau getrieben.[771] Noch zwei weitere dieser KZ-Züge haben sich im März/April 1945 zeitweise in Ostbayern aufgehalten.[772]

---

[766] StAN, KV-Anklage/Interrogations A 31/Interrogation Nr. 1551: Vernehmung Kurt Anger 15.7.47, Bl. 14; vgl. auch BA-MA, ZA 1/576: Anger, Kurt: Bericht fuer die kriegsgeschichtliche Sektion der Historischen Abteilung (WK XII) 1946 (US-Army, Historical Division: MS B–226) Bl. 2.

[767] Vgl. Fritz, Regensburg (2006), S. 240; zum Arbeitskommando allg. vgl. Fritz, Außenlager (2013); Simon-Pelanda, Herzen (1995). – Zur Zwangsarbeit der KZ-Häftlinge auf den Bahnanlagen siehe die Erinnerungen der Überlebenden Zbigniew Kolakowski, vgl. Kolakowski, Geburtstagsgeschenk, (2001), S. 93–95, ein längerer Auszug daraus (in anderer Übersetzung und Bearbeitung) zitiert bei Seifert, KZ-Außenlager (2003), S. 89–91, Tadeusz Sobolewicz, vgl. Sobolewicz, Jenseits (1993), S. 261–267; Sobolewicz, Hölle (1999), S. 220–226; Sobolewicz, Schicksalsweg (1996), S. 70, sowie Hersch Solnik, vgl. Schimmel, Räder (1991), S. 40.

[768] Zu diesem Thema grundlegend vgl. Fings, Krieg (2005).

[769] Vgl. Fings, Krieg (2005), S. 277; dies., 2. SS-Eisenbahnbaubrigade (2006), S. 151.

[770] Hinsichtlich dieser 10. SS-Eisenbahnbaubrigade wird in der Literatur durchwegs vom 14. April als dem Datum gesprochen, an dem der Bauzug „wegen einer zerstörten Brücke" in Undorf nicht mehr weiter fahren konnte, so auch dies., Krieg (2005), S. 278 bzw. dies., 10. SS-Eisenbahnbaubrigade (2006), S. 162. Die Mariaorter Eisenbahnbrücke, von der der Bahnhof Undorf nur eine Blockstelle entfernt war, ist erst am 16. April durch einen Luftangriff zerstört worden, s. S. 155f. Ursächlich für dieses seit Jahrzehnten tradierte falsche Datum dürfte eine Fehlauskunft sein, die von der UNRRA-Suchstelle im Februar 1947 um Angaben gebetenen örtlichen Polizeiposten sein. Dieser meldete, dass laut Angaben des ehem. Bahnhofvorstandes von Undorf der Zug der 10. SS-Baubrigade am 14.[sic!] April in Undorf stehen geblieben sei, „da die Eisenbahnbrücke der Strecke Nürnberg-Regensburg gesprengt [sic!] war", vgl. ITS, 5.3.1/Tote 21/0029 (84601699): Schreiben des Polizeipostens Undorf an UNRRA-Suchstelle beim Landrat in Regensburg vom 22.2.1947.

[771] Vgl. Fings, Krieg (2005), S. 278; dies., 10. SS-Eisenbahnbaubrigade (2006), S. 162.

[772] Die 6. und die 8. SS-Eisenbahnbaubrigaden gelangten durch Westböhmen und Ostbayern noch bis Salzburg. Vgl. Fings, Krieg (2005), S. 278f. u. 336; wobei die 6. SS-Eisenbahnbaubrigade (aufgestellt als „1. SS-Baubrigade (E)") auf diesem Wege zeitweise im KZ Außenlager Plattling zum Gleisanschlussbau eingesetzt worden scheint. Vgl. Fritz, Plattling (2006), S. 222; Westerholz, Kranke (1995), S. 53.

III. Aspekte der militärischen Entwicklung 1944/45

*Der Bereich des Haltepunkts Burgweinting nach einem Luftangriff. Die Gleisschäden sind enorm. (Foto: DB Museum Nürnberg)*

Die Kriegsgefangenen aus Oberschlesien wurden als Arbeitskräfte zur Aufrechterhaltung des Schienenverkehrs auf die Reichsbahndirektionen Nürnberg und Regensburg verteilt. Im Bereich der Reichsbahndirektion Nürnberg wird hier nur auf einzelne Einsätze und Gruppen verwiesen, die im weiteren Ereignisverlauf auch einen Bezug zu Regensburg erlangten.[773] So waren britische Kriegsgefangene seit dem 18. März in östlichen Vororten (heutigen Stadtteilen) von Bayreuth untergebracht. Sie wurden zu Räumeinsätzen nach Bombenangriffen eingesetzt, wobei es zu zahlreichen Todesfällen kam.[774] Andere Kriegsgefangene waren im kleinen Hauptlager des Stalag XIII A

---

[773] Angaben zum geplanten Einsatz der Kriegsgefangenen aus Schlesien auch in unterfränkischen Bahnknotenpunkten (Gemünden, Schweinfurt, Neustadt an der Saale) lassen sich einem Nachkriegsbericht des ehem. Bataillonsführers des schlesischen Landesschützenbataillons 749 entnehmen. Nach seinen Angaben gelangten die Bahntransporte teils nicht mehr ans Ziel und wurden nach Nürnberg-Langwasser umgeleitet. Vgl. ITS, 5.3.1/Tote 15/0037 (84599929) – 0037(84599931): Bericht des ehemaligen Major der Reserve Walter Reigber, 25.7.47, 5 Bl., speziell Bl. 3.

[774] Vgl. Meyer, Götterdämmerung (1975), S. 66f., 78f. u. 92f.; Viele der Kriegsgefangenen in Bayreuth gehörten zu ehem. Arbeitskommandos mit den Bezeichnungen BAB 20 u. BAB 21. Jeder Wehrkreis sollte einige solcher „Kriegsgefangenen Bau- und Arbeitsbataillone" aufstellen, die für den mobilen, wehrkreisübergreifenden Einsatz, vorallem nach Luftangriffen, zur Verfügung stehen sollten. BAB 20 u. 21 waren zuvor auf der Hydrierwerk-Baustelle in Blechhammer bei Heydebreck O.S. (heute Kędzierzyn-Koźle), eingesetzt.

## 4. Massenrückführung ausländischer Kriegsgefangener nach Ostbayern

Sulzbach-Rosenberg einquartiert, darunter ein Kontingent britisch-jüdischer Soldaten aus Palästina, von denen ebenfalls einige Opfer von Bomben wurden.[775]

Die Reichsbahndirektion Regensburg brachte die ihr im März 1945 zugewiesenen 7.789 Kriegsgefangenen einsatzstrategisch gut positioniert unter und beförderte sie zwischen dem 24. und 26. März per Zug von Weiden aus an die vorgesehenen Einsatzorte, wo die örtlichen DAF-Stellen für Quartiere gesorgt hatten. 1.300 „Engländer" gelangten auf diese Weise nach Schwandorf,[776] wurden jedoch, noch bevor sie dort die Waggons verlassen hatten, kurzfristig ins nahe Schwarzenfeld umgeleitet und in einer stillgelegten Tonwarenfabrik in unmittelbarer Bahnhofsnähe untergebracht.[777] Von dort aus waren per Bahn sowohl Schwandorf als auch, über den Abzweig bei Irrenlohe, Amberg erreichbar. In beiden Städten, wie auch in Schwarzenfeld, wurden die Gefangenen zu Gleisbauarbeiten eingesetzt.[778]

Im Regensburger Umland befanden sich weitere 2.692 „Engländer" nebst 35 Belgiern.[779] Trotz großer Unterbringungsschwierigkeiten sollten sie wie folgt verteilt werden: 1.260 nach Piesenkofen und Obertraubling, 468 nach Niedertraubling, 1.060 nach Gebelkofen und Egglfing oder Prüfening, Sinzing und Bruckdorf.[780] Direkt im Stadtgebiet Regensburgs eine 600-Mann-Gruppe für Soforteinsätze nach Bombenschäden unterzubringen, scheiterte, da das hierfür vorgesehene „Capitol-Kino"[781] bereits anderweitig in Beschlag genommen war.[782] Mit großer Wahrscheinlichkeit übernahm das KZ-Arbeitskommando „Colosseum" deshalb diese Einätze – und damit auch die lebensgefährliche

---

[775] Vier aus dieser Gruppe wurden am 12. April bei einem Luftangriff auf Sulzbach-Rosenberg getötet. Laut CWGC-Datei kamen dabei folgende britisch-jüdischen Soldaten aus Palästina ums Leben: Dov Ackerman vgl. CWGC, Ackerman (2018); Moshe Keller, vgl. CWGC, Keller (2018); Zitchak Yehuda Kohlmann, vgl. CWGC, Kohlmann (2018) und Albert Kohn, vgl. CWGC, Kohn (2018). Hingegen nennt Piegsa, Aufbruch (2005), S. 94 schlicht „vier kriegsgefangene Engländer". Die übrige jüdische Gruppe wurde von der 71st US-Infantry Division vor Ort befreit, vgl. McMahon, Siegfried (1993), S. 380.

[776] Zahlenangaben nach BA, NS 5-I/76: Schreiben der Kreiswaltung der DAF Regensburg an die Gauwaltung der DAF Bayreuth vom 21.3.1945, Bl. 1.

[777] Es handelte sich dabei um ein seit Jahresbeginn wegen Kohlenmangels stillgelegtes Zweigwerk der Schwandorfer Tonwarenfabrik und nicht um die ebenfalls in Schwarzenfeld beheimate Firma Buchtal. Vgl. Klitta, Tonwarenfabrik (1965), S. 56. – Zum Gefangenenaufenthalt vgl. Clucas, Experiences (2016), S. 17; Kestell-Cornish, War Diary (2006), S. 56–59; Gallagher, One (2002), S. 183f.; ders., Europe (1995), S. 11f.; Mason, Prisoners (1954), S. 468, ohne den Ort konkret zu nennen; Field, Prisoners (1966), S. 810, verlegt die Fabrik irrtümlich nach Nürnberg: „Nuremberg, where they were billeted in a disused pottery factory".

[778] Vgl. Kestell-Cornish, War Diary (2006), S. 62.

[779] Zahlenangaben nach BA, NS 5-I/76: Schreiben der Kreiswaltung der DAF Regensburg an die Gauwaltung der DAF Bayreuth vom 21.3.1945, Bl. 1.

[780] Vgl. BA, NS 5-I/76: Schreiben der Kreiswaltung der DAF Regensburg an die Gauwaltung der DAF Bayreuth vom 23.3.1945, Bl. 2.

[781] Zur Gesamtgeschichte dieses Gebäudes vgl. Schießl, Velodrom (1998); sowie im Speziellen Ehm, Nazi-Appell (1998).

[782] Vgl. BA, NS 5-I/76: Schreiben der Kreiswaltung der DAF Regensburg an die Gauwaltung der DAF Bayreuth vom 23.3.1945, Bl. 2.

Blindgängerbeseitigung.[783] In Plattling wurden 494 Slowaken stationiert.[784] Nach Passau kamen 1.223 Russen[785], von denen im April kurz vor Ankunft der Amerikaner über 100 vor Ort ermordet wurden[786]. Ferner befanden sich 1.206 Russen in Landshut.[787]

In Regenburg bzw. konkret in Sinzing trafen die ersten Engländer am 26. März ein. Dies war das ehemalige Kommando E 579 aus Jaworzno, das sich seit dem 22. März in Rothenstadt im Süden von Weiden befand und am 25. März per Zug Weiden verließ.[788] Am 2. April erreichte eine weitere Gefangenengruppe Sinzing. Hierbei handelte es sich großteils um das ehemalige Arbeitskommando E 595, das am 29. März in Altenstadt bei Weiden angekommen war. Am 1. April wurden die Gefangenen ab Weiden in offenen Güterwaggons nach Regensburg gebracht. Während dieser Fahrt wurde der Zug bei Irrenlohe von Tieffliegern angegriffen. Nach einer Nacht auf einem Abstellgleis in Regensburg gelangten die Gefangenen am 2. April zu Fuß bzw. unter Nutzung einer Fähre nach Sinzing.[789] Die Engländer wurden auf Unterkünfte in Stroh- und Heustadeln im ganzen Ort und im nahen Bruckdorf verteilt.[790] Von dort aus wurden die Kriegsgefangenen nach Bedarf, per Zug oder zu Fuß, zu Gleisbauarbeiten auf dem Regensburger Güterbahnhof West eingesetzt.[791] Wenn gelaufen werden musste, nutzten sie eine nicht näher bezeichnete Fähre.[792] In

---

[783] Der Colosseums-Überlebende, Tadeusz Sobolewicz, berichtete u.a. von einem Fall, bei dem ein explodierender Blindgänger über 20 Häftlinge tötete. Vgl. Sobolewicz, Jenseits (1993), S. 263; Sobolewicz, Hölle (1999), S. 222.

[784] Mutmaßlich Kombattanten aus dem Slowakischen Nationalaufstand im Herbst 1944. Zahlenangaben nach BA, NS 5-I/76: Schreiben der Kreiswaltung der DAF Regensburg an die Gauwaltung der DAF Bayreuth vom 21.3.1945, Bl. 1.

[785] Zahlenangaben nach: BA, NS 5-I/76: Schreiben der Kreiswaltung der DAF Regensburg an die Gauwaltung der DAF Bayreuth vom 21.3.1945, Bl. 1.

[786] Vgl. Rosmus, Wintergrün (1993); Wagner, Ermordung (1999); Kellermann, Schicksal (2015).

[787] Zahlenangaben nach: BA, NS 5-I/76: Schreiben der Kreiswaltung der DAF Regensburg an die Gauwaltung der DAF Bayreuth vom 21.3.1945, Bl. 1.

[788] Vgl. Burbridge, Diary (2015), S. 2. Zum gleichen Kommando gehörte auch Gunner Herbert Mills, vgl. sein Tagebuch: Mills, Route (2012). – Zu dieser Kolonne gehörten neben Kriegsgefangenen des Kommandos E 579 auch solche des Kommandos E 565 aus Siersza-Wodna. Vgl. BA, B 162/41126: Ermittlungsverfahren gegen Angehörige des Landesschützenbataillons 515 (1995), Bl. 121 u. 141.

[789] Vgl. Spooner, March (2016). – Zu diesem Kommando zählte auch der Artillerist Doug West, der in seinem Bericht, statt von Sinzing, stets von „Sin Sing" schreibt, vielleicht bewusst in Anspielung an den Namen des aus US-Spielfilmen berühmten Staatsgefängnisses Sing Sing im US-Bundesstaat New York. Vgl. West, Brutality (1989), S. 317f. – Zum Tieffliegerangriff in Irrenlohe am 1. April, bei dem der Lokheizer und zwei deutsche Soldaten starben, vgl. Klitta, Finale (1970), S. 56f. u. 59.

[790] Untergebracht waren die Kriegsgefangenen in Sinzing bei der Metzgerei Freihart, beim Landwirt Meierhofer, im bischöflichen Seminargut und in Bruckdorf beim Landwirt Karl Maag. Vgl. Ottlinger, Sinzing (2005), S. 163.

[791] Vgl. Burbridge, Diary (2015), S. 3; West, Brutality (1989), S. 318; Greef, Prisoners (1991), Bl. 12.

[792] Neben der noch heute zwischen Großprüfening und Riegling verkehrenden Fähre, könnte auch die bis 1966 in Sinzing selbst noch existierende gemeint sein, eventuell (aus Kapazitätsgründen) auch beide. Die Bahnbrücke der Ingolstädter Strecke hatte 1945 noch keinen Fußgängersteg. Zur Nutzung der Fähre(n) vgl. Burbridge, Diary (2015), S. 3; Eine Beschreibung der Gierseil-Fähre findet sich bei West, Brutality (1989), S. 318; zur Fähre Sinzing vgl. Ottlinger, Sinzing (2005), S. 49f. u. 415f; zur Fähre Prüfening vgl. Hofmeister, Fähre (1999).

## 4. Massenrückführung ausländischer Kriegsgefangener nach Ostbayern

der Zeit bis zum 15. April gab es in Sinzing zwei Todesfälle: Der Querschläger eines Warnschusses traf den Schotten James Buchanan als völlig Unbeteiligten einen Tag nach der Ankunft in Sinzing am 27. März.[793] Er erlag seinen Verletzungen am 4. April im Lazarett Greflingerstraße 4 in Regensburg.[794] Als Unfall („Schädelbruch") galt der Tod des Südafrikaners William George Smerdon am 7. April in Bruckdorf.[795]

In Niedertraubling waren die ersten Gefangenen am 26. März eingetroffen. Diese Kriegsgefangenen des vormaligen Bergwerkkommandos E 702 Klimontow-Grube aus Sosnowitz (Sosnowiec) hatten nach wochenlangem Marsch den Raum Weiden erreicht, von wo aus sie am 26. März mit dem Zug über Amberg, Nürnberg und Neumarkt nach Regensburg gebracht und in Niedertraubling einquartiert wurden.[796] Auch eine Gruppe australischer Kriegsgefangener aus Dombrova, nahe Sosnowitz, die ebenfalls den Raum Weiden erreicht hatte, wurde von dort in der Nacht des 26. März in Güterwaggons über Nürnberg nach Regensburg gebracht, wo sie in der folgenden Nacht ankam.[797] Die in Ober- und Niedertraubling einquartierten Gefangenen wurden zu Gleisreparaturarbeiten im Bereich des Güterbahnhofs Regensburg-Ost eingesetzt – eine Arbeit, die nach der Kriegsgefangenen Konvention verboten war. Mehrere verloren ihr Leben bei einem Luftangriff am 19. April, dem sie in den Gleisfeldern ungeschützt ausgesetzt waren.[798] Die Kriegsgefangenen in Ober- und Niedertraubling

---

[793] Einige hungrige Gefangene hatten versucht einen Kartoffelkeller aufzubrechen. Vgl. Ottlinger, Sinzing (2005), S. 164; In einem erst 1995 aufgenommenem Ermittlungsverfahren gegen Angehörige des Landesschützenbataillons 515 ist sowohl vom 26. als auch vom 27. April die Rede. Vgl. BA, B 162/41126: Bl. 121 u. 125 bzw. S. 141; Burbridge datiert den Vorfall auf den 29. April, vgl. Burbridge, Diary (2015), S. 5;

[794] Vgl. StAAm, Amtsgericht Rbg. 3528: Todesanzeigen 1945: Buchanan, James 4.4.45; CWGC, Buchanan (2018); Buchanan ist bis heute in der Kriegsgräberabteilung auf dem Oberen Katholischen Friedhof in Regensburg bestattet. Vgl. ebd. die „Grave Registration Report Forms" (Grabregistrierungs-Protokolle); ferner StAR, BES 500: Sterbefälle von Kriegsgefangenen, Nationalität England, Bl. 1.

[795] Vgl. CWGC, Smerdon (2018); Smerdon war ebenfalls auf dem Oberen Katholischen Friedhof in Regensburg bestattet worden, später jedoch auf den Britischen Soldatenfriedhof Dürnbach bei Bad Tölz umgebettet worden. Vgl. ebd. das „Grave Concentration Report Form" (Exhumierungs- und Umbettungs-Protokoll) im Anhang des CWGC-Eintrages; ferner StAR, BES 500: Sterbefälle von Kriegsgefangenen, Nationalität England, Bl. 2.

[796] Vgl. Pope, Capture (2010). – Zum ehem. Kommando E 702 zählte auch der Engländer Alan Forster, der vom gleichen Bahntransport nach Regensburg und einem Fußmarsch nach „Neider-Fraubling" berichtete. Vgl. Forster, Diary Part 8 (2005). – Aus Niedertraublinger Sicht vgl. Doerfler, Kriegsnot (1982), S. 127.

[797] Vgl. Anderson, March (2000), S. 175–177.

[798] In der CWGC-Datenbank, im StARbg sowie im StAAm lassen sich zwei am 19. April 1945 in Regensburger Lazaretten gestorbene britische Kriegsgefangene nachweisen: Vgl. CWGC, Holland (2018); dies., Middleton (2018), s. die ebd. angegebenen Grabregistrierungs-Protokolle: Beide sind bis heute in der Kriegsgräberabteilung auf dem Oberen Katholischen Friedhof in Regensburg bestattet. Vgl. ferner StAR, BES 500: Sterbefälle von Kriegsgefangenen, Nationalität England, Bl. 1; lt. StAAm, Amtsgericht Rbg. 3528: gem. Todesanzeigen 1945 verstarben Holland und Middleton am 19.4.45 im Lazarett Prüfeninger Str. 86. – Forster hingegen spricht von vier bei einem Luftangriff am 19. April Getöteten, vgl. Forster, Diary Part 10 (2005).

III. Aspekte der militärischen Entwicklung 1944/45

hatten gelegentlich Sichtkontakt zu den Häftlingen des auf dem nördlich benachbarten Flugfeld des Fliegerhorstes Regensburg-Obertraubling arbeitenden KZ-Außenkommandos, das, wie bereits erwähnt, zur Aufrechterhaltung des Flugbetriebs eingesetzt war.[799] Auch wurden sie Zeugen der Erschießung eines Häftlings nach dessen Fluchtversuch, wobei sie über die Teilnahmslosigkeit der deutschen Bevölkerung schockiert waren.[800]

Der britische Feldgeistliche, Reverend Geoffrey Kestell-Cornish, aufgrund seiner Funktion Angehöriger der Sanitätstruppe, konnte sich, wie auch britische Militärärzte und Sanitäter, relativ ungehindert zwischen den verschiedenen Gefangenengruppen bewegen. Er war am 19. Januar 1945 zusammen mit dem Kommando E 738 in Sosnowitz losmarschiert.[801] Laut seinem ausführlichen Tagebuch befanden sich im Südosten von Regensburg Kriegsgefangene aus mindestens sechs ehemaligen Arbeitskommandos.[802] Er selbst war seit dem 16. April offenbar in Wolkering einquartiert, einem Lager, in dem zuvor französische Kriegsgefangene gewesen waren.[803] Dorthin musste am 20. April auch das Kommando E 707 umziehen, dessen zwei Kilometer entferntes bisheriges Quartier nun von Truppen der Wehrmacht beansprucht wurde.[804] Möglicherweise war E 707 zuvor in Neudorf untergebracht gewesen.[805]

Regensburg erreichten in diesen Tagen auch britische Kriegsgefangene, die zuvor dem Arbeitskommando E 715 angehört hatten. Dieses war vor Beginn des Marsches in Auschwitz-Monowitz auf der Großbaustelle der I.G. Farben-Fabrik[806] eingesetzt gewesen, gleichsam privilegiert gegenüber allen anderen Kategorien von Zwangsarbeitern und Häftlingen.[807] Die Engländer hatten dort versucht, den anderen Gefange-

---

[799] S. oben Kap. II.6.4.1.2..
[800] Vgl. McKibbin, Wire (1947), S. 127: „We heard a volley of shots and, running outside, found that a political prisoner from a group in a near-by field had just been killed. He had made a bolt for freedom and had been picked off a few yards up the road. A barfooted Fraulein who was forking hay in the yard showed less interest than if a rabbit had been shot".
[801] Vgl. Kestell-Cornish, Diary (2006), S. 29.
[802] Bereits seit März E 755, E 587 u. E 707, seit Mitte April auch E 535 (nur Neuseeländer), E 538 und E 754. Vgl. ebd., S. 64–67.
[803] Vgl. ebd., S. 65: Reverend Kestell-Cornish schrieb von „Wölkering". Einen solchen Ortsnamen gibt es im Süden Regensburgs nicht, so dass entweder der heutige Thalmassinger Gemeindeteil Wolkering, aber auch der Pentlinger Ortsteil Hölkering gemeint sein konnte. Hölkering erscheint jedoch etwas zu klein für diese Nutzung.
[804] Vgl. Kestell-Cornish, Diary (2006), S. 67.
[805] Am 20. April wurden 120 Mann der nach Regensburg verlegten Reste des Ersatz- und Ausbildungsbataillons 12 aus Coburg dort einquartiert. Vgl. Kap. V.1.5. – Neudorf liegt etwas mehr als zwei Kilometer, die Kestell-Cornish erwähnte, von Hölkering, aber auch von Wolkering entfernt, womit die Frage nach Kestell-Cornishs eigenem Unterkunftsort weiter offen bleibt. Vgl. Kestell-Cornish, Diary (2006), S. 67.
[806] Zu Auschwitz III-Monowitz vgl. allg. Wagner, IG Auschwitz (2000); Setkiewicz, Histories (2008).
[807] Der Auschwitz-Überlebende Primo Levi schilderte sehr eindrücklich die geradezu kafkaeske Sonderstellung der „Engländer" in Auschwitz-Monowitz, die als einzige Gefangenengruppe dort nicht von der SS, sondern von der Wehrmacht bewacht wurde. Vgl. Levi, Mensch (2011), S. 85, 90, 124f., 164 u. 210.

## 4. Massenrückführung ausländischer Kriegsgefangener nach Ostbayern

nengruppen zu helfen, wo immer es nach ihren Möglichkeiten ging.[808] Einige der Briten traten später in den Nürnberger Prozessen als Zeugen auf.[809] Über einzelne der Kriegsgefangenen von E 715 sind biographische Veröffentlichungen erschienen,[810] bzw. sie haben ihre Erlebnisse selbst oder mit Hilfe von Co-Autoren niedergeschrieben.[811] Andere hatten Tagebuch geführt, was später veröffentlicht wurde.[812] Der Aufenthalt in Regensburg im April 1945 ist dort teilweise ausführlich erwähnt.[813] Das Kommando E 715 war im Januar noch geschlossen in Auschwitz losmarschiert, war aber später teils anderen Marschgruppen zugeordnet worden.[814] Einige ehemalige 715er gelangten am 26. bzw. 27. März mit dem Zug von Weiden her kommend nach Regensburg bzw. Obertraubling.[815] Eine weitere Gruppe erreichte Regensburg nach einem Drei-Tage-Marsch durch die Oberpfalz.[816]

---

[808] Vgl. White, Auschwitz (2001), S. 266–295.
[809] Vgl. M.N., Kriegsgefangene (2018).
[810] Vgl. Castle, Password (1979); Dieser Roman handelt von Sergeant Charles Joseph Coward, Lagervertrauensmann des Arbeitskommandos E 715, und wurde von zwei ehemaligen Mitgefangenen (John William Garrand und Ronald Charles Payne) unter Pseudonym veröffentlicht. Zur Person Cowards siehe M.N., Coward (2018); Rushton, Spectator (2001), über den englischen Kriegsgefangenen Arthur Dodd; Little, Allies (2009), über die Kriegsgefangenen Brian Bishop, Doug Bond und Arthur Gifford-England. – Zu den Kriegsgefangenen von E 715 gehörte auch Yitzhak Persky, Soldat einer jüdischen Einheit aus Britisch-Palästina, der sich 1941 vor seiner Gefangennahme in Griechenland noch eine Zeit lang hatte verstecken können und dabei, zur eigenen Sicherheit, die Identität eines im Versteck verstorbenen nichtjüdischen Neuseeländers angenommen hatte. Persky war in Monowitz engster Vertrauter von Sgt. Coward. Die Familie Persky hebräisierte mit der Gründung Israels 1948 den Familiennamen und nennt sich seither Peres. Einer der Söhne von Yitzhak Persky war der israelische Politiker und zeitweilige Staatspräsident Schimon Peres (1923–2016). Vgl. Peres, Battling (1995), speziell zur Kriegsgefangenschaft seines Vaters S. 40, 43 u. 51–53. Persky und Coward war es gelungen, auf dem Marsch in Nordbayern zu entkommen, und sich zu den amerikanischen Truppen durchzuschlagen.
[811] Vgl. Glyn-twin, Dunkirk (2004); Parfitt, Wire (2002), S. 197; Avey, Man (2011), dies war das erste englischsprachige Buch mit den Erinnerungen eines britischen Kriegsgefangenen überhaupt, das ins Deutsche übersetzt wurde. Vgl. ders., Mann (2012). – Avey gibt an, bei Pilsen aus der Marschkolonne entkommen zu sein und will auf seiner Flucht auch durch Regensburg gekommen sein, was jedoch angesichts der angegebenen Route etwas zweifelhaft erscheint. Vgl. ders., Man (2011), S. 176f.
[812] Vgl. Hamilton, POW (2018).
[813] Vgl. Little, Allies (2009), S. 62f.; Glyn-twin, Dunkirk (2004); Rushton, Spectator (2001), S. 154–155. – Die Unterbringung der Gefangenen aus E 715 im Umland von Regensburg ist leider nicht abschließend bestimmbar, zumal diese, wie dargestellt, im Raum Regensburg mit verschiedenen Gruppen eintrafen. Little berichtet: „billeted to small number of farm buildings located a mile away from the city", Little, Allies (2009), S. 62. – Rushton spricht davon, dass „they were divided and billeted in different smallholdings", Rushton, Spectator (2001), S. 154; vgl. ebd. S. 206; Parfitt, Wire (2002), S. 197.
[814] Eine Teilgruppe war über Bindlach bei Bayreuth nach Nürnberg und von dort nach Moosburg gelangt; vgl. Rushton, Spectator (2001), S. 206 u. 211–214.
[815] Private Hamilton erreichte am 27. März per Bahn von Weiden aus Obertraubling, vgl. Hamilton, POW (2018). – Laut Little trafen einige Angehörige von E 715 am 26. März per Zug in Regensburg ein. Vgl. Little, Allies (2009), S. 62.
[816] Vgl. Rushton, Spectator (2001), S. 154 u. 206; Dies dürfte die Gruppe sein, der Kestell-Cornish am 19. März bei Pfrentsch begegnet war. Vgl. Kestell-Cornish, Diary (2006), S. 55.

III. Aspekte der militärischen Entwicklung 1944/45

Ebenfalls in Regensburg angekommen waren britisch-jüdische Kriegsgefangene aus Palästina, die dem Bergwerkskommando E 595 in Beuthen-Schomberg (Bytom-Szombierki) angehört hatten.[817] Eine große Gruppe dieses ehemaligen Kommandos befand sich seit dem 2. April im Südwesten der Stadt.[818] Es kam während der Arbeiten in den Gleisfeldern des Regensburger Güterbahnhofes West auch zu Begegnungen zwischen diesen und jüdischen Häftlingen des ebenfalls dort eingesetzten KZ-Häftlingskommandos „Colosseum".[819]

### 4.5. Räumung von Kriegsgefangenenlagern nördlich der Donau

Die Entwicklung der Kriegslage erzwang die Aufgabe der deutschen Kriegsgefangenenlager zunächst im Nordwesten Bayerns. Als auch die großen Lager in Nürnberg-Langwasser aufgegeben werden mussten, zogen lange Kolonnen Richtung Süden zum letzten Großlager, Stalag VII A Moosburg, dessen Barackenstadt ursprünglich für 20.000 Gefangene ausgelegt und bald mit 70.000 Mann völlig überfüllt war.[820]

Ein Teil der englischen Gefangenen aus dem Raum Bayreuth wurde am 9. April mit mehreren Zugtransporten Richtung Moosburg in Marsch gesetzt und passierte dabei auch Regensburg, wobei einige dort verblieben.[821] Eine große Kolonne, die sich von Bayreuth zu Fuß auf den Weg gemacht hatte, gelangte auf der Ostmarkstraße über Weiden nur noch bis Winklarn bei Oberviechtach.[822] Die Einheiten der 11st Armoured Division und der 90th Infantry Division befreiten ab 23. April im Bereich Oberviechtach, darunter in Winklarn, weit über 4.500 britische Gefangene.[823] Eine andere Gruppe wurde am 24. April in Thiermietnach, Gemeinde Michelsneukirchen, von den US-Streitkräften befreit.[824]

Am 11. April wurde eine größere Gruppe Gefangener aus dem Umland von Weiden, darunter viele Neuseeländer, im Bahntransport nach Plattling gebracht, wo diese für fünf Tage verblieben und Gleisreparaturarbeiten durchführen mussten.[825] Anschließend marschierten sie über Landau a. d. Isar und Vilsbiburg in den Raum

---

[817] Vgl. Gelber, Palestinian (1981), Digitalisat S. 37.
[818] Die Genaue Unterbringung ist nicht bekannt, es könnte Sinzing gewesen sein.
[819] Vgl. Schimmel, Räder (1991), S. 40: Interview mit dem Überlebenden des KZ-Außenlagers „Colosseum" Hersch Solnik.
[820] Vgl. Reither, Stalag (2015), S. 51f.
[821] Vgl. Pledger, Journey (2003).
[822] Vgl. Peters, Memoirs (2017), S. 17f;.
[823] Vgl. Siegert, Kriegsende (1995), S. 40, S. 93. S. 118 u. S. 140.
[824] Vgl. Jonwilkie, Sidi Nsir (2005); Bryson, Adding (2013) Tabelle; bei Arnold, Krieg (2003), S. 129 wird von 600 ehem. kriegsgefangenen Engländern berichtet, die Ende April im nahen Gemeindeteil Schrötting einquartiert waren.
[825] Vgl. Mason, Prisoners (1954), S. 469.

## 4. Massenrückführung ausländischer Kriegsgefangener nach Ostbayern

Kraiburg am Inn, wo sie am 3. Mai befreit wurden.[826] Andere Gruppen, darunter auch Kanadier, mussten aus dem Raum Weiden zu Fuß längs der Ostmarkstraße nach Süden aufbrechen, überquerten in Straubing die Donau und gelangten nach etlichen Tagen noch bis Niederviehbach bzw. in den Raum Ampfing und Mühldorf am Inn.[827] Das deutsche Restpersonal des Stalag Weiden (bei dem sich auch jenes des Stalag Teschen aufhielt) marschierte mitsamt 600 Engländern ab dem 17. April auf den gleichen Wegen, gelangte jedoch nur noch bis in den Raum Obertrübenbach (heute Stadtteil von Roding), wo es am 24. April in Gefangenschaft geriet, während die Briten befreit wurden.[828]

In diesen Tagen wurden neben den zahlreichen „Engländern" auch viele Gruppen mit Kriegsgefangenen anderer Nationen über die Donau nach Süden verbracht. Eine bei Roding befreite Gruppe von 600 Sowjetsoldaten, – die möglicherweise ebenfalls zur Kolonne der Reste des Stalag Weiden gezählt hatten[829], – ist bereits an anderer Stelle erwähnt worden.[830] Eine weitere Kolonne sowjetischer Kriegsgefangener, wohl 500 Mann, durchquerte, aus Norden kommend, um den 20. April den westlichen Landkreis. Diese Gruppe scheint erstmals in Nittendorf auf und dürfte sich (möglicherweise in geteilten Kolonnen) über Undorf, Eichhofen bzw. auch über Eilsbrunn[831] und Schönhofen[832] nach Thumhausen bewegt haben. Ein Russe verlor sein Leben in Schönhofen.[833] Er trug eine Kriegsgefangenen-Erkennungsmarke des schlesischen Wehrkreises VIII.[834] Ein weiterer Russe wurde in

---

[826] Vgl. Grey, Private (2004), S. 125. – Zum Aufenthalt „englischer" Kriegsgefangener im April/Mai im südöstlichen Bayern vgl. allg. Lohr, Endlösung (2015), S. 2–15.
[827] Vgl. Swift, March (2006), S. 69f.;
[828] Vgl. ITS, 5.3.1/Tote 15/0037 (84599929) – 0039 (84599931): Bericht des ehemaligen Major der Reserve Walter Reigber (LSch.Batl. 749), 25.07.1947, 5 Bl., hier Bl. 3–5; auch Rom, Amerikaner (2015). – Zu dieser Kolonne gehörte offenbar auch der Engländer George Albert Hawkins aus dem Bergwerkskommando E 72 Beuthen. Vgl. Parry, Hawkins (2018).
[829] Vgl. ITS, 5.3.1/Tote 15/0037 (84599929) – 0039 (84599931): Bericht des ehemaligen Major der Reserve Walter Reigber (LSch.Batl. 749), 25.07.1947, 5 Bl.; Reigber spricht an einer Stelle (Bl. 3) auch von 600 Russen, für die er auf diesem Marsch zuständig war.
[830] Siehe Kapitel III. ; vgl. Stratievski, Kriegsgefangene (2008) S. 199f.
[831] Vgl. ITS, 5.3.1/Tote 16/0100 (84597748): An den Landrat Regensburg gerichtetes Schreiben des Bürgermeisters der Gemeinde Eilsbrunn betr. UNRRA-Fragebogen Todesmarsch Regensburg-Laufen vom 23.02.1947. [Hinweis: Dokument ist im ITS-Bestand offenbar durch einen Erfassungsfehler nicht unter „Eilsbrunn" zu finden, sondern nur unter „Nittendorf"].
[832] Vgl. ITS, 5.3.1/Tote 19/0027 (84601697): An das Landratsamt Regensburg gerichtete Antworten des Bürgermeisters der Gemeinde Schönhofen auf UNRRA-Fragebogen betr. Todesmarsch Regensburg-Laufen vom 20.02.1947.
[833] Zeitweise bestattet in Nittendorf. Vgl. StAAm, BZA Regensburg/12261: Feststellung über Gräber sowjet. Staatsbürger in Bayern, Schreiben der Gemeinde Nittendorf an Landratsamt vom 01.06.1951; ITS, 5.3.1/Tote 19/0027 (84601697): An das Landratsamt Regensburg gerichtete Antworten des Bürgermeisters der Gemeinde Schönhofen auf UNRRA-Fragebogen betr. Todesmarsch Regensburg-Laufen vom 20.02.1947;
[834] „Stalag VIII Nr. 92562". Vgl. StAAm, BZA Regensburg/12263: Mitteilung Gde. Schönhofen an Landratsamt vom 05.04.1946.

III. Aspekte der militärischen Entwicklung 1944/45

Eichhofen[835] erschossen und in Thumhausen bestattet, zusammen mit einem weiteren Toten.[836] Die Kolonne sei dann Richtung Kelheim gezogen. Sie dürfte identisch sein mit jenen „erdbraunen Gefangenen", die bei Forschungen über den Durchzug von KZ-Häftlingen aus dem KZ Hersbruck durch Viehhausen „wiederentdeckt" und dort aufgrund der Farbe ihrer Uniformen so bezeichnet wurden.[837]

Auch eine 60-Mann-Gruppe als Kriegsgefangene behandelte Soldaten der polnischen Heimatarmee aus dem Warschauer Aufstand war von Lamsdorf aus in die Oberpfalz gelangt und hatte in Schwandorf arbeiten müssen.[838] Diese Gruppe wurde ebenfalls in den Raum Regensburg, konkret nach Burgweinting, in ein umzäuntes Barackenlager verlegt und im Hafen zu Gleisreparaturarbeiten eingesetzt.[839]

Auch das Stalag 383 auf dem nahen Truppenübungsplatz Hohenfels, ein „Engländerlager" mit 5.000 Unteroffizieren, wurde ab dem 16. April großteils über Ingolstadt nach Oberbayern evakuiert.[840] Eine Kolonne mit wohl 1.500 Mann marschierte jedoch ab dem 17. April über Schmidmühlen und Duggendorf[841] nach Pielenhofen.[842] In Etterzhausen reihte sie sich am 18. April auf der Reichsstraße 8 ein, „along with columns of Russians, Italians, Jews, political prisoners".[843] Mitten durch Regensburg

---

[835] Vgl. ITS, 5.3.1/Tote 8/0098 (84597746): An das Landratsamt Regensburg gerichtete handschriftl. Antworten des Bürgermeisters der Gemeinde Eichhofen auf UNRRA-Fragebogen betr. Todesmarsch Regensburg-Laufen vom 18.02.1947; ITS, 5.3.1/Tote 21/0028 (84601698): An UNRRA-Suchstelle beim Landrat Regensburg gerichtetes Schreiben des Landpolizei-Postens Undorf betr. Todesmarsch Regensburg-Laufen vom 22.02.1947; StAAm, BZA Regensburg/12261: Feststellung über Gräber sowjet. Staatsbürger in Bayern, Schreiben der Gemeinde Eichhofen an das Landratsamt vom 28.05.1951.

[836] Vgl. ITS, 5.3.1/Tote 19/0027 (84601697): An das Landratsamt Regensburg gerichtete Antworten des Bürgermeisters der Gemeinde Schönhofen auf UNRRA-Fragebogen betr. Todesmarsch Regensburg-Laufen vom 20.02.1947; ITS, 5.3.1/Tote 8/0098 (84597746): An Landratsamt Regensburg gerichtete handschriftl. Antworten des Bürgermeisters der Gemeinde Eichhofen auf UNRRA-Fragebogen betr. Todesmarsch Regensburg-Laufen vom 18.02.1947;

[837] Vgl. Zacke, Geschichte (2010), S. 30–33; Issing, Brot (2005), S. 146. – Der Bürgermeister von Viehhausen hatte 1947 keine detaillierten Angaben gemacht, sondern ledlich pauschal vom Durchzug von ca. 1.000 Mann Gefangenentransporte am 20./21. April berichtet. Vgl. ITS, 5.3.1/Tote 22/0093 (84601949): An Landratsamt Regensburg gerichtete handschriftl. Antworten des Bürgermeisters der Gemeinde Viehhausen auf UNRRA-Fragebogen betr. Todesmarsch Regensburg-Laufen vom 20.02.1947

[838] Vgl. Kledzik, Smak (1996), S. 37f., 50 u. 59.

[839] Vgl. ebd., S. 103f.

[840] Vgl. Mason, Prisoners (1954), S. 468; Goddard, RSM (2009).

[841] Vgl. ITS, 5.3.1/Tote 7/0052(84597628): Schreiben des Bürgermeisters der Gemeinde Duggendorf an die UNRRA-Suchstelle des Landkreises Burglengenfeld vom 21.02.1947, betr. Todesmarsch Flossenbürg-Regensburg.

[842] Vgl. McKibbin, Wire (1947), S. 119 u. 123–125; Jackson, Coils (1969). – Fotos vom Aufenthalt der Kolonne auf der Naabinsel in Pielenhofen (fehlbezeichnet als „Etehausen") bei Mason, Prisoners (1954), Bildteil zwischen S. 322 u. 323; ferner bei Hall, Prisoners (1949), S. 20.

[843] McKibbin, Wire (1947), S. 126; vgl. ITS, 5.3.1/Tote 8/0112 (84597865): Schreiben des Polizeipostens Etterzhausen an die UNRRA-Suchstelle beim Landrat Regensburg vom 23.02.1947.

## 4. Massenrückführung ausländischer Kriegsgefangener nach Ostbayern

gelangte die Kolonne nach Burgweinting, wo sie nur eine Nacht verblieb, bevor sie weiter zog.[844] Im Süden von Regensburg dürfte es in diesen Tagen wohl kaum noch leere Scheunen gegeben haben – es befanden sich Gefangene in den Dörfern von Graßlfing bis Gebelkofen. Die Kolonne aus Hohenfels musste in einem kleinen Wald nächtigen – mit großer Wahrscheinlichkeit im „Weintinger Hölzchen" südwestlich von Burgweinting.[845] Auch ein Teil der in Bruckdorf und Sinzing untergebrachten „Engländer" wechselte am 15. April ans rechte Ufer in das nahe Graßlfing.[846] Zum Donauübergang wurde die kleine Fähre in Matting genutzt.[847] Ein Brite verlor am 20. April in Graßlfing bei einem Tieffliegerbeschuss sein Leben und wurde im Ortsfriedhof bestattet.[848] Ein weiterer Teil der Sinzinger Gruppe wurde am 15. April nach Obertraubling verlegt.[849] Die in Schwarzenfeld untergebrachten „Engländer" wurden am 15. April in den Süden von Regensburg in Marsch gesetzt. Die Gruppe benötigte hierfür zwei Tage – aber der Marsch endete mit einem Drama.

### 4.6. 16. April 1945: „Friendly Fire" – das Drama von Mariaort

Die Nacht zum 16. April verbrachte die Gruppe in Scheunen in Holzheim am Forst.[850] Am 16. April zog die Kolonne durch Etterzhausen, um von dort aus am rechten Naabufer über den Fußgängersteg der Mariaorter Eisenbahnbrücke ans andere Donauufer zu gelangen und die als Quartiere vorgesehenen Scheunen in Dörfern im Süden der Stadt zu erreichen.[851] Als die ersten Gefangenen die Brücke bereits passiert hatten und andere gerade dabei waren, den Fußweg zur Brücke bei der Wallfahrtskirche hoch zu steigen, gerieten sie in einen US-Luftangriff.[852] Zunächst jubelten die Gefangenen, als die ersten Angriffswellen ihre Bomben weit vor ihnen abwarfen. Die dritte Welle jedoch klinkte ihre Bomben über der Mariaorter Brücke aus – die Kriegsgefangenen

---

[844] Vgl. McKibbin, Wire (1947), S. 126f.
[845] Vgl. ebd., S. 126: „the marchers slept in a wood cordonned off by guards".
[846] Vgl. Burbridge, Diary (2015), S. 3; Mills, Route (2012), S. 6, der von „Graslang" schreibt.
[847] Vgl. ITS, 5.3.1/Tote 15/0065 (84599866): Gemeinde Matting, Anlage zum UNRRA-Fragebogen betr. Todesmarsch Regensburg-Laufen vom 20.02.1947.
[848] Vgl. ITS, 5.3.1/Tote 10/0057 (84598289): Schreiben des Bürgermeisters der Gemeinde Graßlfing an den Landrat Regensburg vom 23.02.1947; CWGC, Cook (2018); Die Leiche wurde 1947 vom Graßlfinger Friedhof exhumiert und auf den Britischen Soldatenfriedhof Dürnbach bei Bad Tölz umgebettet.Vgl. ebd. im Anhang das „Grave Concentration Report Form" (Exhumierungs- und Umbettungs-Protokoll).
[849] Vgl. West, Brutality (1989), S. 318.
[850] Vgl. Kestell-Cornish, Diary (2006), S. 63.
[851] Vgl. ebd., S. 64 u. 67.
[852] Der Einsatzbericht der USAAF für den Nachmittag des 16. April verzeichnete vier Ziele in Regensburg: den Güterbahnhof Burgweinting, die Eisenbahnbrücke Ost (Schwabelweis), den Güterbahnhof West und die Bahnbrücke Mariaort, die in dieser Reihenfolge angegriffen wurden. Vgl. USAAF, Eighth Air Force, (1945), Bl. 160–170, 183f.

III. Aspekte der militärischen Entwicklung 1944/45

*Diese Luftaufnahme der USAAF zeigt deutlich die Streuung der Bomben im Bereich der beiden Brückenköpfe der Mariaorter Eisenbahnbrücke am 16. April 1945. Die Masse der britischen Kriegsgefangenen befand sich zum Zeitpunkt des Angriffs im Bereich der beiden Kirchen, die deutlich links oben zu erkennen sind. (Aufnahme: USAAF, Slg. P. Schmoll).*

wurden selbst zum Ziel.[853] Eine Brücke zu treffen, war für hochfliegende schwere Bomber nach den damaligen Zielmethoden nur möglich in Form eines dichten Flächenbombardements. 73 US-Bomber warfen auf diese Brücke nicht weniger als 435 Bomben, von denen lediglich zwölf die Brücke oder die Gleise direkt trafen. Alle anderen schlugen im Fluss, vor allem im Umfeld der Brückenköpfe ein.[854] 16 Briten und vier Neuseeländer verloren durch dieses „friendly fire" ihr Leben.[855] Zwei weitere

---

[853] Vgl. Clucas, Experiences (2016), S. 17; Gallagher, Europe (1995), S. 12f.; Field, Prisoners (1966), S. 810; Vincent, Road (1956), S. 186f.; Mason, Prisoners (1954), S. 469. – Diese Werke stellen nur eine Auswahl einer großen Anzahl von Berichten von Kriegsgefangenen dar, darunter teilweise sehr dramatische Schilderungen dieses Angriffs, deren Darstellung den Rahmen dieser Studie überschreiten würde und daher einer separaten Veröffentlichung vorbehalten bleiben soll.

[854] Vgl. USAAF, Eighth Air Force, (1945), Bl. 160–170, 183f.

[855] Ein Schreiben der Gemeinde Sinzing an das Landratsamt Regensburg vom 30. Okt. 1945 führte 21 Gräber an, von denen nur 19 Namen bekannt wären. Vgl. StAAm, BZA Regensburg/12263; Auch in weiteren Schriftwechseln wurde von 19 namentlich bekannten und zwei nicht identifizierten Toten gesprochen. Vgl. ebd. Schreiben vom 03. Dez: 1945; StAAm, BZA Regensburg/12264: Schreiben des Landrats an Oberbürgermeister Regensburg vom 30. Dez. 1946; Ebenso sprach eine Mitteilung der Gemeinde Sinzing vom 20. Feb. 1947 von 19 Toten. Vgl. ITS, 5.3.1/Tote 15/0149 (84599800): An das Landratsamt Regensburg gerichtete handschriftliche Antworten des Bürgermeisters der

4. Massenrückführung ausländischer Kriegsgefangener nach Ostbayern

Soldaten, ein Schotte und ein Engländer, gelten seither als vermisst und mutmaßlich als gefallen.[856] Auch einige der deutschen Bewacher waren getötet worden.[857] Weit über 50 Gefangene waren teils schwer verletzt und wurden in Regensburger Lazarette gebracht.[858] Die Toten wurden von ihren Kameraden in einem Massengrab im Kirchhof der unmittelbar benachbarten Mariaorter Kirche bestattet.[859] Erst Anfang September 1947 wurden die Leichen exhumiert und in den britischen Soldatenfriedhof Dürnbach[860] (heute Gemeinde Gmund a. Tegernsee) überführt.[861] Die Wallfahrtskirche und

---

Gemeinde Sinzing auf UNRRA-Fragebogen betr. Todesmarsch Regensburg-Laufen vom 20.02.1947. – Unter den Gruppen britischer Kriegsgefangener im Raum Regensburg kursierten damals teils abweichende Angaben: Bei der Gruppe in Graßlfing war die Rede von in Summe 100 Getöteten und Verwundeten. Vgl. Mills, Route (2012), S. 7; In Obertraubling sprach man von 30 Toten. Vgl. West, Brutality (1989), S. 318; Der britische Feldgeistliche Kestell-Cornish, der selbst nicht am Ort des Ereignisses war, nannte 23 Tote, 68 teils ernsthaft Verwundete und drei getötete Deutsche. Vgl. Kestell-Cornish, Diary (2006), S. 66. – Die Anzahl von 20 namentlich bekannten Toten ergab sich durch die Arbeit des britischen Suchdienstes und durch die Exhumierung Anfang Sept. 1947, wobei ein unbekannter Toter nachidentifiziert werden konnte und ein Name korrigiert werden musste. Vgl. CWGC-Dateien, die der beigegebenen Tabelle zugrundeliegen.

[856] Vgl. StAAm, BZA Regensburg/12263: Schreiben der US-Militärregierung, Det F212, an den Oberbürgermeister von Regensburg vom 29.08.1945, mit der Mitteilung, dass zwei (namentlich genannte) Briten seit dem 16.04.1945 vermisst seien. – Die Leichen dieser beiden Vermissten wurden nie gefunden. Da beide Soldaten bereits im Juni 1940 bei Dünkirchen in deutsche Gefangenschaft geraten waren, sind ihre Namen mit dem jeweiligen Sterbedatum 16 April 1945 auf dem britischen „Dunkirk Memorial" in Dünkirchen eingraviert. Mit dieser Gedenkstätte wird an die 4.512 bei der Evakuierung britischer Truppen vom Kontinent getöteten bzw. vermissten Soldaten gedacht, von denen kein Grab bekannt ist. Vgl. CWGC, Dalgetty (2018); CWGC, Shields (2018); CWGC, Dunkirk Memorial (2018).

[857] Die Zahl der getöteten Wachen ist unbestimmt, je nach Bericht wurden ein bis vier getötete Landesschützen angegeben. – Laut dem Eilsbrunner Pfarrer Franz Xaver Hilbinger kamen, neben 20 Engländern, zwei deutsche Begleitsoldaten und eine Zivilperson ums Lebens. Zitiert bei Ottlinger, Sinzing (2005), S. 166.

[858] Vgl. Dirmeier, Krankenhaus (1995), S. 29, erwähnt für den 16. April 1945 die Zahl von 60 verwundeten Briten. – Abbildung des Krankenblattes für den beim Luftangriff am 16. April verletzten Kriegsgefangenen Fred Crow des Reservelazaretts Regensburg III, Krankenhaus der Barmherzigen Brüder, geführt vom 18. April bis 9. Mai, bei: Crow, POW (2017), S. 4.

[859] Vgl. ITS, 5.3.1/Tote 15/0149 (84599800): An das Landratsamt Regensburg gerichtete handschriftliche Antworten des Bürgermeisters der Gemeinde Sinzing auf UNRRA-Fragebogen betr. Todesmarsch Regensburg-Laufen vom 20.02.1947. – Nach anderer Darstellung wurden die Leichen zunächst in Höhlen am Bahndamm zwischengelagert, vgl. LraR, Kreisarchivpflege: Preu, Bewohner (2006), S. 68; Die ebd. S. 67 widergebene Vermutung, dass sich die Gefangenen als „Schutzschild" gegen Luftangriffe auf der Brücke befunden hätten, ist jedoch abwegig.

[860] Vgl. CWGC, Durnbach War Cemetary (2018). – Der Friedhof liegt an der nördlich des Dürnbacher Ortsteils Moosrain vorbeiführenden B 472 von Bad Tölz nach Miesbach.

[861] Vgl. StAAm, BZA Regensburg/12263: Schreiben des Bürgermeisters der Gemeinde Sinzing an das Landratsamt Regensburg vom 10. Sept. 1947, dass die Toten abtransportiert worden sind. – Die Gefallenen wurden am 6. Sept. 1947 zu ihrer letzten Ruhe im Britschen Soldatenfriedhof Dürnbach beigesetzt. Vgl. die drei Blatt „Grave Concentration Report Form" (Exhumierungs- und Umbettungs-Protokolle), in der Datenbank des CWGC im Dokumenten-Anhang der Einträge zu den einzelnen Toten. Diese Blätter bezeichneten für 1947 im Friedhof Mariaort als Kriegsgefange-

III. Aspekte der militärischen Entwicklung 1944/45

die benachbarte Kalvarienbergkirche am Hang hatten durch diesen Angriff größere Schäden erlitten.[862] Zwei in der Naabmündung hinterstellte Schiffe der Großprüfeninger Kleinreederei Hofmeister KG waren versenkt bzw. beschädigt worden.[863]

**Getötete britische und neuseeländische Kriegsgefangene beim US-Bombenangriff auf die Bahnbrücke Mariaort am 16. April 1945[864]:**

- Amos, Brinley, 24, Gunner, Royal Artillery
- Buttle, George Edward, 34, Private, Durham Light Infantry
- Cartwright, Albert, 28, Lance Corporal, Royal Army Service Corps
- Chaplin, Arthur, 26, Gunner, Royal Artillery
- Collin, William Maltam, 25, Private, Gordon Highlanders
- Fisher, Ian Campbell, 24, Driver, Royal Army Service Corps
- Hardy, Wilfred Mylrea, 37, Serjeant, Royal Northumberland Fusiliers
- Higginson, Norman, 28, Gunner, Royal Artillery
- Hufton, Charles, 37, Driver, Royal Engineers
- Kirkby, Harold B., 27, Private, Oxford and Bucks Light Infantry
- Melrose, William, 25, Private, Queen's Own Cameron Highlanders
- Monopoli, Mariano, 28, Private, New Zealand Infantry
- Mooney, John, 26, Private, Black Watch (Royal Highlanders)
- Reid, James, (?), Private, Royal Army Medical Corps
- Robinson, John Edward, 26, Private, New Zealand Infantry
- Roche, Victor Charles David, (?), Driver, Royal Engineers
- Savage, John William, 23, Trooper, Royal Armoured Corps
- Somers, Arthur William, 27, Private, New Zealand Infantry
- Symington, Archibald, 27, Private, Royal Artillery
- Timbs, James William, 37, Driver, New Zealand Army Service Corps

**Seit diesem Bombenangriff als vermisst und mutmaßlich als gefallen gelten[865]:**
- Dalgetty, David Innes, 26, Private, Seaforth Highlanders
- Shields, James Dominic, 25, Gunner, Royal Artillery

---

nengräber die Grablagen Nrn. 1–5 u. 7–21 des Massengrabes. Weshalb das Grab Nr. 6 unerwähnt blieb, wurde nicht erklärt. Es wäre zu ermitteln, ob dort eventuell auch ein bei diesem Luftangriff getöteter deutscher Landesschütze bestattet worden war.

[862] Vgl. Ottlinger, Sinzing (2005), S. 166, 286, 299 u. 302f.
[863] Vgl. LraR, Kreisarchivpflege: Preu, Bewohner (2006), S. 68; DSMR-Archiv: MS/912: Hofmeister, Schiffe (1983), Bl. 3.
[864] Ermittelt nach den Dateien der CWGC (Commonwealth War Graves Commission). Die Angaben zu den einzelnen Toten vgl. CWGC, Amos (2018); CWGC, Buttle (2018); CWGC, Cartwright (2018); CWGC, Chaplin (2018); CWGC, Collin (2018); CWGC, Fisher (2018); CWGC, Hardy, (2018); CWGC, Higginson (2018); CWGC, Hufton, (2018); CWGC, Kirkby, (2018); CWGC, Melrose (2018); CWGC, Monopoli (2018); CWGC, Mooney (2018); CWGC, Reid (2018); CWGC, Robinson (2018); CWGC, Roche (2018); CWGC, Savage (2018); CWGC, Somer (2018); CWGC, Symington (2018); CWGC, Timbs (2018).
[865] Vgl. CWGC, Dalgetty (2018); CWGC, Shields (2018).

4. Massenrückführung ausländischer Kriegsgefangener nach Ostbayern

Nach diesem Drama hatte niemand mehr einen Überblick über die Kolonne – weder die deutschen Wachen noch die britischen Zugführer. Während des Angriffs waren etliche Gefangene zur Deckungssuche in den Wald oberhalb des Brückenkopfes auf Mariaorter Seite geflüchtet – einige kehrten nicht zurück. Noch nach Tagen trafen Nachzügler, darunter auch Verwundete, in den noch am Abend von den Gefangenen in mehreren Dörfern im Süden von Regensburg bezogenen Scheunen ein.[866] Trotz der vielen Erinnerungen an dieses Ereignis ist nirgends überliefert, wie die Gefangenen schließlich über die Donau gelangt waren. Die Eisenbahnbrücke war zwar schwer beschädigt, aber für Fußgänger noch passierbar.[867]

Sieben Engländer aus dem Kriegsgefangenenlager Sinzing waren seit dem 15. April von der kleinen Regensburger Widerstandsgruppe „Das Neue Deutschland" in den umliegenden Wäldern versteckt worden.[868] Man könnte nun annehmen, dass diese Kriegsgefangenen zu der vom Bombenangriff betroffenen und, wie ausgeführt, sich teils dabei zerstreuten Gruppe gehört hatten. Wahrscheinlicher ist jedoch, dass sie sich beim Abzug der in Sinzing untergebrachten Engländer tags zuvor versteckt hatten. Zudem waren Kriegsgefangene in Sinzing u. a. auf dem Hof eines der aktiven Mitglieder der Widerstandsgruppe, dem Landwirt Karl Maag in Bruckdorf, untergebracht.[869]

## 4.7. Abzug nach Süden ab 23. April

Um den 20. April zeichnete sich ab, dass die Donau selbst zur Frontlinie werden würde. Ab dem 22. April ergingen an alle Kriegsgefangenengruppen im Süden von Regensburg die Befehle, sich weiter nach Süden, Richtung Stalag Moosburg, abzusetzen. Marschunfähige Gefangene durften unter Betreuung eigener Sanitäter zurückbleiben, beispielsweise 15 Mann in Obertraubling.[870] Etliche Kolonnen, auch solche aus Regensburg, gelangten nur noch bis in verschiedene Dörfer im südlichen

---

[866] Vgl. Kestell-Cornish, Diary (2006), S. 65.
[867] Zielfotos der USAAF ergaben, dass die Brücke selbst drei, die westliche Rampe vier sowie die östliche Vorlandbrücke fünf direkte Treffer erhalten hatte und, obwohl noch intakt, wohl für Züge nun unbenutzbar war. Vgl. USAAF, Eighth Air Force, (1945), Bl. 160–170, 183f.
[868] Siehe Kapitel IV. ; vgl. auch Ottlinger, Sinzing (2005), S. 165; Ostermann, Kriegsende (2015), S. 57, 59 u. 153.
[869] Siehe Anm. 790.
[870] Vgl. StAR, ZR III/734: Bescheinigung des britischen Sanitäters L/cpl Theophiles vom 28. April 1945 (in Englisch) für Herrn Hans Heselburger, Obertraubling, wegen der guten Betreuung der Gefangenen in diesen Tagen. – Die gleiche Gruppe dürfte auch der Australier Pte G. C. Anderson meinen, er erwähnte jedoch 17 Mann und berichtete von deutschem Sanitätspersonal, vgl. Anderson, March (2000), S. 176. – Unter den dort Zurückgebliebenen befanden sich auch einige Gefangene der Hohenfelser Gruppe, die noch am 18. April nach dem Marsch durch die Stadt bei einer Rast durch die Explosion eines im Boden versteckten Bombenblindgängers verwundet worden und beim Weitermarsch ihrer Gruppe zunächst in einem Gasthaus in Burgweinting verblieben waren, bevor man sie am 20. April nach Obertraubling brachte, vgl. McKibbin, Wire (1947), S. 127.

III. Aspekte der militärischen Entwicklung 1944/45

Niederbayern, so auch die vormals Sinzinger Gruppen, die in den Nächten auf den 24. April und 25. April aus Obertraubling bzw. Graßlfing abmarschiert waren.[871] Sie gelangten bis zum 29. April noch in den Raum Weihmichl, Landkreis Landshut, wo sie von den Amerikanern eingeholt wurden.[872] Die Kolonne aus Hohenfels in Burgweinting war bereits am 19. April weitermarschiert und erreichte noch Petzkofen bei Aufhausen und Taimering bei Riekofen.[873] Ein Teil dieser Gruppe wurde bei Frontenhausen, Landkreis Dingolfing-Landau, befreit.[874] Am Abend des 23. April marschierten auch die britischen Kriegsgefangenen in Wolkering nach Süden ab. Sie gelangten am 25. April über Ergoldsbach nach Ergolding.[875] Da es am Marschziel, dem Stalag Moosburg, zwischenzeitlich nicht mehr möglich war, auch nur einen einzigen weiteren Gefangenen aufzunehmen, hatten Lager- und Wehrkreisrestverwaltung zwei Kilometer von Ergolding entfernt, direkt an der Isar, ein großes improvisiertes Zeltlager aus Heeresbeständen errichten lassen. Dort sammelten sich nun alle Kriegsgefangenen aus der Region – auch Franzosen, Sowjetsoldaten und Amerikaner. Die seit Januar die britischen Kriegsgefangenen begleitenden schlesischen Landesschützen gaben am 27. April offiziell die Verantwortung an die Lagerleitung ab. Am frühen Abend des 29. April erreichten die US-Streitkräfte dieses Zeltlager.[876]

Anderen Gefangenengruppen in Regensburg waren noch vor dem befohlenen Abmarsch ihre Wachen „abhanden gekommen" – eines Morgens waren diese einfach nicht mehr da.[877] Die Gefangenen verharrten in ihren Quartieren und warteten dort auf die Befreiung durch die Amerikaner. Einige solcher Engländer wurden dabei zu wichtigen Zeugen für Ereignisse im Rahmen der Übergabe der Stadt Regensburg an die US-Streitkräfte am 27. April.[878]

Ebenfalls zu Zeitzeugen wurde die kleine Gruppe der bereits erwähnten Kriegsgefangenen der polnischen Heimatarmee in Burgweinting. Nachdem die Arbeit an den Gleisanlagen eingestellt war und sich ihr Vorgesetzter abgesetzt hatte, beschlossen die verbliebenen älteren Wachsoldaten am 24. April, die Gruppe bei der Regensburger Polizei abzuliefern. Die polnischen Gefangenen berichteten über ihren Weg dorthin: „Als wir über den Stadtplatz gingen, sahen wir am Galgen zwei hängende Leichen". Von den Wachen erfuhren sie, dass diese Toten „für die kampf-

---

[871] Vgl. West, Brutality (1989), S. 318: 23.4. ab Obertraubling; Burbridge, Diary (2015), S. 4: 23.4. ab Graßlfing; Mills, Diary (2012), S. 7: 24.4. ab Graßlfing.
[872] Vgl. West, Brutality (1989), S. 318; Burbridge, Diary (2015), S. 4; Spooner, March (2016); auch Gefangene aus der Schwarzenfelder-Gruppe gelangten noch bis in den Raum Landshut, vgl. Gallagher, One (2002), S. 185.
[873] Vgl. Jackson, Coils (1969).
[874] Vgl. S.N., Stalag (2014).
[875] Vgl. Kestell-Cornish, Diary (2006), S. 68–73.
[876] Vgl. ebd., S. 71f.
[877] Vgl. Little, Allies (2009), S. 63.
[878] Vgl. Rushton, Spectator (2001), S. 155; siehe Kapitel V.3.3.

## 4. Massenrückführung ausländischer Kriegsgefangener nach Ostbayern

lose Übergabe der Stadt plädiert hatten"[879] – Dr. Johann Maier und Josef Zirkl. Da man sich bei der Polizei für die Kriegsgefangenen als nicht zuständig erklärte, schickte man die Gruppe zur Wehrmacht-Kommandantur „in einem Herrenhaus vor der Stadt" (Schloss), wo die Polen unter Bäumen (fürstlicher Park) warteten. Schließlich wurden sie zu einer Kaserne beordert, wo sich bereits sowjetische Kriegsgefangene befanden.[880]

An dieser Stelle sei, last but not least, auch erwähnt, dass die bereits angesprochenen, in und um Regensburg befindlichen Außenkommandos des KZ Flossenbürg im Stadtteil Stadtamhof und auf dem Fliegerhorst Regensburg-Obertraubling in diesen Apriltagen von ihren SS-Bewachern in Todesmärschen nach Südosten bzw. Süden getrieben wurden. Die Colosseums-Kolonne marschierte ab 23. April in neun Nächten über Landshut, Neuötting, Burghausen, Tittmoning bis Laufen an der Salzach.[881] Die Häftlinge des Fliegerhorst-Kommandos wurden bereits ab 16. April in Richtung Dachau getrieben.[882] Die Häftlingskolonne der bereits genannten SS-Eisenbahnbaubrigade, deren Zug in Undorf am 16. April nicht mehr hatte weiterfahren können, marschierte offenbar direkt durch das Stadtgebiet ebenfalls nach Süden. Zwei KZ-Häftlingskolonnen aus dem Flossenbürger Hauptlager bzw. dem großen Außenlager Hersbruck tangierten ebenfalls den Stadtnahraum.

Ab dem 9. April wurden die Häftlinge des KZ Hersbruck[883] auf einen Todesmarsch getrieben, weit über 3.000 Mann, verteilt auf fünf Kolonnen. Drei Marschblöcke mit je 600 Häftlingen erreichten über Kallmünz und Holzheim am Forst am 14. April Hainsacker, Schwaighausen und Duggendorf, wo sie bis 18. April verblieben. Ursprünglich sei an einen Marsch der Kolonnen durch Regensburg nach Süden gedacht gewesen, dann wurde die Stadt jedoch weiträumig im Westen umgangen.[884] Die SS vermied direkte Durchmärsche durch größere Städte, da man befürchtete, dass diese „Todesmärsche" zu viel Aufsehen erregen würden. Die Häftlinge aus Hainsacker und Schwaighausen gelangten über Dettenhofen, Pielenhofen, Münchsried und Laaber am 19. April nach Deuerling, wo sie mit der Kolonne aus Duggendorf zusammentrafen, die über Brunn dorthin gelangt war.[885] Die Kolonne(n) zogen weiter über Viehhausen, Painten und Kelheim zum KZ-Außenlager in Saal a. d. Donau.[886] Am 26. April kamen 2.103 Gefangene dieses Marsches in Dachau an.[887]

---

[879] Kledzik, Smak (1996), S. 115; vgl. Kapitel IV.
[880] Vgl. Kledzik, Smak (1996), S. 115.
[881] Vgl. Sobolewicz, Jenseits (1993), S. 276–285; Sobolewicz, Hölle (1999), S. 234–243;
[882] Vgl. Wolter, Krieg (2011), S. 33f.
[883] Zu diesem zweitgrößten Außenlagers des KZ Flossenbürg allg. vgl. Schmidt, Happurg (2006).
[884] Vgl. Lenz, Pfarrer (1983), S. 138.
[885] Vgl. Hadwiger, Führerstaat (2015), S. 291–294.
[886] Zu Viehhausen vgl. Zacke, Geschichte (2010); zu Painten vgl. Müller, Painten (2005), S. 209–217; zum KZ-Außenkommando Saal a. d. Donau allg. vgl. Fritz, Saal (2006).
[887] Vgl. Müller, Painten (2005), S. 209.

III. Aspekte der militärischen Entwicklung 1944/45

Eine wohl noch knapp 500 Häftlinge zählende Teilkolonne aus Flossenbürg, die eigentlich aus dem KZ Buchenwald kam, gelangte in der Nacht zum 23. April u. a. über Reichenbach, Roßbach[888], Wenzenbach, Irlbach nach Grünthal[889] und erreichte beim Brandlberg Regensburger Stadtgebiet. An der Südostecke der Siedlung Schottenheim (heute Konradsiedlung), am Harthof, bog die Kolonne ein in den Harthofer Weg, um kurz darauf entlang der Donaustaufer Straße durch Schwabelweis nach Donaustauf zu ziehen. Am Abend des 24. April erreichte die Kolonne Wörth a. d. Donau.[890] Mit der dortigen Fähre wurde die Donau hinüber nach Pfatter überquert. Über Schönach und Atting wurden die noch verbliebenen 300 Häftlinge nach Straubing getrieben.[891] Dort wurde die Gruppe mit weiteren auf anderen Wegen eingetroffenen Kolonnen vereinigt, bevor der Todesmarsch Richtung Dachau fortgesetzt wurde.[892]

---

[888] Zwischen Reichenbach und Roßbach gelang es in der Nacht 22./23. April einigen Häftlingen unbemerkt zu entkommen, darunter Heinrich Bielawski, Schneider aus Gombin, Polen, der in Roßbach verblieb, dort bald einheiratete und später in Regensburg als Unternehmer tätig war. Vgl. Bielawski, Hölle (1989), S. 124–128. Ebenfalls fliehen konnte Josef Ciecierski, Gerber, der ebenfalls in der Region verblieb und im späteren Neutraubling eine Lederfabrik gründete. Vgl. Bielawski, Hölle (1989), S. 115.

[889] Beim Durchzug durch Grünthal hatte es einen Toten gegeben, der im Friedhof Irlbach bestattet wurde. Vgl. ITS, 5.3.1/Tote 9/0067 (84598378): An Landratsamt Regensburg gerichtete handschriftl. Antworten des Bürgermeisters der Gemeinde Grünthal auf UNRRA-Fragebogen betr. Todesmarsch Regensburg-Laufen vom 22.02.1947; StAAm, BZA Regensburg/12261: Feststellung über Gräber sowjet. Staatsbürger in Bayern, Schreiben der Gemeinde Grünthal vom 28.05.1951 bzw. 26.06.1951.

[890] Zum dramatischen Durchzug durch Wörth a. d. Donau, vgl. Solleder, Wörth (2017), S. 94–96; Eichmeier, Widerstand (2015), S. 303–306 sowie Dokumentenanhang ebd., S. 307–340.

[891] Vgl. Scharrer, Todesmärsche (1995), S. 8f. – Eine weitere Teilkolonne aus Flossenbürg war über Roding, Falkenstein, Rettenbach auch nach Wörth gelangt, wo sie sich nach Osten wandte. Bei Niederachdorf/Pondorf wurden die Häftlinge mit der Fähre ans rechte Donauufer bei Aholfing gebracht und erreichten über Haimbuch den Ort Mötzing. Von dort wurden sie weitergetrieben über Sünching nach Ergoldsbach. Vgl. Kiendl, Neuanfang (2015), S. 16–35; Gstettner, Heimatbuch (2001), S. 577f.

[892] Vgl. Scharrer, Todesmärsche (1995), S. 8f.

# 5. Aktivitäten alliierter Geheimdienste im Raum Regensburg

## 5.1. Der Auftrag

Man muss Mulert durchaus widersprechen, wenn er anführt „man würde den amerikanischen Truppen unrecht tun, wenn man ihnen unterstellen wollte, sie hätten die deutschen Truppen in der zweiten April-Hälfte 1945 noch für eine ernsthafte Bedrohung gehalten."[893] Natürlich bekommt man diesen Eindruck, greift man zu den sehr früh nach dem Sieg im Mai 1945 erschienenen Kriegs-Chroniken verschiedener amerikanischer Einheiten. Diese Texte sind oft passagenweise identisch mit den sogenannten „After Action Reports" und verfasst unter dem direkten Eindruck des militärischen Erfolgs. Vor allem die strategischen Ebenen der US-Army machten sich im Frühjahr 1945 durchaus große Sorgen. Man hatte nach dem Ausbruch aus dem Normandie-Brückenkopf und insbesondere nach der Befreiung Frankreichs zunächst geglaubt, dass der Krieg nun binnen Kurzem zu Ende sein würde. Das Desaster der britisch geführten Luftlandungen im Raum Arnheim zur Gewinnung der Brücken am Niederrhein hätte allerdings bereits eine Warnung sein müssen. Trotz vieler Hinweise seitens der Geheimdienste rechnete man Ende 1944 dennoch nicht mehr mit einer deutschen Offensive. Die deutsche Ardennenoffensive, als „Battle of the Bulge" bis heute eine traumatische Erfahrung der US-Streitkräfte,[894] belehrte endgültig alle eines Besseren. Zum Jahreswechsel 1945 musste die Armee sich eingestehen, dass man über die wirkliche Situation im Reich kaum verlässliche Nachrichten hatte. Und je weiter die US-Streitkräfte nach Deutschland hinein vorrückten, umso größer wurde, speziell für den Raum Süddeutschland, die Sorge der Strategen, dass ein gleichsam an die Wand gedrängter NS-Staat sich zu einem wagnerianischen Untergangsszenario entschließen würde, das der US Army, um es mit den Worten Winston Churchills von 1940 auszudrücken, noch viel „Blut, Schweiß und Tränen" abverlangen würde. Die Titel der im engen Zusammenwirken mit US-Veteranen um 2010 entstandenen Bildbände von Anna Rosmus über das amerikanische Vordringen nach Ostbayern drücken auch diesen Gedanken aus: „Walhalla Finale – Vahalla Final"[895], insbesondere „Ragnarök"[896], der Name der Endzeitschlacht in der germanischen Mythologie. Das Auftauchen neu aufgestellter SS-Divisionen im Frühjahr 1945 mit Namen wie „Nibelungen" dürfte, in Kenntnis des Schicksals dieses sagenhaften Volkes, solche

---

[893] Mulert, Quellen (1987), S. 268.
[894] Nie zuvor und nie seither haben US-Streitkräfte binnen weniger Tagen solche Verluste erlitten, mehr als in den ersten, ebenfalls sehr verlustreichen Tagen der Landung in der Normandie.
[895] Rosmus, Walhalla (2010).
[896] Dies., Ragnarök (2010).

III. Aspekte der militärischen Entwicklung 1944/45

Befürchtungen verstärkt haben. Ebenso stand im Raum, ob die Wehrmacht nicht zuletzt doch noch zum Mittel des Giftgaskriegs greifen würde.[897] Auch der Begriff der „Alpenfestung" verhieß nichts Gutes.[898]

Das „Office of Strategic Services" (OSS)[899], der 1942 neu geschaffene amerikanische operative Geheimdienst nach Muster der 1940 gegründeten britischen SOE („Special Operations Executive")[900], erhielt 1945 den Auftrag, durch den Einsatz von Agenten als Fernspäher Informationen zu beschaffen. Die Agenten sollten mit Fallschirmen in ihren Zielräumen abspringen. Neben Angaben zur Stimmung der Bevölkerung interessierten sich die Armeestrategen auch für die Truppenstärken und -bewegungen in konkreten Regionen. Viele solche Teams sollten sich über einen längeren Zeitraum am Einsatzort aufhalten, andere hingegen, „the ‚tourist' typ of mission"[901], sich auf vorgegebenen Routen binnen nur weniger Tage zurück zu den amerikanischen Linien begeben und dabei Informationnen sammeln.[902] Zunächst waren solche Einsätze auf das ganze Vorfeld des westalliierten Vormarsches verteilt.[903] Viele im mitteldeutschen und südwestdeutschen Raum vorgesehene Einsatzorte wurden durch das rasche Vordringen der Streitkräfte hinfällig. Recht kurzfristig wurden viele Agenten daher auf neue Zielräume umgeschult. Ab März lassen sich zwei neue Zielraumballungen feststellen: der Raum München mit dem unmittelbaren Alpenvorland sowie die Donaulinie mit Schwerpunkt Regensburg.[904]

Diese Wahl stand offensichtlich in Zusammenhang mit der amerikanischen Einschätzung einer eventuellen „Alpenfestung". Dass diese deutscherseits lediglich eine Schimäre war, konnte man nicht wissen und hätte dies wohl auch nicht geglaubt. Die US-Strategen hatten daher versucht, sich in ihr deutsches Gegenüber zu versetzen, und waren zur Erkenntnis gekommen, dass, mangels jeglicher Fortifikationsbauten nach Schweizer Vorbild, ein nur auf den inneren Alpenbereich beschränktes deutsches Reduit militärisch nicht durchführbar sei. Machbar und militärisch zweckmäßig schien den Amerikanern aber ein länger zu haltender deutscher Rückzugsraum, wenn dieser auch

---

[897] Siehe Kapitel V.2.
[898] Vgl. Schneider, Stand (2012), S. 88f. u. 97f.
[899] Vgl. Smith, OSS (1972); Brown, War (1976); Persico, Reich (1979); Aus deutscher Sicht vgl.: Mauch, Schattenkrieg (1999); Mauch, Kriegführung (1993). – Zur Person des Gründers und ersten Chefs, Major General William J. Donovan vgl. Brown, Hero (1982); Dunlop, Donovan (1982).
[900] Zur Gesamtgeschichte des SOE vgl. Stafford, Resistance (1980); West, War (1993).
[901] Brown, War (1976), S. 521.
[902] Vgl. Brown, War (1976), S. 521f. – Solche Teams waren zwangsläufig nicht mit Funkgeräten ausgestattet, so dass ihr Einsatz kurz gehalten werden musste, um die gewonnenen Informationen noch in einem vertretbaren Zeitrahmen weitergeben zu können.
[903] Vgl. Karte bei Brown, War (1976), S. 543.
[904] Eine OSS-Karte („Agent Teams successfully dispatched to Germany") zeigt 102 Einsatzorte. Vgl. NARA, 226/190/305; abgedruckt auch bei Casey, War (1988), Vorsatzblatt. Die Schwerpunktbildungen im Alpenvorraum und an der Donaulinie sind dort mit einem Blick zu erkennen. – Zusätzlich zu diesen 102 durchgeführten Operationen standen 1945 weitere Einzelagenten und Teams bereit, die jedoch aufgrund des Kriegsendes nicht mehr zum Einsatz kamen.

## 5. Aktivitäten alliierter Geheimdienste im Raum Regensburg

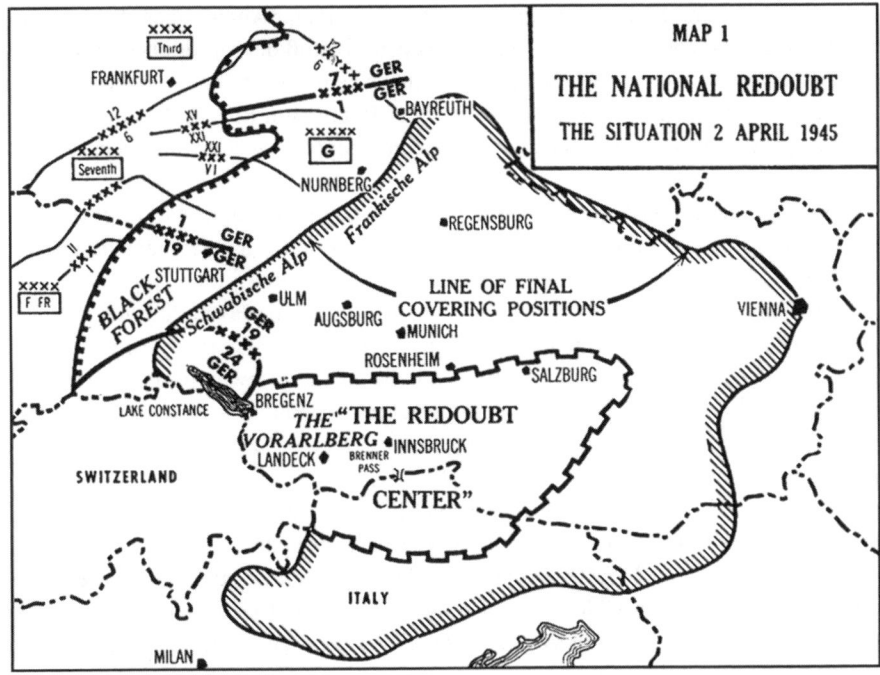

*Karte der US-seitig erwarteten „Outer Defenses of Redoubt", eine von den Amerikanern vermutete Verteidigungslinie der Deutschen, mit dem Frontverlauf vom 02. April 1945; aus: Pearson, Redoubt (1959), S. 389.*

infrastrukturell ausgeprägte Gebiete umfasse. Militärisch sinnvoll schien ein Raum, der, neben dem eigentlichen Gebirgsbereich, auch Südbayern bis knapp oberhalb der Donaulinie und den Bayerischen Wald einschloss. Diese fiktive – operative wie taktische – Verteidigungslinie nannten die Amerikaner „Outer Defenses of Redoubt".[905]

Insgesamt führte das OSS (in Zusammenarbeit mit dem britischen SOE)[906] im März/April 1945 im Alpenvorland neun ortsgebundene Operationen durch: sechs im Raum südlich München, drei im Raum Salzburg,[907] im Einzelfall auch zur konkreten Unterstützung Münchner Widerstandskreise.[908] Die Aufträge einiger dieser Agen-

---

[905] Vgl. Kaltenegger, Alpenfestung (2015), S. 238.
[906] Vgl. West, War (1993), S. 314–317.
[907] Vgl. Weiße, Nachrichtendienste (2009), S. 472; Diem, Freiheitsaktion (2013), S. 131. – Darüberhinaus hatten auch „Touristen" dort ihren Ausgangsraum. Eine OSS-Karte („Agent Teams successfully dispatched to Germany"), vgl. NARA, 226/190/305; abgedruckt auch bei Casey, War (1988), Vorsatzblatt, zeigt allein für den Raum München insgesamt 14 Teams.
[908] Operation BOWMAN: Absprung eines Funkers mit umfangreicher Ausrüstung bei Murnau in der Nacht vom 16. April 1945, der dort von FAB-Angehörigen erwartet wurde, die schon länger über

III. Aspekte der militärischen Entwicklung 1944/45

tenteams kollidierten teils geographisch mit jenen anderer Abteilungen des OSS sowie der britischen SOE, die von Neapel aus den Vorstoß der alliierten Truppen von Italien nach Österreich unterstützten. Von dort aus kamen Exil-Österreicher mit sogar operativen Aufträgen im Tiroler und Kärntener Raum zum Einsatz.[909] Einige hatten auch ihren Anteil daran, dass die deutsche Heeresgruppe C in Nord-Italien bereits am 29. April kapitulierte – bekannt als „Operation Sunrise".[910]

Die erwähnten Absprungbereiche längs der Donaulinie waren wie folgt verteilt: zwei Teams für den Raum Ingolstadt, vier Teams für den Raum Regensburg sowie ein Doppel-Team für den Raum Passau. Welche Bedeutung man Regensburg im Zusammenhang mit der „Alpenfestung" zumaß, zeigen die Formulierungen in den Aufträgen für auf diesen Ort und die Region angesetzte OSS-Teams: „Regensburg is of tremendous importance as a junction and also as the gateway to the Nazi Resistance in the Bavarian Alps."[911] In einem weiteren Beispiel: „As you are at the gateway of the National Redoubt, we stress the importance of all information that you can gather about it".[912]

Es ist bereits erörtert worden, dass es bis Mitte April nicht sicher war, ob die US-Armee oder die Rote Armee den Raum Regensburg als erste erreichen würde. Nicht allein daraus ergibt sich fast zwangsläufig die Frage, ob es auch auf sowjetischer Seite im April 1945 im süddeutschen Raum solche Kundschaftereinsätze gegeben hat. Konkrete Forschungen hierzu scheinen bisher nicht zu existieren, auch nicht in Russland. Aber die Wahrscheinlichkeit für sowjetische Aktivitäten ist sehr groß, da im Lauf des Kriegs eine ganze Reihe sowjetischer Agenteneinflüge bekannt geworden ist. Diese gerieten zumeist durch die Kontaktaufnahme zum sowjetischen Agentennetz im Reichsgebiet, das unter der Gestapo-Bezeichnung „Rote Kapelle" bekannt geworden ist, in den Fokus.[913] Darüber hinaus bestand seit 1941 eine britisch-sowjetische Zusammenarbeit, in deren Rahmen sowjetische Agenten an Bord von aus der UdSSR zurückkehrenden Nordmeer-Geleitzügen nach Großbritannien gebracht und von dort aus nach Kontinentaleuropa eingeflogen (in einzelnen Fällen auch mit Booten an der Küste angelandet) wurden – diese Zusammenarbeit lief unter

---

Kontakte zum OSS-Residenten in Bern, Allen W. Dulles, verfügten. Vgl. Diem, Freiheitsaktion (2013), S. 121–131. Seitens des OSS wurde dabei der österreichische Emigrant Franz Unterhuber aus Kufstein eingesetzt, s. ebd. S. 127.

[909] Vgl. Schwab, OSS (1996); Beer, Mann (2000), S. 78–83; Traussnig, Widerstand (2016), S. 207–263; ders., Widerstand (2017), S. 145–213; – Zum Einsatz von Österreichern bei der SOE vgl. Pirker, Subversion (2012); Lebensaft, Spuren (2010).

[910] Vgl. Schiemann, Geheimdienst (1993); Dulles, Unternehmen (1967); auch Lingen, SS (2010), S. 54–80.

[911] Vgl. NARA, 226/A1–210/36: Mission CHAUFFEUR, Annexes á l'Ordre de Mission, Annex B (28.03.45), Bl. 1.

[912] Vgl. NARA, 226/A1–210/42: Annexes á l'Ordre de Mission FARMER-Team, Bl. 2: Annex F.

[913] Vgl. Schafranek, Hinterland (1996); Nollau, Gestapo (1979); Dallin, Sowjtspionage (1956), S. 309–318.

## 5. Aktivitäten alliierter Geheimdienste im Raum Regensburg

dem Namen PICKAXE.[914] Bis Ende 1944 wurden 25 Sowjetagenten abgesetzt.[915] Hierzu zählten neben gebürtigen Franzosen, Niederländern, Tschechen und Italienern auch mehrere Österreicher und Deutsche[916], darunter der aus dem niederbayerischen Wolferding (Vilsbiburg) stammende Josef Zettler[917]. Im Oktober 1944 waren sowjetische Agenten in deutschen Uniformen im Raum Belfort festgenommen worden, woraufhin entsprechende Warnungen an die Truppe auch in den bayerischen Wehrkreisen VII und XIII verbreitet wurden.[918] Ferner hatte 1945 der militärische Geheimdienst der Roten Armee im Vorfeld der Vormarschräume in Mitteldeutschland auch Kundschafter mittels Fallschirmen abgesetzt.[919] Es ist sehr wahrscheinlich, dass solche Einsätze auch in Oberösterreich und in Bayern erfolgt sind.

### 5.2. Die Quellenproblematik

Das OSS war 1947 in der CIA aufgegangen. Erst aufgrund öffentlichen Drucks übergab die CIA seit den 1970er Jahren, in mehreren Chargen, einen Großteil der OSS-Akten an das US-Nationalarchiv (NARA) bzw. machte die Akten indirekt zugänglich.[920] Bei der NARA sind diese Bestände bis heute nur über teilverschlüsselte Findbücher zugänglich (d. h. es sind stets zwei Findbücher parallel zu nutzen) bzw. in Einzelfällen auch nur an einem speziellen Terminal im NARA-Gebäude über Standleitung zur CIA als Scans mit Schwärzungen einsehbar. Die Akten sind häufig vielsprachig. Funkkontakte wurden in der Muttersprache des Agenten geführt und dokumentiert. Vom Einsatz zurückgekehrte Agententeams hatten mehrere ausführliche Berichte zu schreiben, einen jeder für sich und einen gemeinsam – auch diese in ihren Muttersprachen. Zudem wurden sie einzeln und auch zusammen befragt. Die Funkprotokolle, Berichte und Befragungsprotokolle wurden anschließend ins Englische übersetzt.

---

[914] Vgl. hierzu allg. Schafranek, Anfänge (2008); O'Sullivan, Dealing (2010).
[915] Vgl. O'Sullivan, Dealing (2010), S. 69.
[916] Vgl. O'Sullivan, Dealing (2010), S. 73–103.
[917] Josef „Sepp" Zettler (1904–1974), KPD, Spanienkämpfer und seither im sowjetischen Exil, war in den ersten Januartagen 1944 zusammen mit dem Österreicher Albert Huttary südlich von Wien abgesprungen. Von der Gestapo verhaftet. Befreit im KZ Theresienstadt. In der DDR seit 1956 Leiter der Politabteilung im Ministerium für nationale Verteidigung. Vgl. Halbmayr, Selbstverständlichkeit (2009), S. 178 u. 200. – Zettler und Huttary hatten fast ein Jahr in Großbritannien auf ihren Einsatz warten müssen, bevor sie als Operation EVEREST eingesetzt wurden. Zeitweise hatte man auch erwogen, sie in Bayern abzusetzen. Vgl. O'Sullivan, Dealing (2010), S. 98f.
[918] Vgl. BA-MA, RL 19–7/218: Luftgaukommando VII, Sammelbefehl Nr. 4 vom 12. April 1945, Deckbl. u. S. 1; Dieser Warnhinweis dürfte sicherlich auch von den Wehrkreisen VII und XIII verbreitet worden sein.
[919] Vgl. Nollau, Gestapo (1979), S. 210–225; Leider beschränken sich die Autoren in ihrem Kapitel „Militärische Erkundung, bis zum Endstadium des Krieges" auf den mitteldeutschen Raum.
[920] NARA, Record Group 226.

III. Aspekte der militärischen Entwicklung 1944/45

Die OSS-Fernspäher wurden in den Akten unter einer Agenten-Nummer (die ausschließlich administrativ genutzt wurde) sowie jeweils unter bis zu vier verschiedenen Namen geführt:
a. Ihrem bürgerlichen Namen, der im Dienst und auch untereinander nicht benutzt werden durfte.
b. Einem „Nom de Guerre", ein Alias-Name („student-/agent-name"), den jeder Agent mit Beginn der Ausbildung erhielt und der im Dienst sowie auch untereinander genutzt wurde. Auch Einsatzberichte waren unter diesem Namen zu verfassen.[921]
c. Die jeweilige Tarn-Identität während einzelner Missionen.
d. Sowie einem „Funk(vor)namen", mit dem sie im Einsatz mit chiffrierten Botschaften über BBC bzw. bei direkten Funkkontakten angesprochen wurden bzw. sich zu melden hatten.

Die ein und dieselbe Person betreffenden Einzelakten sind häufig nur über den Namen der jeweiligen Operation zusammenführbar.

Kurz nach Abgabe der ersten OSS-Akten an die NARA, verarbeitete der britische Autor Anthony Cave Brown 1976 einige Agenteneinsätze des Jahres 1945 in einem Buch, darunter am Rande auch die Regensburg betreffende Operation CHAUFFEUR.[922] Etliche Angaben hierzu ergänzte 1979 Joseph E. Persico in seiner Darstellung.[923] Dessen Buch erschien 1980 in deutscher Übersetzung.[924] In der zweiten Hälfte der 1970er war es aufgrund der noch unvollständigen Aktenabgaben noch nicht möglich, in jedem Fall die oben genannten Namenszusammenhänge abzuleiten. Persico nannte die Agenten des CHAUFFEUR-Teams mit ihren Einsatznamen, merkte aber an, dass es sich um Pseudonyme handle.[925]

## 5.3. Die OSS-Rekruten

Das OSS setzte als Fallschirmagenten nur in Einzelfällen US-Bürger ein – es scheint sich in solchen Fällen meist um gebürtige Deutsche gehandelt zu haben.[926] Geeignete andere Freiwillige fanden sich in den Reihen der europäischen Exil-Streitkräfte (u. a.

---

[921] Es hat den Anschein, dass bei der für den Einsatz polnischer Agenten zuständigen OSS-Abteilung keine „Alias-Namen" Verwendung fanden, sondern nur mit Klarnamen und Einsatznamen gearbeitet wurde. Jedenfalls ließen sich in den für diese Studie genutzten NARA-Akten keine solchen Alias-Namen finden.
[922] Vgl. Brown, War (1976), S. 549.
[923] Vgl. Persico, Reich (1979), S. 241f. u. speziell S. 374–378.
[924] Vgl. Persico, Reichssache (1980), S. 244f. u. speziell S. 367–371.
[925] Vgl. Persico, Reich (1979), S. 424; ders., Reichssache (1980), S. 412. – Im Fall anderer Missionen war Persico dies jedoch nicht bewußt geworden.
[926] So im Fall des für den Raum südlich München zur Unterstützung des dort aktiven Teams LUXE I vorgesehenen Teams LUXE II. Zu letzterem zählte neben einem Luxemburger der gebürtige

## 5. Aktivitäten alliierter Geheimdienste im Raum Regensburg

Belgier, Franzosen und Polen) und des vormaligen Widerstands der bereits befreiten Staaten. Allein der polnische Armee-Geheimdienst stellte noch 1944 dem OSS 40 zweisprachige (poln./dt.) Rekruten zur Verfügung. Viele davon waren Oberschlesier oder stammten aus anderen zweisprachigen Regionen.[927] Fast alle waren zuvor als Soldaten der Wehrmacht in alliierte Kriegsgefangenschaft geraten und hatten dort für die polnische Exilarmee votiert.[928] An deutschen Kriegsgefangenen hatte das OSS für einen vorgesehenen Einsatz in Deutschland zunächst wenig Interesse,[929] es sei denn, diese waren, z. B. in Frankreich, zum dortigen Widerstand desertiert.[930] Für einen Einsatz in Österreich wurden frühzeitig Exilösterreicher und auch gezielt österreichische Kriegsgefangene verpflichtet.[931]

Des Weiteren wurden deutsche Exilanten in Großbritannien vom OSS angeworben; für den Agenteneinsatz im Frühjahr 1945 auch aus den Reihen der dortigen kommunistischen Exilanten. Jürgen Kuczynski, später in der DDR Leiter des Instituts für Wirtschaftsgeschichte der Akademie der Wissenschaften, stand in den Kriegsjahren in Großbritannien als Statistiker im Dienst des OSS. Man bat ihn um Unterstützung hinsichtlich der Anwerbung möglicher Agenten unter den deutschen Kommunisten. Freilich war das OSS nicht so „blauäugig", nicht zu wissen, dass derlei nur mit verdeckter Billigung aus Moskau möglich war. Allerdings war den

---

Kemptener George M. Schneider, Jg. 1921, dessen Mutter mit ihm 1923 in die USA ausgewandert war. 1929 US-Bürger. 1938/39 längerer Aufenthalt in Deutschland. Seit 1942 war er als Staff Sgt. Bordschütze eines US-Bombers und hatte 30 Einsätze überstanden. Mitte 1944 meldete er sich zum Dienst beim OSS. Vgl. NARA 226/A1–210/5, Folder 1108; NARA 226/A1–210/51: Operation LUXE II 17 April 1945., Bl. 1.

[927] Vgl. NARA, 226/A1-115/42/550: Mappe „EAGLE-Project" (Umfangreiche Darstellung des polnischen OSS-Beitrags, mit Fotos).

[928] Jüngst umfassend zu dieser Thematik: Vgl. Kaczmarek, Polen (2017), S. 98–147 u. S. 158–163. Bei Kriegsende 1945 hatten in der polnischen Exilarmee im Westen 89.631 Soldaten (das waren 36 % der Mannschaftsstärke) zuvor zeitweise eine Wehrmacht-Uniform getragen. Vgl. ebd. S. 160.

[929] Also anders als in dem an sich bemerkenswerten US-Spielfilm von 1951 „Entscheidung vor Morgengrauen" dargestellt (Originaltitel „*Decision Before Dawn*"), in dem etliche damals namhafte deutsche Schauspieler, darunter Oskar Werner in der Hauptrolle und Hildegard Knef, mitwirkten (Regie: Anatole Litvak) und der auf dem gleichnamigem Roman von George Howe (Originaltitel „Call It Treason") basierte.

[930] Allg. vgl. Laurie, Sauerkrauts (1994). – Recht ungewöhnlich war die Zusammensetzung des bei Weilheim gelandeten Teams LUXE I. Es bestand aus dem Bielefelder Friedrich Lammerhirt (Albert Philippe) und dem gebürtigen Münchner Rudolf Karl Meyer (Leon Verberk), der 1927–1932 und neuerlich nach der Mobilmachung 1939 bis 1941 in der Französischen Fremdenlegion gedient hatte. Er sah sich selbst als Franzose, war aber formal nach wie vor Deutscher und hatte sich in Frankreich 1944 einer Einberufung in die Wehrmacht entzogen. Vgl. NARA 226/A1–210/5, Folder 1118; NARA 226/A1–210/51: „LUXE: Leon Verberk". (Offenbar durch ein Versehen wurde „Meyer, Rudolf Karl" in vielen OSS-Akten nur als „Karl, Rudolf" geführt).

[931] Verschiedene Biographien österreichischer OSS-Agenten vgl. Traussnig, Hitler (2013); ders., Aristokratensohn (2011); ders., Widerstand (2016), S. 207–263; ders., Widerstand (2017), S. 145–213. – Vergleichbare zusammenfassende Studien zum OSS-Einsatz von Deutschen bzw. allgemein zu OSS-Agenteneinsätzen im Altreich oder einzelnen Regionen, wie etwa Bayern, stehen bisher noch aus.

III. Aspekte der militärischen Entwicklung 1944/45

amerikanischen (und auch britischen) Geheimdiensten entgangen, dass alle Kontakte nach Moskau über Jürgen Kuczynskis Schwester Ursula liefen, die seit längerer Zeit als Agentin „Sonja" für den sowjetischen Militärnachrichtendienst GRU tätig war.[932] In dieser Eigenschaft war sie auch über das Kriegsende hinaus und im beginnenden Kalten Krieg in Großbritannien erfolgreich aktiv.[933]

Schließlich hatte das OSS sieben deutsche Kommunisten ausgewählt, die in drei Ein-Mann-Operationen und in zwei Zwei-Mann-Teams im März/April 1945 eingesetzt wurden.[934] Man war sich beim OSS im Klaren, dass diese Agenten mit den im Einsatz gewonnenen Informationen und den aufzubauenden Informantennetzen wohl „zwei Herren dienen" würden. Offenbar war dies durchaus beabsichtigt. Selbst die Codenamen hatten eine „diplomatische Sprache": HAMMER bzw. MALLET (was im Englischen ein Synonym für Hammer ist) waren die Operationsnamen für den Raum Berlin – Hammer assozierte durchaus „Hammer und Sichel".[935] Die Mission in Ostbayern erhielt den Codenamen PICKAXE – so hieß, wie bereits oben angesprochen, auch die seit 1941 laufende Zusammenarbeit zwischen dem britschen SOE und dem NKWD. Im Geheimdienstgeschäft gibt es keine Zufälle! Die Agenten dieser drei Kommandos wurden in Regionen eingesetzt, wo man mit dem baldigen Zusammentreffen von US-Army und Roter Armee rechnen musste.

Alle OSS-Agenten erhielten, soweit es sich um Zivilisten handelte, bereits für die Zeit ihrer Ausbildung gut dotierte Arbeitsverträge. Zudem wurde ihnen eine Art Lebensversicherung, die das OSS trug, zugestanden. Sollten sie ihren Einsatz nicht überleben, konnten sie vorab bestimmen, an wen eine festgelegte Summe ausgezahlt werden sollte.[936] Die Ausbildung der Agenten war sehr umfangreich und dem Spähauftrag entsprechend. Sie erhielten eine Fallschirmsprungausbildung und wurden im Umgang mit Waffen ausgebildet, da sie im Einsatz Pistolen mit sich führten. Speziell hatten sie alles zu lernen, was man über die deutsche Wehrmacht wissen konnte. Sie waren in der Lage, sowohl die Uniformen oder taktischen Zeichen an Fahrzeugen zu identifizieren, als auch die üblicherweise bei der Wehrmacht verwendeten Abkürzun-

---

[932] Vgl. Werner, Rapport (2006). Die Anwerbung durch das OSS schilderte sie detailliert in ihrer Autobiographie, vgl. ebd., S. 302–307; seit den späten 1950er Jahren veröffentlichte sie als Schriftstellerin unter dem Pseudonym Ruth Werner. Zur Familie Kuczynski vgl. Green, Family (2017).

[933] Ursula Kuczynski war in den Nachkriegsjahren Führungsoffizier des von ihrem Bruder Jürgen in Großbritannien angeworbenen Kernphysikers Klaus Fuchs. Als dieser als „Atomspion" 1949/50 enttarnt wurde, konnte sie sich noch rechtzeitig nach Berlin/DDR absetzen.

[934] Unter weiteren OSS-Agenten, die für Einsätze bereit standen, jedoch aufgrund des Kriegsendes nicht mehr zum Einsatz kamen, gab es auch einzelne mit ähnlichem Hintergrund. Beispielsweise, vorgesehen für den Raum München, das Team CARDINAL, dem der ehemalige Reichstagsabgeordnete der KPD, Spanienkämpfer und seit 1943 Résistance-Offizier, Gustav Flohr (1895–1965), angehören sollte. Vgl. NARA 226/A1–148/5. Flohr wurde 1945 Oberbürgermeister seiner Heimatstadt Remscheid.

[935] Auch alle weiteren dieser Kommandos trugen die Bezeichnungen von Werkzeugen: CHISEL (Meißel) bzw. BUZZSAW (Kreissäge).

[936] Zu den OSS-Agenteneinsätzen vgl. im Folgenden Brown, War (1976); Persico, Reich (1979).

## 5. Aktivitäten alliierter Geheimdienste im Raum Regensburg

gen zu verstehen.[937] Ausgestattet waren die (stationär eingesetzten) Agenten mit Radiogeräten, um chiffrierte Nachrichten über BBC empfangen zu können, sowie mit neu entwickelten kleinen Funkgeräten – sozusagen den ersten „Walkie-Talkies". Aufgrund deren geringer Reichweite kreisten zu vereinbarten Zeiten OSS-Flugzeuge mit Funkern an Bord über vorab festgelegten Gebieten, um den Informationsaustausch zu ermöglichen. Allerdings waren diese Geräte sehr störungsanfällig und empfindlich. Einige Teams scheiterten deshalb, da ihre Funkgeräte bereits bei der Landung zerstört wurden. Zur Ausrüstung der Agenten gehörten neben Verpflegung auch Medikamente, darunter Aufputschmittel (Pervitin). Des weiteren waren sie mit größeren Summen in Mark, aber auch mit Devisen ausgestattet. Für den Notfall auch mit einigen kleinen Diamanten.[938]

Getarnt waren die meisten Agenten als westeuropäische Fremdarbeiter, die sich relativ frei bewegen konnten. Im Frühjahr 1945 befanden sich sehr viele solcher Arbeiter, deren bisherige Arbeitsstellen durch Luftangriffe zerstört oder bereits von den Alliierten besetzt worden waren, auf dem Weg ins Reichsinnere. Sie waren mit Bescheinigungen ausgestattet, dass sie sich in bestimmten Regionen bei der Arbeitsverwaltung zu melden hätten. Die entsprechenden Dokumente und Papiere der OSS-Agenten waren sehr gute Fälschungen, die bei keiner Straßenkontrolle als solche erkannt wurden.[939] Die Agenten hatten auch sogenannte sichere Adressen in ihren Zielregionen erhalten – meist Wohnorte realer Fremdarbeiter, die vom Widerstand in ihren Heimatländern als vertrauenswürdig nach London gemeldet worden waren. Dieses Adressenmaterial war jedoch nicht immer auf dem aktuellsten Stand.

Viele der Erkenntnisse der OSS-Agenten wurden sehr schnell, sicherlich nicht ohne Plausibilitätskontrollen, an jene US-Truppenteile weitergeleitet, die sich der jeweiligen Region näherten. Als „OSS-Report" waren auszugsweise summarische Auflistungen von Mitteilungen der verschiedenen Teams gelegentlich als Anhang den „G–2 Periodic Reports" der Corps und Divisionen beigegeben.

### 5.4. Einsätze im März/April 1945

Im Folgenden werden fünf OSS-Teams näher vorgestellt, die im März und April 1945 im Raum Regensburg landeten bzw. hier eingesetzt waren.[940] Neben diesen stationär agierenden Gruppen haben im gleichen Zeitraum zwei Agenten der schon erwähnten

---

[937] Beispiele für entsprechende Ausbildungspläne und Prüfungsarbeiten vgl. NARA 226/A1–148/103 (Team BALTO), NARA 226/A1-148/97 (Teams CHAUFFEUR bzw. FARMER).
[938] Vgl. Persico, Reich (1979), S. 223 u. 241–243; Ders., Reichssache (1980), S. 215 u. 244f.
[939] Man darf sicherlich davon ausgehen, als im Westen des Reiches erste Städte, wie Aachen, und auch kleinere Gemeinden von den Alliierten besetzt wurden, OSS und SOE sich in den dortigen Ämtern zudem reichlich mit Originalformularen, Vordrucken und Stempeln aller Art eingedeckt hatten.
[940] Ein weiteres zunächst für den Raum Nürnberg/Regensburg vorgesehenes Team, Operation WHEATIES, das aus zwei Deutschen bestand, die in Frankreich zum Widerstand desertiert waren,

III. Aspekte der militärischen Entwicklung 1944/45

Variante „the ‚tourist' typ of mission" den Raum Regensburg durchquert bzw. angestrebt. Ein solcher Einzelagent soll am 13. April bei Attel, nahe Wasserburg am Inn gelandet, am 16. April nach München und am 19. April nach Freising, Moosburg und Landshut gelangt sein, von wo aus er zu Fuß Abensberg erreichte. Am 20. April fuhr er mit dem Zug nach Regensburg und weiter über Schwandorf nach Amberg. Am 21. April konnte er sich bei Sulzbach-Rosenberg der vorrückenden 71st Infantry Division zu erkennen geben. Die in den einzelnen Orten und auf den Wegen gesammelten Informationen waren teils sehr detailliert.[941]

Am 25. April landete ein weiterer Agent bei Brodhausen (heute Freilassing) und gelangte auf seinem Weg Richtung Regensburg über Laufen, Tittmoning, Weiding, Mühldorf am Inn, Haag bis Landshut, wo er am 28. April auf die Spitzen der US-Truppen traf.[942] Sowohl die Namen und Biographien dieser Späher, als auch die Operationsbezeichnungen und Tarnungen liegen bisher noch im Dunkeln.[943]

### 5.4.1. Operation BALTO

Das Kommando BALTO bestand aus den Franzosen André Durand (Zivilist), alias Michel Manet, und Lieutenant Alain Guillou, alias Jean René Hamon.[944] Ihr Einsatz stand offenbar unter keinem guten Stern und hatte bereits einmal wegen schlechten Wetters abgebrochen werden müssen. Als sie 24 Stunden später, in den frühen Stunden des 8. April 1945, aus der OSS-Transportmaschine absprangen, glaubten sie, wie geplant, im Raum Ingolstadt zu landen. Jedoch hatte sich der Pilot verflogen.

---

kam über die Vorbereitungsphase nicht hinaus und wurde am 16. April wegen Sicherheitsbedenken aufgrund großer disziplinarischer Probleme abgebrochen. Vgl. NARA 226/A1–148/102; Einer der Agenten stammte aus Ostbayern. Vgl. NARA, 226/A1–211/13. – Eine nähere Darstellung dieses Teams an dieser Stelle würde den Rahmen der Studie überschreiten und soll an anderer Stelle erfolgen.

[941] Vgl. NARA, 338/XX/7945: „OSS Saga", Annex No. 2 to G–2 Periodic Report No. 258, XX Corps, 25 April 1945, 2 Bl.; sowie NARA, 338/XX/7945: Inclosure No. 1 to Annex No. 2, XX Corps, 25 April 1945, Kartenskizze. – Auf diesen Agentenbericht dürften, wegen teils identischer Informationen, auch Auszüge des OSS-Berichts im G–2 Periodic Report der 65th Infantry Division vom 24. April 1945 beruhen, die zudem umfangreiche Informationen zu Schwandorf und Amberg enthalten. Vgl. NARA, 407/427/9550: „OSS Report", Annex No. 1 to G–2 Periodic Report No. 46, 65th Infantry Division, 24 April (242400), 2 Bl..

[942] Vgl. NARA, 338/XX/7945: „OSS Report", Annex No. 7 to G–2 Periodic Report No. 265, XX Corps, 1 May 1945, 2 Bl.; sowie NARA, 338/XX/7945: Inclosure No. 1 to Annex No. 7, XX Corps, 1 May 1945, 1 Bl. Skizzen; NARA, 338/XX/7945: Inclosure No. 2 to Annex No. 7, XX Corps, 1 May 1945, 1 Bl. Skizzen.

[943] Es könnte sich um die Operationen ACE und ARROW gehandelt haben. Vgl. NARA, 226/190/305: OSS-Karte „Agent Teams successfully dispatched to Germany"; abgedruckt auch bei Casey, War (1988), Vorsatzblatt. – Leider war es dem Bearbeiter dieses Kapitels angesichts der geschilderten Problematik bei der Nutzung der OSS-Akten und in der Kürze der Zeit des Forschungsaufenthalts bei der NARA nicht gelungen, hierzu nähere Erkenntnisse zu ermitteln.

[944] Vgl. NARA, 226/A1–210/285/12119: darin Lebensläufe und Fotos der beiden Franzosen.

5. Aktivitäten alliierter Geheimdienste im Raum Regensburg

*Die beiden französischen OSS-Agenten André Durand, alias Michel Manet, und Alain Guillou, alias Jean René Hamon, die am 8. April 1945 irrtümlich bei Tegernheim landeten.*

Beide landeten mit ihren drei Materialcontainern am Ortsrand von Tegernheim, östlich von Regensburg. Es blieb ihnen nur die eilige Flucht nach Norden unter Zurücklassung fast der gesamten Ausrüstung. Erst am 10. April wagten sie es, die Wälder, durch die sie sich nördlich vorwärts bewegt hatten, zu verlassen, um festzustellen, wo sie sich eigentlich befanden – der nächstgelegene Ort hieß Kleinramspau. Es gelang ihnen, dort unbehelligt die Brücke über den Regen zu passieren. Nach mehrtägigem Marsch über Parsberg nach Schwabach gelangten beide am 16. April in bereits US-besetztes Gebiet.[945]

Im Nachhinein ermittelte das OSS den Absprungsort und die genauen Abläufe, wobei auch das (leider nicht überlieferte) Wachbuch der Gendarmeriestation Donaustauf beigezogen wurde:[946] Als Tegernheimer Bürger am 8. April gegen 8:00 Uhr die Materialcontainer in ihren Vorgärten entdeckten, wurde der Volkssturm (als bisherige „Landwacht") aufgeboten, um das ganze Gebiet zu durchkämmen. Zwei Tegernheimer, der Metzger Joseph Schiller und ein beim nahen Holzverzuckerungswerk beschäftigter Schmied namens Finck, entdeckten dabei auch die nur grob verscharrten Fallschirme der Agenten. Im Regelfall handelte es sich bei Fall-

---

[945] Vgl. NARA, 226/A1–210/285/12119: Report on the BALTO mission, 27 April 1945.
[946] Vgl. NARA, 226/A1–210/285/12119: Chronological report on action taken by the German police following our mission of 7 April 1945.

schirmabsprüngen um Besatzungsmitglieder angeschossener Bomber – angesichts der Container handelte es sich hier erstmals um Agentenlandungen. Dies dürfte Tagesgespräch bei der KriPo Regensburg gewesen sein, die für die Ermittlungen bei Fallschirmabsprüngen zuständig war und deren Chef in diesem Fall selbst in Donaustauf eingetroffen war. Ist dies die Ursache, dass Berta Rathsam, damals bei der KriPo Regensburg, in ihren späteren Schriften – ohne jeglichen Beleg – angab, dass es für sie klar sei, dass die Demonstration am Moltke-Platz am 23. April von US-Agenten arrangiert worden sei?[947]

Erwähnenswert ist auch, wie die Amerikaner ermittelten, dass jener Materialcontainer, der die Verpflegung des Agententeams enthielt, bereits vor dem Eintreffen der Gendarmerie beiseite geschafft worden war[948] – mutmaßlich hat sein Inhalt den Speiseplan einiger Tegernheimer aufgebessert.

### 5.4.2. Operation ZOMBIE

Dieses Kommando bestand aus den beiden polnischen Soldaten Wladyslaw Piotrowski als Beobachter und Wladyslaw Turzecki als Funker. Noch Mitte März 1945 war dieses polnische Team Nr. 13 für einen Einsatz bei Fulda vorgesehen.[949] Der 20-jährige Pole Piotrowski stammte aus Wendrin in Böhmisch-Tschechisch-Schlesien, das 1938 von Polen annektiert worden und seit Herbst 1939 dem Deutschen Reich eingegliedert war. Er hatte den Arbeitsdienst abgeleistet und war 1943 in die Wehrmacht rekrutiert worden. 1944 befand er sich als Besatzungssoldat in der Normandie, wo er sich am 17. Juni 1944 den US-Truppen ergab. Er votierte für die polnische Exil-Armee und meldete sich freiwillig für den OSS-Einsatz.[950] Hierfür hatte er die Identität eines Rudolf Janousek bekommen, der gemäß seinen deutschen Papieren (auch) aus Wendrin stammte.[951]

Der 23-jährige Pole Wladyslaw Turzecki war im oberschlesischen Rybnik geboren worden, das seit 1919 zu Polen gehörte und noch 1939 ins Deutsche Reich „rückgegliedert" wurde. Auch er war 1943 zur Wehrmacht eingezogen worden und hatte sich ebenfalls in der Normandie am 16. Juni ergeben.[952] Als Einsatz-Identität hatte er die Papiere eines Slowaken namens Leo Nadas, der bis zur sowjetischen Offensive in Kattowitz gearbeitet hatte.[953]

---

[947] Vgl. Rathsam, Irrtum (1980), S. 10 u. 30; siehe Kapitel I.3.
[948] Vgl. NARA, 226/A1–210/285/12119: Chronological report on action taken by the German police following our mission of 7 April 1945.
[949] Vgl. NARA, 226/A1–210/5: SI Polish Desk Projects, 16 March 1945.
[950] Vgl. NARA, 226/A1–115/42: Lebenslauf von W. Piotrowski; desgleich mit Portraitfoto auch in NARA, 226/A1–210/51.
[951] Vgl. NARA, 226/A1–115/42: „Lebenslauf" von R. Janousek.
[952] Vgl. NARA, 226/A1–115/42: Lebenslauf von W. Turzecki; desgleich mit Portraitfoto auch in NARA, 226/A1–210/51.
[953] Vgl. NARA, 226/A1–115/42: „Lebenslauf" von L. Nadas.

## 5. Aktivitäten alliierter Geheimdienste im Raum Regensburg

Beide sprangen wenige Minuten vor Mitternacht am 31. März 1945 im Raum Viehhausen ab.[954] Aufklärungsziel war Regensburg, wo sie über jeglichen militärischen Verkehr und auch über Verteidigungsanlagen Informationen sammeln sollten.[955] Zwei Nächte schliefen sie in Wäldern. Am dritten Abend trafen sie auf einige Volkssturmmänner, die sie zum Bürgermeister von Viehhausen brachten. Dieser akzeptierte zwar ihre Papiere und ihre Legende, erwartete jedoch von ihnen, dass sie sich beim Arbeitsamt in Regensburg meldeten. Genau dies taten sie und sammelten in Regensburg auftragsgemäß Informationen. Das Amt schickte sie zur Landarbeit in einen Ort „acht Kilometer westlich von Regensburg".[956] Dies scheint Etterzhausen gewesen zu sein.[957] In der Nähe soll sich ein SS-Versorgungslager (Undorf?) befunden haben.[958]

Ein Funkkontakt war nicht möglich, da ihr Gerät bei der Landung beschädigt worden war. Die beiden Agenten konnten ihre Informationen erst weitergeben, als US-Truppen den westlichen Landkreis besetzten.[959] Sie hatten große Schwierigkeiten, sich den Amerikanern erkennen zu geben. Erst am 27. April wurden sie in das Hauptquartier des XX Corps nach Burglengenfeld gebracht und konnten dort einem OSS-Offizier berichten.[960]

### 5.4.3. Operation CHAUFFEUR

Noch im Januar 1945 war die CHAUFFEUR-Mission für einen Einsatz im Raum Frankfurt am Main vorgesehen.[961] Erst am 27. März wurde entschieden, das Team, statt nahe Kelsterbach (im heutigen Kreis Groß-Gerau), nun im Raum Regensburg abspringen zu lassen.[962] Jetzt lautete der Aufklärungsauftrag Regensburg. Es standen fünf mögliche Absetzräume (und anschließende Funkkontaktbereiche) zur Auswahl: 1. Fischbach bei Nittenau, 2. Brennberg, 3. Hagelstadt, 4. Neustadt a. d. Donau und 5. Beratzhausen.[963]

---

[954] Vgl. NARA, 226/A1–115/42: „Air Transport Operation Report".
[955] Vgl. NARA, 226/A1–115/42: „ZOMBIE"-Destination.
[956] Vgl. NARA, 226/A1–115/42: Berichte der Agenten (engl. Übersetzung).
[957] Etterzhausen wird in einem OSS-„Communication Deprocessing Form" vom 12. May 1945 als „Vicinity of operation" genannt. Vgl. NARA, 226/A1–115/42.
[958] Vgl. NARA, 226/A1–115/42: Berichte der Agenten (engl. Übersetzung).
[959] Vgl. NARA, 226/A1–115/42: Berichte der Agenten (engl. Übersetzung).
[960] Vgl. NARA, 226/A1–115/42: Gemeinsamer Bericht der Agenten (engl. Übersetzung).
[961] Vgl. NARA, 226/A1–210/5: Operation „Chauffeur" 19. January 1945.
[962] Vgl. NARA, 226/A1–210/36: Change of region of operation for CHAUFFEUR team, 27/3/45.
[963] Vgl. NARA, 226/A1–210/36: Pin-Point-Table, 27 March 1945; NARA, 226/A1–210/36: Eintragungen auf Armee-Kartenblatt „Germany, 1:100.000, sheet V–6: Regensburg". Lediglich aus dem Karteneintrag ergibt sich, dass es sich bei „Fischbach" um den heutigen Nittenauer Stadtteil und nicht um Fischbach a.d. Naab (heute Kallmünz) gehandelt hat.

III. Aspekte der militärischen Entwicklung 1944/45

Das Team bestand aus zwei Belgiern, die vom britischen SOE als Agenten ausgebildet waren[964]: Paul Jules Maximilien L'Hoest, geb. 1910 in Brüssel, graduierter Kaufmann, hatte zwischen 1936 und 1941 bei der Kavallerie der französischen Fremdenlegion in Nordafrika gedient[965] und war anschließend in Großbritannien in die belgischen Exilstreitkräfte eingetreten, wo er 1945 den Rang eines Leutnants inne hatte.[966] Als OSS-Agent trug er den Namen André Renaix. Für den Einsatz als Funker bei der CHAUFFEUR-Mission hatte er die Identität eines Eisenbahnarbeiters aus Brüssel namens André Bastien erhalten, der als Fremdarbeiter bisher bei Siemens in Nürnberg arbeitete.[967] Aufgrund Bombenschäden dort befand er sich im März/April 1945 auf dem angeordneten Rückzug nach Südbayern.[968]

Joseph Albert Ghylan Allard, geb. 1921, Zivilist, Arbeiter, war im belgischen Widerstand aktiv gewesen.[969] Beim OSS trug er den Namen Albert Lavare. Als Beobachter im CHAUFFEUR-Team erhielt er die Papiere eines Michel Petrus Joseph Dehandschutter, als Hilfsbohrer tätiger belgischer Fremdarbeiter in Berlin-Siemensstadt, der von dort aus, luftkriegsbedingt, mitsamt einer Siemens-Fertigung im November 1944 nach Nürnberg verlagert worden war.[970] Auch Dehandschutter befand sich nun auf einem angeordneten Marsch weiter nach Südosten.[971] Es findet sich in den OSS-Akten auch eine kurze Notiz, dass offenbar geplant war, einen weiteren Beobachter für das CHAUFFEUR-Team nachzusenden, sobald erste Kontakte in Regensburg geknüpft worden seien.[972]

L'Hoest und Allard sprangen ebenfalls in der Nacht vom 31. März auf den 1. April 1945 (aus der gleichen Transportmaschine wie das ZOMBIE-Team) nordöstlich des

---

[964] Vgl. West, War (1993), S. 316.
[965] Als Wohnort seiner Ehefrau wurde in den OSS-Akten Casablanca in Marokko geführt. Vgl. NARA, 226/A1–210/36:
[966] Zu Ausbildungs- bzw. Einsatznamen vgl. NARA, 226/A1–210/36: OSS-Karteikarte CHAUFFEUR-Team.
[967] Vgl. NARA, 226/A1–210/36: CHAUFFEUR Team (agent Renoix), 20 March 1945, „Lebenslauf", Bl. 2.
[968] In der Erstfassung seiner Legende für den Einsatz im Raum Frankfurt a.M. war er von Nürnberg aus dorthin beordert worden. Dies wurde nun dahingehend abgeändert, dass er sich in den Raum Regensburg zu begeben hatte. Vgl. NARA, 226/A1–210/36: CHAUFFEUR Team (agent Lavare), 20 March 1945, Lebenslauf, Bl. 2. – Zum Einsatz von L'Hoest in Regensburg auch NARA, 226/A1–210/36: Recommendation for Award of Distinguished Service Cross, 20 May 1945.
[969] Zu Ausbildungs- bzw. Einsatznamen vgl. NARA, 226/A1–210/36: OSS-Karteikarte CHAUFFEUR-Team.
[970] Vgl. NARA, 226/A1–210/36: CHAUFFEUR Team (agent Lavare), 20 March 1945, „Lebenslauf", Bl. 2f.
[971] Auch in der Erstfassung seiner Legende für den Einsatz im Raum Frankfurt a.M. war er von Nürnberg aus ebenfalls dorthin beordert worden. Dies wurde nun auch dahingehend abgeändert, dass er sich in den Raum Regensburg zu begeben hatte. Vgl. NARA, 226/A1–210/36: CHAUFFEUR Team (agent Renoix), 20 March 1945, Lebenslauf, Bl. 2f.
[972] Vgl. NARA, 226/A1–210/36: OSS-Karteikarte CHAUFFEUR-Team, ergänzender handschriftl. Eintrag. – Dies könnte auch der Grund dafür sein, dass CHAUFFEUR von Anfang an bereits mit zwei Funkgeräten (unterschiedlicher Bauart) ausgerüstet war.

## 5. Aktivitäten alliierter Geheimdienste im Raum Regensburg

Dorfes Eining (heute Neustadt an der Donau) ab. Die Fallschirme und ihre Ausrüstung versteckten sie in einem Wald. Im nahen Dorf Staubing trafen sie am 2. April auf französische Kriegsgefangene, die ihnen weiter halfen und sie nach Abensberg verwiesen.[973] Auch dieses Team wurde vom regionalen Volkssturm aufgegriffen und zum Bürgermeister von Sandharlanden gebracht, der die Agenten über Nacht einsperrte und tags darauf der Polizei übergab. Jedoch bestanden die Papiere und Legenden der belgischen Fremdarbeiter alle Überprüfungen. Von der Polizeistation wurden sie zum Arbeitsamt beordert.[974] Noch am 3. April machten sie sich auf den Weg nach Regensburg.[975]

Es war den Agenten vorgegeben, möglichst in Regensburg selbst Unterschlupf zu finden.[976] Falls sie dies nicht alleine bewerkstelligen konnten, war ihnen die Adresse des vom belgischen Widerstand dem OSS als vertrauenswürdig genannten belgischen Fremdarbeiters Lucien Wery genannt worden.[977] Der Versuch der Kontaktaufnahme scheiterte, da dieser nicht mehr unter der von den Agenten auswendig gelernten Anschrift „Gemeinschaftslager, Baracke 10, Zimmerstrasse [d.i. Simmernstraße] 28, Kumpfmühl, 13a Regensburg" anzutreffen war. Er war bereits sechs Monate zuvor versetzt worden und umgezogen.[978] Die beiden Agenten kehrten daher per Zug nach Abensberg zurück.[979] Was in Regensburg nicht gelungen war, gelang in Abensberg: Die Agenten fanden Unterstützer und Informanten unter französischen und belgischen Kriegsgefangenen, die in einer örtlichen Molkerei[980] arbeiteten und teils als LKW-Fahrer viel in der Region herum kamen.[981] Diese Kriegsgefangenen ermöglichten es ihnen, sich im Keller der Molkerei zu verstecken und dort das Funkgerät am Stromnetz zu betreiben.[982]

Die Agenten gelangten auf eigene Faust erneut nach Regensburg, wo sie zahlreiche Informationen sammelten und bei Funkkontakten weitergeben konnten.

---

[973] Vgl. NARA, 226/A1–210/36: Report on CHAFFEUR Team.
[974] Vgl. NARA, 226/A1–210/36: Deprocessing of team CHAUFFEUR, 7 May 1945, Bl. 2.
[975] Vgl. NARA, 226/A1–210/36: Deprocessing of team CHAUFFEUR, 7 May 1945, Bl. 3.
[976] Vgl. NARA, 226/A1–210/36: Mission CHAUFFEUR, Annexes á l'Ordre de Mission, Annex F (28.03.45), Bl. 3.
[977] Vgl. NARA, 226/A1–210/36: Mission CHAUFFEUR, Annexes á l'Ordre de Mission, Annex B (28.03.45), Bl. 1.
[978] Vgl. NARA, 226/A1–210/36: Deprocessing of team CHAUFFEUR, 7 May 1945, Bl. 4. – Lucien Wery war auch als lf. Listen-Nr. 869 in der sog. „Messerschmitt-Kartei" noch am 01.04.1944 aufgelistet. Vgl. StAR, „Me-Kartei", Bl. XV.
[979] Vgl. NARA, 226/A1–210/36: Deprocessing of team CHAUFFEUR, 7 May 1945, Bl. 4.
[980] Es dürfte sich dabei um die heute bereits seit Längerem nicht mehr wirtschaftlich aktive Molkereigenossenschaft Kelheim-Abensberg e.G. gehandelt haben. Vgl. Attenberger, Molkereigenossenschaft (2009).
[981] Vgl. NARA, 226/A1–210/36: Deprocessing of team CHAUFFEUR, 7 May 1945, Bl. 4. – Dafür, dass die beiden Agenten in der Molkerei auch selbst Arbeit gefunden hätten, so Persico, Reichssache (1980), S. 369, oder mit dem Molkerei-LKW umher gefahren wären, so bei Brown, War (1976), S. 549, fanden sich in den für diese Studie eingesehenen Akten keine Belege.
[982] Vgl. NARA, 226/A1–210/36: Report on CHAFFEUR Team, Bl. 4.

III. Aspekte der militärischen Entwicklung 1944/45

Diese Daten und Fakten waren teils sehr präzise, teils gaben sie jedoch auch für Kriegszeiten typische Gerüchte wider.[983] Auch unterliefen ihnen Fehlinterpretationen: So bezeichneten sie das Parkhotel Maximilian als den Sitz der Regensburger Militärkommandantur, da dort etliche Generäle ein- und ausgingen.[984] Dass dieses Hotel lediglich als Unterkunft für höhere Offiziere von der Wehrmacht beschlagnahmt war, blieb beiden verborgen.[985] Völlig korrekt hingegen die Funkmitteilung vom 23. April, wonach die Agenten in Graßlfing in den Tagen zuvor in großer Zahl links und rechts der Hauptstrasse einquartierte britische Kriegsgefangene beobachtet hatten[986] – eine Tatsache, die bereits im vorangegangenen Kapitel beschrieben wurde.[987] Das CHAUFFEUR-Team berichtete bei Funkkontakten auch von den Bemühungen in Abensberg um die offizielle Ausweisung der Stadt als Lazarettort[988] – was in weiteren Kapiteln noch mehrfach angesprochen wird.[989] Bemerkenswert auch die Mitteilung, dass am 22./23. April Truppen aus Regensburg acht Kilometer vor der Stadt an der Straße nach Nürnberg begannen, dort vorbereitete Stellungen zu besetzen. Die Soldaten hätten kaum über Munition verfügt und davon gesprochen, sich bei erster Gelegenheit den Amerikanern zu ergeben.[990] Über die Einrichtung eines Vorpostens am Brückenkopf Regensburg im Bereich Deuerling und ein erstes Gefecht bei Pollenried am 23. April wird im übernächsten Kapitel im Detail berichtet.[991]

Wie bereits oben erwähnt, hatte Brown schon 1976 kurz über die CHAUFFEUR-Mission berichtet,[992] 1979 dann mit mehr Details auch Persico.[993] Dass dessen 1980 erschienene deutschsprachige Übersetzung[994] in Regensburg (soweit sie damals überhaupt vor Ort wahrgenommen worden war) als nicht sehr glaubhaft eingeschätzt wurde, lag an einigen „hollywoodartig" erscheinenden Hervorhebungen: Brown verwendete knapp ein Drittel seines Kurzberichts über die CHAUFFEUR-Mission dafür, darzustellen, dass die Kriegsgefangenen in Abensberg den beiden Belgiern Kontakt zu zwei französischen Zwangsprostituierten vermittelten, die in Regensburg in

---

[983] Derlei auszufiltern war Sache der Armee-Analytiker, auf deren Schreibtischen alle Meldungen aus unterschiedlichen Quellen, wie u. a. Luftaufklärung, Kriegsgefangenenbefragungen und auch Berichte von OSS-Agenten zusammen kamen und dabei auch Plausibilitätskontrollen unterzogen wurden.
[984] Vgl. NARA, 226/A1–210/36: CHAUFFEUR Funkprotokoll 23./24. April, franz. Original Bl. 4, engl. Übersetzung, Bl. 3; auch Persico, Reichssache (1980), S. 370; Brown, War (1976), S. 549.
[985] S. Kap. II.6.1.2.6.
[986] Vgl. NARA, 226/A1–210/36: Incoming Cable, Information Copy, 24 April 1945.
[987] S. Kap. III. 4.5.
[988] Vgl. NARA, 226/A1–210/36: Outgoing Cable, Information Copy, 24 April 1945.
[989] S. Kap. IV.5.2.2.4. und Kap. V.1.
[990] Vgl. NARA, 226/A1–210/36: CHAUFFEUR Funkprotokoll 23./24. April, franz. Original Bl. 4, engl. Übersetzung, Bl. 3.
[991] S. Kap. V.1. u. V.1.2.
[992] Vgl. Brown, War (1976), S. 549.
[993] Vgl. Persico, Reich (1979), S. 374–378.
[994] Vgl. Persico, Reichssache (1980), S. 367–371.

## 5. Aktivitäten alliierter Geheimdienste im Raum Regensburg

einem deutschen Offiziersbordell arbeiteten. Einer der Agenten soll in deren Zimmer, im Schrank versteckt, an vier Tagen mitgeschrieben haben, was deutsche Offiziere erzählten.[995] Persico übernahm diese Geschichte ausführlich in seine etwas umfangreichere Darstellung der Mission.[996] Tatsächlich berichtete Agent Bastien 1945 bei einer OSS-Befragung am 7. Mai recht knapp von diesen Frauen und einem kurzen Aufenthalt im Küchenschrank.[997] Nach einem anderen Bericht soll Agent Dehandschutter sich vom 17. bis 21. April im Haus der Prostituierten aufgehalten haben. Wobei auch beschrieben wurde, dass diese täglich der örtlichen Polizei über ihre Freier berichten mussten.[998]

Ein weiterer Versuch Dehandschutters, nach dem 22. April noch einmal nach Regensburg zu gelangen, scheiterte, da inzwischen alle Zufahrtstraßen blockiert und bewacht waren.[999] Am 26. April erhielt das Team aus London die Anweisung, sich weiter nach Süden zurückzuziehen. Dies war ebenfalls nicht mehr machbar; daher warteten die Agenten auf die US-Streikräfte in Abensberg, die dort am 28. April eintrafen.[1000]

### 5.4.4. Operation PICKAXE

Die Hintergründe dieser Mission sind bereits einleitend angesprochen worden. Das PICKAXE-Team bestand aus den deutschen Kommunisten Emil Konhäuser (1906–1971) und Walter Strüwe (1904–1976).[1001] Konhäuser (OSS-Name: Eric Kent), Jahrgang 1906, Bauarbeiter, war in Hof an der Saale geboren worden und dort mit zwei Brüdern und fünf Schwestern aufgewachsen. Er war bayerisch-böhmischer Abstammung und besaß, nach eigenen Angaben, bis 1929 nur die tschechoslowakische Staatsangehörigkeit.[1002] 1932 war Konhäuser Vorsitzender der KPD-Ortsgruppe Hof

---

[995] Vgl. Brown, War (1976), S. 549.
[996] Vgl. Persico, Reich (1979), S. 376; ders., Reichssache (1980), S. 369.
[997] Vgl. NARA, 226/A1–210/36: Deprocessing of team CHAUFFEUR, 7 May 1945, Bl. 5. – Von den übrigen von Brown bzw. Persico beschriebenen Details war dort jedoch nicht die Rede. – Bei Persico, Reich (1979), S. 376, bzw. ders., Reichssache (1980), S. 369, saß zudem Dehandschutter, im Schrank.
[998] Vgl. NARA, 226/A1–210/36: Report on CHAFFEUR Team, Bl. 4. – Es gab aber offenbar auch sprachliche Verständigungsprobleme: Die Prostituierten erzählten von einem „Oberst Oberscharf", dem die gesamte Verteidigung unterstehen würde, wobei die Deutschkenntnisse der Belgier offenbar nicht ausreichten, zu erkennen, dass mit „oberscharf" wohl nicht der Name des Oberst gemeint war, sie diesen aber dennoch so weitergaben, vgl. ebd.. – Es war nicht zu ermitteln, weshalb dieser Oberst bei Persico dann unter dem Namen Kluger erwähnt wurde. Vgl. Persico, Reich (1979), S. 376f.; ders., Reichssache (1980), S. 369f.
[999] Vgl. NARA, 226/A1–210/36: Report on CHAFFEUR Team, Bl. 5.
[1000] Vgl. NARA, 226/A1–210/36: Report on CHAFFEUR Team, Bl. 5.
[1001] Zu dieser Operation jüngst kursorisch Gould, Espionage (2018), S. 50–61.
[1002] Vgl. NARA, 226/A1–210/17: Personal History Statement, 22 Nov 44, Emil Konhäuser, Bl. 1. – Tschechische Staatsbürgerschaft deshalb, da sein Vater aus Eger in Böhmen gestammt hatte. –

III. Aspekte der militärischen Entwicklung 1944/45

geworden.[1003] Bereits im März 1933 verhaftet, war er seit Mai 1933 im KZ Dachau, wo er mehr als zwei Jahre verbrachte.[1004] Während der Haftzeit wurde ihm (und seiner 1929 geborenen Tochter) 1934 die erst im Dezember 1929 verliehene deutsche Staatsbürgerschaft wieder aberkannt.[1005] Nach seiner Entlassung aus dem KZ Dachau arbeitete er auf Autobahnbaustellen in Franken. 1936 emigrierte er in die Tschechoslowakei, bevor er 1939 über Polen nach Großbritannien gelangte.[1006] Auch Konhäusers Ehefrau und ein 1945 dreijähriger Sohn lebten in England. Seine Tochter war in Hof a. d. Saale bei den Großeltern zurückgeblieben.[1007] Für den Einsatz hatte Konhäuser/Kent die Identität eines Frantisek Skala, Bauklempner aus Prag, bekommen. Laut dessen Papieren war er Anfang 1945 vom Arbeitsamt Breslau zum Arbeitsamt Nürnberg umquartiert worden.[1008]

Walter Strüwe (OSS-Name: Bill Streng), geboren 1904, stammte aus Bielefeld und hatte vor seiner Emigration in die Tschechoslowakei lange in Frankfurt am Main gelebt.[1009] Ihm hatte das OSS für den Einsatz die Identität des in Luxemburg gemeldeten und in Köln arbeitenden belgischen Baupoliers Guillaume Godart zugeteilt. Auch er war vom dortigen Arbeitsamt nach Nürnberg geschickt worden.[1010]

Konhäuser und Strüwe sprangen am 4. April 1945 südwestlich von Landshut ab.[1011] Aufklärungsziel waren Landshut und speziell die überregionalen Verkehrswege nach und von Norden bzw. Süden.[1012] Der Funkverkehr wurde in Deutsch geführt.[1013] Die Mission galt als sehr erfolgreich, da das Team mehrfach Funkkontakt hatte und dabei nicht nur viele Informationen weitergeben konnte, sondern auch

---

Nach Angaben bei Macht, Geschichte (1996), S. 440 u. 442, waren Vater und Sohn Konhäuser seit 1918 „staatenlos" gewesen.

[1003] Vgl. Macht, Geschichte (1996), S. 441.
[1004] Vgl. NARA, 226/A1-210/17: Personal History Statement, 22 Nov 44, Emil Konhäuser, Bl. 2; Gould, Bedfellows (2002), p. 9; Macht, Geschichte (1996), S.324 u. 441; Details zur Haftzeit in Dachau ebd., S. 330 u. speziell S. 441f.
[1005] Vgl. Macht, Geschichte (1996), S. 442.
[1006] Vgl. NARA, 226/A1-210/17: Personal History Statement, 22 Nov 44, Emil Konhäuser, Bl. 1.
[1007] Vgl. NARA, 226/A1-210/17: „To whom it may concern", 13.3.45, Verfügung Emil Konhäusers, an wen im Fall seines Todes die Versicherungssumme und seine Bezüge ausgezahlt werden sollten; auch NARA, 226/A1-210/17: Personal History Statement, 22 Nov 44, Emil Konhäuser, Bl. 1; Macht, Geschichte (1996), S. 442.
[1008] Vgl. NARA, 226/A1-210/17: „Deutsches Reich Kennkarte" u. „Arbeitsbuch" von F. Skala, sowie einige Amts-Bescheinigungen (Nach dem Einsatz zu den Akten genommen).
[1009] Vgl. NARA, 226/A1-210/17: Lebenslauf von Walter Strüwe.
[1010] Vgl. NARA, 226/A1-210/17: „Deutsches Reich Fremdenpaß" u. „Arbeitskarte für Belgier" von Guillaume Godart, sowie einige Amts-Bescheinigungen (Nach dem Einsatz zu den Akten genommen).
[1011] In einem von Konhäuser 1953 selbst verfassten Lebenslauf soll er geschrieben haben, dass er „mit zwei [!] weiteren Genossen" in der Nähe von Landshut abgesprungen war. Vgl. Macht, Geschichte (1996), S. 443.
[1012] Vgl. NARA, 226/A1-210/17: Einsatzberichte.
[1013] Vgl. NARA, 226/A1-210/17: Funkprotokolle (in Deutsch) nebst engl. Übersetzungen.

5. Aktivitäten alliierter Geheimdienste im Raum Regensburg

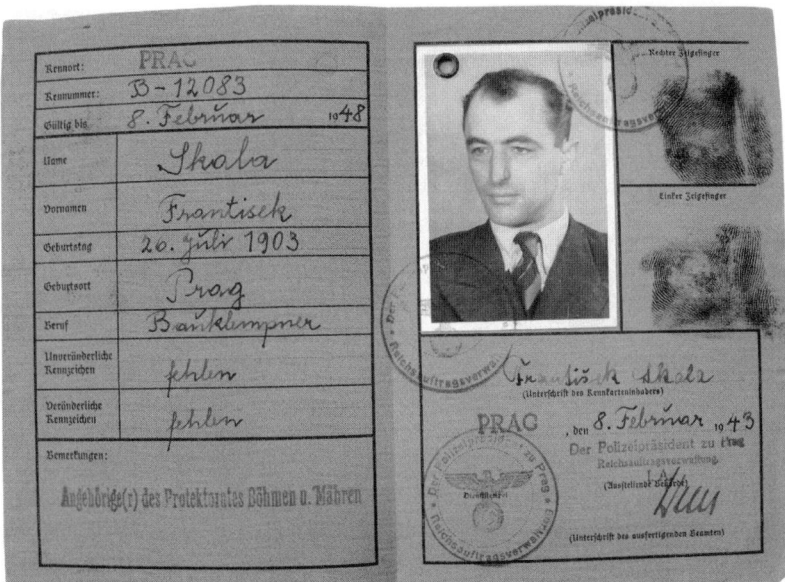

*Die Innenseiten der Kennkarte von Frantisek Skala aus Prag, vom OSS perfekt gefälscht, mit der sich Emil Konhäuser auswies (Foto: Ehm/NARA, 226/A1-210/17)*

spezielle Aufträge erhielt.[1014] In der Nacht zum 17. April wurden die beiden Agenten angewiesen, sich ab sofort auf eine regelmäßige Beobachtung des Bahn- und Straßenverkehrs zu konzentrieren und dabei alle erkennbaren Details mitzuteilen.[1015] Auch in der Nacht vom 26. auf den 27. April sammelten die beiden Agenten Informationen über Truppenbewegungen u. a. aus Regensburg – hiervon wird im weiteren Text noch die Rede sein.[1016]

---

[1014] So sollten sie sich um Nachrichten über den Sohn des US-Botschafters in London, John G. Winant, bemühen, der sich als Kriegsgefangener im Stalag Moosburg befand. Vgl. Gould, Espionage (2018), S. 55; NARA, 226/A1–210/17: Funknotiz.

[1015] Vgl. NARA, 226/A1–210/17: Maschinen- u. handschriftlicher Entwurf einer Funknotiz vom 17.04.45; edb.: Air Operation Report 17/18 April 1945, worin sich dieser Entwurf im Funkprotokoll wiederfindet.

[1016] Siehe Kapitel V.1.5. – Ergänzt seien hier noch kurz die Nachkriegsbiographien von Strüwe und Konhäuser: Beide kehrten 1947 in die Westzonen zurück und waren dort politisch für die KPD/DKP aktiv. Strüwe übersiedelte später in die DDR. Konhäuser hingegen verblieb in der BRD (weshalb ihn Ruth Werner in ihrer, in erster Auflage bereits sehr früh erschienenen Autobiographie, wohl deshalb nur „Peter" nannte. Vgl. Werner, Rapport (2006), S. 306). Er war in seine Heimatstadt Hof zurückgekehrt. Vgl. Macht, Geschichte (1996), S. 444. – Für 1948 wurde er genannt als presserechtlich Verantwortlicher eines KPD-Wahlplakates im Raum Würzburg. Vgl. Stiftung Deutsches Historisches Museum, Wahlplakat der KPD 1948, Digitalisat. – Konhäuser scheint eine zentrale Person in der nach dem KPD-Verbot 1956 in die Illegalität ausgewichenen

III. Aspekte der militärischen Entwicklung 1944/45

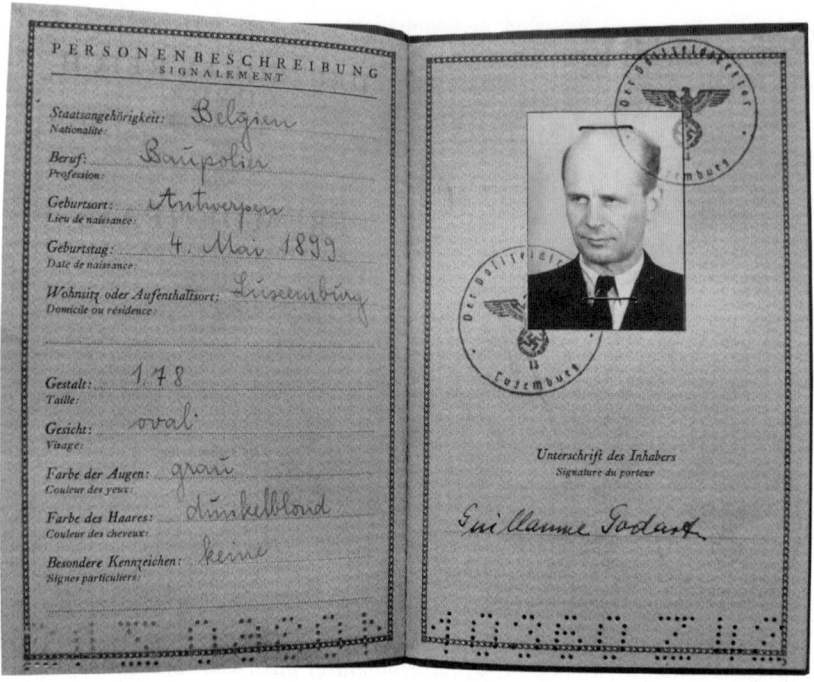

„Fremdenpass" von Walter Strüwe, der ihn als Guilleaume Godart, wohnhaft in Luxemburg ausweist (Foto: Ehm/NARA 226/A1-210/17)

### 5.4.5. Operation FARMER

Man könnte das bei Landshut abgesprungene Kommando PICKAXE im bundesdeutschen Sprachgebrauch der 1970/80er Jahre als „K-Gruppe" – als „kommunistische Gruppe" bezeichnen. Auch für das Kommando FARMER, das im Raum Straubing absprang, wäre die Bezeichnung „K-Gruppe" verwendbar, nur würde es hier bedeuten – „katholische Gruppe". Das OSS hatte sich in diesem Fall etwas recht Ungewöhnliches einfallen lassen. Die OSS-Operationskartei vermerkt dazu: „This team has a safe address in an abbey and is ultimately to establish clerical cover".[1017] Ein Plan, der sich jedoch so einfach nicht realisieren ließ. Bei der sicheren Adresse handelte es sich um das Kloster Windberg. Dieses war 1803 im Zuge der Säkularisation

---

Partei gewesen zu sein. So soll er um 1960 Mitglied der wichtigen, auf die Einhaltung der Parteilinie achtenden Zentralen Parteikontrollkommission (ZPKK) und der Sicherheitsgruppe gewesen sein. Vgl. Bundesarchiv (Hg.): BY 1: Kommunistische Partei Deutschlands (KPD) in den westlichen Besatzungszonen / Bundesrepublik Deutschland, Klarnamenschlüssel, Digitalisat (Für Emil Konhäuser stand „Egon").

[1017] Vgl. NARA, 226/A1–210/41: Karteiblätter zur Operation FARMER.

## 5. Aktivitäten alliierter Geheimdienste im Raum Regensburg

aufgelöst worden. 1922 zeigte der kleine belgisch-niederländische Prämonstratenser-Orden Interesse an den Gebäuden, um sie als Kloster wiederzubeleben. Nach einem Kauf entstand durch belgisch-niederländische Brüder aus der zentralen Abtei Berne-Heeswijk, in der niederländischen Provinz Nordbrabant gelegen, neues Klosterleben.[1018] Die beiden OSS-Agenten verfügten über mehrere „Empfehlungsschreiben" von belgischen Prämonstratenseräbten.[1019]

Dieses Team bestand aus zwei belgischen Zivilisten, die kurzfristig im März 1945 vom Widerstand im nun befreiten Belgien dem OSS zur Verfügung gestellt worden waren.[1020] Für die Dauer ihres Einsatzes hatte der belgische Armeegeheimdienst beiden jeweils den Rang eines Leutnants zugesprochen[1021]: Oscar Jean Marie André Berckmans (OSS-Name: André De Wals) aus Louvain und Philip Maurice Botman (Philippe Smeets) aus Hasselt.[1022] Für den Einsatz erhielten sie die Papiere zweier belgischer Fremdarbeiter, die man aus Stuttgart umquartiert hatte: Berckmans/De Wals wurde zu Paul André Jean Marie Lebrun[1023], während Botman/Smeets in den Einsatz unter seinem wirklichen Namen Philip Maurice Botman[1024] ging, was recht ungewöhnlich scheint.[1025] Keiner der beiden Agenten war als Funker ausgebildet. Das Team hatte nur eine Kurzeinweisung in die Funktionsweise des Funkgeräts erhalten. Man hielt es für wichtiger, dass es sich um Agenten handelte, die spezielle Kenntnisse hatten, sich sofort unauffällig in die Lebensweise des Klosters einzufügen. Entsprechend hatte man sie ausgewählt. Das OSS erwog, dem Team eventuell noch einen ausgebildeten Funker nachzuschicken.[1026]

Aufklärungsziel war auch bei dieser Mission die allgemeine Stimmung und Lage, die militärische Infrastuktur und die Beobachtung der Verkehrswege im Raum Strau-

---

[1018] Vgl. Rupprecht, Säkularisation (1998), S. 79–95; Rupprecht, Kloster (1998), S. 14–23.
[1019] Vgl. aus Klostersicht: Rupprecht, Kloster (1998), S. 33; auch NARA, 226/A1-210/41: Memorandum on FARMER Team and Project, 17 March 1945, Bl. 1; NARA, 226/A1-210/42: Report of Andre De Wals, Farmer Team, 22/5/45.
[1020] Vgl. NARA, 226/A1-210/41: Karteiblätter zur Operation FARMER.
[1021] Vgl. NARA, 226/A1-210/42: Recommondation for Award of Bronze Star Medal. 28 May 1945. Botman, Philip Maurice, Bl. 1; NARA, 226/A1-210/42: Recommendation for Award of Bronze Star Medal. 28 May 1945. Berckmans, Oscar Jean Marie André, Bl. 1; auch nach der Erinnerung in Windberg hätte es sich um Offiziere gehandelt, vgl. Rupprecht, Kloster (1998), S. 33.
[1022] Vgl. NARA, 226/A1-210/41: Karteiblätter zur Operation FARMER; NARA, 226/A1-210/41: Final Disposition, 28 May 1945.
[1023] Vgl. NARA, 226/A1-210/41: „Deutsches Reich, Vorläufiger Fremdenpass" von Lebrun, ausgestellt in Stuttgart 1944. (Nach dem Einsatz zu den Akten genommen).
[1024] Vgl. NARA, 226/A1-210/41: „Deutsches Reich, Vorläufiger Fremdenpass" von Botman, ausgestellt in Stuttgart 1944. (Nach dem Einsatz zu den Akten genommen); NARA, 226/A1-210/42: Recommendation for Award of Bronze Star Medal. 28 May 1945. Botman, Philip Maurice, Bl. 1.
[1025] Allerdings hatte Botman einen offenbar veränderten Lebenslauf erhalten. Vgl. NARA, 226/A1-210/41: FARMER Mission, Cover story Botman, Philip Maurice. – Diese Klarnamennutzung könnte im Zusammenhang stehen mit den „Empfehlungsschreiben", die womöglich auf seinen wirklichen Namen lauteten, unter dem Botman wohl auch dem Orden bekannt war.
[1026] Vgl. NARA, 226/A1-210/41: Memorandum on FARMER Team and Project, 17 March 1945, Bl. 1.

III. Aspekte der militärischen Entwicklung 1944/45

bing und Regensburg. Auch dieses Team sollte versuchen, in den Reihen der Fremdarbeiter vor Ort und ausdrücklich auch in Regensburg ein Informanten- und Unterstützer-Netz zu etablieren.[1027] Als mögliche Kontaktpersonen hatte man ihnen die Adressen von als vertrauenswürdig geltenden Fremdarbeitern in Regensburg überlassen: Neben jener des Belgiers Lucien Wery, die auch dem Team CHAFFEUR genannt worden war, nun auch jene zweier weiterer Belgier im gleichen Messerschmitt-Barackenlager in der Simmernstraße, Regensburg-Kumpfmühl: Frantz J. Van Ootegham und Jean Baptiste Van Royen.[1028]

Berckmans und Botman sprangen am 17. April 1945 gegen 3:00 Uhr morgens nordöstlich von Straubing aus ihrer Transportmaschine und verloren sich dabei aus den Augen. Beide versteckten ihre Fallschirme und die jeweilige Ausrüstung.[1029] Berckmans hatte sich bei der Landung am Fuß verletzt. Dennoch errreichte er gegen 18:00 Uhr das Kloster, wo er sich sofort als belgischer Agent offenbarte und seine Empfehlungen vorlegte. Der Prior Michael van der Hagen [1030] entschied, dass Berckmans, im Hinblick auf den Zustand seines Fußes, vorerst bleiben könnte. Am nächsten Morgen bestand der Prior jedoch darauf, dass Berckmans sich offiziell beim Bürgermeister meldete. Jener forderte ihn auf, als Fremdarbeiter auch beim Arbeitsamt in Straubing vorzusprechen.[1031] In den folgenden Tagen konnte Berckmans u. a. von belgischen Fremdarbeitern vor Ort erste interessierende Informationen zusammentragen.[1032]

Botman war weiter entfernt vom Kloster gelandet. Er erreichte Windberg erst am 18. April, morgens gegen 6:00 Uhr, wo er Berckmans antraf. Allerdings bat der Prior ihn, wieder zu gehen, da die Fallschirmabsprünge offenbar beobachtet und ein entsprechender Alarm ausgelöst worden war – die ganze Gegend würde durchsucht.[1033] Botman folgte diesem Wunsch und beschloss, die Kontaktaddressen in Regensburg aufzusuchen. Er gelangte bis Straubing, wo er in einen schweren Luftangriff geriet. Da es bereits spät war und Regensburg weiter entfernt, als er geglaubt hatte, entschied Botman, nach Bogen zu gehen. Kurz vor dieser Stadt wurde er an einem SS-Kontrollposten festgenommen, konnte jedoch entkommen, als Tiefflieger die Menschenansammlung angriffen.[1034] In der folgenden Nacht wollte er das Funkgerät des

---

[1027] Vgl. NARA, 226/A1–210/41: Memorandum on FARMER Team and Project, 17 March 1945, Bl. 1.
[1028] Vgl. NARA, 226/A1–210/41: Adressenliste „Mittelfranken" [sic!]. – Frantz J. Van Ootegham war auch als lf. Listen-Nr. 629 in der sog. „Messerschmitt-Kartei" bereits 1944 aufgelistet. Vgl. StAR, „Me-Kartei", Bl. XI.
[1029] Vgl. NARA, 226/A1–210/42: Report of Philippe Smeets Farmer Mission 22/5/45, Bl. 1 bzw. Report of Andre De Wals, Farmer Team, 22/5/45, Bl. 1.
[1030] Dr. Michael van der Hagen (1884–1970), Prior von Windberg 1924–1949. Vgl. Handgräting, Persönlichkeiten (1998), S. 103–110.
[1031] Vgl. NARA, 226/A1–210/42: Report of Andre De Wals, Farmer Team, 22/5/45, Bl. 1.
[1032] Vgl. NARA, 226/A1–210/42: Report of Andre De Wals, Farmer Team, 22/5/45, Bl. 1f.
[1033] Vgl. NARA, 226/A1–210/42: Report of Philippe Smeets, Farmer Mission, 22/5/45, Bl. 1 bzw. Report of Andre De Wals, Farmer Team, 22/5/45, Bl. 1.
[1034] Vgl. NARA, 226/A1–210/42: Report of Philippe Smeets, Farmer Mission, 22/5/45, Bl. 1f.

## 5. Aktivitäten alliierter Geheimdienste im Raum Regensburg

Teams aus dem Versteck holen, musste jedoch erkennen, dass es bereits entdeckt war und die Stelle bewacht wurde.[1035] Nach einigen Nächten im Freien, folgte Botman am 23. April einer Flüchtlingsgruppe zu einem Einzelgehöft bei Sollach in der Nähe von Hunderdorf, wo man ihm Unterschlupf gewährte.[1036] Am 25. April 1945 erreichten die US-Streitkräfte von Norden her, aus Richtung Cham Hunderdorf.[1037] Berckmans konnte sich an diesem Tag im nahen Steinburg den Amerikanern offenbaren.[1038] Späterhin wurde in Windberg erzählt, die beiden Agenten hätten mittels eines Geheimsenders die amerikanischen Truppen in der Region dirigiert[1039] – dies ist eine Legende.

*Die beiden belgischen Offiziere Oscar Berckmans (OSS-Name: André De Wals) und Philip Maurice Botman (Philippe Smeets), die für ihren Einsatz nahe dem Kloster Windberg absprangen. (Foto: Ehm/NARA, 22/A1-210/41).*

---

[1035] Vgl. NARA, 226/A1–210/42: Report of Philippe Smeets, Farmer Mission, 22/5/45, Bl. 3.
[1036] Vgl. NARA, 226/A1–210/42: Report of Philippe Smeets, Farmer Mission, 22/5/45, Bl. 3f.
[1037] Vgl. NARA, 226/A1–210/42: Report of Philippe Smeets, Farmer Mission, 22/5/45, Bl. 3.
[1038] Vgl. NARA, 226/A1–210/42: Report of Andre De Wals, Farmer Team, 22/5/45, Bl. 2.
[1039] Vgl. Rupprecht, Kloster (1998), S. 33.

# IV. REGENSBURG IN DEN LETZTEN KRIEGSMONATEN, JANUAR BIS APRIL 1945

## 1. Nahendes Ende der Diktatur

Seit dem ersten Großangriff amerikanischer Bomber auf Regensburg am 17. August 1943[1040] lebte die Stadt im Bewusstsein permanenter Bedrohung, galt doch Regensburg als Luftschutzort erster Ordnung und war im nationalsozialistischen Gau Bayreuth auch offiziell die am meisten durch den Luftkrieg bedrohte Kommune.[1041] Gerade gegen Ende des Kriegs häuften sich die Luftschläge: 1945 traf die Stadt das erste Bombardement am 20. Januar, das nächste am 5. Februar; insgesamt waren es bis zur Kapitulation der Stadt im April neun Bombardierungen.[1042] Hinzu kamen Angriffe von Jagdflugzeugen. Ein Verbot, über Fliegerschäden zu berichten,[1043] half wenig, war doch jedem offensichtlich, dass sich der Krieg nun auch in Regensburg selbst abspielte. Bereits im Januar 1945 musste die Stadtverwaltung 2.739 Obdachlose bei anderen Regensburgern unterbringen, insgesamt waren es 962 obdachlose Familien,[1044] bis Mitte April wuchs die Zahl auf 6.078 Personen an.[1045] Für Sofortmaßnahmen nach den Luftangriffen standen allein 602 Männer bereit.[1046] Die (Kriegs-)Wirtschaft in Regensburg litt schwer unter den durch die Bomben der Alliierten verursachten Schäden.

Der Reichsbevollmächtigte für den totalen Kriegseinsatz, Joseph Goebbels, nahm sich 1944 heraus, jedem Volksgenossen vorzuschreiben, wie sein Privatleben im totalen Krieg auszusehen habe:

> „Ebenso wird im privaten Leben derjenige den größten Anspruch erheben können, seine Pflicht gegenüber der Nation zu erfüllen, der seinen persönlichen und beruflichen Lebensstil so gestaltet, daß er auch den optischen Erfordernissen dieses um die nationale Existenz unseres Volkes geführten Krieges entspricht".[1047]

Zusammengefasst war der Aufruf von Goebbels einerseits eine Kampfansage an den privaten Konsum, der nicht mehr gedeckt werden konnte, andererseits eine Entblößung der Schwäche der Diktatur:

---

[1040] Vgl. StAR, ZR III/719: Allgemeinakt zu Luftangriffen 1943–44; StAR, ZR III/731: Berichte zu Luftangriffen vom 20.10.1944 bis zum 14.4.1945; StAR, ZR III/5619: Geheime Abschlußmeldungen des örtl. Luftschutzleiters nach Luftangriffen 1944–45. – Die Stadt Regensburg nahm bereits seit Kriegsbeginn einen Platz weit oben auf den Ziellisten der Alliierten ein, wobei zunächst nicht das Messerschmitt-Werk, sondern der Ölhafen im Fokus stand. Bis heute ist vor Ort kaum bekannt, dass es bereits konkret im September 1940 und im Januar 1941 zwei britische Angriffsversuche gegeben hatte. Vgl. Ehm, Bayern (2016), S. 268–270 u. S. 299–317.

[1041] Vgl. StAR, ZR III/860: Beschreibung der wirtschaftlichen Lage Regensburgs vom 31.1.1944.

[1042] Vgl. Schmoll, Luftangriffe (2015), S. 239.

[1043] Vgl. Schmidt, Industrie (2002), S. 126.

[1044] Vgl. StAR, ZR III/731: Schreiben des Dezernats I vom 6.1.1945.

[1045] Vgl. StAR, ZR III/731: Obdachlosen-Unterbringung vom [13. oder 14.].4.1945.

[1046] Vgl. StAR, ZR III/731: Schreiben des Dezernats I vom 10.1.1945.

[1047] StAR, ZR I/829: Schreiben der Generalbevollmächtigen für die Reichsverwaltung an Reichsstatthalter und Regierungspräsidenten vom 24.8.1944.

## 1. Nahendes Ende der Diktatur

„Es muß unsere Ehre sein, nunmehr im gesamten öffentlichen Leben einen Kriegsstil zu pflegen, der nicht nur vor dem eigenen Volke, sondern auch vor dem Ausland eindeutig dokumentiert, daß wir um unser Leben kämpfen und fest entschlossen sind, diesen Kampf, koste er was es wolle, bis zum siegreichen Ende durchzustehen".[1048]

Vom stets propagierten Endsieg konnte aufgrund der Entwicklung an den Fronten keine Rede mehr sein, vielmehr überwogen im öffentlichen Raum Durchhalteparolen, wie „bis zum Ende durchzustehen". Vertrauen auf die Zukunft konnte eine solche Politik bei der Bevölkerung nach fünf Jahren Krieg kaum mehr wecken.

Anfang Januar 1945 beschlagnahmte die Wehrkreisverwaltung die Internate in der Marschallstraße, Gesandtenstraße und Am Ölberg, ferner das Alte Gymnasium (heute Regierung der Oberpfalz), die städtische Musikschule, die Horst-Wessel-Schule (heutige St. Wolfgangschule) und die Hans-Schemm-Schule (heutige Konradschule), um darin Kriegslazarette zu errichten.[1049] Diese Maßnahmen konnten nur so gedeutet werden, dass in Bälde die Front näher rücken würde und mit noch mehr Opfern zu rechnen sei.

Bis ins Schuljahr 1943/44 war in Regensburg der Schulunterricht trotz „Totalen Kriegs", Lehrermangels, Schichtunterrichts und der sogenannten Kinderlandverschickung halbwegs gewährleistet worden. Im Herbst 1944 stellte man allerdings die Achtklässler dem Arbeitsamt zum „Klasseneinsatz" in der Rüstungsproduktion zur Verfügung und verpflichtete die Schüler der siebten Klassen für den „sozialen Einsatz" in der Nationalsozialistischen Volkswohlfahrt (NSV). Im Winter 1944/45 erzwang der Kohlemangel in fast allen Schulen „Kohleferien". In den Schulen wurden infolge der fehlenden Beheizung der Gebäude ab Januar 1945 nur noch sogenannte Unterrichtsappelle abgehalten: Die Schüler mussten zu einem zehnminütigen Appell erscheinen, nahmen – in Winterkleidung – von ihren Lehrern die Hausaufgaben entgegen und gingen wieder nach Hause. Beim nächsten Appell lieferten sie ihre Hausaufgaben ab.[1050]

Es gab keinen Zweifel, dass der Krieg verloren war; die Menschen waren jedoch durch den nationalsozialistischen Staats- und Parteiapparat zu schweigender Hinnahme diszipliniert.[1051] Daraus ergab sich eine spezifische Stimmungslage, die man-

---

[1048] StAR, ZR I/829: Schreiben der Generalbevollmächtigen für die Reichsverwaltung an Reichsstatthalter und Regierungspräsidenten vom 24.08.1944.

[1049] Vgl. StAR, ZR III/2012: Schreiben des Wehrkreises XIII an Heeresstandortverwaltung und Regierungspräsidenten vom 30.01.1945.

[1050] Vgl. Halter, Stadt (1994), S. 524–526. Sogar die Lazarette, Lyzeum und Jahnturnhalle, die auf Kosten des zivilen Sektors mit Heizkohle versorgt worden waren, wurden ab 28.03.45 nicht mehr beliefert, weil Kohle fehlte. Vgl. StAR, ZR III/2012: Schreiben des Wirtschaftsamts an die Verwaltung der Res. Laz IV vom 28.03.45.

[1051] Vgl. Peter, Namen (1984). Eine „Innere Emigration", sei es als eine Form des Widerstandes oder als eine der Kollaboration durch stillschweigende Hinnahme des Nationalsozialismus, war das Ergebnis der Disziplinierung. Vgl. Gołaszewski, Emigration (2016), S. 195f.; ferner siehe Hermand, Kultur (2010), S. 175–180; Paetel, Emigration (1946).

IV. Regensburg in den letzten Kriegsmonaten, Januar bis April 1945

chem Zeitgenossen wie eine kollektive Agonie vorkam.[1052] Die Amerikaner bescheinigten den Regensburgern im Nachhinein sogar gewissen Pflegmatismus.[1053] Zu solcher Stimmung trug die schwer abzuschätzende Gefahr bei, vonseiten Regimetreuer[1054] denunziert oder sogar von Nachbarn, gelegentlich aus niederen und nicht weltanschaulichen Beweggründen, verleumdet zu werden.[1055] Die Folgen einer Äußerung von Defätismus oder gar des Verrats waren immer sehr ernst. Nicht von ungefähr nutzten die Kontrollorgane des Staates und der Partei Denunziationen oftmals aus, wenn es ihnen um die Aufrechterhaltung der nationalsozialistischen Ordnung im Inneren ging, die angesichts der prekären militärischen Lage auf deutscher Seite umso wichtiger war.[1056] Die Gestapo in Regensburg beobachtete nicht erst ab Januar 1945 genau die Stimmung in Stadt und Umgebung. Es bestand die Gefahr, dass die Einstellung zur „Volksgemeinschaft"[1057] ins Negative kippen könne:

> „Abgesehen von dem – vor allem unter der bäuerlichen Bevölkerung – immer mehr in Erscheinung tretenden persönlichen Egoismus in der Einstellung zur Volksgemeinschaft ist die Gesamtlage der Bevölkerung einwandfrei".[1058]

Entgegen der „positiven" Einschätzung der Lage aus propagandistischen Erwägungen, wurden Vorbereitungen für eine schwierige Zeit getroffen. Ein Zeichen dafür, dass man den Berichten aus Regensburg in Berlin und Bayreuth inzwischen nicht mehr traute, stellte die Auflösung der Kriminal- und Staatspolizeistelle Regensburg dar. Diese wurde in die neue Dienststelle „Der Kommandeur der Sicherheitspolizei in Regensburg" umgewandelt, die der aus Ostpreußen stammende Regierungs- und Kriminaldirektor Friedrich Sowa leitete.[1059] Der seit 1933 amtierende Polizeidirektor

---

[1052] Vgl. StAR, ZWA/Pl/2: Bericht von Bronisław Rewucki (2002).
[1053] Vgl. Kleikamp, H.G.: Public Opinion in Regensburg (MII Team 491-G), in: Brückner, Kriegsende (1987), S. 287f (= Anlage 11), mit als Quellenangabe „Kopie des maschinenschriftlichen Berichts in der Sammlung d. Verf.", ebd. S. 288. – Erstabdruck dieses Berichtes (jedoch ohne Verfasserangabe) vgl. NARA 407/427/9550: 65th Infantry Division, G–2 Periodic Report No. 52, 30 April 1945, Annex 1: MI Report „Public Opinion in Regensburg"; auch wiedergegeben in NARA, 338/XX/7945: Headquarter XX Corps, G–2 Periodic Report No. 265, 1 May 1945, Annex 3 („reproduced from 65th Infantry Division […]").
[1054] Siehe hierzu Mallmann, V-Leute (1995).
[1055] Vgl. Diewald-Kerkmann, Denunziantentum (1995), S. 301f.
[1056] Vgl. Dörner, Gestapo (1995), S. 342.
[1057] Der Begriff „Volksgemeinschaft" war an sich in der Weimarer Zeit mit anderen Inhalten als in der Zeit des Nationalsozialismus gefüllt. Die Volksgemeinschaft hatte sämtliche Konflikte der jüngsten deutschen und europäischen Vergangenheit, besonders zwischen Arbeitgebern und Arbeitern, Stadt und Land, Erzeugern und Verbrauchern, Industrie und Handwerk usw. aufheben sollen. Vgl. Bärsch, Nationalsozialismus (2005); Grunberger, Reich (1972), S. 49f.; Hürten, Katholiken (1992), S. 18; Wehler, Gesellschaftsgeschichte (2009), S. 345f.; Wild, Volksgemeinschaft (2014), S. 175; Retterath, Volk (2016), S. 403f.
[1058] BayHStA, StK/6696: Bericht des Regierungspräsidenten in Regensburg vom 10.01.1945.
[1059] Vgl. StAR, NL Dolhofer/9: Typoskript „Zur geschichtlichen Entwicklung der Regensburger Polizei".

## 1. Nahendes Ende der Diktatur

und Chef u. a. der Gestapo, Fritz Popp, war nach dem Wunsch des Reichssicherheitshauptamts bereits seit November 1944 als Polizeidirektor suspendiert.[1060] Der neue Kommandeur Sowa hatte sich, ehe er nach Regensburg kommandiert wurde, im Rang eines SS-Standartenführers als Kriminaldirektor in Prag und als ein von der NS-Ideologie überzeugter Chef der Hauptleitstelle der KriPo als systemtreu bewährt.[1061]

Die Situation in Regensburg ist immer im Kontext der Gesamtlage des „Dritten Reichs" zu betrachten. Das in der Literatur sehr pauschal formulierte Urteil, dass die seit 1933 im Sinn der NSDAP gestaltete „Volksgemeinschaft", die bis kurz vor Kriegsende als eine gelebte soziale Realität[1062] funktionierte, allen Deutschen geradezu als eine Attraktion des „Dritten Reichs"[1063] galt, mag für die Jahre 1933 bis 1939 zutreffen. Im Januar 1945 war diese Überzeugung ohne Zweifel längst nicht mehr vorhanden. Blickte man über die Grenzen der Stadt hinaus, so wog in der öffentlichen Meinung schwer, dass die Alliierten in der Normandie am 6. Juni und bei Saint-Tropez am 15. August 1944 gelandet waren, was weltweit als ein sichtbarer Anfang vom Ende der deutschen Herrschaft in Westeuropa verstanden wurde. Zugleich begann am 22. Juni 1944, dem dritten Jahrestag des deutschen Angriffs auf die UdSSR, die sowjetische Sommeroffensive, die zum Zusammenbruch der deutschen Heeresgruppe Mitte in Weißrussland führte. Es war die schwerste deutsche Niederlage des Zweiten Weltkrieges, und es dauerte nur noch vier Monate, bis die Rote Armee die deutsche Reichsgrenze erreichte.[1064] Wie es mit dem Kriegsgeschehen stand, konnten nicht nur Deutsche, sondern auch Ausländer in Regensburg auf einer „Unter den Schwibbögen" ausgestellten europäischen Landkarte erkennen, auf der die Frontlinien täglich geändert und zunehmend zuungunsten der deutschen Wehrmacht verschoben wurden.[1065] So halfen die Mühen des Regensburger Kreispropagandaleiters der NSDAP, Hans Zeitler,[1066] wenig, die Lage schönzureden. Seine Propaganda zielte vielmehr darauf, die Regensburger auf den Endkampf einzustellen. Zeitungsberichte über das Vorgehen der Rotarmisten gegen deutsche Zivilisten in Ostpreußen mehrten sich,[1067] so dass in Regensburg im Dezember 1944 Befürchtungen einer erfolgreichen

---

[1060] Vgl. Lilla, Popp (2012).
[1061] Vgl. BA, R58/9340: Personalakt Friedrich Sowas. Zur Rolle Sowas in Prag siehe S.N., Spiel (1950). Sowa hatte u. a. 1943 mit Adolf Eichmann den Besuch einer Delegation des Deutschen Roten Kreuzes als Übung zur Visite des Internationalen Roten Kreuzes im Konzentrationslager Theresienstadt, das als vermeintliches „Musterghetto" galt, vorbereitet. Vgl. Weitkamp, Diplomaten (2008), S. 189.
[1062] Vgl. John, Mobilisierung (2013), S. 33.
[1063] Vgl. Brockhaus, Einführung (2014), S. 17.
[1064] Vgl. Herbert, Geschichte (2014), S. 514f.
[1065] Vgl. StAR, ZWA/Pl/2: Bericht von Bronisław Rewucki (2002).
[1066] Vgl. StAR, ZR III/731: Einsatzstab der NSDAP-Kreisleitung [ca. April 1945].
[1067] Vgl. Zeidler, Kriegsende (1996), S. 17; Berüchtigt wurden die Äußerungen des Generals Heinz Guderian: „Was sich in Ostpreußen ereignete, gab dem deutschen Volk einen Vorgeschmack dessen, was ihm im Falle eines russischen Sieges bevorstand", zitiert nach Kershaw, Ende (2013), S. 166.

IV. Regensburg in den letzten Kriegsmonaten, Januar bis April 1945

sowjetischen Offensive nicht von ungefähr aufkamen.[1068] Tatsächlich gab es Pläne der Alliierten, dass sich US-Army und Rote Armee bei ihrer Offensive gegen das „Dritte Reich" auf der Linie Regensburg-Linz begegnen sollten,[1069] und es sah eine Zeitlang so aus, als wären in der Tat die Sowjets schneller im Vormarsch nach Westen als die Amerikaner in Richtung Osten.[1070] Hitler gab Anfang 1945 die Losung aus, dass man „niemals, niemals" kapitulieren dürfe,[1071] was die Propagandamaschinerie mehrfach wiederholte und sich auch in der gleichgeschalteten Regensburger Presse[1072] niederschlug, wie beispielsweise in dem Artikel des „Regensburger Kuriers" vom Oktober 1944: „Kampf um jeden Preis bis zum endgültigen Sieg".[1073] Haltungen, die diesen Parolen widersprachen, sind in den Akten des Militärgerichts im Wehrkreis XIII[1074] und in denen des Volksgerichtshofs[1075] dokumentiert sowie in den Beständen der für die Regensburger Gegend zuständigen Sondergerichte München und Nürnberg.[1076] Vom Beginn des Krieges an bis Mitte 1944 ergingen landesweit mehr als 25.000 Todesurteile gegen Soldaten und Wehrmachtbeamte, vor allem wegen „Fahnenflucht" und „Zersetzung der Wehrkraft".[1077] Im zivilen Bereich urteilte der Volksgerichtshof zwischen 1934 und 1945 mehr als 16.000 Menschen ab. In mehr als 5.200 Fällen verhängte das Gericht die Todesstrafe, ab Ende 1942 war jedes zweite Urteil ein Todesurteil. Vor Gericht standen keineswegs nur Kriminelle oder Schwerverbrecher, sondern meist dem Regime missliebige Personen, die Kritik am „Dritten Reich" und der Kriegsführung geäußert hatten.[1078] Das Sondergericht München eröffnete bis 1945 rund 4.750 Verfahren gegen ca. 6.300 Angeklagte, darunter 1.090 ausländische.[1079] Das Sondergericht Nürnberg fällte von der Entstehung 1933 bis Ende 1942 66 Todesurteile, allein im ersten Halbjahr 1944 verhängte es 17 mal die Kapitalstrafe – es genügte oftmals, „Feindsender" gehört zu haben.[1080]

In den Justizakten finden sich konkrete Zeugnisse resistenten Verhaltens gegenüber dem nationalsozialistischen Regime auch in Regensburg. Im Bereich des Regierungsbezirks wurden so im Januar 1945 21 und im Februar 1945 32 Personen wegen Abhörens ausländischer Sender juristisch belangt. Ferner verhängte man Strafen nach dem Heimtücke-Gesetz sowie, gemäß der Verordnung, zum Verkehr mit ausländischen Arbeitskräften und Kriegsgefangenen.[1081]

---

[1068] Vgl. BA, NS 19/3469: Monatsbericht des Regierungspräsidenten in Regensburg vom 9.9.1945.
[1069] Vgl. Ehrman, Strategy (1956), S. 139 u. 142; Ellis, Victory (1968), S. 300.
[1070] Vgl. Weilner, Gericht (1965), S. 8.
[1071] Zitiert nach: Henke, Besetzung (1996), S. 795.
[1072] Vgl. S.N., Stunde (1945), s.p.; S.N., Führertagung (1945), s.p.
[1073] S.N., Kampf (1944).
[1074] Siehe Vojenský historický archiv Praha, Repertorium (o.J.), S. 1f.
[1075] Vgl. Wagner, Volksgerichtshof (2011).
[1076] Vgl. Peter, Namen (1984). Von Interesse ist ferner die Studie, Paulus, Sondergericht (1997).
[1077] Henke, Besetzung (1996), S. 808.
[1078] Vgl. Steur, Volksgerichtshof (2004).
[1079] Vgl. Heusler, Ausbeutung (1998).
[1080] Vgl. Stegemann, Sondergericht (2014).
[1081] Vgl. BayHStA, StK/6696: Bericht des Regierungspräsidenten in Regensburg vom 9.2.1945.

## 2. Wirtschaftliche Situation und Versorgungslage

### 2.1. Die Wirtschaftslage

Regensburg war 1944 die größte Stadt des NS-Gaus Bayreuth. Mit über 100.000 Einwohnern zählte sie seit 1943 zu den deutschen Großstädten. Sie war eine Verwaltungs- und Garnisonsstadt mit traditionell mittelständischem Gewerbe und Handwerk und seit ungefähr 1934 in einem industriellen Aufschwung begriffen. Zur Großindustrie zählten die Bayerischen Flugzeugwerke Regensburg GmbH, ab Ende 1938 als Messerschmittwerk bezeichnet, und die Süddeutsche Holzverzuckerungswerke AG (Südholag), letztere ein Betrieb des sogenannten Autarkieprogramms[1082]. Beide Großbetriebe galten bei der Bevölkerung als begehrte Arbeitgeber, weil man sie als sicher ansah, die Löhne vergleichsweise hoch waren und im Rahmen und unter den Bedingungen des nationalsozialistischen Staats großzügige betriebliche Sozialleistungen angeboten wurden.[1083]

Die verkehrsgeographische Lage der Stadt begünstigte ihre wirtschaftliche Entwicklung, zumal Handel und Güterverkehr donauabwärts nach und von den Ländern des Ostens. In diesem Zusammenhang ist der Regensburger Hafen mit dem Petroleumhafen, dem Umschlaghafen und den Werften besonders hervorzuheben.[1084]

Nach der Machtübernahme der Nationalsozialisten war Regensburg gleichwohl zu einem Notstandsgebiet erklärt worden, da die wirtschaftliche Situation Anfang der 1930er Jahre infolge der Wirtschaftskrise sehr schlecht war. Die Großbetriebe Messerschmitt und Südholag sowie in Kelheim die Süddeutsche Zellwolle waren daher gezielt durch staatlich gelenkte Hilfsmaßnahmen auf- und ausgebaut worden.[1085]

Nach vier Jahren Krieg, spätestens ab 1942, war die Wirtschaft in Regensburg gänzlich auf die Erfordernisse der Rüstungsproduktion ausgerichtet.[1086]

Die Auflösung der kriegswirtschaftlichen Strukturen im „Dritten Reich" hatte bereits im Herbst 1944 eingesetzt und erreichte einen Höhepunkt im Januar 1945.[1087] Bereits im Mai 1944 wurden die staatlich organisierten Wirtschaftsgruppen auf Initiative der Reichsgruppe Industrie nach dem Entwicklungsstand und den Anlagekapazitäten für die Zeit nach dem Krieg befragt.[1088] Angesichts der Versorgungsengpässe in der Kriegsproduktion und der militärischen Lage des Reiches begriff man auch in Regensburg, dass es nötig war, sich auf die Zeit nach dem Ende des Kriegs einzustellen.

---

[1082] Mehr zu Autarkiebestrebungen im „Dritten Reich" siehe bei Eichholtz, Autarkie (2007), S. 386f.
[1083] Vgl. Kronseder, Leben (2001), S. 17; Smolorz, Seider (2012), S. 294–298.
[1084] Vgl. StAR, ZR III/860: Beschreibung der wirtschaftlichen Lage Regensburgs vom 31.1.1944.
[1085] Vgl. Hermes, Regensburg (1986), S. 13.
[1086] Vgl. Gömmel, Wirtschaftsentwicklung (2000), S. 500–502.
[1087] Vgl. Müller, Zusammenbruch (2008), S. 55 u. 62.
[1088] Vgl. Herbst, Krieg (1982), S. 397f.

IV. Regensburg in den letzten Kriegsmonaten, Januar bis April 1945

Ein gutes Beispiel für die katastrophale Wirtschaftslage war der Regensburger Hafen. Im März 1945 ging der Umschlag (einschließlich der Bahn) auf 3.110 Tonnen zurück; genau ein Jahr zuvor waren 127.997 Tonnen umgeschlagen worden[1089], monatlich also durchschnittlich 10.700 Tonnen. Der Hafen wurde ab Januar 1945 sechsmal bombardiert (am 20.1., 5.2., 13.3., 11.4., 16.4. und 20.4.).[1090] Am stärksten betroffen war der Petroleumhafen. Dennoch überstanden fünf der sechs Großtanks die Luftangriffe. Die Anlagen der Firma Runo, die im Ölgeschäft tätig war, wurden allerdings zu 90 Prozent zerstört, die der ehemaligen „Danubia" dem Erdboden gleich gemacht. Bei der Deutsch-amerikanischen Petroleumgesellschaft erreichte das Schadensausmaß etwa 60 Prozent, die Anlagen der Ölgesellschaft „Olex" existierten nicht mehr. Mehr oder minder zerstört wurden die Werften Hitzler und Ruthof, überdies die Gütermagazine und die Lagerhäuser des Bayerischen Lloyd, die Infrastruktur des Hafens, die Kanalisation, zwei von acht Kränen, die Gleisanlagen im Hafen sowie die Eisenbahnbrücke der Strecke Regensburg-Hof, welche über den Hafen führte, ferner das Zolldienstgebäude. Einige gesunkene Schiffe blockierten die Hafeneinfahrt und -ausfahrt.[1091]

Die Süddeutsche Holzverzuckerungswerke AG in Regensburg litt sehr unter Rohstoffmangel, erhielt dieser Betrieb doch 1945 lediglich 1.000 Tonnen Melasse, welche für Nähr- und Futterhefeproduktion (z. B. auch für Backhefeproduktion) benötigt wurde. Noch 1944 hatte das Werk 5.000 Tonnen, 1942 sogar 12.000 Tonnen Melasse erhalten.[1092] Die Südholag produzierte auch Lignin-Briketts, die anstelle von Braunkohle als Heizmaterial verwendet wurden.[1093] Bezeichnend ist, dass am 11. April 1945 ein Privatinvestor, die Chemische Fabrik von Heyden AG in Radebeul, die Südholag vom Deutschen Reich kaufte, offenkundig um damit nach dem Krieg Gewinne zu erzielen. Aus dem Kaufvertrag geht eindeutig hervor, dass Pläne für die Nachkriegszeit eine maßgebliche Rolle für den Kauf gespielt haben:

> Der „Käufer hat die derzeitige Produktion des Werkes in Regensburg bis zur Beendigung des Krieges und (oder bis zur Bezahlung des Kaufpreises) fortzusetzen und das Werk in seinem technischen Bestand zu erhalten."[1094]

Im Betrieb selbst herrschte gedrückte Stimmung. Die Meister räumten sogar vor Ausländern unverhohlen ein, dass eine Kriegsniederlage unabwendbar sei und äußerten

---

[1089] Vgl. StAR, ZR III/812/2: Monatsbericht für März 1945.
[1090] Vgl. Schmoll, Luftangriffe (2015), S. 239.
[1091] Vgl. BayHStA, MF/71849: Brief des Bayer. Hafenamts Regensburg an das Bayer. Staatsministerium des Innern vom 25.7.1945; StAR, ZR III/725: Schadensmeldung des Werkluftschutzleiters des Bayer. Lloyds an den Oberbürgermeister von Regensburg vom 11.4.1945.
[1092] Vgl. BayHStA, MELF/1092: Schreiben der Südholag an den Getreidewirtschaftsverband München vom 23.10.1945.
[1093] Vgl. BayHStA, MELF/1092: Beschreibung der Fertigung vom 16.6.1945.
[1094] BayHStA, MELF/1092: Kaufvertrag vom 11.4.1945.

## 2. Wirtschaftliche Situation und Versorgungslage

Befürchtungen, gerade die Ausländer würden nach dem verlorenen Krieg Rache üben.[1095] Endgültige Gewissheit brachten den Mitarbeitern der Südholag dann die Luftangriffe vom 13. März und 11. April 1945, insbesondere jedoch das Bombardement der Werksiedlung vom 20. April mit vielen Toten.[1096]

Die Lage bei den Flugzeugwerken Messerschmitt in Regensburg wird gut durch eine Anweisung der Werksleitung vom 12. März 1945 beschrieben. Man habe eine Lautsprecheranlage eingerichtet, mit der bei Bedrohung durch Tiefflieger ein Warnbefehl durchgegeben werde: „Alles in Deckung gehen – Tieffliegergefahr"[1097]. Seit Juni 1943 produzierte das Werk in ausgelagerten Betrieben, die sich nur zum geringen Teil in der Nähe des Stammwerks in Regensburg befanden,[1098] so in Obertraubling, in den Waldwerken „Stauffen"[1099] bei Mooshof und in „Gauting" bei Hagelstadt. Diese aufwendig getarnten und im Wald gelegenen Produktionsstandorte waren den Amerikanern nicht bekannt, weshalb sie auch nicht bombardiert wurden. Die Produktion lief bis zum 23. April 1945.[1100] In den Messerschmittwerken wurde gezielt an die Nachkriegszeit gedacht und dafür vorgesorgt: Spezialwerkzeug, Präzisionsmessgeräte, Ölpapier etc. wurden in Kisten verpackt und in Scheunen der umliegenden Bauernhöfe eingelagert mit dem Ziel, diese bei Verhandlungen mit den Amerikanern als Faustpfand für einen erhofften Folgekrieg gegen die UdSSR in der Hand zu haben.[1101]

Mit der Produktion von Messerschmitt hing das Schicksal zahlreicher Regensburger Zulieferer zusammen. Erwähnt seien, um nur die wichtigsten zu nennen, die Feinblechfertigung Johann L. Brandner A.G. mit 102 Beschäftigten, die Leichtbau Regensburg GmbH mit 732 Beschäftigten, die Optische Fabrik Josef Hussy mit 45 Beschäftigten, die Metallwerkstätten Eugen Widamann o.H.G mit 37 Beschäftigten und die Allgemeine Elektrizitätsgesellschaft A.G. mit 52 Beschäftigten.[1102]

Die Erwartung, dass nach dem verlorenen Zweiten Weltkrieg die deutsche Rüstungsindustrie zerschlagen würde, war sicherlich nicht die einzige Vorstellung für die Zukunft, aber damals eine vorhandene Möglichkeit.

---

[1095] Vgl. StAR, ZWA/Pl/4: Bericht von Stanisław Michniak (2002).
[1096] Vgl. Schmoll, Luftangriffe (2015), S. 194, 204 u. 210.
[1097] BA, NS 5-I/75: Bekanntmachung des Bf. Nr. 305 vom 12.3.1945.
[1098] Vgl. Karte zur dezentralen Fertigung der Me 262 im März 1945 bei Schmoll, Messerschmitt-Werke (2004), S. 204.
[1099] Die Produktion der Me 262 gehörte zum „Notprogramm der Rüstungsendfertigung", das Hitler am 23. Januar 1945 für 13 Erzeugnisgruppen „mit unbedingtem Vorrang gegenüber allen anderen Rüstungsfertigungen" unterzeichnete. Vgl. Eichholtz, Kriegswirtschaft 3 (1999), S. 616.
[1100] Vgl. Schmoll, Messerschmitt-Werke (2004), S. 151.
[1101] Vgl. ebd., S. 81, 130 u. 194f.; Schmoll, Messerschmitt-Giganten (2016), S. 142f.; Pusch, Messerschmitt-Werk (1998), S. 81; BA, R58/194: SD-Bericht vom 8.6.1944 zur Einführung der 72-Stunden-Woche in der Luftfahrtindustrie.
[1102] Vgl. BA, Reichsbetriebskartei: Daten aus der ersten Hälfte 1944.

## IV. Regensburg in den letzten Kriegsmonaten, Januar bis April 1945

Die Bildung des Deutschen Volkssturms gemäß einem „Führererlass" vom 25. September 1944 hatte ebenfalls Einfluss auf die Wirtschaftslage.[1103] Im Messerschmittwerk mussten spätestens seit Februar 1945 alle deutschen Mitarbeiter jeden zweiten Sonntag zum Volkssturmdienst antreten, ohne jede Rücksicht darauf, dass sie auch alle Samstage und Sonntage von sieben bis 19:00 Uhr bzw. von sechs bis 18:00 Uhr arbeiten mussten.[1104] Trotz dieser langen Arbeitszeiten ließ man die Arbeiterschaft antreten, obwohl nach einem Befehl Hitlers vom Januar 1945 Rüstungsmitarbeiter vom Volkssturm zu befreien waren.[1105]

Angesichts der Menschenverluste an den Fronten wurden zum 31. August und zum 30. September 1944 sogenannte Auskämmaktionen des zivilen Sektors (AZS) angeordnet. Deren Ziel war es, reichsweit sofort 250.000 Arbeitskräfte für die Rüstung zu mobilisieren.[1106] Das Beispiel der Maschinenfabrik H. Sinz in Regensburg zeigt die Auswirkungen dieser Politik: Im November 1944 schrieb der Werkführer an die Gauwirtschaftskammer Bayreuth und den Kreisobmann der Deutschen Arbeitsfront (DAF) in Regensburg, dass seine rüstungsrelevante Firma nur noch zwei deutsche Mitarbeiter habe, einer davon sei 64 Jahre alt, ferner gebe es neun Lehrlinge, zwölf Angelernte, neun Frauen, zwei kriegsgefangene Russen und einen italienischen Zivilarbeiter. Es sei nicht mehr möglich, auch noch eine Fachkraft abzugeben.[1107] Solchen Argumenten stand freilich ein neuer Befehl vom 20. Januar 1945 entgegen: „Freimachung weiterer jüngerer Jahrgänge für die kämpfende Truppe". Dieser Befehl bezog sich auf „die Jahrgänge 1901–1905 der Feldwehrmacht und auf die Jahrgänge 1897–1905 der Ersatzwehrmacht".[1108]

Mancher Betriebsleiter versuchte, die eigenen Arbeitskräfte dem letzten Aufgebot der Machthaber zu entziehen, wie beispielsweise bei der Brauerei Bischofshof[1109]. Dabei wird eine Gegnerschaft zum „Dritten Reich" weniger eine ausschlaggebende Rolle gespielt haben, als vielmehr persönliches Verantwortungsbewusstsein gegenüber den Angestellten und Arbeitern sowie sicherlich auch ein wirtschaftliches Eigeninteresse: Man wollte die noch vorhandenen Fachkräfte nicht kurz vor dem Ende des Kriegs verlieren.

Die Brauereien, als Beispiel für die von der Energiezufuhr abhängige Lebensmittelindustrie, litten allgemein unter den Luftangriffen. Obwohl beispielsweise die

---

[1103] Vgl. StAR, ZR II/7028: Einberufung zum Volkssturm vom 25.1.1945; StAR, ZR I/815: Einberufung zum Volkssturm vom 25.1.1945.
[1104] Vgl. BA, NS 5-I/75: Bekanntmachung des Bf. Nr. 290 vom 3.2.1945 und Bf. Nr. 287 vom 2.2.1945.
[1105] Vgl. Seidler, Volkssturm (1989), S. 93.
[1106] Vgl. BA, R 2/12999: Schreiben des Beauftragten für den Vierjahresplan „AZS-Aktion im Sommer 1944", vom 18.7.44.
[1107] Vgl. BA, NS 5-I/76: Schreiben H. Sinz an die Gauwirtschaftskammer Bayreuth vom 16.11.1944.
[1108] Moll, Führer-Erlasse (1997), S. 475f.
[1109] Vgl. StArchAm, Spruchkammer Regensburg II/772: Eidesstaatliche Erklärung Johann Dinzingers und Franz Götzers vom 18.11.1946.

## 2. Wirtschaftliche Situation und Versorgungslage

Brauerei Bischofshof am 22. November 1944 von Bomben getroffen und das Kesselhausgebäude beschädigt worden war, blieben die eingemauerten Kessel jedoch unversehrt. Daher konnte in dieser Brauerei, die auch nach dem Kriegsende für die Amerikaner arbeitete, weiterhin Bier gebraut werden.[1110]

Die Regensburger Zuckerfabrik erlitt in den Monaten Oktober bis Dezember 1944 zahlreiche Bombentreffer, obwohl die Luftschläge eigentlich nicht ihr galten. Allerdings wurden hier die Produktionsanlagen nicht getroffen und die Produktion lief ungestört bis zum Kriegsende.[1111] Auch das Kalkwerk Büechl wurde während des Luftangriffs auf den Ölhafen in Mitleidenschaft gezogen. Am 11. April erlitt es direkte Treffer, so dass die Produktion zum Erliegen kam.[1112] Hingegen wurde das Regensburger Kalkwerk der Reichswerke Hermann Göring, obgleich im November 1944 von Bomben getroffen, nicht zerstört.[1113]

Insgesamt war die Lage des Gewerbes in der Stadt Regensburg im März 1945 besonders wegen fehlender Versorgung mit Treib- und Baustoff, mit Kohle, Gas- und Elektroenergie überaus schlecht. Dies veranschaulicht die Situation im Gaswerk, welches einen Vorrat zu erarbeiten hatte, der die Gaslieferung für maximal 14 Tage garantierte.[1114] Die Belegschaft bestand aus zehn Einheimischen, 16 Italienern sowie 20 Strafgefangenen, die allerdings am 19. April abgezogen wurden.[1115] Es fehlte an Arbeitskraft und Material, eine Besserung der Situation war nicht in Sicht. Überdies stellte auch die Wasserversorgung ein permanentes Problem dar.[1116]

Die Amerikaner beobachteten Regensburg über ihre Nachrichtendienste unter dem Gesichtspunkt der wirtschaftlichen Leistungsfähigkeit und der vorhandenen Infrastruktur. Dabei erachteten sie im Januar 1945 19 Unternehmen als wichtig. Außer den bereits erwähnten Großbetrieben, den Hafenfirmen und Werften waren dies alle Brauereien, die Süddeutsche-Zucker-AG, das Iso-Werk J. Sonntag & Söhne, die Seifenfabrik Miller, die Maschinenfabrik Reinhausen, die Lederfabrik Gebrüder Günther und die Uhrenwerkstatt Strobel. Ferner wurden Einrichtungen der Stadt genannt wie die Gaswerke, die Stromerzeuger und der Schlachthof; überdies fanden alle bekannten Versorgungslager, Krankenhäuser und Kasernen Erwähnung. Gleichfalls listen die Quellen zahlreiche Ämter und Stellen der kommunalen Verwaltung auf, die offensichtlich aus ökonomischer Sicht als strategisch wichtig eingestuft wurden.[1117]

---

[1110] Vgl. Sperl, Hopfen (2014), S. 66.
[1111] Vgl. Dietl, Geschichte (1973), S. 4.
[1112] Vgl. StAR, ZWA/Pl/7: Bericht von Czesław Stępora (2002).
[1113] Vgl. Halter, Stadt (1994), S. 504.
[1114] Vgl. StAR, ZR III/812/2: Monatsbericht für März 1945 (ohne Verfasser).
[1115] Vgl. Schmoll, Luftangriffe (2015), S. 206; StAR, ZR III/725: Bericht der Stadtwerke Regensburg, Abtl. Gaswerk vom 14.4.1945 und 21.4.1945.
[1116] Vgl. StAR, ZR III/731: Schreiben des Dezernats I vom 13.1.1945, Bl. 2.
[1117] Vgl. NARA, 242/304/2: The Town of Regensburg. Inter-service topographical department, Aug. 1944.

IV. Regensburg in den letzten Kriegsmonaten, Januar bis April 1945

## 2.2. Die Versorgungslage von Stadtbevölkerung und Militär

Der kommunalen Verwaltung kam als Schaltstelle für zahlreiche Entscheidungen eine wichtige Funktion zu, ferner als vollziehendes Organ des nationalsozialistischen Staates und der NSDAP. Die Verwaltung arbeitete am Ende des Krieges, wie Halter dies zusammenfassend und rekurrierend auf zeitgenössische Stellungnahmen ausdrückte, unter erschwerten Bedingungen. Besonders der unzureichende Personalstand, angesichts ständig wachsender kommunaler Aufgaben seit Beginn des Kriegs, war eine große Herausforderung. Die Maßnahme von Oberbürgermeister Schottenheim unmittelbar vor dem Zusammenbruch vom 19. April 1945, den städtischen Bediensteten sofort einen Großteil ihrer Bezüge auszuzahlen und ihnen eine Bescheinigung darüber auszustellen, wieviel Gehalt, Lohn oder Ruhestandsgeld ihnen zustehe, ließ keinen Zweifel zu, dass das Ende des politischen Systems und damit auch das Ende seiner Stadtführung kurz bevor standen.[1118]

Da die Stadtverwaltung und die Parteistellen nicht mehr Herr der Lage waren, organisierten sich die Bürger in eigener Regie. Lange vor dem Kriegsende blühte in Regensburg und im weiten Umland bereits der Schwarzmarkt.[1119] Dies war ein offenes Geheimnis, auch Zwangsarbeiter hatten davon Kenntnis: „Meister Fritz ... erzählte, dass man Lebensmittel immer schwarz bei Bauern organisieren müsse"[1120]. Um den Schwarzhandel einzudämmen und die Lebensmittelversorgung zu verbessern, improvisierte die Stadtverwaltung und wandelte im November 1944 vierzehn Geschäfte in Regensburg zu Tauschstellen um. Die Versorgung mit Alltagsgegenständen, zumal mit Kleidung, war inzwischen sogar bei der Wehrmacht zum Problem geworden. Daher wurde im Januar 1945 von Berlin aus angeordnet, die noch vorhandenen Bekleidungs- und Ausrüstungsbestände der Wehrmacht zu erfassen.[1121] Zu diesem Zeitpunkt litten insbesondere die Ausgebombten und Flüchtlinge an Unterversorgung mit Spinnstoffwaren (Garn, Stoffe etc.). So forderte die Regensburger Stadtverwaltung im März 1945 vom Landeswirtschaftsamt in Fürth, ihr zusätzlich zu dem kurz zuvor bewilligten Kontingent an Spinnwaren weitere 5.000 Stück Kleidung und Textilien für den häuslichen Bedarf wie Bettlaken, Handtücher, Matratzen, Schlafdecken etc. zuzuteilen.[1122] Fünf Tage später teilte das Landeswirtschaftsamt in Fürth mit, dass Regensburg 90 zusätzliche Bezugsmarken erhalte für 50 Strohsäcke, 20 Geschirrtücher, 20 Berufsanzüge und 30 Baumwolldecken[1123] – ein Tropfen auf den heißen Stein.

---

[1118] Vgl. Halter, Stadt (1994), S. 536–547.
[1119] Vgl. Wehr, Menschen (2000), S. 51f.
[1120] Es handelte sich hier um einen Meister/Vorarbeiter der Süddeutschen Holzverzuckerungswerke, vgl. StAR, ZWA/Pl/4: Bericht von Stanisław Michniak (2002).
[1121] Vgl. Moll, Führer-Erlasse (1997), S. 477.
[1122] Vgl. StAR, ZR III/2102: Schreiben des Stadtrechtsrats in Regensburg an das Landeswirtschaftsamt in Fürth vom 23.3.1945.
[1123] Vgl. StAR, ZR III/2102: Schreiben des Landeswirtschaftsamts Fürth an den Oberbürgermeister in Regensburg vom 28.3.1945.

## 2. Wirtschaftliche Situation und Versorgungslage

Obwohl der Mangel bei Zivilisten deutlich spürbar war, hatte die deutsche Wehrmacht am Ende des Krieges große Mengen Versorgungsgüter nach Regensburg verlagert. Diese wurden nicht allein durch Zwangsabgaben aus Ostbayern, sondern auch auf Kosten der von den Deutschen besetzten und allmählich geräumten Gebiete aufgefüllt. Zu nennen sind das Stadtlagerhaus und die sog. Bergstelle mit eingelagerten Lebensmitteln und Tabakwaren.[1124] Ferner gab es das Großlager des Heeresverpflegungsamts in der Landshuter Straße mit Getreide, Rauhfutter, Fleisch, Obst- und Gemüsekonserven sowie das Lager Nord, derselben Wehrmachtstelle zugehörig, in Nachbarschaft zum Gelände des vormaligen Kalkwerks Funk in Schwabelweis.[1125]

Die Wehrkreisverwaltung VII hatte, um eventuellen Plünderungen vorzubeugen, Vorsorge getroffen, dass Bestände von Wehrmacht-Verpflegungslagern geordnet an die Zivilbevölkerung ausgegeben wurden.[1126] So auch im Fall Regensburg.[1127]

Aus dem Raum Kelheim ist überliefert, dass man von dort aus mit Lastkraftwagen nach Regensburg fuhr, um aus den Heeresdepots Käse, Zucker und andere Lebensmittel zu holen.[1128] Im Fall des Regensburger Lagers Nord in Schwabelweis kam es letztlich aber doch zu Plünderungen, da der letzte schwere Luftangriff am 20. April auch Teile der Umgrenzung des Lagers zerstört hatte und sich die deshalb angeordnete Bewachung durch Soldaten der Heerespionierschule als zu schwach erwies.[1129] Überdies soll die Kreisleitung der NSDAP über den örtlichen Drahtfunk die Bevölkerung aufgefordert haben, die dortigen Bestände aus den Händen der NS-Volkswohlfahrt in Empfang zu nehmen, der NSV für eine Verteilung jedoch die entsprechenden Kräfte fehlten. Schließlich räumten seit dem 22. April Zivilisten aus Nah und Fern (aber auch durchziehende Soldaten) das Lager Nord weitgehend leer, wobei am 23. April manchem Plünderer durch die Brückensprengungen der Rückweg abgeschnitten war.[1130] Die Bevölkerung von Reinhausen nutzte die Gelegenheit: Die Pfarrchronik berichtet, „wer den größten Wagen bei sich hatte, konnte am meisten davonschleppen! Ganze Laibe Schweizer Käse wurden auf der Straße davongerollt,

---

[1124] Vgl. Müller, Zusammenbruch (2008), S. 55 u. 62; Rieder, Wirtschaftsbeziehungen (2003), S. 265–269; Irmer, Zwangsarbeit (2010), S. 104;

[1125] Vgl. Oberneder, Kreuznach (1954), S. 7.

[1126] Vgl. Brückner, Kriegsende (1987), S. 66, Anm. 1 u. S. 244.

[1127] Vgl. Oberneder, Kreuznach (1954), S. 54; Ders., Sonnenschein (1991), S. 98f.; Zwei Tage vor der Stadtübergabe, am 25. April 1945, übereignete das Heeresverpflegungsamt seine restlichen Bestände (im Teillager an der Landshuter Straße) komplett an die Stadt. Vgl. StAR, ZR III/734: Protokoll der Übergabeverhandlung vom 25.4.1945.

[1128] Vgl. Ettelt, Kelheim (1975), S. 149.

[1129] Vgl. StAR, Gespräch 27. Feb. 1985 mit Herrn O. Matzke, Bl. 12f.

[1130] Vgl. Oberneder, Kreuznach (1954), S. 7f.; ders., Sonnenschein (1982), S. 99. – Hier zeigt sich neuerlich, wie bereits oben in Kap. I.5. angesprochen, die Problematik des Quellenwertes der Darstellung von Oberneder: In seinen Kriegserinnerungen von 1954 wurde das Lager Nord geplündert von „hungernden Zivilisten und geschäftstüchtigen Bauern mit Leiterwagen", in seiner Autobiographie von 1982 war es „von einer unter deutscher Fahne kämpfenden ungarischen Division geplündert worden". Vgl. ebd..

IV. Regensburg in den letzten Kriegsmonaten, Januar bis April 1945

ebenso Fässer mit Wein und Schnaps".[1131] Ähnliche Szenen sind auch aus Tegernheim überliefert.[1132]

Die Schutzpolizei Wien brachte zahlreiche Ausrüstungsgegenstände zum Jagdschloss Aschenbrennermarter (Thiergarten) des Fürsten von Thurn und Taxis. Insbesondere Stoffe und Uniformen waren hier gelagert. Überdies ließen SS-Einheiten auf ihrem Durchzug dort weiteres Versorgungsgut, darunter Lebens- und Genussmittel, zurück.[1133] In Undorf war in einem mehrstöckigen Gebäude der stillgelegten Ziegelei ein großes Warenlager untergebracht, in dem sich Tabak, Speiseöl, Gewürze, Kleidung und Möbel befanden, und das als Reserve zur Versorgung der kämpfenden Truppe diente. Aus Luftschutzgründen hatten auch Regensburger Unternehmen einen Teil ihrer Waren in der Undorfer Fabrikhalle sowie in zahlreichen weiteren Ausweichlagern im Regensburger Umland deponiert.[1134]

Die Versorgungsgüter entgingen, auch wenn sie offiziell geheim zu halten waren, nicht der Aufmerksamkeit der Zivilbevölkerung, umso mehr als diese im Januar 1945 vonseiten der städtischen Verwaltung und der NSDAP mit einem Aufruf zum „Volksopfer" konfrontiert wurde. Die Notlage im zivilen Bereich war so ernst, dass der stellvertretende Regierungspräsident, Dr. Kurt Sierp, aufrief, sämtliche Vorhänge, Stores und Übergardinen als Beitrag zur Linderung der Versorgungslage abzuliefern.[1135] Die so gesammelten Güter wurden ab Ende März 1945 an Bedürftige gegen Bezugscheine des Wirtschaftsamtes über die Regensburger Warenhäuser Hafner und Carlson ausgegeben.[1136]

Die Wohnsituation in der Stadt litt unter den Zerstörungen durch den Luftkrieg und die Einquartierung von Ausgebombten und Flüchtlingen. Im Dezember 1944 erhielt der Regensburger Bürgermeister Herrmann eine Meldung, mutmasslich von der Organisation Todt, dass in der Stadt 32 Behelfsheime stünden und sich weitere 271 Quartiere im Bau befänden.[1137]

Mittlerweile fehlte es auch an Brennstoffen. Gegenüber der Wirtschaft standen die Stadtbewohner bei der Verteilung hinten an.[1138] Bereits im Herbst 1944 war die Versorgungslage bei allen größeren Kohleverbrauchern als ernst zu bezeichnen,[1139] im

---

[1131] Vgl. Kath. Pfarramt Regensburg-Reinhausen, Archiv: Pfarr-Chronik St. Josef-Reinhausen 1898–1976, S. 229.
[1132] Vgl. Appl, Kriegserinnerungen (2001), S. 43.
[1133] Vgl. Weilner, Gericht (1965), S. 13, 15 u. 39–47; FTTZA, Hofmarschallamt/2764: Brief Josef Schneiders an die Militärregierung Regensburg vom 2.5.1945.
[1134] Vgl. Schwaiger, Undorfer Öl (2008), S. 60–71.
[1135] Vgl. StAR, ZR II/7028: Brief Dr. Sierp an die nachstehenden Behörden vom 19.1.1945.
[1136] Vgl. StAR, ZR III/2127: Volksopfer. Verwendung der Altkleidungs- und Wäschestücke vom 26.2.1945.
[1137] Vgl. StAR, ZR III/860: Schreiben des Behelfsheimbaus Regensburg an den Bürgermeister von Regensburg vom 23.12.1944.
[1138] Vgl. StAR, ZR III/812/2: Monatsbericht für Januar 1945 (ohne Verfasser).
[1139] Vgl. BA, RW 21/52/3: Kriegstagebuch des Rüstungskommandos Regensburg für das 3. Vierteljahr 1944.

## 2. Wirtschaftliche Situation und Versorgungslage

Januar wurde sie als gefährdet eingestuft. Dies zog Schwierigkeiten bei der Lebensmittelversorgung, Hausmüllabfuhr und vielem mehr nach sich.[1140]

Die geschilderten Engpässe wirkten sich ferner im Gesundheitsbereich allgemein verhängnisvoll aus: So verbreitete sich schnell Scharlach unter den Kindern, die Kinderklinik in der Hemauer Straße entwickelte sich dabei zu einem Brennpunkt.[1141] Kinder und Erwachsene waren dem Typhus ausgesetzt, der in Kumpfmühl besonders verbreitet war, aber auch von den Lazaretten aus die Stadtbevölkerung bedrohte.[1142]

Dazu trug sicher der herrschende Wassermangel bei. Der Oberbürgermeister und der Luftschutzleiter riefen die Bevölkerung bereits seit Januar 1945 zu grundsätzlicher Sparsamkeit auf, insbesondere beim Wasserverbrauch, und gaben offen zu, dass die Versorgung mit Wasser zu kollabieren drohte.[1143] Eine Gefährdung des Gesundheitszustands der Regensburger Bevölkerung stellten ferner die nicht beerdigten Leichen von Opfern der Luftangriffe dar. Zwar war angeordnet, die Toten binnen 72 Stunden zu bestatten,[1144] tatsächlich war man jedoch erst nach der Kapitulation unter der Obhut der Amerikaner in der Lage, allgemein dem Gebot schneller Beisetzung von Toten gerecht zu werden.

---

[1140] Vgl. StAR, ZR III/1970: Schreiben Hans Herrmanns an den Oberbürgermeister vom 13.1.1945.
[1141] „Jetzt kommt schon wieder so ein Scharlachkind, die sterben uns ja weg wie die Fliegen", Wehr, Menschen (2000), S. 52; Vgl. Sammlung Ehm: Gespräch mit Frau Annemarie Filzmann-Kerschensteiner vom 27.12.2017.
[1142] Vgl. StAR, ZR I: Typhusmeldungen I. Vierteljahr 1945: Mehrere personenbezogene Akten.
[1143] Vgl. StAR, ZR III/731: Schreiben des Dezernats I vom 13.1.1945, Bl. 2.
[1144] Vgl. StAR, ZR III/734: Mitteilung des Staatlichen Gesundheitsamts Regensburg an den Oberbürgermeister von Regensburg vom 27.4.1945.

### 3. Evakuierte und Flüchtlinge

Fremde, die infolge des Kriegsgeschehens in Regensburg angekommen waren, wurden ab 1944 zur alltäglichen Erscheinung und reihten sich in die Gruppe der bereits seit langem in der Stadt arbeitenden Kriegsgefangenen und ausländischen Arbeiter ein. Eine völlig neue Erfahrung stellten die deutschen Ankömmlinge für die Einheimischen nicht dar. Denn es waren bereits im Oktober 1939 ungefähr 900 sogenannte Rückgeführte aus Polen in der Stadt untergebracht worden.[1145] Ferner befanden sich hier seit August 1943 zahlreiche wegen des Luftkriegs evakuierte Deutsche. Sie kamen mehrheitlich aus Hamburg und Westfalen. Diese ersten Evakuierten verließen zwar die Stadt schnell wieder, das Kommen und Gehen von Ausgebombten aus anderen Teilen des Reiches blieb allerdings die gesamte Kriegszeit bestehen.

Eine regelrechte Zuwanderungswelle Reichsdeutscher aus dem Ausland in das sogenannte Großdeutsche Reich setzte ab Februar 1944 ein und wurde vom Rückwandereramt der Auslandsorganisation der NSDAP koordiniert.[1146] Im Zug dieser kriegsbedingten Migration fanden sich in Regensburg im Februar 1944 800 Russlanddeutsche und 300 Deutsche aus Bulgarien ein.[1147] Seit Anfang 1944 war das städtische Quartieramt für die Evakuierten zuständig.[1148] Im September desselben Jahres entschied man, dass reichsdeutsche Flüchtlinge aus West und Ost, die sich vor den heranrückenden Fronten ins Landesinnere zurückzogen, im Hinblick auf ihre Versorgung wie Fliegergeschädigte zu behandeln seien.[1149] Bereits im August 1944 wurde für sie das Säuglingsheim (heutige Dr.-Johann-Maier Straße 2) in eine Unterkunft umgewandelt.[1150] Außer den Evakuierten und den deutschen Flüchtlingen kamen dort auch deutsche Rückwanderer und ausländische politische Flüchtlinge aus dem Osten unter.[1151] Die Lage der Evakuierten spitzte sich gegen Ende des Krieges stetig zu, da Wohnraum aufgrund militärischer Ansprüche[1152] und infolge der Luftangriffe[1153] immer knapper wurde. So beklagte der Bahnhofsdienst der NSV fehlende

---

[1145] Vgl. Halter, Stadt (1994), S. 27.
[1146] Vgl. StAR, ZR III/2108: Rundschreiben des Regierungspräsidenten in Fürth vom 19.2.1944.
[1147] Vgl. Halter, Stadt (1994), S. 374.
[1148] Dieses Amt entstand in Regensburg 1939 als Flüchtlings-Quartieramt. Vgl. Halter, Stadt (1994), S. 81; StAR, ZR III/860: Beschreibung der wirtschaftlichen Lage Regensburgs vom 31.1.1944.
[1149] Vgl. StAR, ZR III/2095: Schreiben d. Landwirtschaftsamts an den Regierungspräsidenten vom 8.9.1944.
[1150] Vgl. Halter, Stadt (1994), S. 31 u. 456.
[1151] Vgl. Kennkartenformulare Katharina von Dostojewskis und Anna von Falz-Feins mit ihren Adressenangaben in Regensburg, StAR, DKK: Dostojewski, Falz-Fein.
[1152] Vgl. StAR, ZR III/719: Gewinnung von Wohnraum 1943–1945.
[1153] Zwischen 17. August 1943 und 20. April 1945 wurden 300 Wohnhäuser leicht, 150 gänzlich zerstört. Von insgesamt 26.670 Wohneinheiten wurden 1.900, also 7,2 Prozent, mehr oder minder zerstört. Vgl. Rzehak, Studien (1980), S. 126.

## 3. Evakuierte und Flüchtlinge

Übernachtungsgelegenheiten für durchreisende bombengeschädigte Mütter mit Kindern und beschlagnahmte schließlich privates Wohneigentum gemäß dem Reichsleistungsgesetz,[1154] um der Lage am Bahnhof Herr zu werden. Der Vorgang belegt nicht zuletzt, dass Regensburg über die Aufnahme der Evakuierten hinaus 1944 eine Transitfunktion zukam. Die Zahlen der Durchreisenden – ohne auf die Zusammensetzung dieser Gruppen zunächst näher einzugehen – beliefen sich im Februar 1944 auf 302, im Juni 1944 auf 363, im Dezember 1944 auf 1.293 und im Februar 1945 auf 1.985 Personen. Die meisten kamen aus Hamburg, Düsseldorf, Köln, Hannover, Nürnberg und Wien. Die Anzahl der vor den heranrückenden Fronten Geflohenen betrug im November 1944 371 Personen. Im Dezember waren es 811 Flüchtlinge, im Januar 1945 912, im Februar 1.887 und im März 2.675.[1155] In Regensburg gab es für sie neben dem erwähnten Säuglingsheim drei weitere Unterkunftslager, eines im Kloster St. Klara (Ostengasse) für 80 Personen, eines in der Hans-Schemm-Schule (Schottenheim-Siedlung) für 600 Personen und ein drittes in der Camp des Romains-Kaserne[1156] (Kavallerie-Kaserne, Landshuter Straße) für 160 Personen.[1157] Bei Kriegsende umfassten die Kapazitäten für Evakuierte und Flüchtlinge etwa 5.000 Plätze. Die Donaustadt war damit keine Ausnahme: In den ca. 1.200 von der Volksdeutschen Mittelstelle in Berlin koordinierten Lagern im gesamten Reich waren im November 1944 allein 175.000 Volksdeutsche aus Russland untergebracht.[1158]

Am 4. Februar 1945 erteilte Hitler angesichts der prekären Lage in den deutschen Ostgebieten persönlich eine Weisung an alle Parteimitglieder, die rückgeführten Volksgenossen aus dem Osten außer im Reich auch in Dänemark unterzubringen. Ferner erging am 19. März 1945 folgender Befehl:

> „Der Führer verpflichtet die Gauleiter der Frontgaue, das Menschenmögliche zu tun, um die totale Räumung, d. h. die restlose Zurückführung aller Volksgenossen zu sichern […] Der Führer erwartet, daß die innerdeutschen Gaue für die unabweisbaren Forderungen der Stunde das erforderliche Verständnis zeigen".[1159]

Bemerkenswert erscheint, dass man nicht mehr an die Solidarität der deutschen Volksgemeinschaft appellierte, sondern sie schlicht zur Hilfsbereitschaft verpflichtete.

---

[1154] Vgl. StAR, ZR III/692: Schreiben an die Universum-Film AG in Berlin vom 4.1.1944. Zum Gesetz über Sachleistungen für Reichsaufgaben vom 1. September 1939, dem sogenannte Reichsleistungsgesetz, siehe Gesetz (1939), S. 1645–1654.
[1155] Vgl. StAR, ZR III/2095: vorliegende Statistiken.
[1156] Zum Namen vgl. oben Kap. II.6.1.1.1.
[1157] Vgl. StAR, ZR III/2108: Anlage 1 zum Schreiben des Regierungspräsidenten in Fürth vom 1.11.1944.
[1158] Vgl. StAR, ZR III/2108: Rundschreiben Nr. 399/44 des Regierungspräsidenten in Fürth vom 1.11.1944.
[1159] BA, NS 354: Rundschreiben 166/45 der NSDAP, Parteikanzlei, vom 23.3.1945.

IV. Regensburg in den letzten Kriegsmonaten, Januar bis April 1945

Dies war unumgänglich, da sich am 24. März 1945 die Gesamtzahl der Flüchtlinge und Evakuierten aus gefährdeten Gebieten auf 19 Millionen belief.[1160]

Außer in den organisierten Massenunterkünften waren auch in Regensburg auswärtige Personen, Evakuierte und Flüchtlinge in großer Zahl in Privathaushalten untergebracht: Anfang März waren es ungefähr 1.985 Personen in 611 Haushalten. Alle bekannten Zahlen stellen gleichwohl nur eine Orientierungsgröße dar, da eine zuverlässige zeitgenössische Statistik kaum möglich war, obschon offiziell sämtlicher verfügbarer Raum zur Unterbringung von zahlreichen Gruppen – neben Flüchtlingen und Evakuierten auch von Umquartierten, Bombengeschädigten, Verwundeten, Ostlegionären, Angehörigen der verschiedenen Wehrmachtsorganisationen, Kriegsgefangenen und ausländischen Zivilarbeitern – strenger Bewirtschaftung und scharfer Kontrolle unterlag.[1161]

Für den 1. April 1945 ist eine Aufschlüsselung der Herkunftsorte der 3.058 Evakuierten und Flüchtlinge in Regensburg überliefert. Die meisten, 937 Flüchtlinge, kamen aus Schlesien, ihnen folgten 156 Evakuierte aus München und 152 aus dem Raum Köln-Aachen. Weitere 111 Personen kamen aus Berlin, 109 aus Hamburg, 91 unter anderem aus Ostpreußen. Überdies hielten sich zugleich 223 Auslandsdeutsche und 712 Ausländer in der Stadt auf, die keine Kriegsgefangenen oder Zwangsarbeiter waren. Die meisten hiervon stammten aus den baltischen Staaten Litauen, Lettland und Estland sowie aus Ungarn[1162]. Über die Herkunft weiterer Ortsfremder geben die Quellen keine Auskunft.

Die Berichte der Ostflüchtlinge mussten auf die Regensburger Bevölkerung beunruhigend wirken. Angekommene deutsche Flüchtlinge kritisierten die Machthaber öffentlich wegen der fehlenden Hilfe zuständiger Stellen bei ihrer Evakuierung.[1163] Die erteilten Befehle zum Schutz der Zivilbevölkerung wurden nicht in die Praxis umgesetzt, da der staatlichen Verwaltung offenkundig die Ressourcen fehlten, um eine Evakuierung der Zivilbevölkerung erfolgreich zu organisieren und abzuwickeln. Als Mitte April 1945 Brünn an die Rote Armee fiel, löste dies in der Gegend der mährischen Stadt eine verstärkte Fluchtwelle nach Westen aus, die zum Teil auch Regensburg erreichte.[1164] Zu diesem Zeitpunkt hatte Regensburg bereits weitere 6.296 Obdachlose unterzubringen, zu denen sich neben den Flüchtlingen und Evakuierten auch ausgebombte Einheimische gesellten.[1165] Obwohl die deutsche Bevölkerung in Anbetracht ihrer Lage allen Grund zur Klage hatte, machten sich die nationalsozialistischen Entscheidungsträger mehr Gedanken und Sorgen über einen potentiellen Widerstand der Ausländer in Stadt und Umland.

---

[1160] Vgl. Eichholtz, Kriegswirtschaft 2 (1999), S. 633.
[1161] Vgl. Halter, Stadt (1994), S. 457.
[1162] Vgl. Hilmer, Verwaltung (1995), S. 228f.
[1163] Vgl. BayHStA, StK/6696: Bericht des Regierungspräsidenten in Regensburg vom 10.2.1945.
[1164] Vgl. Pešek, Kriegsende (2004), S. 175.
[1165] Vgl. StAR, ZR III/725: Schreiben des Dezernats I zu Unterbringung der Obdachlosen vom 17.4.1945.

## 4. Potenzieller Unruheherd: Kriegsgefangene und zivile ausländische Arbeiter

Der Mangel an Arbeitskräften war im „Dritten Reich" bereits 1939 ein Problem. So war es nicht erstaunlich, dass die Zahl der ausländischen Arbeiter seit Kriegsbeginn stark zunahm. Meist handelte es sich entweder um Kriegsgefangene, die vom Allgemeinen Wehrmachtsamt im Oberkommando der Wehrmacht (OKW) geführt wurden, oder um zivile ausländische Arbeiter im Zuständigkeitsbereich des Generalbevollmächtigten für den Arbeitseinsatz (seit 1942), Fritz Sauckel. Überdies gebot der Reichsführer SS und Chef der Deutschen Polizei, Heinrich Himmler, über das Wirtschaftsverwaltungshauptamt und damit über die unausgesetzt wachsende Gruppe der KZ-Häftlinge als Arbeitskräfte.[1166]

Diese Arbeitskräfte reichten aber immer noch nicht. So befahl Hitler am 12. Oktober 1944, eine neue Front der Organisation Todt (OT),[1167] die „Front-OT", zu bilden.[1168] Ziel und Aufgabe der neuen (Arbeits- /Einsatz-)Front war, die Versorgung der kämpfenden Truppen und die der Heimatfront zu straffen und sie zu gewährleisten. Denn es gab in der deutschen Kriegswirtschaft, die unter den massiven Luftangriffen der Alliierten litt, Auflösungserscheinungen, verstärkt durch eine offensichtliche Kriegsmüdigkeit, die sich durch die Niederlagen an allen Fronten ausweitete.[1169] In den Einheiten der Front-OT wurden vor allem ausländische Arbeitskräfte eingesetzt:

> „Ein Viertel der Kopfstärke [einer OT-Fronteinheit] muß aus deutschem Personal bestehen, damit bei besonderen Einsätzen die Zuführung von ausländischen Arbeitskräften im großen Umfange bzw. deren wirtschaftlicher Einsatz gewährleistet ist"[1170].

Die Sorge um eine deutsche Führung und Kontrolle bei den ausländerdominierten OT-Einheiten geht aus diesen Zeilen hervor. Bis zu Dreiviertel ihrer anstehenden Aufgaben bestanden darin, die durch alliierte Luftangriffe zerstörten Verkehrsanlagen wiederherzustellen.[1171] In den zahlreichen, in der deutschen Wirtschaft eingesetzten Ausländern, seien es Kriegsgefangene oder Zivilarbeiter, sahen die Behörden

---

[1166] Vgl. Schulte, Zwangsarbeit (2001), S. 406–426 u. 479–482; Spoerer, Zwangsarbeit (2001), S. 90–107 u. 225f.
[1167] Zur Organisation Todt siehe Bergmann, Organisation (2007).
[1168] Vgl. Singer, Entwicklung (1998), S. 332. Der Befehl wird bei Singer auf den 13.10.1944 datiert, Sandner nennt allerdings den 12.10.1944 als Datum, an dem dieser Befehl erging. Vgl. Sandner, Hitler (2016), S. 2256.
[1169] Vgl. Müller, Zusammenbruch (2008), S. 55 u. 62; Dittrich, Werden (1998), S. 399f.
[1170] Singer, Entwicklung (1998), S. 334f.
[1171] Vgl. ebd., S. 335.

## IV. Regensburg in den letzten Kriegsmonaten, Januar bis April 1945

eine ernsthafte Gefahr für die innere Sicherheit des Reichs.[1172] Bereits im Dezember 1944 erging ein entsprechendes geheimes Schreiben des Befehlshabers des Ersatzheeres und Chef des Kriegsgefangenenwesens, Heinrich Himmler, dass man besonders aktive Führerpersönlichkeiten der Kriegsgefangenen in Lagern und Arbeitskommandos festnehmen solle.[1173] Das Amt Bau der OT Berlin informierte am 17. März 1945 die „Führer an der Arbeitsfront" in einem Sonderblatt, dass die allgemeine Stimmungslage der „fremdvölkischen Arbeiter" kein erfreuliches Bild zeige; eine Gefahr für die Sicherheit des Reichs seien sie gleichwohl nicht. Man erklärte dies damit, dass „besonders auffallend ist, dass die Arbeiter aus dem Westen das Vordringen der Sowjets sehr viel mehr begrüßen, als etwa die Ostarbeiter"[1174]. Auf ihre Befreiung warteten alle, viele Ostarbeiter kannten jedoch vielfach die Auswirkungen sowjetischer Herrschaft und ahnten Schlimmes.

Die deutsche Bevölkerung fürchtete sich indessen immer mehr vor der Zukunft, besonders auf dem Land, wo deutsche Männer kaum vorhanden waren und an ihrer Stelle zwangsweise zahlreiche polnische Zivilarbeiter, Ostarbeiter und französische Kriegsgefangene arbeiteten. Diese Angst führte, wie es ein SD-Beamter formulierte, bei der Bevölkerung dazu,

> „dass man in der bisher schon sehr entgegenkommenden Haltung gegenüber den Ausländern noch großzügiger wurde, 'weil man ja nicht wisse, was noch alles kommt, und was einem diese Menschen schließlich noch antun können"[1175].

Trotz der Sorge vor künftigen Übergriffen beschloss die Regierung weiterhin konträre Maßnahmen. Ein Beispiel dafür ist eine Entscheidung Anfang des Jahres 1945, die Polen und Sowjetbürger, die in der rassischen Hierarchie des NS-Staats ganz am Ende standen, betraf. Sie sollten zur Bergung von jeglichem Gut – vor allem Kartoffeln und Kohle – aus ausgebombten und einsturzgefährdeten Gebäuden eingesetzt werden.[1176] Dies war ein lebensbedrohlicher Auftrag, mit welchem die Versorgung der Deutschen gewährleistet werden sollte. Solche Bestimmungen waren Grund genug, Widerstand zu leisten; sie mochten auch nach der Niederlage der Deutschen motivieren, Rache und Vergeltung zu üben, besonders an den unmittelbaren Vorgesetzten und Bewachern.

---

[1172] Bereits im November 1943 wurde die Ordnungspolizei des HSSPF Main auf den Einsatz bei eventuellen Unruhen der ausländischen Zivilarbeiter vorbereitet. Vgl. StArchAm, Landpolizeidirektion Regensburg/2060: Schreiben des HSSPF an die Kommandeure der Ordnungspolizei vom 3.11.1943. Siehe ferner: BA, NS 6/354: Schreiben „Aktivisten unter den Kriegsgefangenen" des Befehlshabers des Ersatzheeres, Chefs des Kriegsgefangenenwesens vom 20.12.1944.
[1173] Vgl. BA, NS 6/354: Anlage zur Anordnung 6/45 vom 14.1.1945.
[1174] VUA, OT/6–4: Sonderblatt zum politischen Informationsdienst der OT vom 17.3.1945.
[1175] BA, R58/194: SD-Bericht vom 25.5.1944 zur Entwicklung der öffentlichen Meinung.
[1176] Vgl. StAR, ZR III/725: Schreiben des Reichsinnenministeriums an die Reichsverteidigungskommissare vom 17.2.1945.

## 4. Potenzieller Unruheherd: Kriegsgefangene und zivile ausländische Arbeiter

Unter den in Regensburg arbeitenden französischen, italienischen, polnischen und sowjetischen Zivilarbeitern befanden sich zahlreiche ehemalige Kriegsgefangene, die oft gegen ihren Willen in den zivilen Status überführt worden[1177], aber tatsächlich Zwangsarbeiter waren. Sie waren allesamt junge Männer mit einer längeren oder kürzeren Fronterfahrung und im Umgang mit Waffen vertraut.

Bereits 1942 zählte man allein in Regensburg-Obertraubling 4.000 sowjetische Kriegsgefangene sowie 1.350 in Regensburg, die in der gewerblichen Wirtschaft, zum Beispiel bei der Südholag, und vor allem in der Landwirtschaft eingesetzt waren.[1178] Als sich Ende 1944 der Arbeitskräftemangel auch an ausländischen Zivilarbeitern und Kriegsgefangenen zuspitzte, forderte beispielsweise die Reichsbahndirektion (RBD) Regensburg Ersatzarbeitskräfte an, erhielt jedoch zunächst nur 38 zusätzliche Arbeiter.[1179] Insgesamt beschäftigte die RBD Regensburg 1944 ungefähr 250 Personen ausländischer Herkunft.[1180] Im März 1945 wurde ihr jedoch ein riesiges Kontingent von 7.789 Kriegsgefangenen als Arbeitskräfte zur Verfügung gestellt, von denen für den Standort Regensburg 2.692 britische und 35 belgische Kriegsgefangene vorgesehen waren, die von 38 Unteroffizieren und 281 Mannschaften als Wachpersonal begleitet wurden.[1181] Dass diese Arbeitskräfte den OT-Kontingenten zuzurechnen sind, deren Aufstellung im Oktober 1944 beschlossen war, ist anzunehmen. Regensburg lag in der Zuständigkeit der Einsatzgruppe VI München der OT, der Generalbaurat Prof. Hermann Giesler als Leiter vorstand. Im OT-Einsatzbereich der Rüstungsinspektion im Wehrkreis XIII leitete die „OT-Sonderbauleitung ‚R' Regensburg" Bauleiter Kraus.[1182] Zu den Aufgaben der Gruppe gehörte noch im März 1945 der Bau von bombensicheren Stollen am Schelmengraben. Überdies legte man einen Luftschutzdeckungsgraben am Männerkrankenhaus der Barmherzigen Brüder in der Prüfeninger Straße an und errichtete eine Bunkeranlage im fürstlichen Schlossgarten. Wer konkret diese Arbeiten vornahm, ist bisher ungeklärt. In Dechbetten arbeitete man an einem 28 Meter langen bombensicheren Stollen für die Bevölkerung. Erweiterungsmaßnahmen an Bunkeranlagen wurden in Stadtamhof, in Steinweg, Im Reichen Winkel, Am Flachlberg, in Keilberg und am Brandlberg vorgenommen.[1183]

Um die Zahl der Arbeitskräfte in Regensburg aufzustocken, wurde am 19. März 1945 ein Außenlager des Konzentrationslagers Flossenbürg in der Stadt errichtet, das

---

[1177] Mehr dazu siehe bei Smolorz, Zwangsarbeit (2003), S. 28–30, 43f., 53, Anm. 442.
[1178] Vgl. BA, NS 5-I/66/77949: Schreiben der Kreisleitung der NSDAP Regensburg an den Kreisobmann der DAF in Regensburg, Pg. Schneid, vom 16.7.1942.
[1179] Vgl. StAAm, BAR/12279: undatierte Liste des Betriebswerks der DR in Regensburg, zweite Hälfte 1944.
[1180] Vgl. Smolorz, Zwangsarbeit (2003), S. 78.
[1181] Vgl. BA, NS 5-I/76: Schreiben der Kreiswaltung der DAF Regensburg an die Gauwaltung der DAF Bayreuth vom 21.3.1945.
[1182] Vgl. VUA, OT/6–4: Organisationsplan der Organisation Todt, Einsatzgruppe VI München vom 12.01.1945.
[1183] Vgl. StAR, ZR III/732: Wochenbericht über Luftschutzmaßnahmen vom 17.3.1945 u. 23.3.1945.

IV. Regensburg in den letzten Kriegsmonaten, Januar bis April 1945

*Meldung über die Flucht von vier sowjetischen Kriegsgefangenen aus der Flak-Stellung Kneiting vom 21. Juli 1944; aus: StAAm, LPD Regensburg/2064: Bl. 25.*

Außenlager Colosseum.[1184] Das Häftlingskommando wurde für Arbeiten am Bahnhof verwendet und musste, ähnlich wie die britischen Kriegsgefangenen, die von den alliierten Luftangriffen immer wieder zerstörten Gleise instand setzen.[1185]

Bereits 1943, beim ersten Luftangriff auf Regensburg, war die Furcht, bei einem Luftangriff sein Leben zu verlieren, auch unter den Kriegsgefangenen und ausländischen Zivilarbeitern allgegenwärtig. Bei Luftangriffen liefen sie aus dem Betriebsgelände. Sie wollten nicht fliehen, sondern suchten Schutz vor den Bomben. Dann wiederum fürchteten sie sich vor Sanktionen, wenn sie zurückkamen.[1186] Die Kommandantur der Gendarmerie beim Regierungspräsidenten in Regensburg fahndete seit 1943 energisch nach flüchtigen sowjetischen Kriegsgefangenen, aber auch nach „Ostarbeitern", also Zivilarbeitern und -arbeiterinnen aus dem besetzten Gebiet der

---

[1184] Vgl. Fritz, Regensburg (2007), S. 238; Fritz, Außenlager (2013).
[1185] Die Bahnanlagen wurden in Regensburg allein 1945 fünfmal bombardiert. Vgl. Schmoll, Luftangriffe (2015), S. 241.
[1186] Rational gedacht war eine Flucht kaum möglich. In der Tat gelang es jedoch Einigen in den letzten Kriegsmonaten, eine bessere Unterkunfts- und Arbeitsmöglichkeit zu finden, wenn sie sich nach der Flucht bei einem anderen Arbeitgeber meldeten, dem auch Arbeitskräfte fehlten. Vgl. StAR, ZWA/Ukr/9: Bericht von Sinajda Tschapran (2002); ferner StAR, ZWA/Ukr/8: Bericht von Darija Danilewskaja (2002).

## 4. Potenzieller Unruheherd: Kriegsgefangene und zivile ausländische Arbeiter

Sowjetunion.[1187] Solche Fahndungsmaßnahmen[1188] sowie die erwähnten Bombenopfer[1189] unter den Zwangsarbeitern sind zahlreich nachgewiesen.

Bei alldem ist wenig verwunderlich, dass die Regensburger Gestapo im Januar 1945 eine Widerstandsorganisation der Ostarbeiter mit dem Namen „Stalnoi" (russ. Stahlhart) enttarnte.[1190] Nicht nur die sowjetischen Zwangsarbeiter organisierten sich gegen ihre Bewacher, auch die belgischen und französischen versuchten sich zu organisieren. Einige der in Regensburg für Messerschmitt arbeitenden belgischen Fremdarbeiter waren vom Widerstand in ihrer Heimat als vertrauenswürdige Personen nach London gemeldet worden. Wohl ohne dass sie davon wussten, wurden sie mögliche Kontaktpersonen alliierter Agenten.[1191] Als 1945 im Raum Regensburg Emissäre der Alliierten mit Ausrüstung aus einem Flugzeug absprangen, erregten sie nicht nur bei den KriPo-Beamten Aufsehen, sondern vor allem bei der Zivilbevölkerung. Diese fand als erste die abgeworfene Ausrüstung der Späher – ein Umstand, den die Gestapo nicht geheimhalten konnte.[1192]

Zusammenfassend lässt sich festhalten, dass sich die nationalsozialistischen Behörden mit einer äußerst labilen inneren Sicherheitslage konfrontiert sahen, was man offiziell jedoch nicht zu erkennen gab.

---

[1187] Vgl. StAAm, LPD Regensburg/2064: Brief des Kommandeurs der Gendarmerie Regensburg an die Gendarmeriekreise im Lks. Regensburg vom 19.08.1943.
[1188] Vgl. RGVA, 500/5/33: Sonderausgabe des Deutschen Kriminalpolizeiblatts vom 28.7.1944, vom 2.9.1944, 2.10.1944.
[1189] Vgl. StAR, Standesamt/30–3 bis 30–16: gestorbene Kriegsgefangene, gestorbene Ausländer 1944–1945.
[1190] Vgl. BayHStA, StK/6696: Bericht des Regierungspräsidenten in Regensburg vom 10.1.1945.
[1191] S. hierzu im Detail Kap. III.5.4.3. u. III.5.4.5.
[1192] Ausführlicher zu diesem Fall siehe in Kapitel III. .

# 5. Kriegsmüdigkeit und resistentes Verhalten in der „Volksgemeinschaft"

## 5.1. Das offizielle Bild des Kriegs in Regensburg 1945

Den meisten Menschen war seit dem Spätsommer 1944 bewusst, dass der Krieg verloren war, und sie hatten gute Gründe sich vor dem nahenden Kriegsende zu fürchten. Lokale Machthaber propagierten jedoch einen Kampf bis zum Schluss, nützten die Angst der Regensburger offensichtlich noch aus, um Kampfwillen zu erzeugen und zu stützen, da die Menschen nicht nur den Feind, die anrückenden Amerikaner, sondern auch die nach innen wirkenden Repressionen des Reichssicherheitshauptamtes, der Gestapo und des SD fürchteten.

Die Berichte des Regierungspräsidenten spiegeln die Kriegsmüdigkeit und zugleich seine Vorsicht, wahrhaftig über die Lage zu berichten. Nur so erklärt sich die Hervorhebung des Einsatzwillens – aber keines Kampfwillens – der Bevölkerung:

> „Trotz weitgehender Kriegsmüdigkeit ist jedoch nach wie vor der Wille zum äußersten Einsatz aller Kräfte und zum Durchhalten um jeden Preis vorhanden. Die Volksgenossen sind davon durchdrungen, daß wir den Krieg gewinnen müssen, da ein ungünstiger Ausgang unsern Untergang bedeuten würde"[1193].

Im Februar 1945 hielt er dann in deutlichen Worten fest:

> „Viele halten den Krieg bereits für verloren und machen sich Sorgen um den Ausgang und die dann eintretenden Folgen"[1194].

Bereits ab Mitte Oktober 1944 arbeitete insbesondere die Parteiführung vor Ort dem Defätismus entgegen, indem sie im Kreisgebiet Regensburg regelmäßig Veranstaltungen für das Landvolk organisierte, bei denen sich der Kreisleiter der NSDAP Weigert und zahlreiche weitere Redner der Bevölkerung und ihren Fragen stellten.[1195] Der Kreisleiter zelebrierte noch im November 1944 in einer Feierstunde den Abzug der in Regensburg ausgebildeten Rekruten an die Front, um so der Kriegsmüdigkeit mit einem Zeichen von Siegeszuversicht zu begegnen.[1196]

Um der gedrückten Stimmung in der Stadt propagandistisch entgegenzuwirken, wurde für die Regensburger Bevölkerung und die Patienten der Kriegslazarette der

---

[1193] BA, NS 19/3469: Berichte des Regierungspräsidenten in Regensburg vom 9.9.1944, vom 11.12.1944.
[1194] BayHStA, Stk/6696: Monatsbericht des Regierungspräsidenten in Regensburg vom 9.2.1945.
[1195] Vgl. S.N., Aufklärungsversammlungen (12.10.1944), s.p.; S.N., Aufklärungsversammlungen (31.10.1944), s.p.; S.N., Aufklärungsversammlungen (3.11.1944), s.p.
[1196] Vgl. S.N., Heimat (1944), s.p.

## 5. Kriegsmüdigkeit und resistentes Verhalten in der „Volksgemeinschaft"

Dörnbergpark geöffnet. Das geschah nicht ohne Protest der Verwaltung der Dörnberg'schen Waisenfondsstiftung.[1197] Die Regensburger Domspatzen konzertierten in Lazaretten in der Stadt und Umgebung;[1198] mehr als solche Gesten hatte die Partei indes nicht mehr zu bieten.

Die Regensburger Presse begann das Jahr 1945 mit einer, rückblickend jedenfalls, wenig aufmunternden Schlagzeile: „Was uns nicht umbringt, macht uns noch stärker!"[1199]; es war ein Aufruf des Gauleiters Wächtler zur Kampfbereitschaft an „Männer und Frauen, die Schaffenden aus allen Berufen und Ständen sowie an die Jugend im Namen des Führers". Bereits 18 Tage später erlitt Regensburg einen weiteren schweren Luftangriff mit Bomben, deren Langzeitzünder die Feuerlöscharbeiten behinderten.[1200] Es kam nun für die Machthaber darauf an, bei den Regensburgern den totalen Krieg zu rechtfertigen und ihn als alternativlos darzustellen. Der Regensburger Kurier druckte daher Nachrichten über vermeintliche oder tatsächliche nordamerikanische und sowjetische Gräueltaten an und hinter den Fronten. Mit Schlagworten wie „Hunnensturm"[1201], „Schandtaten"[1202], „amerikanische Soldateska"[1203] oder „amerikanische Kirchenschänder"[1204] zielte diese Propaganda nicht zuletzt auf die Amerikaner und versuchte, sie mit den „Bolschewisten" – deren negatives Bild kaum jemand in Frage stellte – gleichzusetzen. Man kann bezweifeln, ob diese Agitation den Kampfgeist in der Bevölkerung bewahrte oder gar hob. Nicht von Ungefähr äußerte Wächtler Anfang März 1945: „Lieber stehend fallen, als in der Knechtschaft leben"[1205].

Die Propaganda versuchte die Regensburger Bevölkerung zu Verteidigungsmaßnahmen und bevorstehenden Kampfhandlungen als einzigem Ausweg mit „guten Beispielen" zu motivieren: So wurde über den „Niederschlesischen Volkssturm im Kampf ums Überleben"[1206] berichtet und die Hitlerjugend als Kampftruppe im Osten des Reichs gerühmt.[1207]

Für Defätismus sollte es keinen Platz geben. Auch die Leitung des Messerschmittwerks setzte folglich im März 1945 auf positive Propaganda für „Führer und Partei" und damit auf Ausblendung der Realität. Noch am 12. März teilte sie der Belegschaft mit:

---

[1197] Vgl. StAR, ZR III/719/3: Schreiben der Administration der Gräfl. von Dörnberg'schen Waisenstiftung in Regensburg an den Oberbürgermeister von Regensburg vom 24.3.1945.
[1198] Vgl. Smolorz, Domspatzen (2017), S. 151.
[1199] S.N., Was uns nicht umbringt (1945), s.p.
[1200] Schmoll, Luftangriffe (2015), S. 172–176.
[1201] V.E., Hunnensturm (1945), s.p.
[1202] S.N., Meuchelmord (1945), s.p.
[1203] S.N., Verwundete (1945), s.p.
[1204] Unterschrift zum Bild des zerstörten Aachener Doms, in: S.N., Kirchenschänder (1945), s.p.
[1205] S.N., Führertagung (1945), s.p.
[1206] S.N., Volkssturm (1945), s.p.
[1207] Vgl. PK., Kompanie (1945), s.p.

IV. Regensburg in den letzten Kriegsmonaten, Januar bis April 1945

„Der Führer hat auf Vorschlag des Herrn Reichsministers Speer in besonderer Anerkennung der unter Führung unseres Betriebsleiters von der Betriebsgemeinschaft vollbrachten einmaligen Leistung auf dem Gebiete der Jägerfertigung unserem Betriebsführer, Herrn Direktor Karl Linder, das Ritterkreuz zum Kriegsverdienstkreuz mit Schwertern verliehen"[1208].

Mit dieser Mitteilung sollte bei den Mitarbeitern von Messerschmitt und damit den Regensburgern der Eindruck erweckt werden, die Reichsregierung in Berlin arbeite geregelt fort und habe sogar Zeit für Auszeichnungen. Bis zum Kriegsende allerdings veränderten sich die Rahmenbedingungen für solche Propagandamitteilungen zuungunsten überzeugter Nationalsozialisten.

Die Alliierten betrieben ihrerseits Propaganda und riefen deutsche Soldaten und – wie es hieß – „Frontarbeiter" mit Flugblättern auf, zu ihnen überzulaufen. Man bediente sich sogar des Losungsworts „Antibolschewismus", um auf einen gemeinsamen Nenner mit der nationalsozialistischen Ideologie zu kommen.[1209] Solche Aktionen erregten am Regensburger Bahnhof durchaus Aufsehen, zumal unter den Ausländern.[1210]

Die tatsächliche Lage ließ sich kaum noch verbergen. Die Regensburger entnahmen der Presse im März 1945, dass im Osten die „[t]apfere Besatzung von Posen der feindlichen Übermacht erlegen"[1211] sei. Aus dem Westen klangen die Nachrichten nicht besser, wie Anfang April 1945 über die Front bei Coburg zu lesen war.[1212] Die Regensburger Soldaten an den Fronten, für die der Krieg allgegenwärtig war, hörten in den Wehrmachtsberichten von den amerikanischen „Terrorflugangriffen" auf ihre Heimatstadt, die sich seit Februar 1945 mehrten und zu einer Ernüchterung bei der kämpfenden Truppe führten. Der Krieg fand auf deutschem Boden statt, tobte in der Nähe ihrer Heimatstadt.[1213]

## 5.2. Resistenz und Widerstand angesichts der nahenden Kriegsniederlage

Die militärische und politische Lage in Regensburg im Januar 1945 barg das Potenzial, eine Widerständigkeit in der Bevölkerung gegen die nationalsozialistische Herrschaft zu mobilisieren. Denn zum einen wurde ihr, den Einheimischen wie den Evakuierten und Flüchtlingen, viel zugemutet und Hoffnung auf eine Kriegswende gab es nicht mehr. Zum anderen sahen die Ausländer die Zeit ihrer Befreiung von Kriegs-

---

[1208] BA, NS 5-I/75: Bekanntmachung des Bf. Nr. 306 vom 12.3.1945.
[1209] VUA, OT/6–4: Sonderblatt zum politischen Informationsdienst der OT vom 17.03.1945.
[1210] Vgl. StAR, ZWA/Ukr/1: Bericht von Wolodimir Hladun (2001).
[1211] S.N., Besatzung (1945), s.p.
[1212] Vgl. S.N., Abwehrkämpfe (1945), s.p.
[1213] Vgl. Gesellschaft, Wehrmachtsberichte (1989), S. 301, 305, 387, 434, 533 u. 559.

## 5. Kriegsmüdigkeit und resistentes Verhalten in der „Volksgemeinschaft"

gefangenschaft und Zwangsarbeit nahen. Die Schwelle zum Widerstand, die es für alle, besonders die deutschen Gruppen zu überwinden galt, war sehr hoch, da man sich gegen die propagierte Einheit der „Volksgemeinschaft" wenden musste. Nimmt man an, dass sich eine Ablehnung des nationalsozialistischen Regimes erst entwickeln musste, also einen Prozess und kein punktuelles Ereignis darstellte, erscheint es plausibel, zunächst nach einem oft durchaus unpolitischen „Resistenzverhalten" zu fragen, das man zwischen einem konformen Verhalten und einem aktiven, politisch motivierten Widerstand ansiedeln mag. Widerstand ist dabei in der Forschung ein umstrittener Begriff. Nach Martin Broszat umfasst Resistenz jegliches Handeln, das auf eine „wirksame Abwehr, Begrenzung, Eindämmung der NS-Herrschaft oder ihres Anspruches, gleichgültig von welchen Motiven, Gründen, und Kräften her" abzielt.[1214] Klaus Hildebrand und Karl Dietrich Erdmann dagegen benennen vier Kategorien von „Widerstand" im Nationalsozialismus: privaten Nonkonformismus, oppositionelle Gesinnung, aktiven Widerstand und direkte Verschwörung gegen Hitler.[1215] Die Reihenfolge demonstriert den Grad des „Widerstandes". Am Ende vermochten jedoch beide Autoren nicht abzugrenzen, was jene Begriffe damals in der Tat waren. Detlev Peukert benannte ebenfalls vier Kategorien: Nonkonformität, Verweigerung, Protest und Widerstand. Letzterer ist nur dann gegeben, wenn die Motive und Handlungen der betreffenden Person auf den Sturz des NS-Regimes insgesamt abzielten.[1216] Darüber hinaus gibt es noch die Typologisierung in ideologischem[1217], politisch und politisch-weltanschaulichem[1218] sowie religiös oder kirchlich-theologisch[1219] motiviertem Widerstand.

Freilich ist die Bewertung dessen, was Widerstand im Nationalsozialismus ausmachte, eine immer aufs Neue zu diskutierende Herausforderung. Peter Steinbach lehrt, dass erst ein Gespür für das Vergangene entwickelt werden müsse, um beispielsweise diejenigen zu verstehen, die die Zerstörung ihrer Städte verhindern wollten und diese Versuche mit dem Leben bezahlen mussten, oftmals nur Tage oder Stunden vor der Kapitulation der deutschen Wehrmacht. Von Bedeutung ist dabei, dass die Relativierung der Widerstandsgeschichte einer griffigen Definition des Widerstands immer dann im Weg steht, wenn sie sich von Zeitbezügen und vergangenen Wirklichkeiten löst, wenn sie zu sozialwissenschaftlich oder zu gegenwartsbezogen wird und schließlich vielleicht sogar zu einem formalisierten Konfliktmodell gerinnt.[1220] Steinbach schlägt folgende Definition vor:

---

[1214] Broszat, Resistenz (1981), S. 697.
[1215] Hildebrand, Reich (1980), S. 98; Erdmann, Weltkrieg (1982), S. 141.
[1216] Vgl. Peukert, Volksgenossen (1982), S. 97f. u. 142.
[1217] Vgl. Troll, Aktionen (1981), S. 647.
[1218] Vgl. Klönne, Jugendprotest (1981), S. 580; Broszat, Resistenz (1981), S. 693.
[1219] Vgl. Klönne, Jugendprotest (1981), S. 565; Broszat, Resistenz (1981), S. 704.
[1220] Vgl. Steinbach, Widerstand (2001), S. 12–14.

IV. Regensburg in den letzten Kriegsmonaten, Januar bis April 1945

„Widerstand bezeichnet ein breites Verhaltensspektrum, dessen Voraussetzungen in Vorbehalten gegenüber dem Regime (Resistenz), in der inneren Kraft zur bewußten Distanzierung von den politischen Konventionen der Zeit und in der Befähigung zur Bewahrung traditional vermittelter Wertvorstellungen liegen. [...] Widerstand bezeichnet in diesem Zusammenhang jedes aktive und passive Verhalten, das sich gegen das NS-Regime oder einen erheblichen Teilbereich der NS-Ideologie richtete und mit persönlichen Risiken verbunden war".[1221]

Schaut man auf die Realitäten des Aprils 1945 in Regensburg, lässt sich manche Resistenz möglicherweise doch als Widerstand ansehen, insbesondere, wenn man für die im Folgenden genannten Akteure die damals real bestehende Bedrohung an Leib und Leben – für sich selbst, als auch die eigene Familie – berücksichtigt.

Der nationalsozialistische Staat trat angesichts der drohenden Kriegsniederlage „anarchischen Zuständen" energisch entgegen. Im März 1945 befahl das Regime, dass jeder deutsche Waffenträger ermächtigt sei, Deserteure und Plünderer nach eigenem Ermessen sofort zu erschießen.[1222] Im militärischen Bereich griff Hitler persönlich durch, als er am 9. März 1945 das Fliegende Standgericht ins Leben rief.[1223]

### 5.2.1. Politische Illoyalität der Deutschen

Der nationalsozialistische Staat war daran interessiert, den Mythos der Volksgemeinschaft aufrechtzuerhalten. Darum mühten sich Staat und Partei, jegliches Resistenzverhalten der Volksgenossen, auch das der Ausländer im Reich, als politischen Widerstand zu deklarieren. Damit machte man aus Kriegsmüden, Verängstigten, eventuell auch Schuldbewussten[1224] und manchen seit Jahren Verfolgten oder anders Benachteiligten politische, also aktive Gegner der nationalsozialistischen Volksgemeinschaft. Sie als Feinde zu bekämpfen, stellte man folglich als eine legitime Staatsaufgabe dar. Das Ergebnis einer solchen Auffassung war: Je kriegsmüder die Deutschen wurden, desto mehr politische Gegner registrierte der Machtapparat. Sie sind weniger in der Berichterstattung der Presse als vielmehr in den Justizakten zu suchen und zu finden; zu erwähnen, dass es Gegner gab, hätte sich negativ auf die Stimmung der Öffentlichkeit ausgewirkt. Der Volksgerichtshof ging von vier großen Gruppen an Gegnern aus und verurteilte sie entsprechend: die Spionageverdächtigen, die Oppositionsverdächtigen, die sogenannten Heimatfrontverräter und die Ausländer und ihre Verbündeten, die auf eine Schwächung des „Dritten Reichs" hinwirkten.[1225]

---

[1221] ders., Widerstandsbegriff (1998), S. 241.
[1222] Vgl. Haase, Justizterror (2006), S. 86; ähnlich Zimmermann, Krieg (2008), S. 369.
[1223] Vgl. Moll, Führer-Erlasse (1997), S. 483.
[1224] Gerade ältere Soldaten, die den Russlandfeldzug mitgemacht hatten, hatten Kenntnis über das dort begangene Unrecht, was Mancher in den Worten zusammenfasste, „alle Schuld rächt sich auf Erden", Echternkamp, Soldaten (2014), S. 72.
[1225] Vgl. Schlüter, Urteilspraxis (2004), S. 18–20.

## 5. Kriegsmüdigkeit und resistentes Verhalten in der „Volksgemeinschaft"

Im Juli 1944 stellte die Regensburger NSDAP fest, dass die freiwilligen Meldungen zur Waffen-SS abnahmen, und es kam die Frage auf, ob sich der Trend noch ändern werde.[1226] Man kann das als Zeichen von Kriegsmüdigkeit deuten, die Formen einer Ablehnung des Krieges annehmen konnte: Im Januar 1945 äußerte sich etwa der Regensburger Karl Thaller (Jahrgang 1919) auf der Straße, dass Deutschland dem Ansturm seiner Feinde nicht gewachsen sei, und weiter, er sehe schwarz und jeder, der sich jetzt noch an die Front melde, sei ein Idiot.[1227] Sein Beispiel zeigt, wie sich die Stimmung in der Stadtgesellschaft änderte, dass man bereit war, solche Äußerungen öffentlich zu machen.

Im Februar fand man im Hotel Bischofshof, wo Wehrmachtsangehörige untergebracht waren, mit menschlichen Exkrementen gefüllte Soldatenhelme, was man sofort zu deuten wusste.[1228] Solche Handlungen Resistenz zu nennen, wäre indes falsch. Sie deuteten vielmehr auf Kriegsmüdigkeit hin und auf die Bereitschaft, wenn auch auf primitive Weise, diese zu bekunden. Eine deutliche Form der Insubordination stellte hingegen das Abhören ausländischer Sender dar. Detlev Peukert erblickt darin eine Art Widerstand:

> „Akte bloßer Nonkonformität wurden dann um einen Grad genereller und damit politisch gegen das Regime gerichtet, wenn sie nicht nur gegen irgendwelche Normen des Systems verstießen, sondern sich den Anordnungen etwa von Behörden bewußt widersetzten."[1229]

Aus diesem Grund wurden im Sommer 1944 Fürst Karl August von Thurn und Taxis und sein Hauskaplan inhaftiert. Beide waren jedoch keinesfalls die Einzigen in der Stadt[1230], die wegen eines solchen „Rundfunkverbrechens" als Oppositionsverdächtige verurteilt wurden. Ab 1943 häuften sich die Strafen[1231] gerade wegen dieser Art des zivilen Ungehorsams.[1232] Das Hören ausländischer Sender war nach Peukert eine Tat des Widerstandes sowie Ausdruck des Verlangens nach zensurfreier Information über die Lage an den Fronten und die anstehenden politischen Entscheidungen. Nach dem Zweiten Weltkrieg wurde ein solches Verhalten gerade während der Entnazifizierung vor den Spruchkammern als Akt des Widerstands geltend gemacht.

---

[1226] Vgl. StAAm, LPD Regensburg/2132: Dienstbericht an den Kommandeur der Gendarmerie bei dem Regierungspräsidenten vom 1.7.1944.
[1227] Vgl. Generaldirektion, Widerstand (1977), S. 599; OJs.260/45.
[1228] Vgl. BA, RH39/95: Kommandantur-Befehle, Wehrmachtstandort Regensburg, General Amann vom Januar 1945.
[1229] Peukert, Volksgenossen (1982), S. 97.
[1230] Vgl. Kick, Kindern (1985), S. 131, 144 u. 200; Fiederer, Traditionen (2017), S. 162f.
[1231] Vgl. BA, NS 19/3469: Bl. 62; StAR, NL Rathsam/10: Eidesstattliche Erklärung für Fritz Popp vom 20.7.1946; Peter, Namen (1984), behandelte Fälle: Haas, Herrler, Janker, Lickleder, Mühlbauer, Riedelsheimer, Rödl, Sünkel; BayHStA, MWi/14641: Lebenslauf Dr. Walter Strathmeyer vom Feb. 1946; Wehr, Menschen (2000), S. 47.
[1232] „Ziviler Ungehorsam" gilt als eine Form des passiven Widerstands mit dem Ziel, die Meinung der Mehrheit oder die der Regierenden zu bestimmten Fragen zu beeinflussen. Vgl. Ballestrem, Wiederstand (2013), S. 69f.

IV. Regensburg in den letzten Kriegsmonaten, Januar bis April 1945

Gleichfalls deklarierte man im Nachhinein positive Beziehungen zu ausländischen Arbeitern vor dem Kriegsende als Widerstand und nahm sie gern als Beleg für die persönliche Ablehnung des nationalsozialistischen Staates.[1233] Dabei sei menschliches Verhalten gegenüber den ausländischen Arbeitern nur bedingt als Ablehnung der nationalsozialistischen, rassisch begründeten Hierarchie zu interpretieren, so Patrice Arnaud, der auf „Solidarität am Arbeitsplatz, deren politische Folgen der Gestapo Sorgen bereitete",[1234] verweist. Die Infragestellung der juristisch vorgeschriebenen strikten rassischen Trennung zwischen Volksgenosse und Feind gab es, zumal in Süddeutschland, besonders im Fall der polnischen Zivilarbeiter schon ab 1939/40, da man in Bayern Polen zunächst als Katholiken wahrnahm.[1235] Im Fall der Ostarbeiter kam die Einsicht, sie menschlich zu behandeln, spät, offenkundig als erkannt wurde, dass der Krieg verloren wird.[1236] Ein solches Verhalten für „Widerstand" zu halten, fällt schwer, gleichwohl gilt hier ohne Zweifel: Angesichts der drohenden Strafen kann man von bewusstem Resistenzverhalten sprechen.

### 5.2.2. Widerständige Gruppen in Regensburg

Eine neue, höhere Qualität der Resistenz stellten seit Ende 1944 Aktivitäten von Gruppierungen dar, die sich in Regensburg organisierten. Ob diese Gruppen als Widerstand gelten können, ist zu überprüfen; ferner ist von Interesse, danach zu schauen, aus welchen Motiven die Mitglieder dieser Kreise zum Ende des Zweiten Weltkriegs gegen das nationalsozialistische Regime – mit Worten oder Taten – auftraten.

Vier Gruppierungen lassen sich anhand von Quellen belegen, davon zwei aus dem Bereich der örtlichen Wehrmachtseinheiten und zwei aus dem für Regensburg sehr repräsentativen katholisch-konservativen Milieu:[1237] die „Organisation Bauernhaus" und die Gruppe „Das Neue Deutschland", sowie die „Gruppe Elsen" und eine Gruppe um Josef Held. In diesem Zusammenhang ist die Demonstration der Regensburger Bürgerschaft, zumal der Frauen, am 23. April 1945 zu nennen, bei der kurz vor dem Einmarsch der Amerikaner die kampflose Übergabe der Stadt gefordert worden war.

---

[1233] Vgl. StAAm, Spruchkammer Regensburg I/827: Bestätigung für Johann Hayder, dass er „russische" Zivilarbeiter am Bahnhof Regensburg gut behandelt habe, vom 23.1.1946.
[1234] Arnaud, Feind (2010), S. 197.
[1235] Vgl. Hürten, Widerstehen (2004), S. 143.
[1236] Vgl. StAR, ZWA/Pl/4: Bericht von Stanisław Kaminski (2002); StAR, ZWA/Ukr/8: Bericht von Darija Danilewskaja (2001).
[1237] Vgl. Hilmer, Verwaltung (1995), S. 74–77; StAAm, Spruchkammer Regensburg I/1222: Schreiben Georg Mörtels an die Spruchkammer III in Regensburg vom 2.12.1946, StAAm, Spruchkammer Regensburg II/772: Bescheinigung des Dr. Gebhard Seelos vom 11.1.1946; StAAm, Spruchkammer Regensburg I/795: Schreiben des Bürgermeisters von Abensberg vom 3.10.1945; IfZ-A, ZS/A 4/3: Zeitgeschichtliche Sammlung, Bd. 3, S. 45ff. (= Archiv des Widerstands, Raum Regensburg 1946).

5. Kriegsmüdigkeit und resistentes Verhalten in der „Volksgemeinschaft"

Die deklarierten Ziele der erwähnten vier Gruppen waren eindeutig illoyal gegenüber dem nationalsozialistischen Staat. Aus dessen Sicht war es Hochverrat, wollten doch die Mitglieder dieser Gruppen, Soldaten und Zivilisten, Kontakte zu den feindlichen Armeen knüpfen, um sinnlose Kampfhandlungen um Regensburg zu verhindern. Einige „zersetzten die Wehrkraft" der deutschen Militärverbände, galt doch: Die Nichtteilnahme von Wehrfähigen am Krieg stellt das Weltbild von einer „kämpfenden Volksgemeinschaft" in Frage; und Desertationen deuten in allen Armeen Widerstände an und hinterfragen die Legitimität der militärischen Logik generell.[1238]

Die beteiligten Akteure waren Teil der Regensburger Bevölkerung. So ist zu fragen, ob die Gruppen untereinander vernetzt waren sowie, ob und welche Kontakte sie zu ähnlichen Mitstreitern außerhalb der Stadt pflegten. Von Interesse ist ferner, ob und wie die Tätigkeiten mancher Gruppe für das Verhalten der Stadtbevölkerung relevant wurden.

### 5.2.2.1. Die Organisation Bauernhaus

Bereits im April 1946 rekurrierte die Mittelbayerische Zeitung auf die „Organisation Bauernhaus" und sprach von einer Widerstandsbewegung und von unbekannten Männern.[1239]

Die „Organisation Bauernhaus" – über die Bedeutung der Bezeichnung schweigen sich die Quellen aus – führte Stabsfeldwebel Markus Pusel an. Ihre Keimzelle war das Panzergrenadier-Ersatz-Bataillon 20 in Regensburg.[1240] Deklariertes Hauptziel der Organisation war es, den Krieg zu verkürzen, was gemäß der NS-Rechtsprechung den Straftatbestand der „Wehrkraftzersetzung" erfüllte, der mit dem Tod bestraft wurde. Pusel sammelte ab Sommer 1944 sowohl gleichgesinnte Soldaten als auch Zivilisten um sich. Man begann mit Sondierungen unter Kameraden, wer an Informationen aus dem Abhören der „Feindsender" interessiert und bereit sei, darüber zu diskutieren. Diese Gespräche sollten dazu dienen, im entscheidenden Moment, wenn es zur Verteidigung der Stadt kommen sollte, die Wehrkraft der Regensburger Einheiten zu beeinflussen.

Im Juni 1945 verfassten Markus Pusel und die ehemaligen Unteroffiziere Dr. jur. Helmut Staff und Johann Pitz[1241] einen gemeinsamen „Bericht über die Tätigkeit der

---
[1238] Vgl. Haase, Desertion (2004), S. 414.
[1239] Vgl. O[rganisation] B[auernhaus], Todesnot (1946).
[1240] Vgl. StAAm, Spruchkammer Regensburg I/P1077: Meldebogen auf Grund des Gesetzes zur Befreiung vom Nationalsozialismus vom 29.4.1946. Markus Pusel, geb. am 23.4.1910 in Pfaffenberg, nach dem Einsatz in Polen und Russland seit 8.11.1942 in Regensburg, Stab Grenadier-Ausbildungs-Bataillon (mot.) 20, seit Sept. 1942 Stabsfeldwebel. Wohnhaft in der Admiral-Hipper-Str. 5. DD-WASt, Recherche vom 15.5.2015.
[1241] Vgl. DD-WASt, Auskunft zur Person Johann Pitz vom 10.10.2015: Geb. 1923 in Rheydt, 1941 Kriegseinsatz im Rahmen des NSKK, seit April 1942 Wehrmacht, Sept. 1944 Unteroffizier, 1. Ersatzkomp. Grenadier-Ersatz- u. Ausbildungs-Bat. (mot.) 20, Regensburg.

IV. Regensburg in den letzten Kriegsmonaten, Januar bis April 1945

Regensburger Freiheitsaktion ‚Bauernhaus'", gerichtet „an die Militärregierung über den Oberbürgermeister".[1242] Dieser Bericht war verfasst im Stil eines juristischen Schriftsatzes. Es gab fünf Regensburger Familien, die zum Kreis der Vertrauten der Organisation gehörten; an erster Stelle wurde die Familie Jaggo[1243] genannt, ferner die Familien Weidlich, Seuberth, Schöppl und Dallago. Mit Josef Jaggo, Kaspar Seuberth und Josef Meister soll es der „Organisation Bauernhaus" gelungen sein, auf Volkssturmangehörige in Regensburg Einfluss zu nehmen. Schließlich nahm Pusel für die Organisation in Anspruch, die Frauendemonstration in Regensburg vom 23. April 1945, bei der die Kapitulation der Stadt gefordert worden war, organisiert zu haben: Genannt wurden hier Josefa und Maria Gürtler, Erika Hoffmann, Dorothea Pohl und Helene Sengmüller.[1244]

Neben dem Kreis um Pusel hatte die „O.B." eine zweite Keimzelle in einem ähnlichen Kreis um den Stabsfeldwebel August Fuchs und den Unteroffizier Kurt Weber. Dieser diente seit 1941 in der Wehrmacht und war ein erfahrener Soldat mit Einsätzen an der Ostfront. Im November 1944 begann er mit August Fuchs und dem Offizier Peter Englert (aus Neudorf bei Regensburg) sowie den Unteroffizieren Toni Geiring (aus Günzburg bei Ulm) und Herbert Weber (aus Stuttgart) über die Möglichkeiten zu sprechen, Soldaten und insbesondere auch die Regensburger Bevölkerung mit Informationen der gegnerischen Seite zu versorgen. Kurt Weber hörte selbst alliierte Sender ab und brachte diese Informationen in Umlauf. Da er die Aufsicht über die Arrestanten des Bataillons innehatte, verfügte er über den Spielraum, gerade solche Soldaten im Sinn der „Organisation Bauernhaus" zu beeinflussen und eventuell im entscheidenden Moment darauf hinzuwirken, befürchtete Kampfhandlungen in der Stadt zu vereiteln.[1245]

Stabsfeldwebel August Fuchs hatte darüberhinaus enge Beziehungen zu sozialdemokratischen Kreisen. Er war der Schwiegersohn des ehemaligen Bürgermeisters der Gemeinde Saal a. d. Donau der Jahre 1926–1933, des Sozialdemokraten Joseph Hacker.[1246] Fuchs stand auch in Kontakt zu Johann Hayder, Sozialdemokrat und bis 1933 Vorsitzender der 1919 von ihm mitgegründeten „Gemeinnützigen Baugenossenschaft Stadtamhof und Umgebung" („Arbersiedlung" in Reinhausen).[1247]

---

[1242] Vgl. StAR, Materialien Hilmer: „Bericht über die Tätigkeit der Regensburger Freiheitsaktion ‚Bauernhaus'" vom Juni 1945 „an die Militärregierung über den Oberbürgermeister", unterzeichnet vom ehem. Stabsfeldwebel Markus Pusel und den ehem. Unteroffizieren Dr. Helmut Staff und Johann Pitz, (Durchschrift / Kopie), 5 S.

[1243] Josef Jaggo, geb. am 2.9.1893, war Friseur in der Kaserne des Panzergrenadier-Ersatz-Bataillons 20. Vgl. StAR, Fam. Bogen 436.

[1244] Vgl. StAR, Materialien Hilmer: Organisation Bauernhaus – Kopien: Markus Pusels Bericht über die Tätigkeit der Regensburger Freiheitsorganisation „Bauernhaus" vom Juni 1945.

[1245] Vgl. StAR, PA-p/9863: Personalakt Kurt Webers.

[1246] Mit dem Ende der NS-Herrschaft wurde Joseph Hacker abermals Bürgermeister in Saal a.d. Donau und behielt dieses Amt bis 1966. Vgl. Gemeinde Saal a. d. Donau, Bürgermeister (2018 ).

[1247] Johann Hayder (1884–1958), Schlosser, stammte aus Schwaighausen. Seinen Militärdienst hatte er bei der Schutztruppe in Deutsch-Südwestafrika geleistet. Vgl. Gemeinnützige Baugenossen-

5. Kriegsmüdigkeit und resistentes Verhalten in der „Volksgemeinschaft"

**OFFICE OF MILITARY GOVERNMENT**
STADTKREIS-LANDKREIS REGENSBURG

DETACHMENT F 212
CO D, 3d MG REGT APO XXX
170
TOM/sie

4.April 1946

Bestätigung

Wen es betrifft:

Der Freiheitsbewegung „Bauernhaus" wird hiermit von der Militärregierung Stadt- und Landkreis Regensburg bestätigt, dass sie seit dem Jahre 1944 aktiven Widerstand gegen das national-sozialistische Regime geleistet und dass sie auf Grund ihrer Tätigkeit massgeblich an der Erhaltung der Stadt Regensburg mitgewirkt hat.

Die leitenden Mitglieder der Bewegung:

Markus Pusel, August Fuchs, Kurt Weber, Dr. Helmut Staff, Johann Pitz, Johann Heyder, Jakob Gulden, Rudolf Faltermeier und Anton Kraus

arbeiten seit August 1945 ehrenamtlich für Public Safety und Special Branch. Für ihre Tätigkeit wird ihnen die Anerkennung der Militärregierung ausgesprochen.

THEODORE O. MEYER
1st Lt.      M.I.
Public Safety Officer

*Schreiben der Militärregierung von Regensburg vom 4. April 1946, das die Organisation Bauernhaus als Widerstandsgruppe einstuft und führende Mitglieder benennt; aus: StAAm, Spruchkammer Regensburg II/St 15.*

## IV. Regensburg in den letzten Kriegsmonaten, Januar bis April 1945

Wie auch auf konservativer Seite hatten die ehemaligen Strukturen der 1933 verbotenen SPD in privaten Zirkeln auch in den Kriegsjahren fortbestanden. Nach Angaben Hayders hätten Fuchs und er bereits seit 1940 ausländische Sender gehört und die Nachrichten verbreitet.[1248] Hayder bezeichnete sich selbst später als „Mitglied der von der Militärregierung anerkannten Widerstandsbewegung ‚Bauernhaus'".[1249] Er trug auch dazu bei, dass der Stadtteil Reinhausen am 25. April kampflos besetzt wurde.[1250]

Im Januar 1945 kamen die Gruppen von Pusel und Weber erstmals zusammen. Erst von diesem Zeitpunkt an kann von der „Organisation Bauernhaus" gesprochen werden. Unter den Soldaten soll der Gefreite Rudolf Faltermeier,[1251] Schreiber bei der Standortkommandantur, eine wichtige Rolle gespielt haben, da er Geheimverfügungen, Befehle und Pläne der Kommandantur zur Verfügung stellen konnte.[1252] Faltermeier bestätigte dies in einem Interview von 1989 jedoch nicht. Allerdings deutete er auf seinen damals verfügbaren Spielraum hin, Kameraden vom aktiven Frontdienst fernhalten zu können.[1253]

Unter den Regensburgern gewann Weber als Angehöriger der Organisation Bauernhaus seinerseits acht Familien als Vertraute; es waren andere Zivilisten als jene, die mit Pusel in Verbindung standen. Weber verfasste nach 1945 ebenfalls einen Bericht, in dem er Emmi Dürr hervorhob, die sich sehr engagiert habe. Auch Weber reklamierte im Juni 1945 für die Organisation Bauernhaus, die Frauendemonstration als Druckmittel gegen die Verantwortlichen zugunsten der Freigabe der Stadt initiiert

---

    schaft, Pionier (1955), S. 3; Gemeinnützige Baugenossenschaft, Entwicklung (2018). 1933/34 war Hayder in „Schutzhaft", u. a. im KZ Dachau. Seit 1937 war er nominelles NSDAP-Mitglied. Wehrmachtsangestellter. Er war einer der wenigen bekannteren, vor 1933 aktiven Sozialdemokraten, die im ostbayerischen Raum am 22. August 1944 nicht betroffen waren von der durch die Gestapo reichsweit speziell gegen ehemalige Funktionäre der SPD und KPD durchgeführten Massenverhaftung („Aktion Gitter"). Verhaftet und ins KZ Flossenbürg gebracht wurden im August 1944 sieben Sozialdemokraten aus Landshut, je zwei aus Weiden und Schwandorf sowie je einer aus Amberg und Regensburg (Franz Höhne, späterer MdB). Vgl. Schmidt, Sozialdemokraten (2009), S. 108; Hayder wurde nach Ende der NS-Herrschaft neuerlich Vorsitzender der Baugenossenschaft. Vgl. Gemeinnützige Baugenossenschaft, Pionier (1955), S. 20f; Gemeinnützige Baugenossenschaft, Entwicklung (2018).

[1248] Vgl. StAAm, Spruchkammer Regensburg III/74, fol. 20: Zeugenaussage von Johann Hayder im Spruchkammerverfahren des Reinhausener Polizisten Nikolaus Auringer.

[1249] Vgl. StAAm, Spruchkammer Regensburg III/74, fol. 7: Eidesstaatliche Erklärung von Johann Hayder vom 21.05.1946 im Spruchkammerverfahren des Reinhausener Polizisten Nikolaus Auringer.

[1250] S. Kap. V.1.2.

[1251] Rudolf Faltermeier, geb. am 19.3.1915 in Regensburg. Vgl. StAR, Fam. Bogen 226. Er stieß zur Organisation Bauernhaus über Kurt Weber. Er selbst hatte in der Bevölkerung gleichfalls Kontaktpersonen, so Anna Emer und Käthi Werner. Vgl. StAR, Materialien Hilmer: Organisation Bauernhaus – Kopien.

[1252] Vgl. StAR, Materialien Hilmer: Organisation Bauernhaus – Kopien: Markus Pusels Bericht über die Tätigkeit der Regensburger Freiheitsorganisation „Bauernhaus" vom Juni 1945.

[1253] Vgl. StAR, Materialien Hilmer: Interview mit Rudolf Faltermeier vom 6.9.1989 durch Ludwig Hilmer und Rainer Ehm.

## 5. Kriegsmüdigkeit und resistentes Verhalten in der „Volksgemeinschaft"

zu haben; damit stimmte er den Behauptungen Pusels zu. Von Weber wurden in diesem Zusammenhang auch Helene Sengmüller und, wie bei Pusel, Erika Hoffmann erwähnt. Die Gruppe hatte ein Opfer zu beklagen, den Unteroffizier Wachhaus – die näheren Umstände sind nicht rekonstruierbar.[1254]

Die „Organisation Bauernhaus" will für Regensburg regelrechte „Staatsstreichpläne" entwickelt haben, bis hin zu einer Übernahme der Macht vor Ort. Davon hatte sich, aus vielerlei Gründen, kaum etwas realisieren lassen.[1255] Dennoch erinnert einiges im Ansatz an vorbereitete Maßnahmen der „Freiheitsaktion Bayern" am Abend des 27. April in München, wie auch an spontane Aktionen in manchen Orten Südbayerns nach dem FAB-Rundfunkaufruf.[1256] Pusel, Staff und Pitz berichteten aus ihrem eigenen Erleben von militärischen Details beim Versuch, den Donauübergang der Amerikaner am 26. April abzuwehren und beim Abzug der Kampfgruppe Regensburg in den ersten Stunden des 27. April – Details, die in die nachfolgenden Kapitel eingeflossen sind.[1257]

### 5.2.2.2. Das Neue Deutschland

Die zweite Gruppe in Regensburg, die von sich behauptete, bei Kriegsende gegen den nationalsozialistischen Staat und die Partei vorgegangen zu sein, war „Das Neue Deutschland".[1258] Sie formierte sich im September 1944. Ihr gehörten acht Personen an mit dem Ziel, eine „Kampfgruppe" mit einem Kampfprogramm zu organisieren, wie es ein amerikanisches Flugblatt[1259] vorschlug. Sie sollen sogar Mitgliedsausweise erstellt haben, was angesichts der Gefahr einer Entdeckung durch die Gestapo oder die Geheime Feldpolizei bemerkenswert erscheint. „Das Neue Deutschland" gründeten Georg Mörtel und Franz Aich, beide aus Regensburg. Ferner gehörten der Gruppe Dr. Paul Egger[1260], Oberarzt am Krankenhaus Barmherzige Brüder in Regensburg, Franz Eichinger, Landwirt aus Sinzing, Micheal Hofmeister aus Sinzing, Karl Maag, Landwirt aus Bruckdorf, Hilde Wießner aus Sinzing und Kurt Wittich

---

[1254] Vgl. StAR, PA-p/9863: Personalakt, hier: Bericht über meine Tätigkeit in der Regensburger Widerstandsbewegung „Bauernhaus" vom Juni 1945.
[1255] Vgl. StAR, Materialien Hilmer: „Bericht über die Tätigkeit der Regensburger Freiheitsorganisation ‚Bauernhaus'" vom Juni 1945 „an die Militärregierung über den Oberbürgermeister", (Durchschrift / Kopie), S. 2f.
[1256] Vgl. Diem, Freiheitsaktion (2013), S. 167–191; zu spontanen Aktionen u. a. in Landshut u. Altötting, vgl. ebd., S. 295–297.
[1257] Hierzu auch im Detail s. Kap. V.1.1., V.1.4. u. V.1.5..
[1258] Vgl. IfZ-A, ZS/A 4/3: Zeitgeschichtliche Sammlung, Bd. 3, S. 46–48: Gesamtbericht über die Tätigkeit der Gruppe vom 04.10.1945.
[1259] Zu Propagandaflugblättern der Amerikaner siehe bei Kirchner, Flugblätter (1977), S. XI u. XXI.
[1260] Dr. Paul Egger arbeitete bereits im Oktober 1945 im Krankenhaus der Barmherzigen Brüder in Straubing. Vgl. IfZ-A, ZS/A 4/3: Zeitgeschichtliche Sammlung, Bd. 3, S. 62f. (=Erklärung von Dr. Egger vom 15.10.1945.

an.[1261] Die Mitglieder waren mehrheitlich Soldaten der Wehrmacht, die fahnenflüchtigen Kameraden mit gefälschten Papieren halfen und ihnen so ermöglichten, den Frontdienst für einen gewissen Zeitraum zu meiden. Gerade Mörtel war in seiner Funktion als Bediensteter des Bahnhofswachoffiziers in Regensburg daran beteiligt, den von Zugwachen und Heeresstreifen festgenommenen Wehrmachtsangehörigen fiktive Bescheinigungen für Lebensmittel und Auszahlung des Wehrsolds auszustellen, um ihnen auf diese Weise Spielräume beim Absetzen vom Frontdienst zu verschaffen.[1262] Die spektakulärste überlieferte Tat der Gruppe bestand jedoch darin, sieben flüchtige britische Soldaten aus dem Kriegsgefangenenlager Sinzing vom 15. April 1945 bis zur Befreiung durch die Amerikaner versteckt und damit dem weiteren Zugriff der Wehrmacht entzogen zu haben.[1263] Aussagen während der Entnazifizierungsverfahren, so die von Hilde Wießner[1264], stellten jedoch klar, dass die britischen Kriegsgefangenen lediglich versteckt, aber nicht befreit wurden, wie es die Mitglieder des „Neuen Deutschland" in Selbstdarstellungen im Nachhinein deuteten.[1265] Ein Mitglied der Gruppe, der Kriminalsekretär Franz Schamberger, soll ferner zu jenen gehört haben, die Regensburger Bürger zur Demonstration für die Übergabe der Stadt am 23. April 1945 aufforderten.[1266] Somit nahmen sowohl die „Organisation Bauernhaus" als auch auch „Das Neue Deutschland" eine Beteiligung an dieser Kundgebung für sich in Anspruch.

### 5.2.2.3. Die Gruppe Elsen

Der Gruppe um Dr. August Elsen[1267] gehörten auch Dr. Heinrich Held und Dr. Otto Hipp[1268] an. Die Studie zur Freiheitsaktion Bayern (FAB) von 2013 erwähnt mehrmals die bisher nicht interpretierten Verbindungen der FAB zu Elsen und Regensburg.[1269] In der Studie zu Benno Martin von 1974 wird die Gruppe Elsen als eine „Antifaschistische Bewegungsgruppe Regensburg" bezeichnet.[1270]

---

[1261] Vgl. StAAm, Spruchkammer Regensburg I/1222: Abschrift der Erklärung von sieben britischen Kriegsgefangenen, nicht datiert, Bl. 35, Gesamtbericht vom 04.10.1945; StAAm, Spruchkammer Regensburg III/A17:Protokoll vom 12.08.1946.
[1262] Vgl. StAAm, Spruchkammer Regensburg I/1222: Gesamtbericht vom 4.10.1945.
[1263] Vgl. StAAm, Spruchkammer Regensburg I/1222: Erklärung Mörtels und Eichingers vom 5.10.1945; Schreiben Mörtels an die Spruchkammer I in Regensburg vom 20.9.1947, Bl. 65.
[1264] Vgl. IfZ-A, ZS/A 4/3: Zeitgeschichtliche Sammlung, Bd. 3, S. 84 (=Erklärung von H. Wiessner vom 3.10.1945).
[1265] Vgl. StAAm, Spruchkammer Regensburg I/1222: „Bericht des Herrn Mörtel und Herrn Eichinger über die Befreiung der 7 Englischen Kriegsgefangenen" vom 5.10.1945.
[1266] Vgl. StAAm, Spruchkammer Regensburg I/1222: Abschrift des CIC Special Agenten aus der Eidesstattlichen Erklärung Josef Riederers aus Brandlberg.
[1267] Vgl. IfZ-A, ZS/387/1: Zeitgeschichtliche Sammlung – Petzolt, Otto, S. 7 (= Zusammenstellung über die Vorgänge der FAB vom 15.6.47).
[1268] Vgl. IfZ-A, ZS/A 4/3: Zeitgeschichtliche Sammlung, Bd. 3, S. 31.
[1269] Vgl. Diem, Freiheitsaktion (2013), S. 76f., 177 u. 323.
[1270] Die Bezeichnung wurde den Spruchkammerakten zu Benno Martin entnommen, ist daher mit Zurückhaltung zu verwenden, vgl. Grieser, Himmlers Mann (1974), S. 280.

## 5. Kriegsmüdigkeit und resistentes Verhalten in der „Volksgemeinschaft"

Elsen[1271], der Direktor der Brauerei Bischofshof in Regensburg war, wurde als Verbindungsmann der FAB in der Donaustadt bezeichnet. In München war seine Kontaktperson Dr. Gebhard Seelos[1272], der 1945 Dolmetscher in der Kompanie des Wehrkreises VII in Moosburg war, der Stelle, die als Motor der FAB zu bezeichnen ist. Dort ragte Hauptmann Rupprecht Gerngross hervor.[1273] Nach seiner juristischen Promotion im Juli 1925 hatte Elsen bis November 1944 in Diensten des Auswärtigen Amtes gestanden. Er hielt engen Kontakt zu Otto Hipp, dem Regensburger Oberbürgermeister von 1920 bis 1933, der eine führende Person in der Bayerischen Heimatbewegung war, einer losen Verbindung katholischer Akademiker in Bayern, die dem Nationalsozialismus seit ungefähr 1936/37 erwiesenermaßen kritisch gegenüber stand.[1274] Elsen kannte die Protagonisten der Heimatbewegung, da er zwischen 1921 und 1925 der Studentengruppe der Bayerischen Volkspartei an der Universität München angehört hatte.[1275]

Auf diese Weise stand die Gruppe Elsen zwischen der FAB und der Widerstandsgruppe um Franz Sperr.[1276] Nicht von ungefähr erwähnte Otto Hipp in einem Schreiben an die Regensburger Spruchkammer im Juni 1945, dass der Gruppe Elsen in Regensburg u. a. Regierungsdirektor Dr. Otto Graf[1277] in Fürth angehörte, aber auch Rechtsanwalt Dr. Josef Held,[1278] der eine eigene Gruppe von Gegnern des Nationalsozialismus in Abensberg unterhielt. Dr. Graf war Leiter des Landwirtschaftsamts Fürth und Mitglied der FAB-Gruppe Nürnberg-Fürth. Der antinationalsozialistischen Verbindung gehörten unter anderem der Industrielle Gustav Schickedanz, Dr. Rudolf Kötter, Hauptschriftleiter des Fränkischen Kuriers, Polizeioberst Dr. Fritz Schade,[1279] Leiter der Schutzpolizei in der Polizeidirektion Nürnberg-Fürth sowie Prof. Dr. Hans Rauch,[1280] Leiter des Oberfinanzpräsidiums in Nürnberg an. Fritz Schade stand mit

---

[1271] Dr. August Elsen trat 1938 der NSDAP bei. Das Bischöfliche Ordinariat behielt ihn als Direktor der Brauerei Bischofshof, betrachtete die Mitgliedschaft offenkundig als zweitrangig. Vgl. BZAR, OANS/508: Schreiben des Bischöfl. Ordinariats vom 18.10.1945.
[1272] Vgl. StAAm, Spruchkammer Regensburg II/772: Bescheinigung des Dr. Gebhard Seelos vom 11.1.1946.
[1273] Vgl. Diem, Freiheitsaktion (2013), S. 19, 62, 64–66 u. 72.
[1274] Vgl. Diem, Freiheitsaktion (2013), S. 74f.
[1275] Vgl. StAAm, Spruchkammer Regensburg II/772: Eidesstattliche Erklärung Karl Kahns vom 4.11.1945.
[1276] Zum „Sperr-Kreis" vgl. Diem, Freiheitsaktion (2013), S. 107–111; jüngst Limbach, Bürger (2016).
[1277] Otto Graf gehörte dem Goerdeler-Kreis an. Vgl. Benz, Widerstand (2014), S. 77–81.
[1278] Vgl. StAAm, Spruchkammer Regensburg II/772: Otto Hipps Bestätigung vom 4.6.1945.
[1279] Fritz Schade gehörte dem Netzwerk Franz Sperrs mit Kontakten zum Kreisauer Kreis an. Vgl. Becker, Widerstandskreis (2005), S. 36; Diem, Die Freiheitsaktion (2013), S. 111–113.
[1280] Johann (Hans) Rauch (1885–1963) war als Lehrer an Landwirtschaftsschulen mit Dr. Georg Heim und dem Bayerischen Christlichen Bauernverein verbunden, 1945 pflegte er Kontakte zur antinazistischen Gruppe „Das Demokratische Deutschland" in der Schweiz. Vgl. Kaff, Widerstand (2007), S. 53, Anm. 81; Diem, Freiheitsaktion (2013), S. 113; Lilla, Rauch (2012).

IV. Regensburg in den letzten Kriegsmonaten, Januar bis April 1945

Sperr und seiner Gruppe in Verbindung als dessen Vertrauensmann in Sperrs Berliner Zeit als bayerischer Gesandter.[1281]

An diesem Diskussionskreis beteiligte sich ferner Dr. Benno Martin[1282], Höherer SS- und Polizeiführer Main[1283], der seit den 1930er Jahren enge familiäre Beziehungen nach Regensburg pflegte.[1284] Martins Verhalten zur katholischen Kirche war doppeldeutig. Als Nationalsozialist, zumal in seiner Position, hatte er die Kirche eigentlich zu bekämpfen, was er aber nicht konsequent tat.[1285] Dies legt den Schluss nahe, dass Martin entweder von Anfang an ein Karrierist und Opportunist war, oder er im Lauf des Krieges innerlich auf Distanz zum System ging. Nicht aus den Augen zu verlieren ist seine Option, sich angesichts der absehbaren Niederlage eine möglichst positive Ausgangssituation für die Zeit nach Kriegsende zu verschaffen.

Martin verlegte seinen Befehlsstand nach dem Fall der Stadt Nürnberg, also ca. zehn Tage vor der Übergabe Regensburgs, ins niederbayerische Eggenfelden. Er soll von dort aus fünf Polizeiangehörige vor dem Standgericht von Gauleiter Ruckdeschel gerettet haben.[1286] Nach wie vor bleibt es nur eine Hypothese, die jedoch nicht zu verwerfen ist, dass gerade der SS-General Benno Martin am 23. April 1945 am Moltkeplatz in Regensburg sprechen sollte.[1287]

### 5.2.2.4. Die Gruppe Held

In Regensburg war Heinrich Held als Herausgeber des Regensburger Anzeigers im Verlag Gebrüder Habbel bekannt. Die Zeitung galt als Sprachrohr der BVP.[1288] Heinrich Held war wie Wilhelm Hoegner (SPD) in München bereits in den 1920er Jahren eine wahrnehmbare kritische Stimme gegen Hitler und seine „Bewegung". Seit 1924 hatte Held das Amt des bayerischen Ministerpräsidenten inne. Zu Helds politischen Gefährten zählten Georg Heim, Franz Sperr, Otto Hipp, Karl Scharnagl und zahlreiche weitere sogenannte bayerische Patrioten.[1289] Nach der Machtübernahme der

---

[1281] Vgl. Grieser, Himmlers Mann (1974), S. 280.
[1282] Benno Martin soll einer Gruppe angehört haben, die die Freigabe Bambergs an die US-Army im Geheimen vorbereitete, vgl. Stößel, Geheimverhandlungen (2002), S. 3–9.
[1283] Vgl. IfZ-A, ZS/A 4/3: Zeitgeschichtliche Sammlung, Bd. 3, S. 3f.; Schöllgen, Schickedanz (2010), S. 161–164; RGVA, 1372/5/76: Dienstaltersliste der Schutzstaffel der NSDAP vom 9.11.1942, Nr. 111.
[1284] Vgl. StAR, NL Rathsam/9: Brief Benno Martins an Berta Rathsam vom 22.7.1953; StAR, Familienbogen 164: Abpacher.
[1285] Breuer, Wandel (1992), S. 329: „Daß am Ende der NS-Zeit Bamberg die einzige deutsche Diözese war, aus der kein Priester in ein KZ verschleppt wurde, wird man nicht zuletzt auf den Einfluß des Nürnberger Gestapo-Chefs Dr. Benno Martin zurückführen müssen, der – obgleich höherer SS-Führer – der Kirche sehr wohlwollend gegenüberstand", Breuer, Wandel (1992), S. 329.
[1286] Vgl. Grieser, Himmlers Mann (1974), S. 294.
[1287] Vgl. BZAR, OA DP Maier/7: Brief von B. Rathsam an J. Eisenbarth vom 23.4.1945; Rathsam, Irrtum (1980), S. 10.
[1288] Vgl. Jobst, Pressegeschichte (2002), S. 97f. u. 161–166.
[1289] Vgl. Ziegler, Widerstand (2001), S. 11 u. 13.

## 5. Kriegsmüdigkeit und resistentes Verhalten in der „Volksgemeinschaft"

Nationalsozialisten gerieten diese Politiker der BVP als einflussreiche politische Gegner Hitlers zunehmend in Bedrängnis. Die bayerische Regierung des Ministerpräsidenten Held wurde am 9. März 1933 entmachtet. In der Folge sah sich Held, wie zahlreiche weitere BVP-Politiker, darunter auch Heim und Hipp, mit persönlichen Repressionen konfrontiert.[1290] Franz Sperr blieb zunächst bayerischer Gesandter in Berlin, auch wenn er nach der Machtübernahme der Nationalsozialisten zu einem bloßen Vertreter Bayerns in Berlin degradiert wurde. Ab 1934 begann Sperr mit der Formierung seiner bereits erwähnten Widerstandsgruppe, mit welcher der Sohn Heinrich Helds, Josef Held, 1945 in Verbindung stand.[1291] Auch Dr. Albert Schlegel, Vorstandsvorsitzender der Bayerischen Lloyd Schiffahrt AG Regensburg, wurde im Herbst 1943 über Dr. Otto Geßler, 1910–1914 Bürgermeister von Regensburg, für diese bayerisch-monarchistische Widerstandsgruppe gewonnen.[1292]

Die Repressionen des NS-Staates beschränkten sich nicht allein auf die Person Heinrich Held, sondern betrafen auch die Familie und den Verlag Gebrüder Habbel GmbH. Heinz Held, einer der beiden Brüder von Josef Held, wurde 1933 kurz im Konzentrationslager Dachau inhaftiert. 1934 wurde der Regensburger Anzeiger für drei Monate verboten. 1935 wurde das Unternehmen aus der Reichspressekammer ausgeschlossen, was einem Entzug der Verlagsrechte gleichkam, so dass der Zeitungsverlag angesichts der staatlichen Zwangsmaßnahmen an den parteieigenen Phönix-Verlag Berlin abgetreten werden musste. Josef Held trat daraufhin der NSDAP bei, um zumindest die Druckerei erhalten zu können und so die rund 110 Arbeitsplätze zu retten. Unterstützung erhielt Held dabei vom bereits erwähnten Dr. Otto Graf, dem Leiter des Landeswirtschaftsamts Fürth.

Josef Held war in die Arbeiten der Fürther Widerstandsgruppe involviert und durch den unmittelbaren Kontakt zum ehemaligen Regensburger Oberbürgermeister Hipp offenkundig auch über die FAB gut informiert. Held druckte sogar Flugblätter und verteilte diese selbst in Regensburg, in denen er u. a. auf die Gefahren eines von deutscher Seite ausgehenden Giftgaskriegs hinwies.[1293] Anscheinend hatte sich im südwestlichen Niederbayern die im vorangegangenen Kapitel angesprochene Umwandlung der Muna Schierling in eine Kampfstofflagerstätte sehr schnell herumgesprochen. In Abensberg, wohin Held die Druckmaschinen seines Betriebs gebracht und einen Zweigbetrieb eröffnet hatte, fand er Kontakt zu örtlichen Regimegegnern.[1294]

---

[1290] Vgl. Wolfsteiner, Heim (2014), S. 129–134, bes. S. 131f.; Rädlinger, Hilfen (2016), S. 53–56.
[1291] Otto Hipp war in bayerischen Kreisen für die Zeit nach der Niederlage 1945 unter amerikanischer Militärregierung für den politischen Wiederaufbau Bayerns eingeplant, war Mitglied der FAB und wurde im Mai 1945 für kurze Zeit zweiter Bürgermeister Münchens. Vgl. Kaff, Widerstand (2007), S. 42 u. 50; Diem, Freiheitsaktion (2013), S. 75, 81 u. 348; Vgl. Lankes, Sperr (2001), S. 40f.
[1292] Vgl. Limbach, Bürger (2016), S. 277–279.
[1293] Vgl. StAAm, Spruchkammer I/795: Abschrift zur Ergänzung der Begründung Held und die Erklärung vom 3.4.1946.
[1294] Vgl. StAAm, Spruchkammer I/795: Abschrift zur Ergänzung der Begründung Held und die Erklärung vom 3.4.1946, S. 7f.; StAAm, Spruchkammer I/795: Bestätigung des Bürgermeisters der Stadt Abensberg vom 3.10.1945; Vgl. Angrüner, Kriegsende (1994), S. 46.

IV. Regensburg in den letzten Kriegsmonaten, Januar bis April 1945

In dieser niederbayerischen Kleinstadt befanden sich im April 1945 neben einem Reservelazarett im örtlichen Krankenhaus eine beachtliche Zahl an Notlazaretten.[1295] Leitende Militärärzte dieser Einrichtungen im Verein mit Ortshonoratioren bemühten sich im April um die Ausweisung Abensbergs als Lazarettstadt und ließen entsprechende Hinweistafeln bereits herstellen.[1296] Noch am 26. April widersprach jedoch Gauleiter Ruckdeschel dem von einer Ärzte-Delegation in seinem RVK-Befehlsstand in Schloss Haus vorgetragenen Wunsch der Ausweisung als Lazarettstadt.[1297] Die Abensberger nahmen jedoch auch Kontakt zu dem für ihren Raum zuständigen XIII. SS-Korps des Feldheeres auf, das daraufhin die Lazarette inspizieren ließ. Im Lauf des 27. April erklärte die dem SS-Korps vorgesetzte 1. Armee Abensberg ab Mitternacht zur „Offenen Stadt".[1298] Für Regensburg wird bis heute von einem ähnlichen Versuch Dr. Leo Ritters, Chefarzt der Chirurgischen Abteilung am Krankenhaus der Barmherzigen Brüder, erzählt – wenn es ihn gegeben hat, war er erfolglos geblieben.[1299]

### 5.2.2.5. Die Demonstration der Regensburger Bürgerschaft am 23. April 1945

Am 19. April 1945 war Gauleiter Fritz Wächtler in Herzogau hingerichtet worden. Drei Tage später rechtfertigte sein Nachfolger im Amt des Gauleiters und Reichsverteidigungskommissars, Ludwig Ruckdeschel, diese Tat mit dem Vorwurf, Wächtler habe die Gauhauptstadt Bayreuth verlassen und damit Feigheit vor dem Feind gezeigt.[1300] Am selben Tag, dem 21. April, wurde in Regensburg der bereits 1944 wegen „Wehrkraftzersetzung" zum Tod verurteilte Luftschutzpolizist Johann Igl hingerichtet. Am 22. April 1945 verlautbarte Ruckdeschel in einer in Regensburg aufgezeichneten Radioansprache, dass die Stadt bis zum letzten Stein verteidigt werden müsse.[1301] In der Nacht vom 22. auf den 23. April erfolgte die Ausrufung eines Panzeralarms für Regensburg und die Sprengung der Brücken über die Donau.[1302]

Angesichts des in rascher Folge demonstrativ zur Schau gestellten, unbedingten Durchhaltewillens durch den Gauleiter und Reichsverteidigungskommissar erscheint

---

[1295] Vgl. Angrüner, Kriegsende (1994), S. 17 (Bericht Stark), S. 35 (Bericht Riedmeier).
[1296] Vgl. Angrüner, Kriegsende (1994), S. 38 (Bericht Menzel), S. 40 (Bericht Aigner), S. 45f. (Bericht Kral). – Allein die Her- und Bereitstellung dieser Tafeln hätte bereits genügt, um sie vor ein Standgericht zu stellen, wie etwa im bereits angesprochenen Fall in Eisenärzt, Oberbayern, auch geschehen.
[1297] Vgl. Angrüner, Kriegsende (1994), S. 47; vgl. auch Rottler, Abensberg (1972), S. 298.
[1298] Vgl. Angrüner, Kriegsende (1994), S. 47. – zu den Hintergründen der Ausweisung vgl. Kap. V.1.
[1299] Dr. Ritter hat hinsichtlich seiner gerüchteweise angekündigten Rede am Moltkeplatz auf fernmündliche Nachfrage der Kreisleitung am 23. April erklärt, dass er von der ganzen Angelegenheit keine Ahnung habe – und hat dies auch später wiederholt. Vgl. Oberneder, Chronik (1970), S. 671.
[1300] Vgl. Lilla, Wächtler (2012).
[1301] BZAR, OA DP Maier/7: Brief von B. Rathsam an J. Eisenbarth vom 23.4.1945; Rathsam, Irrtum (1980), S. 10.
[1302] Siehe Kapitel V.1.3.

## 5. Kriegsmüdigkeit und resistentes Verhalten in der „Volksgemeinschaft"

die am Nachmittag des 23. April am Moltkeplatz (heute Dachauplatz) stattfindende Kundgebung zur kampflosen Übergabe der Stadt, an der sich insbesondere Regensburger Frauen mit Kindern beteiligten, als bemerkenswerter Akt kollektiver Widerständigkeit.[1303] Diese Demonstration setzte einen deutlichen Akzent und stellte eine markante Aussage des politischen Willens der Bevölkerung dar, mit der die Stadtbewohner auf die nationalsozialistischen Machthaber einwirken wollten – gegen deren Durchhalteparolen.

In gewisser Weise griffen die Regensburger dabei auf ein Handlungsmuster zurück, das sich bereits einmal bewährt hatte. Im Herbst 1941 hatten sie mit einer Demonstration erfolgreich gegen eine nationalsozialistische Repressionsmaßnahme aufbegehrt.[1304] Der Anlass hierfür war die am 23. April 1941 von Adolf Wagner in seiner Funktion als bayerischer Kultusminister gegebene Anordnung, das Schulgebet durch nationalsozialistische Texte zu ersetzen und die Kreuze aus den Klassenzimmern zu entfernen. Als Reaktion auf diesen sogenannten Kruzifixerlass war es bayernweit zu Protesten der Bevölkerung, später auch von Seiten der Bischöfe gekommen.[1305] In der Folge ließ Wagner die Ausführung seines Erlasses zunächst stoppen. Ende September teilte das Kultusministerium den Regierungspräsidenten und Gauleitern schließlich mit, auf Antrag der Bürgermeister und im Einvernehmen mit dem jeweiligen Kreisleiter dürften die Kreuze wieder in den Schulen angebracht werden.[1306] In Regensburg war von dieser Möglichkeit offenbar nicht Gebrauch gemacht worden, weshalb es am 29. Oktober 1941 zu einer Kundgebung von bis zu 1.000 Frauen kam, die forderten, die Schulkreuze wieder anzubringen. Vormittags hatte man sich vor dem Rathaus zusammengefunden, doch Oberbürgermeister Schottenheim erklärte sich entgegen der ministeriellen Verfügung für nicht zuständig und verwies auf Kreisleiter Weigert. Daher zogen die Frauen am Nachmittag vor die Kreisleitung, wo Weigert in der Diskussion mit den Frauen offenbar nachgab, denn wenige Tage später waren die Kreuze in zahlreiche Regensburger Klassenzimmer zurückgekehrt.[1307]

Die Versammlung des 23. April 1945 scheint bereits einige Tage zuvor vorbereitet worden zu sein, denn eine geplante Kundgebung wurde schon gegen 7:00 Uhr dieses

---

[1303] Siehe hierzu ausführlich Chrobak, Blutzeuge (1995); Bauer, Justiz (1969), S. 233–346: Fall 045 (Regensburg, Gauleiter Ruckdeschel, Kreisleiter Weigert, u. a.).

[1304] Weigert selbst soll noch am 23. April 1945 eine Verbindung zwischen der Demonstration zur kampflosen Übergabe der Stadt und der Kundgebung für die Schulkreuze des Jahres 1941 gezogen haben: „jetzt haben wir erst die Kruzifix-Aktion gehabt und jetzt haben sie demonstriert für die kampflose Übergabe der Stadt", Aussage des ehemaligen Landgerichtsdirektors Johann Schwarz vor der Kriminal-Untersuchungs-Abteilung des Regensburger Stadtrats, 14.7.1947, zitiert nach Chrobak, Domprediger (1985), S. 475.

[1305] Vgl. hierzu ausführlich Möckershoff, Schulkreuz (1981).

[1306] Vgl. ebd., S. 245.

[1307] Vgl. Chrobak, Domprediger (1985), S. 475; Halter, Stadt (1994), S. 208f.; Möckershoff, Schulkreuz (1981), S. 248f.

## IV. Regensburg in den letzten Kriegsmonaten, Januar bis April 1945

Tages angekündigt. Wer das Gerücht in Umlauf brachte, ist nicht mehr zweifelsfrei feststellbar. Mehrere Zeitzeugen berichteten, dass Domprediger Dr. Johann Maier im Lauf des Tages für die Teilnahme an der Kundgebung geworben habe. Aber auch Polizisten und Parteifunktionäre sollen hierzu aufgefordert haben.[1308] Die Angaben zu Zeitpunkt und Redner der Veranstaltung variieren in den diversen Quellen stark, lediglich der Ort stimmte in den Gerüchten überein. Am Moltkeplatz sollten entweder Kreisleiter Weigert, der Stadtkommandant, der Arzt Dr. Leo Ritter (um die Stadt zur Lazarettstadt zu erklären) oder sogar ein General der SS sprechen.[1309] Der Beginn der Kundgebung wird in manchen Quellen gegen 14:00 Uhr, in anderen erst gegen 17:00 Uhr angegeben. Das gab später einigen Spekulationen Nährboden, dass es sich bei der Demonstration um zwei unabhängige Ereignisse gehandelt haben könnte;[1310] eine Interpretation, die sich weder bestätigen noch widerlegen lässt.

Kreisleiter Weigert erfuhr um die Mittagszeit von der Kundgebung und wies den örtlichen Rundfunk an, ein Verbot der Versammlung zu senden.[1311] Trotz dieser tatsächlich und mehrfach ausgestrahlten Meldung befanden sich gegen 18.00 Uhr zwischen 800 und 1.000 Personen, darunter Frauen, Kinder und Soldaten, auf dem Moltkeplatz.[1312] Viele der Teilnehmer skandierten „Gebt die Stadt frei" und schwenkten weiße Taschentücher.[1313] Kreisleiter Weigert versuchte gemeinsam mit dem indes abgesetzten Chef der Regensburger Gestapo, aber nach wie vor Luftschutzleiter Fritz Popp, mit einem Fliegeralarm die Kundgebung aufzulösen und die Menge zu zerstreuen, allerdings mit wenig Erfolg.[1314] Stattdessen heizte sich die Stimmung auf. Angehörige des Volkssturms, der Polizei und der Gestapo gingen gegen die Demonstranten vor, einige Frauen wurden sogar mit dem Tod bedroht. Gleichzeitig wurde in der Menge die Forderung laut, Kreisleiter und Gauleiter sollten gehängt werden. Dem trat der ebenfalls unter den Teilnehmern der Kundgebung anwesende Domprediger Johann Maier entschieden entgegen.[1315] Dennoch bewegte sich die Menge in Richtung der Kreisleitung der NSDAP. Dort feuerten Hitlerjungen und der Kreis-

---

[1308] Vgl. Chrobak, Domprediger (1985), S. 458f. u. 475f.
[1309] Vgl. Rathsam, Irrtum (1980), S. 10.
[1310] Vgl. ebd.; Chrobak, Blutzeuge (1995), S. 16f.
[1311] Vgl. Chrobak, Blutzeuge (1995), S. 15.
[1312] Vgl. ebd., S. 17f.
[1313] BZAR, OA DP Maier/7: Stadtpfarrer von St. Emmeram, Kraus, an den Bischof von Regensburg vom 6.5.45.
[1314] An jenem 23. April überquerte ein Flugzeug im Tiefstflug den Moltkeplatz, doch dies stand offenbar in keinerlei Zusammenhang mit der Kundgebung bzw. dem ausgelösten Luftalarm. Stattdessen überführte Feldwebel Heinz Lohmann an diesem Tag ab 17:40 Uhr die letzte, im östlich des Fliegerhorstes Obertraubling gelegenen Waldwerk „Stauffen" endmontierte Me 262 nach München-Riem und überflog dabei auch die Menschenansammlung auf dem Moltkeplatz. Mit seiner Frau hatte er zuvor verabredet, dass er sich mit einem Tiefflug über die Altstadt verabschieden werde, da seine Rückkehr angesichts der Kriegsumstände ungewiss sei. Vgl. Schmoll, Luftangriff (1995), S. 18; ders., Messerschmitt-Werke (2004), S. 180; ders., Luftangriffe (2015), S. 229f.
[1315] Vgl. Chrobak, Blutzeuge (1995), S. 18.

## 5. Kriegsmüdigkeit und resistentes Verhalten in der „Volksgemeinschaft"

amtsleiter der NS-Volkswohlfahrt, Hans Hoffmann, einige Warnschüsse ab. Die Gewaltbereitschaft stieg unter den Teilnehmern der Versammlung. Im Gedränge wurden zwei Volkssturmmänner durch Messerstiche schwer verletzt.[1316]

Domprediger Dr. Maier fühlte sich offenbar verpflichtet, ein mäßigendes Wort zu ergreifen. Es dürfte ihm darum gegangen sein, die Kundgebung gegenüber den Machthabern weniger gebieterisch-fordernd als vielmehr bittend erscheinen zu lassen und den Parteigrößen die Furcht der Bevölkerung begreiflich zu machen.[1317] Kurz nachdem er das Wort ergriffen hatte, um den Appell zur kampflosen Übergabe der Stadt zu rechtfertigen, verhaftete ihn Kriminalkommissar Albert Jahreis und führte ihn zur Polizeidirektion am Minoritenweg ab.[1318] Mehrere der Umstehenden protestierten gegen die Verhaftung Maiers und wurden ebenfalls in Gewahrsam genommen, darunter der pensionierte Gendarmerieinspektor Michael Lottner. Mit bis zu 20 weiteren Personen wurde er in die Kreisleitung gebracht. Dort lastete man Lottner irrtümlicherweise die Verletzung der beiden Volkssturmmänner an, weil bei der Durchsuchung seiner Kleidung ein Messer gefunden worden war. Nachdem Lottner während des Verhörs mit Schlägen und Fußtritten malträtiert worden war, ermordeten ihn Kreisamtsleiter Hoffmann und HJ-Bannführer Rupert Müller mit zwei Schüssen.[1319]

Auf Befehl des Gauleiters und Reichsverteidigungskommissars Ruckdeschel, der mittlerweile von Kreisleiter Weigert über das Geschehen informiert worden war, sollten die Initiatoren bzw. Protagonisten der Kundgebung noch am selben Abend bis spätestens 19:30 Uhr auf dem Moltkeplatz gehängt werden.[1320] Weigert berief daraufhin ein Standgericht ein, das allerdings erst gegen 20 Uhr in der Polizeidirektion zusammentrat. Dem Standgericht sollten Landgerichtsdirektor Johann Schwarz, Staatsanwalt Alois Then sowie als Beisitzer Gendarmeriemajor Richard Pointner und Major Othmar Matzke angehören. Matzke ließ sich jedoch entschuldigen, da er im Befehlsstand des Kampfkommandanten unabkömmlich sei.[1321] Als Ersatz wurde daher der Ratsherr und stellvertretende Vorsitzende des örtlichen NSDAP-Kreisgerichts, Hans Gebert, als Beisitzer bestimmt.[1322] Dieses in aller Eile eingesetzte Tribunal verhandelte noch in der Nacht des 23. April wegen Wehrkraftzersetzung gegen Dom-

---

[1316] Vgl. ebd., S. 19.
[1317] Vgl. BZAR, OA DP Maier/7: Stadtpfarrer von St. Emmeram, Kraus, an den Bischof von Regensburg vom 6.5.45.
[1318] Zum Wortlaut der Ausführungen Johann Maiers, siehe Chrobak, Blutzeuge (1995), S. 19.
[1319] Vgl. Chrobak, Blutzeuge (1995), S. 20; zum Nachkriegsverfahren gegen Hoffmann siehe, Bauer, Justiz (1969), S. 767–784: Fall 072 (Regensburg, Hptm. Hans Hoffmann, u. a.).
[1320] Vgl hier und im Folgenden, Chrobak, Blutzeuge (1995), S. 21–24; Kick, Kindern (1985), S. 331; Mulert, Quellen (1987), S. 276.
[1321] Es heißt jedoch, dass Major Robert Bürger nach eigenen Angaben bei diesem Prozeß anwesend gewesen sei, so Sturm, Jahre (2005), S. 20; sehr kritisch hierzu Eiser, Kriegsende (2012), S. 36f.
[1322] Vgl hier und im Folgenden, Chrobak, Blutzeuge (1995), S. 21–24; Kick, Kindern (1985), S. 331; Mulert, Quellen (1987), S. 276.

prediger Dr. Johann Maier sowie die ebenfalls zuvor bei der Kundgebung verhafteten Josef Zirkl, Johann Hierl, Georg Daubinet und Eugen Bort. Keinem der Angeklagten wurde dabei juristischer Beistand gewährt. Zudem wurde noch während das Standgericht tagte, bereits ein provisorischer Galgen auf dem Moltkeplatz errichtet. Dass es zu Hinrichtungen kommen würde, stand demnach schon fest. Um 00:30 Uhr des 24. April war die Verhandlung beendet. Maier und Zirkl waren zum Tode verurteilt, die übrigen Angeklagten frei gesprochen worden. Die beiden Todesurteile wurden, nachdem Ruckdeschel sie bestätigt hatte, um 3:25 Uhr durch die Gestapo vollstreckt. Maier und Zirkl hatte man jeweils ein Schild mit der Aufschrift „Hier starb ein Saboteur" umgehängt.[1323] Unter den Galgen wurde der am Abend des 23. April in der Kreisleitung erschossene Michael Lottner gelegt. Zur Abschreckung der Bevölkerung durften die Leichen erst am späten Abend gegen 19:30 Uhr vom Galgen abgenommen werden.

Angesichts des an den Tag gelegten Mutes des Dompredigers, ein mäßigendes Wort während der Kundgebung zu ergreifen, und seines nachfolgenden Todes, suchte man im Nachhinein vor allem in seinem Umfeld nach den Urhebern der Demonstration.[1324] Da sowohl Angehörige der Gruppe „Das Neue Deutschland" als auch solche der „Organisation Bauernhaus" auf mehrere Regensburger hinwiesen, die zur Kundgebung des 23. April 1945 maßgeblich beigetragen hätten, spricht viel dafür, dass diese weitere Urheber bzw. Urheberinnen hatte.[1325]

Nach Prüfung aller Quellen ist zweifelsfrei festzustellen, dass die Demonstration ein Akt des kollektiven Widerstands gegen den von den Machthabern propagierten Durchhaltewillen war. Es gibt keine Anhaltspunkte dafür, dass die Kundgebung die deutschen Militärs, die Stadtspitze oder die NSDAP veranlasst hätte, Regensburg kampflos zu übergeben. Auch auf das Vorgehen der Amerikaner hatten die Kundgebung und der Tod Domprediger Maiers keine Auswirkungen.[1326]

## 5.3. Gab es Widerstand in Regensburg?

Einleitend wurde gefragt, ob unpolitisches „Resistenzverhalten" in Regensburg in der ersten Hälfte des Jahres 1945 vorhanden war, aus dem sich bis zum Kriegsende ein aktiver, politisch motivierter Widerstand entwickelte. Welche Motivationen lagen dem Handeln der Protagonisten des Widerstands zugrunde? Wie artikulierte sich

---

[1323] Eine Fotografie eines der Schilder bei Hausberger, Domprediger (2005), S. 50, Abb. 63.
[1324] Vgl. Chrobak, Blutzeuge (1995), S. 26f.; Moll, Zeugen (2015), S. 636–640; Werder, Regensburg (2016), S. 21.
[1325] Demnach seien an der Verbreitung der Gerüchte insbesondere Frauen aus der Gegend zwischen der Landshuter Straße, der Hemauer Straße und der Hermann-Geib-Straße beteiligt gewesen. Vgl. StAR, Materialien Hilmer: Organisation Bauernhaus – Kopien: Markus Pusels Bericht über die Tätigkeit der Regensburger Freiheitsorganisation „Bauernhaus" vom Juni 1945.
[1326] Vgl. Chrobak, Domprediger (1985), S. 484.

## 5. Kriegsmüdigkeit und resistentes Verhalten in der „Volksgemeinschaft"

der Widerstand, lediglich in Worten oder auch in Taten? Klärungsbedürftig waren auch mögliche Kooperationen zwischen Individuen und Gruppen des avisierten Widerstands.

Die Quellen verraten eindeutig ein resistentes Verhalten der Regensburger Bevölkerung und der in Regensburg stationierten deutschen Soldaten. Ob es zwischen der allgemeinen Stimmung und den erwähnten vier Gruppierungen des Widerstands in Regensburg einen kausalen Zusammenhang gab, ist nicht eindeutig eruierbar, gleichwohl sehr plausibel.

Die Motivation der jeweiligen Angehörigen der Widerstandsgruppen oszillierte zwischen ideologischer Überzeugung, wie im Fall der katholisch-konservativen Akteure mit Josef Held und Elsen an der Spitze, bis hin zur Distanzierung, wie im Fall der Soldaten der „Organisation Bauernhaus", besonders Dr. Staffs und Markus Pusels. Formen opportunen Handelns als Reaktion auf die bevorstehende Kriegsniederlage erkennt man bei den Vertretern der Gruppe „Das Neue Deutschland". Freilich sind nach wie vor keine absoluten Bewertungen möglich, vielmehr liegen zunächst erste, auf der Grundlage des bisher recherchierten Archivmaterials mögliche Rekonstruktionen vor.

Eindeutig konnte eine Vernetzung zahlreicher Regensburger Widerständler untereinander und zu weiteren, in der Literatur seit langem bekannten bayerischen Widerstandsgruppen nachgewiesen werden. So ist festzuhalten, dass der US-Geheimdienst von den Münchner Vorgängen um die FAB aus bisher unbekannter Quelle erfuhr,[1327] dass Akteure aus Regensburg offensichtlich die Verbindung nach Nürnberg-Fürth und nach München herstellten, dass ferner die Donaustadt nicht nur geografisch, sondern auch personell das Bindeglied zwischen den antinationalsozialistischen bayerischen Oppositionsgruppen war. Die Amerikaner schöpften intensiv ihre Informationen aus Regensburg.

Wenn man auf die gängigen Kategorien des Widerstands bzw. auf den Resistenzbegriff rekurriert, sind die Regensburger Gruppen Elsen und Held der Kategorie des politisch-weltanschaulichen Widerstands zuzurechnen, die Gruppen „Organisation Bauernhaus" und „Das Neue Deutschland" wären, wie auch der Personenkreis der Regensburger Bürgerschaft, der sich am 23. April 1945 für die kampflose Übergabe der Stadt einsetzte, mit dem Broszat'schen Begriff der Resistenz angemessen beschrieben.

Regensburg zeigt sich somit nicht als Ort einer bloßen Begeisterung für den Nationalsozialismus, nicht als Stadt einer uneingeschränkten Anpassung und Nachfolgebereitschaft. Das zeitgenösische Bild des amerikanischen Offiziers H.G. Kleikamp[1328], das als eine singulär im Raum stehende Quelle alle Narrationen über die politische

---

[1327] Vgl. Diem, Freiheitsaktion (2013), S. 114.
[1328] Vgl. Kleikamp, H.G.: Public Opinion in Regensburg (MII Team 491-G), in: Brückner, Kriegsende (1987), S. 287f (= Anlage 11), mit als Quellenangabe „Kopie des maschinenschriftlichen Berichts

## IV. Regensburg in den letzten Kriegsmonaten, Januar bis April 1945

Stimmung in Regensburg deutete, als seien alle Regensburger konservativ, religiös-orthodox und phlegmatisch gewesen, scheint nunmehr diskussionswürdig. Eine Schlussfolgerung, Regensburg habe einen Geist des Widerstands gegen die Nationalsozialisten zwischen 1933 und 1945 nicht ganz verloren, ist zulässig.

Erst recht rekurriert man, gegenwärtig über den Widerstand in den letzten Kriegsmonaten hinaus, auf den Widerstand in den früheren Jahren der nationalsozialistischen Diktatur, auf Sozialdemokraten und Gewerkschaftler, auf die „Neupfarrplatzgruppe", auf Zeugen Jehovas etc.[1329]

---

in der Sammlung d. Verf.", ebd. S. 288. – Erstabdruck dieses Berichtes (jedoch ohne Verfasserangabe) vgl. NARA 407/427/9550: 65th Infantry Division, G–2 Periodic Report No. 52, 30 April 1945, Annex 1: MI Report „Public Opinion in Regensburg"; auch wiedergegeben in NARA, 338/XX/7945: Headquarter XX Corps, G–2 Periodic Report No. 265, 1 May 1945, Annex 3 („reproduced from 65th Infantry Division […]").

[1329] Vgl. Kick, Kindern (1985), S. 58–318.

# V.
# ÜBERGABE DER STADT REGENSBURG AN DIE AMERIKANER

## 1. Regensburg wird Frontstadt, aber keine „Festung"

Zunächst muss ausdrücklich wiederholt werden, dass es sich erst nach Mitte April abzeichnete, dass die US-Army und nicht die Rote Armee als erste den Raum Regensburg erreichen werde.[1330] Planungen der Wehrmacht für eine Verteidigung der Donaulinie mit Brückenköpfen am Nordufer gegen die US-Streitkräfte sahen für Regensburg vor, die Stadt im nördlichen und westlichen Vorland zu verteidigen.

Wie bereits erwähnt, hatte das Oberkommando der Wehrmacht (OKW) am 18. April 1945 entschieden, die Gebiete des Wehrkreises XIII südlich der Donau (mit Brückenköpfen am Nordufer) dem Wehrkreis VII (München) zu übertragen.[1331] Ebenfalls zum 18. April wurde Regensburg, neben Straubing und Kelheim, durch das Wehrkreiskommando VII zu einem sogenannten „Ortsstützpunkt" und Brückenkopf im Operationsgebiet des Feldheeres erklärt.[1332] „Ortsstützpunkte" und „Feste Plätze" („Festungen") waren im März 1944 durch Führerbefehl zunächst nur an der Ostfront eingerichtet worden. 1944/45 wurden solche auch im Westen eingeführt. Ein „Ortsstützpunkt" sollte bei feindlichen Durchbrüchen ein zäh verteidigter Stützpunkt in der Tiefe der Kampfzone sein. Ein „Fester Platz" hatte sich ggf. einschließen zu lassen und sich rundherum zu verteidigen.[1333]

Ein Ortsstützpunkt musste von einem „Kampfkommandanten", einem aktiven und erfahrenen Offizier, geführt werden, dem auch sämtliche zivile Einrichtungen und die Parteiorgane vor Ort unterstellt waren.[1334] Als solcher wurde Oberst Hugo Babinger[1335] eingesetzt, der am 19. April in Regensburg eintraf.[1336] Dieser war kein, wie Eiser und Schießl mutmaßten, „nicht mehr frontverwendungsfähiger" Offizier aus der Führerreserve der Münchner Ersatz- und Ausbildungs-Division Nr. 467.[1337] Major

---

[1330] Vgl. hierzu in Kapitel II.6.4.
[1331] Vgl. Brückner, Kriegsende (1987), S. 75f.; vgl. BA-MA, ZA 1/578: Weisenberger, Karl: Wehrkreis, Teil A., S. 8 / fol. 12.
[1332] Vgl. BA-MA, RW 17/46, fol. 21–22: Stellvertretendes Generalkommando VII, Korpsbefehl Nr. 3 vom 18.4.45, hier fol 21'.
[1333] Vgl. Hubatsch, Weisungen (1962), S. 243–250.
[1334] Vgl. Weisenberger, Wehrmachtskommandant (1982), S. 190; Hubatsch, Weisungen (1962), S. 243–250 u. 247f.
[1335] Hugo Babinger (1894–1968), Artillerist, stammte aus Weiden und war in Darmstadt gemeldet. Oberst seit Feb. 1942. Im Dez. 1943 in der Führerreserve OKH (WK XII). Weitere Verwendungen sind amtlich nicht überliefert. Vgl. DD-WAST, Auskunft zur Person Hugo Babinger vom 18.02.2016.
[1336] Vgl. SBR, NL Kerschensteiner: Kriegstagebuch 1945, Beilageblatt für April. – Es gehört zu den großen Rätseln der Darstellung von Bürger, dass dort Oberst Babinger nicht erwähnt wird, sondern Major Hüsson als Kampfkommandant direkt dem Stadtkommandanten General Amann nachfolgt, vgl. Bürger, Regensburg (1983), S. 385.
[1337] Vgl. Eiser, Kriegsende (2012), S. 42. – Zudem hatten diese Ersatz-Divisionen keine Führer-Reserven. Über derlei verfügten im Ersatzheer nur die Wehrkreise selbst.

## 1. Regensburg wird Frontstadt, aber keine „Festung"

Matzke gab bei seiner ersten Befragung durch die US-Army an, dass Oberst Babinger aus der Führerreserve des OKH, also vom OKH Personalamt nach Regensburg entsandt worden war.[1338] Wie jede andere Einheit des deutschen Feldheeres hatte auch der „Kampfkommandant Regensburg" vom ersten Tag an ein offizielles Kriegstagebuch zu führen. Also hatte bereits unter Babinger ein solches geführt werden müssen. Ein personeller Wechsel des Kommandanten wäre dort zu vermerken, keinesfalls deshalb ein neues Tagebuch notwendig gewesen.[1339] Laut „Korpsbefehl Nr. 5" des mobilgemachten Wehrkreiskommandos VII vom 23. April sollte der Donauabschnitt am 24. April 0:00 Uhr an die 19. bzw. die (hier interessierende) 1. Armee (und deren XIII. SS-, bzw. 82. Heeres-Korps) übergeben werden.[1340] Die aus dem oberbayerischen Raum herangeführten Einheiten der Ersatz- und Ausbildungsdivision Nr. 467 gingen zu diesem Zeitpunkt auf in den Divisionen des Feldheeres.[1341] Der „Kampfkommandant Regensburg" hingegen trat als eigenständiger Verband des 82. Korps neben dessen Divisionen, ungeachtet von taktischen Unterstellungen.[1342]

Eiser und Schießl behaupten, dass der vorherige Regensburger Stadtkommandant, Generalmajor Amann, für kurze Zeit bis 19. April auch der erste Kampfkommandant gewesen sei.[1343] Diese Darstellung entbehrt jeder Grundlage, da Amann schon auf-

---

[1338] Vgl. NARA, 407/427/9550: 65th Infantry Division, G–2 Periodic Report No. 51, 29 April 1945, Annex: IPW-Report, Bl. 2.

[1339] Daraus ergibt sich das gewichtige Argument, dass das Bürgersche Kriegstagebuch wohl keine Abschrift des offiziellen KTBs sein konnte, da es erst mit der Einsetzung Major Hüssons als Kampfkommandanten einsetzt.

[1340] Vgl. BA-MA, RW 17/46, fol. 13–13': Stellvertretendes Generalkommando VII, Korpsbefehl Nr. 5 vom 23.4.45.

[1341] Brückner bedauerte, dass diese Ersatzeinheiten wegen dieser Eingliederung im weiteren Verlauf nicht mehr identifizierbar wären und ihr jeweiliger Weg nicht nachgezeichnet werden könne. Vgl. Brückner, Kriegsende (1987), S. 149; Jedoch lässt sich dies anhand der Gefangenenstatistiken der US-Army sehr wohl gut nachvollziehen. Dort werden für den Raum Regensburg nur selten z. B. Soldaten der zur 416. Division zählenden Regimenter 712, 713 u. 774 aufgelistet. Hingegen in großer Zahl Ersatz- und Ausbildungseinheiten verschiedener Herkunft, nicht näher definierbare Marsch- und Alarmeinheiten sowie nach ihren Kommandeuren benannte Kampfgruppen, etc.. Es war offenbar schlicht keine Zeit und Gelegenheit gewesen, die neue Einheitszugehörigkeit den Soldaten in ihre Soldbücher einzutragen. Möglicherweise wussten manche Soldaten nicht einmal, wem sie gerade zugeordnet waren.

[1342] Insofern ist es zumindest ungenau formuliert, wenn Bürger, Regensburg (1983), S. 385, schreibt, dass das Feldheer erst am 24. April die Befehlsgewalt in Regensburg übernahm.

[1343] Vgl. Eiser, Kriegsende (2012), S. 40f. u. 150. – Eiser und Schießl dürften sich zu dieser Aussage haben verleiten lassen, da Major Matzke sich in seinen späteren Erinnerungen dahingehend täuschte, dass er in Regensburg der „Ia" unter drei (!) „Kampfkommandanten" gewesen sei (Amann, Babinger und Hüsson). Vgl. StAR, Gespräch 27. Feb. 1985 mit Herrn O. Matzke , Bl. 9 u. 19. Wie auch bereits oben in Kap. II.6.1.2.5. ausgeführt, firmierte Generalmajor Amann bis 18. April nur als „Stadtkommandant", bevor er von Oberst Babinger als „Kampfkommandant" abgelöst wurde. – Brückner lässt bis zur Einsetzung Hüssons sowohl Amann als Stadtkommandanten, als auch Babinger als Kampfkommandanten nebeneinander amtieren. Beide seien dann zusammen abgelöst worden. Brückner bezieht sich dabei auf Bürger, was jedoch an der angemerkten Stelle nicht nachvollziehbar ist. Vgl. Brückner, Kriegsende (2012), S. 151.

grund seines Alters hierfür grundsätzlich nicht infrage kam.[1344] Die beiden Autoren argumentieren, dass „auch im Kriege die Ausnahme die Regel bestätigt".[1345] Als zweites Argument führen sie an, dass die Wehrmacht, aus Rücksichtnahme auf Generalmajor Amann, ihn am 19. April als Kampfkommandant durch Oberst Babinger ersetzte, um ihm die Situation zu ersparen, einem Rangniedrigerem, einem SS-Standartenführer (entspricht Oberst), unterstellt zu werden. Dies, da an diesem Tag SS-Standartenführer Stange, zeitweiliger Kommandeur der 38. Waffen-Grenadier Division der SS „Nibelungen", im „Abschnitt Regensburg und Kelheim unter Belassung der dort befindlichen Kräfte" das Kommando übernommen haben soll.[1346] Die von den Autoren genutzte Quelle ist undeutlich – gemeint war der „Abschnitt Regensburg (ausschließlich) bis Kelheim".[1347] Also geht auch diese Argumentation der Autoren ins Leere.

Und nur wenige Seiten weiter stellen Eiser und Schießl ihre eigene Argumentation gleichsam auf den Kopf, wenn sie formulieren: „Mit der Übernahme des Kommandos durch den neu ernannten Kampfkommandanten Oberst Babinger war die Aufgabe von Generalmajor Amann als territorialem Befehlshaber erfüllt."[1348] – „Territorialer Befehlshaber" ist die amtliche Dienstbeschreibung eines Stadtkommandanten, nicht eines Kampfkommandanten, als welchen die Autoren wenige Zeilen zuvor Generalmajor Amann noch bezeichneten.

Hier zeigte sich auf der Befehlsebene vor Ort dieselbe, bereits oben für die Führungsebene der Wehrkreise dargestellte (und in vielen, vor allem regionalen Darstellungen häufig übersehene) Aufspaltung der bisherigen Ersatzheerstrukturen in einen mobilgemachten, unmittelbar dem Feldheer unterstehenden Bereich und einen kleinen Verwaltungs-Restbereich des Wehrkreises.[1349] Abgelöste Stadtkommandanten traten in der Regel zur „Führer-Reserve" des Wehrkreiskommandos.[1350] Dies galt nicht in Garnisonsstädten, wo den Rest-Wehrkreisen noch einige Verwaltungsaufgaben verblieben. Auch in Zeiten der Niederlage mussten u. a. Kasernen, Ausrüstungs- und Verpflegungslager verwaltet werden und die örtlichen Wehrersatzbehörden bedurften

---

[1344] Vgl. hierzu insbesondere Weisenberger, Wehrmachtskommandant (1982), S. 189f. – Die Thematik der Benennung von Kampfkommandanten ist oft schwierig, beispielsweise wechselten die Kampfkommandanten in Würzburg und insbesondere in Nürnberg mehrfach, teils binnen nur weniger Tage. Vgl. Kunze, Kriegsende (1995), S. 96–98.
[1345] Vgl. Eiser, Kriegsende (2012), S. 40.
[1346] Vgl. Eiser, Kriegsende (2012), S. 42. – Auf die dabei so ganz nebenbei mitgeteilte, geradezu „sensationelle" Darstellung, dass der gesamte Kommandanturbereich Regensburg am 19. April unter das Kommando der Waffen-SS gelangt wäre, gingen die Autoren jedoch nicht weiter ein – wohl deshalb nicht, weil es so nicht gewesen war.
[1347] Zur 38. SS-Division und ihrem tatsächlichen Einsatzbereich s. hier auch im weiteren Text, Kap. V.1.1.
[1348] Vgl. Eiser, Kriegsende (2012), S. 43.
[1349] Vgl. Kap. II.6.1.2.1.
[1350] Vgl. Weisenberger, Wehrmachtskommandant (1982), S. 190.

## 1. Regensburg wird Frontstadt, aber keine „Festung"

einer vorgesetzten Stelle.[1351] Ebenso war die Eingliederung der bisherigen Wehrkreistruppen in das Feldheer zu unterstützen.[1352] In manchen Garnisonen wurden die bisherigen Stadtkommandanten gleichsam Verbindungsoffiziere der Rest-Wehrkreise zum Feldheer vor Ort. Eine eigene Bezeichnung für diese Funktion gab es ebensowenig wie für den „General z. b.V." auf Rest-Wehrkreis-Führungsebene.[1353] Der bisherige Regensburger Stadtkommandant, Generalmajor Otto Amann, und sein Adjutant, Major d.R. Franz Kerschensteiner, hatten offenbar diese Funktion und zogen sich in ein schon länger vorbereitetes Ausweichquartier der Stadtkommandantur, Schloss Haus in Neueglofsheim, zurück.[1354] In den folgenden Tagen gelangte Amann des öfteren nach Regensburg an seine frühere Wirkungsstätte und jetzige Kampfkommandantur.[1355]

Damit machte es auch Sinn, dass noch am 19. April in Schloss Haus auch der neue NS-Gauleiter und Reichsverteidigungskommissar Ludwig Ruckdeschel nebst Gefolge eintraf, unmittelbar nach der Hinrichtung seines Vorgängers, Fritz Wächtler, in Herzogau bei Waldmünchen.[1356] Gegenüber dem Feldheer, also auch gegenüber einem Kampfkommandanten, hatte ein RVK keinerlei Weisungsbefugnis – hingegen schon im Rahmen seiner Befugnisse gegenüber den Rest-Strukturen des Ersatzheeres. Ruckdeschel mischte sich auf Schloss Haus massiv in Wehrmachtsangelegen-

---

[1351] In manche Orte entsandte der (Rest-)Wehrkreis VII sogar zusätzliches Fachpersonal, um diese Aufgaben zu gewährleisten. So etwa im Fall der geordneten Räumung der Verpflegungslager. Vgl. Brückner, Kriegsende (1987), S. 66, dort Anm. 12, u. S. 244.

[1352] Hierfür entsandte der (Rest-)Wehrkreis VII sogar einen Major als speziellen Verbindungsoffizier des Wehrkreises für die Eingliederung der Div. Nr. 467 in die Fronttruppen nach Regensburg, der dort jedoch „keine Rolle spielte". Vgl. Brückner, Kriegsende (1987), S. 84, dort Anm. 26.

[1353] S. Kap. II.6.1.2.1. u. II.6.1.2.2.

[1354] Dem fürstlichen Haus war es gelungen, dieses kleine Schloss, nach dessen zeitweiliger Nutzung als Flüchtlingsunterkunft, für den Fall der Luftkriegszerstörung von Schloss St. Emmeram zur Verfügung zu behalten (vgl. FTTZA, Hofmarschallamt 3690: Schloss Haus), wobei auch eine entsprechende Notfallnutzung durch die ebenfalls in St. Emmeram untergebrachte Stadtkommandantur sicherlich zweckdienlich war. Dies kam auch Generalmajor Amann persönlich entgegen, da dieser vom nahen Gut Osten bei Mangolding stammte. Auch liegen Eiser und Schießl mit ihrer Mutmaßung falsch, dass nach der Ablösung Amanns Kerschensteiner ins Schloss Haus „seine Familie mitnehmen [durfte]", vgl. Eiser, Kriegsende (2012), S. 43 – die Familie wohnte zu dieser Zeit bereits dort. Major Kerschensteiners Familie war noch im März dorthin übersiedelt, nachdem sie in Regensburg zweimal ausgebombt worden war. Das zweite Mal am 13. März, als der einzigen Bomben, die den Haupttrakt von Schloss Emmeram trafen, die kleine Ersatzwohnung im Bibliotheksflügel (David-Hof), gegenüber dem von der Kommandantur genutzten Trakt, zerstörten. Vgl. Sammlung Ehm: Gespräch mit Frau Annemarie Filzmann-Kerschensteiner vom 27.12.2017.

[1355] Hinsichtlich dieser Aufenthalte (jedoch in anderer Funktion als dort erwähnt), vgl. Eiser, Kriegsende (2012), S. 43 u. 50.

[1356] Vgl. Meyer, Götterdämmerung (1975), S. 180 u. 182. Die Darstellung bei Eiser und Schießl, dass Ruckdeschel bereits vor dem Ortswechsel Amanns und Kerschensteiners in Schloss Haus untergebracht gewesen war, war schon im zeitlichen Ablauf nicht möglich. Vgl. Eiser, Kriegsende (2012), S. 43.

## V. Übergabe der Stadt Regensburg an die Amerikaner

heiten ein. Einem Fanatiker und Gewaltmenschen wie Ruckdeschel gegenzuhalten, war die Sache von Amann und Kerschensteiner nicht.[1357] Wie bereits erwähnt, widersprach Ruckdeschel noch am 26. April dem von einer Ärztedelegation vorgetragenem Wunsch der Ausweisung Abensbergs als Lazarettstadt heftig, ein Ansinnen, das dann von der 1. Armee am 27. April dennoch genehmigt wurde.[1358] Ruckdeschel zitierte in diesen Tagen auch den Stabsintendanten Marzell Oberneder, Leiter des Heeresverpflegungsamts Regensburg (und in dieser Dienststellung weiterhin dem Rest-Wehrkreis unterstellt), zu sich, da dieser die Plünderung des Verpflegungslagers Nord in Schwabelweis nicht hatte verhindern können, und drohte ihm mit dem Tod.[1359]

Entgegen der Darstellung von Eiser und Schießl ist Regensburg zu keinem Zeitpunkt zur „Festung", „die bis zum Letzten zu halten sei", erklärt worden.[1360] Einen von den Autoren zitierten, aber nicht belegten „Führerbefehl", der allgemein „Städte zur Festung erklärt" hätte,[1361] hat es in dieser pauschalen Form nicht gegeben. Es existiert allerdings ein vom OKW am 16. September 1944 verbreiteter Befehl Hitlers, jeder Häuserblock und jedes Dorf müsse zur Festung und in fanatischer Kampfführung verteidigt werden.[1362] Doch war dieser Befehl allein deklaratorischer Natur zur Steigerung des Verteidigungswillens.[1363] Der Begriff „Festung" wurde in diesem Zusammenhang nicht im Sinn von „Fester Platz" gebraucht, wie ihn Hitler in seinem Befehl vom 8. März 1944 definiert hatte.[1364] Zudem hätte die Wehrmacht, durch die dann jeweils erforderliche Zurücklassung entsprechender Kräfte, binnen kurzer Frist den Großteil ihrer ohnehin schon geschwächten Kampfkraft eingebüßt.[1365] Noch Ende März beantworteten der Chef des Generalstabs des Heeres, Generaloberst Guderian, und der RFSS Himmler in seiner Eigenschaft als Befehlshaber des Ersatzheeres entsprechende Anfragen des kommandierenden Generals im nordbayerischen

---

[1357] Hingegen ist es unbelegt und durchaus schon etwas ehrenrührig, wenn Eiser und Schießl aus der räumlichen Nähe in Schloss Haus folgerten, dass Amann dort als „Verbindungsoffizier zum Gauleiter" oder gar als dessen „militärischer Berater" gewirkt habe. Vgl. Eiser, Kriegsende (2012), S. 43 u. 50.
[1358] Siehe Kapitel IV.5.2.2.4.
[1359] Vgl. Oberneder, Kreuznach (1998), S. 8.
[1360] Eiser, Kriegsende (2012), S. 56; vgl. ebd., S. 40 u. 50.
[1361] ebd., S. 40.
[1362] Vgl. Henke, Besetzung (1996), S. 810.
[1363] Vor dem gleichen Hintergrund ist auch Himmlers sog. Flaggenbefehl vom März 1945 zu sehen, der bestimmte, dass alle männlichen Bewohner eines Hauses, das eine weiße Flagge zeigte, erschossen werden sollten. Dieser Erlass richtete sich jedoch an Zivilisten und nicht an die Wehrmacht. Ein weiterer Erlass Himmlers als Reichsführer-SS vom 15. April bestimmte: „keine deutsche Stadt wird zur offenen Stadt erklärt".
[1364] Der in diesem Zusammenhang häufig zitierte Führerbefehl vom 8. März 1944 hatte lediglich 29 konkret genannte Orte an der Ostfront bestimmt. Vgl. Hubatsch, Weisungen (1962), S. 243–250.
[1365] Ebenso wie die zunächst 29 an der Ostfront zu „Festen Plätzen" bestimmten Orte keineswegs gegnerische Kräfte gebunden, sondern zu großen Verlusten der Wehrmacht geführt hatten. Vgl. zu dieser Thematik Frieser, Irrtümer (2007), S. 518–525.

## 1. Regensburg wird Frontstadt, aber keine „Festung"

Wehrkreis XIII, General Weisenberger, dass in seinem Wehrkreis keine Festungen vorgesehen seien.[1366] Allerdings gab es eine, lediglich per Rundfunk verbreitete, gemeinsame Anordnung Keitels, Himmlers und Bormanns vom 12. April, dass jeder Ort „bis zum Äußersten" zu verteidigen und zu halten sei.[1367] Auch wenn dies, streng genommen, kein bindender Befehl für die Wehrmacht war, so war es Ende April 1945 doch lebensgefährlich, sich nicht an solche Vorgaben zu halten. Es erforderte Mut und Einfallsreichtum, um derlei zu umgehen.

Eiser und Schießl berufen sich, hinsichtlich der vermeintlichen Erklärung Regensburgs zu einer Festung, auf die Nachkriegsaussagen des vormaligen Chefs des Generalstabs des 82. Korps, Oberst Graf von Ingelheim, der von entsprechenden Fernschreiben des OKW für die Städte Aschaffenburg, Bamberg und Regensburg berichtete.[1368] Im Fall Aschaffenburgs wurde vor Ort von Sonderbeauftragten aus Berlin berichtet.[1369] Im Zusammenhang mit der Bestellung des Kampfkommandanten von Ansbach war die Rede von einem „Inspekteur der Kampfkommandanten" des Oberkommandos der 1. Armee (AOK 1).[1370] Im Nachhinein bestand über solche Abläufe erhebliche Uneinigkeit: So wurde die Existenz von Sonderbeauftragten später von General Weisenberger, der dies aufgrund seiner Dienststellung hätte wissen müssen, mit allem Nachdruck bestritten.[1371] Auch hinsichtlich der Einsetzung von Major Hans Hüsson[1372] als neuem Kampfkommandanten von Regensburg, um Mitternacht zum 24. April, wurde berichtet, dass diese vor Ort durch einen Offizier des OKH[1373] vollzogen wurde und Hüsson fünfmal habe unterschreiben müssen, dass er „mit

---

[1366] Vgl. Kunze, Kriegsende (1995), S. 91f.
[1367] Vgl. Keller, Volksgemeinschaft (2013), S. 127f., 372f. u. 380. Keller belegt ebd. auch den geradezu inflationären Umgang mit solchen Begriffen in den letzten Kriegsmonaten.
[1368] Vgl. BA-MA, ZA 1/532–533: Ingelheim, Ludwig Graf von: Kampfhandlungen des LXXXII.A.K. in der Zeit vom 27.3.–6.5.45, Ergänzungen, S. 2 Bl.; Eiser, Kriegsende (2012), S. 44.
[1369] Vgl. Stadtmüller, Aschaffenburg (1970), S. 194–197 u. 237.
[1370] Vgl. Troll, Aktionen (1981), S. 657.
[1371] Vgl. Weisenberger, Wehrmachtskommandant (1982), S. 190.
[1372] Hans Hüsson, Jg. 1908, aus Horst-Emscher/Gelsenkirchen, Infanterist, Major seit 1. Dez. 1942. Vgl. DD-WAST, Auskunft zur Person Hans Hüsson vom 04.09.2015. Hüsson war seit Feb. 1944 Lehroffizier an der Infanterieschule in Döberitz gewesen, die Mitte März 1945 nach Grafenwöhr verlegt wurde. Noch im gleichen Monat wurde sie im Rahmen der Division Nr. 413 in Unterfranken eingesetzt und erlitt schwere Verluste. Auch der Kommandeur war gefallen. Möglicherweise war Major Hüsson für kurze Zeit dessen Nachfolger gewesen. Am 21. April sollen die Reste der Schule (60–70 Mann) der vom mobilisierten Führungsstab des WK XIII improvisierten Naabverteidigungslinie (s.o.) zur Verfügung gestellt worden sein. Am 23. April wurde Hüsson nach Regensburg befohlen, um den Kampfkommandanten abzulösen. Vgl. Eiser, Kriegsende (2012), S. 48–50.
[1373] Für die Personal-Auswahl und -Einsetzung mag das zum OKH zählende Heerespersonalamt zuständig gewesen sein, nicht jedoch für die Befehlsgestaltung. Vgl. die übernächste Anm.

## V. Übergabe der Stadt Regensburg an die Amerikaner

seinem Kopf" für die Verteidigung der Stadt hafte.[1374] Ferner hieß es, diesen Befehl könne nur das OKH (sic!)[1375] ändern.[1376]

An dieser Stelle ist deutlich hervorzuheben, dass es etwas mehr als 24 Stunden zuvor, am 22. April, eine in ihrer Bedeutung kaum zu überschätzende Änderung der Befehlsstrukturen auf höchster Wehrmachtsebene gegeben hat: Seit diesem Tag hatte die Wehrmacht erstmals seit der Entlassung des Reichskriegsministers und Oberbefehlshabers der Wehrmacht, Generalfeldmarschall Werner von Blomberg (1878–1946)[1377], am 27. Januar 1938 und der Übernahme des Oberbefehls durch Hitler selbst am 4. Februar 1938 wieder einen militärischen Oberbefehlshaber – genauer gesagt sogar zwei, einen im Nord- und einen im Südraum. Bereits am 11./12. April hatte Hitler für den Fall der Aufspaltung des Reichsgebiets durch die von zwei Seiten vordringenden Alliierten die Bildung von Außenstellen der Kommandobehörden OKW und OKH befohlen. Durch „Führerbefehl" vom 15. April wurden für den Nordraum Großadmiral Dönitz und für den Südraum Generalfeldmarschall Kesselring als Oberbefehlshaber bestimmt, stets jedoch nur für den Fall, dass Hitler selbst sich nicht im jeweiligen Raum aufhalten werde.[1378]

Da Hitler zunächst beabsichtigte, den Krieg vom Süden aus fortzuführen, erging am 20. April der Befehl, den größten Teil des OKW in den Süden zu verlegen. Stäbe und Einrichtungen wurden sofort zur Bildung des „Führungsstabes B" nach Berchtesgaden in Marsch gesetzt, der Rest sollte auf dem Luftweg in den nächsten Tagen folgen, darunter große Teile der Operations- und der Quartiermeisterabteilung sowie der Chef des Wehrmachtführungsstabs. Die ersten im Landmarsch am 20. April nach Süden aufgebrochenen Teile kamen in Berchtesgaden bereits am 23. April an.[1379]

---

[1374] Vgl. Bürger, Regensburg (1983), S. 385. – Dies berichtete auch bereits Major Matzke bei seiner ersten Vernehmung als Kriegsgefangener am 29. April. Vgl. NARA, 407/427/9550: 65th Infantry Division, G–2 Periodic Report No. 51, 29 April 1945, Annex: IPW-Report, Bl. 2. – In einem von Eiser u. Schießl wörtlich zitierten Brief Hüssons an Bürger vom 04.02.1985 wird dieser Offizier des OKH nicht erwähnt, vgl. Eiser, Kriegsende (2012), S. 49f.

[1375] Es darf als ein gewichtiges Argument gegen die Darstellung Bürgers (und auch Hüssons) gesehen werden, dass (von Eiser und Schießl völlig unbeachtet) Bürger durchwegs das OKH und kaum das OKW nannte. Das OKH war für die Westfront gar nicht zuständig, sondern führte seit 1941 im Osten. An der Westfront führte 1945 das OKW. Auf diesen Fehler bei Bürger wies bereits 1987 Brückner hin. Vgl. Brückner, Kriegsende (1987), S. 151, dort Anm. 44. Dies fand jedoch in Regensburg bis heute keinerlei Beachtung. – Bürger nannte in seinen späteren Vorträgen an dieser Stelle statt „OKH" stets das tatsächlich hierfür zuständige „AOK 1".

[1376] Vgl. Bürger, Regensburg (1983), S. 385.

[1377] Zur Person von Blomberg vgl. Mitcham, Generalfeldmarschall (1998).

[1378] Vgl. Wortlaut des Befehls bei: Moll, Führer-Erlasse (1997), Dok. 401, S. 492f.; vgl. auch im Wortlaut bei: Hubatsch, Weisungen (1962), Dok. 74., S. 308–310. – Hitler blieb jedoch formal Oberbefehlshaber des Heeres, eine Position, die er seit der Entlassung von Generalfeldmarschall Walther von Brauchitsch (1881–1948) am 19. Dezember 1941 ebenfalls selbst übernommen hatte. Das OKH war seit 1941 für die Führung an der Ostfront zuständig.

[1379] Vgl. Informationen zum Bestand RW 44-II OKW / Führungsstab B (Außenstelle OKW-Süd): Bundesarchiv, Invenio (2018); Kampe, Heeres-Nachrichtentruppe (1994), S. 186;

## 1. Regensburg wird Frontstadt, aber keine „Festung"

Etliche Nachzügler gerieten auf ihrem Weg im ostbayerischen Raum in amerikanische Gefangenschaft.[1380]

Hitlers Entscheidung am 22. April, nun doch in Berlin zu bleiben, veränderte die Planungen. Nun entfiel der Vorbehalt im „Führerbefehl" vom 15. April hinsichtlich der Einsetzung von Oberbefehlshabern im Nord- bzw. Süd-Raum. Generalfeldmarschall Albert Kesselring war nun Oberbefehlshaber Süd. Neben der ihm als Oberbefehlshaber West bereits unterstellten Heeresgruppe G, standen auch die Befehlshaber Südwest (Heeresgruppe C in Italien), Südost (E am Balkan), Süd (im Osten Österreichs) und Mitte (im Osten Tschechiens) unter seinem Kommando sowie auch der Oberbefehlshaber der Luftflotte 6.[1381] Kesselring hatte damit nicht nur ein weiteres, höheres Kommando übernommen, sondern war nun kein Befehlsempfänger mehr. Mit allem Recht konnte er sich aus militärischen Erwägungen (und nicht nur theoretisch) über Hitlers Entscheidungen hinwegsetzen. Hitler hatte zwar in seinem Befehl vom 15. April vorbehalten, dass sich „an der einheitlichen Führung der Operationen durch mich persönlich [...] nichts" ändert, gestand aber den Oberbefehlshabern eine „selbständige" Führung zu.[1382] Kesselring erwähnte diese neue Stellung durchaus in seinen späteren Memoiren, aber ohne auf die ihm nun gegebene Machtfülle und den entsprechenden Handlungsspielraum deutlich einzugehen.[1383] Dennoch scheint er manches gebilligt, akzeptiert oder zumindest gedeckt zu haben, was die Befehlshaber der ihm unterstellten Heeresgruppen sowie jene der nachgeordneten Armeen und Korps nun an Entscheidungen trafen, die bisherigen Befehlen aus Berlin entgegenstanden. Zu einer Teilkapitulation jedoch, wie jener der ihm unterstellten Heeresgruppe C in Norditalien (Generaloberst Heinrich von Vietinghoff) am 29. April, konnte er sich, obwohl man ihn dazu zu überzeugen suchte,[1384] bis in die ersten Maitage hinein nicht durchringen. Sie war in seiner Sicht, obwohl militärisch längst angezeigt, keine militärische, sondern eine politische Entscheidung.

In diesem Kontext ist darauf zu verweisen, dass München das Schicksal Nürnbergs erspart blieb und im eigentlichen Stadtbereich keine Kampfhandlungen statt-

---

[1380] Beispielsweise gerieten am 25. April in Mitterfels nördlich von Straubing Teile einer „Nachrichten-Kompanie des OKH" in Gefangenschaft sowie Generalfeldmarschall Ewald von Kleist, der seit seiner Amtsenthebung im März 1944 ohne Kommando war. Vgl. Erwert, Feuersturm (1998), S. 134; auch: Haberl, Anfang (2009), S. 90; Fotos hierzu s. Rosmus, Walhalla (2010), S. 106 sowie dies., Ragnarök (2010), S. 227; zur Person von Kleists, vgl. Stahl, Generalfeldmarschall (1998). Einen Tag später begann im gleichen Raum für Generalleutnant Josef Rußwurm (1886–1982), Inspekteur der Nachrichtentruppe beim Befehlshaber des Ersatzheeres, die Kriegsgefangenschaft. Vgl. Haberl, Anfang (2009), S. 91; Erwert, Feuersturm (1998), S. 134 nennt bereits den 25.4. als Tag der Gefangennahme; Fotos hierzu s. Rosmus, Walhalla (2010), S. 98 u. 106.
[1381] Vgl. Führerbefehl vom 24.4.45 bei: Moll, Führer-Erlasse (1997), Dok. 405, S. 495f.; vgl. auch im Wortlaut bei: Hubatsch, Weisungen (1962), Dok. 74., S. 309.
[1382] Befehl vom 15.4.45 bei: Moll, Führer-Erlasse (1997), S. 492; auch im Wortlaut bei: Hubatsch, Weisungen (1962), Dok. 74., hier S. 309.
[1383] Vgl. Kesselring, Soldat (1953), S. 390 u. S. 400.
[1384] Vgl. Brückner, Kriegsende (1987), S. 87f. u. S. 190.

fanden. Im Fall der „Stadt der Reichsparteitage" hatten nationalsozialistische Fanatiker noch eine Verteidigung durchsetzen können.[1385] In der „Hauptstadt der Bewegung" hatten solche, allen voran der oberbayerische Gauleiter Paul Giesler, bereits nicht mehr den entsprechenden Einfluss auf die Entscheidungen der Militärs.[1386] Die bereits erwähnte offizielle Ausweisung der Kleinstadt Abensberg als Lazarettstadt durch die deutsche 1. Armee am 27. April[1387], wäre wenige Tage zuvor noch unmöglich gewesen, da Keitel in einem Verbotsbefehl vom 21. April jegliche Erwägungen in dieser Hinsicht untersagt hatte.[1388] Im nachfolgenden Kapitel V.2. wird am Beispiel der Kampfstofflagerstätten im Raum Regensburg im Detail gezeigt, wie diese Veränderung der Befehlsstrukturen auf höchsten Ebenen in der Praxis ein Umdenken hervorrief und bisher scheinbar unabänderliche Befehlslagen im Einzelfall gleichsam auf den Kopf gestellt wurden. Mithin konnten ab dem 23. April auch alle Regensburg betreffenden Festlegungen, gerade wenn es, wie von Eiser und Schießl behauptet, tatsächlich ein „Fester Platz" geworden wäre, aus militärischen Erwägungen erheblich einfacher geändert werden, bis hin zum Befehl des Abzugs der Kampftruppen.

## 1.1. Rückzug der Deutschen hinter die Donau

Die Wehrmacht war Mitte April nur noch auf dem Rückzug. Die nachstoßenden Alliierten ließen ihr keine Zeit zu einer Neuformierung, für die vor allem auch Kräfte fehlten. Die Heeresgruppe G, einst Teil der Westfront, war durch den Süd-Ost-Schwenk der US-Armeen im Norden eingedrückt worden und zog sich auf breiter Front zur Donau zurück. Zu dieser Heeresgruppe zählte u. a. die deutsche 1. Armee. Von den in wechselnder Zuordnung nachgeordneten Korps dieser Armee fanden sich im Raum Regensburg das 82. Armeekorps (Generalleutnant Theo Tolsdorff) und, links anschließend, das XIII. SS-Korps (SS-Gruppenführer und Generalleutnant der Waffen-SS Max Simon). Beide Korps verfügten, wie bereits dargestellt, nur noch über Divisionen, die, gemessen an ihrer tatsächlichen Stärke, diese Bezeichnung eigentlich nicht mehr verdienten.

Zur Aufnahme des zurückfallenden Feldheeres wurden im Brückenkopf und Ortsstützpunkt Regensburg in aller Eile Stellungen erkundet sowie andere Voraussetzungen geschaffen. Der Kommandeur des Regensburger Panzergrenadier Ersatz- und Ausbildungsbataillons 20, Major Freiherr von Ledebur, wurde dabei als Verteidigungsfanatiker beschrieben.[1389] Auf den Höhenzügen im westlichen und nördlichen

---

[1385] Zu Nürnberg vgl. Kunze, Kriegsende (1995).
[1386] Vgl. Diem, Freiheitsaktion (2013), S. 39. – München hatte in den Verteidigungsplänen nur den Status eines Ortsstützpunktes. Vgl. ebd., S. 31.
[1387] S. Kapitel IV.5.2.2.4.
[1388] Vgl. Keller, Volksgemeinschaft (2012), S. 378, sowie dort Anm. 46.
[1389] Dies nicht nur von aktiven Mitgliedern der Freiheitsorganisation „Bauernhaus". Vgl. StAR, Materialien Hilmer: Pitz, Johann: Bericht über den Einsatz der Kampfgruppe Regensburg (Ledebur)

## 1. Regensburg wird Frontstadt, aber keine „Festung"

Vorland der Stadt wurden Stellungen vorbereitet, von denen die nach Regensburg führenden Straßen und Täler gut zu überblicken waren, so etwa in den Bereichen Deuerling / Pollenried[1390] und Oppersdorf sowie am Keilberg.[1391] In diesen Bereichen sollten die in Regensburg vorhandenen schwachen Ausbildungs- und Ersatz-Einheiten[1392] sowie die Heerespionierschule 3 die aus West und Nord zurückflutenden Truppen des 82. Korps aufnehmen und einen eventuellen Zugriffsversuch amerikanischer Einheiten auf die Regensburger Donauübergänge verhindern. Die örtliche Flak übte die ihr bisher nicht vertraute Panzerabwehr im direkten Beschuss und den indirekten Erdzielbeschuss mit „hochgezogenem Sprengpunkt".[1393] Alle Brücken in und im Um-

---

vom Juni 1945, S. 1. – Auch einer seiner Kompanieführer, Hpt. Heil, der am 23. April bei Kareth in US-Gefangenschaft geraten war, berichtete den Amerikanern von entsprechenden Ansprachen Major von Ledeburs an sein Bataillon. Vgl. NARA, 407/427/9553: Funkspruch-Notiz (Message) des 259th Regiments an 65th Infantry, 24.4., p. 1. – Noch am 24. April verschwand Major Freiherr von Ledebur, nachdem er zuvor die Bataillonsführung abgegeben hatte. Vgl. StAR, Materialien Hilmer: Pitz, Johann: Bericht über den Einsatz der Kampfgruppe Regensburg (Ledebur) vom Juni 1945, S. 3. Diese Angabe wurde auch bestätigt bereits in der dritten Zeile des Bürgerschen KTB: „24.4.45: Um 18:00 Uhr erhalten die Kampfgruppen Mackl und Henrichs (vorher Ledebur) den Befehl […]". Vgl. StAR, OB/7, Slg. Bürger: „Einsatz der Kampfgruppe Regensburg vom 24.4.45 bis zur Waffenruhe" (Angebl. Kopie der Abschrift des offiziellen KTBs der Kampfgruppe), Bl. 1.

[1390] Zu Pollenried vgl. Schwaiger, Undorfer Öl (2008), S. 57.

[1391] Auf dem heute als Naturschutzgebiet ausgewiesenen Vorderen Keilberg, von dem aus man durch eine Senke im nördlich anschließenden Brandlberg freie Sicht bis in den Landkreis Schwandorf hat, fanden sich noch vor wenigen Jahren, gut erkennbar, jedoch zunehmend erodierend, knapp unterhalb des (erst 1988 errichteten) Gipfelkreuzes die Reste von im Zick-Zack verlaufenden Deckungsgräben. Zu diesen Stellungsvorbereitungen im Stadtnorden zählte auch ein in Grünthal errichteter Befehlsbunker, dessen fernmeldetechnischer Anschluss (und/oder jener der Stellung) auf sich warten ließ und dessen Fertigstellung noch am späten 24. April vom Generalleutnant Tolsdorff (82. Korps) für Aufklärungszwecke angemahnt wurde. Eiser und Schießl bestreiten dies mit dem „Argument", dass es 1945 im fürstlichen Forsthaus in Grünthal bereits einen Telefonanschluss gegeben habe, der Bau der Leitung daher „überflüssig war". Für die Autoren auch ein vermeintlicher Beleg, dass die von Bürger überlieferte Abschrift des Kriegstagebuchs der Kampfgruppe Regensburg bereits auf den ersten Seiten fehlerbehaftet, sprich wohl frei erfunden sei. Vgl. Eiser, Kriegsende (2012), S. 84f.

[1392] S. oben Kap. II.6.1.2.5.

[1393] Schmoll, Sperrfeuer (2017), S. 135. – Bei Beschuss fliegender Ziele verwendete die damalige schwere Flak zeitzündergesteuerte Granaten, die knapp oberhalb der errechneten und an den Zündern einstellbaren Flughöhe des Angreifers explodierten und die Flugzeuge durch einen Regen an Splittern fliegen ließen, die mehr Schäden verursachten, als (seltenere) direkte Treffer. Solche Zünder ließen sich auch im indirekten Beschuss gegen Erdziele einsetzen, wobei der Sprengzeitpunkt auf etwa 30 Meter über dem Ziel eingestellt wurde und die durch die Explosion nochmals beschleunigten Splitter dabei unter Umständen sogar Panzerungen durchschlagen konnten. – Auch in diesem Zusammenhang ist eine weitere Argumentationskette von Eiser und Schießl anzusprechen: Sie zitieren aus der Bürgerschen Fassung des Kriegstagebuchs der Kampfgruppe Regensburg, in der es für den 25. April heißt: „Gegen 15:30 nimmt der Feind kampflos den nördlich der Donau liegenden Stadtteil Regensburgs Stadtamhof. Die Bevölkerung feiert mit dem Feind geradezu Verbrüderung. Daraufhin erhielt die Flak Befehl auf die von der Steinernen Brücke nach Norden führende Strasse mit 30 m hohem Sprengpunkt zu feuern". Zitiert nach Eiser, Kriegsende (2012), S. 85. Die beiden Autoren interpretieren diesen Schießbefehl in der Weise,

land von Regensburg wurden für eventuelle Sprengungen vorbereitet und erhielten jeweils Brückenwachen und einen Brückenkommandanten, der bei unmittelbarer Feindbedrohung auch ohne direkten Befehl sprengen durfte.[1394] Der Volkssturm in der Stadt und im Umland errichtete Panzersperren an hierfür geeigneten Stellen – laut Befehl des Wehrkreiskommandos VII unter ausdrücklicher Aussparung aller Anlagen der Energiewirtschaft und Wasserversorgung.[1395]

Ab dem 22. April wurden die vorbereiteten Stellungen im Norden von Regensburg besetzt. Vier Kompanien des Panzergrenadier-Ersatz- und Ausbildungs-Bataillons 20 verteilten sich auf die Bereiche Pettendorf, Schwetzendorf, Oppersdorf und Kareth. Diese Einheiten unter Hauptmann Heil umfassten 360 Mann und verfügten über 24 leichte und sechs schwere MGs sowie drei 80mm Granatwerfer.[1396] Bei den direkt am Ostufer der Naab gelegenen Orten Distelhausen und Deckelstein gingen Soldaten der Heerespionierschule 3 in Stellung.[1397] Einige Kompanien dieser Schule sollten auch den Bereich Deuerling verteidigen, wobei die 1. Kompanie von Hauptmann Betzel geführt wurde.[1398] Es ist hier anzufügen, dass die zur Brückenkopfverteidigung eingesetzten Regensburger Kompanien teils sehr schlecht bewaffnet waren: Beispielsweise war eine im Bereich Schönhofen/Eilsbrunn eingesetzte, etwa 150 Mann starke Kompanie der Veterinär-Ersatz- und Ausbildungs-Abteilung 13 mit polnischen und französischen Beutegewehren bewaffnet und verfügte ansonsten nur über zwei MGs 42 sowie acht Panzerfäuste.[1399] Soldaten einer nicht näher bestimmbaren Einheit, die westlich von Regensburg an der Reichsstraße 8 in Stellung ging (Deuerling/Pollenried ?), klagten über Munitionsmangel.[1400] Die in der Nacht zum 22. April vom Stel-

---

dass er (als ein Kriegsverbrechen) gegen die Stadtamhofer Bevölkerung und nicht gegen die von Lappersdorf her einrückenden US-Truppen gerichtet gewesen wäre. Da die Autoren unschwer belegen können, dass es einen solchen Beschuss von Stadtamhof nicht gegeben hat, ist es für sie ein weiterer Beweis, dass das Kriegstagebuch fehlerhaftet sei. Vgl. ebd., S. 85f. Sie lassen dabei völlig außer Acht, dass die beiden in und um Regensburg noch einsatzbereiten schweren Flakstellungen in Reinhausen und am Napoleonstein bereits seit dem 23. April (und damit vor der Eröffnung des Bürgerschen Kriegstagebuchs am 24. April) in genannter Weise auf die anrückenden Amerikaner u. a. in den Raum Hainsacker-Lappersdorf-Kareth, bzw. auch Deuerling-Etterzhausen, feuerten, wovon im Folgenden noch im Detail die Rede sein wird.

[1394] Vgl. Brückner, Kriegsende (1987), S. 71f.
[1395] Vgl. Brückner, Kriegsende (1987), S. 72.
[1396] Vgl. NARA, 407/427/9553: Funkspruch-Notiz (Message) des 259th Regiment an 65th Infantry, 24.4., p. 1 sowie Kartenüberlageblatt mit Skizze; auch Mulert, Quellen (1987), S. 273f.
[1397] Vgl. NARA, 407/427/9553: Funkspruch-Notiz (Message) des 259th Regiment an 65th Infantry, 24.4., p. 2.
[1398] Vgl. NARA, 407/427/9550: 65th Infantry Division, G–2 Periodic Report No. 48, 26 April 1945, Annex 1: IPW-Report 26 April, Bl. 2.
[1399] Vgl. NARA, 407/427/9550: 65th Infantry Division, G–2 Periodic Report No. 47, 25 April 1945, Annex 2: IPW-Report 25 April, Bl. 2.
[1400] So der Bericht eines OSS-Agenten Teams, von dem im Kap. V.4.3. noch ausführlich die Rede sein wird. Vgl. NARA, 226/A1-210/36: CHAUFFEUR Funkprotokoll 23./24. April, franz. Original Bl. 4, engl. Übersetzung, Bl. 3.

## 1. Regensburg wird Frontstadt, aber keine „Festung"

lungsbau am Keilberg nach Kager verlegte, etwa 130 Mann starke 5. Kompanie des Panzergrenadier-Ersatz-Bataillons 20 unter Oberleutnant Häfner, erhielt erst dort gerade mal 20 Gewehre, neun MGs 42, 30 Panzerfäuste und acht Panzerschreck[1401] mit je fünf Granaten.[1402] Viele Soldaten beider letztgenannten Einheiten überlegten, sich abzusetzen oder bei erster Gelegenheit sich kampflos den Amerikanern zu ergeben.[1403]

Das Regensburger Pionier-Ersatz- und Ausbildungs-Bataillon 46 scheint nicht in die Besetzung der Verteidigungslinie des Brückenkopfs Regensburg einbezogen worden zu sein. Hingegen ist überliefert, dass Soldaten dieser Einheit die Brückenwachen und Sprengkommandos längs der Donau von Sinzing bis in den Raum Kelheim stellten.[1404] Ob sie dies auch in und östlich von Regensburg taten, was nahe läge, ist nicht belegt.[1405]

Durch die Brückenköpfe am Nordufer der Donau sollten die Verbände des Feldheeres nicht nur aufgenommen, sondern auch durch bereitgestellte Ersatztruppenteile personell aufgefüllt werden. Seit dem 18. April 1945 gehörte die Stadt Regensburg und ihr westlich und nördlich der Donau gelegenes Vorfeld zum mobilgemachten Münchner Wehrkreis VII. Am gleichen Tag wurde die Ersatztruppe der Division Nr. 467 dieses Wehrkreises angewiesen, den Donauabschnitt von Passau bis Kelheim zu besetzen.[1406] Die Vorbereitungen dazu waren in den Tagen zuvor angelaufen. Bereits am 17.April wurde (für die Dauer eines Tages) die Regensburger Stadtkommandantur (Generalmajor Amann) mit den Ersatztruppenteilen vor Ort der Division Nr. 467 taktisch unterstellt.[1407] Diese Division hatte den Auftrag, Aufnahmestellungen für die sich auf die Donau zurückziehende Fronttruppe zu besetzen mit Hauptkampflinie an der Donau und Gefechtsvorposten im Anschluss an den Regensburger Brückenkopf zwischen Regenstauf und Etterzhausen.[1408] Außerhalb des von Prüfening bis Sulzbach/Donau reichenden Garnisonsbereichs wurde hierzu beiderseits Regensburgs eine Gruppe des Münchner Grenadier-Ersatz- und Ausbildungs-Regiments 517 eingesetzt.[1409] Hierzu zählte auch das Grenadier-Ersatz- und Ausbildung-Bataillon 62 aus Landshut[1410], für das eine behelfsmäßige Motorisierung befohlen war.[1411]

---

[1401] Eine der amerikanischen „Bazooka" ähnliche Rohrwaffe, zu deren Bedienung es zwei Mann bedurfte.
[1402] Vgl. StAR, Materialien Hilmer: Pitz, Johann: Bericht über den Einsatz der Kampfgruppe Regensburg (Ledebur) vom Juni 1945, Bl. 2f.
[1403] Vgl. ebd. bzw. NARA, 226/A1210/36: CHAUFFEUR Funkprotokoll 23./24. April, franz. Original Bl. 4, engl. Übersetzung, Bl. 3.
[1404] Vgl. Ettelt, Geschichte 2 (2005), S. 370f.
[1405] S. hierzu im folgenden Teilkapitel V.1.1.3.
[1406] Vgl. Brückner, Kriegsende (1987), S. 83; Diem, Freiheitsaktion (2013), S. 27.
[1407] Vgl. Brückner, Kriegsende (1987), S. 148.
[1408] Vgl. Brückner, Kriegsende (1987), S. 149.
[1409] Vgl. Brückner, Kriegsende (1987), S. 85 u. 148.
[1410] Vgl. Brückner, Kriegsende (1987), S. 83.
[1411] Vgl. BA-MA, RW 17/46, fol. 21–22: Stellvertretendes Generalkommando VII, Korpsbefehl Nr. 3 vom 18.4.45, hier fol 21'. – Gefangenenverhöre der US-Army belegen, dass diese Einheit tatsäch-

## V. Übergabe der Stadt Regensburg an die Amerikaner

In der Nacht auf den 21. April sollte auch die Gebirgs-Artillerie-Ersatz- und Ausbildungs-Abteilung 79 im Kraftwagentransport in den Raum Regensburg-Kelheim-Neustadt gebracht werden.[1412] Als weitere Verstärkung der Division Nr. 467 waren als Reserven im Raum Ergoldsbach drei oberbayerische Volkssturmkompanien z. b.V. in Aussicht gestellt.[1413] Zudem hatte der Münchner NS-Gauleiter, Paul Giesler, nicht nur den Kampfeinsatz von Volkssturmeinheiten, sondern auch von oberbayerischer Hitlerjugend an der Donau angeordnet.[1414]

Die 17. SS-Panzergrenadierdivision „Götz von Berlichingen", die bisher den linken Flügel des 82. Heeres-Korps bildete, sollte sich über Kelheim hinter die Donau zurückziehen. In diesem Raum standen, wie bereits erwähnt, Teile der noch in Aufstellung befindlichen neuen SS-Division, der 38. SS-Panzergrenadierdivision „Nibelungen", in Bereitschaft.

In der Nacht zum 23. April hatte sich die 416. Infanterie Division vom Gegner lösen können und stand am Morgen auf einer Linie Laaber-Hemau. Der Beschuss durch eine mobile Batterie schwerer Flak bei Hemau verhinderte ein sofortiges Nachrücken der US-Streitkräfte, die erst am Nachmittag Beratzhausen und Laaber einnahmen.[1415] Die 416. Division sollte vom Brückenkopf Regensburg aufgenommen werden und dann, verstärkt um bereitstehende Ersatztruppenteile, längs des Flusses einen Kampfabschnitt von östlich Kelheim bis Geisling besetzen.

Die schwachen Kräfte der 36. VGD waren bis zum Morgen des 23. April hinter den Regen zurückgegangen und bildeten eine im Laufe des Tages von der 71st Infantry Division an mehreren Stellen angegriffene Abwehrlinie von Nittenau über Stefling, Heilinghausen, Regenstauf bis Zeitlarn, wo Anschluss an die Regensburger Brückenkopfverteidigung beiderseits des Regens bestand.[1416] Zum Abend befahl das 82. Korps der Division, sich nach Südosten zurückzuziehen.[1417] Auch die 36. VGD sollte über den Brückenkopf in Regensburg und insbesondere jenen in Straubing ans Südufer der Donau gelangen, um dort einen sehr breiten Abschnitt von Geisling bis zum

---

lich mit LKWs ausgerüstet war. So wurden 150 Soldaten des Ersatz- u. Ausbildungs-Bataillons 62 in der Nacht zum 26. April aus ihren Unterkünften in Mötzing mit LKWs zur Verstärkung an die Donau südwestlich von Regensburg transportiert. Vgl. NARA, 407/427/9550: 65th Infantry Division, G–2 Periodic Report No. 50, 28 April 1945, 282400, Annex: IPW-Report, Bl. 1.

[1412] Vgl. BA-MA, RW 17/46, fol. 20–20': Stellvertretendes Generalkommando VII, Korpsbefehl Nr. 4 vom 18.4.45, hier fol 20'; BA-MA, RW 17/46, fol. 21–22: Stellvertretendes Generalkommando VII, Korpsbefehl Nr. 3 vom 18.4.45, hier fol 21'.

[1413] Vgl. Brückner, Kriegsende (1987), S. 85.

[1414] Vgl. Saalfeld, Zusammenbruch (1979), S. 162 u. S. 165.

[1415] Vgl. BA-MA, ZA 1/532: Ingelheim, Ludwig Graf von: Kampfhandlungen des LXXXII. A.K.in der Zeit vom 27.3.–6.5.45 (US-Army, Historical Division: MS B–183) Bl. 38; Bettinger, Geschichte (2010), S. 676.

[1416] Vgl. BA-MA, ZA 1/532: Ingelheim, Ludwig Graf von: Kampfhandlungen des LXXXII. A.K.in der Zeit vom 27.3.–6.5.45 (US-Army, Historical Division: MS B–183) Bl. 37f.; Bettinger, Geschichte (2010), S. 672 u. 676.

[1417] Vgl. Bettinger, Geschichte (2010), S. 676.

## 1. Regensburg wird Frontstadt, aber keine „Festung"

Brückenkopf Deggendorf zu übernehmen.[1418] Neben Ersatztruppen des Heeres stand zur weiteren Verstärkung östlich Straubing auch „Luftwaffe zu Fuß" zur Eingliederung in diese Division bereit.[1419] Es waren dies die Besatzungen und Bodenmannschaften des mangels Treibstoff nun als Infanterie eingesetzten Kampfgeschwaders 55 (J) vom Fliegerhorst Straubing-Mitterharthausen und den Flugplätzen Plattling-Michaelsbuch und Landau-Ganacker.[1420]

Östlich von Deggendorf waren die Ersatztruppen des Wehrkreis VII an der Donaulinie auf sich allein gestellt, da das 82. Korps bereits in Nordbayern den Anschluss nach rechts an das 85. Korps (der 7. Armee) verloren hatte (das von den US-Streitkräften ins Böhmische abgedrängt und isoliert worden war).[1421] Der mobile Führungsstab des Wehrkreises VII unter Generalleutnant Heinrich Greiner befand sich deshalb bei Pfarrkirchen vom 26. bis 29. April im Einsatz.[1422] In der Nacht zum 28.April wurde General Greiner mitsamt seinem Stab zu einer anderen Verwendung nach Kempfenhausen befohlen. Den Korpsabschnitt an der Donau zwischen der Isarmündung und Passau übernahm am 29. April Generalleutnant Max Hermann Bork (1899–1973), zuvor bis zum 24. April Kommandeur des XIII. Armeekorps.[1423]

### 1.2. Vorstoß der Amerikaner zur Donau

Die amerikanische 3rd Army (General Patton), die Mitte April weit nach Thüringen eingedrungen war, hatte nach Südosten, nach Nordbayern und Richtung Donau eingeschwenkt und schloss nun links der 7th Army an, die über Würzburg auf Nürnberg vorgestoßen war. Regensburg stand nicht im Mittelpunkt des amerikanischen Vormarschs, es war vielmehr ein Hindernis auf dem Weg zu einem größeren Ziel. General Pattons Offensive zielte darauf ab, so schnell und so weit wie möglich im Donauraum nach Osten zu gelangen, bevor die Amerikaner dort auf Einheiten der Roten Armee stoßen würden. Interessant an Regensburg waren einzig die noch intakten Donaubrücken, die es unzerstört einzunehmen galt, um rasch auch am rechten Donauufer nach Südosten vorstoßen zu können. Die 3rd Army hatte keinen speziellen Plan zu einer zeitaufwendigen Einkesselung Regensburgs oder gar für eine Schlacht um diese Stadt.

Mitte April lautete der Befehl für die 26th Infantry Division, über Cham zur Donau bei Straubing und dann am Nordufer Richtung Österreich vorzustoßen. Am 25. April

---

[1418] Vgl. Bürger, Regensburg (1983), S. 384f.
[1419] Vgl. BA-MA, ZA 1/532: Ingelheim, Ludwig Graf von: Kampfhandlungen des LXXXII. A.K.in der Zeit vom 27.3.–6.5.45 (US-Army, Historical Division: MS B–183) Bl. 40.
[1420] Vgl. Tessin, Verbände (1980), S. 418;.Dierich, Kampfgeschwader (1975), S. 380.
[1421] Vgl. Brückner, Kriegsende (1987), S. 137.
[1422] Vgl. Brückner, Kriegsende (1987), S. 184, dort auch Anm. 20.
[1423] Vgl. Brückner, Kriegsende (1987), S. 215; Bettinger, Geschichte (2010), S. 702.

## V. Übergabe der Stadt Regensburg an die Amerikaner

hatten die Spitzen dieser Division den Raum nördlich von Straubing erreicht und stürmten weiter ostwärts, ungeachtet dessen, dass der US-Vormarsch am südlichen Donauufer noch nicht vorangekommen war. Diese 26th Division bildete den rechten Flügel des XII Corps, das im Bayerischen Wald vorstieß. Das rechts vom XII US-Corps stehende XX Corps zielte auf Regensburg, das die 65th Infantry Division einnehmen sollte. Diese war am 25. April aus dem Raum Hemau bis zur Donau zwischen Gundelshausen und Kapfelberg vorgestoßen. Zwischen der 26th und der 65th Division befand sich der Abschnitt der ebenfalls zum XX Corps zählenden 71st Infantry Division, die am 25. April die nördlichen Stadtteile Regensburgs einnahm und über Tegernheim und Donaustauf bis Sulzbach/Donau und Frengkofen vorstieß.

Robert Bürger hatte als Erster im Detail auf das amerikanische Vorhaben hingewiesen, sich der Regensburger Brücken durch ein Stoßtruppunternehmen zu bemächtigen. Jedoch ist ihm zu widersprechen, dass der Einsatz einer verstärkten „Cavalry Group"[1424] bisher „bei den Amerikanern noch nicht beobachtet worden war" und dies für die Deutschen „eine neuartige Kampferfahrung" war.[1425] Gerade Panzergeneral Patton, der in den Zwischenkriegsjahren zeitweise eine Cavalry-Einheit kommandiert hatte,[1426] bediente sich seit 1944 gerne und des Öfteren deren offensiver Möglichkeiten.[1427] So hatte er zuletzt zum Monatswechsel März/April beim Vormarsch seines XX Corps auf Kassel auf diese Weise eine wichtige Brücke über die Eder unzerstört in die Hand bekommen.[1428] Die 3rd und die 43rd Cavalry Squadron, aus denen sich die 3rd Cavalry Group zusammensetzte, ausgerüstet u. a. mit Radpanzern, wurde zum Vorstoß auf Regensburg, wie schon des Öfteren zuvor praktiziert, verstärkt um je drei Kompanien des 5th Ranger Battalions (leichte Infanterie für Sondereinsätze), eine Kompanie des mit Jagdpanzern ausgestatteten 811th Tank Destroyer Battalions, einen Pionierzug des 245th Engineer Combat Battalions (Spezialisten für die Entschärfung von Sprengladungen) und eine Batterie des mit Haubitzen auf Panzerfahrgestellen ausgerüsteten 247th Armored Field Artillery Battalions.[1429]

---

[1424] Es gab hierfür keine Entsprechung auf Seiten der Wehrmacht. Ein Vergleich mit einer deutschen Panzeraufklärer Abteilung ist nur bedingt möglich. Zur Zusammensetzung und Bewaffnung der „Cavalry Groups" allg. vgl. Nance, Cavalry (2011). – Die US-Streitkräfte sind heute weltweit eine der wenigen Armeen, in denen es nach wie vor eine „Kavallerie" gibt, wenn auch nur dem Namen nach. Aus den einstigen Reiterverbänden der Indianerkriege hatten sich in den Jahren zwischen den Weltkriegen Aufklärungseinheiten entwickelt, die zunächst mit Pferden und zusätzlich mit leichten Panzern ausgerüstet waren, schließlich jedoch nur noch „mechanisiert" waren. Allg. vgl. Morton, Men (2009); Yeide, Steeds (2008).

[1425] Bürger, Regensburg (1983), S. 383f.

[1426] Vgl. United States Army, Cavalry (1949), S. 6.

[1427] Vgl. Morton, Men (2009), S. 157f., wobei der Vorstoß der 3rd Cavalry Group auf Regensburg US-seitig geradezu als Musterbeispiel eines Einsatzes in den letzten Kriegsmonaten gilt. Vgl. ebd., S. 186; Hofmann, Mobility (2006), S. 352, 366 u. 385.

[1428] Vgl. Hofmann, Mobility (2006), S. 385.

[1429] Vgl. United States Army, Cavalry (1949), S. 77; Yeide, Steeds (2008), S. 267; Nance, Cavalry (2011), S. 87. – Zum Einsatz des 5th Ranger Battalion vgl. Glassman, Rangers (1945), S. 73.

## 1. Regensburg wird Frontstadt, aber keine „Festung"

Diese vollmotorisierte Streitmacht durchbrach in den frühen Morgenstunden des 22. April aus dem Raum östlich von Nürnberg an zwei Stellen die schwachen deutschen Linien und stieß anschließend in Höchstgeschwindigkeit und ohne Rücksicht auf Flanken- und Rückendeckung vorwärts. Auch in den Nachtstunden wurde, soweit möglich, weiter vorgerückt.[1430] Für die 3rd Squadron, die aus dem Raum Hersbruck vorstieß, galt es, Brücken über die Vils und die Naab, wenn machbar auch über den Regen, unzerstört einzunehmen und zu sichern, um dann zwischen Naab und Regen in gleichem Tempo zu den Brücken in Regensburg vorzustoßen. Unmittelbar hinter der 3rd Squadron sollte die 71st Infantry Division rasch nachrücken.[1431] Die 43rd Squadron, die im Vorfeld der 65th Division agierte,[1432] stieß aus dem Raum Parsberg auf Nebenstraßen längs des Tals der Schwarzen Laber Richtung Donau vor.[1433] Man vermied die parallele Reichsstraße 8, die noch immer der deutsche Hauptrückzugsweg aus dem Raum Mittelfranken war, wobei viele der sich dort zurückziehenden deutschen Truppen, darunter große Teile der Verbände des XIII. SS-Korps, bei Hemau nach Süden zur Donaubrücke in Kelheim abbogen.

Noch am späten 22. April war es der 3rd Squadron gelungen, die Naab-Brücke in Burglengenfeld unzerstört einzunehmen und dabei eine auf dem Rückzug befindliche deutsche Artillerie-Kolonne völlig zu überraschen. Allerdings verzögerte sich das Nachrücken der Truppen der 71st Division nach Burglengenfeld erheblich. Erst am Nachmittag des 23. April konnte die 3rd Cavalry Squadron ihren Vorstoß Richtung Regensburg fortsetzen.[1434] Mehr als ein halber Tag, für das Vorhaben wohl entscheidende Stunden, war verloren gegangen. Zwischenzeitlich hatte die Nachricht vom amerikanischen Vordringen längst Regensburg erreicht und dort am 23. April kurz nach 3:00 Uhr einen „Panzeralarm"[1435] und in dessen Folge auch erste (und verfrühte) Brückensprengungen in Stadt und Umland ausgelöst – hiervon wird im nächsten Teilkapitel im Detail berichtet. Noch an diesem Tag wurden u. a. Eitlbrunn und Pirkensee besetzt, die US-Soldaten näherten sich auch Regenstauf, wo die Regenbrücken jedoch bereits gesprengt waren.

In Hainsacker geriet ein Teil der US-Kolonne („A Troop") unter heftigen deutschen Artilleriebeschuss, wobei die Amerikaner vier deutsche 8,8 cm Geschütze östlich des Regens ausmachten.[1436] Dies bedeutete, dass auch nach der Sprengung der

---

[1430] Vgl. United States Army, Cavalry (1949), S. 165. Die Angabe von Bürger, Regensburg (1983), S. 384, dass sich die Cavalry Group nachts eingeigelt hätte, lässt sich nicht bestätigen.
[1431] Vgl. Nance, Cavalry (2011), S. 87.
[1432] Vgl. ebd.
[1433] Vgl. Schwaiger, Undorfer Öl (2008), S. 53.
[1434] Vgl. United States Army, Cavalry (1949), S. 78f.
[1435] Durch Anordnung der Wehrmachtkommandantur Regensburg vom 27.02.1945 war das zuvor für „Luftlandealarm" vorgesehene Sirenensignal nun auch als „Feindalarm" bei Annäherung von Panzern auszulösen. Vgl. BA-MA, RW 17/75, fol. 6. – Mit Anordnung vom 29.03.1945 entsprach das Signal „Feindalarm" nunmehr dem Signal „Fliegeralarm": einem 5 Minuten auf- und abschwingenden Heulton. Vgl. BA-MA, RW 17/75, fol. 2.
[1436] Vgl. United States Army, Cavalry (1949), S. 78f.

## V. Übergabe der Stadt Regensburg an die Amerikaner

Regensburger Donau-Brücken die schwere Flakstellung im Stadtnorden, in Reinhausen (beim heutigen Landratsamt), am 23. April noch feuerte und ihre genauen Zielvorgaben von den noch besetzten deutschen Beobachtungsstellungen auf den Hügeln im Nordosten der Stadt erhielt. Die amerikanischen Panzer-Haubitzen erwiderten das Feuer und erhielten auch Unterstützung durch jene des „B Troop" der 3rd Cavalry Squadron, die aus dem Bereich Reifenthal schossen.[1437]

Trotz des Beschusses rückten die Amerikaner noch am 23. April weiter vor bis Kareth und gerieten dort auch unter Beschuss aus dem Stadtsüden (Flakstellung Napoleonstein), der drei Opfer forderte und sie veranlasste, sich zum Abend auf Hainsacker zurückzuziehen. Auch während der Nacht zum 24. April sollen dort rund 50 deutsche Granaten eingeschlagen sein, wobei ein Ranger getötet wurde.[1438] Zwei weitere Ranger wurden durch deutsche Heckenschützen verwundet, ein US-Fahrzeug ging durch Panzerfaustbeschuss („bazooka fire") verloren.[1439] Am Morgen des 24. April setzten die Amerikaner ihren Vorstoß zur Donau fort: Der „B Troop" der 3rd Cavalry Squadron stieß östlich von Kallmünz über die Hügel nach Pettendorf, Schwetzendorf und den kleinen Ort Baiern vor, klärte von Nordosten her bis Etterzhausen auf (wo die Naab-Brücke bereits gesprengt war)[1440] und erreichte gegen 13:15 Uhr bei Kneiting als erste Einheit des XX US-Corps die Donau.[1441] Zwischenzeitlich hatte der „A Troop" der 3rd Cavalry Squadron neuerlich Kareth besetzt und stand am Spätnachmittag des 24. April, über die Höhen kommend, bei Winzer ebenfalls am Donauufer[1442] – und damit als erste US-Einheit auch auf Regensburger Stadtgebiet.

Die am 23. April begonnenen Artillerieduelle im Stadtnorden zogen sich hin bis zum frühen 25. April, als die Flak in Reinhausen das Feuer einstellte und die verbliebenen Geschützbesatzungen abzogen. Es war sicherlich kein Zufall, dass auch die Keilberger Kirche St. Michael am 25. April von amerikanischen Granaten getroffen wurde.[1443] Deren Glockenturm, damals Regensburg höchstgelegenes Bauwerk mit weiter Rundsicht, aber trotz kriegsbedingter Tarnbemalung weithin sichtbar, bot sich

---

[1437] Vgl. Kath. Pfarramt Regensburg-Reinhausen, Archiv: Pfarr-Chronik St. Josef-Reinhausen 1898–1976, S. 230.

[1438] Vgl. United States Army, Cavalry (1949), S. 79. – Hier zeigt sich auch die Problematik mündlicher Überlieferungen zu Jahrzehnten zurückliegenden Ereignissen: Im April 2015 waren für ein Heimatbuch der Gemeinde Lappersdorf auch Erinnerungen vor Ort zu diesem Beschuss Hainsackers festgehalten worden, wobei es hieß, dass die Amerikaner „von der Stadt her ohne nennenswerte Wirkung beschossen wurden". Vgl. Hadwiger, Diktatur (2015), S. 296.

[1439] Vgl. United States Army, Cavalry (1949), S. 79. – Auch ein Panzerfausteinsatz ist deutscherseits vor Ort überliefert, er soll durch deutsche Soldaten bei der Panzersperre in der Nähe der Karether Kirche erfolgt sein, wobei ein US-Soldat verwundet worden sei. Vgl. Hadwiger, Diktatur (2015), S. 296.

[1440] Zu Etterzhausen und der bereits in der Nacht auf den 23. April gesprengten Naabbrücke, vgl. Kible, Kriegszeit (2006), S. 53.

[1441] Vgl. United States Army, Cavalry (1949), S. 79.

[1442] Vgl. ebd.

[1443] Vgl. Danninger, Pfarrei (1980), S. 15f, schrieb von „Granaten"; Gugau, Jahre (2005), S. 56: „eine Granate".

## 1. Regensburg wird Frontstadt, aber keine „Festung"

geradezu an für einen gemutmaßten Standort deutscher Artilleriebeobachter. Deutsche Feldgeschütze, die am 24. April in Reinhausen an der Oberen Regenstraße Stellung bezogen hatten, zogen am 25. April wieder ab, ohne einen Schuss abgegeben zu haben.[1444] Es heißt, dieser Abzug der Heeresartillerie sei dem „energischen Widerstand der Reinhausener Frauen" zu danken.[1445] In Reinhausen wurde berichtet von einigen Volltreffern in der Flak-Stellung, die einige Geschütze außer Gefecht setzten und sicherlich auch Opfer forderten, auch von Gebäudeschäden im Ort und einem getöteten Zivilisten.[1446] Am Nachmittag des 25. April begann die US-Artillerie mit weitreichenden Feldhaubitzen aus dem westlichen, nordwestlichen und nordöstlichen Vorlandbereich einen weitgestreuten Beschuss des Stadtzentrums und der südlichen Vororte.[1447]

Die 43rd Cavalry Squadron war im Tal der Schwarzen Laaber etwas langsamer voran gekommen. Am Abend des 23. April standen deren Troops im Raum Laaber, Frauenberg und vor Pollenried.[1448] Dort kam es am späteren Nachmittag zu einem kurzen, aber heftigen Gefecht mit dem dortigen Vorposten des Brückenkopfs Regensburg, bei dem fünf deutsche Soldaten fielen und mehrere Häuser und Scheunen in Flammen aufgingen.[1449] Zum Abend hin stand dem Troop A der 43rd Cavalry Squadron der Weg zur Naabbrücke in Etterzhausen und zur (trotz Bombardierung nach wie vor für Fußgänger nutzbaren) Mariaorter Eisenbahnbrücke offen. Am folgenden 24. April wurde Etterzhausen besetzt, wo die Brücke über die Naab jedoch seit dem frühen 23. April gesprengt war.[1450] Dorthin gelangte am Nachmittag von Adlersberg über die Anhöhen, auch der B Troop der 3rd Cavalry Squadron. Am 24. April besetzte die 43rd Cavalry Squadron kampflos Undorf.[1451]

Ihr Hauptziel, Donaubrücken in Regensburg unzerstört zu nehmen, hatten die US-Stoßtruppen nicht erreicht, aber sie hatten den Aufbau der Verteidigung des Brückenkopfes Regensburg nördlich und westlich der Donau aus den Angeln gehoben. Bei der weiteren Besetzung der Stadt spielte die 3rd Cavalry Group keine Rolle mehr – dies blieb den ab 25. April nachrückenden Einheiten der 65th bzw. der 71st Infantry Division vorbehalten. Die Troops der 3rd Cavalry Squadron quartierten sich ein in Pettendorf, Winzer und Hainsacker.[1452] Am 25. April wurden die „Kavalleristen" in den

---

[1444] Vgl. Kath. Pfarramt Regensburg-Reinhausen, Archiv: Pfarr-Chronik St. Josef-Reinhausen 1898–1976, S. 230; Heigl, Gemeindeschreiber (1993), S. 28.
[1445] Heigl, Gemeindeschreiber (1993), S. 28. – Der damalige Oppersdorfer Gemeindeschreiber Reinhold Heigl stammte aus Reinhausen, wo er auch selbst das Kriegsende und die unmittelbare Zeit danach erlebte. Hierzu auch: Heigl, Zeit (1996).
[1446] Vgl. Kath. Pfarramt Regensburg-Reinhausen, Archiv: Pfarr-Chronik St. Josef-Reinhausen 1898–1976, S. 229f.
[1447] Vgl. Appl, Kriegserinnerungen (2001), S. 43; Kick, Widerstand (1985), S. 325.
[1448] Vgl. Schwaiger, Undorfer Öl (2008), S. 54.
[1449] Vgl. ebd., S. 54–57.
[1450] Vgl. ebd., S. 54; Kible, Kriegszeit (2006), S. 53.
[1451] Vgl. Schwaiger, Undorfer Öl (2008), S. 57 u. 59.
[1452] Vgl. United States Army, Cavalry (1949), S. 79.

## V. Übergabe der Stadt Regensburg an die Amerikaner

Raum Brennberg verlegt, um sich für ihr neue Aufgabe als Flankensicherung des weiteren US-Vormarsches längs der Donau vorzubereiten.[1453] Die Troops der 43rd Cavalry Squadron befanden sich in diesen Tagen in Eichhofen, Pollenried/Nittendorf/Etterzhausen, Schönhofen/Riegling sowie in Reichenstetten und Kapfelberg.[1454] Die bisher der Cavalry Group zugeordneten Pioniere und Artilleristen kehrten zu ihren Bataillonen zurück. Das 5th Ranger Battalion versammelte sich in Wenzenbach, wo es ohne weitere Einsätze bis zum 6. Mai verblieb, bevor es nach Pocking verlegt wurde.[1455]

Noch im Lauf des 25. April besetzten Einheiten der 71st Infantry Division weitere nördlich der Donau gelegene Stadtteile von Regensburg. Gegen 15:30 Uhr befanden sich Steinweg und Stadtamhof in der Hand der US-Army.[1456] Auch die Stadtteile östlich des Regen wurden noch am Nachmittag des 25. April besetzt, auf dem Umweg über den Raum Regenstauf. Im Lauf des Tages rückten die drei Bataillone des 14th Infantry Regiments von Regenstauf aus fächerförmig vor, auch auf Nebenstraßen und Waldwegen, über Zeitlarn, Irlbach bzw. Wenzenbach mit den Zielen Schwabelweis, Tegernheim bzw. Donaustauf ohne auf Widerstand zu stossen.[1457] Um 15:30 Uhr fuhren die ersten amerikanischen Fahrzeuge durch die Reinhausener Hauptstrasse, wo vor dem dortigen Polizeirevier IV (Reinhausen 22) Revier-Oberleutnant Nikolaus Auringer[1458], gleichsam als Vertreter der Obrigkeit, den Stadtteil übergab.[1459] Dieser Polizeioffizier hatte zuvor nicht nur geduldet, sondern auch ermöglicht, dass Reinhausener Bürger, unter Führung des erwähnten Johann Hayder[1460], frühzeitig die örtlichen Panzersperren entfernen konnten.[1461] Tegernheim erreichte das 14th Infantry Regiment gegen 18:45 Uhr.[1462] Unterstützt wurden die Infanteristen durch die Company C des der 71st Infantry Division zugeordneten 635th Tank Destroyer Battalions. Dieses war von Grünthal her vorgestossen und drang weiter nach Donaustauf vor. In Tegernheim ergaben sich 50 ungarische Soldaten. Noch am Abend sowie am Morgen des nächsten Tages beschoss diese amerikanische Einheit mit ihren Panzerabwehr-

---

[1453] Vgl. ebd., S. 80.
[1454] Vgl. Schwaiger, Undorfer Öl (2008), S. 59.
[1455] Vgl. Glassman, Rangers (1945), S. 73.
[1456] Vgl. Bürger, Regensburg (1983), S. 387 u. 391; Hofmaier, Stadtamhof (1996), S. 134.
[1457] Vgl. NARA, RG 407/427/9678: 14th Infantry Regiment, S–3 Report No. 42, Regenstauf 251800B, S. 1;
[1458] Im Dienst der Regensburger Polizei seit 1914, seit 1930 Revier-Kommissar. Vor 1933 Mitglied der liberalen DDP. Im Dez. 1945 Gesuch um Wiederverwendung bei Stadtpolizei, dem entsprochen wurde. Vgl. StAAm, Spruchkammer Regensburg III/74; StAR, PAp/pol 18: Personalakte Auringer, Nikolaus.
[1459] Vgl. Kath. Pfarramt Regensburg-Reinhausen, Archiv: Pfarr-Chronik St. Josef-Reinhausen 1898–1976, S. 229; Heigl, Gemeindeschreiber (1993), S. 28.
[1460] S. oben Kap. IV.5.2.2.1.
[1461] So die Zeugenaussage von Johann Hayder, Reinhausen, im Rahmen des Entnazifizierungsverfahrens von Nikolaus Auringer. Vgl. StAR, PAp/pol 18: Personalakte Auringer, Nikolaus, Bescheid der Spruchkammer III vom 01.08.1947, fol. 46'.
[1462] Vgl. Appl, Kriegserinnerungen (2001), S. 43.

1. Regensburg wird Frontstadt, aber keine „Festung"

geschützen deutsche Truppen- und Fahrzeugbewegungen jenseits der Donau im östlichen Vorland der Stadt.[1463]

Nicht nur in der Nacht zum 26. April, sondern auch in den folgenden Tagen erlebten die nördlichen Stadtteile Regensburgs einen regen Durchzug von amerikanischen Truppen Richtung Donaustauf. In Reinhausen mussten etliche Häuser für Einquartierungen vollständig geräumt werden, weitere, darunter ein Gasthaus, für Zwecke eines US-Feldlazaretts.[1464] Dieses entstand beim ehemaligen Regenbad in Reinhausen und bestand noch Mitte Mai.[1465] Einige US-Einheiten nahmen zeitweilig Quartier in anderen nordöstlichen Stadtteilen: So erreichte die Stabskompanie des 635$^{th}$ Tank Destroyer Battalions am 26. April um 09:50 Uhr den Nordosten von Wutzlhofen, die Company A dieses Bataillons um 11:50 Uhr die auf ihrem Kartenmaterial als „Shottenheim" (sic !) bezeichnete Vorort-Siedlung (heute Konradsiedlung), wo gegen 14:00 Uhr auch sechs Gefangene gemacht wurden. Beide Kompanien bezogen für die Nacht jeweils vor Ort Quartier, um am 27. April nach Rosenhof bzw. Mintraching (über die US-Pionierbrücke bei Sulzbach/Donau) weiter zu ziehen.[1466]

## 1.3. Sprengung der Brücken in und um Regensburg

In den letzten Stunden des 22. April erreichte Regensburg als „Lauffeuer" die Nachricht, dass amerikanische Panzer bereits in der Nähe von Burglengenfeld wären. Im nordöstlichen Regensburger Vorort Tegernheim war dies für die Ortsbevölkerung bereits gegen 23:30 Uhr der Anlass, sich in großer Mehrheit sofort mit dem Notwendigsten in den Tegernheimer Felsenkeller zu begeben.[1467] Kurz nach 3:00 Uhr am 23. April wurde in und um Regensburg das Sirenensignal „Panzeralarm"[1468] ausgelöst.[1469] Nach aktuellem Befehl des Wehrkreiskommandos VII vom 22. April bedeutete Panzeralarm, dass sich Feindpanzer bis auf 20 km an die eigene vorderste Sicherungslinie herangeschoben haben und damit die Brücken zündfertig zu ma-

---

[1463] Vgl. United States Army, Tank (1945), Bl. 18 u. 20 (= Scan-Bl. 20 u. 22); Der amerikanische Bericht scheint bezüglich Tegernheim Datumsverwechslungen zu beinhalten: Es kann nicht sein, dass die Company C erst am 25. April um 19:30 Uhr Grünthal erreichte und wenige Zeilen später berichtet wird, dass sie sich am gleichen Tag zur selben Uhrzeit bereits in Tegernheim aufhielt.
[1464] Vgl. Kath. Pfarramt Regensburg-Reinhausen, Archiv: Pfarr-Chronik St. Josef-Reinhausen 1898–1976, S. 230.
[1465] Vgl. Hofmaier, Stadtamhof (1996), S. 135.
[1466] Vgl. United States Army, Tank (1945), Bl. 18f. (= Scan-Bl. 20f.).
[1467] Vgl. Graf, Tegernheim (2013), S. 31.
[1468] S. Anm. 1435.
[1469] Laut Alarmbuch der Regensburger Feuerwehr wurde der Panzeralarm am 23.04.45 um 03:10 Uhr ausgelöst. Vgl. StAR, ZR III/5850: Alarmbuch 15.7.1942–14.10.1945. – In etlichen Erinnerungen ist hingegen die Rede von bereits kurz nach 2:00 Uhr.

## V. Übergabe der Stadt Regensburg an die Amerikaner

chen waren – von einer sofortigen Sprengung war dabei nicht die Rede.[1470] Dennoch wurden in Regensburg, beginnend wohl 30 Minuten später, alle Donaubrücken, mit Ausnahme der Steinernen Brücke (und der beiden Regen-Brücken), nacheinander gesprengt.[1471] Desgleichen die Straßenbrücke in Donaustauf[1472], die Brücken über die Naab in Etterzhausen[1473] und Pielenhofen[1474], beide Brücken über den Regen in Regenstauf sowie jene im nahen Ramspau[1475]. Alle zivilen Fähren im Bereich der Kampfkommandantur Regensburg wurden ebenfalls unbrauchbar gemacht.[1476] Für die nach wie vor aus der südlichen Oberpfalz auf Regensburg zurückflutenden Truppen des 82. Korps sowie auch für die noch am Donaunordufer stehenden Teile der Brückenkopf-Verteidigung war der Weg über die noch intakten beiden Straßenbrücken über den Regen zwischen Reinhausen und Steinweg sowie vorallem über die Steinerne Brücke nun die einzige Möglichkeit sich ans Südufer zurückzuziehen. Als die amerikanische 3rd Cavalry Squadron sich in den späten Nachmittagsstunden des 23. April über die Höhen dem nordwestlichen Vorort Hainsacker näherte, wurden nach 16 Uhr zwei Pfeiler der Steinernen Brücke gesprengt und damit vier Joche zerstört.[1477] Damit war etlichen deutschen Einheiten der direkte Rückzugsweg abgeschnitten. Es überrascht, dass die beiden Straßenbrücken über den Regen erst rund zwölf Stunden später, am 24. April gesprengt wurden[1478] – die jüngere Reichsstraßenbrücke um 3:45 Uhr, die alte Regenbrücke, als letzte Straßenbrücke in Regensburg, um 6:45 Uhr.[1479] Es gab im Abschnitt des

---

[1470] Zitiert nach Brückner, Kriegsende (1987), S. 71, dort Anm. 33.
[1471] Bei Graf, Tegernheim (2013), S. 32, findet sich 2:30 Uhr als Sprengzeitpunkt.
[1472] Eiser und Schießl zitieren aus einer erhaltenen Aktennotiz eines Gemeindesekretärs: „Laut schriftl. Befehl des Kampfkommandanten in Regensburg um 4.25 Uhr ist die Donaubrücke in Donaustauf zu sprengen. Um 5:30 Uhr wurde die Brücke gesprengt." Eiser, Kriegsende (2012), S. 46. Hage nennt hingegen 4:25 Uhr als Sprengzeitpunkt, vgl. Hage, Wiederbeginn (1994), S. 44.
[1473] Vgl. Kible, Kriegszeit (2006), S. 52.
[1474] Vgl. Keßel, Kloster (1987), S. 178f;
[1475] zu Regenstauf und Ramspau vgl. Gahr, Geschichte (2014), S. 26; Lbd: Regenstaufer (1989). – Auch diese Sprengungen werden bis heute vor Ort der SS zugeschrieben. Auch hier scheint sich jene vorallem im ländlichen Bereich später verbreitete Überzeugung zu zeigen, dass es SS gewesen sein muss, wenn sich am Ort etwas Negatives ereignet hatte. Vgl. Keller, Elite (2014), S. 368.
[1476] Zur Fähre Sinzing vgl. Ottlinger, Sinzing (2005), S. 47; zur Fähre Prüfening vgl. Hofmeister, Fähre (1999), S. 7.
[1477] Der genaue Sprengzeitpunkt scheint leider nicht näher eingrenzbar. Entsprechende Erinnerungen nennen sehr unterschiedliche Zeiten.
[1478] Dies könnte die Mutmaßung eröffnen, dass es bei der Sprengung der Steinernen Brücke eventuell zu einer pioniertechnischen Panne gekommen war, denn das halbtägige weitere Abwarten der Sprengkommandos bei den Regenbrücken macht eigentlich keinen rechten Sinn. Militärisch „sinnvoll" wäre eine Sprengung der Steinernen Brücke ebenfalls erst in den frühen Morgenstunden des 24. April gewesen.
[1479] Vgl. Kath. Pfarramt Regensburg-Reinhausen, Archiv: Pfarr-Chronik St. Josef-Reinhausen 1898–1976, S. 229; So auch Heigl, Gemeindeschreiber (1993), S. 27; Hadwiger, Diktatur (2015), S. 296, nennt als Sprengzeitpunkt ebenfalls 3:45 Uhr, für die alte Brücke jedoch 6:00 Uhr.

## 1. Regensburg wird Frontstadt, aber keine „Festung"

Kampfkommandanten Regensburg jetzt nur noch einen von Heerespionieren im Stadtbereich betriebenen Fährbetrieb.[1480]

Zum Vergleich: Im westlich an den Brückenkopf Regensburg anschließenden Donauabschnitt von Sinzing bis Kelheim bewegten sich ebenfalls, wie bereits dargestellt, US-Vorausabteilungen (die 43rd Cavalry Squadron) auf die Donau zu. Dennoch wurden dort die Fähren Matting und Oberndorf erst am 24. April unbrauchbar gemacht[1481], die Altmühl- und Donau-Brücken in Kelheim, die Eisenbahnbrücke bei Poikam (und offenbar auch jene zwischen Sinzing und Regensburg-Großprüfening) sogar erst am 25. April gegen 1:30 Uhr gesprengt.[1482]

Die zum 82. Heeres-Korps zählende 416. Infanteriedivision sollte sich in der Nacht vom 23. auf 24. April auf Regensburg sowie Kelheim zurückziehen und, verstärkt um die Ersatzkräfte, die dort bereit standen, am Donausüdufer den Abschnitt Kelheim bis Auburg östlich von Regensburg besetzen.[1483] Um nach den Brückensprengungen in Regensburg an das Südufer zu gelangen, hätte diese Division am 23./24. April am linken Ufer nach Südwesten zu den Kelheimer Brücken oder nach Osten bis Straubing marschieren müssen, um anschließend dieselbe Entfernung am Südufer noch einmal in die jeweils andere Richtung zurückzulegen. Viele Soldaten, die seit vielen Wochen meist zu Fuß auf dem Rückzug waren, hatten angesichts dieser Situation aufgegeben und die Hände gehoben. Die US-Army registrierte am 24. April nördlich von Regensburg über 2.000 Gefangene.[1484]

Am 24. April bekam das XIII. SS-Korps den westlichsten Kampfabschnitt des 82. Korps (mitsamt der dort bereitstehenden 38. SS-Division) übertragen, die Korpsgrenze verlief nun bei Abbach. Um den Rückzug der 416. Division hinter die Donau zu sichern, erhielt die 36. Volksgrenadierdivision (VGD) am 24. April vom 82. Korp den Befehl, vor dem eigenen weiteren Rückzug zunächst auf einer Abwehrlinie von Zeitlarn bis östlich von Pettenreuth stehen zu bleiben.[1485] Erst in der Nacht zum 25. April wurde sie nach Erfüllung dieses Auftrags über die Straubinger Brücken ans Donausüdufer geführt.[1486]

---

[1480] Vgl. StAR, OB/7, Slg. Bürger: „Einsatz der Kampfgruppe Regensburg vom 24.4.45 bis zur Waffenruhe" (Angebl. Kopie der Abschrift des offiziellen KTBs der Kampfgruppe), Bl. 1. – Zu diesem Fährbetrieb sehr kritisch Eiser, Kriegeende (2012), S. 82–84. – Diesen Fährbetrieb erwähnte jedoch auch der am 23. April bei Kareth gefangengenommene Hauptmann Heil. Vgl. NARA, 407/427/9553: Funkspruch-Notiz (Message) des 259th Regiment an 65th Infantry, 24.4., p. 2.
[1481] Vgl. Ettelt, Geschichte 2 (2005), S. 356.
[1482] Vgl. ebd., S. 370f. – Ettelt beschreibt im Detail, dass das für die Poikamer Brücke verantwortliche Sprengkommando auch für die Sinzinger Bahnbrücke zuständig war, vgl. ebd., S. 371; auch Wagner, Weinberg (1985), S. 435.
[1483] Vgl. BA-MA, ZA 1/532: Ingelheim, Ludwig Graf von: Kampfhandlungen des LXXXII. A.K.in der Zeit vom 27.3.–6.5.45 (US-Army, Historical Division: MS B–183) Bl. 38f..
[1484] Vgl. Bürger, Regensburg (1983), S. 384.
[1485] Vgl. BA-MA, ZA 1/532: Ingelheim, Ludwig Graf von: Kampfhandlungen des LXXXII. A.K.in der Zeit vom 27.3.–6.5.45 (US-Army, Historical Division: MS B–183) Bl. 39.
[1486] Vgl. ebd., Bl. 40.

## V. Übergabe der Stadt Regensburg an die Amerikaner

*Der gesprengte Eiserne Steg; Blick von Norden auf die St. Oswaldkirche und die Keplerstraße.*

*Nachdem für kurze Zeit die US-Streitkräfte die Sprenglücken der Steinernen Brücke mit zwei selbsttragenden Bailey-Bridges überwunden hatten, entstand bereits im Mai 1945 eine erste Hilfskonstruktion, in welche die Reste der gesprengten Pfeiler einbezogen waren. (Beide Abb.: Foto Lang, Bilddokumentation d. Stadt Regensburg)*

## 1. Regensburg wird Frontstadt, aber keine „Festung"

Welches Chaos die eiligen Sprengungen der Regensburger Donaubrücken, speziell der Steinernen Brücke, im Lauf des 23. April unter den noch nördlich der Stadt stehenden deutschen Einheiten verursacht hatten, schilderte später detailliert der ehemalige Kommandeur der für den nordbayerischen Raum zuständigen Funkmess[1487]-Abteilung der Luftnachrichtentruppe (II. Abt./Ln-Rgt. 237), der damalige Hauptmann der Luftwaffe, Karl Otto Hoffmann, der mit seinem Stab über die am 19. April aufgegebene Stellung „Hähnchen" bei Hemau (11. Komp./Ln-Rgt. 237) am 20. April nach Regensburg verlegte. Der Abteilungsstab bezog

> „[…] das friedensmäßige Fluko-Gebäude[1488] am Nordufer der Donau. Da die 3. Amerikanische Armee bereits am 23. April die nördlichen Außenbezirke von Regensburg erreicht hatte, und Panzeraufklärer in die Stadt, besonders auf den Verkehr über die Regenbrücke an der Schwandorfer Straße schossen, sollte das Fluko in einen vorbereiteten Ausweichgefechtsstand im Süden der Stadt verlegt werden, doch verhinderte die Sprengung der letzten Donaubrücke in Regensburg, der Steinernen Brücke, die Verlegung. Stattdessen verlegte der Abteilungsstab, bei dem sich auch mehrere Soldaten der unterstellten, bereits aufgegebenen Einheiten, darunter die meisten berichterstattenden Einheitsführer, befanden, zunächst über die vom Feind eingesehene und beschossene Regenbrücke am linken Donauufer entlang in Richtung Donaustauf-Frenkhofen [d.i. Frengkofen]. Zwei bespannte Divisionen des Heeres versuchten in Frenkhofen [sic !], mit der Fähre nach Süden zu entkommen. Eine dritte bespannte Division hatte Befehl, Stellungen nördlich der Donau zu beziehen[1489] und mußte von Süden übergesetzt werden. Ein General bemühte sich, den Fährverkehr zu ordnen und zu beschleunigen, aber die kleine Fähre konnte nur geringe Lasten tragen, und so ging das Übersetzen entsprechend langsam vor sich.
> Der Stab der II./Ln-Rgt. 237 hatte Mühe, auf der engen Straße an der bespannten Doppelkolonne des Heeres vorbeizukommen; dennoch gelang es, die Kraftfahrzeuge durchzuschleusen und noch vor Morgengrauen überzusetzen, als schon die feindlichen Tiefflieger sich anschickten, den Fährverkehr zu unterbrechen.
> Da Regensburg kurz vor der Einnahme durch die Amerikaner stand, wurde das Ausweichfluko dort nicht mehr bezogen."[1490]

Auch den nördlich der Donau noch in Stellung befindlichen Kompanien der Regensburger Ausbildungs- und Ersatz-Einheiten sowie der Heerespionierschule wurde durch die Sprengung aller Donaubrücken der Rückweg abgeschnitten. Auch sie mussten nun teils zur außerhalb des vormaligen Garnisons- und nunmehrigen Kampfkommandanturbereichs gelegenen Fähre Frengkofen ausweichen. Die 5. Kompanie des Panzer-Grenadier-Ersatz Bataillons 20 unter Oberleutnant Häfner war in der

---

[1487] Im heutigen Sprachgebrauch: RADAR.
[1488] Vgl. Kapitel II.6.1.1.2.
[1489] Mit dieser dritten Division, die auf das Nordufer wechselte, dürfte Hoffmann wohl Einheiten der oberbayerischen Ersatz Division Nr. 467 meinen, die auch den Brückenkopf Straubing nördlich der Donau verstärken sollten.
[1490] Hoffmann, Luftnachrichtentruppe (1968), S. 349.

V. Übergabe der Stadt Regensburg an die Amerikaner

Nacht vom 21./22. April von ihren Stellungen am Keilberg nach Kager verlegt worden. Als US-Einheiten sich am 23. April Kareth näherten, wurde die Kompanie zunächst nach Reinhausen zurückgezogen. Dort erlebten die Soldaten, darunter viele Einheimische, die Brückensprengungen. In der Nacht zum 25. April erhielt die Kompanie den Befehl, über Donaustauf nach Frengkofen zu marschieren und aufs Donausüdufer zu wechseln.[1491] Laut Bürger hingegen hätten die Kampfgruppen nördlich der Donau den Befehl erhalten, im Osten der Stadt mit einer Pionierfähre ans Südufer überzusetzen.[1492]

Wer hatte diese für die zurückflutenden Truppen so folgenreiche Sprengung der letzten Donaubrücke, der Steinernen Brücke, zu verantworten? In seinem Spruchkammerverfahren sagte Oberbürgermeister a.D. Dr. Schottenheim aus, dass die Sprengungen durch ein direkt der „Obersten Heeresleitung"(?)[1493] unterstehendes Sonderkommando, das niemandem, auch nicht dem Kampfkommandanten unterstellt gewesen sei, ausgeführt wurden.[1494] Später wurde der Befehl zur Sprengung lange Zeit Gauleiter Ruckdeschel in seiner Eigenschaft als Reichsverteidigungskommissar angelastet.[1495] Dieser hatte jedoch hierzu im April 1945 im Frontbereich keinerlei Befugnisse – für Brückensprengungen war einzig und alleine das Feldheer der Wehrmacht zuständig und verantwortlich.[1496] Auch Major a.D. Matzke, selbst ehemaliger Pionier, hat 1985 in einem Interview von einem Gespräch mit einem ranggleichen Pionieroffizier berichtet, der für die Sprengung aller Brücken von Regensburg bis Passau verantwortlich gewesen sein soll.[1497] Demnach habe Matzke jenem auch geraten, „krachen muß es, aber runterfallen darf nichts".[1498] Eiser und Schießl zitieren einerseits aus einer erhaltenen Aktennotiz der Gemeinde Donaustauf, in der ausdrücklich von einem schriftlichen Sprengbefehl des Kampfkommandanten von

---

[1491] Vgl. StAR, Materialien Hilmer: Pitz, Johann: Bericht über den Einsatz der Kampfgruppe Regensburg (Ledebur) vom Juni 1945, Bl. 2f. – Dieser nächtliche Abzug findet auch Bestätigung in der Reinhausener Pfarrchronik. Vgl. Kath. Pfarramt Regensburg-Reinhausen, Archiv: Pfarr-Chronik St. Josef-Reinhausen 1898–1976, S. 230.
[1492] Vgl. StAR, OB/7, Slg. Bürger: „Einsatz der Kampfgruppe Regensburg vom 24.4.45 bis zur Waffenruhe" (Angebl. Kopie der Abschrift des offiziellen KTBs der Kampfgruppe), Bl. 1.
[1493] Der von Schottenheim genutzte Ausdruck „Oberste Heeresleitung" (OHL) stammte aus dem Ersten Weltkrieg.
[1494] Vgl. Eiser, Kriegsende (2012), S. 46.
[1495] So auch von Major Bürger, vgl. Bürger, Regensburg (1983), S. 383f.
[1496] Vgl. Brückner, Kriegsende (1987), S. 69–72 sowie S. 281–283.
[1497] Vgl. StAR, Gespräch 27. Feb. 1985 mit Herrn O. Matzke , Bl. 10f. – Der genannte geographische Zuständigkeitsbereich ergänzt sich auch mit den Überlieferungen aus dem westlich benachbarten Bereich Kelheim, wo ein Sprengkommando des Pionier-Ersatzbataillons 46 für die Brücken ab Sinzing bis Kelheim zuständig war. Vgl. Ettelt, Geschichte 2 (2005), S. 370f.. – Dieses Pionier-Ersatzbataillon 46 war in Regensburg beheimatet und es bedürfte eines konkreten Grundes, wenn dieses nicht auch vor Ort für die Brückensprengungen eingesetzt worden wäre.
[1498] Vgl. StAR, Gespräch 27. Feb. 1985 mit Herrn O. Matzke , Bl. 11; weshalb Eiser u. Schießl dieses Gespräch Matzkes mit dem Pionieroffizier inhaltlich auf die Sprengung der Steinernen Brücke eingrenzen, erschließt sich nicht. Vgl. Eiser, Kriegsende (2012), S. 47.

Regensburg für die Brücke dort am 23. April die Rede war, kommen dann aber doch zu dem Ergebnis: „Wer letztlich den Befehl für die Brückensprengung gegeben hat, lässt sich im Nachhinein nicht mehr eindeutig feststellen".[1499]

Wirklich nicht? Die Hauptaufgabe des Kampfkommandanten eines Brückenkopf-Ortsstützpunktes war die Verhinderung eines gegnerischen Zugriffs auf Brückenbauwerke, aber er hatte zugleich auch für die sichere Aufnahme der zurückweichenden Truppen zu sorgen.[1500] Wenn die Sprengungen der Brücken in Regensburg nicht auf seinen direkten Befehl erfolgt waren, so doch unter der Verantwortung des Regensburger Kampfkommandanten Oberst Babinger. Diese verfrühten Sprengungen führten offenbar noch am 23. April zu seiner Ablösung und zur Einsetzung von Major Hans Hüsson als neuem Kampfkommandanten. Allein schon die Begleitumstände dieser Ablösung – Matzke berichtete von heftigen Beschimpfungen Oberst Babingers durch Generalleutnant Tolsdorff[1501] – lassen es geradezu zwangsläufig erscheinen, dass dieser ihm die verfrühten Sprengungen anlastete, durch die sein Korps viel von der ohnehin schon schwachen Kampfkraft eingebüßt hatte.

## 1.4. Bildung amerikanischer Brückenköpfe

Der Versuch der amerikanischen 3rd Army, sich der Regensburger Brücken durch schnelle Stoßtruppen zu bemächtigen, scheiterte am 23. April durch deren zeitige Sprengungen, die allerdings auch die deutschen Verteidigungsplanungen für Regensburg über den Haufen warfen. Wie an mehreren Stellen der Donau stromabwärts von Ingolstadt, erkämpften sich die US-Streitkräfte, zumeist ohne auf großen Widerstand zu stoßen, auch im Raum Regensburg alternativ mehrere Brückenköpfe am rechten Donauufer.

Donauaufwärts von Regensburg sollte die 65th Division an mehreren Stellen zwischen Gundelshausen und Kapfelberg angreifen und einen Brückenkopf erkämpfen. Die 71st Division sollte östlich der Stadt ebenfalls an mehreren Stellen zwischen Tegernheim und Frengkofen übersetzen, dort ebenfalls einen Brückkopf bilden und mit der Masse ihrer Kräfte sofort weiter Richtung Straubing vorstossen. Für Regensburg

---

[1499] Eiser, Kriegsende (2012), S. 46.
[1500] Vgl. Bettinger, Geschichte (2010), S. 677; Es sei auch verwiesen auf das Beispiel der westlich benachbarten nächsten größeren Brückenstadt und „Ortsstützpunkt": Ingolstadt. Der dortige Kampfkommandant, Major Paul Weinzierl, hat hierzu einen umfangreichen Bericht verfasst. Im Wortlaut bei Saalfeld, Zusammenbruch (1979), S. 161–169.
[1501] Vgl. StAR, Gespräch 27. Februar 1985 mit Herrn O. Matzke, Bl. 9, 15, 22 u. 59; Eiser, Kriegsende (2012), S. 44. – Berta Rathsam hatte als erste gemutmaßt, dass Babinger eventuell mit Domprediger Dr. Maier in Verbindung gestanden habe. Vgl. Rathsam, Irrtum (1980), S. 16. Man hat deshalb später auch erwogen, ob seine schnelle Ablösung eventuell im Zusammenhang mit der Demonstration am Moltkeplatz und dem nachfolgenden Prozess u. a. gegen Dr. Maier stand. Vgl. hierzu auch Brückner, Kriegsende (1987), S. 151, speziell dort auch Anm. 42.

## V. Übergabe der Stadt Regensburg an die Amerikaner

war lediglich eine Flankensicherung vorgesehen, wobei der Siedlungsring östlich und südöstlich der Stadt, u. a. Irl, Harting, auch Burgweinting zum Sektor der 65$^{th}$ Infantry zählte. Falls die 65$^{th}$ Division beim Vorrücken nach Regensburg hinein auf größeren Widerstand stoßen würde, sollte die 71$^{st}$ Division von Osten her zur Unterstützung in die Stadt eindringen. Eine Einschließung Regensburgs war am 26. April nicht geplant. Bürger zitierte zwar wörtlich den (ins Deutsche übersetzten) Angriffsbefehl des XX Corps, in dem von einer sofortigen Einschließung keine Rede war, legte den Befehl aber dennoch so aus.[1502]

Es sei deutlich darauf verwiesen, dass (bis heute) ein großer Unterschied zwischen amerikanischer und preußisch-deutscher Führungskonzeption bestand (und besteht). Nach deutscher Tradition wurde ein Ziel, gegebenenfalls nebst einem Zeitrahmen, befohlen; wie es zu erreichen war, blieb dem Führer der Einheit überlassen (sogenannte „Auftragstaktik").[1503] Nach amerikanischer Tradition wurde auch das „Wie" vorgegeben (sogenannte „Befehlstaktik").[1504] Dies bedeutet im Umkehrschluss, wenn bei der US Army kein konkreter Befehl zur Einschließung Regensburgs ergangen war, diese auch nicht vorgesehen war.[1505] Nicht nur unterschiedliche militärische Betrachtungsweisen können hier zu abweichenden Ergebnissen führen, sondern auch etwas zu freie Übersetzungen: So zitierte Ettelt noch 2005 aus einer frühen Chronik der 65$^{th}$ Division[1506] in recht freier deutscher Übersetzung:

> „Der Schlachtplan sah vor, dass die 65. Division den Fluss westlich von Regensburg überschritt, diese Stadt umging, um sie gewissermaßen durch die Hintertür zu erobern. Die 71. US-Infanteriedivision sollte die Donau östlich der Stadt überqueren und von dieser Richtung her die Zangenbewegung um Regensburg vollenden."[1507]

---

[1502] Vgl. Bürger, Regensburg (1983), S. 390, Anm. 52. Dieser Befehl beschränkte zudem den eventuellen Unterstützungseinsatz der 71$^{st}$ Division sogar auf ein verstärktes Bataillon.

[1503] Allg. zu diesem Thema vgl. Sigg, Unterführer (2014); Oetting, Auftragstaktik (1993). – Dies ist auch der Grund, weshalb die offiziellen „Kriegstagebücher" deutscher Einheiten detailreicher als ihre amerikanischen Gegenstücke sind, wurde doch einzig dort das „Wie" dokumentiert.

[1504] Zur allg. Entwicklung der preußisch-deutschen sowie der amerikanischen Tradition vgl. Bühlmann, Auftragstaktik (2010), S. 51–54; Zur Situation während des Zweiten Weltkriegs vgl. Shamir, Road (2010), S. 650.

[1505] Bürger nimmt an anderer Stelle ganz konkret Bezug auf diese unterschiedlichen Führungskonzeptionen, die, so Bürger, der 71$^{st}$ Division die Entgegennahme einer Kapitulation Regensburgs unmöglich gemacht haben, da dies der 65$^{th}$ befohlen war. Vgl. Bürger, Regensburg (1983), S. 392. Weshalb er den Angriffsbefehl des XX Corps dann dennoch „deutsch" auslegte, muss ein Rätsel bleiben. Auch anderen, Bürger nachfolgenden Autoren mit militärischem Hintergrund als Bundeswehr- bzw. NATO-Offiziere (Weishaupt, Sturm, Eiser), hätte dieser Widerspruch eigentlich auffallen müssen. – Weshalb Bürger, Regensburg (1993), S. 392, zudem davon sprach, dass auch die „Russen" ihrer unteren Führung freie Hand ließen, bleibt ebenfalls ein Rätsel, soll die Rote Armee doch eine noch striktere Befehlstaktik als die US-Army praktiziert haben. Vgl. Bühlmann, Auftragstaktik (2010), S. 53, dort Anm. 13.

[1506] Vgl. Jordy, Right (1945).

[1507] Ettelt, Geschichte 2 (2005), S. 393.

## 1. Regensburg wird Frontstadt, aber keine „Festung"

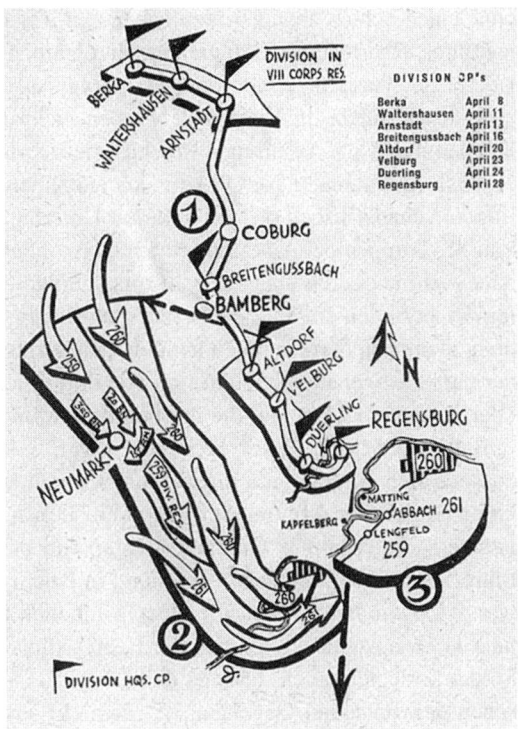

*Die Grafik aus der Chronik der 65th Division zeigt genau, dass die Eroberung und Besetzung Regensburgs eine Angelegenheit einzig und allein dieser Division war; aus: Jordy, Right (1945), S. 27.*

Im Originaltext war von „Zangenbewegung" und Einkreisung keineswegs die Rede:

„The plan called for 65th Division units to cross the river west of Regensburg, then swing around behind the city to enter it by the back door. Meanwhile, the 71st Infantry Division was to cross east of the city in a comparable operation."[1508]

Beim Donauübergang der Amerikaner im Raum Regensburg kam es an beiden Brückenköpfen östlich und westlich der Stadt zu Gefechten: Am 26. April um 4:00 Uhr morgens setzten Sturmboote zwischen Tegernheim, Donaustauf und Frengkofen die ersten Infanteristen der 71st Division über die Donau. Es kam zu Kampfhandlungen an den jeweils äußeren, der Flankensicherung dienenden Übersetzstellen bei Illkofen und bei Barbing.

Das Dorf Illkofen, direkt an der Donau gelegen, wurde dabei durch Beschuss stark zerstört, auch das südlich benachbarte Eltheim war betroffen. Hier lag seit 25. April die kaum bewaffnete 5. Kompanie des Regensburger Panzergrenadier-Ersatz-Bataillons 20 in Stellung, die sich befehlsgemäß aus dem Norden Regensburgs über Donaustauf und die Fähre Frengkofen auf das Donausüdufer zurückgezogen hatte. Diese ergab sich

---

[1508] Jordy, Right (1945), S. 26.

## V. Übergabe der Stadt Regensburg an die Amerikaner

ohne einen Schuss abgegeben zu haben den Amerikanern, nachdem sich der Kompanieführer, Oberleutnant Häfner, abgesetzt hatte.[1509] Aus den Reihen dieser Grenadier-Kompanie wurde berichtet, dass in Illkofen eine Heeres-Veterinärkompanie[1510] lag, „von denen welche die Dummheit besaßen, sich zu wehren"[1511] – und sehr wahrscheinlich damit den amerikanischen Beschuss des Dorfes auslösten.

Nach Erzählungen vor Ort soll sich jedoch auch SS zwischen Illkofen und Geisling verschanzt haben.[1512] Auch in den Unterlagen der US-Streitkräfte ist die Rede von SS-Truppen bei Allkofen, einem Gemeindeteil von Mintraching.[1513] Eigentlich hätte sich nach dem deutschen Aufmarschplan östlich von Regensburg keine Waffen-SS befinden sollen. Man kann spekulieren, ob es sich dabei um jene (bisher nicht identifizierbare) Einheit handelte, die sich seit Mitte April auf der Aschenbrennermarter aufgehalten hat und sich von dort in jenen Tagen nach Süden absetzte[1514], oder um jene SS-Einheit, die der bereits erwähnten Dienststelle der Reichsjugendführung auf Schloss Wörth beigegeben war.[1515] Von dieser wurde vor Ort berichtet, dass sie sich absetzte und die Führer sich von Bauern per Gespann u. a. nach Riekofen östlich von Mintraching befördern ließen.[1516] Ein Unteroffizier der oben genannten Regensburger Grenadier-Kompanie berichtete, dass ein SS-Hauptsturmführer, dessen Kompaniegefechtsstand in einem Wald nordöstlich von Mintraching war, das Kommando über alle Heereseinheiten in dem Bereich übernommen habe und durch einzelne SS-Trupps die Heeressoldaten zu Gegenangriffen antrieb. Der Soldat berichtete auch, dass es dabei sogar zu einem kurzen Schusswechsel zwischen den für einen Gegenangriff gar nicht ausgerüsteten Heeresgrenadieren und einem SS-Trupp gekommen sein soll.[1517]

Am 26. April war es auch im Umland von Barbing zu einem Gefecht gekommen.[1518] Der Ort lag donaunah und war von der strategisch bedeutenden Reichs-

---

[1509] Vgl. StAR, Materialien Hilmer: Pitz, Johann: Bericht über den Einsatz der Kampfgruppe Regensburg (Ledebur) vom Juni 1945, Bl. 3f.
[1510] In Regensburg befand sich die Veterinär-Ersatz- u. Ausbildungs-Abt. 13, der diese Kompanie im speziellen auch zuzurechnen sein könnte. Vgl. Tessin, Verbände (1974), S. 276.
[1511] StAR, Materialien Hilmer: Pitz, Johann: Bericht über den Einsatz der Kampfgruppe Regensburg (Ledebur) vom Juni 1945, Bl. 4.
[1512] Vgl. Dietlmeier, Eltheim (2011), S. 96; Striegl, Urpfarrei (1989), S. 44–49; Mundt, Granaten (1995); Lum: Ami (1985); Mundt, Illkofen (1985).
[1513] Vgl. Mulert, Quellen (1987), S. 272; hierzu auch aus örtlicher Sicht vgl. Geser, Mintraching (2018), S. 31f.
[1514] Vgl. Weilner, Gericht (1965), S. 15f., 31f. u. 38. – Es ist nicht zur Gänze auszuschließen, dass auch in Illkofen die vorallem im ländlichen Bereich später verbreitete Überzeugung oberhand bekam, dass es „fremde" SS gewesen sein muss, wenn sich am Ort etwas Negatives ereignet hatte. Vgl. Keller, Elite (2014), S. 368.
[1515] Vgl. Soller, Jeeps (2005); s. oben Kap. II.6.2.4.
[1516] Vgl. Geier, Kindheitserinnerungen (2013), S. 56.
[1517] Vgl. StAR, Materialien Hilmer: Pitz, Johann: Bericht über den Einsatz der Kampfgruppe Regensburg (Ledebur) vom Juni 1945, Bl. 4.
[1518] Dieses Gefecht wird am Rande auch im „Gefechtstagebuch des Major B" erwähnt, vgl. S.N., Fahnen (27.4.1955).

## 1. Regensburg wird Frontstadt, aber keine „Festung"

straße 8 durchzogen, was ihn von vornherein sehr gefährdet machte. Zudem war die Kommandantur des bereits durch Bombenangriffe stark zerstörten Fliegerhorstes Regensburg-Obertraubling ins Barbinger Schloss (heute Rathaus) verlegt worden.[1519] Mit dem Panzeralarm im Raum Regensburg am 23. April war die Zivilbevölkerung aufgefordert worden, den Ort zu verlassen.[1520] Am 26. April, morgens gegen 7:00 Uhr, traf das 2$^{nd}$ Battalion des 14$^{th}$ Infantry Regiments nahe Barbing auf dort verschanzte und mit automatischen Waffen ausgerüstete Angehörige der Hitlerjugend, von denen sie 100 Jugendliche in Gewahrsam nahm.[1521] Es dürfte sich dabei um einen HJ-Trupp aus Oberbayern gehandelt haben – ein solcher Einsatz an der Donau ist auch aus Ingolstadt belegt.[1522] Auf US-Seite wird berichtet von auf deutsche Lastkraftwagen montierten Bordwaffen aus Flugzeugen.[1523] Offenbar waren Soldaten der Luftwaffe an diesem Gefecht beteiligt: Die Gefangenenstatistik der 71$^{st}$ Infantry Division wies konkret für den Bereich Barbing am 26. April die Gefangennahme von mehr als 120 Luftwaffensoldaten vom Fliegerhorst Regensburg-Obertraubling aus.[1524] Obwohl gegen 7:00 Uhr des 26. April sowohl das 2$^{nd}$ Battalion als auch das 3$^{rd}$ Battalion des 14$^{th}$ Infantry Regiments in Barbing eingedrungen waren, gelang es offenbar nicht sofort, den Ort zur Gänze zu besetzen.[1525] Gegen Mittag verstärkte sich der deutsche Widerstand vom nahen Fliegerhorst her.[1526] Auch wurde auf deutscher Seite berichtet, dass um diese Tageszeit „im Westteil Barbing eigene M.G. schiessen".[1527] Dieses Gefecht scheint heftigere Ausmaße angenommen zu haben: Zwei US-Soldaten, 1$^{st}$ Lieutenant Lee Barstow und Private First Class Guillermo Rosas,

---

[1519] Vgl. Kuntze, Fliegerhorst (1987), S. 16.
[1520] Vgl. LraR, Kreisarchivpflege: Regensburger, Barbing (2006), S. 23 u. 25. – Ein Teil der Bevölkerung suchte Zuflucht bei Verwandten in nahen anderen Dörfern. Einige Familien harrten in Barbing aus, vgl. ebd., S. 25. – Auch Kuntze, Fliegerhorst (1987), S. 16.
[1521] Vgl. NARA, 407/427/9666: 71$^{st}$ Infantry Division, G–2 Journal, 262400B, S. 2: Eingehende Meldung von S–2, 14$^{th}$ Infantry Rgt., 7:30 Uhr, sowie Meldungsweitergabe im Rahmen „Intelligence Summary to XX Corps, 10:00 Uhr.
[1522] Vgl. Saalfeld, Zusammenbruch (1979), S. 162 u. speziell S. 165. – Ein Zusammenhang auch mit dem bereits in Kap. II.6.2.4. erwähnten, wenige Tage zuvor auf Schloss Wörth einquartierten Beauftragten des Reichsjugendführers für die Aufstellung der HJ-Panzervernichtungseinheiten beim Oberbefehlshaber West ist nicht belegbar, aber nicht unwahrscheinlich.
[1523] Vgl. McMahon, Farthest East (1986), S. 71. – Es liegt der Gedanke nahe, dass diese Flugzeugwaffen vom Fliegerhorst Regensburg-Obertraubling bzw. aus der Messerschmitt-Endmontage im nahen „Waldwerk Stauffen" stammten.
[1524] Vgl. NARA, 407/427/9666: 71$^{st}$ Infantry Division, G–2 Periodic Report No. 46, Pfatter, 28 April 1945, S. 3. – Im Detail wies diese Statistik für den 26. und 27. April die Gefangennahme von 287 Luftwaffensoldaten (darunter 2 Offiziere) für die Bereiche Barbing und Harting aus, von denen sich jedoch – wie in Kap. V.3.2. dargestellt – etwa 150 Mann und ein Offizier erst am Nachmittag des 27. April in Harting ergaben.
[1525] Vgl. NARA, 407/427/9666: 71$^{st}$ Infantry Division, G–2 Journal, 262400B, S. 2.
[1526] Vgl. Kuntze, Fliegerhorst (1987), S. 16. – Kuntze widerspricht sich dabei selbst, wenn er ebd. Barbing bereits um 08:00 Uhr als übergeben bezeichnete.
[1527] Vgl. StAR, OB/7, Slg. Bürger: „Einsatz der Kampfgruppe Regensburg vom 24.4.45 bis zur Waffenruhe" (Angebl. Kopie der Abschrift des offiziellen KTBs der Kampfgruppe), Bl. 2.

## V. Übergabe der Stadt Regensburg an die Amerikaner

erhielten wegen ihres dortigen Einsatzes die hohe Tapferkeitsauszeichnung „Distinguished Service Cross".[1528] Außerdem hatte es auf US-Seite etliche Verwundete gegeben, da auch eine ganze Reihe der entsprechenden „Purple Heart"-Medaille verliehen wurde.[1529]

Auch auf deutscher Seite hat es bei diesem Gefecht Verwundete gegeben. Zu diesen soll auch der letzte Kommandeur des Fliegerhorstes, ein Major Hildebrand, gezählt haben,[1530] desgleichen durch Granatsplitter der Heeres-Bataillonsführer Hauptmann Bolze. Zur Flankensicherung der deutschen Kräfte bei Barbing wurde eine Kompanie der zur Kasernenverteidigung in Regensburg bereitstehenden Truppen nach Irl in Marsch gesetzt. Mit diesem Auftrag betraut wurde Major Robert Bürger.[1531] Nach Angabe des damaligen Kommandeurs der Kasernenverteidigung, Oberleutnant Erwin Fischer, war die nach Irl geschickte Truppe ein „zusammengewürfelter Haufen" – „Der Gefechtswert war gleich Null".[1532] Drei Aktivisten der „Regensburger Freiheitsorganisation ‚Bauernhaus'"[1533] berichteten im Juni 1945 in einem gemeinsamen Schreiben an die Militärregierung, dass diese stark mit Mittelsmännern ihrer Gruppe durchsetzte Kompanie, die sich ausschließlich aus „a.v.-Leuten"[1534] (und damit zumeist Einheimischen) zusammensetzte, bereits beim Anmarsch in Auflösung geriet. Bei einer Sandgrube nahe Irl sollen die restlichen Mannschaften der Kompanie jeden weiteren Vormarsch verweigert haben.[1535] Bürgers Kriegstagebuch berichtet, von den bei Barbing zum Gegenangriff angesetzten deutschen Soldaten „läuft ein Zug mit erhobenen Armen über".[1536] Major Bürger kehrte offenbar in den Befehlsstand der Kampfgruppe im fürstlichen Schloss zurück, da er später über die weiteren konkreten Ereignisse dort, insbesondere eine letzte Kommandeursbesprechung am späten Nachmittag des 26. April aus eigenem Erleben berichtete.[1537] Erst gegen Abend scheint das 14th Infantry Regiment der 71st Infantry Division auch den restlichen Teil von Barbing besetzt zu haben.[1538]

---

[1528] Vgl. McMahon, Farthest East (1986), S. 71.
[1529] Vgl. ders., Riding Point (1987), S. 28.
[1530] Vgl. Kuntze, Fliegerhorst (1987), S. 16.
[1531] Vgl. StAR, OB/7, Slg. Bürger: „Einsatz der Kampfgruppe Regensburg vom 24.4.45 bis zur Waffenruhe" (Angebl. Kopie der Abschrift des offiziellen KTBs der Kampfgruppe), Bl. 2.
[1532] Vgl. StAR, OB/7, Slg. Bürger, Ordner 1, Index 16: Stellungnahme von Oberleutnant a.D. Erwin Fischer, Rbg., 1945 Kompaniechef der Stabskompanie des Pz.Gren.Ers.Bat. 20, vom 16.9.1983. 1 Bl.
[1533] S. oben Kap. IV.5.2.2.1.
[1534] „a.v." steht für „arbeitsverwendungsfähig", damit eigentlich nicht tauglich für den Gefechtseinsatz.
[1535] Vgl. StAR, Materialien Hilmer: „Bericht über die Tätigkeit der Regensburger Freiheitsaktion ‚Bauernhaus'" vom Juni 1945 „an die Militärregierung über den Oberbürgermeister", unterzeichnet vom ehem. Stabsfeldwebel Markus Pusel und den ehem. Unteroffizieren Dr. Helmut Staff und Johann Pitz (Durchschrift / Kopie), S. 4.
[1536] Vgl. StAR, OB/7, Slg. Bürger: „Einsatz der Kampfgruppe Regensburg vom 24.4.45 bis zur Waffenruhe" (Angebl. Kopie der Abschrift des offiziellen KTBs der Kampfgruppe), Bl. 2.
[1537] Vgl. Bürger, Regensburg (1983), S. 387.
[1538] Vgl. Kuntze, Fliegerhorst (1987), S. 19.

## 1. Regensburg wird Frontstadt, aber keine „Festung"

Es sei hier festgestellt, dass die 71st Division bis zum Abend des 26. April nicht bis Obertraubling vorgestossen war, wie seit der entsprechenden Darstellung von Bürger regelmäßig auch von weiteren Autoren berichtet wurde, sondern noch am Morgen des 27. April südwestlich von Sarching stand. Barbing war bereits weitgehend besetzt. Die Orte Harting, Nieder- und Obertraubling, auch der südliche Teil des Fliegerhorsts Regensburg-Obertraubling waren zu diesem Zeitpunkt noch nicht in amerikanischer Hand.[1539]

Im Mittelabschnitt des Donauübergangs der 71st Division hingegen konnten rasch das Ufer und das Hinterland gesichert werden. US-Pioniere bauten aus Sturmbooten und Brückenelementen Fähren, mit denen knapp unterhalb der gesprengten Donaustaufer Brücke erste Fahrzeuge, auch Jagdpanzer, übergesetzt wurden, um den Brückenkopf zu sichern und auszuweiten.[1540] Parallel zu diesem Fährbetrieb wurde stromauf von Sulzbach a. d. Donau durch das 160th Engineer Combat Battalion und die 993rd Treadway Bridge Company eine von großen Schlauchbootpontons getragene Schwimmbrücke zusammengesetzt, die bereits um Mitternacht zum 27. April benutzbar war.[1541] Dieser schnell nach Südosten ausgebaute Brückenkopf ermöglichte es der 71st Division, mit Unterstützung der über die Kriegsbrücke mit großen Teilen am 27. und 28. April nachrückenden 13th Armored Division, umgehend weiter in den Gäuboden Richtung Straubing vorzustoßen.[1542] Am frühen Vormittag des 27. April war bereits Pfatter erreicht, vom Bürgermeister übergeben und besetzt worden.[1543] Auch „Traubling" [d.i. Ober- und Niedertraubling] wurde an diesem Tag besetzt.[1544] Ebenso Mintraching nach einem 15-minütigem Beschuss, da es dort Widerstand durch offenbar nach wie vor im Ortsbereich befindliche SS gegeben hatte.[1545]

Westlich der Stadt Regensburg hatte die 65th Infantry Division bereits ab 2:00 Uhr morgens des 26. April zwischen Gundelshausen und Kapfelberg an mehreren Stellen mit Sturmbooten über die Donau angegriffen, um auch dort einen Brückenkopf zu

---

[1539] Vgl. NARA, RG 407/427/9678: 14th Infantry Regiment, S–3 Report No. 44, Sarching 271800B, S. 1; NARA, RG 407/427/9667: 71st Infantry Division, G–3 Periodic Report, Friesheim 272400B, S. 1; Zu Obertraubling vgl. Doerfler, Kriegsnot (1982), S. 128.

[1540] Foto dieses Fährbetriebs, wobei auch Schwimm-LKWs eingesetzt wurden, s. Rosmus, Ragnarök (2010), S. 270; auch bei Hage, Wiederbeginn (1994), S. 45.

[1541] Fotos dieser Brücke s. Rosmus, Walhalla (2010), S. 92; sowie das gleiche Bild bei dies., Ragnarök (2010), S. 269, wobei sich der Text dort auf die Kriegsbrücke bei Gundelshausen bezieht.

[1542] Vgl. United States Army, Thirteenth Armored Division (1946): After Action Report 13th Armored Division: „The Bavarian Operation" 26 April–4 May 45, Phase I: „The Crossing of the Danube", Bl. 15.

[1543] Vgl. NARA, RG 407/427/9667: 71st Infantry Division, G–3 Periodic Report, Friesheim 272400B, S. 1.

[1544] Vgl. NARA, RG 407/427/9667: 71st Infantry Division, G–3 Periodic Report, Friesheim 272400B, S. 2.

[1545] Vgl. NARA, RG 407/427/9667: 71st Infantry Division, G–3 Periodic Report, Friesheim 272400B, S. 1. – Der amerikanische Beschuss verursachte große Schäden und forderte auch Todesopfer unter der Zivilbevölkerung. Vgl. Geser, Mintraching (2018), S. 31f.

## V. Übergabe der Stadt Regensburg an die Amerikaner

erkämpfen. Im Bereich von Gundelshausen stieß das dort übersetzende 260th Infantry Regiment auf zunächst fast keinen Widerstand. Nachdem die US-Soldaten bereits Graßlfing erreicht hatten und am Nachmittag weiter in Richtung auf einen in ihren Karten als „Nieder" [d.i. Niedergebraching] verzeichneten Ort vorrückten, gerieten sie in heftiges Gewehrfeuer. In den Abendstunden schlugen dort auch einige 8,8-Granaten ein.[1546] Insgesamt wurden bei der 65th Infantry Division an diesem Tag im Südwesten von Regensburg etwa 500 Gefangene eingebracht.[1547] Eine spätere detaillierte Aufstellung zeigt, dass davon allein 272 Mann dem „Marsch-Bataillon 107"[1548] angehörten, dessen vier Kompanien sich mit einem Hauptmann, einem Leutnant und 38 Unteroffizieren fast geschlossen in Gefangenschaft begeben hatten.[1549] Ihnen angeschlossen hatten sich ein Leutnant, ein Unteroffizier und 25 Mann des Landshuter Grenadier-Ersatz- u. Ausbildungs-Bataillons 62, die in der Nacht zum 26. April aus ihren Unterkünften in Mötzing mit LKWs zur Verstärkung an die Donau südwestlich von Regensburg transportiert worden waren.[1550]

Das bei Kapfelberg übersetzende 261st Infantry Regiment stieß bei Lengfeld auf heftigen Widerstand jugendlicher Soldaten der 38. SS-Division „Nibelungen". Die erste übersetzende amerikanische Welle war in direkten Maschinenwaffenbeschuss geraten und auch gut platzierte deutsche 8,8 cm Flak-Geschütze des RAD forderten Opfer.[1551] Dieses Gefecht war für die Amerikaner ärgerlich, auch verlustreich, aber keineswegs gravierend.[1552] In der mündlichen Überlieferung sowie in der Regionalgeschichtsschreibung zum Raum Bad Abbach hingegen wurde (und wird) es stark

---

[1546] Vgl. NARA, 407/427/9550: 65th Infantry Division, G–2 Periodic Report No. 48, 26 April 1945, 262400, Bl. 1f.

[1547] Vgl. NARA, 407/427/9550: 65th Infantry Division, G–2 Periodic Report No. 48, 26 April 1945, 262400, Bl. 2.

[1548] Möglicherweise vom Grenadier-Ersatz- u. Ausbildungs-Bataillon 107, von dem sich Teile bei der 416. Infanterie-Division befanden. Der IPW-Report der 65th Division verzeichnete für den 25. April die Gefangennahme von 38 Soldaten des „107 Inf Rgt, 416 Inf Div". Vgl. NARA, 407/427/9550: 65th Infantry Division, G–2 Periodic Report No. 47, 26 April 1945, Annex 1: IPW-Report 25 April, Bl. 1.

[1549] Vgl. NARA, 407/427/9550: 65th Infantry Division, G–2 Periodic Report No. 50, 28 April 1945, 282400, Annex: IPW-Report, Bl. 1. – Die Einheit war am 24./25. April über Hemau an die Donau gelangt. Vgl. ebd..

[1550] Vgl. NARA, 407/427/9550: 65th Infantry Division, G–2 Periodic Report No. 50, 28 April 1945, 282400, Annex: IPW-Report, Bl. 1.

[1551] Zu diesem Gefecht vgl. Ettelt, Geschichte 2 (2005), S. 390–394; aus Sicht der SS-Veteranen vgl. Schneider, Spuren (1999), S. 32–43 u. 47–53; aus US-Sicht s. Auszüge aus den offiziellen Unterlagen des 261st Regiments für 26. u. 27.4. bei Cardinell, 65th Infantry (2004), Part I, S. 262f., desgleichen für das 259th Regiment vgl. ebd. S. 149–151 u. 155. – Es hat den Anschein, als ob es auf US-Seite vorab Probleme bei der Nachrichtenübermittlung gegeben hat: Der Chronist des Aufklärungszuges (I&R Platoon) der Stabskompanie des 261st Infantry Regiments hielt fest, dass seine Einheit die genauen Standorte deutscher Geschütze bereits am Tag zuvor erkundet und gemeldet habe. Aber es sei nichts geschehen. Vgl. Pratt, Jeeps (2011), S. 25.

[1552] Nichts in den Tagesberichten des Regiments bzw. der Division deutet darauf hin, dass man dieses Gefecht als besonders gravierend empfunden hätte.

## 1. Regensburg wird Frontstadt, aber keine „Festung"

übertrieben dargestellt.[1553] 1981 hieß es, dass man vor Ort von „ungefähr 800" gefallenen Amerikanern spräche.[1554] 1995 waren es immerhin noch 56.[1555] Tatsächlich sind für die gesamte 65$^{th}$ Division, also nicht nur für das bei Kapfelberg übersetzende 261$^{st}$ Regiment, für den 26. April insgesamt 22 Gefallene festgehalten.[1556] In den Unterlagen des Regiments war zunächst von einem gefallenen Offizier bzw. 23 Mannschaftsdienstgraden die Rede; acht Mann galten als vermisst.[1557]

Nun könnte man derlei regionalgeschichtliche Übertreibung, wie sie des Öfteren vor allem in kleineren Orten festzustellen ist, einfach übergehen, hätte sich dies nicht in einer Weise weiterentwickelt, die schon als Politikum zu sehen ist und durchaus – wie bereits im Kapitel I. dargestellt – auch die Debatte in Regensburg um die Ereignisse bei Kriegsende beeinflusst hat. Seit Bürgers Mutmaßung, der Ring um Regensburg habe am Abend des 26. April wohl wegen der Kämpfe im Raum Bad Abbach nicht geschlossen werden können[1558], heroisieren nicht nur einzelne regionale Autoren, sondern auch solche aus dem Umfeld der SS-Veteranen die jugendlichen Soldaten der 38. SS-Waffengrenadierdivision als die eigentlichen Retter Regensburgs.[1559] Da es jedoch, wie oben dargestellt, keine Pläne für eine sofortige Einschließung Regensburgs noch am 26. April gegeben hat, kann dieses Gefecht dies auch nicht verzögert haben.

Bald nach den Sturmbooteinsätzen pendelten auch dort zunächst Pionierfähren zwischen Gundelshausen und Matting sowie, zeitlich versetzt, auch zwischen Kapfelberg und Lengfeld.[1560] Bei Gundelshausen wurde durch das 265$^{th}$ Engineer Combat

---

[1553] Ebenfalls kritisch gegenüber der regionalen Gefechtsdarstellung vgl. Ettelt, Geschichte 2 (2005), S. 391 u. 393.
[1554] Vgl. Sturm, Ende (1981), S. 33; Wagner, Weinberg (1985), S. 40, berichtete von „hohen Verlusten".
[1555] Vgl. Ostermann, Kriegsende (1995), S. 145; Sturm, Jahre (2005), S. 35; Interessant ist auch, wie diese Zahl offenbar zustande kam. Das Buch von Ostermann hat leider kein Literaturverzeichnis. Sturm bezieht sich bei seiner detaillierteren Angabe (Gefallene: 3 Offiziere, 53 Unteroffiziere und Mannschaften) ganz allgemein auf „Unterlagen der 65. Amerikanischen Infanteriedivision", vgl. ebd. in seinem Literaturverzeichnis. Ebd., S. 70, findet sich als einzige englischsprachige Angabe „The 65th Infantry Division in WWII, in two Parts, April 1945 [?]", womit die zweiteilige Veröffentlichung von Cardinell aus dem Jahr 2004 gemeint sein dürfte. Und tatsächlich findet sich dort im zweiten Teil eine Übersicht über die Verluste dieser Division, aufgeteilt auf einzelne Kampagnen, die genau diese Zahlen nennt: Für den „Danube River" genannten Feldzug zwischen dem 19. und dem 30. April 1945 längs der Donau hatte die Division als Gefallene „3 Off. u.. 53 Enl." zu verzeichnen. Vgl. Cardinell, 65$^{th}$ Division (2004), part II, S. A – also 56 Tote auf dem ganzen Weg zwischen Mittelfranken und Linz, und keineswegs nur beim Donauübergang bei Bad Abbach.
[1556] Vgl. NARA, 338/XX Corps/7945: G–1 Daily Summary, 26 April 1945, Tabelle.
[1557] Vgl. NARA, 407/427/9574: Historical Account of the Progress of the 261$^{st}$ Infantry, Eintrag für 26. April 1945; ein zweites Exemplar dieses Berichtes findet sich in NARA, 407/427/9576.
[1558] Vgl. Bürger, Regensburg (1983), S. 387 u. 392.
[1559] Vgl. Kapitel I.5.
[1560] Vgl. Rosmus, Walhalla (2010), S. 89; Fotos dieses Fährverkehrs s. ebd., S. 90. Zudem hat das US-Nationalarchiv erst 2017 einen von Kameramännern des US-Signal Corps gedrehten Kurzfilm über den Fährbetrieb zwischen Gundelshausen und stromauf von Matting im Internet veröffentlicht. Dieser Youtube-Beitrag umfasst mehrere solcher Kurzfilme, darunter auch Aufnahmen

Battalion der 65th Infantry Division rasch eine Schwimmbrücke auf großen Schlauchbootpontons errichtet.[1561]

Der eigentliche Feind der Amerikaner beim Übergang im Raum Bad Abbach war nicht die SS, sondern – der Schlamm! Zeitweise drohte sich der Brückenschlag hier zum Desaster zu entwickeln.[1562] Noch heute führt der Weg von Hemau über die Hügel oder durchs Tal der Schwarzen Laber, über Viehhausen und hinab nach Kapfelberg und Gundelshausen über zwischenzeitlich zwar geteerte, aber nach wie vor meist schmale Straßen. Im April 1945 mögen diese zwar bereits befestigt gewesen sein, aber dem Ansturm einer großen Zahl schwerer LKWs und vieler Kettenfahrzeuge waren diese Wege nicht gewachsen und verwandelten sich, nachdem es zudem tagelang geregnet hatte, schnell in tief aufgeweichte Schlammpisten, auf denen sich sogar Panzer festfuhren.[1563] Der kommandierende General der 65th Division, Major General Reinhart, bezeichnete die Wegeverhältnisse im Raum des Donauübergangs seiner Division als die „germanische Version von Dantes mediterranem Inferno".[1564] Einzelne US-Einheiten suchten Abhilfe, indem sie nach Kompass und Karte einfach querfeldein ihren Weg suchten.[1565] Am rechten Donauufer entwickelte sich die Situation kaum besser – auch Matting, Oberndorf und Unterirading lagen nicht gerade an gut ausgebauten Chausseen.

Die 65th Division sollte zwar nach Plan im weiteren Fortgang Regensburg einnehmen, hatte jedoch keinen Befehl zu einer sofortigen Vereinigung mit dem Brückenkopf der 71st Division. Sie war am Abend des 26. April südlich der Stadt bis etwa Hohengebraching und darüber hinaus vorgedrungen und hatte ihren Brückenkopf damit weiter ausgedehnt als die 71st den ihren von Osten her – ein weiteres Argument dafür, dass die 65th Division keineswegs durch das Gefecht bei Kapfelberg und Lengfeld in ihrem Vormarsch aufgehalten worden war. Robert Bürger stellte am Schluss seines Aufsatzes fest: „Die Amerikaner haben sich darüber geärgert, daß

---

von Pionierbrücken in Ingolstadt. Der hier interessierende ist der in der Abfolge letzte. Bemerkenswert an diesem Film ist auch die große Zahl deutscher Gefangener, die am Mattinger Ufer warteten und gruppenweise von der Fähre auf ihren Rückwegen ans linke Ufer mitgenommen wurden. Siehe United States National Archivs, Planes (2017). Ein Foto der übersetzenden Gefangenengruppe auch bei Rosmus, Walhalla (2010), S. 93.

[1561] Vgl. Rosmus, Walhalla (2010), S. 89; Fotos dieser Kriegsbrücke s. ebd., S. 90. Ein von der Brücke aus stromabwärts aufgenommes Foto erlaubt, deren genaue Lage sehr gut einzuschätzen, da das (damals noch völlig freistehende heutige) Gasthaus Perzl in Lohstadt am linken Ufer gut zu sehen ist, vgl. S.N., History 1 (1959), p. 27.

[1562] Vgl. Rosmus, Walhalla (2010), S. 92.

[1563] Vgl. United States Army, Thirteenth Armored Division (1946): After Action Report 13th Armored Division: „The Bavarian Operation" 26 April–4 May 45, Phase I: „The Crossing of the Danube", Bl. 14.

[1564] Zitiert nach Rosmus, Ragnarök (2010), S. 269.

[1565] Vgl. United States Army, Thirteenth Armored Division (1946): After Action Report 13th Armored Division: „The Bavarian Operation" 26 April–4 May 45, Phase I: „The Crossing of the Danube", Bl. 14f.

1. Regensburg wird Frontstadt, aber keine „Festung"

*Eine Kolonne schwerer US-LKWs, mit Brückenbaugerät und Schlauchbootpontons beladen, pflügt sich, mangels nutzbarer Straßen, ihren Weg querfeldein nach Gundelshausen, tiefe Spurrillen hinterlassend (Foto aus Beck, Alfred M. (u.a.): The Corps of Engineers, The War Against Germany, US-Army, Center of Military History, 1985, p. 549, Public Domain).*

der Deckel ihres Kessels am 26.4.1945 offenblieb".[1566] Auch davon kann keine Rede sein – im Gegenteil.

Im Tagesbericht der 65th Division für den 26. April wurde ganz nüchtern beschrieben, welche Möglichkeiten der Gegner habe: er könne sich in Regensburg verschanzen und die Stadt verteidigen (was die Amerikaner für am wahrscheinlichsten hielten), oder sich aus der Stadt nach Südosten zurückziehen.[1567] Die US-Army hatte nichts dagegen, würde die Wehrmacht auf diesem Weg aus Regensburg abziehen – warum eine mit Verlusten verbundene Schlacht um eine Stadt schlagen, wenn es sich vermeiden ließ? Am sicheren Ausgang dieses Krieges würde ein solcher deutscher Rückzug nichts mehr ändern. Als Drittes wurde ein möglicher deutscher Giftgaseinsatz aufgelistet. Diese letztgenannte Gefahr war seit längerem eine fast täglich wiederholte Feststellung, welche die tiefe Sorge vor einer solchen Eskalation des Kriegs ausdrückte und am 26. April durch das Auffinden deutscher Kampfstofflagerschiffe bei Straubing – von denen im folgenden Kapitel ausführlich berichtet wird – hohe Aktualität erlangte.

---

[1566] Bürger, Kriegsende (1983), S. 393.
[1567] Vgl. NARA, 407/427/9550: 65th Infantry Division, G–2 Periodic Report No. 48, 26 April 1945, Bl. 2.

V. Übergabe der Stadt Regensburg an die Amerikaner

Auf der Kriegsbrücke der 65th Division herrschte ab dem 27. April reger Verkehr: Nach dem ursprünglichen Plan sollte die gesamte 13th Armored Division über diese Brücke nachrücken, um, weit südlich an Regensburg vorbei, (über den Raum Dünzling und Thalmassing) in den Gäuboden Richtung Straubing vorzustoßen.[1568] Angesichts der Wegesituation zur Brücke hin war dies in einem noch vertretbaren Zeitrahmen nicht zu realisieren. Lediglich das Combat Command A der 13th Armored Division nutzte diese Brücke.[1569] Das XX Corps entschied kurzfristig, die weiteren Einheiten der 13th Armored Division ab dem 27. April mittags über die Kriegsbrücke der 71st Division bei Sulzbach a. d. Donau umzuleiten.[1570] Dies war ein enormer Umweg vor allem deshalb, da ein Übergang über den Regen in Regensburg erst am frühen Vormittag des 28. April fertiggestellt war und deshalb Teile der Panzerdivision sogar über den Raum Regenstauf geleitet werden mussten.[1571] Auch die bisher als Corpsreserve geführte 80th Infantry Division rückte am 28. April über die Pionierbrücke bei Gundelshausen nach, um, nach einer „Übernachtung" im Süden Regensburgs[1572], beim weiteren Vormarsch den bisherigen Kampfabschnitt der für einige Zeit in Regensburg bleibenden 65th Division zu übernehmen. Die Wegeverhältnisse bei Gundelshausen waren sicherlich auch ein Grund, weshalb die Kriegsbrücke dort unmittelbar darauf aufgegeben und durch eine im Regensburger Stadtteil Niederwinzer ersetzt wurde, die dort direkt von der Reichsstraße 8 abzweigte und seit 30. April benutzbar war.[1573]

---

[1568] Womit Regensburg spätestens am 28. April eingeschlossen worden wäre, dies aber weit großräumiger, als in der bisher tradierten Weise. Zudem scheint man US-seitig davon ausgegangen zu sein, dass Regensburg zu diesem Zeitpunkt bereits besetzt sein würde, denn in den Berichten der 13th Armored Division gibt es keinerlei Hinweis darauf, dass die Einheiten dieser Panzerdivision der Stadt irgendeine Beachtung schenken sollten.

[1569] Vgl. United States Army, Thirteenth Armored Division (1946): After Action Report 13th Armored Division: „The Bavarian Operation" 26 April–4 May 45, Phase I: „The Crossing of the Danube", Bl. 15.

[1570] Vgl. United States Army, Thirteenth Armored Division (1946): After Action Report 13th Armored Division: „The Bavarian Operation" 26 April–4 May 45, Phase I: „The Crossing of the Danube", Bl. 14f.

[1571] Vgl. ebd., Bl. 15f. – Auch die Reinhausener Pfarrchronik berichtet von einer pioniertechnischen Wiederherstellung der neuen Regenbrücke bis zum Abend des 27. April. Vgl. Kath. Pfarramt Regensburg-Reinhausen, Archiv: Pfarr-Chronik St. Josef-Reinhausen 1898–1976, S. 230f; Heigl, Gemeindeschreiber (1993), S. 28.

[1572] Siehe hierzu im Kapitel VI.1.1.

[1573] Vgl. NARA, 407/427/9576: CG 65th Inf Div, G–4, Memorandum to all Commanders 30 April 1945, 301140: „Bridge vic Regensburg opens 301200"; Weilner, Gericht (1965), S. 53; siehe dazu auch Kapitel VI.1.2. – Das einzige bisher bekannte (und leider nicht reproduzierbare) Foto dieser Pontonbrücke findet sich bei: United States Army (Hg.): Cavalry (1949), Scan-Bl.-Nr. 82. – Man darf wohl davon ausgehen, dass die Pionierbrücke bei Gundelshausen nicht komplett demontiert wurde, sondern einzelne Elemente die wenigen Kilometer donauabwärts nach Niederwinzer laviert und dort wieder zusammengesetzt wurden.

## 1.5. Abzug der Wehrmacht aus Regensburg in der Nacht zum 27. April

Nach allen zugänglichen deutschen militärischen Quellen dürfte es im Lauf des 26. April für die militärische Führung im Südraum absehbar gewesen sein, dass eine „Donaulinie" weder aufzubauen, geschweige denn zu halten war. Die US-Armee hatte am frühen 26. April im Raum westlich von Ingolstadt, bei Neuburg a. d. Donau, den Fluss bereits überschritten.[1574] Auch die bereits angesprochene Kampfstofflagerproblematik, die an diesem Tag im Raum Straubing sogar zu einem „nichterklärten Waffenstillstand" geführt hatte[1575], ließ eine Kampfführung im Großraum Regensburg als unmöglich erscheinen. Entsprechend war eine Rücknahme der gesamten Hauptkampflinie seitens der Heeresgruppe G geradezu zwingend notwendig. Dies muss auf dem Befehlsweg den Armeen und Korps auch angeordnet worden sein.[1576] Durch Generalleutnant Tolsdorff, 82. Korps, erging dieser Befehl an die ihm unterstellten Divisionen und den „Kampfkommandant Regensburg". Einen entsprechenden Anruf des Generals in Regensburg, bei dem er sich auch erkundigte, ob ein Abzug aus Regensburg nach Lage der Dinge noch möglich wäre, und daraufhin einen Rückzug mit Ziel Isartal befahl, soll es laut Bürger gegeben haben – nach den Angaben Matzkes war dieser Anruf direkt von der Heeresgruppe G erfolgt.[1577]

Das Hauptquartier des 82. Korps hatte sich vom 23. bis 24. April, von Nittendorf kommend, in Rohr bei Abensberg einquartiert. Am Abend des 24. April verlegte es seinen Gefechtsstand nach Pfatter westlich von Straubing, bevor dieser am 25. April abends in Sallach zwischen Mallersdorf und Geiselhöring eingerichtet wurde und dort bis zum Abend des 27. April verblieb.[1578] Allerdings hielt sich der kommandierende General selbst dort nur für Stunden auf, sondern eilte weiter.

Hier ist nochmals hervorzuheben, dass es bei diesem Abzug der Kampftruppen aus Regensburg weniger um den Abmarsch der kaum feldverwendungsfähigen örtlichen Ersatz- und Ausbildungstruppen ging, sondern um den weiteren Rückzug der in den Tagen zuvor in die Stadt und in den Garnisonsbereich eingeströmten Teile der 416. Infanterie Division sowie von Ersatzeinheiten der vormaligen oberbayerischen Division Nr. 467.[1579] Sie alle befanden sich nicht (nur) in den Kasernen, sondern

---

[1574] Vgl. Spiwoks, Endkampf (1999), S. 325; Brückner, Kriegsende (1987), S. 143f.
[1575] Vgl. Kapitel V.2.2.
[1576] Auch dem 82. Korps links benachbarte XIII. SS-Korps hat sich in der Nacht 26./27. April auf Armeebefehl von der Donau zurückgezogen. Vgl. Spiwoks, Endkampf (1999), S. 326.
[1577] Vgl. Bürger, Regensburg (1983), S. 387–389; Bürger verwechselte hier abermals das OKW mit dem OKH. – Zu diesem Anruf s. auch Eiser, Kriegsende (2012), S. 87f, wobei die Autoren diesen Anruf als „mehr als unwahrscheinlich" werten, sich jedoch selbst widersprechen, wenn sie an anderer Stelle Major Matzke zitieren, nach dessen Angaben ein entsprechender Anruf sogar direkt von der Heeresgruppe G gekommen sein soll. Vgl. ebd., S. 56.
[1578] Vgl. BA-MA, ZA 1/532: Ingelheim, Ludwig Graf von: Kampfhandlungen des LXXXII. A.K.in der Zeit vom 27.3.–6.5.45 (US-Army, Historical Division: MS B–183) Bl. 37 u. 42f.
[1579] Bürger benannte als in die Stadt eingeströmte Feldtruppen drei Bataillone nebst Pionieren und mobiler Flak. Vg. Bürger, Kriegseende (1983), S. 385.

V. Übergabe der Stadt Regensburg an die Amerikaner

waren auch im näheren Umland in Stellung bzw. einquartiert, wobei sie, wie bereits geschildert, Kriegsgefangene aus ihren Quartieren verdrängt hatten.[1580] Auch Major Matzke sprach bei seiner ersten Vernehmung durch die US-Streitkräfte ausdrücklich vom Abzug der 416. Division.[1581]

Es war in Regensburg für lange Zeit völlig unstrittig, dass in der Nacht zum 27. April der Kampfkommandant nebst Truppen sowie die örtliche Parteileitung aus Regensburg abzogen. Robert Bürger hatte mit seinem Bericht die Ereignisse dramatisiert, indem er schilderte, dass dieser Abzug nur noch auf einem „Schleichweg" über den Standortübungsplatz bei Oberhinkofen möglich und nur aufgrund seiner persönlichen Ortskenntnisse durchführbar gewesen sei.[1582] Eiser und Schießl bestreiten diese Darstellung in mehrerer Hinsicht:

– Zum einen sei die Reichsstraße 15 Richtung Landshut in dieser Nacht bei Obertraubling keineswegs bereits von den Amerikanern abgeschnitten gewesen.
– Zum anderen wäre der „Schleichweg" für eine solch große Kolonne, wie Bürger sie beschreibt, in Teilabschnitten gar nicht passierbar gewesen.[1583]
– Des Weiteren sei der von Bürger aufgezeigte Weg bereits von Westen her durch die 65th Division bedroht gewesen.[1584]
– Überdies versuchten die beiden Autoren zu belegen, dass wohl lediglich die Führung der Kampfgruppe aus Regensburg abgezogen sei, da die Truppen insgesamt viel zu wenig mobil gewesen seien, da es ihnen an Kraftfahrzeugen mangelte.[1585]

Hinsichtlich ihrer ersten These muss man die beiden Autoren bestätigen, da, wie bereits ausgeführt, es seitens der US-Army weder einen Plan zur Einschließung Regensburgs gegeben hat, noch die 71st Division bereits am 26. April von Donaustauf her bis Obertraubling vorgedrungen war, sondern bis zum frühen Nachmittag des 27. April südwestlich von Sarching verharrte. Dies lässt den Abzug der Kampfgruppe Regensburg alleinig und auf alternativlosem Weg über den Standortübungsplatz, wie von Bürger behauptet, wahrlich in etwas zweifelhaftem Licht erscheinen. Es mag sein, dass diese Route ebenfalls genutzt wurde, aber der einzige „Ausweg" aus der Stadt war sie mit Sicherheit nicht. Zudem findet sich in der Erstveröffentlichung des Gefechtstagebuchs von Bürger aus dem Jahr 1955 eine kurze Passage, die in allen darauffolgenden Darstellungen, einschließlich in jener von Eiser und Schießl, unbeachtet blieb, denn dort hieß es für den 26. April: „Die Aufklärung mit Krad ergab

---

[1580] So etwa offenbar in Wolkering. Vgl. Kestell-Cornish, Diary (2006), S. 67. – s. auch Kap. III.4.4.
[1581] Vgl. NARA, 407/427/9550: 65th Infantry Division, G–2 Periodic Report No. 51, 29 April 1945, Annex: IPW-Report, Bl. 2.
[1582] Vgl. Bürger, Regensburg (1983), S. 388.
[1583] Vgl. Eiser, Kriegsende (2012), S. 128.
[1584] Vgl. ebd., S. 122 u. 126
[1585] Vgl. ebd., S. 109–111.

jedoch, daß Obertraubling feindfrei ist".[1586] Im Aufsatz von Bürger 1983 war hingegen dann nur noch zu lesen: „Am 26.4.1945 hatten die Amerikaner die Ortschaften Barbing und Obertraubling besetzt."[1587]

Auch der zweiten These von Eiser und Schießl kann man zustimmen, dass der von Bürger aufgezeigte Schleichweg für eine von ihm beschriebene Kolonne gar nicht geeignet gewesen wäre. Den Beleg hierfür erbrachten die US-Streitkräfte am 28. April in anderem Zusammenhang: Die US-Army praktizierte beim Nachschubtransport nach Möglichkeit ein Einbahnstraßensystem auch über weite Entfernungen. Auf einer Route fuhren die beladenen Konvois nach vorne, auf einer anderen leer zurück. Bei der Planung ihrer Nachschubwege ab Regensburg weiter nach Südosten und zurück, ließ sich außer der ausgebauten Landshuter Straße durch Burgweinting keine zweite nutzbare Straße aus der Stadt hinaus in diese Richtung finden: „all other roads are dirt roads which would bog down our vehicles". Im Bereich Ober- und Unterisling waren sämtliche Straßen und auch alle Querverbindungswege nach Westen und nach Burgweinting „inadresable for convoys".[1588]

Widersprechen muss man jedoch der dritten These von Eiser und Schießl, wonach der Weg über den Standortübungsplatz bereits von Westen her durch die 65th Division bedroht gewesen sei. So sei Oberhinkofen bereits am 25. (sic!) April, Oberisling am 26. April von den US-Truppen besetzt worden, wobei sich die beiden Autoren auf jüngere Aussagen von Ortsansässigen berufen.[1589] Diese Angaben sind mehr als zweifelhaft, zumal am 25. April noch kein einziger US-Soldat am rechten Donauufer stand.

Die vierte These von Eiser und Schießl ist aus vielerlei Gründen völlig unhaltbar: Die Autoren errechneten auf der Basis der von Bürger genannten Zahl von 1.400 Mann für den Abzug einen Gesamtbedarf von 100 Fahrzeugen, wobei sie von einer durchschnittlichen Besetzung jedes Fahrzeugs mit 14 (sic !) Mann ausgingen.[1590] Unter gleichsam „Fluchtbedingungen" genügten für 1.400 Mann auch 50–60 Fahrzeuge.[1591] Die Wehrmacht hatte nie den Motorisierungsgrad der US-Streitkräfte erreicht. Trotz der Rüstungsbemühungen der letzten Kriegsjahre standen der Wehrmacht immer weniger Kraftfahrzeuge zur Verfügung.[1592] Dennoch waren auch in Regens-

---

[1586] S.N., Fahnen (27.4.1955).
[1587] Bürger, Regensburg (1983), S. 387. – Dieser Widerspruch hätte eigentlich bereits vor der Veröffentlichung des Aufsatzes von Bürger 1983 auffallen sollen.
[1588] Vgl. NARA, 407/427/9576: 261st Infantry Regiment, Report on road survey made in vicinity of Burgweinting 28 April 1945 (mit Zeichnung / Kartenüberlageblatt).
[1589] Vgl. Eiser, Kriegsende (2012), S. 124–127.
[1590] Vgl. ebd., S. 106f.
[1591] Es gibt zahlreiche Bilddarstellungen, dass unter solchen Bedingungen sich z.B. mit einem VW-Kübelwagen etwa zehn Mann, mit einem kleinen Opel-Blitz LKW 40 bis 50 Mann transportieren lassen: Die Masse stehend auf der Ladefläche, drei Mann sitzend auf dem Dach des Führerhauses, je ein Mann auf den Kotflügeln sitzend und zwei bis drei stehend auf den Einstiegsstufen der Fahrerkabine.
[1592] Bei Kriegsbeginn 1939 hatte eine Infanterie Division mit 17.000 Mann über 48 Geschütze, 600 Kraftfahrzeuge und 900 Gespanne mit 4.800 Pferden verfügt. 1944 lag das Soll bei 12.000 Mann

## V. Übergabe der Stadt Regensburg an die Amerikaner

burg Fahrzeuge vorhanden: Es ist bereits darauf hingewiesen worden, dass bei der Verlegung von Ersatztruppen des Wehrkreises VII ab 18. April in den Nahraum von Regensburg, deren behelfsmäßige Motorisierung am Herkunftsort für diesen Einsatz ausdrücklich befohlen war.[1593] Noch in der Nacht zum 26. April war das gesamte Ersatz- u. Ausbildungs-Bataillon 62 mit LKWs von seinen Unterkünften in Mötzing bei Straubing als Verstärkung in den Bereich Matting/Graßlfing transportiert worden – Fahrzeuge waren also durchaus vorhanden.[1594] Mit den aus Norden und Westen in den Tagen vor den Brückensprengungen nach Regensburg zurückströmenden Truppen des Feldheeres waren weitere Kraftfahrzeuge (und auch Gespanne) in die Stadt gelangt, die alle abermals genutzt werden konnten. Auch aus den militärischen Dienststellen vor Ort ließen sich noch Fahrzeuge beisteuern. Allein das Heeresverpflegungsamt verfügte in diesen Tagen noch über fünf oder sechs Holzvergaser-LKWs[1595], von denen nur drei für den frühzeitigen Abzug des uniformierten Personals des Amts genutzt worden waren.[1596]

Bürger hatte angegeben, dass OB Schottenheim der Kampftruppe für ihren Abzug auch städtische Fahrzeuge zur Verfügung gestellt habe.[1597] Eiser und Schießl bestreiten in ausschweifender Darstellung dies vollständig: So habe die Stadt nur über drei (hierfür ungeeignete) Müllfahrzeuge und einen einzigen Linienbus verfügt.[1598] Mit nur wenig Rechercheaufwand hätten sie feststellen können, dass die Stadt im April 1945 mehr Linienbusse besaß, die bei Kriegsende alle nicht mehr vor Ort vorhanden waren.[1599] Auch gab es im Fuhrpark der städtischen Feuerwehr (formal zu diesem

---

mit 39 Geschützen, nur noch 370 Kraftfahrzeugen und nun 1.300 Gespannen mit aber nur noch 3.200 Pferden. Angaben nach Kunz, Wehrmacht (2007), S. 200.

[1593] Vgl. BA-MA, RW 17/46, fol. 21–22: Stellvertretendes Generalkommando VII, Korpsbefehl Nr. 3 vom 18.4.45, hier fol 21'. – s. auch oben Kap. V.1.1.

[1594] Vgl. NARA, 407/427/9550: 65th Infantry Division, G–2 Periodic Report No. 50, 28 April 1945, 282400, Annex: IPW-Report, Bl. 1.

[1595] Vgl. Oberneder, Kreuznach (1954), S. 8.

[1596] Vgl. Oberneder, Kreuznach (²1998), S. 10. – Diese Textstelle wird auch wörtlich zitiert bei Eiser, Kriegsende (2012), S. 122, wobei den Autoren ein kleiner, durchaus amüsanter Zitierfehler unterlaufen ist: Aus „Büropersonal" wurde „Bodenpersonal". – Bei zeitlicher Zuordnung der bei Oberneder, Kreuznach (²1998), S. 9f, geschilderten Abläufe (auch der Beschussbeschreibung) und der Tatsache, dass die Lager-Restbestände am 25. April offiziell der Stadt übergeben wurden (Vgl. StAR, ZR III/734: Protokoll der Übergabeverhandlung vom 25.4.1945) dürfte der Abzug des Personals des Heeresverpflegungsamtes ab 23 Uhr bereits in der Nacht vom 25. auf den 26. April erfolgt sein und nicht, wie von Eiser, Kriegsende (2012), S. 121 interpretiert, in der Nacht 26./27. April.

[1597] Bürger schrieb 1983 von „Kraftfahrzeugen", ohne eine konkret Zahl zu nennen. Vgl. Bürger, Regensburg (1983), S. 389. – Von „Omnibussen" schrieb 1987 Brückner. Vgl. Brückner, Kriegsende (1987), S. 154. – In späteren Vorträgen sprach Bürger konkret von LKWs und nannte als Zahl sechs. So auch übernommen von Kick. Vgl. Kick, Kindern (1985), S. 350.

[1598] Vgl. Eiser, Kriegsende (2012), S. 108–111. – Aus welcher Quelle diese Zahlen stammen, blieben die Autoren schuldig.

[1599] Vgl. Stadtwerke, Stadtwerke (1952), Kap. 15, S. 12–14. – Die Stadt hatte für die 1939 eingerichtete Buslinie Kumpfmühl-Hauptbahnhof-Siedlung Schottenheim nicht einen, sondern vier ge-

## 1. Regensburg wird Frontstadt, aber keine „Festung"

Zeitpunkt SS-Feuerschutzpolizei) Mannschaftstransporter und einfache LKWs. Nach dem Einzug der Amerikaner galten etliche Fahrzeuge als verschollen, ebenfalls sämtliche Fahrzeuge der staatlichen Feuerwehrschule in Stadtamhof.[1600]

Auch seien, laut Eiser und Schießl, die von Bürger aufgeführten Flakeinheiten gar nicht verlegbar gewesen, da die letzten schweren Flakstellungen nur über betonversockelte Geschütze verfügt hätten.[1601] Dies ist so nicht zutreffend; die Geschütze der Stellung Napoleonstein (zwölf 8,8 cm Geschütze und zum Tiefflieger-Eigenschutz ein mobiles 2 cm Geschütz) waren sehr wohl verlegbar.[1602] Die letzten einsatzbereiten Geschütze der Stellung Reinhausen, die auch nach den Brückensprengungen am 23. April noch feuerten, hatten am 25. April gesprengt werden müssen, da es aufgrund der zerstörten Brücken keine Möglichkeit gab, diese auch massemäßig schweren Waffen über die Donau zu bringen.[1603] Da Bürger von einer erst mit dem Feldheer in die Stadt eingerückten Flak-Einheit sprach, sei hier daran erinnert, dass zum 82. Korps auch mobile Teile der Flak-Division 21 zählten.[1604]

Die Hauptargumente gegen die These von Eiser und Schießl liefern jedoch die amerikanischen Quellen: Mehrere Berichte des XX Corps vom 27. bzw. 28. April

---

brauchte Fahrzeuge in Nürnberg erworben. Vgl. Edtmaier, Achter (2013), S. 17 u. 125; laut Siedlervereinigung Schottenheim/Konradsiedlung seien es zwei gewesen. Vgl. Siedlervereinigung, Konradsiedlung (1993), S. 48. – Es gibt in Regensburg eine recht aktive Verkehrsamateurszene, die eine Website betreibt, auf der sich eine Aufstellung aller bis heute eingesetzten Stadtbusse findet: Dort sind auch alle Daten dieser frühen Busse zu finden, wobei sich, bei Berücksichtigung der Vorkriegszulassungsnummern, eine Gesamtzahl von sechs Bussen ergibt. Vgl. Isaak, Verkehrsbetriebe (2018). – Nur zwei Fahrzeuge hatten offenbar noch 1945 zurückgeholt werden können. Vgl. S.N., Straßenbahn (1945), S. 5.

[1600] Vgl. Lukas, 2000 Jahre (2002), S. 62. – Darüberhinaus waren am 13. April aus Würzburg, kurz vor dem dortigen Einzug der US-Truppen, 18 Fahrzeuge mit 36 Mann der Feuerwehr nach Regensburg evakuiert worden. Vgl. StAR, ZR III/736: Schreiben eines Major Nelson an BM Herrmann vom 22.5.1945. Als Anfang Juni 1945 die Fahrzeuge nach Würzburg zurückgeholt wurden, waren davon in Regensburg offenbar nur noch 16 vorhanden. Vgl. Stadt Würzburg, Berufsfeuerwehr (1997), S. 6.

[1601] Vgl. Eiser, Kriegsende (2012), S. 89, 99f u. 147.

[1602] Vgl. Schmoll, Sperrfeuer (2017), S. 134 u. 42; laut ebd., S. 12 jedoch nur sechs 8,8 cm Geschütze.

[1603] Ob diese jeweils betonversockelt waren, kann, trotz der entsprechenden Angabe bei Schmoll, Luftangriff (1995), S. 44, bezweifelt werden. Insbesondere der jüngste Bildband des gleichen Autors zeigt augenfällig, dass die Masse der Geschütze in Regensburg sehr wohl verlegbar war. Eine ganze Reihe von dort wiedergegebenen Fotos zeigt abgeprotzte Geschütze mitsamt ihren Fahrgestellen. Fotos betonversockelter Flak-Geschütze sucht man in diesem Buch vergeblich. Vgl. ders., Sperrfeuer (2017). – Allerdings erwähnt auch Brückner, Kriegsende (1987), S. 149, in Regensburg „zwei Flakabteilungen (betonversockelt)". Von solchen berichtete auch bereits Graf Ingelheim, ohne diese selbst gesehen zu haben, in seiner Studie für die US-Streitkräfte.Vgl. BA-MA, ZA 1/532: Ingelheim, Ludwig Graf von: Kampfhandlungen des LXXXII. A.K. in der Zeit vom 27.3.–6.5.45 (US-Army, Historical Division: MS B–183).

[1604] Vgl. Bürger, Kriegsende (1983), S. 385. – Es ist in Kap. V.1.1. bereits dargestellt worden, dass am frühen 23. April eine mobile Batterie schwerer Flak bei Hemau für Stunden den weiteren Rückzug der 416. Division deckte.

## V. Übergabe der Stadt Regensburg an die Amerikaner

führen aus, dass ein am 27. April gefangen genommener General[1605] angab, dass in der Nacht vom 26. auf den 27. April 3.000 deutsche Soldaten aus Regensburg längs der Bahnlinie südöstlich über Köfering abgerückt seien.[1606] Zivilisten in Burgweinting berichteten den Amerikanern am 27. April, dass in der Nacht zuvor die Straßen aus Regensburg Richtung Landshut durch Truppenbewegungen verstopft gewesen seien.[1607] Und auch die zwei bzw. drei OSS-Agenten im Raum Landshut berichteten von LKWs in großer Zahl, die in jener Nacht von Regensburg nach Landshut gefahren seien, sowie 600 Mann, die den Raum Regensburg verlassen hätten und sich nun im Raum Essenbach befänden.[1608]

Es muss hier noch ergänzt werden, dass keineswegs alle in Regensburg befindlichen Truppen in den frühen Stunden des 27. April die Stadt verließen. Dies waren hauptsächlich jene Einheiten der 416. Infanterie Division, die sich noch vor den Brückensprengungen in die südlich der Donau gelegenen Teile Regensburgs und benachbarter Vororte hatten zurückziehen können. Dennoch sind auch von diesen Einheiten Soldaten in Regensburg in US-Gefangenschaft geraten, so etwa vom Landshuter Grenadier-Ersatz u. Ausbildungs-Bataillon 62, das, wie erwähnt, als Teil der Ersatz-Division Nr. 467 an die Donau gelangt und dort in die 416. Division eingegliedert worden war: 1 Leutnant, 21 Unteroffiziere und 115 Mann.[1609]

---

[1605] Trotz Bemühungen war nicht zu ermitteln, um wen es sich bei diesem zitierten General handelte. Der Gedanke, dass dies eventuell der ehem. Stadtkommandant Generalmajor Amann gewesen sein könnte, lässt sich nicht bestätigen, da dieser erst am 28. April in Schloss Haus in Neueglofsheim zusammen mit seinem Adjutanten Major Kerschensteiner in Gefangenschaft geriet. Vgl. SBR, NL Kerschensteiner: Kriegstagebuch 1945, Eintrag vom 28.4.; auch DD-WAST: Auskunft zur Person Otto Amann vom 04.09.2015.

[1606] Vgl. NARA, 338/XX/7945: XX Corps, G–2 Periodic Report No. 261, 27 April 1945, S. 2: „REGENSBURG surrendered […]; a PW [Prisoner of War] General officer stated 3,000 enemy troops withdrew from the town night 26–27 April."; ferner: NARA, 338/XX/7945: Headquarter XX Corps. Office of the A.C. of S., G–2, No. 462, 27 April 1945, S. 1: „German General rptd [reported] that on night 26–27 April 3,000 German soldiers formed outside REGENSBURG […] with intension withdrawing along RR [railroad] SE [southeast] in direction of KOFERLING [d.i. Köfering]"; sowie fast wortgleich: NARA, 338/XX/7945: XX Corps, G–2 Periodic Report No. 262, 28 April 1945, S. 1: „PW [Prisoner of War] (General Officer) states that on 26–27 April, 3,000 German soldiers formed outside REGENSBURG with intension of withdrawing along RR [railroad] SE [southeast] in direction of KOFERLING [d.i. Köfering]".

[1607] Vgl. NARA, 407/427/9577: 261st Infantry Regiment, S–2 Periodic Report, from 262000 Apr 45 to 272000 Apr 45, Burgweinting, S. 1: „Civilians report roads out of REGENSBURG congested by troop movem't toward LANDSHUT during the hours of darkness".

[1608] Vgl. NARA, OSS-Report (25–28 April), Annex No. 7 to XX Corps, G–2 Periodic Report No. 265, 1 May 1945, S. 1–2: „11. Road from HAAG to LANDSHUT: During the night of 26 to 27 April 400 trucks going to ROSENHEIM, containing 600 men with weapons and ammunition, coming from LANDSHUT and INGOLSTADT. […] – 13. LANDSHUT: […] 600 infantry who were in position in the region of REGENSBURG have withdrawn in the region of ISSENBACH [d.i. Essenbach]. 600 [60 ?] trucks left Regensburg for LANDSHUT – during the night – contents unknown.".

[1609] Vgl. NARA, 407/427/9550: 65th Infantry Division, G–2 Periodic Report No. 51, 29 April 1945, Annex: IPW-Report, Bl. 1f.

## 1. Regensburg wird Frontstadt, aber keine „Festung"

Einzelne der in Regensburg selbst beheimateten Ersatz-Truppenteile verweigerten den Abmarsch, etwa die Reste der a.v.-Kompanie bei Irl (s. Kap. V.1.4.), die dorthin von Major Bürger geführt worden waren. Sie sollten sich nach Langenerling östlich von Hagelstadt absetzen. Befehlswidrig kehrten die verbliebenen Mannschaften stattdessen in die Regensburger Kasernen zurück und gingen dort am 27. April in amerikanische Gefangenschaft (oder, soweit es sich um Einheimische handelte, schlicht und einfach nach Hause).[1610] An alle Regensburger Ersatztruppenteile richtete Major Matzke am 27. April gegen 4:00 Uhr den Befehl, dass kein Schuss mehr fallen dürfe und die Soldaten offiziell aus der Wehrmacht zu entlassen wären.[1611] Einige dieser kaum feldverwendungsfähigen Kompanien waren garnicht über den vorgesehenen Abzug informiert gewesen. Einzelne wurden im Trubel der Ereignisse von den Majoren Hüsson, Bürger und auch Matzke offenbar schlicht vergessen: Im nachfolgenden Teilkapitel V.3.2. wird ausführlich die Rede sein von einer noch am Vormittag des 27. April bei Harting in Stellung liegenden Kompanie, die man anscheinend einfach sich selbst überlassen hatte.

Wieviele Soldaten verließen in der Nacht auf den 27. April Regensburg? Matzke schätzte die Gesamtstärke der Kampfkommandantur Regensburg auf „über 3000 auf alle Fälle".[1612] Bürger berichtete: „...mit der Flak-Abteilung umfasste die Regensburger Kampftruppe rund 1.400 Mann"[1613] – diese wären dann abgezogen. Nach den oben genannten amerikanischen Berichten hätten zwischen 600 und 3.000 Soldaten in dieser Nacht Regensburg verlassen.[1614] Die US-Streitkräfte machten in Regensburg Gefangene im vierstelligen Bereich, wobei die überlieferten Angaben von 1.500 bis 3.000 Mann reichen.[1615] Angesichts dieser Zahlen darf man annehmen, dass mindestens ca. 600 bis maximal ca. 1.500 Mann der Kampfgruppe Regensburg in dieser Nacht die Stadt verlassen haben.

Hinsichtlich der in Regensburg verbliebenen und in Gefangenschaft gegangenen Offiziere nannten Bürger und Matzke sehr kleine Zahlen, die aus jeweiliger Sicht die

---

[1610] Vgl. StAR, Materialien Hilmer: „Bericht über die Tätigkeit der Regensburger Freiheitsorganisation ‚Bauernhaus'" vom Juni 1945 „an die Militärregierung über den Oberbürgermeister", unterzeichnet vom ehem. Stabsfeldwebel Markus Pusel und den ehem. Unteroffizieren Dr. Helmut Staff und Johann Pitz (Durchschrift / Kopie), S. 4.
[1611] Vgl. StAR, OB/7, Slg. Bürger, Ordner 1, Index 16: Stellungnahme von Oberleutnant a.D. Erwin Fischer, Rbg., 1945 Kompaniechef der Stabskompanie des Pz..Gren.Ers.Bat. 20, vom 16.9.1983. 1 Bl.; auch Bürger, Regensburg (1983), S. 389.
[1612] StAR, Gespräch 27. Feb. 1985 mit Herrn O. Matzke, Bl. 36.
[1613] Bürger, Regensburg (1983), S. 387.
[1614] S. Anm. 1606 bzw. 1608
[1615] Vgl. NARA, 407/427/9573: 260th Infantry, Headquarter, Report after Action against Enemy [April 1945]. 9 May 45, S. 2, führt an, dass „the entire garrison comprising over 3000 soldiers was surrendered"; Der G–2 Bericht des XX Corps nennt 1.500 Gefangene; vgl. NARA, 338/XX/7945: XX Corps, Office of the A.C. of S.,G–2 No. 464, 28 April 1945. – Ob in diesen Zahlen auch die Patienten der Regensburger Wehrmacht-Lazarette, die formal gesehen nun auch Kriegsgefangene waren, enthalten sind, ist unbestimmt, aber eher unwahrscheinlich.

## V. Übergabe der Stadt Regensburg an die Amerikaner

eigene Rolle hervorheben sollten. Bürger schrieb 1983: „Der Ia der Kampfgruppe, der den Plan der Räumung als ‚Wahnsinn' bezeichnet hatte, ist mit zwei Offizieren des Stabes in Regensburg geblieben".[1616] Matzke, jener Ia, legte 1985 großen Wert auf die Aussage, dass nur er, sein Adjutant Oberleutnant Schmidt „und ein paar Soldaten, meine Getreuen, die sind da geblieben".[1617] Die Zahlen der US-Army vermitteln hierzu ein ganz anderes Bild. Alle eingebrachten Kriegsgefangenen wurden von den IPW-Teams der Divisionen und ihrer jeweiligen Regimenter namentlich und statistisch erfasst. Angesichts der großen Zahl waren eingehendere Befragungen nur noch in Einzelfällen möglich. Mit zeitlichem Abstand von meist zwei Tagen wurde die Statistik der „PWs processed during period" als Anhang den täglichen G–2 Reports der Divisionen als „IPW-Report" angefügt.

Am 29. April wies der „IPW-Report" der 65th Division für die Tage 27./28. April, also der Besetzung Regensburgs, folgende Zugänge aus: 65 Offiziere, 354 Unteroffiziere und 2.150 Mannschaftsdienstgrade. Also in Summe 2.569 neue Kriegsgefangene.[1618] Alle sind nach ihren Einheiten aufgeschlüsselt, darunter auch diverse Bautruppen, Verwaltungseinheiten, ungarische Einheiten oder zu Messerschmitt kommandierte Soldaten. Allein für Major Matzkes Heeresspionierschule 3 wurden zehn Offiziere (ein Major, wohl Matzke selbst, zwei Hauptmänner und sieben Leutnante[1619]), 18 Unteroffiziere und 26 Mannschaften aufgelistet. Für das in Regensburg beheimatete Pionier-Ersatz-Bataillon 46 nannte die Statistik zwei Leutnante, 45 Unteroffiziere und 266 Mannschaftsdienstgrade. Vom Regensburger Panzergrenadier-Ersatzbataillon 20 stammten fünf Leutnante, 53 Unteroffiziere und 254 Mannschaftsdienstgrade.[1620]

---

[1616] Bürger, Regensburg (1983), S. 387. – Im Bürgerschen KTB sind namentlich vermerkt: Major Matzke, Hauptmann Schwolow und Oberleutnant Schmidt, vgl. StAR, OB/7, Slg. Bürger: „Einsatz der Kampfgruppe Regensburg vom 24.4.45 bis zur Waffenruhe" (Angebl. Kopie der Abschrift des offiziellen KTBs der Kampfgruppe), Bl. 2.
[1617] StAR, Gespräch 27. Feb. 1985 mit Herrn O. Matzke, Bl. 30; Die Pionierschule 3 wäre ansonsten mitabgezogen, vgl. ebd., S. 29f.
[1618] Vgl. NARA, 407/427/9550: 65th Infantry Division, G–2 Periodic Report No. 51, 29 April 1945, Annex: IPW-Report, Bl. 1f. – Die Statistik nennt unter den Offizieren zwei Majore, von denen einer zur Heeresspionierschule 3 zählte (Matzke), als Einheit des zweiten „Befehlshaber Wehrkreiskommando VII". Es dürfte jener Offizier sein, der, laut Brückner, Kriegsende (1987), S. 84, Anm. 26, als Verbindungsoffizier des Wehrkreises für die Eingliederung der Div. Nr. 467 in die Fronttruppen nach Regensburg geschickt worden war, dort aber „keine Rolle spielte". Dieser erschien „später lediglich unter den in Regensburg in Gefangenschaft Geratenen". Diese Anmerkung und auch Zahlenzitate aus o.g. IPW-Bericht (Ebd., S. 149, Anm. 35) zeigen neuerlich, dass Brückner bereits Zugang (wohl auf Nato-Kanälen) zu einigen Akten der US-Army hatte, diese aber als „Sammlung des Verfassers" auflistete.
[1619] Die Amerikaner unterschieden in der Rubrik „Leutnant" nicht zwischen Leutnant und Oberleutnant.
[1620] Vgl. NARA, 407/427/9550: 65th Infantry Division, G–2 Periodic Report No. 51, 29 April 1945, Annex: IPW-Report, Bl. 1f

## 1. Regensburg wird Frontstadt, aber keine „Festung"

Der „IPW-Report" der 71st Division im Osten der Stadt meldete am 28. April, 12:00 Uhr, die Zahl von 2.696 neuen Kriegsgefangenen, darunter 90 Offiziere.[1621] Alle waren im Zeitraum vom 25. bis 27. April im Bereich von Pettenreuth bis Pfatter gefangen genommen worden. Die Kriegsgefangenenstatistik der 71st Division umfasste eine lange Aufstellung an Einheiten, darunter RAD, Volkssturm und „Miscellaneous". Alleine an ungarischen Einheiten wurden 24 Offiziere und 579 Mann aufgelistet. Des Weiteren im Detail: drei Offiziere und 194 Mann des Regensburger Panzergrenadier-Ersatz- und Ausbildungsbataillons 20 bei Pettenreuth, Frengkofen, Wiesent und Pfatter sowie 14 Mann der Kampfgruppe Major Ledebur bei Geisling. Ebenfalls bei Geisling waren vier Offiziere und 124 Mann eines Marschbataillons Major Steiner in Gefangenschaft geraten. zwei Offiziere und 285 Mann vom Fliegerhorst Obertraubling wurden gefangengenommen in den Bereichen Barbing bzw. Harting am 26. bzw. 27. April,[1622] ebenso ein Offizier und 28 Mann des Bataillons Major Voegele am 26. April bei Friesheim.[1623] Ein Soldat der Bewährungskompanie 17./999[1624] ergab sich an diesem Tag bei Kruckenberg den Amerikanern.[1625] Diese unbewaffnete Einheit hatte mit 80 Mann am 24. April die Donau mit einer Fähre im Bereich Sulzbach überquert.[1626] Für den Bereich Eltheim meldete die Statitik für den 26. April die Gefangennahme von 95 Mann des Panzergrenadier-Ersatz- und Ausbildungsbataillons 12 aus Coburg, die am 20. April dem Regensburger Ersatz- und Ausbildungsbataillon 20 unterstellt worden waren.[1627]

---

[1621] Vgl. NARA, 407/427/9666: 71st Infantry Division, G–2 Periodic Report No. 46, Pfatter, 28 April 1945, S. 3.
[1622] Vgl. ebd.
[1623] Vgl. ebd.. – Dieses Bataillon „Voegele" könnte identisch sein mit den von einem Hauptmann Voeg(e)li geführten Resten des I. Bataillons des Infanterie Regiments 34, das am 27. April im Bereich Mintraching und Mangolding aus einem Offizier mit nur noch sechs Mann bestanden hat, der Kampfgruppe Regensburg nach deren Abzug aus der Stadt unterstellt, aber von dieser erst am 28.4. unter der Bezeichnung „Bataillon Voeg(e)li" gebildet worden sein soll. Vgl. StAR, OB/7, Slg. Bürger: „Einsatz der Kampfgruppe Regensburg vom 24.4.45 bis zur Waffenruhe" (Angebl. Kopie der Abschrift des offiziellen KTBs der Kampfgruppe), Bl. 2f.
[1624] Als sog. „Bewährungstruppe" für u. a. vormalige „Wehrunwürdige", darunter auch viele politische Gegner des Regimes, 1942 als „999. leichte Afrika Division" aufgestellt. Nach deren Verlust in Tunesien im Mai 1943 in verschiedener Formation neu aufgestellt. Vgl. Tessin, Verbände (1976), S. 200–206. Sogar noch Mitte April 1945 wurde im WK XIII die Aufstellung eines neuen Bewährungsbataillons für Verurteilte in Weiden befohlen. Vgl. BA-MA, RW 15/298: Rundschreiben Stv. Gen. Kd. XIII „Organisation des Ersatzes für die Front" vom 16.04.1945.
[1625] Vgl. NARA, 407/427/9666: 71st Infantry Division, G–2 Periodic Report No. 46, Pfatter, 28 April 1945, S. 3.
[1626] Vgl. ebd., S. 4.
[1627] Vgl. ebd., S. 3f.

## 2. Die Kampfstoffproblematik

Wie bereits ausgeführt, befand sich im April 1945 nur wenige Kilometer südlich von Regensburg ein großes Kampfstoffmunitionslager, angefüllt mit extrem gefährlichen Nervengiften. Einige solche Bestände waren auf fünf Donaulastkähne westlich und östlich von Straubing, bzw. auf weitere Schiffe im Bereich Niederalteich verlagert. Die Existenz und vor allem die Brisanz dieser Kampfstofflager war nicht nur für die US-Streitkräfte eine Überraschung, auch das deutsche Feldheer hatte auf operativen Ebenen hiervon erst sehr kurzfristig Kenntnis erlangt.

### 2.1. 25. April: Vorbereitungen zur offiziellen Übergabe der Kampfstoffe

Mit der Auflösung bzw. Teilung und Verlagerung der Berliner OKW-Stellen um den 22. April 1945 brach auch die Überlieferung an Akten dieser obersten Ebene zur Thematik Kampfstoffverlagerung ab.[1628] Dennoch lässt sich die weitere Entwicklung, speziell im Raum Regensburg, aus anderen Überlieferungen gleich einem Puzzle ziemlich aufwendig, aber doch recht nahtlos zusammenfügen.

Empfänger der sich rasch veränderten Befehlslage hinsichtlich des Umgangs mit den Kampfstoffbeständen in den ersten Monaten des Jahres 1945 waren in erster Linie die Territorialdienststellen des Heeres und der Luftwaffe – die Wehrkreis- und Luftgau-Kommandos. In den entsprechenden Stellen im Süden Deutschlands begann man sich allmählich Sorgen zu machen, wie man diese großen Mengen an rückzuführenden Kampfstoffbeständen sicher unterbringen könne. Unfälle waren möglich. Es ist sicher kein Zufall, wenn im „Sammelbefehl Nr. 2" des Luftgaukommandos VII vom 19. Februar 1945 (eine Art Rundschreiben an alle Dienststellen) bereits auf der ersten Seite ausdrücklich auf einen neu eingegangenen Lehrfilm über „Haut- und Schleimhautschädigende Kampfstoffe", Lost und Lewisit, hingewiesen wurde.[1629]

Chef des Stabes im Luftgaukommando VII war seit Frühjahr 1943 Oberst i.G. Otto Petzolt (1906–1974). Er zählte zu den zentralen Figuren im schwer greifbaren Netz Münchner Widerstandskreise des Jahres 1945, deren Wirken letztlich in die vergeblichen Aktionen der „Freiheitsaktion Bayern" in der Nacht vom 27. auf den 28. April 1945 mündete.[1630] Petzolt berichtete 1947 selbst, dass bei den Widerstandsbemühungen auch ein Zusammenhang mit den Kampfstoffbeständen im Luftgaubereich bestand. So sei im Februar 1945 in Münchner Wehrmachtskreisen das

---

[1628] Vgl. BA-MA, RW 4/v.720: Das letztes Aktenblatt datiert vom 17. April 1945.
[1629] Vgl. BA-MA, RL 19–7/218: Luftgaukommando VII, Sammelbefehl Nr. 2 vom 19.2.1945, Bl. 2.
[1630] Zur Freiheitsaktion Bayern grundlegend jüngst Diem, Freiheitsaktion (2013); dort zur Person Petzolts insbesondere S. 85f.

## 2. Die Kampfstoffproblematik

Gerücht umgelaufen, Hitler plane eine Entlastungsoffensive bei Mährisch-Ostrau unter Einsatz von Giftgas – niemand wusste etwas Konkretes, aber alle hatten von diesem Gerücht gehört.[1631] Als dann Wochen später aus Berlin die Befehle eintrafen, die Kampfstoffbestände der Luft-Muna Schierling auf Donauschiffe zu verladen, um „flussabwärts geschafft zu werden", lag die Vermutung eines Zusammenhangs nahe. Petzolt berichtete von seinem Bemühen, diesen Befehl zu sabotieren, und reklamierte für sich auch die Vorbereitung der Übergabe der Schierlinger Gasbestände an die Amerikaner.[1632] Zudem habe der Münchner Gauleiter Giesler den Plan entwickelt, die Schierlinger Kampfstoffe als Gasminen-Sperrgürtel nach München bringen zu lassen, was von anderen Widerstandsaktiven im Stab ebenfalls erfolgreich unterlaufen worden sein soll.[1633]

Oberleutnant der Luftwaffe Herbert Keller, ein schwerkriegsbeschädigter technischer Offizier und Kampfstoffexperte, der im Juli 1944 zur Muna Schierling versetzt worden war, um an deren Umwandlung in eine Kampfstofflagerstätte mitzuwirken, hat noch 1945 einen Bericht über die Ereignisse im April 1945 verfasst.[1634] Dort heißt es, dass am 25. April in der Muna „ein Offizier vom deutschen Armeestab" erschienen sei, der „den Auftrag (hatte), sich über die Bestände zu informieren, und sagte, dass eine kampflose Übergabe von höherer Führung geplant sei".[1635]

Am 26. April vollzog der Kommandeur der 38. SS-Division „Nibelungen", SS-Gruppenführer und Generalleutnant der Waffen-SS Heinz Lammerding, einen Befehl des AOK 1, durch den ein weiträumiges Gebiet um die Muna Schierling zur Sperrzone erklärt wurde. In dem Befehl hieß es: „Bei Feindannäherung wird das Sperrgebiet kampflos an den Gegner übergeben".[1636] Die südlich der Donau in

---

[1631] Vgl. IfZ-A, ZS/A 387/1: Petzolt: Bericht über meine Tätigkeit in der Widerstandsbewegung um Carraciola [sic!] vom 21.04.1947, 11 S., hier S. 7.
[1632] Vgl. ebd., S. 9.
[1633] Vgl. ebd., S. 10. – Auch die Geschichte, dass Giesler das Schierlinger Gas nach München hätte transportieren lassen wollen, darf wohl als typische „Latrinenparole" gelten, wie sie in Kriegszeiten schnell in Umlauf geraten. Diem widmet diesem Thema nur einen Satz und merkt an, dass „es in den heute zur Verfügung stehenden Quellen jedoch keine Anhaltspunkte" gibt, Diem, Freiheitsaktion (2013), S. 86, Anm. 328. – Hier sei zudem angefügt, dass, sollte Giesler solche Gedanken wirklich erwogen haben, er bereits genügend Spitzenkampfstoffe in der Münchner Garnisons-Muna im südöstlichen Vorort Hohenbrunn vorgefunden hätte. Des Weiteren lag die ebenfalls mit Nervengift-Kampfstoffen angefüllte Heeres-Muna St. Georgen-Hörpolding (heute Traunreut) transporttechnisch erheblich günstiger. Dessen ungeachtet wird Petzolt seit jüngerer Zeit als „Retter Münchens" hochstilisiert, eine Rolle die er vermutlich selbst nie für sich in Anspruch genommen hätte. Vgl. Braatz, Retter (2009); ders., Luftwaffen-Oberst (2010); ders., Luftwaffen-Oberst (2013).
[1634] Vgl. Keller, Übergabe (1995).
[1635] Keller, Übergabe (1995), S. 10.
[1636] Dieser Befehl ist im Wortlaut wiedergegeben in den an den Volkssturm im Raum Schierling ausgegebenen Bescheinigungen, da dieser jeglichen Verkehr in und durch diese Sperrzone verhindern sollte. Wortlaut der Bescheinigungen bei Ehm, Wunder (2010), S. 16; sowie Böken, Wunder (1988), S. 23f.

## V. Übergabe der Stadt Regensburg an die Amerikaner

Bereitschaft stehende 38. SS-Division sollte zunächst dem 82. Heeres-Korps unterstellt werden, wurde am 24. April jedoch dem XIII. SS-Korps zugeordnet, das sie am rechten Flügel als Nachbar zum 82. Korps einsetzte. Gleichzeitig übernahm das XIII. SS-Korps vom 82. Korps dessen westlichsten Frontabschnitt einschließlich des Bereichs der Muna.[1637] Die befohlene Sperrzone umfasste Schierling, Paring, Langquaid, Herrngiersdorf, Wahlsdorf und Mannsdorf. Jeglichen deutschen Truppen waren der Aufenthalt und die Durchfahrt untersagt. Die Räumung und Absperrung sollte überwacht werden durch Feldgendarmerie und den örtlichen Volkssturm, dessen Angehörigen Bescheinigungen mit Abschriften des Befehls ausgehändigt wurden. Im Befehl wurde auch angeführt, dass „durch W.K.Kdo. 7 [Wehrkreiskommando 7 München][1638] ein Feuerwerker bestimmt" werden sollte, „der das Gebiet an den Gegner kampflos übergibt".[1639]

Bisher lag es völlig im Dunkeln, welche höhere Stelle diese Entscheidung für eine – zuvor von Hitler noch strikt untersagte – offene Übergabe getroffen hatte. Wer käme hierfür in Frage? Es war der Stab der Heeresgruppe G, der in jenen Apriltagen zeitweise Aufenthalt in Schierling genommen hatte, seit dem 2. April kommandiert vom General der Infanterie Friedrich Schulz. Am 19. April hatte dieser sein Hauptquartier von Wallerstein bei Nördlingen 120 km südöstlich verlegt – in den Pfarrhof von Schierling.[1640] Die Hereesgruppe G war zu diesem Zeitpunkt bereits über Gaslagerstätten in ihrem Bereich informiert, denn bereits Anfang April hatte der Armeegruppenarzt wegen einiger schwerer Unfälle mit „Tabun" in der Heeres-Muna Urlau bei Leutkirch im Allgäu seinen „beratenden Pharmakologen" dorthin entsandt.[1641] Am 12. April meldete die Heeresgruppe G per Funkspruch nach Berlin, dass sie sich außerstande sähe, die vier Nervengiftlager im südlichen bayerischen Raum zu räumen.[1642] General Schulz und seinem Stab dürfte angesichts der mit Mehlpapp, Zeitungspapier und Misthaufen vor niedrigen Fenstern provisorisch „gassicher" gemachten Ortschaft deutlich der Ernst der Situation vor Augen geführt worden sein. Aber auch der Chef einer Heeresgruppe konnte sich nur bedingt über die Befehlslage hinsichtlich des Umgangs mit Kampfstoffmunition hinwegsetzen. So widersprach es eigentlich den Befehlen Keitels, dass die Heeresgruppe am 21. April die Bewachung und unübersehbare Kennzeichnung aller Kampfstofflagerstätten anordnete.[1643]

---

[1637] Vgl. BA-MA, ZA 1/532: Ingelheim, Ludwig Graf von: Kampfhandlungen des LXXXII. A.K.in der Zeit vom 27.3.–6.5.45 (US-Army, Historical Division: MS B–183) Bl. 38f.

[1638] Hier dürfte ein Diktierfehler vorliegen: Zuständig im Fall der Luft-Muna Schierling wäre eigentlich das Luftgaukommando 7.

[1639] Wortlaut des Befehls bei: Ehm, Wunder (2010), S. 16.

[1640] Vgl. Brückner, Kriegsende (1987), S. 94 sowie S. 238, Anm. 12; Laubmeier, Gottlosigkeit (1995).

[1641] Vgl. Scheler, Arznei (2002), S. 47 u. 49f.

[1642] Dieser Funkspruch wurde in London nach drei Tagen entschlüsselt. Vgl. TNA, HW 1/3701: 1945 Apr 15: „Army Group G unable to salvage new type of gas ammunition stored in 4 depots in Munich-Augsburg area, particularly since its destination was unknown, Apr 12".

[1643] Auch dieser Funkspruch wurde in Großbritannien entschlüsselt. Vgl. TNA, HW 1/3747: 1945 May 3: „Army Group G orders distinctive marking and guarding of gas ammunition, Apr 21".

## 2. Die Kampfstoffproblematik

Wie bereits in Kapitel III.3.4. erwähnt, befand sich auch das Luftwaffen-Pendant der Heeresgruppe G, das Luftwaffenkommando West,[1644] dem alle fliegenden Verbände und Flak-Einheiten im Südwesten Deutschlands unterstanden (und dem auch der Luftgau VII taktisch unterstellt war), in diesen Tagen nicht weit entfernt. Dieses Kommando seinerseits unterstand Mitte April 1945 dem Luftflottenkommando 6. Das Hauptquartier des Luftwaffenkommandos West befand sich im April im nahen Schloss Tunzenberg (heute Gemeinde Mengkofen), knapp 20 Kilometer südwestlich von Straubing.[1645]

Erwähnenswert scheint in diesem Zusammenhang der kurzzeitige Aufenthalt des Stellvertretenden Chefs des Wehrmachtführungsstabs, Generalleutnant August Winter[1646], am 23. April bei General Schulz in Schierling.[1647] Winter war in der Nacht, mit dem Flugzeug aus Berlin kommend, in Berchtesgaden eingetroffen[1648] und fuhr von dort zur Heeresgruppe G. Vor seiner Fahrt nach Schierling hatte er noch eine Unterredung auf dem Obersalzberg mit Reichsmarschall Göring gehabt, der in jenen Stunden des 23. April den vergeblichen und für ihn folgenreichen Versuch unternahm, sich selbst als Nachfolger Hitlers einzusetzen und Winter hierfür einzuspannen bemühte.[1649] Unklar ist, was Generalleutnant Winter am 23. April bei General Schulz in Schierling wollte. Es scheinen keine Überlieferungen zu dieser Zusammenkunft und deren Gesprächsinhalten bekannt zu sein. Wollte sich Winter lediglich einen aktuellen Überblick über die Frontlage verschaffen? Allzu oft entsprachen in diesen Tagen die Lagekarten in den weiter entfernten Hauptquartieren längst nicht mehr der sich oft stündlich ändernden wirklichen Situation.

In Kapitel V.1.1. ist bereits ausführlich dargestellt worden, dass es am 22. April eine sehr wichtige Änderung der Befehlsstrukturen auf höchster Wehrmachtsebene

---

[1644] Hervorgegangen im Herbst 1944 aus dem Luftflottenkommando 3.
[1645] Vgl. Brückner, Kriegsende (1987), S. 106.
[1646] August Winter (1897–1979), General der Gebirgstruppe zum 01.05.45; s. auch Anm. 1651.
[1647] Vgl. Brückner, Kriegsende (1987), S. 114, insbesondere Anm. 14: Brückner beruft sich hinsichtlich des nirgends sonst dokumentierten Aufenthalts Winters in Schierling auf eine ihm 1985 vom ehemaligen Ic der Heeresgruppe G, Major i.G. Naumann, gegebene Mitteilung.
[1648] In der Nacht zum 23. April 1945 herrschte reger Luftverkehr von Berlin nach Berchtesgaden. Neben Generalleutnant Winter, der mit einer Kuriermaschine der OKW-Flugbereitschaft geflogen sein dürfte, hatten sich auch zehn Transportmaschinen aus der „Führerflugstaffel" auf den Weg von Berlin-Gatow zum Flugplatz Ainring bei Salzburg gemacht. An Bord waren viele aus Hitlers persönlichem Gefolge bzw. deren Familien, denen Hitler am 22. April, nach seinem Entschluss in Berlin zu bleiben, freigestellt hatte, sich nach Berchtesgaden zu begeben. Die letzte dieser zehn Maschinen, verspätet und bereits in den Morgen hinein gestartet, geflogen von Major Friedrich Gundlfinger, wurde noch über Sachsen von US-Jägern abgeschossen. Diese Nachricht soll Hitler am 23. April erregt aufgenommen haben, nicht nur wegen seines mitgeflogenen Dieners, SS-Oberscharführer Arndt, sondern aufgrund der durch den Absturz auch verlorenen Zinkkisten, die alle Originale der stenographischen Aufzeichnungen seiner Tischgespräche seit 1942 enthalten haben sollen. Vgl. O'Donnell, Katakombe (1977), S. 63, 74, 119–121 u. 148–150. – Der Absturz und diese Zinkkisten dienten 1983 dem Fälscherduo Heidemann-Kujau als „Aufhänger" für ihre „Geschichte" der „entdeckten" Hitler-Tagebücher. Vgl. Harris, Hitler (1986).
[1649] Vgl. Brückner, Kriegsende (1987), S. 113ff.

## V. Übergabe der Stadt Regensburg an die Amerikaner

gegeben hatte. Seit diesem Tag hatte die Wehrmacht erstmals seit 1938 wieder einen militärischen Oberbefehlshaber. Für den Südraum war dies Generalfeldmarschall Kesselring, der nun kein Befehlsempfänger mehr war. Mit allem Recht konnte er jetzt aus militärischen Erwägungen Entscheidungen treffen, die durchaus bisherigen Befehlen Hitlers entgegenstanden. Generalleutnant Winter wurde am 24. April als Chef des OKW-Führungsstabs Süddeutschland eingesetzt und dieser als Arbeitsstab dem nunmehrigen Oberbefehlshaber Süd zugeordnet.[1650]

Man muss davon ausgehen, dass die Entscheidung zur offenen Übergabe von Kampfstofflagerstätten wohl auf dieser Ebene, Kesselring und/oder Winter, gefallen war, obwohl beide nicht zu den Gegnern des Regimes gezählt werden können und beide auch eine Fortführung des Kampfs für zwingend hielten.[1651] Die Entscheidung zu einer offenen Übergabe war zudem grundsätzlicher Natur und nicht nur auf die Bestände der Luftwaffe in der Muna Schierling bzw. an Bord der Schleppkähne bei Straubing begrenzt. Von der ebenfalls mit Kampfstoffmunition gefüllten Heeres-Muna St. Georgen-Hörpolding ist überliefert, dass dort die entsprechenden Sperrzonen nicht überstürzt erst kurz vor dem Eintreffen der Amerikaner am 3. Mai, sondern frühzeitig eingerichtet worden sind: Der Ortspfarrer berichtete 1945, dass schon mehrere Tage vor dem Anrücken der US-Armee „wegen der Gasgefahr 15 km um St. Georgen und Hörpolding nach höchster Weisung kein Widerstand geleistet werden sollte".[1652] Auch die im Höhenkirchener Forst am südöstlichen Stadtrand von München gelegene Muna Hohenbrunn war zum Sperrgebiet erklärt und dies den Amerikanern mitgeteilt worden.[1653] Sogar Generalleutnant a.D. Theo Tolsdorff berief sich, als man ihn 1953 wegen der oben erwähnten standrechtlichen Erschießung eines Hauptmanns wenige Tage vor Kriegsende vor Gericht stellte, zu seiner Verteidigung ausdrücklich darauf, dass er im April/Mai 1945 sowohl an der Donau mit Gasmunition beladene Schiffe, als auch kurz darauf ein großes Gaslager bei Hörpolding streng nach allen Kriegsregeln habe übergeben müssen und daher tunlichst jeglichen Missbrauch von Schutzzeichen schon im eigenen Interesse zu vermeiden suchte.[1654]

---

[1650] Vgl. Kesselring, Soldat (1953), S. 400.
[1651] Speziell Winter galt als überzeugter Nationalsozialist. Dennoch hat auch er im April 1945 Vorsorge für die Zeit „danach" getroffen. Er ermöglichte Generalmajor Reinhard Gehlen, Leiter der Abteilung Fremde Heere Ost im OKW-Amt Ausland/Abwehr, sich selbst, seine Mitarbeiter und die Kenntnisse seiner Dienststelle den Amerikanern anzubieten. Diese nahmen das Angebot an und es entstand die „Organisation Gehlen", die zur Keimzelle des Bundesnachrichtendienstes wurde. Gehlen scheint sich bei Winter dafür revanchiert zu haben und übernahm ihn in nachgeordneter Position in seine Organisation. Vgl. Critchfield, Auftrag (2005), S. 39f u. S. 121. Winter wurde Nachfolger von General a.D. Albert Praun als Chef der Fernmeldeaufklärung des Bundesnachrichtendienstes. Vgl. Müller, Wellenkrieg (2017), S. 34, speziell Anm. 32.
[1652] Pfister, Ende (2005), S. 457–479: Bericht des Pfarrers Sebastian Sprengart, Pfarrei St. Georgen, hier S. 478.
[1653] Vgl. Bettinger, Geschichte (2010), S. 703.
[1654] Vgl. Bauer, Justiz (1976), S. 387–430: Fall 492 (Eisenärzt, Gen. a.D. Theo Tolsdorff), S. 393; BA, B 162/14329.

## 2. Die Kampfstoffproblematik

Wahrscheinlich hatte der Stabschef des Luftgaukommandos VII, Oberst i.G. Otto Petzolt, die Initiative zur offiziellen Übergabe namens des Oberkommandos ergriffen und den Anstoß gegeben – nur so kann man seine, oben zitierte Darstellung von 1947 lesen. Sein Vorgesetzter, der Kommandeur des Luftgaukommandos VII, Generalleutnant der Luftwaffe Wolfgang Vorwald, sabotierte zu dieser Zeit, wie bereits erwähnt[1655], selbst das Regime und hat sicherlich Petzolt keine Steine in den Weg gelegt. Und auch auf Heeresseite, die wegen der eigenen Kampfstoffmunitionslager ebenfalls betroffen war und mitwirken musste, hätten Petzolt und Vorwald beim zuständigen Kommandeur des Wehrkreises VII, Generalleutnant Heinrich Greiner, offene Türen eingerannt. Wie schon erwähnt[1656], war auch er kein willfähriger Parteigänger des Regimes und zählte zu jenen, die lieber heute als morgen die Kampfhandlungen beendet hätten: So hatte Greiner am 21. April den Reichsstatthalter in Bayern, General der Infanterie a.D. Franz Ritter von Epp, Nationalsozialist seit Mitte der 1920er Jahre, aber längst auf Abstand zwar nicht zum Regime als solchem, aber zu dessen Führungskadern gegangen, zu einem Gespräch mit Generalfeldmarschall Kesselring in dessen Hauptquartier in Motzenhofen bei Aichach begleitet. Beide versuchten, diesen zu einer sofortigen Einstellung der Kämpfe zu bewegen, was Kesselring jedoch (zu diesem Zeitpunkt noch) aus formalen Gründen ablehnte.[1657] Nach den Erinnerungen Greiners soll Epp das Gespräch mit den Worten zusammengefasst haben: „Also weiterkämpfen!"[1658] Hatte sich Epp durch dieses Gespräch mit Kesselring, älterer bayerischer Offizier wie er selbst, soweit umstimmen lassen, dass er wenige Tage später, am 28. April, sich nicht, wie von vielen erhofft, an die Spitze der „Freiheitsaktion Bayern" stellte?

Nun ist bereits in Kapitel II.6.1.2.2. ausgeführt worden, dass Generalleutnant Greiner mit seinem mobilgemachten Führungsstab des WK VII vom 23. bis 24. April bei Augsburg und vom 26. bis 29. April bei Pfarrkirchen im Einsatz stand und in München durch einen „General z.b.V.", Generalmajor Johann Meyerhöfer (1895–1952), vertreten wurde.[1659] Am für die Entscheidung zur offiziellen Übergabe der Kampfstoffmunition und wohl auch entsprechender Heeresbestände wichtigen 25. April dürfte Greiner in München zugegen gewesen sein. Aber auch bei seinem Stellvertreter, Generalmajor Meyerhöfer, hätten Oberst i.G. Petzolt und/oder Generalleutnant Vorwald wohl Gehör finden können. Meyerhöfer wohnte seit den frühen 20er Jahren mit nur kurzen Unterbrechungen in Regensburg, wo im April 1945 auch seine Ehefrau lebte.[1660] Allein schon aus persönlichen Gründen hätte er sich für die

---

[1655] Siehe Kapitel II.6.1.2.4.
[1656] Siehe Kapitel II.6.1.2.2.
[1657] Vgl. Brückner, Kriegsende (1987), S. 87f. u. S. 190. – Das Datum dieses Gesprächs ist ungesichert, Diem nennt den 24. od. 25. April. Vgl. Diem, Freiheitsaktion (2013), S. 161f.
[1658] Zit. nach Brückner, Kriegsende (1987), S. 88.
[1659] Vgl. Brückner, Kriegsende (1987), S. 184, dort auch Anm. 20.
[1660] Vgl. Meldeamtsdaten, freundliche Auskunft des StAR,.

V. Übergabe der Stadt Regensburg an die Amerikaner

Vermeidung eines Giftgasinfernos im Raum Regensburg aussprechen dürfen. Jedoch hätte die Bereitschaft auf höchsten Ebenen des Luftgaus und des Wehrkreises zu einem veränderten Umgang mit Kampfstoffen nichts bewirkt, wenn nicht auch das Feldheer sich zu einem Umdenken bereitgefunden hätte – und genau dies war, wie geschildert, seit dem 22. April überhaupt erst möglich geworden.

Wenn man die mutmaßlichen, aber sehr wahrscheinlichen und plausiblen Hintergründe um die offenen Kampfstoffübergaben und deren Vorbereitungen seit dem 25. April bewerten will, kann man eigentlich nur zu dem Ergebnis kommen, dass hier eine Handlung ablief, wie sie sich die zentralen Personen der „Freiheitsaktion Bayern", Major Günther Caracciola-Delbrück und Hauptmann Rupprecht Gerngross, für ihr gesamtes Vorhaben vorgestellt hatten: Dass Befehlshabende aus der Phalanx des „Kämpfens bis zum Endsieg" ausscheren und dem NS-Regime damit ein Ende machen würden. Wenn man so will, kann man die Vorbereitungen und die offizielle Übergabe von Nervengift-Kampfstoffbeständen an der Donau und bei Regensburg seit dem 25. April durchaus als den von Oberst i.G. Otto Petzolt initiierten Beginn der Aktionen der „Freiheitsaktion Bayern" werten.

## 2.2. 26. April: Übergabe der Gaslager-Schiffe bei Straubing

Die aus dem Raum Cham zur Donau vordringenden Spitzen der 26th Infantry Division hatten bereits am 25. April die Orte Kirchroth und Steinach nördlich von Straubing erreicht.[1661] Tags darauf, am 26. April, wurden die Amerikaner dort durch deutsche Parlamentäre mit der Nachricht überrascht, dass auf der Donau direkt vor ihnen fünf mit Nervengas-Bomben beladene Donaulastkähne lägen.[1662] Die Parlamentäre hatte die am Donausüdufer bei Straubing stehende deutsche 36. Volksgrenadier-Division entsandt – mit ausdrücklicher Billigung des vorgesetzten 82. deutschen Armeekorps. Sowohl diese Division als auch das Korps hatten selbst erst an diesem Tag Kenntnis von den Gas-Schiffen erhalten. Es ist belegt, dass man im Stab bei Tolsdorffs 82. Korps am 26. April reichlich überrascht war, als die 36. VGD mitteilte, in ihrem Donauabschnitt befänden sich fünf mit Kampfstoffen beladene Lastkähne.[1663] Der Kommandeur der Division, Generalmajor Helmut Kleikamp, hat schriftlich fest-

---

[1661] Vgl. Erwert, Feuersturm (1998), S. 130–133.
[1662] Zwei Kähne bei „Untöbbing" (d.i. Öbling, östlich von Straubing, Donau-km 2314–2312, im Bereich der Aiterach-Mündung), drei bei Kösnach (westlich von Straubing in der heute durchstochenen Öberauer Donauschleife nahe der damaligen Laber-Mündung, ca. alter Donau-km 2329). Vgl. TNA, WO/188/2656: Headquarters European Theater of Operations, United States Army, Chemical Warfare Service, Third U.S. Army: Intelligence Division Report No. 3833, Report No. 2 of CWS-EEIST No. 15, Investigation of Three Green Ring Gas Bombs on Barges near Straubing, Germany, 26 May 1945, Bl. 1.
[1663] BA-MA, ZA 1/532: Ingelheim, Ludwig Graf von: Kampfhandlungen des LXXXII. A.K.in der Zeit vom 27.3.–6.5.45 (US-Army, Historical Division: MS B–183), Bl. 47.

## 2. Die Kampfstoffproblematik

gehalten, dies erst am Mittag des 26. April durch einen Luftwaffen-Offizier der bei den Kähnen in Stellung liegenden Flaktruppe mit allen Details erfahren zu haben.[1664] Kleikamp suchte auf die Schnelle einen Weg aus dieser Lage zu finden, und ließ bei der Freiwilligen Feuerwehr Straubing erkunden, ob sie die Schiffe fluten könne, doch reichten deren Pumpen dafür nicht aus.[1665]

Zwischen den amerikanischen und den deutschen Streitkräften wurden umgehend neutrale Zonen um die bei Straubing liegenden Gas-Schiffe und auch deren Übergabe abgesprochen – einstweilen herrschte eine Art Waffenstillstand. Am 26. April fanden im Raum Straubing auch keine Kampfhandlungen statt.[1666] Bei den auf Straubing zurollenden Einheiten der US-Panzertruppe wurde ab 26. April ausdrücklich gewarnt: „Kein Kampfgebiet bei Straubing wegen Giftgasgefahr".[1667] Die Nachricht von den Nervengas-Schiffen bei Straubing scheint in der ganzen 3rd Army große Aufmerksamkeit erregt zu haben, sogar der Armeebefehlshaber, General George S. Patton jr., widmete in seinen späteren Kriegsmemoiren dem Ereignis einen ganzen Absatz, schrieb jedoch kein Wort zu den noch umfangreicheren Beständen in Schierling, die bald darauf ebenfalls übernommen wurden.[1668]

Eigentlich war für die amerikanischen Streitkräfte das Auffinden deutscher Kampfstoffbestände im April 1945 eine fast alltägliche Sache geworden. So hatte gerade die vor Straubing stehende 26th Infantry Division erst wenige Tage zuvor in einem Waldstück zwischen Schwarzenbach-Pechhof und dem nahen Truppenübungsplatz Grafenwöhr ein solches Lager entdeckt, das offenbar größte in Europa. Kilometerlang lagerten links und rechts von Waldstraßen Stapelreihen mit Giftgasgranaten deutscher und ungarischer[1669] Provenienz.[1670] Jedoch enthielten sie „nur"

---

[1664] Vgl. BA-MA, ZA 1/970: Kleikamp, Helmut: 36. Volksgrenadier-Div., 28.3.–3.5.1945. Kämpfe zwischen Donau und Alpen, 26.4.–3.5.1945 (US-Army, Historical Division: MS B–616).

[1665] Vgl. Oestreicher, Straubing (1991), S. 84; ders., Straubing (1992) S. 174; vgl. auch Zeugenaussage des ehemaligen Leutnants u. Adjutanten einer der 36. VGD zugeteilten Art.-Abt., Andreas Vicomte de Forestier, Innsbruck, 17.6.1968, in: BA, B 162/16843: fol. 11–14, hier fol. 13.

[1666] Vgl. BA-MA, ZA 1/532: Ingelheim, Ludwig Graf von: Kampfhandlungen des LXXXII. A.K.in der Zeit vom 27.3.–6.5.45 (US-Army, Historical Division: MS B–183), Bl. 47f.; Oestreicher, Straubing (1991), S. 167 f.

[1667] Erwert, Feuersturm (1998), S. 137; ders., Stadt (2016), S. 77.

[1668] Vgl. Patton, War (1946), S. 312; ders., Krieg (1950), S. 224.

[1669] Im Zuge der Rückführung der gesamten ungarischen Reservearmee (was den dt. Wehrkreisstrukturen entsprach) erst nach Österreich, dann nach Nordbayern, um aus diesen Truppen mehrere neue ungarische Divisionen nach deutschem Muster zu formieren, auszubilden und auszurüsten – vgl. hierzu Brückner, Kriegsende (1987), S. 222–234 – waren auch umfangreiche Waffen- und Munitionsbestände hierher gelangt. – Fotos solcher ungarischer Giftgasgranaten bei Rosmus, Ragnarök (2010), S. 225; dies., Walhalla (2010), S. 86.

[1670] Zahlreiche Fotos dieser Lagerstätte bei Rosmus, Ragnarök (2010), S. 224f.; vgl. ferner McMahon, Siegfried (1993), S. 345; Klitta, Ende (1970), S. 44, Sp. 1 u. 2; Oestreicher, Straubing (1991), S. 174; aus Sicht der Altlastenforschung Schwendner, Suche (2006), S. 26–28. – Oestreicher, Straubing (1991), S. 174, weist mit Recht darauf hin, dass es sich bei dem bei Klitta, Ende (1970), S. 44, Sp. 2 genannten, aus Unterlagen der 26th Division stammenden Ortsnamen „Pechofen"

## V. Übergabe der Stadt Regensburg an die Amerikaner

Kampfstoffe, wie man sie bereits seit dem Ersten Weltkrieg kannte.[1671] Auch die 11th US-Panzer-Division hatte am 19. April direkt auf dem Truppenübungsplatz Grafenwöhr solche Bestände vorgefunden.[1672] Wie schon erwähnt, waren den US-Streitkräften am 29. März mit der hessischen Muna Frankenberg/Eder mit dem ihnen völlig unbekannten Nervengas „Tabun" gefüllte Bomben in die Hände gefallen. Aber es dauerte bis Mitte April, bis man entsprechende Warnungen vor deutscher „Grünring-3-Munition" an die Truppe herausgab[1673]. Umso alarmierter war man nun bei den US-Divisionen, als solche Nervengifte ohne jede Schutzmaßnahmen vor ihnen auf Donauschiffen lagerten.

Allerdings entwickelte sich die Übergabe jener östlich von Straubing liegenden Lastkähne mit Kampfstoffmunition dramatisch – und tödlich für zwei Bürger aus dem Dorf und heutigem Straubinger Stadtteil Ittling. Zwei Majore des der 36. VGD als „Luftwaffe zu Fuß" eingegliederten Kampfgeschwaders 55 (J) bestiegen den Kirchturm, um von dort aus die Übergabe der am Donauufer bei Sand liegenden Lastkähne zu beobachten. Die Offiziere trafen im Turm auf den 35-jährigen Mesnersohn Alois Huber und den 30-jährigen Landwirt und Maschinisten Friedrich Beutlhauser, der als Schwerverwundeter aus der Wehrmacht entlassen worden war.[1674] Die beiden Ittlinger wurden beim Versuch, eine große weiße Fahne aufzuhängen, sofort festgenommen. Am 27. April, gegen 12:30 Uhr, wurden Huber und Beutlhauser, ohne Standgerichtsverfahren, an der Dorflinde bei der Ittlinger Kirche aufgehängt – Beutlhauser trug um den Hals ein Schild „Diese Schweine wollten die Front verraten". Die Hinrichtung fand durch Luftwaffensoldaten vor den Augen des örtlichen Volkssturms statt, der dafür antreten musste. Da die Körper für die als Henkerstricke benutzten Telefondrähte zu schwer waren und diese abrissen, wurden Huber und Beutlhauser am Boden liegend durch Genickschuss getötet. Diese Tat der Luftwaffenoffiziere wurde erst 1970 von der Staatsanwaltschaft Regensburg aufgegriffen, jedoch nicht als Mord, sondern als Totschlag gewertet – und ein solcher war seit 1960 verjährt.[1675]

---

bereits dort um einen Schreibfehler handeln dürfte, da ein solcher Ort nur im Stiftland zu finden wäre, wohin diese US-Div. nie gelangt war. Es dürfte „Pechhof" bei Schwarzenbach östlich Grafenwöhr gemeint sein. – Leider übernahm in jüngerer Zeit auch Rosmus diesen Fehler aus den US-Quellen, vgl. Rosmus, Ragnarök (2010), S. 225; dies., Walhalla (2010), S. 86. – Auch dem Verfasser dieses Teilkapitels ist leider ein vergleichbarer Fehler unterlaufen: Ersetze bei Ehm, Wunder (2010), S. 13f. den Ortsnamen „Schwarzenfeld" durch „Schwarzenbach".

[1671] Vgl. Thamm, Kampfmittelbeseitigung (2002), S. 334.
[1672] Vgl. Klitta, Ende (1970), S. 44, Sp. 1 u. 2.
[1673] S. Kap. III.3.3.
[1674] Persönliche Daten von F. Beutlhauser, Auskunft des StArch Straubing, Frau Dr. Dorit Krenn, mit E-Mail vom 04.02.2010: Laut Sterbebuch des Standesamtes Straubing verstarb Beutlhauser am 27. April 1945 um 12:30 Uhr, Todesursache „Hinrichtung durch den Strang, seitens der SS; s. auch Anm. 1475.
[1675] Vgl. Verfügung der Staatsanwaltschaft Regensburg zur Einstellung des Ermittlungsverfahrens vom 6.3.1970, in: BA-Ludwigsburg/B 162/16843: fol. 27–46; auch Krämer, Kriegsende (1971), S. 213f.; Oestreicher, Straubing (1991), S. 85f.; ders., Straubing (1992), S. 177f.; Schießl, Heimat

2. Die Kampfstoffproblematik

## 2.3. 27. April: Angebote zur Übergabe der Muna Schierling durch zwei deutsche Parlamentärgruppen

Am frühen 27. April sah sich der äußerste Vorposten der 65th Infantry Division, schon in Sichtweite des kleinen Ortes Gebelkofen, mit einem auf ihn zurollenden deutschen Stabswagen, mit weißer Flagge, konfrontiert. Zwei deutsche Offiziere, darunter ein Oberst, wünschten, den amerikanischen Befehlshaber zu sprechen.[1676] Im amerikanischen Regimentsgefechtsstand wiesen sie sich aus als Oberst der Luftwaffe Mozer und SS-Sturmführer[1677] Tenne, als Parlamentäre entsandt von der deutschen 1. Armee und handelnd im konkreten Auftrag des deutschen Oberkommandos![1678] Sie boten eine großflächige „weiße Zone" um die mit hochbrisanten Kampfstoffen überquellende Munitionsanstalt Schierling an, die Semerskirchen, Wahlsdorf, Allersdorf, Mannsdorf, Schierling, Paring, Langquaid, Sandsbach und Herrngiersdorf umfassen sollte.[1679] Dieses Sperrgebiet war auf deutscher Seite bereits seit dem 26. April als solches ausgewiesen, wie bereits erwähnt wurde.

Die US-Armee nahm diesen Vorschlag sehr ernst – es entwickelte sich eine umfangreiche Kommunikation zwischen verschiedenen Stäben.[1680] Man flog die Deutschen in zwei kleinen Verbindungsflugzeugen noch im Lauf des Vormittags ins Hauptquartier des XX Corps in Burglengenfeld[1681], wo die Piloten jedoch wegen Bodennebels nicht landen konnten und umkehren mussten, woraufhin die Parlamentäre mit Fahrzeugen dorthin gebracht wurden.[1682]

---

    buch (1994), S. 112; Erwert erwähnt mehrfach diesen Vorfall, jedoch teils ohne Bezugnahme auf die Übergabe der Gaschiffe, vgl. Erwert, Feuersturm (1998), S. 137 bzw. 158.

[1676] Vgl. NARA, 338/XX/7945: Annex No. 5 to G–2 Periodic Report No. 261.

[1677] Entspricht im Rang einem Leutnant der Wehrmacht.

[1678] Vgl. NARA, 407/427/9565: Funkspruch-Notiz (Message) des Regiments an das XX Corps, 27.4., 08:15: „[…] claiming to represent their Supreme Command" – Es dürfte sich bei beiden um Verbindungsoffiziere der Luftwaffe bzw. der Waffen-SS beim Hauptquartier der 1. Armee gehandelt haben, die man dem Auftrag entsprechend in Marsch gesetzt hatte: Es ging um Luftwaffenmunition und betroffen war der Kampfabschnitt des XIII. SS-Korps.

[1679] Vgl. NARA, 407/427/9565: Funkspruch-Notiz (Message) des XX Corps an 65 Inf Div u. 3 Cav Gp, 27.4., 17:30.

[1680] Es finden sich in den Unterlagen der Division und des Corps zu diesen Tagen kaum weitere Beispiele, dass sogar Wortprotokolle über mehrere diesbezügliche Telefonate angefertigt wurden, vgl. NARA, 407/427/9565: „Resume of Telephone Conversation", 27.4.: 11:15, bzw. 13:15 u. 13:30; auch NARA, 407/427/9553: 65th Div., 27.4.: 11:10.

[1681] Das Hauptquartier des XX Corps war am 26. April von Schloss Reichenschwand (bei Hersbruck) ins Verwaltungsgebäude des Portland Zementwerkes in Burglengenfeld verlegt worden. Am 28. April wurde es in das Fürstliche Schloss nach Regensburg verlegt. Vgl. XX Corps, History (1945), S. 384.

[1682] Vgl. NARA, 07/427/9553: 65th Div., „Resume of Telephone Conversation", 1110, 27 April.

# V. Übergabe der Stadt Regensburg an die Amerikaner

RESUME OF TELEPHONE CONVERSATION

27 April 1945
1315

FROM: TOKEN 5

TO : COL. LEACH (At Comet 5)

COL. LEACH: Col. Leach.

TOKEN 5 : I have this Colonel and Lieutenant; 1 Luftwaffe Col and 1 SS Lt or Capt. They came into our lines under a flag of truce. They want certain stipulations.

COL. LEACH: What are the stipulations?

TOKEN 5 : They want to leave certain guards at certain places unarmed, but when we take possession of the area we are to set them free and send them back to their lines.

COL. LEACH: We will do no such thing; it is unconditional surrender. How many of them are there?

TOKEN 5 : There are two, sir.

COL. LEACH: You know we don't take any surrender except unconditional surrender.

TOKEN 5 : Yes, sir.

COL. LEACH: Whoever we take there they surrender the place.

TOKEN 5 : We have not gotten to that area where we could overrun it. It is about 12 Kilometers south of the river and we have not gotten down there yet. It is way beyond our area.

COL. LEACH: Is it out of the Corps area?

TOKEN 5 : It is partially in our Corps area and partially on the south.

COL. LEACH: We can act for the whole thing. Will you tell Curtis they are on the way now?

TOKEN 5 : Yes, sir.

COL. LEACH : Are you sending them by air?

TOKEN 5 : Yes, sir.

Nur in außergewöhnlichen Fällen wurden von Telefonaten zwischen verschiedenen Abteilungen Gesprächsprotokolle angelegt – so hier über die Ankunft einer deutschen Offiziersdelegation bei der 65th Division in der Angelegenheit Kampfstofflager Schierling und deren Weiterleitung an das XX. Corps (Foto: R. Ehm / NARA, 407/427/9565).

## 2. Die Kampfstoffproblematik

Beim Corps nahm man das Angebot zur Kenntnis, war jedoch nur bereit, den erforderlichen Schutz zu garantieren, wenn die neutrale Zone um weitere zehn Kilometer in jeder Richtung ausgedehnt würde, da der angebotene Umfang als zu klein erschien.[1683] Bei der von den Amerikanern geforderten Ausweitung wären auch alle von Regensburg nach Südwesten und Süden führenden Fernstraßen einbezogen und damit unterbrochen worden. An diesem 27. April befand sich auch der Oberbefehlshaber der 3rd Army, General George S. Patton jr., im Hauptquartier des XX Corps, um den kommandierenden General, Major General Walton H. Walker, mit einem Appell zu dessen Beförderung zum Lieutenant General zu ehren.[1684] Ob Patton dabei die Angelegenheit vorgetragen worden ist, war nicht mehr festzustellen. Noch am gleichen Tag kehrte die deutsche Delegation mit der Antwort der Amerikaner auf die deutsche Seite zurück. Als die 65th Infantry Division im Verlauf des 27. April südlich der Stadt weiter vorrückte, um die noch bestehende Lücke zur östlich von Regensburg liegenden 71st Infantry Division zu schließen und die Stadt damit einzukreisen, verzeichneten die Marschkarten direkt südlich des schmalen Vormarschstreifens bereits große Warnhinweise „G" – Gased Area.[1685]

Was geschah in diesen Stunden in der Muna Schierling? Dort lagen im späten April allmählich die Nerven blank. Der Kommandant der Muna, Major der Luftwaffe Richter, hat in einem Bericht, um den er 1976 gebeten worden war[1686], die für ihn nicht eindeutige Befehlslage ausführlich (und mit teils recht pathetischen Worten) geschildert. Einerseits hatte er, zunächst durchaus befehlskonform, eine Gürtelsperre gegen Panzer aus schweren Sprengbomben in den Feldern und Wiesen zwischen Muna und Oberleierndorf, Niederleierndorf und Schierling eingraben lassen. 18 Stück solcher je 1.000 kg schweren Bomben waren im Abstand von etwa 200 Metern links und rechts der Muna-Straße verteilt. Andererseits berichtete er, sich dann doch entschlossen zu haben, weder die Zünder in die Bomben einzusetzen, noch die Kabel für die elektrische Zündung auslegen zu lassen, womit diese Sprengsperre völlig wirkungslos war. Auch habe er sich, vor allem nach den Tieffliegerangriffen am 25. April, entschieden, den Amerikanern durch einen Parlamentär die Übergabe der Muna anzubieten.[1687] Wie bereits erwähnt, ist vom „Gasexperten" der Muna, Oberleutnant Herbert Keller, ein noch 1945 verfasster Bericht überliefert,[1688] wonach Major Richter allerdings geäußert haben soll, es werde niemals eine weiße Fahne über der Muna wehen. Falls der Feind anrücken sollte,

---

[1683] Vgl. NARA, 338/XX-Corps/7945: Annex No.5 to G–2 Periodic Report No. 261.
[1684] Vgl. XX Corps, History (1945), S. 382–383.
[1685] Vgl. NARA, 407/427/9576: 261st Infantry Regiment, S–3 journal 28.4.45, Beilageblatt.
[1686] Vgl. Kath. Pfarramt Schierling, Archiv: Bericht des Herrn Major Richter, der die Muna übergab (1976), Abschrift.
[1687] Vgl. ebd., S. 5.
[1688] Vgl. Keller, Übergabe (1995).

würde er ihm entgegengehen und erst dann die Muna übergeben.[1689] Aber was wäre, wenn die Muna vorab beschossen würde?

Aus Oberleutnant Kellers Bericht ist bereits dahingehend zitiert worden, dass am 25. April (dem Tag der Tieffliegerangriffe) ein Offizier eines höheren Stabs die Muna Schierling besucht und mitgeteilt habe, dass „eine kampflose Übergabe von höherer Führung geplant sei".[1690] Weitere, vor allem konkretere Mitteilungen oder gar Befehle scheinen die Muna nicht (mehr) erreicht zu haben. Nachdem im Verlauf des 26. April die Muna keine Nachricht empfangen hatte, entschlossen sich am frühen 27. April, kurz nach Mitternacht, Oberleutnant Keller, Oberfeuerwerker Christen und der Fahrer Neumeister zum Handeln – ohne weiter auf eine Entscheidung von Major Richter zu warten. Sie wollten versuchen, von einer höheren deutschen Stelle die Erlaubnis zu erhalten, als Parlamentäre der Muna Schierling den Amerikanern entgegen zu fahren. Das Handeln von Oberleutnant Keller und seiner Begleiter ist ein bemerkenswertes Beispiel von „Zivilcourage in Uniform". Sie konnten nicht wissen, dass sich zur selben Stunde schon eine offizielle Parlamentärgruppe des deutschen Oberkommandos in gleicher Angelegenheit auf dem Weg zu den amerikanischen Linien befand.

Ein Blick aus der Region hinaus zeigt, dass sich in der ebenfalls mit Nervengiftmunition angefüllten Heeres-Muna Urlau bei Leutkirch im Allgäu durchaus Vergleichbares ereignete.[1691] Auch dort lässt sich belegen, dass ab dem 24./25. April „von oben" eine offizielle Übergabe vorbereitet wurde. Kommandant der Muna Urlau war seit Kurzem Major Günther Zöller. Wegen einiger Unfälle mit Tabun in der Muna hatte ihm die Heeresgruppe G seit den ersten Apriltagen den „beratenden Pharmakologen" ihres Armeegruppenarztes zur Seite gestellt, Unterarzt d. R. Dr. med. habil. Friedrich Jung (1915–1997).[1692] Beide waren wegen der verworrenen Befehlslage sehr besorgt hinsichtlich einer zumindest teilweisen Sprengung der Muna, in die sich auch der

---

[1689] Vgl. Keller, Übergabe (1995), S. 10. – Es muss hier ergänzt werden, dass Richter nach der Erinnerung von zivilen Mitarbeitern der Muna 1945 in jenen Tagen als persönlich sehr verbittert galt, da er im März seine Ehefrau bei einem Luftangriff auf Plattling verloren hatte. Vgl. Böken, Wunder (1988), S. 21.

[1690] Vgl. Keller, Übergabe (1995), S. 10.

[1691] Zu den Ereignissen dort vgl. insgesamt: Scheler, Arznei (2002), S. 47–55; sowie insbesondere: Blank, Geschichte (2008), S. 60–79; Willbold, Luftkrieg (2002), S. 290f.; einige bezweifelbare Angaben (vgl. in Kapitel III.3.3.) finden sich bei: Bastian, Ferienlandschaft (1990), auszugsweise auch wiedergegeben bei Scheler, Arznei (2002), S. 181–183.

[1692] Jung war Arzt der Fachrichtung Pharmakologie und hatte sich 1944 „Über die Giftwirkung des Dinitrobenzols", einem als Sprengstoff nutzbaren Stoff, habilitiert. Nachdem Jung zum Jahreswechsel die Heeresgasschutzschule in Bromberg besucht hatte, wurde er im Februar 1945 als „beratender Pharmakologe" zum Heeresgruppenarzt der Heeresgruppe G versetzt. Vgl. Scheler, Arznei (2002), S. 36, 43, 47 u. 49f. Seit den 1950er Jahren war er Inhaber eines Lehrstuhls für Pharmakologie an der Humboldt-Universität in Berlin und auch Leiter des pharmakologischen Instituts an der Akademie der Wissenschaften der DDR. Vgl. Scheler, Arznei (2002), S. 79–150. – Jung hat auch selbst über seine Kriegsjahre berichtet, geht dort allerdings auf Urlau nur mit wenigen Worten ein. Vgl. Jung, Student (1989), S. 280.

## 2. Die Kampfstoffproblematik

NSDAP-Gauleiter in Württemberg-Hohenzollern und Reichsstatthalter in Württemberg, Wilhelm Murr, einschaltete. Schließlich erhielt Major Zöller am 25. April einen noch am 24. April vom Oberquartiermeister des Armeeoberkommandos 19 ausgestellten „Ausweis", dass er „auf Befehl einer Heeresgruppe[1693] den Auftrag [habe], die in der Muna Urlau lagernden Kampfstoffmunitionsbestände [...] zu übergeben".[1694] Unterarzt Dr. Jung und der Sanitätsunteroffizier Fessler fuhren am 28. April 1945 den anrückenden alliierten Truppen, es war die 1. Französische Division, als Parlamentäre entgegen.[1695] Auch in Urlau wird bis heute dieser Ereignisse gedacht.[1696]

Die Gruppe der Muna Schierling sah sich noch vor dem Kontakt mit den Amerikanern mit einem unerwarteten Problem konfrontiert. Oberleutnant Keller berichtete später, dass sie feststellen musste, dass „der Stab sein Quartier verlegt" hatte,[1697] womit das Hauptquartier der Heeresgruppe G gemeint war, das, wie bereits erwähnt, sich seit dem 19. April im Pfarrhof von Schierling befunden hatte,[1698] in der Nacht zum 27. April jedoch nach Erharting, etwas nordöstlich von Mühldorf, verlegt worden war.[1699] Keller und seine Kameraden irrten in der Gegend umher, niemand wusste von einem höheren Stabsquartier. In Zaitzkofen wurden sie schließlich nach Sallach bei Mallersdorf verwiesen, wo sie gegen 3 Uhr eintrafen. Dort lag noch der Rest des Stabs des 82. Armeekorps. Nach zwei Stunden, vermutlich wurde im Stab reichlich telefoniert, erhielt Keller am 27. April gegen 5 Uhr einen Parlamentärsausweis und machte sich mit seinen Begleitern auf den Weg Richtung Regensburg.[1700] Es überrascht aus heutiger Sicht, dass ihnen niemand mitteilte, dass sich in diesen Stunden auch eine andere Parlamentärdelegation in gleicher Angelegenheit auf den Weg machte – oder wusste man beim 82. Korps nichts von dieser anderen Gruppe? Allerdings lag die Muna Schierling seit der Neuformierung der deutschen Truppen zum 23. April nicht mehr im Bereich von Tolsdorffs 82. Korps. Durch einen Bleistiftstrich auf der Landkarte verlief die Abgrenzung zwischen dem XIII. SS-Korps und dem 82. Heeres-Korps, die beide zur 1. Armee zählten, nun entlang des östlichen Muna-Zaunes. Leider hat Keller in seinem späteren Bericht nichts gesagt, welchen Inhalt die ihm ausgehändigte Bescheinigung hatte, insbesondere nicht, in wessen Namen bzw. Auftrag diese vom 82. Korps ausgestellt worden war. Das Korps selbst war dazu weder räumlich zuständig, noch sachlich berechtigt. In Frage kämen das Oberkom-

---

[1693] Auch das AOK 19 unterstand der Heeresgruppe G.
[1694] Blank, Geschichte (2008), S. 70 u. 73 sowie Faksimile des Ausweises S. 71.
[1695] Vgl. Blank, Geschichte (2008), S. 73.
[1696] Major Zöller wird auch zugerechnet, dass er veranlasst habe, große Mengen der Giftstoffe an die Nord- und Ostsee zu verbringen und dort zu versenken. Vgl. Blank, Geschichte (2008), S. 63. – Abgesehen davon, dass es Mitte April transporttechnisch nicht mehr möglich war, Züge vom Allgäu an die Nord- oder Ostseeküste zu leiten, hätte diese Aktion die Kompetenzen und Möglichkeiten eines Muna-Kommandanten bei weitem überschritten.
[1697] Vgl. Keller, Übergabe (1995), S. 10.
[1698] Vgl. Brückner, Kriegsende (1987), S. 94 sowie S. 238, Anm. 12; Laubmeier, Gottlosigkeit (1995).
[1699] Vgl. Brückner, Kriegsende (1987), S. 213.
[1700] Vgl. Keller, Übergabe (1995), S. 10.

## V. Übergabe der Stadt Regensburg an die Amerikaner

mando der 1. Armee (AOK 1) oder u.U. das Luftwaffenkommando West im nahen Schloss Tunzenberg bei Mengkofen. Das AOK 1 dürfte sich darüber im Klaren gewesen sein, dass man im Raum Regensburg nicht nur mit einer, sondern mit mehreren amerikanischen Divisionen konfrontiert war. Da die offizielle Delegation des AOK 1 sich der US-Einheit westlich der Stadt Regensburg zuwandte, so konnte eine zweite Gruppe, die sich den Amerikanern östlich der Stadt näherte, durchaus zweckdienlich sein – so könnte eine mögliche Erwägung beim AOK 1 gelautet haben. Oberleutnant Keller hat leider auch nicht berichtet, ob man seiner Gruppe den Weg in den Osten von Regensburg konkret vorgegeben hatte.

Nahe dem Fliegerhorst Regensburg-Obertraubling gelang Keller, Christen und Neumeister wohl um 6:30 Uhr die Kontaktaufnahme zum ersten Vorposten des tags zuvor bei Donaustauf und Frengkofen über die Donau gesetzten 14th Infantry Regiments der 71st Infantry Division. Oberleutnant Keller wurde zum Regimentsgefechtsstand in Sarching[1701] (heute Gemeinde Barbing) gebracht.[1702] Die Amerikaner nahmen die Mitteilungen des Luftwaffenoffiziers („officer from Air Corps") aus Schierling („Shierling") zur Kenntnis. Aber es scheint zunächst Verständigungs- bzw. Verständnisprobleme gegeben zu haben – die Zahl der Dolmetscher war auch bei dieser Einheit knapp – denn die 71st Division informierte zwar umgehend die für den Raum Schierling zuständige 65th Division über die Existenz eines „Munitionslagers" („stores of ammunition and supplies there"), aber ohne Erwähnung von weiteren Details. Diese Nachricht erreichte die 65th Division gegen 9.00 Uhr.[1703]

Es dürfte mit großer Wahrscheinlichkeit daran gelegen haben, dass man im Gefechtsstand des 14th Infantry Regiments Keller zunächst nicht die volle Aufmerksamkeit hatte widmen können, da zeitgleich hier die Übergabe der Stadt Regensburg besprochen wurde.[1704] Keller wurde angewiesen, dass das militärische Personal der Muna mit weißen Fahnen den Amerikanern auf der Straße nach Obertraubling entgegenkommen solle.[1705] Erst einige Stunden später ergänzte die 71st Division die Mitteilungen an die 65th Division dahingehend, dass es sich in Schierling um Giftgasmunition handle und man mit dem deutschen Abgesandten eine Kennzeichnung

---

[1701] Vgl. ebd., S. 11: Keller schrieb zwar „Salching", dürfte jedoch „Sarching" gemeint haben, da sich dort der Gefechtsstand des US-Regiments befand. Der Ort „Salching" liegt 30 km weiter östlich, südlich des Fliegerhorstes Straubing-Mitterharthausen. Die 71st Division stieß zwar auch in diese Richtung vor, befand sich jedoch um diese Zeit erst im Bereich von Pfatter. Die 71st Infantry Division erreichte Sarching erst am 28. April. Vgl. NARA, 407/427/9667: 71st Infantry Division, G–3 Periodic Report, Straubing 29 April 45, S. 1. Insoweit zu korr. Ehm, Wunder (2010), S. 13. u. 17.
[1702] Es wäre üblich gewesen, ihn dorthin mit verbundenen Augen zu bringen. Seine Begleiter dürften auf US-Seite nahe des Ortes der Kontaktaufnahme gewartet haben. In den nachstehend zitierten US-Unterlagen ist auch nur von einem Luftwaffenoffizier bei der 71st Div. die Rede.
[1703] Vgl. NARA, 407/427/9553: 65th Div., „G–3 Message Summary" from XX Corps G–3, 270855 (d.i. 27.4., 08:55 Uhr), dort Zitat aus Mitteilung des 71st Div G–3 an Corps.
[1704] Siehe Kapitel V.3.2.
[1705] Vgl. NARA, 407/427/9553: 65th Div., „G–3 Message Summary" from XX Corps G–3, 270855 (d.i. 27.4., 08:55 Uhr), dort Zitat aus Mitteilung des 71st Div G–3 an Corps.

2. Die Kampfstoffproblematik

im Radius von vier Kilometern mit weißen Fahnen abgesprochen habe.[1706] Erst nach der Mittagsstunde wurde Oberleutnant Keller zur Stelle des morgendlichen Frontenwechsels zurückgebracht, wo er und seine Begleiter ihre zuvor dort abgegebenen Waffen wieder ausgehändigt erhielten. Gegen 15 Uhr waren die deutschen Unterhändler zurück in der Muna.[1707]

## 2.4. Was geschah mit dem Schierlinger Giftgas in amerikanischen Händen?

Am Sonntag, den 29. April, waren gegen 7 Uhr die ersten US-Soldaten vor der Muna Schierling erschienen. Die offizielle Übergabe durch den Kommandanten der Muna erfolgte jedoch erst gegenüber einer amerikanischen Offiziersgruppe, die gegen 10 Uhr eingetroffen sein soll. Ein Stunde später kamen weitere US-Einheiten in Schierling an, dem Anschein nach gehörten erst letztere zu den eigentlichen Kampftruppen in der Region. Offiziell eingenommen wurden die Muna Schierling und ihre Gasbestände durch die 43rd Cavalry Squadron, welche die Südflanke des weiteren US-Vormarsches nach Südosten längs der Donau deckte.[1708] In der Muna wurde dem ehemaligen Kommandanten und neun seiner Soldaten erlaubt, einstweilen vor Ort zu bleiben, um den Amerikanern mit Rat und Tat zur Hand zu gehen.[1709] Auch andernorts waren die US-Streitkräfte im Fall der Nervengift-Munition zunächst vollständig auf das Fachwissen deutscher Experten angewiesen.[1710]

Auch die Amerikaner verfügten, wie bereits erwähnt, während des Zweiten Weltkriegs über Kampfstoffmunition, um im Fall eines Gasangriffs mit gleicher Waffe antworten zu können. Auf allen Kriegsschauplätzen wurde derlei Munition vorgehalten und beim Vormarsch stets auch weiter vorbewegt. Zur Betreuung solcher Munition und auch für die Führung eines Gaskriegs gab es bei der US-Army Spezialeinheiten des „Chemical Warfare Service".[1711] Deren Bataillone bzw. zumeist unabhängige Kompanien waren sehr spezialisierte Truppen, die den Corps oder Armeen zugeordnet waren. Um nur die wichtigsten zu nennen: „Chemical Laboratory Companies", von denen es weltweit nur sieben gab, waren mobile Labore, wovon jede Einheit allein zehn Tonnen Ausrüstung mit sich führte. 15 Kompanien mit dem Zusatz „Decontamination" waren Entgiftungseinheiten, die sich auf die Unschädlich-

---

[1706] Vgl. NARA, 407/427/9553: 65th Div., „Message received from XX Corps", 1400 (d.i. 27.4., 14:00 Uhr), dort Zitat aus Mitteilung der 71st Div an Corps.
[1707] Vgl. Keller, Übergabe (1995), S. 11.
[1708] Vgl. Nance, Cavalry (2011), S. 87: Pfarramt Schierling, Bericht Richter, Bl. 7f..
[1709] Vgl. Keller, Übergabe (1995), S. 11; LeRoy, History (1947), S. 213.
[1710] Vgl. NARA, 338/37042/2107: „Weekly After Action Report", 33rd Chemical Decontamination Comp., vom 16.5.45.
[1711] Zur Geschichte dieser Einheiten vgl. allg. Brophy, Organizing (1959) sowie ders., Laboratory (1959) sowie zum Kriegseinsatz speziell Kleber, Chemical (1966); vgl. auch Smart, History (2002), sowie ders., History (2000).

## V. Übergabe der Stadt Regensburg an die Amerikaner

machung und Vernichtung von Kampfstoffen verstanden.[1712] 20 Kompanien auf allen Kriegsschauplätzen trugen die Bezeichnung „Depot" – sie waren für die sachgerechte Lagerung eigener Bestände zuständig.[1713] So unterhielt die 192$^{nd}$ Chemical Depot Company Anfang Mai 1945 ein solches US-Giftgas-Feldlager bei Hemau.[1714]

Es ist bis heute ungeklärt, wer auf Seiten der Amerikaner in den ersten Tagen nach dem 29. April in der Muna Schierling die Verantwortung trug und vor allem, wie in dieser Zeit auf dem Muna-Gelände die Nervengiftbestände betreut wurden – eine im Rahmen der sogenannten Altlastensuche noch heute sehr heikle Problematik.[1715] Erst am 10. Mai übernahm in der Muna Schierling das 1$^{st}$ Platoon der 33$^{rd}$ Chemical Decontamination Company die Verantwortung.[1716] Zuvor hatte dieser Zug seit dem 6. Mai das genannte US-Gas-Felddepot bei Hemau bewacht. Schon am 12. Mai folgten

---

[1712] Darüber hinaus zählten zu den US-Chemietruppen auch Kompanien mit der Zusatzbezeichnung „Smoke Generator", also „Vernebelungseinheiten". Vgl. Walk, Gas (2007), S. 44 u. 47f. Auch die Erzeugung von künstlichem Nebel hat „etwas mit Chemie zu tun". In der Wehrmacht zählten derlei Einheiten zu den Pionieren oder – soweit es um Vernebelungen aus Luftschutzgründen ging – zur Flakartillerie.

[1713] Eine sehr gute Übersicht zu allen Aufgaben der einzelnen Chemical Companies vgl. Walk, Gas (2007), S. 43–49.

[1714] Vgl. NARA, 338/37042/2107: „Weekly After Action Report", 33$^{rd}$ Chemical Decontamination Comp., vom 9.5.45; Zuvor hatte die gleiche Einheit ein solches Lager in der Nähe von Eisenach unterhalten.

[1715] Vgl. Schwendner, Erkundung (2016), S. 18, 20 bzw. S. 23. – Dies treibt aber auch gelegentlich seltsame Blüten: Schwendner, dessen Firma vom Markt Schierling mit einer Neuuntersuchung der von der Gemeinde übernommenen ehem. Bundeswehrliegenschaft beauftragt worden war, berichtete über die Ergebnisse 2016 auf einer Fachtagung, vermied jedoch (mutmaßlich auf Wunsch des Marktes) in den veröffentlichten Unterlagen die Nennung des Ortes, den er teils nur mit „S." abkürzte (vgl. ebd., S. 9 u. 14) und teils sogar in Dokumenten überklebt hatte (ebd., S. 22 u. 52), aber (versehentlich) einmal doch konkret nannte (ebd., S. 20). – Die Thematik der Altlastenuntersuchung ist dort nach wie vor sehr aktuell. So wurden jüngst im April 2018 vom Landratsamt Regensburg weitere solche Untersuchungen auf dem ehem. Muna-Gelände angekündigt. Vgl. S.N., Untersuchung (2018).

[1716] Vgl. NARA, 338/37042/2107: „Monthly After Action Report", 33$^{rd}$ Chemical Decontamination Comp., 31.5.45. – Schwendner hingegen nennt als Übernahmetermin der Muna Schierling durch die 33$^{rd}$ Chemical Comp. mehrfach den 6. Mai bzw. „um den 6. Mai". Vgl. Schwendner, Erkundung (2016), S. 18, 20 bzw. 23. – Die Ursache der Datumsunsicherheit bei Schwendner dürfte darin zu suchen sein, dass ihm die Unterlagen der 33$^{rd}$ Chemical Decontamination Comp. offenbar nicht zugänglich waren. Dies wohl deshalb, da sie laut NARA-Findbüchern nicht überliefert seien. Dass sie für diese Studie nun dennoch zitiert werden können, ist einem Zufall zuzuschreiben. Auch der Bearbeiter dieses Kapitels hatte zunächst erfahren müssen, dass zu dieser Einheit nichts überliefert sei. Um zumindest zu eruieren, welche Art Aufzeichnungen solche Chemietruppen führten, bestellte er daraufhin recht wahllos eine „Box" aus dem Gesamtbestand: „Box 2107: Chemical Companies Section 1940–1967: 11$^{th}$ Chemical Comp. (Journals) thru 24$^{th}$ Chemical Comp. (Unit Histories)". Bei der Einsichtnahme war die Überraschung dann groß, dass darin, abgelegt als 23$^{rd}$ Chemical Comp., die Unterlagen der gesuchten 33$^{rd}$ Chemical Comp. zu finden waren – offensichtlich ein grober Ablegefehler. Natürlich wurde der zuständige NARA-Archivar davon in Kenntnis gesetzt und es bleibt zu hoffen, dass dieser zwischenzeitlich eine Umzeichnung veranlasst hat.

## 2. Die Kampfstoffproblematik

das 2nd und das 4th Platoon, am 16. Mai auch der Stab der Kompanie unter dem Kommando von Captain Carroll W. Wright. Mit Ankunft des 3rd Platoons am 20. Mai war die 33rd Chemical Companie vollständig in Schierling versammelt.[1717] Es sind diese Tage Ende Mai gemeint, wenn Major Richter, letzter deutscher Kommandant der Muna, später berichtete, dass nun (beschädigte) Kampfstoffbomben entgiftet und vergraben wurden.[1718] Etliche in US-Beständen überlieferte Fotos zeigen jedenfalls einen aus heutiger Sicht sehr sorglosen Umgang bei der Beseitigung von Nervengiften und anderen Kampfstoffen.[1719]

Nach der Übergabe der drei bei Kirchroth westlich von Straubing liegenden Gasschiffe am 26. April wurden diese tags darauf vom B Troop der 3rd Cavalry Squadron bewacht.[1720] Die ebenfalls übergebenen zwei Kähne östlich Straubings wurden zunächst von Soldaten des 328th Infantry Regiments, ab 27. April vom 3rd Battalion des 101st Infantry Regiments der 26th Infantry Division bewacht.[1721] Die Nervengift-Bomben an Bord aller sechs (bzw. sieben) auf der niederbayerischen Donau vorgefundenen Lastkähne wurden im Mai durch die 40th Chemical Warfare Laboratory Company analysiert.[1722] Noch im gleichen Monat wurden alle Kähne entladen und die Bomben auf LKWs nach Schierling gebracht: Am 19. Mai hatte die US-Militärregierung in Deggendorf angeordnet, dass der große Motorschlepper „Johann Wallner" der Deggendorfer Reederei Wallner die beiden bei Niederaltaich liegenden Kähne in den Hafen Deggendorf einschleppe.[1723] Vom 20. bis 24. Mai war das 2nd Platoon der US-Entgiftungskompanie aus Schierling nach Deggendorf verlegt worden.[1724] Im dortigen Hafen wurden die in Kisten verpackten Schiffsladungen binnen der folgenden Tage von deutschen Zivilarbeitskräften aus der Region auf Army-Trucks umgeladen.[1725]

Wohl ebenfalls unter Einsatz eines Schleppers wurden die zwei östlich von Straubing liegenden Kähne vom südlichen ans nördliche Ufer bei Reibersdorf geschleppt und dort verheftet. Amerikanische Baupioniere durchstachen den Donaudamm nahe

---

[1717] Vgl. NARA, 338/37042/2107: „Monthly After Action Report", 33rd Chemical Decontamination Comp., 31.5.45.
[1718] Vgl. Pfarramt Schierling, Bericht Richter, Bl. 8f.
[1719] Vgl. LeRoy, History (1947), S. 255, 269–285; ein solches Foto zu Schierling auch bei Walk, Gas (2007), S. 48; vgl. Schwendner, Erkundung (2016), S. 55–60, 62–66 u. 77–78.
[1720] Vgl. US-Army, Cavalry (1949), S. 120.
[1721] Vgl. Erwert, Feuersturm (1998), S. 137.
[1722] Vgl. TNA, WO/188/2656: Headquarters European Theater of Operations, United States Army, Chemical Warfare Service, Third U.S. Army: Intelligence Division Report No. 3833, Report No. 2 of CWS-EEIST No. 15, Investigation of Three Green Ring Gas Bombs on Barges near Straubing, Germany, 26 May 1945, Bl. 1.
[1723] Vgl. DSMR-Archiv: GH/109: „Aufstellung über die am 20., 21., u. 22.5.45 festgestellten, im Raum Vilshofen, Donaukilometer 2249 bis Raum Wischlburg, Donaukilometer 2293 liegenden Donaufahrzeuge / For and on behalf of Mil. Govt. I.E. 3, For and on behalf of Josef Wallner, Bayer. Schiffahrts- u. Hafenbetriebs G.m.b.H. Deggendorf", Tabelle, Bl. 8.
[1724] Vgl NARA, 338/37042/2107: „Monthly After Action Report", 33rd Chemical Decontamination Comp., 31.5.45.
[1725] Vgl. Jakob, Bericht (1995), S. 295.

## V. Übergabe der Stadt Regensburg an die Amerikaner

der Kirche, so dass die LKWs direkt ans Ufer zu den Schiffen fahren konnten.[1726] Das 3rd Platoon der 33rd Chemical Warfare Company war am 25. Mai von Schierling nach Straubing kommandiert worden.[1727] Die Umladung am freien Strom dauerte natürlich viel länger als in einem Hafen und zog sich bis in den Juni hinein.[1728] Vor Ort wurde berichtet, dass während dieser Zeit die amerikanische Bergungsmannschaft, mit um die 100 Mann, in 20 Zelten lebte, die am Rand von Reibersdorf aufgebaut worden waren.[1729]

Wo die drei Kähne, die westlich von Straubing in der Öberauer Schleife (zusammen mit etlichen anderen Schiffen) gelegen hatten, entladen worden sind, ist bisher ungeklärt. Ein fahrbereiter Schlepper wäre vor Ort vorhanden gewesen.[1730] Nach Reibersdorf können die Kähne aber nicht geschleppt worden sein, da die Trümmer der am 26. April gesprengten Straubinger Schlossbrücke die damalige Fahrrinne versperrten. Richtung Regensburg war der Schifffahrtsweg an der ebenfalls gesprengten Donaustaufer Brücke blockiert.[1731] Wahrscheinlich hat es auch oberhalb von Straubing eine Umladung auf LKWs am freien Strom, wie in Reibersdorf, gegeben.

Für diese Umladeaktionen standen der 33rd Chemical Company 32 „Trucks", 2 deutsche Kräne und 2 mobile US-Ladebäume („Swinging booms") zur Verfügung.[1732] Bis zum 6. Juni 1945 hatte die Einheit 5.211 Giftgasbomben aus den sieben Donaulastkähnen in die Muna Schierling transportiert.[1733] Es scheint dabei keinen einzigen Unfall gegeben zu haben. Wie schnell eine Lage außer Kontrolle geraten konnte, zeigt das Beispiel des bereits erwähnten riesigen Feldlagers (herkömmlicher) deutscher und ungarischer Kampfstoffmunition in der Nähe von Grafenwöhr: Nach CIC-Ermittlungen hatten am 28. Mai zwei Jugendliche dort mit Munition hantiert und dabei einen größeren Brand ausgelöst.[1734] Zu dessen Eindämmung und zur Beseitigung der Schäden wurden das 1st und das 2nd Platoon der 33rd Chemical Company

---

[1726] Vgl. Erwert, Feuersturm (1998), S. 138; auch Oestreicher, Straubing (1991), S. 85; ders., Straubing (1992), S. 176.

[1727] Vgl. NARA, 338/37042/2107: „Monthly After Action Report", 33rd Chemical Decontamination Comp., 31.5.45.

[1728] Vgl. NARA, 338/37042/2107: „Weekly After Action Report", 33rd Chemical Decontamination Comp., 6.6.45.

[1729] Vgl. Erwert, Feuersturm (1998), S. 138. – Dort wird auch davon berichtet, dass sich unter den Amerikanern sehr viele Afroamerikaner befunden haben sollen. Mutmaßlich hatte die Armee der Entgiftungseinheit für das Umladen auch eine Transporteinheit zugeordnet. Afroamerikaner wurden damals bei der US-Army häufig in solchen und anderen „zweitrangigen" Truppenteilen zusammengefasst.

[1730] Vgl. Oestreicher, Straubing (1991), S. 80; ders., Straubing (1992), S. 168.

[1731] Vgl. ders., Straubing (1991), S. 85; ders., Straubing (1992), S. 176.

[1732] Vgl. NARA, 338/37042/2107: „Weekly After Action Report", 33rd Chemical Decontamination Comp., 23.5.45.

[1733] Vgl. NARA, 338/37042/2107: „Weekly After Action Report", 33rd Chemical Decontamination Comp., 6.6.45.

[1734] Vgl. NARA, 407/427/3771: „Intelligence Summary No. 550 for period 281000 to 291000", 90th Inf Div an XII Corps, G–2.

## 2. Die Kampfstoffproblematik

noch am gleichen Tag von Schierling aus nach Grafenwöhr in Marsch gesetzt, wo diese bis 30. Mai verblieben.[1735] Auch noch am 6. Juni befand sich ein kleines Detachement der Kompanie dort.[1736]

Im Juni/Juli 1945 wurde die 33rd Chemical Warfare Company in Schierling dann abgelöst von der 30th Chemical Warfare Company. Deren Personal wurde teilweise von der 140th Chemical Warfare Service Company übernommen, die in Schierling ab Dezember 1945 zusammen mit der 141st Chemical Warfare Service Company Dienst tat.[1737] Zunächst zogen die Amerikaner an fünf Orten innerhalb ihrer Besatzungszone jegliche von der Armee erbeutete Kampfstoff-Munition zusammen. Neben den Truppenübungsplätzen Grafenwöhr und Wildflecken waren dies die ehemaligen Munas Frankenberg, St. Georgen und Schierling.[1738] Aus der „Luft-Munitionsanstalt (K) 2/VII" (K bedeutete „Kampfstoff") wurde nun bis Juni 1947 ein amerikanisches Beute-Kampfstoff-Lager mit dem offiziellen Namen „Schierling CML-CEM Depot" – wobei die Abkürzung CML für „Chemical" stand und CEM für „Captured Enemy Material", auf Deutsch „erbeutetes Feindmaterial".

Nach eigenen Angaben hatte die US-Armee in Deutschland und Österreich 103.698 „Long-Tons (Lgts)" Kampfstoffe erbeutet.[1739] Eine amerikanische „L.tn." entspricht 1,016 metrischen Tonnen. Diese Zahlen umfassen natürlich nicht jene deutschen Bestände, die in die Hand der britischen und der sowjetischen Armeen gelangt waren, und auch nicht jene, die von Frei-Französischen Truppen etwa in der oben erwähnten Muna Urlau bei Leutkirch im Allgäu erbeutet worden sind. Als die US-Army die Muna Schierling übernahm, hatte sie dort neben anderer Munition folgende Gasmengen in „tons" (wohl metrisch, da es sich um deutsche Bombenbestände handelte) vorgefunden: 1.250 tons Tränengas-Bomben, 2.360 tons Senfgas-Bomben, 1.500 tons Phosgen-Bomben und 7.700 tons Tabun-Bomben – in Summe 12.810 tons Kampfstoff-Bomben.[1740]

Ebenfalls aus US-Quellen ergibt sich, dass die amerikanischen Spezialisten in Schierling bis April 1947 die Menge von 16.812 Lgts deutscher Kampfstoffe bearbeiteten, wovon sie 10.733 Lgts in die USA verschifften. Weitere 5.679 Lgts übernahm die US-Army in Deutschland zunächst in eigene Bestände. Lediglich 400 Lgts aus Schierling zählten zu jenen insgesamt 20.400 Lgts, welche die Amerikaner bis 1947 in Nord- und Ostsee versenkten. Im Gegensatz zur ehemaligen Muna St. Georgen (später Traunreut), wo die Amerikaner 5.647 Lgts Kampfstoffe vor Ort durch Ver-

---

[1735] Vgl. NARA, 338/37042/2107: „Monthly After Action Report", 33rd Chemical Decontamination Comp., 31.5.45.
[1736] Vgl. NARA, 338/37042/2107: „Weekly After Action Report", 33rd Chemical Decontamination Comp., 6.6.45.
[1737] Vgl. LeRoy, History (1947), Bl. 213 u. Foto-Rückseitentexte; Ehm, Wunder (2010), S. 17f..
[1738] Vgl. ebd., Bl. 214.
[1739] Vgl. ebd., Bl. 231.
[1740] Vgl. ebd., Bl. 213 (= Section III: Schierling, S. 2).

## V. Übergabe der Stadt Regensburg an die Amerikaner

*Eingangstor der Muna Schierling mit Warnhinweis auf den tödlichen Lagerbestand*

*Noch Jahrzehnte danach hat es große Mühe bereitet, alle Erdgruben aufzufinden, in die nach Kriegsende der Inhalt von Tabun-Bomben abgelassen und chemisch neutralisiert wurde. (Beide Abb. aus: LeRoy, Warren S. u. a.: The History of Captures...., Fotoanhang Schierling)*

## 2. Die Kampfstoffproblematik

brennung vernichteten,[1741] ist dieses Verfahren in Schierling nicht angewendet worden. Hingegen wurden Kampfstoffe aus Schierling nach St. Georgen zur Vernichtung gebracht. Die amerikanischen Armee-Buchhalter nahmen ihre Arbeit sehr genau: In den Stückzahllisten der in der ehemaligen Muna Schierling lagernden Munition finden sich kleine „Restposten" wie z. B. 21 Stück italienische Flakgranaten, Kaliber 7,5 cm.[1742] Am 15. April 1947 schloss die US-Army ihr „Schierling CML-CEM Depot". Letzte Bestände waren in das Beute-Kampfstoff-Depot „St. Georgen CML-CEM Depot" verlagert worden.[1743]

Neben den Übernahmen großer Mengen von Spitzenkampfstoffen in Schierling und auf den Schiffen im Raum Straubing/Deggendorf sowie von „herkömmlichen" Kampfstoffen auf und nahe dem Truppenübungsplatz Grafenwöhr durch die US-Streitkräfte im April 1945, wurden des öfteren kleinere Chargen an anderen Orten, manchmal erst Jahre später aufgefunden. Im Rahmen der hektischen Rückführung der Giftgasbestände scheinen manche Kleinbestände schlicht vergessen worden zu sein. So fand sich nach Kriegsende nahe Neumarkt i. d. Opf. auf einem Abstellgleis ein einzelner Eisenbahnwaggon mit mehreren Hundert Giftgasgranaten.[1744] Im Umland des Regensburger Vororts Lappersdorf wird bis heute gerüchteweise von Gasmunitionsbeständen im Beutemunitionsdepot im Schwaighauser und Spitaler Forst berichtet. Dass dort im April 1945 „herkömmliche" Gasmunition gelagert gewesen wäre, lässt sich jedoch weder aus für diese Studie eingesehenen deutschen, noch aus amerikanischen Akten bestätigen.

Möglicherweise hat dieses Gerücht seinen Ursprung in der Nachkriegsnutzung dieser Munitionslager: Die US-Streitkräfte begannen im Mai 1945, erbeutete herkömmliche Munition mit deutscher Hilfe auf Sprengplätzen zu sammeln, um sie in großen Stapeln ohne Rücksicht auf etwa entstehende (Folge-)Schäden zu sprengen.[1745] Das ehemalige Munitionsdepot im Schwaighauser Forst bei Hainsacker war einer dieser amerikanischen Sprengplätze.[1746]

Bald erschien es der Besatzungsmacht zweckmäßiger, ihre eigenen Truppen für andere Aufgaben einzusetzen und die Kampfmittelbeseitigung deutschen Stellen zu übertragen.[1747] Zum 23. August 1946 wurde für die Länder in der US-Zone die „Gesellschaft zur Erfassung von Rüstungsgut m.b.H. (GER)" gegründet.[1748] Diese

---

[1741] Eine detailreiche und eindrucksvolle Darstellung der auch sehr gefährlichen Arbeiten in der ehem. Muna St. Georgen vermittelt die Veröffentlichung von Ebert, Traunreut (1984), S. 21–76; ebenso Sturm, Giftgaswolken (1999), S. 551–555; Thamm, Kampfmittelbeseitigung (2002), S. 25f. u. 34; Lambrecht, Berufung (2007), S. 397.
[1742] Vgl. LeRoy, History (1947), Bl. 214.
[1743] Vgl. ebd., Bl. 216.
[1744] Vgl. Urban, Neumarkt (2010), S. 166f.
[1745] Vgl. Thamm, Kampfmittelbeseitigung (2002), S. 21.
[1746] Vgl. LraR, Kreisarchivpflege: Dechant, Kriegsende (2006), S. 41.
[1747] Vgl. Thamm, Kampfmittelbeseitigung (2002), S. 21.
[1748] Vgl. ebd., S. 23.

## V. Übergabe der Stadt Regensburg an die Amerikaner

firmierte seit dem 14. Juli 1947 als „Staatliche Erfassungsgesellschaft für öffentliches Gut m.b.H. (StEG)".[1749] Zu deren ursprünglichen Aufgaben zählte u. a. die Entschärfung und Beseitigung von Munitionsfunden sowie die Gewinnung von Rohstoffen aus deren sachgerechter Entsorgung. In ganz Bayern entstand ein Netz von 16 Entschärfungsstellen („E.-Stellen"), häufig auf dem Gelände vormaliger Munitionsanstalten.[1750] Die für die Landkreise der südlichen Oberpfalz und Niederbayerns zuständige Entschärfungsgruppe Regensburg hatte bis in die 1950er Jahre ihren Standort und Munitionssammelplatz auf dem vormaligen US-Sprengplatz bei Hainsacker.[1751] Und dorthin gelangten wohl auch Neufunde von Kampfstoffmunition[1752], bevor diese zur sachgerechten Entsorgung nach St. Georgen/Traunreut weiterbefördert wurden. Es ist durchaus vorstellbar, dass das Wissen von solchen Gas-Zwischenlagerungen auch die nahen Ortschaften erreichte und bei der Bevölkerung tiefe Besorgnis auslöste. Dies umso mehr, da auf dem Lagerplatz am 4. Juli 1948 ein Stapel herkömmlicher Munition mit fünf Tonnen Gewicht detoniert war und dabei sieben Arbeiter und zwei Arbeiterinnen getötet, weitere fünf zum Teil schwer verletzt worden waren.[1753] Weitere Sprengstoffunfälle folgten. Noch in jüngster Zeit galt dieser ehemalige Spreng- und Lagerplatz als einer der größten Rüstungsaltlastenfälle in Bayern.[1754]

---

[1749] Vgl. Lambrecht, Berufung (2007), S. 395.
[1750] Vgl. Thamm, Kampfmittelbeseitigung (2002), S. 24f; Lambrecht, Berufung (2007), S. 397 u. 503.
[1751] Vgl. LraR, Kreisarchivpflege: Dechant, Kriegsende (2006), S. 41; Thamm, Kampfmittelbeseitigung (2002), S. 25 u. 37; Auch das ehemalige deutsche Beutemunitionsdepot in Großberg wurde zeitweise noch als E.-Stelle fortgeführt, bis die dortigen Bestände abtransportiert waren. Vgl. Thamm, Kampfmittelbeseitigung (2002), S. 28.
[1752] So etwa aus Anlagen für die Gasspürer-Ausbildung, bei der auch mit echten Kampfstoffen geübt worden war, abgefüllt in kleinen Glasampullen.
[1753] Vgl. Thamm, Kampfmittelbeseitigung (2002), S. 37; LraR, Kreisarchivpflege: Dechant, Kriegsende (2006), S. 41. – Ein später errichteter Gedenkstein an einer der Zufahrtsstraßen erinnert an diese Toten, vgl. Morsbach, Flurdenkmäler (2013), S. 34. – Nach wie vor nicht gedacht wird vor Ort jener bereits erwähnten sowjetischen Kriegsgefangenen, die im Herbst 1941 im gleichen Forst bei gleichen Arbeiten auf gleiche Weise ums Leben gekommen waren. Vgl. Ehm, Landkreis (1991); LraR, Kreisarchivpflege: Dechant, Kriegsende (2006), S. 41.
[1754] Vgl. Sebald, Sprengstoff (2015), S. 35; CWS, Sprengplatz (2016), S. 47.

## 3. Übergabe Regensburgs und Kapitulation der Restgarnison

Es war für die US-Streitkräfte Mitte April 1945 längst zur Gewohnheit geworden, dass den Truppen in vorderster Linie täglich, manchmal sogar mehrfach am Tag, deutsche Bürgermeister oder andere Ortshonoratioren mit weißer Flagge entgegen kamen und ihren Ort kampflos übergeben wollten. Für die Geschichte der Dörfer und Kleinstädte waren dies oft einschneidende Ereignisse, die später großen Widerhall in Ortschroniken fanden, wegen oft damit verbundener dramatischer Umstände. Für die Amerikaner war dies dagegen Alltag, der kaum einer Notiz wert war. In deren Unterlagen wurde meist nur kommentarlos vermerkt, dass ein bestimmter Ort übergeben oder eine Gegend im entsprechenden Planquadrat erreicht worden war.

Etwas anders lag der Fall bei größeren Orten. Auch Regensburg war durchaus eine Stadt, deren Eroberung oder kampflose Besetzung sich jeder Regiments- bzw. Divisions-Kommandeur gerne „auf seine Fahnen geschrieben" hat, vor allem wenn dabei eine militärische Besatzung am Ort kapitulierte. In solchen Fällen hatten die Amerikaner, seit sie Reichsboden betreten hatten, schon eine Routine entwickelt. Geschah nichts oder regte sich gar Widerstand, lief ein längst eingespielter Mechanismus ab, wobei mit Artillerie und Bombern der taktischen Luftflotte der Ort „sturmreif" geschossen wurde.

Der Fall Regensburg indes entwickelte sich ganz anders, als von US-Seite erwartet. Die US-Streitkräfte waren nämlich am 26. April mit der überraschenden Nachricht über die bei Straubing liegenden Nervengas-Lagerschiffe schon etwas „aus dem Konzept gebracht" worden. Vormarsch- und Feuerverbote waren die Folge. Als noch vor der Einschließung Regensburgs am frühen Vormittag des 27. April zudem die beiden bereits erwähnten deutschen Offiziers-Delegationen bei der 65th bzw. der 71st Infantry Division vorsprachen und die Übergabe eines weiteren, noch erheblich größeren Gasbestandes anboten, war auf amerikanischer Seite von „business as usual" vollends keine Rede mehr. Mitten in dieser ohnehin schon angespannten Situation traf dann in den gleichen frühen Morgenstunden auch noch als Parlamentär aus Regensburg ein deutscher General in Uniform ein, der die Übergabe der Stadt anbot. Und das alles an dem Vormittag, an dem der Oberbefehlshaber der 3rd Army, General George S. Patton, höchstpersönlich bei dem kommandierenden General des XX Corps, Walton H. Walker in Burglengenfeld[1755] war und ihn zu seiner Beförderung ehren wollte.[1756] Die Kommandeure der Walker unterstellten Divisionen, also auch jene der 65th und der

---

[1755] Das Hauptquartier des XX Corps war am 26. April von Schloss Reichenschwand (bei Hersbruck) ins Verwaltungsgebäude des Portland Zementwerks in Burglengenfeld verlegt worden. Am 28. April wurde es weiterverlegt ins fürstliche Schloss nach Regensburg. Vgl. XX Corps, History (1945), S. 384.

[1756] Dabei steckte Patton ihm jene drei Sterne an, die er einst selbst getragen hatte, vgl. XX Corps, History (1945), S. 382f. mit Fotos der Zeremonie. – Vgl. auch Patton, Krieg (1950), S. 225.

V. Übergabe der Stadt Regensburg an die Amerikaner

71st Infantry Division, Major General Stanley Eric Reinhart bzw. Major General Willard Gordon Wyman, hatten bei diesem feierlichen Appell zugegen zu sein und überließen die Führung ihrer Verbände für einige Stunden ihren jeweiligen Stellvertretern.

### 3.1. Robert Brownings „Ratisbon"

Im Fall von Regensburgs gab es einen zusätzlichen ungewöhnlichen Aspekt. Regensburg war offenbar in der Wahrnehmung der Amerikaner nicht irgendeine deutsche Stadt. Es hat den Anschein, als ob eine ganze Generation amerikanischer Offiziere, die 1945 in den Rängen vom Major aufwärts diente, mit Regensburg mehr verband als nur ein Name auf der Landkarte. Dies beruhte auf einem Gedicht des englischen Schriftstellers Robert Browning (1812–1889), der speziell in den USA große Bekanntheit erlangt hatte.[1757] Der Titel ist „Incident of the French Camp" und handelt von einem jungen Soldaten der napoleonischen Armee, der beim Sturm auf Regensburg 1809 im Kampf fällt. Die ersten Verse lauten: „You know, we French stormed Ratisbon / A mile or so away, / On a little mound, Napoleon / Stood on our storming-day".[1758]

So erwähnt der Chronist der 80th Infantry Division, die am 28. April die 65th Division in Regensburg für einen Tag verstärkte, Colonel Ralph E. Pearson, im Rahmen einer knappen Schilderung der Geschichte Regensburgs von den Kelten bis zum 20. Jahrhundert ausdrücklich: „stormed by the French under Napoleon 1809 (Subject of Brownings poem ‚Ratisbon')".[1759] Auch Lieutenant Colonel George Dyer versäumte es 1947 im Rahmen seines Buches über das XII US-Corps und dessen Verlegung nach Regensburg am 28. Mai 1945 nicht zu erwähnen: „To paraphrase Napoleon, who also occupied Regensburg (under the name of Ratisbon, giving rise to that 'Incident of the French Camp' which inspired Robert Browning)".[1760]

Sogar General George S. Patton schrieb in einem am 2. Mai 1945 verfassten Brief, in welchem er seinem Schwager von der Verlegung des Hauptquartiers seiner 3rd Army von Erlangen nach Regensburg berichtete: „which in French is Ratisbon. This is where Napoleon fought a battle in one of his advances on Vienna and about which a poem is written."[1761] Auch in seinen Erinnerungen zitierte Patton im gleichen Zusammenhang aus diesem Gedicht, hielt es jedoch für ein französisches:

„Regensburg [...] wo Napoleon seine berühmte Schlacht schlug, bei der, gemäß einem französischen Gedicht, Napoleon etwa anderthalb Kilometer von der Schlachtlinie ent-

---

[1757] Vgl. DeVane, Browning (1970), S. 624.
[1758] King, Works (1971), S. 209f.
[1759] Pearson, Redoubt (1958), S. 189.
[1760] Dyer, XII Corps (1947), S. 454.
[1761] Blumenson, Patton (1974), S. 695.

## 3. Übergabe Regensburgs und Kapitulation der Restgarnison

fernt auf einem Hügel stand. Anscheinend begaben sich damals Feldherren nicht so nahe an die Front wie heutzutage."[1762]

Nun liegt die offensichtliche Bekanntheit dieses Gedichts bei US-Offizieren sicherlich nicht daran, dass diese Generation ein außergewöhnlich großes Interesse an Literatur gezeigt hätte. Die Erklärung lieferte vielmehr General Curtis LeMay[1763], der am 17. August 1943 als Colonel Kommandeur der am ersten amerikanischen Luftangriff auf Regensburg beteiligten Bombergruppen gewesen war. In seinen Memoiren finden sich Zitate aus einem Briefwechsel mit einem Kameraden: „Regensburg is Ratisbon, you remember, that Robert Browning thing we had to learn in school".[1764] Offenbar war Brownings Regensburg-Gedicht in den Jahren vor und um den Ersten Weltkrieg in amerikanischen Schullesebüchern abgedruckt und von daher der Ort vielen Amerikanern vertraut.

Für diejenigen US-Offiziere, die auf der Kriegsschule den 5. Koalitionskrieg von 1809 studiert hatten, der späterhin als eine der großen strategischen Leistungen Napoleons galt,[1765] ergab sich zudem noch eine historische Parallele: Napoleon hatte 1809 an einem 23. April vor Regensburg gestanden und am Abend die Stadt gestürmt. Sie, die US-Army, stand 1945 ebenfalls am 23. April vor dieser Stadt, bereit, sie zu erobern. Derlei lässt durchaus Raum für Spekulationen. Allerdings wird sich nie belegen oder beweisen lassen, dass solch Irrationales auf die Entscheidungen im April 1945 irgendeinen Einfluss genommen hat, aber es sollte der Vollständigkeit halber hier doch erwähnt werden.

### 3.2. Die Übergabe – nicht nur eine Art Waffenstillstand

Seit längerer Zeit bestand in den Darstellungen zur Übergabe der Stadt an die amerikanischen Streitkräfte Einigkeit darüber, dass in der Nacht zum 27. April 1945 der taktische Führungsoffizier (der sogenannte „I a") des Kampfkommandanten, Major Othmar Matzke, Oberbürgermeister Schottenheim informiert habe, dass der Kampfkommandant nebst Truppen wie auch der NS-Kreisleiter und andere Parteigänger des Regimes die Stadt verlassen hätten.[1766] Doch bereits darüber, ob dieses Gespräch

---

[1762] Patton, Krieg (1950), S. 228. – Patton scheint nicht bekannt gewesen zu sein, dass Napoleon nahe vor der Regensburger Stadtmauer seine einzige Verwundung erlitten hatte.
[1763] General LeMay (1906–1990), der von 1961 bis 1965 als „Chief of Staff of the Air Force" der ranghöchste Soldat der US-Luftwaffe war, galt als „Ultra-Falke", der in den 1950er Jahren einen amerikanischen Atom-Erstschlag gegen die UdSSR befürwortete.
[1764] LeMay, Mission (1965), S. 294.
[1765] Vgl. z. B. Freytag-Loringhoven, Heerführung (1910), S. 178: „Die Tage von Regensburg sind mit Recht stets als eine der glänzendsten Episoden in der Napoleonischen Heerführung bezeichnet worden.".
[1766] So bereits S.N., Fahnen (27.4.1955).

## V. Übergabe der Stadt Regensburg an die Amerikaner

fernmündlich oder in der Wehrmachtkommandantur stattgefunden hatte, gab es sehr bald unterschiedliche Angaben der Beteiligten.[1767] Auch über die Uhrzeit dieses Gesprächs sind unterschiedliche Aussagen überliefert.[1768] Schottenheim habe dabei seinen Schwager, Generalmajor a.D. Hermann Leythäuser[1769], als Parlamentär vorgeschlagen, der den Amerikanern die Übergabe der Stadt anbieten sollte. Matzke sei mit diesem Vorschlag einverstanden gewesen, denn er kannte Leythäuser, der wie er in der Hermann-Geib-Straße wohnte.[1770]

Vor der weiteren Darstellung der Ereignisse ist es jedoch nötig, sich an dieser Stelle zunächst einmal über zwei grundlegende Fakten klar zu werden:

Erstens haben nach dem Krieg sowohl der ehemalige Oberbürgermeister Dr. Schottenheim als auch Major a. D. Matzke jeweils ausschließlich für sich das Verdienst reklamiert, durch ihr Handeln die Stadt vor Kampfhandlungen und Zerstörungen bewahrt zu haben. Schottenheim tat dies im Jahr 1947 im Zug seiner Entnazifizierung, Matzke öffentlich erst Mitte der 1990er Jahre.[1771] Niemand hätte

---

[1767] Matzke berichtete am 29. April 1945 gegenüber dem verhörenden Interrogator der 65th Division, er habe den Oberbürgermeister über eine öffentliche Fernsprechleitung angerufen und dabei alles mit ihm besprochen. Vgl. NARA, 407/427/9550: 65th Infantry Division, G–2 Periodic Report No. 51, 29 April 1945, Annex: IPW-Report, Bl. 2: – Schottenheim hingegen äußerte 1947, er sei von Matzke lediglich per Telefon in die Kommandantur gebeten worden, was er sofort getan haben wollte. Vgl. StAAm, Lagerspruchkammer Regensburg/2694: Protokoll der öffentlichen Sitzung der Spruchkammer des Internierungslagers Regensburg vom 19. Mai 1947, Klageerwiderung durch Dr. Otto Schottenheim.

[1768] Vgl. Raab, Versuch (1975), S. 26, nennt bereits 23.00 Uhr am 26. April.

[1769] Generalmajor a.D. Hermann Leythäuser (1884–1961) war ehemaliger königlich-bayerischer Kavallerieoffizier. Als Rittmeister hatte er 1919 einige Monate dem Freikorps von Epp angehört. Im November 1919 Übertritt von der Armee zur Bayerischen Landespolizei. Seit 1926 Kommandeur der Polizei-Reitschule München. Zuletzt Polizeioberst. Zum 15. Okt. 1935 Wiedereintritt ins Heer als Oberst. 1936 Kommandant des Truppenübungsplatzes Senne. 1940 Generalmajor und Kommandant des ehemals preußischen, seit 1919 belgischen Truppenübungsplatzes Elsenborn. Zum 1. Feb. 1944 in den Ruhestand verabschiedet. Vgl. Bradley, Generale (2004), S. 505. – Generalmajor Leythäuser war bereits am 11. April 1940 als Kommandeur in Elsenborn eingesetzt worden, also vier Wochen vor dem deutschen Überfall auf Belgien. Durch ein Kommandounternehmen war der Platz bereits am 10. Mai von der Wehrmacht besetzt und sofort wieder in Betrieb genommen worden. Zum 18. Mai wurden die Kreise Eupen und Malmedy ins Deutsche Reich rückgegliedert; vgl. Leyens, Elsenborn (2015), S. 122f. Zum Wirken Leythäusers dort vgl. ebd., S. 129–133. – Leythäuser war auch ein erfolgreicher Reitsportler, der, nach eigenen Angaben, an der wegen des Ersten Weltkrieges ausgefallenen Olympiade in Berlin 1916 hätte teilnehmen sollen. Nach dem Zweiten Weltkrieg betrieb er in Regensburg am fürstlichen Rennplatz 1947–1950 eine Reitsportschule. Vgl. FTTZA, Hofmarschallamt/3674 u. 3675: Schriftwechsel u. Verträge mit Leythäuser. – Er spielte nach dem Krieg in Regensburg auch eine gesellschaftliche Rolle als einer der Gründer des Oberpfälzer Reit- und Fahrvereins, aus dem der heutige Reitsportverein Regensburg e.V. (RSV) hervorging. Vgl. Reitsportverein Regensburg e.V., Historie (2015).

[1770] Vgl. die entsprechenden Angaben des Sohnes von Othmar Matzke, Gordon Matzke, am 21.12.2009 gegenüber Peter Eiser bzw. Günter Schießl, vgl. Eiser, Kriegsende (2012), S. 9, 43 u. 115.

[1771] Matzke tat dies erstmals öffentlich bei Günter Schießls Veranstaltung „Ortstermin" im Bunker Nürnberger Straße 10 am 26. April 1995, vgl. S.N., Retter (1995). Zur Veranstaltung „Ortstermin" vgl. Sammlung Ehm: Schießl, Einladung (1995).

## 3. Übergabe Regensburgs und Kapitulation der Restgarnison

ihnen widersprochen, wären beide oder auch nur einer von beiden damals konkret selbst aktiv geworden. Das erwähnte Gespräch hätte, natürlich fiktiv gedacht, auch folgenden Verlauf nehmen können: Matzke „… ich kapituliere und fahre jetzt zu den Amerikanern. Kommen Sie mit, Herr Oberbürgermeister?" – oder etwa auch: Schottenheim „… dann übergebe ich jetzt die Stadt und fahre zu den Amerikanern. Kommen Sie mit, Herr Major?". Weder der eine noch der andere hat jedoch so gehandelt. An etlichen Orten gleicher Größenordnung und Bedeutung und auch in Nordbayern hatten sich NS-Oberbürgermeister und/oder verantwortliche Offiziere tatsächlich zu einem solchen Vorgehen entschlossen. Beispielsweise in der Gauhauptstadt Bayreuth, deren NS-Oberbürgermeister, Dr. jur. Friedrich Kempfler, sich nicht scheute, sich den Amerikanern sofort noch vor der Stadt selbst zu stellen.[1772] In Erlangen waren der Kampfkommandant, Oberstleutnant Werner Lorleberg, und der kommissarische Oberbürgermeister, Dr. Herbert Ohly, selbst als Parlamentäre zu den Amerikanern gefahren.[1773] In Regensburg hingegen überlegte man, wen man entsenden könne. Besonders verantwortungsbewusst, mutig und gar heldenhaft war derlei (Nicht-)Handeln kaum.

Zweitens wurde in fast allen, insbesondere den frühen Darstellungen zu den Ereignissen um die Übergabe der Stadt Regensburg an die US-amerikanischen Streitkräfte, stets ein wesentlicher Punkt übersehen oder nicht deutlich genug dargestellt. Ein Oberbürgermeister – oder ein von ihm Beauftragter – konnte lediglich die Verantwortung für die Stadt und ihre zivilen Einrichtungen in die Hände der Besatzungsmacht übergeben. In früheren Zeiten wurde dieser formelle Akt durch die Übergabe der Stadtschlüssel symbolisiert.[1774] Soldaten konnten sich entweder jeder für sich oder etwa ein Leutnant für seinen Zug, ein Hauptmann für seine Kompanie, usw. … oder ein Kampfkommandant bzw. der ranghöchste, bei Ranggleichheit der dienstälteste vor Ort befindliche Offizier für die gesamte Garnison dem Feind ergeben. Symbolisiert wurde dies in der Neuzeit durch die Überreichung der persönlichen Seitenwaffe des unterlegenen Befehlshabers an den Sieger – einst des Säbels, in jüngerer Zeit der Pistole.[1775] Hinsichtlich der Angehörigen des deutschen Militärs und seiner örtlichen

---

[1772] Vgl. Meyer, Götterdämmerung (1975), S. 136–169. – In Bayreuth waren die Abläufe zwar völlig anders, aber man hat Kempfler sein Handeln im Nachhinein hoch angerechnet und ihm damit auch ermöglicht, später (andernorts) eine erneute politische Karriere (MdB) zu beginnen.

[1773] Oberstleutnant Werner Lorleberg hat am 16. April nach seiner Rückkehr in die Stadt unter bis heute nicht vollständig geklärten Umständen sein Leben verloren: Ermordet von NS-Fanatikern oder Selbstmord? Vgl. Jakob, Tod (2018), S. 376–382 sowie S. 474–487.

[1774] In manchen Volksschauspielen speziell auf Freilichtbühnen, welche die Ortsgeschichte im Dreißigjährigen Krieg oder andere kriegerische Auseinandersetzungen zum Thema haben, ist dies durchaus geläufig und wird fein unterschieden von der Säbelüberreichung einer militärischen Kapitulation.

[1775] Die jedoch als Zeichen der persönlichen Wertschätzung unter Offizieren, gleich auf welcher Seite sie standen, meist sofort zurückgegeben wurde. Zur Geschichte der militärischen Übergabesymboliken vgl. Afflerbach, Niederlage (2013), S. 14–16, speziell zu den Kapitulationen von 1945 vgl. ebd., S. 237–241. – Diese Waffenübergabe darf nicht verwechselt werden mit der zeitweiligen Abgabe der Waffen eines Parlamentärs als Pfand während des Aufenthalts im Gegnerbereich.

## V. Übergabe der Stadt Regensburg an die Amerikaner

Einrichtungen hatte ein Oberbürgermeister, ein Zivilist, weder Befehlsgewalt, noch Weisungsbefugnis. Schottenheim konnte sich das Militär nicht einfach unterstellen, wie er teils später behauptete.[1776] Auch Matzke sprach nie davon, dass er (und andere Offiziere vor Ort) sich Schottenheim unterstellt hätte(n), sondern will selbst die restliche Garnison übergeben bzw. Regensburg zur „offenen Stadt" erklärt haben.[1777] Dies bedeutet, dass es am 27. April 1945 in Regensburg um zwei parallele, aber getrennt zu sehende Handlungsstränge ging: zum einen um die Übergabe der Stadt und zum anderen um die Kapitulation der restlichen vor Ort befindlichen Truppenteile. Beim Auftrag Schottenheims an seinen Schwager ging es einzig und allein um die Übergabe der zivilen Stadt – wobei es keine Rolle spielte, dass Leythäuser dabei die Uniform eines pensionierten Generals trug.[1778] Er hatte offenbar keinen Auftrag, im Namen der Restgarnison zu sprechen und tat dies, sich dessen sehr bewusst, ausdrücklich nicht, wie sich im Detail zeigen lässt. Es sei hier noch angefügt, dass die Kampftruppen der US-Streitkräfte nicht so sehr an einer zivilen Übergabe eines Ortes interessiert waren, denn nur eine militärische Kapitulation der Truppe vor Ort bot ihnen die relative Gewähr, beim Einrücken nicht doch auf Widerstand zu stoßen.

In seinem Entnazifizierungsverfahren vor der Spruchkammer des Internierungslagers Regensburg äußerte sich Ex-Oberbürgermeister Dr. Otto Schottenheim am 19. Mai 1947 in öffentlicher Sitzung: Er habe in der Nacht zum 27. April in der Kampfkommandantur von einem „Major Matschke" (d.i. Matzke) vom Abzug des Kampfkommandanten mitsamt seinen Truppen sowie auch der Kreisleitung erfahren. Daraufhin habe er die „ganze Befehlsgewalt" übernommen und einen – von Schottenheim bei dieser Sitzung namentlich nicht genannten – zuverlässigen Parlamentär zu den Amerikanern geschickt. Nach vier bis fünf Stunden seien er und Bürgermeister Herrmann im Rathaus von einem amerikanischen Parlamentär (sic!) aufgefordert worden, mit zum amerikanischen Kommandeur zu fahren.[1779]

1950 veröffentlichte die örtliche „Mittelbayerische Zeitung" in einem ganzseitigen, nichtgezeichneten Artikel „Auszüge aus einer unveröffentlichten Niederschrift",

---

[1776] Vgl. StAAm, Lagerspruchkammer Regensburg/2694: Protokoll der öffentlichen Sitzung der Spruchkammer des Internierungslagers Regensburg vom 19. Mai 1947, Klageerwiderung durch Dr. Otto Schottenheim. Dass sich ein ziviler OB kein Militär unterstellen konnte, zeigt auch die Aussage von Schottenheims Bayreuther Kollegen, dem dortigen OB Dr. Friedrich Kempfler, dem man bei den dortigen Übergabegesprächen die Worte nachsagt „Der Volkssturm kämpft nicht mehr. Daß von der Bevölkerung kein Widerstand mehr zu erwarten ist, kann ich garantieren. Aber über's Militär habe ich keine Verfügungsgewalt". Vgl. Meyer, Götterdämmerung (1975), S. 136.

[1777] Vgl. Sammlung Ehm: Schießl, Einladung (1995); S.N., Retter (1995); so auch ausdrücklich Eiser, Kriegsende (2012), S. 150.

[1778] Leythäuser war als pensionierter Soldat eigentlich Zivilist, jedoch mit dem allen ehemaligen Offizieren zustehendem Recht, Uniform zu tragen.

[1779] StAAm, Lagerspruchkammer Regensburg/2694: Protokoll der öffentlichen Sitzung der Spruchkammer des Internierungslagers Regensburg vom 19. Mai 1947, Klageerwiderung durch Dr. Otto Schottenheim; so auch StAR, OB/4: Bericht Dr. O. Schottenheim (1979), S. 1f, dort auch noch die falsche Schreibweise „Matschke" bzw. „Matske".

## 3. Übergabe Regensburgs und Kapitulation der Restgarnison

der ein ganz anderes Bild zeichnete.[1780] Demnach seien nach Kenntnis vom Abzug des Militärs Oberbürgermeister Schottenheim und Bürgermeister Herrmann in einem mit weißer Flagge gekennzeichnetem Wagen „zu den sich vor dem westwärtigen Stadtteil hinziehenden amerikanischen Stellungen" gefahren, um dort die Stadt zu übergeben.[1781]

In einer 1955 im Regensburger Tages-Anzeiger erstmals veröffentlichten Artikelserie, die sich in erster Linie auf die Tagebuchaufzeichnungen Hiltls stützte, hingegen hieß es, dass Schottenheim seinen Schwager, Generalmajor a. D. Leythäuser, als Parlamentär zu den Amerikanern entsandt habe, nunmehr in den Osten vor der Stadt, wo jener in Sarching die Stadt formell übergab.[1782] Hiltl bezog sich dabei auf einen „Major B"[1783], offenbar Major Bürger, der hier erstmals indirekt mit seinen Erinnerungen an die Öffentlichkeit trat.[1784]

Zeitgleich zur Artikelserie von Hiltl bot Ex-Oberbürgermeister Dr. Schottenheim in einem Interview in der Mittelbayerischen Zeitung eine eigene, neue Version: Sein von ihm beauftragter Schwager sei noch in der Nacht des Abzugs der Wehrmacht Richtung Burgweinting und Obertraubling zu den Amerikanern gefahren. Bereits in den frühen Morgenstunden (sic!) des 27. April hätte eine amerikanische Delegation dann ihn und Bürgermeister Herrmann im Rathaus abgeholt und zum amerikanischen Divisionsbefehlshaber gebracht, wobei man diesen zunächst in Ziegetsdorf gesucht, schließlich aber am Emmeramsplatz angetroffen habe.[1785] Dort will Schottenheim auch „Major Matzke mit erhobenen Händen und mit dem Gesicht zur Hauswand unter Bewachung von US-Soldaten"[1786] gesehen haben. Zudem deutete er an, dass er die Stadt übergeben habe, wenn er formulierte: „Ich mußte mit meinem Kopf dafür haften, daß kein Schuß mehr fällt."[1787]

In der 1979 gegenüber Oberbürgermeister Viehbacher gleichsam autorisierten Master-Fassung von Schottenheims Erinnerungen an den 27. April 1945 las sich dies erneut erheblich anders: Demnach wären Bürgermeister Herrmann und er von drei

---

[1780] Vgl. S.N., Apriltage (1950).
[1781] Ebd.
[1782] Vgl. S.N., Fahnen (27.4.1955).
[1783] S.N., Fahnen (23./24.4.1955).
[1784] Hiltl und Bürger hatten während des Krieges zeitweise in derselben Einheit gedient und standen auch danach in Regensburg in offenbar engem Kontakt. Vgl. Eiser, Kriegsende (2012), S. 67.
[1785] Vgl. Qu, Nacht (1955).
[1786] Ebd. – Nicht nur, dass die zwischenzeitlich bekannt gewordenen US-Filme/-Fotos des Ereignisses am Petersweg eine ganz andere Wirklichkeit zeigen, Major Matzke im Gespräch mit amerikanischen Offizieren, wäre es bei einer Kapitulation sehr außergewöhnlich, wenn die Amerikaner den ranghöchsten deutschen Offizier vor Ort derart behandelt hätten.
[1787] Qu, Nacht (1955) S. 15. – Schottenheim berichtet auch von einem SS-Kommando, das bereits unterwegs gewesen sein soll, um ihn zu verhaften, das aber nie eintraf, vgl. ebd. – Eine ähnliche Geschichte war damals bereits aus Bayreuth bekannt, wo der dortige OB Dr. Kempfler von einem Kommando der NS-Gauleitung hätte liquidiert werden sollen, vgl. Meyer, Götterdämmerung (1975), S. 169f.

## V. Übergabe der Stadt Regensburg an die Amerikaner

US-Offizieren vom Rathaus nach Kumpfmühl gebracht worden und hätten dort gegenüber einem amerikanischen Divisionär nochmals die Übergabe der Stadt erklärt. Anschließend wären sie wieder zum Rathaus zurückgefahren. Und von dort aus sei er, Schottenheim, dann von den Amerikanern zum fürstlichen Schloss bestellt worden, wo diese ihm „sonderbarste Befehle" erteilt hätten.[1788]

An anderer Stelle war zuletzt 1975 zu lesen, Major Matzke habe Generalmajor Leythäuser auf dessen Weg begleitet und in der gleichen Nacht seien anschließend Schottenheim und Herrmann zu US-General Patton gefahren worden, um dort die Kapitulation Regensburgs zu unterschreiben.[1789]

Die Veröffentlichung von Bürger[1790] 1983/84, die viel mediales Aufsehen erregte[1791], brachte hinsichtlich der Übergabe der Stadt an die US-Streitkräfte keine neuen Erkenntnisse. Bürger verwies diesbezüglich auf Hiltl.[1792] Auch zum 40. Jahrestag der Übergabe 1985 blieb dies Stand der Erkenntnisse.[1793] In diesem Jahr versuchte Wilhelm Kick im Rahmen seiner Veröffentlichung die bisher publizierten Angaben zusammenzufassen: Demnach sei Leythäuser, begleitet von den Volkssturmkompanieführern Meier und Klug, am frühen 27. April Richtung Barbing gefahren. In Sarching habe man den Gefechtsstand des 14th Infantry Regiments gefunden, von wo aus die Gruppe nach Bad Abbach zur 65th Division weitergeschickt worden sei. Dort wurde eine Kapitulationserklärung unterschrieben. Gegen 10:00 Uhr seien die ersten US-Panzer in Regensburg eingerückt. Und gegen 14:00 Uhr hätten Oberbürgermeister Schottenheim und Bürgermeister Herrmann im fürstlichen Schloss vor General Patton persönlich eine Übergabeerklärung unterschrieben.[1794]

Die Versionen Hiltls bzw. Bürgers wurden bald von weiteren Autoren, die nicht mehr der direkten Zeitzeugengeneration angehörten, modifiziert und „fortgeschrieben", wobei die Verfasser jeweils entsprechende Belege für ihre Angaben vermissen ließen: Laut einem Artikel Josef Weishaupts von 1991 soll der stellvertretende Kommandeur der 65th Infantry Division zusammen mit Leythäuser von Bad Abbach aus nach Regensburg gefahren sein und soll hier von Oberbürgermeister Schottenheim die Kapitulationserklärung entgegen genommen haben.[1795] Werner Sturm zitierte 2005 sogar wörtlich aus einem Gespräch in Sarching zwischen Generalmajor Leyt-

---

[1788] Vgl. StAR, OB/4: Bericht Dr. O. Schottenheim (1979), S. 3. – Schottenheim habe für die Amerikaner Bedienungen aus den Regensburger Gaststätten „mobilisieren" müssen. Vgl. ebd..

[1789] So noch bei Raab, Versuch (1975), S. 26. – Eine weitere, nicht veröffentlichte Version besagt, dass Leythäuser zusammen mit Bürgermeister Herrmann zu den Amerikanern gefahren sei. Angabe der in den USA lebenden Tochter des Vorzimmer-Mitarbeiters beider Bürgermeister, Johann Engel, Frau Betty Hager, am 27.10.1978 in Regensburg gegenüber Dr. Sigfrid Färber, handschriftl. Notiz Färbers „Zur Übergabe der Stadt R. 1945", 2 Bl., vgl. SBR, NL S. Färber/D,I,13.

[1790] Vgl. Bürger, Regensburg (1983).

[1791] Vgl. u. a. Raab, Oberst (1984).

[1792] Vgl. Bürger, Regensburg (1983), S. 390, Anm. 49.

[1793] Vgl. Bürger, April (1985); Raab, Regensburg (1985), S. 29.

[1794] Vgl. Kick, Kindern (1985), S. 350f.

[1795] Vgl. Weishaupt, Schlacht (1991), S. 102.

### 3. Übergabe Regensburgs und Kapitulation der Restgarnison

häuser und dem amerikanischen Divisionskommandeur;[1796] zudem wollte er wissen, dass Leythäuser am 27. April unter US-Eskorte in die Nähe von Bad Abbach zur 65th Division gebracht worden sei[1797], wo er die Kapitulation unterschrieben habe.[1798] Die offizielle Übergabe der Stadt sei dann am Vormittag (sic!) im fürstlichen Schloss durch Oberbürgermeister Schottenheim an den kommandierenden General der Amerikaner erfolgt.[1799] Dieser Darstellung der Übergabe folgte inhaltlich auch Werner Chrobak, der im Detail nun wieder General Patton höchstpersönlich die Übergabe durch OB Schottenheim entgegennehmen ließ.[1800]

Diese „Fortschreibungen" der Darstellungen Bürgers sind umso unverständlicher, als bereits 1987 der Aufsatz von Jürgen Mulert[1801] erschienen war, der hierfür als erster einen umfangreicheren Einblick in Unterlagen der US-Armee hatte nehmen können. Daraus hatte sich zweifelsfrei ergeben, dass Leythäuser schon in Sarching bei der 71st Division eine Übergabeerklärung namens der Stadt Regensburg unterschrieben hatte und damit eine weitere Fahrt von ihm zur 65th Division in das Reich der Legenden verwiesen gehört.[1802] Mulert hatte sich bei seinen Recherchen weitgehend auf Unterlagen der 71st Infantry Division beschränkt, wobei er die Akten der dieser Division nachgeordneten Regimenter nur begrenzt beigezogen hatte.

Major a. D. Othmar Matzke erklärte 1995 in Regensburg erstmals öffentlich, dass er am 27. April 1945, nach dem Abzug des Kampfkommandanten und der Truppen, „die Zügel in die Hand genommen" habe und auf sein Betreiben hin den Amerikanern Verhandlungsführer entgegengeschickt worden seien.[1803] Zwei Jahre zuvor, 1993, hatte Schießl über ihn und sein Wirken im April 1945 einen umfangreichen Zeitungsartikel verfasst, dessen Tenor bereits in diese Richtung zielte.[1804] Eiser und Schießl bekräftigten dies dann 2012 in ihrer Veröffentlichung weiter: Matzke habe Schottenheim gebeten, „ihm einen seriösen Mann in Uniform [sic!] vor[zu]schlagen, der als Parlamentär zu den Amerikanern fahren solle, um diesen mitzuteilen, dass Regensburg eine offene Stadt sei."[1805] Dies findet auch Bestätigung darin, dass etwa

---

[1796] Vgl. Sturm, Krieg (2005), S. 25. – Auch Schottenheim zitiert 1979 ähnlich, vgl. STAR, OB/4, Bericht
[1797] Vgl. Sturm, Krieg (2005), S. 25. – Wie bereits im Kapitel V.1.4. gezeigt, hatten am frühen 27.4. die 65th bzw. 71st Division im Süden der Stadt noch keinen Kontakt. Wenn also Leythäuser auf bereits US-besetztem Gebiet von Sarching in den Raum Bad Abbach gebracht worden sein sollte, hätte dies einen Umweg über Donaustauf, Steinweg, Etterzhausen, Viehhausen und Gundelshausen bedeutet, was Stunden gedauert hätte.
[1798] Vgl. Sturm, Krieg (2005), S. 25.
[1799] Vgl. ebd.
[1800] Vgl. Chrobak, Krieg (2005), S. 52; in verkürzter Fassung: ders., Zerstörung (2015), S. 138f.
[1801] Vgl. Mulert, Quellen (1987).
[1802] Mulert, Quellen (1987), S. 274.
[1803] Mhu, Retter (1995).
[1804] Vgl. Schießl, Major (1993).
[1805] Eiser, Kriegsende (2012), S. 57; – Dies entspricht auch den Aussagen Matzkes bei seiner Vernehmung als Kriegsgefangener am 29. April. Vgl. NARA, 407/427/9550: 65th Infantry Division, G–2 Periodic Report No. 51, 29 April 1945, Annex: IPW-Report, Bl. 2, wobei Matzke dort, wohl irr-

V. Übergabe der Stadt Regensburg an die Amerikaner

zeitgleich, zwischen 04.00 und 05:00 Uhr, ein Befehl Matzkes an die restlichen Truppen in den Regensburger Kasernen erging, dass kein Schuss mehr fallen dürfe.[1806] Allem Anschein nach suchte Matzke einen Parlamentär für eine militärische Kapitulation der Restgarnison, denn erst dadurch konnte Regensburg zu einer „offenen Stadt"[1807] werden. Der von Schottenheim als Parlamentär vorgeschlagene Generalmajor a.D. Leythäuser sei dann zusammen mit Matzkes Adjutanten, dem beinamputierten Oberleutnant Schmidt[1808], zu den Amerikanern gefahren „und habe die Botschaft überbracht."[1809] Nach dieser Darstellung hätte sich Leythäuser als militärischer Parlamentär im Auftrag von Major Matzke[1810] und nicht als Beauftragter des zivilen Oberbürgermeisters auf den Weg gemacht. Dem widerspricht jedoch diametral, dass, wie bereits Mulert darstellte, Leythäuser bei den Amerikanern angab, dass der Volkssturm (der nur im Einsatz der Wehrmacht unterstellt war) aufgelöst sei und, seit dem Abzug der Wehrmacht in der Nacht, sich keine Truppen mehr in der Stadt befänden.[1811]

Konsequenterweise sprach ein erster Bericht des 14th Infantry Regiments nur davon, dass Leythäuser gekommen war, „to determine terms of surrender of city [sic!] of Regensburg" – von einer militärischen Kapitulation war nicht die Rede.[1812] Nicht nur im Nachhinein stellten die Amerikaner fest, dass sich sehr wohl noch Truppen in der Stadt befanden, als sie in Regensburg Kriegsgefangene im vierstelligen Bereich machten.[1813] Zur Stunde, da Leythäuser bei den Amerikanern eintraf, befand sich bei Harting[1814] eine Gruppe der Regensburger Rundumverteidigung[1815] noch in Kompa-

---

   tümlich, alle Ereignisse um einen Tag zurückdatierte. Am Abend des „25 April" hätten die Truppen die Stadt verlassen und er habe den OB in der Nacht vom „25/26 April" angerufen.

[1806] Vgl. Bürger, Regensburg (1983), S. 389; StAR, OB/7, Slg. Bürger, Ordner 1, Index 16: Stellungnahme von Oberleutnant a.D. Erwin Fischer, Rbg., 1945 Kompaniechef der Stabskompanie des Pz. Gren. Ers. Bat. 20, vom 16.9.1983. 1 Bl.; Norgall, „paper?" (1985).

[1807] Mit „offener Stadt" war im damaligen Kriegsvölkerrecht eine Stadt gemeint, die nicht verteidigt wurde und daher gemäß Art. 25 der Haager Landkriegsordnung von einem Gegner nicht angegriffen und nicht beschossen werden durfte. Voraussetzung hierfür war aber, dass sich keinerlei Truppen mehr in dieser Stadt aufhielten – was offensichtlich im Fall von Regensburg doch der Fall war.

[1808] Zu Schmid(t) (Laut Matzke schrieb sich dieser mit „dt", vgl. StAR, Gespräch 27. Feb. 1985 mit Herrn O. Matzke , Bl. 72) vgl. Eiser, Kriegsende (2012), S. 43 u. S. 150; an anderer Stelle bezeichneten Eiser und Schießl ihn jedoch ausdrücklich als Adjutanten des Kampfkommndanten Major Hüsson, vgl. ebd. S. 38.

[1809] Vgl. Eiser, Kriegsende (2012), S. 57; wobei Matzke im Interview 1985 ausdrücklich Schmidt als Fahrer des Fahrzeuges bezeichnete, vgl. StAR, Gespräch 27. Feb. 1985 mit Herrn O. Matzke , Bl. 18.

[1810] So auch ausdrücklich Eiser, Kriegsende (2012), S. 150.

[1811] Vgl. Mulert, Quellen (1987), S. 274.

[1812] NARA, 407/427/9678: 14th Infantry Regiment, S–3 Report No. 44, Sarching 271800B, S. 1.

[1813] S. Kap. V.1.5.

[1814] Bis zur Eingemeindung in die Stadt Regensburg 1977 selbstständige Gemeinde im Landkreis Regensburg.

[1815] Eine Stadt konnte nicht an ihren politischen Gemeindegrenzen verteidigt werden, sondern zunächst im Vorland, wobei sich dies an den geographischen Gegebenheiten, der Landschaft und der Besiedelung zu orientieren hatte.

## 3. Übergabe Regensburgs und Kapitulation der Restgarnison

niestärke in Stellung.[1816] In der Nacht zuvor hatten die Majore Hüsson, Bürger und auch Matzke offenbar völlig vergessen diese Männer zu benachrichtigen.[1817] Deren befehlshabender Offizier begab sich am späten Vormittag des 27. April aus eigenem Entschluss selbst als Parlamentär zu den Amerikanern, um die Kapitulation seiner Einheit und zudem die Übergabe des Dorfes anzubieten.[1818] Der deutsche Offizier, dessen Name und Rang leider nicht überliefert sind, wurde zurückgeschickt mit der Maßgabe, dass er mit seiner Einheit kapitulieren und das Dorf übergeben könne sobald dort weiße Flaggen ausgesteckt seien.[1819]

Generalmajor a. D. Leythäuser war in den frühen Morgenstunden des 27. April bei Barbing auf die Vorposten des 2$^{nd}$ Battalions im 14$^{th}$ Infantry Regiment der 71$^{st}$ Infantry Division gestoßen.[1820] So wie es für Parlamentäre Brauch war, übergab er seine Pistolentasche dem ersten gegnerischen Soldaten, dem er begegnete. Dies war Privat first class Robert Pilston (First Platoon, F Company, 2$^{nd}$ Battalion, 14$^{th}$ Infantry Regiment), der dieses Pfand an seine Vorgesetzten weitergab.[1821] Anschließend wurde Leythäuser mit verbundenen Augen („blindfolded") – auch das war Parlamentärsbrauch – in einem US-Jeep zum amerikanischen Regimentsgefechtsstand gebracht.[1822] Gegen 6:05 Uhr traf Leythäuser dort, in Sarching, ein.[1823] Den Amerikanern war dieser Vorgang wichtig genug, dass sie darüber dem Tagesbericht des Regiments ein

---

[1816] Dies dürften Soldaten der Luftwaffe vom nahen Fliegerhorst Regensburg-Obertraubling gewesen sein, da nach dem Verteidigungsplan für Regensburg die Luftwaffe Harting zu halten hatte, vgl. S.N., Fahnen (27.4.1955): „Gefechtstagebuch des Major B". – Zudem berichtete der IPW-Report der 71$^{st}$ Infantry vom 28. April die Gefangennahme von 2 Offizieren und 285 Mann vom Fliegerhorst Obertraubling bei Barbing bzw. im Bereich Harting am 26., bzw. 27. April. Vgl. NARA, 407/427/9666: G–2 Periodic Report der 71$^{st}$ Division, No. 46, Pfatter, 28 April 1945, vgl. S. 3.

[1817] Hingegen hatte die nördlich von Harting anschließend bei Irl eingesetzte a.v.-Kompanie, über die in den Kap. V.1.4.u. V.1.5. berichtet worden ist, einen solcher Abmarschbefehl erreicht, der dort jedoch verweigert wurde.

[1818] Vgl. NARA, 407/427/9676: 14$^{th}$ Infantry Regiment, S–1 Journal, 27 April 1945, S. 1; NARA, 407/427/9666: 71$^{st}$ Infantry Division, G–2 Journal, Friesheim, 262400B to 272400B April 1945, S. 2.

[1819] Vgl. NARA, 407/427/9666: 71$^{st}$ Infantry Division, G–2 Journal, Friesheim, 262400B to 272400B April 1945, S. 3; NARA, 407/427/9676: 14$^{th}$ Infantry Regiment, S–1 Journal, 27 April 1945, S. 1.

[1820] In den amerikanischen Unterlagen werden weder ein Leythäuser begleitender Oberleutnant Schmidt, noch andere Begleiter (mit Ausnahme seines Fahrers) erwähnt. Allerdings soll Schmidt als Fahrer tätig gewesen sein. Vgl. StAR, Gespräch 27. Feb. 1985 mit Herrn O. Matzke , Bl. 18.

[1821] Vgl. McMahon, Siegfried (1993), S. 414; ders., Farthest East (1986), S. 72. – Eigentlich wäre es auch Brauch gewesen, Leythäuser bei seiner Rückfahrt in die Stadt seine Waffe wieder auszuhändigen (so wie etwa jene vom Oberleutnant Keller, Parlamentär der Muna Schierling, siehe Kapitel V.0.), aber die Pistole, eine Mauser 7.65 mm mit eingeprägtem Herstellungsjahr 1920, verblieb bei diesem US-Regiment. Zu seiner großen Überraschung erhielt Ex-GI Pilston, der später Waffen sammelte, 1986 Leythäusers Pistole von seinem ehemaligen Platoonführer, Lt. Art Metcalfe als Geschenk. Vgl. ders., Siegfried (1993), S. 414, dort auch ein jüngeres Foto dieser Pistole.

[1822] Vgl. MacMahon, Siegfried (1993), S. 415. – Leythäusers Begleiter sowie der Fahrer mitsamt dem Fahrzeug dürften auf US-Seite auf seine Rückkehr gewartet haben.

[1823] Vgl. NARA, 407/427/9678: 14$^{th}$ Infantry Regiment, S–3 Report No. 44, Sarching 271800B, S. 1. – Leider finden sich mehrere unterschiedliche Angaben über den Zeitpunkt von Leythäusers

## V. Übergabe der Stadt Regensburg an die Amerikaner

extra Anhangblatt beifügten. Daraus ist zu entnehmen, dass Leythäuser sich als Kommandeur des Regensburger Volkssturms bezeichnete[1824], welcher bereits aufgelöst bzw. in Auflösung begriffen sei. In der Nacht zuvor hätten alle Wehrmachttruppen die Stadt in südöstlicher Richtung verlassen. Leythäuser lehnte es ab, was militärisch völlig korrekt war, Angaben über den Zustand dieser Truppen zu machen. Nach Rücksprache mit der Division präsentierte der Regimentskommandeur, Colonel Carl E. Lundquist, Leythäuser die Voraussetzung einer bedingungslosen Übergabe der Stadt, die um 14:00 Uhr wirksam werden würde. Eine der Bedingungen war die Verpflichtung, alle Straßensperren durch Zivilisten sofort räumen zu lassen.[1825]

Unverzüglich nach dem Eintreffen Leythäusers hatte die 71st Division beim XX Corps nachgefragt, was zu tun sei, da nach Plan die 65th Division für Regensburg zuständig war. Die Erlaubnis zur Verhandlungsführung wurde formlos erteilt, worüber auch die 65th Division bereits kurz nach 8:00 Uhr informiert wurde.[1826]

Am 27. April um 10:20 Uhr unterschrieb Leythäuser mehrere maschinenschriftliche Ausfertigungen der Übergabevereinbarung, die um 14:00 Uhr in Kraft trat.[1827] Anschließend scheint er sich sofort auf den Rückweg gemacht zu haben. Bereits während der Gespräche in Sarching war der seit 25. April erfolgte sporadische Beschuss des Stadtzentrums durch US-Artillerie eingestellt worden.

---

Ankunft: Der G–3 Periodic Report der 71st Infantry Division, Friesheim 27 April 45, S. 1. Vgl. NARA, 407/427/9667 nennt als Uhrzeit des Eintreffens Leythäusers 6:45, womit möglicherweise der Zeitpunkt des Eingangs der Meldung dort gemeint sein kann. – Das S–1 Journal des 14th Regiments nennt als Meldungszeitpunkt der F-Comp.6:50 Uhr bzw. sogar erst 8:30 Uhr als Zeit der Ankunft Leythäusers im Regimentsgefechtsstand, vgl. NARA, 407/427/9676: 14th Infantry Regiment, S–1 Journal, Sarching 27 April 1945, S. 1.

[1824] Leythäuser konnte gegenüber den Amerikanern namens des Volkssturmbataillons sprechen, das er selbst führte (das Bat. 2/252, siehe Kapitel II.6.2.3.). Dass er, gemessen am militärischen Dienstgrad, als mit Abstand ranghöchster Volkssturmführer in Regensburg gegenüber den Amerikanern auch für alle anderen Volkssturm-Bataillone am Ort sprach, war akzeptabel, da sich der formelle Befehlshaber des örtlichen Volkssturms, NS-Kreisleiter Weigert, aus der Stadt abgesetzt hatte, ebenso der Volkssturm-Stabsführer Anton Kraus.

[1825] Vgl. NARA, 407/427/9666: 14th Infantry Regiment, S–2 Report No. 45, 271200B, Annex „A". – Der Inhalt wurde wortwörtlich auch übernommen u. a. in NARA, 407/427/9666: G–2 Periodic Report der 71st Division, No. 46, Pfatter, 28 April 1945, vgl. S. 2; Mulert, Quellen (1987), S. 274.

[1826] Vgl. NARA, 407/427/9565: 65th Division, Funkspruch-Notiz (Message), 27 April, 0820. – Eine formelle Bestätigung der Übertragung der Erlaubnis zur Verhandlungsführung von der 65th auf die 71st Division ging erst am folgenden Tag, dem 28. April, 11:00 Uhr, bei der 71st Division ein. Vgl. NARA, 407/427/9666: 71st Infantry Division, G–2 Journal, Friesheim, 272400B to 282400B April 1945, S. 2: „In: 1100, Capt. Keever […]: G–2, XX Corps at 1040: Credit for surrender negotiations of Regensburg given to the 65th Division will be corrected and given to 71st Division."

[1827] Vgl. NARA, 407/427/9676: 14th Infantry Regiment, S–1 Journal, 27 April 1945, S. 1; NARA, 407/427/9666: 14th Infantry Regiment, S–2 Report No. 45, 271200B, Annex „A". – Leider hat sich in den Regiments- und Divisionsunterlagen kein Exemplar dieser Übergabeurkunde erhalten. Ob auch Leythäuser von den Kopien ein Exemplar ausgehändigt worden war, ist nicht überliefert. Sollte dem so gewesen sein, so muss auch dieses wohl als verloren gelten.

## 3. Übergabe Regensburgs und Kapitulation der Restgarnison

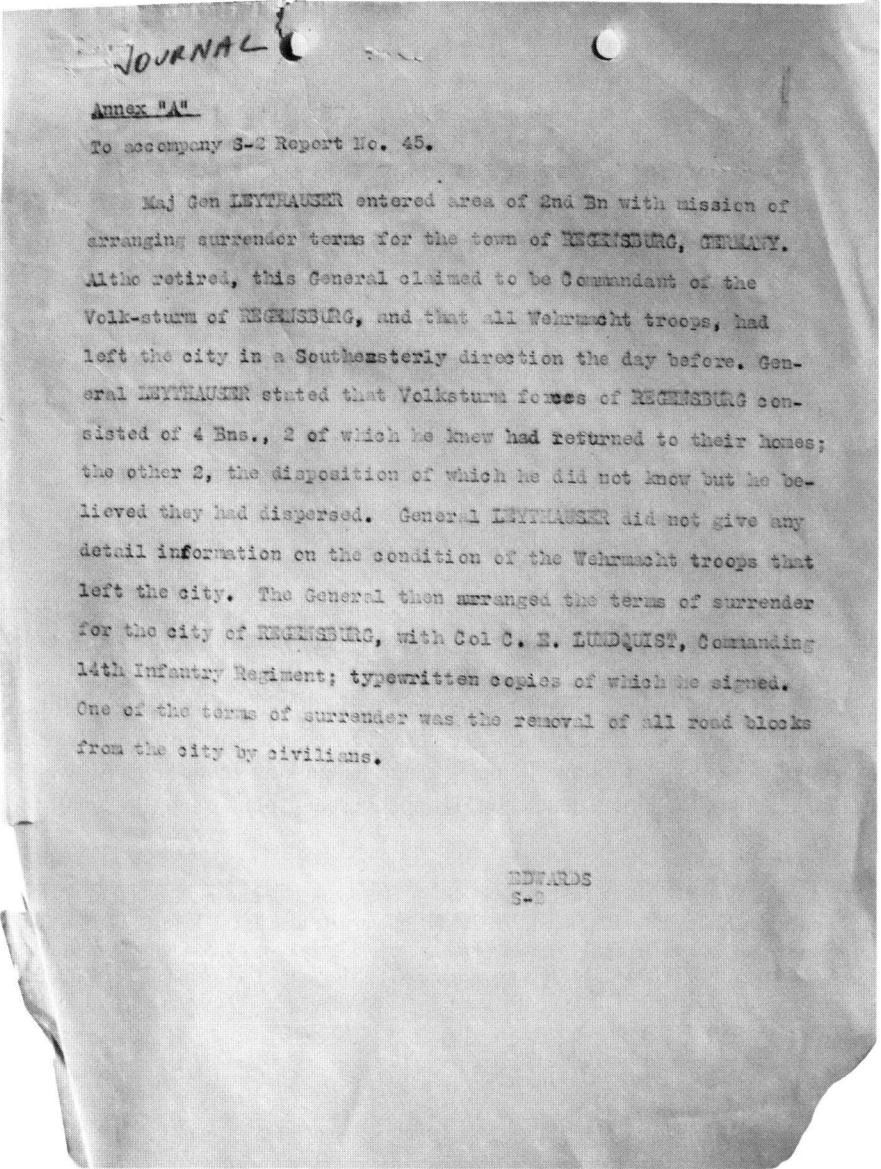

Aktennotiz des 14th Infantry Regiments zum S-2 Report vom 27. April über die Gespräche mit Generalmajor Leythäuser im US-Gefechtsstand in Sarching. Von den dort erstellten maschinenschriftlichen Ausfertigungen der Übergabeerklärung, die Leythäuser unterschreiben musste, hat sich offenbar kein Exemplar erhalten (Foto: R. Ehm / NARA, 407/427/9666).

V. Übergabe der Stadt Regensburg an die Amerikaner

Als das 1ˢᵗ Battalion des 14ᵗʰ Infantry Regiments kurz nach 14:00 Uhr gegen Harting vorrückte, wehten dort tatsächlich weiße Fahnen. Um 14:10 Uhr wurde der Ort übergeben und etwa 150 deutsche Soldaten ergaben sich den Amerikanern.[1828] Ab 14:00 Uhr rückte das 2ⁿᵈ Battalion des 14ᵗʰ Infantry Regiments von Barbing aus auf Regensburg vor.[1829] Unterstützt wurden die Infanteristen durch Halbkettenfahrzeuge mit Panzerabwehrgeschützen der Company C des 635ᵗʰ Tank Destroyer Battalions.[1830] Zuvor erging vom Corps an die 65ᵗʰ Division die Anweisung, sich auf die Übernahme der Stadt vorzubereiten.[1831] Das 3ʳᵈ Battalion des 14ᵗʰ Infantry Regiments übernahm um 14:15 Uhr in Barbing die bisherigen Stellungen des vorgerückten 2ⁿᵈ Battalions.[1832]

## 3.3. Rückführung deutschen Sanitätspersonals in die Stadt

Die 65ᵗʰ Infantry Division, in deren Kampfabschnitt die Stadt Regensburg lag, war vom XX Corps über das frühmorgendliche Eintreffen eines deutschen Parlamentärs bei der 71ˢᵗ Infantry Division informiert worden und auch darüber, dass dort nun verhandelt werde.[1833] Etwas ärgerlich war diese Lage für die 65ᵗʰ Division und das der Stadt am nächsten befindliche 260ᵗʰ Infantry Regiment schon, hatte man doch bereits tags zuvor, am 26. April, berichten können, dass einzelne Truppenteile der 65ᵗʰ Division bereits auf Stadtgebiet vorgedrungen seien.[1834] Obwohl noch verhandelt wurde, rückte das 260ᵗʰ Regiment in der Folge langsam weiter auf die Stadt vor.

Colonel Frank Dunkley, Kommandeur des bei Matting übergesetzten 260ᵗʰ Infantry Regiments, nutzte diese Situation zu einer Art Kriegslist – modern formuliert: zu psychologischer Kriegsführung. Seine Soldaten hatten kurz zuvor beim Ausweiten des Brückenkopfes einen deutschen Truppenverbandsplatz samt Personal und

---

[1828] Vgl. NARA, 407/427/9666: 71ˢᵗ Infantry Division, G–2 Journal, Friesheim, 262400B to 272400B April 1945, S. 2 u. 3; NARA, 407/427/9676: 14ᵗʰ Infantry Regiment, S–1 Journal, 27 April 1945, S. 1; NARA, 407/427/9678: 14ᵗʰ Infantry Regiment, S–3 Report No. 44, Sarching 271800B, S. 1.
[1829] Vgl. NARA, 407/427/9678: 14ᵗʰ Infantry Regiment, S–3 Report No. 44, Sarching 271800B, S. 1; NARA, 407/427/9667: 71ˢᵗ Infantry Division, G–3 Periodic Report, Friesheim 27 April 45, S. 1; Kuntze, Fliegerhorst (1987), S. 17.
[1830] Vgl. United States Army, Report (1945), S. 23.
[1831] Vgl. NARA, 407/427/9667: 71ˢᵗ Infantry Division, G–3 Periodic Report, Friesheim 27 April 45, S. 1.
[1832] Vgl. NARA, 407/427/9678: 14ᵗʰ Infantry Regiment, S–3 Report No. 44, Sarching 271800B, S. 1; NARA, 407/427/9667: 71ˢᵗ Infantry Division, G–3 Periodic Report, Friesheim 27 April 45, S. 1.
[1833] Vgl. NARA, 407/427/9553: 65ᵗʰ Infantry Division, G–3 report, 27 April, S. 2.
[1834] Vgl. NARA, 407/427/9666: 71ˢᵗ Infantry Division, G–2 Journal, Wenzenbach, 252400B to 262400B April 1945, S. 3. – Es ist den amerikanischen Unterlagen nicht zu entnehmen, wo diese aus dem Südwesten vorgerückten Truppen das Stadtgebiet erreicht hatten. Es könnte dies im damals noch unverbauten und autobahnlosen Bereich Königswiesen-Dechbetten gewesen sein, wo derlei gerüchteweise noch lange erzählt wurde. Dies würde auch zusammenpassen mit den bereits erwähnten frühen Darstellungen, dass OB Schottenheim „zu den vor dem westwärtigen Stadtteil gelegenen amerikanischen Stellungen" gefahren sein soll.

## 3. Übergabe Regensburgs und Kapitulation der Restgarnison

Fuhrpark angetroffen. Nun besagt die Genfer Konvention, dass Angehörige solcher Sanitätsstreitkräfte nicht kriegsgefangen genommen, sondern nur zeitlich befristet zurückgehalten werden dürfen. Sind diese für die Versorgung und Pflege von verwundeten Kriegsgefangenen ihrer Armee nicht erforderlich, so sind sie zurückzuschicken.[1835]

Dunkley befahl nun, dass die deutschen Sanitätssoldaten mitsamt ihrer Ausrüstung und allen Fahrzeugen, begleitet von US-Parlamentären, auf die deutsche Seite zurückgebracht werden sollten. Er wollte den deutschen Soldaten damit zeigen, wie korrekt und zuvorkommend die Amerikaner seien, indem sie sogar die Sanitäter zurückschickten. Er betraute mit dieser Aufgabe seinen Dolmetscher und Chef des IPW-Teams des Regiments, 1st Lieutenant Robert M. Kennedy, jenen Deutschamerikaner mit irischem Familiennamen, der bereits im Teilkapitel zu den „Ritchie-Boys" vorgestellt wurde.[1836] Kennedy fuhr, begleitet von einem weiteren Dolmetscher, Sgt. Ernie Low, an der Spitze der Kolonne durch die deutschen Linien in die Stadt hinein.[1837] An der ersten größeren Straßenkreuzung („the first intersection") übergaben die amerikanischen Parlamentäre das deutsche Sanitätspersonal an zwei dort wartende deutsche Offiziere, um umgehend zu ihrer Einheit „up the hill" zurückzukehren.[1838] Sie hatten es sehr eilig, denn, laut Kennedy, habe man sich „drüben" nicht sehr wohl gefühlt: „Felt sort of naked downtown with all the armed Germans around".[1839]

Es findet sich in deutschen Quellen, vor allem von Seiten deutscher Militärs, keine Bestätigung für diesen Vorgang – es wird lediglich seit Jahrzehnten in Regensburg erzählt, dass sich bereits vor der Übergabe Amerikaner in Uniform im Zentrum der Stadt aufgehalten hätten. Könnte es eventuell sein, dass Kennedy nach so vielen Jahrzehnten in seinen Erinnerungen Zeitpunkt und Ort verwechselte? Wohl nicht, denn es gibt tatsächlich eine Bestätigung für diese Fahrt von einer Seite, von der man es zunächst wohl nicht erwarten würde. Es ist im Kapitel III.4.6. bereits dargestellt worden, dass einigen Gruppen britischer Kriegsgefangener, die in Scheunen in den Dörfern im Süden Regensburgs untergebracht und denen in den Tagen zuvor ihre Wachen „abhanden gekommen" waren, vor Ort verharrten und auf die Amerikaner warteten.

---

[1835] In der Tat waren während des Zweiten Weltkrieges bei mehreren zwischen den Alliierten und den Achsenmächten abgewickelten größeren Gefangenenaustauschen, über Häfen in neutralen Staaten (zunächst dem schwedischen Göteborg, dann u. a. auch dem spanischen Barcelona), nicht nur invalide oder sonst nicht mehr feldverwendungsfähige Soldaten ausgetauscht worden, sondern auch Sanitätspersonal. Zur Entwicklung dieser Austauschaktionen vgl. Held, Kriegsgefangenschaft (2008), S. 64 u. 66–68.
[1836] Siehe Kapitel II.6.4.2.2.
[1837] Vgl. Kennedy, Interrogators (2004), S. 269; auch ders., Brief vom 26.10.2004, in: Cardinell, Stories 3 (2005), S. 259.
[1838] Vgl. Kennedy, Brief vom 11.08.2002, in Cardinell, Stories 1 (2004), S. 171; Kennedy, Brief vom 26.10.2004, in: Cardinell, Stories (2005), S. 259.
[1839] Kennedy, Brief vom 26.10.2004, in: Cardinell, Stories (2005), S. 259.

V. Übergabe der Stadt Regensburg an die Amerikaner

Einer dieser Gefangenen aus dem Kriegsgefangenen-Arbeitskommando „E 715", vormals Auschwitz-Monowitz, Arthur Dodd[1840], erinnerte sich später, dass, als die US-Army in Regensburg erst am Nordufer der Donau stand, seiner Gruppe im Stadtsüden ein mit zwei GIs besetzter Jeep begegnet sei. Die Amerikaner hätten ihnen geraten, sich noch nicht in Sicherheit zu wähnen und sich sehr vorsichtig zu verhalten, vor allem keinerlei Feuer zu machen, denn dies könnten die Artilleriebeobachtungsflugzeuge fehlinterpretieren. In spätestens ein bis zwei Tagen wären sie, die Amerikaner, in der Stadt.[1841] Dies ist wohl kaum anders zu lesen, als dass Dodd und seine Kameraden sowie Kennedy und Low, letztere auf dem Rückweg von ihrer Mission aus der Stadt, sich offensichtlich irgendwo im Bereich Pentling-Graß-Leoprechting begegnet waren.[1842]

### 3.4. Die Kapitulation der Restgarnison

Es sollte keine ein oder zwei Tage dauern, sondern nur einige Stunden, bis die US-Streitkräfte den Süden Regensburgs besetzten. Kaum zurück auf amerikanischer Seite, erhielt Kennedy von seinem Kommandeur den Befehl, ihn in die Stadt zu begleiten. Die 65$^{th}$ Division hatte es plötzlich sehr eilig, und es wurde dem 260$^{th}$ Infantry Regiment um 10.25 Uhr befohlen: „Move to Regensburg without delay and with all speed. Comdr [Commander] of town desires to surrender. Speed imperative."[1843] Man war bei der 65$^{th}$ Division über den Stand der Gespräche in Sarching durchaus auf dem Laufenden. Die Frage ist, ob man vermeiden wollte, dass, wenn schon die „falsche" Division, die 71$^{st}$, die Verhandlungen führt, diese auch noch als erste ab 14:00 Uhr in die Stadt einrückt.

Auffallend an dem Befehl an das 260$^{th}$ Regiment waren der Zeitpunkt und die Formulierung, dass der Stadtkommandant kapitulieren wolle. Etwa um die gleiche Stunde hatte nämlich Leythäuser in Sarching die Übergabeerklärung namens der Stadt bereits unterschrieben.

Auch im abendlichen Tagesbericht des 260$^{th}$ Infantry Regiments hieß es:

---

[1840] Dodd war Fahrer in einer Transporteinheit des Royal Army Service Corps gewesen und war 1942 in Nordafrika in zunächst italienische, ab 1943 in deutsche Kriegsgefangenschaft geraten. Vgl. Rushton, Spectator (2001).
[1841] Vgl. ebd., S. 155.
[1842] Kennedy erwähnt diese Begegnung nicht. – Man könnte einwenden, dass es sich bei den beiden Amerikanern eventuell um einen Spähtrupp aus dem Brückenkopf bei Matting/Graßlfing gehandelt haben könnte. Dies ist aber sehr unwahrscheinlich, da diese es dann nicht hätten wagen können, sich der Gruppe der Kriegsgefangenen zu nähern, da sie auch mit bewaffneten deutschen Wachen hätten rechnen müssen.
[1843] Vgl. NARA, 407/427/9573: „Message" des „CG [Commanding General] 65 Div to CO [Commanding Officer] 260 Inf, 27 Apr 45, 1025".

## 3. Übergabe Regensburgs und Kapitulation der Restgarnison

*Befehl des kommandierenden Generals der 65th Division an den Kommandeur des 260th Infantry Regiments, sich unverzüglich und in aller Eile nach Regensburg zu begeben (Foto: R. Ehm / NARA, 407/427/9573).*

„CO [Commanding Officer] of Defense in and around Regensburg (Obj.) offered surrender terms to Atking [attacking] forces, and 2d & 3d Bn [Battalion] began to vigorously push into city. A party headed by Regtl Comdr, and including I & R Plat [Intelligence and Reconnaissance Platoon][1844] immediately went into city under flag of truce and received surrender from En [Enemy] Comdr. All units then moved into city."[1845]

In diesem Bericht war ohne jeden Zweifel die Rede von einer militärischen Kapitulation, die im Stadtzentrum stattgefunden hatte.

Colonel Dunkley und der stellvertretende Kommandeur der 65th Infantry Division, Brigadier General John E. Copeland, in Begleitung ihrer Dolmetscher, fuhren eiligst

---

[1844] Solche Aufklärungszüge gehörten zur Stabskompanie jedes Regiments. Zur I&R Platoon des dem 260th Infantry Regiment benachbarten 261st Infantry Regiments, vgl. Pratt, Jeeps (2011).
[1845] Vgl. NARA, 407/427/9573: 260th Infantry Regiment, S–3 Report No. 55, Regensburg 272000 Apr. 45, S. 1; Ein weiteres Exemplar dieses Berichtes findet sich in NARA, 407–427–9565.

## V. Übergabe der Stadt Regensburg an die Amerikaner

als Vorausabteilung unter weißen Fahnen in das Zentrum der Stadt.[1846] Dies dürfte gegen 10:45 Uhr gewesen sein.[1847] Ihr Ziel war die Einfahrt am Petersweg Nr. 8[1848] zur „Wehrmacht-Kommandantur Regensburg", wie ein großes Schild kundtat, im Ostflügel des fürstlichen Schlosses. Dort erwartete sie bereits eine Gruppe deutscher Soldaten, darunter Major Othmar Matzke.[1849] Dieser war, was man im anglo-amerikanischen Militärsprachgebrauch als „Senior Officer" bezeichnete.[1850] Es gibt hierfür keine deutsche Entsprechung, gemeint ist der ranghöchste oder bei Ranggleichheit dienstälteste aktive Offizier vor Ort, auch wenn er formell nicht das Kommando führt. Von Major Matzke erwarteten die Amerikaner die Kapitulation der Garnison. Was nun geschah, war (und ist) überraschend: Matzke lehnte ab, diese Kapitulation persönlich zu vollziehen. Redeten der Deutsche und der Amerikaner von unterschiedlichen Dingen und kam es deshalb zu einem Missverständnis? Matzke wartete vor der Kommandantur, nach eigener Erinnerung, auf die Ankunft der Amerikaner, nachdem Leythäuser seine Mission erfüllt habe.[1851]

Hatte aus Matzkes Sicht Leythäuser seine Aufgabe etwa nicht erfüllen können? 1st Lieutenant Kennedy berichtete später, dass Matzke ihm sagte, „that he would prefer a general officer surrender the town and he knew where one was available, a man long retired."[1852] Kennedy erfuhr von Matzke auch, dass dieser General sein Wohnungsnachbar war.[1853] Also wurde erneut Leythäuser herbeigebeten, der inzwischen wieder zuhause war.[1854] Er wurde nun von Kennedy in Begleitung Matzkes von dort abgeholt, wobei sie die Zeit, bis der General neuerlich seine Uniform angezogen hatte, zu einer ersten Rundfahrt durch einige Kasernen nutzten, um die Kapitulation

---

[1846] Vgl. NARA, 407/427/9573: 260th Infantry, Headquarter, Report after Action against Enemy [April 1945]. 9 May 45, S. 2.

[1847] Dies würde auch der Kumpfmühler Erinnerung entsprechen, dass gegen 10 Uhr die ersten Panzer durch die Augsburger Straße rollten. Vgl. Hilmer, Verwaltung (1995), S. 2. – Diese Vorauskolonne der Amerikaner bestand sicherlich nicht nur aus einem Dutzend Jeeps und Kommandeurswagen, sondern zum Eigenschutz auch aus einigen gepanzerten Fahrzeugen, mutmaßlich Spähpanzern.

[1848] Heute Petersweg Nr. 2.

[1849] Fotografen des US Signal Corps machten von dieser Begegnung etliche Aufnahmen und drehten auch einen kurzen Film. Ein Standbild aus dem Film ziert auch das Titelblatt von Eiser, Kriegsende (2012).

[1850] So auch bezeichnet von Kennedy, vgl. Kennedy, Interrogators (2004), S. 269.

[1851] Vgl. Eiser, Kriegsende (2012), S. 57.

[1852] Brief Kennedys vom 26.10.2004, in Cardinell, Stories 3 (2005), S. 259; Vgl. auch Brief Kennedys vom 11.08.2002, in Cardinell, Stories 1 (2004), S. 171.

[1853] Vgl. Kennedy, Life (2004), S. 269.

[1854] Es wird wohl für immer etwas rätselhaft bleiben, dass Leythäuser nach seiner Rückkehr aus Sarching sich offenbar weder zu seinem Schwager ins Rathaus, noch zur Wehrmachtkommandantur begeben hat, zumindest keiner der dort jeweils Anwesenden (Schottenheim u. Herrmann bzw. Matzke) von dessen Gegenwart berichtete. Der mutmaßliche Fahrer von Leythäuser, Matzkes Adjutant, Oberleutnant Schmidt war offenbar am Petersweg zugegen. Vgl. StAR, Gespräch 27. Feb. 1985 mit Herrn O. Matzke, Bl. 18.

## 3. Übergabe Regensburgs und Kapitulation der Restgarnison

*Major Matzke im ersten Gespräch mit Colonel Dunkley am 27. April. Fotografen des US-Signal Corps machten nicht nur Bildaufnahmen, sondern drehten auch einen kurzen Film. Sie warteten jedoch (leider) nicht bis zur formellen Kapitulation der Restgarnison, sondern drehten zu diesem Zeitpunkt bereits an anderer Stelle im Stadtgebiet (Foto: US-Army, Signal Corps / NARA).*

bekannt zu machen.[1855] Als Leythäuser am Petersweg eintraf, vollzog er, gleichsam als von Major Matzke beauftragter Soldat[1856], die formelle Kapitulation der Wehrmacht-Garnison.[1857] Zwischenzeitlich zeigten die Uhren nach 14:00 Uhr.

---

[1855] Vgl. Brief Kennedys vom 26.10.2004, in Cardinell, Stories 3 (2005), S. 259: „He [Matzke] took me [Kennedy] around the town while he gave all unit commanders instructions that they were to march in like soldiers and had the retired general put on his uniform and come to the square.". – Matzke berichtete mit keinem Wort davon, dass Leythäuser von ihm selbst herbeigeholt wurde, lediglich von der Kasernenrundfahrt, von der im folgenden Text noch konkreter die Rede sein wird.

[1856] Wie bereits ausgeführt war Leythäuser als pensionierter Soldat streng genommen Zivilist, jedoch mit dem allen ehemaligen Offizieren zustehendem Recht, Uniform zu tragen. Es gab keinen Hinderungsgrund, einen solchen „Zivilisten" mit einem „soldatischem Auftrag" betraute.

[1857] Irgendein Dokument scheint bei dieser Gelegenheit nicht ausgefertigt worden zu sein. In den amerikanischen Unterlagen ist auch nirgends von derlei die Rede. Seine Pistole konnte Leythäuser

## V. Übergabe der Stadt Regensburg an die Amerikaner

*Freudige Nachricht Colonel Dunkleys an seine vor der Stadt wartenden Truppen nach der Kapitulation der Restgarnison (Foto: R. Ehm / NARA, 407/427/9573).*

Um 14:32 Uhr konnte Colonel Dunkley eine Nachricht an seine vor und in den südwestlichen Randbezirken wartenden Bataillone senden lassen, deren Wortwahl recht unverhohlen seiner Freude Ausdruck gab, dass die 65th Infantry Division nun doch noch der 71st Division, deren 14th Infantry Regiment seit 14:00 Uhr von Osten her auf Regensburg vorrückte, zuvorgekommen sei: „Have Bingo. Bring Group to Regensburg".[1858] Bald darauf konnte die 65th Division der 71st Division den offiziellen Einmarsch in die Stadt mitteilen, woraufhin jene ihr bereits bis zum östlichen Stadtrand vorgerücktes 2nd Battalion des 14th Infantry Regiments zurückbeorderte.[1859]

---

nicht symbolisch übergeben, da er diese, wie oben dargestellt, in Sarching, entgegen allem Parlamentärsbrauch, nicht zurück erhalten hatte.

[1858] Vgl. NARA, 407/427/9573: „Message" des „CO" [Commanding Officer], 260 Inf, 27 Apr 45, 14:32".

[1859] Vgl. NARA, 407/427/9678: 14th Infantry Regiment, S–3 Report No. 44, Sarching 271800B, S. 1.

## 3. Übergabe Regensburgs und Kapitulation der Restgarnison

Der Operationsbericht des XX Corps beschrieb zweifelsfrei, dass Generalmajor Leythäuser sowohl die zivile Übergabe als auch die militärische Kapitulation vollzog:

> „The same [sic!] German general who had discussed surrender terms for REGENSBURG with the 71st Infantry Division, received an advance party from the 260th RCT oft the 65th Infantry Division, and by 1400 hours troops of the latter division were occupying the city".[1860]

Leythäusers Anwesenheit und aktive Rolle am Petersweg wurde 1947 bestätigt durch eine eidesstattliche Erklärung des ehemaligen Bürgermeisters Hans Herrmann.[1861] Dieser benannte darin auch den „zuständigen Befehlshaber der amerikanischen Truppen", einen „Oberst Dunklee" (d.i. Colonel Dunkley) - kein Wort von einem amerikanischen „Divisionär" oder gar General Patton persönlich. Darüberhinaus berichtete Herrmann, Oberbürgermeister Dr. Schottenheim und er seien unter Bewachung aus dem Rathaus zum Schloss gebracht worden. Dort erfuhren sie vom anwesenden Leythäuser, dass die Formalitäten von ihm durchgeführt worden waren – keine Rede davon, dass Schottenheim und Herrmann irgendeine Erklärung selbst abgeben oder formell persönlich wiederholen mussten.[1862] Diese Erklärung Herrmanns ist insofern besonders bemerkenswert, da er in anderen Aussagen zu diesen Ereignissen allenfalls in Nuancen von den Erzählungen seines ehemaligen Chefs Schottenheim abwich.[1863]

Aus Sicht der US-Streitkräfte waren die Übergabe der Stadt und die Kapitulation der Restgarnison abgeschlossen. Dass man die beiden Bürgermeister zum Petersweg brachte, hatte damit nichts mehr zu tun – auch in den Unterlagen der US-Streitkräfte findet sich kein Hinweis auf irgendeine Erklärung, die man den Bürgermeistern abverlangt hätte. Es war ein übliches Ritual, die deutschen Stadtspitzen zum „Befehls-

---

[1860] Vgl. US Army (Hg.), Danube (1945), S. 16.
[1861] Vgl. StAR, OB/4: Eidesstattliche Erklärung von Hans Herrmann vom 3. Jan. 1947, beglaubigte Abschrift, Bl. 2.
[1862] Vgl. ebd. – Nicht gerade zur Erhellung der Abläufe trägt bei, dass sowohl Herrmann als auch Schottenheim vor ihrer Ankunft beim Schloss zunächst vom Rathaus aus zum „Eisbuckel" (Herrmann) bzw. nach „Kumpfmühl" (Schottenheim) gefahren worden sein wollen, vgl. ebd., bzw. StAR, OB/4: Bericht Dr. Schottenheim, S. 3. – Im Dunkeln bleibt bisher auch, welcher US-Einheit die Offiziere angehörten, die Schottenheim und Herrmann im Verlauf des 27. April aus dem Rathaus geholt hatten: Gehörten sie zum Vorauskommando des 260th Regiments, dann hätten sie jedoch wissen müssen, dass sich ihr Regimentskommandeur bereits im Stadtzentrum befand. In den Regimentsunterlagen finden sich keine Hinweise auf die beiden Bürgermeister. Eventuell waren diese GIs Angehörige des CIC, zu deren Routineaufgaben es auch gehörte, die örtlichen Bürgermeister zum „Befehlsempfang" bei den neuen Herren der Stadt vorzuladen.
[1863] So äußerte Herrmann kurz darauf am 4. Feb. 1947 in der mündlichen Verhandlung der Berufungskammer in seinem eigenen Entnazifizierungsverfahren: „[…] schliesslich wurden Dr. Schottenheim und ich am 27. April vormittags von einem amerikanischen Kommando aus dem Rathaus geholt und zum Befehlshaber geführt. Wir haben dann dort die ihm bereits zugegangene Übergabe der Stadt wiederholt.", vgl. StAAm, Spruchkammer Regensburg/II 1342, Protokoll. – In den amerikanischen Quellen findet sich keinerlei Hinweis darauf, dass Schottenheim u./od. Herrmann irgendeine entsprechende Erklärung abgegeben hätte(n).

## V. Übergabe der Stadt Regensburg an die Amerikaner

empfang" zu den neuen Herren der Stadt zu laden. Dies, und auch, dass man ihnen dabei wohl einschärfte, sie würden mit ihren Köpfen dafür haften, dass sich kein Widerstand mehr rege, mögen beide missverständlich als „Übergabe" verstanden – oder aber später bewusst so dargestellt haben.

Im Anschluss an die Ereignisse am Petersweg wurde Leythäuser von Kennedy wieder zu seiner Wohnung gefahren, da Colonel Dunkley dem älteren Herrn die Kriegsgefangenschaft ersparen wollte, zumal dieser als Pensionär streng genommen gar nicht gefangengenommen werden durfte.[1864] Kennedy konnte sich noch 2004 an die (fast korrekte) Adresse erinnern: „Johann Geibstrasse".[1865]

Major a.D. Matzke berichtete später, dass er von einem US-Captain durch die Regensburger Kasernen gefahren worden sei, damit überall die Nachricht der Kapitulation bekannt gemacht werde.[1866] Diese Rundfahrt gab es in der Tat, jedoch saß am Steuer nicht ein Hauptmann, sondern Oberleutnant 1st Lt. Kennedy.[1867] Es war jene Fahrt, die – wie bereits erwähnt – noch vor der formellen Kapitulation stattgefunden hatte, als Kennedy und Matzke General Leythäuser von zu Hause abholten.[1868] Noch im weiteren Verlauf des Tages wurde Matzke, nunmehr „Prisoner of War", wie üblich von einem „Interrogator" befragt. Wie bereits erwähnt, arbeiteten alle Interrogators den G–2 bzw. S–2 Offizieren ihrer Einheiten zu.[1869] Matzke gab später an, er sei vom

---

[1864] Die Rückkehr Leythäusers zu seiner Wohnung entwickelte sich in einer Art und Weise, die man, unter anderen Rahmenbedingungen, durchaus als Komödie bezeichnen könnte. Möglicherweise konnte sich Kennedy auch deshalb noch nach Jahrzehnten so detailliert an seine Erlebnisse in Regensburg erinnern (vier von seinen sechs Textbeiträgen zu den Chroniken der 65th Division beschäftigen sich mit der Stadt). Was war geschehen: Nachdem Kennedy Leythäuser nach Hause gefahren hatte, verlies dieser später, noch immer in Uniform, nochmals das Haus, nicht bedenkend, dass es nicht sehr passend war, in diesem Moment sich in deutscher Generalsuniform auf der Straße zu zeigen. Und in der Tat preschte einige Stunden später der Jeep einer US-Patrouille in die Hofeinfahrt am Petersweg: Auf der Motorhaube sitzend und sich an der Windschutzscheibe festhaltend, Generalmajor a. D. Leythäuser. Die GIs meldeten stolz, dass sie soeben einen deutschen General gefangen genommen hätten. Laut Kennedy befahl Colonel Dunkley sofort, den General abermals nach Hause zu fahren. Zugleich ordnete er an, dass vor dessen Wohnung eine Wache Posten beziehen sollte, damit der General nicht nochmals gefangen genommen würde. Tags darauf, Kennedy und seine Dolmetscherkollegen waren noch immer mit der Erfassung der vielen Kriegsgefangenen in den Kasernen befasst, kam er durch die Hermann-Geib-Straße und sah Leythäuser am Fenster. Als jener ihn erkannte, rief er ihn zu sich heran. Es stellte sich heraus, dass der diensttuende Posten vor dem Haus seine Aufgabe sehr ernst nahm, niemanden ins Haus ließ, aber auch niemanden heraus. Leythäuser beklagte gegenüber Kennedy, dass weder er, noch seine Frau Lebensmittel besorgen könnten. Aber auch dieses Problem ließ sich schnell regeln. Vgl. Kennedy, Life (2004), S. 269; Kennedy, Brief vom 11.08.2002, in Cardinell, Stories 1 (2004), S. 171; Kennedy, Brief vom 26.10.2004, in: Cardinell, Stories (2005), S. 259.

[1865] Vgl. Brief Kennedys vom 26.10.2004, in Cardinell, Stories (2005), S. 259; Kennedy, Life (2004), S. 269. – Gemeint ist die „Hermann-Geib-Straße", siehe hierzu auch Kapitel V.3.2.

[1866] Vgl. Eiser, Kriegsende (2012), S. 57; vgl. auch den Bericht diesbezüglich von in den Kasernen untergebrachten polnischen Kriegsgefangenen, vgl. Kledzik, Smak (1996), S. 155f.

[1867] Vgl. Brief Kennedys vom 26.10.2004, in Cardinell, Stories (2005), S. 259

[1868] Vgl. Brief Kennedys vom 26.10.2004, in Cardinell, Stories (2005), S. 259

[1869] Vgl. Kap. II.6.4.2.2.

### 3. Übergabe Regensburgs und Kapitulation der Restgarnison

„1c" (in deutschen Stäben der Offizier für Feindaufklärung und Abwehr, identisch dem amerikanischen G–2 bzw. S–2) der US-Einheit etwa eine Stunde lang befragt worden.[1870] Laut einem Interview mit Matzke 1985 sei dieser ein Captain Schaefer gewesen.[1871] Captain Schaefer war nicht der G–2 der 65th Infantry Division, sondern wie Kennedy Chef eines IPW-Teams und sein Kollege und Vorgesetzter auf Divisionsebene.[1872] Matzkes Aussagen wurden auch in Auszügen in den Tagesbericht der 65th Division aufgenommen.[1873] Captain Schaefer fuhr Matzke später noch zu seiner Wohnung, damit er dort einige Dinge erledigen konnte, bevor er den Weg in die Kriegsgefangenschaft antreten musste.[1874] Matzke scheint in seinen Erinnerungen diese zweite Fahrt mit Schaefer sowie jene erste mit Kennedy durch die Kasernen als nur eine zu sehen.

Welchen Eindruck hatte 1st Lieutenant Kennedy von Major Matzke? Den Soldaten, die in Camp Ritchie zu Dolmetschern ausgebildet wurden und als Interrogators Gefangene verhören sollten, wurde viel an Menschenkenntnis vermittelt. Sie sollten möglichst rasch erkennen, wie ihr Gegenüber einzuschätzen und welche Befragungsmethode am wirkungsvollsten sei. Ein Ausbildungskurs für Dolmetscher in Camp Ritchie dauerte acht Wochen, wobei von den 433 Unterrichtsstunden allein 138 dem Thema „Verhören von Kriegsgefangenen" gewidmet waren.[1875] Die Interrogators verstanden also eine Menge von der Sache. Das überlieferte Urteil Kennedys über Matzke war zwiespältig. Einerseits hat er bei der Kasernenrundfahrt anerkennend festgestellt, dass Matzke seine Leute im Griff gehabt habe, andererseits schrieb er:

> „He [Matzke] was a sort of hard-bitten but very correct officer. In fact, he reminded me of Erich von Stroheim playing Rommel in ‚Five Graves to Cairo' [...] In fact, he even talked like Stroheim!"[1876]

Es war wenig schmeichelhaft, 1945 mit Erich von Stroheim[1877] verglichen zu werden, einem gebürtigen Österreicher (wie auch Matzke), der, seit 1909 in den USA lebend, sich bei seiner Einbürgerung 1926 mit dem medienwirksamen „von"[1878] im Namen hatte amtlich registrieren lassen. Stroheim war in den 1930er und 1940er Jahren als

---

[1870] Vgl. Eiser, Kriegsende (2012), S. 57.
[1871] Vgl. StAR, Gespräch 27. Feb. 1985 mit Herrn O. Matzke , Bl. 39f.
[1872] Vgl. Kennedy, Life (2004), S. 269.
[1873] Vgl. NARA, 407/427/9550: 65th Infantry Division, G–2 Periodic Report No. 51, 29 April 1945, Annex: IPW-Report, Bl. 2.
[1874] Vgl. StAR, Gespräch 27. Feb. 1985 mit Herrn O. Matzke, Bl. 25.
[1875] Vgl. Bauer, Ritchie (2005), S. 59 u. S. 62.
[1876] Vgl. Kennedy, Interrogators (2004), S. 269.
[1877] Erich v. Stroheim (1885–1957), vgl. Bessy, Stroheim (1984); Noble, Hollywood (1972).
[1878] Es ist zweifelhaft, ob die Familie überhaupt je geadelt gewesen war. Vgl. Koszarski, Von (2001), S. 4–7. Zumindest hätte Stroheim durch das Adelsverbot in Österreich von 1919 den Titel zu diesem Zeitpunkt auf jeden Fall verloren. Allerdings war er 1909 als „Hungarian" in die USA eingewandert. Vgl. ebd., S. 6.

## V. Übergabe der Stadt Regensburg an die Amerikaner

Schauspieler und auch Regisseur einer der Großen in Hollywood.[1879] Er spielte vorzugsweise Offiziere, speziell in der deutschen oder der zaristischen Armee. Seine Darstellung von Feldmarschall Rommel im 1943 unter der Regie von Billy Wilder (auch ein ehemaliger Österreicher) gedrehten, von Kennedy genannten Film, der natürlich propagandistischen Hintergrund hatte, gilt als eine der besten schauspielerischen Leistungen Stroheims, da er Rommel nicht einfach als „bösen Feind" darstellte, sondern als intelligenten, vielschichtigen, aber undurchschaubaren Charakter.[1880]

Was ist nun das Resümee dieses Teilkapitels? Einerseits wurde belegt, was sich am Vormittag des 27. April 1945 im Osten der Stadt, in Sarching, abgespielt hatte: Generalmajor a. D. Leythäuser hatte dort namens der Stadt Regensburg eine Übergabeerklärung unterzeichnet, die ausschließlich die Zivilstadt betraf. Es ließen sich keinerlei Hinweise finden, Leythäuser sei auch als Parlamentär der Restgarnison zu den Amerikanern entsandt worden und in dieser Eigenschaft in Sarching aufgetreten.

Andererseits eröffnen sich neue Fragen, da aufgezeigt wurde, dass die US-Streitkräfte im Anschluss an die zivile Übergabe auch eine militärische Kapitulation der noch in Regensburg befindlichen Truppen erwarteten. Von wem auf deutscher Seite ging die Mitteilung an die US-Armee aus, dass auch der Wehrmachtkommandant kapitulieren wolle? Major Matzke kommt dafür nicht infrage. Matzke hielt sich konsequent – und damit dem von 1st Lt. Kennedy von ihm gezeichneten Bild eines korrekten Offiziers entsprechend – an seine mit Oberbürgermeister Dr. Schottenheim getroffene Absprache, Generalmajor Leythäuser als Parlamentär einzusetzen.

Am plausibelsten erscheint, dass es gar keine konkrete Mitteilung von Seiten der Wehrmacht an die Amerikaner gab. Man hatte bei der 65th Infantry Division und beim 260th Infantry Regiment aus dem Umstand der Stadtübergabe und dem Wissen, dass sich dort noch etliche Truppen aufhielten, einfach geschlussfolgert, die Wehrmacht in der Stadt würde kapitulieren. Wie sich zeigen sollte, hatte man die Situation richtig eingeschätzt. Die Bemerkung des Dolmetschers, 1st Lieutenant Robert M. Kennedy, in einem seiner Erinnerungsberichte ist eventuell sogar wörtlich zu nehmen, wenn er schrieb, dass „the Regensburg defenders had raised a white flag".[1881]

Eine zeitgleiche, ortsnahe Begebenheit zeigt, wie nachrangig die Ereignisse in Regensburg für die US-Streitkräfte aus anderer Perspektive waren. Am Nachmittag des

---

[1879] Vgl. Koszarski, Von (2001).

[1880] Das Magazin „Life" (June 14th, 1943) beurteilte die schauspielerische Leistung: „Stroheim plays Field Marshall Rommel with finesse, showing him to be human as well as cunning, brutal and vain, a portrayal quite unlike his early caricatures of pompous Prussians" [„Stroheim spielt Feldmarschall Rommel mit Finesse, zeigt ihn menschlich und schlau, brutal und eitel, eine Darstellung ganz anders als seine frühen Karikaturen pompöser Preußen" / R.E.], zitiert nach Noble, Hollywood (1972), S. 135. – Vgl. auch ebd., Text zu Foto zw. S. 146/147; Koszarski, Von (2001).S. 330f.; Szenenbilder aus diesem Film s. Bessy, Stroheim (1984), S. 175f.

[1881] Kennedy, Life (2004), S. 269. – Wenn in zahllosen Dörfern weiße Bettlaken aus den Fenstern der Kirchtürme gehängt wurden, weshalb sollte man in Regensburg nicht auf dem Rathaus- oder dem Schlossturm eine weithin sichtbare weiße Flagge aufgezogen haben? Allerdings wird derlei in keiner Quelle erwähnt.

## 3. Übergabe Regensburgs und Kapitulation der Restgarnison

*Die etwa auf halbem Weg zwischen Donaustauf und Sulzbach a. d. Donau von US-Pionieren am 26. April geschlagene Pontonbrücke über die Donau. Im Hintergrund links ist der Kirchturm von Sarching zu erkennen. Über diese Brücke gelangte die 71st Infantry Division sowie die Masse der 13th Armored Division ans Südufer, um unmittelbar nach Südosten in den Gäuboden Richtung Österreich vorzustoßen. (Aufnahme: U.S.-Army, NARA)*

27. April 1945, als die Einheiten der 65th Infantry Division gerade in die Stadt einrückten, standen am Donauufer östlich von Donaustauf General Patton (3rd Army) und Lieutenant General Walker (XX Corps), den er kurz zuvor geehrt hatte. Patton sah zum ersten Mal die Donau und war gar nicht beeindruckt. Beide überquerten den Fluss auf der westlich von Sulzbach/Donau fertiggestellten Pontonbrücke. Anschließend flogen sie ins Hauptquartier des XII Corps.[1882] Dort sollte mit dem Befehlshaber, Major General S. LeRoy Irwin, der rasche Vorstoß nach Österreich besprochen

---

[1882] Vgl. Patton, War (1995), S. 314; ders., Krieg (1950), S. 225. – Dem Übersetzer der deutschsprachigen Ausgabe war an dieser Textstelle ein recht grober Fehler unterlaufen: Er übersetzte „treadway bridge", eine spezielle Form einer Pontonbrücke mit keiner breiten Fahrbahn sondern mit zwei schmalen Spur-/Laufflächen, mit „Hängebrücke" – so ziemlich dem Gegenteil einer Schwimmbrücke! Zur Ehrenrettung des Übersetzers muss hier jedoch auch angefügt werden, dass Pattons Erinnerungen in der englischsprachigen Ausgabe (und merkwürdigerweise auch in einem späteren Reprint) an dieser Stelle einen Schreibfehler enthalten: „Threadway-Bridge", ein Wort, das es im Englischen gar nicht gibt. Vgl. Patton, War (1995), S. 314. Der Übersetzer hielt dies wohl für einen ihm unbekannten militärischen Begriff und dürfte geschlussfolgert haben, da „thread" auch „Faden" bedeutet, dass dies eine an Fäden hängende Brücke, also eine Hängebrücke sein muss.

## V. Übergabe der Stadt Regensburg an die Amerikaner

werden. Das um diese Stunde gerade kampflos eingenommene Regensburg stand nicht auf ihrem Programm – geschweige, dass einer der beiden Generale eine Übergabe oder Kapitulation entgegengenommen hat. Regensburg war seit den Brückensprengungen uninteressant, wichtig war jetzt einzig und allein die Kriegsbrücke, welche die beiden Generale besichtigten und über die bereits die Kolonnen der Panzer rollten, um ungehindert nach Südosten in den Gäuboden vorzustoßen.

Am Abend gab Patton in seinem Hauptquartier in Erlangen eine Pressekonferenz, wo er erklärte, dass dieser Krieg ihn zu langweilen beginne. Es passiere nichts mehr, was von Interesse sei. Er verstehe nicht, wofür die Deutschen noch kämpften. Auch berichtete er von seinem Besuch an der Donau am Nachmittag und von einem von seinen Pionieren an der Pontonbrücke aufgestellten Schild: „The Danube, just another damn river".[1883] Wohl um zu untermalen, was sich im Kriegsalltag seit seiner Rheinüberquerung verändert hatte, formulierte Patton auf die für ihn so typische Art, dass die Donau „wasn't even worth pissing in". Genau das hatte er am 23. März 1945 mitten auf der Pontonbrücke über den Rhein bei Nierstein getan.[1884]

---

[1883] Ein Foto dieser Brücke und dieses Schildes findet sich bei Rosmus, Ragnarök (2010), S. 269, wobei der Bildtext auf die Brücke der 65th Division bei Gundelshausen/Oberndorf verweist, das Bild jedoch eindeutig jene der 71st Division mit Sarching im Hintergrund zeigt. Das Foto findet sich ein weiteres Mal, diesmal korrekt als Donaustauf beschriftet, bei dies., Walhalla (2010), S. 92.
[1884] Vgl. Blumenson, Patton (1974), S. 693.

# VI.
# DIE LAGE IN REGENSBURG NACH DER ÜBERGABE AN DIE AMERIKANER

## 1. Der Alltag

Die erste Großstadt auf deutschem Boden besetzten amerikanische Truppen mit der Eroberung von Aachen im Oktober 1944. Es zeigte sich rasch, dass die Verwaltung des besetzten Territoriums eine enorme Herausforderung darstellte. In der Praxis erwies sich diese Aufgabe für alle Beteiligten wesentlich schwieriger als alles, was in Vorbereitungen zuvor gelernt und aus der zivilen Verwaltung in der Heimat bekannt war.[1885] In die Oberpfalz gelangten die Amerikaner einige Monate später, im April 1945, inzwischen um zahlreiche Erfahrungen reicher. Allen war mittlerweile klar, dass die Deutschen zunächst weniger an der politischen Dimension des verlorenen Krieges interessiert waren:

> „Für die Mehrheit der sogenannten ‚unpolitischen' Bevölkerung dürften jedoch – von der Trauer um die Toten nicht zu reden – verständlicherweise materielle Aspekte gegenüber den politischen Dimensionen des Kriegsendes im Vordergrund gestanden haben. Zerstörte Gebäude, Verkehrssysteme sowie Produktionsstätten mußten wiederaufgebaut werden und, noch elementarer, die Ernährung der Menschen, einheimischer ebenso wie die der zahllosen Flüchtlinge, mußte sichergestellt werden. Der Mangel war allgegenwärtig. Medikamente, Textilien, Heizmaterial, Ersatzteile wofür auch immer – alles fehlte: wie überall, so auch in der Oberpfalz."[1886]

Angesichts dieser Einschätzung ist es naheliegend zu fragen, wie die Verwaltung der amerikanischen Besatzung in Regensburg anfänglich, zumal im ersten Monat nach der Übergabe der Stadt, vonstatten ging. Wo lagen die Hauptprobleme und wer waren die Akteure im Mai 1945?

---

[1885] Vgl. Henke, Besetzung (1996), S. 175–178, bes. 252–297.
[1886] Ostermann, Kriegsende (2015), S. 180.

# 1. Der Alltag

## 1.1. Die Wohnungslage

Bereits vor dem Kriegsende war in der Stadt kaum noch Wohnraum verfügbar, hatte Regensburg doch zahlreiche Flüchtlinge, Evakuierte, Kriegsgefangene u. a. unterzubringen.[1887] Nach der Besetzung der Stadt durch die Amerikaner verschärfte sich die Situation weiter. Dazu wird von einem Regensburger berichtet: Ein amerikanischer Soldat sei gekommen und habe in gebrochenem Deutsch befohlen: „Eine Stunde raus"![1888] Die ersten, am 27. April in die Stadt eingerückten US-Truppen der 65$^{th}$ Infantry Division bezogen zunächst nicht die Kasernen, sondern requirierten Privatquartiere. Durch Federstriche auf dem Stadtplan wurde festgelegt, wo welche Einheit untergebracht werden sollte. Eine dieser Linien verlief von der Eisernen Brücke zum Galgenberg: westlich das 259$^{th}$, östlich das 261$^{st}$ Infantry Regiment.[1889] Als sich die Besatzungstruppe im weiteren Fortgang in den Regensburger Kasernen einquartierte, beanspruchte sie, wie die deutsche Wehrmacht zuvor, weitere Unterkünfte für sich und besetzte insbesondere die Hotels der Stadt.[1890] Da die 65$^{th}$ Division für einige Tage in Regensburg verbleiben sollte, zog das XX US-Corps die bisher im Raum Nürnberg als Reserve gehaltene 80$^{th}$ Infantry Division nach, um ihr für den weiteren Vormarsch nach Südostbayern den bisherigen Kampfabschnitt der 65$^{th}$ zu übertragen. Dazu mussten die Einheiten der 80$^{th}$ ebenfalls durch Regensburg: So überquerte das 318$^{th}$ Infantry Regiment am 28. April die Donau auf der Kriegsbrücke der 65$^{th}$ Division und bezog bis 29. April Quartiere in Pentling, Graß und Oberisling.[1891] Einige Teile dieser Einheit belegten für die Nacht des 28./29. April auch eine Kaserne im Regensburger Süden (mutmaßlich die nahe gelegene Flakkaserne), welche die Amerikaner in einem sehr guten Zustand, kaum zerstört und nicht geplündert antrafen – sogar die Utensilien der Großküche waren noch vorhanden.[1892] Das der 80$^{th}$ Division zur Unterstützung zugeteilte 811$^{st}$ Tank Destroyer Battalion überquerte gleichfalls am 28. April auf gleichem Weg die Donau und nahm ebenfalls kurzzeitig Quartier in Regensburg.[1893]

---

[1887] Vgl. Kapitel IV.3. u. IV.4.
[1888] Vgl. Wehr, Menschen (2000), S. 59.
[1889] Vgl. NARA, 407/427/9576: 261$^{st}$ Infantry, Town Plan Regensburg, mit handschriftl. Einzeichnungen.
[1890] Hierzu zählten das Parkhotel Maximilian, Hotel National, Hotel Weidenhof, Hotel Goldener Stern, Hotel Goldenes Kreuz, Hotel Karmeliten, Hotel Bischofshof und Hotel Grüner Kranz, Vgl. StAR, ZR III/772: Rapport des Bürgermeisters Herrmann vom 13.5.1945 und vom 26.5.1945.
[1891] Vgl. Pearson, Redoubt (1959), S. 397; sowie ders., Redoubt (1958), S. 201.
[1892] Vgl. Ders., Redoubt (1958), S. 199.
[1893] Vgl. United States Army (Hg.): 811$^{th}$ Tank Destroyer Battalion (1945), p. 17 u. 22; S.N.: History 1 (1959), p. 1/27 (Foto) u. S.N.: History 2 (1959), p. 12.

VI. Die Lage in Regensburg nach der Übergabe an die Amerikaner

Eine erste, große Zuwanderungswelle an Menschen, die kurzzeitig in Regensburg mit Unterkünften versorgt werden musste, wurde von den Amerikanern zum Monatswechsel April/Mai 1945 ohne jegliche Mitwirkung der deutschen Seite bewältigt. Wie bereits in Kapitel III.4.4.7. erwähnt, befreiten die US-Streitkräfte in Ostbayern mehrere Tausend Kriegsgefangene, darunter eine große Zahl jener aus Großbritannien und den Commonwealth-Staaten. Sie wurden binnen nur weniger Tage im Rahmen einer sehr umfangreichen Luftbrücke nach Reims oder nach Belgien ausgeflogen. Dort übernahmen sie die Briten, welche zumindest die Europäer noch vor dem offiziellen Kriegsende über den Kanal nach Hause beförderten. Zahlreiche amerikanische Kriegsgefangene waren vor allem im Oberbayerischen, speziell in Moosburg, befreit worden. Diese gelangten, ebenfalls auf dem Luftweg, nach Nordwestfrankreich, von wo aus sie per Schiff über den Atlantik heimkehrten. Auch befreite Kriegsgefangene aus Frankreich und Belgien gelangten auf dem Luftweg nach Hause. In Ostbayern starteten die Transportmaschinen zumeist in Landshut-Ergolding, Straubing-Mitterharthausen und Regensburg-Prüfening.[1894] Den Fliegerhorst Regensburg-Obertraubling hatten die Amerikaner, als einen von nur wenigen Flugplätzen in Süddeutschland, aufgrund des völlig zerbombten Flugfeldes als nicht mehr benutzbar eingestuft.[1895]

Die in Bayern befreiten Kriegsgefangenen mussten zunächst zu den Abflugorten gebracht und dort oft für etliche Tage einquartiert werden. Darüber hinaus sammelte die US-Army im Raum Pilsen die von ihr bzw. auch von der Roten Armee in Böhmen befreiten britischen Gefangenen und brachte diese mit LKW-Konvois nach Regensburg.[1896] Auf die gleiche Weise wurden befreite Kriegsgefangene aus dem oberösterreichischen Stalag 398 Pupping (westlich von Linz) nach Regensburg gebracht.[1897] Binnen weniger Tage war in Regensburg im Bereich zwischen der „Schillerwiese" und dem Flugplatz Prüfening eine Zeltstadt entstanden, die Großduscheinrichtungen, Feldküchen sowie ein Feldlazarett umfasste.[1898] Im Messerschmitt-Verwaltungsgebäude wurde für die Befreiten eine Erfassungsstelle eingerichtet.[1899] Hinsichtlich der Unterbringung musste improvisiert werden. Die Ex-PoWs wurden teils direkt auf dem Messerschmitt-Gelände untergebracht, wo sie anscheinend auf den Hallenböden

---

[1894] Zu den Abflügen in Landshut vgl. Swift, March (2006), S. 73; insbesondere von US-Amerikanern in Landshut, Straubing und auch Ingolstadt-Manching vgl. Hurt, Odyssey (2014), 227–231; Clark, Months (2005), S. 186–188; Ford, Mud (2009), S. 309f.
[1895] Vgl. Johnson, Army (1988), S. 70; so auch Zapf, Flugplätze 8 (2013), S. 310. – Die Angabe bei Schmoll, Fliegerhorst (2012), S. 76, dass auch dieser Fliegerhorst für solche Flüge diente, ist nicht belegt.
[1896] Vgl. Holmes, War (2001), S. 135; Burtt-Smith, One (1992), S. 81.
[1897] Vgl. Morgan, POW (2018). – Anfang März 1945 war eine größere Gruppe nichtmarschfähiger Kriegsgefangener aus dem Stalag Lamsdorf per Bahntransport über Prag und Regensburg nach Wels und von dort zu Fuß nach Pupping gelangt. Vgl. Collins, Aussie (1992), S. 273f.
[1898] Vgl. Gallagher, Messerschmitt (2015); Tomsett, Taschenbuch (2018), 3 may; auch Weilner, Gericht (1965), S. 52f.
[1899] Vgl. Forster, Diary Part 11 (2005).

## 1. Der Alltag

schlafen mussten.[1900] Etliche wurden vergleichsweise luxuriös in einem Krankenhaus untergebracht, offenbar dem nahen Krankenhaus der Barmherzigen Brüder.[1901] Andere suchten sich auf eigene Faust „Privatquartiere", wo sie teils zum ersten Mal seit Jahren wieder in einem richtigen Bett schliefen.[1902] Einige wurden auch in den weiter entfernten Kasernen einquartiert, zogen es dann jedoch vor, lieber in Flugplatznähe im Freien zu übernachten.[1903] Da es für die Luftbrücke keinen festen Flugplan gab, mussten viele der Befreiten tagelang auf ihre Abflüge warten. Einige nutzten diese Zeit zu regelrechten touristischen Erkundungen der Stadt. Der Engländer Alan Forster, der bis 23. April in Niedertraubling gefangen gewesen, dann nahe Rottenburg an der Laaber befreit worden war und sich seit 4. Mai nun in Regensburg befand, notierte für den 5. Mai in seinem Tagebuch „Saturday morning we left here for a walk first visiting the cathedral and then an archway built during Roman times".[1904]

Jederzeit bestand die Bedrohung, dass sich die Wohnsituation in Regensburg durch zusätzliche, unerwartete Einquartierungen verschärfte. So wurden beispielsweise am 10./11. Mai 5.000 ehemalige Volkssturmmänner angekündigt, die zusätzlich in der Stadt untergebracht werden müssten, glücklicherweise kamen sie in dieser Zahl nicht an.[1905] In den zahlreichen Lazaretten der Stadt befanden sich noch viele deutsche Soldaten, die, sobald sie genesen waren, baten, in ihre Heimat entlassen zu werden. Nur fehlte im Mai 1945 eine befugte Stelle, um ihnen einen Entlassungsschein auszustellen, ohne den sich Volkssturmleute nicht bewegen durften.[1906] Bis Ende des Monats galt außerdem für alle Zivilisten und entlassenen Kriegsgefangenen eine Reisebeschränkung auf sechs Kilometer im Umkreis der Stadt. Dies hatte zur Folge, dass viele Ausländer und nicht in Regensburg sesshafte Deutsche, trotz ihres Wunsches in die eigene Heimat zurückzukehren, in der Stadt festsaßen.[1907]

Um den 15. Mai wurde eine eigene Dienststelle für Unterkunft und Verpflegung von freigelassenen Soldaten, deutschen Rückwanderern und Flüchtlingen, KZ-Häftlingen und anderen Bedürftigen unter der Leitung von Andreas Hierl[1908] geschaffen.[1909] Karl Staudinger, ein ehemaliger Stadtrat der linksliberalen DDP aus der Zeit

---

[1900] Vgl. Clews, Prisoner (2004), S. 33: „we arrived at a small airfield at Regensburg on the banks of the Danube, where we had to sleep rather rough".
[1901] Vgl. Clews, Prisoner (2004), S. 33: „a group of us were given accomodation in a section of a local hospital, this was real luxury".
[1902] Vgl. Forster, Diary Part 11 (2005).
[1903] Vgl. Garioch, Men (1975), S. 180–182.
[1904] Vgl. Forster, Diary Part 11 (2005).
[1905] Vgl. StAR, ZR III/737: Aufruf zur Aufnahme von befreiten Volkssturmmännern vom 10.5.1945; StAR, ZR III/772: Rapport des Bürgermeisters Herrmann vom 11.5.1945.
[1906] Vgl. StAR, ZR III/772: Rapport des Bürgermeisters Herrmann vom 3.5.1945.
[1907] Vgl. StAR, ZR III/772: Rapport des Bürgermeisters Herrmann vom 29.5.1945.
[1908] Andreas Hierl (geb. 1897), war zuletzt Stadtamtmann im Wohnungsamt, von 1940 bis zum Kriegsende Beauftragter für Altmaterialsammlung bei der Kreisleitung in Regensburg und zugleich Sachbearbeiter im Wirtschaftsamt, vgl. StAR, PAp, Amt 11, 1989/3571: Personalakt.
[1909] Vgl. StAR, ZR III/772: Rapport des Bürgermeisters Herrmann vom 15.5.1945; StAR, PAp 1989/3571: Personalakt.

VI. Die Lage in Regensburg nach der Übergabe an die Amerikaner

vor 1933, erklärte sich bereit, ehrenamtlich eine Wohnungs-Bestandsaufnahme in Regensburg vorzunehmen. Angesichts des permanenten Wechsels an Wohnnutzung, insbesondere infolge von Beschlagnahmungen durch die Amerikaner, kam dies einer Sisyphusarbeit gleich.

Als Abhilfe gegen die Wohnungsnot schlug man den Amerikanern vor, der Stadtverwaltung zu erlauben, über die Baracken der Wehrmacht, der NSV und der Großfirmen wie Messerschmitt zu verfügen. Dies war angesichts der aus östlichen Teilen des deutschen Reichsgebiets sowie aus dem Ausland in der Stadt ankommenden Flüchtlingstransporte notwendig geworden. Etwa am 29. Mai wurde erstmals bekannt, dass die Tschechoslowakei sämtliche Deutsche ausweisen werde. Tatsächlich kamen kurz darauf erste Transporte deutscher Vertriebener in Regensburg an.[1910]

Am 26. Mai erreichten die ersten acht Mitarbeiter der United Nations Relief and Rehabilitation Administration (UNRRA) Regensburg und errichteten ein Büro in der Stadt.[1911] Die UNRRA nahm sich jener Personen an, die während des Zweiten Weltkriegs deportiert worden waren; ausgenommen waren die Bürger der Staaten, die mit dem „Dritten Reich" kollaboriert hatten, sowie Bürger der Sowjetunion, für die Sonderregelungen zwischen den Westalliierten und der UdSSR bestanden.[1912] In der Infanterie-Kaserne waren zunächst nur Zivilisten derjenigen Staaten untergebracht, die zu den Alliierten der Amerikaner zählten. Deshalb wurde für die übrigen Ausländer, wie Italiener, Ungarn u. a., eine Stelle für deren Aufsicht und Betreuung durch die Stadtverwaltung geschaffen; zuständig wurde dafür Alfons Grebler.[1913] Mitte Mai stellten ca. 800 Italiener für ihn eine besondere Herausforderung dar, zumal man befürchtete, dass ihre Zahl alsbald auf 2.000 anwachsen würde.[1914] In der Not wurden sie zuerst in der aufgrund vorheriger Einquartierungen verschmutzten Klarenanger-Schule untergebracht. Als Unterkunft hatte sie jedoch offenkundig auch für die damaligen Verhältnisse ausgedient, denn kurz darauf verlegte man die Italiener in die Pestalozzischule. Schließlich mussten sie am 28. Mai auch diese Unterkunft zugunsten der US-Army räumen und wurden auf dem Messerschmittgelände untergebracht. Zur selben Zeit, Ende Mai, erreichte Regensburg ein Transport entlassener

---

[1910] Vgl. StAR, ZR III/772: Rapport des Bürgermeisters Herrmann vom 29.5.1945.
[1911] Vgl. StAR, ZR III/772: Rapport des Bürgermeisters Herrmann vom 26.5.1945. Erst im Juli ist eine geregelte Registrierung bei der UNRRA Regensburg nachgewiesen, vgl. Smolorz, Displaced Persons (2009), S. 46.
[1912] Vgl. ebd., S. 17f., 26, bes. S. 47f. Siehe hierzu auch Kapitel VI.5.
[1913] Vgl. StAR, ZR III/772: Rapport des Bürgermeisters Herrmann vom 15.5.1945; Alfons Grebler, geb. am 29. Sept. 1894 wurde am 1. Mai 1945 als Amtshilfeangestellter eingestellt und verblieb in seiner Stellung bis zum Oktober 1945, vgl. StAR, PA-p/1989/2757: Personalakt.
[1914] Unter diesen Italienern dürfte auch Vittore Bocchetta gewesen sein, der aus dem Todesmarsch des KZ Hersbruck entkommen war, von Kriegsgefangenen des Stalag Hohenfels gepflegt wurde und im Mai von dort zusammen mit 23 italienischen ehem. Militärinternierten nach Regensburg gelangte. Vgl. Bocchetta, Jahre (2009), S. 185.

1. Der Alltag

ungarischer Kriegsgefangener, weshalb die bisherigen Bemühungen um die Verteilung auf die Massenunterkünfte hinfällig wurden.[1915]

Angesichts dieser Entwicklung wuchs bei Bürgermeister Herrmann die Überzeugung, dass die Behebung der Wohnungsnot die größte Herausforderung für die Stadtgesellschaft nach dem verlorenen Krieg sein werde:

> „Die zahlreichen Anfragen und Vorstellungen beweisen, dass in weiten Kreisen der Bevölkerung die Sorge um die Wohnung gegenwärtig grösser ist, als die Sorge um die Verpflegung mit Lebensmitteln".[1916]

Gerade die Einheimischen waren jedoch trotz des Verbots die Stadt zu verlassen, durchaus in der Lage, sich mit Lebensmitteln von außerhalb der Stadt einzudecken. Das wurde immer wieder von Zeitzeugen berichtet:

> „Meine Mutter hat sich als Landarbeiterin verkleidet [diese durften die Stadt zur Arbeit verlassen] und ist jeden Tag 40 Kilometer weit gelaufen, um mir etwas zu essen zu besorgen [...]14 Tage lang hat sie das gemacht und kam jeden Abend mit blutenden Füßen zurück".[1917]

Eine Unterkunft konnte man auch auf deutscher Seite nur über die städtische Verwaltung zugewiesen bekommen, falls Familie und Freunde nicht mehr helfen konnten.

## 1.2. Die Verkehrsprobleme

Die Sprengung aller Brücken in der Stadt und im Umland von Regensburg am 23. April hatte die US-Streitkräfte zwar kurzzeitig aufgehalten, aber militärische Entscheidungen wenig beeinflusst. Hingegen zeitigten diese selbst vollzogenen Zerstörungen vor allem in den folgenden Wochen gravierende Auswirkungen auf den Alltag der Bevölkerung. Auch die damaligen Fähren im Raum Regensburg, in Oberndorf, Matting, Sinzing, Großprüfening, Winzer, Schwabelweis, Sulzbach an der Donau und Frengkofen, waren versenkt oder unbrauchbar gemacht. Regensburg war damit eine vierfach geteilte Stadt: Es gab nicht nur Gebiete nördlich und südlich der Donau, sondern der Stadtnorden war nochmals in West und Ost geteilt, da auch die Brücken und Fähren über den Regen zerstört waren. Oberer und Unterer Wöhrd, verbunden durch das begehbare Beschlächt, wurden zu Inseln. Folglich wurden Besitzer von Booten als Fährenbetreiber für viele Stadtbewohner wichtig.

Unmittelbar nach dem Einrücken in die Stadt hatten amerikanische Pioniere begonnen, im Stadtwesten bei Niederwinzer, direkt von der Reichsstraße 8 aus, eine

---

[1915] Vgl. StAR, ZR III/772: Rapport des Bürgermeisters Herrmann vom 16.5.1945, vom 28.5.1945 und vom 29.5.1945.
[1916] StAR, ZR III/772: Rapport des Bürgermeisters Herrmann vom 25.5.1945.
[1917] Wehr, Menschen (2000), S. 60.

## VI. Die Lage in Regensburg nach der Übergabe an die Amerikaner

Pontonbrücke über die Donau zu schlagen, um einen Ersatz für die verkehrstechnisch ungünstig gelegene Kriegsbrücke bei Gundelshausen/Oberndorf zu schaffen.[1918] Diese Schwimmbrücke war seit dem 30. April, mittags 12:00 Uhr, nutzbar.[1919] Ferner wurden bis zum Monatswechsel die beiden durch Sprengladungen zerstörten Pfeiler der Steinernen Brücke zunächst mit selbsttragenden Fahrbahnteilen aus Bailey-Brückengerät[1920] überwunden und kurz darauf mit einem ersten Provisoriumsbau begonnen.[1921] Zum Schutz dieser Brücken bezog amerikanische Flak-Artillerie am 1. Mai Stellungen auch mitten in der Regensburger Altstadt. Einer der Züge der D-Battery des 815$^{th}$ Anti-Aircraft Artillery Battalions hatte sein Schnellfeuergeschütz direkt neben der Kaimauer an der Donaulände[1922] sowie sein schweres Zwillings-MG mitten auf der Südrampe der zerstörten Eisernen Brücke aufgebaut und sich selbst im benachbarten Wohnhaus Heldengäßchen 1[1923] einquartiert.[1924] Erst am 4. Mai zog diese Einheit weiter.[1925] Deutschen war die Nutzung der amerikanischen Kriegsbrücken untersagt[1926], es sei denn, sie waren Kriegsgefangene, die als „Rückfracht" auf der Ladefläche der Nachschub-LKWs in eines der Sammellager gebracht wurden.

Die amerikanischen Kampftruppen hatten zunächst keinerlei Ohr für die Sorgen der Regensburger und Auswärtigen, die über den Fluss mussten. Die deutsche Verwaltung war in den letzten Tagen des April und Anfang Mai 1945 völlig gelähmt und nicht in der Lage, Abhilfe zu schaffen. Dass sich dennoch gleichsam über Nacht Mittel und Wege fanden, über die Donau überzusetzen, kann als Paradebeispiel für die Funktionsweise eines freien Markts bezeichnet werden: Es gab eine Nachfrage, und sofort bildete sich ein Angebot. Einige geschäftstüchtige Regensburger, die Boote, wie die hier üblichen Zillen, besaßen, wussten die Gunst der Stunde zu nutzen

---

[1918] Siehe Kapitel V.1.3. – Das offenbar einzige bisher bekannte Foto dieser Schwimmbrücke bei Niederwinzer findet sich bei: United States Army, Cavalry, (1949), Scan-Bl.-Nr. 82. – Klaus Heilmeier erwähnt diese Brücke nicht, sondern benennt als erste US-Pontonbrücke auf Stadtgebiet die (erst Wochen später) zwischen Stadtamhof und der Holzländ eingerichtete Verbindung. Vgl. Heilmeier, Steg (2015), S. 147.

[1919] Vgl. NARA, 407/427/9576: CG 65$^{th}$ Inf Div, G-4, Memorandum to all Commanders 30 April 1945, 301140: „Bridge vic Regensburg opens 301200". – Diese Pontonbrücke wurde bereits einige Wochen später ergänzt/ersetzt durch zwei kürzere solcher Brücken über den Donau-Nordbzw. -Süd-Arm zwischen Stadtamhof (Auf der Grede) und dem Schopperplatz (heute an gleicher Stelle: Pfaffensteiner Steg) bzw. von dort zur Holzländ. Vgl. Luftaufnahme vom Aug. 1945 bei Heilmeier, Steg (2015), S. 150.

[1920] Zu Konstruktion und Verwendung dieser Systembrücke siehe Steinmüller, Brücke (2016).

[1921] Die bereits wieder durchgehende Fahrbahn der Steinernen Brücke ist gut zu erkennen auf einer Luftaufnahme vom Aug. 1945 bei Heilmeier, Steg (2015), S. 150. – Die von der Stadtverwaltung 1946 erneuerte und ertüchtigte Hilfskonstruktion (nun auch mit neuen Behelfspfeilern) war bereits das dritte Provisorium und nicht, wie des Öfteren dargestellt, der erste Wiederaufbau.

[1922] Dieses befand sich nur wenige Meter stromab der Stelle, wo heute das schwimmende Denkmal Lastkahn „Helga" des „Donau-Schiffahrts-Museum-Regensburg" vertäut ist.

[1923] Ersatzlos abgerissen im Februar 1964. Vgl. Paulus, Baualtersplan (1986), S. 108.

[1924] Vgl. Gallagher, Messerschmitt (2015), dort auch Foto der Stellung und der Unterkunft.

[1925] Vgl. ebd.; sowie ders., Landau (2015).

[1926] Vgl. Feulner, Welt (1996), S. 153; Weilner, Gericht (1965), S. 52f.

## 1. Der Alltag

und boten gegen Entgelt Fährdienste an, die mit großer Wahrscheinlichkeit weder genehmigt, noch die Boote auf ihre Betriebssicherheit überprüft waren. Die damaligen Verhältnisse veranschaulicht der Bericht des Kaplans am Hof des Fürsten von Thurn und Taxis, Ignaz Weilner. Seit Mitte April hielt er sich mit der fürstlichen Familie auf deren Jagdsitz Aschenbrennermarter bei Sulzbach/Donau auf. Am 30. April 1945 brach Weilner zu einer Erkundungsfahrt mit dem Fahrrad nach Regensburg auf:

> „Wie ich über die Donau kommen sollte, wußte ich nicht. [...] Am Stadtrand von Regensburg wurde ich etwas nach Norden abgedrängt und stand schließlich schweißgebadet zwischen Reinhausen und Sallern am Regen. Es gab in der Nähe eine Bootsfähre. Für einige Mark konnte man, aufrecht im Kahn stehend, das Rad auf der Schulter, an das andere Ufer gelangen.[1927] Das war damals üblich. Gelegentlich kenterte ein Boot, und Leute ertranken.[1928] Man nahm es gelassen in Kauf."

> In Steinweg erfuhr ich, daß bei Winzer eine Kahnfähre über die Donau im Betrieb sei. Ich radelte dorthin und fuhr wiederum über. Das Boot war zum Brechen voll. Weiter oberhalb hatten die Amerikaner eine prächtige Pontonbrücke gelegt, aber sie ließen keine deutsche Maus hinüber."[1929]

Nachdem Weilner in Regensburg seine Vorhaben und Aufträge erledigt hatte, machte er sich noch am gleichen Tag auf den Rückweg nach Sulzbach/Donau und zur Aschenbrennermarter:

> „Mittlerweile hatte ich auch erfahren, daß es unterhalb des Hafengeländes einen privaten Fährdienst über die Donau gäbe.[1930] Der Weg dorthin führte durch ein Gelände, das einer Mondlandschaft nicht unähnlich war. Ein Bombentrichter gähnte neben dem anderen, man mußte wirklich radfahren können, um einigermaßen im Sattel zu bleiben. Aber dafür verkürzte diese Möglichkeit meinen Rückweg beträchtlich. Zum dritten Mal an diesem Tag schaukelte ich mit meinem Rad auf der Schulter übers Wasser."[1931]

---

[1927] Zu den damaligen Fährleuten in Reinhausen zählten der von dort stammende, vormalige Oppersdorfer Gemeindeschreiber Reinhold Heigl und sein Schwager, wobei Heigl berichtete, dass sie diese Dienstleistung kostenlos anboten. Vgl. Heigl, Zeit (1996), S. 8 u. 11. – Sogar Särge mit Verstorbenen mussten mit diesen Zillen übergesetzt werden. Vgl. Hofmaier, Stadtamhof (1996), S. 135.
[1928] Ein solcher Vorfall wird auch von der Zillenfähre bei Schwabelweis berichtet, wo am 4. Mai die Tegernheimer Landwirtstochter Franziska Weigert ertrank. Vgl. Appl, Kriegserinnerungen (2001), S. 45f.
[1929] Weilner, Gericht (1965), S. 52f; Vgl. auch Feilner, Welt (1996), S. 153. – Zur amerikanischen Pontonbrücke bei Niederwinzer vgl. NARA, 407/427/9576: CG 65th Inf Div, G-4, Memorandum to all Commanders 30 April 1945, 301140: „Bridge vic Regensburg opens 301200"; s. auch oben Kap. V.1.4.
[1930] Diese Zillenfähre verband das östliche Ende der Donaulände bei der Hafeneinfahrt mit Schwabelweis. Vgl. Appl, Kriegserinnerungen (2001), S. 45.
[1931] Weilner, Gericht (1965), S. 56.

## VI. Die Lage in Regensburg nach der Übergabe an die Amerikaner

Vier Wochen später hatte sich die Verkehrssituation in Regensburg etwas verbessert. Die regionale Militärregierung hatte ihre Tätigkeit aufgenommen, und auch die kommunale Verwaltung war aktiv. In der zweiten Maihälfte war eine Pontonbrücke von der Donaulände/Hunnenplatz zum Unteren Wöhrd/Werftstraße errichtet worden[1932], die Anschluss zu einer weiteren Schwimmbrücke zum Gries nach Stadtamhof bot.[1933] Diese Donaubrücke war nicht mit amerikanischem Gerät errichtet worden, sondern unter Nutzung der stadteigenen Pontons der 1924 eingerichteten Schwimmbrücke vom Nordosten des Unteren Wöhrds hinüber nach Weichs, die mit Fertigstellung der Reichsstraßenbrücke 1938 abgebaut und eingelagert worden waren.[1934] Von der zerstörten und nur behelfsmäßig wieder instandgesetzten Verkehrsinfrastruktur in und um Regensburg vermitteln die Schilderungen von Victor Klemperer[1935] einen plastischen Eindruck:

> „Wir gingen am Morgen des Freitag, 1. Juni [1945], durch die nicht allzu zerstörte enge Innenstadt und dann auf einer breiten, auch von Fuhrwerk [sic!] massenhaft benutzten Pontonbrücke über den Strom. Sahen wir eine große zerstörte Steinbrücke ober- oder unterhalb unseres Übergangs? Ich weiß es nicht mehr. Aber dieses Bild: der große Strom, die tief darauf liegende Behelfsbrücke, das ständige Herüberfluten von Menschen und Wagen mit Stauungen und Warten an den Brückenköpfen hat sich mir doch sehr (wie ein Stück 30-jähriger Krieg) eingeprägt […]. Wer hätte früher einen Strom als Barriere empfunden […]. Wir kamen dann noch […] über den kleinen Wasserlauf des Regens, auch hier war Brückenzerstörung und -Notbau, wir kamen nach etwa 5 km zur Station Walhalla[straße][1936], ohne die Walhalla gesehen zu haben. Enttäuschung: Der

---

[1932] Das einzige von dieser Brücke bekannte Foto (aus OMGUS-Akten) bei: Dünninger, Wöhrd (2010), S. 22; in den Darstellungen der Verkehrsanbindungen des Unteren Wöhrds 1945 wird für Juni zwar eine Fähre, aber nicht diese Brücke erwähnt, so bei Heilmeier, Insel (2014), S. 120.

[1933] Ein Foto dieser Pontonbrücke parallel zur späteren Baustelle des Grieser Steges s. bei: Stadt Regensburg, Ende (2015), S. 9.

[1934] Vgl. Heilmeier, Schiffbrücken (2006), S. 164. – Diese erste Nachkriegsverwendung dieser stadteigenen Pontons wird ebd. jedoch nicht angeführt. Auch die Fortsetzung dieser Ponton-Brücke über den Nordarm zum Gries wird ebd. bzw. auch bei ders., Insel (2014), S. 125, nicht erwähnt.

[1935] Victor Klemperer (1881–1960), deutscher Romanist, Protestant, Jude im Sinne der Nürnberger Gesetze, hatte Dank etlicher glücklicher Fügungen die Kriegs- und Deportationsjahre in Dresden überlebt. Einer breiteren Öffentlichkeit ist er erst in den späten 1990er Jahren bekannt geworden, nach der posthumen Veröffentlichung seiner Tagebücher aus der Zeit des Nationalsozialismus („Ich will Zeugnis ablegen bis zum letzten"). Klemperer und seine Frau hatten sich nach den Luftangriffen auf Dresden am 13. Februar 1945 mit falschen Papieren nach Oberbayern abgesetzt und waren dabei am 4. April auch durch Regensburg gekommen. Am 26. Mai 1945 hatten beide sich wieder auf den Heimweg gemacht und legten dabei in Regensburg vom 30. Mai bis 1. Juni Station ein, um den Chefchirurgen am Krankenhaus der Barmherzigen Brüder, Dr. med. Leo Ritter, mit dem Klemperer seit gemeinsamen Münchner Tagen 1919/20 befreundet war, zu treffen. Die Veröffentlichung der in der offiziellen Publikation von Klemperers Tagebüchern nicht bzw. nur sehr gekürzt wiedergegebenen Eintragungen zu Regensburg ist Prof. Dr. Eberhard Dünninger (1934–2015) zu danken. Vgl. ders., Regensburg (1999).

[1936] Bahnhof „Regensburg-Walhallastraße", ehemaliger Bahnhof, zuletzt nur noch Haltepunkt im Stadtgebiet, einst mit Umsteigemöglichkeit zwischen der Hauptbahn Richtung Weiden und der

## 1. Der Alltag

Zug ging erst von Regenstauf ab, zehn km weiter. So sind wir an diesem Tag doch wieder im Ganzen rund 20 km marschiert. Landschaftlich ist mir von dem Marsch wenig im Gedächtnis geblieben, eigentlich nur die Eisenbahnschwellen: man muß sehr aufpassen, wenn man von Schwelle zu Schwelle steigt. Der Lustspiel- und Jean-Paul-Name eines Dorfes, wo wir zu Mittag eine Suppe bekamen, prägte sich mir ein: Wutzelhofen(sic!)".[1937]

Ab Regenstauf verkehrte bis Schwandorf ein Zug, der allerdings lediglich aus offenen Güterwaggons zusammengestellt war.[1938]

Die zitierten Passagen zeigen, dass auch der zivile Bahnverkehr erst langsam wieder begann und noch weit von einem regulären Friedensbetrieb entfernt war, auch was den Fahrplan und die eingesetzten Wagen anging. Am 1. Juni 1945 war beispielsweise die am 16. April durch einen Luftangriff zerstörte Eisenbahnbrücke Regensburg-Schwabelweis noch nicht wieder befahrbar. Es verkehrten nur Pendelzüge zwischen Regensburg-Walhallastraße und Schwandorf, wo gelegentlich Anschluss an von Nürnberg kommende Züge Richtung Weiden und Hof bestand. Der Wiederaufbau der Schwabelweiser Brücke sollte dauern, da die Logistiker der US-Streitkräfte an dieser Strecke zunächst kein besonders großes Interesse hatten. Größtes Interesse hatte die US-Army hingegen an der Wiederherstellung der ebenfalls am 16. April 1945 durch Bombentreffer schwer beschädigten Eisenbahnbrücke bei Mariaort.[1939] Über diese lief eine der Hauptbahnmagistralen vom Rheinland bis nach Wien. Gerade diese Strecke war für die amerikanischen Nachschubtransporte von großer Bedeutung. Selbst die hochtechnisierten US-Streitkräfte konnten es sich auf Dauer nicht leisten, den gesamten Armeenachschub mit endlosen Kolonnen von Lastkraftwagen oder gar per Flugzeug an die jeweiligen Einsatzorte zu bringen. Denn die künftigen Besatzungstruppen im östlichen Bayern und in der amerikanischen Zone in Österreich waren von dieser Bahnverbindung abhängig. Noch in den letzten Apriltagen hatten Pioniere die Brücke soweit wieder ertüchtigt, dass einzelne Züge, allerdings mit großem Risiko, diese nutzen konnten.[1940] Doch dies war nur eine erste Behelfsmaßnahme. Spezielle Korps- und Armee-Pioniereinheiten begannen Anfang Mai die Brücke und die beiden Schienenstränge wieder aufzubauen. Die durch Bombentreffer beschädigten Vorlandbrücken am Regensburger Ufer wurden komplett abgetragen und an ihrer Stelle mächtige Behelfspfeiler aus Bailey-Brückenbauteilen errichtet. Als Gleisauflage dienten deutsche Bahn-Notbrücken, die aus einem Reichsbahn-Gleislager stammten. Am 12. Mai 1945 hatten die Kompanien E und F des 347th

---

dort kreuzenden schmalspurigen Walhallabahn, die längs der Donaustaufer Straße verlief. Heute ist nur noch das Gebäude vorhanden.
[1937] Zitiert nach: Dünninger, Regensburg (1999), S. 104f.
[1938] Vgl. ebd., S. 106.
[1939] Siehe hierzu auch Kapitel III.4.6.
[1940] Vgl. Feulner, Welt (1996), S. 152f.

VI. Die Lage in Regensburg nach der Übergabe an die Amerikaner

Engineer General Service Regiments die Mariaorter Brücke bereits soweit wieder hergestellt, dass eine der beiden Gleistrassen fast vollendet war.[1941]

Die eigentlichen Kampftruppen der US-Army in Europa hatten mit der deutschen Gesamtkapitulation am 8. Mai ihre Aufgaben im Wesentlichen erfüllt. Hingegen standen die amerikanischen Pioniere und andere Baueinheiten vor einem Berg an Arbeiten, die es zu erledigen galt: Zunächst nur für Zwecke der Besatzungstruppe waren unter anderem deutsche Infrastruktureinrichtungen wieder herzurichten sowie Unterkünfte und Lager umzubauen und zu erweitern. Bereits im Januar 1946 waren in der Amerikanischen Zone in Deutschland 96 Prozent aller Bahnstrecken wieder nutzbar.[1942] Dies hatten die Pioniere nicht nur mit eigenen Kräften bewerkstelligen können. Im Mai 1945 hatten die US-Streitkräfte in Deutschland 54.223 Kriegsgefangene im Rahmen von 250-Mann-Arbeitskompanien im Einsatz.[1943] Im Juli 1945 waren es dann bereits 625.000 Mann, die sich aus Kriegsgefangenen, Displaced Persons (sog. Labor Services), Zivilisten aus alliierten und neutralen Ländern sowie deutschen Zivilisten („local nationals") zusammensetzten und die zumeist unter der Aufsicht der amerikanischen Pioniere arbeiteten.[1944]

### 1.3. Die Lebensmittelversorgung

Die Lebensmittelversorgung stieß verwaltungstechnisch auf große Schwierigkeiten, weil sowohl die Karteien der Einwohnermeldeämter als auch die der Ernährungs- und Wirtschaftsämter auf Befehl der nationalsozialistischen Führung vernichtet worden waren. So war es zunächst erforderlich, eine Personenstandsaufnahme in Regensburg durchzuführen. Bürgermeister Herrmann schlug dies den Amerikanern bereits am 1. Mai vor.[1945] Am 4. Mai teilte er der Militärregierung mit, dass die Versorgung mit Brot nur dann gesichert werden könne, wenn für die Fahrzeuge, die das Mehl aus den drei Mühlen im Umkreis Regensburgs lieferten, Benzin zur Verfügung gestellt werde.[1946] Die generell unzuverlässige und unübersichtliche Versorgung der Gaststätten und Lebensmittelgroßhändler führte man auf Plünderungen insbesondere im Milchwerk und im städtischen Schlachthof zurück.[1947] Letzterer war unmittelbar nach dem Einmarsch der Amerikaner von diesen beschlagnahmt worden,[1948] was Diebstähle aber nicht verhinderte, zumal von Lebensmitteln, was auf die inzwischen entlassenen Zwangs-

---

[1941] Vgl. Fotos und Texte hierzu bei Rosmus, Ragnarök (2010), S. 299.
[1942] Vgl. Grathwol, Building (2005), S. 25.
[1943] Vgl. ebd., S. 17.
[1944] Vgl. ebd., S. 18.
[1945] Vgl. StAR, ZR III/772: Rapport des Bürgermeisters Herrmann vom 1.5.1945.
[1946] Vgl. StAR, ZR III/772: Rapport des Bürgermeisters Herrmann vom 4.5.1945.
[1947] Vgl. StAR, ZR III/772: Rapport des Bürgermeisters Herrmann vom 2.5.1945.
[1948] StAR, ZR III/737: Schreiben an Bürgermeister Herrmann vom 1.5.1945.

## 1. Der Alltag

arbeiter und die Kriegsgefangenen aus dem Osten Europas zurückging, die vor dem Kriegsende mangelhaft versorgt worden waren. Besser war die Lage der angelsächsischen Kriegsgefangenen, da diese vor ihrer Befreiung durch die internationale Rot-Kreuz-Organisation knapp, aber ausreichend versorgt waren und sofort nach der Befreiung von den Amerikanern verpflegt und sehr rasch abtransportiert wurden. Die Osteuropäer versuchten, sich selbst zu helfen und wenn möglich auch Vorräte anzulegen, weil zuvor uniformierte Deutsche das große Zwangsarbeiterlager am Napoleonstein in Brand gesteckt und damit die ohnehin dürftigen Vorräte der Lagerinsassen zerstört hatten. Ihre geregelte Versorgung wurde von der Besatzungsmacht erst zwei Wochen nach der Übergabe Regensburgs übernommen.[1949] Allerdings wurden nur diejenigen, die in der als Ausländerlager umfunktionierten Infanteriekaserne untergekommen waren – hauptsächlich polnische Kriegsgefangene, aber keine sowjetischen – durch die US-Army versorgt. Wasser erhielten sie aus Zisternen der Stadtverwaltung, weil die Versorgungslage mit Wasser in der Stadt allgemein schlecht war.[1950]

Am 12. Mai brachte die deutsche Seite bei der Besatzungsmacht erneut vor, dass angesichts der Plünderungen großer Lebensmittellager die Versorgung der deutschen Bevölkerung und der deportierten Ausländer nicht mehr sichergestellt werden könne. Die Versorgungslage gleiche den Zuständen vor der Übergabe. Da die Bevölkerung bis zum 16. Mai keine Fleischlieferung mehr erhalten hatte, wurde angesichts der prekären Lage gebeten, Lastwagen- und Bahntransporte in die Stadt zu erlauben. Diesem Ansinnen des Bürgermeisters gaben die Besatzungsbehörden zwei Tage später, am 18. Mai, statt. Der erste Transport aus Straßkirchen/Straubing erreichte Regensburg am 23. Mai.[1951] In München war am 15. Mai 1945 der vormalige Sachbearbeiter für Verpflegung beim Leitenden Intendanten des Oberbefehlshabers Süd, Kurt Steffen, beauftragt worden, die ehemaligen Wehrmachtsbestände an Lebensmitteln, Kleidern etc. zu erfassen. Diese „Organisation Steffen" hatte zum Juli 1945 das ehemalige Wehrmachtverpflegungslager, das sogenannte Lager Nord in Regensburg-Schwabelweis, wieder in Betrieb genommen.[1952]

Schon am 20. Mai wurde bekanntgegeben, dass an der Wiederaufnahme der Lebensmittelrationierung gearbeitet werde.[1953] Im Alten Rathaus wurde durch Bürgermeister Herrmann am Ende des Monats ein Beirat ins Leben gerufen, der ihn in Fragen der Versorgung „nach wirtschaftlichen Gesichtspunkten" unterstützte.[1954]

---

[1949] Vgl. Muggenthaler, Jugend (2003), S. 124; Smolorz, Zwangsarbeit (2003), S. 170f.
[1950] Vgl. StAR, ZR III/772: Rapport des Bürgermeisters Herrmann vom 6.5.1945 und 16.05.1945.
[1951] Vgl. StAR, ZR III/772: Rapport des Bürgermeisters Herrmann vom 12.5.1945, vom 16.5.1945, vom 18.5.1945 und vom 23.5.1945.
[1952] Aus der „Organisation Steffen" ging später die Bayerische Lagerversorgung (BLV) hervor, vgl. Fuhrmann, Lagerversorgung (1951), S. 10–15 u. 64; Fuhrmann, Geschichte (1974), S. 17–20. – Die Bayerische Lagerversorgung wurde nach ihrer Privatisierung 1990 an die Metro AG verkauft.
[1953] Vgl. StAR, ZR III/772: Rapport des Bürgermeisters Herrmann vom 20.5.1945.
[1954] Hilmer interpretiert die Einberufung dieses Beirates lediglich aus einer politischen Perspektive, sieht darin eine bloße Umgehung des Verbotes einer Parteibildung. Diese Interpretation scheint jedoch zu kurz zu greifen. Vgl. Hilmer, Verwaltung (1995), S. 41.

VI. Die Lage in Regensburg nach der Übergabe an die Amerikaner

Angesichts der Versorgungslage sorgte es sicherlich für Unmut und musste als Demütigung wahrgenommen werden, als der Bürgermeister von den Amerikanern aufgefordert wurde, je 25 Kisten Sekt und Kognak zu beschaffen, ein unerfüllbarer Befehl.[1955]

Alle Versorgung hing mittel- und langfristig von der wirtschaftlichen Situation der Stadt und der Region ab. Bereits am 1. Mai 1945 fragte Bürgermeister Herrmann an, ob die Militärregierung einverstanden sei, dass das Wirtschaftsleben wieder in Gang gebracht und Geschäfte, Gaststätten und sonstige Betriebe wiedereröffnet werden könnten. Eine Genehmigung ließ offensichtlich auf sich warten; jedenfalls wurde die Bitte am 17. Mai als dringlich wiederholt.[1956]

Währenddessen begann auch das Arbeitsamt mit der Erfassung der Bevölkerung, da die Amerikaner befohlen hatten, dass sich spätestens bis zum 12. Mai 1945 alle Männer zwischen dem 17. und 60. Lebensjahr sowie Frauen vom 17. bis zum vollendeten 40. Lebensjahr – sofern sie sich nicht um Kinder unter 14 Jahren kümmerten – melden müssten.[1957] Dies war notwendig: Zum einen fehlten im Sommer 1945 geeignete Arbeitskräfte in der Landwirtschaft,[1958] andererseits nahm in den kommenden Monaten der Mangel an Arbeitskräften durch die Verhaftungen politisch verdächtiger Zivilisten und die Entlassungen von Parteimitgliedern aus Verwaltung und Militär sowie von Industriearbeitern aus den Rüstungsbetrieben weiter zu.

Die Stromversorgung der Stadt konnte die zuständige Ostbayern AG immerhin am 4. Mai wieder aufnehmen.[1959] Die Straßen räumte die Regensburger Bevölkerung auf Befehl der Amerikaner bereits am 6. Mai von Sperren und Schutt.[1960] Ein glücklicher Umstand für die Energieversorgung Regensburgs waren 25 Kohlewaggons, die wegen der Luftangriffe vor dem Kriegsende am Bahnhof zurückgeblieben waren. Die IHK Regensburg intervenierte sogleich mit Hilfe des Bürgermeisters bei den Amerikanern, diese Kohle der Stadt zu geben, damit sie der Wiederbelebung der lokalen Wirtschaft zugutekomme.[1961]

## 1.4. Die Sicherheitslage

Die Einheimischen und viele Andere erlebten das Kriegsende meist in ihren Wohnungen und Kellern, manche sogar außerhalb der Stadt in Felshöhlen.[1962] Eine offizielle

---

[1955] Vgl. StAR, ZR III/772: Rapport des Bürgermeisters Herrmann vom 26.5.1945.
[1956] Vgl. StAR, ZR III/772: Rapport des Bürgermeisters Herrmann vom 1.5.1945 und vom 17.5.1945.
[1957] Vgl. StAR, ZR III/737: Aufruf Meldepflicht, nicht datiert.
[1958] Vgl. StAR, ZR III/1356/1: Schreiben des Arbeitsamts Regensburg an den Oberbürgermeister von Regensburg vom 25.7.1945.
[1959] Vgl. StAR, ZR III/772: Rapport des Bürgermeisters Herrmann vom 2.5.1945.
[1960] Vgl. StAR, ZR III/772: Rapport des Bürgermeisters Herrmann vom 6.5.1945.
[1961] Vgl. StAR, ZR III/772: Rapport des Bürgermeisters Herrmann vom 3.5.1945.
[1962] Vgl. BZAR, OA DP Maier/45: Kopie des Briefs der Schwester Martina Christ in Niedermünster, Regensburg, Juni 1945; Kible, Kriegszeit (2006), S. 52; Pfarr- und Dorfchronik Eilsbrunn 1897–1997, Notiz vom 24.4.1945; Winter, Panzeralarm (2015).

## 1. Der Alltag

Verlautbarung der Amerikaner verhieß nämlich nichts Gutes: „Die amerikanische Armee beabsichtigt nicht, Gesuche an die Deutschen zu richten. Sie kommt als Sieger und nicht als Befreier".[1963] Diese Erklärung war bereits bekannt, wurde in Regensburg dennoch ausdrücklich wiederholt.[1964] Die Amerikaner ihrerseits erwarteten keinen wesentlichen Widerstand vonseiten der deutschen Zivilbevölkerung, wussten sie doch aus eigenen Analysen seit langem, dass diese fügsam und apathisch geworden war.[1965]

Mit dem Vorrücken der Amerikaner an den Stadtrand von Regensburg nahm unter der Bevölkerung einerseits die Sorge ab, die seit Beginn der Schlacht um Wien Anfang April 1945 umging, Regensburg könne von der Roten Armee noch vor den Amerikanern erreicht werden.[1966] Andererseits gab es aber auch Furcht vor den Amerikanern, die in der Bevölkerung sogar dafür sorgte, dass man Buben, die Adolf hießen, nicht mit dem Vornamen ansprach, um ihnen eventuelle Nachteile zu ersparen.[1967]

Nicht Alle in Regensburg fürchteten sich vor den anrückenden Amerikanern: Ausländer, seien es Kriegsgefangene oder zivile Zwangsarbeiter, hatten begreiflicherweise keine Scheu vor ihnen, und die amerikanischen Soldaten waren auf sie offensichtlich vorbereitet.[1968] Sowjetische Staatsbürger hatten gemäß der nationalsozialistischen Rassenideologie während des Kriegs auch in Regensburg unter unmenschlichsten Lebens- und Arbeitsbedingungen zu leiden gehabt, weshalb sie die Befreiung besonders begrüßten.[1969] Allerdings gilt dieser Befund mit Einschränkungen, denn Sowjetbürger waren nicht immer Opfer. Die Deutschen hatten während des Kriegs nach Verbündeten gesucht und diese zum Teil unter sowjetischen Kriegsgefangenen und Zivilarbeitern gefunden, die ab 1944 die Russische Befreiungsarmee unter Generals Andrej Wlassow gebildet hatten.[1970] Die nationalsozialistische Propaganda hatte sie pauschal zu einem Verbündeten des „Dritten Reiches" gegen den Terror Stalins und allgemein gegen den Bolschewismus erklärt. Dies war eine schwere Hypothek, auch für diejenigen sowjetischen Bürger in Deutschland, die bis zum Schluss Zwangsarbeit leisten mussten und mit der Wlassow-Bewegung nichts zu tn hatten.

Ein Beispiel aus Regensburg verdeutlicht die Lage der Ausländer in der Zeit des Übergangs der Herrschaft von den Deutschen zu den Alliierten. Zahlreiche polnische Kriegsgefangene aus Burgweinting, deren Bewachung die Regensburger Polizei

---

[1963] StAR, ZR III/742: Schreiben des Lt Colonel, MI, Mil Gov Officer, Commanding, David L. Hobson vom Mai 1945.
[1964] Ansage des Befehlshabers und Generals Dwight D. Eisenhower. Vgl. Sahl, Exil (1990), S. 150.
[1965] NARA, 260/A161/625: Political Intelligence Raport vom 14.4.1945.
[1966] Vgl. Weilner, Gericht (1965), S. 7f.
[1967] Vgl. Wehr, Menschen (2000), S. 58.
[1968] Siehe hierzu Kapitel VI.5.
[1969] Vgl. Muggenthaler, Jugend (2003), S. 131, 140, 157 u. 162; Smolorz, Zwangsarbeit (2003), S. 87.
[1970] Vgl. Hoffmann, Tragödie (2003).

VI. Die Lage in Regensburg nach der Übergabe an die Amerikaner

noch zwei Tage vor der Übergabe der Stadt verweigert hatte, da sie nicht zuständig sei, fanden sich am Abend des 24. April in der Infanterie-Kaserne in der Landshuter Straße ein. Dort konnte nur noch ein Wachhabender die in der Kaserne vorhandenen sowjetischen Kriegsgefangenen bewachen. Alle Gefangenen mussten am 25. April Barrikaden in der Stadt errichten, bis schließlich am 27. April ein amerikanischer Geländewagen mit einem Deutschen mit weißer Armbinde ankam – höchstwahrscheinlich Major Matzke bei seiner bereits erwähnten Rundfahrt durch die Kasernen – und man den Kriegsgefangenen verkündete, dass Regensburg kapituliert habe und sie frei seien. Es kamen zugleich einige Polen in Uniform der US-Army, vor denen die verunsicherten sowjetischen Kriegsgefangenen die Flucht ergriffen.[1971] Vermutlich befürchteten sie Racheaktionen, hatten doch 1939 die Sowjetunion und das Deutsche Reich gemeinsam den polnischen Staat zerschlagen.

Die deutsche Bevölkerung fühlte sich wegen der befreiten Ausländer unsicher: „Alle Kriegsgefangenen – Ausländer und KZ-Häftlinge – wurden freigelassen und ihnen die Stadt zur Plünderung frei gegeben"[1972] – so verbreiteten sich Gerüchte von Mund zu Mund. Von einer derartigen Anordnung konnte nicht die Rede sein. Allerdings belegen die Rapports von Bürgermeister Herrmann an die amerikanischen Befehlshaber in Regensburg aus den ersten Maitagen, dass es durchaus zu spontanen Plünderungen kam; erst ab Juni 1945 nahmen diese ab. Der Bürgermeister sah noch am 27. Mai die Notwendigkeit, die nach wie vor erfolgenden Plünderungen den Amerikanern zu melden.[1973] Einige Amerikaner ließen sich anfänglich selbst zu Eigentumsdelikten verleiten und beschlagnahmten Habseligkeiten von Deutschen – beliebt waren beispielsweise Armbanduhren.[1974] Am 28. Mai wurde Bürgermeister Herrmann bei den Amerikanern mit der Bitte vorstellig,

> „dass auch seitens der Armee und Militärpolizei die vorgeschriebenen Requisitionsscheine in allen Fällen ordnungsgemäß ausgestellt werden und dass jede nicht angeordnete oder befohlene Wegnahme von Gegenständen unterbleibt".[1975]

Mancher schreckte auch vor sexuellen Übergriffen auf Frauen nicht zurück, kam es doch – wenn auch im Vergleich zum Vorgehen der Roten Armee in Ostdeutschland selten – zu Vergewaltigungen.[1976] Verstören musste es die Einwohner, als am 17. Mai beim Protzenweiher ein amerikanisches Granatwerfergeschoss, mit dem Kinder spielten, explodierte. Zwei Kinder starben, vier wurden schwer verletzt. Dies war

---

[1971] Vgl. Kledzik, Smak (1996), S. 155f.
[1972] BZA/OA DP Maier/45: Bericht der Klosterschwester M. Kunihild Pöllnlein über den Domluftschutz 1939–1945 (ohne Datum).
[1973] Vgl. StAR, ZR III/772: Rapport des Bürgermeisters Herrmann vom Mai 1945 u. vom 27.5.1945.
[1974] Vgl. StAR, ZWA/Pl/2: Bericht von Bronisław Rewucki (2002).
[1975] StAR, ZR III/772: Rapport des Bürgermeisters Herrmann vom 28.5.1945.
[1976] Vgl. StAR, ZR III/772: Rapport des Bürgermeisters Herrmann vom 1.5.1945; Sammlung Ehm: Gespräch mit Frau Annemarie Filzmann-Kerschensteiner vom 27.12.2017.

## 1. Der Alltag

nach der Bombardierung des Viertels Am Gries, im Oktober 1944, das zweite große Unglück für die Bevölkerung in Stadtamhof.[1977]

Mitte Mai 1945 schien es den amerikanischen Militärs geboten, ein eigenes Informationszentrum für die deutschen Zivilisten einzurichten. Angesichts der herrschenden allgemeinen Unsicherheit unter den Regensburgern fühlten sich viele veranlasst, wegen eigener Sorgen und zugunsten eigener Interessen in den Büros der amerikanischen Militärregierung vorzusprechen. Dies muss so gravierende Ausmaße angenommen haben, dass man der deutschen Bevölkerung schließlich nur noch erlaubte, in den Besatzungsämtern zu erscheinen, wenn sie sich zuvor auf dem Bürgermeisteramt eine entsprechende Überweisung verschafft hatte.[1978]

Noch bis Mitte Mai bestand die Pflicht zur Verdunkelung, was die Bevölkerung offenkundig bedrückte. So wurde der Wunsch an die Amerikaner herangetragen, diese Anordnung aufzuheben – mit Erfolg: Am 18. Mai wurde sie ausgesetzt.[1979]

Die Amerikaner überstellten alle aufgegriffenen deutschen Zivilisten ohne gültige Papiere sowie deutsche Sträflinge an das Bürgermeisteramt und lähmten auf diese Weise die Arbeit im Alten Rathaus, wo man auf diese Aufgabe weder vorbereitet – zum Teil auch wegen der Verhaftung städtischer Bediensteter – noch imstande war, mit sinnvollen Maßnahmen zu reagieren. Zur Lösung der Schwierigkeiten wurde ab dem 22. Mai die Polizei am Minoritenweg mit der Registrierung und eventuellen Verhaftung dieser Personen beauftragt.[1980] Dies setzte voraus, dass Polizeibeamte im Dienst verblieben und nicht als Uniformträger verhaftet und interniert waren. Die Amerikaner hatten die Polizei im Mai 1945 zunächst tatsächlich personell nicht angetastet.[1981] Sogar der Chef der Sicherheitspolizei in Regensburg, Friedrich Sowa, wurde erst am 29. Mai 1945 verhaftet.[1982] Der Polizei wurde allerdings verboten, den Befehlen der bisherigen höheren deutschen Polizeibehörden Folge zu leisten, stattdessen unterstellte man sie dem Oberbürgermeister bzw. dem Regierungspräsidenten. Über das städtische Amt bzw. das Amt des Landrats wurden die Befehle durch

---

[1977] Vgl. Hofmaier, Stadtamhof (1996), S. 133f. – Bei einem Luftangriff am 23.10.1944 wurde ein Luftschutzbunker, der sich Am Gries befand, durch einen direkten Bombeneinschlag völlig zerstört, 53 Personen kamen dabei ums Leben. Vgl. StAR, ZR II/35u: Luftangriffe auf Regensburg 1943–1945; Schmoll, Luftangriffe (2015), S. 137; Hofmaier, Stadtamhof (1996), S. 133f. – Die dort seit 1994 stehende Gedenkstele benennt jedoch nur die 48 Toten aus der örtlichen Bevölkerung. Vgl. Smolorz, Zwangsarbeit (2003), S. 117f.
[1978] Vgl. StAR, ZR III/772: Rapport des Bürgermeisters Herrmann vom 15.5.1945 u. Rapport des Bürgermeisters Herrmann vom 20.5.1945.
[1979] Vgl. StAR, ZR III/772: Rapport des Bürgermeisters Herrmann vom 16.5.1945 u. 18.5.1945.
[1980] Vgl. StAR, ZR III/772: Rapport des Bürgermeisters Herrmann vom 16.5.1945, vom 20.5.2017 u. vom 22.5.2017.
[1981] Zu Kontinuitäten bei der Polizei in Regensburg nach 1945 siehe Smolorz, Reserve-Wachbataillon (2017).
[1982] Vgl. BA, R58/9340: Personalakt Friedrich Sowas; DD-WASt, Auskunft zur Person F. Sowa vom 18.8.2017.

VI. Die Lage in Regensburg nach der Übergabe an die Amerikaner

einen von der Militärregierung eingesetzten Polizeioffizier an die polizeilichen Abteilungen in der Verwaltung und an einzelne Einheiten weitergeleitet.[1983]

Trotz all dieser von der Besatzungsmacht und der Stadtverwaltung – im Rahmen ihrer Möglichkeiten – ergriffenen Maßnahmen blieb die Sicherheitslage jedoch den ganzen Sommer hindurch angespannt. Fürst Albert von Thurn und Taxis appellierte Ende Juli 1945 an die Militärregierung: „Die Wiederherstellung der öffentlichen Sicherheit ist zur Zeit die dringlichste Aufgabe. Diese ist die Grundlage jeder gedeihlichen wirtschaftlichen Aufbauarbeit".[1984]

## 1.5. Die Kriegsgefangenenlager

Noch bevor die ersten in Regensburg eingerückten Kampftruppen weiterzogen, vor dem endgültigen Ende der Kampfhandlungen, errichteten sie auf dem Gelände des ehemaligen Kleinen Exerzierplatzes am Hohen Kreuz unter Einbezug der Gebäude der „Gewehrfabrik" und der Ruinen des ehemaligen Heeresnebenzeugamtes[1985] ein großes provisorisches Sammellager, das über keine Unterkünfte verfügte, lediglich mit Stacheldrahtzäunen in einzelne Bereiche („Cages") untergliedert war.[1986] Solche Sammellager waren zur ersten Erfassung der von den Kampftruppen eingebrachten großen Gefangenenzahlen an vielen Orten entstanden – das nächstgelegene in ähnlicher Größe befand sich bei Cham.[1987] An der Irler Höhe waren deutsche und ungarische Kriegsgefangene aller Waffengattungen, darunter auch Uniform tragende Frauen, einschließlich deutscher und ungarischer Waffen-SS gefangen. Die Gefangenen lebten unter sehr schweren Bedingungen, weil unter freiem Himmel, zumal es Anfang Mai 1945 nochmals schneite.[1988] Die für Versorgung und Bewachung der Gefangenen zuständigen kleinen Quartermaster- und MP-Abteilungen der Kampfdivisionen waren zunächst völlig überfordert. Auch der CIC nutzte bald das Lager zur Unterbringung der ersten verhafteten Zivilisten.

Über die Zahl der an der Irler Höhe vorübergehend untergebrachten Gefangenen gibt es sehr unterschiedliche Angaben – offenbar hatten auch die Amerikaner in der Anfangsphase keinen rechten Überblick, zumal sich die Zahl ständig durch neuankommende sowie weitertransportierte Gruppen veränderte. Es wird allein für das

---

[1983] Vgl. StAR, ZR III/737: Instructions to Chiefs of German Police Agencies, Druckinstruktion nicht datiert, sicher vor 1. Mai 1945 vorbereitet.
[1984] FTTZA, Domänenkammer 88/146: Brief des Fürsten Albert von Thurn und Taxis an die Militärregierung in Regensburg vom 27.7.1945.
[1985] Es handelte sich um das Gelände im Viereck Straubinger Straße im Norden, Siemensstraße/Stadtgrenze im Osten, der Straße An der Irler Höhe/Kremser Straße im Süden und der Straße Hohes Kreuz im Westen.
[1986] Vgl. Ehm, Stacheldraht (1987), S. 40f.
[1987] Vgl. Bullemer, Kriegsende (2005), S. 95–108; auch Ehm, Stacheldraht (1987), S. 41.
[1988] Vgl. Ehm, Stacheldraht (1987), S. 41f.; dort S. 16 (Bild 10) auch Foto der Frauenabteilung.

## 1. Der Alltag

Sammellager Regensburg von 50.000 Gefangenen Anfang Mai und 120.000 Mitte jenes Monats berichtet.[1989]

Bald litten die Gefangenen unter der unzureichenden Wasserversorgung. Abhilfe versuchte man, durch die Aufbereitung von Wasser aus der Donau zu schaffen.[1990] Der Ausbruch von Seuchen bedrohte nicht nur die Lagerinsassen, sondern die gesamte Stadtbevölkerung. Um den 20. Mai trafen die Amerikaner erste konkrete Maßnahmen zur Verbesserung der Lagerverhältnisse, indem sie einen 23.000 Liter fassenden Frischwassertank bereitstellten.[1991] Bald darauf wurde das Sammellager in seiner bisherigen Form aufgelöst und viele Gefangene in andere, bereits besser organisierte Lager überstellt. An die Stelle des Sammellagers trat im August 1945 die von Kriegsgefangenen errichtete Barackenstadt des „Prisoner of War Enclosure (PWE) No. 22", die für 10.000 Gefangene ausgelegt war.[1992] Zugleich war auf dem Gelände der ehemaligen Flakkaserne ein weiteres PWE entstanden (No. 23), das offenbar als reines Entlassungslager fungierte und bald darauf wieder geschlossen wurde. Auch das Lager 22 änderte rasch seinen Charakter und firmierte bereits im Oktober 1945 als „Disarmed Enemy Forces Camp No. 22", denn es hatte sich zu einem speziellen Lager nur für ehemalige Angehörige der Waffen-SS entwickelt.[1993] Im Frühjahr 1946 zählte es 11.049 SS-Gefangene, darunter 3.101 Ungarn.[1994] Mit Einrichtung des PWE 22 waren aus dem Sammellager Regensburg alle Zivilinternierten in andernorts speziell für diesen Personenkreis gedachte „Civilian Internment Camps/Enclosure" überstellt worden. Mit der 1946 in Bayern erfolgten Reduzierung der Zahl der SS- bzw. Zivilinternierten-Lager wurden beide Gruppen mancherorts wieder zusammengefasst, so auch in Regensburg. Aus diesem Lager ging schließlich das 1947 in deutsche Verwaltung übergebene Internierungs- und Arbeitslager Regensburg hervor.[1995]

---

[1989] Vgl. Dierich, Kampfgeschwader (1975), S. 390; ferner Ehm, Stacheldraht (1987), S. 41, dort auch Angaben zu ähnlich großen Zahlen für andere Sammellager in Ostbayern, sowie auch Belege dafür, dass sich in der Literatur die Zahl der Lagerinsassen mit dem zeitlichen Abstand zum Ereignis erhöht.

[1990] Vgl. Dierich, Kampfgeschwader (1975), S. 390; Ehm, Stacheldraht (1987), S. 41f.

[1991] Vgl. StAR, NL Dolhofer/16: Das SS-Internierungs- und Arbeitslager in Regensburg; Klose, Internierungslager (2004), S. 10f., 13f. u. 33.

[1992] Vgl. Eaton, Barackenstadt (1945); hieraus längere Zitate auch bei Ehm, Stacheldraht (1987), S. 43.

[1993] Vgl. NARA, 338/UD45/25: So die Bezeichnung in zwei Schreiben des Lagerkommandanten an das Hauptquartier des XII. US-Korps vom 11.10.45.

[1994] Vgl. Böhme, Kriegsgefangenen (1973), S. 208, Tabelle 15; Ehm, Stacheldraht (1987), S. 47 u. Anm. 66 u. 67.

[1995] Vgl. Klose, Internierungslager (2004), S. 10.

VI. Die Lage in Regensburg nach der Übergabe an die Amerikaner

## 1.6. Die Entnazifizierung

Die Amerikaner sahen die Entnazifizierung als eine der wesentlichen Aufgaben für die Zeit nach dem Sieg an. Mit Hilfe von vorbereiteten Fahndungslisten suchten sie nach Personen, die in ihren Augen Nationalsozialisten waren und nach ihrer Identifikation sofort verhaftet werden sollten.[1996] Unbekannte Personen wurden nach Möglichkeit rasch überprüft und gegebenenfalls verhaftet. Dieses Vorgehen lässt sich am Beispiel des Regensburgers Andreas Dorn darstellen. Zwar war er nach der Übergabe der Stadt der einzige erfahrene Mitarbeiter des Ernährungs- und Wirtschaftsamtes, zugleich war er aber Ortsgruppenleiter der NSDAP gewesen.[1997] Mit seiner Verhaftung leiteten die Amerikaner die Entnazifizierung der Stadtbevölkerung ein. So berichtete Fritz Ottenheimer, ein amerikanischer Offizier der „Special Branch" im Hauptquartier der Militärregierung des 3rd Regiments in Regensburg, im Dezember 1945 seinen Eltern:

> „Wir veranlassen jeden Tag, daß 10–20 Leute verhaftet werden (automatisch, d. h. als SS-Mann, mit hohem Rang in der NSDAP oder wegen falscher Angaben auf dem Fragebogen). Wir haben gründliche Informationen über alle, die in Regensburg und Umgebung lebten. Wir haben Wehrmachts-Papiere, komplett mit Lebenslauf, politischer Einstellung usw.; Partei-Papiere, SA, SS, HJ. Es gibt Polizeiberichte, die deutlich machen, ob eine Person wegen Straftaten oder wegen politischer Aktivitäten in ein Konzentrationslager gebracht wurde. Wir haben vollständige Zeitungskarteien. Wir haben eine große Zahl von Akten übernommen, die von den örtlichen Industrie- und Versorgungsbetrieben erstellt worden sind, (wo man Nazi-Gesinnung betonte, anstatt zu verstecken versuchte), meist mit Unterschrift und notarieller Beglaubigung".[1998]

Die Amerikaner verfügten ferner über eine sogenannte Weiße Liste, auf der jene Personen standen, die aus amerikanischer Perspektive nicht als belastete Nationalsozialisten galten.[1999] Dass die Weiße Liste kein zuverlässiges Hilfsmittel darstellte, zeigt der Fall des Bürgermeisters Hans Herrmann. Er hatte sich als Politiker der BVP im Wahlkampf gegen die NSDAP exponiert und war 1933 kurzzeitig in Schutzhaft genommen worden. Danach hatte er sein Amt als Zweiter Bürgermeister jedoch weiter ausgeübt und war 1935 der NSDAP beigetreten. In der Liste der Amerikaner waren indes weder seine Parteimitgliedschaft noch seine bis 1945 reichende Amtszeit erfasst. Stattdessen wurde er auf der Weißen Liste als politisch zuverlässige Person geführt, die von den Nazis abgesetzt worden war.[2000] Am Beispiel Herrmanns zeigen sich somit die Schwierigkeiten, die gerade bei der anlaufenden Entnazifizierung an

---

[1996] Vgl. StAR, ZWA/Pl/4: Bericht von Stanisław Michniak, 2002.
[1997] Vgl. StAR, ZR III/772: Rapport des Bürgermeisters Herrmann vom 7.5.1945.
[1998] Ottenheimer, Konstanz (1996), S. 112.
[1999] Vgl. Wuermeling, Liste (2015).
[2000] Vgl. ebd., S. 251.

## 1. Der Alltag

der Tagesordnung waren. Allerdings gab es in Regensburg auch Personen, die auf der Weißen Liste standen und ohne jeden Zweifel Feinde der nationalsozialistischen Herrschaft waren, so beispielsweise der örtliche Journalist Josef Rothammer.[2001] Er war 1933 wegen seiner NS-kritischen Berichterstattung verhaftet und fünf Monate im KZ Dachau inhaftiert worden. Von 1948 bis 1972 gehörte er als Mitglied der SPD-Fraktion dem Regensburger Stadtrat an und hatte von 1952 bis 1956 das Amt des Zweiten Bürgermeisters inne. Zudem fungierte er von 1949 bis 1968 als Herausgeber verschiedener Wochenzeitungen, darunter der „Regensburger Woche".[2002]

---

[2001] Vgl. ebd., S. 253.
[2002] Vgl. Jobst, Pressegeschichte (2002), S. 292f.

## 2. Etablierung des amerikanischen Besatzungsregimes

Am Anfang des Besatzungsregimes in Regensburg hatte der Befehlshaber der 65th Infantry Division, Brigadier General Stanley E. Reinhart, für einige Tage die Entscheidungsgewalt in der Stadt. Bereits am 28. April wurde das Hauptquartier des XX Corps (Lieutenant General Walton H. Walker) von Burglengenfeld nach Regensburg ins fürstliche Schloss verlegt, wo es bis zum 2. Mai verblieb.[2003] General Patton besuchte Walker dort noch Ende April und war von diesem „Prachtbau" sehr angetan.[2004] Wohl deshalb verlegte er nach Walkers Auszug das Hauptquartier seiner 3rd Army von Erlangen aus für einige Wochen bis 23. Mai in dieses Schloss.[2005] Mit der symbolträchtigen nächsten Verlegung seines Hauptquartiers in den Gebäudekomplex der ehemaligen SS-Junkerschule Tölz hatte Patton das fürstliche Schloss in Regensburg für „OFF LIMITS" erklärt, also jegliche weitere Nutzung durch die US-Streitkräfte untersagt.[2006]

Nach Ende der Kampfhandlungen wurden noch im Mai viele amerikanische Einheiten zurück in die USA bzw. zum pazifischen Kriegsschauplatz in Marsch gesetzt, was zu einer Umstrukturierung der verbliebenen Kampftruppen führte. Das XII Corps unter Major General S. LeRoy Irwin, das als linker Nachbar des XX Corps durch den Bayerischen Wald bis Oberösterreich vorgedrungen war, übernahm nun die Aufgaben der Besatzungstruppe im Regierungsbezirk Niederbayern/Oberpfalz und errichtete sein Hauptquartier zum 28. Mai in Regensburg,[2007] jedoch nicht im Schloss, sondern in der Nachrichten- und der Artilleriekaserne an der Landshuter Straße. Zahlreiche andere Räumlichkeiten in der Stadt wurden in Beschlag genommen: So wurden die Offiziere in den Hotels Maximilian, National und Weidenhof in der Maximilianstraße sowie im Grünen Kranz in der Obermünsterstraße einquartiert.[2008] Die sehr wichtige Dienststelle des CIC wurde in einem Gebäude unterge-

---

[2003] Vgl. XX Corps, History (1945), S. 384 u. 386. – Hier unzutreffend Hilmer, Verwaltung (1995), S. 9, der Gen. Walker bis Herbst 1945 und zudem als Befehlshaber des XII Corps in Regensburg verbleiben lässt.
[2004] Vgl. Patton, Krieg (1950), S. 226. – Ein bemerkenswertes Foto findet sich bei United States Army, XX Corps (1945), S. 388, auf dem die Generäle Walker und Patton gemeinsam durch den Schlosseingang schreiten, der von fürstlichen Bediensteten in historischen Uniformen flankiert wird.
[2005] Vgl. Patton, Krieg (1950), S. 226; Blumenson, Patton (1974), S. 694f.; Hilmer, Verwaltung (1995), S. 9; Klose, Internierungslager (2004), S.10.
[2006] Die fürstliche Familie befand sich seit 14. April auf dem kleinen Jagdsitz Aschenbrennermarter im Thiergarten bei Sulzbach/Donau und durfte erst am 19. Juli nach Regensburg zurückkehren. Vgl. Weilner, Gericht (1965), S. 65. – General Patton machte vor seiner Abreise am 23. Mai dort der Familie noch seine Aufwartung und brachte als Dank für „das beste Quartier, das er in Deutschland je innehatte" als Gabe das geschätzte „OFF LIMITS," mit, das für das Regensburger Schloss und den ganzen Thiergarten galt. Ebd., S. 63.
[2007] Vgl. Dyer, XII Corps (1947), S. 454.
[2008] Vgl. Dyer, XII Corps (1947), S. 454f.

## 2. Etablierung des amerikanischen Besatzungsregimes

bracht, das an ein „Theater" an der Ostseite der Maximilianstraße grenzte[2009] – vermutlich das Bavaria-Kino im Komplex des teils bombengeschädigten Hotels Karmeliten. Daneben hatte der CIC auch Büros im teilweise zerstörten Sternbräu in der Maximilianstraße.[2010] Zum 15. Dezember 1945 wurde das XII Corps deaktiviert, wenig später verließen dessen letzte Offiziere Regensburg.[2011]

Die Sanitätstruppe von Pattons 3rd Army beanspruchte sehr früh umfangreiche Räumlichkeiten in der Stadt: Während der Kriegsjahre hatten sich in Regensburg zahlreiche Lazarette der Wehrmacht befunden. So musste bereits zum 26. August 1939 das Männerkrankenhaus der Barmherzigen Brüder an die Wehrmacht übergeben werden.[2012] Die Hoffnung, diesen Krankenhausteil bald wieder für die zivile Bevölkerung nutzen zu können, erfüllte sich nicht; bereits am 12. Mai 1945 wurde das Gebäude von der US-Armee beschlagnahmt, vier Wochen später auch das Frauenkrankenhaus.[2013] Zunächst nutzte das 101st Evacuation Hospital das Männerhaus, übergab dieses jedoch schon zum 20. Juni an die Einheit des 250th Station Hospital, das fortan beide Häuser betrieb.[2014] Ein seit Mitte 1944 bestehendes Teillazarett im Schloss Prüfening mit 120 Betten, bei dem Hoffnung bestanden hatte, es bald als Zivilkrankenhaus nutzen zu können, wurde am 12. Mai 1945 beschlagnahmt.[2015] Dort betrieb als Außenstelle des US-Krankenhauses ein Platoon des 58th Field Hospitals, noch 1945 in rascher Folge abgelöst von Platoons des 65th, bis Anfang Februar 1946 des 41st Field Hospitals, eine spezielle Abteilung zur Behandlung von Geschlechtskrankheiten.[2016] Der gesamte zivile Krankenhausbetrieb der Barmherzigen Brüder musste im Sommer 1945 in die Dompräbende, das Internat der „Regensburger Domspatzen", und bald darauf in die Taubstummenanstalt verlegt werden. Eines der Ausweichquartiere war zunächst auch das Evangelische Krankenhaus gewesen, bevor die Chirurgische Abteilung in die Augustenschule einziehen konnte. Ferner wurde das Gebäude der Kirchenmusikschule für zivile Kranke genutzt.[2017]

Für die eigentlichen Aufgaben des Military Government entwickelten die Amerikaner zwei unterschiedliche Strukturen.[2018] Die erste, die man als G–5 Struktur bezeichnete, bestand aus einer Stabsabteilung für Zivilangelegenheiten. Diese

---

[2009] Siehe ebd., S. 454: „The CIC was ensconced in a building adjoining a theater on the east side of the Maximilianstraße".
[2010] Vgl. StAR, NL Dolhofer/16: Typoskript zur Geschichte der Polizei, S. 13 (ohne Datum).
[2011] Vgl. Dyer, XII Corps (1947), S. 493.
[2012] Vgl. Oberneder, Chronik (1970), S. 667.
[2013] Vgl. ebd., S. 672.
[2014] Vgl. WW2 US Medical Research Centre, Station Hospital; ders., Testimony.
[2015] Vgl. FTTZA, Hofmarschallamt/3681; Oberneder, Chronik (1970), S. 671f.
[2016] Vgl. WW2 US Medical Research Centre, Station Hospital; FTTZA, Hofmarschallamt/3681.
[2017] Vgl. Oberneder, Chronik (1970), S. 672; Teile des Frauenkrankenhauses wurden bereits 1946 freigegeben. Erst 1954 wurden beide Häuser vollständig von der US-Armee wieder an den Orden zurückgegeben. Vgl. ebd. S. 673–675.
[2018] Zur Thematik der Ausbildung der Offiziere der Militärregierung vgl. grundlegend Zink, States (1957).

## VI. Die Lage in Regensburg nach der Übergabe an die Amerikaner

Stabsabteilung Nr. 5 war den üblichen vier Stäben einer Armeegruppe, einem Korps oder einer Division hinzugefügt. Wechselten diese taktischen Einheiten ihren Standort, folgte auch die jeweilige G–5 Abteilung und übergab ihre Aufgaben den G–5 Abteilungen der nachrückenden Einheiten. Aus diesen „Military Government Detachments" entwickelte sich die spätere Form der Militärregierung. Die Military Government Detachments waren spezielle Abteilungen für die Zivilverwaltung eines vorher festgelegten Gebiets. Sie wurden für die Kontrolle unterschiedlicher deutscher Verwaltungsebenen, also für Länder, Regierungsbezirke, Kreise und Großstädte eingewiesen und sollten im Gefolge der Kampftruppen ihren Einsatzort erreichen, wo sie den jeweiligen Befehlshabern unterstellt wurden. Nach der Besetzung der Stadt bestanden in Regensburg daher eine Zeit lang zwei verschiedene amerikanische Befehlsstellen, und beide gaben Anweisungen an die Bevölkerung und die Stadtverwaltung. Im „Town Majors' Office" übte der amerikanische Standortkommandeur als Stadtkommandant die militärische Hoheitsgewalt aus. Daneben entwickelte sich die Stelle eines „Military Government Officer" mit seiner Militärregierungseinheit. Erst die schrittweise Herausbildung einer eigenen Militärregierungsorganisation bis zum Herbst 1945 beendete diesen Dualismus und half der zivilen Militärregierung, sich von der Kommandantur des Militärstandorts zu lösen.[2019]

Im Gefolge der amerikanischen Kampftruppe war bereits am 27. April auch die für den Regierungsbezirk Niederbayern/Oberpfalz vorgesehene Verwaltungseinheit (F1D3) der künftigen US-Militärregierung in Regensburg eingerückt. Einquartiert hatte sich diese Einheit im Neuen Rathaus. Die Ankunft des für den Stadtkreis Regensburg zuständigen Detachments F2G2 verzögerte sich bis Mitte Juli 1945. Diese Einheit etablierte sich dann zunächst im Gebäude der ehemaligen Oberpostdirektion am Domplatz, musste jedoch diesen Komplex rasch wieder verlassen, da er auch Teile des Fernmeldeamts umfasste und daher von der Nachrichtentruppe des US Signal Corps beansprucht wurde. Die Militärregierung für den Stadtkreis zog deshalb in das Justizgebäude an der Augustenstraße. Dort wurde sie zum 31. August mit der bereits seit 6. Juli im Landratsamt in der Andreasstraße in Stadtamhof tätigen Einheit für den Landkreis (H6D3) vereinigt. Erst im Februar 1947 wurde die Dienststelle dieser Militärregierung für den Stadt- und Landkreis ebenfalls in das Neue Rathaus am Dachauplatz verlegt.

In den ersten Tagen nach der Übergabe der Stadt war Befehlshaber Lt. Colonel David L. Hobson für Zivilangelegenheiten zuständig. Er hatte zunächst große Schwierigkeiten, kompetentes Personal zu rekrutieren, und dies hielt sich bis Ende Juni 1945.[2020] Der Military Government Officer in Regensburg, Cecil G. Doyle, wurde innerhalb der Militärregierung zum Befehlshaber des Detachments F1D3. Sein Zuständigkeitsbereich umfasste nicht nur den Stadtbereich, da diese Stelle

---

[2019] Vgl. hier und im Folgenden Hilmer, Verwaltung (1995), S. 10–19.
[2020] Vgl. ders., Regensburg (1986), S. 27f.

2. Etablierung des amerikanischen Besatzungsregimes

*Titelblatt des englischsprachigen 12-seitigen Stadtführers. Da das XII US-Corps bereits im Dezember 1945 aufgelöst wurde, dürfte er im Sommer 1945 gedruckt worden sein. Auf dem Umschlag in Blau und Orange das Wappen des Corps (Original in Sammlung Ehm).*

insgesamt für die Überwachung der auf Stadt- und Landkreisebene stationierten untergeordneten Militärregierungen in den Städten und Gemeinden vorgesehen war.[2021] So gab es in Regensburg eine zivile Verwaltung seitens der Militärregierung für die Stadt und für die Region. In der Stadt stand die zivile Militärregierung erst im Lauf des Juni 1945 fest. Doyle wirkte vor Ort erst ab November, und ohne Zuständigkeit für die Ausländer, die sogenannten Displaced Persons, die allesamt weiterhin in der Obhut der taktischen Truppen verblieben.[2022]

---

[2021] Vgl. ders., Verwaltung (1995), S. 14.
[2022] Vgl. ders., Regensburg (1986), S. 29 u. 60.

VI. Die Lage in Regensburg nach der Übergabe an die Amerikaner

*1947 waren im Neuen Rathaus Einrichtungen der Militärregierung, die zuvor auf verschiedene Gebäude verteilt waren.*

*Das Capitol wurde bereits 24 Stunden nach Übergabe der Stadt für die US-Truppenbetreuung in Betrieb genommen. Hier eine Aufnahme aus späteren Tagen mit offizieller Filmwerbung (Beide Abb.: C. Lang, Bilddokumentation der Stadt Regensburg).*

2. Etablierung des amerikanischen Besatzungsregimes

Am Bismarckplatz richtete das im Juli 1945 in die Stadt eingerückte XII US-Corps einen Offiziers- und Manschafts-Club ein.

Trotz vergleichsweise durchaus größerer Beschädigungen wurde die Alte Kapelle „in Betrieb genommen". Man beachte die Hinweistafel auf Gottesdienste auch für Besatzungssoldaten (Beide Abb.: C. Lang, Bilddokumentation der Stadt Regensburg).

## 3. Weckruf für die politischen Parteien und die Presse

Ende Mai 1945 konstituierte sich ein „Antifaschistischer Block", der sich aus ehemaligen Mitgliedern der vor 1933 im Stadtrat vertretenen Parteien zusammensetzte. Der Sitz dieses „ktionsausschuss der Einheitsfront der antifaschistisch-demokratischen Parteien" befand sich in der Von-der-Tann-Straße 3.[2023] Später wurde dieser Zusammenschluss offenbar bedeutungslos, als sich verschiedene Parteien des politischen Spektrums konstituierten.

Die Hypothek des verlorenen Krieges wog für die Aufnahme politischer Arbeit auf deutscher Seite sehr schwer. In der amerikanischen Direktive JSC 1067 vom 26. April 1945 hieß es unmissverständlich: „Deutschland wird nicht besetzt zum Zwecke seiner Befreiung, sondern als ein besiegter Feindstaat".[2024] Offenkundig befand sich jedoch die alliierte Deutschlandpolitik bereits in der unmittelbaren Nachkriegszeit in einem Wandel, obwohl die genannte Direktive erst am 15. Juli 1947 aufgehoben wurde.[2025] Nur so lässt sich die politische Entwicklung auf deutscher Seite erklären, da bereits ab 14. November 1945 politische Parteien zugelassen wurden.[2026]

Die Sozialdemokratische Partei Deutschlands war am 22. Juni 1933 durch Reichsinnenminister Wilhelm Frick zu einer staats- und volksfeindlichen Organisation erklärt und in der Folge reichsweit verboten worden. Dennoch blieben an vielen Orten die alten Parteistrukturen auf privater Ebene erhalten. In Regensburg gab es in den folgenden zwölf Jahren bis zum Mai 1945 sozialdemokratisch gesinnte Kreise – man fand sich nach dem Ende der nationalsozialistischen Herrschaft sehr schnell zusammen, um die Partei zu beleben. Bereits Anfang Mai hatte sich ein solches, noch inoffizielles Gremium in der Gaststätte „Thomaskeller", Am Römling, formiert. Obwohl die sich gerade erst einrichtende Militärregierung noch keineswegs bereit war, zu diesem Zeitpunkt deutsche Parteien wieder offiziell zuzulassen, duldete sie offenbar doch bereits deren Wirken. Karl Esser, einer der wichtigsten Parteivertreter vor 1933 auf Stadt- und Bezirksebene – der im Oktober 1945 auch zum Verleger der neu lizensierten „Mittelbayerischen Zeitung" wurde –, war Anfang Mai aus seinem ihm von den Nationalsozialisten aufgenötigten Wohnort fern von Regensburg in die Stadt zurückgekehrt. In seinem 1946 für die Militärregierung verfassten politischen Lebenslauf gab er an, sich bereits am 11. Mai 1945 „bei der SPD auf Zimmer 17 im Alten Rathaus" gemeldet zu haben.

---

[2023] Ebd., S. 41.
[2024] Riebel, CSU (1985), S. 26.
[2025] Vgl. ebd.
[2026] Vgl. Hilmer, Verwaltung S. 82 u. 87.

### 3. Weckruf für die politischen Parteien und die Presse

Zu diesem Zeitpunkt hatten sich die Sozialdemokraten also bereits soweit organisiert, dass es eine konkrete Ansprechadresse, ein Büro im Rathaus gab.[2027]

Die Regensburger „Partei der christlich-sozialen Einigung", die Vorgängerin der späteren CSU, hatte ihre Wurzeln in einem Kreis gleichgesinnter Aktivisten der ehemaligen BVP, der christlichen Gewerkschaften und katholischer Organisationen in Regensburg und Umgebung. Zu der Gruppe gehörten Dr. Eugen Rucker (Katholische Aktion), Karl Staudinger, Georg Zitzler (Gewerkschaftler), Hans Herrmann (Bürgermeister), Engelhardt Keiter (Rechtsanwalt), Heinrich Büchner, Bernhard Suttner, Dr. Josef Habbel (Verleger) und nach der Rückkehr aus der Kriegsgefangenschaft 1948 auch Dr. Fritz Pustet (Verleger). Der Kreis begann bereits im Herbst 1944, die Leitsätze späterer Parteiarbeit festzulegen. Im Januar 1945 stand das „Programm für einen christlich demokratischen Volksbund" fest.[2028] Nach Kriegsende stießen zu dieser Gruppe der Rechtsanwalt Dr. Georg Gamperl und der Brauereidirektor Dr. August Elsen, sowie der von den Nationalsozialisten verfolgte Josef Eder[2029] und Anna-Marie Deku. Treffen der Gruppe fanden in der Niedermünsterschenke statt.[2030] Elsen und Eder hatten sogar versucht, wenn auch vergeblich, den früheren Oberbürgermeister Regensburgs Dr. Otto Hipp zu einer Rückkehr nach Regensburg zu bewegen.[2031]

Am 15. November 1945 erteilten die Amerikaner die Genehmigung zur Gründung der Partei der Christlich-sozialen Einigung in Regensburg. Eine entscheidende Rolle kam bei der Gründung des Kreisverbands Regensburg-Stadt am 23. November 1945 dem aus Sinzing stammenden Dr. Otto Schedl[2032] zu. Er hatte sich im Krieg dadurch ausgezeichnet, dass er seinen Batterie-Offizieren kurz vor Kriegsende Schlafpulver in den Kaffee schüttete, damit die Flak-Einheit nicht auf die Bomber der Amerikaner schießen konnte und dadurch wenigstens die Dörfer rund um Köln, wo er eingesetzt war, vor der Zerstörung bewahrt werden konnten. „Das Schlafpulver wirkte, die Bomben fielen nicht".[2033]

Über die Anfänge der Kommunistischen Partei in Regensburg ist wenig bekannt. Hilmer datiert ihr erstes öffentliches Auftreten auf den 4. Juli 1945. Erwähnt seien

---

[2027] Vgl. Ehm, Grotewohl (1995), S. 3; Hilmer, Sternenbanner (2000), S. 450.
[2028] Vgl. Schlemmer, Aufbruch (1998), S. 19; Riebel, CSU (1985), S. 26.
[2029] Josef Stefan Emanuel Eder (1906–1991), war Mitbegründer der „Österreichischen Volksbewegung" in Wien, einer antinationalsozialistischen Organisation, Häftling des Konzentrationslagers Flossenbürg, 1945 Leiter der neu errichteten Personal- und Betriebsprüfungsstelle der Stadt Regensburg, 1946 Beirat des Oberbürgermeisters und zugleich Redakteur der Mittelbayerischen Zeitung, ferner ab 1946 Beauftragter des Staatskommissars für die Betreuung der Opfer des Faschismus in Regensburg und Stadtrat. Vgl. Smolorz, Juden (2010), S. 27f.
[2030] Vgl. Riebel, CSU (1985), S. 30f. u. 36. Zu Dr. Georg Gamperl siehe Mintzel, CSU (1993), S. 783, bes. S. 866.
[2031] Vgl. Hilmer, Verwaltung S. 191f.
[2032] Vgl. Riebel, CSU (1985), S. 10 u. 34.
[2033] S.N., Schedl (1965), S. 31.

VI. Die Lage in Regensburg nach der Übergabe an die Amerikaner

der spätere Stadtrat Franz Kellner sowie Carl Prem und Otto Tusch, genannt wurde auch Wilhelm Imenkamp[2034], der Mitglied des „Antifaschistischen Blocks" war.[2035]

Das noch inoffizielle, sich überwiegend in Hinterstuben abspielende politische Leben in Regensburg benötigte eigene Medien; damals übernahmen diese Rolle in erster Linie die Zeitungen. In der Tat bot die Gebrüder Habbel GmbH Regensburg den Amerikanern schon am 10. Mai 1945 an, eine demokratisch-christliche Tageszeitung mit dem Namen „Neuer Bayerischer Anzeiger" herauszugeben.[2036] Der Versuch des Geschäftsführers, Dr. Josef Held[2037], scheiterte jedoch, weil er als Verantwortlicher der GmbH 1939/40 der NSDAP beigetreten war. Das disqualifizierte ihn zunächst bei den Amerikanern.[2038]

Am 29. Juni 1945 erschien die „Nummer 1" der „Regensburger Post, Amtliches Nachrichtenblatt, herausgegeben für die deutsche Zivilbevölkerung von der 12. Amerikanischen Heeresgruppe", so die Kopfzeile.[2039] Anfangs einziger Redakteur dieses Blatts war der Technical Sergeant Stefan Heym, der bald Verstärkung durch Sgt. Joseph W. Eaton bekam.[2040] Beide waren deutsche Emigranten, die im bereits erwähnten Camp Ritchie sowie in Camp Sharp zu Experten für psychologische Kriegsführung ausgebildet worden waren.[2041] Beide hatten den ganzen Feldzug durch Europa von der Normandie bis Bayern in einer Mobile Broadcasting Company unter dem bereits erwähnten Captain Hans Habe mitgemacht. Diese Einheit hatte mit Flugblättern, Lautsprechereinsätzen und Rundfunksendungen psychologische Kriegsführung betrieben – jetzt gab sie die ersten neuen deutschsprachigen Zeitungen heraus.

---

[2034] Anton Wilhelm Imenkamp lebte in Regensburg seit 1939 und heiratete hier 1943. 1946 wurde er zum öffentlichen Ankläger an der Spruchkammer II in Regensburg, vgl. BayHStA, MSo 3546: Persönliche Daten zu Imenkamp vom 15.6.1946. In den eingesehenen Quellen ist ein Kommentar enthalten, diese Spruchkammer sei eine „Blutkammer" oder „Kammer Moskau". Ob dies bloße Zuschreibungen aus einer nationalsozialistischen Gesinnung heraus waren oder hierdurch berechtigte Bedenken über die Arbeitsweise dieser Kammer geäußert wurden, müssen weitere Untersuchungen zeigen. Vgl. BayHStA, MSo 2959: Schreiben des Generalklägers vom 10.10.1946. Zu Imenkamp in seiner Funktion bei der Spruchkammer Regensburg siehe auch Chrobak, Stellungnahme (2014), S. 11. Allgemein mehr zu den biographischen Daten Imenkamps siehe StAR, StKr/41; StAR, Fam. Bogen 443.
[2035] Vgl. Hilmer, Verwaltung (1995), S. 41 u. 125.
[2036] Vgl. StAR, ZR III/737: Schreiben der Gebr. Habbel GmbH an die Amerikanische Militärregierung in Regensburg vom 10.5.1945. Zur Rolle der Verlegerfamilien Habbel und Held während der NS-Zeit siehe Kapitel IV.5.2.2.4.
[2037] Dr. Josef Held (1902–1964), Sohn des ehemaligen bayerischen Ministerpräsidenten und Verlegers Heinrich Held (1868–1938), von 1938 bis 1943 verantwortlicher Verleger des „Bayerischen Anzeigers", dann ab 1949 des „Tages-Anzeigers".
[2038] Vgl. Jobst, Pressegeschichte (2002), S. 274f.
[2039] Faksimile der ersten Seite s. Stadt Regensburg, Regensburg (1987), S. 19, Abb. 13.
[2040] Offenbar kurzzeitig ebenfalls in Regensburg tätig war der als Technical Sergeant gleichfalls zu Habes Truppe gehörende deutsch- und tschechischsprachige Journalist und Schriftsteller Joseph Wechsberg (1907–1983), Jude, gebürtig aus Mährisch Ostrau. Vgl. Wechsberg, Heimkehr (2015), S. 7. – Zur Zusammenarbeit mit Wechsberg vgl. auch Heym, Nachruf (1988), S. 315.
[2041] Hierzu und zu beiden Personen s. Kapitel II.6.4.2.2.

## 3. Weckruf für die politischen Parteien und die Presse

Zeitweise produzierten Captain Habe und seine zwölf uniformierten Mitarbeiter 18 Zeitungen mit einer Gesamtauflage von acht Millionen Exemplaren – „es war der zweitgrößte Zeitungskonzern der Welt", wie Habe in seinen Memoiren schrieb.[2042] Eaton übernahm bald die alleinige Verantwortung für die „Regensburger Post", da Heym von Habe nach München beordert worden war, um dort die Herausgabe der „Neuen Zeitung" mit vorzubereiten, die nach der geplanten Ablösung der bisherigen Armeezeitungen durch deutsche Lizenzblätter als ständiges Organ der Militärregierung fortbestehen sollte.[2043] Die erste Ausgabe erschien am 17. Oktober 1945.[2044]

Gedruckt wurde die „Regensburger Post" allerdings nicht vor Ort, sondern in Straubing. Sowohl Heym wie Eaton berichteten später, dass man in Regensburg keine entsprechende Druckerei hätte finden können.[2045] Dies überrascht, angesichts des zeitgleichen Angebots der Druckerei Habbel an die Amerikaner, mit dem Druck einer Zeitung zu beginnen. Heym schilderte später, unter welchen nicht ganz alltäglichen Begleitumständen der Aufmacher der ersten Ausgabe über die Gründung der Vereinten Nationen entstanden war.[2046] Mit Erscheinen der „Mittelbayerischen Zeitung" wurde die „Regensburger Post" bereits mit ihrer 21. Ausgabe vom 13. November 1945 wieder eingestellt.[2047]

---

[2042] Habe, Lebensgeschichte (1986), S. 479.
[2043] Vgl. Habe, Lebensgeschichte (1986), S. 484.
[2044] Vgl. Herbet, Zeitung (1997).
[2045] Vgl. Heym, Nachruf (1988), S. 349; USHMM, Interview (2010), S. 75.
[2046] Vgl. Heym, Nachruf (1988), S. 349f.
[2047] Vgl. Jobst, Pressegeschichte (2002), S. 236f.

# 4. Akteure und Schaltstellen des öffentlichen Lebens

## 4.1. Die Kommunalverwaltung

Am 30. April 1945 wurde Oberbürgermeister Dr. Schottenheim als NSDAP- und SS-Mitglied verhaftet.[2048] Erst am 24. Mai forderte die Militärregierung eine Aufstellung aller Mitarbeiter der Stadt an, auch derer, die gerade abwesend waren.[2049] Zuvor waren erste Entscheidungen gefallen: Am 30. April wurde Hans Herrmann von den Amerikanern als kommissarischer Leiter der Stadtverwaltung installiert.[2050] Die Polizeiführung übernahm am 4. Mai 1945 Alfons Heiß.[2051] Er bekleidete eine Schlüsselposition für die Aufrechterhaltung der öffentlichen Sicherheit und Ordnung, die den Amerikanern und der deutschen Verwaltung sehr wichtig war.[2052]

Die Militärregierung war auf eine funktionsfähige und kooperierende Stadtverwaltung angewiesen. In den Verwaltungen bei der Stadt, der Reichsbahn, der IHK etc. waren jedoch viele Mitglieder der NSDAP im Dienst. Dieser Personenkreis besaß entsprechendes Fachwissen auf dem Gebiet der Kommunalverwaltung und kannte Ansprechpartner in Gesellschaft und Wirtschaft. Die Militärregierung stand also vor dem Problem, welche städtischen Mitarbeiter aufgrund ihrer Nähe zur NSDAP zu entlassen waren und welchen Personen man den Vollzug amerikanischer Verwaltungspolitik anvertrauen konnte. Anhand einiger Beispiele wird in der Folge auf die Schwierigkeiten, die sich für die Amerikaner daraus ergaben, verwiesen sowie das Personal, das die Amerikaner in entscheidenden Stellen bestätigte, genannt.

Die Amerikaner hatten bereits am 6. April 1945 festgestellt, dass sie in den von ihnen besetzten Teilen Deutschlands bisher keinen zentralen antinazionalsozialistischen Organisationen begegnet seien, aber in einigen Städten kleine Gruppen bestünden, die von demokratischen Prinzipien überzeugt seien.[2053] In Regensburg wurden Mitglieder der bereits erwähnten „Organisation Bauernhaus", die von den Amerikanern als eine Widerstandsgruppe anerkannt worden war, von der Militärregierung gestützt und in verantwortlichen Stellen der Stadtverwaltung eingesetzt.

---

[2048] Vgl. Hilmer, Sternenbanner (2000), S. 449f.
[2049] Vgl. StAR, ZR I/12629: Schreiben des Bürgermeisters Herrmann an alle Dezernate vom 24.5.1945.
[2050] Vgl. Hilmer, Verwaltung (1995), S. 35.
[2051] Alfons Heiß war während des „Dritten Reiches" wegen Abhörens ausländischer Sender einenhalb Jahre im Amberger Gefängnis inhaftiert, seine jüdische Frau war in Auschwitz ermordet worden. Vgl. StAR, A-p 1998, Beamte, Angestellte, Arbeiter/125: Personalbogen von 1945.
[2052] Vgl. Hilmer, Regensburg (1986), S. 37; StAR, ZR III/772: Rapport des Bürgermeisters Herrmann vom 11.5.1945.
[2053] Vgl. NARA, 26/A161/625: Political Intelligence Rapport vom 6.4.1945.

## 4. Akteure und Schaltstellen des öffentlichen Lebens

Aus dem Mitgliederkreis der „Organisation Bauernhaus" trat Markus Pusel im August 1945 in städtische Dienste:[2054]

> „The local transportation office is to be directed by Mr. Pusel and orders are to be published troughout the Kreis that any one possessing any vehicle must register it with the local Trasportation office".[2055]

Dr. Helmut Staff übernahm am 16. Juli 1945 die Stelle des städtischen Syndikus. Am 11. Oktober 1945 wurde er auf Befehl der Amerikaner freilich wieder entlassen, nachdem seine seit 1933 bestehende Mitgliedschaft in der NSDAP bekannt geworden war.[2056] Damit war seine Karriere in Regensburg nach 1945 allerdings keineswegs zu Ende. Die Zugehörigkeit zur „Organisation Bauernhaus" wog schwer, und da sich der Oberbürgermeister und Polizeichef in Regensburg, Gerhard Titze,[2057] bei den Amerikanern für Staff verwandte, wurde die Causa Staff beim Hauptquartier der Militärregierung für Deutschland verhandelt. Am Ende wurde seiner Weiterbeschäftigung bei der Stadt Regensburg ab dem 27. Juni 1946 stattgegeben. Parallel zu seiner Tätigkeit bei der Stadtverwaltung war Staff ab dem 25. August 1945 von der Militärregierung in Regensburg, durch Eigentums- und Kontrolloffizier Aristides J. Refakes, mit der Verwaltung des Wehrmachts- und Parteivermögens der NSDAP betraut worden. In dieser Stellung arbeitete er, bis er freier Rechtsanwalt in Regensburg wurde.[2058] Im Auftrag der Stadtverwaltung und mit Einverständnis der Militärregierung unterrichtete er neu angestellte Mitarbeiter der Stadtverwaltung spätestens ab August 1945 über die „Zusammenarbeit mit der Militärregierung und den Gesetzen".[2059] Überdies brachte ihn seine Rolle als Vermögensverwalter in eine einflussreiche Position. Er hatte Zugriff auf verschiedenste Daten wie Mieteinnahmen, Möbelvorräte etc.[2060] und organisierte die Verteilung äußerst knapper Ressourcen. Über die Kontakte zu seinen Bauernhaus-Vertrauten vor Ort sowie über die Vernetzung aus Berlin vor 1939 hatte Staff gerade bei seiner Entnazifizierung weitere Fürsprecher. Staff war einst Mitglied in der Burschenschaft Normannia[2061] gewesen und hatte in

---

[2054] Vgl. StAAm, Spruchkammer Regensburg I/Meldebogen P1077.
[2055] StAN, OMGB/Mkf. Co–444/1: Raport des Headquarters Det. H6D3 vom 2.8.15 (Bl. 2).
[2056] Vgl. BA, BDC (NSDAP-Gaukartei)/Parteistatistische Erhebung 1939, Staff Helmut.
[2057] Gerhard Titze (1890–1957), war Ostpreuße, 1927–1928 beauftragter Landrat in Gerdauen, 1928–1932 Polizeipräsident in Königsberg, im Mai 1945 von den Amerikanern eingesetzter kommissarischer Polizeidirektor in Regensburg, vom 11. Juni 1945 bis 1. April 1946 Oberbürgermeister in Regensburg, später Landgerichtspräsident in Regensburg. Vgl. StAR, PA-p/9427: Personalakt; S.N., Titze (2007); Hilmer, Verwaltung, S. 38f.
[2058] Vgl. StAR, PA-p/8972: Personalakt; StAR, ZR III/735: Ernennung zum „Custodian of all properties of the NSDAP and its affiliated organisations" vom 25.10.1945.
[2059] StAR, ZR III/735: Schreiben des Oberbürgermeisters Titze vom 29.8.1945.
[2060] Das Lager für Wehrmachtsmobiliar befand sich am Prebrunntor. Vgl. StAR, ZR III/750: Aktennotiz vom 26.10.1945.
[2061] Die Berliner Burschenschaft Normannia wurde 1924 gegründet, 1935 gleichgeschaltet, was die Ausweisung jüdischer Mitglieder zur Folge haben musste, und in eine Kameradschaft umbenannt.

VI. Die Lage in Regensburg nach der Übergabe an die Amerikaner

Berlin während des Krieges jüdische Bundesbrüder juristisch verteidigt.[2062] Im Laufe des Krieges fiel Staff, der als Anwalt im Reichsgau Wartheland eingesetzt worden war, aus nicht eruierbaren Gründen 1943 in Ungnade, als er, obschon promovierter Jurist, lediglich im Rang eines Gefreiten in die Wehrmacht eingezogen wurde.[2063]

Kurt Weber arbeitete als Angestellter der Stadtverwaltung Regensburg vom 9. Juli 1945 bis 31. Januar 1946, zunächst beim Wohnungsamt, ab 12. Juli 1945 beim Beschaffungsamt. Bei der Einstellung beim Military Government bürgten Johann Pitz, Pusel und Staff für ihn. Weber selbst bekräftigte, nie in der NSDAP gewesen zu sein.[2064]

Johann Pitz wurde am 10. Juli 1945 bei der Stadtverwaltung angestellt und der Ausweisstelle zugewiesen; im September versetzte man ihn in die Auskunftsstelle des Alten Rathauses. Im Oktober 1945 wechselte Pitz als Angestellter zur Militärregierung, wo er mindestens bis Februar 1946 beschäftigt war; bezahlt wurde er gleichwohl weiterhin von der Stadt Regensburg im Rahmen der Besatzungskosten. Hierfür gab es in der Verwaltung eine separate „Lohnstelle für Angestellte der Besatzungstruppe".[2065]

Albert Hartl hatte ebenfalls der „Organisation Bauernhaus" angehört, wurde von den Amerikanern allerdings nicht als leitendes Mitglied erachtet. Auch er wurde zunächst Ende Juli 1945 bei der Stadtverwaltung eingestellt, dann im Oktober 1945 aufgrund seiner früheren Zugehörigkeit zur NSDAP zur selben Zeit wie Dr. Staff entlassen. Bei Hartls Entnazifizierung wirkten ehemalige Mitglieder der „Organisation Bauernhaus" mit. Als öffentlicher Kläger fungierte Weidlich,[2066] eine entlastende eidesstattliche Erklärung gab Dr. Staff ab.[2067] Erst im Dezember 1947 wurde Hartl wieder erlaubt, als Beamter auf Probe im städtischen Wohlfahrtsamt zu arbeiten.

Das Netzwerk der „Organisation Bauernhaus" erweist sich im Umgang mit der Entnazifizierung vor den Spruchkammergerichten als symptomatisch; die Problematik der gegenseitigen Entlastungen durch die sogenannten Persilscheine ist in der Literatur umfangreich erörtert worden.[2068] Der Fall der „Organisation Bauernhaus" belegt überdies, dass persönliche Netzwerke bis in die Organe der Spruchkammergerichte hinein reichten und die von den Besatzungsmächten intendierte Entnazifizierung in gewisser Weise aushebelten.

---

Horst Wessel war als SA-Sturmführer Mitglied dieser Vereinigung. Vgl. Magenschab, Drahtzieher (2011), s.p.

[2062] Vgl. StAAm, Spruchkammer Regensburg II/St15: Vernehmungsniederschrift von Fritz Linthe vom 8.5.47, Spruch der Spruchkammer II vom 10.7.1947.
[2063] Vgl. DD-WASt, Auskunftskartei S–2297/078.
[2064] Vgl. StAR, PA-p/9863: Personalakt.
[2065] StAR, PA-p/6662: Personalakt.
[2066] Die Familie Weidlich, wohnhaft in der Dechbettenerstraße in Regensburg, gehörte zu den Vertrauten der Organisation Bauernhaus; Markus Pusel erwähnte sie in seinem Bericht an die Militärregierung vom Juni 1945, vgl. StAR, Materialien Hilmer: Organisation Bauernhaus – Kopien.
[2067] Vgl. StAR, PA-p/1998/119: Personalakt.
[2068] Vgl. Niethammer, Mitläuferfabrik (1982); Hirte, „Persilschein"-Netzwerke (2013).

## 4. Akteure und Schaltstellen des öffentlichen Lebens

Fritz Ottenheimer, ein amerikanischer Leutnant der Special Branch Section in Regensburg, zog Mitte 1946 die Glaubwürdigkeit der Mitglieder der „Organisation Bauernhaus" in Zweifel. In seinem Schreiben an die Regensburger Spruchkammer vom Juli 1946 bezeichnete er die „Organisation Bauernhaus" als reaktionär und skrupellos und stellte infrage, dass es den Mitgliedern in ihrer Tätigkeit darum gegangen sei, Freiheit für die Allgemeinheit zu schaffen. Die Organisation sei zwar ein aktiver Gegner des NS-Regimes gewesen, habe aber nicht nach einer Demokratie, sondern vielmehr einer eigenen Gewaltherrschaft gestrebt. Seine Skepsis resultierte aus der allgemeinen Enttäuschung über die Entnazifizierung in der US-Besatzungszone Deutschlands, zumal in Regensburg.[2069] Ottenheimer war sich seiner Informanten zwar nicht sicher, aufgrund seiner Erfahrung durch die Tätigkeit in der Special Branch Section erschien ihm seine Reserve gegenüber der „Organisation Bauernhaus" aber als durchaus begründet.

Die Auswertung eines Interviews mit dem Angehörigen der „Organisation Bauernhaus" Rudolf Faltermeier aus dem Jahr 1989 ruft gleichfalls große Zweifel hervor, insbesondere dahingehend, ob Faltermeier seinen Bericht von 1945, der nicht von ihm unterschrieben war, selbständig verfasst hatte.[2070] Die Sprache dieses Berichts entsprach weder seinem während des Interviews gezeigten Sprachduktus, noch konnte er sich an bestimmte wichtige Fakten von 1944 erinnern. Faltermeier gab an, Pusel nicht zu kennen. Es liegt nahe, dass ein anderes Mitglied der Organisation den Bericht Faltermeiers 1945 verfasst hatte, um damit eine Legende der Organisation glaubwürdig erscheinen zu lassen. Möglich ist auch, dass man Faltermeier, ohne ihn während der Konspiration in der Kriegszeit in die damaligen Strukturen und Verbindungen tiefer zu involvieren, nach dem Krieg vor den Amerikanern und später vor der Spruchkammer nur bevormundete, um ihm zu helfen. Denn er hatte sich in schwerer Zeit als zuverlässiger Kamerad erwiesen.

In jedem Fall verfügte die Organisation Bauernhaus nach 1945 über ein funktionierendes Netzwerk, welches offenkundig nicht nur gute Kontakte zur Besatzungsmacht bereit stellte, sondern überdies eigene Vertraute in den ab 1946 unter deutscher Aufsicht agierenden Spruchkammern hatte, vor welchen Dr. Staff als Anwalt zahlreiche Regensburger vertrat.[2071]

Über die Rolle der Mitglieder des „Neuen Deutschland" schweigen die Quellen. Die einzige Ausnahme stellt die Person Franz Schambergers dar, der Angehöriger des

---

[2069] Vgl. Ottenheimer, Konstanz (1996), S. 111–119.
[2070] StAR, Materialien Hilmer: Interview mit Rudolf Faltermeier vom 6.9.1989 durch Ludwig Hilmer und Rainer Ehm.
[2071] Dr. Staff vertrat 1947 als Anwalt, zugleich als früheres Mitglied der Organisation Bauernhaus, Johann Hayder, der in das Wirken dieser Organisation eingeweiht gewesen war, in seinem Spruchkammerverfahren. Vgl. StAAm, Spruchkammer Regensburg I/827: Schreiben Dr. Staff vom 19.2.1947; StAR, Materialien Hilmer: Organisation Bauernhaus – Kopien.

## VI. Die Lage in Regensburg nach der Übergabe an die Amerikaner

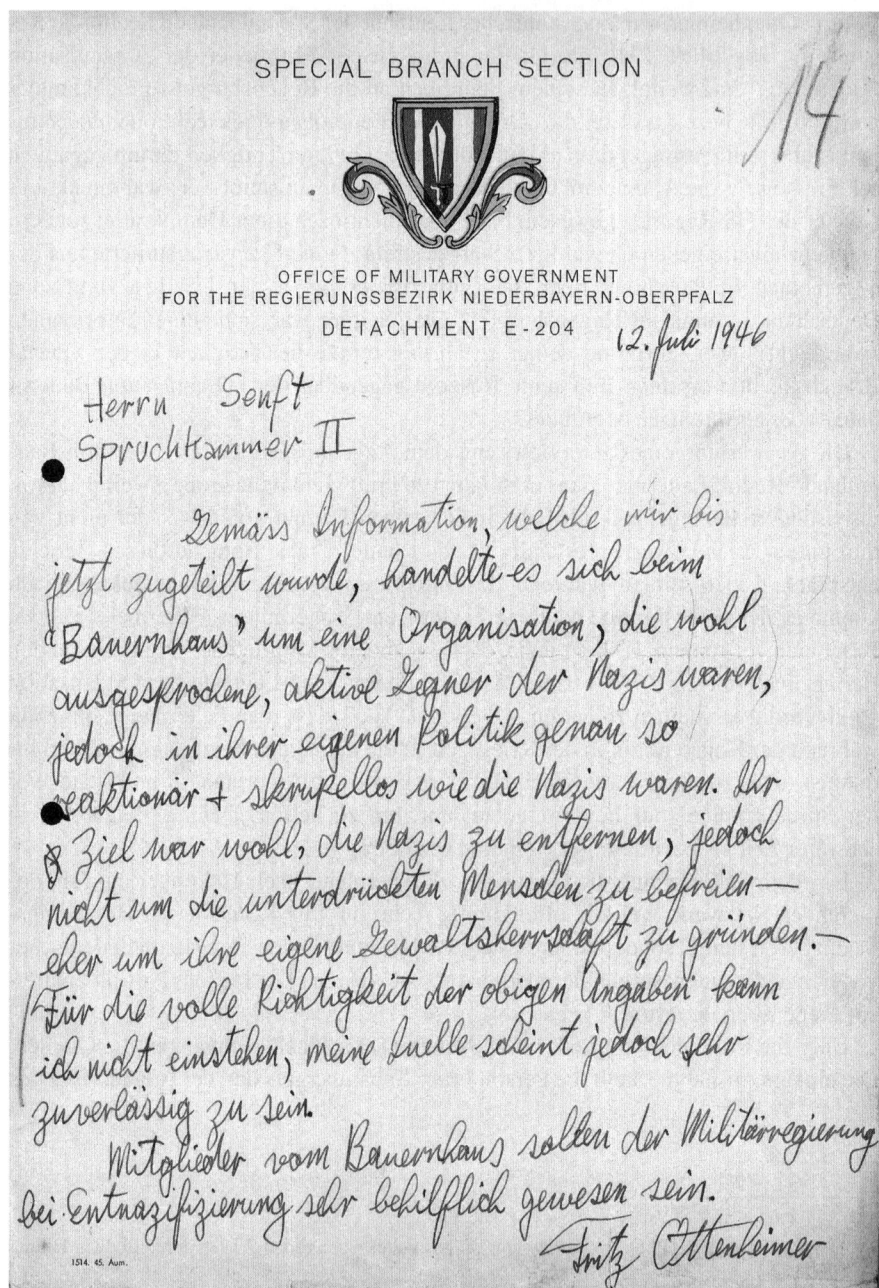

Fritz Ottenheimer an den Vorsitzenden der Spruchkammer Regensburg II, Xaver Senft, vom 12. Juli 1946; aus StArchAm, Spruchkammer Regensburg II/St 15.

## 4. Akteure und Schaltstellen des öffentlichen Lebens

SS-Polizei-Regiments 21 gewesen war.[2072] Dennoch fand er bei der städtischen Polizei Beschäftigung, agierte als Kenner des Polizeimilieus aus der Zeit von 1933 bis 1945 und unterstützte die Amerikaner sowie den neuen Polizeichef, Alfons Heiß. Schamberger fungierte in Regensburg bis 1970 als Kriminalbeamter.[2073] Er war nicht der einzige Polizist mit nationalsozialistischer Vergangenheit, der über die Zäsur 1945 hinaus im Dienst blieb.[2074] Franz Schamberger wurde nach dem Krieg von einem Kollegen als Opportunist charakterisiert, der sich aus Karrieregründen im „Dritten Reich" als überzeugter Nationalsozialist, in der Nachkriegszeit als Stütze der Militärregierung ausgegeben und entsprechend gehandelt habe:

> „Kaum waren die Amerikaner in Regensburg einmarschiert, bot er ihnen nicht bloß seine guten, sondern seine besten Dienste an. Sicherlich war Schamberger kein Nazi aus tiefster Gesinnung heraus. Er war kurz gesagt mehr ein Gesinnungskumpan, der zu jeder Zeit und bei jeder Gelegenheit bereit war, den Rahm abzuschöpfen. Aus diesem Grunde soll er auch während des Dritten Reiches der SS beigetreten sein".[2075]

Die Informationen zu Schamberger, in den Akten zu Georg Mörtel zu finden, sind plausibel. Mörtel hatte allen Grund, Schamberger im positiven Lichte erscheinen zu lassen, waren doch beide Mitglieder des „Neuen Deutschland". So ist gerade die Information nicht anzuzweifeln: Schamberger fand bei der Polizei Verwendung, um „nach politisch belasteten Personen zu fahnden, das Beweismaterial gegen sie zu beschaffen und sie festzunehmen".[2076] Fügt man alle bisher bekannten Auskünfte zu diesem Mitglied des Neuen Deutschland zusammen, ist anzunehmen, dass Schamberger mit seiner Dienstbereitschaft für die Amerikaner versuchte, seinem Dienst bei der KriPo in der Zeit bis 1945 etwas Positives entgegenzusetzen.

Die anderen Mitglieder des Neuen Deutschland traten weniger in Erscheinung, da sie ihre Hilfe zugunsten Kriegsgefangener als eigene Entlastung gegenüber den Amerikanern verstanden, von Anfang an aber keine politischen Ambitionen für die Zeit nach dem Krieg hegten.[2077] Dafür spricht auch die Beurteilung der Organisation durch das „Archiv der Bayerischen Widerstands-Bewegung" in der Bayerischen Staatskanzlei von 1947. Diese Stelle verweigerte dem Regensburger Neuen Deutschland das Prädikat einer „Widerstandsgruppe", weil die Anzahl der Mitglieder zu klein und der Einfluss sowie die zur Verfügung stehenden Mittel zu gering gewesen seien. Eine gewisse Anerkennung fand lediglich die von den Mitgliedern im Rahmen dienstlicher Pflichten an den Tag gelegte Menschlichkeit, besonders gegenüber britischen Kriegs-

---

[2072] Vgl. StAR, PA-p/7655: Personalakt. Zum SS-Pol.Rgt.21 siehe mehr bei Klemp, Polizeibataillone (2011), bes. S. 532, ferner S. 82, 439 u. 528.
[2073] Vgl. StAR, NL Dolhofer/16: Geschichte der Polizei in Regensburg, S. 3.
[2074] Vgl. Smolorz, Reserve-Wachbataillon (2017), S. 305–309.
[2075] StAR, NL Dolhofer/16: Notiz zu Schamberger vom 6.12.1946.
[2076] StAAm, Spruchkammer Regensburg I/1222: Bescheinigung Mil. Gov. Det. F1D3 – Polizeidirektion vom 31.5.1945.
[2077] Vgl. Kapitel IV.5.2.2.2.

gefangenen, die sie vor dem Zugriff der SS bewahrt hatten. Ein solches Handeln habe nicht den Absichten und Weisungen der Sicherheitsbehörden des nationalsozialistischen Staates entsprochen. Man unterstrich also im München der Nachkriegszeit, dass die Handlungen der Gruppe Mut verlangt hätten und gefährlich gewesen seien.[2078] Über die anderen Mitglieder des Neuen Deutschland ist nicht bekannt, dass sie in den kommunalen oder regionalen Verwaltungen nach dem Krieg Verwendung gefunden hätten.

Abgesehen von den Mitgliedern tatsächlicher oder am Ende des Krieges konstruierter Opposition gegen den Nationalsozialismus gab es zahlreiche weitere Personen der sogenannten ersten Stunde in Regensburg. Mit der Leitung der Stadtverwaltung wurde zunächst am 27. April 1945 Oberinspektor Karl Löbl beauftragt. Löbl wurde zum einflussreichen Ansprechpartner für die Regensburger, weil er im Bürgermeisterbüro den Parteienverkehr abwickelte.[2079] Tatsächlich herrschte in der Stadtverwaltung auch nach der Übergabe an die Amerikaner eine gewisse Kontinuität, denn bis zum 20. August 1945 verblieb das Amt des Bürgermeisters in den Händen Hans Herrmanns. Dr. Ernst Falkner wurde im Mai 1945 zum Landrat (bis Juli 1945 geschäftsführend) in Regensburg bestimmt, neben seiner Funktion als kommisarischer Regierungspräsident von Oberpfalz und Niedernayern.[2080] Er hatte dem Kreis der konservativen Opposition um Franz Sperr während des Krieges angehört und stand in Kontakt mit Dr. August Elsen und Dr. Josef Held in Regensburg – man kann hier von einem Netzwerk von Mitgliedern der ehemaligen BVP sprechen.[2081]

Die Schaltstelle in der Stadtverwaltung, das Personalamt, übertrug Herrmann am 5. Mai 1945 dem Oberamtmann Franz Jepsen, der diese Funktion bereits in den 1920er Jahren wahrgenommen hatte.[2082] Jepsen war 1933 als Mitglied der Stadtratsfraktion der BVP und Leiter des Direktorialsekretariats des damaligen Oberbürgermeisters Dr. Hipp aus dem Dienst entlassen worden. Er wurde im Juli 1933 kurzzeitig in „Schutzhaft" genommen, kehrte allerdings nach zwei Monaten in die Stadtverwaltung zurück. 1939 wurde er mit 59 Jahren im Dienstgrad eines Leutnants zur Wehrmacht eingezogen, 1940 zum Hauptmann befördert, schließlich 1943 aus der Wehrmacht entlassen, nachdem die Stadtverwaltung darum mit dem Argument gebeten hatte, dass bereits 61 Prozent ihrer Beamten des gehobenen Dienstes zur Wehrmacht freigegeben worden seien. Jepsen trat der NSDAP als Anwärter bei und behauptete nach 1945, er sei zwar Parteigenosse, aber kein Nationalsozialist gewesen, habe sich vielmehr auf diese Weise vor gefährdenden Maßnahmen der Obrigkeit geschützt.

---

[2078] Vgl. StAAm, Spruchkammer Regensburg I/1222: Brief des Archivs der Bayerischen Widerstands-Bewegung an die Spruchkammer I in Regensburg vom 29.11.1947.
[2079] Vgl. StAR, ZR III/772: Rapport des Bürgermeisters Herrmann vom 15.5.1945.
[2080] Vgl. Hilmer, Regensburg (1986), S. 38.
[2081] Vgl. Kapitel IV.5.2.2.3. u. IV.5.2.2.4.
[2082] Vgl. StAR, ZR I/12629: Schreiben des Bürgermeisters Herrmann an alle Dezernate vom 5.5.1945; StAR, Personalamt 1988, Beamte, Angestellte, Arbeiter – Versorgung/160: Zeugnis Dr. Otto Hipps vom 30. Oktober 1922.

## 4. Akteure und Schaltstellen des öffentlichen Lebens

Jepsen erreichte im Juni 1945 die Altersgrenze von 65 Jahren, verblieb aber zunächst im Dienst und ging erst Ende August 1945 in den Ruhestand.[2083] In diesem Zeitraum gestaltete er die Personalpolitik der Stadtverwaltung aufgrund seiner langjährigen Erfahrung entscheidend mit.

Die Stadtverwaltung nahm auf Verlangen der Militärregierung im Juli 1945 eine Registrierung aller Einwohner in Regensburg vor.[2084] Ausländer sowie deutsche Flüchtlinge und Vertriebene wurden dabei separat registriert, mit ihnen befasste sich die Militärregierung in eigener Regie.[2085] Für die „German Refugees" wurde bereits ab 1. Mai 1945 der Oberpfälzer Heinrich Bürgerl (geb. 16.2.1893) als Oberlagerleiter eines Flüchtlingslagers zuständig, das im Altdorfer Gymnasium eingerichtet worden war (allerdings nur bis zum 28. Mai). Erheblich später, am 1. November 1945, bekam Bürgerl einen Stellvertreter, den Vertriebenen Hans Böhm (geb. 12.2.1901), als Verstärkung.[2086] Grund für diese neuen Stellen in der Verwaltung war, dass sich seit Anfang 1945 in Mittel- und Westdeutschland (aus der Sicht des Jahres 1945 betrachtet) Millionen Menschen aus dem Osten drängten und laufend weitere Flüchtlinge und Vertriebene hinzukamen. Viele flohen zunächst nach Bayern, rund die Hälfte aller Flüchtlinge aus den schlesischen Provinzen gelangte auf das Territorium der sich wieder konstituierenden Tschechoslowakei. Dort gerieten sie Anfang Mai 1945 samt den Millionen Sudetendeutschen in die Wirren des Zusammenbruchs der Heeresgruppe Mitte. Zahlreiche deutsche Soldaten versuchten sich hier nach dem Aufstand in Prag und dem sowjetischen Vorstoß in die westliche Tschechoslowakei im letzten Augenblick noch vor der deutschen Kapitulation zu den amerikanischen Truppen westlich der Linie Karlsbad-Pilsen-Budweis durchzuschlagen, um so der sowjetischen Kriegsgefangenschaft zu entgehen.[2087]

Die Flüchtlinge aus dem Osten Deutschlands glaubten anfangs, in ihre Heimat zurückkehren zu können. Anfragen von Deutschen, die eine Reiseerlaubnis nach dem Osten erbaten, belegen eine solche Hoffnung.[2088]

---

[2083] Vgl. StAR, Personalamt 1998, Beamte, Angestellte, Arbeiter – Versorgung /160: Personalakt/Sammelakt.
[2084] Vgl. StAR, ZR I/12629: Schreiben des Oberbürgermeisters Titze an alle Dezernate vom 10.7.1945.
[2085] Vgl. Smolorz, Displaced Persons (2009), S. 18 u. 42.
[2086] Vgl. StAR, ZR III/1256: Undatierte Listen des Regierungsflüchtlingslagers; StAR, ZR III/772: Rapport des Bürgermeisters Herrmann vom 28.5.1945.
[2087] Vgl. Henke, Besetzung (1996), S. 688.
[2088] Ein nach Regensburg versprengter Polizeiangehöriger aus Königsberg bat bei der Stadtverwaltung am 9. Mai 1945 um Ausreisegenehmigung aus Regensburg nach Flensburg, weil er dort seine Frau abholen wolle, um mit ihr in die Heimat zurückzukehren. StAR, ZR III/763: Schreiben Bruno Schulz vom 9.5.1945.

## 4.2. Religiöse Gemeinschaften

Neben der Stadtverwaltung und den sich neu formierenden, noch inoffiziellen Parteien wirkten auch die Kirchen als gesellschaftlich relevante Akteure in Regensburg. Die katholische Amtskirche – und nicht nur sie – erschütterte in den letzten Kriegstagen der Tod des Dompredigers Dr. Johann Maier.[2089] Ihm zu Ehren war ein feierlicher Trauergottesdienst geplant, der jedoch erst durch die Militärregierung genehmigt werden musste. Bischof Dr. Michael Buchberger nahm daher mit den amerikanischen Befehlshabern Kontakt auf,[2090] mutmaßlich am 28. April 1945, da bereits zu diesem Zeitpunkt bekannt war, dass ein Gottesdienst für die Gefallenen am 13. Mai stattfinden könne.[2091] Der Bischof war somit einer der ersten deutschen Ansprechpartner aus der Stadtgesellschaft für die Besatzungsmacht in Regensburg.

Allerdings war innerhalb der kirchlichen Administration nicht klar, ob der Bischof auch eine starke Verhandlungsposition gegenüber den Amerikanern innehabe. Denn am 3. Mai 1945 wandte sich die Katholische Bruderhaus-Stiftung Regensburg nicht an ihn, von dem man zwar wusste, dass er mit den Amerikanern bereits in Verbindung stand, sondern erbat über die Stadtverwaltung die Hilfe der Amerikaner, um das Altenheim vor Plünderungen zu schützen.[2092] Offenbar erhoffte man sich von dieser Vermittlung mehr Erfolg.

Das Wohlwollen der Amerikaner gegenüber der katholischen Amtskirche war erkennbar, was an der baldigen Kontaktaufnahme des Bischofs mit den amerikanischen Befehlshabern lag. Sie setzten neun Priester und Theologiestudenten, die in Regensburg in Kriegsgefangenschaft geraten waren, vergleichsweise rasch, schon am 20. Mai 1945, auf freien Fuß.[2093]

Auch die katholischen Orden begannen bald, sich neu zu formieren. Die Salesianer wandten sich am 23. Mai an die Militärregierung, nicht über den Bischof – der keine kirchlich vorgesetzte Stelle eines Ordens ist –, sondern über den Bürgermeister, ob ihrem Orden das Jugend- und Lehrlingsheim zurückgegeben werden könne, das im April 1944 von der NSDAP als HJ-Heim beschlagnahmt worden war.[2094]

Die Caritas führte nach der amerikanischen Besatzung ihre Fürsorgearbeit fort. Diese bestand bis Mitte Mai vor allem in der Ein- und Umquartierung von Luftkriegsgeschädigten und der Versorgung dieser Gruppe mit Mobiliar und sonstigen Alltagsgegenständen. Offensichtlich konnte die Caritas relativ frei über Möbel aus

---

[2089] Vgl. Feldmann, Domprediger (1995), S. 181–185.
[2090] Vgl. Hilmer, Verwaltung (1995), S. 93.
[2091] Vgl. BZAR, OA-NS/540: Schreiben des bischöfl. Ordinariats an alle Geistlichen in der Stadt Regensburg vom 28.4.1945.
[2092] Vgl. StAR, ZR III/737: Schreiben M. Cornelin vom 3.5.1945.
[2093] Vgl. StAR, ZR III/736: Korrespondenz zwischen dem Bischof von Regensburg und Bürgermeister Herrmann vom 9.4.45, 14.5.45 und 20.5.45.
[2094] Vgl. StAR, ZR III/772: Rapport des Bürgermeisters Herrmann vom 23.5.1945.

## 4. Akteure und Schaltstellen des öffentlichen Lebens

den ehemaligen Messerschmittwerken, dem Munitionslager in Hohengebraching und einigen Kasernen verfügen; ihre Tätigkeit wurde freilich mehrfach von Plünderern behindert.[2095]

Die Regensburger Protestanten versammelten sich bereits am 29. April 1945 in der Neupfarrkirche im Bewusstsein des glücklichen Umstands, dass die St. Oswaldkirche mit Ausnahme von Fensterschäden infolge der Sprengung des Eisernen Stegs den Krieg unversehrt überdauert hatte. Die Gläubigen wurden dazu aufgerufen, von da an keinen Gottesdienst mehr zu versäumen. Im Dekanat war bereits zu diesem Zeitpunkt eine Wohnungsvermittlungsstelle eingerichtet worden. Der Krieg und das Kriegsende änderten dabei nichts an der grundsätzlichen Einteilung der Regensburger evangelischen Gemeinde: Die Pfarrei Neupfarrkirche samt St. Oswaldkirche bildete die Untere Stadt, die Dreieinigkeitskirche die Obere Stadt.[2096] Am 10. Mai bat die Gemeindehilfe der Unteren Stadt, eine Versammlung einzuberufen, und zwei Tage später wurde die St. Oswaldkirche gereinigt und wieder für Gottesdienste geöffnet. Der evangelische Unterricht wurde am 13. Mai wiederaufgenommen, die Arbeit des evangelischen Kindergartens sollte gleichfalls in den folgenden Tagen beginnen.[2097] Am 22. Mai 1945 übernahm die evangelisch-lutherische Kirche das Marienstift, das bis zu diesem Zeitpunkt als Wehrmachtsamt gedient hatte. Als Gesprächspartner für die Stadtverwaltung und die US-Besatzungsmacht trat Dr. Alfons Krenßel auf,[2098] als Dekan fungierte weiterhin Gerhard Schmidt.[2099]

Neben den beiden Amtskirchen formierten sich in Regensburg auch bald wieder kleinere Religionsgemeinschaften. Bevor hier jedoch eine jüdische Gemeinde gegründet werden konnte, galt es zunächst, in Regensburg befindliche Juden medizinisch zu versorgen, um ihnen das Leben zu retten. Im Mai 1945 oblag diese Aufgabe dem städtischen Wohlfahrtsamt. Beispielsweise wurden Juden Anfang Mai auf Geheiß der Behörde in das Krankenhaus im Klerikalseminar eingewiesen.[2100]

Eine erste Basis des Jüdischen Komitees Regensburg – so der deutsche Name der späteren Jewish Community – war bereits im Mai 1945 von Hersch Solnik geschaffen worden, einem Überlebenden aus dem Regensburger Außenlager „Colosseum" des Konzentrationslagers Flossenbürg. Auch er befand sich bis zum 29. April 1945 im Krankenhaus Klerikalseminar. Der zweite Urheber der ersten jüdischen Vereinigung nach 1945 in Regensburg war Jan Jehuda Leib Salomon, der vom Todesmarsch

---

[2095] Vgl. StAR, ZR III/737: Brief von Caritasdirektor Michael Prem an den Bürgermeister Herrmann vom 12.5.1945.
[2096] Vgl. Angerer, Kirche (1992), S. 433.
[2097] Vgl. KAR, Chronik der Neupfarrkirche 1945.
[2098] Vgl. StAR, ZR III/736: Schreiben des Dekans der evang.-luth. Kirche an den Bürgermeister von Regensburg vom 22.5.45.
[2099] Vgl. StAR, ZR III/742: Schreiben des Oberbürgermeisters von Regensburg an die örtliche Militärregierung vom 2.8.45.
[2100] Ein Beispiel dafür war Jakob Heinmann, ein Jude aus Berlin. Vgl. StAR, ZR III/741: Schreiben des Dezernats III an den Bürgermeister von Regensburg vom 15.5.1945.

VI. Die Lage in Regensburg nach der Übergabe an die Amerikaner

aus dem Konzentrationslager Flossenbürg gerettet wurde.[2101] Gleichwohl dauerte es in Regensburg bis zum 26. September 1945, bis die Jewish Community Regensburg ins Leben gerufen wurde.[2102] In München war inzwischen im Mai 1945 ein „Hilfswerk für die von den Nürnberger Gesetzen Betroffenen" gegründet worden. Dessen Zuständigkeit für die Betreuung rassisch Verfolgter jüdischen Glaubens wurde bis Ende des Jahres auf ganz Bayern ausgedehnt.[2103]

Zwei weitere christliche Religionsgemeinschaften lassen sich in den überlieferten städtischen Akten ab August 1945 nachweisen: Die Mennoniten meldeten ihren Sitz in der Tillystraße 7 und die Alt-Katholiken in der Gumpelzheimerstraße 17.[2104]

## 4.3. Die Wirtschaft

Die Vertreter der Wirtschaft in Regensburg reagierten auf die neuen Verhältnisse sofort nach der amerikanischen Besetzung der Stadt. Ihr Engagement bekräftigt die gängigen Thesen,[2105] dass die deutschen Wirtschaftseliten sich mit der Zeit nach dem Ende des Zweiten Weltkriegs lange vor dem Mai 1945 beschäftigt hatten.

Zu den Einrichtungen und Gremien der Wirtschaft, die rasch nach der Besetzung im öffentlichen Leben eine Rolle spielten, gehörten die Industrie- und Handelskammer und mit ihr verbunden zahlreiche Leiter von Industrie-, Handwerks- und Handelsbetrieben. Die IHK erklärte sogleich, sie wolle weiterbestehen. Dr. Hans Keydel erhob den Anspruch, die IHK Regensburg weiter zu führen. Er war während des Krieges vom Präsidenten der Gauwirtschaftskammer Bayreuth in Coburg, Karl Borst, nach Regensburg geschickt worden.[2106] Spätestens ab dem 24. Mai arbeitete die IHK, zunächst unter der Leitung des kommissarisch beauftragten Präsidenten Peter Sellmayer.[2107] Die Notwendigkeit einer IHK war den Amerikanern durchaus bewusst, sie setzten den bisherigen Geschäftsführer Dr. Heinrich Bingold wieder in sein Amt ein, neuer Präsident wurde Otto Christlieb, der seit 1935 zweiter Vorsitzender der IHK Regensburg gewesen war.[2108]

---

[2101] Vgl. Smolorz, Juden (2010), S. 29.
[2102] Vgl. Smolorz, Juden (2010), S. 28f.
[2103] Vgl. Goschler, Wiedergutmachung (1992), S. 76f.; Winstel, Gerechtigkeit (2006), S. 86.
[2104] Vgl. StAR, ZR III/742: Schreiben des Oberbürgermeisters von Regensburg an die örtliche Militärregierung vom 2.8.45.
[2105] Vgl. Herbst, Krieg (1982), S. 397f.
[2106] Vgl. StAR, ZR III/763: Schreiben von Dr. Kurt Christlieb an Bürgermeister Herrmann vom 16.5.45.
[2107] Vgl. StAR, ZR III/763: Schreiben der IHK Regensburg an den Bürgermeister von Regensburg vom 24.5.1945. Peter Sellmayer war Inhaber einer Dampf-Vulkanisier-Anstalt in Regensburg. Vgl. StAR, ZR I/15583: Ausstellung und Prüfung von Dampfkesseln 1935.
[2108] Vgl. Schmidt, Industriekammer (2002), S. 127. Bingold soll ein fanatischer Nationalsozialist und Antisemit gewesen sein. Vgl. BZAR, OA DP Maier/69: Erinnerungen und Notizen Anton Diepolds (ohne Datum).

## 4. Akteure und Schaltstellen des öffentlichen Lebens

Die Messerschmittwerke in Regensburg waren durch mehrmalige Luftangriffe völlig zerstört worden. Amerikanische Soldaten inspizierten das Fabrikgelände trotzdem sofort nach der Besetzung der Stadt. Angesichts der Zerstörungen und der ausgelagerten Produktion erwies sich das Messerschmittwerk jedoch als Industriegelände wenig interessant.[2109] Von dem Flugzeugwerk war ein hervorragend ausgebildeter Stamm von Facharbeitern geblieben und einige Zulieferbetriebe übrig, die auch nach dem Krieg wieder produzierten,[2110] zum Beispiel die Leichtbau Regensburg GmbH, ein Tochterunternehmen der Messerschmittwerke, das in der Prüfeningerstraße angesiedelt war.[2111] Sie beschäftigte bereits 1940 ca. 750 Personen. Zahlreiche Arbeiter waren dienstverpflichtete Deutsche, die in Regensburg und Umgebung gar nicht beheimatet waren, sondern beispielsweise in Berlin, Bonn, Dortmund oder Mannheim. Nach dem Krieg wollten sie, wie die befreiten Ausländer, möglichst rasch nach Hause zurückkehren. Dies war aber zunächst nicht möglich. Sie blieben daher im Betrieb und arbeiteten weiter. Erst Ende Mai 1945 begann der Geschäftsführer, sich beim Bürgermeisteramt um ihre Reisegenehmigung zu bemühen.[2112] Das bedeutet, dass vorhandene Arbeitskräfte im Lauf des Mai 1945 weiter tätig waren und Betriebe schon kurze Zeit nach Kriegsende über Mitarbeiter verfügten. Personalprobleme traten erst in den folgenden Monaten auf, als den Auswärtigen allmählich erlaubt wurde, in ihre Heimat zurückzukehren.

Die Süddeutschen Holzverzuckerungswerke im Stadtteil Schwabelweis waren nach dem Messerschmittwerk der wichtigste Industriebetrieb in Regensburg. Dieses Unternehmen beschäftigte während des Krieges zahlreiche Zwangsarbeiter, die nach der Übergabe Regensburgs an die Amerikaner befreit wurden und folglich in der Produktion als Arbeitskräfte fehlten. Doch es fehlte nicht nur die Belegschaft. Die Stadtverwaltung bat die Militärregierung am 5. Mai 1945 um die Genehmigung für den Geschäftsführer Dr. Walter Strathmeyer, aus Donaustauf nach Regensburg zurückzukommen, damit er im Werk seinen Aufgaben nachgehen könne, besonders der Produktion der fürs Brotbacken und Bierbrauen benötigten Hefe.[2113]

Die Amerikaner selbst sicherten sich Material wie Messing, Eisenrohre, Kabel und Maschinenteile und transportierten alles ab, wobei sie sich dabei ungarischer Kriegsgefangener bedienten.[2114]

In Hafennähe beschlagnahmte die US-Army mehrere Verwaltungsgebäude als Quartiere für die eigene Besatzungstruppe. Die Leitung des Bayerischen Lloyd

---

[2109] Vgl. Schmoll, Messerschmitt-Werke (2004), S. 194f.
[2110] Vgl. ebd., S. 24.
[2111] Vgl. BA, NS 5-I/75: Bekanntmachung des Betriebsleiters Messerchmittwerke Nr. 71 vom 18.11.1943; Reichsbetriebskartei der Arbeitsgruppe Maschinelles Berichtswesen: hier die Messerschmittwerke und die Leichtbau GmbH Regensburg.
[2112] Vgl. StAR, ZR III/763: Brief der Leichtbau Regensburg GmbH an Bürgermeister Hans Herrmann vom 29.5.1945.
[2113] Vgl. StAR, ZR III/763: Schreiben Dr. Strathmeyers und Bürgermeisters Herrmann an die Militärregierung vom 3.5. bzw. 5.5.1945.
[2114] Vgl. StAR, ZR III/5783: Bericht über Großfeuer bei der Südholag vom 24.5.1945.

## VI. Die Lage in Regensburg nach der Übergabe an die Amerikaner

reagierte bereits am 1. Mai 1945. Es wurde angekündigt, dass die Hauptverwaltung in drei Außenstellen verlegt werde, u. a. in die Wohnungen von Generaldirektor, Dr. Albert Schlegel, und Kapitän Franz Zenger. Zugleich stellte Dr. Schlegel die Bitte, die Amerikaner mögen ihm seine Wohnung freigeben, die requiriert worden war.[2115]

Die Brauerei Bischofshof war die größte Brauerei der Stadt und damit ein gutes Beispiel für die Auswirkungen der Besatzung auf den Bereich der Lebensmittelindustrie. Sie wurde von den Amerikanern beschlagnahmt und braute sofort nach dem Kriegsende Bier für die amerikanische Armee.[2116] Der Leiter der Brauerei, Dr. August Elsen, blieb über den 27. April 1945 hinaus im Amt. Berücksichtigt man sowohl die Rolle Elsens in den antinationalsozialistischen Kreisen vor dem Kriegsende 1945,[2117] als auch die Bitte Bürgermeister Herrmanns vom 14. Mai 1945, Elsen möge einen von der Besatzungsmacht erstellten Fragebogen zu Mitgliedschaften in der Zeit des Nationalsozialismus ausfüllen und umgehend bei der Militärregierung abgeben.[2118] Mutmaßlich wurde damit nicht nur Elsens Mitwirkung als Gegner des Nationalsozialismus bescheinigt,[2119] vielmehr erklärt sich daraus auch die Produktionskontinuität bei der Brauerei.

Zusammenfassend ist festzuhalten: Die Amerikaner etablierten sich in Regensburg im Mai 1945 als eine durchaus effektive Besatzungsmacht. Abgesehen von den Plünderungen und Zwischenfällen in der öffentlichen Sicherheit im Lauf des Mai 1945 sowie der unzulänglichen Organisation der Kriegsgefangenenlager für Deutsche und ihre Verbündeten, hatten die Amerikaner die Situation weitgehend im Griff. Die großen Herausforderungen wie Lebensmittel- und Wohnraumversorgung meisterten sie von Anfang an mithilfe der deutschen Verwaltung. Sie nahmen damit bewusst in Kauf, dass mancher belastete Deutsche im Amt blieb, dass insbesondere die Polizeikräfte, die Teil des Repressionssystems Heinrich Himmlers gewesen waren, lange unangetastet ihren Dienst verrichteten (mit Ausnahme der Zuständigkeit für Ausländer). Darüber hinaus bedeutete das Vorgehen der Amerikaner, dass die Deutschen aktiv in die Bewältigung der Kriegsfolgen eingebunden wurden, eine positive Hypothek für den späteren Aufbau einer demokratischen Bundesrepublik Deutschland.

Allmählich gelangte die Kenntnis über das Schicksal der deutschen Flüchtlinge und Vertriebenen an die Öffentlichkeit; hier verhielten sich die Amerikaner zurückhaltend, obwohl sie wussten, dass das Schicksal der Ostgebiete besiegelt war.

Neben den genannten Akteuren kam den in Regensburg und der näheren Umgebung befindlichen Ausländern eine besondere Rolle zu. In der unmittelbaren Nachkriegszeit formierten in Regensburg zahlreiche Nationalitäten politische Gruppierungen.

---

[2115] Vgl. StAR, ZR III/737: Zwei Briefe des Dr. Schlegel an Bürgermeister Herrmann vom 1.5.1945.
[2116] Vgl. Sperl, Hopfen (2014), S. 67.
[2117] Vgl. Kapitel IV.5.2.2.3.
[2118] StAR, ZR III/737: Brief des Bürgermeisters Herrmann an Dr. Elsen vom 14.5.1945.
[2119] Vgl. Sperl, Hopfen (2014), S. 67.

# 5. Vorzeichen des beginnenden Kalten Kriegs in Regensburg und Ostbayern

Ostbayern und insbesondere Regensburg können zwischen 1944 und 1946 geradezu als Sammelbecken namhafter Politiker und Militärs aus Ost- und Ostmitteleuropa bezeichnet werden. Zu fragen ist daher, ob alle politisch agierenden Seiten in Regensburg, die Deutschen, die Osteuropäer und die Amerikaner, an der räumlichen Konzentration interessiert waren. Was lag der Zusammenführung in Regensburg zugrunde? War es politisches Kalkül nationalsozialistischer Stellen, angesichts der sich abzeichnenden Niederlage des „Dritten Reiches", kollaborierende Militärs und Politiker aus dem östlichen Europa zu sammeln, um sie als Faustpfand den Amerikanern gegenüber zu verwenden, zumal der Antikommunismus des im Süden Deutschlands agierenden amerikanischen Generals George S. Patton ein offenes Geheimnis war?[2120] War es erklärte Politik der amerikanischen Besatzungsbehörden, Antikommunisten aus dem östlichen Europa im eigenen Machtbereich in ihre Obhut zu nehmen, um sie im Fall eines Konflikts mit der Sowjetunion als Verbündete auf der eigenen Seite zu haben? Nicht zuletzt ist der Frage nachzugehen, ob die Betroffenen selbst einen Anteil an der räumlichen Konzentration um Regensburg hatten.

## 5.1. Auf dem Weg in die Ost-West Konfrontation

Der nationalsozialistische Staat hatte während des Zweiten Weltkriegs zahlreiche Zwangsarbeiter und sowjetische Kriegsgefangene in das Reichsgebiet verschleppt und sie in der Kriegsindustrie, aber auch in der Landwirtschaft zur Arbeit genötigt. Wie dargelegt wurde, waren in den Monaten bis April 1945 zahlreiche weitere Gruppen von Ausländern besonders nach Ostbayern verlagert worden.[2121] Die genaue Zahl der Ausländer, besonders der Osteuropäer, zu eruieren, die sich im April 1945 in Regensburg befanden, lassen die Quellen kaum zu. Eine gewisse Größenordnung vermittelt zumindest die Zahl von 18.389 zivilen ausländischen Arbeitskräften, die 1944 im Arbeitsamtsbezirk Regensburg registriert worden war.[2122] Viele Osteuropäer blieben lange über den April 1945 hinaus in Regensburg. Für den Juli wurde die Zahl

---

[2120] Bereits 1943 entschloss sich der Chef der Abteilung „Fremde Heere Ost" im Generalstab des Heeres, Reinhard Gehlen, eine solche politische Option zu verfolgen. Walter Schellenberg, der Chef der vereinigten Geheimdienste im RSHA, handelte spätestens seit Ende 1944 ähnlich wie Gehlen. Vgl. Müller, Gehlen (2017), S. 322 u. 380.
[2121] Siehe Kapitel III.2.
[2122] Vgl. Smolorz, Zwangsarbeit (2003), S. 74.

## VI. Die Lage in Regensburg nach der Übergabe an die Amerikaner

der Ausländer mit ca. 15.900 Personen[2123] und im folgenden Monat mit 13.044 angegeben. Darunter waren vor allem Esten, Kroaten, Letten, Litauer, Polen, Ungarn, Ukrainer und Russen.[2124]

Ihnen allen gemeinsam war die ablehnende Haltung gegenüber der Sowjetunion, die zwar einerseits eine der alliierten Siegermächte darstellte, aber andererseits keinen Zweifel an ihrem Demokratie verachtenden Machtanspruch über die ostmitteleuropäischen Länder ließ;[2125] dies stellte eine zunehmende Belastung der alliierten Zusammenarbeit dar.

Die kriegerischen Auseinandersetzungen mit der Sowjetunion, insbesondere der baltischen Staaten und Polens, dauerten bereits seit 1939, hatte doch die UdSSR damals Polen gemeinsam mit dem „Dritten Reich" und die baltischen Staaten sowie Finnland im Alleingang angegriffen. Für diese Nationen war der Zweite Weltkrieg im Mai 1945 trotz der Zerschlagung des „Dritten Reiches" daher nicht beendet.

Für andere Nationalitäten wie Ungarn, Ukrainer und Weißrussen begann die Auseinandersetzung um die politische Ausrichtung ihrer Heimatländer nach deren Befreiung von den Deutschen und der gleichzeitigen Besetzung durch die Rote Armee im Lauf des Jahres 1944. Es war ein Ringen zugunsten unabhängiger nationaler Staaten, frei von kommunistischer Beeinflussung russischer Prägung.[2126] Dabei gilt es allerdings zu berücksichtigen, dass der Antikommunismus zwar eine gemeinsame Überzeugung darstellte, es angesichts vielfältiger nationaler Animositäten jedoch 1945 zu keinen gemeinsamen oder verbindenden Initiativen kam.

Die grundsätzlich vorhandene, antikommunistische Haltung stieß, vor dem Hintergrund der aufkeimenden Spannungen mit der Sowjetunion, bei den westlichen Alliierten auf Interesse. Der britische Premierminister Winston Churchill verwendete den Begriff des „Kalten Krieges" erstmals am 12. Mai 1945 in einem Brief an US-Präsident Harry S. Truman. Darin beklagte Churchill das mit den Vereinbarungen von Jalta nicht konforme, aber zugleich sehr effektive Vorgehen der UdSSR in Ostmitteleuropa mit dem Ziel, dort demokratische Standards zu verhindern und eigene Satellitenregime zu installieren. Der zwischen den Alliierten erzielte Konsens von Jalta, der bei der Potsdamer Konferenz (17. Juli bis 2. August 1945) noch einmal bestätigt wurde, stellte sich bereits als fraglich dar. Öffentlichkeitswirksam äußerte Churchill seine Kritik am Vorgehen der Sowjetunion jedoch erstmals am 5. März

---

[2123] Vgl. ders., Displaced Persons (2009), S. 46.
[2124] Vgl. NARA, 338/UD56/25: Weekly Rapport vom 12.8.1945.
[2125] Zur Vorgeschichte der Auseinandersetzung der osteuropäischen Gegner des stalinistischen Regimes mit der UdSSR siehe Beyrau, Schlachtfeld (2000), bes. S. 92–97: „Formen des Widerstands".
[2126] Vgl. Garleff, Länder (2001), S. 158–171 u. 177–179; Ludwig, Lettland (2000), S. 52–57; Ludwig, Estland (1999), S. 48–50; Steindorff, Kroatien (2007), S. 173–189; Vodopivec, Anfängen (2008), S. 356–409; Pelikán, Srbsko (2005), S. 384–433; Kaczmarek, Historia (2010), S. 372–569; Stöver, Krieg (2007), S. 28–88; Smolorz, Displaced Persons (2009); Gilbert, Shadow (2005), S. 87 u. 92f.; Breitman, Intelligence (2005), S. 299–302 u. 332.

## 5. Vorzeichen des beginnenden Kalten Kriegs in Regensburg und Ostbayern

1946 in seiner bekannten Rede im amerikanischen Fulton.[2127] Dies markiert den Anfang jenes Prozesses, der mit der sogenannten Truman-Doktrin zwischen März und Juni 1947 auf einen offiziellen politischen Bruch der Westalliierten mit der Sowjetunion hinauslief. Am 12. März 1947 verkündete Truman in einer Rede vor dem Kongress, die Politik der Amerikaner gegenüber den sowjetischen Machtansprüchen in einigen europäischen Ländern sei es: „freien Völkern beizustehen, die sich der angestrebten Unterwerfung durch bewaffnete Minderheiten oder durch äußeren Druck widersetzen."[2128]

Mittlerweile ist die Forschung zu der Überzeugung gelangt, der „verdeckte Krieg der Geheimdienste begann nicht erst 1947".[2129] Dies belegen deren Aktivitäten im Raum Regensburg und Ostbayern seit dem Frühjahr 1945. Bereits am 3. Mai 1945 wurden in Regensburg die beiden Hotels Karmeliten und Goldener Stern (Sternbräu) beschlagnahmt und darin der amerikanische CIC (Counter Intelligence Corps) untergebracht.[2130] Das 970th CIC Detachment Regensburg, Region V510, war eines von fünf Regional Offices des amerikanischen Geheimdiensts.[2131] Die Zentrale des CIC-Detachment 970 befand sich in Frankfurt am Main.[2132] Die Regensburger Stelle war für mehrere Sub Regional Offices in Amberg, Landshut, Passau und Straubing zuständig.[2133]

Wo der amerikanische Geheimdienst residierte, wurden stets auch sowjetische Verbindungsoffiziere akkreditiert. In Regensburg betrieben diese auch ein sowjetisches Sammellager – von den Amerikanern als Collecting Center bezeichnet – von dem aus sie die Gegend nach Sowjetbürgern durchsuchten.[2134] Offiziell ging es nur um Kollaborateure der Deutschen aus den Gebieten Osteuropas, welche die UdSSR nach 1945 für sich reklamiert hatte, sowie aus der Sowjetunion selbst. Ferner suchten die sowjetischen Offiziere nach weiteren eigenen Staatsbürgern, um sie zu repatriieren. Tatsächlich versuchten sie aber, alle Bürger aus denjenigen Gebieten zwangsweise zu repatriieren, welche die UdSSR nach 1945 zur eigenen Hemisphäre zählte. Wann diese sowjetischen Offiziere in Regensburg ankamen, ist nicht belegt.[2135] Bekannt ist, dass es im Mai 1945 im gesamten Besatzungsgebiet der Westmächte bereits 120 sowjetische Verbindungsoffiziere gab, Mitte Juli befanden sich ca. 70 in der

---

[2127] Vgl. Smolorz, Encounters (2018), S. [im Druck]; Applebaum, Vorhang (2012), S. 237; Stöver, Krieg (2007), S. 48.
[2128] Vgl. Lange, Kennan (2001), S. 120 u. 125; Stöver, Befreiung (2002), S. 62f.
[2129] Stöver, Krieg (2007), S. 165.
[2130] Vgl. NARA, 388/37042/4833: CI Period Report Nr. 63 (1947). Im Jahr 1945 war von drei Stellen in Bayern die Rede, vgl. StAR, ZR III/737: Schreiben des Bürgermeisters Herrmann an das Dezernat VI vom 3.5.1945.
[2131] Vgl. Smolorz, Displaced Persons (2009), S. 57f.
[2132] Vgl. Gerhardt, Militäroffiziere (1996), S. 43.
[2133] Vgl. Hilmer, Verwaltung (1995), S. 260.
[2134] Vgl. Smolorz, Displaced Persons (2009), S. 57.
[2135] Bisher konnte dieser Aspekt kaum erforscht werden, da weder Namen noch Hintergründe von deren Akkreditierung bei den Amerikanern in Regensburg in den Quellen vorkommen.

VI. Die Lage in Regensburg nach der Übergabe an die Amerikaner

US-Besatzungszone.[2136] Vom Hauptquartier der US-Armee „European Theater" in Frankfurt am Main leitete Generalmajor Aleksandr M. Dawidow die sowjetischen Stellen in der US-Zone. Für Bayern war Oberstleutnant Aleksandr K. Oreschkin, für Niederbayern und Oberpfalz Oberstleutnant Michail V. Buraschmikow zuständig. In Regensburg agierten im Dezember fünf sowjetische Offiziere unter dem Befehl von Oberstleutnant Iwan K. Fomenkow.[2137] Auf amerikanischer Seite, beim CIC in Regensburg, wird die Person des Cpt. Ronney genannt.[2138]

**Kroaten**
In Bad Abbach hatten sich am Ende des Zweiten Weltkriegs etliche kroatische Politiker eingefunden.[2139] Sie waren Angehörige der diplomatischen Vertretung des mit den Nationalsozialisten kollaborierenden Unabhängigen Staates Kroatien. Die Leitung dieser Gruppe hatte der einstige Finanzminister Dr. Vladimir Košak inne. Die Diplomaten waren aus dem niederschlesischen Krummhübel nach Bad Abbach gekommen. Ihre Spur verliert sich allerdings nach Kriegsende in der Regensburger Gegend. Košak wurde im Lauf des Jahres 1945 in Flensburg von der britischen Armee verhaftet, 1946 an Jugoslawien ausgeliefert und dort 1947 zum Tod verurteilt und hingerichtet.[2140]

Die Kroaten, die sich nach 1945 als politische Exilanten in München in die Obhut des amerikanischen Geheimdienstes begaben und politisch betätigten, rekrutierten sich nur teilweise aus der Gruppe der Kollaborateure im Zweiten Weltkrieg, da die meisten von ihnen das Exil zunächst im faschistischen Spanien, später in Südamerika gesucht hatten. Erst in den 1960er Jahren wurden Kroaten in München zusehends in der Öffentlichkeit politisch aktiv.[2141] Da 1945 auch antikommunistische Slowenen in München ein eigenes Zentrum unter der Führung von Prof. Othmar Pirkmayer aufbauten,[2142] wird deutlich, dass die Nationen Jugoslawiens nicht Regensburg als Ort antikommunistischen Widerstandes unter amerikanischer Aufsicht bevorzugten, sondern die Landeshauptstadt.

**Ungarn**
Die Interessen der Ungarn vertrat nach Kriegsende international insbesondere Otto von Habsburg, der sich im Mai 1945 in Innsbruck aufhielt.[2143] Zu seinen Unterstüt-

---

[2136] Vgl. Goeken-Haidl, Weg (2006), S. 260.
[2137] Vgl. NARA, 260/Bavaria/1066: Aufstellung der Verbindungsoffiziere vom 10.12.1945, Akkreditierte Verbindungsoffiziere für Repatriierungsfragen vom 7.12.1945, Verbindungsoffiziere zuständig für Kriegsgefangene vom 5.12.1945.
[2138] StAR, NL Dolhofer/8: Wichtigste Mitglieder der CIC – Stand 1.5.1958.
[2139] Vgl. Sturm, Ende (1981), S. 22.
[2140] Vgl. PAAA, R/119147: Bescheinigung für die Durchreise vom 1. Mai 1945; Hory, Ustascha-Staat (1964), S. 172; Bringmann, Handbuch (2001), S. 243.
[2141] Vgl. Stöver, Befreiung (2002), S. 314; Thaden, Ausländertum (2018), S. 92f.
[2142] Vgl. BA, B206/1082: Handbuch der Emigration – Slowenen, S. 142.
[2143] Vgl. Feigl, Habsburg (1992), S. 199.

## 5. Vorzeichen des beginnenden Kalten Kriegs in Regensburg und Ostbayern

zern zählte in Regensburg sein Verwandter, Erzherzog Joseph von Österreich.[2144] Dieser, auch verwandt mit dem Haus Thurn und Taxis, lebte seit Ende März 1945 mit seiner Frau Auguste, geborene Prinzessin von Bayern, seiner Schwester Erzherzogin Elisabeth und seiner jüngsten Tochter Erzherzogin Magdalena in Regensburg.[2145] Sie alle galten als ungarische Staatsangehörige und waren als solche in den Augen der Amerikaner wie gewöhnliche Flüchtlinge eines mit den Nationalsozialisten kollaborierenden Staates einzustufen.[2146] Als die Amerikaner im Regensburger Schloss erschienen, fungierte Joseph von Österreich in Abwesenheit des Fürsten von Thurn und Taxis als Hausherr[2147]. So eröffnete sich ihm auf diese Weise die Gelegenheit, mit General Patton und seinem Stab in persönlichen Kontakt zu treten.

Joseph von Österreich war später im antibolschewistischen Block der Nationen, besonders in der Organisation der „Antibolschewistischen Nationalkräfte" tätig, einer einflussreichen politischen Gruppe in der US-Besatzungszone und später in Westdeutschland. Diese Gruppe arbeitete eng mit der „Paneuropa-Union" zusammen, in der Otto von Habsburg eine herausragende Stellung einnahm.[2148] Es war eine Entwicklung, die in Regensburg ihren Anfang nahm.

Das Haus Thurn und Taxis sowie Otto von Habsburg standen in engem Kontakt mit dem ungarischen General Gusztáv Hennyey.[2149] Dieser hatte noch während des Kriegs eine prominente Rolle für Regensburg vorgesehen. Gemäß eines von ihm ausgearbeiteten Militärplans, den er den Amerikanern vorlegen wollte, sollten ungarische Soldaten von Regensburg aus gegen die Rote Armee vorstoßen, um deren Eindringen in den europäischen Westen zu verhindern.[2150] General Hennyey war seit dem 28. August 1944 Außenminister der Regierung Horthy gewesen und hatte auf dessen Geheiß Verhandlungen mit den Westalliierten über einen Waffenstillstand geführt. Als er ein Kapitulationsangebot an die UdSSR vermittelt hatte, nahm ihn die Gestapo am 16. Oktober 1944 in Ungarn fest. Kurz vor Weihnachten überstellte man ihn mit anderen ungarischen Sonderhäftlingen nach Ödenburg im Burgenland. Von dort erfolgte ein Fußmarsch in das Konzentrationslager Mauthausen, wo die Sonderhäftlinge allerdings abgewiesen wurden. Schließlich erlebte Hennyey den Einmarsch der Amerikaner in Simbach am Inn.[2151]

---

[2144] Zur Person siehe Schwennicke, Stammtafeln (1980), Tafel 21.
[2145] Joseph von Österreich war in Regensburg seit 30.3.1945 gemeldet, vgl. StAR, StKr/33.
[2146] Vgl. Stöver, Befreiung (2002), S. 298f.
[2147] Vgl. Sammlung Ehm: Gespräch mit Frau Annemarie Filzmann-Kerschensteiner vom 27.12.2017. – Der Name Thurn und Taxis war den US-Amerikanern bekannt, nicht nur wegen des Regensburger Fürsten, in dessen Schloss Patton im Mai 1945 Quartier bezogen hatte. Auch in Österreich gab es einen aus der böhmischen Linie stammenden Willy von Thurn und Taxis, der dem Widerstand angehörte. Vgl. Walterskirchen, Blut (2000), S. 13, 19, 260f., 282, 294 u. 309f.
[2148] Vgl. Stöver, Befreiung (2002), S. 298f.
[2149] Vgl. ebd., S. 297 u. 316; Majoros, Bayern (1991), S. 195.
[2150] Vgl. Hennyey, Schicksal (1975), S. 114.
[2151] Vgl. ebd., S. 113.

## VI. Die Lage in Regensburg nach der Übergabe an die Amerikaner

Im Juni 1945 gründete Hennyey unter Beteiligung höherer ungarischer Militärs aus Niederbayern ein Ungarisches Büro, offiziell ein Büro des ungarischen Roten Kreuzes in München.[2152] Angeblich ging die Initiative, dieses Büro zu gründen, nicht von Hennyey, sondern von den Amerikanern aus.[2153]

Joseph von Österreich unterhielt auch Kontakte zu den Ungarn im niederbayerischen Kloster Metten und vernetzte alle Gruppen. Noch vor dem Ende des Krieges hatten von dort die ungarischen Politiker mit den US-Amerikanern Kontakt aufgenommen. Generaloberst a. D. Ferenc Farkas de Kisbarnak gelang es sogar, General Eisenhower vorzutragen, dass Ungarn lediglich gegen die Sowjetunion gekämpft habe. Dieser lehnte jedoch die Bitte um einen günstigeren Status für ungarische Kriegsgefangene ab, indem er auf entsprechende Vereinbarungen mit der UdSSR verwies. Das ungarische Verteidigungsministerium im Kloster Metten, das von mehreren Zivilisten und dem Franziskaner Anaklet von Tarscafaloy begleitet wurde, zog am 18. April 1945 seinen operativen Stab nach Tann in Niederbayern ab, während die übrigen Ungarn bis zum 12. Mai 1946 in Metten ausharrten. Des Weiteren gab es eine Gruppe ungarischer Beamter und Militärs, die sich 1944 offensichtlich der Entwicklung in Ungarn – der Machtübernahme der Pfeilkreuzler – widersetzt hatte und im KZ Flossenbürg inhaftiert worden war. Diese wurde mit den anderen im Konzentrationslager verbliebenen Häftlingen am 23. April 1945 befreit.[2154]

Das ungarische Exil baute seine Strukturen nach 1945 in der Passauer Gegend aus. Dort betrachtete man ab 1946 Ausländer oder DPs schlicht als das „Ungarn-Problem",[2155] und dort residierte auch General Farkas de Kisbarnak.[2156] Nichtsdestotrotz blieb Regensburg politisch für die Ungarn bedeutend. Noch 1957 gründete ein 1945 zunächst von den Amerikanern zum Tode Verurteilter, dann 1948 ohne Angabe von Gründen begnadigter ungarischer SS-Sturmbannführer in Regensburg einen „Bund der Ungarnfreunde".[2157] Dieser Bund war offenkundig eine Schöpfung der Amerikaner, die ohne die Keimzellen des ungarischen Exils in Regensburg von 1945 kaum denkbar wäre. Jedenfalls waren Ende der 1940er Jahre Pläne reif, die im Schloss Thurn und Taxis ausgearbeitet worden und zwischen dem politischen Exil und den Amerikanern vereinbart waren, nämlich, eine ungarische Legion für den Fall eines Kriegs der UdSSR gegen den Westen aufzustellen.[2158]

---

[2152] Vgl. ebd., S. 119.
[2153] Vgl. Stöver, Befreiung (2002), S. 297 u. 316.
[2154] Vgl. Smolorz, Displaced Persons (2009), S. 23.
[2155] Seidel, Flüchtlinge (1993), S. 194; Lanzinner, Nachzügler (1999), S. 298.
[2156] NARA, 260/A161/625: Study of anti-soviet activities of Refuge in Bavaria, Hungarian Anti-Communist Organization [1947].
[2157] BayHStA, Mlnn/97301: Brief des Bay. Landesamts für Verfassungsschutz vom 8.3.1957.
[2158] Vgl. Hennyey, Schicksal (1975), S. 133.

5. Vorzeichen des beginnenden Kalten Kriegs in Regensburg und Ostbayern

**Balten**
Am 5. Mai 1945 teilten der Geistliche, Professor Mykolas Krupavičius, der Weihbischof Brizgys und drei weitere Personen der Regensburger Stadtverwaltung mit, dass die litauischen Flüchtlinge ein Komitee gegründet hätten, das ihre Angelegenheiten künftig vertrete. Im selben Schreiben wurde allen Litauern in Regensburg angeboten, ihnen eine Bestätigung über ihre Nationalität auszustellen. Man beabsichtigte, die Landsleute vor den bei den Amerikanern akkreditierten sowjetischen Offizieren in Regensburg und deren Anspruch, die Zwangsrepatriierung der Balten durchzusetzen, obwohl sie Bürger eines bis 1939 unabhängigen Staates waren, zu schützen. Der vorläufige Sitz dieses litauischen Komitees befand sich am Alten Kornmarkt 7 im Karmelitenkloster.[2159]

Mykolas Krupavičius war von den Nationalsozialisten wegen politischer Tätigkeit in Litauen wahrscheinlich als Sonderhäftling seit 1943 in Regensburg interniert,[2160] ähnlich wie Brizgys. Von 1945 bis 1955 fungierte er dann als Vorsitzender des Obersten Litauischen Befreiungskomitees in der Emigration, das in engem Kontakt zu den Amerikanern stand. Brizgys verließ Regensburg bereits 1946 und ging nach Rom,[2161] obwohl der Heilige Stuhl ihm und Bischof Vinzenz Padolskis, der gleichfalls im Karmelitenkloster in Regensburg lebte, das Recht absprach, Litauer in Rom zu vertreten. Der Vatikan war der Auffassung, beide Bischöfe hätten in Litauen bei ihren Gläubigen bleiben sollen,[2162] statt sich vor der Bedrohung durch die Rote Armee abzusetzen.

In Regensburg bestand auch ein lettisches Komitee. Spätestens ab Juli 1945 lebten jedoch alle Esten, Letten und Litauer in einem eigenen, gemeinsamen Lager in der Stadt.[2163] Wahrscheinlich waren sie im UNRRA-Lager des Teams 120 untergebracht, das auf dem Areal des Messerschmitt-Werks eingerichtet war, wo Baracken zur Verfügung standen. Dort lebten 2.600 Balten sowie 400 Polen (mutmaßlich handelt es sich bei den Polen in Wirklichkeit um Litauer mit polnischer Staatsangehörigkeit).[2164] Zahlreiche Letten verblieben zwar bis 1949 in Regensburg,[2165] den Hauptort ihrer politischen Tätigkeit verlagerten sie jedoch in die britische Besatzungszone.[2166] Die Esten wurden im Lauf des Jahres 1946 zunehmend im Südwesten der US-Besatzungszone tätig[2167] und die Litauer bevorzugten nach einem kurzen Aufenthalt bis 1946 die Städte Memmingen und München als politische Zentren ihrer Tätigkeit, hatte es dort doch bereits 1944 politische Exilanten gegeben.[2168]

---

[2159] Vgl. StAR, ZR III/736: Schreiben an den Oberbürgermeister vom 5.5.45; Einwohnerbuch der Stadt Regensburg 1939/40, Teil III, S. 70.
[2160] Vgl. Hellmann, Staatsstreich (1980), S. 240, Anm. 69.
[2161] Vgl. Smolorz, Emigranten (2010), S. 4f.
[2162] Vgl. BA, B206/1079: Handbuch der Emigration. Litauische Emigration, S. 154.
[2163] Vgl. Smolorz, Displaced Persons (2009), S. 49.
[2164] Vgl. NARA, 407/427/3679: DP-Camp Messerschmitt vom 10.8.1945.
[2165] Vgl. Smolorz, Displaced Persons (2009), S. 122.
[2166] Vgl. BA, B206/1077: Handbuch der Emigration. Lettische Emigration, S. 44 u. 62.
[2167] Vgl. ebd., S. 85.
[2168] Vgl. Bartusevičius, Abschied (2015), S. 188, 191 u. 209.

VI. Die Lage in Regensburg nach der Übergabe an die Amerikaner

**Polen**

Befreite Polen bemühten sich bereits vor dem 4. Mai 1945 bei der Stadtverwaltung, Räumlichkeiten für ihr gerade gegründetes Polen-Komitee zu erhalten,[2169] deutlich früher als bisher bekannt war.[2170] Der polnische, römisch-katholische Dekan, Marian Iwański, beantragte die Jurisdiktion – die Erlaubnis, in einer fremden Diözese seelsorgerisch zu wirken – beim zuständigen Bischof, Dr. Michael Buchberger, am 19. Mai 1945.[2171]

Am 5. Mai 1945 kündigte eine polnische Partisanen-Brigade in Böhmen den Deutschen ihre Zusammenarbeit auf und befreite das Außenlager des Konzentrationslagers Flossenbürg in Holleischen bei Pilsen von den SS-Wachen. Einen Tag später operierten die polnischen Partisanen bereits gemeinsam mit den US-Amerikanern.[2172] Einer der Befehlshaber dieser Einheit, der „Heilig-Kreuz-Brigade der Nationalen Streitkräfte" (NSZ), Władysław Brochwicz, wurde mit Genehmigung der Amerikaner nach Regensburg abkommandiert.[2173] Brochwicz' Befehlshaber in der Partisanen-Brigade, Major Antoni Szacki, fungierte, jedenfalls gegenüber den deutschen Behörden, als Mitglied der Militärregierung in München.[2174] Brochwicz meldete sich Anfang Juni offiziell in Regensburg an.[2175] Als sogenannter grüner Partisan hatte er in Böhmen mit Wlassow und anderen Antikommunisten Kontakt gehabt, insbesondere jedoch mit deutschen Geheimdienstangehörigen. Er befehligte nach 1945 eine polnische Kompanie des Labor Services der US-Army in Regensburg. Diese Einheit bewachte die Insassen des Internierungslagers Regensburg.[2176] Spätestens seit September 1945 war Brochwicz als polnischer sogenannter Londoner Verbindungsoffizier in Regensburg tätig,[2177] obwohl die antikommunistische polnische Exilregierung in London inzwischen ihre internationale Legitimation verloren hatte und die kommunistische Regierung in Warschau durch Großbritannien und die USA anerkannt worden war.[2178] So wurde er für die polnische kommunistische Regierung in Warschau zu einem illegalen Vertreter in Regensburg.

Unter den Polen in Regensburg gab es weitere Personen, die mit Sicherheit bereits vor 1944 Kontakte zu nationalsozialistischen Geheimdiensten gepflegt hatten: Der

---

[2169] Vgl. StAR, ZR III/737: Schreiben des Bürgermeisters Herrmann an Major Heffernon vom 4.5.1945.
[2170] Vgl. Smolorz, Displaced Persons (2009), S. 54.
[2171] Vgl. BZAR, Generalia/551.50: Brief Johann Baldaufs an den Bischof vom 19.5.1945.
[2172] Vgl. Brzoza, Miechowa (2004), S. 242f.; Smolorz, Emigranten (2010).
[2173] Ein zweiter Angehöriger der NSZ-Gruppe in Regensburg erhielt von dem Befehlshaber der Einheit, Major Antoni Szacki, eine Bescheinigung, die Szacki als Angehörigen der Militärregierung bezeichnet, vgl. StAR, DDK: Tymowski.
[2174] Vgl. StAR, DKK: Kaczkowski.
[2175] Vgl. StAR, DDK: Brochwicz.
[2176] Vgl. Klose, Internierungslager (2004), S. 24.
[2177] Vgl. Smolorz, Konsulat (2009), S. 397.
[2178] Vgl. Kaczmarek, Historia (2010), S. 536f.

## 5. Vorzeichen des beginnenden Kalten Kriegs in Regensburg und Ostbayern

Befehlshaber des militärischen Geheimdienstes der Heilig-Kreuz-Brigade, Otmar Wawrzkowicz, hatte 1944 Beziehungen zur deutschen Wehrmacht geknüpft und als Handlanger der Gestapo im polnischen Radom gegolten. Er lebte und agierte politisch seit Kriegsende in und von Regensburg aus.[2179] Aus Erinnerungen der Beteiligten ist bekannt, dass die Polen in Regensburg (und auch die in München) nach 1945 weiterhin Kontakte zu Geheimdienstbeamten des einstigen Netzes von General Guderian pflegten.[2180] Diese waren indes Teil der Organisation Gehlen und bildeten darin die Gruppe Hermann Bauns. Auch der bereits erwähnte Offizier der Organisation Gehlen, Ludwig Wolf, unterhielt nach Kriegsende zu den ehemaligen Partisanen der Heilig-Kreuz-Brigade in Regensburg Kontakt, nicht zu anderen Standorten, wo diese untergekommen waren wie z. B. München (Karlsfeld), Nürnberg (Zirndorf) oder Coburg.[2181]

Brochwicz leitete die Regensburger Stelle der politischen Gruppierung der NSZ innerhalb des polnischen Komitees. Das Komitee pflegte rege Kontakte zum amerikanischen CIC und entsandte zugleich mit Hilfe des britischen Geheimdienstes, ohne jegliche Beteiligung der Amerikaner, polnische Emissäre aus London über Regensburg zu den Partisanen,[2182] die in Polen nach 1945 gegen die sowjetischen und polnischen Kommunisten nach wie vor kämpften.[2183] Die polnische Exilregierung in London war bemüht, die Angehörigen der NSZ unter eigene Kontrolle zu bringen. Diese Gruppierung war während des Zweiten Weltkrieges politisch und militärisch unabhängig gewesen. 1946 inspizierte daher ein Gesandter aus London die Einheit in Regensburg.[2184] Es war nur konsequent, dass 1947 die Amerikaner ihre polnischen Schützlinge, die einstigen Angehörigen der Heilig-Kreuz-Brigade, in Regensburg nicht nur unterstützten, sondern wegen deren paralleler Kooperation mit dem britischen Geheimdienst zugleich auch beobachteten.[2185] Von deutscher Seite der Organisation Gehlen – im Dienst der Amerikaner – pflegte Reinhard Gehlens Konkurrent in der OG, Hermann Baun, alle Kontakte zu polnischen Exilanten.[2186]

Bei den Polen in Regensburg, die zahlreiche befreite Landsleute aus den Konzentrationslagern in Flossenbürg und Mauthausen sowie Kriegsgefangene aus Murnau und befreite Zwangsarbeiter um sich scharten, handelte es sich offensichtlich um Antikommunisten, die alle Möglichkeiten in Anspruch nahmen, sich dem Zugriff der

---

[2179] Vgl. Smolorz, Displaced Persons (2009) S. 68; ders., Emigranten (2010), S. 3.
[2180] Vgl. Żaryn, Taniec (2011), S. 98.
[2181] Vgl. ebd., S. 99.
[2182] Vgl. Rostworowski, Spór (1997), S. 54; Rostworowski, Dardanele (1999), S. 36.
[2183] Vgl. IPN, BU/01419–83: Rapport vom [Nov. 1945].
[2184] Vgl. Smolorz, Znamirowski (2012), S. 283.
[2185] Vgl. NARA, 640446/88/6: Project No. 29, Operation Rusty vom 5.7.1947. Regensburg war neben Berlin, Bremen, Heidelberg, Kassel, München und Nürnberg ein Ort, wo britische OSS-Einheiten, sogenannte P-Units nach 1945 geheimdienstlich arbeiteten, vgl. NARA, 640447/29/1: Aufsatz von Kevin C. Ruffner, Eagel and Swastika, April 2003.
[2186] Vgl. Keßelring, Organisation (2017), S. 42.

VI. Die Lage in Regensburg nach der Übergabe an die Amerikaner

Roten Armee in der Heimat zu entziehen. Mancher in der Gruppe hatte sich aus demselben Grund während des Kriegs als Partisan nicht gescheut, mit den Nationalsozialisten eine kurze Zusammenarbeit aufzunehmen, um sich vor der Vernichtung zu retten. Ihre Kontakte zu den Westalliierten knüpften sie allerdings ohne deutsche Hilfe. Die Polen entwickelten in Regensburg eine rege politische Tätigkeit, die sich beispielsweise in den Artikeln der Zeitung „Dziennik Polski" artikulierte. Diese Zeitung wurde bis 1949 bei „Gebrüder Aumüller & Sohn" in Regensburg gedruckt.[2187]

**Ukrainer**
Die Ukrainer waren nach 1945 die größte Ausländergruppe in Regensburg – die meisten davon waren befreite Ostarbeiter und politische Flüchtlinge aus der Westukraine.[2188] Sie organisierten sich schon im Mai 1945 in einem eigenen Nationalen Komitee. Die Genehmigung zu dessen Gründung erteilte die Militärregierung am 28. Mai 1945. Das Regensburger Komitee entwickelte sich in der Folge zu einem übergeordneten Organ für städtische Komitees der Ukrainer in ganz Niederbayern und der Oberpfalz. Die Gründer des Komitees waren Dr. Bohdan Hanuschewskyj, Bohdan Katryj sowie der Ingenieur Dymitro Tromsa; der Sitz des Komitees war im Gebäude der Dresdner Bank am Neupfarrplatz 14.[2189] Hanuschewskyj war Führer der antisowjetischen und antipolnischen Bewegung „Freie Ukraine", die sich in Regensburg nach 1945 etablierte und ihre Mitglieder unter den Soldaten der einstigen 14. Waffen-Grenadier-Division der SS (galizische SS-Division Nr. 1) rekrutierte.[2190] Aus der Gruppe ragten in Regensburg zwei Politiker und zugleich Soldaten heraus: Bohdan Pidhalnyj und Miroslaw Bihus. Pidhalnyj war Soldat der 14. Waffen-Grenadier-Division der SS und wurde am 1. Oktober 1943 zum Untersturmführer, einen Monat später zum Obersturmführer der SS befördert. Bihus war seit 1940 Reichsangehöriger – er galt damit als ins Reich zurückgeführter Russlanddeutscher – und seit 1944 gleichfalls Soldat der ukrainischen SS-Division und als Zugführer bei den Panzergrenadieren eingesetzt.[2191] Beide gehörten der bis 1947 von Regensburg aus agierenden Bandera-Organisation an, einer politischen Vereinigung der Ukrainer, deren Ziel es war, die Unabhängigkeit der Ukraine zu erlangen.

Überdies war Regensburg zur selben Zeit ein Zentrum der Donkosaken.[2192] Sie stellten eine separate soziokulturelle Gruppe dar, die sich durch militärischen Dienst

---

[2187] Vgl. ANKr, KOW/18: Dzienik Polski; IPN, Bu/1633/5402: Dzienik Polski; PAN, (Biblioteka Kórnicka)/Cz31917/1946: Dziennik Polski.
[2188] Vgl. Völkl, Ukrainer (1992), S. 131–139.
[2189] Vgl. StAR, ZR III/742: Memorandum to Bürgermeister, Regensburg vom 28.05.1945.
[2190] Vgl. NARA, 260/A161/625: Study of anti-soviet activities of Refugees in Bavaria, Free Ukraina [1947].
[2191] Vgl. BA, BDC/Research Sammelliste 44. Bihus sollte 1942 im Dienst des Reichsministeriums für die besetzten Ostgebiete im Osten den Einsatz kommen (RGVA, 1358/2/19: Personalunterlagen von 1941); DD-WASt, Auskunft vom 3.5.2006.
[2192] Vgl. NARA, 260/A161/625: Study of anti-soviet activities of Refuges in Bavaria, Free Cossack – Ukrainian [1947].

5. Vorzeichen des beginnenden Kalten Kriegs in Regensburg und Ostbayern

auszeichnete und auf einem eigenen, einst autonomen Territorium in der Ukraine ansässig war.

Nachdem die Amerikaner im Oktober 1945 ein großes Lager für DPs in Regensburg eingerichtet hatten, in der vormaligen Göring-Siedlung, die tatsächlich ein ukrainisches Lager war,[2193] begünstigte dieser Umstand die Konzentration von Politikern und ehemaligen Militärs der Ukrainer in Regensburg. In diesem Lager, der späteren Ganghofer-Siedlung lebten seit Ende 1945 die ukrainischen Politiker Wasilij Mudryj, Roman Ilnicky, Mihailo Jewtuschenko, Andrij Makarenko und Dymitro Doroschenko.[2194]

Die Ukrainer kooperierten in Regensburg ähnlich wie die Polen bis 1949 sowohl mit dem amerikanischen als auch dem britischen Geheimdienst, indem sie sich als Abgesandte für die nach 1945 weiterhin auf sowjetischem Territorium und im kommunistischen Ostpolen kämpfenden antikommunistischen Partisanen zur Verfügung stellten.[2195]

Einige UPA-Partisanen, die 1947 die amerikanische Besatzungszone in Oberösterreich erreicht hatten, nachdem sie sich über die Tschechoslowakei durchgekämpft hatten, übersiedelten nach Bayern und hier speziell nach Regensburg. Hier lebten sie ebenfalls im ukrainischen DP-Lager Ganghofer-Siedlung und kooperierten mit dem US-Geheimdienst.[2196] Der Befehlshaber dieser UPA-Einheit aus der Ukraine in Regensburg war Mychajło Duda, einstiger Soldat des deutschen Bataillons „Roland".[2197]

**Weißrussen**
Um den 29. Mai kam in Regensburg ein Transport mit weißrussischen Zivilisten aus Cham an.[2198] Diese waren mehrheitlich Familienangehörige von Soldaten eines größeren weißrussischen militärischen Verbands namens „Belarus", der sich bei Cham den Amerikanern ergeben hatte. Die Zivilisten waren aus Furcht vor Kollektivstrafen vonseiten sowjetischer Soldateska evakuiert worden.

Die Weißrussen erhielten erst am 6. Juni 1945 von der US-Militärverwaltung eine Lizenz zur Gründung des Weißrussischen Nationalen Komitees in Regensburg, das

---

[2193] Vgl. Smolorz, Displaced Persons (2009), S. 59–62.
[2194] Mudryj war 1935 Vizepräsident des polnischen Parlaments und Führer der Ukrainischen Nationaldemokratischen Vereinigung, Ilnicky Generalsekretär der Organisation Ukrainischer Nationalisten, der Fraktion Bandera; Makarenko gehörte dem Direktorium der Ukrainischen Volksrepublik von 1917 an, und Doroschenko war Historiker von Beruf und Außenminister der Hetman-Republik von Skoropadskyj von 1918. Vgl. Smolorz, Displaced Persons (2009), S. 53.
[2195] Vgl. Stöver, Befreiung (2002), S. 288, 306.
[2196] Siehe den Fall Mychajło Dudas in Regensburg 1947, vgl. Smolorz, Displaced Persons (2009), S. 86–88.
[2197] Vgl. ebd., S. 86.
[2198] Vgl. StAR, ZR III/772: Rapport des Bürgermeisters Herrmann vom 29.5.1945.

## VI. Die Lage in Regensburg nach der Übergabe an die Amerikaner

in der Folge für alle Weißrussen in Niederbayern und der Oberpfalz zuständig war.[2199] Dies war eine ähnliche organisatorische Lösung wie im Fall der Ukrainer. Hinter dieser Gründung verbarg sich der Weißrussische Rat, eine nationale antisowjetische Bewegung, an deren Spitze Stanislaw Stankiewicz in Regensburg stand.[2200] Stankiewicz war seit längerem vom sowjetischen NKWD aus politischen Gründen beobachtet worden,[2201] daher wurde er von sowjetischen Offizieren in Regensburg gesucht. Den Amerikanern hingegen war Stankiewicz ein willkommener Verbündeter, obwohl sie angeblich wussten, dass er Judenpogrome organisiert hatte und als „Schlächter von Borisow" galt.[2202]

Leiter des weißrussischen Lagers in Regensburg wurde Franciszak Kuszal (engl. Franz Kushel), der vor dem Krieg polnischer Staatsbürger war. Bis 1939 hatte er als Hauptmann in der polnischen Armee gedient, danach soll er mit dem sowjetischen Geheimdienst NKWD zusammengearbeitet haben. In jedem Fall wurde er ab 1942 Leiter der weißrussischen, mit den Deutschen kollaborierenden Polizei und der Polizeischule in Minsk – eines Ordnungsdienstes des deutschen Besatzungsregimes – und machte Karriere als Polizeioffizier unter deutscher Militärverwaltung. Kuszal war Angehöriger der 30. Waffen-Grenadier-Division der SS im Rang eines SS-Brigadeführers und Generalmajor der weißrussischen Polizei. Überdies fungierte er als Mitglied des Weißrussischen Zentralrats, der auf politischer Ebene mit dem „Dritten Reich" kollaborierte. Seit dem 27. Juni 1945 war er offiziell in Amberg als Staatenloser gemeldet, tatsächlich aber zu dieser Zeit in Regensburg tätig. Er übernahm im Oktober 1945 die Leitung des weißrussischen Lagers innerhalb der Ganghofer-Siedlung [2203], welches der amerikanische Geheimdienst als „White Ruthenian headquarter in Regensburg" bezeichnete.[2204] Weitere bekannte weißrussische Politiker in Regensburg waren Aleksander Kalodka, Dimitri Kasmowitsch, Simon Kandibowitsch, Eugene Kalubowitsch, Jan Naronsky und Dr. Stanislaw Ostrowski. Nach der Konsolidierungsphase in Regensburg gingen die meisten der Weißrussen ins Exil in die USA und führten dort ihren politischen Kampf gegen die Sowjetunion fort.[2205]

---

[2199] Vgl. Smolorz, Displaced Persons (2009), S. 52. Zu den Weißrussen in Regensburg siehe ferner NARA, 640446/125/12: Auszug einer Auskundschaftung vom 17.3.1953.
[2200] Vgl. NARA, 260/A161/625: Study of anti-soviet activities of Refugees in Bavaria, White Russian Committee [1947].
[2201] Stankiewicz arbeitete in der Zwischenkriegszeit als Agent des polnischen Militärdienstes gegen die UdSSR. Vgl. RGVA, 453/2/4: Nachricht Nr. 3, Lit., nicht datiert, jedenfalls vor 1939. Siehe ferner folgenden Faszikel RGVA, 453/2/24: Agent Nr. 13091 von 1938.
[2202] Eichner, Angriff (2013), S. 175.
[2203] Vgl. Smolorz, Displaced Persons (2009), S. 52.
[2204] Vgl. NARA, 260/A161/625: Study of anti-soviet activities of Refugees in Bavaria, White Russian Committee [1947].
[2205] Vgl. Polian, Kriegsgefangene (2001), S. 121f.; Loftus, Secret (1989), S. 50.

## 5. Vorzeichen des beginnenden Kalten Kriegs in Regensburg und Ostbayern

**Russen**

Die Russen durften zunächst kein eigenes Komitee in Regensburg gründen, da vorgesehen war, sie – notfalls unter Zwang – in die Sowjetunion zurückzuführen. Dies war eine unmittelbare Folge der Konferenz von Jalta am 11. Februar[2206] und des Abkommens von Halle vom 23. Mai 1945 zwischen der UdSSR und den Westalliierten. Danach sollten Bürger der Sowjetunion (in den Grenzen von 1938) auch gegen ihren Willen aus den Westzonen des besetzten Deutschland repatriiert werden – dies galt daher auch für Weißrussen und Ukrainer aus den jeweiligen sowjetischen Republiken der Vorkriegszeit. Sowjetische Behörden waren jedoch bemüht, das Abkommen in der Praxis so auszulegen, als galten die Grenzen von 1939 nach dem sogenannten Molotow-Ribbentrop-Pakt.[2207] Viele Sowjetbürger, die keine eigene nationale Vertretung hatten – wie zum Beispiel Kaukasier oder eben Russen –, sowie die Ukrainer und Weißrussen, die auch aus der Sicht der Westalliierten zwangsrepatriiert werden durften, bemühten sich daher in Regensburg, von den bestehenden Komitees der Balten, der Ukrainer, der Weißrussen und auch der Polen, eine Bescheinigung zu erhalten, um der Rückführung in die Sowjetunion zu entgehen.[2208]

Erst deutlich später als alle anderen Nationen, etwa ab 1947, begannen Russen sich in Regensburg offen politisch zu betätigen.[2209] Es liegt jedoch auf der Hand, dass sie bereits zuvor im Geheimen in der Stadt agiert hatten. Dafür spricht das Engagement der seit November 1944 in Regensburg lebenden Katharina Dostojewski, der Schwiegertochter des berühmten Dichters, zugunsten der hier lebenden Russen, mit der Gründung der russisch-orthodoxen Gemeinde im Stadtwesten sowie ihren Beziehungen zum amerikanischen Geheimdienst.[2210] Die russisch-orthodoxe Kirche mit ihren Geistlichen in Regensburg stellte einen wichtigen integrativen Faktor des russischen politischen Exils dar.[2211]

Ein weiterer Beleg für Aktivitäten der Russen vor der offiziellen Gründung ihres Komitees in Regensburg war, dass einige von ihnen in der von den Amerikanern gegründeten und geführten Militärschule eingesetzt wurden.[2212] In dieser geheimdienstlichen Ausbildungsstätte für alle Nationalitäten der UdSSR trainierten die Amerikaner Agenten für ihre Aktivitäten hinter dem Eisernen Vorhang. Zu den Ausbildern in dieser Agentenschule zählten neben Georgiern und Ukrainern auch

---

[2206] Vgl. Kuhlmann-Smirnov, Migrationsgeschichte (2005), S. 8.
[2207] Vgl. Polian, Kriegsgefangene (2001), S. 96f.; Laptos, Implikacje (1997), S. 147f.
[2208] Vgl. StAR, DKK: Sosnowska; siehe auch Vinicki, Matar'jaly (1994), S. 77.
[2209] Vgl. NARA, 260/A161/625: Study of Anti-Soviet activities of refugees in Bavaria 1947; GARF, Fond10032/Op.1/D. 126: Bericht Silver Springs vom 5.1.1989; GARF, Fond10032/Op.2/D.18: Regensburger Echo 1949.
[2210] Vgl. Smolorz, Displaced Persons (2009), S. 66 u. 104f.
[2211] Vgl. ebd., S. 66, 111f. u. 123–127.
[2212] Vgl. GARF, Fond 10015/Op.1/D. 482: Schreiben Vladislav K. Maslovskijs an V. a. Jakovlev vom 24.11.1954.

VI. Die Lage in Regensburg nach der Übergabe an die Amerikaner

Russen. Namentlich nachgewiesen ist als Lehrer der Georgier Nikolei Sven. Er war bereits während des Zweiten Weltkrieges als Agent der Wehrmacht aktiv, für die er als sowjetischer Kriegsgefangener rekrutiert worden war. Seine engsten Mitarbeiter waren Olgierd Abarotin, W. Didebelidze, A. Ossadczij und Nikolei Bekalov, alles ehemalige sowjetische Offiziere. Bekalov war estnischer Nationalität und arbeitete insbesondere in Nürnberg unter dem Decknamen „Bogulski". Die „Studierenden" rekrutierten sich aus den DP-Lagern, aus dem UNRRA-Team 120 „Ganghofer-Siedlung", und dem UNRRA-Team 146 „Von-der-Tann-Kaserne". Der Lehrgang dauerte sechs Monate.[2213]

Die Rolle der deutschen Ostforscher,[2214] zumal Theodor Oberländers,[2215] für das russische politische Exil ist inzwischen in der neueren Forschung erörtert worden.[2216] Ohne den anfänglichen politischen Beistand der Deutschen und ohne die Konsolidierungsphase in der unmittelbaren Nachkriegszeit in Regensburg wäre dieses Exil kaum denkbar gewesen. Oberländer hatte bereits am 23. April 1945 als Gesandter von Generalleutnant Heinrich Aschenbrenner beim Chef des Stabes des XII Corps der 3. US-Armee – an dem Tag stand diese vor Regensburg – vorgesprochen und schließlich einige Piloten der Wlassow-Armee dem Zugriff des sowjetischen Geheimdienstes entziehen können.[2217]

Die antikommunistisch orientierten Russen erfuhren im besetzten Bayern im Lauf des Jahres 1946, wie auch in den USA, größere Anerkennung, besonders angesichts der Spannungen zwischen der UdSSR und den Amerikanern im Kaukasus. Der einstige Stabschef der Wlassow-Armee, Oberst Heinz Danko Herre, wurde aus der Kriegsgefangenschaft in Deutschland zu Gehlen nach Maryland in den USA geflogen, um mit ihm gemeinsam die Amerikaner über das sowjetische Vorgehen im Kaukasus aufzuklären.[2218] Die politisch aktive Gruppe in Regensburg umfasste schließlich ungefähr 40 Personen; Georgi Gutkov, ein Kuban-Kossake, stand dieser Gruppe vor.[2219] Angesichts der Aktivitäten des sowjetischen Geheimdienstes in Westdeutschland fürchteten sich jedoch viele Exilrussen vor Übergriffen des NKWD (später des KGB) gegen sie. Die weitere Entwicklung sollte ihnen Recht geben, wie die auf offener Straße in München erfolgte Exekution des ukrainischen Politikers Stepan

---

[2213] Vgl. IPN, Wa 0236/63, S. 22: Bericht über das Ukrainische Technisch-Wirtschaftliche Institut Regensburg, 1947; GARF, F. 10015/Op. 1/D. 482: Schreiben Wladislaw K. Maslowskijs vom 24.11.1954. Eine weitere Schule des CIC für osteuropäische Emigranten befand sich in Garmisch-Partenkirchen, vgl. Żaryn, Taniec (2011), S. 94.

[2214] Zum Begriff der Ostforschung siehe Petersen, Ostforschung (2012).

[2215] Vor 1945 war Theodor Oberländer (1905–1998) in der Ostforschung aktiv, verlegte sich danach aber auf die Politik und war von 1953 bis 1960 Bundesminister für Vertriebene. Vgl. Wachs, Fall (2000).

[2216] Vgl. Smolorz, Displaced Persons (2009), S. 96f.; ders., Südosteuropa-Institut (2008), S. 77–79.

[2217] Vgl. Hoffmann, Tragödie (2003), S. 109–112.

[2218] Vgl. Müller, Gehlen (2017), S. 449; Hoffman, Tragödie (2007), S. 60–63 u. 221.

[2219] Vgl. NARA, 260/A161/625: Study of anti-soviet activities of Refuges in Bavaria, Russian Émigré [1947].

5. Vorzeichen des beginnenden Kalten Kriegs in Regensburg und Ostbayern

Bandera durch den KGB zeigte.[2220] Aus guten Gründen verlagerten also die Russen 1949 ihre antikommunistische Tätigkeit von Regensburg bis nach Argentinien.[2221]

Die Sowjets waren schon in der unmittelbaren Nachkriegszeit in Regensburg nicht untätig gewesen, hatten bereits 1945 eigene Spione in den Gruppen der DPs installiert. Der militärische Geheimdienst der antikommunistischen Weißrussen schaltete diese Spione jedoch durch gezielte Tötungen aus.[2222] Die Folge war allerdings, dass neue Spione nachkamen.[2223] Noch 1952 klagte der Regensburger Oberbürgermeister Zitzler bei Ministerpräsident Hans Ehard im Hinblick auf Ukrainer und Polen, dass in der Stadt das Spionagewesen besonders grassiere, was dem Ministerpräsidenten aus verschiedenen Prozessen bekannt sein dürfe. Die Antwort aus München verfasste kein anderer als Oberländer, der mittlerweile als Staatssekretär für das Flüchtlingswesen im bayerischen Innenministerium damit befasst war, die Lager der Displaced Persons, besonders Kasernen, zu räumen, da diese für die inzwischen geplanten deutschen Streitkräfte benötigt wurden.[2224]

## 5.2. Regensburg als Kristallisationspunkt geheimdienstlicher Aktivitäten

Vergegenwärtigt man sich die amerikanisch-deutsch-osteuropäischen Netzwerke im Regensburger und ostbayerischen Raum zwischen 1945 und 1949,[2225] so wird deutlich, dass hier die Folgen des Zweiten Weltkriegs und der Beginn des Kalten Kriegs in Manchem fließend ineinander übergingen. Fragt man ferner, ob der Zweite Weltkrieg für die in Regensburg lebenden Osteuropäer am 27. April 1945 zu Ende war, fällt die Antwort nicht eindeutig aus. Am Beispiel der bereits genannten beiden führenden Persönlichkeiten der Litauer wird die Ambivalenz der litauischen Politik sehr deutlich; zum einen in Opposition zur UdSSR und aus politischem Opportunismus in Kooperation mit dem „Dritten Reich" zu agieren, zum anderen trotz dieser belastenden Hypothek der Kollaboration mit den Nationalsozialisten auch zu den Westalliierten Kontakte zu knüpfen. Dabei war den Litauern, wie auch anderen Balten, die deutsche Nachkriegspolitik sicher behilflich. Dennoch waren sie, wie auch die Polen, in ihren Kontakten zu den Westalliierten von der deutschen Seite weitgehend unabhängig. Die Tatsache, dass auch die Ukrainer in Regensburg in der Lage waren,

---

[2220] Vgl. Rossolinski, Bandera (2014), S. 407–409.
[2221] Es wurden sogar Druckmaschinen aus Regensburg, die für die Verbreitung der russischen Zeitung „Echo" verwendet worden waren, nach Argentinien verschifft. Vgl. GARF, F10032 /Op. 1/D. 126: Akte betreffend den Erzpriester Dimitrij Konstantinov vom 13.1.1982; Schreiben B. Prjanišnikovs vom 14.1.1989.
[2222] Vgl. Vinicki, Matar'jaly (1994), S. 82.
[2223] Vgl. NARA, 640447/30/1: Comments of the Rusty Report von 1947.
[2224] Vgl. BayHStA, StK/14892: Schreiben des Oberbürgermeisters von Regensburg an Ehard vom 2.1.52 und Abschrift des Schreibens des Bay. Staatsministeriums des Innern vom 24.1.52.
[2225] Mehr dazu siehe bei Smolorz, Encounters (2018), S. [im Druck].

VI. Die Lage in Regensburg nach der Übergabe an die Amerikaner

unbeschadet ihrer politisch-militärischen Zusammenarbeit mit dem „Dritten Reich", sowohl mit den Amerikanern als auch mit dem britischen Geheimdienst in Kontakt und in deren Dienste zu treten, beweist, dass sie gleichfalls in der Zeitspanne zwischen 1941 und 1949 zu einem politischen Spagat fähig waren: Einerseits hatten sie mit den Deutschen kollaboriert, andererseits dienten sie sich den Westalliierten im beginnenden Kalten Krieg an.[2226]

Der Raum Regensburg blieb trotz anderer Alternativen ein bevorzugter Ort für verschiedene Exil-Gruppierungen. Dies belegt, dass manche Osteuropäer tatsächlich Anteil an der räumlichen Konzentration um Regensburg hatten und sich hierfür bewusst entschieden, beispielsweise ehemalige Angehörige der 14. Waffen-Grenadier-Division der SS, Ukrainer, die von den Westalliierten mehrheitlich nicht an die UdSSR ausgeliefert worden waren. Stattdessen durften sie spätestens 1947 über ein amerikanisches Kriegsgefangenenlager im italienischen Rimini nach Großbritannien, Kanada und die USA ausreisen. Es ist bezeichnend, dass die politisch-militärischen Eliten den Mannschaftsdienstgraden auf diesem Weg nicht folgten, sondern in Regensburg und München zurück blieben und versuchten, mit der Unterstützung der Amerikaner und Briten in die Heimat politisch und militärisch einzuwirken.

Die Polen hatten nach Kriegsende eine günstige strategische Alternative zu Regensburg besessen, gab es doch in der britischen Besatzungszone, im Emsland von 1945 bis 1948 eine polnische Besatzung.[2227] Einige Angehörige der Führungselite blieben jedoch in Regensburg. Es ist anzunehmen, dass hierfür angesichts der Kollaboration mit dem NS-Regime auch politisch-ideologische Rivalitäten in den eigenen Reihen eine Rolle spielten. Daneben waren offensichtlich die Amerikaner eher als die Briten bereit, sie von der Kooperation mit dem nationalsozialistischen Regime zu exkulpieren.

Die Weißrussen waren in Regensburg sehr aktiv, profitierten von deutschen Entscheidungen des Frühjahrs 1945, schafften es aber auch im entscheidenden Augenblick, selbständig zu handeln. Ihr Anschluss an die Wlassow-Armee und dann der Abmarsch aus Böhmen nach Cham, kurz vor dem Vorrücken der Amerikaner, ermöglichte der Mehrheit von ihnen, als Zivilisten in Regensburg anerkannt zu werden und nicht in die Internierungslager für Militärs zu geraten – eine gute Ausgangslage, um sich politisch neu aufzustellen.

Die Ungarn galten den Amerikanern bis 1948[2228] nicht als Displaced Persons der Vereinten Nationen, sondern als „Ex-Enemy-Nationals", also ehemalige Verbündete

---

[2226] Mehr zu diesem politischen Spagat und zu den Herausforderungen insbesondere der Ukrainer siehe bei Pavlenko, Aufständischenarmee (2002).
[2227] Vgl. Rydel, Besatzung (2003).
[2228] Die IRO-Zentrale in Genf gab im März 1948 die Aufnahme der Ungarn als DPs bekannt. Ferner wurde die neue Entwicklung dargestellt, dass nämlich allein 1947 ungefähr 6.500 Ungarn versucht hatten, aus politischen Gründen das Land in Richtung Westeuropa zu verlassen. Vgl. D.P. Express, Nr. 10 vom 13.3.48, S. 4.

## 5. Vorzeichen des beginnenden Kalten Kriegs in Regensburg und Ostbayern

des nationalsozialistischen Deutschland. Sie hatten jedoch einflussreiche und anerkannte Fürsprecher, zumal in ihren ehemaligen adeligen Eliten, wie die wohlwollende Aufnahme der ungarischen Flüchtlinge im Regensburger Schloss Thurn und Taxis zeigt. Am Ende stand nicht nur eine Übernahme in die Fürsorgeprogramme der International Refugee Organization (IRO), sondern eine politische Wende in der Beurteilung der Ungarn: Sie galten fortan nicht mehr als Kollaborateure der Nationalsozialisten, sondern nur noch als Antikommunisten.

Die nationalen Komitees in Regensburg koordinierten offenkundig die jeweilige nationale osteuropäische Diaspora im gesamten ostbayerischen Raum. Regensburg kam daher eine wichtige Funktion im beginnenden Kalten Krieg zu, es wurde zu einem Zentrum des Antikommunismus am Eisernen Vorhang. Diese Rolle der Stadt lässt sich nur dadurch erklären, dass hier auch ein Zentrum des amerikanischen Geheimdienstes CIC installiert worden war.

Insgesamt zeigt sich, dass der Kalte Krieg in Regensburg erheblich früher als 1947 begann, wie er in der Regel in der Literatur datiert wird. Einen großen Anteil hatten daran die deutschen Geheimdienste des „Dritten Reichs", besonders die des Reichssicherheitshauptamts, indem zahlreiche Osteuropäer, seien es Kollaborateure oder Sonderhäftlinge, sich gegen Kriegsende 1945 in Regensburg und Ostbayern einfanden. Die Amerikaner setzten diese Politik fort, übernahmen – so jedenfalls die bisherige Erkenntnis – das Konzept der Deutschen, die osteuropäischen Flüchtlinge in Ostbayern als Opposition zu Stalins Politik zu instrumentalisieren. Das wiederum bedeutete, dass das deutsche Kalkül aufgegangen war, unabhängig davon, dass die deutschen Urheber einer solchen Politik nicht mehr davon profitierten.

# VII. ZUSAMMENFASSUNG

## VII. Zusammenfassung

Diese Studie hat Ausgangskonstellationen, Grundfaktoren und zentrale Entwicklungslinien, welche die Situation Regensburgs in der Endphase des Zweiten Weltkriegs und im Übergang zur beginnenden Nachkriegszeit bestimmten, analysiert. Das erfolgte auf wesentlich breiterer Literatur- und Quellengrundlage als alle bisherigen Untersuchungen. So wurden nach gründlicher Recherche neue Archivbestände aus Washington, D.C., London, Moskau, Warschau und Prag berücksichtigt und teilweise erstmals näher ausgewertet. Die Darstellung folgt überdies erweiterten Frageperspektiven und Analyseprämissen, um die bisherigen lokalen oder personalen Engführungen hinter sich zu lassen.

Daher setzt die Studie auch ein mit einer detaillierten Beschreibung der staatlichen, gesellschaftlichen und politischen Strukturen und Raumbezüge, in die Regensburg im Jahr 1945 eingebunden war. Der Blickwinkel musste hier weit über die Stadtgrenzen hinausgehen und obendrein ganz unterschiedliche institutionell-räumliche Zusammenhänge und Aggregatszustände berücksichtigen; selten waren sie deckungsgleich, immer zeigten sie differierende Abmessungen. Ebenso war zu beachten, dass ganz verschiedene Entscheidungsträger und Instanzen agierten, deren Kompetenzen je nach Zeitpunkt und Umfang zu erfassen waren, weil dies die Abläufe maßgeblich bestimmte und beeinflusste.

Vor allem im Bereich der militärischen Strukturen war es erforderlich herauszuarbeiten, dass es sich seit der Mobilmachung 1939 um zwei parallele Zuständigkeitsbereiche handelte, die nicht verwechselt oder vermischt werden dürfen: die Struktur des „Feldheeres" und die des „Ersatzheeres". Bei letzterer handelte es sich um die territoriale Organisation der Wehrmacht in Gestalt der Wehrkreise und Luftgaue sowie deren nachgeordnete Einrichtungen im Heimatkriegsgebiet, beispielsweise die Standortkommandanturen. Selbst als die Struktur des Feldheeres, als gleichsam beweglicher Raum, mit dem Rückfall der Front auch Regensburg einschloss, verblieb, trotz fast völliger Mobilisierung und Verschmelzung der Ersatzheerkräfte mit denen des Feldheeres, ein kleiner Rest an eigenständiger Wehrkreisverwaltung vor Ort. Diesen zu berücksichtigen, war bei der Ausarbeitung der Geschehnisse um das Kriegsende in Regensburg wichtig, da in seinen Verantwortungsbereich alle wehrmachteigenen Lagerstätten fielen, darunter auch die Kampfstofflager, die für den behandelten Raum im April 1945 tatsächlich zu einem existenziellen Problem wurden.

Auf der Basis der breiten, internationalen Quellenrecherche und mit den neu akzentuierten Frageperspektiven konnte die Untersuchung die Vorgänge um das Kriegsende in Regensburg und die Übergabe der Stadt im Kontext umfassender gesellschaftlicher, militärischer und räumlich-institutioneller Bezüge viel intensiver und differenzierter als bislang beleuchten und analysieren. Zahlreiche Abläufe ließen sich rekonstruieren, Details ergänzen, offene Fragen klären, Mythen und Legenden entlarven. Manches muss freilich auch weiterhin unklar bleiben; so fanden sich beispielsweise keine expliziten Hinweise auf die ausführenden Personen der Brückensprengungen in Regensburg, und letztlich können auch der oder die Urheber der

## VII. Zusammenfassung

Kundgebung vom 23. April nicht exakt und zweifelsfrei benannt werden. Dennoch sind, wie gesagt, zahlreiche gewichtige Ergebnisse zu benennen.

**Eine Stadt im Krieg – Vorbereitung auf die Nachkriegszeit**

Bereits Ende 1944 zeichneten sich die bevorstehende Niederlage und das Ende des Kriegs ab. Angesichts der herannahenden Fronten, der wiederkehrenden Luftangriffe, denen die Luftwaffe nichts mehr entgegen zu setzen hatte, und einer sich rapide verschlechternden Versorgungslage, war man sich auch in Regensburg im Klaren. Anhand von Produktionsumstellungen und ähnlichen Maßnahmen lassen sich für einige örtliche Betriebe konkrete Vorbereitungen auf die Nachkriegszeit nachweisen. Daneben häuften sich die Anzeichen von Kriegsmüdigkeit unter der Bevölkerung.

Um Defätismus und Widerstand entgegen zu wirken, reagierten die nationalsozialistischen Machthaber zum einen mit Durchhalteparolen, zum anderen mit verstärktem Druck. In Regensburg äußerte sich dies in einer steigenden Zahl an Inhaftierungen und Verurteilungen wegen des Abhörens ausländischer Rundfunksender oder in der Einsetzung eines neuen Kommandeurs der Sicherheitspolizei, der an die Spitze des aus Gestapo, KriPo und SD zusammengesetzten Unterdrückungsapparats rückte.

Die Regensburger Industrie und das Handwerk litten enorm unter den US-Luftangriffen. Je näher die Amerikaner der Stadt kamen, desto schwieriger wurde es, die Grundversorgung zu sichern, zumal sich in der Stadt zahlreiche Evakuierte und Flüchtlinge vor den Kriegsfronten einfanden. Ihre Verwaltung war den Umständen entsprechend gut organisiert und sie wies fließende Übergänge in die unmittelbare Nachkriegszeit auf.

**Militärische und zivile Widerstandskreise in Regensburg**

Trotz Kriegsmüdigkeit und stetig sinkendem Lebensstandard fanden sich in Regensburg nur wenige, die aktiv Widerstand leisteten. Die Quellen belegen dennoch vier vor Ort agierende kleinere Widerstandsgruppen (jedenfalls Gruppen von Resistenz und Widerständigkeit). Dabei lassen sich zwei Schwerpunkte ausmachen. Die Mitglieder der „Organisation Bauernhaus" sowie der Gruppe „Das Neue Deutschland" stammten vornehmlich aus den Reihen der Wehrmacht. Die Gruppierungen um August Elsen und Josef Held versammelten jeweils Gleichgesinnte aus den Reihen des politischen Katholizismus. Letztere waren untereinander vernetzt und unterhielten offenbar Kontakte zur Freiheitsaktion Bayern. Alle vier Gruppierungen beanspruchten nach Kriegsende eine Beteiligung an der Demonstration für die kampflose Übergabe der Stadt Regensburg vom 23. April 1945, in deren Folge drei Menschen hingerichtet wurden. Es konnte jedoch kein kausaler Bezug zwischen der Demonstration und der kampflosen Stadtübergabe an die amerikanische Armee festgestellt werden.

## VII. Zusammenfassung

Unter den zahlreichen in Regensburger Betrieben eingesetzten Zwangsarbeitern lassen sich ebenfalls Widerstandsgruppen ausmachen. Neben Flucht und Sabotage sind hier Informationsweitergaben an amerikanische Geheimdienstagenten nachweisbar.

### Amerikanische Geheimdiensttätigkeit in und um Regensburg

Da seit Jahrzehnten in Regensburg gerüchteweise von amerikanischen Agenten in der Stadt im April 1945 die Rede ist, wurde auch dieser Aspekt näher untersucht. Die Recherche erbrachte, dass es derlei Einsätze tatsächlich gegeben hat. Zudem erwies sich die Donaulinie, neben dem Alpenvorland, als ein Schwerpunktraum alliierter Spähereinsätze. Allein vier Zweimannteams des Office of Strategic Services (OSS, amerikanischer Auslandsgeheimdienst) mit dem Auftrag, die durch die Region und die Stadt führenden Hauptverkehrswege zu beobachten sowie die Lage und Stimmung der Bevölkerung in der Stadt zu erkunden, sprangen in verschiedenen Nächten zwischen dem 30. März und dem 17. April 1945 bei Viehhausen, Abensberg, westlich von Landshut und bei Windberg ab. Ein fünftes Team, das eigentlich Ingolstadt zum Ziel hatte, landete am 8. April, wegen eines Navigationsfehlers der Transportmaschine, mitten in Tegernheim, konnte jedoch unter Zurücklassung der Ausrüstung entkommen. Zwei der Regensburger Einsätze waren von Anfang an weitgehende Misserfolge, da die Funkausrüstungen bei den Landungen beschädigt worden waren. Die beiden anderen Teams konnten allerdings regelmäßig Nachrichten durchgeben – so das militärische Verkehrsaufkommen auf der Reichsstraße 15 von Regensburg nach Landshut in der Nacht vom 26. auf den 27. April, der Nacht des Abzugs der Wehrmacht-Kampfgruppe aus der Stadt. Zwei der Teams waren sogar in der Lage, unauffällig in die Stadt Regensburg zu gelangen und auftragsgemäß Nachrichten zu sammeln und zu übermitteln.

Bei sechs der acht Kundschafter handelte es sich um Freiwillige der Exilarmeen Polens, Belgiens und Frankreichs, die als Fremdarbeiter getarnt waren. Die beiden bei Landshut abgesprungenen Agenten waren deutsche Kommunisten aus dem britischen Exil, die vom OSS (mit Billigung aus Moskau) angeworben worden waren. Es gab deutschlandweit, neben drei Ein-Mann-Unternehmen, lediglich zwei OSS-Teams in solcher Zusammensetzung, das zweite war direkt in Berlin erfolgreich im Einsatz.

### Regensburg als Ballungsraum etwa 10.000 britischer Kriegsgefangener

Die Existenz von KZ-Arbeitskommandos in und um Regensburg sowie von Widerständigen und Opfern vor Ort im März/April 1945 war lange Zeit nicht im öffentlichen Bewusstsein und wurde erst Jahrzehnte später „wiederentdeckt". Die vorliegende Studie erbrachte als Ergebnis Kenntnisse zu einem, in Regensburg nach 1945 völlig vergessenen bzw. verdrängten Thema. Das Vergessen ist in diesem Fall umso

## VII. Zusammenfassung

überraschender, als es sich um mehrere tausend Kriegsgefangene handelte, die an der laufenden Reparatur der Regensburger Bahnanlagen gearbeitet hatten; daran erinnerte noch bis 1947 ein Massengrab am Stadtrand bei Mariaort.

Die zurückfallenden Fronten hatten Ende 1944 detaillierte Planungen für eine Rückführung aller Kriegsgefangenen aus den Lagern im Osten des Reichs in andere Gebiete veranlasst. Speziell Bayern war als ein Aufnahmeraum gedacht. Bereits im Februar passierten solche zunächst noch per Bahn durchgeführten Transporte nach Südbayern Regensburg. Auch die beiden großen deutschen Kriegsgefangenenlager (Stalag) in Oberschlesien, Lamsdorf und Teschen, sollten mitsamt ihren zahlreichen Arbeitskommandos nach Westen verlegt werden. Beide Lager umfassten in der Masse britische und sowjetische Kriegsgefangene. Vorbereitete Rückmarschrouten konnten nicht genutzt werden, weshalb alle im Osten befindlichen Arbeitskommandos in Fußmärschen die tief verschneiten Sudeten überqueren mussten, um durch den Norden Böhmens nach Nordbayern zu gelangen, wo die Kolonnen nach acht bis zehn Wochen ankamen. Der für Ostbayern zuständige Wehrkreis XIII sah sich nicht in der Lage, diese ca. 60.000 Mann in seinen bestehenden Lagern und deren Arbeitskommandos unterzubringen. Schließlich wurden im März 1945 Tausende dieser Kriegsgefangenen der Reichsbahn zugeteilt, die dringend Arbeitskräfte zur laufenden Reparatur bombengeschädigter Bahnanlagen benötigte. Per Bahntransport wurden in der Folge Gruppen auf alle größeren Bahnknoten in Nord- und Ostbayern verteilt und dort provisorisch untergebracht. Im Fall von Regensburg waren dies zunächst 2.700 Kriegsgefangene aus Großbritannien und den Staaten des Commonwealth, die in Scheunen südwestlich, südlich und südöstlich der Stadt einquartiert wurden. Als sich die amerikanischen Truppen Nordbayern näherten, wurden im März/April 1945 auch dort alle Kriegsgefangenenlager und Arbeitskommandos geräumt. Marschziel war zunächst einfach nur „hinter die Donau" zu kommen. Mehrere solcher Gruppen wurden dann ab Mitte April zusätzlich in den Dörfern südlich der Stadt Regensburg einquartiert. Für einige Tage muss man von einer Gesamtzahl von mehr als 10.000 Mann ausgehen. Eine der Marschkolonnen geriet auf ihrem Weg nach Regensburg am 16. April 1945 auf der Mariaorter Eisenbahnbrücke in einen amerikanischen Bombenangriff. Die dabei getöteten 20 Briten und Neuseeländer wurden in einem Massengrab bestattet. Ab dem 23. April sollten alle Gruppen weiter nach Süden marschieren. Einige überließ man sich selbst; sie warteten an Ort und Stelle auf die Amerikaner. Andere gelangten noch bis Nieder- oder Oberbayern.

**Konzentration chemischer Kampfstoffe in und um Regensburg**

Die Wehrmacht verfügte mit „Tabun" und „Sarin" über zwei extrem gefährliche sogenannte Spitzenkampfstoffe (Nervengifte), gegen deren Wirkung es zu damaliger Zeit kaum Schutzmöglichkeiten gab. Die auf das Reichsgebiet rückfallenden Fronten bedrohten schon 1944 die Lagerstätten solcher Stoffe, so dass im Landesinneren Aus-

## VII. Zusammenfassung

weichlager gefunden werden mussten. So wurde auch die nahe bei Regensburg gelegene Luftwaffen-Munitionsanstalt Schierling noch 1944 zum provisorischen Kampfstofflager umgewidmet. Da immer mehr Lager aufgegeben werden mussten, wurde der Abtransport ihrer Bestände in den ersten Monaten des Jahres 1945 zum Problem. Als keine anderen Rückführungsmöglichkeiten mehr bestanden, sollten diese Bestände auf Frachtschiffe auf Elbe und Donau verladen und abseits von Städten ohne jegliche Kennzeichnung abgestellt werden. Offene Übergaben an den Gegner hatte Hitler noch am 16. April 1945 strikt untersagt.

Auf der Donau waren sieben Frachtkähne mit Nervengiftbomben der Luftwaffe beladen und im Raum Straubing und Deggendorf abgestellt worden. Auf Schiffe geladen wurde diese Munition um den 15. April auch in Regensburg. Belegbar ist die Umladung von mindestens zwei kompletten Güterzügen zu je 45 Waggons mit Nervengiftbomben aus der Muna Feucht, wobei hierfür, angesichts der Zerstörungen im Regensburger Hafenbereich seit dem 11. April, nur noch die altstadtnahe Donaulände infrage gekommen sein dürfte. Als die US-Streitkräfte am 26. April westlich von Straubing auf die ersten Giftgasschiffe stießen und sie von deutschen Parlamentären über deren Brisanz informiert wurden, führte dies zu einem den ganzen Tag währenden „nichterklärten Waffenstillstand" – keine der beiden Seiten sah sich in der Lage, „Krieg zu führen", wenn alle paar Kilometer Rücksicht auf als Sperrgebiete ausgewiesene Kampfstofflagerstätten genommen werden musste.

Bisher war in der Region angenommen worden, dass die offenen Übergaben der Kampfstofflagerstätten an die US-Streitkräfte am 26. und 27 April 1945 einzig dem couragierten Verhalten einiger Offiziere in Schierling und in Straubing zuzurechnen seien. Es lässt sich jedoch im Detail zeigen, dass seit dem 24. April auf höchsten militärischen Ebenen im „Südraum" ein Umdenken im Umgang mit den Nervengiften eingesetzt hatte, das der bisherigen Befehlslage vollständig zuwiderlief. Es erfolgte vermutlich auf Initiative von Oberst i.G. Otto Petzolt, Chef des Stabes im Münchner Luftgaukommando VII, der den Kreisen der „Freiheitsaktion Bayern" zuzurechnen war. Frühmorgens am 27. April entsandte die deutsche 1. Armee im Auftrag des Oberkommandos Süd eine hochrangige Offiziersdelegation zu den Amerikanern, um die Schierlinger Bestände zu übergeben – wobei letztendlich gleich zwei deutsche Parlamentärgruppen beim XX US-Corps in derselben Angelegenheit vorsprachen. Tatsächlich war man auf Seiten der Amerikaner sofort bemüht, alle Giftgaslagerstätten aus dem Kampfgeschehen am Boden und von der Luft aus herauszuhalten.

Diese offenen Übergaben, denen weitere in Südbayern folgten, befreiten die US-Streitkräfte auch von einer tiefen Unsicherheit. In ihren täglichen Berichten fanden sich stets Aufstellungen dessen, was die deutsche Seite militärisch nun als nächstes unternehmen könne. Seit Längerem endete diese Rubrik gebetsmühlenartig mit der Zeile „Chemical Warfare" – der Sorge, dass eine mit dem Rücken an die Wand gedrängte Wehrmacht als letztes Mittel doch noch zum Giftgaskrieg greifen würde. Nach dem 27. April wurde konkret vermerkt, dass, angesichts der offenen Kampfstoffübergaben, mit einem Gaskrieg nun wohl nicht mehr gerechnet werden müsse.

## VII. Zusammenfassung

**Keine Pläne der US-Army zur Einnahme Regensburgs**

Regensburg stand nicht im Mittelpunkt des amerikanischen Vormarschs, sondern war lediglich ein Hindernis auf dem Weg zu einem größeren Ziel. General Pattons Offensive zielte darauf ab, so schnell und so weit als möglich im Donauraum nach Osten zu gelangen, bis die Amerikaner dort auf Einheiten der Roten Armee stoßen würden. Von Bedeutung ist, dass sich erst um den 20. April 1945 abzeichnete, dass die US-Army und nicht die Rote Armee als erste den Raum Regensburg erreichen würde. Die Planungen der Wehrmacht für eine Verteidigung der Donaulinie mit Brückenköpfen am Nordufer gegen die US-Streitkräfte sahen für Regensburg vor, die Stadt im nördlichen Vorland zu verteidigen.

Der Versuch der Amerikaner, sich der Regensburger Brücken durch einen schnellen Stoßtrupp aus dem Raum Burglengenfeld zu bemächtigen, scheiterte durch deren übereilte Sprengungen, die allerdings auch die deutschen Verteidigungsplanungen konterkarierten. Wie an mehreren Stellen der Donau stromabwärts von Ingolstadt erkämpften sich die US-Streitkräfte, zumeist ohne auf großen Widerstand zu stoßen, auch im Raum Regensburg alternativ mehrere Brückenköpfe am rechten Donauufer. Der Übergang östlich von Regensburg, der sehr schnell mit einer Pionierbrücke bei Sulzbach a. d. Donau ausgebaut wurde, diente in erster Linie dem Zweck, mehrere Divisionen, darunter auch eine Panzerdivision, an Regensburg vorbei über die Donau zu führen. Diese Kräfte sollten unmittelbar weiter nach Osten in den Gäuboden vorstoßen. In Richtung Regensburg war lediglich eine Flankensicherung vorgesehen – von einem geplanten oder gar realisierten sofortigen Vorstoß bis Obertraubling kann keine Rede sein. Die Orte Harting und Obertraubling waren noch am Morgen des 27. April nicht in amerikanischer Hand.

Die den Brückenkopf stromaufwärts von Regensburg im Raum Bad Abbach erkämpfende US-Division sollte zwar nach Plan im weiteren Fortgang Regensburg einnehmen, hatte jedoch keinen Befehl zu einer sofortigen Vereinigung mit dem Brückenkopf östlich von Regensburg. Bei Gundelshausen entstand sehr schnell eine schwere Pionierbrücke. Es kann ins Reich der Legenden verwiesen werden, dass ein Gefecht, das fanatisierte jugendliche Soldaten einer SS-Division bei Kapfelberg den mit Sturmbooten übersetzenden Amerikanern lieferten, deren Vormarsch auf Regensburg zeitweise aufgehalten und eine Einschließung der Stadt am 26. April verhindert habe.

**Rückzug der Wehrmacht aus Regensburg in der Nacht zum 27. April**

Nach allen zugänglichen deutschen militärischen Quellen dürfte es im Lauf des 26. April für die militärische Führung im Südraum absehbar gewesen sein, dass eine „Donaulinie" nicht zu halten war. Nicht nur, dass die US-Armee östlich von Ingolstadt an mehreren Stellen den Fluss bereits überschritten hatte, auch die angesprochene Kampfstofflagerproblematik, die an diesem Tag im Raum Straubing sogar zu dem erwähnten „nichterklärten Waffenstillstand" geführt hatte, ließ eine Rücknahme

## VII. Zusammenfassung

der Hauptkampflinie seitens der Wehrmacht zwingend notwendig erscheinen. Entsprechend zogen sich in der Nacht zum 27. April auch große Teile der in Regensburg stationierten und durchaus mobil ausgerüsteten Wehrmachtseinheiten nach Südosten in Richtung Isartal zurück. Belegt ist dies u. a. durch Aufzeichnungen der OSS-Agenten an der Reichsstraße nach Landshut und der Befragung deutscher Kriegsgefangener und Zivilisten durch die Amerikaner.

Da die Reichsstraße von Regensburg in Richtung Landshut (die heutige B15) in dieser Nacht noch nicht von den Amerikanern abgeschnitten war, erscheinen Darstellungen eines Abzugs der Kampfgruppe Regensburg auf alternativen Wegen über den Standortübungsplatz in etwas zweifelhaftem Licht. Es mag sein, dass auch dieser Weg genutzt wurde, aber der einzige „Ausweg" war er mit Sicherheit nicht. Insgesamt ergeben sich also Zweifel an der Darstellung des Zeitzeugen Robert Bürger, zumal sich einige Angaben aus seiner Hauptquelle nicht bestätigen lassen. Jedoch ist die vollständige Verneinung dieses Abzugs durch die Autoren Eiser und Schießl in ihrer Breite ebenfalls nicht belegbar.

### Weder Matzke noch Bürger – die komplexe Übergabe Regensburgs

Eine der strittigsten Fragen in Regensburg war bisher, wem das Verdienst gebührt, die Stadt kampflos den Amerikanern übergeben bzw. dies ermöglicht zu haben. Hierzu gab es über die Jahrzehnte seit Kriegsende hinweg eine Vielzahl an sich teils widersprechenden Darstellungen. Gerade in jüngerer Zeit hatte eine neue Interpretation der Ereignisse zu einer teils mit großer medialer Schärfe ausgefochtenen lokalen Debatte geführt – und letztendlich auch zur Erarbeitung dieser Studie beigetragen.

Im Vergleich zu anderen Städten zeigt sich die Übergabe Regensburgs bzw. die Kapitulation der Restgarnison vor Ort im Ablauf ungewöhnlich und auf den ersten Blick durchaus verwirrend. In Regensburg hat man nach 1945 immer geglaubt, dass vor dem Einmarsch der Amerikaner in die Stadt zwei offizielle Akte erfolgt seien – nur hat man im Nachhinein diese Abläufe, teils aus Interesse, teils aus Unwissen, in jeglicher nur denkbaren Art und Weise kombiniert sowie mit wechselnden Protagonisten besetzt. Hervorzuheben ist daher zunächst grundsätzlich, dass die zivile Übergabe einer Stadt und die militärische Kapitulation einer Restgarnison zwei getrennte Handlungsstränge sind. Diese können in einem Schritt vollzogen werden, erfolgten jedoch aus Gründen, die nicht zur Gänze aufgeklärt werden konnten, im Fall von Regensburg getrennt.

Gesichert erscheint folgender Ablauf: Der vormalige „I a" des Kampfkommandanten, Major Othmar Matzke, hatte in den frühen Stunden des 27. April 1945 Oberbürgermeister Otto Schottenheim davon in Kenntnis gesetzt, dass die Kampfgruppe sowie die Kreisleitung der NSDAP in der Nacht die Stadt verlassen hatten. Man einigte sich auf einen Parlamentär, Schottenheims Schwager, Generalmajor a.D. Hermann Leythäuser. Matzke ging von einer militärischen Kapitulation aus, Schottenheim von einer Übergabe der zivilen Stadt. Die überlieferten Quellen der US-Army

## VII. Zusammenfassung

sind in diesem Punkt eindeutig: Leythäuser unterschrieb gegen 10:20 Uhr vor Colonel Carl E. Lundquist, Kommandeur des 14th Infantry Regiments der 71st Infantry Division, in dessen Gefechtsstand in Sarching eine Übergabeerklärung namens der Stadt, die um 14:00 Uhr in Kraft trat.

Die südwestlich der Stadt stehende 65th Infantry Division, laut amerikanischem Plan für die Einnahme der Stadt zuständig und über die zivile Übergabe informiert, wurde nun ihrerseits aktiv. In Kenntnis, dass sich noch Wehrmachttruppen in der Stadt befanden, ging man von einer nun folgenden militärischen Kapitulation aus und wollte sich diesen Anteil am Siegesruhm sichern. Ein Vorauskommando unter weißen Fahnen fuhr noch am Vormittag in aller Eile in die Stadt zur deutschen Kommandantur im Ostflügel von Schloss St. Emmeram. Vom dort anwesenden Major Matzke erwartete der Kommandeur des 260th Infantry Regiments, Colonel Frank Dunkley, in Begleitung des stellvertretenden Kommandeurs der 65th Infantry Division, Brigadier General John E. Copeland, nun die militärische Kapitulation. Matzke war aber offenbar nur unzureichend über das informiert, womit Schottenheim seinen Schwager beauftragt hatte, und berief sich gegenüber den Amerikanern darauf, dass ein General die Stadt übergeben solle. Er könne dies nicht tun, wisse aber, wo dieser General zu finden sei. Dementsprechend holte man Generalmajor a.D. Leythäuser herbei, sodass dieser nun auch die Kapitulation der Restgarnison bald nach 14:00 Uhr formgerecht vollzog. Damit hatte Colonel Dunkley nun die Möglichkeit, seinen noch am Stadtrand wartenden Truppen um 14:32 Uhr den sofortigen Einmarsch zu befehlen und damit den seit 14:00 Uhr von Osten her vorrückenden Einheiten der 71st Division zuvorzukommen. Letztere wurden daraufhin zurückbefohlen. Erst danach wurden Oberbürgermeister Schottenheim und Bürgermeister Herrmann aus dem Rathaus zur Kommandantur am Petersweg gebracht. In den Unterlagen der US-Division findet sich keinerlei Hinweis auf irgendeine Erklärung, die man den Bürgermeistern abverlangt habe. Es war das übliche Ritual, die deutschen Stadtspitzen zum „Befehlsempfang" bei den neuen Herren der Stadt einzubestellen. Man schärfte ihnen jedoch ein, sie würden mit ihren Köpfen haften, dass sich kein Widerstand mehr rege. Ob sie dies als „Übergabe" missverstanden oder später bewusst so erzählt haben, muss dahingestellt bleiben.

### Etablierung der US-Militärregierung

Als die Amerikaner Regensburg besetzten, mussten sie zunächst eigene Strukturen aufbauen. Obwohl sie bereits Erfahrung besaßen, wie eine Stadt von der Größe Regensburgs nach der Kapitulation militärisch zu organisieren sei (etwa nach den Vorgängen in Aachen), gab es doch im Fall Regensburgs manche Reibungen. Hier spielten vornehmlich Konkurrenzen um einzelne Zuständigkeiten zwischen den Kampftruppen und der für den Regierungsbezirk Niederbayern/Oberpfalz zuständigen Verwaltungseinheit der Militärregierung eine Rolle. Auch traf die für die Stadt Regensburg zuständige Einheit der Militärregierung erst Mitte Juli 1945 vor Ort ein.

# VII. Zusammenfassung

In den ersten Wochen erwiesen sich insbesondere die Organisation der Kriegsgefangenen- und Internierungslager sowie die Versorgung der vielen Ausländer in Regensburg als problematisch. Die Requirierung von Unterkünften und Büroräumen für die diversen amerikanischen Einheiten verschärfte die angespannte Wohnungslage zusätzlich. Noch von den vor Ort stationierten Kampftruppen der US-Army wurde ein Teil der zerstörten Infrastruktur provisorisch wiederhergestellt. Das Passieren der Ersatzbrücken war zunächst jedoch ausschließlich den Amerikanern vorbehalten, der Bevölkerung hingegen untersagt.

## Wiederaufbau der deutschen Verwaltung unter dem Vorzeichen der Entnazifizierung

Eine der ersten Maßnahmen der Amerikaner nach der Besetzung der Stadt war die Entnazifizierung. Im Zug dieser Überprüfung der Bevölkerung auf Mitgliedschaft in nationalsozialistischen Organisationen und ihre Beteiligung an Verbrechen verhaftete und suspendierte die Militärregierung zahlreiche Mitarbeiter der städtischen und der Reichsverwaltung. Zu diesen gehörte etwa, als hochrangiges Mitglied der NSDAP und SS, Oberbürgermeister Schottenheim. Trotz Parteimitgliedschaft verblieb jedoch zunächst der langjährige zweite Bürgermeister Hans Herrmann im Amt und wurde als kommissarischer Bürgermeister mit der Leitung der Stadtverwaltung betraut.

Die Amerikaner rekrutierten sowohl für die frei gewordenen städtischen Stellen als auch für ihre eigene Verwaltung Personen, die sie als politisch nicht belastet erachteten. Hierfür kamen daher gerade in der unmittelbaren Anfangs- und Übergangszeit nach Kriegsende diejenigen infrage, die gegen den Nationalsozialismus Widerstand geleistet hatten oder vom Regime verfolgt worden waren. Aus diesem Personenkreis engagierten sich viele beim Neubeginn der Presse und der politischen Parteien. Für Regensburg finden sich ehemalige Mitglieder der örtlichen Widerstandsgruppen aus den katholisch-konservativen Kreisen um August Elsen und Josef Held in der späteren CSU wieder. Karl Esser, der vor 1933 einer der profiliertesten Sozialdemokraten Regensburgs war, erhielt die erste Presselizenz der Amerikaner für eine lokale Tageszeitung, die Mittelbayerische Zeitung, und wurde zum ersten Bezirksvorsitzenden der neugegründeten SPD gewählt.

## Regensburg als Fluchtpunkt ost(mittel)europäischer Politiker und Truppen

Im Raum Regensburg befanden sich vor und nach dem Kriegsende zahlreiche Politiker und Soldaten aus Ostmittel- und Südosteuropa. Dem lagen Bestrebungen von deutschen militärischen Geheimdiensten zugrunde, die bereits lange vor der Kapitulation im Mai 1945 bestanden hatten. Verantwortlich waren hierfür in erster Linie die Netzwerke Reinhard Gehlens, Leiter der Abteilung „Fremde Heere Ost" im OKW, sowie Walter Schellenbergs, Leiter der vereinigten Geheimdienste des SD und der Abwehr im Reichssicherheitshauptamt. Zum einen beabsichtigte man, in diesen

## VII. Zusammenfassung

Kreisen eine breit gefächerte Opposition aus Osteuropäern für einen angedachten, gemeinsamen Kampf mit den Amerikanern gegen den „Bolschewismus" zu bilden. Zum anderen hoffte man, die durch den gemeinsamen sowjetischen Feind geeinten osteuropäischen Truppen, nach dem erwarteten militärischen Zusammenbruch der Wehrmacht, als Faustpfand gegenüber den Amerikanern einzusetzen.

Es zeigte sich jedoch, dass die Osteuropäer keineswegs nur als Marionetten in deutschen Planungen angesehen werden konnten; vielmehr spielten bei deren Verlegung in den Raum um Regensburg eigene militärische und politische Interessen eine Rolle. Dies belegen unter anderem ihre erfolgreichen Bemühungen, unabhängig von deutschen Stellen Kontakte zu den westlichen Alliierten zu knüpfen. Nachdem sich die entsprechenden Gruppierungen in die Obhut der Amerikaner begeben hatten, wurden sie in Regensburg untergebracht, weil die Amerikaner hier eine ihrer fünf zentralen Stellen ihres militärischen Geheimdienstes CIC (Counter Intelligence Corps) unterhielten. In dessen Agentenschule auf dem Oberen Wöhrd wurde die Ausbildung für einen Einsatz hinter dem Eisernen Vorhang im beginnenden Kalten Krieg durchgeführt. In dieser Phase spielte auch Gehlen und dessen gleichnamige Organisation, inzwischen für den amerikanischen Geheimdienst tätig, eine Rolle.

Bei Kriegsende waren im militärischen Bereich lediglich die ungarischen Einheiten sowie die Wlassow-Verbände (Russen, Weißrussen, Kaukasier u. a.) von Interesse. Auf die Übergabe Regensburgs an die Amerikaner und die Kapitulation der Wehrmacht hatte die Sammlung zahlreicher ostmittel- und südosteuropäischer Gruppen in Ostbayern keine Auswirkungen. In der unmittelbaren Nachkriegszeit stellte die Unterbringung und Versorgung dieses Personenkreises jedoch eine zusätzliche Herausforderung für die städtische Verwaltung sowie die einheimische Bevölkerung dar. Letztere hatte bei der Deckung ihres Bedarfs die geringste Priorität, was insbesondere wegen des andauernden deutschen Flüchtlings- und des beginnenden Vertriebenenzustroms aus dem Osten des Deutschen Reiches, aus den böhmischen Ländern und aus Südosteuropa eine schwere Hypothek für die nächsten Monate, besonders im Winter 1945/46, bedeutete.

## Zu guter Letzt – ein Wort des Dankes

Wir hoffen, dass Ihnen, verehrte Leserinnen und Leser, die Lektüre unserer Studie zugesagt hat und Sie viele neue Details erfahren konnten. Es würde uns auch freuen, wenn Sie dieses Buch immer wieder als Nachschlagewerk zur Hand nehmen.

Für uns war die Mitarbeit an diesem Projekt ein ausgesprochener Glücksfall. Beide waren wir, jeder im Rahmen anderer Arbeiten, mit der Thematik des Kriegsendes im Raum Regensburg 1945 seit längerem befasst – teils mehr als ein Jahrzehnt. Manche Weichen gestellt hatten bereits Ausstellungs- und Forschungsprojekte des Kulturdezernats der Stadt, des Stadtarchivs und auch der Volkshochschule Regensburg in den späten 1980er Jahren.

Im Lauf dieser langen Zeit sind viele Gedanken und Überlegungen zum Thema in Gesprächen mit Dritten entstanden bzw. fortentwickelt worden. Es ist nicht möglich, diese Diskussionspartner all der Jahre heute einzeln zu nennen und ihnen zu danken. Genannt seien jedoch zwei Kollegen und auch Freunde, die leider viel zu früh haben gehen müssen – Dr. Andreas Angerstorfer (1948–2012) und Dr. Helmut Halter (1955–2017).

Diese Studie ist als Gemeinschaftswerk geschrieben, wobei die Kapitel unter der Federführung jeweils eines von uns entstanden, aber gleichwohl passagen- und abschnittsweise aus der Feder des anderen stammen können. Wir haben unsere teils doch recht unterschiedlichen Schreibstile belassen und nicht versucht, diese künstlich zu vereinheitlichen.

All dies wäre nicht möglich geworden ohne die große finanzielle Unterstützung dieses Projekts der Universität Regensburg durch die Stadt Regensburg, zu der sich der Stadtrat im Herbst 2014 einstimmig bereitgefunden hat – hierfür unser herzlichster Dank. Unbeirrbar dieses Ergebnis angestrebt hatte im Vorfeld der damalige Stadtarchivar, Dr. Heinrich Wanderwitz, dem ebenfalls unser großer Dank gebührt.

Angesiedelt war das Projekt am Institut für Geschichte der Universität, bei den Lehrstühlen für Bayerische Landesgeschichte, Professor Dr. Bernhard Löffler, bzw. für Wirtschaft- und Sozialgeschichte, Professor Dr. Mark Spoerer. Beiden Herren sind wir für ihre Betreuung außerordentlich dankbar. Beide haben den Fortgang unserer Arbeiten nicht nur mit großem inhaltlichen Interesse verfolgt, sondern uns auch gelegentlich wieder „auf den richtigen Kurs" gebracht, wenn wir Gefahr liefen, diesen zu verlieren. Kollege Konrad Zrenner war derjenige im kleinen Forschungsteam, dem es stets gelang, den Überblick zu wahren und das Gemeinschafts-

# Dank

werk nach allen Regeln formal zu vereinheitlichen. Auch der Anhang ist großteils sein Werk. Besten Dank!

Wir bedanken uns bei den durchwegs entgegenkommenden Mitarbeitern der am Ort sowie im In- und Ausland besuchten Archive. Ebenso bedanken wir uns beim Personal der Universitätsbibliothek Regensburg, der Staatlichen Bibliothek Regensburg sowie der IOS-Bibliothek. Ein spezieller Dank gilt dem Fernleihteam der Universitätsbibliothek, deren Dienste wir nicht nur in großem Umfang in Anspruch nahmen, sondern teils mit sehr „exotischen" Literaturwünschen beauftragten.

Zu danken haben wir auch Herrn Verleger Fritz Pustet für die Aufnahme unserer Arbeit in das Verlagsprogramm seines Hauses. Zu guter Letzt gilt ein herzlicher Dank Frau Elisabeth Pustet, die als interessierte und sehr akribische Lektorin wirkte.

Wir haben uns nach Kräften bemüht, den gestellten Forschungsauftrag zu erfüllen. Lücken mögen hoffentlich begrenzt sein. Widerspruch und Ergänzungen sind uns gerne willkommen, denn auch davon lebt die weitere Forschung. Zum Thema des Kriegsendes im Raum Regensburg im April 1945 werden sich mit Sicherheit noch manche Details ermitteln lassen.

Regensburg, im Frühjahr 2019                                Rainer Ehm
                                                            Roman Smolorz

# ANHANG

## Chronologie der Ereignisse im April 1945 im Raum Regensburg

| | |
|---|---|
| 1. April | In den ersten Minuten des Tages Landung eines OSS-Kommandos bei Eining, bestehend aus zwei Belgiern. Die Agenten gelangten nach Abensberg und Regensburg. Sie konnten zahlreiche Informationen per Funk weitergeben. Ein weiteres Team, bestehend aus zwei Polen, war in den letzten Minuten des 31. März aus der gleichen Transportmaschine bei Viehhausen abgesprungen. Auch dieses gelangte nach Regensburg, konnte jedoch keine Informationen übermitteln, da das Funkgerät defekt war. |
| 4. April | Fallschirm-Landung eines OSS-Teams südwestlich von Landshut, bestehend aus zwei Deutschen. Ihr Aufklärungsauftrag war die Beobachtung der Verkehrsbewegungen von und zur Donau. Sehr erfolgreiche Mission, die viele Informationen sammeln konnte. |
| 8. April | Irrtümliche Fallschirm-Landung eines OSS-Agententeams, bestehend aus zwei Franzosen, in Tegernheim. |
| 11. April | US-Luftangriff auf Regensburg: weitgehende Zerstörung des Ölhafens sowie Schäden im Bereich der Bahnanlagen am Ostbahnhof und des Messerschmittwerks in Obertraubling<br>Luftwaffenkommando West befiehlt verstärkten Flakschutz für Regensburg während der Verladung von Giftgasbeständen an der Donaulände. |
| 16. April | US-Luftangriff auf Regensburg: 112 Tote, Zerstörung zahlreicher Bahnanlagen, Schäden v. a. im Bereich des Hauptbahnhofs sowie der Eisenbahnbrücken Mariaort und Schwabelweis, was die Einstellung des Zugverkehrs zur Folge hat. In Mariaort werden beim Angriff auch 20 britische Kriegsgefangene getötet.<br>Auflösung des KZ-Außenlagers Obertraubling und Abtransport erkrankter Häftlinge in das Konzentrationslager Dachau |
| 17. April | Fallschirm-Landung eines OSS-Agententeams nordwestlich von Straubing in der Nähe von Windberg. Das Team besteht aus zwei Belgiern. Es hat den Auftrag u. a. möglichst nach Regensburg zu gelangen und Informationen zu sammeln. |
| 18. April | Todesmarsch der Häftlinge des aufgelösten KZ-Außenlagers Obertraubling in das Konzentrationslager Dachau<br>OKW befiehlt die Übertragung der noch nicht US-besetzten Teile des Wehrkreises XIII auf den südbayerischen Wehrkreis VII.<br>Erklärung Regensburgs zum „Ortsstützpunkt" unter einem „Kampfkommandanten". Stellungen werden ausgehoben, Panzersperren errichtet, alle Brücken für Sprengungen vorbereitet. Aufmarsch von oberbayerischen Ersatztruppenteilen an die Donau. |

Chronologie der Ereignisse im April 1945 im Raum Regensburg

| | |
|---|---|
| 19. April | Verlegung des Hauptquartiers der Heeresgruppe G nach Schierling<br>Oberst Hugo Babinger, „Kampfkommandant" des Ortsstützpunkts Regensburg trifft vor Ort ein. |
| 20. April | Britischer Luftangriff auf Regensburg: 33 Tote, Schäden u. a. am Ölhafen und in der Werksiedlung der Südholag in Schwabelweis |
| 21. April | Reichsverteidigungskommissar Ruckdeschel im „Regensburger Kurier": Gauleiter Wächtler sei wegen „Feigheit vor dem Feind" aus der NSDAP ausgestoßen und am 19. April hingerichtet worden; wer sich dem „eisenharten und rücksichtslosen Einsatz" gegen den Feind widersetze, werde ohne Ansehen der Person und Stellung gerichtet.<br>Hinrichtung des Regensburger Luftschutzpolizisten Johann Igl wegen „Wehrkraftzersetzung" in Regensburg; das Todesurteil war bereits 1944 erfolgt. |
| 22. April | Appell zur unbedingten Verteidigung Regensburgs durch Reichsverteidigungskommissar Ruckdeschel in einer Rede im Kino Capitol (Arnulfsplatz 4b), die auch im örtlichen Draht-Rundfunk übertragen wird. |
| 23. April | Gegen 2:00 Uhr: Auflösung des KZ-Außenlagers Regensburg (Gaststätte Colosseum in Stadtamhof) und Todesmarsch der Häftlinge in Richtung Süden<br>Befehl an alle Kriegsgefangenengruppen im Süden von Regensburg, sich in den kommenden Nächten nach Süden abzusetzen<br>Brückensprengungen:<br>    3:10 Uhr: Panzer-Alarm und Befehl zur Sprengung der meisten Donau-Brücken in Regensburg<br>    Nach 3:00 Uhr: Sprengung der Adolf-Hitler-Brücke (Standort der heutigen Nibelungenbrücke), der Eisernen Brücke und des Eisernen Stegs<br>    Nach 16:00 Uhr: Sprengung von zwei Pfeilern der Steinernen Brücke<br>Demonstration auf dem Moltkeplatz:<br>    Ab 7:00 Uhr: Gerüchte über eine Kundgebung zur kampflosen Übergabe der Stadt Regensburg<br>    Gegen Mittag erfährt NS-Kreisleiter Weigert von der geplanten Kundgebung und lässt ein Verbot der Versammlung im Rundfunk bekannt geben.<br>    Gegen 18:00 Uhr befinden sich rund 1.000 Personen auf dem Moltkeplatz und fordern die kampflose Übergabe der Stadt; Weigert befiehlt Fliegeralarm, um die Kundgebung aufzulösen; Volkssturm, Schutzpolizei, Gestapo u. Feuerwehr versuchen die Versammlung zu zerstreuen; die Menge bewegt sich dennoch auf das Gebäude der Kreisleitung zu, die dortige Hitlerjugend gibt Warnschüsse ab; Domprediger Dr. Johann Maier, der zur Menge sprechen will, wird von Kriminalkommissar Jahreis verhaftet und zur Polizeidirektion abgeführt; der pensionierte Polizist Michael Lottner wird wegen des ungerechtfertigten Vorwurfs der Messerstecherei in die Kreisleitung abgeführt, schwer misshandelt und von Kreisamtsleiter Hoffmann und Bannführer Müller erschossen; bis zu 20 Demonstranten werden verhaftet; Ruckdeschel befiehlt die Hinrichtung der Urheber.<br>    Zwischen 18:30 und 19:00 Uhr beruft Kreisleiter Weigert ein Standgericht ein: Von ca. 20:00 bis 00:30 Uhr tagt es (Landgerichtsdirektor J. Schwarz, Staatsanwalt A. Then, Beisitzer Gendarmeriemajor R. Pointner |

u. Ratsherr H. Gebert) gegen die Angeklagten Dr. Johann Maier, Josef Zirkl, Johann Hierl, Georg Daubinet und Eugen Bort in der Polizeidirektion.

Oberst Hugo Babinger wird vom Amt des Kampfkommandanten von Regensburg entbunden, ihm folgt Major Hans Hüsson.

Einstellung der Arbeiten zur Verlagerung der Giftgasbestände in Schierling

**24. April** Standgericht

Gegen 00:30 Uhr werden Domprediger Maier und Josef Zirkl wegen „Wehrkraftzersetzung" zum Tod verurteilt, die weiteren Angeklagten werden freigesprochen.

3:25 Uhr: Nach Bestätigung des Standgerichtsurteils durch Reichsverteidigungskommissar Ruckdeschel erhängt die Gestapo an einem zuvor am Moltkeplatz errichteten Galgen Maier und Zirkl; die Erhängten tragen Schilder mit der Aufschrift „Hier starb ein Saboteur"; die Leiche Lottners wird unter den Galgen gelegt.

Gegen 19:30 Uhr dürfen die Toten vom Moltkeplatz geborgen werden

Brückensprengungen:

3:45 Uhr: Sprengung der neuen Regenbrücke (heute Frankenbrücke)

6:00 Uhr: Sprengung der Reinhausener Brücke

Der „B Troop" der 3rd Cavalry Squadron erreicht gegen 13:15 Uhr von Pettendorf her bei Kneiting als erste Einheit des XX US-Corps die Donau.

Der „A Troop" der 3rd Cavalry Squadron dringt am späten Nachmittag von Norden auf das Stadtgebiet bei Winzer und an das nördliche Donauufer vor.

**25. April** Gegen 1:30 Uhr Sprengung der Eisenbahnbrücken bei Poikam und (?) Sinzing

Polnische und sowjetische Kriegsgefangene müssen Barrikaden im Stadtgebiet Regensburg errichten.

Vier Luftangriffe auf die Muna Schierling, wobei im Freien gelagerte Giftgasbestände getroffen werden und Gas austritt.

Einnahme nördlicher und östlicher Stadtteile durch die 71st Infantry Division

**26. April** Ab 2:00 Uhr: Die 65th Infantry Division und die 71st Infantry Division beginnen westlich und östlich der Stadt ihre Angriffe über die Donau zur Bildung von Brückenköpfen. Teils heftige Gefechte bei Lengfeld, Barbing und Illkofen. In den Abendstunden Fertigstellung zweier Pionierbrücken bei Gundelshausen und Sulzbach a. d. Donau.

Übergabe der Kampfstoff-Bestände:

Zwei Parlamentäre unterrichten die Amerikaner über fünf westlich und östlich von Straubing in der Donau liegende, mit Nervengift-Bomben beladene Lastkähne; zwischen Wehrmacht und US-Army werden neutrale Zonen im Bereich dieser Lastkähne verabredet. Feuerverbot für US-Truppen im Raum Straubing

SS-Gruppenführer Lammerding führt einen Befehl des AOK 1 aus, der das Gebiet um die Muna Schierling zur Sperrzone erklärt, welche bei Eintreffen von US-Truppen an diese kampflos zu übergeben ist.

Übergabe der Stadt Regensburg:

Nächtlicher Abzug großer Teile der Kampftruppen aus Regensburg

Chronologie der Ereignisse im April 1945 im Raum Regensburg

Major Matzke informiert OB Schottenheim über Abzug u. a. von Kreisleiter Weigert und von Kampfkommandant Major Hüsson.

OB Schottenheim schlägt seinen Schwager, Generalmajor a. D. Leythäuser, als Parlamentär für Verhandlungen zur Übergabe der Stadt Regensburg vor.

**27. April** Übergabe Muna Schierling:

Ca. 3:00 Uhr: Oberleutnant Keller, Muna Schierling, trifft beim Stab des 82. Korps in Sallach ein, um die Berechtigung zu erlangen, die Übergabe der Muna Schierling als Parlamentär vorbereiten zu dürfen

Ca. 5:00 Uhr: Oberleutnant Keller ist als Parlamentär bevollmächtigt und bricht nach Regensburg auf.

Vor 8:00 Uhr: Oberleutnant Keller trifft im Gefechtsstand des 14th Infantry Regiments der 71st Infantry Division in Sarching ein; Mitteilung über Giftgasbestände und Absprache zur Kennzeichnung einer Sperrzone um die Muna Schierling mit weißen Flaggen

8:05 Uhr: Die Parlamentäre der 1. deutschen Armee, Oberst Mozer und SS-Sturmführer Tenne, treffen beim 260th Infantry Regiment der 65th Infantry Division ein. Sie übermitteln ein Angebot des Oberkommandos Süd hinsichtlich einer neutralen Zone um die Muna Schierling. Sie werden ins Hauptquartier des XX US-Corps nach Burglengenfeld geleitet.

Ca. 15:00: Uhr Rückkehr von Oberleutnant Keller in die Muna Schierling

Übergabe der Stadt Regensburg:

| *71st Infantry Division* | *65th Infantry Division* |
|---|---|
| 6:05 Uhr: Leythäuser trifft im Gefechtsstand des 14th Infantry Regiments in Sarching ein. | |
| 10:20 Uhr: Leythäuser unterzeichnet mehrere Ausfertigungen zur Übergabe der Stadt Regensburg. | |
| | 10:25 Uhr: Befehl der 65th Division an das 260th Infantry Regiment, unverzüglich mit einer Vorausabteilung in Regensburg einzurücken, weil die Kapitulation der Garnison bevorsteht. |
| 14:00 Uhr: Bedingungslose Übergabe der Stadt Regensburg tritt in Kraft | |
| 14:10 Uhr: Übergabe der Gemeinde Harting an das 1st Battalions des 14th Infantry Regiments | |

## Anhang

14:15 Uhr: Vormarsch des 2$^{nd}$ Battalions des 14$^{th}$ Infantry Regiments von Barbing in Richtung Regensburg

14:20 Uhr: Generalmajor a.D. Leythäuser vollzieht die Kapitulation der Restgarnison Regensburg vor der Wehrmachtkommandantur am Petersweg. Zuvor hatte Major Matzke als dienstältester Offizier dies abgelehnt und stattdessen Leythäuser holen lassen.

14:32 Uhr: Befehl an alle Einheiten des 260$^{th}$ Infantry Regiments nach Regensburg einzurücken. Auch Teile des 259$^{th}$ und des 261$^{st}$ Infantry Regiments nehmen Quartier in Regensburg.

Nach 14:32 Uhr: Das bis zur östlichen Stadtgrenze vorgerückte 2$^{nd}$ Battalion des 14$^{th}$ Infantry Regiments wird zurückbeordert.

Einquartierung des für den Regierungsbezirk Niederbayern und Oberpfalz zuständigen Detachment F1D3 der US-Militärregierung im Rathaus am Moltkeplatz.

| | |
|---|---|
| 28. April | Das Hauptquartier des XX Corps (Lieutenant General Walker) wird von Burglengenfeld in das fürstliche Schloss in Regensburg verlegt. |
| 29. April | Übergabe der Muna Schierling: 7:00 Uhr Eintreffen erster US-Soldaten an der Muna Schierling Nach 10:00 Uhr Übergabe der Muna Schierling durch deren Kommandanten, Major der Luftwaffe Richter, an die 43$^{rd}$ Cavalry Squadron. General Patton besucht Lieutenant General Walker (XX Corps) im fürstlichen Schloss und ist von den Räumlichkeiten sehr angetan. Wohl deshalb verlegte er nach Walkers Auszug das Hauptquartier seiner 3$^{rd}$ Army von Erlangen für einige Wochen bis 23. Mai in dieses Schloss. |
| 30. April | Verhaftung Oberbürgermeister Schottenheims durch die US-Militärregierung Bürgermeister Hans Herrmann wird von der Militärregierung als kommissarischer Bürgermeister eingesetzt. |

## *Glossar*

Kursiv gesetzte Begriffe verweisen auf einen eigenen Artikel innerhalb des Glossars.

*Armee*
Militärischer Großverband, der aus mehreren *Armeekorps* bestand und einer *Heeresgruppe* unterstellt war.

*Armeeoberkommando (AOK)*
Kommandobehörde zur operativen und taktischen Führung einer *Armee*.

*Armeekorps*
Militärischer Großverband, der aus mehreren *Divisionen* bestand und einer *Armee* unterstellt war.

*Artillerie*
Truppengattung, die die gleichnamigen Waffensysteme großkalibriger Geschütze (Kanonen, Haubitzen, Mörser) und Raketen einsetzte.

*Bataillon*
Militärischer Verband, der sich aus mehreren *Kompanien* zusammensetzte. Zwei bis drei Bataillone bildeten ein *Regiment*. Bei der *Artillerie* und den Panzertruppen wurde ein Bataillon „Abteilung" genannt.

*Brigade*
Militärischer Großverband, der sich meist aus zwei *Regimentern* zusammensetzte und einer *Division* oder einem *Korps* unterstellt war. Brigaden waren in der Wehrmacht nicht gebräuchlich.

*Detachment*
Örtliche Niederlassung und Verwaltungseinheit der *Militärregierung*. Es existierten Detachments für die Verwaltung des Landes, der Regierungsbezirke, Stadt- und Landkreise sowie Großstädte. Für das Land Bayern stellte das Regional Military Government Detachment E1F3 die oberste Verwaltungsbehörde der Militärregierung dar. Ein Detachment war ab Februar 1946 in verschiedene Divisions (Abteilungen) strukturiert: Economics, International Affairs, Communications, Finance and Information Control, Transportation, Manpower, Public Health, Legal. Im Februar 1946 wurden die Detachments in den Land- und Stadtkreisen in Liaison and Security Offices umbenannt. Das Detachment F1D3 war für den Regierungsbezirk Niederbayern und Oberpfalz, die Detachments F2G2 und H6D3 für Stadt- und Landkreis Regensburg zuständig.

*Displaced Person (DP)*
Zivilist, der sich, bedingt durch den Krieg, außerhalb seines Herkunftsstaats aufhielt. Zu den DPs gehörten vor allem Zwangsarbeiter, die zur Arbeit in deutschen Betrieben deportiert und gezwungen worden waren, Ost- und Westeuropäer, die eine Arbeit in deutschen Betrieben aufgenommen hatten, sowie Häftlinge der Konzentrationslager.

## Anhang

*Division*
Militärischer Großverband, der sich aus mehreren *Regimentern* zusammensetzte und einem *Armeekorps* unterstellt war.

*Ersatzheer*
Sammelbezeichnung für Wehrmachtdienststellen und -verbände, die bei Kriegsbeginn in den *Wehrkreisen*, d. h. im Reichsgebiet verblieben und im Wesentlichen mit Verwaltungs- und Ausbildungsaufgaben betraut waren.

*Erster Generalstabsoffizier (Ia)*
Offizier im Generalstabsdienst, der den Kommandeur bei der Führung eines Verbandes beriet. Der Ia war Vorgesetzter der übrigen Stabsoffiziere; siehe *Stab*

*Feldheer*
Truppenverbände und Wehrmachtdienststellen, die in ihrer Gesamtheit an die Front verlegt worden waren und die Hauptlast der Kampfhandlungen trugen.

*Flakartillerie (Flak-Art)*
Truppengattung zur Bekämpfung von Luftzielen, ausgerüstet mit Flugzeugabwehrkanonen. Die Flak-Einheiten der Wehrmacht unterstanden der Luftwaffe.

*Flüchtling*
Personen die vor den Kriegshandlungen der West- und Ostfront in das Deutsche Reich flohen.

*Fremdarbeiter*
Arbeitskräfte, die während des Zweiten Weltkriegs angeworben oder zwangsweise nach Deutschland deportiert wurden, um den kriegsbedingten Arbeitskräftemangel auszugleichen. Die rechtliche Lage und Versorgung folgte einer rassistischen Hierarchie. Fremdarbeiter vermeintlich germanischer Abstammung waren besser gestellt als Polen oder *Ostarbeiter*.

*Fremde Heere Ost (FHO)*
Abteilung des 1938 in das *OKW* eingegliederten militärischen Geheimdienstes, genannt Amtsgruppe Auslandsnachrichten und Abwehr, ab Oktober 1938 Amt Ausland/Abwehr. Für die Aufklärung der militärischen Feindlage gab es je eine Abteilung Fremde Heere West und Ost. Leiter der Abteilung FHO war von April 1942 bis April 1945 Generalmajor Reinhard Gehlen (1902–1979). Nach Ende des Zweiten Weltkriegs boten Gehlen und einige andere Mitarbeiter der FHO dem US-Militärgeheimdienst ihre Erkenntnisse über die Rote Armee an. Ab Juli 1946 operierte die nach ihrem Leiter benannte „Organisation Gehlen" zunächst in Oberursel, ab Dezember 1947 in Pullach bei München. Ab 1949 arbeitete die Organisation Gehlen für die CIA, bis Gehlen mit seinem Geheimdienst die Keimzelle des 1956 gegründeten Bundesnachrichtendiensts (BND) bildete.

*Garnison*
Friedensstandort militärischer Dienststellen und Einheiten. Regensburg war Standort mehrerer Kasernen der Luftwaffe und des Heeres sowie zahlreicher weiterer Einrichtungen der

# Glossar

Wehrmacht. Der Garnisonsbereich konnte über das Gebiet der jeweiligen Gemeinde hinausreichen, was auch für die Garnison Regensburg zutraf.

## *Gau*
Territoriale Verwaltungseinheit der NSDAP. Der Gau Bayerische Ostmark bestand vor allem aus dem Regierungsbezirk Niederbayern-Oberpfalz sowie Kreisen aus den Regierungsbezirken Ober- und Mittelfranken, daneben ab 1939 dem Kreis Klattau des Protektorats Böhmen und Mähren. 1942 erfolgte eine Umbenennung in Gau Bayreuth. Ab November 1942 traten die Gaue als *Reichsverteidigungsbezirke* in Konkurrenz zu den *Wehrkreisen*.

## *Gauleiter*
Von Adolf Hitler persönlich ernannter Parteiführer eines *Gaues*. Gauleiter des Gaues Bayerische Ostmark waren von 1933 bis 1935 Hans Schemm (1891–1935), von 1935 bis 1945 Fritz Wächtler (1891–1945) und ab 19. April 1945 Ludwig Ruckdeschel (1907–1986).

## *Gefechtsstand*
Zentrale Stelle zur Führung eines militärischen Verbandes im Gefecht. Der Gefechtsstand wird vom *Stab* des jeweiligen Verbandes gestellt.

## *Generalkommando*
Militärische Kommando- und Verwaltungsbehörde, die den *Armeeoberkommandos* unterstellt war und in dieser Funktion ein *Armeekorps* führte. In Friedenszeiten war das Gennerakommando gleichzeitig *Wehrkreiskommando* und damit auch für das Gebiet verantwortlich, in dem die unterstellten Truppen untergebracht waren.

## *Geschwader*
Militärischer Verband der Luftwaffe, der sich aus drei bis vier Gruppen zu je drei bis vier Staffeln zusammensetzte. Die Führung eines Geschwaders hatte der Geschwaderstab inne. Man unterschied nach Waffengattung bzw. Verwendung zwischen: Jagd-, Kampf-, Lehr-, Nachtjagd, Schlacht-, Schnelljagd-, Sturzkampf-, Transport- und Zerstörergeschwader.

## *Heeresgruppe*
Größter Truppenverband des *Feldheeres*, der aus zwei oder drei *Armeen* bestand.

## *Heeresgruppenkommando*
Höchste operative Kommandobehörde nach dem Oberkommando der Wehrmacht, die eine *Heeresgruppe* führte.

## *Höherer SS- und Polizeiführer (HSSPF)*
Amtsträger der SS, meist im Generalsrang, der ab 1937 direkt dem Reichsführer SS und Chef der Deutschen Polizei, Heinrich Himmler (1900–1945), unterstellt und mit der Überwachung sämtlicher Polizei- und SS-Stellen in seinem Zuständigkeitsbereich betraut war. Die HSSPFs waren in ihrem Herrschaftsgebiet, das in der Regel mit einem *Wehrkreis* übereinstimmte, für die Durchsetzung der NS-Politik verantwortlich. Dabei kam ihnen ein maßgeblicher Anteil an der Verfolgung und Ermordung politischer Gegner und der jüdischen Bevölkerung zu. Für den

Anhang

Raum Regensburg war der HSSPF Main in Nürnberg, SS-Obergruppenführer und General der Polizei, Dr. Benno Martin (1893–1975), zuständig.

*Infanterie*
Truppengattung deren Soldaten sich überwiegend zu Fuß bewegten und kämpften. Daneben existierten auch mit Kraftfahrzeugen, sp. auch mit Halbketten-Schützenpanzern ausgerüstete Einheiten, die so genannte Infanterie (mot.), späterhin auch Panzergrenadiere genannt.

*Kampfkommandant*
Hochrangigster militärischer Befehlshaber in einem umkämpften Gebiet oder einer Stadt, der die Verantwortung dafür trug, dieses Territorium nachhaltig zu verteidigen. Daneben hatte er auch die Haltung und Stimmung der Bevölkerung zu überwachen und bei „Zersetzung" ein Standgericht einzuberufen. Ihm waren auch alle Vertreter ziviler Stellen und auch der NSDAP unterstellt. Vom 19. April bis 23. April 1945 amtierte Oberst Hugo Babinger (1894–1968) als Kampfkommandant von Regensburg. Ihm folgte Major Hans Hüsson (1908–?).

*Kollaborateur*
Angehöriger eines von der Wehrmacht besetzten Landes, der mit den Deutschen zusammenarbeitete. Kollaboration konnte auf politischem, wirtschaftlichem, militärischem oder kulturellem Gebiet erfolgen. Form und Intensität hingen dabei in erster Linie von den Interessen der deutschen Besatzungsmacht ab. Die Motive für eine solche Zusammenarbeit mit dem Feind waren angesichts der Kriegsumstände vielfältig und ambivalent, jedoch waren stets persönliche Vorteile oder ideologische Überzeugungen relevant.

*Kommandant des rückwärtigen Armeegebiets (KoRück)*
Teil der Besatzungsverbände, der im Rücken der Front die Nachschubwege sowie die Sicherung der besetzten Gebiete übernahm und den *Armeeoberkommandos* unterstellt war.

*Kompanie*
Militärische Einheit, die sich aus mehreren *Zügen* zusammensetzte und einem *Bataillon* unterstellt war.

*Korps*
Siehe *Armeekorps*

*Luftgau*
Verwaltungs- und Befehlsbereich der Luftwaffe, in den das Staatsgebiet des Deutschen Reichs eingeteilt war. Die Luftgaue entsprachen 1937 den 17 *Wehrkreisen*. Bis 1939 reduzierte sich die Zahl der Luftgaue durch Zusammenlegungen auf zehn. Regensburg befand sich anfangs im Luftgau XIII, später Luftgau XII/XIII, zuletzt im Luftgau VII.

*Luftschutz*
Maßnahmen zum Schutz gegen Bombenangriffe aus der Luft. Das Luftschutzgesetz vom 26. Juni 1935 sowie spätere Durchführungsverordnungen verpflichtete alle Deutschen zu Dienst- und Sachleistungen, beispielsweise zur Verdunkelung, im Rahmen des Luftschutzes.

# Glossar

### Militärregierung
Behörde der US-Armee zur Verwaltung des besetzten Bayern. Noch während des Zweiten Weltkriegs kamen Mitglieder der künftigen Militärregierung unter dem Kommando des US Group Control Council nach Bayern. In den ersten Monaten nach der Kapitulation rivalisierte diese Behörde mit den G–5 Stabsabteilungen der US-Armee, die ebenfalls für die zivile Verwaltung des Besatzungsgebietes zuständig waren. Am 1. Oktober 1945 wurden das US Group Control Council und die G–5 Stabsabteilungen im Office of Military Government for Germany United States (OMGUS) vereint und damit eine einheitliche Struktur geschaffen. Dem OMGUS waren regionale Militärregierungsbehörden für die einzelnen Besatzungsgebiete unterstellt. Für Bayern (mit Ausnahme der Pfalz) war das Office of Military Government for Bavaria (OMGB) zuständig. Dem OMGB waren wiederum ein *Detachment* je Regierungsbezirk sowie über 150 lokale Detachments auf Stadt- und Landkreisebene unterstellt.

### Oberbefehlshaber West (OB West)
Seit dem 25. Oktober 1940 Kommandobehörde für die Truppen der Wehrmacht in den besetzten Gebieten des Westfeldzugs; zunächst dem *OKH*, mit Beginn des Balkanfeldzugs 1941 dem *OKW* unterstellt, bei dem bis April 1945 die Zuständigkeit für die Westfront verblieb.

### Oberbefehlshaber Süd (OB Süd)
Am 11./12. April hatte Hitler für den Fall der Aufspaltung des Reichsgebiets durch die Alliierten die Bildung von Außenstellen des *OKW* und des *OKH* befohlen. Durch „Führerbefehl" vom 15. April wurde für den Nordraum Großadmiral Karl Dönitz (1891–1980) und für den Südraum Generalfeldmarschall Albert Kesselring (1885–1960) als jeweiliger Oberbefehlshaber bestimmt, stets jedoch nur für den Fall, dass Hitler selbst sich nicht im jeweiligen Raum aufhalten sollte. Durch Hitlers Entscheidung am 22. April, in Berlin zu bleiben, war dieser Vorbehalt im „Führerbefehl" vom 15. April weggefallen. Seit diesem Tag hatte die Wehrmacht erstmals seit der Entlassung des Reichskriegsministers und Oberbefehlshabers der Wehrmacht, Generalfeldmarschall Werner von Blomberg (1878–1946) am 27. Januar 1938 und der Übernahme des Oberbefehls durch Hitler selbst am 4. Februar 1938, wieder einen militärischen Oberbefehlshaber – genauer gesagt sogar zwei, jeweils einen im Nord- und einen im Südraum. Generalfeldmarschall Kesselring war nun auch formell Oberbefehlshaber Süd, dem damit, neben der Heeresgruppen G als Oberbefehlshaber West, auch die Oberbefehlshaber Südwest (Heeresgruppe C in Italien), Südost (E am Balkan), Süd (im Osten Österreichs) und Mitte (im Osten Tschechiens) unterstellt waren sowie auch der Oberbefehlshaber der Luftflotte 6 für die jeweiligen Luftstreitkräfte. Kesselring hatte damit nicht etwa nur ein weiteres höheres Kommando übernommen, sondern er war nun selbst kein Befehlsempfänger mehr und konnte sich aus militärischen Erwägungen über Hitlers Entscheidungen hinwegsetzen.

### Oberkommando der Wehrmacht (OKW)
Höchste Kommando- und Verwaltungsebene der Wehrmacht, die am 4. Februar 1938 per „Führererlass" an die Stelle des Wehrmachtsamts des Reichskriegsministeriums getreten war. In dieser Funktion übernahm das OKW die Geschäftsführung des Reichskriegsministeriums. Der Chef des OKW, Wilhelm Keitel (1882–1946), hatte jedoch im Vergleich zum früheren Reichskriegsminister nur sehr eingeschränkte Befugnisse inne. Das OKW unterstand seit 1938 direkt dem Führer und Reichskanzler als Oberbefehlshaber der Wehrmacht. Die Oberkommandos der

# Anhang

drei Teilstreitkräfte Heer (*OKH*), Luftwaffe (OKL) und Marine (OKM) waren dem OKW nicht unterstellt, sondern führten eigenständig. Zwischen *OKH* und OKW hatte sich daher eine Arbeitsteilung ergeben, dass das OKH auf dem jeweils wichtigsten Kriegsschauplatz führte, so seit 1941 im Osten. Für die Westfront war 1944/45 das OKW verantwortlich.

## *Oberkommando des Heeres (OKH)*
Das OKH wurde 1935 als höchste Kommando- und Verwaltungsebene des Heeres geschaffen. Es war gegliedert u. a. in den Generalstab des Heeres und das Heerespersonalamt. Der Befehlshaber des Ersatzheeres (in den Wehrkreisen) war dem OKH nachgeordnet. Das OKH war dem 1938 eingerichteten Oberkommando der Wehrmacht (*OKW*) nicht unterstellt und führte seit Kriegsbeginn selbstständig auf den Kriegsschauplätzen in Polen, im West- und Balkanfeldzug sowie seit 1941 im Osten. Erster Oberbefehlshaber des Heeres (OBdH) war seit 1934 Generaloberst Werner von Fritsch (1880–1939) gewesen, dem zum 4. Februar 1938 Generalfeldmarschall Walther von Brauchitsch (1881–1948) nachfolgte. Am 19. Dezember 1941 entliess Hitler von Brauchitsch aus diesem Amt und übernahm selbst auch den Oberbefehl über das Heer.

## *Ordnungspolizei (OrPo)*
Diese uniformierte Polizei bestand aus Schutzpolizei, Gendarmerie und Gemeindepolizei. Sie war verantwortlich für die Herstellung und den Erhalt der öffentlichen Ordnung sowie die Sicherung des Straßenverkehrs, den Feuer- und Luftschutz, die Wasser-, Forst-, Fischerei- und Jagdpolizei. Angehörige der OrPo waren für den Massenmord an politischen Gegnern und der jüdischen Bevölkerung in den besetzten Gebieten verantwortlich. Leiter der OrPo Regensburg war seit April 1933 SS-Obersturmbannführer Fritz Popp (1882–1955).

## *Ostarbeiter*
*Fremdarbeiter*, die aus der Sowjetunion stammten. Sie wurden gemäß der rassistischen NS-Ideologie schlechter als andere Fremdarbeiter behandelt. Ostarbeiter bekamen einen geringeren Lohn bei gleichzeitig höherer Arbeitsbelastung. Dabei waren sie diskriminierenden Verordnungen und Willkürmaßnahmen von Vorgesetzten ausgesetzt. Ihre Kleidung wurde speziell gekennzeichnet und auf eine strikte Isolierung von der deutschen Bevölkerung geachtet.

## *Pioniere*
Truppengattung, die vor allem technische Dienste zur Unterstützung anderer Einheiten leistete, wie das Errichten, Überwinden oder Beseitigen von Hindernissen und Sperren.

## *Regiment*
Militärischer Verband, der sich aus mehreren *Bataillonen* zusammensetzte und einer *Division* – in den britischen Streitkräften auch einer *Brigade* – unterstellt war.

## *Reichsgau*
Einem *Reichsstatthalter* unterstehender Verwaltungsbezirk in Gebieten, die nach 1938 an das Deutsche Reich durch Besetzung oder Anschluss gekommen waren. Ein Reichsgau entsprach territorial einem Gau der NSDAP und übernahm die Aufgaben früherer staatlicher Mittelbehörden. Es existierten zehn Reichsgaue: Danzig-Westpreußen, Kärnten, Niederdonau, Oberdonau, Salzburg, Steiermark, Sudetenland, Tirol-Vorarlberg, Wartheland und Wien.

## Glossar

*Reichsstatthalter*
Repräsentant der Reichsregierung, der infolge des Gesetzes zur Gleichschaltung der Länder mit dem Reich vom 7. April 1933 in jedem Land des Deutschen Reiches eingesetzt war. Der Reichsstatthalter überwachte die Landesregierung bei der Umsetzung der Reichspolitik. Abgesehen von Preußen und Bayern übten alle Reichsstatthalter in Personalunion auch das Amt eines *Gauleiters* aus. Reichsstatthalter in Bayern war General a.D. Franz Ritter von Epp (1868–1947).

*Reichsverteidigungsbezirk*
Siehe Gau und Wehrkreis

*Reichsverteidigungskommissar*
Amt, das mit Kriegsbeginn den *Reichsstatthaltern* oder einzelnen *Gauleitern*, ab November 1942 allen *Gauleitern* übertragen war. Ein Reichsverteidigungskommissar war damit für die zivile Reichsverteidigung im entsprechenden Wehrkreis verantwortlich und gegenüber allen zivilen Dienststellen, mit Ausnahme der *Höheren SS- und Polizeiführer* sowie der Reichsbahn- und Reichspost, weisungsbefugt. Eine Abgrenzung der Befugnisse des RVK gegenüber dem jeweiligen Wehrkreiskommandeur bzw. den nachgeordneten Stadtkommandanten war schwierig und konfliktfreudig, da zivile und militärische Verteidigungsvorbereitungen oft miteinander verzahnt waren. Gegenüber dem Feldheer, auch gegenüber den hierzu zählenden mobilgemachten Wehrkreisstrukturen bzw. gegenüber den örtlichen Kampfkommandanten hatte ein RVK keinerlei Weisungs- oder Befehlsbefugnisse.

*Sicherheitsdienst (SD)*
Ursprünglich der Nachrichten- und Polizeidienst der NSDAP zur Überwachung innerparteilicher Gegner und gegnerischer Parteien. Seit 1937 fungierte der SD als politischer Nachrichtendienst und war dem Reichsführer SS und Chef der Deutschen Polizei unterstellt. Der SD sammelte Informationen über politische Gegner und überwachte die Stimmungslage der Bevölkerung. Angehörige des SD waren als Teil der Einsatzgruppen maßgeblich für den Massenmord an politischen Gegnern und der jüdischen Bevölkerung in den besetzten Gebieten verantwortlich.

*Sicherheitspolizei (SiPo)*
Diese nicht uniformierte Polizei bestand seit 1936 aus der Kriminalpolizei zur Bekämpfung von Verbrechen und der Geheimen Staatspolizei, die politische Gegner verfolgte. Die SiPo wurde 1939 mit dem *Sicherheitsdienst* im Reichssicherheitshauptamt zusammengelegt und in Personalunion geführt. Angehörige der SiPo waren als Teil der Einsatzgruppen maßgeblich für den Massenmord an politischen Gegnern und der jüdischen Bevölkerung in den besetzten Gebieten verantwortlich. Die Regensburger SiPo leitete bis März 1945 SS-Obersturmbannführer Fritz Popp (1882–1955), bis Kriegsende SS-Standartenführer Friedrich Sowa (geb. 1896).

*Sonderhäftling*
Prominenter Repräsentant der europäischen Politik von Militär, Kultur oder Wirtschaft, der als Gegner des NS-Staates in Konzentrationslagern und KZ-Außenlagern gefangen gehalten war. Die Sonder- oder Ehrenhäftlinge hatten einen besonderen Status inne, waren von den übrigen

Häftlingen getrennt untergebracht – mitunter in Isolationshaft – und beispielsweise nicht verpflichtet zu arbeiten. Allerdings lebten die Sonderhäftlinge in ständiger Ungewissheit über Dauer und Umstände ihrer Haft. Kurz vor Ende des Zweiten Weltkrieges wurden noch zahlreiche Sonderhäftlinge ermordet, andere als Geiseln der SS nach Südtirol verschleppt, wo sie am 30. April 1945 befreit wurden.

*Special Branch*
Eine Abteilung der Internal Affairs Division eines *Detachments* der US-*Militärregierung* in Bayern, die auch als Public Safety Branch bezeichnet wurde. Ihr oblag insbesondere die Durchführung der Entnazifizierung. Daneben war sie mit dem Wiederaufbau der deutschen Polizeikräfte beauftragt. In Kooperation mit dem CIC (Militärischer Nachrichtendienst der USA) sorgte die Special Branch daneben für die Sicherheit in der Besatzungszone.

*Stab*
Organisationseinheit, die den Kommandeur eines Großverbandes unterstützte. Ein Stabsoffizier war jeweils für einen bestimmten Aufgabenbereich zuständig. Der Stab einer deutschen Infanterie-Division setzte sich folgendermaßen zusammen:

| | |
|---|---|
| Ia | *Erster Generalstabsoffizier* (Führung und Ausbildung) |
| Ib | Quartiermeister (Logistik, Verwundeten- und Versorgungsdienste) |
| Ic | Dritter Generalstabsoffizier (Feindlage, Abwehr, Nachrichtenwesen) |
| IIa | Personalverwaltung – 1. Adjutant (Offiziere) |
| IIb | Personalverwaltung – 2. Adjutant (Unteroffiziere und Mannschaften) |
| III | Kriegsgericht |
| IVa | Versorgungsoffizier |
| IVb | Sanitätswesen |
| IVc | Veterinärwesen |
| IVd | Militärseelsorger |

*Stadtkommandant*
Vertreter des Wehrkreiskommandeurs in einer *Garnison*sstadt, der auch als Standortältester oder Wehrmachtkommandant bezeichnet wurde. Er fungierte als disziplinarischer Vorgesetzter aller Soldaten der jeweiligen Garnison. Seit 1. Mai 1944 war Generalmajor Otto Amann (1892–1958) Stadtkommandant von Regensburg. Er behielt diese Funktion bis zur Einsetzung des ersten „Kampfkommandanten" Oberst Babinger am 18. April 1945.

*Stellvertretendes Generalkommando*
Mit Kriegsbeginn geschaffene Befehlsebene, die dem *Wehrkreiskommando* entsprach und damit die oberste Kommandobehörde des *Ersatzheeres* darstellte.

*United Nations Relief and Rehabilitation Administration (UNRRA)*
1943 gegründete Hilfsorganisation der Vereinten Nationen, die sich um die Erfassung, Betreuung und Versorgung von Personen kümmerte, die während des Zweiten Weltkriegs deportiert worden waren. Hierzu gehörten *Displaced Persons*, wie *Zwangsarbeiter* oder Konzentrationslagerhäftlinge. Im November 1945 übernahm die UNRRA die Verwaltung der DP-Lager der amerikanischen Besatzungszone. Zur Unterstützung der Repatriierung dieser Personen richtete die

## Glossar

UNRRA 1946 im hessischen Arolsen einen Suchdienst ein, den bis heute tätigen International Tracing Service (ITS). Zum 30. Juni 1947 stellte die UNRRA ihre Arbeit in Deutschland ein. Die International Refugee Organization (IRO) übernahm als Nachfolgeorganisation ihre Aufgaben.

*Vertriebene*
Deutsche Staatsangehörige oder deutsche Volkszugehörige, die ihren Wohnsitz in den ehemaligen deutschen Ostgebieten unter fremder Verwaltung oder außerhalb der Grenzen des Deutschen Reichs – Ende 1937 – hatten und infolge des Zweiten Weltkriegs durch Flucht, Ausweisung oder Vertreibung verloren haben.

*Volkssturm*
Paramilitärische Truppe, die durch einen „Führererlass" vom 25. September 1944 entstand und alle bislang noch nicht eingezogenen Männer im Alter von 16 bis 60 Jahren zum Wehrdienst verpflichtete. Der Volkssturm wurde nicht durch die Wehrmacht, sondern durch die Gauleiter und andere Parteiführer aufgestellt. Der Volkssturm unterstand dem Befehl des Reichsführer SS und Chef der Deutschen Polizei, im Einsatz unterstand der Volkssturm jedoch der Wehrmacht.

*Wehrkreis (WK)*
Militärbezirk, in den das Staatsgebiet des Deutschen Reichs seit 1939 untergliedert war. Die insgesamt 17 Wehrkreise unterstanden jeweils einem militärischen Befehlshaber, dem Wehrkreisbefehlshaber, der die darin stationierten Einheiten und Einrichtungen des Heeres befehligte. Regensburg war dem Wehrkreis XIII, Nürnberg, zugeordnet, ab 18. April 1945 dem Wehrkreis VII, München.

*Wehrkreiskommando*
Oberste Kommandobehörde des *Ersatzheeres* mit Zuständigkeit für alle militärischen Einrichtungen im jeweiligen *Wehrkreis*.

*Wehrmachtbeamte (Heer)*
Sammelbegriff für alle Beamten der Heeresverwaltung gemäß Verordnung vom 22. Dezember 1934. Die Wehrmachtbeamten führten einen militärischen Dienstrang und galten wie Soldaten als Angehörige der Wehrmacht. Sie waren grundsätzlich zur Teilnahme an Kampfhandlungen verpflichtet.

*Zug*
Taktische Einheit einer *Kompanie*.

*Zwangsarbeiter*
Angehöriger einer sozial oder rassisch definierten Gruppe, Einwohner der von der Wehrmacht besetzten Gebiete, Kriegsgefangener oder KZ-Häftling, der für die Aufrechterhaltung der NS-Kriegswirtschaft zum Arbeitseinsatz gezwungen war. Gemäß der rassistischen NS-Ideologie galten für die Zwangsarbeiter Bestimmungen, die ihre persönlichen Freiheitsrechte erheblich einschränkten. Die Arbeits- und Lebensverhältnisse waren je nach Einsatzort und Tätigkeit sehr heterogen, zum Teil herrschten katastrophale und unmenschliche Bedingungen. Siehe *Fremdarbeiter* und *Ostarbeiter*

Anhang

## *Dienstgrade*

| US-Army | Wehrmacht (Heer) | SS / Waffen-SS | Polizei |
|---|---|---|---|
| | Reichsmarschall | | |
| General of the Army | Generalfeldmarschall | Reichsführer SS und Chef der Deutschen Polizei | |
| General | Generaloberst | Oberstgruppenführer | Generaloberst |
| Lieutenant General | General der (Infanterie, etc.) | Obergruppenführer | General der Polizei |
| Major General | Generalleutnant | Gruppenführer | Generalleutnant |
| Brigadier General | Generalmajor | Brigadeführer | Generalmajor |
| | | Oberführer | |
| Colonel | Oberst | Standartenführer | Oberst |
| Lieutenant Colonel | Oberstleutnant | Obersturmbannführer | Oberstleutnant |
| Major | Major | Sturmbannführer | Major |
| Captain | Hauptmann | Hauptsturmführer | Hauptmann |
| First Lieutenant | Oberleutnant | Obersturmführer | Oberleutnant |
| Second Lieutenant | Leutnant | Untersturmführer | Leutnant |
| Master Sergeant | Stabsfeldwebel | Sturmscharführer | |
| First Sergeant | Oberfeldwebel | Hauptscharführer | |
| | Feldwebel | Oberscharführer | Meister |
| Staff Sergeant | Unterfeldwebel | Scharführer | Hauptwachtmeister |
| Sergeant | Unteroffizier | Unterscharführer | Revieroberwachtmeister Zugwachtmeister |
| Corporal / Technical Sergant | Stabsgefreiter / Hauptgefreiter | | |
| | Obergefreiter | | Oberwachtmeister |
| Private First Class | Gefreiter | Rottenführer | Wachtmeister |
| | Obersoldat (Oberschütze, etc.) | Sturmmann | Rottwachtmeister |
| Private | Soldat (Schütze, etc.) | SS-Mann | Unterwachtmeister |

## Dienstgrade

| Wehrmachtbeamte (Heer) | RAD | HJ |
|---|---|---|
| | Reichsarbeitsführer | Reichsjugendführer |
| | | Stabschef |
| Generaloberstabsintendant | | Obergebietsführer |
| Generalstabsintendant | Obergeneralarbeitsführer | Gebietsführer |
| Kriegsverwaltungschef, -vizechef / Generalintendant | Generalarbeitsführer | Hauptbannführer |
| | | Oberbannführer |
| Kriegs(Militär)Verwaltungsabteilungschef / Oberstintendant | Oberstarbeitsführer | Bannführer |
| Oberkriegs(Militär)Verwaltungsrat / Oberfeldintendant | Oberarbeitsführer | Oberstammführer |
| Kriegs(Militär)Verwaltungsrat, -amtmann, -amtsrat / Oberstabsintendant | Arbeitsführer | Stammführer |
| Kriegs(Militär)Verwaltungsrat, -oberinspektor, -assessor / Stabsintendant | Oberstfeldmeister | Hauptgefolgschaftsführer |
| Kriegs(Militär)Verwaltungsreferendar, -inspektor / Heeresremonteamtsoberinspektor | Oberfeldmeister | Obergefolgschaftsführer |
| Kriegs(Militär)Verwaltungssekretär / Heeresremonteamtsinspektor | Feldmeister | Gefolgschaftsführer |
| Kriegs(Militär)Verwaltungsassistent | | |
| Kriegs(Militär)Betriebsassistent | Obertruppführer | |
| | | Oberscharführer |
| | Truppführer | Scharführer |
| | Untertruppführer / Hauptvormann | Oberkameradschaftsführer |
| | Obervormann | Kameradschaftsführer |
| | Vormann | Rottenführer |
| | Arbeitsmann | Hitlerjunge |

419

## Abkürzungsverzeichnis

| | |
|---|---|
| AdsD | Archiv der sozialen Demokratie der Friedrich-Ebert-Stiftung |
| ANKr | Archiwum Narodowe Kraków (Polnisches Nationalarchiv Krakau) |
| AOK | Armeeoberkommando |
| AZS | Auskämmaktion ziviler Sektor |
| a.v. | „arbeitsverwendungsfähig", Musterkriterium für vormals Verwundete |
| BAB | Kriegsgefangenen Bau- und Arbeitsbataillon |
| BAR | Bezirksamt Regensburg |
| BA | Bundesarchiv |
| BA-MA | Bundesarchiv Abteilung Militärarchiv |
| Batl. | Bataillon |
| BayHStA | Bayerisches Hauptstaatsarchiv München |
| BBC | British Broadcasting Corporation |
| Bd. | Band |
| BDC | Berlin Document Center |
| BDM | Bund Deutscher Mädel |
| BES | Bestattungsamt |
| Bl. | Blatt |
| BND | Bundesnachrichtendienst |
| BU | Zbiór centralny (zentraler Bestand) |
| BVP | Bayerische Volkspartei |
| BZAR | Bischöfliches Zentralarchiv Regensburg |
| CAMO | Central'nyj Archiv Ministerstva Oboronyj Rossijskoj Federacii (Zentralarchiv des Verteidigungsministeriums der Russischen Föderation, Potolsk) |
| CIA | Central Intelligence Agency (Auslandsgeheimdienst der USA) |
| CIC | Counter Intelligence Corps (Militärischer Nachrichtendienst der USA) |
| ČSR | Tschechoslowakische Republik |
| CSU | Christlich-Soziale Union in Bayern e.V. |
| CWGC | Commonwealth War Graves Commission (Britische Behörde für Soldatenfriedhöfe des Commonwealth of Nations) |
| Cz | Czaspoismy (Zeitschriften) |
| DAF | Deutsche Arbeitsfront |
| DDP | Deutsche Demokratische Partei |
| DDR | Deutsche Demokratische Republik |
| DD-WASt | Deutsche Dienststelle für die Benachrichtigung der nächsten Angehörigen von Gefallenen der ehemaligen deutschen Wehrmacht |
| Div. | Division |
| DKK | Deutsche Kennkarte – Anträge |
| DKP | Deutsche Kommunistische Partei |
| DP | Displaced Person |
| d.R. | der Reserve |
| DSMR | Donau-Schiffahrts-Museum-Regensburg, Archiv |
| FAB | Freiheitsaktion Bayern |
| Fam. Bogen | Familienbogen |
| FHO | Fremde Heere Ost |

## Abkürzungsverzeichnis

| | |
|---|---|
| Flak | Flugzeugabwehrkanone |
| Flak-Art | Flugzeugabwehrartillerie |
| FluKo | Flugwach-Kommando |
| GARF | Gosudarstvennyi Arkhiv Rossiiskoi Federatsii (Staatsarchiv der Russischen Föderation) |
| GBA | Generalbevollmächtigter für den Arbeitseinsatz |
| Gen. | General |
| Gestapo | Geheime Staatspolizei |
| GH | Gewässer und Häfen (Archivsignatur) |
| GI | US-Soldat |
| GRU | Glawnoje Raswedywatelnoje Uprawlenije (Sowjetischer Militärgeheimdienst) |
| Hg. | Herausgeber |
| HJ | Hitlerjugend |
| HSSPF | Höherer SS- und Polizeiführer |
| IdO | Inspekteur der Ordnungspolizei |
| IfZ-A | Archiv des Instituts für Zeitgeschichte München |
| i.G. | im Generalstab |
| IHK | Industrie- und Handelskammer |
| IPN | Archiwum Instytutu Pamięci Narodowej (Archiv des Instituts des Nationalen Gedenkens) |
| IPW | Interrogator of Prisoners of War |
| IRO | International Refugee Organization |
| ITS | International Tracing Service |
| Jg. | Jahrgang |
| KAM | Archiv der Benediktinerabtei Metten |
| KAR | Evangelisch-lutherisches Kirchenarchiv Regensburg |
| Kdo. | Kommando |
| KGB | Komitet gossudarstwennoi besopasnosti (Komitee für Staatssicherheit: sowjetischer Geheimdienst) |
| Komp. | Kompanie |
| KoRück | Kommandant des rückwärtigen Armeegebiets |
| KPD | Kommunistische Partei Deutschlands |
| KriPo | Kriminalpolizei |
| KZ | Konzentrationslager |
| LPD | Landpolizeidirektion, Landespolizeidirektion |
| Ln | Luftnachrichtentruppe |
| Lt. | Leutnant |
| MA | Militärarchiv |
| Me | Messerschmitt |
| mecz. | Mechanized. Zusatzbezeichnung bei motorisierter US-Cavalry |
| MELF | Ministerium für Ernährung, Landwirtschaft und Forsten |
| MF | Ministerium für Finanzen |
| MInn | Ministerium des Innern |
| M.M.J.O. | Militär-Max-Joseph-Orden. Höchster militärischer Verdienstorden des Königreichs Bayern. Verbunden mit der Erhebung in den persönlichen, nicht vererbbaren Adel („Ritter von"). |

## Anhang

| | |
|---|---|
| mot. | motorisiert |
| MS | Manuskripte |
| MSo | Ministerium für Sonderaufgaben, Minister für Politische Befreiung |
| Muna | Munitionsanstalt |
| MWi | Ministerium für Wirtschaft und Verkehr |
| NARA | National Archives and Records Administration (Nationalarchiv der USA), Hauptstelle College Park MD |
| NKWD | Narodny komissariat wnutrennich del (Volkskommissariat für Inneres: ehem. sowjetischer Geheimdienst) |
| NL | Nachlass |
| NS | Nationalsozialismus / nationalsozialistisch |
| NSDAP | Nationalsozialistische Deutsche Arbeiterpartei |
| NSKK | Nationalsozialistisches Kraftfahrerkorps |
| NSV | Nationalsozialistische Volkswohlfahrt |
| NSZ | Narodowe Siły Zbrojne (Polnische Nationale Streitkräfte) |
| OA | Ordinariatsakten |
| OB | Oberbürgermeister / Oberbefehlshaber |
| ObdL | Oberbefehlshaber der Luftwaffe |
| Oflag | Offizierslager (für Kriegsgefangene) |
| OKH | Oberkommando des Heeres |
| OKW | Oberkommando der Wehrmacht |
| OMGB | Office of Military Government for Bavaria (Militärregierung für Bayern) |
| OMGUS | Office of Military Government for Germany, United States (Amerikanische Militärregierung für Deutschland) |
| Op. | Opis (Findbuch Nr.) |
| OrPo | Ordnungspolizei |
| OSS | Office of Strategic Services (ehem. Auslandsnachrichtendienst der USA, Vorläufer der CIA) |
| OT | Organisation Todt |
| PA | Personalakt |
| PAAA | Politisches Archiv des Auswärtigen Amtes |
| PAN | Polska Akademia Nauk (Polnische Akademie der Wissenschaften) |
| PL | Polen |
| PWE | Prisoner of War Enclosure (Kriegsgefangenenlager der US-Armee) |
| R | Deutsches Reich (Archivsignatur) / Auswärtiges Amt des Deutschen Reiches (Archivsignatur) |
| RAD | Reichsarbeitsdienst |
| RBD | Reichsbahndirektion |
| Rbg. | Regensburg |
| Res. | Reserve |
| RG | Record Group (Archivsignatur) |
| RGBl. | Reichsgesetzblatt |
| Rgt. | Regiment |
| RGVA | Rossiiskii Gosudarstvennyj Voennyj Arkhiv (Russisches Staatliches Militärarchiv) |

Abkürzungsverzeichnis

| | |
|---|---|
| RH | Oberkommando des Heeres (Archivsignatur) |
| RM | Reichsmark |
| RPD | Reichspostdirektion |
| RSHA | Reichssicherheitshauptamt |
| SA | Sturmabteilung |
| SchuPo | Schutzpolizei |
| SD | Sicherheitsdienst |
| Sgt. | Sergeant, in brit. Armee teils auch Serjeant |
| SiPo | Sicherheitspolizei |
| SKrrpV | Staatskommissar für rassisch, religiös und politisch Verfolgte |
| s.l. | sine loco (ohne Angabe des Publikationsorts) |
| s.n. | sine nomine (ohne Angabe des Autors) |
| SOE | Special Operation Executive (ehem. britischer operativer Geheimdienst) |
| s.p. | sine pagina (ohne Angabe von Seitenzahlen) |
| SPD | Sozialdemokratische Partei Deutschlands |
| SS | Schutzstaffel |
| StAAm | Staatsarchiv Amberg |
| Stalag | Stammlager (für Kriegsgefangene der Mannschafts- und Unteroffiziersdienstgrade) |
| StAN | Staatsarchiv Nürnberg |
| StAR | Stadtarchiv Regensburg |
| Stellv. | Stellvertreter / stellvertretend |
| StK | Staatskanzlei |
| StKr | Sammlung Straßenkartei |
| Südholag | Süddeutsche Holzverzuckerungswerke AG |
| TNA | The National Archives (Nationalarchiv des Vereinigten Königreichs), London |
| UdSSR | Union der Sozialistischen Sowjetrepubliken / Sowjetunion |
| Ukr | Ukraine |
| UNRRA | United Nations Relief and Rehabilitation Administration (Nothilfe- und Wiederaufbauverwaltung der Vereinten Nationen) |
| UPA | Ukrajinska Powstanska Armija (Ukrainische Aufstandsarmee) |
| URL | Uniform Resource Locator (Internetadresse) |
| US | United States |
| USAAF | United States Army Air Force (US-Luftstreitkräfte von 1941–1947) |
| USHMM | U.S. Holocaust Memorial Museum, Washington, D.C. |
| VGD | Volksgrenadierdivision |
| VUA | Vojenský Ústřední Archiv, Praha (Tschechisches Militärisches Zentralarchiv, Prag) |
| Wa | Warschau (Archivsignatur) |
| WK | Wehrkreis |
| z.b.V. | zur besonderen Verwendung/Verfügung |
| ZR | Zentralregistratur |
| ZS | Zeugenschrifttum |
| ZWA | Zwangsarbeiter |

Anhang

## Archivbestände, unveröffentlichte Quellen

**Archiv des Instituts für Zeitgeschichte München (IfZ-A)**
*FA*
74
*Zeugenschrifttum (ZS)*
A 4/3; Digitalisat abrufbar unter URL: http://www.ifz-muenchen.de/archiv/zsa/ZS_A_0004_03.pdf (18.06.2018);
387/1; Digitalisat abrufbar unter URL: http://www.ifz-muenchen.de/archiv/zs/zs-0387_1.pdf (18.06.2018);
871; http://www.ifz-muenchen.de/archiv/zs/zs-0871.pdf (18.06.2018)
**Archiv der sozialen Demokratie der Friedrich-Ebert-Stiftung (AdsD)**
*Nachlass (NL)*
Erika Simm
**Bayerisches Hauptstaatsarchiv (BayHStA)**
*Ministerium für Ernährung, Landwirtschaft und Forsten (MELF)*
1092
*Ministerium für Finanzen (MF)*
71849
*Ministerium für Sonderaufgaben, Minister für Politische Befreiung (MSo)*
2959; 3546
*Ministerium des Innern (MInn)*
97301
*Ministerium für Wirtschaft (MWi)*
14641
*SKrrpV*
38f
*Staatskanzlei (StK)*
6696; 14892
OJs.260/45. „Widerstand in Bayern 1933–1945" 7, München 1977, S. 599
**Benediktinerabtei Metten, Archiv (KAM)**
*Rundbrief*
Nr. 46
**Bischöfliches Zentralarchiv Regensburg (BZAR)**
*Generalia*
551.50
*OA*
3730
*OA-Domprediger Maier*
45; 69
*OA-NS*
540
*Schematismus der Geistlichkeit des Bistums Regensburg für das Jahr 1946*
**Bundesarchiv (BArch)**
*B 162*
14329; 16843; 41126

**B 206**
1076; 1077; 1079; 1082
**Berlin Document Center (BDC)**
B52671; PK, Weigert Wolfgang; SA-P, Weigert Wolfgang; (NSDAP-Gaukartei)/Parteistatistische Erhebung 1939; Research Sammelliste 44

| | |
|---|---|
| *Film* | *R 2* |
| 10900 | 301/30/a; 12999 |
| *NS 5-I* | *R 58 (Reichssicherheitshauptamt)* |
| 66; 75; 76 | 194; 9340 |
| *NS 6* | *Reichsbetriebskartei* |
| 354 | *SS-Führungspersonal* |
| *NS 19* | 26A |
| 3469 | |

**Bundesarchiv – Militärarchiv (BA-MA)**

| | |
|---|---|
| *PERS 6* | *RW 15* |
| 301343 | 298 |
| *RH 34* | *RW 17* |
| 90; 94; 95 | 75, 76, 204 |
| *RH 49* | *RW 21* |
| 106–110 | 52/3 |
| *RL 19-7* | *RW 44* |
| 148; 218 | II/13 |
| *RW 4* | *ZA 1 (US Army, Historical Studies)* |
| v.720, v.720-K | 497, 532; 533; 576; 577; 578; 579; 580; 970 |

**Deutsche Dienststelle für die Benachrichtigung der nächsten Angehörigen von Gefallenen der ehemaligen deutschen Wehrmacht (DD-WASt)**
Auskunft zu Miroslav Bigus, Franz Kushel, Bohdan Pidajnyj und Stanslaw Stankiewitsch vom 03.05.2006;
Auskunft zu Otto Amann vom 04.09.2015.
Auskunft zu Johann Engel, August Fuchs, Jakob Gulden, Hermann Leythäuser, Johann Pitz, Markus Pusel vom 10.10.2015;
Auskunft zu Hugo Babinger und Robert Bürger vom 18.02.2016;
Auskunft zu Friedrich Sowa vom 18.08.2017;
Auskunftskartei S–2297/078;
Recherche zu Otto Amann, Hugo Babinger, Robert Bürger, August Fuchs, Jakob Gulden, Johann Hayder, Hans Hüsson, Othmar Matzke, Johann Pitz, Theodor Tolsdorff und Kurt Weber vom 15.07.2015

**Donau-Schiffahrts-Museum Regensburg, Archiv (DSMR)**
*Aktenbestand „Gewässer und Häfen" (GH)*
109: Aufstellung über die am 20., 21., u. 22.5.45 festgestellten, im Raum Vilshofen, Donaukilometer 2249 bis Raum Wischelburg, Donaukilometer 2293 liegenden Donaufahrzeuge / For and on behalf of Mil. Govt. I.E. 3 (Unterschrift: M. Zamaneffs M.E.), For and on behalf of (Stempel) Josef Wallner, Bayer. Schiffahrts- u. Hafenbetriebs G.m.b.H. Deggendorf. Tabelle maschinenschriftl., Durchschrift, 9 Bl. (A3-Format)

Anhang

**Bestand Manuskripte (MS)**
912: Hofmeister, Hans: Schiffe der Firma Michael Hofmeister KG, Motorgüterschiff DONAU, unveröffentlichtes Typoskript.
**Evangelisch-lutherisches Kirchenarchiv Regensburg (KAR)**
Chronik der Neupfarrkirche 1945
**Fürst Thurn und Taxis Zentralarchiv Regensburg (FTTZA)**
*Domänenkammer*
88/146
*Hofmarschallamt*
2764; 3674; 3675; 3679; 3681; 3690
**Institut des Nationalen Gedenkens, Archiv (Archiwum Instytutu Pamięci Narodowej – IPN)**
*BU*
01419–83; 1633/5402
*Wa*
0236/63
**Kath. Pfarramt Regensburg-Reinhausen, Archiv**
Pfarr-Chronik St. Josef-Reinhausen Regensburg 1898–1972
**Kath. Pfarramt Schierling, Archiv**
Bericht des Herrn Major Richter, der die Muna übergab (1976)
**Landratsamt Regensburg (LraR)**
*Kreisarchivpflege*
Dechant, Martina: 60 Jahre Kriegsende in Lappersdorf, in: Dirmeier, Artur (Hg.): Kriegsende und Neubeginn im Landkreis Regensburg, Regensburg 2006, S. 37–44; unveröffentlichtes Typoskript.
Preu, Hermann: Wie die Bewohner der Altgemeinden Pettendorf und Kneiting Kriegsende und Neubeginn erlebten, in: Dirmeier, Artur (Hg.): Kriegsende und Neubeginn im Landkreis Regensburg, Regensburg 2006, S. 65–72; unveröffentlichtes Typoskript.
Regensburger, E.: Barbing: 60 Jahre Kriegsende/Neubeginn, in: Dirmeier, Artur (Hg.): Kriegsende und Neubeginn im Landkreis Regensburg, Regensburg 2006, S. 18–26; unveröffentlichtes Typoskript.
**Nationalarchiv Krakau (Archiwum Narodowe Kraków – ANKr)**
*KOW*
18
**Nationalarchiv des Vereinigten Königreichs, London-Kew (The National Archives – TNA)**
*Records created or inherited by Government Communication Headquarters (HW)*
1/3539; 1/3701; 1/3720; 1/3710; 1/3747
*Records created or inherited by the War Office, Armed Forces, Judge Advocate General, and related bodies. Records of research establishments (WO)*
188/2656
**Nationalarchiv der Vereinigten Staaten von Amerika, Hauptstelle College Park, Maryland (U.S. National Archives and Records Administration – NARA)**
*Record Group (RG)*

224/ Entry 224/ Box 0162;
226/ Entry 169/ Box 14.
226/ Entry 211/ Box 13;
226/ Entry A1–115/ Box 41;
226/ Entry A1–115/ Box 42;
226/ Entry A1–148/ Box 103;
226/ Entry A1–210/ Box 5;
226/ Entry A1–210/ Box 17;

226/ Entry A1–210/ Box 33;
226/ Entry A1–210/ Box 36;
226/ Entry A1–210/ Box 41;
226/ Entry A1–210/ Box 42;
226/ Entry A1–210/ Box 51;
226/ Entry A1–210/ Box 117;
226/ Entry A1–210/ Box 130;
226/ Entry A1–210/ Box 270;
226/ Entry A1–210/ Box 279;
226/ Entry A1–210/ Box 280;
226/ Entry A1–210/ Box 285/ Folder 12119;
226/ Entry A1–210/ Box 285/ Folder 12123;
226/ Entry A1–210/ Box 298;
226/ Entry A1–211/ Box 13;
226/ Entry A1–211/ Box 14;
226/ Entry A1–211/ Box 15;
226/ Entry 190/ Box 305;
242/ Entry 304/ Container 2;
260/ Box 625;
260/ Entry Bavaria/Box 1066;
260/ Entry A161/ Box 625;
319/ Entry A1134/ Container 7;
338/ Entry XX Corps/ Box 7945;
338/ Entry XX Corps/ Box 7949;
338/ Entry 37042/ Box 2107;
388/ Entry 37042/ Box 4833;
407/ Entry 427/ Box 3673;
407/ Entry 427/ Box 3678;
407/ Entry 427/ Box 3679;
407/ Entry 427/ Box 3771;
407/ Entry 427/ Box 4453;
407/ Entry 427/ Box 4555;
407/ Entry 427/ Box 5328;
407/ Entry 427/ Box 9550
407/ Entry 427/ Box 9553
407/ Entry 427/ Box 9565;
407/ Entry 427/ Box 9573;
407/ Entry 427/ Box 9574;
407/ Entry 427/ Box 9576;
407/ Entry 427/ Box 9577;
407/ Entry 427/ Box 9666;
407/ Entry 427/ Box 9667;
407/ Entry 427/ Box 9676;
407/ Entry 427/ Box 9678;
407/ Entry 427/ Box 13257;
457/ A19035/ Box 3;
640446/ Box17/ Folder 2;
640446/ Box 88/ Folder 6;
640446/ Box 125/ Folder 12;
640447/ Box 29/ Folder 1;
640447/ Box 30/ Folder 1

**Polnische Akademie der Wissenschaften (Polska Akademia Nauk – PAN)**
*Biblioteka Kórnicka*
Cz31917/1946

**Politisches Archiv des Auswärtigen Amtes (PAAA)**
*R (Auswärtiges Amt des Deutschen Reiches)*
101202; 119147; 995551

**Russisches Staatliches Militärarchiv (Rossiiskii Gosudarstvennyi Voennyi Arkhiv – RGVA)**
*Fond*
453/2/4;
453/2/24;
500/5/33;
1358/2/19;
1372/5/76;
1372/5/79

**Sammlung Rainer Ehm, Regensburg**
Gespräch mit Frau Annemarie Filzmann-Kerschensteiner vom 27.12.2017 durch Rainer Ehm und Dr. Roman Smolorz;
Oestreicher, Helmut: Straubing, Stadt und Raum in chaotischer Zeit Januar bis Juli 1945 (Typoskript), Straubing 1992;

Anhang

[Schießl, Günter]: Einladung zum 3. Regensburger Ortstermin: Alte Nürnberger Straße 10 (ehemaliger Wein/Bierkeller und Bunker des NSDAP-Kreisleiters Wolfgang Weigert, direkt neben dem Spitalkeller in Steinweg), Mittwoch, 26. April 1995, 20 Uhr, Faltblatt, Regensburg 1995.

**Sammlung Jobst, Mariaort**
Pfarr- und Dorfchronik Eilsbrunn 1897–1997

**Staatliche Bibliothek Regensburg (SBR)**
*Nachlass (NL)*
F. Kerschensteiner; S. Färber

**Staatsarchiv Amberg (StAAm)**
*Amtsgericht Regensburg*
3528
*BAR*
12279
*BZA Regensburg*
2541; 2544; 12260–12264
*Lagerspruchkammer Regensburg*
2694
*Landpolizeidirektion Regensburg (LPD)*
2060; 2064; 2097; 2132
*NSDAP Kreisleitung Regensburg*
72
*Spruchkammer Regensburg*
I/795; I/827; I/1222; I/P1077; II/772; II 1342; II/St 15; III/A17; III 74

**Staatsarchiv Nürnberg (StAN)**
*OMGB*
Mkf. Co–444/1
*KV-Anklage*
Interrogations A 31/ Interrogation Nr. 1551

**Staatsarchiv der Russischen Föderation (Gosudarstvennyi Arkhiv Rossiiskoi Federatsii – GARF)**
*Fond*
10015/ Op. 1/ D. 482;
10032/ Op. 1/ D. 126;
10032/ Op. 2/ D. 18

**Stadtarchiv Regensburg (StAR)**
*Bestattungsamt*
500
*Deutsche Kennkarte – Anträge (DKK)*
Brochwicz; Dostojewski; Falz-Fein; Kaczkowski; Sosnowska; Tymowski
*Familien Bogen (Fam. Bogen)*
164; 226; 436; 443
*Gespräch am 27. Februar 1985 in Krems/Niederösterreich zwischen Herrn Othmar Matzke, ehemaliger Major der deutschen Wehrmacht, Dr. Heinrich Wanderwitz vom*

Archivbestände, unveröffentlichte Quellen

*Stadtarchiv Regensburg und Dr. Werner Chrobak von der Bischöfliche Zentralbibliothek Regensburg, Bandabschrift*
*Materialien Hilmer*
Interview mit Rudolf Faltermeier; Organisation Bauernhaus (Kopien)
*Nachlass (NL)*
Dolhofer; Rathsam
*Personalakten PA-p*
(Amt 11, 1989)/3571; 1998/119; 1989/2757; 4091; 5970; 6662; 7655; 8972; 9863; pol 18
*Personalamt 1998, Beamte, Angestellte, Arbeiter – Versorgung*
160
*Polizeiunterlagen-Feuerwehr*
*Sammlung OB*
4, 7
*Standesamt*
30–3; 30–4; 30–5; 30–6; 30–7; 30–8; 30–9; 30–10; 30–11; 30–12; 30–13; 30–14; 30–15; 30–16
*Sterbebuch*
1945/3/292
*StKr*
28; 33; 41
*Zentralregistratur I (ZR I)*
815; 829; 12629; 15583; Typhusmeldungen I. Vierteljahr 1945
*Zentralregistratur II (ZR II)*
35u; 7028
*Zentralregistratur III (ZR III)*
692; 695/6; 719; 719/3; 725; 731; 732; 734; 735; 736; 737; 741; 742; 750; 763; 772; 812/2; 860; 1256; 1970; 2012; 2095; 2102; 2108; 2127; 5619; 5783, 5850.
*Zwangsarbeiter (ZWA)*
Cz 1; Pl 2; Pl 4; Pl 7; Ukr 1; Ukr 8; Ukr 9
**Tschechisches Militärisches Zentralarchiv Prag (Vojenský Ústřední Archiv – VUA)**
*OT*
6–4
*Stalag VIII-B/VIa*
312/1/58;   322/1/59;
320/1/59;   323/1/59
**Zentralarchiv des Verteidigungsministeriums der Russischen Föderation (Central'nyj Archiv Ministerstva Oboronyj Rossijskoj Federacii – CAMO)**
*500*
12450/231; Digitalisat abrufbar unter URL: http://wwii.germandocsinrussia.org/de/nodes/2367-akte–231-anweisungen-anordnungen-und-schriftwechsel-des-oberkommandos-der-wehrmacht-und-des-ob#page/1/mode/grid/zoom/1 (19.06.2018)

Anhang

## Veröffentlichte Quellen und Literatur

Absolon, Rudolf: Die Wehrmacht im Dritten Reich, Bd. III: 3. August 1934 bis 4. Februar 1938 (Schriften des Bundesarchivs 16/III), Boppard a. Rhein 1975

Absolon, Rudolf: Die Wehrmacht im Dritten Reich, Bd. IV: 5. Februar 1938 bis 31. August 1939 (Schriften des Bundesarchivs 16/IV), Boppard a. Rhein 1979

Absolon, Rudolf: Die Wehrmacht im Dritten Reich, Bd. V: 1. September 1939 bis 18. Dezember 1941 (Schriften des Bundesarchivs 16/V), Boppard a. Rhein 1988

Absolon, Rudolf: Die Wehrmacht im Dritten Reich, Bd. VI: 19. Dezember 1941 bis 9. Mai 1945 (Schriften des Bundesarchivs 16/VI), Boppard a. Rhein 1995.

Adam, Alfons: „Die Arbeiterfrage soll mit Hilfe von KZ-Häftlingen gelöst werden". Zwangsarbeit in KZ-Außenlagern auf dem Gebiet der heutigen Tschechischen Republik, Berlin 2013.

Admin: Jahrestag der Abwehrschlacht. Heldengedenken in Regensburg, publiziert am 11.05. 2014, in: Klaus Armstroff (Hg.): Der dritte Weg, URL: https://der-dritte-weg.info/2014/05/11/jahrestag-der-abwehrschlacht-heldengedenken-in-regensburg/ (04.06.2018).

Afflerbach, Holger: Die Kunst der Niederlage. Eine Geschichte der Kapitulation (Beck'sche Reihe 6074), München 2013.

Agsteiner, Hans: Steinach. Eine Heimatgeschichte und Chronik der Gemeinde Steinach mit den Ortsteilen Münster, Agendorf und Wolferszell, Steinach 1996.

Aigner, Stefan: Kriegsende in Regensburg. Recherchen zu Wunderglaube und Geschichtsklitterung, in: regensburg-digital, publiziert am 9. Juni 2012, URL: http://www.regensburg-digital.de/widerlegte-geschichtsklitterung/19062012/ (22.08.2017).

Aigner, Stefan: Reservisten pro Kriegstagebuch-Fälscher. „Der Versuch, Giftgas einzusetzen", in: regensburg-digital, publiziert am 30. April 2014, URL: http://www.regensburg-digital.de/der-versuch-giftgas-einzusetzen/30042014/ (22.08.2017).

Albart, Rudolf: Die letzten und die ersten Tage. Bambergs Kriegstagebuch 1944/46, Bamberg 1953.

Albrecht, Dieter: Regensburg im Wandel. Studien zur Geschichte der Stadt im 19. und 20. Jahrhundert (Studien und Quellen zur Geschichte Regensburgs 2) Regensburg 1984.

Albrecht, Dieter: Regensburg in der NS-Zeit, in: ders. (Hg.): Zwei Jahrtausende Regensburg. Vortragsreihe der Universität Regensburg zum Stadtjubiläum 1979 (Schriftenreihe der Universität Regensburg 1), Regensburg 1979, S. 179–203.

Albrecht, Dieter (Hg.): Zwei Jahrtausende Regensburg. Vortragsreihe der Universität Regensburg zum Stadtjubiläum (Schriftenreihe der Universität Regensburg 1), Regensburg 1979.

Albrecht, Martin – Radau, Helga: Stalag Luft I in Barth. Britische und amerikanische Kriegsgefangene in Pommern 1940 bis 1945, Schwerin 2012.

Anderson, G. C.: The Long March Dombrova, Poland, to Regensburg, Bavaria, in: The 2/11th AIF Infantry Battalion Association (Hg.): The 2/11th (City of Perth) Australian Infantry Battalion 1939–45. Reprinted in an expanded format and including a Nominal Roll, Swanbourne 2000, S. 175–177.

Angerer, Martin u. a.: 450 Jahre evangelische Kirche in Regensburg 1542–1992. Eine Ausstellung der Museen der Stadt Regensburg, Regensburg 1992.

Angrüner, Fritz: Abbacher Heimatbuch, Bad Abbach 1973.

Angrüner, Fritz – Buchenrieder, Adolf: Kriegsende 1945 und die Zeit gleich danach in Abensberg und Umgebung, Abensberg 1994.

Appl, Karl (Hg.): Tegernheimer Kriegserinnerungen, berichtet von Johann Kuhn, Pfarrer, in: Appl, Tobias (Hg.): Die Pfarrei Tegernheim gestern und heute. Ein Beitrag zum Tegernheimer Jubiläumsjahr 2001, Tegernheim 2001, S. 31–46.

Applebaum, Anne: Der Eiserne Vorhang. Die Unterdrückung Osteuropas 1944–1956, München 2013.

Arnaud, Patrice: „Ein so naher Feind". Französische Zwangsarbeiter und ihre deutschen Kollegen in den Industriebetrieben des Dritten Reiches, in: Heusler, Andreas – Spoerer, Mark – Trischler, Helmuth

## Veröffentlichte Quellen und Literatur

(Hg.): Rüstung, Kriegswirtschaft und Zwangsarbeit im „Dritten Reich" (Perspektiven 3), München 2010, S. 179–197.

Arnold, Hermann: Als der Krieg in den Vorwald einbrach. Frühjahr 1945 – Erinnerungen, in: Rodinger Heimat 20 (2003), S. 123–135.

Artmeier, Georg: Die Außenkommandos des Konzentrationslagers Flossenbürg: Ganacker und Plattling, in: Historische Heimatblätter an der unteren Isar und Vils, 1990/91, S. 5–139.

Attenberger, Dieter: Die Molkereigenossenschaft Kelheim-Abensberg, in: Abensberger Impressionen, 2009, URL: http://www.abensberger-impressionen.de/2009/molkereigenossenschaft-kelheim-abensberg/ (13.09.2018).

Auburger, Thomas: Die Staatspolizeistelle Nürnberg-Fürth, in: Henkel, Matthias – Dietzfelbinger, Eckart (Hg.): Entrechtet. Entwürdigt. Beraubt. Die Arisierung in Nürnberg und Fürth, Petersberg 2012, S. 113–121.

Avey, Denis – Broomby, Rob: The Man who broke into Auschwitz, London 2011.

Avey, Denis – Broomby, Rob: Der Mann, der ins KZ einbrach, Augsburg 2012.

Bailey, George: Auf der Suche nach den Deutschen, Wien/München/Zürich 1972.

Baker, Philip (Hg.): Stalag VIII B 344 Lamdsdorf. Names, aktualisiert 2018, URL: https://www.lamsdorf.com/names.html (18.06.2018).

Bald, Albrecht: „Braun schimmert die Grenze und treu steht die Mark!". Der NS-Gau Bayerische Ostmark/Bayreuth 1933–1945. Grenzgau, Grenzlandideologie und wirtschaftliche Problemregion, Bayreuth 2014.

Ballestrem, Graf Karl: Widerstand, ziviler Ungehorsam, Opposition. Eine Typologie, in: Enzmann, Birgit (Hg.), Handbuch Politische Gewalt. Formen – Ursachen – Legitimation – Begrenzung, Wiesbaden 2013, S. 67–74.

Bärsch, Claus-Ekkehard: Der Nationalsozialismus als „politische Religion" und die „Volksgemeinschaft", in: Besier, Gerhard – Lübbe, Hermann (Hg.): Politische Religion und Religionspolitik. Zwischen Totalitarismus und Bürgerfreiheit (Schriften des Hannah-Arendt-Instituts für Totalitarismusforschung 28), Göttingen 2005, S. 49–78.

Bartusevičius, Vincas: Abschied vom Lagerleben. Litauische Kriegsflüchtlinge in Deutschland 1950–1950, in Annabarger Annalen 23 (2015), S. 178–212.

Bastian, Till: Eine schöne Ferienlandschaft. Giftgasdepot Urlau, in: Die Zeit, Nr. 34 vom 17.08.1990.

Bauch, Andreas: Das Collegium Willibaldinum im Wandel der Jahrhunderte, in: 400 Jahre Collegium Willibaldinum Eichstätt, Eichstätt 1964, S. 22–117.

Bauer, Christian – Göpfert, Rebekka: Die Ritchie Boys. Deutsche Emigranten beim US-Geheimdienst, Hamburg 2005.

Bauer, Fritz u. a.(Hg.): Justiz und NS-Verbrechen, Bd. 2: Die vom 12.11.1947 bis zum 08.07.1948 ergangenen Strafurteile. Lfd. Nr. 035-074, Amsterdam 1969.

Bauer, Fritz u. a. (Hg.): Justiz und NS-Verbrechen, Bd. 10: Die vom 06.07.1952 bis zum 17.06.1953 ergangenen Strafurteile. Lfd. Nr. 323–360, Amsterdam 1973.

Bauer, Fritz u. a. (Hg.): Justiz und NS-Verbrechen, Bd. 11: Die vom 17.06.1953 bis zum 04.12.1953 ergangenen Strafurteile. Lfd. Nr. 360–383, Amsterdam 1974.

Bauer, Fritz u. a. (Hg.): Justiz und NS-Verbrechen, Bd. 13: Die vom 17.11.1954 bis zum 27.06.1956 ergangenen Strafurteile. Lfd. Nr. 410–438, Amsterdam 1975.

Bauer, Fritz u. a. (Hg.): Justiz und NS-Verbrechen, Bd. 16: Die vom 08.07.1959 bis zum 04.11.1960 ergangenen Strafurteile. Lfd. Nr. 480–500, Amsterdam 1976.

BBC (Hg.): WW2 People's War. An Archive of World War Two Memories – Written by the Public, Gathered by the BBC, aktualisiert am 15.10.2014, URL: http://www.bbc.co.uk/history/ww2peopleswar/ (18.06.2018).

Beaujouan, Guy: La France et la Belgique sous l'occupation allemande 1940–1944. Les fonds allemands conservés au Centre historique des Archives nationales, Paris 2002.

Becker, Winfried: Der Bayerische Widerstandskreis um Franz Sperr und Otto Geßler, in: Karpen, Ulrich (Hg.): Europas Zukunft. Vorstellungen des Kreisauer Kreises um Helmuth James Graf von Moltke (C. F. Müller Wissenschaft), S. 33–52.

Beckmann, Bert (Hg.): „Die Behandlung war eines zivilisierten Volkes nicht würdig". Zeitzeugen erinnern sich an ihre Kriegsgefangenschaft im Stalag IX A Ziegenhain, Trutzhain 2010.

Beer, Siegfried: Rund um den „Dritten Mann": Amerikanische Geheimdienste in Österreich 1945–1955, in: Schmidl, Erwin A.: Österreich im frühen Kalten Krieg 1945–1958. Spione, Partisanen, Kriegspläne, Wien 2000, S. 73–99.

Belli, Peter Josef: Das Lautawerk der Vereinigten Aluminium-Werke AG (VAW) von 1917–1948. Ein Rüstungsbetrieb in regionalen, nationalen, internationalen und politischen Kontexten (zugleich ein Beitrag zur Industriegeschichte der Niederlausitz), Berlin 2012.

Benz, Wolfgang: Der deutsche Widerstand gegen Hitler (Beck'sche Reihe 2798), München 2014.

Benz, Wolfgang: Deutsche Juden im 20. Jahrhundert. Eine Geschichte in Porträts, München 2011.

Bergmann, Armin: Organisation Todt (OT), in: Benz, Wolfgang – Graml, Hermann – Weiß, Hermann (Hg.): Enzyklopädie des Nationalsozialismus, München ⁵2007, S. 688f.

Bertram; Jürgen: Das Drama von Brettheim. Eine Dorfgeschichte am Ende des Zweiten Weltkrieges, Frankfurt a. M. 2005.

Bessy, Maurice: Erich von Stroheim, Paris 1984.

Bettinger, Dieter Robert: Die Geschichte der HGru G. Mai 1944 bis Mai 1945, Aachen 2010.

Beyrau, Dietrich: Schlachtfeld der Diktatoren. Osteuropa im Schatten von Hitler und Stalin, (Kleine Reihe V & R 4021), Göttingen 2000.

Bielawski, Heinrich: Der Hölle entronnen. Aufzeichnungen, Worms, London 1989.

Birn, Ruth Bettina: Die Höheren SS- und Polizeiführer. Himmlers Vertreter im Reich und in den besetzten Gebieten, Düsseldorf 1986.

Blank, Gebhard – Kahl, Bettina – Hufschmid, Matthias: Die Geschichte der Muna Urlau, Leutkirch ²2008.

Blanck, Heike – Galinski, Dieter – Schmidt, Wolf : Nicht irgendwo, sondern hier bei uns. Materialien für Tutoren des Schülerwettbewerbs „Alltag im Nationalsozialismus – Die Kriegsjahre in Deutschland", Hamburg 1982.

Blumenson, Martin: The Patton Papers, Bd. 2: 1940–1945, Boston 1974.

Boberach, Heinz: Reichssicherheits-Hauptamt, in: Benz, Wolfgang – Graml, Hermann – Weiß, Hermann (Hg.): Enzyklopädie des Nationalsozialismus, München ⁵2007, S. 756f.

Boberach, Heinz: Verwaltungsgliederung des Deutschen Reiches und der angegliederten und besetzten Gebiete – nach dem Stand vom Sommer 1942, in: Boberach, Heinz – Thommes, Rolf – Weiß, Hermann: Ämter, Abkürzungen, Aktionen des NS-Staates. Handbuch für die Benutzung von Quellen der nationalsozialistischen Zeit. Amtsbezeichnungen, Ränge und Verwaltungsgliederungen, Abkürzungen und nicht militärische Tarnbezeichnungen (Texte und Materialien zur Zeitgeschichte 5), Reprint der Ausgabe von 1997, München 2012, S. 65–246.

Bocchetta, Vittore: Jene fünf verdammten Jahre. Aus Verona in die Konzentrationslager Flossenbürg und Hersbruck (Non Dimenticare 1), Nachdruck, Lage 2009.

Böhme, Kurt W. – Jung, Hermann – Maschke, Erich: Die deutschen Kriegsgefangenen in amerikanischer Hand (Zur Geschichte der deutschen Kriegsgefangenen des Zweiten Weltkrieges 10), Bd. 2: Europa, Bielefeld 1973.

Böken, Ulrich – Ehm, Rainer: Das Wunder von Schierling oder „Wir werden 50 Jahre beten" [Bandabschrift einer Sendung des Bayerischen Rundfunk, BR 2, Ostbayern Regional vom 6. November 1988], Regensburg 1988.

Bömelburg, Hans-Jürgen: Der Kollaborationsvorwurf in der polnischen und jüdischen Öffentlichkeit nach 1945 – das Beispiel Michał Weichert, in: Tauber, Joachim (Hg.): „Kollaboration" in Nordosteuropa. Erscheinungsformen und Deutungen im 20. Jahrhundert (Veröffentlichungen des Nordost-Instituts 1), Wiesbaden 2006, S. 250–288.

## Veröffentlichte Quellen und Literatur

Borries, Bodo von: Deutsche Geschichte. Spuren suchen vor Ort im Schülerwettbewerb um den Preis des Bundespräsidenten, Frankfurt a.M. 1990.

Borsdorf, Ulrich – Niethammer, Lutz (Hg.): Zwischen Befreiung und Besatzung. Analysen des US-Geheimdienstes über Positionen und Strukturen deutscher Politik 1945, Wuppertal 1976.

Braatz, Kurt: Der Luftwaffen-Oberst Otto Petzolt rettete München, in: Fliegerblatt. Mitteilungsblatt der Gemeinschaft der Flieger Deutscher Streitkräfte e.V. 59,2 (2010), S. 66–69.

Braatz, Kurt: Der Luftwaffen-Oberst Otto Petzolt rettete München, in: Zapf, Jürgen: Flugplätze der Luftwaffe 1934–1945 – und was davon übrig blieb, Bd. 8: Bayern – Luftgau XIII – Nürnberg, Zweibrücken 2013, S. 466–471.

Braatz, Kurt: Der Retter Münchens. Vor 35 Jahren starb Otto Petzolt – dem Luftwaffenoffizier verdankt es die Stadt, dass Gauleiter Giesler sie in den letzten Kriegstagen nicht gänzlich zerstören ließ, in: Süddeutsche Zeitung, Ausgabe Bayern, Nr. 247 vom 27.10 2009, S. 39.

Bradley, Dermot – Hildebrand, Karl-Friedrich – Rövekamp, Markus: Deutschlands Generale und Admirale, T. 4: Die Generale des Heeres 1921–1945. Die militärischen Werdegänge der Generale, sowie der Ärzte, Veterinäre, Intendanten, Richter und Ministerialbeamten im Generalsrang, Bd. 4: Fleck-Gyldenfeldt, Bissendorf 1996.

Bradley, Dermot – Hildebrand, Karl-Friedrich – Rövekamp, Markus: Deutschlands Generale und Admirale, T. 4: Die Generale des Heeres 1921–1945. Die militärischen Werdegänge der Generale, sowie der Ärzte, Veterinäre, Intendanten, Richter und Ministerialbeamten im Generalsrang, Bd. 6: Hochbaum-Klutmann, Bissendorf 2002.

Bradley, Dermot – Hildebrand, Karl-Friedrich – Rövekamp, Markus: Deutschlands Generale und Admirale. T. 4: Die Generale des Heeres 1921–1945. Die militärischen Werdegänge der Generale, sowie der Ärzte, Veterinäre, Intendanten, Richter und Ministerialbeamten im Generalsrang, Bd. 7: Knabe-Luz, Bissendorf 2004.

Brandt, Susanne: „Wenig Anschauung"? Die Ausstrahlung des Films „Holocaust" im westdeutschen Fernsehen (1978/79), in Cornelißen, Christoph – Klinkhammer, Lutz – Schwentker, Wolfgang (Hg.): Erinnerungskulturen. Deutschland, Italien und Japan seit 1945, Frankfurt a. M. ²2004, S. 257–268.

Brauch, Hans Günter – Müller, Rolf Dieter (Hg.): Chemische Kriegführung, chemische Abrüstung. Dokumente und Kommentare, T.1: Dokumente aus deutschen und amerikanischen Archiven (Militärpolitik und Rüstungsbegrenzung 1), Berlin 1985.

Breitman, Richard u. a.: U.S. Intelligence and the Nazis, Cambridge 2005.

Brendel, Peter (u. a.): Das Lager Colosseum in Regensburg, in: Galinski, Dieter – Schmidt, Wolf (Hg.): Die Kriegsjahre in Deutschland 1939 bis 1945. Ergebnisse und Anregungen aus dem Schülerwettbewerb Deutsche Geschichte um den Preis des Bundespräsidenten 1982/83, Hamburg 1985, S. 251–268.

Breuer, Thomas: Verordneter Wandel? Der Widerstreit zwischen nationalsozialistischem Herrschaftsanspruch und traditionaler Lebenswelt im Erzbistum Bamberg (Veröffentlichungen der Kommission für Zeitgeschichte B 60), Mainz 1992.

Brill, Lothar: Tunnelportale. Bilder der Strecke: 5634 (KBS 905, 931 / KBS 426), in: ders. (Hg.): Eisenbahn-Tunnelportale, aktualisiert am 15.02.2017, URL: http://www.eisenbahntunnel-portal.de/lb/inhalt/tunnelportale/5634.html (19.06.2018).

Bringmann, Tobias C.: Handbuch der Diplomatie 1815–1963. Auswärtige Missionschefs in Deutschland und deutsche Missionschefs im Ausland von Metternich bis Adenauer, München 2001.

Brockhaus, Gudrun: Einführung, in: dies. (Hg.): Attraktion der NS-Bewegung, Essen 2014, S. 7–28.

Brophy, Leo P. – Fisher, Georg J. B.: Organizing for War (United States Army in World War II. The Technical Service. The Chemical Warfare Service 1), Washington, D.C. 1959.

Brophy, Leo P. Miles, Wyndham D. – Cochrane, Rexmond C.: From Laboratory to Field (United States Army in World War II. The Technical Service. The Chemical Warfare Service 2), Washington, D.C. 1959.

Broszat, Martin – Fröhlich, Elke (Hg.): Alltag und Widerstand – Bayern im Nationalsozialismus, München 1987.

Broszat, Martin – Fröhlich, Elke (Hg.): Bayern in der NS-Zeit. Veröffentlichung im Rahmen des Projektes „Widerstand und Verfolgung in Bayern 1933–1945", 6 Bde., München 1977–1983.

Broszat, Martin – Fröhlich, Elke – Grossmann, Anton (Hg.): Bayern in der NS-Zeit. Veröffentlichung im Rahmen des Projektes „Widerstand und Verfolgung in Bayern 1933–1945", Bd. 4: Herrschaft und Gesellschaft im Konflikt, Teil C, München 1981.

Broszat, Martin – Fröhlich, Elke – Wiesemann, Falk (Hg.): Bayern in der NS-Zeit. Veröffentlichung im Rahmen des Projektes „Widerstand und Verfolgung in Bayern 1933–1945", Bd. 1: Soziale Lage und politisches Verhalten der Bevölkerung im Spiegel vertraulicher Berichte, München 1977.

Broszat, Martin: Resistenz und Widerstand. Eine Zwischenbilanz des Forschungsprojekts, in: ders. – Fröhlich, Elke – Grossmann, Anton (Hg.): Bayern in der NS-Zeit, Bd. 4: Herrschaft und Gesellschaft im Konflikt. Teil C, München 1981, S. 691–710.

Brown, Anthony Cave: The Secret War Report of the OSS, New York 1976.

Brown, Anthony Cave: The Last Hero. Wild Bill Donovan, New York 1982.

Brückner, Joachim: Kriegsende in Bayern 1945. Der Wehrkreis VII und die Kämpfe zwischen Donau und Alpen (Einzelschriften zur militärischen Geschichte des Zweiten Weltkrieges 30), Freiburg 1987.

Bryson, Richard: Adding to the list of names [mit Tabelle], in: Baker, Philip (Hg.): Stalag VIII B 344 Lamsdorf. The Long March, aktualisiert am 13.03.2015, URL: https://www.lamsdorf.com/uploads/6/4/2/7/6427590/j._l.(jack)_bryson.docx bzw. Tabelle https://www.lamsdorf.com/uploads/6/4/2/7/6427590/jl_bryson_march.xlsx (21.08.2018).

Brzoza, Czesław: Od Miechowa do Coburga. Brygada Świętokrzyska Narodowych Sił Zbrojnych w marszu na zachód [Von Miechów nach Coburg. Der Marsch der Heilig-Kreuz-Brigade nach Westen], in: Pamięć i Sprawiedliwość 5 (2004), S. 221–274.

Buddrus, Michael, Totale Erziehung für den totalen Krieg. Hitlerjugend und nationalsozialistische Jugendpolitik (Texte und Materialien zur Zeitgeschichte 13), 2 Bde., München 2003.

Bühlmann, Christian – Braun, Peter: Auftragstaktik in Vergangenheit, Gegenwart und Zukunft, in: Military Power Revue der Schweizer Armee, de l'Armee Suisse 1 (2010), S. 50–63.

Bullemer, Timo: Das Kriegsende in Cham. Ereignisse und Entwicklungen November 1944 bis Mai 1945 (Bausteine zur Geschichte und Kultur der Stadt Cham 2), Norderstedt 2005.

Bundesarchiv (Hg.): BY 1: Kommunistische Partei Deutschlands (KPD) in den westlichen Besatzungszonen / Bundesrepublik Deutschland, Klarnamenschlüssel; Digitalisat abrufbar unter URL: http://www.argus.bstu.bundesarchiv.de/by1/index.htm?kid=77bc4825-f516-4e90-9458-9e56474ba327 (14.09.2018).

Bundesarchiv (Hg.): RW 44-II OKW / Führungsstab B (Außenstelle OKW-Süd), publiziert 2018, URL: https://invenio.bundesarchiv.de/basys2-invenio/main.xhtml (25.06.2018).

Bunz, Wilhelm u. a.: 50 Jahre danach – Domprediger Dr. Johann Maier und seine Zeit. Ausstellung in der Bischöflichen Zentralbibliothek Regensburg (Bischöfliches Zentralarchiv und Bischöfliche Zentralbibliothek Regensburg: Kataloge und Schriften 12), Regensburg 1995.

Burbridge, R. J.: Diary 1945, in: Baker, Philip (Hg.): Stalag VIII B 334 Lamsdorf. The Long March, aktualisiert am 26.03.2015, URL: https://www.lamsdorf.com/uploads/6/4/2/7/6427590/rj_burbridge_2.doc (18.06.2018).

Burger, Hanuš: 1212 sendet. Tatsachenroman, Berlin 1965.

Burger, Hanuš: Der Frühling war es wert. Erinnerungen, München 1977.

Burt-Smith, Jim: One of the many on the move, Braunton, Devon 1992.

Bürger, Robert: April 1945 – Regensburg wird Kriegsgebiet, 3. T., in: Mittelbayerische Zeitung, Regensburger Stadt-Umschau, 24. April 1985, 25. April 1985 u. 26. April 1985.

Bürger, Robert: Regensburg in den letzten Kriegstagen des Jahres 1945, in: Verhandlungen des Historischen Vereins für Oberpfalz und Regensburg 123 (1983), S. 379–394.

Cardinell, Robert H. (Hg.): 65th Infantry Division World War II. Neumarkt to Regensburg, Germany 4/19–30/45. Capture of Neumarkt, Crossing the Danube River by Boat and Entering Regensburg, Germany, Mt. Dora 2002.

## Veröffentlichte Quellen und Literatur

Cardinell, Robert H. (Hg.): Just Good Stories. The 65th Infantry Division in World War II, 3 Bde., Mt. Dora 2004–2005.
Cardinell, Robert H. (Hg.): The 65th Division and The Black Cat 13th Armored Division. Regensburg to the Inn River & into Austria, May 1945. Crossing the Isar & Inn Rivers of Germany 30 April – 4 May, 1945 in WW II, Mt. Dora 2003.
Cardinell, Robert H. (Hg.): The 65th Infantry Division at German Concentration Camps in World War II. Ohrdruf, Hersbruck and Mauthausen, Mt. Dora 2006.
Cardinell, Robert H. (Hg.): The 65th Infantry Division in World War II, Part 1: The 65th Division History & Reports by Unit, Mt. Dora 2004.
Cardinell, Robert H. (Hg.): The 65th Infantry Division in World War II, Part 2: Some Casualty Stories & Statistics, Mt. Dora 2004.
Casey, William: The Secret War against Hitler, Washington 1988.
Castle, John [Garrand, John William – Payne, Ronald Charles]: The Password in Courage, London 1979.
Chrobak, Werner – Löffler, Bernhard: Stellungnahme zu Hans Herrmann (1889–1959), Regensburg 2004; Digitalisat abrufbar unter URL: https://willi-ulfig-ms.schulen2.regensburg.de/images/pdf-Dateien/ HHMS_Infos/stellungnahme-hans-herrmann.pdf (01.02.2018).
Chrobak, Werner: Alles für Regensburgs Zerstörung vorbereitet. Kampflose Übergabe der Alten Reichsstadt grenzt an ein Wunder, in: Vogelsang, German (Hg.): Sie kommen! Die letzten Kriegstage in der Oberpfalz 1945, Amberg 2015, S. 136–139.
Chrobak, Werner: Die Ehrenrechte den Entehrten wiedergeben! Nationalsozialistische Unrechtsurteile gegen Domprediger Dr. Johann Maier und Josef Zirkl formell aufgehoben, in: Beiträge zur Geschichte des Bistums Regensburg 33 (1999), S. 471–475.
Chrobak, Werner: Domprediger Dr. Johann Maier – ein Blutzeuge für Regensburg. Zum 40. Todestag neue Forschungen und Studien, in: Verhandlungen des Historischen Vereins für Oberpfalz und Regensburg 125 (1985), S. 453–484.
Chrobak, Werner: Domprediger Dr. Johann Maier – ein Blutzeuge für Regensburg. Zum 50. Todestag, in: Bunz, Wilhelm u. a.: 50 Jahre danach – Domprediger Dr. Johann Maier und seine Zeit. Ausstellung in der Bischöflichen Zentralbibliothek Regensburg (Bischöfliches Zentralarchiv und Bischöfliche Zentralbibliothek Regensburg: Kataloge und Schriften 12), Regensburg 1995, S. 11–34.
Chrobak, Werner: Domprediger Dr. Johann Maier (Hagiographie, Ikonographie, Volkskunde 40119), Regensburg 1995.
Chrobak, Werner: Domprediger Dr. Johann Maier. Gedächtnisausstellung 1945/1985. 40 Jahre Kriegsende in Regensburg, Regensburg 1985.
Chrobak, Werner: Ein Lebensopfer für die kampflose Übergabe. Der Einsatz Dr. Johann Maiers für die Stadt Regensburg. Gedenken an den 70. Todestag des Regensburger Dompredigers und seiner Gefährten, in: Katholische Sonntags Zeitung 84,16 (2015), S. 2f.
Chrobak, Werner: Johann Maier – ein Opfer für Regensburg 1906–1945, in: Regensburger RU-Notizen 14,1 (1995), S. 6–17.
Chrobak, Werner: Johann Maier (1906–1945). Domprediger in Regensburg, in: Schwaiger, Georg (Hg.): Lebensbilder aus der Geschichte des Bistums Regensburg. 2. Teil (Beiträge zur Geschichte des Bistums Regensburg 23/24), Regensburg 1989, S. 979–991.
Chrobak, Werner: Johann Maier, ein Opfer für Regensburg, in: Regensburger Bistumsblatt 54,15 (1985), S. 16–18 u. 54,16 (1985), S. 8–10.
Chrobak, Werner: Wie der Krieg in Regensburg zu Ende ging. Die Rettung der Stadt vor der sicheren Zerstörung, in: Regensburger Almanach 39 (2005), S. 45–52.
Chrobak, Werner: Wir erbitten die kampflose Übergabe unserer Stadt. Der Tod des Regensburger Dompredigers Dr. Johann Maier und seiner Gefährten in den letzten Tagen des Zweiten Weltkriegs, in: Charivari 21,10 (1995), S. 62–66.
Clark, Albert P.: 33 Months as a POW in Stalag Luft III. A World War II Airman tells his Story, Golden 2005.
Clarke, Robin: Stumme Waffen. Chemische und biologische Kriegführung, Wien, Hamburg 1969.

Clews, Philip Henry: Prisoner of War. My Horrendous Mrach 1945, Boston, Lincolnshire 2004.
Clucas, Robert John: Experiences of a Prisoner of War, in: Baker, Philip (Hg.): Stalag VIII B 344 Lamsdorf. Names, aktualisiert am 18.01.2016, URL: https://www.lamsdorf.com/uploads/6/4/2/7/6427590/robert_john_clucas.doc (18.06.2018).
Collins, Len: The only Aussie sent to Austria, in: Holliday, Jim E. – Radke, Dave A. (Ed.): Stories of the RAAF POWs of Lamsdorf including chronicles of their 500 Mile Trek, Holland Park, Queensland 1992, S. 273–275.
Critchfield, James H.: Auftrag Pullach. Die Organisation Gehlen 1948–1956, Hamburg 2005.
Crow, Simon: POW Number 31637, Guardsman Fred Crow, 3rd Battalion Coldstream Guards. 2454615, in: Baker, Philip (Hg.): Stalag VIII B 344 Lamsdorf. Names, aktualisiert am 25.11.2017, URL: https://www.lamsdorf.com/uploads/6/4/2/7/6427590/fred_crow_3.doc (19.06.2018).
Curilla, Wolfgang: Der Judenmord in Polen und die deutsche Ordnungspolizei 1939–1945, Paderborn u. a. 2011.
CWGC (Commonwealth War Graves Commission) (Hg.):
    Ackerman, Dov, publiziert 2018, URL: https://www.cwgc.org/find-war-dead/casualty/2079617/ackerman,-dov/ (18.06.2018).
    Amos, Brinley, publiziert 2018, URL: https://www.cwgc.org/find-war-dead/casualty/2079633/amos,-brinley/ (18.06.2018).
    Buchanan, James, publiziert 2018, URL: https://www.cwgc.org/find-war-dead/casualty/4031241/buchanan,-james/ (18.06.2018).
    Buttle, George Edward, publiziert 2018, URL: https://www.cwgc.org/find-war-dead/casualty/2079942/buttle,-george-edward/ (18.06.2018).
    Cartwright, Albert, publiziert 2018, URL: https://www.cwgc.org/find-war-dead/casualty/2079982/cartwright,-albert/ (18.06.2018).
    Chaplin, Arthur, publiziert 2018, URL: https://www.cwgc.org/find-war-dead/casualty/2080000/chaplin,-arthur/ (18.06.2018).
    Cook, John Wilfred, publiziert 2018, URL: https://www.cwgc.org/find-war-dead/casualty/2080094/cook,-john-wilfred/ (18.06.2018).
    Collin, William Maltam, publiziert 2018, URL: https://www.cwgc.org/find-war-dead/casualty/2080070/collin,-william-maltam/ (18.06.2018).
    Cruse, Richard, publiziert 2018, URL: https://www.cwgc.org/find-war-dead/casualty/4031243/cruse,-richard/ (18.06.2018).
    Dalgetty, David Innes, publiziert 2018, URL: https://www.cwgc.org/find-war-dead/casualty/2771349/dalgetty,-david-innes/ (21.08.2018).
    Dunkirk Memorial, Publiziert 2018, URL: https://www.cwgc.org/find/find-cemeteries-and-memorials/2082800/dunkirk-memorial (21.08.2018).
    Durnbach War Cemetary, publiziert 2018, URL: https://www.cwgc.org/find-a-cemetery/cemetery/2008700/durnbach-war-cemetery/ (21.08.2018).
    Fisher, Ian Campbell, publiziert 2018, URL: https://www.cwgc.org/find-war-dead/casualty/2080420/fisher,-ian-campbell/ (18.06.2018).
    Hardy, Wilfred Mylrea, publiziert 2018, URL: https://www.cwgc.org/find-war-dead/casualty/2101784/hardy,-wilfred-mylrea/ (18.06.2018).
    Higginson, Norman, publiziert 2018, URL: https://www.cwgc.org/find-war-dead/casualty/2101872/higginson,-norman/ (18.06.2018).
    Holland, Geoffrey Gordon, publiziert 2018, URL: https://www.cwgc.org/find-war-dead/casualty/4031244/holland,-geoffrey-gordon/ (18.06.2018).
    Hufton, Charles, publiziert 2018, URL: https://www.cwgc.org/find-war-dead/casualty/2101944/hufton,-charles/ (18.06.2018).
    Keller, Moshe, publiziert 2018, URL: https://www.cwgc.org/find-war-dead/casualty/2102100/keller,-moshe/ (18.06.2018).

## Veröffentlichte Quellen und Literatur

Kirkby, Harold B., publiziert 2018, URL: https://www.cwgc.org/find-war-dead/casualty/2102141/kirkby,-harold-b./ (18.06.2018).

Kohlmann, Zitchak Yehuda, publiziert 2018, URL: https://www.cwgc.org/find-war-dead/casualty/2102154/kohlmann,-zitchak-yehuda/ (18.06.2018).

Kohn, Albert, publiziert 2018, URL: https://www.cwgc.org/find-war-dead/casualty/2102155/kohn,-albert/ (18.06.2018).

Melrose, William, publiziert 2018, URL: https://www.cwgc.org/find-war-dead/casualty/2102455/melrose,-william/ (18.06.2018).

Middleton, Ernest, publiziert 2018, URL: https://www.cwgc.org/find-war-dead/casualty/4031245/middleton,-ernest/ (18.06.2018).

Monopoli, Mariano, publiziert 2018, URL: https://www.cwgc.org/find-war-dead/casualty/2102518/monopoli,-mariano/ (18.06.2018).

Mooney, John, publiziert 2018, URL: https://www.cwgc.org/find-war-dead/casualty/2102521/mooney,-john/ (18.06.2018).

Reid, James, publiziert 2018, URL: https://www.cwgc.org/find-war-dead/casualty/2102916/reid,-james/ (18.06.2018).

Robinson, John Edward, publiziert 2018, URL: https://www.cwgc.org/find-war-dead/casualty/2102982/robinson,-john-edward/ (18.06.2018).

Roche, Victor Charles David, publiziert 2018, URL: https://www.cwgc.org/find-war-dead/casualty/2102988/roche,-victor-charles-david/ (18.06.2018).

Savage, John William, publiziert 2018, URL: https://www.cwgc.org/find-war-dead/casualty/2103038/savage,-john-william/ (18.06.2018).

Shields, James Dominic, publiziert 2018, URL: https://www.cwgc.org/find-war-dead/casualty/2767192/shields,-james-dominic/ (21.08.2018).

Smerdon, William George, publiziert 2018, URL: https://www.cwgc.org/find-war-dead/casualty/2103141/smerdon,-william-georg (18.06.2018).

Somer, Arthur William, publiziert 2018, URL: https://www.cwgc.org/find-war-dead/casualty/2103180/somer,-arthur-william/ (18.06.2018).

Symington, Archibald, publiziert 2018, URL: https://www.cwgc.org/find-war-dead/casualty/2103262/symington,-archibald/ (18.06.2018).

Timbs, James William, publiziert 2018, URL: https://www.cwgc.org/find-war-dead/casualty/2103325/timbs,-james-william/ (18.06.2018).

CWS: Sprengplatz weniger gefährlich als befürchtet, in: Süddeutsche Zeitung, 22.01.2016, Bayern Region, S. 47.

Dallin, David J.: Sowjetspionage. Prinzipien und Praktiken, Köln 1956.

Dancocks, Daniel G.: In Enemy Hands. Canadian Prisoners of War 1939–45, Edmonton 1983.

Danninger, Ida: 50 Jahre Pfarrei St. Michael Regensburg-Keilberg, in: Kubis, Peter – Blaschke, Gerhard: Festschrift zum 50-jährigen Jubiläum der Pfarrkirche St. Michael, Regensburg-Keilberg, Regensburg 1980, S. 11–19.

Delaney, John J.: Rassistische gegen traditionelle Werte. Priester, Bauern und polnische Zwangsarbeiter im ländlichen Bayern, in: Heusler, Andreas – Spoerer, Mark – Trischler, Helmuth (Hg.): Rüstung, Kriegswirtschaft und Zwangsarbeit im „Dritten Reich" (Perspektiven 3), München 2010, S. 163–178.

Detter, Hans: Mainburgs Geschichte von 825 bis 1967, Mainburg 1968.

DeVane, William C. – Smalley, Donald: Browning, Robert (1812–1889), in: Collier's Encyclopedia 4 (1970), S. 621–624.

Diem, Veronika: Freiheitsaktion Bayern. Ein Aufstand in der Endphase des NS-Regimes (Münchener historische Studien. Abteilung Bayerische Geschichte 19), Kallmünz/Opf. 2013.

Dierich, Wolfgang: Kampfgeschwader 55 „Greif". Eine Chronik aus Dokumenten und Berichten 1937–1945, Stuttgart 1975.

Dierl, Florian u. a. (Hg.): Ordnung und Vernichtung. Die Polizei im NS-Staat, Dresden 2011.

## Anhang

Dietl, Hans: Geschichte der Zuckerfabrikation in Regensburg, in: Deutsche Zuckerrübenzeitung, Ausgabe September 1973, S. 4.

Dietlmeier, Andreas (u. a.): Eltheim. Die Geschichte eines Dorfes und die seiner Bewohner, Barbing 2011.

Dietz, M. u. a.: Die Landesversicherungsanstalt Niederbayern-Oberpfalz, Landshut 1890 bis 1980. Ihre Entwicklung, ihre Mitwirkung und ihre Leistungen in der Geschichte der Deutschen Rentenversicherung, Landshut 1983.

Diewald-Kerkmann, Gisela: Denunziantentum und Gestapo. Die freiwilligen „Helfer" aus der Bevölkerung, in: Mallmann, Klaus-Michael – Paul, Gerhard (Hg.): Die Gestapo – Mythos und Realität, Darmstadt 1995, S. 288–305.

Dirmeier, Artur: Das Krankenhaus und seine Stadt. Gründerjahre, Kriegs- und Nachkriegszeit, in: Krankenhaus Barmherzige Brüder Regensburg (Hg.): Das neue Zentralgebäude. Krankenhaus der Barmherzigen Brüder. Menschen für Ihre Gesundheit, München 1995. S. 14–31 u. 117–119.

Dittrich, Rudolf: Vom Werden, Wesen und Wirken der Organisation Todt, in: Singer, Hedwig (Hg.): Entwicklung und Einsatz der Organisation Todt (OT), (Veröffentlichungen deutschen Quellenmaterials zum Zweiten Weltkrieg, Abteilung 3. Quellen zur Geschichte der Organisation Todt 1/2), Osnabrück 1998, 365–436.

Doerfler, Heinrich: Von Kriegen und Kriegsnot, in: Fendl, Josef u. a.: Obertraubling. Beiträge zur Geschichte einer Stadtrandgemeinde, Obertraubling 1982, S. 122–130.

Dörner, Bernward: Gestapo und „Heimtücke". Zur Praxis der Geheimen Staatspolizei bei der Verfolgung von Verstößen gegen das „Heimtücke-Gesetz", in: Mallmann, Klaus-Michael – Paul, Gerhard (Hg.): Die Gestapo – Mythos und Realität, Darmstadt 1995, S. 325–342.

Dörner, Bernward: Reichsgau, in: Benz, Wolfgang – Graml, Hermann – Weiß, Hermann (Hg.): Enzyklopädie des Nationalsozialismus, München $^5$2007, S. 733.

Doyle, Peter: Prisoner of War in Germany, Botley, Oxford $^3$2012.

D.P. Express, Nr. 10 vom 13.3.48, S. 4.

Drieschner, Axel – Schulz, Barbara (Hg.), Stalag III B Fürstenberg (Oder), Kriegsgefangene im Osten Brandenburgs 1939–1945 (Beiträge zur Geschichte Eisenhüttenstadts 4), Berlin 2006.

Duignan, Peter – Gann, Lewis H.: World War II and the Beginning of the Cold War (Hoover Essays 14), Stanford 1996.

Dulles, Allen – Schulze-Gaevernitz, Gero von: Unternehmen „Sunrise". Die geheime Geschichte des Kriegsendes in Italien, Düsseldorf, Wien 1967.

Dunlop, Richard: Donovan. America's Master Spy, Chicago u. a. 1982.

Dünninger, Eberhard: Auf dem Unteren Wöhrd. Erinnerungen aus Vergangenheit und Gegenwart, in: 85 Jahre „Unterer Wöhrdler Gmoa" 1925–2010, Regensburg 2010, S. 17–22.

Dünninger, Eberhard: Regensburg und die Tagebücher von Victor Klemperer. Schicksalstage der Stadt im April und Mai 1945, in: Konrad M. Färber (Hg.): Regensburg liegt gar schön (Regensburger Almanach 1999), Regensburg 1999, S. 94–106.

Durucz, Peter: Ungarn in der auswärtigen Politik des Dritten Reiches 1942–1945, Göttingen 2006.

Dyer, George: XII Corps. Spearhead of Patton's Third Army, s.l. 1947.

E[aton], J[oseph] W.: Barackenstadt für 10 000. Besuch im Lager Regensburg, in: Regensburger Post, Nr. 10 vom 31.08.1945, S. 2.

Ebert, Franz: Traunreut 1938–1960. Die Kampfstoffarbeiter, die Pioniere, die Munesier, die junge Gemeinde, Traunreut [ca. 1984].

Ebner, Judith: Der „totale Krieg" in Regensburg, Studie zur Geschichte der Stadt in den Kriegsjahren 1943–1945 (Regensburger Beiträge zur Regionalgeschichte 8), Regensburg 2010.

Echternkamp, Jörg: Soldaten im Nachkrieg. Historische Deutungskonflikte und westdeutsche Demokratisierung 1945–1955 (Beiträge zur Militärgeschichte 76), München 2014.

Eckart, Wolfgang U.: SS-Gruppenführer und Generalleutnant der Waffen-SS Prof. Dr. med. Karl Brandt; in: Ueberschär, Gerd R. (Hg.): Hitlers militärische Elite, Bd. 2, Darmstadt 1998, S. 12–19.

## Veröffentlichte Quellen und Literatur

Edtmaier, Bernd: „San Sie der Achter?" – „Naa, i bin der Meier!". Eine Fahrt durch die Geschichte der Regensburger Stadtbuslinien. Alle Linien, alle Busse, Rückblenden, Stadtgeschichte, Regensburg 2013.

Ehm, Rainer: Antisemitismus und „Schädlingsbekämpfung": Vom Wort zur Tat, in: Stadt Regensburg, Volkshochschule (Hg.): Stadt und Mutter in Israel. Jüdische Geschichte und Kultur in Regensburg. Ausstellung vom 9. November bis 12. Dezember 1989 (Ausstellungskataloge zur Regensburger Geschichte 2), 4. Aufl., Regensburg 1996, S. 122–125

Ehm, Rainer: Auch im Landkreis starben KZ-Häftlinge. Mahnmale können manchmal auch verschweigen: In Neutraubling, Eitlbrunn und Lorenzen erinnert sich kaum jemand an diese Opfer des Krieges, in: Mittelbayerische Zeitung vom 23./24. November 1991, Regensburger Landkreisseite 1.

Ehm, Rainer: Bayern, im speziellen Regensburg, im Fokus der französischen und britischen Luftstreitkräfte 1939–1941. Eine Studie zum rechtsrheinischen Bayern als Zielgebiet im frühen Luftkrieg, insbesondere zu zwei misslungenen Luftangriffen auf Regensburg 1940/41 sowie zu den Bomben auf Donaustauf im Oktober 1941, in: Verhandlungen des Historischen Vereins für Oberpfalz und Regensburg, 155. Bd. 2015 (2016), S. 267–330.

Ehm, Rainer: Das Ende, das ein Anfang wurde, in: Panzer, Markus (Hg.): XXL – Jung in Regensburg. Reader für Leute ab 16, Regensburg 1997, S. 38–46.

Ehm, Rainer: Das „Wunder von Schierling" war viel größer! Studie über die Hintergründe der Lagerung deutscher Kampfstoff-Munition in der „Munitionsanstalt Schierling" und auf Donauschiffen sowie der Übergabe an die amerikanischen Streitkräfte während der Kampfhandlungen an der Donau im April 1945, in: Im Labertal. Das aktuelle Magazin für die Region Labertal. Journal 6,2/3 (2010), S. 3–21.

Ehm, Rainer: Der Flugplatz Cham-Michelsdorf im März 1939. Der „Einsatzhafen Cham" im Spiegel des „Kriegstagebuches" seines „Leithorstes Regensburg-Obertraubling" (Neutraubling) in den Tagen der deutschen Besetzung der Rumpf-Tschechoslowakei, in: Beiträge zur Geschichte im Landkreis Cham 6 (1989), S. 237–256.

Ehm, Rainer: „Kastell Windsor", vormals Wehrmacht-Funkstelle Aumbach. Ein Beitrag zur Geschichte der heutigen Freizeit- und Erholungsstätte des Diakonischen Werkes Regensburg auf der Kasplatte, sowie zur Militär-Fernmeldegeschichte Ostbayerns, in: Beiträge zur Geschichte im Landkreis Cham 9 (1992), S. 221–248.

Ehm, Rainer: Letzter Nazi-Appell im „Capitol". Kurze Anmerkungen zur neueren Geschichte der Jüdischen Gemeinde Regensburg bis zum Ende der nationalsozialistischen Herrschaft, in: Schießl, Günter: Simon Oberdorfers Velodrom. Auf den Spuren eines Regensburger Bürgers, Regensburg ²1998, S. 69–71.

Ehm, Rainer: Mainburg, in: Puvogel, Ulrike u. a. (Hg.): Gedenkstätten für die Opfer des Nationalsozialismus. Eine Dokumentation, Bd. 1: Bundesländer Baden-Württemberg, Bayern, Bremen, Hamburg, Hessen, Niedersachsen, Nordrhein-Westfalen, Rheinland-Pfalz, Saarland, Schleswig-Holstein, Bonn ²1995, S. 162.

Ehm, Rainer: 93 839 Meter Stacheldraht zwischen dem „Hohen Kreuz" und der „Irler Höhe". Studien zur Geschichte des Barackenlagers für Kriegsgefangene und Internierte in Regensburg 1945–1948, in: Stadt Regensburg, Volkshochschule (Hg.): Regensburg 1945 bis 1949. Katalog und Aufsätze (Ausstellungskataloge zur Regensburger Geschichte 1), Regensburg 1987, S. 39–58.

Ehm, Rainer: Neutraubling, in: Puvogel, Ulrike u. a. (Hg.): Gedenkstätten für die Opfer des Nationalsozialismus. Eine Dokumentation, Bd. 1: Bundesländer Baden-Württemberg, Bayern, Bremen, Hamburg, Hessen, Niedersachsen, Nordrhein-Westfalen, Rheinland-Pfalz, Saarland, Schleswig-Holstein, Bonn ²1995, S. 178.

Ehm, Rainer: Regensburg, in: Puvogel, Ulrike u. a. (Hg.): Gedenkstätten für die Opfer des Nationalsozialismus. Eine Dokumentation, Bd. 1: Bundesländer Baden-Württemberg, Bayern, Bremen, Hamburg, Hessen, Niedersachsen, Nordrhein-Westfalen, Rheinland-Pfalz, Saarland, Schleswig-Holstein, Bonn ²1995, S. 184–188.

## Anhang

Ehm, Rainer: Schicksalsort Regensburg, in: Stadt Regensburg, Volkshochschule (Hg.): Stadt und Mutter in Israel. Jüdische Geschichte und Kultur in Regensburg. Ausstellung vom 9. November bis 12. Dezember 1989 (Ausstellungskataloge zur Regensburger Geschichte 2), Regensburg 1989, S. 113–116.

Ehm, Rainer: „Stalag XIII A" Sulzbach-Rosenberg: kein Einzellager, sondern ein Lagerkomplex. Anmerkungen zur Struktur und Organisation der Kriegsgefangenenlager in und um Sulzbach-Rosenberg 1939/45, in: Hartmann, Johannes u. a.: Das Kriegsende in Sulzbach-Rosenberg 22. April 1945 (Schriftenreihe des Stadtmuseums und Stadtarchivs Sulzbach-Rosenberg 5), Amberg 1995, S. 47–57.

Ehm, Rainer: Zwischen Grotewohl und Schumacher: Die Wiederbelebung der SPD-Bezirksorganisation Niederbayern/Oberpfalz 1945/46. Ein spannendes Kapitel Zeitgeschichte, Regensburg ²1997.

Ehrman, John: Grand Strategy. Vol. 6: October 1944 – August 1945 (History of the Second World War. United Kingdom Military Series), London 1956.

Eichholtz, Dietrich: Autarkie, in: Benz, Wolfgang – Graml, Hermann – Weiß, Hermann (Hg.): Enzyklopädie des Nationalsozialismus, München ⁵2007, S. 386f.

Eichholtz, Dietrich: Geschichte der deutschen Kriegswirtschaft 1939–1945 (Forschungen zur Wirtschaftsgeschichte 1), Bd. 2: 1941–1943, München 1999.

Eichholtz, Dietrich: Geschichte der deutschen Kriegswirtschaft 1939–1945 (Forschungen zur Wirtschaftsgeschichte 1), Bd. 3: 1943–1945, München 1999.

Eichmeier, Albert – Lutz, Peter: Widerstand und Verfolgung in Wiesent in der NS-Zeit. Eine Dokumentensammlung (Regensburger Beiträge zur Heimatforschung 3), Kollersried 2015. Digitalisat abrufbar unter URL: http://www.heimatforschung-regensburg.de/38/1/Wiesent_web.pdf (10.11.2018).

Eichner, Klaus – Schramm, Gotthold (Hg.): Angriff und Abwehr. Die deutschen Geheimdienste nach 1945, Berlin 2013.

Einwohnerbuch der Kreishauptstadt Regensburg 1936/37.

Einwohnerbuch der Stadt Regensburg 46 (1939/40).

Eiser, Peter – Schießl, Günter: Kriegsende in Regensburg. Revision einer Legende. Unter Mitarbeit von Jürgen Wagner, Regensburg 2012.

Elbe, Joachim von: Unter Preußenadler und Sternenbanner. Ein Leben für Deutschland und Amerika, Düsseldorf ²1996.

Ellis, Lionel Frederic – Warhurst, A. E.: Victory in the West. Vol. 2: The Defeat of Germany (History of the Second World War. United Kingdom Military Series), London 1968.

Elworthy, Jack: Greece, Crete, Stalag, Dachau. A New Zealand soldiers's encounter with Hitler's army, Wellington 2014.

Erdmann, Karl Dietrich: Der Zweite Weltkrieg (Gebhardt Handbuch der deutschen Geschichte 21), Stuttgart ²1982.

Erwert, Helmut: Die Stadt Straubing in schwerster Notzeit. Zeitenwende 1945. Der tiefste Umbruch in der Stadtgeschichte (Straubinger Hefte 66), Straubing 2016.

Erwert, Helmut: Feuersturm, Zigarettenwährung und Demokratie. Zeit des Umbruchs 1945–1948 in der Stadt Straubing und in der Region Straubing-Bogen, Straubing ²1998.

Ettelt, Rudibert: Geschichte der Stadt Kelheim, Bd. 2: Von 1933 bis 1945, Kelheim ²2005.

Ettelt, Rudibert: Kelheim, Bd. 2: 1939–1945, Kelheim 1975.

Ettl, Norbert: Herrnwahlthann, in: Staatliches Schulamt Kelheim (Hg.): April 45. Eine Sammeldarstellung der Ereignisse zum Kriegsende im Landkreis Kelheim (Bausteine), Kelheim 1967, S. 26–28.

Evang.-Luth. Dekanatsbezirk Regensburg: Liste der Dekane und Superintendenten, URL: http://www.donaudekanat.de/liste-der-dekane-und-superintendenten (05.12.2017).

Evangelisches Gemeindeblatt für den Donaugau vom 14.05.1939.

Evans, Arthur: Sojourn in Silesia 1940–1945, Aldington ²2000.

Fahlbusch, Michael: Deutschtumspolitik und Westdeutsche Forschungsgemeinschaft, in: Dietz, Burkhard – Gabel, Helmut – Tiedau, Ulrich (Hg.): Griff nach dem Westen. Die „Westforschung" der völkisch-nationalen Wissenschaften zum nordwesteuropäischen Raum (1919–1960), (Studien zur Geschichte und Kultur Nordwesteuropas 6), Teilband 2, Münster u. a. 2003, S. 569–647.

## Veröffentlichte Quellen und Literatur

Fahlbusch, Michael: Wilfried Krallert, in: Michael Fahlbusch u. a. (Hg.), Handbuch der völkischen Wissenschaften. Akteure, Netzwerke, Forschungsprogramme, Bd. 1: Biographien, Berlin/Boston ²2017, S. 376–379.

Falk, Susanne Swantje: Hans Habe. Journalist und Schriftsteller, Univ. Diss., Wien 2008.

Feigl, Erich: Otto von Habsburg. Profil eines Lebens, Wien/München 1992.

Feldmann, Christian: Der Domprediger. Dr. Johann Maier – ein Leben im Widerstand (Bayerische Biographien), Regensburg 1995.

Fendl, Elisabeth: Aufbaugeschichten. Eine Biographie der Vertriebenengemeinde Neutraubling (Schriftenreihe der Kommission für deutsche und osteuropäische Volkskunde in der Deutschen Gesellschaft für Volkskunde e.V. 91), Marburg 2006.

Festenberg, Nikolaus von u. a.: Das Geheimnis von Pöcking, in: Der Spiegel, Nr. 20 vom 14.05.2001, S. 132–136; Digitalisat abrufbar unter URL: http://magazin.spiegel.de/EpubDelivery/spiegel/pdf/1918 1390 (19.06.2018).

Feulner, Hanna: Neue Welt durch neue Welt, in: Heimatverein Statt am Hoff (Hg.): Stadtamhof. 500 Jahre Geschichte, Regensburg 1996, S. 152–154.

Fiederer, Fabian: „… an allen alten Traditionen festhalten". Lebenswelt und Selbstverständnis des Hochadels am Beispiel des Fürstenhauses Thurn und Taxis in der Zeit Fürst Albert I. (1888–1952) (Thurn- und-Taxis-Studien. Neue Folge 5), Regensburg 2017.

Field, A. E.: Prisoners of the Germans and Italians, in: Maughan, Barton: Tobruk and El Alamein (Australia in the War of 1939–1945, Series 1: Army III), Canberra 1966, S. 755–822; Digitalisat abrufbar unter URL: https://s3-ap-southeast-2.amazonaws.com/awm-media/collection/RCDIG1070090/document/5519419.PDF (18.06.2018).

Finger, Jürgen: Gau (NSDAP), publiziert am 11.09.2006; in: Historisches Lexikon Bayerns, URL: http://www.historisches-lexikon-bayerns.de/Lexikon/Gau (NSDAP) (25.09.2017).

Fings, Karola: 2. SS-Eisenbahnbaubrigade, in: Benz, Wolfgang – Distel, Barbara (Hg.): Der Ort des Terrors. Geschichte der nationalsozialistischen Konzentrationslager, Bd. 3: Sachsenhausen. Buchenwald, München 2006, S. 150–152.

Fings, Karola: 10. SS-Eisenbahnbaubrigade, in: Benz, Wolfgang – Distel, Barbara (Hg.): Der Ort des Terrors. Geschichte der nationalsozialistischen Konzentrationslager, Bd. 3: Sachsenhausen. Buchenwald, München 2006, S. 161–163.

Fings, Karola: Krieg, Gesellschaft und KZ: Himmlers SS-Baubrigaden (Sammlung Schöningh zur Geschichte und Gegenwart), Paderborn u. a. 2005.

Ford, Harry X.: Mud, wings, and wire. A memoir, Pittsburgh, PA, 2009.

Forster, Bill (Ed.): The Diary of Alan Forster, POW 3921, Stalag VIIIB (October 1944 – May 1945) Part 8, in: BBC (Hg.): WW2 People's War, publiziert am 25.11.2005, URL: http://www.bbc.co.uk/history/ww2peopleswar/stories/57/a7290957.shtml (18.06.2018).

Forster, Bill (Ed.): The Diary of Alan Forster, POW 3921, Stalag VIIIB (October 1944 – May 1945) Part 10, in: BBC (Hg.): WW2 People's War, publiziert am 26.11.2005, URL: http://www.bbc.co.uk/history/ww2peopleswar/stories/94/a7299994.shtml (18.06.2018).

Forster, Bill (Ed.): The Diary of Alan Forster, POW 3921, Stalag VIIIB (October 1944 – May 1945) Part 11, in: BBC (Hg.): WW2 People's War, publiziert am 26.11.2005, URL: http://www.bbc.co.uk/history/ww2peopleswar/stories/57/a7300649.shtml (18.06.2018).

Franceschini, Christoph – Friis, Thomas Wegener – Schmidt-Eenboom, Erich: Spionage unter Freunden. Partnerdienstbeziehungen und Westaufklärung der Organisation Gehlen und des BND, Berlin 2017.

Freihoffer, Irmgard – Spieß, Richard: Regensburg im April 1945 [Änderungsantrag der Fraktion Die Linke im Kulturausschuss des Regensburger Stadtrats], publiziert am 13.10.2014, URL: https://linksfraktion-regensburg.de/2014/10/13/anderungsantrag-zu-top–5-im-kulturausschuss-am–8–10–14 (30.11.2017).

Freytag-Loringhoven, Hugo Friedrich von: Die Heerführung Napoleons in ihrer Bedeutung für unsere Zeit, Berlin 1910.

# Anhang

Frieser, Karl-Heinz: Irrtümer und Illusionen. Die Fehleinschätzungen der deutschen Führung im Frühjahr 1944, in: ders. u. a. (Hg.): Die Ostfront 1943/44. Der Krieg im Osten und an den Nebenfronten (Das Deutsche Reich und der Zweite Weltkrieg 8), München 2007, S. 493–525.

Fritz, Ulrich: Altenhammer, in: Benz, Wolfgang – Distel, Barbara (Hg.): Der Ort des Terrors. Geschichte der nationalsozialistischen Konzentrationslager, Bd. 4: Flossenbürg, Mauthausen, Ravensbrück, München 2006, S. 67–70.

Fritz, Ulrich: Ganacker, in: Benz, Wolfgang – Distel, Barbara (Hg.): Der Ort des Terrors. Geschichte der nationalsozialistischen Konzentrationslager, Bd. 4: Flossenbürg, Mauthausen, Ravensbrück, München 2006, S. 116–119.

Fritz, Ulrich – Skriebeleit, Jörg – Spoerer, Mark: Das Außenlager Regensburg des KZ Flossenbürg. Geschichte und Erinnerung. Gutachten, [Regensburg] 2013.

Fritz, Ulrich – Wolter, Heike: Das Außenlager Obertraubling, in: Stadt Neutraubling (Hg.): Niemand war schon immer da. Stadtbuch Neutraubling, Neutraubling 2012, S. 77–84.

Fritz, Ulrich: Obertraubling, in: Benz, Wolfgang – Distel, Barbara (Hg.): Der Ort des Terrors. Geschichte der nationalsozialistischen Konzentrationslager, Bd. 4: Flossenbürg, Mauthausen, Ravensbrück, München 2006, S. 216–219.

Fritz, Ulrich: Plattling, in: Benz, Wolfgang – Distel, Barbara (Hg.): Der Ort des Terrors. Geschichte der nationalsozialistischen Konzentrationslager, Bd. 4: Flossenbürg, Mauthausen, Ravensbrück, München 2006, S. 223–226.

Fritz, Ulrich: Regensburg, in: Benz, Wolfgang – Distel, Barbara (Hg.): Der Ort des Terrors. Geschichte der nationalsozialistischen Konzentrationslager, Bd. 4: Flossenbürg, Mauthausen, Ravensbrück, München 2006, S. 240–243.

Fritz, Ulrich: Regensburg, in: Benz, Wolfgang – Distel, Barbara (Hg.): Flossenbürg. Das Konzentrationslager Flossenbürg und seine Außenlager, München 2007, S. 237–240.

Fritz, Ulrich: Saal a. d. Donau, in: Benz, Wolfgang – Distel, Barbara (Hg.): Der Ort des Terrors. Geschichte der nationalsozialistischen Konzentrationslager, Bd. 4: Flossenbürg, Mauthausen, Ravensbrück, München 2006, S. 247–250.

Frucht, Karl: Verlustanzeige. Ein Überlebensbericht, Wien 1992.

Fuchs, Achim: Stellvertretendes Generalkommando, 1914–1918/1939–1945, in: Historisches Lexikon Bayerns, publiziert am 11.05.2006, URL: https://www.historisches-lexikon-bayerns.de/Lexikon/Stellvertretendes_Generalkommando,_1914–1918/1939–1945 (04.12.2017).

Fuhrmann, Werner: Die Bayerische Lagerversorgung 1945–1951. Ein ernährungswirtschaftlicher Beitrag zur Versorgung von Gemeinschaftsverpflegungseinrichtungen und der Schulspeisung, München 1951.

Fuhrmann, Werner: Die Geschichte der Bayerischen Lagerversorgung 1945–1974. Ein Zeitspiegel der Ernährungswirtschaft, [München] 1974.

Gahr, Georg: Geschichte des Marktes Regenstauf, in: Gahr, Georg – Kemmeter, Gerhard: Marktgemeinde Regenstauf. Eine Chronik. Geschichte und Geschichten, Regenstauf 2014, S. 11–31.

Galinski, Dieter – Schmidt, Wolf (Hg.): Die Kriegsjahre in Deutschland 1939 bis 1945. Ergebnisse und Anregungen aus dem Schülerwettbewerb Deutsche Geschichte um den Preis des Bundespräsidenten 1982/83, Hamburg 1985.

Galinski, Dieter – Schmidt, Wolf (Hg.): Jugendliche erforschen die Nachkriegszeit. Materialien zum Schülerwettbewerb Deutsche Geschichte 1984/85, Hamburg 1984.

Gallagher, Eric J.: Across Europe. Narrative of a Journey, Mount Maunganui [N.Z.] 1995.

Gallagher, Eric: One of the Fortunate Ones, in: Hutching, Megan – McGibbon, Ian C. (Hg.): Inside Stories. New Zealand POWs Remember, Auckland 2002, S. 175–187.

Gallagher, Robert F.: World War II Story. „Scratch one Messerschmitt". Chapter 22 – Regensburg, Germany, in: gallagherstory.com, publiziert 2015, URL: http://www.gallagherstory.com/ww2/chapter22.html (16.01.2018).

## Veröffentlichte Quellen und Literatur

Gallagher, Robert F.: World War II Story. „Scratch one Messerschmitt". Chapter 23 – Landau on the Isar, Germany. War in Europe Ends, in: gallagherstory.com, publiziert 2015, URL: http://www.gallagherstory.com/ww2/chapter23.html (16.01.2018).

Garioch, Robert: Two Men and a Blanket. Memoirs of Captivity, Edinburgh 1975.

Garleff, Michael: Die baltischen Länder. Estland, Lettland, Litauen vom Mittelalter bis zur Gegenwart, Regensburg 2001.

Geier, Beate: Kindheitserinnerungen von Karl Geier: die letzten Kriegstage 1945 in Wörth, in: Jörgl, Fritz: Kleine Wörther Volkskunde. Bd. 2: „hereant und dreant", Kallmünz 2013, S. 54–57; Digitalisat abrufbar unter URL: https://www.heimatforschung-regensburg.de/48 (21.08.2018).

Geißler, Erhard: Biologische Waffen – nicht in Hitlers Arsenalen. Bilogische und Toxin-Kampfmittel in Deutschland von 1915 bis 1945 (Studien zur Friedensforschung 13), Münster ²1999.

Gelber, Yoav: Palestinian POWs in German Captivity, in: Yad Vashem Studies 14 (1981), S. 89–137; Digitalisat mit abweichender Seitenzählung abrufbar unter URL: www.yadvashem.org/odot_pdf/Microsoft Word – 6565.pdf (18.06.2018).

Gellermann, Günther: Die Armee Wenck – Hitlers letzte Hoffnung. Aufstellung, Einsatz und Ende der 12. Deutschen Armee im Frühjahr 1945, Koblenz ³1997.

Gellermann, Günther: Der Krieg, der nicht stattfand. Möglichkeiten, Überlegungen und Entscheidungen der deutschen Obersten Führung zur Verwendung chemischer Kampfstoffe im Zweiten Weltkrieg, Koblenz 1986.

Gemeinde Saal a. d. Donau (Hg.): Die Bürgermeister von Saal an der Donau von 1846 bis heute; Digitalisat abrufbar unter URL: http://www.saal-donau.de/Startseite/ZahlenundFakten.aspx (21.08.2018).

Gemeinnützige Baugenossenschaft e.G. (Hg.): Die Entwicklung der Gemeinnützigen Baugenossenschaft; Digitalisat abrufbar unter URL: https://gbg-stadtamhof.de/geschichte.html (21.08.2018).

Gemeinnützige Baugenossenschaft Stadtamhof und Umgebung (Hg.): Ein Pionier des Sozialen Wohnungsbaues 1919–1955, Regensburg 1955.

Generaldirektion der Staatlichen Archive Bayerns (Hg.): Widerstand und Verfolgung in Bayern 1933–1945. Hilfsmittel. Archivinventare, Bd. 7.2: Staatsanwaltschaft bei dem Oberlandesgericht München 1941–1945, München 1977.

Gerhardt, Uta: Die Amerikanischen Militäroffiziere und der Konflikt um die Widereröffnung der Universität Heidelberg 1945–1946, in: Heß, Jürgen C. u. a. (Hg.): Heidelberg 1945 (Transatlantische historische Studien 5), Stuttgart 1996, S. 30–54.

Gesellschaft für Literatur und Bildung (Hg.): Die Wehrmachtsberichte 1939–1945, Bd. 3: 1. Januar 1944 bis 9. Mai 1945, Köln 1989.

Geser, Norbert [u. a.]: Mintraching – 1250 Jahre „Wachsen, Blühen und Gedeihen". Chronik und Festschrift zur 1250-jährigen Geschichte Mintrachings, Mintraching 2018.

Gesetz über Sachleistungen für Reichsaufgaben (Reichsleistungsgesetz). Vom 1. September 1939, in: RGBl I 166 (1939), S. 1645–1654; Digitalisat abrufbar unter URL: http://alex.onb.ac.at/cgi-content/alex?aid=dra&datum=1939&size=45&page=1876 (05.12.2017).

Gilbert, James L. – Finnegan, John P. – Bray, Ann: In the Shadow of the Sphinx. A History of Army Counterintelligence, Fort Belvoir 2005.

Glassman, Henry: „Lead the Way, Rangers". A History of the Fifth Ranger Battalion, Markt Grafing 1945; (Reprint Washington, D.C. 1980).

Glyn-twin: Dunkirk to Auschwitz and Home, in: BBC (Hg.): WW2 People's War, publiziert am 15.11.2004, URL: http://www.bbc.co.uk/history/ww2peopleswar/stories/10/a3281410.shtml (18.06.2018).

Goddard, Ian: 4435534 RSM Goddard A.:-POW No 2920 :2nd DLI, in: S.N. (Hg.): Durham Light Infantry 1920–1946. Prisoners of War, publiziert 2009, Speicherabbild vom 01.11. 2017, der nicht mehr verfügbaren Original-URL, abrufbar unter URL: http://web.archive.org/web/20171101020130/http://durhamlightinfantry.webs.com/behindthewire193946.htm (19.06.2018).

Goeken-Haidl, Ulrike: Der Weg zurück. Die Repatriierung sowjetischer Zwangsarbeiter und Kriegsgefangener während und nach dem Zweiten Weltkrieg, Essen 2006.

## Anhang

Gołaszewski, Marcin – Kardach, Magdalena – Krenzlin, Leonore (Hg.): Zwischen innerer Emigration und Exil. Deutschsprachige Schriftsteller 1933–1945 (Schriften der Internationalen Ernst-Wiechert-Gesellschaft 5), Berlin/Boston 2016.

Goudsmit, Samuel A.: ALSOS, New York 1947

Golücke, Friedhelm: Schweinfurt und der strategische Luftkrieg 1943. Der Angriff der US Air Force vom 14. Oktober 1943 gegen die Schweinfurter Kugellagerindustrie (Sammlung Schöningh zur Geschichte und Gegenwart), Paderborn 1980.

Gömmel, Rainer: Die Wirtschaftsentwicklung vom 13. Jahrhundert bis zum Zweiten Weltkrieg, in: Schmid, Peter (Hg.): Geschichte der Stadt Regensburg, Bd.1, Regensburg 2000, S. 478–506.

Goschler, Constantin: Wiedergutmachung. Westdeutschland und die Verfolgten des Nationalsozialismus 1945–1954 (Quellen und Darstellungen zur Zeitgeschichte 34) München 1992.

Goßler, Florian: Der Evangelische Widerstand in Oberfranken, Univ. Zulassungsarbeit, Bayreuth 2008.

Gottwaldt, Alfred: Salonwagen 10205. Von der Schiene ins Museum (Zeitgeschichte(n)), Bonn [1995].

Gould, Jonathan S.: German Anti-Nazi Espionage in the Second World War. The OSS and the Men of the TOOL Missions, London, New York 2019 [2018].

Gould, Jonathan S.: Strange Bedfellows. The OSS and the London „Free Germans", in: Studies in Intelligence 46 (2002) 1; Digitalisat abrufbar unter URL: https://www.cia.gov/library/center-for-the-study-of-intelligence/csi-publications/csi-studies/studies/vol46no1/article03.html (23.11.2016).

Graf, Hans-Joachim: Tegernheim und der Zweite Weltkrieg 1939–1945, in: Tegernheimer Heimat- und Geschichtsblätter 13 (2015), S. 5–41; Digitalisat abrufbar unter URL: http://www.heimatforschung-regensburg.de/2627/1/1_TG_2016_Graf_web.pdf (12.07.2018).

Grathwol, Robert P. – Moorhus, Donita M.: Building for Peace. U.S. Army Engineers in Europe 1945–1991 (U.S. Army in the Cold War / CMH Pub 45–1–1), Washington, D.C., 2005.

Greef, I. B.: South African Prisoners of War on the Long Marches 1944–1945, in: Military History Journal 8, 6 (1991); Digitalisat mit abweichender Seitenzählung abrufbar unter URL: http://samilitaryhistory.org/vol086ig.html (18.06.2018).

Green, John: A Political Family. The Kuczynskis, Fascism, Espionage and the Cold War, London/New York 2017.

Greven, Michael Th. – Wrochem, Oliver von (Hg.): Der Krieg in der Nachkriegszeit. Der Zweite Weltkrieg in Politik und Gesellschaft der Bundesrepublik, Opladen 2000.

Grey, Paul – Grey, Sally: Private J. D. Caves: The Long Journey Home, Auckland (NZ) 2004; Neugesetztes Digitalisat mit der ursprünglichen Seitenzählung abrufbar unter URL: http://nzetc.victoria.ac.nz/tm/scholarly/tei-GreLong-t1-body-d9.html (21.08.2018).

Griesbach, Eckehart: Truppenübungsplatz „Hohenfels". Geschichte einer Landschaft, Behringersdorf ²1989.

Grieser, Utho: Himmlers Mann in Nürnberg. Der Fall Benno Martin: Eine Studie zur Struktur des Dritten Reiches in der „Stadt der Reichsparteitage" (Nürnberger Werkstücke zur Stadt- und Landesgeschichte 13), Nürnberg 1974.

Grischany, Thomas R.: Der Ostmark treue Alpensöhne. Die Integration der Österreicher in die großdeutsche Wehrmacht, 1938–45 (Zeitgeschichte im Kontext 9), Göttingen 2015.

Groehler, Olaf: Der lautlose Tod, Berlin ²1980.

Grunberger, Richard: Das Zwölfjährige Reich. Der Deutschen Alltag unter Hitler, Wien/München 1972.

Gstettner, Josef: Heimatbuch der Gemeinde Mötzing. T. 1: Schönach – Haimbuch – Schafhöfen, Mötzing 2001.

Günther, Sonja: Salonwagen im „Dritten Reich" (Eisenbahnen und Museen 23), Karlsruhe 1979.

Gugau, Armin: 75 Jahre Pfarrei St. Michael Regensburg-Keilberg. Ein Beitrag zur Regensburger Kirchengeschichte, in: Kubis, Peter (u. a.): Festschrift zum 75-jährigen Jubiläum der Pfarrkirche St. Michael, Regensburg-Keilberg, Regensburg 2005, S. 13–64.

Haase, Norbert: Desertion – Kriegsdienstverweigerung – Widerstand, in: Steinbach, Peter – Tuchel, Johannes (Hg.): Widerstand gegen die nationalsozialistische Diktatur 1933–1945, Berlin 2004, S. 414–429.

## Veröffentlichte Quellen und Literatur

Haase, Norbert: Justizterror in der Wehrmacht am Ende des Zweiten Weltkrieges, in: Arendes, Cord – Wolfrum, Edgar – Zedler, Jörg (Hg.): Terror nach Innen. Verbrechen am Ende des Zweiten Weltkrieges (Dachauer Symposien zur Zeitgeschichte 6), Göttingen 2006, S. 80–102.

Habe, Hans: Ich stelle mich. Meine Lebensgeschichte (Gesammelte Werke in Einzelausgaben), München/Berlin 1986.

Haberl, Georg – Fricke, Walburga: Anfang und Ende des Tausendjährigen Reiches in Ostbayern, Bd. 2, Neckenmarkt u. a. 2009.

Hadwiger, Erwin: Führerstaat und Volksgemeinschaft, in: Markt Lappersdorf (Hg.): Lappersdorf. Aus Geschichte und Gegenwart der Marktgemeinde, Regensburg 2015, S. 274–295.

Hadwiger, Erwin: Zwischen Diktatur und Demokratie, in: Markt Lappersdorf (Hg.): Lappersdorf. Aus Geschichte und Gegenwart der Marktgemeinde, Regensburg 2015, S. 296–301.

Hage, Hermann: Wiederbeginn 1945 und das Werden der modernen Nachkriegsgemeinde, in: Hage, Hermann (Red.): Donaustauf. Moderne Marktgemeinde mit großer Vergangenheit, Donaustauf 1994, S. 44–55.

Halbmayr, Brigitte: „Das war eine Selbstverständlichkeit, dass wir da geholfen haben". Die Fallschirmagenten Albert Huttary und Josef Zettler und ihre UnterstützerInnen – ein Fallbeispiel, in: DÖW (Hg.), Jahrbuch 2009, Wien 2009, S. 176–204.

Hall, David Oswald William: Prisoners of Germany (The Official History of New Zealand in the Second World War 1939–1945. Episodes and Studies 1), Wellington 1949; Digitalisat abrufbar unter URL: http://nzetc.victoria.ac.nz/tm/scholarly/tei-WH2-1Epi-t1-g1-t8.html (18.06.2018).

Haller, Jörg: „Die heilige Ostmark". Ostbayern als völkische Kultregion „Bayerische Ostmark", in: Bayerisches Jahrbuch für Volkskunde 2000, S. 63–73.

Halter, Helmut: Stadt unterm Hakenkreuz. Kommunalpolitik in Regensburg während der NS-Zeit (Regensburger Studien und Quellen zur Kulturgeschichte 1), Regensburg 1994.

Hamburger, Sebastian: Geknackte Codes. Chiffriermaschine ENIGMA I, 1939, in: Stiftung Deutsches Technikmuseum Berlin (Hg.): Netz-Dinge. 30 Geschichten vom Telegrafenkabel bis zur Datenbrille (Neue Beiträge zur Technikgeschichte und Industriekultur 3), Berlin 2018, S. 24–27.

Hamilton, G[eorge] R[onald]: POW Long March Diary, in: Tunney, Tom (Hg.): The 16th Battalion Durham Light Infantry 1940–46, aktualisiert 2018, URL: http://16dli.awardspace.com/page297.html (18.06.2018).

Hampe, Erich: … als alles in Scherben fiel. Erinnerungen des Generalmajors a.D., ehemaligen Generals der Technischen Truppen und Präsidenten der Bundesanstalt für Zivilen Luftschutz (Soldatenschicksale des 20. Jahrhunderts als Geschichtsquelle 1), Osnabrück 1979.

Hampe, Erich u. a.: Der Zivile Luftschutz im Zweiten Weltkrieg. Dokumentation und Erfahrungsberichte über Aufbau und Einsatz, Frankfurt a. M. 1963; Digitalisat abrufbar unter URL: https://www.bbk.bund.de/DE/Service/Fachinformationsstelle/DigitalisierteMedien/HampeDerzivileLuftschutzimZweitenWeltkrieg/hampederzivileluftschutzimzweitenweltkrieg_node.html (18.06.2018).

Hampe, Erich – Bradley, Dermot: Die unbekannte Armee. Die Technischen Truppen im Zweiten Weltkrieg (Studien zur Militärgeschichte, Militärwissenschaft und Konfliktforschung 21), Osnabrück 1979.

Handgräting, Thomas: Persönlichkeiten aus dem Kloster Windberg, in: Rupprecht, Simeon (Hg.): 75 Jahre Wiederbesiedelung der Prämonstratenser-Abtei Windberg (Windberger Schriftenreihe 3), Windberg 1998, S. 103–122.

Harris, Robert: Selling Hitler. Story of the Hitler Diaries, London 1986.

Hartmann, Christian u. a. (Hg.): Hitler, Mein Kampf. Eine kritische Edition, Bd. 2: Die nationalsozialistische Bewegung, München/Berlin ³2016.

Hauer, Johannes: Die Regensburger Hitlerjugend (Regensburger Beiträge zur Regionalgeschichte, Bd. 20), Regensburg 2016.

Hausberger, Karl: Geschichte des Bistums Regensburg, Bd. 2: Vom Barock bis zur Gegenwart, Regensburg 1989.

Hausberger, Karl: Sterben, damit andere leben können. Der Regensburger Domprediger Dr. Johann Maier (1906–1945), Regensburg 2005.

# Anhang

Hauszmann, Janos: Ungarn. Vom Mittelalter bis zur Gegenwart (Geschichte der Länder und Völker: Ost- und Südosteuropa), Regensburg 2004.

Hechelhammer, Bodo: Die NS-Siedlung wird Geheimdienstzentrale, in: Meinl, Susanne – Hechelhammer, Bodo: Geheimobjekt Pullach. Von der NS-Mustersiedlung zur Zentrale des BND, Berlin 2014, S. 140–242.

Hechenrieder, Alwin: Die Flak in Tegernheim. Der Weg der Flakbatterie 3/484 im Zweiten Weltkrieg, in: Tegernheimer Geschichtsblätter 4/5 (2006/2007), S. 17–107; Digitalisat abrufbar unter URL: http://www.heimatforschung-regensburg.de/2641/1/THGBl_4–5_2007_04_S.%2017–108_Hechenrieder-GESAMT.pdf (19.06.2018).

Heigl, Peter: Eine andere Stadtführung. Regensburg 1933–1945, Regensburg 1983.

Heigl, Peter: Regensburg unterm Hakenkreuz. Eine Stadtführung von 1933–1945 [Neufassung], Regensburg 1994.

Heigl, Reinhold: Die Zeit danach. Erinnerungen an die Jahre 1945/46 in und um Regensburg (Beiträge zur Geschichte des Landkreises Regensburg 42), Neutraubling 1996.

Heigl, Reinhold: Ein Oppersdorfer Gemeindeschreiber erinnert sich, Regensburg o.J. (1993).

Heilmeier, Klaus: Der Eiserne Steg: ein Provisorium als Baudenkmal? Von der Genese einer unbequemen Brücke, in: Denkmalpflege in Regensburg 14 (2015), S. 127–166.

Heilmeier, Klaus: „Eine wüste Insel und mehr ein Dorf als eine Vorstadt". Spurensuche auf dem Unteren Wöhrd, in: Denkmalpflege in Regensburg 13 (2014), S. 100–174.

Heilmeier, Klaus: Zwei Schiffbrücken in Regensburgs Norden, in: Denkmalpflege in Regensburg 10 (2006), S. 161–165.

Held, Renate: Kriegsgefangenschaft in Großbritannien. Deutsche Soldaten des Zweiten Weltkrieges in britischem Gewahrsam (Veröffentlichungen des Deutschen Historischen Instituts London 63), Berlin 2008.

Hellmann, Manfred: Staatsstreich von 1926 in Litauen. Verlauf und Hintergründe, in: Jahrbücher für Geschichte Osteuropas 28 (1980), S. 220–242.

Helm, Winfried: Die Burg Falkenberg. Fakten – Quellen – Bilder. Recherche im Rahmen des Werkvertrages zur Museumsentwicklung auf Burg Falkenberg, Passau 2014, Digitalisat abrufbar unter URL: http://www.burg-falkenberg.bayern.de/wp-content/uploads/2015/06/2014_10_12_Burg_Recherche-Dr.-Helm_Fakten-Quellen-Bilder.pdf (19.12.2017).

Henke, Klaus-Dietmar: Die amerikanische Besetzung Deutschlands (Quellen und Darstellungen zur Zeitgeschichte 27), München [2]1996.

Henning, Jens: Unter den US-Veteranen: Der Sohn des Dom-Bewahrers. 60 Jahre nach Kriegsende: Ehemalige GIs besuchen das Regensburg von heute, in: Mittelbayerische Zeitung, Stadtausgabe Nr. 68 vom 22.3.2006, S. RE2.

Hennyey, Gustáv: Ungarns Schicksal zwischen Ost und West. Lebenserinnerungen (Studia Hungarica 10), Mainz 1975.

Herbert, Ulrich: Geschichte Deutschlands im 20. Jahrhundert (Europäische Geschichte im 20. Jahrhundert), München 2014.

Herbet, Dominique: Die Neue Zeitung. Un journal américain pour la population allemande (1945–1949), (Histoire et civilisations), Villeneuve d'Asq 1997.

Herbst, Ludolf: Der Totale Krieg und die Ordnung der Wirtschaft. Die Kriegswirtschaft im Spannungsfeld von Politik, Ideologie und Propaganda 1939–1945 (Studien zur Zeitgeschichte 21), Stuttgart 1982.

Hermand, Jost: Kultur in finsteren Zeiten. Nazifaschismus, Innere Emigration, Exil, Köln/Weimar/Wien 2010.

Hermann, Johann: Erinnerungen an das Kriegsende in Epetshof, in: Staniczek, Peter u.a.: Stunde Null. Kriegsende 1945 im ehemaligen Landkreis Vohenstrauß. Zeitzeugen berichten (Streifzüge 16), Vohenstrauß 1995, S. 58–60.

Hermes, Karl: Regensburg 1936–1986. Ein wirtschaftsgeographischer Überblick, in: Volksbank Regensburg (Hg.): 50 Jahre Volksbank Regensburg 1936–1986. Festschrift zum 50jährigen Jubiläum, Regensburg 1986, S. 13–17.

## Veröffentlichte Quellen und Literatur

Hermes, Karl: Zur Stadtgeographie Regensburgs im 19. und 20. Jahrhundert, in: Albrecht, Dieter (Hg.): Zwei Jahrtausende Regensburg. Vortragsreihe der Universität Regensburg zum Stadtjubiläum (Schriftenreihe der Universität Regensburg 1), Regensburg 1979, S. 205–232.

Hetzer, Gerhard: Unternehmer und leitende Angestellte zwischen Rüstungseinsatz und politischer Säuberung, in: Broszat, Martin – Henke, Klaus-Dietmar – Woller, Hans (Hg.): Von Stalingrad zur Währungsreform. Zur Sozialgeschichte des Umbruchs in Deutschland (Quellen und Darstellungen zur Zeitgeschichte 26), München ³1990, S. 551–592.

Heusler, Andreas: Ausbeutung und Disziplinierung. Zur Rolle des Münchner Sondergerichts und der Stapoleitstelle München im Kontext der nationalsozialistischen Fremdarbeiterpolitik, in: forum historiae iuris, publiziert am 15. Januar 1998, URL: http://www.forhistiur.de/1998-01-heusler/ (05.12.2017).

Heydenreuter, Reinhard: Finanzkontrolle in Bayern unterm Hakenkreuz 1933–1945. Der Bayerische Oberste Rechnungshof und die Außenstelle München des Rechnungshofs des Deutschen Reiches. 200 Jahre Oberster Rechnungshof, München 2012.

Heym, Stefan: Der bittere Lorbeer. Roman unserer Zeit, München/Freiburg i. Br. 1950.

Heym, Stefan: Kreuzfahrer von heute, Leipzig 1950.

Heym, Stefan: Nachruf, München 1988.

Heym, Stefan: Reden an den Feind, hg. von Peter Mallwitz, München 1986.

Heym, Stefan: The Crusaders. A Novel of Only Yesterday, Boston 1948.

Hildebrand, Klaus: Das Dritte Reich (Oldenburg Grundriß der Geschichte 17), München ²1980.

Hilmer, Ludwig: Regensburg unter amerikanischer Besatzung 1945–1949. Struktur, Schriftgut und Tätigkeit des Military Government, Univ. Magisterarbeit, Regensburg 1986.

Hilmer, Ludwig: Unterm Sternenbanner. Politik und Verwaltung 1945–1950, in: Schmid, Peter (Hg.): Geschichte der Stadt Regensburg, Bd. 1, Regensburg 2000, S. 447–461.

Hilmer, Ludwig: Verwaltung, Parteien und Stadtentwicklung in Regensburg unter amerikanischer Besatzung 1945 bis 1949, Univ. Diss., Regensburg 1995.

Hiltl, Franz: 1945: Das bittere Ende. Tagebuchaufzeichnungen und Erinnerungsbilder, in: Tages-Anzeiger, Stadtausgabe Nr. 95 vom 22.4.1965, S. 9f.

Hiltl, Franz: 1945: Das bittere Ende. Tagebuchaufzeichnungen und Erinnerungsbilder (1. Fortsetzung), in: Tages-Anzeiger, Stadtausgabe Nr. 98 vom 26.4.1965, S. 11.

Hiltl, Franz: 1945: Das bittere Ende. Tagebuchaufzeichnungen und Erinnerungsbilder (2. Fortsetzung), in: Tages-Anzeiger, Stadtausgabe Nr. 99 vom 27.4.1965, S. 9 u. 11.

Hiltl, Franz: 80 Jahre Neues Gymnasium Regensburg 1880–1960. Ein Beitrag zur Schul- und Kulturgeschichte Regensburgs, Regensburg 1960.

Hiltl, Franz: April 1945: Ende mit Schrecken in Regensburg. Tagebuchaufzeichnungen und Erinnerungsbilder, in: Mittelbayerische Zeitung, Stadtausgabe Nr. 97 vom 24.4.1970, S. 11f.

Hiltl, Franz: Der letzte Akt. Damals vor 15. Jahren in Regensburg – Tagebuchaufzeichnungen, in: Tages-Anzeiger, Stadtausgabe Nr. 97 vom 23./24.4.1960, S. 15 u. 17.

Hinsley, F[rancis] H[arry]: British Intelligence in the Second World War. Its Influence on Strategy and Operations. Vol. 3, Part 2 (History of the Second World War), London 1988.

Hinum, Ernst – Binder, Johannes: Lehrjahre in schwerer Zeit (1943–1945), in: Donau-Schiffahrt 9 (2008), S. 132–151.

Hinz, Joachim: Das Kriegsgefangenenrecht. Unter besonderer Berücksichtigung seiner Entwicklung durch das Genfer Abkommen vom 12. August 1949, Berlin/Frankfurt a. M. 1955.

Hirshson, Stanley P.: General Patton. A Soldier's Life, New York 2002.

Hirte, Katrin: „Persilschein"-Netzwerke. Bruchlosigkeit in Umbruchzeiten, in: Schönhuth, Michael u. a. (Hg.): Visuelle Netzwerkforschung. Qualitative, quantitative und partizipative Zugänge, Bielefeld 2013, S. 331–354.

Höffkes, Karl: Hitlers politische Generale. Die Gauleiter des Dritten Reiches. Ein biographisches Nachschlagewerk (Veröffentlichungen des Institutes für Deutsche Nachkriegsgeschichte 13), Tübingen ²1997.

Höfner, Rudolf: Gedächtnis-Niederschrift über die Vorgänge im Munitionsdepot Lambach während meiner Tätigkeit vom 25.4.1945 bis 15.8.1947, in: NARA, Records Relating to Property Control Branch of the U.S. Allied Commission for Austria (USACA). RG 260, roll 0338. Digitalisat über https://www.fold3.com/image/269911230.

Hölig, Claire: Wer die Macht hat, bestimmt die Zeit, in: Graf, Johannes – Hölig, Claire: Wer hat an der Uhr gedreht? Die Geschichte der Sommerzeit, Furtwangen 2016, S. 59–69, hier S. 60.

Hoffmann, Joachim: Die Tragödie der „Russischen Befreiungsarmee" 1944/45. Wlassow gegen Stalin, München 2003.

Hoffmann, Karl Otto: Ln – Die Geschichte der Luftnachrichtentruppe, Bd. 1: Die Anfänge von 1935–1939, Neckargemünd 1965.

Hoffmann, Karl Otto: Ln – Die Geschichte der Luftnachrichtentruppe, Bd. 2,1: Der Flugmelde- und Jägerleitdienst 1939–1945, Neckargemünd 1968.

Hofmaier, Alfred: Stadtamhof – die Geschichte der Gegenwart, in: Heimatverein Statt am Hoff (Hg.): Stadtamhof. 500 Jahre Geschichte, Regensburg 1996, S. 132–135.

Hofmann, George E.: Through Mobility We Conquer. The Mechanization of U.S. Cavalry, Lexington 2006.

Hofmann, Heini: Geheimobjekt „Seewerk". Vom Geheimobjekt des Dritten Reiches zum wichtigsten Geheimobjekt des Warschauer Vertrages, 2., erw. Aufl., Zella-Mehlis $^2$2008.

Hofmeister (Fam.) – Urmann (Fam.) – Wiethaler (Fam.) (Hg.): Fähre Prüfening, Regensburg 1999.

Holliday, Jim E. – Radke, Dave A. (Ed.): Stories of the RAAF POWs of Lamsdorf including chronicles of their 500 Mile Trek, Holland Park, Queensland 1992.

Holmes, John – Holmes William: When the War is over (The war memories of William Holmes), Windsor, Berkshire 2001.

Holzer, Willibald I.: Politischer Widerstand gegen die Staatsgewalt. Historische Aspekte – Problemstellungen – Forschungsperspektiven (Materialien zur Arbeiterbewegung 38), Wien 1985.

Hoppe, Bert: Die Verfolgung und Ermordung der europäischen Juden durch das nationalsozialistische Deutschland 1933–1945, Bd. 8: Sowjetunion mit annektierten Gebieten II, München 2016.

Horstmann, Ulrich: Die Lehrer, in: ders. u. a.: Ludwig Erhard jetzt, München 2015, S. 40–41.

Hory, Ladislaus – Broszat, Martin: Der kroatische Ustascha-Staat 1941–1945 (Schriftenreihe der Vierteljahreshefte für Zeitgeschichte 8), Stuttgart 1964.

Hoser, Paul: Schutzstaffel (SS), 1925–1945, in: Historisches Lexikon Bayerns, publiziert am 12.11.2007, URL: http://www.historisches-lexikon-bayerns.de/Lexikon/Schutzstaffel_(SS),_1925–1945 (04.12.2017).

Howell, Esther-Julia: Von den Besiegten lernen? Die kriegsgeschichtliche Kooperation der U.S. Armee und der ehemaligen Wehrmachtselite 1945–1961 (Studien zur Zeitgeschichte 90), Berlin/Boston 2016.

Hubatsch, Walther (Hg.), Hitlers Weisungen für die Kriegführung 1939–1945. Dokumente des Oberkommandos der Wehrmacht, Frankfurt a. M. 1962.

Hürten, Heinz: Deutsche Katholiken 1918–1945, Paderborn u. a. 1992.

Hürten, Heinz: Widerstehen aus katholischem Glauben, in: Steinbach, Peter – Tuchel, Johannes (Hg.): Widerstand gegen die nationalsozialistische Diktatur 1933–1945, Berlin 2004, S. 130–147.

Hüser, Karl – Otto, Reinhard: Das Stammlager 326 (VI K) Senne 1941–1945. Sowjetische Kriegsgefangene als Opfer des Nationalsozialistischen Weltanschauungskrieges, Bielefeld 1992.

Hurt, John J. – Sidebotham, Steven E. (Ed.): Odyssey of a Bombardier. The POW Log of Richard M. Mason, Newark, DE, 2014.

Hutching, Megan – McGibbon, Ian C. (Hg.): Inside Stories. New Zealand POWs Remember, Auckland 2002.

Internationaler Militär-Gerichtshof Nürnberg (Hg.): Der Prozess gegen die Hauptkriegsverbrecher vor dem Internationalen Militärgerichtshof. Nürnberg, 14. November 1945 – 1. Oktober 1946, Bd. 16: Verhandlungsniederschriften 11. Juni 1946 – 24. Juni 1946, Nürnberg 1948.

Irmer, Thomas: Zwangsarbeit für die deutsche Elektroindustrie im besetzten Polen. Die „Allgemeine Elektrizitäts-Gesellschaft" (AEG) und das Kabelwerk Krakau 1941–1944, in: Heusler, Andreas – Spoerer,

## Veröffentlichte Quellen und Literatur

Mark – Trischler, Helmuth (Hg.): Rüstung, Kriegswirtschaft und Zwangsarbeit im „Dritten Reich" (Perspektiven 3), München 2010, S. 87–107.

Isaak, Berthold – Hossfeld, Robert: Regensburger Verkehrsbetriebe / Stadtwerke Regensburg – alle ausgemusterten Diesel- und Erdgasbusse, publiziert am 19.05.2018, in: dies. (Hg.): Regensburger Busse. Die private Internetseite über den Omnibusverkehr in Stadt und Landkreis Regensburg, URL: http://www.regensburger-busse.de/RVB/liste-alt.htm (04.06.2018).

Issing, Angelika: Brot für die Gefangenen, in: Weber, Doris (Hg.): Ein Engel, der als Esel kam. Menschen erzählen ihre Kriegsgeschichten, Oberursel 2005, S. 146.

ITS (International Tracing Service, Digital Collection Online): 5.3.1 Alliierte Erhebungen zu Todesmärschen

Tote 7; Digitalisat abrufbar unter URL: https://digitalcollections.its-arolsen.org/050301/content/titleinfo/291165 (18.06.2018)

Tote 8; Digitalisat abrufbar unter URL: https://digitalcollections.its-arolsen.org/050301/content/titleinfo/291333 (18.06.2018)

Tote 10; Digitalisat abrufbar unter URL: https://digitalcollections.its-arolsen.org/050301/content/titleinfo/291840 (18.06.2018)

Tote 15; Digitalisat abrufbar unter URL: https://digitalcollections.its-arolsen.org/050301/content/titleinfo/293336 (18.06.2018)

Tote 16; Digitalisat abrufbar unter URL: https://digitalcollections.its-arolsen.org/050301/content/titleinfo/293691 (18.06.2018)

Tote 19; Digitalisat abrufbar unter URL: https://digitalcollections.its-arolsen.org/050301/content/titleinfo/294662 (18.06.2018)

Tote 21; Digitalisat abrufbar unter URL: https://digitalcollections.its-arolsen.org/050301/content/titleinfo/295248 (18.06.2018)

Tote 22; Digitalisat abrufbar unter URL: https://digitalcollections.its-arolsen.org/050301/content/titleinfo/295542 (18.06.2018)

Jackson, Mike: Coils of Barbed Wire Rusting in the Reeds, in: NZ POW-WOW Magazin, Sept. 1969; Digitalisat abrufbar unter URL: http://www.pegasusarchive.org/pow/mike_jackson.htm (19.06.2018).

Jacobsen, Annie: Operation Paperclip. The Secret Intelligence Program that brought Nazi Scientists to America, New York 2014.

Jahnke, Karl Heinz – Buddrus, Michael: Deutsche Jugend 1933–1945. Eine Dokumentation, Hamburg 1989.

Jakob, Andreas: Der Tod des Kampfkommandanten. Das Kriegsende in Erlangen 1945 im Spiegel von Augenzeugenberichten (Veröffentlichungen des Stadtarchivs Erlangen 20), Erlangen 2018.

Jakob, Siegried: Bericht Fischerdorf, in: Molitor, Johannes: Das Ende des Zweiten Weltkrieges im Landkreis Deggendorf in Augenzeugenberichten. Teil 1, in: Deggendorfer Geschichtsblätter 16 (1995), S. 249–295.

Jaworski, Rudolf: Grenzlage, Rückständigkeit und nationale Agitation: Die „Bayerische Ostmark" in der Weimarer Republik, in: Zeitschrift für Bayerische Landesgeschichte 41 (1978), S. 241–270.

Jefferson, Alexander – Carlson, Lewis H.: Red Tail Captured, Red Tail Free. Memoirs of a Tuskegee Airman and POW (World War II, the global, human, and ethical dimension 5), New York 2005.

Jobst, Andreas: Pressegeschichte Regensburgs von der Revolution 1848/49 bis in die Anfänge der Bundesrepublik Deutschland (Regensburger Studien 5), Regensburg 2002.

Jochem, Gerhard: „Feind bleibt Feind!". Kriegsgefangene in Nürnberg, in: Mitteilungen des Vereins für Geschichte der Stadt Nürnberg 93 (2006), S. 227–298.

John, Jürgen: Mobilisierung als Charakteristikum des NS-Systems?, in: Werner, Oliver (Hg.): Mobilisierung im Nationalsozialismus. Institutionen und Regionen in der Kriegswirtschaft und der Verwaltung des „Dritten Reiches" 1936 bis 1945 (Nationalsozialistische Volksgemeinschaft 3), Paderborn u. a. 2013, S. 29–57.

Johnson, David C.: U.S. Army Air Forces, Continental Airfields (ETO) D-Day to V-E Day. A Guide to the Airfields used by U.S. Army Air Force during World War II in the European Theater of Operations from 6 June 1944 to 9 May 1945, Maxwell AFB, AL, 1988. Digitalisat über: https://www.afhra.af.mil/Portals/16/documents/Timelines/World%20War%20II/usaaf_european_airfields.pdf?ver=2016-08-30- (06.09.2018). https://search.usa.gov/search?affiliate=AFPW_AFHRA&query=johnson%20David%20C (06.09.2018).

Jonwilkie: Sidi Nsir, Tunisia to The Great March, in: BBC (Hg.): WW2 People's War, publiziert am 04.08.2005, URL: http://www.bbc.co.uk/history/ww2peopleswar/stories/34/a4789434.shtml (18.06.2018).

Jordy, Bill: Right to be Proud. History of the 65th Infantry Division's March Across Germany, [Linz 1945].

Jr: Wörth den Amerikanern kampflos übergeben. Vor 40 Jahren Stunde der Wahrheit im Landkreis, in: Mittelbayerische Zeitung, Stadtausgabe Nr. 104 vom 2.5.1985, s.p.

Judt, Tony: Die Geschichte Europas seit dem Zweiten Weltkrieg, Bonn 2006.

Jung, Friedrich: Student und Arzt in jener Zeit, in: Rapoport, Samuel Mitja – Thom, Achim (Hg.): Das Schicksal der Medizin im Faschismus. Auftrag und Verpflichtung zur Bewahrung von Humanismus und Frieden. Internationales wissenschaftliches Symposiun europäischer Sektionen der IPPNW, Berlin 1989, S. 274–281.

Jwh: Dr. Schottenheim gestorben, in: Die Woche, Nr. 36 vom 4.9.1980, S. 4.

Kaczmarek, Ryszard: Historia Polski [Geschichte Polens] 1914–1989, Warszawa 2010.

Kaczmarek, Ryszard: Polen in der Wehrmacht (Schriften des Bundesinstituts für Kultur und Geschichte der Deutschen im Östlichen Europa 65), Berlin 2017.

Kaff, Brigitte: Aus Widerstand und Verfolgung zu einer Politik aus christlicher Verantwortung – Die Prägung der Jahre 1933 bis 1945, in: Zehetmair, Hans (Hg.): Politik aus christlicher Verantwortung, Wiesbaden 2007, S. 39–59.

Kaltenegger, Roland: Die „Alpenfestung". Der Endkampf um das letzte Bollwerk des Zweiten Weltkrieges, Würzburg 2015.

Kamp, Michael – Neumann, Florian: 75, Verantwortung leben. Vom Gendorfer Werk zum Industriepark, München 2014.

Kampe, Hans-Georg: Die Heeres-Nachrichtentruppe der Wehrmacht 1935–1945, Wölfersheim-Berstadt 1994.

Kandler, Erich: Grosse Kreisstadt Deggendorf, Bayerischer Wald. Von den Anfängen bis zur Gegenwart, Grafenau 1976.

Karras, Steven: The Enemy I knew. German Jews in the Allied Military in World War II, Minneapolis 2009.

Keller, Herbert: Übergabe der Luft-Muna Schierling (Bericht vom August 1945), in: Seitz, Josef u. a.: Das Wunder von Schierling – Errettung aus Kriegsnot. 1945–1955 (Sonderveröffentlichung Rundschau 20.04.1995), Regensburg 1995, S. 10f.

Keller, Sven: Elite am Ende. Die Waffen-SS in der letzten Phase des Krieges 1945, in: Schulte, Jan Erik – Lieb, Peter – Wegner, Bernd (Hg.): Die Waffen-SS. Neue Forschungen (Krieg in der Geschichte 74), Paderborn 2014, S. 354–373.

Keller, Sven: Streitsache: Kriegsende in Regensburg – ein Einwurf, in: Regensburger Almanach 2013, S. 158–167.

Keller, Sven: Volksgemeinschaft am Ende. Gesellschaft und Gewalt 1944/45 (Quellen und Darstellungen zur Zeitgeschichte 97), München 2013.

Kellermann, Heinz: Das Schicksal von Kriegsgefangenen aus der Sowjetunion am Ende des 2. Weltkriegs im Passauer Raum, Passau 2015.

Kennedy, Robert M.: Life with the Interrogators, in: Cardinell, Robert H. (Hg.): Just Good Stories. The 65th Infantry Division in World War II, Bd. 2, Leesburg 2004, S. 269.

Kennedy, Robert M.: What is an interrogator?, in: Cardinell, Robert H. (Hg.): Just Good Stories. The 65th Infantry Division in World War II, Bd. 3, Mt. Dora 2005, S. 35–36.

Kershaw, Ian: Das Ende. Kampf bis in den Untergang. NS-Deutschland 1944/45, München 2013.

Keßel, Willi: Das Kloster der Heimsuchung Mariens in Pielenhofen, in: 750 Jahre Kloster Pielenhofen, Festschrift, München, Zürich 1987, S. 51–232.

## Veröffentlichte Quellen und Literatur

Keßelring, Agilolf: Die Organisation Gehlen und die Neuformierung des Militärs in der Bundesrepublik (Veröffentlichungen der Unabhängigen Historikerkommission zur Erforschung der Geschichte des Bundesnachrichtendienstes 1945–1968, 6), Berlin 2017.
Kesselring, Albert: Soldat bis zum letzten Tag, Bonn 1953.
Kestell-Cornish, Geoffrey: War Diary. Evacuation of E5–38 Prisoner of War (Working Camp), Sosnowitz, Poland, in: Coulter, James (Hg.): Guests of Hitler's Reich. The Wartime Diary of Devonian Army Chaplain, The Reverend Geoffrey Kestell-Cornish, Farthings 2006, S. 29–80.
Kible, Josef (Hg.): Kriegs- und Nachkriegszeit in Etterzhausen, Regensburg 2006.
Kick, Wilhelm: Sag es unseren Kindern. Widerstand 1933–1945. Beispiel Regensburg, Berlin/Vilseck 1985.
Kiendl, Angela – Kraus, Josef: Neuanfang, dem Tode zum Trotz. KZ-Todesmarsch durch Mötzing Kriegsende 1945, Mötzing 2015.
King, Roma A. u. a. (Hg.): The Complete Works of Robert Browning. With Variant Readings & Annotations, Bd. 3, Athens (Ohio) 1971.
Kirchner, Josef: Garnisonstadt Hammelburg. Truppenübungsplatz und Lager 1895–1995, Hammelburg 1995.
Kirchner, Klaus (Hg.): Flugblätter aus den USA 1943/44. Bibliographie, Katalog (Flugblatt-Propaganda im 2. Weltkrieg, Europa 6), Erlangen 1977.
Kissel, Hans: Der Deutsche Volkssturm 1944/45. Eine territoriale Miliz im Rahmen der Landesverteidigung (Wehrwissenschaftliche Rundschau, Beiheft 16/17), Berlin u. a. 1962.
Kleber, Brooks E. – Birdsell, Dale: Chemical in Combat (United States Army in World War II. The Technical Service. The Chemical Warfare Service 3), Washington, D.C. 1966.
Kledzik, Maciej: Smak głodu. III Batalion AK „Gurt" po kapitulacji Powstania Warszawskiego [Der Geschmack des Hungers. Das III. Bataillon AK „Gurt" nach der Kapitulation des Warschauer Aufstands], Warszawa 1996.
Klee, Ernst: Das Personenlexikon zum Dritten Reich. Wer war was vor und nach 1945?, Darmstadt 2003.
Klein, Kurt: Walldorf, Germany, in: Karras, Steven: The Enemy I knew. German Jews in the Allied Military in World War II, Minneapolis 2009, S. 269–283.
Kleinmann, Sarah Kristin: Hier ist irgendwie ein großes Stillschweigen. Das kollektive Gedächtnis und die Zwangsarbeit in der Munitionsanstalt Haid in Engstingen (Studien und Materialien des Ludwig-Uhland-Instituts der Universität Tübingen 42), Tübingen 2011.
Klemp, Stefan: „Nicht ermittelt". Polizeibataillone und die Nachkriegsjustiz. Ein Handbuch, Essen [2]2011.
Kleßmann, Christoph: Nationalsozialistische Kirchenpolitik und Nationalitätenfrage im Generalgouvernement (1939–1945), in: Jahrbücher für Geschichte Osteuropas 18 (1970), S. 575–600.
Klitta, Georg: Die Geschichte der Tonwarenfabrik Schwandorf in Bayern 1865–1965, Schwandorf 1965.
Klitta, Georg: Das Finale des Zweiten Weltkrieges in Schwandorf. Eine Dokumentation, Schwandorf 1970.
Klitta, Helga: Das Ende eines ideologischen Krieges, dargestellt an den Ereignissen in der Oberpfalz. Januar bis Mai 1945. Sonderdruck aus: Heimaterzähler 21 (1970), Schwandorf 1970.
Klönne, Arno: Jugendprotest und Jugendopposition. Von der HJ-Erziehung zum Cliquenwesen der Kriegszeit, in: Broszat, Martin – Fröhlich, Elke – Grossmann, Anton (Hg.): Bayern in der NS-Zeit, Bd. 4: Herrschaft und Gesellschaft im Konflikt. Teil C, München/Wien 1981, S. 527–620.
Klose, Albrecht: Das Internierungs- und Arbeitslager Regensburg, in: Verhandlungen des Historischen Vereins für Oberpfalz und Regensburg 144 (2004), S. 7–83.
Koch, Horst-Adalbert u. a.: Flak. Die Geschichte der Deutschen Flakartillerie und der Einsatz der Luftwaffenhelfer, Bad Nauheim [2]1965.
Kohl, Jasmin: Eine Legende beseitigt, in: Mittelbayerische Zeitung, Ausgabe Regensburg Stadt, Nr. 100, 02.05.2014, S. 28.
Kolakowski, Zbigniew: Hitlers Geburtstagsgeschenk, in: Füßl, Bernd – Seifert, Sylvia – Simon-Pelanda, Hans (Hg.): Ihrer Stimme Gehör geben. Zwangsarbeit (Überlebensberichte ehemaliger Häflinge des KZ Flossenbürg 1), Bonn 2001, S. 93–95.

Kontakte-Kohtaktbi e.V. Verein für Kontakte zu Ländern der ehemaligen Sowjetunion (Hg.): 493. Freitagsbrief (Datum unbekannt, Adressat war die frühere russische Partnerorganisation der Stiftung EVZ, aus dem Russischen von Jennie Seitz) – Iwan Wassiljewitsch Schtscherbakow, Russland, Moskau; publiziert 2016, URL: kontakte-kontakty.de/wp-content/uploads/2017/11/493.-Freitagsbrief.pdf (18.06.2018).

Konvent der evangelisch-lutherischen Pfarrer Regensburgs (Hg.): Das evangelische Regensburg. Festschrift aus Anlaß der Regensburger Tagung der Landessynode der Evang.-Luth. Kirche in Bayern und der von Museum der Stadt Regensburg veranstalteten Ausstellung „400 Jahre Evangelische Kirche in Regensburg", Regensburg 1958.

Koop, Volker: Himmlers letztes Aufgebot. Die NS-Organisation „Werwolf", Köln u. a. 2008.

Koop, Volker: In Hitlers Hand. Die Sonder- und Ehrenhäftlinge der SS, Köln u. a. 2010.

Kormann, Anton: Domprediger Dr. Johann Maier. Erinnerungen an einen Blutzeugen. Gesammelte Erinnerungen an den Domprediger und Würdigungen seines Glaubenszeugnisses (Dr.-Johann-Maier-Gedenkbuch [1]), Abensberg ²1995.

Kormann, Anton: Domprediger Dr. Johann Maier. Person und Zeit. Gesammelte neue Erinnerungen an einen Blutzeugen, Würdigungen seines Glaubenszeugnisses, Streiflichter zur Zeitgeschichte (Dr.-Johann-Maier-Gedenkbuch 2), Abensberg 1999.

Kormann, Anton: Domprediger Dr. Johann Maier, Märtyrer. Person, Ort, Zeit 1933–1945 (Dr.-Johann-Maier-Gedenkbuch 3), Nittendorf 2006.

Koszarski, Richard: Von. The Life and Films of Erich von Stroheim, rev. and expanded ed., New York 2001.

Körber-Stiftung (Hg.): Schülerwettbewerb Deutsche Geschichte um den Preis des Bundespräsidenten. Katalog der preisgekrönten Arbeiten, Bd. 4: Wettbewerb 1980/81. Alltag im Nationalsozialismus. Vom Ende der Weimarer Republik bis zum Zweiten Weltkrieg, Hamburg 1983.

Körber-Stiftung (Hg.): Schülerwettbewerb Deutsche Geschichte um den Preis des Bundespräsidenten. Katalog der preisgekrönten Arbeiten, Bd. 5: Wettbewerb 1982/83. Alltag im Nationalsozialismus. Die Kriegsjahre in Deutschland, Hamburg 1985.

Körber-Stiftung (Hg.): Schülerwettbewerb Deutsche Geschichte um den Preis des Bundespräsidenten. Katalog der preisgekrönten Arbeiten, Bd. 6: Wettbewerb 1984/85. Vom Zusammenbruch zu Wiederaufbau. Alltag im Nachkriegsdeutschland, Hamburg 1987.

Krämer, Karl B.: Kriegsende 45. Das Ende des Zweiten Weltkrieges im Bayerischen Wald (Ostbayern) in Szenen und Berichten, in: Der Bayerwald 63 (1971), S. 170–236.

Kramer, Rudolf von – Waldenfels, Otto Freiherr von: Der königlich bayerische Militär-Max-Joseph-Orden. Kriegstaten und Ehrenbuch 1914–1918. Virtuti pro patria, München 1966.

Krautkrämer, Elmar: Generalfeldmarschall Albert Kesselring, in: Ueberschär, Gerd R. (Hg.): Hitlers militärische Elite, Bd. 1: Von den Anfängen des Regimes bis Kriegsbeginn, Darmstadt 1998, S. 121–129.

Kroener, Bernard R.: „General Heldenklau." Die „Unruh-Kommission" im Strudel polykratischer Desorganisation (1942–1944), in: Hansen, Ernst Willi – Schreiber, Gerhard – Wegner, Bernd (Hg.): Politischer Wandel, organisierte Gewalt und nationale Sicherheit. Beiträge zur neueren Geschichte Deutschlands und Frankreichs. Festschrift für Klaus-Jürgen Müller (Beiträge zur Militärgeschichte 50), München 1995, S. 269–285.

Kronseder, Hermann: Mein Leben, Regensburg ³2001.

Krüger, Hardy: Junge Unrast. Roman, München 1983.

Kuhlmann-Smirnov, Anne: „Stiller als Wasser, tiefer als Gras". Zur Migrationsgeschichte der russischen Displaced Persons in Deutschland nach dem Zweiten Weltkrieg (Forschungsstelle Osteuropa an der Universität Bremen: Arbeitspapiere und Materialien 68), Bremen 2005; Digitalisat abrufbar unter URL: http://nbn-resolving.de/urn:nbn:de:0168-ssoar–436070 (19.12.2017).

Kühnel, Franz: Hans Schemm. Gauleiter und Kultusminister (1891–1935), (Nürnberger Werkstücke zur Stadt- und Landesgeschichte 37), Nürnberg 1985.

## Veröffentlichte Quellen und Literatur

Kuntze, Karl: Der Fliegerhorst Obertraubling. Anfang 1935 bis Ende 1945, in: Fendl, Josef (Hg.): Marginalien von 17 Autoren (Beiträge zur Geschichte des Landkreises Regensburg 39), Neutraubling 1987, S. 15–19.
Kunz, Andreas: Die „Aktion Leuthen" – das Ende des deutschen Ersatzheeres im Frühjahr 1945, in Zs. f. Geschichtswissenschaft, Bd. 48 (2000), Ausg. 9, S. 789–806.
Kunz, Andreas: Wehrmacht und Niederlage. Die bewaffnete Macht in der Endphase der nationalsozialistischen Herrschaft 1944 bis 1945 (Beiträge zur Militärgeschichte 64), München ²2007.
Kunze, Karl: Kriegsende in Franken und der Kampf um Nürnberg im April 1945 (Nürnberger Forschungen 28), Nürnberg 1995.
Kurowski, Franz: Generalfeldmarschall Albert Kesselring. Oberbefehlshaber an allen Fronten, Selent 2014.
Lambrecht, Rainer: Zwischen Berufung und strenger Pflicht. Geschichte des Feuerwerkswesens in Deutschland 1935–2005, Potsdam 2007.
Landratsamt Regensburg: Die geschichtliche Entwicklung des Landkreises Regensburg, URL: www.landkreis-regensburg.de/UnserLandkreis/Landkreisgeschichte.aspx (04.12.2017).
Lange, Achim Kai-Uwe: George Frost Kennan und der Kalte Krieg. Eine Analyse der Kennanschen Variante der Containment Policy, Münster 2001.
Lankes, Christian: Franz Sperr (1878–1945). Ein Lebensbild, in: Rumschöttel, Hermann – Ziegler, Walter (Hg): Franz Sperr und der Widerstand gegen den Nationalsozialismus in Bayern (Zeitschrift für bayerische Landesgeschichte, Beiheft B 20), München 2001, S. 25–50.
Lanzinner, Maximilian: Nachzügler im Grenzland 1945–1972, in: Boshof, Egon u. a. (Hg.): Geschichte der Stadt Passau, Regensburg 1999, S. 291–320.
Laptos, Józef: Polityczne implikacje działalności humanitarnej UNRRA wobec środkowoeuropejskich displaced persons 1945–1947 [Politische Auswirkungen der humanitären Aktivitäten der UNRRA zugunsten der Displaced Persons in Mitteleuropa 1945–1947], in: Prace Komisji Środkowoeuropejskiej PAU 5 (1997), S. 141–159.
Laubmeier, Franz Xaver: Gegen Gottlosigkeit und Gottvergessenheit (Predigt April 1945), in: Seitz, Josef u. a.: Das Wunder von Schierling – Errettung aus Kriegsnot. 1945–1955 (Sonderveröffentlichung Rundschau 20.04.1995), Regensburg 1995, S. 8.
Lauerwald, Hannelore: In fremden Land (1939 bis 1945), Kriegsgefangene in Deutschland am Beispiel des STALAG VIII A Görlitz, Görlitz 1997.
Lauerwald, Hannelore: Primum vivere, zuerst leben. Wie Gefangene das STALAG VIII A Görlitz erlebten, Dokumentation auf Grundlage mündlicher und schriftlicher Quellen ehem. Kriegsgefangener aus Frankreich, Belgien u. Italien, Bautzen 2008.
Laurie, Clayton D.: The „Sauerkrauts". German Prisoners of War as OSS Agents 1944–1945, in: Prologue 26 (1994), S. 49–61.
Lbd: Am 24. April 1945 hißten die Regenstaufer weiße Bettlaken, in: Mittelbayerische Zeitung, Stadtausgabe vom 22./23. April 1989, Regensburger Land-Umschau.
Lebensaft, Elisabeth – Mentschl, Christoph: „Are you prepared to do a dangerous job?" Auf den Spuren österreichischer und deutscher Exilanten im britischen Geheimdienst SOE (Österreichisches biographisches Lexikon, Schriftenreihe 12), Wien 2010.
LeMay, Curtis E. – Kantor, MacKinlay: Mission with LeMay. My story, Garden City 1965.
Lenz, Hans-Friedrich: „Sagen Sie, Herr Pfarrer, wie kommen Sie zur SS?". Bericht eines Pfarrers der Bekennenden Kirche über seine Erlebnisse im Kirchenkampf und als SS-Oberscharführer im Konzentrationslager Hersbruck. Giessen ²1983
LeRoy, Warren S. – Yanka, Donald E.: The History of Captured Enemy Toxic Munitions in the American Zone European Theater May 1945 to June 1947. Office of the Chief of Chemical Corps, Headquarters, European Command, s.l. [1947].
Levi, Primo: Ist das ein Mensch? Die Atempause, München 2011.
Leyens, Leo – Renardy, Léon – Wintgens, Leo: Elsenborn. Lager und Truppenübungsplatz – Instrument europäischer Geschichte (1894–2014) (Documents d'histoire 3), Aachen 2015.

# Anhang

Lieb, Peter: Konventioneller Krieg oder NS-Weltanschauungskrieg? Kriegführung und Partisanenbekämpfung in Frankreich 1943/44 (Quellen und Darstellungen zur Zeitgeschichte 69), München 2007.

Liebler, Annemarie: Die Geschichte der Regierung von Niederbayern. Im Stammland von Raute und Panther, München 2008.

Lilla, Joachim: V. Behörden der Finanz-, Post- und Eisenbahnverwaltung, in: ders.: Staatsminister, leitende Verwaltungsbeamte und (NS-)Funktionsträger in Bayern 1918 bis 1945, publiziert am 08.11.2012, URL: https://verwaltungshandbuch.bayerische-landesbibliothek-online.de/register-v (05.12.2017).

Lilla, Joachim: Giesler, Paul, in: Lilla, Joachim: Staatsminister, leitende Verwaltungsbeamte und (NS-)Funktionsträger in Bayern 1918 bis 1945, publiziert am 11.02.2015, URL: https://verwaltungshandbuch.bayerische-landesbibliothek-online.de/giesler-paul (05.12.2017).

Lilla, Joachim: III. Polizei, in: ders.: Staatsminister, leitende Verwaltungsbeamte und (NS-) Funktionsträger in Bayern 1918 bis 1945, publiziert am 08.11.2012, URL: https://verwaltungshandbuch.bayerische-landesbibliothek-online.de/register-iii (05.12.2017).

Lilla, Joachim: Popp, Friedrich (Fritz), in: Lilla, Joachim: Staatsminister, leitende Verwaltungsbeamte und (NS-)Funktionsträger in Bayern 1918 bis 1945, publiziert am 11.09.2012, URL: https://verwaltungshandbuch.bayerische-landesbibliothek-online.de/popp-friedrich (05.12.2017).

Lilla, Joachim: Rauch, Johann (Hans), in: Lilla, Joachim: Staatsminister, leitende Verwaltungsbeamte und (NS-)Funktionsträger in Bayern 1918 bis 1945, publiziert am 05.10.2012, URL: https://verwaltungshandbuch.bayerische-landesbibliothek-online.de/rauch-johann (05.12.2017).

Lilla, Joachim: Sierp, Kurt, in: Lilla, Joachim: Staatsminister, leitende Verwaltungsbeamte und (NS-) Funktionsträger in Bayern 1918 bis 1945, publiziert am 11. September 2012, URL: https://verwaltungshandbuch.bayerische-landesbibliothek-online.de/sierp-kurt (19.02.2018).

Lilla, Joachim: Wächtler, Fritz, in: Lilla, Joachim: Staatsminister, leitende Verwaltungsbeamte und (NS-) Funktionsträger in Bayern 1918 bis 1945, publiziert am 08.10.2012, URL: https://verwaltungshandbuch.bayerische-landesbibliothek-online.de/waechtler-fritz (11.06.2018).

Limbach, Manuel: Bürger gegen Hitler. Vorgeschichte, Aufbau und Wirken des bayerischen „Sperr-Kreises", Diss., Rheinische Friedrich-Wilhelms-Univers., Bonn 2016. (Erscheint 2019 als Bd. 102 der Schriftenreihe der Historischen Kommission bei der Bayerischen Akademie der Wissenschaften).

Lingen, Kerstin von: Kesselrings letzte Schlacht. Kriegsverbrecherprozesse, Vergangenheitspolitik und Wiederbewaffnung: Der Fall Kesselring (Krieg in der Geschichte 20), Paderborn u. a. 2004.

Lingen, Kerstin von: SS und Secret Service. „Verschwörung des Schweigens": Die Akte Karl Wolff, Paderborn u. a. 2010.

Linhardt, Andreas: Die Technische Nothilfe in der Weimarer Republik, Norderstedt 2006.

Linhardt, Andreas: Feuerwehr im Luftschutz 1926–1945. Die Umstrukturierung des öffentlichen Feuerlöschwesens in Deutschland unter Gesichtspunkten des zivilen Luftschutzes, Braunschweig 2002.

Little, Duncan: Allies in Auschwitz. The untold Story of British POWs held Captive in the Nazis' most infamous Death Camp, Forest Row 2009.

Loftus, John: The Belarus Secret. The Nazi Connection in America, New York 1989.

Lohr, Ludwig: Endlösung Süden, 2. erg. Aufl., München ²2015.

Longerich, Peter: Heinrich Himmler. Biographie, München 2008.

Looker, Fred: Memoes of a bandsman on active service – in captivity and peace, Sutton 1986.

Lotz, Wolfgang: Die Deutsche Reichspost 1933–1945. Eine politische Verwaltungsgeschichte, Bd. 1: 1933–1939, Berlin 1999.

Lösch, Norbert: Kriegsende: Stadt will Wahrheiten herausfinden, in: Mittelbayerische Zeitung, Ausgabe Regensburg Stadt, Nr. 237, 15.10.2014, S. 26.

Löw, Andrea (Bearb.): Die Verfolgung und Ermordung der europäischen Juden durch das nationalsozialistische Deutschland 1933–1945, Bd. 3: Deutsches Reich und Protektorat Böhmen und Mähren. September 1939 – September 1941, München 2012.

## Veröffentlichte Quellen und Literatur

Luckau, Josef: Polens Prominente auf Burg Falkenberg, in: Busl, Franz u.a.: „Bittere Zeit". NS-Terror – Kriegsende – Wiederbeginn im Landkreis Tirschenreuth (Heimat Landkreis Tirschenreuth 7), Pressath 1995, S. 17–20.

Ludwig, Klemens: Estland (Beck'sche Reihe Länder 881), München 1999.

Ludwig, Klemens: Lettland (Beck'sche Reihe Länder 882), München 2000.

Luft, Robert: Das Teschener Schlesien als nationale und regionale Geschichtslandschaft. Tschechische, polnische, deutschsprachige und schlesische Perspektiven der Geschichtswissenschaft im 20. Jahrhundert, in: Udolph, Ludger – Prunitsch, Christian (Hg.): Teschen. Eine geteilte Stadt im 20. Jahrhundert (Mitteleuropa-Studien 10), Dresden 2009, S. 11–42.

Lukas, Herbert: 2000 Jahre Menschen und Geschichten. Brandschutz und Feuerwehren am nördlichsten Punkt der Donau. 75 Jahre Berufsfeuerwehr Regensburg 1927–2002, Regensburg 2002.

Lum: Ami befürchtete: zwei junge Hitlers auf einmal! Fünf Tote bei St. Johann, Häuserkampf in Illkofen, US-Flieger im Heu, in: Mittelbayerische Zeitung, Stadtausgabe vom 18. April 1985, Regensburger Landkreisseite.

Mabire, Jean: Berlin im Todeskampf 1945. Französische Freiwillige der Waffen-SS als letzte Verteidiger der Reichskanzlei, Preußisch Oldendorf 1977.

Macht, Rudolf: Geschichte der Hofer Arbeiterbewegung. Bd. III/2: Niederlage (1924–1945), Hof a.d. Saale 1996.

MacPherson, Brian Nelson: Kings and desperate men. The Unites States Office of Strategic Services in London and the Anglo-American relationship 1941–1946, Toronto, Diss. 1995

Magenschab, Hans: Die geheimen Drahtzieher. Macht und Einfluss der Studentenverbindungen, Wien 2011.

Mai, Paul: Dompfarrer Dr. Johann Maier, in: Bischöfliches Ordinariat Regensburg (Hg.): Verfolgung und Widerstand im „Dritten Reich" im Bistum Regensburg. Blutzeugen des Glaubens, Regensburg ²2014, S. 18f.

Mai, Paul: Dr. Michael Buchberger, Bischof von Regensburg (1927–1961). Zum 50. Todestag, in: Die Oberpfalz 99 (2011), S. 193–200.

Mai, Paul: Michael Buchberger. Bischof von Regensburg (1927–1961), in: Schwaiger, Georg (Hg.): Lebensbilder aus der Geschichte des Bistums Regensburg. 2. Teil (Beiträge zur Geschichte des Bistums Regensburg 23/24), Regensburg 1989, S. 959–972.

Mai, Uwe: Kriegsgefangen in Brandenburg, Stalag III A in Luckenwalde 1939–1945, Berlin 1999.

Mainus, Frantisek: Dejiny stalagu v Českém Těšine (1941–1945), Český Těšín 1979.

Majoros, Ferenc – Rill, Bernd: Bayern und die Magyaren. Die Geschichte einer elfhundertjährigen Beziehung, Regensburg 1991.

Mallmann, Klaus-Michael: Die V-Leute der Gestapo. Umrisse einer kollektiven Biographie, in: ders. – Paul, Gerhard (Hg.): Die Gestapo – Mythos und Realität, Darmstadt 1995, S. 268–287.

Mammach, Klaus: Der Volkssturm, Bestandteil des totalen Kriegseinsatzes der deutschen Bevölkerung 1944/45, Berlin 1981.

Mann, Klaus: Der Wendepunkt. Ein Lebensbericht, [Frankfurt a. M.] 1952.

Marcinkowski, Władysław „Jaxa": Wspomnienia [Erinnerungen] 1934–1945, Warszawa 1998.

Mason, Walter Wynne: Prisoners of War (The Official History of New Zealand in the Second World War 1939–1945), Wellington 1954; Neugesetztes Digitalisat mit der ursprünglichen Seitenzählung abrufbar unter URL: http://nzetc.victoria.ac.nz/tm/scholarly/tei-WH2Pris.html (18.06.2018).

Mauch, Christof: Schattenkrieg gegen Hitler. Das Dritte Reich im Visier der amerikanischen Geheimdienste 1941–1945, Stuttgart 1999.

Mauch, Christof: Subversive Kriegführung gegen das NS-Regime. Der Widerstand gegen den Nationalsozialismus im Kalkül des amerikanischen Geheimdienstes OSS, in: Heideking, Jürgen – Mauch, Christof (Hg.): Geheimdienstkrieg gegen Deutschland. Subversion, Propaganda und politische Planungen des amerikanischen Geheimdienstes im Zweiten Weltkrieg (Sammlung Vandenhoeck), Göttingen 1993, S. 51–89.

McKibbin, M. N.: Barbed Wire. Memoires of Stalag 383, London 1947.

McMahon, Gerald: Farthest East. A History of the 71st Infantry Division from the Rocky Mountains to the Central Alps, Le Roy 1986.
McMahon, Gerald: Riding Point for Patton. The Fifth Infantry Regiment in World War II, Le Roy 1987.
McMahon, Gerald: The Siegfried and Beyond. The Odyssey of a Wartime Infantry Regiment and its Companions in Arms, the 71st Infantry Division, Third United States Army, European theater, World War II. 1943–1945. A Military History, Cleveland 1993.
Meiser, Hans: Verantwortung für die Kirche. Stenographische Aufzeichnungen und Mitschriften von Landesbischof Hans Meiser 1933–1955 (Arbeiten zur kirchlichen Zeitgeschichte A 4), Bd. 2: Herbst 1935 bis Frühjahr 1937, bearbeitet von Hannelore Braun und Carsten Nicolaisen, Göttingen 1993.
Menges, Franz – Wachs, Philipp-Christian: Oberländer, Theodor, in: Neue Deutsche Biographie 19 (1999), S. 392–394; Online-Version abrufbar unter URL: https://www.deutsche-biographie.de/pnd118735829.html#ndbcontent (06.02.2018).
Merglen, Albert: Soldats français sous unifomes allemands 1941–1945: LVF et „Waffen-SS" français, in: Revue d'histoire de la deuxième querre mondiale, (1977) nr. 108, S. 70–84.
Merkl, Franz Josef: General Simon. Lebensgeschichten eines SS-Führers. Erkundungen zu Gewalt und Karriere, Kriminalität und Justiz, Legenden und öffentlichen Auseinandersetzungen, Augsburg 2010.
Meyer, Gerd: Hierl, Konstantin, in: Neue Deutsche Biographie 9 (1972), S. 110; Online Version abrufbar unter, URL: https://www.deutsche-biographie.de/pnd118704648.html#ndbcontent (15.01.2018).
Meyer, Werner: Götterdämmerung. April 1945 in Bayreuth, Percha 1975.
Mhu: Retter von Regensburg in Großaufnahme. Othmar Matzke, erinnert als Zeitzeuge an die Befreiung, in: Mittelbayerische Zeitung, Stadtausgabe Nr. 101 vom 28.4.1995, S. RS3.
Mills, Herbert Louis: Route of March from Poland 18 Jan 1945 to Date of Recapture by American 3rd Army on 29th April 1945, in: Baker, Philip (Hg.): Stalag VIII B 344 Lamsdorf. The Long March, aktualisiert am 04.10.2012, URL: https://www.lamsdorf.com/uploads/6/4/2/7/6427590/herbert_louis_mills___march.doc (18.06.2018).
Mintzel, Alf – Fait, Barbara (Hg.): Die CSU 1945–1948. Protokolle und Materialien zur Frühgeschichte der Christlich-Sozialen Union (Texte und Materialien zur Zeitgeschichte 4), Bd. 1: Protokolle 1945–1946, München 1993.
Mirbeth, Herbert (Hg.): Unser Landkreis Regensburg. Gebietsreform: Auswirkungen – Anekdoten – Ansichten. 40 Jahre Landkreis Regensburg 1972–2012, Regensburg 2014.
Mistele, Karl H.: Zur Geschichte des Deutschen Volkssturms in Oberfranken, in: Geschichte am Obermain 12 (1979/80), S. 110–125.
Mitcham, Samuel W. jr.: Generalfeldmarschall Werner von Blomberg, in: Ueberschär, Gerd. R. (Hg.): Hitlers militärische Elite, Bd. 1: Von den Anfängen des Regimes bis Kriegsbeginn, Darmstadt 1998, S. 28–36.
M.N.: Britische Kriegsgefangene als Zeugen im I.G. Farben-Prozess, in: Wollheim-Kommission der Goethe-Universität (Hg.): Wollheim Memorial (o.J.), URL: http://www.wollheim-memorial.de/de/britische_kriegsgefangene_als_zeugen_im_ig_farbenprozess (18.06.2018).
M.N.: Charles Joseph Coward (1905–1976), in: Wollheim-Kommission der Goethe-Universität (Hg.): Wollheim Memorial (o.J.), URL: http://www.wollheim-memorial.de/de/charles_joseph_coward_19051976 (18.06.2018).
Möckershoff, Barbara: Der Kampf um das Schulkreuz, in: Schwaiger, Georg – Mai, Paul (Hg.): Das Bistum Regensburg im Dritten Reich (Beiträge zur Geschichte des Bistums Regensburg 15), Regensburg 1981, S. 237–255.
Molitor, Johannes: Das Ende des Zweiten Weltkrieges im Landkreis Deggendorf in Augenzeugenberichten. Teil 2, in: Deggendorfer Geschichtsblätter 17 (1996), S. 327–418.
Moll, Martin (Hg.): „Führer-Erlasse" 1939–1945. Edition sämtlicher überlieferter, nicht im Reichsgesetzblatt abgedruckter, von Hitler während des Zweiten Weltkrieges schriftlich erteilter Direktiven aus den Bereichen Staat, Partei, Wirtschaft, Besatzungspolitik und Militärverwaltung, Stuttgart 1997.
Moll, Helmut (Hg.): Zeugen für Christus. Das deutsche Martyrologium des 20. Jahrhunderts, Bd.1, Paderborn u. a. 62015.

## Veröffentlichte Quellen und Literatur

Molnár, Miklós: Geschichte Ungarns. Von den Anfängen bis zur Gegenwart, Hamburg 1999.
Montheath, Peter: P.O.W., Australian prisoners of war in Hitler's Reich, Sydney 2011.
Moreton, George: Doctor in Chains, London 1970.
Morgan, Ken: POW at Stalag VIIIB, Eric Goodwin Morgan, in: Baker, Philip (Hg.): Stalag VIII B 344 Lamsdorf. Names, aktualisiert am 14.10.2018, URL: https://www.lamsdorf.com/uploads/6/4/2/7/6427590/morgan.doc (01.11.2018).
Morningstar, James Kelly: Patton's Way. A Radical Theory of War, Annapolis 2017.
Morsbach, Peter – Wiegand, Fred: Die Flur- und Kleindenkmäler von Regenstauf, Regensburg 2013.
Morton, Matthew Darlington: Men on Iron Ponies. The Death and Rebirth of the modern U.S. Cavalry, DeKalb 2009.
Muggenthaler, Thomas: „Wir hatten keine Jugend". Zwangsarbeiter erinnern sich an ihre Zeit in Bayern, Viechtach 2003.
Mühlenfeld, Daniel: Die Vergesellschaftung von „Volksgemeinschaft" in der sozialen Interaktion. Handlungs- und rollentheoretische Überlegungen zu einer Gesellschaftsgeschichte des Nationalsozialismus, in: Zeitschrift für Geschichtswissenschaft 61 (2013), S. 826–846.
Mulert, Jürgen: Amerikanische Quellen zur Vorgeschichte der Kapitulation von Regensburg im April 1945, in: Verhandlungen des Historischen Vereins für Oberpfalz und Regensburg 127 (1987), S. 267–277.
Müller, Armin: Wellenkrieg. Agentenfunk und Funkaufklärung des Bundesnachrichtendienstes 1945–1968 (Veröffentlichung der Unabhängigen Historikerkommission zur Erforschung der Geschichte des Bundesnachrichtendienstes 1945–1968, 5), Berlin 2017.
Müller, Josef: Painten in der Zeit von 1918–1946, in: Markt Painten (Hg.): Painten in Geschichte und Gegenwart, Painten 2005, S. 147–234.
Müller, Rolf-Dieter : An der Seite der Wehrmacht. Hitlers ausländische Helfer beim „Kreuzzug gegen den Bolschewismus" 1941–1945, Berlin 2007.
Müller, Rolf-Dieter: Albert Speer und die Rüstungspolitik im totalen Krieg, in: Kroener, Bernhard R. – Müller, Rolf-Dieter – Umbreit, Hans: Organisation und Mobilisierung des deutschen Machtbereichs. Kriegsverwaltung, Wirtschaft und personelle Ressourcen 1942–1944/45 (Beiträge zur Militär- und Kriegsgeschichte. Das Deutsche Reich und der Zweite Weltkrieg 5,2), Stuttgart 1999, S. 273–773.
Müller, Rolf-Dieter: Der Zusammenbruch des Wirtschaftslebens und die Anfänge des Wiederaufbaus, in: ders. (Hg.): Der Zusammenbruch des Deutschen Reiches 1945 (Das Deutsche Reich und der Zweite Weltkrieg 10), Bd. 2: Die Folgen des Zweiten Weltkrieges München 2008, S. 55–198.
Müller, Rolf-Dieter: Reinhard Gehlen. Geheimdienstchef im Hintergrund der Bonner Republik. Die Biographie (Veröffentlichungen der Unabhängigen Historikerkommission zur Erforschung der Geschichte des Bundesnachrichtendienstes 1945–1968, 7), Teil 1: 1902–1950 Berlin 2017.
[Mundt, Konrad]: Illkofen mit Granaten sturmreif geschossen, in: Mittelbayerische Zeitung, Stadtausgabe vom 25. April 1985, Regensburger Landkreisseite.
Mundt, Konrad: Mit Granaten sturmreif geschossen. Kurz vor Kriegsende fiel fast ganz Illkofen in Schutt und Asche, in: Mittelbayerische Zeitung, 25. April 1995, Landkreisausgabe Regensburg
Museum für historische Wehrtechnik e.V.: Heeres-Munitionsanstalt Feucht. Daten und Dokumente (Sonderausstellung 2006), publiziert ca. 2006, URL: http://www.wehrtechnikmuseum.de/Exponate/Sonderausstellungen/Muna_Feucht/muna_feucht.html (19.02.2018).
Mzn: Früherer Oberbürgermeister Dr. Schottenheim gestorben, in: Mittelbayerische Zeitung, Stadtausgabe Nr. 212 vom 4.9.1980, s.p.
Nagel, Günter: Wissenschaft für den Krieg. Die geheimen Arbeiten der Abteilung Forschung des Heereswaffenamtes (Pallas Athene, Beiträge zur Universitäts- und Wissenschaftsgeschichte 43), Stuttgart 2012.
Nance, William Stuart: Patton's Iron Cavalry. The Impact of the Mechanized Cavalry on the U.S. Third Army, Univ. Masterarbeit [Denton] 2011; Digitalisat abrufbar unter URL: http://digital.library.unt.edu/ark:/67531/metadc68023/ (01.02.2018).
Nappenbach, Paul: Mainburger Heimatbuch, Mainburg 1954.

Nestvogel, Jens – Brüggemann, Peter: Die Sonderzüge im Überblick, in: Salonwagen der Deutschen Reichsbahn bis 1945, publiziert am 30.06.2015, URL: https://www.drg-salonwagen.eu/rzuege/liste_sdz.html (18.12.2017).

Nestvogel, Jens – Brüggemann, Peter: Salonnachrichtenwagen Sal N 6ü–39, in: Salonwagen der Deutschen Reichsbahn bis 1945, publiziert am 06.04.2007, URL: https://www.drg-salonwagen.eu/salonwagen/saln39.html (18.12.2017).

Nestvogel, Jens – Brüggemann, Peter: Salonnachrichtenwagen Sal N 6ü–39a, in: Salonwagen der Deutschen Reichsbahn bis 1945, publiziert am 06.04.2007, URL: https://www.drg-salonwagen.eu/salonwagen/saln39a.html (18.12.2017).

Nestvogel, Jens – Brüggemann, Peter: Salonwagen der Deutschen Reichsbahn bis 1945, in: Salonwagen der Deutschen Reichsbahn bis 1945, publiziert 2016, URL: https://www.drg-salonwagen.eu (18.12.2017).

Nestvogel, Jens: Ein kleiner Exkurs, in: Salonwagen der Deutschen Reichsbahn bis 1945, publiziert 2016, URL: https://www.drg-salonwagen.eu/sonstiges/vorbetrachtung.html (18.12.2017).

Neufeldt, Hans-Joachim: Entstehung und Organisation des Hauptamtes Ordnungspolizei, in: Huck, Jürgen – Neufeldt, Hans-Joachim – Tessin, Georg: Zur Geschichte der Ordnungspolizei 1936–1945 (Schriften des Bundesarchivs 3), Koblenz 1957, S. 5–119.

Neumaier, Anton (Red.): Das Kriegsgefangenen-Lager Stalag VII A Moosburg in Oberbayern. 12 Jahre Lagergeschichte 1939–1945. 50 Jahre Versöhnung und Freundschaft 1945–1995, Moosburg 1995.

Nichol, John – Rennell, Tony: The Last Escape. The Untold Story of Allied Prisoners of War in Germany 1944–45, London 2003.

Niethammer, Lutz: Die Mitläuferfabrik. Die Entnazifizierung am Beispiel Bayerns, Berlin/Bonn 1982.

Nipperdey, Thomas: Deutsche Geschichte, Bd. 2: Machtstaat vor der Demokratie 1866–1918, München ³1995.

Noble, Peter: Hollywood Scapegoat. The biography of Erich von Stroheim, reprinted Ed. (The Literature of Cinema), New York 1972.

Nollau, Günter – Zindel, Ludwig: Gestapo ruft Moskau. Sowjetische Fallschirmagenten im 2. Weltkrieg, München 1979.

Norgall, Gustav (gn): „Your paper? – Edelweißmilchkarte – okay!". Ein Kriegsende in Regensburg. Oberleutnant Erwin Fischer auf der Suche nach einem Ausweis, in: Mittelbayerische Zeitung, 27./28. April 1985

Nowak, Klaus-Jürgen: 100 Jahre Albrecht-Altdorfer-Gymnasium. Versuch einer Chronik, in: Festschrift zur 100-Jahr-Feier und Jahresbericht 1979/80, Albrecht-Altdorfer-Gymnasium Regensburg, Regensburg 1980, S. 29–68.

Nowak, Klaus-Jürgen: 125 Jahre Albrecht-Altdorfer-Gymnasium. Eine Chronik, in: Festschrift und Jahresbericht 2004/2005, Albrecht-Altdorfer-Gymnasium Regensburg 1880–2005, Regensburg 2005, S. 26–68.

Nöth, Stefan: Das Neue Schloß Steinach 1905–1945, in: Jahrbuch des Historischen Vereins für Straubing und Umgebung 90 (1988), S. 257–277.

Oberländer, Theodor: Der Auftrag zur Bildung des Sonderverbandes „Bergmann" in: Jeloschek, Albert u. a. (Hg.): Freiwillige vom Kaukasus. Georgier, Armenier, Aserbaidschaner, Tschetschenen u. a. auf deutscher Seite. Der „Sonderverband Bergmann" und sein Gründer Theodor Oberländer, Graz 2003, S. 39–40.

Obermayer, Simon: Die Befreiung von Eisenärzt. Die letzten Kriegstage und das Ende der Herrschaft der NSDAP, in: Jahrbuch. Historischer Verein für den Chiemgau zu Traunstein 19 (2007), S. 99–122.

Oberneder, Marzell: Chronik der Barmherzigen Brüder in Bayern, Regensburg 1970.

Oberneder, Marzell: Und immer wieder Sonnenschein, Straubing 1982.

Oberneder, Marzell: Und immer wieder Sonnenschein. Jubiläumsausgabe, Straubing 1991.

Oberneder, Marzell: Wir waren in Kreuznach. Eindrücke und Bilder aus den Kriegsgefangenenlagern Kreuznach und St. Avold, Straubing 1954.

## Veröffentlichte Quellen und Literatur

Oberneder, Marzell: Wir waren in Kreuznach. Eindrücke und Bilder aus den Kriegsgefangenenlagern Kreuznach und St. Avold, Straubing ²1998.
O'Donnell, James P. – Bahnsen, Uwe: Die Katakombe. Das Ende in der Reichskanzlei, München 1977.
Oestreicher, Helmut: Straubing. Stadt und Raum in chaotischer Zeit. Januar bis Mai 1945, Straubing 1991.
Oetting, Dirk Walther: Auftragstaktik. Geschichte und Gegenwart einer Führungskonzeption, Frankfurt a.M. 1993.
O[rganisation] B[auernhaus]: Todesnot in Regensburg, in: Mittelbayerische Zeitung. Regensburger Umschau, Nr. 33, 26.04.1946, [S. 5]; Digitalisat abrufbar unter URL: http://daten.digitale-sammlungen.de/bsb00064700/image_57 (30.11.2017).
Ostermann, Rainer: Kriegsende in der Oberpfalz. Ein historisches Tagebuch, Regensburg 1995.
Ostermann, Rainer: Kriegsende in der Oberpfalz. Ein historisches Tagebuch, Regenstauf ²2015.
O'Sullivan, Dónal: Dealing with the Devil. Anglo-Soviet Intelligence Cooperation during the Second World War (Studies in Modern European History 63), New York [u. a.] 2010.
Ottenheimer, Fritz: Wie hat das geschehen können? Von Konstanz in die USA durch den Krieg und zurück. Jüdische Schicksale 1925–1996, Konstanz 1996.
Ottlinger, Rudolf: Sinzing von den Anfängen bis zur Gegenwart, Sinzing 2005.
Otto, Reinhard: Das Stalag 326 (VI K) Senne, ein Kriegsgefangenenlager in Westfalen (Westfalen im Bild, Reihe: Dokumente zur Zeitgeschichte 11), Münster 2000.
Overmans, Rüdiger: Die Kriegsgefangenenpolitik des Deutschen Reiches 1939–1945, in: Echternkamp, Jörg (Hg.): Das Deutsche Reich und der Zweite Weltkrieg, Bd. 9: Die deutsche Kriegsgesellschaft 1939 bis 1945, Halbbd. 2: Ausbeutung, Deutungen, Ausgrenzung, München 2005, S. 729–875.
Paetel, Karl O. (Hg.): Deutsche innere Emigration. Anti-nationalsozialistische Zeugnisse aus Deutschland, New York 1946.
Pahl, Magnus: Hermann Baun (1897–1951). Der gescheiterte Spionagechef, in: Müller-Enbergs, Helmut – Wagner, Armin (Hg.): Spione und Nachrichtenhändler. Geheimdienst-Karrieren in Deutschland 1939–1989, Berlin 2016, S. 38–77.
Pape, Richard: Boldness Be My Friend, London 1953.
Pape, Richard: Boldness Be My Friend. Revised, Expanded and Updated Edition, New York 1985.
Pape, Richard: Sequel to Boldness. The Astonishing Follow-on Story to One of the Greatest War Books Ever Written, London 1959.
Parfitt, John: Out Through the Wire, in: Hutching, Megan – McGibbon, Ian C. (Hg.): Inside Stories. New Zealand POWs Remember, Auckland 2002, S. 189–199.
Parry, Christine: George Albert Hawkins and E 72, in: Baker, Philip (Hg.): Stalag VIII B 344 Lamsdorf. Names, aktualisiert am 25.09.2018, URL: https://www.lamsdorf.com/uploads/6/4/2/7/6427590/hawkins.doc (01.11.2018).
Patel, Kiran Klaus: „Soldaten der Arbeit". Arbeitsdienste in Deutschland und den USA 1933–1945 (Kritische Studien zur Geschichtswissenschaft 157), Göttingen 2003.
Patton George S.: War as I Knew it, London 1946.
Patton, George S.: Krieg wie ich ihn erlebte, Bern 1950.
Pätzold, Kurt: Reichsstatthalter, in: Benz, Wolfgang – Graml, Hermann – Weiß, Hermann (Hg.): Enzyklopädie des Nationalsozialismus, München ⁵2007, S. 758f.
Paul, Gerhard: Ganz normale Akademiker. Eine Fallstudie zur regionalen staatspolizeilichen Funktionselite, in: Mallmann, Klaus-Michael – Paul, Gerhard (Hg.): Die Gestapo – Mythos und Realität, Darmstadt 1995, S. 236–254.
Paul, Gerhard: Kontinuität und Radikalisierung. Die Staatspolizeistelle Würzburg, in: Mallmann, Klaus-Michael – Paul, Gerhard (Hg.): Die Gestapo – Mythos und Realität, Darmstadt 1995, S. 161–177.
Paulus, Helmut: Das Sondergericht Bayreuth 1942–1945. Ein düsteres Kapitel Bayreuther Justizgeschichte, in: Archiv für Geschichte von Oberfranken 77 (1997), S. 483–527.
Paulus, Helmut u. a.: Baualtersplan zur Stadtsanierung Regensburg, Bd. 7: Lit. H Ostnerwacht (Baualterspläne zur Stadtsanierung in Bayern 9), München 1986.

## Anhang

Pavlenko, Irina: Die Ukrainische Aufständischenarme (UPA). Ein Abriß der Geschichte ihres Widerstandes, in: Militärgeschichtliche Zeitschrift 61 (2002), S. 73–90.

Pearson, Ralph Emerson: Enroute to the Redoubt. A Soldier's Report as a Regiment Goes to War. To the Members of the 80th Infantry Division and Particularly Those of the 318th Infantry and of the 314th Field Artillery Battalion, 5 Bde., Fort Bragg 1957–1959.

Pechmann, Josef: Die RAD-Infanterie-Division „Friedrich Ludwig Jahn". Aufstellung und Einsatz beim Kampf um Berlin April/Mai 1945, Wien 1993.

Pelikán, Jan: Srbsko za druhé světové války. Okupace, odboj, revoluce [Serbien im Zweiten Weltkrieg. Besatzung, Widerstand, Revolution], in: ders. u. a.: Dějiny Srbska, Praha 2005, S. 384–433.

Penzholz, German: Beliebt und gefürchtet. Die Bayerischen Landräte im Dritten Reich (Historische Grundlagen der Moderne 8), Baden-Baden 2016.

Peres, Shimon: Battling for Peace. Memoirs, London 1995.

Persico, Joseph E.: Geheime Reichssache. Der US-Geheimdienst im Untergrundkampf gegen die deutsche Kriegsführung, Wien u. a. 1980.

Persico, Joseph E.: Piercing the Reich. The Penetration of Nazi Germany by American Secret Agents during World War II, New York 1979.

Pešek, Jiří: Kriegsende auf dem Gebiet der Tschechoslowakei, in: Rusinek, Bernd-A. (Hg.): Kriegsende 1945. Verbrechen, Katastrophen, Befreiungen in nationaler und internationaler Perspektive (Dachauer Symposien zur Zeitgeschichte 4), Göttingen 2004, S. 173–184.

Peter, Wolfgang: „Im Namen des Deutschen Volkes". Strafjustiz im nationalsozialistischen Regensburg. Seminar: Strafrecht unter dem Nationalsozialismus bei Prof. F. C. Schröder, Referat am 16. Februar 1984, Regensburg 1984.

Peters, Bob: The Memoirs of Private James Peters of the 4th Battalion of the Border Regiment 1939–1945, in: Baker, Philip (Hg.): Stalag VIII B 344 Lamsdorf. The Long March, aktualisiert am 27.10.2017, URL: https://www.lamsdorf.com/uploads/6/4/2/7/6427590/james_peters_long_march_diary_2.docx (18.06.2018).

Petersen, Hans-Christian: Ostforschung, in: Online-Lexikon zur Kultur und Geschichte der Deutschen im östlichen Europa, publiziert 2012, URL: ome-lexikon.uni-oldenburg.de/53916.html (03.06.2018).

Petschek-Sommer, Brigitta: Die Reederei Wallner in Deggendorf. Vom Dampfbagger zur internationalen Donaureederei, in: Haus der Bayerischen Geschichte (Hg.): Niederbayerische Donau (Edition Bayern 12), Augsburg 2015, S. 68–71.

Peukert, Detlev: Volksgenossen und Gemeinschaftsfremde. Anpassung, Ausmerze und Aufbegehren unter dem Nationalsozialismus, Köln 1982.

Pfister, Peter (Hg.): Das Ende des Zweiten Weltkriegs im Erzbistum München und Freising. Die Kriegs- und Einmarschberichte im Archiv des Erzbistums München und Freising (Schriften des Archivs des Erzbistums München und Freising 8), 2 Bde., Regensburg 2005.

Piegsa, Bernhard: Aufbruch zwischen Schloß und Hüttenwerk. Sulzbach-Rosenberg von der „Weimarer Republik" zum „Wirtschaftswunder" (Schriftenreihe des Stadtmuseums und Stadtarchivs Sulzbach-Rosenberg 21), Sulzbach-Rosenberg 2005.

Pike, David Wingeate: Les Forces Allemandes dans le Sud-Ouest de la France Mai-Juillet 1944, in: Guerres mondiales et conflits contemporains 152 (1988), S. 3–24.

Pirker, Peter: Subversion deutscher Herrschaft. Der britische Kriegsgeheimdienst SOE und Österreich (Zeitgeschichte im Kontext 6), Göttingen 2012.

PK.: Eine Kompanie HJ, in: Regensburger Kurier, Stadtausgabe Nr. 57 vom 8.3.1945, s.p.

Pledger, George: Dad's Journey, in: BBC (Hg.), WW2 People's War, publiziert am 15.11.2003, URL: http://www.bbc.co.uk/history/ww2peopleswar/stories/92/a2046692.shtml (18.06.2018).

Poblotzki, Siegfried: Markt Waidhaus. Geschichte der Grenzlandgemeinde, Waidhaus 1979.

Polian, Pavel: Deportiert nach Hause. Sowjetische Kriegsgefangene im „Dritten Reich" und ihre Repatriierung (Kriegsfolgen-Forschung 2) München u. a. 2001.

## Veröffentlichte Quellen und Literatur

Polizeipräsidium Oberbayern Süd (Hg.): Vom Königreich zur Weimarer Republik und im Dienste des NS-Staates, publiziert am 11.05.2017, URL: www.polizei.bayern.de/oberbayern/wir/geschichte/index.html/22953 (04.12.2017).

Polnik, Axel: Die Bayreuther Feuerwehren im Dritten Reich. Der Brandschutz in der Gauhauptstadt Bayreuth. Eine zeitgenössische Darstellung, Norderstedt 2011.

Pope, Reg: Capture at St Valery and Reminiscences of a POW, publiziert am 10.11.2010, in: Aviva plc (Hg.): Reminiscences, Speicherabbild vom 08.09.2014, der nicht mehr verfügbaren Original-URL, abrufbar unter URL: http://web.archive.org/web/20140908103346/https://www.aviva.com/about-us/heritage/world-war-two/blog-ww2/posts/205/ (19.06.2018).

Pratt, Joan (Hg.): Seven Jeeps to Victory. The I & R Platoon, HQ Company, 261$^{st}$ Infantry Regiment, 65$^{th}$ Infantry Division, s.l. 2011.

Praun, Albert: Soldat in der Telegraphen- und Nachrichtentruppe, Würzburg 1965.

Praun, Hella (Hg.): Albert Praun – ein deutsches (Soldaten-)Leben 1894–1975, München 2004.

Prem, Michael: Krankenhaus St. Josef Regensburg des Diözesan-Caritasverbandes Regensburg, Regensburg 1961.

Preuß, Johannes – Eitelberg, Frank: Heeres-Munitionsanstalt Lübbecke. Vorgeschichte der Stadt Espelkamp (Mainzer geographische Studien, Sonderheft 1), Mainz 2003.

Pröse, Michael: Chiffriermaschinen und Endzifferungsgeräte im Zweiten Weltkrieg. Technikgeschichte und informatikhistorische Aspekte (Forum Wissenschaftsgeschichte 2), München 2006.

Pusch, Susanne: Messerschmitt-Werk Regensburg. Arbeitserinnerungen an den Rüstungsbetrieb von 1936 bis 1945, Univ. Zulassungsarbeit, Regensburg 1998.

Pustejovsky, Otfrid: Christlicher Widerstand gegen die NS-Herrschaft in den böhmischen Ländern. Eine Bestandsaufnahme zu den Verhältnissen im Sudetenland und dem Protektorat Böhmen und Mähren (Beiträge zu Theologie, Kirche und Gesellschaft im 20. Jahrhundert 18), Berlin 2009.

Qu: In der Nacht zum 27. April 1945 bewahrheitete sich das Gerücht: „Dr. Schottenheim will übergeben", in: Mittelbayerische Zeitung, Stadtausgabe Nr. 94 vom 23./24.4.1955, S. 15.

Raab, Harald: Der Versuch, einige Legenden zu zerstören: Vor 30 Jahren – Kriegsende in Regenburg, in: Die Woche, Nr. 17 vom 24.4.1975, S. 25f.

Raab, Harald: NS-Zeit in Regensburg, nur die halbe Wahrheit: Zeit für Legendenbildung, in: Die Woche, 15. Feb. 1979.

Raab, Harald: Oberst a.D. zerstört Legende von der Stadtübergabe: Wie Regensburg 1945 gerettet wurde, in: Die Woche, Nr. 5 vom 2.2.1984, S. 1 u. 7.

Raab, Harald: Regensburg vor 40 Jahren. Rettung vor totaler Zerstörung: militärischer Glücksfall, in: Die Woche, Nr. 16 vom 18.4.1985, S. 27–29.

Radczuweit, Eberhard: Freitagsbriefe – Erinnerungen sowjetischer Kriegsgefangener und ihrer Nachkommen, in: Agentur für Bildung – Geschichte. Politik und Medien e.V. (Hg.): Lernen aus der Geschichte, publiziert am 13.11.2013, URL: http://lernen-aus-der-geschichte.de/Lernen-und-Lehren/content/11487 (18.06.2018).

Rädlinger, Christine: Die Hilfen im Verborgenen: Familie Hipp, in: dies. – Sagebiel, Juliane Beate (Hg.): Widerstand … nach-denken (Chaverim-Schriftenreihe 1), Münster 2016, S. 41–62.

Raim, Edith: Justiz zwischen Diktatur und Demokratie. Wiederaufbau und Ahndung von NS-Verbrechen in Westdeutschland 1945–1949 (Quellen und Darstellungen zur Zeitgeschichte 96), München 2013.

Rathsam, Berta: Berichte und Tagebuchnotizen einer Augenzeugin von damals, in: Regensburger Bistumsblatt, Nr. 17 vom 25.4.1965, S. 2–4.

Rathsam, Berta: Der große Irrtum bezüglich Frauendemonstration 1945 und Domprediger Dr. Johannes Maier, Regensburg 1980.

Rathsam, Berta: Der große Irrtum. Dr. med. Otto Schottenheim – Mitläufer?, Regensburg 1981.

Rathsam, Berta: Im „Fall" des Dompredigers Dr. Maier: Grundlegender Irrtum aufgedeckt, in: Tages-Anzeiger, Stadtausgabe Nr. 95 vom 22.4.1971, s.p.

Rathsam, Berta: Kapitulation Regensburgs 1945 war keine Heldentat. Legende und Wahrheit, in: Die Woche, Nr. 18 vom 8.5.1970, S. 10.

Rawski, Wojciech: Wspomnienia z wojny wrześniowej 1939 i obozu oficerskiego w Murnau [Erinnerungen an den Krieg im September 1939 und das Offizierslager in Murnau], Tarnobrzeg 1998.
Reichelt, Stefanie: „Für mich ist der Krieg aus!" Deserteure und Kriegsverweigerer des Zweiten Weltkriegs in München, München 1995.
Reitsportverein Regensburg e.V.: Historie, publiziert ca. 2015, URL: https://rsv-regensburg.jimdo.com/%C3%BCber-uns/historie/ (19.02.2018).
Reither, Dominik: Stalag VII A Moosburg, Moosburg ²2015.
Reminick, Gerald: Nightmare in Bari. The World War II Liberty ship poison gas disaster and coverup, Palo Alto 2001.
Retterath, Jörn: „Was ist das Volk?" Volks- und Gemeinschaftskonzepte der politischen Mitte in Deutschland 1917–1924 (Quellen und Darstellungen zur Zeitgeschichte 110), Berlin/Boston 2016.
Richardi, Hans-Günter: SS-Geiseln in der Alpenfestung. Die Verschleppung prominenter KZ-Häftlinge aus Deutschland nach Südtirol, Bozen ³2015.
Riebel, Michaela: CSU im Werden. Gründung und Entwicklung der Christlich-Sozialen Union in Regensburg von 1945 bis zu den Wahlen zum Ersten Deutschen Bundestag, Regensburg 1985.
Rieder, Maximiliane: Deutsch-italienische Wirtschaftsbeziehungen. Kontinuitäten und Brüche 1936–1957 (Campus Forschung 851), Frankfurt u. a. 2003.
Rieß, Volker: Polizei, in: Benz, Wolfgang – Graml, Hermann – Weiß, Hermann (Hg.): Enzyklopädie des Nationalsozialismus, München ⁵2007, S. 708f.
Rieß, Volker: Volkssturm, in: Benz, Wolfgang – Graml, Hermann – Weiß, Hermann (Hg.): Enzyklopädie des Nationalsozialismus, München ⁵2007, S. 857.
Rom: Als die Amerikaner nach Obertrübenbach kamen. Rückblick. Erinnerungen des langjährigen Lehrers Franz Rechenmacher, in: Bayerwald-Echo, Ausgabe Ost, Nr. 228 vom 05.10.2015, S. 42.
Rosmarin, Ike: Inside story, Cape Town 1990.
Rosmus, Anna: Out of Passau. Von einer, die auszog, die Heimat zu finden, Freiburg im Breisgau 1999.
Rosmus, Anna: Ragnarök, Passau 2010.
Rosmus, Anna: Walhalla Finale. Das Ende des II. Weltkrieges. Von der Normandie nach Linz und Prag, Tittling ²2010.
Rosmus, Anna: Widerstand und Verfolgung am Beispiel Passaus 1933–1939, Passau 1983.
Rosmus, Anna: Wintergrün. Verdrängte Morde, Konstanz ²1993.
Rößler, Hans: Von der Muna zur Augustana. Die Geschichte der Luftmunitionsanstalt 2/XIII und des Muna-Geländes im Rahmen der Wehrpolitik des Hitler-Regimes, der US-Besatzungsmacht und der Bundesrepublik Deutschland 1934–1958, in: Augustana Theologische Hochschule der Evangelisch-Lutherischen Kirche in Bayern (Hg.): Erträge. Sommersemester 2003, Neuendettelsau 2003, S. 8–22; Digitalisat abrufbar unter URL: http://augustana.de/fileadmin/user_upload/dokumente/ertraege/ertraege_neu/SS%202003.pdf (08.12.2017).
Rossoliński-Liebe, Grzegorz: Stepan Bandera. The Life and Afterlife of a Ukrainian Nationalist. Fascism, Genocide, and Cult, Stuttgart 2014.
Rostworowski, Stanisław Jan: „Dardanele". Delegatura WiN-uza granicą [Die WiN Delegation im Ausland] (1946–1949), Wrocław 1999.
Rostworowski, Stanisław Jan: Spór o wymiar aktywności międzynarodowej [Der Streit um die Dimension der internationalen Aktivität], in: Zeszyty historyczne WiN-u 10 (1997), S. 53–66.
Roth, Thomas: Die Kriminalpolizei, in: Dierl, Florian u. a. (Hg.): Ordnung und Vernichtung. Die Polizei im NS-Staat, Dresden 2011, S. 42–53.
Rottler, Adam: Abensberg im Wandel der Zeiten, Abensberg 1972.
Röw, Martin: Militärseelsorge unter dem Hakenkreuz. Die katholische Feldpastoral 1939–1945 (Krieg in der Geschichte 83), Paderborn 2014.
Rückschloß, Bernhard: Die Bahnhöfe im Landkreis Deggendorf. 3. Auf der Hauptstrecke von Landshut nach Bayerisch Eisenstein, in: Deggendorfer Geschichtsblätter 17 (1996), S. 193–272.
Rumschöttel, Hermann – Ziegler, Walter (Hg.): Staat und Gaue in der NS-Zeit. Bayern 1933–1945 (Beihefte der ZBLG 21), München 2004.

## Veröffentlichte Quellen und Literatur

Rupprecht, Simeon: 75 Jahre Kloster Windberg. Einige Blitzlichter durch die Geschichte, in: Ders (Hg.): 75 Jahre Wiederbesiedelung der Prämonstratenser-Abtei Windberg (Windberger Schriftenreihe 3), Windberg 1998, S. 13–40.
Rupprecht, Simeon: Säkularisation und Wiederbegründung der Prämonstratenser-Abtei Windberg (Windberger Schriftenreihe 2), Windberg 1998.
Rushton, Colin: Spectator in Hell. A British Soldier's Story of Imprisonment in Auschwitz, Chichester ²2001.
Rydel, Jan: Die polnische Besatzung im Emsland 1945–1948, Osnabrück 2003.
Rzehak, Claudia: Studien zur Geschichte Regensburgs im Zweiten Weltkrieg (1939–1945), Univ. Zulassungsarbeit, Regensburg 1980.
Saalfeld, Hans – Weinzierl, Paul: Deutscher militärischer Zusammenbruch im Ingolstädter Raum im April 1945. Bericht des letzten Ingolstädter Kampfkommandanten, in: Sammelblatt des Historischen Vereins Ingolstadt 88 (1979), 160–171.
Sahl, Hans: Das Exil im Exil (Veröffentlichungen der Deutschen Akademie für Sprache und Dichtung 63; Memoiren eines Moralisten 2), Frankfurt a. M. ²1990.
Sanden, Erika: Das Kriegsgefangenenlager Langwasser als Forschungsobjekt (Beiträge zur politischen Bildung 3), Nürnberg 1986.
Sanden, Erika: Das Kriegsgefangenenlager Nürnberg-Langwasser 1939–1945. Ergebnisse einer Spurensuche (Beiträge zur politischen Bildung 3), Nürnberg ²1993.
Sandner, Harald: Hitler – Das Itinerar. Aufenthaltsorte und Reisen von 1889 bis 1945, Bd. 4: 1940–1945, Berlin ²2016.
Sawczuk, Janusz – Senft, Stanislaw: Die Gefangenenlager in Lamsdorf in den Jahren des Zweiten Weltkriegs, in: Nowak, Edmund (Hg.): Lager in Lamsdorf/Łambinowice (1870–1946), Opole 2009, S. 117–262.
Sawczuk, Janusz – Senft, Stanislaw: Obozy jenieckie w Lamsdorf w latach II wojny światowej, in: Nowak, Edmund (Hg.): Obozy w Lamsdorf/Łambinowicach (1870–1946), Opole 2006, S. 117–260.
Schafranek, Hans: Die Anfänge der Operation PICKAXE 1941/42. Sowjetische Funk- und Fallschirmagenten unter der Patronanz des britischen Geheimdienstes SOE, in: Journal for Intelligence, Propaganda and Security Studies 2,1 (2008), S. 7–22.
Schafranek, Hans: Im Hinterland des Feindes. Sowjetische Fallschirmagenten im Deutschen Reich 1942–1944, in: Jahrbuch. Dokumentationsarchiv des Österreichischen Widerstandes 1996, S. 10–40.
Schaller, Helmut Wilhelm: Bayerische Ostmark 1933–1945, in: Historisches Lexikon Bayerns, publiziert am 26.04.2007, URL: www.historisches-lexikon-bayerns.de/Lexikon/Bayerische Ostmark, 1933–1945 (04.12.2017).
Schaller, Helmut Wilhelm: Die „Reichsuniversität Posen" 1941–1945. Vorgeschichte, nationalsozialistische Gründung, Widerstand und polnischer Neubeginn (Symbolae Slavicae 29), Frankfurt a. M. u. a. 2010.
Scharrer, Guido (Hg.): Todesmärsche aus dem KZ Flossenbürg durch die Stadt Straubing und den Landkreis. Historischer Überblick, Dokumente, Augenzeugenberichte, Straubing 1995.
Schätzlein, Gerhard: Der Reichsarbeitsdienst in der Rhön von 1932 bis 1945. Mit allen Arbeitsdienstlagern in der fränkischen, hessischen und thüringischen Rhön und ihrem Umkreis, Mellrichstadt 2013.
Scheler, Werner – Oehme, Peter: Zwischen Arznei und Gesellschaft. Zum Leben und Wirken des Friedrich Jung (Abhandlungen der Leibniz-Sozietät 8), Berlin 2002.
Scheuerer, R.: Weiße Fahnen über Regensburg. Die Frontlinie des zweiten Weltkriegs verlief durch die alte Ratisbona. 13. März 1945: Die Zerstörung der Obermünsterkirche, in: Tages-Anzeiger, Stadtausgabe Nr. 59 12./13.3.1955, S. 13.
Scheuerer, R.: Weiße Fahnen über Regensburg. Die Frontlinie des zweiten Weltkriegs verlief durch die alte Ratisbona. Zerstörung der Obermünsterkirche durch Fliegerbomben (II), in: Tages-Anzeiger, Stadtausgabe Nr. 65 vom 19./20.3.1955, S. 13.
Schiemann, Catherine: Der Geheimdienst beendet den Krieg. „Operation Sunrise" und die deutsche Kapitulation in Italien, in: Heideking, Jürgen – Mauch, Christof (Hg.): Geheimdienstkrieg gegen Deutsch-

land. Subversion, Propaganda und politische Planungen des amerikanischen Geheimdienstes im Zweiten Weltkrieg (Sammlung Vandenhoeck), Göttingen 1993, S. 142–165.

Schießl, Günter: Simon Oberdorfers Velodrom. Auf den Spuren eines Regensburger Bürgers, Regensburg ²1998.

Schießl, Günter: Der vergessene Major. Zeitzeuge erzählt über letzte Regensburger Kriegstage, in: Die Woche, Nr. 21 vom 27.5.1993, S. 3.

Schießl, Michael: Niederbayerisches Heimatbuch. Paitzkofen im Wandel der Zeit 1125–1994, Paitzkofen 1994.

Schimmel, Thilo – Rabenau, Kai von: Räder rollen für den Mord. Die Reichsbahn in Regensburg als Teil der NS-Vernichtungsmaschinerie, Typoskript, Regensburg 1991.

Schimmel, Thilo: Die Reorganisation der Regensburger Polizei unter der amerikanischen Militärregierung in der Nachkriegszeit (1945–49), Univ. Zulassungsarbeit, Regensburg 1999.

Schlemmer, Thomas: Aufbruch, Krise und Erneuerung. Die Christlich-Soziale Union 1945 bis 1955 (Quellen und Darstellungen zur Zeitgeschichte 41), München 1998.

Schlüter, Holger: Urteilspraxis des Volksgerichtshofs, in: Marxen, Klaus – Schlüter, Holger: Terror und „Normalität". Urteile des nationalsozialistischen Volksgerichtshofs 1934–1945. Eine Dokumentation (Juristische Zeitgeschichte Nordrhein-Westfalen 13), Düsseldorf 2004, S. 15–22.

Schmaltz, Florian: Kampfstoff-Forschung im Nationalsozialismus. Zur Kooperation von Kaiser-Wilhelm-Instituten, Militär und Industrie (Geschichte der Kaiser-Wilhelm-Gesellschaft im Nationalsozialismus 11), Göttingen 2005.

Schmid, Norbert Elmar: Fabriken des Todes. Ganacker und Plattling: KZ-Außenkommandos und Todesmärsche, in: Deggendorfer Geschichteblätter, H. 17, 1996, S. 273–326.

Schmidt, Alexander: Happurg und Hersbruck, in: Benz, Wolfgang – Distel, Barbara (Hg.): Der Ort des Terrors. Geschichte der nationalsozialistischen Konzentrationslager, Bd. 4: Flossenbürg, Mauthausen, Ravensbrück, München 2006, S. 136–140.

Schmidt, Alexander: Sozialdemokraten im KZ Flossenbürg, in: Bayer, Karl (u. a.): 100 Jahre SPD Flossenbürg 1909–2009, Flossenbürg 2009., S. 105–110.

Schmidt, August: Geschichte der 10. Division. 10. Infanterie-Division (mot.). 10. Panzer-Grenadier-Division. 1933–1945, Regensburg ²1984.

Schmidt, Eva: Die Industrie- und Handelskammer Regensburg zur Zeit des Nationalsozialismus (1933–1945), Univ. Magisterarbeit, Regensburg 2002.

Schmidt, Wolfgang: Eine Stadt und ihr Militär. Regensburg als bayerische Garnisonsstadt im 19. und frühen 20. Jahrhundert (Studien und Quellen zur Geschichte Regensburgs 7), Regensburg 1993.

Schmidthals, Cornelia: Zwangsarbeit im niederschlesischen Bergbaurevier 1940 bis 1945, in: Tenfelde, Klaus – Seidel, Hans-Christoph (Hg.): Zwangsarbeit im Bergwerk. Der Arbeitseinsatz im Kohlenbergbau des Deutschen Reiches und der besetzten Gebiete im Ersten und Zweiten Weltkrieg, Bd. 1: Forschungen (Veröffentlichungen des Instituts für soziale Bewegungen, Schriftenreihe C: Arbeitseinsatz und Zwangsarbeit im Bergbau 1), Essen 2005, S. 289–310.

Schmoll, Peter: Der Fliegerhorst Obertraubling 1936–1945, in: Stadt Neutraubling (Hg.): Niemand war schon immer da. Stadtbuch Neutraubling, Neutraubling 2012, S. 65–76.

Schmoll, Peter: Die Messerschmitt-Werke im Zweiten Weltkrieg. Die Flugzeugproduktion der Messerschmitt GmbH Regensburg von 1938 bis 1945 (MZ-Zeitgeschichte), Regensburg ³2004.

Schmoll, Peter: Luftangriff. Regensburg und die Messerschmittwerke im Fadenkreuz 1939–1945, Regensburg 1995.

Schmoll, Peter: Luftangriffe auf Regensburg. Die Messerschmitt-Werke und Regensburg im Fadenkreuz alliierter Bomber 1939–1945, Regenstauf ²2015.

Schmoll, Peter: Messerschmitt-Giganten und der Fliegerhorst Regensburg-Obertraubling 1936–1945, Regenstauf ²2016.

Schmoll, Peter: Sperrfeuer. Die Regensburger Flakhelfer, Regenstauf 2017.

## Veröffentlichte Quellen und Literatur

Schneider, Felix: No Last Stand. Eisenhower, Berlin und keine Alpenfestung, in: Krüger, Dieter – Schneider, Felix (Hg.): Die Alpen im Kalten Krieg. Historischer Raum, Strategie und Sicherheitspolitik (Beiträge zur Militärgeschichte 71), München 2012, S. 87–108.

Schneider, Klaus: Spuren der Nibelungen 1945. Die Kämpfe bei Bad Abbach und die Rettung von Regensburg. Eine Dokumentation über Soldaten der 38. Grenadier-Division „Nibelungen" der Waffen-SS, Berg 1999.

Schoeppe, Wilhelm: „Haltet die Geschichte nicht auf!" Erinnerungen aus den Tagen des Volkssturms, in: Fendl, Josef u. a.: Wörth. Stadt zwischen Strom und Berg, Wörth 1979, S. 224–225.

Schöllgen, Gregor: Gustav Schickedanz 1895–1977. Biographie eines Revolutionärs. Die Quelle-Story, Berlin 2010.

Schreiber, Franz: Kampf unter dem Nordlicht. Deutsch-finnische Waffenbruderschaft am Polarkreis. Die Geschichte der 6. SS-Gebirgs-Division Nord, Osnabrück 1969.

Schulte, Jan Erik: Zwangsarbeit und Vernichtung: Das Wirtschaftsimperium der SS. Oswald Pohl und das SS-Wirtschafts-Verwaltungshauptamt 1933–1945, Paderborn u. a. 2001.

Schulte, Wolfgang: Die Polizei im NS-Staat, in: Dierl, Florian u. a. (Hg.): Ordnung und Vernichtung. Die Polizei im NS-Staat, Dresden 2011, S. 14–16.

Schultheiß, Hans: Die Nachkriegsprozesse, in: ders. u. a.: Die Männer von Brettheim. Lesebuch zur Erinnerungsstätte, Villingen-Schwenningen 1993, S. 123–141.

Schultheiß, Hans: Die Tragödie von Brettheim, in: ders. u. a.: Die Männer von Brettheim. Lesebuch zur Erinnerungsstätte, Villingen-Schwenningen 1993, S. 15–57.

Schulz, Eugene G.: The Ghost in General Patton's Third Army. The memoirs of Eugene G. Schulz during his service in the United States Army in World War II, Bloomington 2012.

Schulze, Henrik: 19 Tage Krieg. Die RAD-Infanteriedivision „Friedrich Ludwig Jahn" in der Lücke zwischen 9. und 12. Armee. Die Mark Brandenburg im Frühjahr 1945, Hoppegarten 2011.

Schulze-Kossens, Richard: Militärischer Führernachwuchs der Waffen-SS. Die Junkerschulen, Osnabrück 1982.

Schwab, Gerald: OSS Agents in Hitler's Heartland. Destination Innsbruck, Westport 1996.

Schwaiger, Dieter: „Undorfer Öl und Tabak". Ein Beitrag zur Erforschung des Kriegsendes 1945 im Landkreis Regensburg, in: Regensburger Land. Der Landkreis Regensburg in Geschichte und Gegenwart 1 (2008), S. 51–74; Digitalisat abrufbar unter URL: http://www.heimatforschung-regensburg.de/209/1/RL_1_2008_Schwaiger.pdf (04.07.2018).

Schweizer, Michael: Der Postschutz und Postluftschutz im Dritten Reich und in den besetzten Gebieten, Berlin 2014.

Schwendner, Alexander: Die Suche im Wald. Die Erkundung des ehemaligen Giftgaslagers bei Grafenwöhr, in: LGA-Impulse 2006, 2, S. 26–28.

Schwendner, Alexander: Erkundung des ehemaligen Kampfmittelmunitionsdepots Grafenwöhr, oder wie Kampfmittelräumer und Rüstungsaltlastengeologen erfolgreich zusammenarbeiten können (Präsentation zum Vortrag bei der Fachtagung Kampfmittelbeseitigung des Bundes Deutscher Feuerwerker und Wehrtechniker e.V., 12.–13. Feb. 2007, in Bad Kissingen), Computerausdruck, 2007.

Schwendner, Alexander: Erkundung eines Kampfmittelmunitionsdepots (Präsentation zum Vortrag bei der Fachtagung Kampfmittelbeseitigung des Bundes Deutscher Feuerwerker und Wehrtechniker e.V. am 29.02.2016 in Bad Kissingen), in: Deutsche Feuerwerker Ausbildungs- und Beratungsgesellschaft mbH (DFAB GmbH), URL: http://dfabgmbh.de/wp-content/uploads/tmp_19798-Schwendner-BD-FWT–2016-Veröffentlichungsversion–3-low-res.pptx148265770.pdf (18.12.2017).

Schwennicke, Detlev (Hg.): Europäische Stammtafeln. Neue Folge, Bd. 1: Die deutschen Staaten. Die Stammesherzoge, die weltlichen Kurfürsten, die kaiserlichen, königlichen und großherzoglichen Familien, Marburg 1980.

Searle, Alaric: The Tolsdorff Trials in Traunstein. Public and Judicial Attitudes to the Wehrmacht in the Federal Republic 1954–60, in: German History 23 (2005), S. 50–78.

Sebald, Christian: Sprengstoff im Wald. Im Schwaighauser Forst in der Nähe von Regensburg lagern große Mengen Munition, in: Süddeutsche Zeitung, 30.09.2015, Bayern Region, S. 35

## Anhang

Seidel, Christian: Flüchtlinge und Flüchtlingspolitik in Passau 1945/46, in: Ostbairische Grenzmarken 35 (1993), S. 188–211.
Seidler, Franz – Zeigert, Dieter: Die Führerhauptquartiere. Anlagen und Planungen im Zweiten Weltkrieg, München ⁴2004.
Seidler, Franz: „Deutscher Volkssturm". Das letzte Aufgebot 1944/45, München u. a. 1989.
Seifert, Sylvia: Das KZ-Außenlager Colosseum. Berichte über das Lagerleben, in: Schießl, Günter – Wittl, Herbert (Bearb.): Begegnungen mit ehemaligen ZwangsarbeiterInnen, hrsg. von Pax Christi und der Arbeitsgemeinschaft für ehem. ZwangsarbeiterInnen im Evang. Bildungswerk Regensburg e.V., Regensburg 2003, S. 86–95.
Seitz, Josef u. a.: Das Wunder von Schierling – Errettung aus Kriegsnot. 1945–1955 (Sonderveröffentlichung Rundschau 20.04.1995), Regensburg 1995.
Setkiewicz, Piotr: The Histories of Auschwitz IG Farben Werk Camps 1941–1945, Oświęcim 2008.
Shamir, Eitan: The Long and Winding Road: The US Army Managerial Approach to Command and the Adoption of Mission Command (Auftragstaktik), in: The Journal of Strategic Studies 33 (2010), S. 645–672.
Siebenborn, Kerstin: Der Volkssturm im Süden Hamburgs 1944/45 (Beiträge zur Geschichte Hamburgs 35), Hamburg 1988.
Siedlervereinigung Regensburg e.V. (Hg.), Die Konradsiedlung. Erinnerungen in historischen Bildern, Regensburg 1993.
Siegert, Toni: Das Konzentrationslager Flossenbürg. Gegründet für sogenannte Asoziale und Kriminelle, in: Broszat, Martin – Fröhlich, Elke – Mehringer, Hartmut (Hg.): Bayern in der NS-Zeit, Bd. 2: Herrschaft und Gesellschaft im Konflikt. Teil A, München 1979, S. 429–492.
Siegert, Toni: Kriegsende '45 in Nordostbayern. Das Drama der letzten Tage. Eine erstmalige Rekonstruktion der Ereignisse anhand amerikanischer Heeresberichte, deutscher Originalberichte und umfassender Augenzeugenberichte (Heimat Landkreis Tirschenreuth, Sonderband 2), Pressath 1995.
Siegler, Fritz von: Die höheren Dienststellen der Deutschen Wehrmacht 1933–1945, München 1953.
Siena College (Hg.): Class of 1942, publiziert ca. 2015, URL: http://saintsonline.siena.edu/s/1722/index. aspx?sid=1722&gid=2&pgid=765 (17.01.2018).
Sigg, Marco: Der Unterführer als Feldherr im Taschenformat. Theorie und Praxis der Auftragstaktik im deutschen Heer 1869 bis 1945 (Zeitalter der Weltkriege 12), Paderborn 2014.
Sikora, Mirosław: Die Waffenschmiede des „Dritten Reiches". Die deutsche Rüstungsindustrie in Oberschlesien während des Zweiten Weltkrieges (Bochumer Studien zur Technik- und Umweltgeschichte 3), Essen 2014.
Simon-Pelanda, Hans: Im Herzen der Stadt. Das Außenlager Colosseum in Regensburg, in: Dachauer Hefte 12 (1996), S. 159–168.
Simon-Pelanda, Hans – Heigl, Peter: Regensburg 1933–1945. Eine andere Stadtführung (Schriften der Geschichtswerkstatt, Regensburg und Ostbayern 1), Regensburg ³1984.
Simon-Pelanda, Hans – Heigl, Peter: Regensburg 1933–1945. Eine andere Stadtführung (Schriften der Geschichtswerkstatt Regensburg und Ostbayern 1), Regensburg ⁵1991.
Singer, Hedwig: Entwicklung und Einsatz der Organisation Todt (OT), in: dies. (Hg.): Entwicklung und Einsatz der Organisation Todt (OT), (Veröffentlichungen deutschen Quellenmaterials zum Zweiten Weltkrieg, Abteilung 3. Quellen zur Geschichte der Organisation Todt 1/2), Osnabrück 1998, S. 1–363.
Skriebeleit, Jörg – Spoerer, Mark – Wolter, Heike: Konzept für eine Gedenk- und Erinnerungskultur der Stadt Regensburg zur städtischen Geschichte und der Rolle der Stadt(Gesellschaft) im Nationalsozialismus, [Regensburg] 2017; Digitalisat abrufbar unter URL: https://srv19.regensburg.de/bi/vo020. asp?VOLFDNR=13940 (10.07.2018).
Smart, Jeffery K.: History of Chemical and Biological Detectors, Alarms, and Warning Systems, Aberdeen [ca. 2000], in: United States Army Chemical Corps Museum – Library, URL: http://www.wood.army. mil/ccmuseum/ccmuseum/Library/Detectors_History.pdf (09.01. 2018).

## Veröffentlichte Quellen und Literatur

Smart, Jeffery K.: History of Decontamination, Aberdeen [ca. 2002], in: United States Army Chemical Corps Museum – Library, URL: http://www.wood.army.mil/ccmuseum/ccmuseum/Library/Decon_History.pdf (09.01.2018).

Smith, David A.: George S. Patton. A Biography, Westport 2003.

Smith, Karl: Karl Goldschmidt, Eschwege, Germany, 142 Interrogation of Prisoners of War (IPW), U.S. Army, European Theater of Operations, in: Karras, Steven: The Enemy I knew. German Jews in the Allied Military in World War II, Minneapolis 2009, S. 103–116.

Smith, Richard Harris: OSS. The Secret History of America's First Central Intelligence Agency, Berkeley 1972.

Smolorz, Roman – Weinzierl, Florian: Encounters between Germans, Americans, and Eastern Europeans in a Changing Friend-Foe Relationship: The City of Regensburg around 1945, in: Bauridl, Birgit M. – Gessner, Ingrid – Hebel, Udo (Hg.): German-American Encounters in Bavaria and Beyond 1945–2015, Heidelberg 2018, S. 53–66.

Smolorz, Roman: Das Reserve-Wachbataillon z.b.V. XIII und der Einsatz der 4. Polizeiwachkompanie Regensburg im Ghetto Litzmannstadt (Łódź), in: Verhandlungen des Historischen Vereins für Oberpfalz und Regensburg 157 (2017), S. 285–310.

Smolorz, Roman: Das so genannte polnische Konsulat Regensburg. Die Geschichte einer kurzlebigen Einrichtung, in: Verhandlungen des Historischen Vereins für Oberpfalz und Regensburg 149 (2009), S. 393–405.

Smolorz, Roman: Das Südosteuropa-Institut Regensburg 1949–1958. Regensburger Neugründung oder Dresdner Tradition, in: Boeckh, Katrin – Smolorz, Roman (Hg.): Osteuropa in Regensburg. Institutionen der Osteuropa-Forschung in Regensburg aus ihrer historischen Perspektive (Regensburger Studien 13), Regensburg 2008, S. 69–83.

Smolorz, Roman: Die Regensburger Domspatzen im Nationalsozialismus. Singen zwischen Katholischer Kirche und NS-Staat, Regensburg 2017.

Smolorz, Roman: Displaced Persons (DPs). Autoritäten und Anführer im angehenden Kalten Krieg im östlichen Bayern (Regensburger Studien 11), Regensburg ²2009.

Smolorz, Roman: Displaced Persons und einige „ex-enemy-nationals" aus Mittelost- und Osteuropa am Beispiel der Stadt und des Landkreises Deggendorf 1945–1949, in: Deggendorfer Geschichtsblätter 27 (2005), S. 345–390.

Smolorz, Roman: Franciszek Znamirowski – ein Leben zwischen Kampf und Kunst. Eine politische Biographie, in: Hanausch, Reinhard u. a. (Hg.): Überleben durch Kunst. Zwangsarbeit im Konzentrationslager Gusen für die Messerschmittwerke Regensburg (Kataloge und Schriften der Staatlichen Bibliothek Regensburg 7), Regensburg 2012, S. 257–290.

Smolorz, Roman: Juden auf der Durchreise. Die Regensburger Jewish Community 1945–1950. Eine Migrationsgemeinde (Regensburger Studien 16), Regensburg 2010.

Smolorz, Roman: Karl Seider – Biographie einer rechtschaffenen bayerischen Seele, in: Hanausch, Reinhard u. a. (Hg.): Überleben durch Kunst. Zwangsarbeit im Konzentrationslager Gusen für die Messerschmittwerke Regensburg (Kataloge und Schriften der Staatlichen Bibliothek Regensburg 7), Regensburg 2012, S. 291–303.

Smolorz, Roman: Osteuropäische Emigranten in Bayern 1945–1949: Kollaborateure der Nationalsozialisten oder aufrichtige Antikommunisten?, in: Osteuropa-Institut Regensburg – Historische Abteilung. Kurzanalysen und Informationen 45 (2010), URL: https://www.dokumente.ios-regensburg.de/publikationen/info/info–45.pdf (09.01.2018).

Smolorz, Roman: Zwangsarbeit im „Dritten Reich" am Beispiel Regensburgs (Regensburger Studien 8), Regensburg 2003.

S.N.: Amerikanische Kirchenschänder, in: Regensburger Kurier, Stadtausgabe Nr. 24 vom 29.1.1945, s.p.

S.N.: Apriltage 1945. Die letzten Kriegsereignisse in Regensburg. Auszüge aus einer unveröffentlichten Niederschrift, in: Mittelbayerische Zeitung, Stadtausgabe Nr. 49 vom 26.4.1950, S. 9, Digitalisat unter URL: http://daten.digitale-sammlungen.de/bsb00064748/image_165 (03.04.2018).

# Anhang

S.N.: Aufklärungsversammlungen im Kreisgebiet Regensburg. Kreisredner sprechen am Wochenende zum Landvolk, in: Regensburger Kurier, Stadtausgabe Nr. 240 vom 12.10.1944, s.p.

S.N.: Aufklärungsversammlungen im Kreisgebiet Regensburg. Kreisredner der Partei sprechen zum Landvolk über aktuelle Fragen, in: Regensburger Kurier, Stadtausgabe Nr. 256 vom 31.10.1944, s.p.

S.N.: Aufklärungsversammlungen im Kreisgebiet Regensburg. Kreisredner der Partei sprechen zum Landvolk über aktuelle Fragen, in: Regensburger Kurier, Stadtausgabe Nr. 259 vom 3.11.1944, s.p.

S.N.: Bald fährt die Straßenbahn wieder. Auch Stadtomnibusse werden in den Verkehr eingesetzt, in: Mittelbayerische Zeitung, 1. Jg. Nr. 12, Fr. 30.11.1945, S. 5.

S.N.: Das Spiel ist aus – Arthur Nebe (Glanz und Elend der deutschen Kriminalpolizei 19), in: Der Spiegel, Nr. 6, 09.02.1950, S. 21–28; Digitalisat abrufbar unter URL: http://magazin.spiegel.de/EpubDelivery/spiegel/pdf/44446464 (07.12.2017).

S.N.: Deutsche Verwundete durch Nahschuß ermordet. Bestialische amerikanische Soldateska nach bolschewistischem Muster, in: Regensburger Kurier, Stadtausgabe Nr. 22 vom 26.1.1945, s.p.

S.N.: Die Heimat verabschiedet ihre Volksgrenadiere. Kreisleiter Weigert sprach in einer Feierstunde auf dem Kasernenhofe, in: Regensburger Kurier, Stadtausgabe Nr 266 vom 11./12.11.1944, s.p.

S.N.: Die Stunde Deutschlands wird kommen!, in: Regensburger Kurier, Stadtausgabe Nr. 50 vom 28.2.1945, s.p.

S.N.: Führertagung der NSDAP in Landshut. Gauleiter Wächtler: „Lieber stehend fallen, als in der Knechtschaft leben", in: Regensburger Kurier, Stadtausgabe Nr. 55 vom 6.3.1945, s.p.

S.N.: Grauenvolles bolschewistisches Blutbad in Ostpreußen, in: Regensburger Kurier, Stadtausgabe Nr. 253 vom 27.10.1944, s.p.

S.N.: Historische Zäsuren, in: Metzler, Gabriele – Wildt, Michael (Hg.); Über Grenzen. 48. Deutscher Historikertag in Berlin 2010. Berichtsband, Göttingen 2012, S. 317–319.

S.N.: History of 811th Tank Destroyer Battalion, part 1, s.l. (1959). Digitalisat abrufbar unter URL: https://www.tankdestroyer.net/images/stories/ArticlePDFs/811th-Tank-Destroyer-Battalion-History_Part_1.pdf.

S.N.: History of 811th Tank Destroyer Battalion, part 2, s.l. (1959). Digitalisat abrufbar unter URL: https://www.tankdestroyer.net/images/stories/ArticlePDFs/811th-Tank-Destroyer-Battalion-History_Part_2.pdf.

S.N.: „Kampf um jeden Preis bis zum endgültigen Sieg!" Reichsminister Goebbels sprach zur Lage, in: Regensburger Kurier, Stadtausgabe Nr. 254 vom 28./29.10.1944, s.p.

S.N.: Landersdorfer, Simon Konrad, in: Körner, Hans-Michael (Hg.): Große bayerische biographische Enzyklopädie, Bd. 2: H – O, München 2005, S. 1128.

S.N.: Meuchelmord an Verwundeten. Neue Schandtaten der Nordamerikaner. Genickschuß nach sowjetischem Vorbild, in: Regensburger Kurier, Stadtausgabe Nr. 10 vom 12.1.1945, s.p.

S.N.: Niederschlesischer Volkssturm im Kampf, in: Regensburger Kurier, Stadtausgabe Nr. 21 vom 25.1.1945, s.p.

S.N.: Obituary: George Bailey, Directed Radio Liberty, in: International Herald Tribune vom 24.09.2001, Digitalisat abrufbar unter URL: http://www.nytimes.com/2001/09/24/news/obituary-george-bailey-directed-radio-liberty.html (17.01.2018).

S.N.: Robert M. Kennedy. Obituary, in: Albany Times Union vom 02./03.08.2009, Digitalisat abrufbar unter URL: http://www.legacy.com/obituaries/timesunion-albany/obituary.aspx?pid=130792751 (17.01.2018).

S.N.: Schedl. Energie ins Land gelockt, in: Der Spiegel, Nr. 31, 28.07.1965, S. 31–33; Digitalisat abrufbar unter URL: http://magazin.spiegel.de/EpubDelivery/spiegel/pdf/46273538 (05.02.2018).

S.N.: Schwere Abwehrkämpfe bei Coburg, in: Regensburger Kurier, Stadtausgabe Nr. 86 vom 13.4.1945, s.p.

S.N.: Stalag 383. Hohenfels, in: 49 Squadron Association (Hg.): The PoW Camps, publiziert 2014, URL: http://www.49squadron.co.uk/pow_camps/hohenfels (19.06.2018).

S.N.: Tapfere Besatzung von Posen der feindlichen Übermacht erlegen, in: Regensburger Kurier, Stadtausgabe Nr. 52 vom 2.3.1945, s.p.

S.N.: The Recent Years, in: Troy German Hall Association Troy, New York, publiziert ca. 2012, URL: http://www.troygermaniahall.com/RecentYears.html (17.01.2018).

## Veröffentlichte Quellen und Literatur

S.N.: Titze, Gerhard, in: Gall, Lothar – Hollmann, Michael (Hg.): Akten der Reichskanzlei. Weimarer Republik [Digitale Edition], bearbeitet 2007, URL: http://www.bundesarchiv.de/aktenreichskanzlei/1919–1933/0000/adr/getPPN/133789306/ (19.02.2018).

S.N.: Untersuchung: Muna-Gelände wird gesperrt, in: Mittelbayerische Zeitung, Stadtausgabe Nr. 86 vom 14./15. April 2018, S. 51.

S.N.: Was uns nicht umbringt, macht uns noch stärker!, in: Regensburger Kurier, Stadtausgabe Nr. 28 vom 2.2.1945, s.p.

S.N.: Weiße Fahnen über Regensburg. Die Frontlinie des zweiten Weltkriegs verlief durch die alte Ratisbona. Der Volkssturm rettete Deutschland nicht, in: Tages-Anzeiger, Stadtausgabe Nr. 77 vom 2./3.4.1955, S. 13.

S.N.: Weiße Fahnen über Regensburg. Die Frontlinie des zweiten Weltkriegs verlief durch die alte Ratisbona, in: Tages-Anzeiger, Stadtausgabe Nr. 41 vom 19./20.2.1955, S. 9.

S.N.: Weiße Fahnen über Regensburg. Die Frontlinie des zweiten Weltkriegs verlief durch die alte Ratisbona (II), in: Tages-Anzeiger, Stadtausgabe Nr. 47 vom 26./27.2.1955, S. 9.

S.N.: Weiße Fahnen über Regensburg. Die Frontlinie des zweiten Weltkriegs verlief durch die alte Ratisbona (III), in: Tages-Anzeiger, Stadtausgabe Nr. 53 vom 5./6.3.1955, S. 13.

S.N.: Weiße Fahnen über Regensburg. Die Frontlinie des zweiten Weltkriegs verlief durch die alte Ratisbona (VI), in: Tages-Anzeiger, Stadtausgabe Nr. 71 vom 26./27.3.1955, S. 13.

S.N.: Weiße Fahnen über Regensburg. Die Frontlinie des zweiten Weltkriegs verlief durch die alte Ratisbona (VII), in: Tages-Anzeiger, Stadtausgabe Nr. 89 vom 16./17.4.1955, S. 13.

S.N.: Weiße Fahnen über Regensburg. Die Frontlinie des zweiten Weltkriegs verlief durch die alte Ratisbona (VIII), in: Tages-Anzeiger, Stadtausgabe Nr. 95 vom 23./24.4.1955, S. 13.

S.N.: Weiße Fahnen über Regensburg. Die Frontlinie des zweiten Weltkriegs verlief durch die alte Ratisbona (IX), in: Tages-Anzeiger, Stadtausgabe Nr. 98 vom 27.4.1955, S. 8.

S.N.: Weiße Fahnen über Regensburg. Die Frontlinie des zweiten Weltkriegs verlief durch die alte Ratisbona, in: Tages-Anzeiger, Stadtausgabe Nr. 101 vom 30.4./1.5.1955, S. 12.

Sobolewicz, Tadeusz: Aus dem Jenseits zurück, Oświęcim 1993.

Sobolewicz, Tadeusz: Aus der Hölle zurück. Von der Willkür des Überlebens im Konzentrationslager, überarb. Neuausg., Frankfurt a.M. 1999

Sobolewicz, Tadeusz: Schicksalsweg, in: Dünninger, Eberhard (Hg.): Weltwunder Steinerne Brücke. Texte und Ansichten aus 850 Jahren, Amberg 1996, S. 70.

Solleder, Lena: Wörth an der Donau während des Dritten Reiches (Regensburger kleine Beiträge zur Heimatforschung 8), Kollersried 2017; Digitalisat abrufbar unter URL: http://www.heimatforschung-regensburg.de/2678/2/Buch_Solleder_Wörth_2017_web.pdf (10.11.2018).

Soller, Reinhard: Jeeps und Panzer rückten in Wörth ein. Wolfgang Helle erinnert sich an Kriegsende. Amerikaner betrachteten ihn als „Werwolf", in: Ortsheimatpflege Wörth an der Donau, Artikel aus Donau-Post vom 12.05.2005, URL: http://ortsheimatpfleger-woerth.de/id–60-jahre-kriegsende.html (15.01.2018).

Speckner, Hubert: In der Gewalt des Feindes. Kriegsgefangenenlager in der „Ostmark" 1939 bis 1945 (Kriegsfolgen-Forschung 3), Wien/München 2003.

Sperl, Helmut von: Hopfen und Malz, Gott erhalt's. Die Regensburger Brauereien im 19. und 20. Jahrhundert. Mit einer Einführung von Manuela Daschner (Regensburger Studien 20), Regensburg ²2014.

Spiwoks, Erich – Stöber, Hans: Endkampf zwischen Mosel und Inn. XIII. SS-Armeekorps, Coburg ²1999.

Spires, David N.: Air Power for Patton's Army. The XIX Tactical Air Command in the Second World War, Washington, D.C., 2002.

Spoerer, Mark: Die soziale Differenzierung der ausländischen Zivilarbeiter, Kriegsgefangenen und Häftlinge im Deutschen Reich, in: Echternkamp, Jörg (Hg.): Das Deutsche Reich und der Zweite Weltkrieg, Bd. 9: Die deutsche Kriegsgesellschaft 1939 bis 1945, Halbbd. 2: Ausbeutung, Deutungen, Ausgrenzung, München 2005, S. 485–576.

Spoerer, Mark: Zwangsarbeit unter dem Hakenkreuz. Ausländische Zivilarbeiter, Kriegsgefangene und Häftlinge im Deutschen Reich und im besetzten Europa 1939–1945, Stuttgart/München 2001.

## Anhang

Spoerer, Mark – Streb, Jochen: Neue deutsche Wirtschaftsgeschichte des 20. Jahrhunderts, München 2013.

Spooner, Ernest Arthur: The Long March to Freedom. Diary, aktualisiert am 26.10.2016, URL: https://sites.google.com/site/longmarchtofreedom/home/diary (18.06.2018).

Stadtmüller, Alois: Aschaffenburg im Zweiten Weltkrieg. Bombenangriffe – Belagerung – Übergabe (Veröffentlichungen des Geschichts- und Kunstvereins Aschaffenburg e.V. 12), Aschaffenburg 1970.

Stadt Regensburg (Hg.): Regensburg unter dem Hakenkreuz. Ausstellung 8. Nov. – 3. Dez. 1983, Stadtbücherei im Thon-Dittmer-Palais, Regensburg 1983.

Stadt Regensburg (Hg.): Vorlage – VO /14/10097/45, publiziert am 02.10.2014, URL: https://srv19.regensburg.de/bi/vo020.asp?VOLFDNR=9825 (11.06.2018).

Stadt Regensburg, Amt für Archiv- und Denkmalpflege: Beschlussvorlage VO/14/10097/45 für den Stadtrat der Stadt Regensburg vom 23.10.2014, abrufbar unter URL: https://srv19.regensburg.de/bi/vo020.asp?VOLFDNR=9825 (12.03.2018).

Stadt Regensburg, Arbeitsgruppe Zeitgeschichte der Klasse BF 12a der Städtischen Berufsfachschule für Wirtschaft mit Berufsaufbauschule: Denkmal! Kleiner Ausstellungsführer, Regensburg 1985.

Stadt Regensburg, Klasse 11a der Berufsfachschule für Wirtschaft mit Berufsaufbauschule: Die Außenkommandos des Konzentrationslagers Flossenbürg in und um Regensburg und ihre Bedeutung für Stadt und Einwohner, Regensburg [1983].

Stadt Regensburg, Klasse 11b der Berufsfachschule für Wirtschaft mit Berufsaufbauschule: Die letzten Kriegstage in Regensburg – Legende und Wirklichkeit, Regensburg 1983.

Stadt Regensburg, Kultur- und Schuldezernat (Hg.): Kollegstufenwettbewerb in den gesellschaftswissenschaftlichen Fächern, Heft 1 (1987/88), Regensburg 1989.

Stadt Regensburg, Kultur- und Schuldezernat (Hg.): Kollegstufenwettbewerb in den gesellschaftswissenschaftlichen Fächern, Heft 2 (1989/90), Regensburg 1990.

Stadt Regensburg, Volkshochschule (Hg.): Ende und Neubeginn: Regensburg 1945–1949. Begleitheft zur Ausstellung, Regensburg ²2015.

Stadt Regensburg, Volkshochschule (Hg.): Regensburg 1945 bis 1949. Katalog und Aufsätze (Ausstellungskataloge zur Regensburger Geschichte 1), Regensburg 1987.

Stadt Regensburg, Volkshochschule (Hg.): Stadt und Mutter in Israel. Jüdische Geschichte und Kultur in Regensburg ; Ausstellung vom 9. November bis 12. Dezember 1989 (Ausstellungskataloge zur Regensburger Geschichte 2), 4. Aufl., Regensburg 1996.

Stadt Würzburg, Amt für Zivil- und Brandschutz (Hg.): 25 Jahre Berufsfeuerwehr Würzburg, 1997.

Stadtwerke Regensburg (Hg.): Die Stadtwerke Regensburg. Entwicklung, Stand, Planung, Regensburg 1952.

Stafford, David: Britain and European Resistance 1940–1945. A Survey of the Special Operations Executive, London 1980.

Stahl, Friedrich-Christian: Generalfeldmarschall Ewald von Kleist, in: Ueberschär, Gerd. R. (Hg.): Hitlers militärische Elite, Bd. 2: Von Kriegsbeginn bis zum Weltkriegsende, Darmstadt 1998, S. 100–106.

Stanton, Shelby L.: World War Two Order of Battle. An Encyclopedic Reference to U.S. Army Ground Forces from Battalion through Division, 1939–1946, Mechanicsburg ²2006.

Stefanski, Valentina Maria: Arbeitseinsatz im Zeichen von Volkstumspolitik. Der Oberschlesische Steinkohlebergbau während des Zweiten Weltkrieges, in: Tenfelde, Klaus – Seidel, Hans-Christoph (Hg.): Zwangsarbeit im Bergwerk. Der Arbeitseinsatz im Kohlenbergbau des Deutschen Reiches und der besetzten Gebiete im Ersten und Zweiten Weltkrieg, Bd. 1: Forschungen (Veröffentlichungen des Instituts für soziale Bewegungen, Schriftenreihe C: Arbeitseinsatz und Zwangsarbeit im Bergbau 1), Essen 2005, S. 373–410.

Steffel, Georg: Die Tragödie des Volkssturmbataillons z. b.V. 2/1 Bayreuth, in: Archiv für Geschichte von Oberfranken 69 (1989), S. 303–323.

Stegemann, Wolf: Sondergericht Nürnberg (1): Durch nachdrückliche Strafgewalt sollten „unruhige Geister" gewarnt oder auch beseitigt werden – Ein besonders brutales Instrument der NS-Herrschaft, in: Gußmann, Oliver – Stegemann, Wolf (Hg.): Rothenburg unterm Hakenkreuz … und die Jahre danach, publiziert am 19.01.2014, URL: http://www.rothenburg-unterm-hakenkreuz.de/sondergericht-nuern-

## Veröffentlichte Quellen und Literatur

berg-1-durch-nachdrueckliche-strafgewalt-sollten-unruhige-geister-gewarnt-oder-auch-beseitigt-werden-ein-besonders-brutales-instrument-der-ns-herrschaft/ (05.12.2017).

Steinbach, Peter – Tuchel, Johannes: Widerstandsbegriff, in: dies. (Hg.): Lexikon des Widerstandes 1933–1945 (Beck'sche Reihe 1061), München ²1998, S. 240f.

Steinbach, Peter: Widerstand im Widerstreit. Der Widerstand gegen den Nationalsozialismus in der Erinnerung der Deutschen. Ausgewählte Studien, Paderborn u. a. ²2001.

Steindorff, Ludwig: Kroatien. Vom Mittelalter bis zur Gegenwart (Ost- und Südosteuropa), Regensburg ²2007.

Steinmüller, Peter: Die Brücke als System, in: VDI Nachrichten 50, vom 15. Dezember 2016, URL: https://www.vdi-nachrichten.com/Karriere/Die-Bruecke-System (15.01.2018).

Steur, Claudia: Der Volksgerichtshof – Hitlers politisches Tribunal, in: Gedenkstätten-Rundbrief 122 (2004), S. 3–7, URL: http://www.gedenkstaettenforum.de/nc/gedenkstaetten-rundbrief/rundbrief/news/der_volksgerichtshof_hitlers_politisches_tribunal (05.12.2017).

Stiftung Deutsches Historisches Museum, Inventarnummer P 63/874.2: Wahlplakat der KPD „Was wollen die Kommunisten den Bauern wegnehmen?, Dann wählt die KPD", Red.: Konhäuser, Emil, hg. von KPD, Bezirksvorstand Würzburg, 1948; URL: http://www.dhm.de/datenbank/dhm.php?seite=5&fld_0=PLI21615 (14.09.2018).

Stößel, Christian: Geheimverhandlungen am 2. April 1945 in Hollfeld. Vergessen – Erinnerung – Dankbarkeit!?, Hollfeld 2003.

Stöver, Bernd: Der Kalte Krieg 1947–1991. Geschichte eines radikalen Zeitalters (C.H. Beck Paperback 6233), München 2017.

Stöver, Bernd: Die Befreiung vom Kommunismus. Amerikanische Liberation Policy im Kalten Krieg 1947–1991 (Zeithistorische Studien 22), Köln u. a. 2002.

Stratievski, Dmitri: Sowjetische Kriegsgefangene in Deutschland und ihre Rückkehr in die UdSSR, Berlin 2008.

Streim, Alfred: Die Behandlung sowjetischer Kriegsgefangener im „Fall Barbarossa". Eine Dokumentation. Unter Berücksichtigung der Unterlagen deutscher Strafverfolgungsbehörden und der Materialien der Zentralen Stelle der Landesjustizverwaltungen zur Aufklärung von NS-Verbrechen, Heidelberg 1981.

Striegl, Hans: 1200 Jahre Urpfarrei St. Martin Illkofen, Illkofen 1989.

Sturm, Josef – Baderhuber, Matthias: Giftgaswolken über Otting, in: Dopsch, Heinz u. a.: 1250 Jahre Otting. Heimatbuch der Pfarrei Otting, Otting 1999, S. 551–555.

Sturm, Werner u. a.: Das bittere Ende. Die letzten Kriegsjahre in unserer Heimat 1943–45 (Unsere Heimat 5), Bad Abbach 1981.

Sturm, Werner: 60 Jahre nach Kriegsende 1945–2005, in: ders.: Krieg und Frieden. 60 Jahre nach Kriegsende (Unsere Heimat 31), Bad Abbach 2005, S. 6–44.

Swift, Douglas: Slow March through Hell. A British POW in Poland 1940–1945, Fleet Hargate, Lincolnshire 2006.

Tenfelde, Klaus – Seidel, Hans-Christoph (Hg.): Zwangsarbeit im Bergwerk. Der Arbeitseinsatz im Kohlenbergbau des Deutschen Reiches und der besetzten Gebiete im Ersten und Zweiten Weltkrieg, Bd. 1: Forschungen (Veröffentlichungen des Instituts für soziale Bewegungen, Schriftenreihe C: Arbeitseinsatz und Zwangsarbeit im Bergbau 1), Essen 2005.

Tessin, Georg: Deutsche Verbände und Truppen 1918–1939. Altes Heer, Freiwilligenverbände, Reichswehr, Heer, Luftwaffe, Landespolizei, Osnabrück 1974.

Tessin, Georg: Verbände und Truppen der deutschen Wehrmacht und Waffen-SS im Zweiten Weltkrieg 1939–1945, Bd. 1: Die Waffengattungen. Gesamtübersicht, Osnabrück ²1979.

Tessin, Georg: Verbände und Truppen der deutschen Wehrmacht und Waffen-SS im Zweiten Weltkrieg 1939–1945, Bd. 3: Die Landstreitkräfte 6–14, Frankfurt a.M. ²1974

Tessin, Georg: Verbände und Truppen der deutschen Wehrmacht und Waffen-SS im Zweiten Weltkrieg 1939–1945, Bd. 4: Die Landstreitkräfte 15–30, Frankfurt a.M. [1970].

Tessin, Georg: Verbände und Truppen der deutschen Wehrmacht und Waffen-SS im Zweiten Weltkrieg 1939–1945, Bd. 5: Die Landstreitkräfte 31–70, Frankfurt a.M. [1972].

Tessin, Georg: Verbände und Truppen der deutschen Wehrmacht und Waffen-SS im Zweiten Weltkrieg 1939–1945, Bd. 6: Die Landstreitkräfte 71–130, Osnabrück 1972.
Tessin, Georg: Verbände und Truppen der deutschen Wehrmacht und Waffen-SS im Zweiten Weltkrieg 1939–1945, Bd. 7: Die Landstreitkräfte 131–200, Osnabrück 1973.
Tessin, Georg: Verbände und Truppen der deutschen Wehrmacht und Waffen-SS im Zweiten Weltkrieg 1939–1945, Bd. 10: Die Landstreitkräfte 371–500, Osnabrück 1975.
Tessin, Georg: Verbände und Truppen der deutschen Wehrmacht und Waffen-SS im Zweiten Weltkrieg 1939–1945, Bd. 11: Die Landstreitkräfte 501–630, Osnabrück 1975.
Tessin, Georg: Verbände und Truppen der deutschen Wehrmacht und Waffen-SS im Zweiten Weltkrieg 1939–1945, Bd. 13: Die Landstreitkräfte 801–13400, Osnabrück 1976.
Tessin, Georg: Verbände und Truppen der deutschen Wehrmacht und Waffen-SS im Zweiten Weltkrieg 1939–1945, Bd. 14: Die Landstreitkräfte: Namensverbände, Die Luftstreitkräfte (Fliegende Verbände), Flakeinsatz im Reich 1943–1945, Osnabrück 1980.
Tessin, Georg: Verbände und Truppen der deutschen Wehrmacht und Waffen-SS im Zweiten Weltkrieg 1939–1945, Bd. 16: Verzeichnis der Friedensgarnisonen 1932–1939 und Stationierungen im Kriege 1939–1945. Teil 2: Wehrkreise VII-XIII., Osnabrück 1996.
Teufel, Manfred: Vom Werden der deutschen Kriminalpolizei. Ein polizeihistorischer Abriß mit prosopographischen Anmerkungen, in: Nitschke, Peter (Hg.): Die Deutsche Polizei und ihre Geschichte. Beiträge zu einem distanzierten Verhältnis (Schriftenreihe der Deutschen Gesellschaft für Polizeigeschichte e.V. 2), Hilden 1996, S. 72–97.
Thaden, Matthias: „Ein völlig liberalisiertes Ausländertum"? Politischer Aktivismus von Exilkroaten als Herausforderung für die bundesdeutsche Innen- und Sicherheitspolitik, 1950er–60er Jahre, in: Goebel, Simon u. a. (Hg.): Flucht, Migration und gesellschaftliche Transformationsprozesse. Transdisziplinäre Perspektiven, Wiesbaden 2018, S. 85–110.
Thamm, Wolfgang: 55 Jahre Kampfmittelbeseitigung in der Bundesrepublik Deutschland 1945–2000. Kampfmittel- und Kampfstoffe, Rüstungsaltlasten. Eine Dokumentation über die Arbeit der Kampfmittelräum- und -beseitigungsdienste, Bissendorf 2002.
Tolsdorff, Tim: Eichenlaub und Fichtenstamm, in: Märkische Allgemeine Zeitung, 13./14.11. 2010, S. 2; Digitalisat abrufbar unter URL: https://www.tim-tolsdorff.de/app/download/2844249/Tolsdorff+-+Eichenlaub+und+Fichtenstamm.pdf (01.02.2018).
Tolsdorff, Tim: Erschossen am Fichtenstamm, in: Märkische Allgemeine Zeitung, 20./21.11. 2010, S. 2; Digitalisat abrufbar unter URL: https://www.tim-tolsdorff.de/app/download/2844835/Tolsdorff+-+Erschossen+am+Fichtenstamm.pdf (01.02.2018).
Tomsett, Robert: Edward Tomsett's Taschenbuch (POW) Diary; aktualisiert am 02.10.2012, URL: https://www.lamsdorf.com/uploads/6/4/2/7/6427590/edward_tomsett_march_diary.doc (21.08.2018).
Trapp, Eugen: Geschichte des Neuen Gymnasiums zu Regensburg 1880–1950, in: Neues Gymnasium Regensburg, Jahresbericht für das Schuljahr 1949/50, Regensburg 1950, S. 25–43.
Traussnig, Florian: Geistiger Widerstand von außen. Österreicher in US-Propagandainstitutionen im Zweiten Weltkrieg, Wien/Köln/Weimar 2017.
Traussnig, Florian: „I should be ‚thankful' to Adolf Hitler for having forced me out of my comfortable shell". Die spektakuläre Militärlaufbahn des exilösterreichischen G–2-Offiziers Alfred Diamant im Zweiten Weltkrieg, in: Ableitinger, Alfred – Moll, Martin (Hg.): Licence to Detect. Festschrift für Siegfried Beer zum 65. Geburtstag (Schriftenreihe des Instituts für Geschichte 19), Graz 2013, S. 413–441.
Traussnig, Florian: Vom Lavanttaler Aristokratensohn zum amerikanischen Geheimdienstagenten. Die außergewöhnliche Kriegsbiographie von Oliver Schneditz-Rockhill zwischen 1938 und 1945, in: Carinthia I 201 (2011), S. 483–509.
Traussnig, Florian: Militärischer Widerstand von außen. Österreicher in US-Armee und Kriegsgeheimdienst im Zweiten Weltkrieg, Wien/Köln/Weimar 2016.
Troll, Hildebrand: Aktionen zur Kriegsbeendigung im Frühjahr 1945, in: Broszat, Martin – Fröhlich, Elke – Grossmann, Anton (Hg.): Bayern in der NS-Zeit, Bd. 4: Herrschaft und Gesellschaft im Konflikt. Teil C, München/Wien 1981, S. 645–689.

## Veröffentlichte Quellen und Literatur

Tucker, Jonathan B.: War of Nerves. Chemical Warfare from World War I to Al-Qaeda, New York 2007.
Ueberschär, Gerd R.: Die Deutsche Reichspost 1933–1945. Eine politische Verwaltungsgeschichte, Bd. 2: 1939–1945, Berlin 1999.
United States Army (Hg.): 65th Infantry Division Pictorial History. European Theater of Operations 2 March 1945 to 9 May 1945, [s.l. 1945].
United States Army (Hg.): 635th Tank Destroyer Battalion (towed), Headquarter: Report submitted for April 1945, s.l. 1945; Digitalisat abrufbar unter URL: https://www.tankdestroyer.net/images/stories/ArticlePDFs/635th_TD_Apr_1-30_45_AAR_Opt.pdf (08.03.2018).
United States Army (Hg.): 811th Tank Destroyer Battalion, Headquarter: After Action Report against the Enemy 1–30 April 1945, s.l. 1945; Digitalisat abrufbar unter URL: https://www.tankdestroyer.net/images/stories/ArticlePDFs/811th_TD_Apr_1-30_45_AAR.pdf.
United States Army (Hg.): After Action Report Third Army, 1 August 1944 – 9 May 1945, 2 Bde., Regensburg 1945.
United States Army (Hg.): Crossing of Danube River and Drive into Austria. XX Corps operational report 18 April–8 May 1945, [s.l. 1945].
United States Army (Hg.): The 3rd Cavalry Reconnaissance Squadron (Mecz.) in World War II, 9. August 1944 to 9 May 1945 (World war Regimental Histories 58), s.l. 1949; Digitalisat abrufbar unter URL: http://digicom.bpl.lib.me.us/ww_reg_his/58 (05.02.2018).
United States Army (Hg.): The Ghost Corps thru Hell and High Water. A short story of the XX Corps U.S. Army, s.l. [ca. 1945].
United States Army (Hg.): The Thirteenth Armored Division. A History of the Black Cats from Texas to France, Germany and Austria and Back to California. Part I (World War Regimental Histories 185), s.l. 1945; Digitalisat abrufbar unter URL: http://digicom.bpl.lib.me.us/cgi/viewcontent.cgi?article=1187&context=ww_reg_his (28.02.2018).
United States Army (Hg.): The Thirteenth Armored Division. A History of the Black Cats from Texas to France, Germany and Austria and Back to California. Part II (World War Regimental Histories 185), s.l. 1945; Digitalisat abrufbar unter URL: http://digicom.bpl.lib.me.us/cgi/viewcontent.cgi?filename=0&article=1187&context=ww_reg_his&type=additional (28.02.2018).
United States Army (Hg.): The Thirteenth Armored Division. A History of the Black Cats from Texas to France, Germany and Austria and Back to California, Baton Rouge 1946; Digitalisat abrufbar unter URL: http://www.13tharmoreddivision.org/ (04.06.2018).
United States Army (Hg.): The XX Corps. Its History and Service in World War II, Prepared and Written by XX Corps Personnel, s.l. [ca. 1945].
United States Army Air Forces (Hg.): Eighth Air Force Tactical Mission Report. Operation No. 948 – 14 April 1945, 951 – 15 April 1945, 954/955 – 16 April 1945, s.l. 1945, Digitalisat abrufbar unter URL: cgsc.cdmhost.com/utils/getdownloaditem/collection/p4013coll8/id/924/filename/913.pdf/mapsto/pdf (19.06.2018).
United States Holocaust Memorial Museum (Hg.): Interview with Joseph Eaton. May 27, 2010. RG–50.030*0581; Digitalisat der wörtlichen Abschrift abrufbar unter URL: https://collections.ushmm.org/oh_findingaids/RG–50.030.0581_trs_en.pdf (08.12.2017).
United States Holocaust Memorial Museum (Hg.): Joseph W. Eaton Papers (2009.401.1), publiziert am 12.07.2017, URL: https://collections.ushmm.org/search/catalog/irn42329 (08.12.2017).
United States National Archives (Hg.): Strafing Planes and German Woman Soldiers; 86th Division Crosses the Danube; Infantry Support Raft, publiziert am 24.04.2017, URL: https://www.youtube.com/watch?v=L_74VpBorW4 (04.06.2018).
Urban, Markus – Katrin Kasparek: Neumarkt i.d.Opf. im Nationalsozialismus 1933–1945, Nürnberg 2010.
V.E.: Dem Hunnensturm entgegen, in: Regensburger Kurier, Stadtausgabe Nr. 23 vom 27./28.1.1945, s.p.
Verordnung über die Bestellung von Reichsverteidigungskommissaren. Vom 1. September 1939, in: RGBl. I, 1939, S. 1565f.

## Anhang

Verordnung über die Stiftung der „Tapferkeits- und Verdienst-Auszeichnung für Angehörige der Ostvölker". Vom 14. Juli 1942, in: RGBl. I, 1942, S. 463.

Viehbacher, Friedrich: Zum Gedenken an Herrn Dr. Otto Schottenheim, in: Mittelbayerische Zeitung, Stadtausgabe Nr. 213 vom 5.9.1980, s.p.

Vincent, Adrian: The Long Road Home, London 1956.

Vinicki, Ales': Matar'jaly da historyi belaruskaj ėmihracyi ŭ Njamečcyne ŭ 1939 – 1951 hadoch [Materialien zur Geschichte weißrussischer Emigration in Deutschland 1939–1951] (Biblijatėka belaruskaj dyjaspary), Mensk 1994.

Vodopivec, Peter: Von den Anfängen des nationalen Erwachens bis zum Beitritt in die Europäische Union, in: Peter Štih – Simoniti, Vasko – Vodopivec, Peter: Slowenische Geschichte. Gesellschaft – Politik – Kultur (Veröffentlichungen der Historischen Landeskommission für Steiermark 40 / Zgodovinski časopis. Zbirka 34), Graz 2008, S. 218–518.

Vogelsang, German (Hg.): Sie kommen! Die letzten Kriegstage in der Oberpfalz 1945, Amberg 2005.

Vogelsang, German (Hg.): Sie kommen! Die letzten Kriegstage in der Oberpfalz 1945, 2., erw. Aufl., Amberg $^2$2015.

Voit, Stefan (Bearb.): „... bis alles in Scherben fällt ...". Das Kriegsende in der Oberpfalz (Verlagsbeilage Der Neue Tag, Amberger Zeitung, Sulzbach-Rosenberger Zeitung), Weiden 1995.

Vojenský historický archiv Praha (Hg.): Repertorium Německé soudy vojenské, policejní, civilní 1936–1945 [Militärhistorisches Archiv Prag (Hg.): Repertorium Deutsches Militär, Polizei, Zivilgerichte 1936–1945], Praha o.J.

Völker, Karl-Heinz: Die deutsche Luftwaffe 1933–1939. Aufbau, Führung und Rüstung der Luftwaffe sowie die Entwicklung der deutschen Luftkriegstheorie (Beiträge zur Militär- und Kriegsgeschichte 8), Stuttgart $^2$1967.

Volkert, Wilhelm (Hg.): Handbuch der bayerischen Ämter, Gemeinden und Gerichte 1799–1980, München 1983.

Völkl, Ekkehard: Ukrainer in Regensburg, in: Regensburger Almanach 25 (1992), S. 131–139.

Wachs, Philipp-Christian: Der Fall Theodor Oberländer (1905–1998). Ein Lehrstück deutscher Geschichte, Frankfurt u. a. 2000.

Waetzmann, Karl: Die Stadt Vohenstrauß im Jahre 1945, in: Staniczek, Peter u.a.: Stunde Null. Kriegsende 1945 im ehemaligen Landkreis Vohenstrauß. Zeitzeugen berichten (Streifzüge 16), Vohenstrauß 1995, S. 6–30.

Wagner, Bernd C.: IG Auschwitz. Zwangsarbeit und Vernichtung von Häftlingen des Lagers Monowitz 1941–1945 (Darstellungen und Quellen zur Geschichte von Auschwitz 3), München 2000.

Wagner, Christoph: Die Ermordung russischer Kriegsgefangener im Raum Passau Ende April 1945, in: Becker, Winfried (Hg.): Passau in der Zeit des Nationalsozialismus. Ausgewählte Fallstudien (Schriften der Universität Passau), Passau 1999, S. 545–569.

Wagner, Hans: Weinberg und Steinbruch des Herrn. Geschichte der Pfarrgemeinde Kapfelberg und Poikam, Kapfelberg 1985.

Wagner, Walter: Der Volksgerichtshof im nationalsozialistischen Staat. Mit einem Forschungsbericht für die Jahre 1974 bis 2010 von Jürgen Zarusky (Die deutsche Justiz und der Nationalsozialismus 3. Quellen und Darstellungen zur Zeitgeschichte 16), München 2011.

Walk, Robert: Gas, Gas Masks, and Smelly Clothing: The Unsung Heroes of the Chemical Warfare Service during World War II, in: Army Chemical Review, 2007, July-Dec., S. 43–49.

Wallace, Brenton G.: Patton and his Third Army, Westport 1979.

Walterskirchen, Gudula: Blaues Blut für Österreich. Adelige im Widerstand gegen den Nationalsozialismus, Wien/München 2000.

Warfield, William – Miller, Alton: My music & my life, Champaign 1991.

Wechsberg, Joseph: Heimkehr, Wuppertal 2015.

Wehler, Hans-Ulrich: Deutsche Gesellschaftsgeschichte, Bd. 4: Vom Beginn des Ersten Weltkriegs bis zur Gründung der beiden deutschen Staaten 1914–1949 (Schriftenreihe der Bundeszentrale für Politische Bildung 776), Bonn 2009.

## Veröffentlichte Quellen und Literatur

Wehr, Laura: Menschen in Regensburg. Alltagsleben 1925–1985 (Erzählte Geschichte), Erfurt 2000.
Weigelt, Andreas: Briesen/Falkenhagen, in: Benz, Wolfgang – Distel, Barbara (Hg.): Der Ort des Terrors. Geschichte der nationalsozialistischen Konzentrationslager, Bd. 3: Sachsenhausen, Buchenwald, München 2006, S. 137–141.
Weikl, Ludwig: Domprediger Dr. Johann Maier 1906–1945, Nürnberg/Eichstätt 1963.
Weikl, Ludwig: Domprediger Dr. Johann Maier 1906–1945, in: Schwaiger, Georg – Mai, Paul (Hg.): Das Bistum Regensburg im Dritten Reich (Beiträge zur Geschichte des Bistums Regensburg 15), Regensburg 1981, S. 431–475.
Weikl, Ludwig: Sterne in der Hand des Menschensohnes. Priester unserer Zeit, Nürnberg/Eichstätt 1963.
Weilner, Ignaz: Unter Gottes Gericht. Die letzten Kriegstage 1945 am Hof des Fürsten von Thurn und Taxis, Regensburg 1965.
Weinmann, Josef: Die Aktivitäten der NSDAP und ihrer Gliederungen in Regensburg von 1933–1936, Univ. Zulassungsarbeit, Regensburg 1974.
Weiß, Matthias: Sinnliche Erinnerung. Die Filme „Holocaust" und „Schindlers Liste" in der bundesdeutschen Vergegenwärtigung der NS-Zeit, in: Frei, Norbert – Steinbacher, Sybille (Hg.): Beschweigen und Bekennen. Die deutsche Nachkriegsgesellschaft und der Holocaust (Dachauer Symposien zur Zeitgeschichte 1), Göttingen 2001, S. 71–102.
Weiße, Günther K.: Geheime Nachrichtendienste und Funkaufklärung im Zweiten Weltkrieg. Deutsche und alliierte Agentenfunkdienste in Europa 1939–1945, Graz 2009.
Weisenberger, Karl: Wehrmachtskommandant oder Kampfkommandant? General Weisenberger über die Absetzung General Bornemanns, in: Domarus, Max: Der Untergang des alten Würzburg im Luftkrieg gegen die deutschen Großstädte, Würzburg $^5$1982, S. 188–190.
Weishaupt, Josef: Die geplante Schlacht um Regensburg, April 1945, in: Emmerig, Ernst (Hg.): Regensburger Almanach 1991, Regensburg 1991, S. 92–105.
Weißmann, Albrecht: Der Deutsche Volkssturm. Der Sonderfall des Neuburger Bataillons, in: Neuburger Kollektaneenblatt 143 (1995), S. 56–69.
Weitkamp, Sebastian: Braune Diplomaten. Horst Wagner und Eberhard von Thadden als Funktionäre der „Endlösung" (Reihe Politik- und Gesellschaftsgeschichte 77), Bonn 2008.
Werder, Sebastian: Regensburg im Umgang mit seiner NS-Vergangenheit. Geschichtspolitik in Regensburg am Beispiel des 23. April 1945, Univ. Masterarbeit, Regensburg 2016.
Werner, Robert: 70 Jahre Kriegsende. Todesstoß für die untote Legende des Robert Bürger, in: regensburg-digital, publiziert am 20.04.2015, URL: http://www.regensburg-digital.de/todesstoss-fuer-die-untote-legende-des-robert-buerger/20042015/ (22.08.2017).
Werner, Robert: Kriegsende in Regensburg. Bundeswehr-Kameradschaft hält an Kriegstagebuch-Fälscher Robert Bürger fest, in: regensburg-digital, publiziert am 02.12. 2013, URL: http://www.regensburg-digital.de/bundeswehrkameradschaft-haelt-an-kriegstagebuch-faelscher-robert-buerger-fest/02122013/ (22.08.2017).
Werner, Robert: Kriegsende in Regensburg. Debatte um die Revision einer Legende, in: regensburg-digital, publiziert am 27.06.2012, URL: http://www.regensburg-digital.de/debatte-um-die-revision-einer-legende/27062012/ (22.08.2017).
Werner, Robert: Kriegsende in Regensburg. SS-Brigadeführer Schottenheim als Retter der Stadt, in: regensburg-digital, publiziert am 21.07.2012, URL: http://www.regensburg-digital.de/ss-otto-schottenheim-als-retter-der-stadt/21072012/ (22.08.2017).
Werner, Robert: Kriegsende in Regensburg. Widerlegte Geschichtsklitterung, in: regensburg-digital, publiziert am 19.06.2012, URL: http://www.regensburg-digital.de/widerlegte-geschichtsklitterung–2/19062012/ (22.08.2017).
Werner, Robert: Kriegsende in Regensburg: Teil II. Legendenbildung und Wunderglaube im Kontext der Kapitulation, in: regensburg-digital, publiziert am 20.06.2012, URL: http://www.regensburg-digital.de/legendenbildung-und-wunderglaube/20062012/ (22.08.2017).

## Anhang

Werner, Robert: Kriegsende in Regensburg: Teil III. Geschichtsklitterung im wissenschaftlichen Gewand, in: regensburg-digital, publiziert am 21.06.2012, URL: http://www.regensburg-digital.de/geschichtsklitterung-im-wissenschaftlichen-gewand/21062012/ (22.08.2017).

Werner, Robert: Regensburger Historiker-Streit. 30 Jahre Bürger-Legende, in: regensburg-digital, publiziert am 7.11.2013, URL: http://www.regensburg-digital.de/30-jahre-buerger-legende/07112013/ (22.08.2017).

Werner, Robert: Vergangenheitspolitik a la Stadtarchivar. Wie Regensburg den „Fall Othmar Matzke" erledigen wollte, in: regensburg-digital, publiziert am 28.08.2012, URL: http://www.regensburg-digital.de/wie-regensburg-den-fall-othmar-matzke-erledigen-wollte/28082012/ (22.08.2017).

Werner, Ruth: Sonjas Rapport, Berlin 2006.

West, Doug: Brutality and Slave Labour, in: Rankin, Kenneth (Hg.): Lest we Forget, Odiham 1989, S. 303–321.

West, Nigel: Secret War. The Story of SOE, Britains's Wartime Sabotage Organisation, London 1993.

Westerholz, S. Michael: „Daß dies ganze Land wüste und zerstöret liege …" Von allerlei Lagern in den Vor- und Nachkriegsjahren, in: Fink, Alois u.a.: Auf der Sonnenseite des Bayerischen Waldes. Ein Heimatbuch des Landkreises Deggendorf, Passau 1983, S. 219–222.

Westerholz, S. Michael: Kranke krepiertern natürlich wie das Vieh. Erinnerungen an das KZ Plattling. Eine Reportage, Deggendorf 1995.

Westheimer, David: Sitting it Out. A World War II POW Memoir, Houston 1992.

White, Joseph Robert: „Even in Auschwitz … Humanity Could Prevail": British POWs and Jewish Concentration-Camp Inmates at IG Auschwitz, 1943–1945, in: Holocaust and Genocide Studies 15 (2001), S. 266–295.

Wiegand, Fred: Unser Standort Regensburg. Informationsschrift für Gäste und Soldaten, Mering ²2000.

Wild, Klaus: Die Polizeiorganisation in Nürnberg und Fürth von 1919 bis 1945. Der Weg vom Staatspolizeiamt zum Polizeipräsidium, Hs. Master-Arbeit, Dresden 2011.

Wild, Michael: Volksgemeinschaft und Führererwartung in der Weimarer Republik, in: Brockhaus, Gudrun (Hg.): Attraktion der NS-Bewegung, Essen 2014, S. 175–193.

Wilke, Jürgen: Die Fernsehserie „Holocaust" als Medienereignis, in: Zeitgeschichte-online, publiziert im März 2004, URL: https://zeitgeschichte-online.de/thema/die-fernsehserie-holocaust-als-medienereignis (19.06.2018).

Willbold, Hans: Der Luftkrieg zwischen Donau und Bodensee. Vorbereitungen, Flugplätze und deren Belegungen, Luftangriffe, Abstürze (Landkreis Biberach Geschichte und Kultur 6), Bad Buchau 2002.

Winstel, Tobias: Verhandelte Gerechtigkeit. Rückerstattung und Entschädigung für jüdische NS-Opfer in Bayern und Westdeutschland (Studien zur Zeitgeschichte 77), München 2006.

Winter, Fritz: Den Panzeralarm hat sie noch im Ohr, in: Mittelbayerische Zeitung – Ausgabe Regensburg Stadt, Nr. 104 vom 07.05.2015, S. 40.

Wirsching, Andreas: Nationalsozialismus in der Region. Tendenzen der Forschung und methodische Probleme, in: Möller, Horst – Wirsching, Andreas – Ziegler, Walter (Hg.): Nationalsozialismus in der Region. Beiträge zur regionalen und lokalen Forschung und zum internationalen Vergleich (Schriftenreihe der Vierteljahreshefte für Zeitgeschichte. Sondernummer), München 1996, S. 25–46.

Wittmann, William: Vom Leben in der Oberpfalz. Vam Lem inda Staapfalz, Norderstedt [ca. 2002].

Wittmer, Siegfried: Regensburger Juden. Jüdisches Leben von 1519 bis 1990 (Regensburger Studien und Quellen zur Kulturgeschichte 6), Regensburg 1996.

Wolf, Josef: Die Aktivitäten der NSDAP und ihrer Gliederungen in Regensburg 1936–1939, Univ. Zulassungsarbeit, Regensburg 1982.

Wolfrum, Edgar: Widerstand in den letzten Kriegsmonaten und „Endphase-Verbrechen", in: Steinbach, Peter – Tuchel, Johannes (Hg.): Widerstand gegen die nationalsozialistische Diktatur 1933–1945, Berlin 2004, S. 430–445.

Wolfsteiner, Alfred: Georg Heim. „Bauerngeneral" und Genossenschafter (Kleine bayerische Biografien), Regensburg 2014.

## Veröffentlichte Quellen und Literatur

Wolter, Heike u. a.: „Wenn der Krieg um 11 Uhr aus ist, seid ihr um 10 Uhr alle tot!" Sterben und Überleben im KZ-Außenlager Obertraubling, Salzburg 2011.
Wright, Matthew (Ed.): Escape! Kiwi POWs on the run in World War II, Auckland 2006.
Wuermeling, Henric L.: Die Weiße Liste und die Stunde Null in Deutschland 1945. Mit den Originaldokumenten in englischer Sprache, München 2015.
Würf, Markus: Die Heimat ist weit. Das Schicksal von Kriegsgefangenen im Bereich des Stalag XIII B (Arbeit zum Schülerwettbewerb Deutsche Geschichte 1984/85 um den Preis des Bundespräsidenten), Weiden 1985.
Wurster, Herbert W.: Das Bistum Passau und seine Geschichte, Bd. 4: Vom Ende der „Alten Kirche" 1803 bis zur Gegenwart, Strasbourg 2010.
WW2 US Medical Research Centre (Hg.): 250th Station Hospital. Unit History, URL: https://www.med-dept.com/unit-histories/250th-station-hospital/ (19.02.2018).
WW2 US Medical Research Centre (Hg.): Veteran's Testimony – Margaret M. Eggert. 250th Station Hospital, URL: https://www.med-dept.com/veterans-testimonies/veterans-testimony-margaret-m-eggert/ (19.02.2018).
Yeide, Harry: Steeds of Steel. A History of American Mechanized Cavalry in World War II, Minneapolis 2008.
Zachau, Reinhard K.: Stefan Heym (Autorenbücher 28), München 1982.
Zachau, Reinhard K.: Stefan Heym in Amerika. Eine Untersuchung zu Stefan Heyms Entwicklung im amerikanischen Exil 1935–1952, Univ. Diss., Pittsburgh 1978.
Zacke, Heinz: Unsere Geschichte erzählen. Viehhausen in den letzten Kriegstagen im April 1945, Regensburg 2010.
Zapf, Jürgen: Flugplätze der Luftwaffe 1934–1945 – und was davon übrig blieb, Bd. 8: Bayern – Luftgau XIII – Nürnberg, Zweibrücken 2013.
Żaryn, Jan: „Taniec na linie, nad przepaścią". Organizacja Polska na wychodźstwie i jej łączność z krajem w latach 1945 [Tanz auf dem Seil, über dem Abgrund – Die polnische Organisation im Exil und seine Verbindung mit dem Land 1945], Warszawa 2011.
Zeidler, Manfred: Kriegsende im Osten. Die Rote Armee und die Besetzung Deutschlands östlich von Oder und Neiße 1944/45, München 1996.
Zibell, Stephanie: Deutsche Waffenstillstandskommission 1940–1944, in: Stadtarchiv Wiesbaden (Hg.): Stadtlexikon Wiesbaden, URL: www.wiesbaden.de/microsite/stadtlexikon/a-z/Deutsche_Waffenstillstandskommission_1940-1944.php (09.01.2018).
Ziegler, Walter: Widerstand in Bayern – Ein Überblick, in: Rumschöttel, Hermann – Ziegler, Walter (Hg): Franz Sperr und der Widerstand gegen den Nationalsozialismus in Bayern (Zeitschrift für bayerische Landesgeschichte. Beiheft B 20), München 2001, S. 7–24.
Zimmermann, John: Der Krieg um die Ortschaft, in: Müller, Rolf-Dieter (Hg.): Der Zusammenbruch des Deutschen Reiches 1945, Bd. 1: Die militärische Niederwerfung der Wehrmacht (Das Deutsche Reich und der Zweite Weltkrieg 10,1), München 2008, S. 368–381.
Zimmermann, Volker: Die Sudetendeutschen im NS-Staat. Politik und Stimmung der Bevölkerung im Reichsgau Sudetenland (1938–1945), (Veröffentlichungen des Instituts für Kultur und Geschichte der Deutschen im Östlichen Europa 16. Veröffentlichungen der Deutsch-Tschechischen und Deutsch-Slowakischen Historikerkommission 9), Essen 1999.
Zink, Harold: The United States in Germany 1944–1955, Princeton 1957.
Zweck, Erich: Die Nationalsozialistische Deutsche Arbeiterpartei in Regensburg 1922–1933, in: Verhandlungen des Historischen Vereins für Oberpfalz und Regensburg 124 (1984), S. 149–260.

Anhang

## Orts- und Personenregister

Abweichende Schreibweisen sowie bei Ortsteilen die Nennung der übergeordneten Gemeinde erfolgen in runden Klammern. Der Ort Regensburg ist nicht in das Register aufgenommen, jedoch dessen Stadtteile.

### A

Aachen 204, 211, 330, 399
Abarotin, Olgierd 386
Abbéville 141
Abensberg 74, 172, 177, 178, 179, 216, 223, 225, 226, 238, 242, 271, 394
Ackerman, Dov 147
Adenauer, Konrad 109
Aholfing 99, 162
Ahrain (Essenbach) 145
Ahrens (Oberst) 110
Aibling 68
Aichach 285
Aich, Franz 221
Aigner, Stefan 31
Ainring 283
Albany, N.Y. 106
Albrecht, Dieter 19, 22, 24
Alexandria, VA 106
Allard, Joseph Albert Ghylan 176
Allersdorf (Schierling) 289
Allkofen (Mintraching) 262
Altenhammer (Flossenbürg) 123
Altenstadt a. d. Waldnaab 148
Altötting 123
Amann, Otto 70, 215, 234, 235, 236, 237, 238, 276
Amberg 35, 53, 56, 64, 65, 73, 81, 99, 147, 149, 172, 220, 360, 375, 384
Ambros, Otto 124
Amos, Brinley 158
Ampfing 153
Anderson, G. C. 159
Anger, Kurt 143, 145
Ansbach 57, 125, 239
Arnaud, Patrice 216
Arndt, Wilhelm 283
Arnheim (Arnhem) 163

Aronowsky, Arthur 96
Asch (Aš) 50
Aschaffenburg 92, 239
Aschenbrenner, Heinrich 386
Aschenbrennermarter (Altenhann) 200, 262, 337, 350
Attel (Wasserburg a. Inn) 172
Atting 162
Auburg (Barbing) 255
Aufhausen 86, 160
Augsburg 66, 99, 282, 285
Aumbach (Rettenbach) 58, 59
Auringer, Nikolaus 220, 252
Auschwitz (Oświęcim) 115, 150, 360
Auschwitz-Monowitz (Oświęcim-Monowice) 150, 318
Avey, Denis 151
Axmann, Artur 87, 89, 97

### B

Babinger, Hugo 30, 70, 234, 235, 236, 259
Bach a. d. Donau 86, 131
Bad Abbach 33, 83, 97, 98, 255, 266, 267, 268, 310, 311, 376, 397
Bad Aibling 78
Bad Arolsen 35, 417
Bad Berneck 143
Bad Flinsberg (Świeradów-Zdrój) 114
Bad Gastein 114
Bad Kissingen 125
Bad Kötzting 43
Bad Kreuznach 29
Bad Mergentheim 64
Bad Reichenhall 108
Bad Tölz 98, 155, 157, 350
Baiern (Lappersdorf) 250
Bailey, George 105
Baldauf, Johann 380

## Orts- und Personenregister

Bamberg 43, 81, 90, 96, 125, 224, 239
Bandera, Stepan 387
Barbing 42, 57, 86, 88, 261, 262, 263, 264, 265, 273, 279, 294, 310, 313, 316
Barcelona 317
Bardua, Werner 93
Bari 121
Barstow, Lee 263
Barth, Walter 83
Bastien, André → L'Hoest, Paul Jules Maximilien
Bauer, Johann 86
Bauer, Josef 50
Baun, Hermann 114, 115, 381
Bautzen 23
Bayerisch Eisenstein 110
Bayern, Leopold Maximilian Prinz von 55
Bayreuth 41, 45, 47, 50, 71, 76, 77, 79, 80, 81, 87, 88, 90, 143, 146, 147, 148, 151, 152, 188, 190, 193, 196, 207, 226, 307, 308, 309, 370
Becher, Georg 93
Bekalov, Nikolei 386
Békessy, János → Habe, Hans
Belfort 167
Beratzhausen 175, 246
Berchtesgaden 59, 108, 240, 283
Berckmans, Oscar Jean Marie André 183, 184, 185
Bergen 23
Bergmatting (Sinzing) 69
Bergreichenstein (Kašperské Hory) 43, 47
Berlin 35, 58, 77, 82, 87, 88, 91, 92, 94, 95, 106, 108, 116, 118, 135, 170, 176, 190, 198, 203, 204, 206, 212, 224, 225, 239, 241, 280, 281, 282, 283, 292, 306, 361, 369, 371, 381, 394
Bern (CH) 166
Berne (Heeswijk, NL) 183
Bernhardswald 86
Betzel (Hauptmann) 244
Beuthen (Bytom) 152, 153
Beutlhauser, Friedrich 288
Bielawski, Heinrich 162
Bielefeld 169, 180

Bihus, Miroslaw 382
Billroda (Finne) 134
Bindlach (Bayreuth) 151
Bingold, Heinrich 370
Bischofteinitz (Horšovský Týn) 43
Bishop, Brian 151
Blechhammer (Blachownia Śląska) 146
Blomberg, Werner von 240
Blossfeld, Friedrich 86
Blum, Léon 112
Bocchetta, Vittore 334
Bochmann, Georg 95
Bock, Valentin 86
Bodenwöhr 73
Boeckh, Rudolf 20, 74
Bogen 184
Böhm, Hans 367
Bolze (Hauptmann) 264
Bommel, Gerhard 47
Bonaparte, Napoleon 304, 305
Bond, Doug 151
Bonhoeffer, Dietrich 112
Bonn 109, 371
Borisow (Baryssau) 384
Bork, Max Hermann 66, 247
Bormann, Martin 239
Borst, Karl 370
Bort, Eugen 230, 406
Botman, Philip Maurice 183, 184, 185
Bradley, Omar Nelson 101
Brandlberg (Regensburg) 76, 77, 78, 162, 207, 222, 243
Brandt, Karl 122
Brandt, Willy 109
Brauchitsch, Walther von 240
Braxator, Georg 143
Breitenbach, Friedrich 85
Breitenbrunn 98
Breitengüßbach 125, 128
Bremen 381
Brennberg 86, 175, 252
Breslau (Wrocław) 180
Brest (Bjeraszje) 60
Brettheim (Rot am See) 96
Brizgys, Vincentas 114, 379

479

Brochwicz, Władysław 380, 381
Brodhausen (Freilassing) 172
Brodmerkel (Familie) 23
Brodmerkel, Wilhelm 23
Bromberg (Bydgoszcz) 292
Broszat, Martin 213, 231
Brown, Anthony Cave 168, 178, 179
Browning, Robert 304, 305
Bruckdorf (Sinzing) 147, 148, 149, 155, 159, 221
Brückner, Joachim 26, 27, 235, 240, 274, 278, 283
Brühne, Vera 108
Brunn 161
Brünn (Brno) 204
Brüssel (Bruxelles) 176
Buchanan, James 149
Buchberger, Michael 43, 368, 380
Buchenwald 162
Büchner, Heinrich 357
Budweis (České Budějovice) 367
Buraschmikow, Michail V. 376
Bürger, Robert 23, 24, 27, 29, 30, 31, 32, 33, 34, 234, 235, 240, 243, 248, 249, 258, 260, 264, 265, 267, 268, 271, 272, 273, 274, 275, 277, 309, 310, 311, 313, 398
Bürgerl, Heinrich 367
Burghausen 161
Burglengenfeld 64, 154, 175, 249, 253, 289, 303, 350, 397
Burgweinting (Regensburg) 159, 273, 309
Buttle, George Edward 158

## C

Camp Ritchie, MD 102, 103, 104, 105, 106, 317, 325, 358
Camp Sharp, PA 103, 358
Caracciola-Delbrück, Günther 281, 286
Cardinell, Robert H. 28, 101, 267
Cartwright, Albert 158
Casablanca 176
Český Těšín 137
Cham 87, 100, 112, 113, 117, 123, 126, 185, 247, 286, 346, 383, 388
Chaplin, Arthur 158

Christ, Martina 342
Christen (Oberfeuerwerker) 292, 294
Christlieb, Kurt 370
Christlieb, Otto 370
Chrobak, Werner 23, 27, 29, 311
Churchill, Winston 163, 374
Ciecierski, Josef 162
Cieszyn 137
Clark, Albert P. 141
Coburg 71, 81, 150, 212, 279, 370, 381
Cochenhausen, Conrad von 53, 54
Cochenhausen, Friedrich von 53, 54, 63
College Park, MD 35, 422
Collin, William Maltam 158
Compiègne 118
Copeland, John E. 319, 399
Coward, Charles Joseph 151
Crow, Fred 157

## D

Dachau 16, 32, 145, 161, 180, 220, 225, 349, 404
Dalgetty, David Innes 158
Dallago (Familie) 218
Dallgow-Döberitz 239
Daluege, Kurt 91
Danilewskaja, Darija 208, 216
Dante, Alighieri 268
Danzig (Gdansk) 48, 51
Darmstadt 234
Daubinet, Georg 230
Dawidow, Aleksandr M. 376
De Wals, Andre → Berckmans, Oscar Jean Marie André
Dechbetten (Regensburg) 42, 85, 207, 316
Deckelstein (Pettendorf) 244
Deggendorf 43, 71, 81, 108, 110, 111, 113, 131, 132, 247, 297, 301, 396
Dehandschutter, Michel Petrus Joseph → Allard, Joseph Albert Ghylan
Deku, Anna-Marie 357
Deschenitz (Dešenice) 43
Detmering, Rolf 142, 143
Dettenhofen (Pielenhofen) 161
Deuerling (Nittendorf) 161, 178, 243, 244

## Orts- und Personenregister

Didebelidze, W. 386
Diem, Veronika 285
Diepold, Anton 370
Dietfurt a. d. Altmühl 96
Dietl, Marianus 114
Dietldorf (Burglengenfeld) 94
Dingolfing 87, 160
Dinzinger, Johann 196
Distelhausen (Pielenhofen) 244
Döberitz (Dallgow-Döberitz) 77
Dodd, Arthur 151, 318
Dombrova (Dąbrowa Górnicza) 149
Donaustauf 69, 73, 74, 86, 88, 162, 173, 174, 248, 252, 253, 254, 257, 258, 261, 265, 272, 294, 311, 327, 328, 371
Dönitz, Karl 240, 413
Donovan, William J. 164
Dorn, Andreas 348
Doroschenko, Dymitro 383
Dortmund 371
Dostler, Eduard Ritter von 55
Dostojewski, Katharina von 202, 385
Doyle, Cecil G. 352, 353
Dresden 93, 338
Duda, Mychajło 383
Duggendorf 154, 161
Duisburg 23
Dulles, Allen W. 166
Dünkirchen (Dunkerque) 157
Dunkley, Frank 316, 317, 319, 321, 322, 323, 324, 399
Dünninger, Eberhard 338
Dünzling (Bad Abbach) 270
Durand, André 172
Dürn (Breitenbrunn) 98
Dürnbach (Gmund a. Tegernsee) 149, 155, 157
Dürr, Emmi 220
Düsseldorf 87, 203
Dyer, George 304
Dyhernfurth (Brzeg Dolny) 122

**E**

Eaton, Joseph W. 105, 106, 358, 359
Eberstein, Friedrich Karl Freiherr von 89, 90
Ebrantshausen (Mainburg) 96
Eder, Josef 357
Eger (Cheb) 50, 179
Eggenfelden 43, 224
Egger, Paul 221
Egglfing (Köfering) 147
Eggolsheim 83
Ehard, Hans 387
Eichbühl (Langquaid) 58, 124, 125
Eichhofen (Nittendorf) 153, 154, 252
Eichinger, Franz 221, 222
Eichmann, Adolf 191
Eichstätt 43, 88, 114
Eilenburg 83
Eilsbrunn (Sinzing) 153, 244
Eining (Abensberg) 404
Eining (Neustadt a. d. Donau) 177
Eisenach 296
Eisenärzt (Siegsdorf) 95
Eisenbarth, J. 224
Eisenhower, Dwight D. 93, 343, 378
Eiser, Peter 23, 30, 31, 33, 34, 72, 234, 235, 236, 237, 238, 239, 240, 242, 243, 254, 258, 260, 272, 273, 274, 275, 306, 311, 312, 398
Eitlbrunn (Regenstauf) 75, 86, 249
Elsen, August 216, 222, 223, 231, 357, 366, 372, 393, 400
Elsenborn (Bütgenbach, B) 306
Eltheim (Barbing) 279
Eltville 68
Emer, Anna 220
Emmerting 123
Engel, Johann 310
Englert, Peter 218
Engstingen 125
Ensdorf 64, 65
Epp, Franz Xaver Ritter von 16, 49, 285, 306
Erdmann, Karl Dietrich 213
Erfurt 93
Ergolding 160, 332
Ergoldsbach 160, 162, 246
Erharting 293
Erlangen 304, 328, 350
Erwert, Helmut 289

481

Eschenlohe 73
Eschwege 103
Espelkamp 133
Essenbach 276
Esser, Karl 356, 400
Ettelt, Rudibert 26, 255, 260
Etterzhausen (Nittendorf) 69, 85, 154, 155, 175, 244, 245, 250, 251, 252, 254, 311
Eupen 306

**F**
Faber, Artur 114
Falkenberg 115, 116
Falkenhagen (Mark) 123
Falkenstein 162
Falkner, Ernst 42, 366
Faltermeier, Rudolf 220, 363
Falz-Fein, Anna von 202
Färber, Sigfrid 310
Farkas de Kisbarnak, Ferenc 378
Felber, Hans Gustav 64
Fellgiebel, Erich 108
Fessler (Sanitätsunteroffizier) 293
Feucht 128, 132, 133, 396
Feuerer, Thomas 136
Filzmann-Kerschensteiner, Annemarie 46, 70, 201, 237, 344, 377
Finck (Schmied) 173
Fischbach (Kallmünz) 175
Fischbach (Nittenau) 175
Fischer, Erwin 264, 277, 312
Fisher, Ian Campbell 158
Flachlberg (Regensburg) 85
Flensburg 367, 376
Flesch, Franz 86
Flieg, Helmut → Heym, Stefan
Flohr, Gustav (MdR) 170
Flossenbürg 21, 97, 112, 123, 124, 145, 154, 161, 162, 207, 220, 369, 370, 378, 380, 381
Foertsch, Hermann 94
Fomenkow, Iwan K. 376
Forestier, Andreas Vicomte de 287
Forster, Alan 149, 333
Fort Custer, MI 103

Fort Riley, KS 106
Frank, Karl Hermann 142, 143
Frankenberg a. d. Eder 129, 288, 299
Frankfurt a. d. Oder 81, 123
Frankfurt a. Main 175, 176, 180, 375, 376
Frauenberg (Brunn) 251
Freiburg i. Breisgau 25, 26, 35, 126, 127, 136
Freihart (Metzger) 148
Freihoffer, Irmgard 34
Freilassing 172
Freising 43, 144, 172
Frengkofen (Bach a. d. Donau) 248, 257, 258, 259, 261, 279, 294, 334
Frick, Wilhelm 356
Friesheim (Barbing) 265, 279, 313, 314, 316
Fritsch, Werner von 414
Frontenhausen 160
Frucht, Karl 103
Fuchs, August 218, 220
Fuchs, Klaus 170
Fulton 375
Funk, David 55
Fürth 89, 92, 198, 202, 203, 223, 225, 231

**G**
Galgenberg (Regensburg) 84
Gallwitzer, Hans 85
Gamperl, Georg 357
Gamringer, Willibald 86
Ganacker (Pilsting) 100, 247
Ganghofer-Siedlung (Regensburg) 85, 383, 384, 386
Ganninger, Franz 45
Garmisch-Partenkirchen 73
Garrand, John William 151
Gatow (Berlin) 283
Gebelkofen (Obertraubling) 147, 155, 289
Gebert, Hans 229
Gehlen, Reinhard 112, 114, 115, 116, 284, 373, 381, 386, 400, 401
Geiring, Toni 218
Geiselhöring 271
Geisenfeld 43
Geisling (Pfatter) 131, 246, 262, 279

Gelchsheim 125
Gemünden a. Main 146
Gendorf (Burgkirchen a.d. Alz) 123
Genf 388
Gengkofen (Mintraching) 69
Gerngross, Rupprecht 223, 286
Geßler, Otto 225
Giese, Herbert 68
Giese, Hermann 44
Giesler, Hermann 207
Giesler, Paul 65, 79, 80, 89, 242, 246, 281
Giessübl, Thomas 84
Gifford-England, Arthur 151
Gmund a. Tegernsee 157
Godart, Guillaume → Strüwe, Walter
Goebbels, Joseph 109, 188
Goerdeler, Karl Friedrich 223
Goldschmidt, Karl → Smith, Karl
Gombin 162
Göring, Hermann 57, 109, 125, 197, 283
Göringheim (Regensburg) 85, 382
Görlitz 67
Görlitz-Moys (Zgorzelec-Ujazd) 137, 142
Göteborg 317
Gotha 108
Gotteszell 110, 111
Götzer, Franz 196
Graber, Rudolf 114
Graber, Siegfried 114
Graf, Fritz 93
Graf, Otto 223, 225
Gräfe, Julius 93
Grafenau 112
Grafenau (O.Ö.) 131
Grafenwöhr 52, 82, 127, 128, 239, 287, 288, 298, 299, 301
Grafling 110
Graß (Regensburg) 78, 99, 318, 331
Graßlfing (Pentling) 155, 157, 160, 178, 266, 274, 318
Grebler, Alfons 334
Greiner, Heinrich 65, 66, 247, 285
Gries (Regensburg) 338
Griphian, Walter 90
Großberg (Pentling) 75, 302

Groß-Gerau 175
Großprüfening (Regensburg) 42, 69, 148, 158, 255, 334
Grünhut, Josef 44
Grünthal (Wenzenbach) 69, 162, 243, 252, 253
Guderian, Heinz 116, 191, 238, 381
Guggenberger, Karl 50
Guillou, Alain 172
Gundelshausen (Kelheim) 248, 259, 265, 266, 267, 268, 269, 270, 311, 328, 336, 397
Gundlfinger, Friedrich 283
Gündlkofen (Bruckberg) 144
Günzburg 125, 218
Gürtler, Josefa 218
Gürtler, Maria 218
Gut Osten (Mintraching) 70, 237
Gutkov, Georgi 386

**H**

Haag i. Oberbayern 172, 276
Habbel, Josef 357
Habe, Hans 104, 105, 358, 359
Habsburg, Otto von 376, 377
Hacker, Joseph 218
Häfner (Oberleutnant) 245, 257, 262
Hage, Hermann 254
Hagelstadt 86, 175, 195, 277
Hager, Betty 310
Haid (Engstingen) 125
Haimbuch (Mötzing) 162
Hainsacker (Lappersdorf) 75, 86, 161, 244, 249, 250, 251, 255, 301, 302
Halle (Saale) 385
Halter, Helmut 24, 25, 41, 198
Hamburg 133, 202, 203, 204
Hamilton, George Ronald 151
Hammelburg 62, 137, 142
Hamm, Karl 85
Hamon, Jean René → Guillou, Alain
Hampe, Erich 75, 144
Hannover 203
Hanuschewskyj, Bohdan 382
Hardy, Wilfred Mylrea 158
Harthof (Regensburg) 162

483

Harting (Regensburg) 260, 263, 265, 277, 279, 312, 313, 316, 397
Hartl, Albert 362
Hasselt (B) 183
Hauzenstein (Wenzenbach) 86
Hayder, Johann 216, 218, 220, 252, 362
Heffernon (Major) 380
Heidelberg 104, 381
Heidemann, Gerd 283
Heidemann, Wilhelm 89
Heigl, Reinhold 251, 337
Heil (Hauptmann) 243, 244, 255, 256
Heilingbrunner, Fritz 68
Heilinghausen (Regenstauf) 246
Heilmann (Hauptmann) 115
Heilmeier, Klaus 338
Heim, Georg 223, 224, 225
Heinemann, Gustav 21
Heinmann, Jakob 369
Heiß, Alfons 360, 365
Held, Heinrich 222, 224, 225, 358
Held, Heinz 225
Held, Josef 216, 223, 225, 231, 358, 366, 393, 400
Hellmuth, Otto 83
Hemau 98, 246, 248, 249, 257, 268, 275, 296
Hennyey, Gusztáv 376, 377, 378
Henrichs (Offizier) 243
Hermes, Karl 19
Herre, Heinz Danko 386
Herrmann, Ernst 44
Herrmann, Hans 15, 20, 25, 42, 200, 201, 308, 309, 310, 320, 323, 331, 333, 334, 335, 340, 341, 342, 344, 345, 348, 357, 360, 366, 367, 368, 369, 370, 371, 372, 375, 380, 383, 399, 400
Herrngiersdorf 282, 289
Herrnwahlthann (Hausen) 127
Hersbruck 154, 161, 249, 289, 303, 334
Herzogau (Waldmünchen) 47, 80, 226, 237
Heselburger, Hans 159
Heuberg (Stetten a. k. M.) 83
Heydebreck O.S. (Kędzierzyn-Koźle) 146
Heydrich, Reinhard 91
Heym, Stefan 95, 104, 105, 106, 358, 359

Hierl, Andreas 333
Hierl, Johann 230
Hierl, Konstantin 75, 77
Higginson, Norman 158
Hilbinger, Franz Xaver 157
Hildebrand, Klaus 213
Hildebrand (Major) 264
Hilmer, Ludwig 14, 24, 25, 341, 357
Hiltl, Franz 16, 24, 309, 310
Himmler, Heinrich 89, 109, 117, 205, 206, 238, 239, 372
Hipp, Otto 42, 222, 223, 224, 225, 357, 366
Hitler, Adolf 49, 78, 82, 83, 95, 96, 97, 98, 109, 111, 113, 119, 121, 122, 128, 129, 134, 192, 195, 196, 203, 205, 212, 213, 214, 224, 225, 238, 240, 241, 281, 282, 283, 284, 396
Hladun, Wolodimir 212
Hobson, David L. 343, 352
Hoegner, Wilhelm 224
Hof a.d. Saale 50, 81, 179, 180, 181, 194, 339
Hoffmann, Albert 79
Hoffmann, Erika 218, 221
Hoffmann, Hans 88, 229
Hoffmann, Joachim 117
Hoffmann, Karl Otto 98, 257
Hofmann, Max 83
Hofmeister (Fam.) 158
Hofmeister, Michael 221
Hohenbrunn 281, 284
Hohenfels 52, 62, 83, 95, 137, 142, 154, 155, 159, 160, 334
Hohengebraching (Pentling) 37, 85, 268, 369
Hohes Kreuz (Regensburg) 346
Höhne, Franz (MdB) 220
Hoibl, Karl 28
Hölkering (Pentling) 150
Holleischen (Holýov) 380
Hollywood (Los Angeles, CA) 326
Holzbecher, Hans 85
Holzheim am Forst 155, 161
Holzschuher, Wilhelm Freiherr von 47
Hörpolding (Traunreut) 127, 281, 284
Horst (Gelsenkirchen) 239

## Orts- und Personenregister

Hort, Joseph 144
Horthy, Miklós 113, 377
Hostau (Hostouň) 43
Howe, George 169
Huber, Alois 288
Huber, Josef 84, 85
Hufton, Charles 158
Hunderdorf 185
Huntziger, Charles 118
Hüsson, Hans 23, 70, 234, 235, 239, 240, 259, 277, 313
Huttary, Albert 167

## I

Igl, Johann 226
Illkofen (Barbing) 261
Ilnicky, Roman 383
Imenkamp, Wilhelm 358
Ingelheim, Ludwig Graf von 80, 95, 97, 239, 246, 247, 255, 271, 275, 282, 286, 287
Ingolstadt 50, 53, 97, 125, 148, 154, 166, 172, 259, 268, 271, 276, 332, 394, 397
Innsbruck 287, 376
Irl (Regensburg) 260, 264, 277, 313
Irlbach (Wenzenbach) 69, 162, 252
Irler Höhe (Regensburg) 56, 346
Irrenlohe (Schwarzenfeld) 147, 148
Irwin, S. LeRoy 101, 326, 350
Ittling (Straubing) 288
Iwański, Marian 380

## J

Jaggo (Familie) 218
Jaggo, Josef 218
Jahn, Friedrich Ludwig 77
Jahreis, Albert 229
Jalta 374, 385
Janousek, Rudolf → Piotrowski, Waldyslaw
Jaworzno 148
Jefferson, Alexander 141
Jehle, Otto 42
Jepsen, Franz 366, 367
Jewtuschenko, Mihailo 383
Jung, Friedrich 292, 293
Jüterbog 77

## K

Kaczkowski, Marian 380
Kaeppel, Friedrich 44
Kager (Regensburg) 69, 245, 258
Kahn, Karl 223
Kallmünz 161, 175, 250
Kalodka, Aleksander 384
Kaltenbrunner, Ernst 91
Kalubowitsch, Eugene 384
Kaminski, Stanisław 216
Kandibowitsch, Simon 384
Kapfelberg (Kelheim) 32, 248, 252, 259, 265, 266, 267, 268, 380, 397
Kareth (Lappersdorf) 42, 243, 244, 250, 255, 258
Karlsbad (Karlovy Vary) 91, 143, 367
Karlsruhe 77
Karlstein (Regenstauf) 86
Kasmowitsch, Dimitri 384
Kassel 248, 381
Katryj, Bohdan 382
Katterbach (Ansbach) 57
Kattowitz (Katowice) 174
Kaufmann, Karl 133
Kędzierzyn-Koźle 146
Keilberg (Regensburg) 85, 207, 243, 245, 250, 258
Keitel, Wilhelm 109, 118, 128, 129, 239, 242, 282
Keiter, Engelhardt 357
Kelheim 26, 43, 46, 52, 56, 69, 93, 97, 127, 154, 161, 177, 193, 234, 245, 246, 249, 255, 258
Keller, Herbert 281, 291, 292, 293, 294, 295, 313
Keller, Max 85
Keller, Moshe 147
Keller, Sven 33, 34, 239
Kellner, Franz 358
Kelsterbach 175
Kemnath 43
Kempfenhausen (Berg) 66, 247
Kempfler, Friedrich 20, 90, 307, 308, 309
Kempten 169

485

Kennedy, Robert M. 103, 105, 106, 317, 318, 320, 324, 325, 326
Kent, Eric → Konhäuser, Emil
Kerschensteiner, Franz 70, 237, 238, 276
Kesselring, Albert 61, 63, 64, 65, 70, 94, 240, 241, 284, 285
Kestell-Cornish, Geoffrey 150, 151, 157
Keydel, Hans 370
Kick, Wilhelm 14, 23, 274
Kiefenholz (Wörth a. d. Donau) 131
Kienast, Heinrich 85
Kieselew, Dimitri 117
Kiliansdorf (Roth) 126
Kirchroth 286, 297
Kirkby, Harold B. 158
Kleikamp, H.G. 180, 231
Kleikamp, Helmut 95, 286, 287
Klein (Gebrüder) 104
Kleinkötz (Kötz) 68, 125
Kleinprüfening (Sinzing) 136
Kleinramspau (Regenstauf) 173
Kleist, Ewald von 241
Klemperer, Victor 338
Klitta, Helga 26, 27
Klug (Volkssturmkompanieführer) 310
Kluger (Oberst) 179
Knef, Hildegard 169
Kneiting (Pettendorf) 99, 136, 208, 250
Koch, Valentin 50
Köfering 69, 86, 276
Kohl, Hans 14
Kohlmann, Zitchak Yehuda 147
Kohn, Albert 147
Kokorin, Wassilij 112
Kolakowski, Zbigniew 145
Kolin (Kolín) 116
Köln 103, 180, 203, 204, 357
Konhäuser, Emil 179, 180, 181, 182
Königsberg (Kaliningrad) 367
Königswiesen (Regensburg) 78, 316
Konradsiedlung (Regensburg) 15, 76, 85, 162, 253, 275
Konstantinov, Dimitrij 387
Körner, Theodor 77
Košak, Vladimir 376

Kösnach 131, 286
Kossmann, Karl-Richard 67
Kötter, Rudolf 223
Kozłowski, Stefan W. 116
Kraiburg a. Inn 153
Krakau (Kraków) 115, 123
Krallert, Wilfried 115
Krämer, Karl B. 26
Kraus, Anton 83, 314
Kraus (OT-Bauleiter) 207
Kreml, Karl 93
Krenn, Dorit 288
Krenßel, Alfons 369
Kriebel, Karl 65
Kruckenberg (Wiesent) 279
Krüger, Hardy 98
Krummhübel (Karpacz) 112, 114, 118, 376
Krupavičius, Mykolas 379
Kuczynski, Jürgen 169, 170
Kuczynski, Ursula 170
Kufstein 166
Kühnelt, Leopold 50
Kujau, Konrad 283
Kumpfmühl (Regensburg) 84, 177, 184, 201, 274, 310, 320, 323
Kuntze, Karl 263
Kunze, Karl 62
Kürn (Bernhardswald) 86
Kushel, Franz → Kuszal, Franciszak
Kuszal, Franciszak 384

L

L'Hoest, Paul Jules Maximilien 176
Laaber 161, 246, 251
Laasch (Generalarbeitsführer) 77
Lam 127
Lambach (Lam) 127
Lambach (OÖ) 127
Lammerding, Heinz 97, 281
Lammerhirt, Friedrich 169
Lamsdorf (Lambinowice) 136, 137, 138, 139, 140, 142, 143, 154, 332, 395
Landau a. d. Isar 43, 100, 152, 160, 247
Landersdorfer, Simon Konrad 43
Landgraf, Artur Michael 90

Landsberg am Lech 122
Landshut 43, 50, 103, 118, 124, 144, 145, 148, 160, 161, 172, 180, 182, 220, 245, 266, 272, 276, 332, 375, 394, 398
Langenerling (Hagelstadt) 277
Langlau (Pfofeld) 68, 125
Langquaid 282, 289
Langwasser (Nürnberg) 32, 62, 137, 141, 142, 146, 152
Lappersdorf 42, 69, 86, 244, 250, 301
Laubmeier, Franz Xaver 128
Laufen (a. d. Salzach) 140, 153, 154, 157, 161, 162, 172
Lavare, Albert → Allard, Joseph Albert Ghylan
Lebrun, Paul André Jean Marie → Berckmans, Oscar Jean Marie André
Lebus 123
Lechfeld (Graben/Untermeitingen) 125
Ledebur, Freiherr von (Major) 72, 242, 243, 245, 258, 262, 279
Leipzig 93
LeMay, Curtis 305
Lengfeld (Bad Abbach) 32, 98, 266, 267, 268
Leoprechting (Regensburg) 318
Leuchtenberg 48
Leutkirch i. Allgäu 128, 282, 292, 299
Levi, Primo 150
Leythäuser, Hermann 20, 84, 306, 308, 309, 310, 311, 312, 313, 314, 315, 318, 321, 323, 324, 326, 398, 399
Linder, Karl 212
Lindkirchen (Mainburg) 98
Linthe, Fritz 362
Linz (O.Ö.) 94, 130, 192, 267, 332
Little, Duncan 151
Litvak, Anatole 169
Löbl, Karl 366
Loeper, Friedrich Wilhelm von 67
Lohmann, Heinz 228
Lohstadt (Kelheim) 268
Lommel, Wilhelm 119
London 35, 133, 134, 171, 179, 282, 380, 381
Lorleberg, Werner 307
Lossa (Finne) 132, 134

Lottner, Michael 14, 16, 88, 229, 230
Loudonville, N.Y. 106
Louvain (B) 183
Low, Ernie 317, 318
Lübbecke 129, 133
Ludwigsburg 35
Lundquist, Carl E. 314, 399
Luxemburg 95, 103, 180

**M**

Maag, Karl 148, 159, 221
Mackl (Oberstleutnant) 72, 243
Magdalena, Österreich von 377
Mährisch-Ostrau (Ostrava) 281
Maidenhead (Berkshire) 35
Maier, Johann 14, 16, 32, 161, 228, 229, 230, 259, 367
Mainburg 96, 98
Makarenko, Andrij 383
Mallersdorf-Pfaffenberg 271, 293
Malmedy 306
Manching 332
Manet, Michel → Durand, André
Mangolding (Mintraching) 70, 237, 279
Mann, Klaus 104
Mann, Thomas 104
Mannheim 371
Mannsdorf (Schierling) 282, 289
Mariaort, Kirchen (Sinzing) 136, 145, 155, 156, 157, 158, 251, 338, 339
Mariaort, Siedlung (Pettendorf) 69, 136
Marienbad (Mariánské Lázně) 118
Markt Eisenstein (Železná Ruda) 47
Markt Schwaben 68
Marktheidenfeld 63, 64
Martin, Benno 89, 90, 222, 224
Maslowskijs, Wladislaw K. 386
Matting (Pentling) 155, 225, 255, 267, 268, 274, 316, 318, 335
Mattsee 113
Matzke, Gordon 306
Matzke, Othmar 27, 29, 30, 31, 32, 33, 34, 45, 70, 72, 199, 229, 235, 240, 258, 259, 271, 272, 277, 278, 305, 306, 307, 308,

309, 310, 311, 312, 313, 321, 324, 325, 326, 344, 398, 399
Mauthausen 377, 381
McBride, Horace L. 101
Meier (Volkssturmkompanieführer) 310
Meierhofer (Landwirt) 148
Meiser, Georg 84
Meiser, Hans 96
Meister, Josef 218
Mellrichstadt 77, 78
Melrose, William 158
Memmingen 142, 379
Mengkofen 133, 283, 294
Merk, Bruno 68
Metcalfe, Art 313
Metten 111, 113, 378, 421
Meyer, Bernd 20
Meyer, Rudolf Karl 169
Meyerhöfer, Johann 64, 65, 285
Meyer-Spelbrink, Walter 93
Michaelsbuch (Stephansposching) 100, 247
Michelsdorf (Cham) 100, 126
Michelsneukirchen 152
Michniak, Stanisław 195, 198, 348
Miesbach 157
Mikołajczyk, Cecilia 115, 116
Mikołajczyk, Stanisław 115
Milikin, John 101
Mills, Herbert 148
Miltach 123
Minsk 384
Mintraching 69, 86, 253, 262, 265, 279
Mirbach, Dietrich von 115
Mitterharthausen (Feldkirchen) 100, 126, 247, 294, 332
Molotow, Wjačeslav M. 112, 385
Monopoli, Mariano 158
Mooney, John 158
Moosburg a. d. Isar 137, 141, 142, 144, 151, 152, 159, 160, 172, 181, 223, 332
Moosham (Mintraching) 86
Mooshof (Barbing) 100, 195
Moosrain (Gmund a. Tegernsee) 157
Morenz, Ernst 44
Mörtel, Georg 216, 221, 222, 365

Moskau (Moskwa) 12, 35, 115, 126, 137, 162, 170, 358, 392, 394
Motzenhofen (Hollenbach) 285
Mötzing 73, 162, 246, 266, 274
Mozer (Oberst) 289, 407
Mudryj, Wasilij 383
Mueller (Oberleutnant) 72
Mühe, Ludwig 90
Mühldorf a. Inn 153, 172, 293
Mulert, Jürgen 25, 27, 163, 311, 312
Müller, Rupert 46, 88, 229
Mültner, Alfred 77, 78
München 19, 33, 35, 43, 44, 47, 52, 53, 56, 57, 58, 61, 65, 67, 68, 76, 77, 79, 83, 89, 90, 96, 105, 111, 122, 128, 164, 165, 168, 169, 170, 172, 192, 194, 204, 207, 223, 224, 225, 228, 231, 234, 241, 242, 245, 280, 281, 282, 284, 285, 306, 338, 341, 359, 366, 370, 376, 378, 379, 381, 386, 387, 388, 396
Münchsried (Brunn) 161
Murawski, Kasimir 117
Murnau a. Staffelsee 73, 116, 165, 381
Murr, Wilhelm 293
Mussolini, Benito 109
Nadas, Leo → Turzecki, Wladyslaw

N

Naronsky, Jan 384
Naumann (Major i.G.) 283
Neapel (Napoli) 166
Nebe, Arthur 91
Neuburg a. d. Donau 81, 125, 271
Neudorf (Pentling) 54, 71, 150
Neudorf (Pettendorf) 218
Neueglofsheim (Thalmassing) 237, 276
Neuendettelsau 125, 132
Neuengamme (Hamburg) 116
Neumarkt i. d. Opf. 56, 88, 149, 301
Neumeister (Fahrer) 292, 294
Neuötting 161
Neustadt a. d. Donau 175, 177, 246
Neustadt a. d. Saale 146
Neustadt a. d. Waldnaab 64
Neutraubling 21, 22, 57, 126, 162

## Orts- und Personenregister

Neu-Ulm 128
New York 105
Niederachdorf (Kirchroth) 162
Niederalteich 131, 280, 297
Niedergebraching (Pentling) 37, 266
Niederleierndorf (Langquaid) 291
Niedertraubling (Obertraubling) 37, 86, 147, 149, 265, 333
Niederviehbach 124
Nierstein 327
Nittenau 175, 246
Nittendorf 85, 153, 252, 271
Nördlingen 282
Nürnberg 35, 45, 50, 52, 56, 57, 61, 62, 64, 68, 79, 87, 89, 90, 91, 92, 94, 105, 110, 111, 126, 128, 142, 145, 146, 147, 149, 151, 176, 178, 180, 192, 203, 223, 224, 231, 241, 247, 249, 275, 331, 338, 339, 381, 386
Nyrschan (Nýřany) 125

### O

Oberammergau 106
Oberdachstetten 125
Oberer Wöhrd (Regensburg) 334, 401
Oberhinkofen (Obertraubling) 272, 273
Oberisling (Regensburg) 99, 273, 331
Oberländer, Theodor 386, 387
Oberleierndorf (Langquaid) 291
Obermühl (O.Ö.) 131
Oberndorf (Bad Abbach) 255, 268, 327, 335, 336
Oberneder, Marzell 29, 30, 61, 199, 238
Obersalzberg (Berchtesgaden) 108, 283
Oberscharf (Oberst) 179
Obertraubling 37, 42, 57, 86, 126, 147, 149, 151, 155, 157, 159, 160, 195, 207, 265, 272, 273, 294, 309, 397
Obertraubling, Fliegerhorst 57, 58, 69, 98, 99, 100, 150, 161, 228, 263, 264, 265, 279, 294, 313, 332
Obertrübenbach (Roding) 153
Oberursel (Taunus) 410
Oberviechtach 48, 152
Öbling (Straubing) 131, 286

Ochsner, Hermann 122
Ödenburg (Sopron) 377
Oettinger, Fritz 44
Ohland, Fritz 86
Ohly, Herbert 307
Ohu (Essenbach) 145
Oppeln (Opole) 137, 138
Oppersdorf (Lappersdorf) 69, 243
Oradour-sur-Glane 97
Oreschkin, Aleksandr K. 376
Orsenigo, Cesare 115
Ortenburg 43
Ossadczij, A. 386
Ostermann, Rainer 267
Österreich, Auguste von 377
Österreich, Elisabeth von 377
Österreich, Joseph von 377, 378
Ostrava 358
Ostrowski, Stanislaw 384
Ottenheimer, Fritz 348, 363, 364
Overbeck, Ernst Ferdinand 87, 88, 89

### P

Padolskis, Vinzenz 379
Painten 161
Panzinger, Friedrich 91
Pape, Richard 139
Paring (Langquaid) 282, 289
Parsberg 52, 75, 173, 249
Passau 21, 28, 43, 50, 52, 53, 56, 66, 71, 73, 93, 132, 133, 148, 166, 247, 375, 378
Patton, George S. jr. 101, 102, 247, 248, 287, 291, 303, 304, 305, 310, 311, 323, 327, 328, 350, 351, 373, 377, 397
Paul, Jean 339
Payne, Ronald Charles 151
Pearson, Ralph E. 304
Pechhof (Schwarzenbach) 287, 288
Pechofen (Mitterteich) 287
Pentling 69, 71, 150, 318, 331
Peres, Schimon 151
Pernharz (Pernarec) 64
Persico, Joseph E. 168, 178, 179
Persky, Yitzhak 151
Pétain, Philippe 118

Pettendorf 136, 244, 250, 251
Pettenreuth (Bernhardswald) 86, 255, 279
Petzkofen (Aufhausen) 160
Petzolt, Otto 68, 222, 280, 281, 285, 286, 396
Peukert, Detlev 213, 215
Pfaffenberg 217
Pfaffenhofen a. d. Ilm 68
Pfakofen 86
Pfarrkirchen 43, 66, 247, 285
Pfatter 71, 86, 162, 263, 265, 271, 279, 294, 313, 314
Pflieger, Kurt 95
Pfrentsch (Waidhaus) 151
Philippe, Albert → Lammerhirt, Friedrich
Pidhalnyj, Bohdan 382
Pielenhofen 85, 154, 161, 254
Piesenkofen (Obertraubling) 99, 147
Pilsen (Plzeň) 125, 151, 332, 367, 380
Pilston, Robert 313
Piotrowski, Wladyslaw 174
Pirkensee (Maxhütte-Haidhof) 249
Pirkmayer, Othmar 376
Pittsburgh, PA 105
Pitz, Johann 217, 218, 221, 264, 277, 362
Płaszów 123
Plattling 43, 100, 110, 144, 145, 148, 247, 292
Pleystein 64
Pocking 252
Pohl, Dorothea 218
Poign (Pentling) 54
Poikam (Bad Abbach) 255, 406
Pointner, Richard 229, 406
Pollenried (Nittendorf) 178, 243, 244, 251, 252
Pöllnlein, M. Kunihild 344
Pondorf (Kirchroth) 162
Ponhof (Wiesent) 86
Popp, Fritz 92, 93, 191, 215, 228
Posen (Poznań) 212
Potolsk 126, 127
Potsdam 58, 111, 374
Prachatitz (Prachatice) 43, 47
Prag (Praha) 35, 63, 92, 112, 115, 137, 180, 191, 332, 367, 392
Praun, Albert 108, 110, 111, 284

Praun, Otto 108
Praun, Theodor 108, 111
Prem, Carl 358
Prem, Michael 369
Prjanišnikov, B. 387
Prüfening (Regensburg) 69, 74, 85, 99, 100, 147, 148, 158, 245, 254, 332, 351
Puchhof (Aholfing) 99
Pullach i. Isartal) 410
Pupping (O.Ö.) 142, 332
Pürkelgut (Regensburg) 84
Pusel, Markus 217, 218, 220, 221, 230, 264, 277, 361, 362, 363
Pustet, Fritz 357

**R**

Raab, Harald 18
Radebeul 194
Radom 381
Raffler, Friedrich Ritter von 55
Ramspau (Regenstauf) 254
Rathsam, Berta 18, 22, 174, 224, 226, 259
Rauch, Hans (Johann) 223
Refakes, Aristides J. 361
Regenstauf 86, 245, 246, 249, 252, 254, 270, 339
Reibersdorf (Parkstetten) 297, 298
Reichenbach 65, 87, 162
Reichenstetten (Sinzing) 252
Reid, James 158
Reifenthal (Pettendorf) 250
Reigber, Walter 146, 153
Reims 332
Reinhardshof (Wertheim) 99
Reinhart, Stanley Eric 101, 268, 304, 350
Reinhausen (Regensburg) 42, 73, 78, 85, 99, 197, 199, 200, 218, 220, 244, 250, 251, 252, 253, 254, 258, 270, 275, 337
Renaix, André → L'Hoest, Paul Jules Maximilien
Rethondes 118
Rettenbach 162
Rewucki, Bronisław 190, 191, 344
Ribbentrop, Joachim von 109, 385
Richter (Major) 134, 135, 291, 292, 297

Riedenburg 43
Riederer, Josef 222
Riegling (Sinzing) 148, 252
Riekofen 160, 262
Riem (München) 228
Rimini 388
Ritter, Leo 226, 228, 338
Robinson, John Edward 158
Roche, Victor Charles David 158
Rochester, NY 105
Roding 65, 87, 138, 153, 162
Roehler (Oberstabsveterinär) 72
Rohr i. Niederbayern 271
Roith (Mintraching) 100
Rom (Roma) 379
Rommel, Erwin 325, 326
Ronikier, Adam 115
Ronney (Captain) 376
Rosas, Guillermo 263
Roschmann 70
Rosenheim 276
Rosenhof (Mintraching) 69, 99, 253
Rosmus, Anna 28, 163, 288
Rosolowski, Michael 117
Roßbach (Wald) 162
Roth 126
Rothammer, Josef 349
Rothenstadt (Weiden i. d. Oberpfalz) 148
Rottenburg a.d. Laaber 333
Rottershausen (Oerlenbach) 125
Rötz 48
Ruckdeschel, Ludwig 47, 80, 224, 226, 227, 228, 229, 230, 237, 238, 258
Rucker, Eugen 357
Rushton, Colin 151
Rußwurm, Josef 241
Rybnik 174

S

Saal a. d. Donau 21, 161, 218
Sachsenhausen (Oranienburg) 96, 145
Sagan (Żagań) 137
Saint-Mihiel 54
Saint-Tropez 191
Salching 294

Sallach (Geiselhöring) 271, 293
Sallern (Regensburg) 73, 85, 337
Salomon, Jan Jehuda Leib 369
Salzburg 79, 108, 113, 145, 283
Sand (Aiterhofen) 288
Sandharlanden (Abensberg) 177
Sandsbach (Herrngiersdorf) 289
Sarching (Barbing) 69, 265, 272, 294, 309, 310, 311, 312, 313, 314, 315, 316, 318, 320, 322, 326, 327, 328, 399
Sauckel, Fritz 205
Savage, John William 158
Schade, Fritz 223
Schaefer (Captain) 324
Schafhof (Ebermannsdorf) 100
Schalding (Passau) 133
Schamberger, Franz 222, 363, 365
Scharnagl, Karl 224
Schedl, Otto 357
Scheidler, Max 83
Schellenberg, Walter 116, 373, 400
Schemm, Hans 45, 47, 48, 74, 84
Scheuer (Mintraching) 69
Scheyern 68
Schickedanz, Gustav 223
Schierling 27, 52, 58, 124, 125, 126, 127, 128, 132, 134, 135, 225, 281, 282, 283, 284, 287, 289, 291, 292, 293, 294, 295, 296, 297, 298, 299, 301, 313, 396
Schießl, Günter 23, 29, 30, 31, 33, 34, 72, 234, 235, 236, 237, 238, 239, 240, 242, 243, 254, 258, 272, 273, 274, 275, 306, 311, 312, 398
Schiller, Joseph 173
Schlegel, Albert 225, 372
Schlichtinger, Rudolf 20
Schmauser, Ernst Heinrich 89
Schmidmühlen 154
Schmidt (Oberleutnant, Adjutant Major Matzkes) 278, 312, 313, 320
Schmidt, August 67
Schmidt, Gerhard 44, 369
Schmoll, Peter 275
Schneider, George M. 169
Schneider, Josef 200

491

Schomberg (Szombierki) 152
Schönach (Mötzing) 73, 86, 162
Schönberg 112
Schönhofen (Nittendorf) 85, 153, 154, 244, 252
Schöppl (Familie) 218
Schottenheim, Otto 14, 15, 16, 19, 20, 22, 23, 25, 29, 40, 42, 45, 194, 198, 201, 211, 227, 258, 274, 305, 306, 307, 308, 309, 310, 311, 312, 316, 320, 322, 323, 326, 360, 398, 399, 400
Schottenheim, Siedlung (Regensburg) 15, 76, 77, 85, 162, 203, 253, 274
Schrötting (Michelsneukirchen) 152
Schtscherbakow, Iwan Wassiljewitsch 138
Schulenburg, Friedrich-Werner Graf von der 115
Schulz, Bruno 367
Schulz, Friedrich 61, 94, 282, 283
Schulze-Kossens, Richard 97
Schwabach 173
Schwabelweis (Regensburg) 30, 42, 55, 61, 85, 155, 162, 199, 238, 252, 335, 337, 339, 341, 371
Schwabstadl (Obermeitingen) 125
Schwaighausen (Lappersdorf) 75, 161, 218, 301
Schwandorf 71, 123, 147, 154, 172, 220, 243, 339
Schwarz, Hans 85
Schwarz, Johann 227, 229
Schwarzenbach 288
Schwarzenfeld 147, 155, 160, 288
Schwarzhaupt, Salomon 45
Schweinfurt 98, 146
Schwendner, Alexander 296
Schwetzendorf (Pettendorf) 244, 250
Schwolow (Hauptmann) 278
Seedorf (Pentling) 69
Seelos, Gebhard 216, 223
Seither, Karl 96
Sellmayer, Peter 370
Semerskirchen (Herrngiersdorf) 289
Senft, Xaver 364
Sengmüller, Helene 218, 221

Senne, Übungsplatz 306
Seuberth (Familie) 218
Seuberth, Kaspar 218
Shields, James Dominic 158
Siegert, Toni 27
Siemensstadt (Berlin) 176
Sierp, Kurt 47, 200
Siersza-Wodna (Trzebinia) 148
Siffkofen (Mintraching) 69
Sillian (Tirol) 77
Simbach a. Inn 377
Simon, Max 96, 242
Sinatra, Frank 142
Sing Sing (Ossining, N.Y.) 148
Sinzing 28, 85, 147, 148, 149, 155, 156, 157, 159, 160, 221, 222, 245, 255, 258, 335, 357
Skala, Frantisek → Konhäuser, Emil
Skoropadskyj, Pawlo 383
Smeets, Philippe → Botman, Philip Maurice
Smerdon, William George 149
Smith, Karl 103
Smolensk 60
Sobolewicz, Tadeusz 145, 148
Sollach (Hunderdorf) 185
Solnik, Hersch 145, 152, 369
Somers, Arthur William 158
Sonntag, Fritz 20, 84
Sosnowitz (Sosnowiec) 149, 150
Sowa, Friedrich 92, 93, 112, 190, 191, 345
Speck, Hermann Ritter von 55
Speer, Albert 212
Sperr, Franz 223, 224, 225, 366
Spremberg 142
Sprengart, Sebastian 284
Stadl-Paura (OÖ) 127
Stadtamhof (Regensburg) 21, 42, 85, 161, 207, 218, 243, 244, 252, 253, 275, 336, 337, 338, 345, 352
Staff, Helmut 217, 218, 221, 264, 277, 361, 362, 363
Stalin, Josef W. 93, 94, 116, 343, 389
Stange, Martin Friedrich 236
Stankiewicz, Stanislaw 384
Staubing (Kelheim) 177

Staudinger, Karl  333, 357
Stauffenberg, Familie von  90
Steffen, Kurt  61, 341
Stefling (Nittenau)  246
Steinach  111, 286
Steinbach, Peter  213
Steinburg (Hunderdorf)  185
Steiner (Major)  279
Steinkopf, Wilhelm  119
Steinweg (Regensburg)  42, 74, 85, 207, 252, 254, 311, 337
Stępora, Czesław  197
St. Georgen (Traunreut)  127, 128, 281, 284, 299, 301, 302
St. Georgen ob Judenburg  127
St. Pölten  94
Straß (Nersingen)  128
Straßkirchen  341
Strathmeyer, Walter  215, 371
Straubing  27, 43, 52, 56, 71, 73, 99, 100, 111, 126, 131, 132, 133, 135, 144, 162, 182, 184, 221, 234, 241, 246, 247, 248, 255, 265, 270, 271, 280, 283, 284, 286, 287, 288, 294, 297, 298, 301, 303, 332, 341, 359, 375, 396, 397
Streng, Bill → Strüwe, Walter
Stroheim, Erich von  325, 326
Strüwe, Walter  179, 180, 181
Stücker, Franz  86
Stulln  123
Sturm, Werner  32, 260, 267, 310
Stuttgart  57, 61, 68, 218
Sulzbach a. d. Donau (Donaustauf)  69, 131, 245, 248, 253, 265, 270, 279, 327, 335, 337, 350, 397
Sulzbach-Rosenberg  62, 137, 147, 172
Sünching  65, 86, 162
Suttner, Bernhard  357
Sven, Nikolei  386
Symington, Archibald  158
Szacki, Antoni  380
Szálasi, Ferenc  113

**T**

Taimering (Riekofen)  86, 160

Tann  378
Tarscafaloy, Anaklet von  378
Tegernheim  42, 78, 86, 99, 173, 174, 248, 252, 253, 261, 394
Teichmann, Ernst  93
Tenne (SS-Sturmführer)  289, 407
Teschen (Český Těšín)  137, 138, 139, 140, 142, 143, 153, 395
Teschen (Cieszyn)  137
Thaller, Karl  215
Thalmassing  86, 150, 270
Then, Alois  229, 406
Theophiles (Sanitäter)  159
Theresienstadt (Terezín)  44, 167, 191
Thielebein (Oberst)  143
Thiermietnach (Michelsneukirchen)  152
Thorn (Toruń)  70
Thumhausen (Nittendorf)  153, 154
Thurn und Taxis, Albert von  17, 114, 200, 337, 346, 377
Thurn und Taxis, Karl August von  215
Thurn und Taxis, Hugo von  114
Thurn und Taxis, Willy von  377
Thyssen (Familie)  112
Timbs, James William  158
Tittmoning  161, 172
Titze, Gerhard  16, 361, 367
Tolsdorff, Theo  94, 95, 242, 243, 259, 271, 284, 286, 293
Tolsdorff, Tim  95
Torgau  83, 132
Trampler, Leonhard  85
Traunreut  128, 281, 299
Traunstein  95
Tromsa, Dymitro  382
Troppau (Opava)  138
Troy, N.Y.  106
Truman, Harry S.  374, 375
Tschapran, Sinajda  208
Tulle  97
Tunzenberg (Mengkofen)  133, 283, 294
Turzecki, Wladyslaw  174
Tusch, Otto  358
Tymowski, Franciszek  380

## U

Ullstein, Rudolf 105
Ulm 218
Ulrichsberg (Grafling) 110
Undorf (Nittendorf) 145, 153, 154, 161, 175, 200, 251
Unruh, Walter von 60
Unterer Wöhrd (Regensburg) 335, 337
Unterhuber, Franz 166
Unterirading (Pentling) 268
Unterisling (Regensburg) 273
Urlau (Leutkirch i. Allgäu) 128, 282, 292, 293, 299

## V

Van der Hagen, Michael 184
Van Ootegham, Frantz J. 184
Van Royen, Jean Baptiste 184
Verberk, Leon → Meyer, Rudolf Karl
Verdun 118
Viechtach 43
Viehbacher, Friedrich 19, 20, 22, 309
Viehhausen (Sinzing) 85, 154, 161, 175, 268, 311, 394
Vietinghoff, Heinrich von 241
Vilsbiburg 118
Vilshofen a. d. Donau 43, 52, 130, 131, 297
Voegele (Major) 279
Voeg(e)li (Hauptmann) 279
Vorwald, Wolfgang 68, 285

## W

Wachenfeld, Edmund 65
Wächtler, Fritz 47, 79, 80, 211, 226, 237, 405
Wäger, Alfred 54
Wagner, Adolf 79, 227
Wagner, Augustin 96
Wahlsdorf (Schierling) 282, 289
Walberer, Eusebius 50
Waldmünchen 47, 87, 117, 237
Walker, Walton H. 101, 102, 291, 303, 327, 350
Walldorf 104
Wallerstein 282
Wallmühle (Atting) 111
Wallner, Josef 131
Walsrode 133
Wanderwitz, Heinrich 29
Warfield, William 105
Warschau (Warszawa) 12, 154, 380, 392
Washington, D.C. 35, 105, 106, 392
Wasserburg a. Inn 172
Wawrzkowicz, Otmar 381
Weber, Herbert 218
Weber, Kurt 218, 220, 221, 362
Wechsberg, Joseph 358
Wechsler (Wexler), Josef → Eaton, Joseph W.
Wegener, Paul 79
Wegscheid 52
Wehrmann, Emil 50
Weichering 125
Weichs (Regensburg) 85, 338
Weichs, Maximilian Freiherr von 52
Weiden i. d. Oberpfalz 48, 53, 56, 62, 71, 73, 124, 137, 143, 147, 148, 149, 151, 152, 153, 220, 234, 279, 331, 338, 339
Weiding (Polling) 172
Weidlich (Familie) 218
Weigelshofen (Eggolsheim) 83
Weigert, Franziska 337
Weigert, Wolfgang 45, 83, 210, 227, 228, 229, 305, 314
Weihlohe (Thalmassing) 54
Weihmichl 160
Weilheim i. Oberbayern 113, 169
Weilner, Ignaz 17, 337
Weimar 98
Weinzierl, Paul 259
Weisenberger, Karl 61, 63, 64, 239
Weishaupt, Josef 260, 310
Weissmann, Eugen 57, 68
Wels (O.Ö.) 332
Wenck, Walther 77, 83, 97
Wendrin (Vendryne/Wedrynia) 174
Wenzenbach 86, 162, 252, 316
Werner, Käthi 220
Werner, Oskar 169
Werner, Robert 31, 34
Werner, Ruth → Kuczynski, Ursula
Wertheim 64, 99

Wery, Lucien 177, 184
Wessel, Horst 74, 362
West, Doug 148
Westheimer, David 141, 142
Weyland, Otto Paul 102
Wien 94, 103, 167, 200, 203, 304, 339, 343, 357
Wiesbaden 57, 68, 118
Wiesent 86, 279
Wießner, Hilde 221, 222
Wiktorin, Mauritz von 63
Wilder, Billy 326
Wildflecken 23, 299
Wimmer, Friedrich 47
Wimpasing (Dietfurt a. d. Altmühl) 96
Winant, John G. 181
Windberg 182, 183, 184, 185, 394
Winklarn 152
Winter, August 283, 284
Winterberg (Vimperk) 43
Winzer (Regensburg) 42, 99, 250, 251, 270, 335, 336, 337
Wischlburg 130, 131, 297
Wittich, Kurt 221
Wlassow, Andrej A. 100, 112, 113, 115, 116, 117, 343, 380, 386, 388, 401
Wolf, Ludwig 116, 381
Wolferding (Vilsbiburg) 167
Wolfskofen (Mintraching) 69
Wolkering (Thalmassing) 54, 69, 71, 86, 150, 160, 272

Wörth a. d. Donau 86, 87, 88, 162, 262, 263
Wright, Carroll W. 297
Wünnenberg, Alfred 91
Wunsiedel 43
Würzburg 63, 76, 77, 91, 125, 181, 247
Wutzlhofen (Regensburg) 69, 77, 253, 339
Wyman, Willard Gordon 101, 304
Wynantskill, N.Y. 106

Y
Yorkville (New York City) 105
Ypern 120

Z
Zachau, Reinhard K. 105
Zaitzkofen (Schierling) 293
Zandt 123
Zeitlarn 69, 76, 86, 246, 252, 255
Zeitler, Hans 191
Zejdlik, Franz 72
Zenetti, Emil 57, 67
Zenger, Franz 372
Zettler, Josef 167
Ziegetsdorf (Regensburg) 42, 309
Zielenzig (Sulecin) 81
Ziervogel, Max 68
Zirkl, Josef 14, 16, 161, 230
Zirndorf (Nürnberg) 381
Zitzler, Georg 357, 387
Zöller, Günther 292, 293
Zwiesel 44, 116

Die Wiedergabe von US-Dokumenten und Fotos aus den Akten erfolgt mit Genehmigung unter den Freigabe-Nummern NND 735017 und NND 974345.